国家公诉

共和国70年
典型案例及法律文书评析

（上）

最高人民检察院／组织编写

中国检察出版社

图书在版编目（CIP）数据

国家公诉：共和国 70 年典型案例及法律文书评析：上下 / 最高人民检察院组织编写 . —北京：中国检察出版社，2021.7

ISBN 978-7-5102-2499-7

Ⅰ.①国… Ⅱ.①最… Ⅲ.①公诉－案例－中国②公诉－法律文书－中国 Ⅳ.①D925

中国版本图书馆 CIP 数据核字（2020）第 205336 号

国家公诉：共和国 70 年典型案例及法律文书评析（上下）

最高人民检察院 组织编写

责任编辑： 钟 鉴
技术编辑： 王英英
美术编辑： 棋 锋 曹 晓

出版发行 中国检察出版社
社 址： 北京市石景山区香山南路 109 号（100144）
网 址： 中国检察出版社（www.zgjccbs.com）
编辑电话：（010）86423703
发行电话：（010）86423726 86423727 86423728
（010）86423730 86423732
经 销： 新华书店
印 刷： 北京联合互通彩色印刷有限公司
开 本： 710 mm×1000mm 16开
印 张： 60.5
字 数： 820 千字
版 次： 2021 年 7 月第一版 2021 年 7 月第一次印刷
书 号： ISBN 978-7-5102-2499-7
定 价： 268.00 元（上下）

序　言

今年是中国共产党建党 100 周年。中国共产党成立伊始，就把马克思主义关于实现人民当家作主、实现人的彻底解放和平等作为理想和追求。1931 年 11 月，中华苏维埃共和国临时中央政府在江西瑞金成立，这是中华民族几千年历史上第一个以国家形态出现的人民政权。在这个政权结构中，专设中央工农检察人民委员部，人民检察制度正式创立。90 年来，在党的正确领导下，人民检察始终与党和人民事业同呼吸、共命运，与革命、建设、改革同步，栉风沐雨、坚韧前行，走过了不平凡的发展历程。

现代检察制度建立在司法职能合理分工、控审分离基础之上。检察机关标志性职权之一就是代表国家提起公诉。无疑，人民检察制度的发展，借鉴了国外法治有益经验。早在 1931 年 7 月，党领导的鄂豫皖革命根据地苏维埃政权的革命法庭中，就设有国家公诉处和国家公诉员。中华苏维埃共和国成立后，设置在最高法院和地方各级裁判部的检察长（检察员）、政治保卫局检察科和军事检查所分别承担普通刑事案件、反革命案件、军事犯罪案件的预审和出庭告发职责。新民主主义革命时期，检察机关履行国家公诉职能，在巩固革命政权和维护人民权益方面发挥了重要作用。这一时期检察机关办理的最有影响的案件，就是公诉黄克功案。时任抗日军政大学政治部副主任的胡耀邦作为机关团体的代表，与检察官一起作为公诉人出席法庭执行任务、陈述意见。

新中国成立后，检察机关的国家公诉职能作用得到进一步强化。一代又一代国家公诉人忠于党和人民、忠于宪法法律、忠于事实真相，审查提起公诉，出庭支持公诉，在依法追诉打击犯罪的同时，

对刑事诉讼活动进行监督，保障无辜的人不受追究，维护社会公平正义，办理了大量铭刻着共和国建设发展鲜明印记的大要案件。这些案件跨越不同历史阶段，是人民检察的足迹，也是党领导下共和国法治的足迹，无疑就是中国特色社会主义法治建设史的一个侧面和缩影。

最高人民检察院组织专门编写组，从革命、建设、改革不同历史时期检察机关办理的案件中，筛选出 130 个代表性案例，对案件及检察法律文书（以起诉书、公诉意见书为主）进行评析。这是一次立足国家公诉，以案为史的"探寻发现之旅"。透过对案件公诉，对被告人指控、证明其犯罪的评析，向读者呈现在不同时期面对不同类型的犯罪案件，国家公诉人如何审查证据、认定事实、适用法律、运用政策，向法庭阐明被告人该当何罪以及对案件处理的情理法考量，以案释法、宣传法治；透过对案发背景和社会影响的评析，向读者解读不同案件在不同年代所具有的典型性和时代特征，案件性质、特点的变化如何折射出时代和社会的变迁；透过对案件的整体评析，向读者展现国家公诉历史演进的实践形态，以及人民检察制度在党的领导下不断发展完善的艰辛历程。

每个案件都有特定时代的烙印，每个案件都体现检察官的职业素养和法治情怀。重温这些案例，让我们穿越时光，回到那些激情燃烧的岁月，探寻人民检察的"红色基因"与初心、使命。重温这些案例，也让我们在历史与现实的对比中，深刻体会国家法治的发展进步，尤其是党的十八大以来，在以习近平同志为核心的党中央坚强领导下，全面依法治国发生的历史性变革、取得的历史性成就。

百年征程波澜壮阔，百年初心历久弥坚。按照党中央决策部署，全国检察机关正在深入开展党史学习教育。人民检察史是党史的重要组成部分，是党领导人民探索社会主义法治建设规律的历史，也是人民检察制度与党的事业风雨同舟的历史。要把人民检察史融入党史学习教育中，引领广大检察人员深刻认识中国共产党的领导始终是人民检察制度的本质特征和最大优势，把坚持党对检察工作的绝对领导这一"红色基因"传承好、发展好。

让我们走进这些案件，回顾历史、汲取养分、明理增信、崇德力行，在习近平法治思想指引下，以高度的政治自觉、法治自觉、检察自觉，履行好新时代国家公诉的职责使命，在新发展阶段、新的征程中，以风华正茂的昂扬正气，为保障人民幸福、国家安全、社会稳定作出新贡献！

最高人民检察院《国家公诉》编写组
2021 年 4 月

目 录

第一篇：1949—1979

国
家
公
诉
——
共
和
国
70
年
典
型
案
例
及
法
律
文
书
评
析

第二篇：1980—1997

国家公诉——共和国**70**年典型案例及法律文书评析

目
录

国家公诉——

共和国**70**年典型案例及法律文书评析

第三篇：1998—2019

国家公诉——共和国**70**年典型案例及法律文书评析

目 录

国家公诉——共和国**70**年典型案例及法律文书评析

目　录

1949—1979

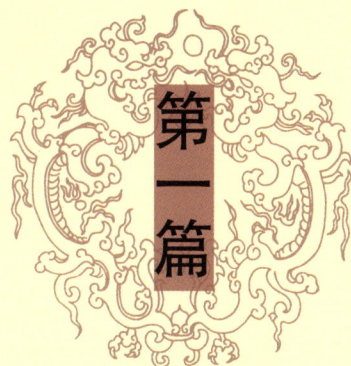

第一篇

反革命组织冀热绥青年反共救国军平津指挥部案

——镇反运动中纠正"宽大无边"右倾偏向

基本案情 ······

　　张相文，男，时年39岁，河北省通县（今北京市通州区）人。曾在阎锡山部队任副团长，日伪时期，任通县伪保安队分队队长及汉奸郝鹏举唐山办事处上校处长。日本投降后，在南京参加"励志社"，曾任南京美国领事馆管事，后任国民党先遣军第五军斋堂区护路第三大队中校副大队长，与特务郭灿勾结。天津解放后，受派遣建立反革命组织"冀热绥青年反共救国军平津指挥部"，任中将总指挥。

　　邢玉亭，男，时年25岁，河北省宁津县（今山东省宁津县）人。日本投降后，在特务郭灿部下任随从副官。1947年参加国民党党通局特务组织，在天津区第六分站主任胡文生手下任特约通讯员。后受郭灿派遣，组织反动武装。

　　王志民，男，时年39岁，河北省安次县（今河北省廊坊市安次区）人。1928年参加阎锡山第三集团军，任上尉副官。日寇投降后，任东北铁路局齐齐哈尔护路军侦审队侦审股股长。1949年11月参加张相文的反动组织，任第二纵队队长兼少将参谋处长。

李复兴,男,时年 34 岁,河北省武清县(今天津市武清区)人。1946 年在天津市伪保警总队任队员,后转任伪一分局第一分驻所交通队队员,解放后被天津市公安局留用。1950 年 1 月经王志民介绍参加张相文的反动组织,任少校大队长,以该职务为掩护在公安部门发展特务组织。

(其他被告人基本情况略)

"冀热绥青年反共救国军平津指挥部"由张相文、邢玉亭、王志民、李复兴于 1949 年 10 月组建,受国民党特务机关"内政部调查局"副局长、中统特务头子张庆恩领导。张相文等人于 1949 年 10 月潜入天津市组织反动活动,张相文自任中将总指挥,下设参谋、军需、副官、政宣等处和 3 个纵队及通讯联络机构等,拟制反动建军纲领,大肆网罗土匪、恶霸、地痞、流氓、散兵游勇、残余匪特及被斗地主等,企图在北京市、天津市、京津郊区及大兴县采育镇一带展开活动,破坏人民政府的各项措施及地方治安。

主要犯罪活动包括:(1)组织反动地下武装阴谋暴动。发展土匪特务 60 余人,刻制关防,计划以京南采育镇一带作为活动基地,劫夺地方干部及民兵枪支,然后抢夺农民粮食、财物等,发动"游击战争"破坏革命秩序。(2)阴谋暗杀。为造成社会恐慌,选择 10 名匪特,成立暗杀组,调查人民政府机关高级首长的行踪,组织暗杀活动。(3)扰乱金融及诈财。计划印制假钞票及粮票,以破坏金融,并解决其活动经费。公然以国民党"地工"(地下工作者)名义向德兴永米庄、成兴茶庄等发出恫吓诈财信件,要挟接济经费。(4)印发反动传单。先后两次印发反动传单,大肆污蔑共产党及各民主党派,攻击人民政府税收政策及发行公债工作,破坏人民政府的各种措施。

本案由天津市人民政府公安局于 1950 年 4 月 17 日侦破,侦查终结后移送天津市人民检察署审查起诉。1950 年 10 月 19 日，天津市人民检察署检察长许建国、副检察长宋汝涛签署"检法字第一号"起诉书，对本案张相文、邢玉亭、王志民、李复兴等 4 名主犯提起公诉（其他从犯邢玉琪、张玉生等 41 人另案起诉）。经公审，天津市军事管制委员会军法处判处首恶主犯张相文、邢玉亭、王志民、李复兴死刑。

案件背景与社会影响 ··

　　1950 年至 1952 年，中国共产党和中央人民政府在进行抗美援朝、实施土地改革的同时，领导全国人民大张旗鼓地开展了镇压反革命运动，有力地扫除了国民党遗留在大陆的反革命残余势力，基本上肃清了曾经猖獗一时的特务、地下军及会道门等反动组织，社会秩序得到恢复，为巩固新生政权，为恢复生产、民主改革等各项工作的顺利进行提供了保障，有力地支持、配合了土地改革和抗美援朝战争。

　　在镇压反革命运动开始时，全国一些地方存在"宽大无边"的右倾偏向。一是有的干部在革命胜利后麻痹轻敌，对反革命阴谋活动丧失警惕，放松镇压；二是一些被留用的旧司法人员对反革命分子多方开脱，重罪轻判，甚至放纵；三是一些基层政权组织不纯，庇护和放纵反革命分子。为此，1950 年 10 月 10 日，中共中央作出《关于镇压反革命活动的指示》。《指示》要求各级党委全面贯彻"镇压与宽大相结合"的方针，坚决镇压罪大恶极、怙恶不悛的反革命首要分子。天津市人民检察署起诉的"冀热绥青年反共救国军平津指挥部案"，就是检察机关纠正镇压反革命运动中右倾偏向的典型案例。案件宣判后，1950 年 10 月 22 日的《人民日报》刊发《巩固革命秩序镇压反革命分子天津枪决张相文等首恶特务四名公审判决宣布后获得广大群众拥护》一文，文中写道"当这一判决宣布后，获得广大群众的热烈拥护，掌声经久不息！"

公诉指控

（一）犯罪事实

起诉书第二部分"犯罪事实"的描述，主要从四个方面展开。一是组织反动地下武装阴谋暴动，说明了其为阴谋"骚扰革命秩序"实施的前期准备工作。二是阴谋暗杀，组织"暗杀组"，蓄意刺杀本市首长，幸得"公安局破案神速"，阴谋未得逞。三是扰乱金融及诈财，伪造人民币和粮票，为反革命组织积累经费，威胁恐吓两家商号，让其接济组织经费，如拒绝则杀害商号经理。四是印发反动传单，分两次印发反动传单，污蔑中国共产党和各民主党派，肆意制造恐慌。本案犯罪活动背景复杂，涉案人员众多，犯罪事实纷繁多样，这需要办案人员透过现象看本质，做到层次清晰、逻辑严密的总结归纳。起诉书"犯罪事实"部分虽仅有200余字，却将张相文等人的犯罪目的、行为、手段、后果有机结合，清晰地指控出来。

（二）量刑意见与法律依据

起诉书第三部分为"处理意见"。在这部分，对张相文、邢玉亭、王志民、李复兴等4名主犯都有"依法应处以死刑"的明确量刑意见，这在同时期其他刑事案件起诉书中尚不多见，体现了检察机关在办理反革命案件中，严厉惩罚"怙恶不悛的反革命首要分子""主谋者、指挥者及罪恶重大者"的精神。由于本案4名被告人都被检察机关建议处以死刑，因此在起诉书中体现"怙恶不悛""罪恶重大"是很有必要的。起诉书在客观表述犯罪事实的同时，也突出了对张相文等人主观恶性的分析，主要体现在基本情况和犯罪事实中。一是通过对张相文等基本情况的介绍，张相文是日伪时代的"汉奸"，邢玉亭是"流氓出身"，揭露其反动本质，以及再犯的可能性和人身危险性。二是通过对犯罪经过的详细描述，反映其主观恶性，"不思尽忠职守，反而为虎作伥""倘对方拒绝时，即将其处理杀害""阴险毒辣，可见一斑""以上证明该犯为一死心踏地之坚决反革命分子"。起诉书中着重对主观恶意的表述，主要是考虑到最终的定罪量刑。"双十"指示要求各级党委全面贯彻"镇压与宽大相结合"的方针，张相文等4名主犯主观恶性大，是镇压反革命中必须予以严惩的，"实属罪大恶极，依法应处以死刑"。

本案起诉时《中华人民共和国惩治反革命条例》（1951年2月）尚未颁行，起诉书援引《共同纲领》第七条和《关于镇压反革命活动的指示》第一条、第二条作为法律依据。当时起诉书援引《共同纲领》是较为常见的做法。《共同纲领》第七条规定："中华人民共和国必须镇压一切反革命活动，严厉惩罚一切勾结帝国主义、背叛祖国、反对人民民主事业的国民党反革命战争罪犯和其他怙恶不悛的反革命首要分子。"1950年7月23日，政务院、最高人民法院发布《关于镇压反革命活动的指示》（以下简称《指示》），《指示》第一条规定："对一切手持武器、聚众叛乱的匪众，必须坚决镇压剿灭，并将其主谋者、指挥者及罪恶重大者，依法处以死刑。"第二条规定："对以反革命为目的而杀害公职人员和人民、破坏工矿仓库交通及其他公共财物、抢劫国家和人民的物资、偷窃国家机密及煽动落后分子反对人民政府的一切活动、组织或谍报、暗杀机关，应彻底破获并逮捕其组织者及罪恶重大者，依法处以死刑或长期徒刑。"结合本案犯罪事实，起诉书援引《指示》第一条、第二条，在法律适用上是准确的。

● 反革命组织冀热绥青年反共救国军平津指挥部案卷宗封皮

天津市人民□□□□□□□起诉书

查反革命组织冀热绥青年反共救国军平津指挥部案，匪首郑□□之命所组成，郑虽潜伏绥远自称"总司令"，直接反动特务机关，内政部调查局副局长张庆恩领导下，张、邢等匪于一九四九年□月即开始潜入我市进行反动活动，先后发展匪特六十余人，并编制黄号设立反动官衔，张匪有称□将揽揖，以下属三个纵队，其中有支队大队分队小队等建制，□□提出下□□继续发展其反动活动，大肆网罗土匪、恶霸、地痞、流氓、散兵游勇及地主残余匪特等对我人民政府及其治区大肆进行严重的破坏，但其全部阴谋恶活动事先为我人民政府公安局所侦获，故于一九四九年四月十七日举□破案捕获主犯郑玉亭、王志民、李俊典、张玉生、陈万农、褚孟起等八名当场破获电台，从犯四名，其中包括绥指挥、继敌队长、支队长、电台报务员等主要份子张相文那玉亭、王志民、李俊典、张玉生、陈万农、褚孟起，反其他重要赃物多件，缴获电台一部、□防二颗、派令多件反动宣传品一百余张、反其他重要赃物多件，缴获两个□

● 反革命组织冀热绥青年反共救国军平津指挥部案起诉书

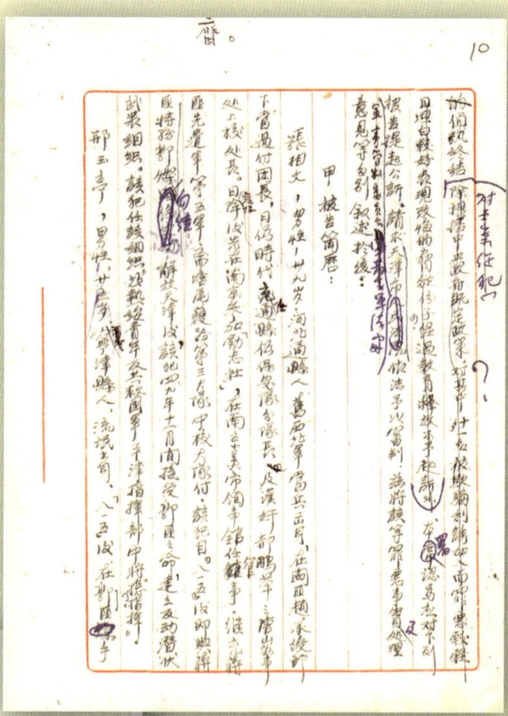

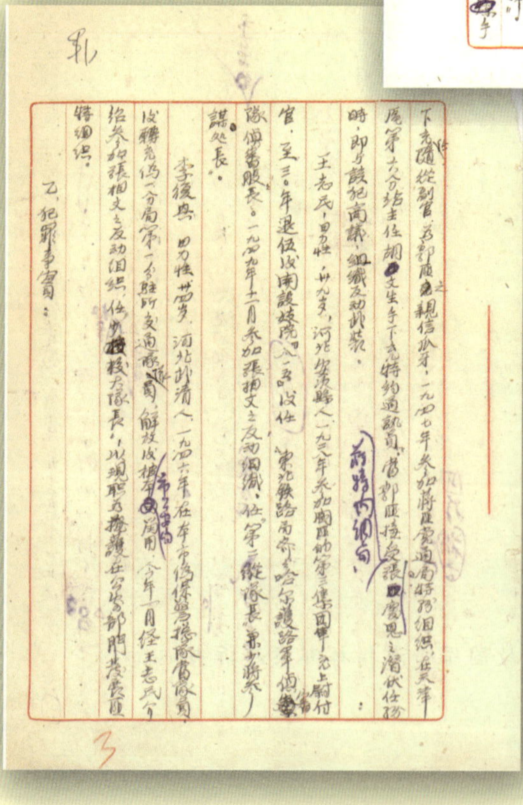

● 反革命组织冀热绥青年
  反共救国军平津指挥部
  案起诉书

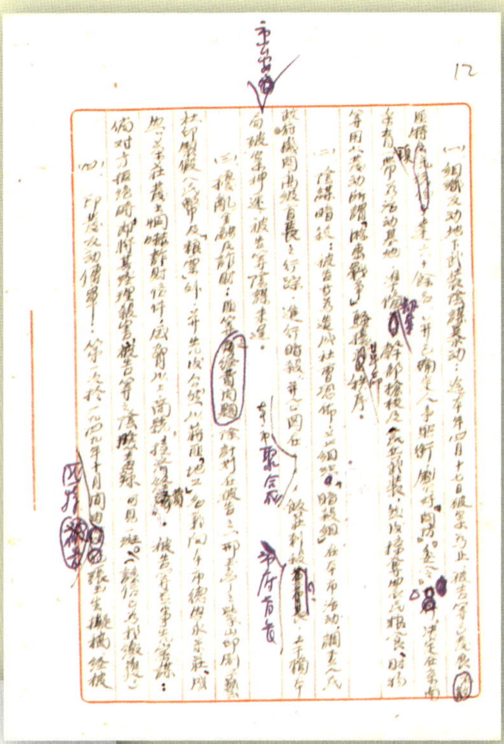

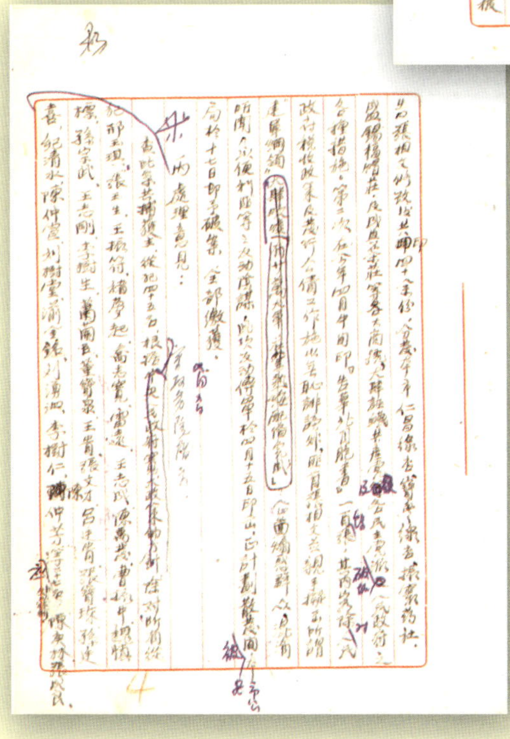

● 反革命组织冀热绥青年
反共救国军平津指挥部
案起诉书

11

● 反革命组织冀热绥青年反共救国军平津指挥部案起诉书

（三）革命色彩的法律语言

刚从革命战争年代走来的共和国检察机关制作的起诉书有着鲜明的时代印记，具有明显的"革命法制"色彩。例如，张相文是"汉奸走狗"，邢玉亭是"蒋匪爪牙"，李复兴是"以现职为掩护在公安部门发展匪特组织"。其中，也有很多带有主观色彩、感情色彩的用词，如"为虎作伥""阴险毒辣""可见一斑"等。起诉书有关这类革命色彩的语言具有鲜明的时代语言风格。

> 案例推荐：天津市人民检察院
> 撰稿：张薰尹
> 审稿：黄河、闵钗

杨怀民、秦汉成、夏侯美组织反动武装破坏革命案

——"苏皖特区反共人民自卫军纵队司令部"的覆灭和人民检察署初建时的工作特点

基本案情

杨怀民，男，时年30岁，安徽省怀远县新马桥人。解放前在本村当保长，解放后逃往浦口（现江苏省南京市浦口区），1950年4月到蚌埠。

秦汉成，男，时年24岁，安徽省阜阳市人。不识字，以剃头为业，1945年到蚌埠。

夏侯美，男，时年23岁，安徽省灵璧县人。粗识字，日伪时期当过警察。

1949年2月间，杨怀民在浦口经族人杨振昌（系逃亡分子）介绍，结识匪特周明义。1950年夏，周明义、杨振昌、杨怀民等来蚌埠组织"苏皖特区反共人民自卫军纵队司令部"，杨怀民任团长。8月间，由杨振昌、杨怀民介绍秦汉成、夏侯美、王克俭等参加上述反革命组织，并与周明义商定委任秦汉成为支队长、夏侯美为支队副队长，且允诺每月发给每人20万~30万元（旧币）。随后，杨怀民与秦汉成经常密谋反革命活动：杨怀民曾派王克俭去搞八音手枪，策动秦汉成、夏侯美通过夏洪德发展王世杰带2支长短枪入伙；

夏侯美发展王正并计划袭击怀远县新马桥区载集乡公所，取得枪支后再去抢劫王正表叔金如昌家；经王正介绍，夏侯美又与蒋匪安徽保安团团长葛子成接头，并任连长。

1950年8月19日杨怀民被公安局发现并拘捕收押，9月12日秦汉成、夏侯美也被逮捕。公安机关侦讯后，查明犯罪事实，移送蚌埠市人民检察署审查起诉。1950年10月18日，蚌埠市人民检察署向蚌埠市人民法院提起公诉。同年11月23日，法院判决：杨怀民死刑；秦汉成有期徒刑五年，剥夺政治权利五年；夏侯美有期徒刑十年，剥夺政治权利十年。

案件背景与社会影响

1949年1月，蚌埠解放，属江淮解放区管辖，4月皖北人民行政公署成立，蚌埠遂隶属皖北行署。1949年4月20日，安徽全部解放并设皖北（即淮河以北，包括蚌埠、宿州、淮北、阜阳、淮南、亳州6个省辖市）、皖南两个省级行政区。1952年8月7日，皖北与皖南两个行署区合并成立新的安徽省政府。本案公诉和审判时，尚处于皖北行政公署时期。

1950年5月，皖北灾荒严重。同年6月，朝鲜战争爆发，受帝国主义策动、由国民党指挥的残余反革命势力，认为"三次世界大战，反攻大陆"的时机已到，疯狂地进行各种破坏活动，妄图与侵朝美军里应外合，复辟反革命统治。蚌埠地区的国民党潜伏敌特、反革命分子先后组建20多个反革命集团，有的阴谋组织暴动，有的进行破坏活动。杨怀民等人组织的"苏皖特区反共人民自卫军纵队司令部"就是这样一个反革命组织。

● 杨怀民、秦汉成、夏侯美组织反动武装破坏革命案起诉书

公诉指控 ●●●●●●●●●●●●●●●●●●●●●●●●●●●●●●●●●●●●

（一）镇压与宽大相结合

1950 年 3 月 18 日，中共中央作出《关于镇压反革命活动的指示》（以下简称《指示》）。《指示》第二条规定："在我们统治地区进行反革命的活动和组织，有确实证据者，须处以极刑或长期徒刑……不是为了反革命的目的，而是为了其他目的，例如私人仇杀及偷窃公共物资等，亦须处刑，但应与反革命行为加以区别"。同年 10 月 10 日，中共中央作出《关于镇压反革命活动的指示》，要求各级党委全面贯彻"镇压与宽大相结合"的方针。起诉书依据镇反运动相关政策，对杨怀民提出"处以极刑"的量刑意见，得到了法院采纳。对于本案另外两名被告人秦汉成、夏侯美，法院则认为"均系被动，应按情节轻重处以徒刑以期改造"。

（二）起诉书体现检察署成立之初的历史印记

本案审查起诉时，蚌埠市人民检察署刚刚成立，各项业务工作正在试行探索。当时的做法是，公安机关将侦讯终结案件，以公函形式连同全卷移送检察署审查。正因为检察署刚刚成立，公函所用的还是"蚌埠市人民政府公安局稿纸"。格式化公函的主要事项有"文别""送达机关""文号""事由""附件"等。本案在"文别"一栏中，对杨怀民用的是"起诉书"，对秦汉成和夏侯美用的是"公诉书"；"送达机关"为人民法院；在"事由"一栏中，填写了被告人基本情况、犯罪事实、公诉理由及意见等内容。

1950 年 1 月 29 日，中共中央发布《关于中央人民检察署四项规定的通报》，强调建立检察署的意义，提出重点建立、逐步发展的方针，要求"因干部缺乏，且为工作便利起见，各级检察机关可暂同公安部门设在一起。各级检察长最好暂从公安部门正副负责人中择一人兼任，另选一人为副，以专责成。"检察署初建时期，多

● 杨怀民、秦汉成、夏侯美组织反动武装破坏革命案公诉书（起诉书）

杨怀民、秦汉成、夏侯美组织反动武装破坏革命案

● 杨怀民、秦汉成、夏侯美组织反动武装破坏革命案判决书

19

与公安机关合署办公，由公安部门负责人兼任检察长。1950年9月，蚌埠市人民检察署虽已成立，但本案却属检察署初建时期，公安与检察合署办公，公安部门负责人兼任检察长这个阶段。此时恰逢蚌埠市镇反运动开始，成立之初的蚌埠市检察机关即开始协助公安部门审阅侦查起诉案卷。本案就是筹建中的检察机关积极投入镇反运动中，追诉反革命犯罪的案例，体现了筹建之初的检察机关"边建边干"的特点。

案例推荐：安徽省人民检察院
撰稿：薛伟宏
审稿：黄河、闵钐

刘其昌特务小组案

——以毛泽东、朱德等中央领导人为轰炸谋害对象的特务案

基本案情

刘其昌，男，时年 37 岁，河北省阜平县人，中农。

刘从志，男，时年 38 岁，河北省阜平县人，贫农。

刘文星，男，时年 27 岁，河北省阜平县人，富农。

王荣，男，时年 29 岁，河北省满城县人，贫农。

刘其昌于 1947 年 4 月加入蒋匪国防部保密局保定站涞源组，充当国民党军统特务。1947 年 11 月经军统保定站站长曹亚夫指示，成立"阜平潜伏小组"，刘其昌任上尉组长，刘从志任书记，刘文星任联络员，王荣任交通员。

该特务小组配置电台 1 部，专门用于调查我方军政情报。1948年 1 月中旬，该特务小组探知晋察冀军区机关驻定县城南北车寄①，准备召开干部会议的情报，刘其昌将该情报上报军统保定站，敌方即派飞机 7 架大肆轰炸该区，造成我军民伤亡 16 人，大部分房屋均遭炸毁。1948 年 4 月，孟建德（另案处理）到保定，向刘其昌报告毛泽东、朱德等中央领导人住城南庄南新房村，并报告晋察冀军区组织情况及首长姓名，刘其昌即报告军统保定站转告国民党保密局。同年 5 月 18 日清晨，敌人出动大批 B-25 轻型轰炸机轰炸城南庄，

---

① "北车寄"为村名。——编者注

危及我首脑机关和人民领袖安全。同年 4 月间，王荣报告中国共产党将在阜平一带召开新政协会议的情报，刘其昌将该情报上报敌人，敌机遂轰炸了城南庄附近的法花村等地，当时正值庙会，造成军民损失严重。同年 8 月间，刘其昌从王荣处获悉平山县烟堡村一带召开华北人民代表大会的情报，上报敌人，引来敌机轰炸，我机关、学校、工厂与民众伤亡损失极为惨重，烟堡村被炸毁。刘其昌还向敌人传递了近千份我方军事行动及战役计划的情报，如平保等战役，影响我军歼灭蒋匪军之军事计划，至重且巨。刘其昌还密谋勾结我内部落后分子充当内奸，以便获取情报，进行破坏活动。收买我晋察冀军区司令部大丰烟厂副经理孟建德，及逃亡连长刘进昌，收买成功后，即指使他们利用亲属与商人关系，积极拉拢我晋察冀军区司令部小伙房司务长刘从文进行内奸活动。1948 年 8 月，孟建德与刘进昌到保定，告知刘其昌，已与刘从文联系上，刘其昌即转告特务站站长曹亚夫，当即开会密谋毒害毛泽东主席、朱德总司令与聂荣臻司令员的计划，但因保定解放而奸计未成。保定解放后，刘其昌组织阜平潜伏小组远逃北平，担任西直门至阜成门情报组组长，北平解放后，刘其昌潜伏该市，仍指示特务刘从志、刘文星与内奸刘从文保持联系，以便继续其反革命活动。

阜平县城南庄"毛主席住宿办"遭国民党飞机突然轰炸后，我方作出内部有特务和内奸，随时危及首脑机关安全的判断，并加紧侦查。1949 年 5 月，华北野战军解放山西大同后，在查阅敌伪档案时，意外发现一份名为《毛泽东秘密到达阜平县南湾村专报》的电报抄件。公安部立即组织地方力量将刘其昌、刘从志、王荣、刘文星等人抓获，同时将电报抄件转给华北军区保卫部，保卫部将刘从文、孟建德拘捕（另案处理）。

1950 年 9 月 27 日，河北省人民检察署向河北省高级人民法院提起公诉，同年 9 月 28 日法院作出判决：刘其昌，充当蒋匪军统特务，刺探我军政情报，几次电请匪机轰炸解放区，并意图毒害人民领袖之行为，处死刑，剥夺公权终身；刘从志，充当蒋匪军统特务，

刘其昌特务小组案

● 刘其昌特务小组案起诉书

接受被告刘其昌之指使，勾结刘从文进行内奸活动，刺探我军政情报，并意图危害人民领袖之行为，判处有期徒刑十五年，剥夺公权十年；刘文星，充当蒋匪军统特务，送达情报之行为，判处有期徒刑三年，剥夺公权三年；王荣，充当蒋匪军统特务，刺探解放区军政情报之行为，判处有期徒刑五年，剥夺公权三年。

案件背景与社会影响

  1948 年初，解放战争进入了新阶段。在陕北战场，人民军队已粉碎了国民党的重点进攻。在华北，已攻占了石家庄，晋察冀和晋冀鲁豫两块解放区已连成一片。为了便于指挥即将进行的大决战，夺取全国的胜利，党中央、毛泽东离开陕北，于 1948 年 4 月 13 日到达河北省阜平县城南庄晋察冀军区司令部驻地，形成了领导全国解放战争的新中心。毛泽东与华北军区驻在阜平城南庄，当时这一消息属于党的最高机密。然而在短短一个月时间内，敌军就在决定中国命运的战略大决战的重要时刻，向中国共产党首脑机构和中国人民解放军最高统帅部发动轰炸，其中一枚炸弹在"毛主席住宿办"门前爆炸，若不是毛泽东及时转移到房后的防空洞，后果不堪设想。该案因其极端的严重性和重大性一直在党中央的密切关注下推进。

  除城南庄轰炸外，该案 4 名被告人作为国民党军统特务，长期刺探我方战略性军事情报，屡次指使敌机轰炸我解放区，不仅造成重大人员伤亡、房屋毁损，还导致我方军事行动与战役计划被敌方探知，在解放战争的关键时刻，给我方军事行动造成极大破坏。聂荣臻在军区党委扩大会议上就该案发表讲话时指出"在全国激烈的解放战争中，党中央、毛主席驻地被国民党轰炸一事，激起全国全军的愤慨，现在想起来，都有点后怕，那是件惊天的大事。轰炸是现象，而敌特活动是本质。现在把这个案子破了，就是很大的胜利。"该案也成为反革命特务组织大案。

● 刘其昌特务小组案判决书

公诉指控 ··································

（一）并案侦查，分案判决

该案最初查明的涉案人员为 7 人，4 人为国民党军统特务，3 人为我军队的内奸分子，7 名犯罪嫌疑人最初由军队、地方分别关押和审问。但因案情复杂、重大，人员关系紧密，分头审理协调烦琐，导致侦查进展缓慢。为提高侦查效率，及时固定证据，公安部决定全案并案侦查，由地方管辖的案件部分，交华北军区政治部军法处审查，弄清全案后，再由军队、地方分别处理。本案的 4 名军统特务被移交给华北军区政治部军法处，全案由华北军区政治部保卫部侦查。侦查终结后，将刘其昌、刘从志、刘文星、王荣交由河北省人民检察署审查起诉。刘从文、孟建德等人则被华北军区政治部军法处临时法庭依法判处死刑。

（二）区别对待，审慎量刑

本案起诉书名称为"河北省人民检察署检察长起诉书"，陆治国检察长出庭支持公诉。由省级审判机关一审，体现案情重大，当时《中华人民共和国惩治反革命条例》尚未颁行，因此起诉书和判决书未援引任何法律规范，但罪责刑相适应的原则在公诉指控和量刑上得到较好体现。本案 4 名被告人，除刘其昌被判处死刑，其他 3 人均被判处有期徒刑，可以看出法院在量刑的时候并没有因为是重大敏感案件而一味追求从重处罚，而是根据被告人的犯罪行为、主观恶性和在共同犯罪中所起的作用综合评判每个被告人的人身危险性和行为的社会危害性，而这与公诉指控的力度和准确性是分不开的。

案例推荐：河北省人民检察院

撰稿：薛伟宏、邢裴裴

审稿：黄河、闵钐

乔铭勋、李炳甲诈欺案

——新中国成立后第一起不法资本家经济犯罪案件

基本案情

乔铭勋，男，时年 46 岁，河北省深县人，天津市橡胶同业公会主任委员、私营震中橡胶厂副经理。

李炳甲，男，时年 42 岁，山东省盐山县人，私营东昌橡胶厂副经理。

1950 年 11 月 27 日，乔铭勋以天津市橡胶工业同业公会会员、承订厂代表人身份，与华北军区后勤部军需部订立承做军用雨衣合同。合同明文规定利润为 5%，但乔私自拉拢李炳甲，合谋欺骗，把雨衣成本（包括军方供给的布、胶、汽油、厂方一切费用和利润）由每件 114000 余元（旧币，下同）提高到 141000 元。由乔代表承制的数十万套雨衣，使国家财产损失达数十亿元。合同还约定，订货人应按期交货，倘承制厂延误交货期限，迟交部分，每逾期 1 天，按迟交数之总值处违约金 1%，承制厂如逾期 15 天仍不能全部交货时，订货人有权不受合同约束，得另行购买，承制厂应立即将所收订款结清，除将余款退还订货人并按未交货物部分总值处以 15% 过期违约金。合同签订后，乔铭勋将从华北军需部领到的全部雨衣副料费的 50%，私自存入银行生息，直至同年 12 月 26 日才将任务分包出去，造成合同无法按期履行和大量次品的出现。当然，乔铭勋延期交货也有一定的客观原因：合同签订后原料价格和工人工资都大幅上涨。由于订购的雨衣是为抗美援朝志愿军使用的，因而华北军需部立即向上级机关进行了报告，同时向天津市人民检察署报案。

1951 年 4 月 16 日，天津市人民检察署向天津市人民法院提起公诉。同年 12 月 10 日，法院以诈欺罪判处乔铭勋有期徒刑三年，以诈欺罪判处李炳甲有期徒刑一年。

案件背景与社会影响

新中国成立初期，不法资本家为了牟取暴利进行违法活动，其主要手段是行贿、偷税漏税、盗窃国家资财、偷工减料、盗窃国家经济情报（简称"五毒"）。在资产阶级的腐蚀和影响下，政府机关中的贪污、浪费、官僚主义（简称"三害"）现象严重滋长，有的干部已经堕落变质。

1951 年 12 月 1 日，中共中央作出《关于实行精兵简政、增产节约、反对贪污、反对浪费和反对官僚主义的决定》，12 月 8 日，中共中央又发出《关于反贪污斗争必须大张旗鼓地去进行的指示》。自此，"三反"运动在各地区各系统各部门迅速展开。在"三反"运动中，又暴露出大量的贪污盗窃与社会上不法资本家的"五毒"行为密切相联。为此，1952 年 1 月 26 日，中共中央发出了《关于在城市中限期展开大规模的坚决彻底的"五反"斗争的指示》，要求向违法资本家开展一场大规模的"五反"运动。

在"三反""五反"运动开展前，根据第一届全国司法会议精神，检察机关就把查办国家工作人员的贪污案件和不法资本家的经济犯罪案件作为一项重要任务。为严厉打击贪污犯罪，1951 年 8、9 月间，最高人民检察署连续两次以书面材料向政务院周恩来总理反映全国贪污盗窃国家财产的严重情况，同时抄送或函告相关机关，建议及早制定惩治贪污盗窃国家财产条例。最高人民检察署的报告，为当时作出开展"三反""五反"运动的决策，提供了重要根据。

　　乔铭勋、李炳甲诈欺案是在"三反""五反"运动开展前，检察机关依据《最高人民检察署试行组织条例》行使侦查权，直接立案侦查、起诉的第一起不法资本家经济犯罪案件。该案受到社会各界人士的关注。当时的主要意见分歧是：国家要不要干预私营工商业者的活动？违反合同约定牟取暴利，欺骗政府，贻误军需是否构成犯罪？具有临时宪法地位的《共同纲领》第二十六条规定："中华人民共和国经济建设的根本方针，是以公私兼顾、劳资两利、城乡互助、内外交流的政策，达到发展生产、繁荣经济的目的。"第三十七条规定："关于商业：保护一切合法的公私贸易。实行对外贸易的管制，并采用保护贸易政策。在国家统一的经济计划内实行国内贸易的自由，但对于扰乱市场的投机商业必须严格取缔。"周恩来总理在《"三反"运动与民族资产阶级》一文中指出："私人经济事业如果不受限制、不受领导而任其自由发展，则中国经济的发展道路将不是新民主主义而是资本主义，将不是走向社会主义而是回复到帝国主义的附属国或殖民地经济。"

　　该案向社会昭示了私营工商业者等民族资产阶级在经营活动中应该把握的罪与非罪的界限，开启了"三反""五反"运动之先河。案件公诉和审判中面临的法律依据问题，也在一定程度上促使《惩治贪污条例》出台。1952 年 3 月 28 日政务院第一百三十次政务会议通过，1952 年 4 月 18 日中央人民政府委员会第十四次会议批准的《惩治贪污条例》第八条规定："非国家工作人员侵吞、盗窃、骗取或套取国家财物者，应追缴其违法所得财物，并得按其违法所得的多寡，参酌本条例第四、五两条的规定衡量其情节，酌处罚金或判令赔偿因其罪行所造成的国家其他损失；其情节特别严重者，并得参酌本条例第三条之规定，予以刑事处分，或并没收其财产之一部或全部；其彻底坦白、情节轻微者免予处罚。"

该案宣判后，最高人民检察署副检察长蓝公武在《人民日报》发表《加强法治观念保护国家财产》一文，结合该案阐述如何加强法治观念保护国家财产。他指出，"一方面，有些干部在委托商人加工定货承运物资当中，粗枝大叶、不调查研究，致为奸商所欺骗。""另一方面，有些干部缺乏明确的法治观点，或者对这类案件视为无关重要，采取漠不关心的态度，以致迁就、姑息、纵容奸商的不法活动。"他认为，"在政府干部和工商界中学习这些经验教训借以提高思想改进工作，并加强爱护国家财产的观念，是十分必要的。"

侦查与公诉指控

（一）慎重调查和审查起诉

1949 年 12 月颁行的《最高人民检察署试行组织条例》第三条规定："最高人民检察署受中央人民政府委员会之管辖，直接行使并领导下级检察署行使下列职权：……（三）对刑事案件实行侦查，提起公诉。"天津市人民检察署接到报案后，立即向最高人民检察署汇报。最高人民检察署派检察员马光世到天津市人民检察署协助办案。当时查办此类案件尚无先例，对于案件的认识和处理出现意见分歧。在案件调查期间，乔铭勋还有密谋对策、伪造证据、企图逃避罪责等行为。检察机关及时全面收集固定证据，主要从合同签订时抬高成本欺骗军方和合同履行时延误交货贻误军需两个方面查清了案件事实。侦办结束时，检察机关对该案的处理也是慎重的。该案不仅涉及对待民族资本家的政策问题，而且该案合同涉及的雨衣是军需品，事关抗美援朝。此外，乔铭勋身份特殊，他是天津市橡胶同业公会主任委员，同时又是民主建国会成员，属于"统战"的对象。为此，最高人民检察署先后征求了中

天津市人民檢察署起訴書

被告喬銘勳，男、年四十六歲河北省深縣人住本市沙市道恒昌里十三號

被告李炳甲，男、年四十二歲河北省鹽山縣人住本市營口道七十號

右列等被告，對章需訂賣蘆蓆坏編，以詐欺手段冷高軍用雨衣成本，攫取鉅額利潤、侵害國家財產案，經本署調查屬實，認為應依法提起公訴。

查被告等於一九五〇年十一月廿七日以天津市帳疆工業同業公會會員承訂敝代表人卽承訂人之身份與訂賣人華北軍區後勤部軍需部代表人訂立承做廿萬件軍用雨衣合同，並於成本計算中截瞞合法利潤為會議上，政府增名 在抗美援朝時期撙節省汽油減低用量，百分之五，同時由於刮瞞耗油量大，貼膠耗油量小，曾提出只黎貼膠之生產量是百分之五其成本計算與合同卽應分別計算和訂立，終因被告等陳臟壓抑機（三郉湛）設備（縣津市三堺滋只有二家，生產量最多不過百分之二，實際當時有五家，泉昌、信成正在設備共六家），堅持超額汽油用量，並以退席相要淡，在被告等有意欺瞞和慫於完成兩衣任務的情況下達成了不合理的楊議，以邨件十四萬一千元成交，使國家財庭遭受巨大損失。在此決定會中，被

● 乔铭勋、李炳甲诈欺案起诉书

乔铭勋、李炳甲诈欺案

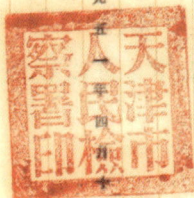

● 乔铭勋、李炳甲诈欺案起诉书

央军委、中央华北局、政务院财政经济委员会、中央统战部等机关的意见。周恩来总理对此案的处理也非常关心，当他看到起诉书副本后，函告最高人民检察署："对于起诉书完全同意，并请严予审究。"

（二）直接依据《共同纲领》起诉

检察机关提起公诉时遇到了法律依据的问题。1949 年 2 月 22 日中共中央发出《中共中央关于废除〈六法全书〉和确定解放区司法原则的指示》，司法机关的办事原则应是：有纲领、法律、命令、条例、决议规定者，从纲领、法律、命令、条例、决议之规定；无纲领、法律、命令、条例、决议规定者，从新民主主义的政策。在当时刑事法律法规尚不完备的情况下，检察机关选择直接援引《共同纲领》提起公诉。起诉书指控，"对于为首进行欺骗、非法抬高成本、大量诈取国家财产、影响军需供应、违反公私兼顾政策之被告乔铭勋、李炳甲，根据《共同纲领》第八条、第二十六条、第三十七条之规定，提起公诉，应请依法惩办，废除合同成本部分中之不合理部分，追回国家巨大损失，藉以警戒奸商、教育干部，以免再有同样事件发生。"不过，法院在判决的时候没有援引任何法律，直接表述为"乔铭勋犯诈欺罪，处有期徒刑三年。"

（三）撤销涉及职务犯罪的指控

鉴于乔铭勋的身份，其犯罪行为是否与职务有紧密关联，检察机关经过慎重考虑作出了适当选择。起诉书指控："对军需订货蓄意欺骗，以诈欺手段抬高军用雨衣成本，攫取非法暴利，侵害国家财产案，经本署调查属实，认为应依法提起公诉。"对比此前一份起诉书草稿，其中有关表述为"侵害国家财产延误军需贪污舞弊一案"，正式的起诉书删除了"延误军需贪污舞弊"的表述。乔铭勋为私营工商业者，虽然具有"天津市橡胶同业公会主任委员"的行业协会身份，但是这个身份与其涉嫌犯罪之间有无明显的职务关联

天津市人民法院 **刑** 事判决书

一九五一年十一月 内四刑字第三〇八七 日 号

公诉人　天津市人民检察署

被告　乔铭勋　男年四十六岁河北省梁县人住本市沙市道恒昌里一三号

　　　李炳甲　男年四十二岁河北省唐山县人住本市营口道七〇号

关系人　华北军区后勤军需部

主文

右被告因诈欺一案经本市人民检察署提起公诉，本院判决如左：

乔铭勋犯诈欺罪处有期徒刑叁年。

李炳甲犯诈欺罪处有期徒刑壹年。

乔铭勋代表天津市橡胶工业同业公会会员承制厂与华北军区后勤军需部订立的承制雨衣合同中成本书内非法汽油计算部份废弃，多报的汽油用量应追回缴入国库。

乔铭勋代表的天津市橡胶工业同业公会各承制厂交货误期，应按合同所订分期交货及误期罚则处置了。

● 乔铭勋、李炳甲诈欺案刑事判决书（部分）

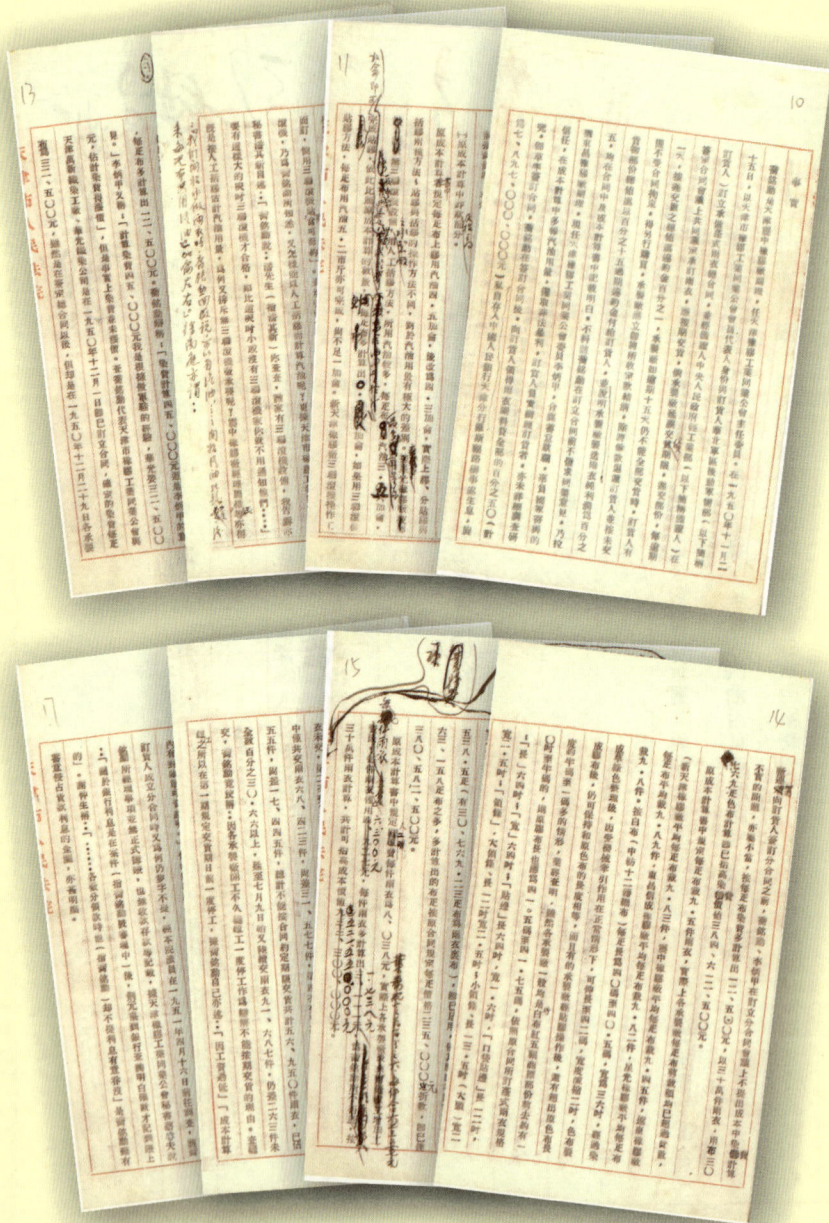

● 乔铭勋、李炳甲诈欺案刑事判决书（部分）

性，尚有不同认识，这涉及"贪污舞弊"职务犯罪能否成立。起诉书最终删除了关于职务犯罪的指控，围绕着合同签订和履行中的"诈欺"进行指控。

案例推荐：天津市人民检察院
撰稿：闵钐
审稿：黄河

李安东等七人间谍、阴谋武装暴动危害中华人民共和国案

——新中国成立后的第一起间谍案

基本案情

李安东（Antonio Riva），又名汤尼（Tony），男，时年55岁，意大利人，住北京市第一区甘雨胡同乙17号。

山口隆一，英文化名Frank，法文化名Francois Antoine，中文化名刘逸，男，时年47岁，日本人，住北京市第一区甘雨胡同16号。

马迪儒（Tarcisio Martina），男，时年64岁，意大利人，住北京市第一区乃兹府甲6号。

魏智（Henri Vetch），男，时年52岁，法国人，住北京市第一区船板胡同55号。

哲立（Quirino Victor Lucy Gerli），男，时年56岁，意大利人，住北京市第五区南池子官豆腐房15号。

甘斯纳（Walter Genthner），男，时年39岁，德国人，住北京市第一区甘雨胡同丙17号。

马新清，男，时年31岁，北京市人，住北京市第五区南池子普渡寺东巷9号。

李安东出生于中国，解放前先后充当意大利法西斯党、蒋介石匪帮、日本侵华军队和美国政府的特务间谍。1948年3月，李安

东接受前美国驻华大使馆驻北平武官处上校武官包瑞德（Colonel David Dean Barrett）所给与的间谍任务，收罗日本特务山口隆一充当情报员，又指挥充当美国政府间谍的马迪儒、魏智、哲立、甘斯纳、马新清等，分头搜集有关我解放区军事、政治、经济等情报，报告包瑞德。解放后，李安东继续在包瑞德指使下，以天津老世昌公司北京代理人身份为掩护，继续间谍活动。他指使山口隆一刺探我中央人民政府首长、中国人民政治协商会议代表以及中国共产党、各民主党派、人民团体负责人的履历、住址、电话和汽车号码，制成卡片，伺机进行破坏活动，并搜集有关我中央人民政府的政治、军事、经济等情报，报告包瑞德和其他美国间谍机关。

1950年，李安东与山口隆一同谋以其预先置备的迫击炮、手枪、手榴弹和弹药等，企图乘我国举行中华人民共和国成立一周年纪念盛典时，实行暴动，炮击天安门检阅台，谋杀届时出席大会的我国家元首及中央人民政府其他首长。此项暴动计划，事前为北京市人民政府公安局破获。1950年9月26日，李安东、山口隆一、哲立、甘斯纳、马新清分别在其住所被捕。魏智、马迪儒则分别于1951年3月、5月被捕。公安机关查获的罪证有：山口隆一测绘射击天安门图稿1幅；六零迫击炮1门；600901号手枪1支，炮弹和各种子弹494发，手榴弹8枚，迫击炮弹弹头和底火、兵器零件等273件；烈性毒药2件；各种情报底稿、情报材料等1642件；以及其他信件、文件、证件等。

1951年8月9日，公安部部长、北京市公安局局长兼北京市人民检察署检察长罗瑞卿签署"京检一字第二十三号"起诉书，向中国人民解放军北京市军事管制委员会军法处提起公诉。8月17日，军法处根据《中华人民共和国惩治反革命条例》作出判决：

李安东、山口隆一为美国政府搜集我国情报，策划武装暴动、谋杀我国家元首及中央人民政府其他首长。两被告均处死刑。

马迪儒为国民党匪帮组织特务武装，破坏解放区，为美国政府

李安东等七人间谍、阴谋武装暴动危害

中华人民共和国案

搜集我国情报，并为阴谋暴动充当美国政府特务的李安东隐藏军火武器，处无期徒刑。

魏智搜集我国情报，供给美国政府，窝藏阴谋暴动充当美国政府特务的山口隆一，处徒刑十年。

哲立为美国政府搜集我国情报，处徒刑六年。

甘斯纳为美国政府刺探我国情报，处徒刑五年。

马新清为充当美国政府间谍的哲立供给与传递情报、隐匿财产，处徒刑九年，剥夺政治权利十五年。

案件背景与社会影响

该案被称为新中国成立后的第一起间谍案，与当时的外交政策、中美关系以及镇反运动的背景有着密切联系。新中国成立前夕，美国政府坚持敌视新中国的立场，中共中央决定展开针锋相对的斗争。1949年6月30日，毛泽东正式批准禁止美国新闻处在中国的活动，批准对美国驻沈阳总领事瓦尔德等人进行公开审判。新中国成立后，实行"打扫干净屋子再请客""另起炉灶""一边倒"的外交政策。1950年6月朝鲜战争爆发，美国为首的"联合国军"介入，严重威胁新中国的国家安全。国内隐藏的特务、土匪、敌对势力在各地制造杀人、抢劫、攻击地方政府的行动，安全形势骤然紧张，中共中央作出镇压反革命的重大决策。李安东间谍案的起诉与审判，对于配合抗美援朝战争，开展反帝爱国运动，肃清帝国主义在中国的势力和影响起到积极促进作用。该案的起诉书、判决书全文刊登于1951年8月18日的《人民日报》。

1951年1月3日，北京市人民检察署正式成立。本案公诉人由北京市人民检察署检察长罗瑞卿担任。罗瑞卿是新中国第一任公安部部长兼北京市公安局局长。人民检察署筹建初期，由公安机关负责人兼任检察长是当时较为普遍的做法。罗瑞卿检察长带头办案，对筹建初期的北京市检察机关各项检察业务工作的开展起到带头示范作用。

公诉指控 ········

（一）有力指控

本案起诉书对被告人罪行的揭露极其深刻，特点是：其一，控证结合。公诉人把重要的证据直接写进起诉书，揭露性极强，指控有力，对于没亲临审判现场的人，仅从起诉书内容，就能深刻感受到李安东、山口隆一等人为祸我国的野心与卑劣手段。如在指控李安东武装暴动阴谋部分，写道"李安东对于这个罪恶阴谋，曾作如下之供认：……我有 Stokes 式迫击炮一门，手榴弹六或八个，手枪一支，还有迫击炮弹，还有几百粒子弹……我计划将来有机会使用，或者借给别人使用……我曾经与山口隆一说过，可以在天安门地方试一试。"等。其二，结构严谨。全文脉络清晰，有章可循。采取"总、分、总"的叙述手法，正文第一段对全案侦破过程及提起公诉的背景进行简洁交待，以"本检察长根据各被告以下的犯罪事实和证据，提起公诉"切入指控，对 7 名被告人基本情况详细述明后，以 200 余字概括全部犯罪事实，然后再以"兹将各该被告犯罪的主要事实列述如下"引入分述各人各事，对 7 名被告人的总体犯罪事实和各人犯罪事实条分缕析，泾渭分明。结论部分综合全案事实后，总结"本案的各被告都是美国政府直接指挥的特务间谍。被告李安东、山口隆一、马迪儒、魏智、哲立、甘斯纳、马新清等在上述美国政府间谍机关的指挥之下，阴谋武装暴动，隐藏军火武器，妄图危害我中华人民共和国元首，刺探我国军政机密，破坏我人民民主事业"的罪行，提出起诉依据和请求。

李安东等七人间谍、阴谋武装暴动危害中华人民共和国案

（二）法律适用

1951 年 2 月 9 日政务院第七十一次政务会议通过，2 月 20 日中央人民政府委员会第十一次会议批准《中华人民共和国惩治反革命条例》（以下简称《条例》），这为惩治反革命犯罪提供了法律武器。从起诉书指控的犯罪事实来看，适用《条例》时涉及的条款有第二条，第六条第一、三两款，第七条第一、四两款，第十三条，第十七条，第二十条。例如《条例》第六条规定："进行下列间谍或资敌行为之一者，处死刑或无期徒刑；其情节较轻者处五年以上徒刑：（一）为国内外敌人窃取、刺探国家机密或供给情报者……（三）为国内外敌人供给武器军火或其他军用物资者。"第七条规定："参加反革命特务或间谍组织，有下列情节之一者，处死刑或无期徒刑；其情节较轻者处五年以上徒刑：（一）受国内外敌人派遣潜伏活动者……（四）解放前参加反革命特务或间谍组织，解放后继续参加反革命活动者……"该案主犯的犯罪事实完全符合。《条例》第十三条规定："窝藏、包庇反革命罪犯者，处十年以下徒刑；其情节重大者，处十年以上徒刑、无期徒刑或死刑。"该案中马迪懦、魏智的窝藏、包庇行为也完全符合。

案例推荐：北京市人民检察院

撰稿：宋京霖、王文静

审稿：闵钐

王子俊、唐焰山"乐捐假释"案

——最高人民检察署中南分署检举的违法乱纪案件

基本案情 ··

王子俊，男，时年 45 岁，山西人，武汉市人民法院院长。

唐焰山，男，时年 30 岁，四川人，武汉市人民法院看守所湖心亭劳动大队副大队长。

1950 年 1 月间，武汉市人民法院为解决看守所的房屋困难，增加财政收入，在法院采取"徒刑易科罚金的办法"；同年 4 月看守所管教股长冯中起为开展反逃犯教育在监所组织文工团，因经费无着遂向犯人募捐，并经请示领导，犯人捐款可以和易科罚金一样给予减刑。所谓"假释募捐"的运动从此开端，接着该看守所建筑公司及湖心亭两处劳动队相继仿效。湖心亭劳动队副队长唐焰山组织犯人成立"乐捐委员会"，调查犯人的家庭经济情况，宣传动员犯人家属乐捐，催取捐款等，即"乐捐假释"，当时的口号是"乐捐等于劳动好"，假释或减刑，则以乐捐多少为标准。

在推行此项制度过程中，唐焰山利用职务敲诈犯人李振山 15 万元（旧币，下同）、绿豆糕 1 盒，王文清 20 万元、齐光珍红金牌纸烟 2 条、绿豆糕 2 盒，孙国元回力鞋 1 双、鸡蛋 100 枚，周季良布鞋 1 双，金传明洗脸盆 1 个，郑华容热水瓶 1 个，叶石林 1.8 万元、金银计 5 万元，马世清 5000 元，以及不记姓名之犯人 40 万元，另贪污合作社余款 3.2 万元及高田禄捐款 5 万元（敲诈及贪污共计

90.5 万元）；挪用劳动队农器及办公用具费用尚亏空 54.145 万元。犯人程少庭年老不能劳动，又因家贫无钱乐捐，逃跑未遂后返回劳动队向唐焰山报告，唐焰山召开斗争会，将程捆绑并强迫劳动。后程少庭因痛苦难堪，于端午节当晚跳楼自杀，造成恶劣后果。

"乐捐假释"制度直至 1950 年 8 月 4 日被武汉市人民检察署发觉检举才正式停止。自 1950 年 4 月 16 日至 8 月 4 日期间，武汉市人民法院共发假释证有据可查者 174 名，无存根者 19 名，总计释放犯人 193 名，假释捐款的数额（包括实物折价）共 8154.97 万元。1950 年 12 月 30 日，最高人民检察署中南分署以"一九五〇年刑字第一号"起诉书向最高人民法院中南分院提起公诉。最高人民法院中南分院于 1951 年 4 月 29 日作出判决，对此次事件中应负领导责任的武汉市人民法院领导王子俊，由中南军政委员会作出撤销工作、训诫及两年不负领导责任的处分，免于刑事处分；对唐焰山在乐捐假释中所犯贪污、敲诈罪行，移送武汉市人民法院依法审判。此后，经武汉市人民检察署起诉，武汉市人民法院作出 1951 年刑字第 28 号判决，以唐焰山虐待犯人致自杀判处有期徒刑三年；利用职务连续敲诈犯人财物处徒刑一年半，执行徒刑三年并褫夺政治权二年。

案件背景与社会影响

1950 年，全国各级检察机构开始建立，全国五大行政区内建立了 5 个检察分署、并建立了 35 个省、17 个市、11 个专区和 41 个县的检察署，人民检察工作开始初步开展。各级检察署以检察反革命案件为工作重心，在会同司法机关、公安机关清理和处理反革命等刑事案件的同时，履行检察职权纠正量刑不当和监所管理失当的问题。

1951 年 1 月 12 日，《人民日报》刊发文章《人民检察工作已初步开展——全国各级检察机构及制度开始建立》，该文在回顾

1950 年全国各级检察署的工作成就时，分别从检察反革命案件、检举违法乱纪案件和改进狱政工作等方面进行了总结。其中"检举违法乱纪案件"部分特别提到了武汉市检察署检举的"乐捐假释"案件。"乐捐假释"事件的处理，体现了人民政府实事求是的工作作风，体现了新中国检察机关有错必纠、维护法律尊严的法律监督属性。

侦查与公诉指控

（一）履行检察侦查职权，检举违法失职

根据 1949 年 12 月颁行的《最高人民检察署试行组织条例》，各级检察机关有权对刑事案件实行侦查，提起公诉。此时尚未对自行侦查案件的范围作出明确规定，该案就是武汉市人民检察署建立后在探索自行侦查案件方面取得的重要突破。武汉市人民检察署于 1950 年 5 月组建，当年 7 月成立侦查和检察二组。8 月，成立之初的武汉市人民检察署经侦查发现法院在劳改人犯中实行"乐捐假释"，向最高人民检察署中南分署报告后，经武汉市人民检察署、人民监察委员会、中南检察分署、人民监察委员会等机关联合进行调查。后又由各有关机关共同组成检查小组做第二次调查后，查清了"乐捐假释"的全部情况，对发现的问题进行检查纠正，最高人民检察署中南分署对相关责任人依法提起公诉。

（二）全面审查，依法起诉

最高人民检察署中南分署的起诉书，依据《中国人民政治协商会议共同纲领》第十九条关于"纠举违法失职"之规定提起公诉。起诉书对已查明"乐捐假释"中存在的各类问题进行了全面列举：（1）对"乐捐假释"本身存在的问题进行指控。指出武汉市人民法院在公开组织"乐捐委员会"进行"乐捐假释"的过程中，负有领

● 王子俊、唐焰山"乐捐假释"案起诉书

导责任的王子俊7次批准盖印空白假释证，并将职权轻易交与下级，至转让犯人之手，造成犯人敲诈勒索、乘隙脱逃，干部腐化贪污，人民财产损失。（2）对法院刑名刑期不明确、量刑畸重畸轻的违法判决进行指控。在刑名刑期方面，因法院判决判处"长期劳动改造"这种不明确刑期，造成犯人恐慌逃跑之严重现象；在量刑方面，通过对两起强奸案件的判决进行对比，指出法院判决存在畸重畸轻的问题。认为法院此类违法判决，已引起广大群众不满。（3）对劳动大队副队长唐焰山虐待犯人致其自杀，以及贪污的职务犯罪行为进行指控。

起诉书指控称"被告等身为执法之表率者，竟敢违法失职，丧失立场，严重地破坏法律之尊严，致引起人民生命财产受到损害，政府威信受到损失……特此提请最高人民法院中南分院依法判处，藉以惩前毖后和整肃人民神圣之法纪。"这一表述，是检察机关依法对公务人员职务行为、司法审判、狱政管理履行检察职责的综合体现。

中南分署的起诉书为竖版行文，在第二被告唐焰山简历部分，因存在文字顺序改动，在该修改处加盖了时任中南分署收发员的张思卿（1993年3月至1998年3月任最高人民检察院党组书记、检察长）的印章，在体现检察机关法律文书制作严谨性的同时，也留下了珍贵的历史印记。

（三）对"乐捐假释"性质认定及刑事追责

由"徒刑易科罚金"发展到"乐捐假释"，在性质上就是"花钱买刑"，实行过程中致使犯人普遍认为"有钱可以赎罪，无钱便该坐牢"，导致情绪低落、不愿决心改造。最高人民法院中南分院在判决书中明确指出，就"乐捐假释"事件的性质和影响来看都是错误的和有害的，不仅违背了国家的刑事政策，同时也破坏了狱政工作，给人民政府威信造成严重损失。

在纠正这一错误问题的同时，此案在程序上也较为独特。先是

王子俊、唐焰山『乐捐假释』案

● 王子俊、唐焰山"乐捐假释"案判决书

中南分署起诉，中南分院在判决书中对王子俊免予刑事处分。同时又作出一项程序性的裁判，将唐焰山移送武汉市法院审判。由武汉市人民检察署对唐焰山在推行"乐捐假释"中贪污及虐待犯人的行为提起公诉。武汉市人民法院援引1950年11月22日发布的《中南区惩治贪污暂行条例》第三条（利用职务上之机会敲诈勒索财物者，以贪污论罪；对于主管或监督之事务，直接或间接图利者，以贪污论罪）、第四条（应视其所得数额折合当时当地主要粮食多寡，依相应规定处断）、第八条、第九条等相关规定，对唐焰山作出判决。

（四）检查纠正"乐捐假释"问题

武汉市人民检察署在发现"乐捐假释"问题后，及时向市人民政府报告。在启动司法程序追究相关责任人违法失职责任的同时，市政府指定由市政府秘书长、市法院副院长、市人民检察署副检察长组成善后处理小组，处理此次事件的善后工作。经调查核实，乐捐而未假释的犯人有33名，函请武汉市财政局以司法特别支出项目拨款发还，退款照缴款时的实物折算。对捐款犯人因刑期执行期满已释放者，亦将款退还。假释的人均为刑事罪犯，除毒品犯3人按原判欠月余（余刑一个多月）外，其余人犯均刑期已过，为使社会不再发生影响，决定一律不予追押。

案例推荐：湖北省人民检察院

撰稿：卫杰

审稿：黄河、闵钐

刘青山、张子善贪污案

——新中国成立后首例高官巨贪案

基本案情

刘青山，男，时年 36 岁，河北省安国县人，天津地区地委书记。

张子善，男，时年 38 岁，河北省深县人，天津地区行署专员。

刘青山、张子善的主要犯罪事实是：1950 年至 1951 年二人在担任天津地区领导期间，盗窃飞机场建筑款 25.4 亿元（旧币，下同），非法挪用灾民造船款 4 亿元，治河专款 30 亿元，干部家属救济粮款 1.4 亿元，骗取银行贷款 60 亿元，违法动用地方粮款 28.8272 亿元，经营河工供应、剥削治河民工和吞食水利款 22 亿元。以上盗窃国家和剥守国家人民资财，共计 171.6272 亿元。

刘青山、张子善在盗窃了大量资财以后，即投入所谓"机关生产"，进行违法经营，牟取私利。曾以 100 亿元巨款用私商隆顺号名义投入私人银号，逃避国家金融管理；为开设木材厂，则以张佩三冒充军官前往东北盗买大量木材；为图暴利，一次即交给张文义 49 亿元倒运钢铁，任其盗窃、投机达半年之久，致使国家资财损失达 21 亿元。在组织河工供应时，刘青山给供应站布置赚取 30 亿元的"任务"，张子善则具体实施。治河民工由于食品恶劣，劳动过重，因而病、残以至死亡的不下 10 人。克扣飞机场占地赔款和居民搬家费，使不少家庭流离失所。二人以盗窃国家资财与非法经营所得，尽量地挥霍浪费，过着可耻的腐化堕落生活。

1951 年 10 月，河北省天津地区行署副专员李克才向河北省委组织部揭发了刘青山、张子善的若干违法乱纪事实后，引起了河北省委的高度重视，随即成立了以省政府主席杨秀峰为主任，组织部部长薛迅为副主任，省检察署检察长孙光瑞、省监委主任李国华、省法院院长宋志毅为委员的 5 人处理刘张委员会。1952 年 1 月 18 日，河北省人民检察署检察长孙光瑞、副检察长杨沛签署起诉书，向河北省人民法院提起公诉。省法院院长宋志毅担任审判长，组成临时法庭，审理了此案，然后报请最高人民法院复核。2 月 10 日上午，河北省人民法院临时法庭在保定市体育场举行公审大会，河北省人民法院院长、临时法庭审判长宋志毅宣布判决：奉中央人民政府最高人民法院令准，判处大贪污犯刘青山、张子善死刑，立即执行，并没收其本人全部财产。

案件背景与社会影响

1949 年 3 月，毛泽东主席在党的七届二中全会上告诫："敌人的武力是不能征服我们的，这点已经得到证明了。资产阶级的捧场则可能征服我们队伍中的意志薄弱者。可能有这样一些共产党人，他们是不曾被拿枪的敌人征服过的，他们在这些敌人面前不愧英雄的称号；但是经不起人们用糖衣裹着的炮弹的攻击，他们在糖弹面前要打败仗。我们必须预防这种情况。"1951 年 12 月，中共中央作出指示，"三反"运动在全国展开。这是中国共产党执政后自觉地抵制和克服资产阶级对党的腐蚀，保持共产党人廉政为民本色的一次成功实践。

该案就是发生在这一历史背景下新中国首例高官巨贪案。当时党内也有同志认为，刘青山、张子善错误严重，罪有应得，当判重刑，但考虑到他们在战争年代出生入死，有过功劳，在干部中影响较大，是否可以向毛主席汇报，不要枪毙，给他们一个改造的机会。毛主

席得知这种意见后说，正因为他们两人的地位高、功劳大、影响大，所以才要下决心处决他们，只有处决他们，才可能挽救 20 个、200 个、2000 个、20000 个犯有各种不同程度错误的干部。刘青山、张子善被最高人民法院核准判处死刑后，中共河北省委根据中央领导的有关指示，详细地研究了处决刘青山、张子善之事，决定了以下几项措施，交待与行刑人员及善后单位执行：（1）子弹不打脑袋，打后心；（2）敛尸安葬，棺木由公费购置；（3）二犯之亲属不按反革命家属对待；（4）二犯之子女由国家抚养成人。"三反"运动中处决刘青山、张子善，不仅在当时起到了振聋发聩、扶正祛邪的良好效果，而且几十年之后，人们记忆犹新。这一新中国成立初期的"打老虎"案件向全社会和人民表明：我们党决不会做李自成，决不会放任腐败现象滋长下去，决不会让千千万万先烈用鲜血和生命换来的江山改变颜色！

公诉指控

（一）通过详尽的事实和确凿证据，揭露案犯"罪大恶极"的特征

刘青山、张子善案被称为"新中国反腐第一大案"。由检察机关参与组成的调查委员会，通过查明详尽的案件事实和证据，并在公审大会上进行控诉，揭露了案件"罪大恶极"的特征。一是数额特别巨大。起诉书指控犯罪数额合计 171 亿余元，在新中国成立初期这样的犯罪数额是空前的、惊人的！二是犯罪行为长期造成恶劣社会影响。刘青山、张子善疯狂敛财可谓不择手段，甚至将犯罪"黑手"伸向涉及"民生"的领域，并引发严重后果：有的治河民工因食品恶劣、劳动过重而病残以至死亡；克扣飞机场占地赔款和居民搬家费，使居民流离失所；占用地方粮款，以致很多地方的农村小

● 刘青山、张子善贪污案起诉书

● 刘青山、张子善贪污案起诉书

● 刘青山、张子善贪污案起诉书

学不能兴办。这些所作所为，给人民、给党和国家造成的损失是极其巨大的。在公审大会上，被刘青山、张子善二犯所剥削的灾民代表作为证人，控诉了刘青山、张子善克扣灾民造船费致使灾民流离逃荒的罪行。他沉痛地说："在1950年修河时，上级是叫以工代赈，可是刘青山、张子善大贪污犯不执行上级的指示，光俺村就克扣了4430斤米。这还不算，又把好粮食给俺们换成坏棒子面和小米，好多人都吃得生病了，俺一村就病了10多个。"三是腐蚀发案地区大量干部的思想。刘青山、张子善的胡作非为，影响所及，已深深地侵袭与腐蚀了天津专区各县许多的干部。在刘青山、张子善指使下非法动用地方粮款竟被认为是"合法"；剥削劳动人民的叛变阶级行为竟被认为是"发财有道"；挥霍、浪费不被认为是可耻，反被认为是"大方"与"进步"。

（二）挖掘思想根源，彰显出庭公诉的警示教育作用

起诉书指出："刘、张以前虽对革命有所贡献，但胜利以来经不起环境的考验，经不起资产阶级糖衣炮弹的袭击，完全暴露了他们原来恶劣的本质，走向叛党、叛人民的黑暗道路，成了资产阶级在党内散布毒素，侵蚀革命队伍的代理者。"控诉词指出："他们已被资产阶级的损人利己思想、作风侵扰引诱，腐化堕落到完全变为党、国家和人民的叛徒。"这些指控充分体现了中共中央七届二中全会的精神，较好地彰显了出庭公诉的警示教育作用。

案例推荐：河北省人民检察院

撰稿：薛伟宏、王晨

审稿：黄河、闵钐

18511 次货物列车脱轨重大事故案

——20 世纪 50 年代铁路运输检察机关办理的专门案件

基本案情

马彭年，男，时年 47 岁，江苏省淮安县人，北京铁路局石家庄车站货运司磅员。

1953 年 10 月 28 日，石家庄站承运了石家庄信托公司发往唐山信托公司的建筑材料，包括长短、轻重不同的铁管、原铁等货物共计 43.386 吨。10 月 30 日，马彭年在监装这批货物时，没有按照《货物输送规则》第四十四条之规定监督工人将不同类型、轻重的货物按照重大的装在下面、轻小的装在上面的装载规则进行装载，而是放任了装载工人混合装运的方法，导致列车装载不良、轻重倒置。装有该批货物的 18511 次货物列车在行至万庄站后，车厢中的铁管掉落轨面，致使列车第 47 位台车右轮垫起脱轨，第 48 位亦相继脱轨，最终造成该次列车脱轨的重大事故，给国家造成经济损失 1.7 亿余元（旧币），并堵塞正线通车 3 个小时。另查明，马彭年还有其他 3 次玩忽职守，致使铁路货运漏装、货修、货损等情况。

1954 年 4 月 12 日，天津铁路沿线专门检察署向天津铁路沿线专门法院提起公诉。同日，法院对马彭年玩忽职守、忽视规章制度

造成列车脱轨重大事故的行为判处有期徒刑半年，缓刑半年。

案件背景与社会影响

　　该案系全国铁路系统中设立的第一个铁路专门检察署——天津铁路沿线专门检察署成立后办理的首批案件之一。1953年11月5日，《人民日报》发表了题为《司法工作为经济建设服务的重要方式》的评论员文章，文章指出："天津铁路沿线专门法院与专门检察署的成立，在我国人民司法工作的建设上有重大意义，通过这样的组织形式，必将使人民司法工作更为有效地为国家的经济建设服务。"首批案件的成功办理，为全国铁路检察机关的设立探索了经验、建立了试点，对于保证铁路的治安秩序、保护铁路运输生产任务的完成、保障国家经济建设的顺利进行起到了重要作用。

　　铁路运输检察院是根据《宪法》和《人民检察院组织法》的规定，为适应保障铁路运输安全的需要，设立在铁路运输系统的专门检察院。1953年，全国已经顺利完成了社会民主改革和国民经济的恢复工作，开始了大规模、有计划的社会主义经济建设。为了适应经济建设和法治建设的需要，1953年5月，经政务院批准的第二届全国司法工作会议的决议中指出："有计划、有重点地逐步建立与健全工矿区和铁路、水运沿线的专门法庭。"与此相适应，最高人民检察署党组向中共中央提交的《关于检察工作情况和当前检察工作方针任务的意见的报告》中，也提出了"逐步地建立矿区检察署和铁路水运等专门检察署"的意见，并得到中共中央的批准。

　　1953年6月，天津市人民检察署根据最高人民检察署关于加强工矿企业检察工作的要求，与天津铁路管理局商定筹备天津铁路沿线专门检察署事宜，同年10月16日，天津铁路沿线专门检察署和沿线专门法院成立大会在天津铁路宁园文化宫举行。至此，全国第一个铁路沿线专门检察机关正式诞生。之后，各铁路管理局所在

天津鐵路沿綫專門檢察署起訴書

鐵檢字第 一 號

一九五四年四月廿二日

被告馬彭年，男，卅岁，原籍江蘇省淮安縣人，現住石家庄廣志東街鐵路宿舍內號，石家庄站貨運司磅員

被告馬彭年在一九五三年十月廿日住業中盐藏由石家庄信託公司發往唐山信託公司一批建築器材（元鐵及鐵皮）共四十吨零三百八十六公斤，粗細不一，由被告馬彭年裝载監裝在作業中不負責的違犯貨物運送現章之第四十四條第六項之規定，將貨物類型輕重大小混合裝入車內造成尖重脚輕之不良裝載，該車掛入18511次列車，通过萬庄站向貨物墜落軌面將車輪墊起擊故脱轨事故給國家財產造成一億七仟餘萬元的損失。

被告馬彭年在平時作業中曾有多次失責任觀念粗技大叶馬馬糊期，在該次重大事故發生後不但不能接受教訓加強自己的責任心，改進自己工作，反而近来又往作業中發生多次違章情况：

（一）一九五四年三月十九日石油公司空桶，由石站發往天津车台發現繩索鬆勸造成货

18511次货物列车脱轨重大事故案起诉书

修费用达七四九.〇〇元。

(二)三月廿五日清点往衡水装运之面粉,不能详细查点,漏装四袋,结果经领班督促查出,继手造成事故。

(三)三月廿六日梁往沈阳的席子一批,实际件数是两件,被告图彭年粗心大意不作详细清点,即在货票上填写124件,到达沈阳站货主接货,要铁路赔偿。

(四)三月梁往赛集的空桶,又造成货修,从以上可以看出被告写彭年这种一贯写马糊糊粗枝大叶不负责任其性质是非常恶劣的给国家造成严重损失。本署为了确保铁路交通运输事业之安全及维护国家资财起见特对写彭年提起公诉。

● 18511 次货物列车脱轨重大事故案起诉书

60

地铁路沿线专门检察署陆续筹建。1955 年 1 月 16 日，根据《中华人民共和国人民检察院组织法》规定，最高人民检察院建立了最高人民检察院铁路、水上运输检察院。截至 1956 年，在全路 15 个铁路管理局所在地分别设立北京、沈阳、郑州、锦州、广州、上海、太原、济南、齐齐哈尔、哈尔滨、成都、兰州、吉林、柳州、昆明等各铁路运输检察院，在各铁路运输分局所在地分别设立天津等 53 个铁路运输检察分院。此时，设在全国铁路运输系统的专门检察机关已成为国家建制的专门检察机构。1957 年 10 月，根据国务院决定，全国铁路、水上运输检察院和各铁路运输检察院及所属检察分院先后撤销，其检察业务工作移交所在地的地方人民检察院。此后至 1982 年 4 月，铁路检察工作中断，直至 1982 年才得以恢复。

铁路运输检察机关的建立，是依法治路的一个重要标志。铁路是国民经济的大动脉，运用法律手段管理铁路，同运用经济手段管理铁路具有同等重要的意义。各级铁路运输检察院通过查处重大责任事故、客盗货盗、投机倒把、假冒商标等一系列案件，维护了新中国各项法律法规的实施，且检察机关专门的法律监督，同铁道部门的行政监督和广大职工的群众监督结合起来，在铁路系统形成了一个完整的监督体系，维护着国家的法律、法令、政令的正确实施。

公诉指控

（一）提起公诉的法律依据

新中国成立初期，很多刑事案件在起诉时有援引《共同纲领》的，有援引《惩治反革命条例》和《惩治贪污条例》的，但是对于重大责任事故案件，却没有相应的刑事法律。该案从检察机关的指

控到审判机关的判决，都未引用法条或相关规定，这也是时代烙印。被告人马彭年因违反铁路货运管理规章制度、玩忽职守致使发生铁路运营安全事故、造成严重后果的行为，应当是一种过失犯罪。对于企业单位职工不服管理、违反规章制度操作，造成严重后果的行为，当时仅原则性的规定，应当移交人民法院治罪，并未明确具体的罪名或刑期。如在解放战争后期，华北人民政府于1949年6月16日发布的《关于石景山钢铁厂化验室失火事件的通令》指出："5月25日石景山钢铁厂化验室失火，直接损失人民币四千多万元。经查实后，决定对于工作一贯不负责、玩忽职守的肇事直接负责人撤职处分，并交法院究办。"新中国成立以后，在一些关于厂矿的管理法规中，规定了一些关于重大责任事故的处理办法。如1950年9月19日政务院批准、东北人民政府公布的《东北公营工厂矿山安全责任制度暂行规定》规定："倘因不遵守各种安全制度而招致事故，损害国家财产者，则应按其损失大小论处。重者要送人民法院依法治罪。"1954年7月14日政务院公布的《国营企业内部劳动规则纲要》规定："（1）违反劳动纪律的情节严重，使企业遭受重大损失者，应给予开除处分，或送法院依法处理。（2）企业领导人员犯错误或违反劳动纪律时，得按其隶属系统由原任命机关分别情节轻重，给予纪律处分，或送法院依法处理。"上述规定均是在新中国成立初期，对于企事业员工玩忽职守造成重大责任事故行为的处理依据。

（二）铁路运营安全事故罪的今昔对比

1979年《刑法》第一百一十四条规定了厂矿重大责任事故罪，即"工厂、矿山、林场、建筑企业或者其他企业、事业单位的职工，由于不服管理、违反规章制度，或者强令工人违章冒险作业，因而发生重大伤亡事故，造成严重后果的，处三年以下有期徒刑或者拘役；情节特别恶劣的，处三年以上七年以下有期徒刑。"这样对于该案这种责任事故犯罪行为的评价才有了刑法依据。但是在1997年

18511 次货物列车脱轨重大事故案

对石家庄站始发的一八五一一次货物列车在蔺庄站脱轨重大事故调查

报告（蔺庄站系北京路局管辖）

一、实事经过

一九五三年十月十八日石家庄站承运石家庄信托公司发往唐山信托公司的建筑器材一批，运单是三六二六号，计重四十吨零三百一十六公斤，其中元铁十四吨一二五公斤，铁管二十五吨九百七十八公斤。器材的粗细长度不一，其中元铁直径一百零八公斤，铁管直径30～130公厘，据货主讲长度都是六米，但装车时发现有五米六米、七米不等。该货物系用四型號车装载，由司磅员马彭年监装，该站供应社第十六班工人装车第一八五一一次货物列车牵引，于十月廿日九时四十九分该货物列车通过蔺庄站后，于下行正线63公里867公尺处，由于装载不匀所以440号车上元铁即开始坠落，行至867公尺处，铁管掉到轨面上，将机后四十七位（即该事故车后部第一位）台车右轮垫起脱轨，第四位亦相继脱轨，列车于九时五十二分在64公里600公尺处停车。

该次事故的发生，给国家造成了价值一亿七仟余万元的巨大损失，其中铁路器

● 18511 次货物列车脱轨重大事故案调查报告（部分）

- 18511 次货物列车脱轨重大事故案调查报告（部分）

18511 次货物列车脱轨重大事故案

● 18511 次货物列车脱轨重大事故案判决书（部分）

《刑法》生效前，尚没有关于铁路运营安全的专门罪名。为了有针对性地打击、防范铁路运输领域内的责任事故，1997 年《刑法》第一百三十二条专门规定了铁路运营安全事故罪，故被告人马彭年的行为如果放到今天进行评价，如果其造成了严重或特别严重后果的，则以铁路运营安全事故罪认定为宜。

案例推荐：天津市人民检察院

撰稿：任婕

审稿：闵钐

李炽桐偷逃税款案

——新中国成立初期人民检察署侦查起诉的涉税案件

基本案情

　　李炽桐，时年 24 岁，广东省番禺县人，美华塑胶厂代经理。

　　1954 年 6 月，李炽桐以压低半成品存货价值、高报产品成本及漏报存货数量等方式偷漏所得税额 1869000 余元（旧币，下同），连同所欠所得税合共抗缴所得税款 29800000 元。

　　李炽桐拉拢腐蚀工人，掩盖其不法行为，勾结其他不法资本家腐蚀工人群众，在厂内大肆赌博，耗费厂内资金，促使工友梁树民等人聚众赌博输光后，即在其薪金内扣除，致使梁树民等工友本应寄往家中的生活费用也被耗尽。梁树民因此被迫将手表拍卖还债，影响工人家庭生活及生产情绪，破坏社会治安。李炽桐于"五反"前，与其兄李明共同利用美华塑胶厂的合法名义，大肆进行走私漏税，盗窃国家财物的违法活动。经"五反"时核定应退补国家款项为 591451937 元，但未足额退补，尚欠 266451970 元。李炽桐不但不积极依法退补，反而在 1953 年 1 月至 1954 年 6 月期间，以借工薪和用李明名义借工薪、支干薪等方式，大量抽走未经批准分配的 1953 年红利 61995070 元，及厂内生产资金 8604930 元，共计抽走 7060 万元。另外有意将厂内资金借给工友赌博挥霍，尚未清还 28290250 元。此行为一方面逃避了"五反"退补，损害国家利益；另一方面造成厂内生产资金缺乏，生产停顿，严重破坏生产。李炽桐在其罪行被揭发后，企图逃避罪责，伪造事实，潜逃香港。根据调查显示，其母亲早已去世，但李炽桐却先后两次以母亲生病的名义，向公安机关申请前往香港，均未被批准。

检察机关认为李炽桐逃避"五反"退补、偷税漏税，蓄意破坏生产，抗拒社会主义改造，大肆赌博，破坏社会治安，且有向公安机关隐瞒，潜逃香港之嫌疑，以图逃避侦查和审判。1954年8月20日，广州市人民检察署根据北区税务分局的检举开始侦查，9月1日作出"施行羁押决定书"和"检举被告人决定书"。9月23日，广州市人民检察署向广州市北区人民法院提起公诉。11月，法院判处李炽桐有期徒刑四年，并清缴欠税及"五反"退补款项。

案件背景与社会影响 ·········

　　该案是新中国成立初期检察机关侦查起诉的一起资本家偷税漏税案件。虽然起诉书指控李炽桐逃避"五反"退补，偷税漏税，大肆赌博，抽走资金，造成生产停顿，但是该案侦查起诉的时间为1954年8月至9月间，这时"五反"运动已经结束。因此，本案与其说是"五反"运动中的案件，不如说是当时的检察机关在自行侦查案件中根据税务机关的检举主动查办的涉税案件，这为检察机关侦查、起诉涉税案件积累了工作经验。

　　值得一提的是本案是在广州市人民检察署副检察长郑北辰的领导下办理的。郑北辰曾任四野十五兵团保卫部部长，1950年10月从部队调到地方工作，1951年5月奉中南军政委员会命令负责组建广州市人民检察署，1951年12月被任命为广州市人民检察署副检察长。在"三反""五反"运动中，他亲自带队进驻市税务局开展工作。1955年任广东省人民检察院副检察长，1957年"反右"运动中被错划为"极右分子"。

1951 年冬，中央在北京召开了全国编制会议，会议的中心议题是精兵简政，检察机关被列为精简的范围，这被称为检察机关"三落三起"中的"一落"。郑北辰得知后，给毛泽东主席写了封信，坚决反对检察机关"名存实亡"，力主保留检察机关。收到来信后，毛泽东亲笔批示："请检察署党组提出意见。"最高人民检察署党组立即给毛泽东写了详细的汇报，历陈保留检察机关的必要性和重要性，特别指出了检察机关在镇压反革命运动中所起的积极作用。

侦查与公诉指控

（一）探索涉税案件的自行侦查

新中国成立初期检察机关自行侦查案件范围处于探索阶段，侦查涉税案件不多。广州市人民检察署针对李炽桐有意逃避"五反"退补偷税漏税，大肆赌博，抽走厂内资金，造成生产停顿一案进行侦查，全面固定证据。针对李炽桐有编造虚假理由，意图逃避处罚和审判的行为，依法对其批准逮捕，确保诉讼顺利进行。

（二）试行正规办案程序

从案件现有的法律文书及其内容看，首先是北区税务分局检举，广州市人民检察署于 1954 年 8 月 20 日开始立案侦查；侦查员黄财于 8 月 31 日提出"施行羁押"申请和"检举被告人"申请；9 月 1 日，郑北辰副检察长分别批准了"施行羁押决定书"和"检举被告人决定书"；9 月 23 日，郑北辰副检察长批准"起诉书"。从立案、侦查、批捕到审查起诉都有了基本的办案程序。从办案程序上看，当时广州市人民检察署在侦查中制发了"检举被告人决定书"，这也体现

● 李炽桐偷逃税款案检举被告人决定书

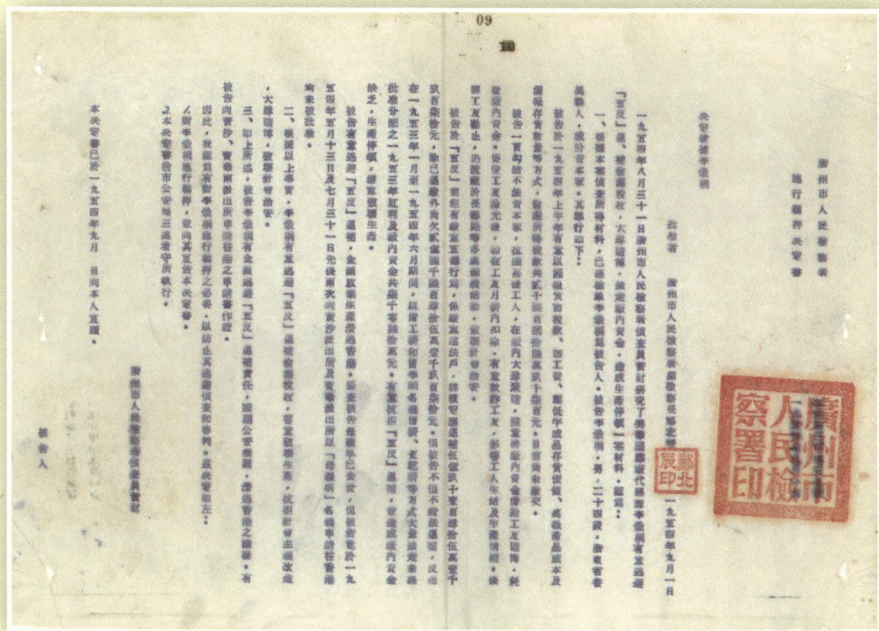

● 李炽桐偷逃税款案施行羁押决定书

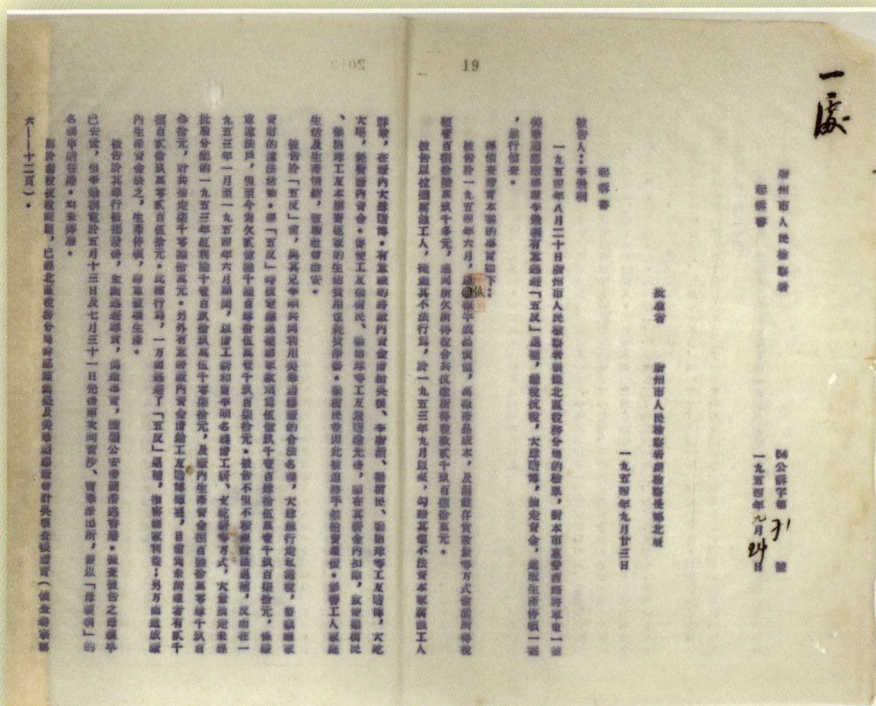

● 李炽桐偷逃税款案起诉书（部分）

了 1954 年各地检察机关在探索试行刑事诉讼程序进行典型试验的具体做法。据同时期北京市人民检察署制定的《侦查工作程序暂行规定(草案)》,"检察员搜集到足够证实犯罪嫌疑人犯罪事实的证据时,应拟具检举告知书,经检察长批准,在 48 小时(郊区及矿区经检察长批准可延长)内,向犯罪嫌疑人宣读,检举犯罪嫌疑人为被告人。"广州的"检举被告人决定书"性质上与北京的"检举告知书"是一样的。据 1954 年 10 月 15 日《北京市人民检察署关于试行各项侦查工作程序的专项报告》,告知检举是侦查工作中的一个独立程序。在告知后,犯罪嫌疑人被检举为被告人,同时才能讯问被告人。告知检举时,要向被告人告知的内容应指明被告人犯罪的时间、地点及具体犯罪行为,但不要把每一犯罪细节都详细告知。对有可能逃跑、串供、自杀以及毁灭证据的被告人,可以把告知检举和实施强制处分两个程序紧密地连接进行。从本案的做法来看,正是如此。从后来 1956 年 8 月 5 日最高检制定的《各级人民检察院侦查工作试行程序》来看,规定由侦查人员制作"检举被告书",也就是说将"检举被告人决定书"和"检举告知书"统一为"检举被告书"了。

(三)文书用语与事实表述

通过对比施行羁押决定书、检举被告人决定书和起诉书,不难发现,检察机关法律文书对于李炽桐的行为表述较为简练。对于李炽桐意图潜逃香港逃避处罚这一行为也列入了起诉书进行评价,这是对李炽桐到案经过的表述,也是对李炽桐认罪态度的体现,倒是比较契合现代起诉中不仅有罪责表述也有量刑情节表述的做法。李炽桐的行为主要分为偷税漏税、聚众赌博、抽逃资金,起诉书对事实的表述也分三段对这三部分内容进行了充分表述,对于偷税漏税、抽逃资金这两部分事实,表述方式比较符合现代起诉书中对于犯罪构成要件的规定。对于其聚众赌博造成的恶劣社会影响,专门列举了其组织工友赌博导致工友被迫卖手表还债这一事实,

反映出李炽桐影响工人家庭生活的情况，生动地体现了那个时代的印记。

案例推荐：广东省人民检察院

撰稿：刘艳、赵丹

审稿：闵钐

国家公诉——共和国**70**年典型案例及法律文书评析

王文祥盗窃国家机密、怠工失职招致国家资财损失、故意损毁国家财产案

——检察工作典型试验时期办理的案件

基本案情 ·····

　　王文祥，男，时年 38 岁，河北省青县刘缺屯村人，淄博国营新华药厂熔料工人。

　　王文祥因屡次向组织请求调回原籍工作未被批准，产生不满，评定工资时，因其技术不合标准由 7 级下评为 6 级后，加重不满情绪，实施了下列罪行：

　　盗窃配料处方 8 份：王文祥于 1953 年 12 月某晚，私入配料房窃取料方 8 份（按新华药厂《保密制度》、政务院《保守国家机密暂行条例》规定，属于国家机密）送交李凤山之妻李贵芳代为收藏，隐匿在李贵芳住室的梁头上，因李贵芳举报，未能利用国家机密进行投机取利。

　　怠工失职：王文祥自 1953 年 12 月起至 1954 年 4 月连续在工作上因怠工失职，违反熔料组基本操作规程与方法，多次造成事故，致使国家资财重大损失，总计损坏 250 磅白硬资料 4 缸、350 磅白

硬资料 9 缸、350 磅黄硬资料 2 缸、350 磅仪器料 3 缸、205 磅坩埚 3 个、300 磅坩埚 1 个，直接损失折合人民币 10922786 元（旧币，下同）。

故意损坏国家财产：王文祥于 1954 年 2 月 23 日接班时，辛光武将一袋料带翻在 3 号缸试验料的箱脚下，因王文祥答应告知其他工人，辛光武未将试验料扶至原位，即下班离去，但王文祥未告知学徒工陈新霞，以致陈新霞将辛带翻的一袋料倒入试验缸内，致新料试验未成。1954 年 3 月 13 日至 24 日，王文祥在试验过程中多次故意降低炉温，故意损坏 350 磅试验料 2 缸，折合人民币 979766 元。

1954 年 4 月 3 日，山东省淄博专署公安处将案件移送山东省人民检察署淄博分署审查，淄博分署于 7 月 21 日作出"施行羁押决定书"，7 月 25 日王文祥被羁押。11 月 30 日，山东省人民检察署淄博分署向山东省人民法院淄博分院提起公诉。12 月 8 日，法院作出判决，以盗窃国家机密罪、破坏生产罪、故意损毁国家财产罪判处王文祥有期徒刑一年半。

案件背景与社会影响

新中国基本完成了土地改革等各项社会改革之后，中共中央公布了社会主义过渡时期的总路线，并制定了发展国民经济的第一个五年计划。1954 年 3 月 17 日至 4 月 10 日，最高人民检察署在京召开了第二届全国检察工作会议。会后，中共中央在对最高人民检察署报送的报告中作出批示："鉴于检察工作对于我们来说还是比较新的工作，至今我们还没有摸出一套比较全面的系统的经验，检察制度和检察机构也还很不健全，因此，最高人民检察署仍需进一步抓紧领导若干省、市的典型试验，全面地、系统地建立和健全检察

王文祥盗窃国家机密、怠工失职招致国家资财损失、故意损毁国家财产案

● 王文祥盗窃国家机密、怠工失职招致国家资财损失、故意损毁国家财产案施行羁押决定书

● 王文祥盗窃国家机密、怠工失职招致国家资财损失、
故意损毁国家财产案施行羁押决定书

部门的各项具体工作。"

在公安机关和人民法院的积极配合和支持下，检察工作的典型试验蓬勃开展。典型试验的内容，主要是检察机关在刑事诉讼中的各项活动和法律程序。典型试验的案件，主要集中在反革命分子和其他犯罪分子破坏生产建设的案件，剥削阶级分子抗拒社会主义改造的案件，贪污盗窃国家和集体财产的案件，以及生产建设中造成人身伤亡和财产损失的重大责任事故案件等。

本案就是典型试验的案例，承办机关山东省人民检察署淄博分署（1954 年 12 月 23 日改为"山东省人民检察院淄博分院"）受理案件时，1954 年《宪法》和《人民检察院组织法》均未实施。案件办理过程中，对出庭支持公诉进行了试验，总结了在审查起诉、提起公诉、出庭支持公诉方面的经验，并上报最高人民检察院，得到了最高人民检察院的批复。

公诉指控 ·····································

（一）典型试验案件，程序完备

作为典型试验的案件，试行了刑事诉讼中的各项法律程序。主要有参加准备庭审，指派一名检察员出庭支持公诉，审判采用半法庭半公议的形式进行。庭审采取公开开庭的形式，新华药厂职工及淄博工矿特区有关领导等数千人参与了旁听。庭审程序依次按照审判准备、审判调查、法庭辩论、被告人最后陈述的顺序进行，一审当庭宣判。检察工作典型试验期间，检察机关办理刑事案件的程序以及刑事案件审判庭审程序已初步形成，从各项庭审活动的顺序以及举证责任的分配、被告人最后陈述权的保障等方面来看，也已初步具备了当前刑事诉讼模式的雏形。值得一提的还有起诉书的附注

● 王文祥盗窃国家机密、怠工失职招致国家资财损失、故意损毁国家财产案起诉书

第一篇 1949—1979

王文祥盗窃国家机密、怠工失职招致国家资财损失、故意损毁国家财产案

● 王文祥盗窃国家机密、怠工失职招致国家资财损失、故意损毁国家财产案起诉书

部分，一是列明了应传讯到庭人员的名单，如被告人及其羁押场所，另外3名应出庭的证人；二是载明了被告人的羁押时间，相关罪证、赃物。这些细节也从一个侧面体现了该案作为典型试验案件的规范性。

（二）追诉犯罪与客观义务

该案出庭支持公诉的经验，于1954年12月9日上报山东省人民检察院和最高人民检察院。最高人民检察院于1955年3月31日作出批复，对淄博分院的案件办理工作作出了肯定。同时，批复指出，淄博分院的报告中有些问题的提法不够恰当，"例如最后一页谈到辩护人和公诉人的区别时说：'自然从他们的职务上看，也不能和公诉人完全站在一条战线上，提出对于丝毫没有以减轻罪责的情况，或不利于被告的情况……'这种提法意味着检察长或检察员在法庭上只是片面地追究犯罪，可以不注意对被告有利的方面，这是不正确的。检察长或检察员在法庭上追究犯罪，不仅要揭发犯罪行为，即提出足以证明确切构成犯罪的一切证据材料，同时也要注意对于被告有利的一面，即提出可能减轻被告罪行的一切证据材料，并保护其合法权益。报告中类似这样的问题还有几处，这里仅提出一个例子来证明，希望你们通过业务学习加以研究。"从最高检的批复看，当时已经注意到实践中存在检察人员只注重追究犯罪不注意收集对犯罪嫌疑人有利的证据、不注意保护嫌疑人权利的情况。最高人民检察院批复中要求的内容，与当前要求检察官履行客观公正义务、尊重和保障人权是一致的。检察机关既有追诉有罪，也有保护无辜的法定职责，收集证据也要注意有罪无罪、罪轻罪重证据的全面收集，适用法律更要全面考虑。检察机关要严格履行客观公正义务，努力改变"检察就是起诉、就是重惩"的片面履职形象，逐步消除社会对检察机关的误解。

王文祥盗窃国家机密、怠工失职招致国家资财损失、故意损毁国家财产案

● 王文祥盗窃国家机密、怠工失职招致国家资财损失、故意损毁国家财产案裁定书

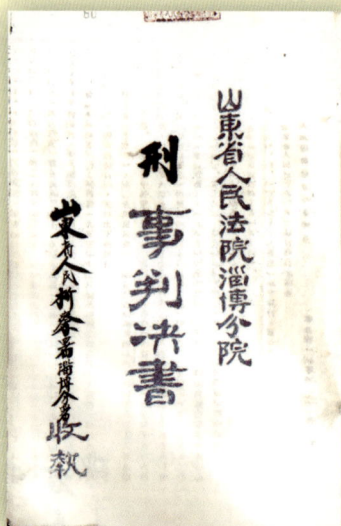

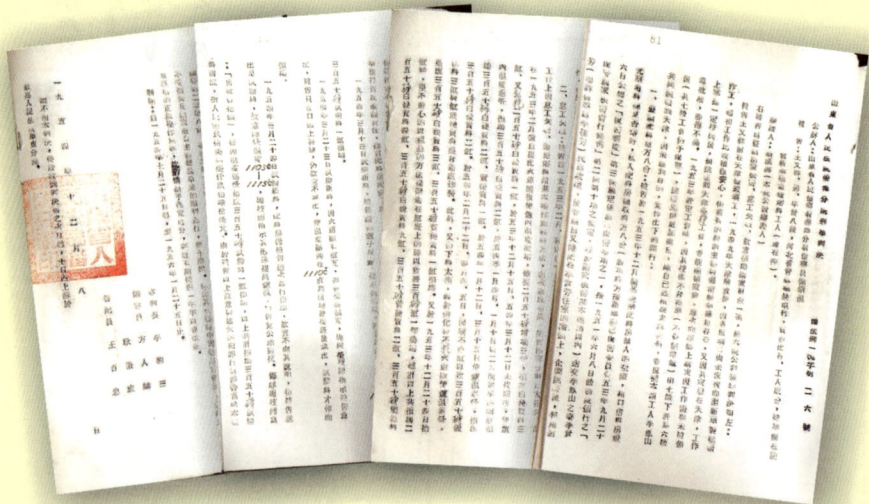

● 王文祥盗窃国家机密、怠工失职招致国家资财损失、
故意损毁国家财产案刑事判决书

（三）法律适用

起诉书援引《共同纲领》、1954 年《宪法》和《保守国家机密暂行条例》《国营企业劳动规则纲要》提起公诉。在 1954 年《宪法》颁布施行之前，起诉书援引《共同纲领》是较为常见的。起诉书中论证："王文祥违反了《共同纲领》第八条、《中华人民共和国宪法》第一百条、第一百零一条关于国民有遵守法律、遵守劳动纪律、爱护公共财产之义务之规定以及《保守国家机密暂行条例》第五条、第十四条，《国营企业劳动规则纲要》第二章第八条以及第四章第十六条之规定，犯有以利用国家机密进行投机取利为目的之盗窃国家机密罪、怠工失职招致国家资产损失罪，以及故意毁损国家财产之罪行。"该案起诉日期为 1954 年 11 月 30 日，当时《中华人民共和国宪法》已经颁布并实施，但起诉书仍然引用了《共同纲领》第八条，体现了宪法刚颁布施行阶段的特点。起诉书还引用了《保守国家机密暂行条例》和《国营企业劳动规则纲要》的有关内容，两份文件均为政务院公布实施的行政法规，不具备刑事司法属性，但由于当时我国没有刑法典，而且《共同纲领》和《宪法》关于犯罪的规定较为笼统，为了让指控的依据更加充分，论证犯罪更加清晰，起诉书论证犯罪时，引用了《保守国家机密暂行条例》和《国营企业劳动规则纲要》的有关内容。

案例推荐：山东省人民检察院

撰稿：袁家鹏

审稿：闵钗

第一篇 1949—1979

王文祥盗窃国家机密、怠工失职招致国家资财损失、故意损毁国家财产案

陈文杰反革命案

——长江水上运输检察院侦诉的国民党潜伏人员犯罪案件

基本案情

陈文杰，男，时年 36 岁，广东省潮阳县人，国民党党员，解放前历任伪军事机关上尉、中校，温州海员分会代主任和特别党部书记长等职。解放后进入长江航运管理局汉口港务局任调度员。1953年曾被判处管制二年。

陈文杰在 1947 年至 1949 年解放时任温州伪海员分会代主任及海员特别党部书记长时期，进行了整顿所管辖的反动组织和发展国民党党员，及进行伪国大的选举活动，同时强销反动刊物《海员之路》，在海员中灌输反动思想，毒化海员工人。

上海解放前夕，伪京沪杭警备司令部工运委员会陆京士曾布置20 多个特务、制定了 8 项任务在解放后进行潜伏活动，交董其辰（化名董仙明）指挥使用，陈文杰是该组织的海员联络员。该案于 1949年 6 月由上海市公安局破获，董其辰及其他主要特务分子被逮捕，并缴获电台、武器、黄金、证件等。陈文杰因潜伏在华东区海员工会而漏网。后陈文杰在伪海员工会秘书长张德铭的率领下，同伪海员工会科长以上人员会见了伪中央社会部部长谷正纲，谷正纲对上述人员进行了指示，并答应拨活动经费银元 500 元；陆京士派员到伪海员工会张德铭处联系上海解放后谁留下来的问题时，陈文杰在场，张德铭决定陈文杰留下来，来人即把陈文杰名字记下来，并与陈文杰约定"如有事情，写条子夹在衣服里，送到洗衣店"的联络方式。

1953年2、3月间，抗美援朝正处在紧张阶段，重庆有支援抗美援朝的精铜1.4吨，由西南军运工作团交渝港装运汉口转运东北，渝局分6批运输，前3批由陈文杰经手接到电报批卸第3作业区。但"鸿利"轮（轮船号）第6次于3月7日运来精铜242块，共75.2公斤，货运电报到调度室后陈文杰却命令在第1作业区卸货。卸货前，第1作业区总调度员杨经忠因找不到货主王天明（西南机械接待站驻汉负责人），请示陈文杰。陈文杰明知道此系军用物资，且运送任务极为重要，却答复杨经忠："货主无法联系，全部进栈"，导致此批紧急军用物资积压了9天，严重影响了军事生产，使军需供应受到了重大损失。

1955年5月19日，长江水上运输检察院向长江水上运输法院提起公诉。5月31日，长江水上运输法院判处陈文杰有期徒刑八年。

案件背景与社会影响

新中国成立后，国民党反动残余势力不停地进行各种破坏活动，企图颠覆新生的政权。陈文杰就是解放前夕接受派遣潜伏下来的国民党特务，在其担任长江航运管理局汉口港务局调度员期间，对抗美援朝的重要军事物资，延压运输，破坏军需供应，造成了重大损失。此案的办理，对于肃清国民党残留的反动势力，维护共和国新生政权稳固、社会秩序的稳定和有力支持抗美援朝军事斗争，起到了积极作用。

1953年5月经政务院批准的第二届全国司法工作会议的决议中指出："有计划有重点地逐步建立与健全工矿区和铁路、水运沿线的专门法庭。"与此相适应，最高人民检察署向中共中央《关于检

陈文杰反革命案

察工作情况和当前检察工作方针任务的意见和报告》中，提出"逐步建立工矿区检察署和铁路水运等专门检察署"的意见。根据1954年《人民检察院组织法》，最高人民检察院设铁路水上运输检察院，下设与铁路局平行设置的铁路检察院以及在50个铁路分局建立的铁路运输检察分院，在水运领域则设置长江水上运输检察院。长江水上运输检察院是按照专门人民检察院来设置的，也是共和国检察制度历史上唯一一次在水运系统设置检察机关。

该案是长江水上运输检察院侦查、起诉的，公诉人为长江水上运输检察院检察员张思卿，也就是日后成为共和国第六任检察长的张思卿同志。张思卿同志于1949年至1952年任河南省新郑县支前司令部谢庄供应站工作员，华中支前司令部通城供应站、南襄办事处工作员，最高人民检察署中南分署收发员，中南土改工作队广西平乐县分队副队长、工作组组长；1952年至1954年任最高人民检察署中南分署科员、调查员；1954年至1955年任最高人民检察署东北工作团副组长、助审员；1955年至1966年任长江水上运输检察院检察员，湖北省人民检察院检察员、党组秘书、秘书科长。该案正是张思卿同志任长江水上运输检察院检察员时承办的，此时他才23岁。

侦查与公诉指控

（一）成立专门调查工作组

为迅速核查主要犯罪事实，成立了专门调查工作组。该案由交通部长江航运管理局公安局（以下简称"长航公安局"）向长江水上运输检察院移送初审材料，检察机关初步判断陈文杰系潜入国营企业阴谋破坏的漏网反革命分子，于1954年8月13日提出迅速组建政法工作小组进行调查的意见。8月26日，组建起来的调查工作组火速行动，调查后形成了《关于积压军工材料电解精铜事故调查报告》，对该案第 3 笔犯罪事实中的证据矛盾进行了分析，并把查清该笔事实作为全案的重点。围绕陈文杰及相关人员在电解精铜事故的责任，调查工作组先后形成多份详细的调查报告。1954 年 8 月 31 日，长江水上运输检察院调查工作组提出长航公安局派专人配合，进一步开展侦查工作，形成了强大合力。

（二）详细制定侦查计划，夯实全案证据

检察员及时熟悉案情，审查分析案件证据材料，反复研究该案的定性和法律适用，与侦查人员详细分析研究侦查计划，侦查方法、时间，侦查步骤。并针对案件事实和证据中的薄弱环节，明确了应查明的三个主要问题：一是陈文杰任温州海员工会代理主任期间的主要活动；二是上海解放前夕陈文杰接受任务的情况；三是关于积压精铜事件，陈文杰的任职情况和具体行为，以及精铜积压造成的影响。关于侦查方法的运用，详细列明审讯嫌疑人、询问证人、调取调度命令、货运电报等方法，为下一环节案件的审查起诉奠定了坚实的基础。该案被告人系一个身份已经查实的潜伏特务，在延压军工材料案中，检察员并没有先入为主地认为被告人有意破坏，而是非常慎重地就被告人主观上是故意还是过失进行重点研究、判断，最后认定被告人"不负责任、玩忽职守"。检察员的理性、客观在该案中得到充分的体现。

（三）反复打磨起诉书，有力指控犯罪

起诉书紧紧围绕陈文杰在上海解放前夕接受潜伏任务以及玩忽职守造成军用物资积压的重大损失展开叙述。1955 年 5 月 31 日，长江水上运输法院全部采纳公诉人张思卿的指控意见，认为陈文杰"解放前担任匪党要职，在上海解放前夕接受潜伏任务，企图待机进行反革命活动。解放后混入我长航企业，竟玩忽职守不负责任，造成军用物资积压的重大损失"，根据《中华人民共和国惩治反革

命条例》第七条第一款之规定及《中华人民共和国宪法》第一百条之规定，判处陈文杰有期徒刑八年。值得注意的是，本案起诉书和判决书都援引了宪法。

案例推荐：湖北省人民检察院

撰稿：王文静

审稿：闵钐

张来全破坏生产合作社案

——全国第一例破坏生产合作社的案件

基本案情

　　张来全，男，时年 42 岁，山西省平顺县人，农民，西沟乡农林牧生产合作社总会计。

　　张来全的主要犯罪事实有：

　　1. 拉拢、陷害党员干部，企图瓦解党的组织。1941 年窃取池底行政村村长，勾引中共党员企图投奔国民党县党部，拉拢立场不稳的共产党员张黄楼下水，有意拉拢公安员秦克林下水。作为国民党部内接通讯员从事反革命活动。

　　2. 破坏冬学工作，挑拨村的团结。1950 年冬任村义务教员时，煽动学员迟到早退，致使冬学工作无法顺利开展，挑动该村群众，破坏扫雪修路工作，影响了村与村的团结。

　　3. 逼走村长郭长则，图谋篡夺村政权。1950 年冬，张来全造谣说郭长则搞迷信，向劳模李顺达捏造说郭长则闹情绪，企图离间劳模李顺达和村长郭长则的关系，后又反抗生产统一安排，污蔑郭长则家开"贯道"会，捏造村长郭长则贪污，逼走郭长则。

　　4. 利用工作中某些弱点，趁机造谣污蔑，挑拨劳模与群众的关系。1950 年冬，劳模李顺达在北京等地参加劳模大会，获得了政府奖品，张来全即趁机在群众家中煽动说，李顺达先说要分给群众，后又说不分了；后造谣村里群众对李顺达有意见，造谣李顺达当了

全国劳模，发愁干不了，要跳崖寻死。张来全恶意数次进行挑拨、打击、企图降低劳模李顺达同志在群众中的威信，离间劳模李顺达与群众的关系。

5. 伪装积极加入农业社，瓦解贫农出社，篡夺劳模，企图把持农业社。谎称分上粮食不够吃企图让秦克林出农业社，通过活动趁机将不符合劳模条件的自己选为甲等模范，通过讽刺打击了分社会计的工作热情，通过造谣致使马海兴与宋金山产生思想隔阂、关系疏远。

6. 故意混乱账目，贪欲肥己，阴谋搞垮农业社。1951年冬，张来全窃取了西沟乡农林牧生产合作社总会计之职，有意混乱账目，涂抹修改手续不清，该收不收，该交不交，故意造成混乱，以便浑水摸鱼，诈取社员劳动血汗，贪私自肥。（1）在库内窃取现款595397元（旧币，下同）；依仗会计之职，给其女多记劳动分28分2，折算7500元；以向春兰要粮的合法方法，要去粮食193斤12两，折算6875元。（2）篡改西沟贫雇农民路文全、李述才的分益数字。社员路文全修乡公所赚了27个工分，共为小米327斤9两，张私自扣了路文全的劳动日，反说路文全还欠社内粮食和钱，导致路文全老婆出外赴井寻死，几乎造成人命；移交新会计手续时，把其他村社欠社内煤炭1700余斤，低价折款177400元（每斤以10000元计，当时市价20000元）移交新会计，自己将欠条保存，企图贪污162500元。以上张来全贪污肥己，造成贪污款共合1527432元，其中贪污到手款699322元。（3）违法渎职，破坏财务管理制度，导致库内实存粮食数与应存数不符，短少粮食3016斤5两。

7. 当面奉承，背后攻击、挑拨工作组和劳模的关系。

1955年4月30日，山西省平顺县人民检察院向山西省平顺县人民法院提起公诉。同年5月2日，法院判决张来全有期徒刑十年，剥夺政治权利五年，如数追缴贪污赃款。

案件背景与社会影响 ·········

　　20世纪50年代农业合作化浪潮中，中国农村建立了集体所有制的生产经营模式，合作社成为基本经济组织与政治组织，农业合作化运动是社会主义改造的重要环节。山西作为重要的革命根据地，早在20世纪40年代就组织了形式多样的农业互助活动，50年代山西省农业合作化运动正处于第二个高潮中，全省加入农业生产合作社的农户已达到全省农户总数的60%左右，随着合作化运动的发展，农村中阶级斗争日趋尖锐复杂起来，反革命分子、地主、富农分子对这一运动的破坏是严重的。

　　全国劳模李顺达"金星农林牧生产合作社"被破坏案是全国第一例破坏合作社的案件，在当时具有一定的代表性。该案的成功办结，维护了村民和金星农林牧生产合作社的根本利益，维护了劳模与群众的血肉联系，从法制上保障了生产合作社的巩固和发展，保障了农业生产任务的完成。

　　解放前的西沟村是一个"光山秃岭乱石沟，庄稼十年九不收"的穷山沟，就是这样太行山上一个贫穷落后的地方，在李顺达领导下，三年换了新颜。1952年，上级批准李顺达等28户农民办农林牧生产合作社，他被选为社长，由于他所领导的合作社实行了男女同工同酬和合理的"六定一奖"计酬办法，大大激发了社员的热情和干劲，劳动力的利用率比抗日前提高了110.6%，粮食获得了大丰收，人均收入粮食884斤，比抗日前增加了77%，合作社的公共积累由第一年的120元增加到11000多元，用三年的时间实现了原定五年计划的100.06%，变成了一个包括283户的大社，用实践证明了在自然条件较差的地方是能够大量增产的。当年，李顺达被中央人民政府授予爱国丰产"金星奖章"，成了全国著名的劳动英雄。1955年，中共平顺县县委书记和新华社记者共同撰写了一篇反映西沟金星农林牧生产合作社的文章——《勤俭办社，建设山

张来全破坏生产合作社案

93

区》，此文被收入毛主席主编的《中国农村的社会主义高潮》中。该案发生后也引发了关注，《人民日报》于 1955 年 10 月发出社论《防止反革命分子对合作化运动的破坏》，指出"反革命分子对于农业合作化运动的破坏手段，有的是在农民中散播对于合作化运动的怀疑，造谣惑众；有的是在社员互相之间、干部和民众之间制造不睦；有一些暗藏的敌人钻进了农业合作社内部，窃取了会计的职务，故意用各种方法把社内的生产、分配和账目都搞得非常混乱，制造减产，或者使合作社变质。为使农业合作化运动能够顺利开展，不断高涨，我们必须采取办法来防止和打击各类反革命分子的破坏活动。"

公诉指控

（一）法律与政策的界限

平顺县检察院为保障农业合作化运动的顺利发展，与公安、法院密切配合，在处理案件时准确掌握党和国家的政策法令，分清反革命分子和各种犯罪分子的破坏活动与落后农民的某些不满言行的界限。在指控犯罪的同时，揭露反革命分子破坏农业合作化的罪恶行为，宣传党和国家有关农业合作化的政策法令，以提高广大人民群众的社会主义觉悟和同反革命分子及各种犯罪分子斗争的积极性。

（二）罪名的模糊与清晰

本案起诉书中指控张来全有几个方面的主要犯罪行为，最为严重的是投敌叛党、作为会计贪污渎职、篡夺把持村政权、破坏合作社生产、破坏劳模与群众关系等，这些犯罪行为均被概括和评价至反革命罪名和贪污罪名之下，有着鲜明的时代特点。

（三）政治效果与社会效果

　　起诉破坏农业合作化和农业生产的案件，对于保障农业合作化运动的开展具有重要意义。首先，对于那些暗藏在生产合作社内部的反革命分子以及那些不事劳动，专靠偷抢骗过活，有可能走上反革命道路的流氓盗匪分子来说是敲响了警钟。其次，反革命分子对于农业合作化运动的破坏手段，有的是在农民中散播对于合作化运动的怀疑，造谣惑众，有的是在社员互相之间、干部和民众之间制造不睦，对他们的司法处理有利于在群众中以正视听，恢复被破坏的关系和秩序。最后，也给农村工作同志提醒，在合作化运动中必须有高度的警惕，经常保持头脑清醒，要积极地有计划地领导和组织对反革命分子的斗争，与此同时教育了群众，提高了群众的政治警惕性。

案例推荐：山西省人民检察院

撰稿：项萌

审稿：闵钗

张来全破坏生产合作社案

日本侵华战犯战争罪行案

——对日本战犯依法追诉和免予起诉

基本案情

1956 年 6 月至 8 月，中华人民共和国最高人民检察院根据对在押的 1062 名日本侵略中国战争中的战争犯罪分子进行侦讯的结果，区分情况向最高人民法院特别军事法庭提起公诉或者作出免予起诉的宽大处理。

1956 年 6 月 9 日，特别军事法庭在沈阳开庭，审理前日本陆军军官铃木启久等 8 名被告人。担任国家公诉人的是：首席军法少将王之平，检察员权维才，检察员、军法上校田志洪、王宝祺。6 月 10 日，特别军事法庭在太原开庭，审理前日本职业特务富永顺太郎。担任国家公诉人的是检察员、军法中校丁明。6 月 12 日，特别军事法庭在太原开庭，审理前日本军政大员城野宏等 8 名被告人。担任国家公诉人的是：首席检察员井助国，检察员、军法大校黄泽湘，检察员、军法中校郭轩、张焕新。7 月 1 日，特别军事法庭在沈阳开庭，审理伪满洲国高级官员武部六藏等 28 名被告人。担任国家公诉人的是：首席检察员李甫山，检察员、军法上校曹振辉、胡春雨，检察员李放、郭春来、毛志奇、高正权、孟武楼，检察员、军法少校李瑛、王志武。1956 年 7 月 20 日，特别军事法庭对 45 名被告人全部审理完毕，经过合议庭评议，分别对各被告人判处八年至二十年的有期徒刑。

1956 年 4 月 25 日，最高人民检察院张鼎丞检察长在第一届全国人民代表大会常务委员会第三十四次会议上作《关于侦查在押的日本侵略中国战争中的战争犯罪分子的主要情况和处理意见的报告》，提请人大常委会审议。会议通过了《中华人民共和国全国人民代表大会常务委员会关于处理在押日本侵略中国战争中战争犯罪分子的决定》（以下简称《决定》），《决定》规定："对于次要的或者悔罪表现较好的日本战争犯罪分子，可以从宽处理，免予起诉。"根据《决定》，最高人民检察院对 1017 名战争犯罪分子，分别于 6 月 21 日、7 月 18 日、8 月 21 日分作三批宣布免予起诉，宽大释放。

案件背景与社会影响 ....

日本帝国主义自 1931 年 9 月 18 日武装占领中国东北、1937 年 7 月 7 日向中国发动全国性侵略战争，至 1945 年 9 月 2 日投降，14 年间，对中华民族犯下了擢发难数的滔天罪行，使中国人民遭受了巨大的生命和财产损失。在抗日战争期间，中国人民被屠杀的在 1000 万人以上。对于造成上述大量罪行的战犯，包括一些首要战犯，战后已分别由东京远东国际军事法庭于 1946 年作出处理。中华人民共和国成立后关押的日本战犯是战犯中地位相对次要的一部分，共 1109 名，其中死亡 47 名，候审 1062 名。从 1951 年 6 月始，最高人民检察署就开始部署处理日本战犯的调查工作，后因为朝鲜战争，调查工作暂时搁置下来。1954 年 2 月，最高人民检察署（根据 1954 年 9 月颁布的宪法，此后改称最高人民检察院）成立"侦处日本战犯工作团"，对在押的 1062 名日本战犯进行侦查处理工作。

侦查处理日本战争犯罪分子，伸张了正义，揭露了日本帝国主义侵略中国的严重罪行，使一批野蛮残暴的战争犯罪分子恢复了人类的理智，成为反对侵略战争、爱好和平的新人，扩大了中国在日

本的影响，促进了中日友好关系的发展。1956 年 7 月 21 日的《人民日报》全文登载了最高人民检察院免予起诉决定书，宣示"这样处理完全符合于我国人民的长远利益，并且有利于中日两国人民友好关系的发展，有利于巩固远东和世界持久和平。这充分表现着我国人民宽大为怀的精神，也可以表现出我国人民的力量和世界和平的力量的强大，表现着对缓和国际紧张局势和巩固世界和平的高度信心。""这一历史性的审判以及大量前期侦讯工作，不仅在当时运用党和国家的政策、法律和法令，成功地改造了日本犯罪分子，使他们幡然悔悟，认罪自新，而且为日后反对侵略战争和改善中日关系起到了积极的推动作用。"这些战犯回国后，对中国人民的宽大处理表示非常感激，成立了中国归还者联络会，积极开展日中友好、反战和平运动。

侦查、免予起诉与公诉指控

（一）侦查工作

案件的侦查工作是在最高人民检察院的领导下，根据惩办少数、宽释多数的政策精神开展的。

一是实行区别对待的方针，把启发教育罪犯自觉认罪与个别讯问结合起来。对于军队尉级以下的官兵和行政委任职以下官员，由于他们的罪行较轻，实行以教育为主的方法，启发他们自觉认罪悔罪；对于军队佐（校）级以上军官和伪满洲国荐任职以上官吏，由于他们的罪行较重，则进行个别侦查和讯问。

二是集中力量调查取证。为处理日本战犯，最高人民检察署于 1951 年即部署了调查工作。1954 年 2 月，组成"侦处日本战犯工作团"，在公安部门的支持与配合下，全面开展侦查处理工作。在调查中，派出大批干部分赴 12 个省、市进行调查，搜集到控诉书、证人证言、鉴定书、日伪书报档案和物证等 28000 多件。

三是认真复核、定案。最高人民检察院规定的定案标准是：每项罪行的犯罪事实必须清楚；证据必须充分和确凿，并具备两个以上的证据；证据之间必须一致；犯罪的因果关系必须清楚，罪责必须分明；有关侦查工作的一切法律文书和法律手续必须齐全，具有法律效力。承办检察员认为所办案件符合上述标准的，制作《侦查终结意见书》，上报复核，由最高人民检察院检察长或副检察长核准定案。

（二）免予起诉

免予起诉制度是在 20 世纪 50 年代的镇反运动和司法实践中逐步创造出来的。在 1956 年镇反运动中，鉴于大量的反革命分子投案自首，检察机关就运用这一法律形式，促使残余反革命势力进一步分化瓦解，收到了良好的政治效果。全国人大常委会《关于处理在押日本侵略中国战争中战争犯罪分子的决定》，以国家立法机关的名义，正式肯定了这一制度，并写入 1979 年《刑事诉讼法》。《决定》为本案免予起诉决定提供了法律基础。在押的日本战犯，在 1956 年的时候，大多数已经被羁押了 10 年。如果重罪轻判，反倒要出现"倒找"，有损法院判决的严肃性。因此，运用免予起诉的方式体现宽大处理比较合适。当时侦诉的 1062 名日本战犯，适用免予起诉的就有 1017 名，占 95.76%。

（三）出庭公诉

1956 年 5 月 1 日，最高人民检察院检察长张鼎丞签发了《对在日本侵略中国战争期间犯有各种罪行的铃木启久、富永顺太郎、城野宏、武部六藏等 45 名战争犯罪案起诉决定书》，决定对 45 名罪行严重的战争犯罪分子，依据其所犯罪行的性质，分作四案提起公诉。

本案起诉书延续了革命根据地时期的起诉书格式，先将战犯的主要罪行进行综合陈述，随后再将战犯的罪行逐一列举，对犯罪事实进行客观陈述。如城野宏一案，起诉书中写道："被告城野宏、藤本秀雄、相乐圭二……等，因在我国犯有严重罪行，由中国人民解放军华北军区及太原市公安局于1948年7月至1951年9月，先后在我国山西省太谷县、大同市和太原市等地依法逮捕，现在押。经本军事检察员检察证实：……"先综述该案被告的侵华战争犯罪罪行，然后分述被告人的罪行。如前日本陆军大尉大队长住冈义一曾两次在太原将被俘人员340多人作为日本新兵进行"试胆锻炼"的"活人靶"，用刺刀刺死。

在法庭调查中，公诉人宣读起诉书，并提出了大量证据。仅在铃木启久一案中，就有受害人控诉书181件，证人证言45件，查讯笔录89件，照片38张。在武部六藏一案中，提出的证据有档案书刊315件，证人证言360件，受害人和受害人家属控诉书642件。当发现被告人供述的犯罪事实不清楚或者不实时，公诉人引用证据加以证实和批驳，或建议法庭传唤证人出庭作证。如铃木启久一案，被告人对在河北省滦县制造潘家戴庄大惨案供述笼统，公诉人申请法庭传唤证人周树恩出庭作证。周树恩作为大惨案的幸存者，在法庭上情绪悲愤，言词激昂，当场脱下衣服，请法庭查看被火烧烂的大片伤痕。在证人证言面前，被告人铃木启久当即跪在地上表示谢罪。

案例推荐：最高人民检察院

撰稿：张薰尹

审稿：黄河、闵钐

杨成唐反革命会道门案

——肃清潜伏的反动会道门头子

基本案情

杨成唐，时年40岁，地主，山西省忻县木芝村人，内蒙古自治区达茂联合旗贸易公司会计。

杨成唐1943年加入一贯道，同年6月升为坛主，1945年冬升为点传师，同年受一贯道道首苏康宗指示到河南创建一贯道组织，杨成唐遂以做生意为名来到河南，在巩县、偃师一带发展一贯道组织。1948年河南解放后，杨成唐不仅未向政府登记悔过，还以开杂货铺为掩护，在巩县、偃师一带继续发展道徒300余人。1949年杨成唐与道首李世桐伪造政府公章一枚、路证数张，为派赴汲县、驻马店等地活动的道首报假户口五次。1950年镇反运动开始后，杨成唐冒顶梁善初户口，居住在郑州西马路20号，并与道首苏康宗、李作雨、李世桐等人共同主持一贯道"义记系"的道务活动，在"义记系"第一次会议上杨成唐被任命为道务主任，领导郑州、开封、洛阳、新乡、南阳、驻马店、许昌、陕州、泗水、汲县等19个分柜（均以商号为名，建立职业据点）50个点传师的道务活动，此后杨成唐积极地赴各分柜督促办道，并大肆散布谣言，煽惑群众，在此期间发展道徒1000余人。1950年3月，杨成唐亲自主持召开"义记系"第二次会议，规定了各分柜每月向总柜汇报一次，并将发展组织的行话制定成暗语，参加周宗章（被镇压）的祭奠仪式。同年杨成唐

曾两次指示在银行工作的道徒马常水在机关内发展反动组织，并以威胁的方式阻止马常水向政府检举其活动。杨成唐还以度人入道对群众进行诈骗，共骗得自行车 1 辆，金戒指 1 个，棉纱数捆，人民币 30 元等。1950 年秋，该反动组织的大部分道首被逮捕后，杨成唐潜逃至内蒙古自治区混入达茂联合旗贸易公司。

本案由河南省公安厅侦查终结，于 1955 年 3 月 19 日移送起诉。1956 年 6 月 14 日，河南省人民检察院向河南省高级人民法院提起公诉。法院以事实不清、证据不足为由将案件退回检察院补充侦查。1956 年 12 月 14 日，检察机关再次提起公诉。1957 年 1 月 23 日，法院认定杨成唐的行为触犯《中华人民共和国惩治反革命条例》第八条的规定，判处被告人杨成唐有期徒刑十三年，并剥夺政治权利五年。

案件背景与社会影响

会道门是会门和道门的合称，是存在于中国封建社会，具有迷信色彩和秘密宗旨的帮会性质的民间秘密结社。解放初期，会道门势力与特务土匪等反革命势力相互勾结，组织武装暴动、杀害干部群众、制造政治谣言，破坏政府政策法令，严重威胁社会安定、人民生命财产安全和新生政权巩固，中央和各级人民政府对会道门组织采取明令取缔政策，并将反动会道门头子作为重点打击对象。一贯道作为在全国范围内影响最大的第一大反动会道门组织，因其分布广泛、道徒众多、反动活动猖獗，成为镇反、肃反运动中重点打击的反动会道门组织。毛泽东、刘少奇多次就取缔一贯道下发指示，1950 年 12 月 20 日，《人民日报》以醒目标题刊出社论《坚决取缔一贯道》。

1950 年 3 月，中共中央发出《关于镇压反革命活动的指示》，各地开始对从事反革命破坏活动的各类反革命分子严加清查，反动会道门头子成为镇压的对象。但由于缺少明确的刑事政策指导，有不少地方对于反革命案件的处理，发生了"宽大无边"的偏向。同年10月10日，中央发出《关于镇压反革命活动的指示》指出，在镇压反革命问题上，要继续克服"严重的右的偏向"，指示要求果断纠正镇压反革命中"宽大无边"的偏向，全面贯彻党的"镇压与宽大相结合"的政策，即"首恶者必办、胁从者不问、立功者受奖"。具体到对反动会道门分子的处理上就是区别罪大恶极、死不悔改的大道首与罪恶轻微、又肯悔改的中小道首；区别道首骨干和一般道徒。根据该政策，对无重大罪恶的道首和一般办道人员，准予登记自首，改邪归正；对一般的道徒、会众，则争取教育，让他们自动退道；对罪大恶极的反动会道门头子严厉打击。

为了加强对镇压反革命的领导，1951年2月中央人民政府颁布了《中华人民共和国惩治反革命条例》，规定了处理反革命案件的原则和方法。同时规定以反革命为目的组织或利用封建会门，抢劫、破坏公私财产和公共设施，投毒杀人，伪造公文证件，抢劫、煽动群众对抗政府和挑拨团结，制造散布谣言，均可定为"反革命罪"。其第八条规定：利用封建会门，进行反革命活动者，处死刑或无期徒刑；其情节较轻者处三年以上徒刑。这为办理反动会道门案件提供了明确的法律武器和量刑标准。经过三年大规模的取缔，基本上摧毁了全国反动会道门的组织体系，严重打击了反动会道门的首恶分子，分化了中、小骨干分子，争取和教育了广大群众。

但由于会道门的顽固性和隐蔽性，取缔反动会道门的斗争不可能毕其功于一役，一些会道门的道首在取缔活动时侥幸漏网或者表面登记退道，实则暗地发展道会，一有机会便妄图复辟，还有一些残余反革命分子乘机混入厂矿、企业、机关、学校和人民团体等单位内部进行破坏活动。为了肃清一切暗藏的反革命分子，1955年7月1日，中共中央发出《关于展开斗争肃清暗藏的反革命分子的指示》，全国范围内大范围的肃清运动正式展开。本案被告人杨成唐在镇反运动中秘密隐藏，继续组织发展一贯道，持续进行反革命活

杨成唐反革命会道门案

动，是肃清反革命分子运动重点打击的对象之一。

公诉指控 ···

（一）程序独特，凸显时代法制特征

1954年《人民检察院组织法》颁行后，侦查监督部门负责批捕和审查决定起诉以及侦查活动监督。本案《批准起诉决定书》"（55）检侦监字第四号"载明："本院根据《中华人民共和国人民检察院组织法》第十一条第二项之规定，审查了河南省公安厅移送的起诉意见书和全部侦查材料，经审查认为⋯⋯根据上述本院特予批准起诉，移送河南省人民法院"，这就是侦查监督部门行使审查起诉权力的文书。

另一个值得一提的刑事诉讼程序就是法院的预审制度，即人民法院对检察机关移送起诉的案件进行初步的审查，确定案件是否能够进行审判的程序，是置于刑事案件起诉和审判之间的一个独立的诉讼阶段。当时颁布的《审判监督厅工作试行办法》及《人民检察院刑事审判监督工作细则》中规定审判监督部门的工作包括出席预审庭。该案河南省高级人民法院裁定书中写道，"经本院刑事审判第一庭预审，并听取了检察员王振同志对案件的报告⋯⋯"裁定以事实不清、证据不足为由将案件发还检察机关补充侦查，列出四点需要补充的意见。这反映出当时法院预审不仅进行程序性审查，而且对案件进行实质审查，在审查中严格贯彻证据裁判原则，不依赖被告人口供。比如第一点需要补侦的意见"你院根据口供材料认定被告杨成唐系反动一贯道义记系郑州总柜道务主任（省级），但其同伙焦明信、刘玉宝等供述中无谈出被告这个反动职务。在预审卷内亦无其他证明材料，是否确实，需找出充分证据"，该补充侦查意见明确指出了补侦方向，且要求证据之间应相互印证，形成完整

的证据链条。1958年8月，第四次全国检察工作会议通过《关于修改规章制度的决议》，决定停止执行《人民检察院刑事审判监督工作细则》，规定今后凡检察机关起诉的案件，一律不参加预备庭。

（二）实体从轻，严格贯彻刑事政策

镇反运动中，中央提出"镇压与宽大相结合"的政策，该案被告人杨成唐"在被捕后尚能够坦白认罪，可依法从轻处罚"，这句话是在第二份起诉书中新加的内容，体现了检察机关依法严格执行"坦白从宽、抗拒从严、立功折罪、立大功受奖"的政策。检察机关在打击反动会道门中没有一味追求从严从重打击，并将罪轻罪重的相关量刑情节均在起诉书中予以表述，所提出的从轻处理的建议也被法院采纳。

案例推荐：河南省人民检察院
撰稿：邢裴裴
审稿：闵钐

杨成唐反革命会道门案

徐国祥反革命惯匪案

——"肃反"运动中对惯匪依法逮捕法办的案件

基本案情 ··

徐国祥，男，时年 33 岁，云南省曲靖县人。

徐国祥在土匪李国芳部下时，是李国芳的亲信，跟随李国芳抢劫、带领匪众抢劫 20 多次。其中主要的犯罪事实有：

1. 1947 年 2 月，徐国祥随同李国芳到镇沅曼别街抢劫陶国凤家，抢得大烟、枪支等物。

2. 1947 年 5 月到康平阿树寨，抢劫木正华等家，抢得 70 多头水黄牛，以及枪支、银首饰等物。

3. 1947 年 8 月，黄定昌、徐国祥带领匪众 18 人到镇沅分水岭抢段国兴家，当时段国兴不在家，他们将段母绑起来，抢得大烟、半开（近代云南、贵州、四川、广西部分地区民间对云南铸造的每枚重库平 3 钱 6 分的小银元的称谓，以其抵通用银元的半元而得名）等分掉。徐国祥还与刀庭高带领匪众十余人到阿去河抢李万发家，抢得半开千余元。磨黑大白树有一个老妈妈埋着半开，徐国祥等人烧红火钳烙老妈妈的脸和脚，酷刑拷打未果，后才将老妈妈放了。

4. 1947 年 9、10 月间，有土匪将李福寿灌死，其亲人报给李国芳，怀疑是王能、胡四二人谋害，李国芳指使徐国祥等人抓了王、胡二人，并想把二人杀掉，徐国祥当时用枪向王能肩膀下边打了一枪，打后放掉。徐国祥在李国芳指使下，还打过小郑、杨体良各一次。

5. 1947 年张孟希叛匪捕杀我地下党时，徐国祥积极站岗放哨，忠实为叛匪服务；在玉溪、南桥时还奸污两名妇女。

1958 年 10 月 8 日，云南省江城哈尼族彝族自治县人民检察院向云南省江城哈尼族彝族自治县人民法院提起公诉。同月 21 日法院作出判决，认定徐国祥系惯匪，捕后认罪态度较好，判处有期徒刑八年。

案件背景与社会影响

新民主主义革命时期，人民政权对盗匪犯罪活动就一直严厉打击。例如，1939 年 4 月，陕甘宁边区公布的《抗战时期惩治盗匪条例》规定，凡是以抢劫财物为目的，聚众暴力抢夺他人，绑架他人以勒索财物，隐藏、运输或者买卖军火，窝藏分赃，伤及他人性命，乘机奸污妇女，纵火焚烧房屋，蓄意破坏或者阻塞交通，抢夺武器，勾结军人为匪等行为，都构成盗匪罪。对犯盗匪罪者，根据其犯罪情节的轻重处以徒刑或者死刑，并处没收全部财产或者科以罚金。对教唆、纵容、协助者，以盗匪罪论处。如果有证据证明其参与系因受强迫而为之，则可以减轻处罚。

新中国成立后，从 1950 年开始，中央人民政府领导人民开展了镇压反革命运动。1951 年 2 月 21 日，中央人民政府颁布了《中华人民共和国惩治反革命条例》，为镇压反革命运动提供了法律武器和量刑标准。这次镇反肃清了很大一部分公开的反革命分子，但对于很多暗藏的反革命分子还没有来得及清查和揭露。1955 年，随着农业合作化运动高潮的到来和有计划经济建设的开始，反革命分子感到他们复辟的前途更加渺茫，因而加紧进行破坏活动。中共中央连续发出关于开展斗争，肃清暗藏反革命分子的指示，在全国范围内继续开展了镇反运动。土匪是肃反运动清理的主要对象之一。1956 年 3 月 10 日，中共中央批准《中央十人小组关于反革命

徐国祥反革命惯匪案

● 徐国祥反革命惯匪案起诉书

分子和其他坏分子的解释及处理的政策界限的暂行规定》（以下简称《规定》）。据此《规定》，土匪"是指在解放前当过土匪头子或惯匪，残害人民，民愤很大的分子；以及解放后当过土匪有罪恶和民愤的分子，或勾结、策动、指挥土匪聚众骚乱，抢劫国家资财或群众财产，或者一贯窝藏土匪、坐地分赃的分子。但在解放初期，社会秩序尚未安定，一时被土匪欺骗，参加过几次土匪活动、罪恶轻微的人，不应该当作土匪论处。"《规定》第四条规定，对于历史上有严重的罪恶和民愤，不逮捕法办不足以平民愤的分子，可以依法逮捕法办。江城哈尼族彝族自治县人民检察院对惯匪徐国祥批捕起诉，符合《规定》的要求，为肃清反革命分子发挥了积极作用。

公诉指控 ···

（一）批准逮捕的程序

1954 年 12 月 20 日，全国人民代表大会常务委员会第三次会议通过《中华人民共和国逮捕拘留条例》，规定公安机关要求逮捕人犯的时候，由人民检察院批准。1958 年 8 月 26 日，江城哈尼族彝族自治县公安局提请检察院批准逮捕，9 月 27 日，县检察院副检察长罗再兴签署"（58）检侦监三字第 85 号"批准逮捕决定书。值得注意的是，该案同时还履行了案件的党委审批程序。1951 年 5 月，中央批转了第三次全国公安会议关于把捕人批准权一律收归地委、专署一级的规定。1955 年，肃反运动中，一般刑事案犯的批捕权，下放到县。本案"案件审查意见书"显示，承办人出具"该犯确系一名惯匪，应逮捕法办"的意见，"县委批示"一栏则签署了"惯匪同意捕"，并加盖"中国共产党江城县委员会"公章。

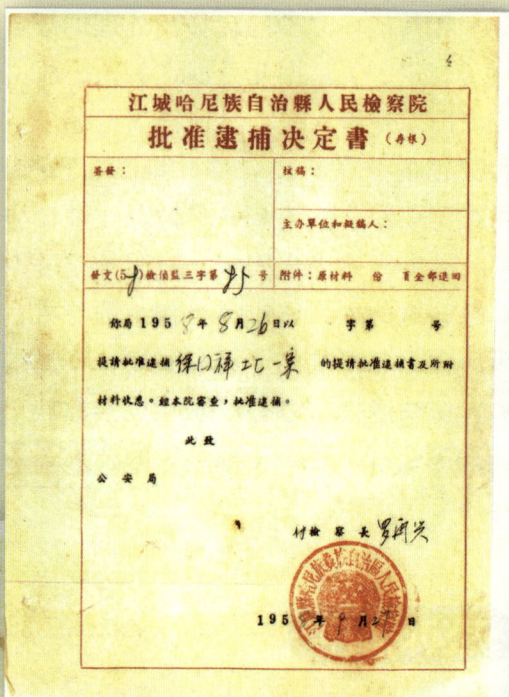

徐国祥反革命惯匪案批准
逮捕决定书

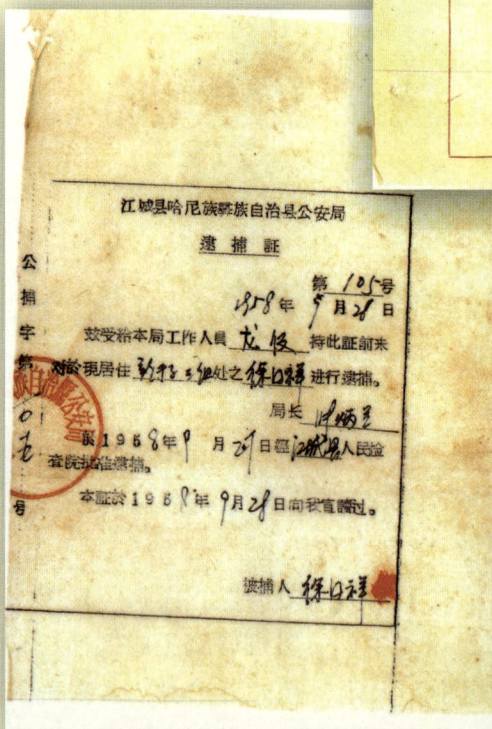

● 徐国祥反革命惯匪案逮捕证

徐国祥反革命惯匪案

● 徐国祥反革命惯匪案审查意见书

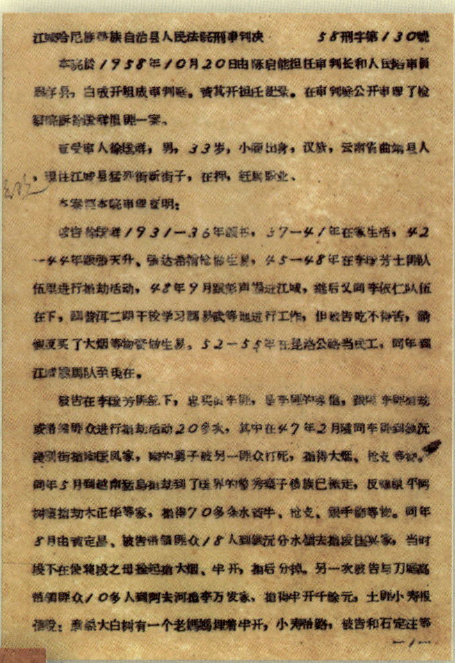

● 徐国祥反革命惯匪案刑事判决书

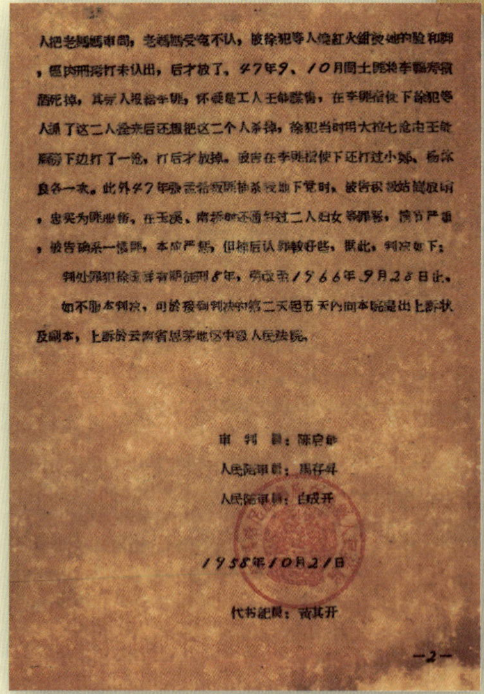

江城哈尼族彝族自治县人民法院刑事判决　　58刑字第130號

本院於1958年10月20日由陈启能担任审判长和人民陪审员马存昇、白成开组成审判庭，黄其开担任記录。在审判庭公开审理了检察院诉徐国祥反革命一案。

被告人徐国祥，男，33岁，小商出身，汉族，云南省曲靖县人，现住江城县猛烈街新街子，在押，无固职业。

本案经本院审理查明：

被告徐国祥1931—36年读书，37—41年在家生活，42—44年跟李天升、张达希帮忙做生意，45—48年在李保芳土匪队伍里进行抢劫活动，48年9月跟彭声扬进江城，继后又同李依仁队伍在下，到普洱二期干校学习调易武等地进行工作，但被告吃不得苦，就偷买了大烟等物资做生意，52—55年在昆洛公路当民工，同年到江城运输队至现在。

被告在李保芳匪部下，忠实於李匪，是李匪得力爪牙，跟随李匪组织或带领匪众进行抢劫活动20多次，其中在47年2月随同李匪到勐烈街抢陈正凤家，陈的男子被另一匪众打死，抢得大烟、枪支等物。同年5月到整董抢劫到了国界外的曼秀寨子傣族巴朗走，反正跟李匪到抢劫木正华等家，抢得70多条水黄牛、枪支、银手镯等物。同年8月由黄定昌、被告带领匪众18人到曼沉分水岭去抢段国兴家，当时段不在便将段之母捆起抢大烟、半开，抢后分掉。另一次被告与刀国昌带领匪众10多人到阿去河抢李万发家，抢得半开千余元，土匪小寿报信说：象鼻大白树有一个老妈妈埋着半开，小寿带路，被告和石定注等

—1—

人把老妈妈审问，老妈妈受冤不认，被徐犯等人烧红火钳烫她的脸和脚，经肉刑拷打未认出，后才放了。47年9、10月同土匪头李骚寿假借死掉，其家人报给李匪，怀疑是工人王朝荣害，在李匪指使下徐犯等人抓了这二人捆来后还想把这二个人杀掉，徐犯当时用大拉七枪在王朝荣下边打了一枪，打后才放掉。被告在李匪指使下还打过小郎、杨保良各一次。此外47年张云裕被匪帮杀死地下党时，被告积极站岗放哨，忠实为匪服务。在玉溪、宁洱时还调戏过二人妇女等罪恶，情节严重，被告确系一惯匪，本应严惩，但捕后认罪较好些，据此，判决如下：

判处惯犯徐国祥有期徒刑8年，劳改至1966年9月28日止。

如不服本判决，可於接到判决之第二天起五天内向本院递出上诉状及副本，上诉於云南省思茅地区中级人民法院。

审　判　员：陈启能

人民陪审员：马存昇

人民陪审员：白成开

1958年10月21日

代书記员：黄其开

—2—

● 徐国祥反革命惯匪案刑事判决书

（二）围绕"惯匪"指控

本案公诉指控的核心在于用充分的事实和证据证明徐国祥属于"惯匪"，从而符合肃反政策法规"依法逮捕法办"的规定。既然是惯匪，就要体现以土匪为职业的特点。本案起诉书在这方面着力甚多。一是概述其履历，从总体上勾画出徐国祥的"惯匪生涯"。徐国祥1942年至1944年，跟张天升、张达希到澜沧、昆明一带做大烟生意；1945年至1948年在李国芳土匪队伍里实施抢劫活动；1948年9月之后跟彭声扬（云南磨黑恶霸张孟希的大队长，张孟希曾短暂与我党合作，后叛变革命）进城，后来在普洱二期干校学习和其他工作中吃不了苦，请假买了大烟等物资去做生意。1952年至1955年，在昆洛公路当民工，后到江城骡马队。徐国祥从1942年17岁走上社会开始到1949年，其中有三四年时间都是在李国芳土匪部队中实施抢劫活动，其他时间也多是做大烟等生意。二是详述其作为惯匪的犯罪事实。从20多次抢劫活动中，选择了一些比较严重的、有代表性的犯罪事实展开指控，这些犯罪事实充分体现了土匪的行径。其中一起犯罪有"徐国祥等人烧红火钳烙老妈妈的脸和脚"的细节描述，土匪的凶残形象跃然纸上。起诉书的这些指控，比较完整地证明了一名惯匪残害人民的犯罪事实以及民愤很大的社会影响，为法院作出"确系惯匪应严惩"的判决奠定了坚实的基础。

案例推荐：云南省人民检察院

撰稿：李哲

审稿：闵钐

徐大明反革命暴动案

——"大跃进"运动中"左"倾思想指导下办理的案件

基本案情

徐大明，男，时年 29 岁，贵州省毕节专区赫章县人，贵州省毕节专区赫章县胜阳区石板乡信用合作社会计。

1958 年 6 月 20 日，徐大明与反革命分子朱启汗认识，听其鼓动称另一反革命分子张俊系周恩来总理的学生、国民党军官，有本事发动几个县的暴动。徐大明之前贩卖过烟毒，又与该县石板乡工作组有矛盾，对"七无"运动（无土匪、无积案、无火灾、无骚乱、无事故、无烟毒、无赌博）不满，被区委要求做检查，因此徐大明请求朱启汗介绍其参加张俊的反革命组织。后徐大明于当年 7 月 13 日和 7 月 15 日以收税款买米为掩护，主动到该县古达乡找到朱启汗，希望听到张俊的答复，但两次均没有见到张俊。朱启汗告知徐大明确定于 7 月 20 日举行暴动，乡干部一个不留。徐大明除了同意朱启汗的意见外，还表示愿意参加暴动。后徐大明未参加开会，也未得到通知，不知具体暴动时间，因而未参加暴动，原策划的暴动也未实际实施。

1958 年 9 月 11 日，贵州省赫章县人民检察院向赫章县人民法院提起公诉。法院判处徐大明有期徒刑五年。

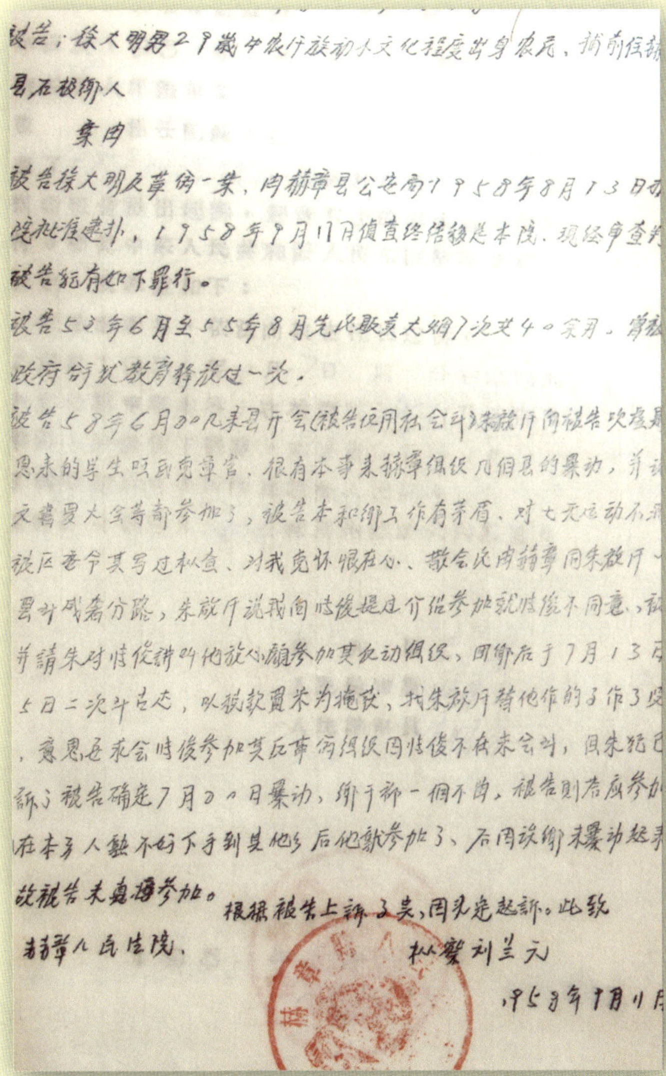

● 徐大明反革命暴动案起诉书（部分）

案件背景与社会影响

1958 年 5 月 5 日至 23 日，中共八大二次会议举行。会议正式通过"鼓足干劲、力争上游、多快好省地建设社会主义总路线"。会后，"大跃进"运动在全国展开。同年 8 月 17 日至 30 日，中共中央政治局扩大会议在北戴河召开。会议确定一批工农业生产的高指标。会后，全国很快掀起大炼钢铁和人民公社化运动的高潮，以高指标、瞎指挥、浮夸风和"共产风"为主要标志的"左"倾错误严重泛滥开来。

在"大跃进"的背景下，政法工作也开始"大跃进"，"左"倾错误在政法工作中体现。各地政法机关相互送保证书、倡议书、挑战书，提出口号、制订规划，比思想、比作风、比政治、比工作效率，提出了一些明显不符合规律的目标。如某市公安机关决心要使该市在五年内基本成为"内患清除，盗贼敛迹，路不拾遗、夜不闭户"的安全城市。在年内做到"人人干劲足，效率高，守纪律，遵法制，全体民警普遍树立社会主义思想道德、作风"。某省审判机关保证做到"无错案、无冤案、无漏案、无积案"。许多地区的政法机关都提出三勤（勤下乡、勤动手、勤检查）、四要（要艰苦深入、要有革命干劲、要任劳任怨、要遵守制度）、五好（思想好、学习好、团结好、联系群众好、互相配合好）和七无、八无、九无、十无（无盗窃、无赌博、无烟毒、无流氓阿飞乞丐游民、无火灾、无械斗、无破坏、无交通和群众集会伤亡事故、无集体拜神迎会的迷信活动等，各地提法不同）。有些机关还提出"提高干劲，干部又红又专第一，突破指标，工作又多又好第一"等口号。

1958 年 1 月 25 日至 2 月 14 日，贵州省检察长、法院院长、公安局长会召开。会议提出在全省工业、农业，其他各项事业"大跃进"的形势下，政法工作也必须来个"大跃进"。会议提出在全省开展

"七无"运动，并要求政法各机关加强集体领导，亲密配合，继续深入贯彻执行对敌斗争的各项措施。该案就是在"大跃进"运动中，政法工作"大跃进"背景下办理的反革命暴动案。

公诉指控

（一）指控依据与罪名认定

1951年《中华人民共和国惩治反革命条例》（以下简称《条例》）第二条规定了反革命罪的概念，"凡以推翻人民民主政权，破坏人民民主事业为目的之各种反革命罪犯，皆依本条例治罪。"依据《条例》，反革命罪的具体罪名在当时的公诉指控和法庭审判中有背叛祖国罪，煽动叛变罪，叛变罪，持械聚众叛乱罪，间谍罪，资敌罪，参加反革命特务罪或者间谍组织罪，利用封建会道门进行反革命活动罪，反革命破坏罪，反革命杀人、伤人罪，反革命挑拨与煽惑罪，反革命偷越国境罪、聚众劫狱罪或者暴动越狱罪，窝藏包庇反革命罪等。

从该案现存的"赫章县人民检察院批准逮捕书""赫章县人民检察院起诉书""赫章县人民法院刑事判决"等三份法律文书，可以看到公安机关、检察机关、人民法院在针对徐大明反革命行为确定具体罪名时存在一定差异。批准逮捕书上公安机关提请逮捕罪名为"现行反革命犯罪"，检察机关以该罪名予以批准逮捕；检察机关起诉时，起诉书直接认定徐大明犯罪案由为"反革命罪"；法院判决时，认为徐大明犯罪事实为积极主动参加反革命组织，愿意参加暴动，具体罪名为"反革命暴动罪"。

究其原因，徐大明的行为符合《条例》第二条、第十六条的概括性入罪规定，"凡以推翻人民民主政权，破坏人民民主事业为目的之各种反革命罪犯，皆依本条例治罪""以反革命目的之其他罪

国家公诉——共和国70年典型案例及法律文书评析

● 徐大明反革命暴动案批准逮捕书

118

● 徐大明反革命暴动案判决书

犯未经本条例规定者，得比照本条例类似之罪处刑"，但其行为不在该条例明确列明的 10 余种具体反革命行为之中。因此公安机关与检察机关使用反革命这一类罪名提请逮捕以及提起公诉，人民法院最后将徐大明行为具体化为"反革命暴动罪"。

值得一提的是，该案还保存有"赫章县人民法院准备庭裁定"这一文书，该准备庭的裁定事项主要包括：批准起诉书；确定开庭时间；传唤证人出庭。

（二）"左"倾思想的体现

如前所述，该案发生在政法工作"大跃进"的时代背景下。徐大明的主要犯罪行为是参加反革命组织，至于判决书认定的"反革命暴动"，徐大明虽有过参加反革命暴动的意思表示，但是暴动并未实施，他本人也未参加开会，未得到通知，不知暴动具体时间，未参加暴动。起诉书和判决书在"反革命暴动"方面指控和认定的事实、证据较为单薄。另外，反革命罪已有《条例》作为法律依据，该案无论是起诉书还是判决书都未援引《条例》，显得较为简略。

案例推荐：贵州省人民检察院

撰稿：徐梅

审稿：闵钐

胡大吉反革命武装暴动案

——从重从快严惩反动会道门利用民众饥荒组织武装暴动

基本案情 ···

胡大吉，男，时年 60 岁，反动会道门"黑旗会"道首。

胡大吉的主要犯罪事实有：

1. 1936 年参加黑旗会，后积极发展道徒，成为黑旗会道首，解放后胡大吉坚持反动立场，在家中建立佛堂，并将其家发展成为会道门活动的中心地点，先后拉拢发展新道徒 10 余人。

2. 1953 年取缔反动会道门时，胡大吉伪装登记退道，暗地藏匿"符法"、道具和凶器，并积极组织反动"九头军"，大肆宣扬反革命言论，鼓动道徒筹备长矛、大刀等凶器，准备暴动，意图推翻人民政权，并预谋杀害村干部和群众胡立水等 5 人。

3. 1958 年成立合作社时，胡大吉与胡本桂、胡立德等人共谋造谣破坏，宣称"真主出现，共产党不能长"等言论，并积极欺骗拉拢已退道的道徒郑庆海、郑广修等 3 人参加其复辟活动。

4. 1960 年 1 月，胡大吉以偷人民公社白芋为手段，扩大反动组织成员，组织复辟暴动，亲自手持凶器带领道徒杀害村干部胡立水未遂。

5. 1960 年 1 月 31 日夜，胡大吉聚众 16 人在其家中持凶器准备进行暴动。当公安机关前往传唤胡大吉时，胡大吉带领道徒以暴力方式冲击公安人员并持刀将公安人员周奇颈部刺伤，次日晨又率领道徒9人冲击武装人员，被公安机关击伤抓获。

1960年4月12日，江苏省徐州市人民检察院以胡大吉犯有反动会道门活动罪行提起公诉，同年4月14日，江苏省徐州市人民法院判处胡大吉死刑。胡大吉上诉后，4月23日，江苏省徐州地区中级人民法院认定胡大吉犯反革命武装暴动罪，裁定驳回上诉，维持原判。

案件背景与社会影响

该案是20世纪60年代在苏鲁豫地区有重大影响的反革命武装暴动案。1960年是我国遭受自然灾害最为严重的一年，国际上又掀起"反华"大合唱，社会上各种矛盾交织在一起，社会治安不稳定。此阶段严厉惩治现行反革命犯罪是检察机关的一项重要任务，也是维护人民民主专政和社会主义制度稳定的重要手段。最高人民检察院检察长张鼎丞在第二次全国人民代表大会上指出，"检察机关始终把惩办反革命的现行破坏活动，当成自己的重要任务，如果不及时惩办敌人的现行破坏活动，不把那些有破坏阴谋的重大反革命分子清查出来，社会主义的建设事业就要受到损害，人民群众的利益就得不到保护"。

同时，"大跃进"运动依然在进行，检察工作也在"大跃进"。针对检察工作如何"大跃进"和"大跃进"中出现的新问题，最高人民检察院拟定了《检察工作大跃进四十条（草案）》。《最高人民检察院关于当前工作给各级检察院的指示》（以下简称《指示》）中要求做到"两准、两快"，即批捕准、起诉准；批捕快、起诉快。"准"的标志是：不漏、不错，保证质量；"快"的标志是：在保证"准"的前提下，捕人，要求做到随到、随批，除重大或复杂的案件外，一般案件不得超过2天；起诉，一般的不超过5至10天，其中典型的案件或民愤很大、必须及时处理的案件，不得超过 3 至 5 天。对重要的现行案件，更应该随到随批，预审结束一件，就起诉一件，出庭一件。必要时实行公、检、法三机关联合办案，"三员汇报、三长决定、党委批准、然后分别按照法律程序办理"。在没有组织联合办案的地区，也要建立密切的联系制度，共同把案件办得又快又好。

在"左"的思想影响下，检察工作的正规化建设受到破坏，初步建立起来的法律程序和办案制度被"一长代三长""一员顶三员"等做法取代，工作中片面追求"多、快、好、省"，盲目提出一些不切实际的高指标和口号。联合办案的存在使公、检、法三机关分工负责、互相配合、互相制约的重要原则遭到破坏，也让检察机关法律监督的职能大打折扣。该案就是在"大跃进"的背景下由三机关联合办理的，是特殊时期追求政法"大跃进"的产物。

公诉指控 ··

（一）联合办案，速度惊人

从办案程序上看，公安机关于 1960 年 4 月 12 日将胡大吉现行反革命案提请检察机关批准逮捕，检察机关于当日将案件起诉到法院，4 月 14 日法院对该案作出一审判决。一个被判处死刑的重大案件，在三天就完成了批捕、起诉、判决。在"大跃进"的时代背景下，实行公、检、法三机关联合办案的模式，提出"下去一把抓、回来再分家""大案不过三（天）、小案不过天"等口号，成立联合办案小组，预审、批捕、起诉、判决由小组内办案人员分工完成，各自根据法律程序制定文书，这种办案模式导致办案的速度成倍增长。胡大吉实施反革命武装暴动的罪行，系现行反革命分子，是《指示》中要求重点关注、提速办理的大案，三天内完成一审判决，算是完成了"大案不过三"的任务。这种以惩罚犯罪为目的，极度追求办案速度的办案模式是当时特定历史条件决定的。

（二）实体公正，罪刑均衡

从实体上看，胡大吉在取缔反动会道门以后继续恢复和发展反动会道门组织，并且发动群众进行反革命破坏，属于反革命分子。《中华人民共和国惩治反革命条例》第八条规定："利用封建会门，进行反革命活动者，处死刑或无期徒刑；其情节较轻者处三年以上徒刑。"胡大吉在自然灾害时期利用会道门组织反革命武装暴动，意图破坏人民民主专政政权，综合考虑其罪行，结合当时的刑事政策和社会背景，对其判处死刑符合罪责刑相适应的原则。

案例推荐：江苏省人民检察院

撰写：邢裴裴

审稿：闵钐

张德才、回申娃反革命投毒案

—— "为了 61 个阶级兄弟"故事背后的大案

基本案情

张德才，男，时年 31 岁，山西省平陆县人，中农成分。

回申娃，男，时年 25 岁，山西省平陆县人，地主成分。

张德才解放前参加日伪保安队、阎锡山爱乡团、反共复仇队，曾积极进行反共、反人民的罪恶活动。1946 年至 1947 年 8 月，先后在平陆县圣人涧、杨庄等村伙同其他匪徒抓捕我村农委会主席李会文和民兵张银娃等 5 人，该犯亲手拔掉李会文的胡子，用火柱在嘴上烧，最后在阎锡山爱乡团副团长胡忠汗指使下，将李会文倒栽在水瓮中淹死，李会文之妻为此气疯而死。

解放后，张德才隐瞒历史罪恶，于 1953 年因强奸妇女，被判处徒刑六个月。1958 年 9 月，张德才混入太原钢铁厂当工人，在肃反运动中查清了张德才的历史反革命罪行，由太原市北城区人民法院判处张德才管制三年、解回原籍管制改造。

在 1959 年 11 月修筑风陵南沟公路的劳动改造中，张德才消极怠工，不安心改造，因旷工 50 余天，被批评和斗争，张德才因此更加仇视我人民政府和广大群众，积极与回申娃勾结起来，有计划地进行投毒暗害活动。回申娃于 1960 年 1 月 3 日乘回家之机，将私藏的砒霜 5 两多带至工地，交给张德才，并共谋商定投毒的时间和方法。1960 年 2 月 2 日下午，张德才到工地食堂以舀水为名，暗自将 5 两砒霜由口袋取出投入锅内致使 61 名民工吃饭后中毒。幸经首都人民千里送药，多方抢救，61 名民工才得以脱险。案发后，勘验现场时从锅内捞出未溶化完的砒霜两块，经过侦查破案，将该二犯依法逮捕。并经化验张、回二犯的衣服口袋，确有砒霜毒性存在。

1960 年 3 月 8 日，山西省平陆县人民检察院向平陆县人民法院提起公诉。3 月 12 日，法院判处张德才、回申娃死刑，剥夺政治权利终身。3 月 24 日，报山西省高级人民法院批准，并上报最高人民法院核准。

案件背景与社会影响

1960 年 2 月 28 日，《中国青年报》刊载了长篇通讯《为了六十一个阶级兄弟》。这篇文章入选多个版本语文教材，感染、激励了数代中国人。在近半个世纪几代中国人的集体记忆中，它是一段"千里救急"的故事：1960 年 2 月 3 日深夜，一箱来自北京新特药商店的二硫基丙醇，被及时空投到山西省平陆县，当地 61 个中毒民工因此脱离了生命危险。然而这个耳熟能详的故事背后，却有一个鲜为人知的真实案件，这就是张德才、回申娃投毒案。

1960 年 4 月 2 日上午，在平陆县城召开万人公审大会后，由平陆县检察院派员莅临监督、验明正身，将张德才、回申娃二人押赴刑场，执行枪决，并进行验尸、拍照。而后将布告同时张贴于山西全省各县、城镇、公社、管理区及北京等全国各地。在全国范围内张贴同一张处决犯人的布告，这在全国来说还是前所未有之事，足见该案在当时影响之大。

张德才、回申娃反革命投毒案

● 张德才、回申娃反革命投毒案起诉书

公诉指控 ∙∙

（一）从以政策治罪到依法定罪

1949年新中国成立之初的主要任务是稳固政权，法律很不完备，主要的刑事法律有《中华人民共和国惩治反革命条例》《中华人民共和国惩治贪污条例》《关于宽大处理和安置城市残余反革命分子的决定》和《关于对反革命分子的管制一律由人民法院判决的决定》等。对于反革命罪和贪污罪之外的其他刑事犯罪，尚处于"无法可依"状态。

该案的定性是"反革命投毒"，起诉书、公诉词、判决书用大量篇幅阐述张德才、回申娃"破坏社会主义建设大跃进"，确系"仇视人民和社会主义建设事业，民愤极大，罪恶昭彰，不堪改造的反革命分子"，但没有展开阐述投毒的法律规定以及构成要件。法律文书援引了《中华人民共和国惩治反革命条例》第九条第（二）项作为指控、定罪的法律依据。《中华人民共和国惩治反革命条例》第九条的内容是："以反革命为目的，策谋或执行下列破坏、杀害行为之一者处死刑或无期徒刑；其情节较轻者处五年以上徒刑……（二）投放毒物、散播病菌或以其他方法，引起人、畜或农作物之重大灾害者……"公诉词尤其强调，"为了保护人民生命安全，保卫党的总路线、大跃进、人民公社和社会主义建设事业飞跃发展，特根据《中华人民共和国惩治反革命条例》第九条第（二）项规定精神，建议法庭对反革命投毒犯张德才、回申娃处以极刑，以消民愤。"

（二）从感情色彩浓烈的用语到客观中立的表述

该案法律文书中运用了大量感情色彩浓烈的词语，如"阳奉阴违""人面兽心""狼狈为奸""怙恶不悛""阴险毒辣"，这些词语都打上了时代的烙印。随着时代变迁，这些带有强烈感情色彩

张德才、回申娃反革命投毒案

● 张德才、回申娃反革命投毒案公诉词

平陆县人民法院

刑事判决书 （60）刑字第17号

张德才、回申娃反革命投毒案刑事判决书

的词汇在检察机关的起诉书和公诉词中逐步淡化，乃至消失。时至今日，"蹿至""狗急跳墙""穷凶极恶"这样的词汇在法律文书中也渐行渐远，成为历史。今天的起诉书和公诉词，在用语上更加强调理性、客观、平和。

（三）从注重天理人情到恪守法理

该案的各种法律文书大量叙述被告人的历史出身、作案的过程、危害后果、主观恶性，相对来说较为关注"天理"和"人情"，但是在"国法"层面，对事实和证据的分析不足，特别是对回申娃与张德才共同犯罪的事实和证据论述不足，二人的地位和作用如何论证不够。今天的法律文书更加注重法理分析，更加关注"以事实为依据，以法律为准绳"的阐述，更加强调将"天理"和"人情"融入"法理"的阐述中。

案例推荐：山西省人民检察院

撰稿：李勇

审稿：闵钐

张德才、回申娃反革命投毒案

王倬反革命诈骗案

——伪造周恩来总理批示诈骗人民银行总行的重大案件

基本案情

王倬，又名王连生，化名赵全一，男，时年 37 岁，辽宁省辽阳县人，住北京市西城区李广桥南街 3 号，对外贸易部科员。1941 年参加三青团。1943 年加入青帮。1948 年冬在北平匪特刑庭看守所充办事员。北平解放后混入中国人民解放军。1950 年 3 月来京。1951 年到进口公司工作。

1959 年 7、8 月间，王倬即蓄谋用伪造我国家领导人的批示，诈骗人民银行巨款，不断练习周总理的签名字体。1960 年 3 月初，以给街道食堂印饭票为名，从出口局干部程德明处借得钢板一块，并陆续购买了蜡纸、红印油、色膏、画笔、铁笔、信纸等，从出口局办公室偷了数张十行纸和两个带国务院衔的信封。在进行了一系列的犯罪准备以后，于 3 月 17 日夜在其家中伪造了"周总理指令中国人民银行总行立拨现款二十万元送民族饭店交西藏工委宗教事务部赵全一收"为内容的批示，和用周总理办公室名义给人民银行总行的介绍信，以及"总理办公室介绍专用"章等印信。3 月 18 日下午 3 时许，王倬假称其母有病，请假回家，带上所有伪造信件到人民银行总行进行诈骗。将伪造信件递交总行后，即到民族饭店等候收款。在等候期间，王倬还假冒总理办公室的名义给人民银行打电话催办。当晚七点一刻前后将 20 万元巨款骗到手后，用自行车驮回家中。当晚王倬将赃款分别藏在其北房西屋（存杂物）的书箱和杂物中，后又在张可民（王倬母亲）的协助下，多次在其家中转移赃款藏匿地点。后为了湮灭罪迹，连续多次烧毁赃款，共烧毁 8500 余元，其余赃款分别埋藏在其家厕所后面夹道和厨房地下（已全部起获）。

1960 年 4 月 4 日，北京市人民检察院以"（60）京检反捕字第 191 号"作出批准逮捕决定书。同年 5 月 20 日，北京市人民检察院分院以"（60）京检分反起字第 272 号"起诉书向北京市中级人民法院提起公诉。法院一审判处王倬反革命诈骗罪，死刑，剥夺政治权利终身，判处张可民包庇、帮助反革命诈骗罪，有期徒刑十五年。王倬上诉后，6 月 16 日，北京市高级人民法院二审维持一审判决。6 月 21 日，最高人民法院作出裁定，核准死刑。

案件背景与社会影响

经过 1951 年和 1955 年的镇压反革命运动，基本上肃清了中国大陆上的残余反革命势力之后，政法战线包括检察机关的工作，已从以肃清历史反革命分子为主要任务，转向以打击现行的反革命活动及其他刑事犯罪活动为主。1958 年 12 月 11 日，中共中央在对公安部一个报告的批示中指出："在我们国家已经空前巩固，反革命已经不多的情况下，捕人、杀人要少；管制也要比过去少。对于不法地主、富农、历史反革命和坏分子，只要他们不进行现行重大破坏活动，只在群众面前揭露他们，并夹在人民公社生产大队中监督劳动，加以改造即可。"当时把这种政策简称为"三少"政策。检察机关在执行"三少"政策过程中，并不是一切从宽，而是仍然坚持惩办与宽大相结合的政策。这就是对历史犯从宽，对现行犯从严；对一般的犯罪分子从宽，对罪行严重的犯罪分子从严；坦白从宽，抗拒从严；初犯、偶犯从宽，再犯从严。1960 年发生的王倬反革命

诈骗案，震动了中央，周恩来总理知道后十分震怒，指示公安部限期破案。公安部接周恩来指示后，立即电报通知各地公安厅局，在全国范围内发动群众彻查。王倬到案后，检察机关批捕、起诉，人民法院依法审理，体现了对罪行严重的现行犯从严的精神。王倬案影响深远，此后诸多刊物、媒体多有报道。在北京警察博物馆、人民检察博物馆、中国法院博物馆的展厅，都有关于此案的介绍，成为反映那个年代的重大刑事案件的典型案例。

公诉指控

（一）及时批捕起诉，回应各方关切

在国家经济极其困难的 1960 年，王倬利用伪造的总理办公室介绍信专用章，模仿周恩来总理的笔迹，伪造给中国人民银行总行的指示，诈骗人民币 20 万元，影响极其恶劣。在公安机关侦查终结后，北京市人民检察院及时对北京市公安局的"预捕字第 15 号"提请逮捕人犯书及所附材料进行审查，决定批准逮捕。同年 5 月 20 日，北京市人民检察院分院对王倬提起公诉。在王倬不服一审判决提出上诉后，北京市人民检察院提出二审意见。检察机关在该案中，依法履行批捕、起诉及审判监督职责，起到了查明和追诉犯罪，回应各方关切的作用。

（二）事实认定与指控风格

起诉书首先概述了王倬历史上的违法行为，如勾结反革命分子王国昌阴谋伪造火车票和人民币；倒卖金银破坏金融管理政策；帮助王国昌伪造通行证；散布反动言论，恶毒攻击党的领导和干部政策等。然后落脚到现实中的"更为严重的是伪造总理批示和国务院印信，盗骗了国家银行 20 万元巨款"。这样从宏观上对王倬的违法

犯罪行为有了一个整体描述。

其次，起诉书用很大篇幅详细叙述王倬从蓄意盗骗国家巨款，犯罪预备，着手实行，犯罪既遂后掩饰、毁灭罪迹等整个犯罪过程。在语言修辞上，这一段文字采取了写实手法，事实叙述客观、准确。"不断练习周恩来总理的签字""从王府井文具店等处购买了伪造印信用的蜡纸、信纸、红印油、色膏、画笔、铁笔等""从对外贸易部出口局办公室偷得带有国务院印衔的旧信封和机关办公用的十行纸""以给街道食堂印饭票的名义，从出口局干部程德明处借得钢板一块""人民银行送款人员到民族饭店向服务员询问'西藏工委赵全一'时，被告即自称系西藏工委赵全一，将送来的 20 万元现款骗收"等，这些描述清晰准确，完整地再现了王倬的犯罪行为，并无带有明显的主观色彩。

（三）援引、比照适用法律

起诉书援引的是《中华人民共和国惩治反革命条例》第九条第（五）项，第十条第（三）项，第十三条以及第十六条，比照条款而依据的第九条第（一）项、第（三）项。

《中华人民共和国惩治反革命条例》第九条第（五）项规定："假借军政机关、民主党派、人民团体名义，伪造公文证件，从事反革命活动者。"第十条第（三）项规定："进行反革命宣传鼓动、制造和散布谣言者。"王倬的犯罪行为与上述条文是符合的。第十三条规定："窝藏、包庇反革命罪犯者，处十年以下徒刑；其情节重大者，处十年以上徒刑、无期徒刑或死刑。"该条文成为判处张可民的法律依据。

王倬的犯罪行为还涉及比照适用法律的问题。《中华人民共和国惩治反革命条例》第九条第（一）项规定："抢劫、破坏军事设施、工厂、矿场、森林、农场、堤坝、交通、银行、仓库、防险设备或其他重要公私财物者。"该项没有关于"诈骗"的表述。第九条第（三）项规定："受国内外敌人指使扰乱市场或破坏金融者。"王

王倬反革命诈骗案

倬并未受国内外敌人指使。因此，该案起诉书和判决书，都是按照第十六条，即"以反革命为目的之其他罪犯未经本条例规定者，得比照本条例类似之罪处刑"比照适用上述条款。

对比法院判决，判决书在援引上述条款时，还增加了第十七条，即"犯本条例之罪者，得剥夺其政治权利，并得没收其财产之全部或一部"。这对检察机关来说，或属疏漏。另外，从起诉书全文的叙述来看，关于王倬犯罪行为具有"反革命"性质的表述也略显单薄。

案例推荐：北京市人民检察院

撰写：闵钐

审稿：黄河

陈翰萱杀人案

——倒卖单车引发的大学生杀人案

基本案情

陈翰萱，男，时年 22 岁，广西玉林县人，汉族，广西农学院学生。

陈翰萱在广西农学院读书时不安心学习，于 1962 年 9 月以来与社会上不法分子宋志英（女，31 岁，曾因诈骗于 1962 年 10 月被南宁市人民法院判处徒刑二年，缓期二年）来往密切，并以姐弟相称。后宋志英对陈翰萱谎称有进口三枪牌单车出卖，每架 300 余元，陈翰萱便信以为真并见有利可图，后陈翰萱与亲属和同乡联系以帮买单车为名于 1962 年 9 月至 11 月之间先后向亲戚、同乡共 6 人借款 2500 多元，并向同学借得黄金和汗衫等物折款 507 元，将上述借款交于宋志英购买单车。后陈翰萱见宋志英买不到单车，屡次向宋志英讨要借款未果，而后又得知宋志英系诈骗犯，才知自己被骗，从而怀恨在心，于 1963 年 6 月 11 日晚 9 时许以卖衣服为名，骗宋志英到广西大学附近草地，先将宋志英带去的小孩抱过来，趁宋志英不备，用放在背袋的多用斧头向宋志英头部连砍数斧，将宋志英杀死。事后在宋志英身上搜出 5 角钱，将宋志英带来的小孩送交给宋志英的丈夫。当晚，陈翰萱将血衣换下收藏在南宁火车站门前花园内。次日，陈翰萱至宋志英家中，企图取回其被骗的借款。后被公

安机关抓获。1963 年 8 月 23 日，广西僮族（1965 年改为壮族）自治区南宁市人民检察院向南宁市人民法院提起公诉。同年 9 月 11 日，法院以故意杀人罪判处陈翰萱有期徒刑十五年。

案件背景与社会影响

　　这是发生在社会主义建设道路探索时期的一个大学生杀人案件。当时，此案社会影响很大，一方面是陈翰萱的身份特殊，为广西农学院的大学生，大学生杀人事件在当时非常特殊，且杀人地点也在学校内，给社会带来比较恶劣的影响；另一方面在于其杀人动机起因于倒卖单车未果。在实行计划经济，商品供应极为匮乏的年代，国家为了保障供需平衡，对居民的吃穿用等生活必需品实行计划供应，按人口定量发行粮票、布票等专用购买票证。单车在当时属于紧俏物品，也是凭票购买。对于一般家庭来说，买一辆好自行车相当于一年的工资，即便是攒够了钱，也要有自行车票才能购买。自行车、手表、缝纫机被称为"三大件"，自行车最为实用，成为居民争相购买的热门商品。这也为一些人投机倒把留下了存在的空间，陈翰萱也是想通过倒卖自行车来获利，但却被宋志英欺骗，最后愤而杀人，也可谓是"倒卖单车引发的血案"。

公诉指控

（一）事实描述与罪名认定

　　本案起诉书在事实的描述上，没有过分的渲染和指责。在认定

批 准 逮 捕 书 (存根)

签 发		拟 稿 人	
发文（63）	字第 00168 号	附件原材料 份 頁全部退回	

你局于一九六三年六月十二日以　字

第　　　号提請批准逮捕 行凶杀人犯陳翰萱

的材料收悉。經本院審查，批准逮捕。

此致

南宁市公安局

付检察长

一九六三年六月十二日

● 陈翰萱杀人案批准逮捕书

事实的部分，将陈翰萱与宋志英的相识过程、杀人动机、作案过程以及抓获经过都叙述得很清晰、全面。在事实认定时，对陈翰萱的平时表现进行了一定的表述，"陈翰萱资产阶级思想严重，在广西农学院读书时不安心学习"，这与当时的时代特征是相吻合的。在起诉书事实认定部分表述得比较细致的地方，还体现在陈翰萱杀人后的行为表现，"在死者身上搜出币5角，并将其带来的小孩送交死者的丈夫"。在罪名认定上，起诉书指控陈翰萱"触犯国家刑律，已构成行凶杀人罪"，这体现了当时在罪名认定上的时代特点。

（二）秉承少杀慎杀原则

1948年1月，毛泽东在《关于目前党的政策中的几个重要问题》中指出，"必须坚持少杀，严禁乱杀。主张多杀乱杀的意见是完全错误的，它只会使我们党丧失同情，脱离群众，陷于孤立"。1948年2月，在《新解放区土地改革要点》中，毛泽东重申"必须严禁乱杀，杀人愈少愈好"。1949年新中国成立后，毛泽东的这一"保留死刑、少杀慎杀"的死刑思想被延续下来。1962年的七千人大会上，毛泽东再次强调"少杀、慎杀"的思想。在具体的司法实践中，毛泽东同志要求司法机关对死刑的适用一定要采取严肃态度，"必须坚持少杀，严禁乱杀"。陈翰萱杀人案发生在社会主义建设道路探索时期，当时的法治道路也在探索阶段，从起诉书和判决书中均可以看出，该案的公诉和审判是毛泽东提出的"少杀、慎杀"思想指导司法实践的体现。

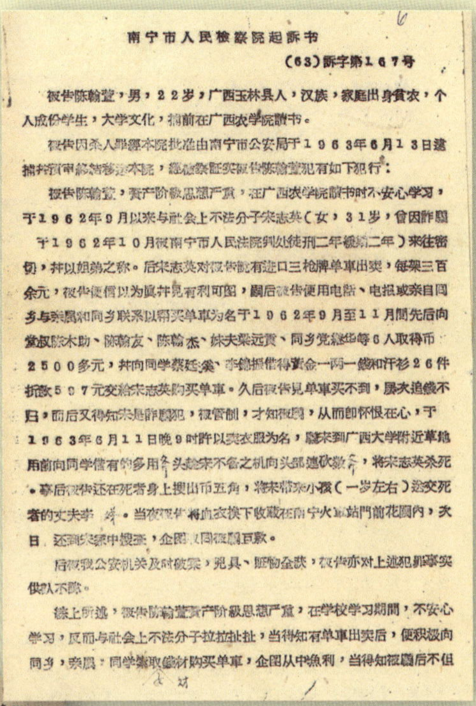

南宁市人民检察院起訴书

(63)訴字第167号

被告陈翰萱，男，22岁，广西玉林县人，汉族，家庭出身貧农，个人成份学生，大学文化，捕前在广西农学院讀书。

被告因杀人罪經本院批准由南宁市公安局于1963年6月13日逮捕并預审終結移送本院，經檢察証实被告陈翰萱犯有如下犯行：

被告陈翰萱，資产阶級思想严重，在广西农学院讀书时不安心学习，于1962年9月以来与社会上不法分子宋志英（女，31岁，曾因詐騙于1962年10月被南宁市人民法院判处徒刑二年緩刑二年）来往密切，并以姐弟之称。后宋志英对被告說有进口三枪牌单車出卖，每架三百余元，被告便信以为真并見有利可图，隨后被告便用电話、电报或亲自回乡与亲属和同乡联系以帮买单車为名于1962年9月至11月間先后向堂叔陈木助、陈翰友、陈翰杰、妹夫梁远贵、同乡党继华等6人取得币2500多元，并向同学蔡廷□、李铜振借得黃金一两一錢和汗衫26件折款597元交給宋志英购买单車。久后被告見单車买不到，屡次追錢不归，而后又得知宋是詐騙犯，被管制，才知被騙，从而即怀恨在心，于1963年6月11日晚9时許以买衣服为名，騙宋到广西大学附近草地，用前向同学借有的多用斧头趁宋不备之机向头部連砍数斧，将宋志英杀死。事后被告还在死者身上搜出币五角，将宋带来小孩（一岁左右）送交死者的丈夫李□。当夜被告将血衣换下收藏在南宁火車站門前花園內，次日还到宋家中提亲，企图以回被騙巨款。

后被我公安机关及时破案，兇具、赃物全获，被告亦对上述犯罪事实供认不諱。

綜上所述，被告陈翰萱資产阶級思想严重，在学校学习期間，不安心学习，反而与社会上不法分子拉拉扯扯，当得知有单車出卖后，便积极向同乡，亲属，同学集取錢財购买单車，企图从中渔利，当得知被騙后不但

不积极向政府坦白交待自己犯罪行为，檢举揭发不法分子，反而持斧行兇杀人，已触犯国家刑律，已构成行兇杀人罪，本院为了維护社会治安，保障人民生命财产的安全，特提起公訴，請依法懲处。

此 致

南宁市人民法院

檢察員 張 会 慶

一九六三年八月二十三日

附：㈠被告陈翰萱現押南宁市看守所。

㈡有关材料一册。

㈢兇具，赃物詳見清单。

● 陈翰萱杀人案起诉书

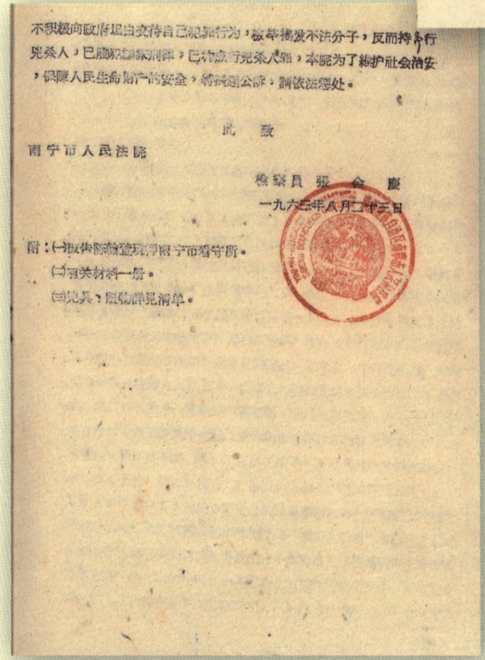

南宁市人民法院刑事判决

（63）刑字第367号

公诉人：南宁市人民检察院检察员张金庆

被告人：陈翰萱　男　22岁，广西玉林县人，汉族，家庭出身贫农，
个人成分学生，大学文化，捕前在广西农学院读书，
现在押南宁市看守所。

案　由：行凶杀人

本案业经本院依法审理完毕，现查明：

被告陈翰萱原在广西农学院读书，于1961年寒假期间被告与不法分子宋志英（女，31岁，于1962年10月因诈骗罪被判处徒刑二年，缓刑二年）结识后，以姘奸相好，经常有来往。1962年9月间被告陈宋志英有进口三合牌军表，每只三百多元，可赚手续费，以按买军表的人每份一份。被告却以为有利可图，藉口答应设法筹款与宋赊同搞投机买卖。于1962年9月至11月间被告在宋志英的唆使下，先用电话，电报或亲自回乡，以帮购军表为名，向堂叔陈木助，堂兄弟陈瑞波，陈鑫杰，妹夫梁远实，同乡党辅华等人取得人民币三千一百多元。被告交给宋志英现欵二千五百元，又以五百七十一元向同学蔡廷溪、李翰提买黄金一两一钱和汗衫26件（折欵五百九十七元）交由宋出具承欵作为购买军表欵项。后来被告见军表买不到，屡次向还欵又不得，而后又得知宋是诈骗犯，才知被骗上当，从而怀恨在心。蓄意图谋杀害宋后即服毒自杀。于1963年6月11日晚9时许被告约宋买衣为名，骗骗宋至广西大学宿舍附近地，先将宋带去的小孩接过来，乘机之不备，拿起有袋之多用小斧头向宋头部猛砍致刀致命命。苏后被告还搜死者身上容去人民币五元，并将宋的小孩（一岁左右）递交死者的丈夫李□，当夜被告将话布血衣脱下放在南宁火车站门前花园内，随去找宋之夫

夫，企图追还被骗巨欵。后被我公安机关及时破案，即缴捕凶犯归案，并搜获凶具小斧头一把，有血陈衣裤各一件，还有备作自戕用的毒药（陈磷酸）一小瓶等物。

以上事实，已得确证，凶具如此具全，被告并一一供认不讳。

查被告陈翰萱，由于资产阶级思想严重，不安心学习，与社会上不法分子结识后，得知有军表出售，便以帮购军表为名，积极向宗属、同乡取得预付购买军表款三千多元，交给不法分子夥同进行投机买卖，企图从中渔利，当被告得知被骗后，不但不向政府坦白交待自己错过，检举揭发不法分子的诈骗犯罪行为，反而持枪行凶杀人致死，情节恶劣，后果严重。本院为了严厉惩办一切杀人犯罪分子，维护社会治安，保障人民生命财产的安全，特依法判决如下：

1.判处被告陈翰萱有期徒刑十五年（刑期由1963年6月13日算起）。

2.赃物：多用小斧头一把，血衣裤各一件，毒药磷酸一小瓶等物，应予没收。

如不服本判决，得于接到判决书的第二日起十天内，向本院提具上诉状及付本，上诉于广西僮族自治区高级人民法院。

南宁市人民法院刑事审判庭

审　判　员：李民诚

人民陪审员：苏月娥

　　　　　　李德澄

1963年9月11日

● 陈翰萱杀人案刑事判决书

不难看出，这是一起由被害人过错引发的刑事案件，宋志英骗取陈翰萱钱财在前。陈翰萱为了拿回自己的钱财，愤而杀人，与严重危害社会公共安全的故意杀人是截然不同的。此外，陈翰萱在被抓获后对其故意杀人的行为供认不讳，具有从轻情节，起诉书中进行了明确的表述，体现了检察机关依法严格执行"坦白从宽、抗拒从严"的政策，没有一味追求从严从重打击，并将罪轻罪重的相关量刑情节均在起诉书中予以表述，最终，陈翰萱被判有期徒刑十五年。

　　　　　　　案例推荐：广西壮族自治区人民检察院
　　　　　　　撰稿：刘艳
　　　　　　　审稿：黄河、闵钐

童顺傲、赵凤鸣等四人贩卖吸食烟毒案

——惩防结合，宽严相济，三十年"无毒国"的检察印记

基本案情

童顺傲，男，时年 57 岁，甘肃省中卫县人，住城关公社西关大队，家庭出身工商业兼地主。

赵凤鸣，男，时年 56 岁，甘肃省武威县人，住城关公社西关大队，家庭出身贫农，曾任敌伪镇长。

何仁，男，时年 49 岁，甘肃省中卫县人，住东园公社史湖大队，家庭出身地主。

吕占云，男，时年 51 岁，甘肃省中卫县人，住红泉公社熊家水大队，家庭出身中农。

上述 4 人的主要犯罪事实是：

1. 童顺傲，1951 年因吸食、贩卖烟毒，被关押教育。此后仍继续进行贩卖毒品和倒贩金银等现行破坏活动。1960 年吸食贺万钧大烟 2 两 5 钱。1961 年至 1963 年春，先后以每两大烟 150 元至 300 元的价格买刘童氏大烟 8 两 3 钱，买同案犯何仁大烟 20 两 5 钱，买同案犯吕占云大烟 5 两，买反革命分子李凤悟大烟 3 两，买王凤莲大烟 1 两 5 钱。以上共计低价收买大烟 40 两 8 钱。除自己吸食 8 两

7 钱外，其余 32 两 1 钱，以 350 元至 500 元的高价倒卖，从中牟利 3250 元。倒贩金银，破坏国家金融政策。自 1961 年至 1963 年春，先后共倒卖银洋 240 块，白银 230 两，黄金 6 两 9 钱，从中牟利 855 元。

2. 赵凤鸣，解放后曾因吸食、贩卖大烟，被关押、判刑改造教育两次。与同案犯童顺傲勾结贩卖烟毒，共计收买大烟 20 两 5 钱 6 分，除自己吸食 4 两 3 钱 6 分外，其余 16 两 2 钱贩卖给烟民刘万山等人，从中牟利计 251 元。倒卖银洋 120 块，自行车 1 辆，从中牟利 20 元，银洋 3 块。

3. 何仁，解放后家中私压大烟长期隐瞒不向政府交代。自 1961 年至 1962 年，先后出卖给童顺傲大烟 20 两 5 钱，卖给吕占云大烟 12 两 9 钱，卖给吕占清大烟 9 钱。

4. 吕占云，1961 年与何仁结亲后协同何仁贩卖大烟。收买大烟 15 两，除自己吸食 4 两 7 钱 6 分外，其余倒卖，从中牟利 634 元，羊 2 只。给生产队牧羊期间，偷杀集体小羊羔 13 只。杀后将肉自食，羊皮给何仁顶交大烟款。将生产队大羊 6 只，偷卖给投机倒把分子吴保伏，得款 280 元。

1965 年 3 月 9 日，甘肃省中卫县人民检察院向中卫县人民法院提起公诉，6 月 9 日，法院判处童顺傲有期徒刑十年，赵凤鸣有期徒刑八年，何仁有期徒刑七年，吕占云有期徒刑三年，查获涉案赃款赃物全部没收。

案件背景与社会影响

鸦片战争开启了中国屈辱的近代史。人民政权对禁烟禁毒始终保持最严厉的态度。新中国成立前，中国共产党为了保护人民健康，恢复与发展生产，严禁鸦片烟毒，在各根据地颁布过数量众多的禁烟禁毒法规。新中国成立后，中央人民政府于 1950 年到 1952 年开

展了大规模的查禁鸦片烟毒的斗争，颁布了《关于严禁鸦片烟毒的通令》（以下简称《通令》）《关于肃清毒品流行的指示》《中华人民共和国惩治毒犯条例（草案）》（以下简称《条例（草案）》）等七项禁止烟毒的政令，仅用三年左右时间，基本禁绝旧社会遗留下来的烟毒流害，成效卓著。

该案发生在 20 世纪 60 年代，系我国集市贸易开放之际，西北地区以地主、劳改释放犯为首形成犯罪集团，结伙跨省市贩卖烟毒，倒卖金银，破坏国家金融政策的重大案件。检察机关依法履职，提起公诉，追究被告人刑事责任。这充分体现了党和政府严厉打击毒品犯罪，保护人民健康，维护社会治安和市场秩序的决心，从一个侧面展现了禁毒运动成就新中国三十年"无毒国"美誉。

公诉指控

（一）法律文书形式规范，事实表述条理清晰

1963 年 4 月 10 日《中华人民共和国刑事诉讼法草案（初稿）》第一百二十条规定，"起诉书应当写明下列内容：（一）被告人的姓名、出身、职业和其他身份事项；（二）犯罪事实，证明犯罪的证据和被告人的认罪表现；（三）起诉的理由和根据。"同年 8 月 26 日《最高人民检察院关于审查批准逮捕、审查起诉、出庭公诉工作的试行规定（修改稿）》（以下简称《试行规定》）第六条规定，"起诉书的内容大体分为三个部分：（1）被告人的姓名、出身、简历等事项，主要是说明什么人犯罪；（2）犯罪事实，应当具体明确地说明和证实被告所犯的罪行以及被告的认罪表现；（3）结论，是被告的犯罪性质、危害、触犯的法律等，说明起诉的理由和根据。最后应当将被告人关押处所、案卷、罪证、赃物、需要传唤的证人等，附注清楚。"上述规范性文件的要求在该案起诉书中得到较好体现。

宁夏回族自治区人民检察院 批复

宁检(63)批字第512号

机密程度　绝密

主送

中卫县人民检察院

抄送

（共印　　份）

本件　　页　　1963 年 11 月 22 日印发

对逮捕何仁等四人贩卖烟毒　一案的批复

你院报请批准逮捕何仁、赵凤鸣、童顺敖、吕占荣等四人贩卖烟毒　一案

材料收悉。经本院 11 月 21 日审查研究决定同意逮捕何仁、赵凤鸣、童顺敖、吕占荣四犯。

附件：原卷

1963.11.22

—1—

● 童顺傲、赵凤鸣等四人贩卖吸食烟毒案批捕书

147

国家公诉
——共和国**70**年典型案例及法律文书评析

中卫县人民检察院起诉书

（65）卫检诉字第08号

被告：童顺傲、化名童露珠，男、现年57岁、汉族、中卫县城关公社西滩大队人。家庭出身工商业 兼地主，本人保地主阶级分子。解放前后一贯在家做生意。

被告：何　仁，男、汉族、现年49岁、中卫县东园公社史跟大队人。家庭出身地主，本人保地主阶级分子。

被告：赵凤鸣，男、现年55岁、汉族，原籍甘肃省武威县人，现住中卫县城关公社西关大队，家庭出身贫农、本人致伪镇长。1944年参加国民党（一般党员）。解放后于1951年因吸食、贩卖大烟关押六个月；1954年又因贩卖大烟，被中卫县人民法院判处劳改三年。

被告：吕占福、男、现年51岁、汉族、中卫县红泉公社灌溉水大队人。家庭出身中农、本人旧军人。

上开四犯因贩卖、吸食烟毒一案，于1963年11月25日被中卫县公安局依法逮捕，予审终结后移送我院。现本院审理判明，被告犯罪事实如下：

1.童犯童顺傲保地主阶级分子，解放前依仗反动势力，剥削、掠夺劳动人民，一贯吸食、贩卖烟毒。解放后仍不痛改前非。1951年因吸食、贩卖烟毒，被我政府批评教育。但置若罔闻，仍然顽固坚持反动立场，致使我党贩烟政策难以实施。大肆贩卖烟毒，继续进行贩卖毒品，残害人民的现行破坏活动。1960年吸食大烟二两……（已死）大烟二

偷开成员、带枪袭镇，唆使我民兵和看守人员领犯脱逃活动。严重的破坏了监规，得不到共产宽容。

2.被告何仁，解放前一贯剥削劳动人民，解放后家中私存大烟，长期隐藏不向政府交待。我大量贩卖，进行资本主义复辟活动，残害人身健康。自1961年至1962年，先后出卖同案犯童顺傲大烟二十两五钱，换得黄金五两一钱、白元一百四十块、小麦一百八十斤；卖给同案犯吕占福大烟十二两几钱，换得白元四十块、二毛皮子二十张、老羊皮五张、沙毛皮一张、羊毛九十五斤、人民币六百七十元、小麦一百〇五斤、黄米一百〇五斤。卖给吕占福大烟九钱。换得小麦一百斤。以上共卖大烟三十四两三钱。何把将烟贩卖款后，以三百元价购买自行车一辆，用三十元购买被褥面一条，且将二十张二毛皮子做成皮卡衣四件，在集市高价出售，得人民币二百八十元。

3.被告赵凤鸣，在敌伪时期，曾充任敌伪镇长职务，依仗反动势力，欺压群众，熬膏勒索。解放后仍吸食、贩卖大烟，被我捕劝、例刑劳改数育两年，而赵犯恶败不改。又于1961年以来，与同案犯童顺傲勾结一起，大量贩卖烟毒。残害人身健康，进行资本主义复辟的现行破坏活动。先后倒卖童顺傲大烟十两五钱、吴保烟大烟五两四钱，属王湖大烟一两三钱六分、共计倒卖二十五两六分。与此同时，家藏烟毒，除吸食大烟四两三钱六分外，下余十六两二钱卖给烟民刘乃山大烟三两三钱、高刘氏四两二钱、倒卖朱万保二两八钱、刘义义一两四钱等。从中牟利人民币二百五十一元。另外倒卖白元一百二十块、自行车一辆，从中得利白元三块、人民币二

● 童顺傲、赵凤鸣等四人贩卖吸食烟毒案起诉书

童顺傲、赵凤鸣等四人贩卖吸食烟毒案

● 童顺傲、赵凤鸣等四人贩卖吸食烟毒案起诉书从起诉书认定的犯罪事实的表述来看，该案被告人在贩卖吸食烟毒以及倒卖金银等犯罪事实上虽不完全具有重合，但有一定牵连，因此起诉书在犯罪事实部分按照被告人的作用大小采用分别表述各自的犯罪事实。在具体指控被告人的犯罪事实时，又依照罪行主次轻重的顺序，表述其贩卖烟毒、倒卖金银、损害集体财产等罪行。在贩卖烟毒的事实描述和认定方面，起诉书首先依次列举被告人低价收购毒品的犯罪事实，然后扣除毒贩自己吸食的烟毒，依次列举高价出卖毒品的犯罪事实，并对实际交易钱款财物进行等价换算，得出贩毒牟利的金额。因此，犯罪事实表述条理清晰，赃证计算清楚，适法罪责分明。从起诉书形式上看，也是符合《试行规定》要求的。例如起诉书附注就列明了羁押场所、案卷情况、赃物罪证。

（二）主从犯认定准确，指控体现惩办与教育相结合

作为指导全国禁毒总纲的《通令》，对待毒犯确立了"打击惩办少数，教育改造多数"的刑事政策。该案被告人童顺傲、赵凤鸣2人一贯吸食、贩卖毒品，解放后虽曾因吸食、贩卖烟毒被关押、判刑改造教育，但仍屡教不改，相互勾结，低收高卖，继续大量贩卖毒品和倒贩金银，涉案金额巨大。何仁在家中私压大烟隐瞒不交并予以贩卖，3人属于贩毒的惯犯、集团首要，应当严厉惩处。而吕占云的犯罪行为主要在于对何仁私压烟土的情况知情不报，协同何仁贩卖大烟，危害和作用相对较小。因此，检察机关在指控时通过起诉书被告人排列顺序安排，对4人在犯罪集团中的地位予以明确。同时，起诉书在犯罪事实表述中，还充分考虑到被告人各自的认罪悔罪态度。

（三）体现了打击毒品犯罪的时代特点

贯彻"首恶必办""坦白从宽"的原则。《通令》并没有明确对于毒犯如何进行定罪量刑。因此，各地区在办理案件时主要依据

童顺傲、赵凤鸣等四人贩卖吸食烟毒案

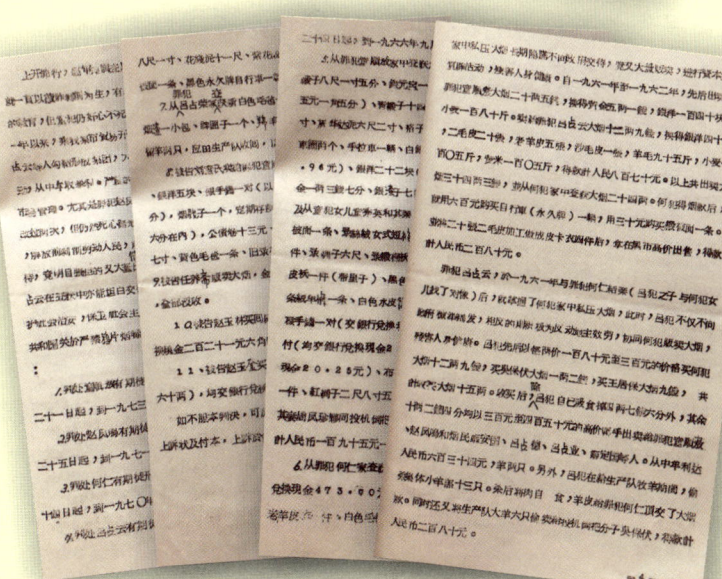

● 童顺傲、赵凤鸣等四人贩卖吸食烟毒案刑事判决书

军政委员会颁布的《禁烟禁毒暂行办法》，以及当时中央决定暂不公布但内部执行的《条例（草案）》。其中，后者是新中国成立初期第一部完整的禁毒法规，其明确规定对不同种类、不同情节、不同身份毒犯的处罚标准，全面具体地规定了司法审理时的各种原则和制度。该案被告人的不同量刑幅度，就体现了对于毒品犯罪集团"主犯从严，从犯从宽；惯犯从严，偶犯从宽；抗拒从严，坦白从宽；今后从严，过去从宽"的刑事政策。这些惩治毒品犯罪的刑事政策和司法实践，体现了我国禁毒实践中的司法智慧，也为《刑法》《禁毒法》所吸收，具有鲜明的中国特色。

由于种种原因，虽然严禁查处，但在四川、贵州、云南、陕西、甘肃等历史上烟毒流行和集散的"重灾区"，私种罂粟，制贩吸食鸦片等毒品的情况依然严峻。新中国成立初期，为了达到打击毒犯的最大效果，国家对于吸食者采取了一种更为人道的态度，把吸食鸦片的瘾民作为一种患者来对待。主要集中重点打击那些罪大恶极、民愤极大、严重危害社会秩序的制毒、贩毒毒犯，并在刑事处罚外，对毒犯贩毒获利财产予以没收追缴。对于单纯吸食毒品者或者作用较小的贩毒犯，除号召其检举制、贩、运毒犯外，暂不过问或者适当减轻。因此，童顺傲、赵凤鸣等贩卖吸食烟毒案虽然冠以"吸食烟毒"四字，但从判决援引的法条及判处刑罚来看，对被告人吸食烟毒的行为并未予以定罪量刑。

案例推荐：宁夏回族自治区人民检察院

撰写：梁春程

审稿：闵钐

吴感天贪污案

——国家经济困难时期的"小官巨贪"

基本案情

吴感天，时年 31 岁，中国人民银行甘肃省兰州市西固办事处会计股副股长。

1958 年 11 月至 1961 年 11 月，在中国人民银行甘肃省兰州市西固区河口分理处工作期间，利用其副主任（兼办会计）职权便利，以给青海民族贸易公司、青海运输公司河口运输站、铁路河口南站、硫酸厂等单位补算和计给存款利息为名，以及少收银行贷款息，伪造支款凭证等手段，假借齐世兴、常文彬、祝志斌名义，先后 7 次贪污银行存、放款利息 10331.44 元。贪污后吴感天将赃款 3300 元以其妻子唐翠云名义分别存入西固银行营业室、西固庄浪路第一储蓄所、兰州庆阳路、通渭路、永昌路百货大楼储蓄所，于 1962 年 4 月 21 日先后 11 次提取赃款利息 167.88 元。

1963 年"四清"运动开始后，吴感天借机于同年 12 月两次去新城分理处，以开展"四清"为名，乘机涂改账目，撕毁凭证，事后欺骗组织，向支行报告：新城分理处已经进行了"四清"工作，未发现问题。1964 年 1 月 25 日，中国人民银行兰州市支行派工作组到西固银行办事处检查验收"四清"工作，并决定去新城分理处进行复查。吴感天得知后在无法逃避罪责情况下，于当年 1 月 28 日向组织交待贪污 8253.68 元的部分罪行。但隐瞒了 1958 年和 1960

年贪污 2079.75 元的犯罪事实，后吴感天在确凿证据面前才供认上述犯罪事实。后吴感天退交赃款 5654.58 元，其余赃款被吴感天挥霍。

1965 年 8 月 8 日，甘肃省兰州市西固区人民检察院对吴感天提起公诉。1965 年 9 月 23 日，兰州市西固区人民法院作出一审判决，根据《中华人民共和国惩治贪污条例》第三条第（一）项、第四条第（八）项、第十七条的规定，以贪污罪判处被告人吴感天有期徒刑八年；查获赃款、赃物依法没收。

案件背景与社会影响

吴感天贪污案是在 20 世纪 60 年代发现并查处的国家公职人员贪污腐败案件。20 世纪 60 年代，国家经济困难，社会生产和居民生活物资处于十分贫乏的状态，城市普通职工的月工资只有几十元。而被告人吴感天利用人民银行办事处的管理职权和经办会计工作的便利，采用伪造支付凭证、伪造账目等手段，贪污国家资产达 1 万余元，并挥霍浪费。在 1963 年"四清"运动开始后，其又采取恶劣手段销毁犯罪证据，企图逃避罪责。该案的贪污数额、犯罪手段、情节恶劣程度，在当时都是比较突出的。司法机关对其严肃惩处，有力威慑了腐败犯罪，维护了国家经济建设秩序。

中国共产党的性质和宗旨决定了党同贪污腐败现象水火不容。新中国成立之后，我们党一直把反对贪污腐败、建设廉洁政府作为新中国成立后的重要目标，将腐败治理作为政党治理、国家治理的核心任务。以严惩腐败分子刘青山、张子善为代表，坚决依法依规处理了一大批腐败分子。围绕腐败治理，我们党还推动开展了多次群众运动。自 1951 年起至 1966 年期间，涉及腐败治理内容的全国性的大规模运动就有 1951 年至 1952 年的"三反""五反"运动，1953 年的"新三反"运动，1956 年的整风和反右运动，1960 年的"新三反"运动、"整风整社"运动，1962 年的机关整风运动，1963 年的"新五反"运动，1963 年至 1966 年的"四清"运动（城乡开展以清政治、清经济、清思想、清组织为中心的社会教育运动）等。本案就是在"四清"运动期间发现并查处的一起典型案件。本案的查处一方面体现了党和国家治理腐败的决心，另一方面也体现出当时一系列反腐败举措客观上讲是行之有效的。

值得注意的是，新中国关于腐败治理的党内规范、国家法律也在不断丰富，为治理和惩治腐败提供了规范依据。特别是 1952 年 4 月 18 日，中央人民政府委员会第十四次会议批准政务院通过的《中华人民共和国惩治贪污条例》（以下简称《惩治贪污条例》）。这是新中国成立后颁布的第一部惩治腐败的单行法，标志着中国共产党治理腐败向法治轨道的迈进，成为新中国刑事立法体系奠基的标志。这部法规在社会主义建设时期一直指导着惩治腐败的实践，并成为新中国首部刑法典建构贪污贿赂犯罪立法的依据。本案吴感天的贪污数额为一万余元，相当于 1955 年币制改革前《惩治贪污条例》中规定的一亿元，应当判处十年以上有期徒刑。当时人民法院综合考虑了本案既有从重、加重，也有从轻、减轻的量刑情节，最终判处吴感天有期徒刑八年。

公诉指控 ···

（一）检察机关职能作用的发挥

本案由中国人民银行兰州市支行西固区办事处于 1965 年 6 月 29 日向兰州市西固区人民检察院移送报案材料，并申请对吴感天"逮捕法办"。1965 年 7 月 26 日，经兰州市西固区人民检察院检察员李培华审查并提出同意逮捕的意见，再经党组讨论、检察长签批同意逮捕。同年 8 月 6 日，吴感天被执行逮捕，羁押于兰州市看守所。

同年 8 月 8 日，兰州市西固区人民检察院提起公诉，并于 9 月 15 日派检察员李培华出庭支持公诉。1965 年 9 月 23 日，兰州市西固区人民法院作出一审判决。

检察机关在本案办理中主要履行了三项职能：一是核实犯罪事实，对中国人民银行兰州市支行西固区办事处移送的案件材料予以核实，确定了犯罪数额和赃款赃物的情况。二是审查逮捕，经过审查并经检察机关组织研究同意逮捕，完成对被告人审前羁押的程序。三是提起公诉和出庭公诉，由负责审查逮捕的检察员制作起诉书，经检察长签批，将被告人向法院提起公诉，此后履行出庭支持公诉职能。检察机关可以说是集证据的收集者、诉讼程序的推动者和刑事审判的启动者于一身，发挥着不可替代的作用。

（二）捕诉一体运作，程序运转高效

本案是由被害单位直接向检察机关报案并移送犯罪嫌疑人，检察机关启动刑事程序。同时捕、诉没有明显的两次移送、两次受理的程序（即由侦查机关先移送逮捕，经检察机关批准逮捕，再移送审查起诉），检察机关是作为全权负责"逮捕法办"的责任部门出现的。从审查逮捕和审查起诉的时间分配看，审查逮捕的时间比较长、审查起诉的用时较短，承办人在审查逮捕期间已经充分审核证据后，直接负责起诉工作，效率较高。这与当下检察机关"捕诉一体"也是不谋而合。

当然，效率往往与精细是一对矛盾体。与现在相比，当时检察人员对证据的审查还显得不够细致。审查逮捕环节是使用表格式《逮捕案件审批表》，完成证据摘要和意见审批的。审查起诉环节也没有阅卷笔录、审结报告附卷，承办人填写表格式的《审查起诉案件摘要》后，直接拟写《起诉书》。对于犯罪嫌疑人、被告人的称谓，在审查逮捕阶段称"罪犯"，在审查起诉阶段称"被告人"，在《起诉书》中又称"被告"，也显得不够统一、严谨。

（三）细核赃款赃物，严谨提出指控

吴感天案的起诉书中对被告人的犯罪手段、贪污数额和危害后果进行了精确的描述，特别是对于赃款去向进行了明确表述，使得指控被告人的贪污行为情节完整、内容全面，让人觉得真实可信，没有留下其他合理怀疑的空间。而起诉书正文后面附件列举的 65 项涉案赃物，更反映出办案人员的严谨细致。这份附件里的赃物包括现金、布匹、衣裤、生活用品、印章等，十分琐碎，但检察员都一一核对、详细列明，让人感受到检察机关对追赃挽损的全力以赴。当下，有些案件中办案人员对于涉案赃款赃物来源、去向的查证不够深入，容易给犯罪嫌疑人留下辩解空间。对照本案，我们应当可以有所借鉴。

（四）剖析犯罪根源，法庭宣传有力

吴感天贪污案的开庭地点被特意安排在西固银行院内。出庭检察员针对现场旁听的银行职工进行了深入的法治宣传。出庭公诉人从被告人犯罪的危害性、被告人腐化堕落的阶级根源和思想根源、人民群众对腐败分子的监督义务、对被告人的处罚必要性等多个方面进行了论述，让旁听群众很容易形成共鸣，起到了较好的法治宣传和一般预防效果。

案例推荐：甘肃省人民检察院
撰稿：陈晨
审稿：黄河、闵钤

李财非法行医案

——"文化大革命"期间检察院军管小组起诉的刑事案件

基本案情

李财，男，时年 54 岁，汉族，贫农，社员，无文化，原籍内蒙古自治区克什克腾旗（以下简称"克旗"）土城子公社，住克旗书声公社红光大队马家沟生产队，无有党派和前科。

李财出身于贫农家庭，解放前受地富剥削，在解放初期为给大地主倪洪焱护家，参加了红枪会。在土改后开始进行黑医扎针活动。因此，李财在 1958 年被集训 48 天，但并无悔改，在不掌握医学技术的情况下仍继续进行黑医扎针活动。

1966 年 4 月间，五间房大队西梁生产队刘宝全患肺病，小便不利，鼻孔流血，入医院治疗无效而回家。其兄刘宝文就找李财来给刘宝全看病。李财到后说："病人死不了"。在晚间李财就给刘宝全肚脐下、胳膊上扎了三遍针，针后第 2 天早刘宝全就死去。虽然死者家属认为李财不给扎针患者也得死，而李财未引以为戒。同年古历（农历）4 月间，红光大队后梁生产队段培业（女）在怀孕期间患腰腿疼，把李财找去，李财到后就给段培业在肚脐下扎十余针，致使段培业针后怀孕 6 个月小儿小产了。因段培业自己也不知道怀孕，就没有追究此事，而李财却没有痛改前非之表现。1967 年 3 月间，生产队派男女社员 8 名去芝瑞公社昆兑领大队割羊胡子草，李财到后只割 2 天羊胡子草，借天气不好之机，在 3 月 20 日、21 日两天内就给老挝营子生产队社员马名秀、寇占国扎针。在 3 月 21 日这天吴桂连听说来了一个先生，就叫其女儿去寇家三次把李财找来。吴桂连患有气管炎症，加之感冒，经医生治疗注射青霉素，病情已有好转。但李财到后看脉时说："我给你扎针，保你过年就能下地劳动"。骗得吴桂连信以为真，李财就在吴桂连的肚脐下、胳膊、咽喉、肩背扎 14 针，都是扎的火针和拔罐子，针扎深度有的针扎到针笼头，肩背的针是五分深。李财扎完针走后吴桂连病情就厉害了，又把李财找来，他又给吴桂连在肩背上扎 1 针，连扎针和起针不到 20 分钟，吴桂连就死了。

经克旗公安局侦查，李财因黑医扎针致人死亡，于 1968 年 1 月 27 日，经克什克腾旗人民检察院军管小组对被告李财依法批准逮捕。公安机关侦查终结，于同年 4 月 26 日对李财移送起诉，克旗检察院军管小组于 5 月 2 日作出起诉决定。克旗法院军管小组经审理，于 5 月 22 日判处非法行医致人命犯李财有期徒刑七年。

案件背景与社会影响

这是发生在"文化大革命"时期内蒙古自治区克什克腾旗的一起非法行医案。"克什克腾"系蒙古语，汉译为"亲兵""卫队"，清顺治九年（1652 年）建置。"文化大革命"中，林彪、江青反革命集团破坏了公、检、法机关，破坏了社会主义法制和人民民主专政制度。在江青、谢富治的煽动和指使下，全国各地掀起了破坏公、检、法的恶浪。从 1966 年 12 月到 1968 年上半年，全国各级政法机关遭到严重破坏，大批政法干部被揪斗，组织上陷于瘫痪；大批判颠倒了是非，搞乱了思想。在政法各部门中，检察机关受害最为严重，检察机构被撤销，检察制度遭到彻底破坏，检察工作全部被迫停止。1968 年 3 月 20 日，中共中央、中央军委、中央文革通知：经中央决定，对最高人民检察院派驻中国人民解放军军事代表，并任命了军事代表和副军事代表。同样，地方各级人民检察院都普遍实行军管，设军管小组。从该案起诉书所盖公章"中国人民解放军内蒙古克什克腾旗公安局检察院法院军事管制小组"来看，在1968年5月的时候，当地公、检、法机关虽有各自的军事管制小组，在办案中形式上有所分工，但是机构实际上已经是合并了。以"检察院军管小组"名义制作起诉书，国家公诉这一检察权的核心职能，因检察院被撤销而被军事管制机构代行。发展到1975年1月，四届全国人大一次会议制定75宪法，规定"检察机关的职权由各级公安机关行使"，这是社会主义法治建设的大倒退。

公诉指控

（一）公诉职能的体现

严格来说，本案并非检察机关审查批捕和审查起诉，而是由克旗检察院军管小组审查批捕和审查起诉的。尽管在"军事管制小组"这样的机构中，公、检、法机关之间应该有的分工负责、互相配合、互相制约原则遭受破坏，但是从最基本的形式上看，还是保留了独立的批捕和起诉环节。

（二）政治与法律

代表国家提起公诉、指控犯罪是检察机关的基本职能，即使在"文化大革命"时期检察机关被撤销，但国家公诉的职能却不可或缺。非常年代的这份起诉书可以说是具有浓厚的政治色彩，同时兼有基本的法律内涵。一方面，起诉书具有"文化大革命"时期的特点——"最高指示"写进起诉书。"文化大革命"期间，"最高指示"出现在法律文书的首部。本案起诉书的开头部分就是："最高指示：为了维护社会秩序和广大人民的利益，对于那些盗窃犯、诈骗犯、杀人放火犯、流氓集团和各种严重破坏社会秩序的坏分子，也必须实行专政。"这段"最高指示"记录了在那段特殊的年代，对什么人实施"专政"以及通过何种方式"专政"，具有鲜明的时代印记。另一方面，起诉书围绕被告人李财的犯罪事实进行了指控，这也是起诉书最核心的主体部分，起诉书论述了被告人李财在长达一年的时间内，3次非法行医，造成各被害人伤亡的严重后果。起诉书结尾部分，清楚载明了公诉主张，依法对被告人李财起诉到克旗法院军管小组，并给予被告李财刑事处分。

（三）事实与证据

根据起诉书记载，本案的基本犯罪事实是李财在没有医学技术的情形下进行黑医扎针活动，后陆续造成3名被害人伤亡的严重后果。但对于证实上述犯罪事实的证据来源与依据，起诉书并未载明，承办人制作的审查起诉案件记录（相当于现在的审查报告）中亦未见摘录。为论述李财非法行医犯罪事实，起诉书还多处引用了李财本人的供述，如"其兄刘宝义就找李财来给刘宝全看病。李财到后说：'病人死不了'。"又如"吴桂连叫其女儿把李财找来，李财到后看说：'我给你扎针，保你过年就能下地劳动'。"应当说，除了本人供述之外，还存在哪些证据、证据能否证实李财的犯罪行为、证据间是否相互印证、是否达到确实充分的程度，从案卷材料上看尚有不足。而"以证据为基础确定犯罪事实""仅有犯罪嫌疑人供述不能认定为犯罪"等，在今天我们已经深入骨髓的办案理念，在本案法律文书中却付之阙如，不能说不是一种遗憾。但从另一个角度看，五十年后，我国的刑事诉讼证据制度已经有了巨大的发展。与今天的法律文书对比，可以更为深刻地感受到理念的变化、法治的进步。

（四）文字与表达

法言法语是法律文书的基本要求与规范，而李财案起诉书中叙述的语言更接近社会语言或群众语言，其优点是通俗易懂，让群众

看明白。如"被告李财出身于贫农家庭，解放前受地富剥削，在解放初期为大地主护家，又参加了红枪会"，又如"本生产队叫他们男女社员 8 名去芝瑞公社昆兑领大队割羊胡子草，李财到后只割 2 天羊胡子草。"类似的语言在起诉书中占了很大篇幅。今天，我们在办案中坚持客观公正原则与无罪推定的理念，在起诉书的制作过程中，语言风格一般体现为庄重、理性、客观。本案起诉书的语言风格与今天迥然不同，文书中有较为强烈的主观色彩和道德评价的表述方式。如在表述其个人经历与犯罪起因一节中，"从此他就有些好逸恶劳""为了逃避劳动，李财就不顾人民的生命安全"。在描述犯罪过程一节中，"李财不引以为戒""李财没有痛改前非之表现"。在叙述起诉要求一节中，"李财竟不顾国家法律和人民的生命安全，进行黑医扎针活动"。可以说，主观色彩浓厚的特点贯穿了整个公诉主张，形成这份起诉书最鲜明的语言风格与特点。

案例推荐：内蒙古自治区人民检察院

撰稿：余红、赵丹

审稿：黄河、闵钐

国家公诉
——
共和国 **70** 年典型案例及法律文书评析

熊紫平、熊北平等八人强奸案

——"文化大革命"后首例高干子弟因强奸获判死刑案

基本案情

　　熊紫平，男，时年 27 岁，住浙江省清波桥河下三号。

　　熊北平，男，时年 27 岁，住浙江省清波桥河下三号。

　　（其他 6 名被告人基本情况略）

　　熊紫平、熊北平（以下简称"二熊"）兄弟系高干子弟，其父亲是开国将军，并曾在浙江省党政机关任要职。1974 年至 1977 年间，"二熊"利用自己高干子弟的身份和熊家独院住宅的条件，纠集他人组成一个相对固定的犯罪团伙，长期、多次、肆意进行奸淫妇女的犯罪活动，被迫害的妇女累计近百人。其中，熊紫平轮奸 1 人、强奸 5 人、奸污 20 人、猥亵侮辱 5 人；熊北平轮奸 4 人、强奸 7 人、奸污 18 人、猥亵侮辱 9 人。

　　1979 年 2 月 18 日，浙江省杭州市人民检察院对熊紫平、熊北平等 8 人强奸案向杭州市中级人民法院提起公诉。同年 10 月 30 日，法院作出一审判决：判处熊紫平死刑，立即执行；判处熊北平死刑，缓期二年执行；其余 6 名同案犯也被分别判处有期徒刑的刑罚。一审判决后熊紫平、熊北平等人上诉。1979 年 11 月 13 日浙江省高级人民法院作出终审判决：驳回上诉，维持原判。

案件背景与社会影响 ●●●●●●●●●●●●●●●●●●●●●●●●●●●●

　　1978 年 3 月 5 日，第五届全国人民代表大会第一次会议通过 1978 年《宪法》，规定重新设置人民检察院。6 月 1 日，最高人民检察院启用印信，开始办公。1979 年 7 月 1 日，第五届全国人大第二次会议通过《刑法》《刑事诉讼法》和《人民检察院组织法》，为改革开放新时期司法和检察工作提供了法律依据。"二熊"案起诉和判决时，1979 年《刑法》已经全国人大审议通过、发布，但尚未生效。这个案件就属于检察机关已经恢复重建、开始办理案件，但尚无《刑法》《刑事诉讼法》可供适用的特殊阶段。

　　"二熊"等人为害一方，长期从事奸淫妇女的犯罪活动。如公诉意见所称，"其手段之恶劣，活动之猖獗，受害人之多，对社会危害之大，影响之坏，在杭州市是少见的。"在实施强奸、猥亵之余，"二熊"还欺压、敲诈普通群众，一时间杭州城里的老百姓尤其是女青年人人自危，甚至在街头巷尾流传这样的民谚："清波桥头两只熊，比《王老虎抢亲》里的王老虎还要凶""恶熊闯进瓜田瓜遭殃，闯进工厂人遭殃"。"二熊"等人最终被司法机关查处可谓大快人心。当审判长宣判罪大恶极、认罪态度很坏的主犯熊紫平死刑，立即执行时，公判庭会场响起了长时间的热烈掌声，足见案件的重要影响和重大意义。

　　1979 年 11 月 15 日《人民日报》头版刊登了题为《为民平愤除害 维护社会秩序 杭州市人民法院依法惩处两熊等罪犯 判处主犯熊紫平死刑立即执行，熊北平死刑缓期两年执行》的文章，第一时间向全国报道此案的处理结果。随后，《人民日报》连续刊登转载多篇评论员文章，其中有一篇写道："二熊"等罪犯受到了法律的严惩，杀得对！判得好！对一切刑事犯罪分子，就是要狠狠打击、该劳教的劳教、该逮捕的逮捕、该判刑的判刑、该杀的杀，决不心慈手软！《人民日报》如此关注报道一起刑事案件，并使用如此旗帜鲜明的语气，是不多见的。此案虽然发生在 1983 年"严打"之前，但是对"二熊"这种高干子弟的起诉和审判，彰显了"法律面前人人平等"的原则，体现了党和政府在"文化大革命"结束后改革开放初期加强社会主义民主与法制建设的信心和决心。

公诉指控 ·····················

（一）事实与证据

起诉书认定的案件事实采取总分的写作方式。先对犯罪团伙的罪行进行综述，再分别列举每名被告人的罪行。由于事实多以共同犯罪的方式实施，因此在分述时会出现部分内容的重复。这虽然在客观上会降低法律文书文字的精炼度，但是体现了以事实为依据、以法律为准绳的法律原则，将犯罪行为和刑事责任落实到每名被告人，加以定罪处刑。尽管起诉时 1979 年《刑法》尚未生效，但是检察机关仍力图通过结合行为性质和法律规定，确定被告人的罪名。起诉书不厌其烦地将每名被告的主要犯罪行为的性质区分为"轮奸、强奸、奸污、猥亵侮辱"等不同情形，并分别统计数量。其中"强奸""猥亵侮辱"行为根据 1979 年《刑法》规定的罪名，分别应处强奸罪、流氓罪；"轮奸"则是强奸罪法定的从重（1979 年《刑法》）、加重（1997 年《刑法》）情节；只有"奸污"属于时代特色较为突出的用语，需要进一步区分和探讨是否构成强奸罪或者流氓罪，这类用语在刑法颁行后法律文书中应当避免使用。有了对以上犯罪行为性质、数量的具体描述，结合法律规定，足以认定被告人构成强奸罪。流氓罪则作为侵犯相近法益的轻罪被强奸罪吸收。即使将本案放在当前的司法环境中加以处理判断，在案件定罪、量刑等核心问题上也不存在争议或者较大差异。

（二）法律面前人人平等

公诉人在出席法庭发表公诉意见时，援引彭真同志在全国人大五届二次会议上《关于七个法律草案的说明》中的论述："共产党员和革命干部，在法律面前只有带头模范地遵守法律的义务，决没有可不守法的任何权利。对于违反法律的人，不管他资格多老，地位多高，功劳多大，都不能加以纵容和包庇，都应依法制裁。在我们社会主义国家里不允许言行不符，不允许有任何超越法律之外或者凌驾法律之上的特权。"

（三）彰显罪责刑相适应的基本原则

本案起诉书结论部分写道："请根据各犯的犯罪事实和认罪态度，按照'坦白从宽、抗拒从严'政策，分别予以判处。"这正是检察机关运用刑事政策、提出量刑建议的雏形。

在起诉书中，基于"二熊"在共同犯罪中所处地位、参与犯罪时间、被害人人数等诸多因素，认定哥哥熊北平较之弟弟熊紫平的罪行略重，因此起诉书将熊北平列为第一被告，将熊紫平列为第二被告。

"二熊"在被拘捕初期没有丝毫悔过，拒不交代，甚至用自己父亲的身份地位威胁办案人员。但随着诉讼程序的推进，哥哥熊北平开始交代罪行，认罪态度逐渐转好；而弟弟熊紫平依然骄横跋扈，态度极差。因此，在最终庭审发表公诉词时，公诉人将指控被告顺序做出调整：首先指控熊紫平的罪行，并认为其"罪大恶极、民愤极大，归案后态度极坏，拒不认罪，应予严厉制裁"。而熊北平"罪行是深重的、民愤是极大的，归案后，经教育，尚能交代罪行"。

对二人犯罪恶劣性质和认罪态度不同程度的论述，实际是检察机关对案件的量刑提出建议。法院最终基于指控的意见，综合考虑基础罪行、认罪态度和刑事政策，对熊紫平判处死刑，立即执行；对熊北平判处死刑，缓期二年执行。对"二熊"一杀一留的处理结果，让"坦白从宽、抗拒从严"得到具体体现。

　　　　　　　　　案例推荐：浙江省人民检察院
　　　　　　　　　撰稿：王晨
　　　　　　　　　审稿：黄河、闵钐

高树华指挥武斗打死人命案

——以法律手段对"文化大革命"武斗指挥者进行追责的案件

基本案情

　　高树华，男，时年 32 岁，高中文化程度，汉族，山东省临沭县人。"文化大革命"中系一派头头，1968 年 3 月任临沭县革委会副主任，1971 年任小学教师，1974 年任中学教师，1976 年入党，同年 6 月任县体委副主任。

　　高树华担任县革委会副主任期间，指挥多起武斗事件，致人死伤，主要犯罪事实有：

　　1. 1968 年 11 月 17 日，得知对方派别的群众到本县南古一带时，当即与武装部的人员商量制定消灭对方的方案，并亲自调集岌山、石门、店头、韩村、夏庄的武斗人员参战，将逃到店头公社小庄子的不同派系的群众 50 余人围住，后又叫武装部派人到前沿指挥。此次武斗，打死 3 人，打伤 1 人。

　　2. 1969 年 4 月 13 日，在观堂磨山前沿的武斗人员来电告急，要求调 82 炮前去支援，高树华主动带了两个班去送 82 炮。当天下午，高树华在小港头东岭老古洼前沿指示高树芳令 60 炮手向小崩山连打两炮，将韩村公社王介前大队对方群众周玉郎打死。

　　3. 1969 年 8 月 29 日，高树华又将武斗人员重新组织起来，分成三线向对方群众反击，并亲自任命各线指挥人员。9月1日，东线武斗队在蛟龙沙岭南边的战斗中，将大兴一村对方群众王恒民打死，打伤了西大坡群众李庆见。9月19日，高树华派徐某某砸毁仓库锁，强占粮管所。在运粮过程中被抢走了粮食33万余斤，食油44000斤，麻袋2000余条。

本案经山东省临沭县公安局侦查终结，1979年1月27日由山东省人民检察院临沂分院批准逮捕。1979年6月19日，山东省临沭县人民检察院向临沭县人民法院提起公诉。同年12月31日，临沭县人民法院经审理认为，高树华指挥武斗打死人命，并指示武斗人员强占粮管所，抢走国库粮食，造成人民的生命和国家财产极大的损失。为了打击打砸抢分子的犯罪活动，稳定社会秩序，判处指挥武斗打死人命犯高树华有期徒刑十二年。

案件背景与社会影响

1966年5月至1976年10月的"文化大革命"，使党、国家和人民遭到新中国成立以来最严重的挫折和损失。而"文化大革命"中的武斗行为，更是对社会秩序、人民的生命财产造成了极大的破坏。尽管本案中的武斗发生在相对偏远的地区，在规模和破坏力方面无法与恶性武斗事件相比拟，但是，这种行为却实实在在地给当地的社会秩序和人民生命财产造成了极大伤害和破坏。虽然"文化大革命"期间的武斗、打砸抢等行为在全国范围内普遍存在且参与者众多，但是能否以群众运动或法不责众等理由，对此前的武斗行为一律不予追究？抑或是当作什么都没有发生过？这似乎无论从情理上还是法理上都讲不通。特别是对于无辜的受害者而言，需要以一定的方式和途径来寻求正义，而这种方式决不能是动乱时期那种

以眼还眼、以牙还牙式的报复，而是应该最大限度地通过法律途径去解决此类历史遗留问题。

　　高树华作为"文化大革命"期间临沭县革委会副主任，在"文化大革命"中多次指挥武斗并造成群众 5 死 2 伤的严重后果，而其在"文化大革命"已接近尾声的 1976 年不仅加入了中国共产党，且同年 6 月还担任起了县体委副主任这一职务，这不仅会导致人民群众对于党和政府选任干部标准的质疑，而且可能在一定程度上造成人民群众与党和政府之间的隔阂。在这种情况下，如何直面历史，并在此基础上用法律途径追究相关武斗指挥者应有的责任，是关系到民心向背和社会稳定的重要问题。

公诉指控

（一）检察机关在案件中的职能作用

　　"武斗"，特指"文化大革命"期间群众运动中的暴力行为。"文化大革命"动乱过后，如何运用法律手段，在稳定社会秩序的同时解决一些重要的历史遗留问题，特别是在法律制度尚不完备的情况下，如何充分运用法律手段客观公正地追究武斗和打砸抢领导者的法律责任，是恢复重建后的检察机关面临的重要挑战。在这一特殊历史时期，检察机关承担着追诉犯罪、恢复法治、保障社会稳定的政治和法律责任，在具体的案件中，就是要通过提请批捕与审查批捕、提起公诉与支持公诉的具体职能作用来实现。在本案中，临沭县人民检察院依法对"文化大革命"期间的打砸抢分子高树华涉嫌指挥武斗打死人命案作出批准逮捕决定并提起公诉，追究其法律责任，从而平息了民愤，维护了社会稳定。

山东省人民检察院临沂分院

批 准 逮 捕 决 定 书

临检（79）批字第 24 号

某县人民检察院：

元一九七九年一月一日　　　　字第　　　号提请
批准逮捕 高树华指挥武斗打死人命 案及所附材料
收悉。经本院审查研究，认为被告 高树华指挥武斗
打死人命，构成犯罪，故依法逮捕。

一九七九年一月二七日

● 高树华指挥武斗打死人命案批准逮捕决定书

（二）法律文书中的法治印记

该案的办理时间是 1978 年底至 1979 年初，此时距"文化大革命"结束仅仅两年多的时间，法制重建刚刚起步。在这样的特殊历史时期，本案的法律文书也烙上了深深的时代印记。例如，在被告人基本情况中对其下中农出身和学生成分的记载；再如，起诉书中法律依据系直接引用 1978 年《宪法》条文，即"高树华多次指挥武斗事件，打死群众 5 人，打伤 2 人，发放枪支弹药，抢劫国库，积极组织制造武斗武器，已构成犯罪，但归案后认罪态度较好，根据《中华人民共和国宪法》第八条'社会主义的公共财产不可侵犯'和第四十七条'公民的人身自由和住宅不受侵犯'之规定，特依法提起公诉"。事实上，此案办理之时，1979 年《刑法》和 1979 年《刑事诉讼法》尚未通过和实施，因此当时的检察机关只能在有限的现行有效的法律中寻找追诉依据。尽管在今天看来，当时所引用的《宪法》中的"公民的人身自由和住宅不受侵犯"的规范实际上与被告人"指挥武斗打死人命"的行为匹配度并不高。还有一点值得注意的是，本案虽然由公安机关侦讯，但提请批捕的主体实际上却是检察机关。具体而言，本案由临沭县人民检察院提请批捕，山东省人民检察院临沂分院于 1979 年 1 月 27 日作出临检（79）批字第 24 号批准逮捕决定书，载明："临沭县人民检察院：你院 1979 年 1 月 1 日提请批准逮捕高树华指挥武斗打死人命一案及所附材料收悉。经本院审查研究认为被告高树华指挥武斗打死人命构成犯罪，故依法逮捕。"

起诉书不仅详细列明了高树华涉嫌犯罪的事实和经过，同时也指出了高树华在"归案后认罪态度较好"这一情节，这在一定程度上体现了在处理武斗和打砸抢分子的问题上惩办与宽大相结合的政策精神。

案例推荐：山东省人民检察院

撰稿：薛向楠

审稿：黄河、闵钐

第二篇

1980—1997

马骥祥等四人渎职案

——"渤海二号"沉船案

基本案情 ···

马骥祥,男,时年 57 岁,陕西省耀县人,海洋石油勘探局局长、党委书记。

王兆诸,男,时年 46 岁,甘肃省民勤县人,海洋石油勘探局副局长、党委委员。

张德经,男,时年 53 岁,山东省青岛市人,海洋石油勘探局副总调度长、党委书记。

蔺永志,男,时年 40 岁,山东省沾化县人,海洋石油勘探局船舶处"滨海 282 号"拖船船长。

1979 年 11 月 19 日,石油工业部责令海洋石油勘探局在渤海海域打一口新井。11 月 20 日,石油勘探局决定让"渤海二号"钻井船做好移位准备。"渤海二号"钻井船队长于 11 月 20 日、21 日两次从海上发来电报,提出卸掉超重载荷,打捞可能落在浮力舱上的潜水泵以及用三条拖船拖航的合理建议,未被马骥祥、王兆诸采纳。张德经主持召开的拖航会议,违反《渤海二号钻井船使用暂行规定》的要求,作出不在原井位卸载和打捞潜水泵,平台和沉垫舱留一米间隔,用一条 8000 马力拖轮拖航的决定。马骥祥、王兆诸对拖航会议的错误决定均未表示异议。23 日上午 7 时许,"滨海 282 号"

拖轮根据拖航会议的决定，启航执行拖航任务。24日晨，马骥祥、王兆诸得知河北、山东、天津三个气象台同时发出的大风警报后，没有采取安全强化措施。24日9时许，282号拖轮靠近"渤海二号"带缆，随即降船，之后开始拖航。20时后，海上风力逐渐增强到八九级，阵风十级。25日凌晨2时10分以后，"渤海二号"平台上的通风筒被打断，海水大量涌进泵舱，3时35分许，平台在渤海海域翻沉。"渤海二号"翻沉后，蔺永志未发出国际呼救信号，也未及时测报282号船位和"渤海二号"翻沉的准确位置，又未投放备用的救生艇、救生筏，致使可能减少的人身死亡未得避免。这次事故造成72人死亡，直接经济损失3735万元的严重后果。当时认定"渤海二号"翻沉的根本原因，是拖航时违反相关规定要求，没有排出沉垫舱的压舱水；且没有卸掉超出规定的可变载荷，致使"渤海二号"干舷小，侵水角小，稳性差，严重降低了抗风浪能力和船的抗沉性。在通风筒被打断后，海水大量进入泵舱，船体失去平衡，倾斜翻沉。

　　此案由天津市人民检察院分院侦查终结，于1980年8月25日起诉到天津市中级人民法院。同年9月7日，一审法院以渎职罪分别判处马骥祥有期徒刑四年，王兆诸有期徒刑三年，张德经有期徒刑二年、缓刑二年，蔺永志有期徒刑一年、缓刑一年。马骥祥、王兆诸提出上诉，天津市高级人民法院对二人改判缓刑。

案件背景与社会影响

　　本案是新中国成立以来石油系统最重大的责任事故，不仅造成花费750万美元从国外购进的钻井船翻沉，而且造成72人死亡的严重后果。此案直到1980年7月下旬，在案发半年多后，才被

《人民日报》《工人日报》等媒体曝光，1980 年 8 月底，时任石油工业部部长被免职，主管石油工业的时任国务院副总理被行政记大过处分。该案的报道被新闻学界视为开启当代中国新闻史，特别是改革开放新时期批评报道、舆论监督、信息公开、行政问责等之先河。1982 年 7 月，"渤海二号"沉船被分割后打捞上岸。通过有关科研单位鉴定和试验得出翻沉原因：船体设计存在严重缺陷，船的通风口设计位置太低，一旦遭遇大风浪，通风口可能变为"入水口"；底层各舱之间没有设计密封门，进水无法隔绝。

侦查与公诉指控

（一）检察机关对渎职犯罪进行侦查

本案是由天津市人民检察院分院进行侦查和起诉的，案件中的一位公诉人曾经是案件的侦查人员。1978 年 12 月，天津市人民检察院恢复重建，分院也随之建立。当时检察机关侦查人员可以担任同一案件的公诉人。对由人民检察院立案自行侦查的案件实行"一杆子到底"的办案方式，反映出明显的时代特征。

（二）准确分析认定责任

本案的难点在于本案到底是责任事故还是意外事件？核心是因果关系问题，即造成船体沉没这一危害后果发生的原因是什么？如果有人为因素，责任大小和责任如何区分？侦查和指控最大的挑战就在于本案是多因一果。首先要解决船体在设计缺陷之外，事故发生是不是还有其他人为的故意或者过失因素存在；其次再解决设计缺陷和人为因素对危害后果形成的作用强度，明确存在设计缺陷情

马骥祥等四人渎职案

25

天津市人民检察院分院起诉书（稿）

字第147号

检察长批示	打印
处长批示	
组长意见	承办人

被告马骥祥，男，五十二岁，陕西省武功县人，一九四五年参加工作，一九四六年入党，历任中国人民解放军连长、营教导员，因政治处付付处长。对此后，先石油管理局作写勘探局副大队长，党委书记，新疆石油管理局生产办公室付主任，胜利油田副指挥，江汉油田会战工委书记兼指挥，吉林、华北油田会战核心组副组长等，现任海洋石油勘探局局长，党委书记。

033

记，天津市第九届人民代表大会代表。因任海洋石油勘探局职工家属宿舍。现候审。

被告王兆清，男，四十六岁，甘肃省民勤县人，一九五一年参加工作，一九五五年入党，历任司钻、钻井队长、大队长，青海省冷湖钻井处生产技术付主任，柴达木盆地，西部勘探指挥部副指挥，革委会主任等职。现任海洋石油勘探局副局长，党委常委。因任海洋石油勘探局职工家属宿舍。现候审。

被告张德经，男，五十三岁，山东省青岛市人，辅仁大学毕业，一九五二年参加工作，历任地质大队技术员，青海石油局地调付总队技术员，松辽石油局勘探处队长，松辽石油局地质会战生产办公室工程师，大港油田指挥部调度室副主任等职，现任海洋石油勘探局副总、调度长。因任海洋石油勘探局职工家属宿舍。现候审。

034

被告蓝永志，男，四十岁，山东省沾化县人，中共党员，一九六〇年参军在北海舰队海测大队机动中队测士，一九七六年三月到任海洋石油勘探局勘探船队工作，现任海洋石油勘探局船舶处282号船长。因任海洋石油勘探局职工家属宿舍。现候审。

上列被告因渎职罪，由本院依法侦讯终结，经审查查明：

一九七九年十一月廿一日海洋石油勘探局根据石油工业部的指示，决定在渤33—1井中的"渤海二号"钻井船移到渤海17井左右一海里——10B13—1，并要求在十二月底前打到井深2500米，取岩芯70米，任务十分繁重。"渤海二号"钻井船民到渤海后，为做好安全拖航的准备，即于十一月廿日、廿一日从海上向局发出两封电报，要求"渤海二号"的船上有一只三吨潜水泵及拖船花浮力舱业务，据记录来

035

潜水员打捞潜水泵；拖航前再卸载；用三条船拖航，8000马力拖轮主拖，另两条左右后，在后邯拖古建议。十一月十二日上午时三十分该局副总、调度长古丰龙在硬床会议上读了刘学的电报。当日下午，局一副总潘宏芳、被告张德经主持召开"渤海二号"钻井船拖航会议，会上经过讨论没有采纳刘学的建议，决定不在原中枢部将勘探船花浮力舱业的潜水泵留在本船的时潜水泵指导有关装船；（船上未配潜力舱与车台之间由一未固定的即拖船，只用8000马力的282号拖轮拖航；由船办处付处长孙子文、局总潘宏芳根军师高建涛，282号船长蓝永志、渤海二号钻井船队长刘学、副队长古丰龙等五人组成拖航领导小组，负责拖航的现场指挥。廿三日上午时许，孙子文、高建涛的人从282号拖轮发信"渤海二号"钻井船处机到拖航值

036

马骥祥等四人渎职案

● 马骥祥等四人渎职案起诉书

马骥祥等四人渎职案起诉书

况下，人为因素是否增大了损失，如果答案是肯定的，行为人应对危害后果的增大部分承担责任；最后还需要解决不同的人为因素对危害后果增大部分的作用大小，从而判定从决定船体拖航、决定拖航时船体的备航状态、决定拖船条件、实施救助措施等不同的人员（也就是本案的4名责任人）应负责任的大小。本案最终的公诉指控，成功地抓住了事故发生是由于人为过失严重恶化了船体抗沉性的核心要素，使得指控经受住了时间的检验。即便检视最后的调查结论，核心问题就是通风口进水最终导致了事故。在这一关键因素上，起诉书指明了存在诸多的人为过失，主要有：

第一，通风口离海平面太近是人为过失造成的。拖航违反相关要求，4859吨的压舱水没有排出，加深了5米的吃水，干舷相应降低了5米，加大了入水风险。依照起诉书表述的案发当时风力为八九级，阵风十级情况下，查风力等级表，八九级风浪高5.5~7.0米，十级风浪高9.0米，可见5米的高度差，本来船体可以对抗海浪的强弩之末，现在却要硬抗海浪的排山之威，差别是何等的巨大。

第二，通风筒被打断存在人为过失因素。这一过失虽然在案发时没有发现，但在之后确认通风筒在维修过程中存在问题：法兰螺栓孔直径和螺栓直径配合不符合标准；选用的螺栓配合是错误的；连接螺栓质量不合格。

第三，起诉书表述出了气象应对存在过失。在拖航之前，马骥祥、王兆诸已经得知大风警报但未采取合理措施，比如公诉词中提及的未采纳停止拖航、三条拖船拖航（一条拖船主拖，两条拖船在左后、右后帮托，且三条拖船已经备好）的合理建议，最终造成了危害后果的发生。

天津市人民检察院分院公诉词

审判长、人民陪审员：

根据《中华人民共和国刑事诉讼法》第一百一十二条规定，我以天津市人民检察院分院检察长的身份出席法庭，对"渤海二号"钻井船翻沉事故的直接责任者、被告人马骥祥、王兆诺、张德经、蔺永志渎职一案，支持公诉。

从法庭调查的事实证明，本院起诉书所列被告的犯罪事实和证据，证实四名被告人在"渤海二号"钻井船翻沉事故中，犯有渎职罪。尽管有的被告人在事实和证据面前避重就轻，推卸责任，企图逃避法律的追究，这只能证明他们的认罪态度不老实，应当给予应得的惩罚。

"渤海二号"钻井船翻沉事故公开发表以后，在全国引起了强烈的反响，纷纷要求对事故的责任者予以处理，这是全国人民要求加强社会主义法制的正义呼声。依法揭露和严肃处理事故的责任者，对于发扬社会主义民主，加强社会主义法制，推动企业的科学管理，促进社会主义现代化建设，将会产生积极的作用。

—1—

大家知道，"渤海二号"钻井船是一九七三年由外国引进的一艘自升式钻井平台，由沉垫、平台、桩脚三部分组成，为大型特殊非机动船，用于海洋石油钻井作业。该船引进时附有《使用说明书》和《稳性计算书》，石油部海洋石油勘探局也根据《使用说明书》制定过《渤海二号使用暂行规定》，对"渤海二号"钻井船拖航作业的技术要求作了具体规定。规定要求拖航时应卸载，使全船负有的可变载荷符合拖航状态的规定，下降平台，提升沉垫舱和平台贴装，排除沉垫舱内的压载水，并把各桩脚安放模块固定，然后起锚由拖轮拖航。但是，被告人张德经在主持拖航会议上，无视"渤二"船长刘学同志的意见，作出了违反上述规定的错误决定。被告人马骥祥身为海洋石油勘探局局长、党委书记和被告人王兆诺，身为海洋石油勘探局副局长，在局领导干部碰头会上对"渤二"船长的合理要求不予理睬，对张德经作出违章拖航的决定不表异议，特别是对拖航前得知河北、天津、山东三个气象台同时发布的大风警报，不采取停止降船拖航的措施，致使"渤二"违章冒险拖航，造成了悲惨的翻沉事故。"渤二"

—2—

翻沉后，被告人蔺永志身为282号拖轮船长，既没有发国际呼救信号，也没有采取积极抢救措施。如果及时发出呼救信号，当时离"渤二"只有二海里的"大庆九号"油轮能够及时赶来抢救，有些阶级兄弟是可能得救的。总之，由于四名被告人的严重违章指挥和渎职行为，造成七十二名阶级兄弟死亡和三千七百三十五万元直接经济损失的严重恶果。这是我国石油系统建国以来发生的最严重的恶性事故。

"渤二"钻井船的翻沉决不是一起偶然事故，它是海洋石油勘探局领导干部长期以来一贯忽视安全，不尊重实际，不尊重科学，不尊重群众的合理意见，违反海上石油生产的客观规律，冒险蛮干，瞎指挥所造成的必然结果。据本院侦查证实，自一九七五年以来，包括"渤二"事故在内，这个局发生的各类事故有一千零四十三起，其中重大事故三十多起，职工伤亡二百二十九人，经济损失十分惊人。尤其需要指出的是，"渤海二号"钻井队是海洋石油勘探局一支打井能力较强、技术水平较高的队伍，死难的阶级兄弟，在开发我国石油资源方面，艰苦创业，为党、为国

—3—

家、为人民做出了不可磨灭的贡献。对于这样一些出色的阶级兄弟的不幸遭遇，实在令人感到痛心！

为什么会发生这样大的不幸呢？，我院从侦查中证实，除石油部某些领导人负有重要责任外，主要是海洋石油勘探局的领导，在极左路线余毒的影响下造成的。被告人马骥祥、王兆诺、张德经、蔺永志在这一事故中负有不可推卸的法律责任。

（一）他们违反科学，不尊重客观规律。我们知道，任何事物都有它内在的规律性，违反规律，是要受到惩罚的。"渤二"的翻沉充分证明了这个问题。该船引进时，附有先进技术使用要求及规定，这就要求我们认真地进行翻译、学习、掌握，加强科学管理。可是，"渤二"从引进到翻沉使用六年，对该船的《稳性计算书》等一些外文资料一直没有翻译过来，有些翻译过来的资料也没有很好地组织职工学习和贯彻执行。就连海洋石油勘探局自己制定的《"渤二"使用暂行规定》要求在二十四小时以上载长距离拖航中，必须排出沉垫舱内的压载水等规定也未执行。这就证明被告人马骥祥等人根本不重视科学管理企业，不重视按规章制度办事。"渤二"从国外引进时的拖

—4—

● 马骥祥等四人渎职案公诉词

马骥祥等四人渎职案

航中,曾遇到海上十一级大风,因按照该船的操作规程拖航,没有发生任何问题,然而在这次拖航中,由于违反了客观规律,只八、九级风浪就造成翻沉。身为副总调度的张德经,在拖航会议上,作出违反客观规律的决定,造成重大事故,触犯了国家法律。

身为局领导的马骥祥、王兆诸,对违反拖航规定的错误决定不制止,事故发生后,隐上瞒下,弄虚作假,更是国法所不容的。

(二)他们不尊重群众,不听取群众意见,独断专行。我国是一个经历了几千年封建统治的国家,封建思想根深蒂固,加之林彪、"四人帮"的十年浩劫,使官僚主义家长制、"一言堂"等封建严重盛行,给四化建设造成了很大障碍。"渤二"翻沉事故就是封建家长制、一意孤行造成的。在决定拖航前,"渤二"船长刘学同志为安全拖航,专门召开党支部会议,研究拖航措施,并根据党委决议,连发两封电报要求派潜水员打捞拴在浮力舱上的潜水泵,要求拖航卸掉重物,这些合理意见,被告人马骥祥、王兆诸、张德经根本不采纳,因而造成了这次海洋石油勘探史上的悲剧,完全违背了我党和国家发扬

—5—

社会主义民主,坚持群众路线的优良作风。

(三)不关心职工安危,不重视安全生产。我们党和国家历来关心群众,强调安全生产、文明生产,我国宪法第四十八条明文规定,要改善劳动条件,加强劳动保护,把保护劳动者在生产中的安全作为社会主义企业管理的一项重要政策,它体现了社会主义制度的优越性。对此,国务院和有关部门制定安全生产政策和颁布了一系列关于劳动保护规章制度。但被告人马骥祥、王兆诸、张德经等人,身为海洋石油勘探局领导干部,却没有把职工的安全生产放在心上。按照降船拖航的制度规定,超过五级风不能降船,而在"渤二"降船拖航那天,三个气象台同时发出大风警报,如马骥祥、王兆诸等人稍有安全生产的观念,就会立即停止"渤二"降船拖航,就会避免事故的发生。但他们却无动于衷,不重视职工的安危,以致造成这次重大伤亡事故。他们这种只讲任务,只讲一不怕苦、二不怕死,不重视安全生产,不珍惜生产力,单凭主观意志要工人拿着生命去"交学费"的错误作法,难道是我党纪国法所允许的吗?!这种不顾生产安全,冒险蛮干的瞎

—6—

指挥,必然导致人民的生命、公共财产和国家利益遭到重大损害,这是对人民的犯罪,应当受到法律的制裁。

(四)法制观念极为薄弱。我们的党和政府为切实有效地保护广大职工安全生产,颁布了一系列的法令、条例、规程、决议、决定。一九五〇年颁布了《中华人民共和国工会法》,明确规定:"工会有保护工人职员群众的利益、监督行政方面切实执行国家法律法令所规定的劳动保护……之责任"。一九五六年发布了《工厂安全卫生规程》和《国务院关于防止厂矿企业中矽尘危害的决定》,一九六三年国务院自主制定并颁布了《国务院关于加强企业生产中安全工作的几项规定》,一九七九年五届人大二次会议又通过并颁布了《中华人民共和国刑法》,刑法中明确规定了忽怠职守和强令工人冒险作业者依法判刑。既然我党和国家如此重视劳动保护,又制定了法律、法令、条例、规程、决议、决定……,为什么还发生如此重大的责任事故呢?这与四名被告人法制观念薄弱是分不开的。

检察机关是国家的法律监督机关,不论是谁,只要违犯国家

—7—

的法律、法令、条例、决议、决定……造成严重后果,构成犯罪都要追究刑事责任的,就要坚决依法追究其刑事责任。

以上事实说明,四名被告人的犯罪有其主观原因的。但石油部领导人不顾主、客观条件,强行下达任务与这次事故发生有着重大关系。去年十一月九日,石油部领导人要渤海二号钻井船在十二月底前完成10B13—1资料标准井的任务,并要求打到井深二千四百五十米,截油过七亿米。海洋石油勘探局认为时间紧,难以完成。因此,不同意立即打过这口井,要求过冬油部明春解冻后再打。但石油部领导人对这种不从实际出发的建议不予理睬。一定要"渤二"在去年年底前完成任务。这样,"渤二"就必须在年底前的四十天内完成迁移和勘探打井工作。按规定,新井安位一般应在拖航前十五天通知井队组,以便做好拖航准备。但这次新井安位的井在拖航前四天才下任务紧迫,没有充裕时间进行拖航准备,"渤二"就被迫匆忙向新井位迁移,加之拖航会议又作出了违反拖航规定的决定,而导致了这令人惊心的翻船事故。我们完全拥护国务院对

—8—

"渤二"事故的处理决定,这个决定体现了法律面前人人平等的原则。我国法律规定,一切公民在适用法律上一律平等,在法律面前不允许有任何特权,这就是法律面前人人平等。不管是谁,也不管地位多高、贡献多大,只要触犯了国家和人民的利益,违犯了党纪国法,就要受到制裁。但是必须指出,解除了宋振明同志石油部长的职务,不等于海洋石油勘探局的领导就没有责任了。被告人马骥祥、王兆诸、张德经、奥本志造成"渤二"翻沉事故的渎职犯罪行为,触犯了《中华人民共和国刑法》第一百八十七条渎职罪,也必须受到应有的法律制裁。但考虑到他们参加工作以来,表现很好,在石油战线上做出过一些成绩,加之这一事故的发生,是多方面原因造成的。因此,建议法庭根据他们的犯罪事实给予必要的宽大处分,从轻发落。

一九八〇年九月二日

—9—

● 马骥祥等四人渎职案公诉词

● 马骥祥等四人渎职案判决书

（三）法律适用

1979 年《刑法》第一百八十七条规定："国家工作人员由于玩忽职守，致使公共财产、国家和人民利益遭受重大损失的，处五年以下有期徒刑或者拘役。"本案依照该条提起公诉，并认为本案 4 名被告都构成"渎职罪"。1979 年《刑法》规定渎职罪的主体是"国家工作人员"，本案 4 名被告都属于"国家工作人员"。1979 年 12 月，最高人民法院、最高人民检察院、公安部联合发布《关于执行刑事诉讼法规定的案件管辖范围的通知》规定："玩忽职守案（第一百八十七条）"由检察机关直接受理。因此，依据该条起诉的罪名，应以"玩忽职守罪"为宜，而本案起诉书则用了类罪"渎职罪"起诉，判决书也用"渎职罪"定罪量刑。

案例推荐：天津市人民检察院
撰稿：刘巍
审稿：黄河、闵钐

马集文侵害公民人身权利案

——"揭批查"运动中依法处理"四人帮"帮派分子

基本案情

马集文，男，时年 40 岁，辽宁省辽阳县人，青海省革命委员会副主任。

1968 年 4 月至 8 月间，马集文在原省委党校团校主持"群众专政指挥部"期间，伙同张学文等人，以反"二月逆流"新反扑为名，在省党校团校先后非法拘禁 64 人，非法搜查 32 人，罗织罪名，唆使他人用拳打、脚踢、跪板凳、持枪威胁、"坐飞机"等十余种方法，刑讯逼供，亲自和唆使他人殴打 34 人，致 1 人重伤，其中马集文亲手殴打 8 人。

此案由青海省公安局侦查终结。1980 年 6 月 19 日，青海省西宁市人民检察院向同级法院提起公诉。同年 6 月 28 日，青海省西宁市中级人民法院以侵犯公民人身权利罪判处马集文有期徒刑七年。马集文提起上诉，同年 7 月 17 日，青海省高级人民法院作出终审裁定，驳回上诉，维持原判。

案件背景与社会影响

1976 年 10 月，粉碎"四人帮"后，在中共中央领导下，在全国开展了一场声势浩大的"揭批查"运动，揭发批判江青集团及其帮派体系的罪行，清查与江青集团帮派体系有关的人和事。作为当时中央确定的"抓纲治国"的方针，"揭批查"运动分为三个阶段，历时两年。通过"揭批查"运动，揭发出江青集团在"文化大革命"中一系列乱党夺权祸国殃民的罪行，清算了他们的历史，批判了他们散布的"极左"思潮，对摧毁江青一伙的帮派体系，迅速结束"文革"混乱局面，实现社会安定起到了很大作用。马集文案就是"揭批查"运动中，通过法律手段处理"四人帮"帮派体系骨干分子的典型案件。

"四人帮"被粉碎之初，其安插在许多地区和部门的帮派骨干仍然存在。随着"揭批查"运动的展开，清查工作先后在各省展开。在青海省，由于当时的个别省领导极力捂盖子，压群众，千方百计包庇"四人帮"在青海的代理人及其帮派体系的骨干分子，使他们逃避群众的揭发批判。1977年2月，中共中央决定调整青海省委领导班子。此后，对在"文化大革命"中积极投靠"四人帮"，拉帮结派，搞乱青海，进行篡党夺权阴谋活动的省委副书记、省革委会副主任达洛，省委常务委员、宣传部部长程光远，省委常务委员、黄南州委书记张文芳决定停职审查，放手发动群众，以揭批达（洛）、程（光远）、张（文芳）、马（集文）为重点，使全省"揭批查"运动出现了新的局面。

马集文原本是青海省交通厅汽车七厂工人，"文化大革命"中起家，1967年以群众代表身份被任命为青海省革委会副主任。他在"文化大革命"期间实施了多起非法拘禁、非法搜查、刑讯逼供等侵犯公民人身权利的犯罪行为。1979年《刑法》《刑事诉讼法》颁行后，检察机关依法追诉马集文的犯罪行为，发挥了在"揭批查"运动中以法律手段清除"四人帮"帮派体系，维护社会稳定的作用。

第二篇 1980—1997

马集文侵害公民人身权利案

（一）区分犯罪行为与路线错误

本案起诉时，1979 年《刑法》《刑事诉讼法》刚刚生效，用法律手段处理政治运动中的犯罪行为，把握犯罪行为与路线错误的界限，这对于"文革"结束后恢复重建不久的检察机关来说是个不小的难题。对比公安机关的起诉意见书与检察机关的起诉书，可以发现检察机关在审查起诉时严格把握了犯罪行为与路线错误的界限，过滤了很多不属于犯罪的工作错误、路线错误。起诉意见书列明马集文涉嫌的罪行有："残忍迫害干部群众""砸烂公检法，破坏专政机关""破坏生产，造成严重经济损失""参与劫持省委机密档案""'四人帮'被粉碎后继续坚持反动立场"等五个方面。本案审查起诉期间，《刑法》《刑事诉讼法》等法律相继生效施行，在《刑法》明文规定"从轻兼从旧"的原则指导下，依法准确认定马集文的犯罪行为则需要更为慎重。检察机关在受理案件后，在把握案件事实与证据的前提下，对标《刑法》条文，依法对马集文非法使用刑讯手段侵害他人人身权利的犯罪事实予以认定，并以马集文涉嫌侵犯公民人身权利犯罪移送法院起诉，一审法院对起诉的主要犯罪事实予以认定，以马集文犯侵犯公民人身权利罪判处有期徒刑七年，二审法院也予以维持。而对于起诉意见书中所列明的后四个方面涉嫌的罪行，起诉书没有采纳。

（二）办案中的时代印记

本案从侦查到审判阶段，经历了检察机关恢复重建的历史时期，案件办理无论从程序还是实体上看皆具有浓厚的时代特点。一是案件的侦查机关。该案于 1979 年末由青海省公安机关侦查终结，此时《刑法》《刑事诉讼法》已经制定但尚未生效实施。1979 年 12 月 15 日，最高人民法院、最高人民检察院、公安部制定《关于执行刑事诉讼法规定的案件管辖范围的通知》，由此明确了职能管辖。此后类似案件明确由人民检察院直接受理立案侦查。二是使用了类罪罪名定性。该案由青海省西宁市中级人民法院、青海省高级人民法院于 1980 年 6 月 28 日、7 月 17 日先后作出一审判决、终审裁定，以侵犯公民人身权利罪判处马集文有期徒刑七年。使用类罪罪名给被告人定罪的情形，在此后的司法实践中并不多见。三是起诉书没有援引法律条文。该案在提起公诉时，1979 年《刑法》已经生效施行，检察机关虽然依据《刑法》认定马集文的犯罪性质，在结论部分说明"侵犯了公民的人身权利和其他合法权利，罪行严重，民愤很大，为了打击此类犯罪行为，保障公民的合法权利不受侵犯，必须追究其刑事责任"，但没有准确地指控马集文触犯的具体罪名，亦未引用刑法条文，沿习了《刑法》生效前的习惯做法。

案例推荐：青海省人民检察院
撰稿：郭勇
审稿：黄河、桑涛

马集文侵害公民人身权利案

林彪、江青反革命集团案

——共和国历史上首次组建特别检察厅公诉的特别重大案件

基本案情 ···

　　本案被告人江青、张春桥、姚文元、王洪文、陈伯达、黄永胜、吴法宪、李作鹏、邱会作、江腾蛟和起诉时（1980年）已经死亡的林彪、康生、谢富治、叶群、林立果、周宇驰都是林彪、江青反革命集团案的主犯。

　　林彪、江青反革命集团案主犯的犯罪事实：

　　1. 策划颠覆政府，推翻人民民主专政。在相当长的一个时期内，严重地破坏了政府的机构，严重地妨碍了政府的工作，严重地破坏了人民公安保卫机关、人民检察院和人民法院，控制了中共中央的组织、宣传部门和国务院的文化、教育、卫生、民族等部门的领导权；夺取了多数省（自治区、直辖市）的领导权；一度"砸烂"了中国人民解放军总政治部和夺取了一些军事机关的部分领导权。

　　2. 共谋诬陷迫害中华人民共和国主席刘少奇，致使刘少奇遭受监禁，被迫害致死。诬陷迫害党和国家其他领导人：彭德怀、贺龙、叶剑英、罗瑞卿、陆定一。1968年7月，江青、康生制造了一个诬陷中共第八届中央委员会成员的名单，同年8月康生又制造了诬陷第三届全国人大常委会委员和第四届全国政协常务委员的名单，同年12月谢富治制造了"中国（马列）共产党"假案的名单。以上名单中，中共第八届中央委员会委员、候补委员 103 人，第三届全国人大常委会委员 52 人，第四届全国政协常务委员 76 人，被分别诬陷为"特务""叛徒""里通外国分子""反革命分子""叛徒嫌疑""特务嫌疑"，并遭受迫害。其中包括全国人大常委会委员长、副委员长 8 人，国务院副总理 12 人，中共中央政治局委员、候补委员 22 人，中共中央总书记、书记处书记、候补书记 14 人，中共中央军委副主席 6 人，各民主党派领导人 11 人。诬陷迫害中国人民解放军的大批干部，在军内制造了大批冤案，使 8 万多人遭到诬陷迫害。诬陷迫害各级党政干部，以图夺取他们尚未夺取的部门和地区的领导权。例如，直接控制了中共中央组织部的领导权。诬陷迫害各级人民公安机关、人民检察院和人民法院的大批干部、民警，迫害致死 1565 人。诬陷迫害各省（自治区、直辖市）的大批干部。

3. 制造大量冤案，在全国范围内煽动"打砸抢"，迫害广大干部和群众。康生等人制造了"新疆叛徒集团"冤案，黄永胜等人制造了"广东地下党"和广州部队"反革命集团"冤案，陈伯达煽动致使冀东冤案造成严重后果，康生、谢富治制造了"赵健民特务案"，煽动致使"内蒙古人民革命党"冤案造成惨重后果。煽动制造了"'东北帮'叛党投敌反革命集团"冤案。由于林彪、江青反革命集团的指挥和煽动而造成的冤案，使各级党政军机关、各民主党派、各人民团体和社会各界的大批干部和群众以及大批归国华侨遭受诬陷迫害。

4. 在全国范围内挑动群众组织之间的大规模武斗，借此夺权和残酷镇压广大群众。1966 年 12 月，在张春桥指使下，制造了上海康平路武斗事件，打伤 91 人，在全国开创了利用武斗夺权的恶劣先例。

5. 图谋夺取党和国家的最高权力，策动反革命武装政变。1971 年 3 月，林立果、周宇驰等人在上海制定了武装政变计划，取名为《"571 工程"纪要》，同年 9 月 8 日，林彪下达了武装政变手令："盼照立果、宇驰同志传达的命令办"，并由林立果、周宇驰对江

腾蛟和空军司令部副参谋长王飞以及"联合舰队"的其他骨干分子进行具体部署。反革命集团的谋杀计划失败后，林彪随即准备带领黄永胜、吴法宪、李作鹏、邱会作等人南逃到他当时准备作为政变根据地的广州，图谋另立中央政府，分裂国家。9月13日，林彪等人乘256号专机叛逃，途中机毁人亡。

6. 江青反革命集团为了夺取党和国家领导权，继续进行诬陷迫害各级领导干部的犯罪活动。1976年3月至5月，江青反革命集团捏造事实，诬陷南京、北京和其他各地悼念周恩来总理的群众是"反革命"，诬陷国务院副总理邓小平是天安门广场"反革命政治事件的总后台"，煽动镇压迫害广大干部和群众。江青反革命集团主犯张春桥、王洪文以上海为基地，建立和扩大由他们直接控制的"民兵武装"。同年10月8日，徐景贤、王秀珍等人获悉江青、张春桥、姚文元、王洪文被拘禁的消息后，决定发动武装叛乱。由于中央采取了有力措施和上海市人民的斗争，他们的武装叛乱计划未能实现。

1980年11月5日，最高人民检察院特别检察厅将起诉书移送最高人民法院特别法庭，对本案10名主犯提起公诉。从1980年11月20日至1981年1月25日，经过42次法庭调查和辩论，49名证人和被害人出庭作证，对各种证据873件进行了审查，最高人民法院特别法庭认为林彪、江青反革命集团主犯所犯的罪行，事实清楚，证据确凿。特别法庭作出了判决。

被告人江青犯有组织、领导反革命集团罪，阴谋颠覆政府罪，反革命宣传煽动罪，诬告陷害罪，判处死刑，缓期二年执行，剥夺政治权利终身。

被告人张春桥犯有组织、领导反革命集团罪，阴谋颠覆政府罪，策动武装叛乱罪，反革命宣传煽动罪，诬告陷害罪，判处死刑，缓期二年执行，剥夺政治权利终身。

被告人姚文元犯有组织、领导反革命集团罪，阴谋颠覆政府罪，反革命宣传煽动罪，诬告陷害罪，判处有期徒刑二十年，剥夺政治权利五年。

被告人王洪文犯有组织、领导反革命集团罪，阴谋颠覆政府罪，策动武装叛乱罪，反革命伤人罪，诬告陷害罪，判处无期徒刑，剥夺政治权利终身。

被告人陈伯达犯有积极参加反革命集团罪、阴谋颠覆政府罪、反革命宣传煽动罪、诬告陷害罪，判处有期徒刑十八年，剥夺政治权利五年。

被告人黄永胜犯有组织、领导反革命集团罪，阴谋颠覆政府罪，诬告陷害罪，判处有期徒刑十八年，剥夺政治权利五年。

被告人吴法宪犯有组织、领导反革命集团罪，阴谋颠覆政府罪，诬告陷害罪，判处有期徒刑十七年，剥夺政治权利五年。

被告人李作鹏犯有组织、领导反革命集团罪，阴谋颠覆政府罪，诬告陷害罪，判处有期徒刑十七年，剥夺政治权利五年。

被告人邱会作犯有组织、领导反革命集团罪，阴谋颠覆政府罪，诬告陷害罪，判处有期徒刑十六年，剥夺政治权利五年。

被告人江腾蛟犯有积极参加反革命集团罪、策动武装叛乱罪、反革命杀人罪（未遂），判处有期徒刑十八年，剥夺政治权利五年。

案件背景与社会影响

以林彪为首的反革命集团和以江青为首的反革命集团，都是以夺取党和国家最高权力为目的而进行阴谋活动的反革命集团，是在"文化大革命"中进行反革命犯罪活动的。这两个反革命集团有共同的推翻我国人民民主专政即无产阶级专政的犯罪动机和目的，有共谋的犯罪行为，形成了一个反革命集团。

1978 年 12 月党的十一届三中全会的召开、1979 年 7 月《刑法》《刑事诉讼法》的颁布施行为依法公正起诉、审判林彪、江青反革命集团案奠定了政治背景和法律基础。1981 年 1 月 26 日，也就是对该案 10 名主犯终审宣判的第二天，新华社向国内外播发《历史的审判》通讯，立即在社会上和新闻界引起极大反响。本案的起诉、审判工作本着"以事实为根据，以法律为准绳"的原则，严格依法办事，显示了法律的尊严，推进了社会主义民主与法制进程，是新中国成立以来法制建设中引人注目的里程碑。

公诉指控

（一）组建特别检察厅

1978 年 12 月，根据党的十一届三中全会的决定，中共中央纪律检查委员会成立了审理林彪、江青反革命集团案领导小组，做了大量的工作。审查的结果，查明林彪、江青等人在"文化大革命"中的种种行为已经触犯了刑律，应由司法部门依法追究其刑事责任。1980 年 4 月，公安部开始对林彪、江青反革命集团 10 名主犯进行侦查预审；9 月 22 日，侦查终结，向最高人民检察院移送起诉。9 月 27 日，最高人民检察院检察长黄火青向第五届全国人民代表大会常务委员会第十六次会议作了关于对林彪、江青反革命集团案审查情况的报告。报告中提出："鉴于林彪、江青一案的案情特别重大，建议人大常委会决定组成特别法庭、特别检察厅审理这一案件。"9 月 29 日，特别检察厅成立，成员有：

特别检察厅厅长：黄火青；副厅长：喻屏、史进前；检察员：马纯一、王文林、王芳、王振中、王瀑声、王耀青（女）、冯长义、曲文达、朱宗正、江文、孙树峰、李天相、沈家良、张中如、张英杰、张肇圻、孟庆恩、图们、钟澍钦、袁同江、敬毓嵩。

（二）参与侦查预审，全面依法审查

在公安部开始侦查预审后，最高人民检察院派出检察人员参与，调查和收集了大量证据。据统计，侦查人员和检察人员共查阅江青

反革命集团的案卷 1716 卷 2798 件，查询有关人员 420 人，取得原始书证、物证 1992 件，取得证人证言 2961 件，审听原始录音带 694 盘。检察人员认真鉴别证据，核对犯罪事实，并对侦查活动实行监督。在审查起诉中，着重解决以下问题：

第一，决定一案起诉，即对以林彪为首的反革命集团和以江青为首的反革命集团作为一案起诉、审判。

第二，区分罪与非罪、集团罪与个人罪，即指控的是触犯刑法的反革命罪行，不涉及工作中的错误，集团中个别人的单独犯罪，定为个人罪。林彪、江青反革命集团的罪行，是在"文化大革命"的特定历史条件下发生的，他们的犯罪活动有着极其复杂的社会历史背景。《关于建国以来党的若干历史问题的决议》指出："'文化大革命'是一场由领导者错误发动，被反革命集团利用，给党、国家和各族人民带来严重灾难的内乱。"从错综复杂的政治现象中实事求是地区分领导人所犯的错误与林彪、江青反革命集团所犯的罪行，正确处理两类不同性质的矛盾，成为审查起诉林彪、江青反革命集团案中必须遵循的一条根本原则。

第三，关于鉴别、认定证据，主要体现着重使用原始物证、书证和直接证据，着重选用林彪、江青反革命集团背着中共中央、毛泽东主席进行犯罪活动的证据材料，对证据周密调查、核实，确保准确无误。

（三）一份特别的起诉书

1980 年 11 月 2 日，最高人民检察院检察委员会通过了特别检察厅拟制的起诉书。11 月 10 日，黄火青检察长签发"高检办字（1980）第 22 号"文件，向各省（市、自治区）党委、人民政府、人大常委会，中央各部委，国家机关各部委，总政治部印发起诉书副本，抄送各省（市、自治区）人民检察院、人民法院、公安厅。

首先起诉书确定了本案的性质，林彪、江青反革命集团是以推翻人民民主专政即无产阶级专政的政权为目的的反革命集团，不仅

定性明确而且表述清楚。"……互相勾结、狼狈为奸，凭借其地位和权力，施展阴谋诡计，利用合法的和非法的、公开的和秘密的、文的和武的各种手段，有预谋地诬陷、迫害党和国家领导人，篡党篡国，推翻无产阶级专政的政权。"

其次犯罪事实的表述结构清晰，事实清楚，证据确凿。起诉书指控的犯罪事实主要从四个方面展开：一是诬陷、迫害党和国家领导人，策划推翻无产阶级专政的政权；二是制造冤案，挑动武斗，迫害、镇压广大干部和群众；三是谋害毛泽东主席，策动反革命武装政变；四是策动上海武装叛乱。这部分内容共标注了 48 个小节，在整个 43 页的起诉书中占用了 39 页。

最后是法律适用问题。起诉书援引《刑法》第九条关于适用法律的规定，确认 10 名主犯触犯了《刑法》。1979 年《刑法》施行之前，关于惩治反革命罪行的法律则是《惩治反革命条例》。如果拿《惩治反革命条例》与《刑法》对比的话，明显前者重后者轻。以"从旧兼从轻"原则来看，适用《刑法》是符合法治原则的。另外，值得注意的一点是，对于已经死亡的其他主犯，起诉书依据《刑事诉讼法》第十一条第（五）项，不再追究刑事责任。

案例推荐：最高人民检察院

撰稿：闵钐

审稿：黄河

翁贵祥故意杀人抗诉案

——首例由最高人民检察院向最高人民法院 提出的抗诉案件

基本案情

翁贵祥，男，时年 29 岁，原系上海锦江饭店职工。

翁贵祥于 1980 年 4 月 30 日晚 7 时许，因家务纠纷与其妻汪玲萍发生争吵。翁贵祥先用烟灰缸将其妻左眼砸伤流血，继续用铁榔头猛击其头部，将其妻击倒在地。此时，两个女儿翁花倩（7 岁）、翁华伟（5 岁）正在旁吃饭，见状吓得哭求"爸爸不要打了"，翁贵祥非但不住手，反而用榔头猛击两个女儿头部，致使两女儿脑浆溢出，当即死亡。翁贵祥杀人罪行被群众发现后，竟再次用榔头猛击受伤倒地的其妻头部，致汪玲萍当场死亡。

本案由上海市公安局侦查，1980 年 6 月 15 日，由上海市人民检察院分院向上海市中级人民法院提起公诉，一审以故意杀人罪判处翁贵祥死刑立即执行，翁贵祥不服一审判决向上海市高级人民法院上诉。同年 10 月 9 日，上海市高级人民法院基于本案系因家庭矛盾和工作安排问题引发，改判翁贵祥死刑缓期二年执行。上海市人民检察院认为翁贵祥犯罪手段极其残忍，罪行极其严重，二审改判翁贵祥死刑缓期二年执行不当，遂报请最高人民检察院按审判监督程序提出抗诉。1981 年 3 月 26 日，最高人民检察院向最高人民法院提出抗诉，同年 5 月 16 日，最高人民法院依法改判翁贵祥死刑立即执行，剥夺政治权利终身。

案件背景与社会影响

　　本案系上海市新中国成立以来少有的恶性案件，翁贵祥残忍地敲碎了两个女儿的头颅，手段令人发指，被害人家属、周围群众，包括翁贵祥的家属在内，均表示出极大的愤恨，一致要求严厉惩办杀人凶手。案发时，发案地点围观的人很多，对发案原因多有揣测，在社会上引发极大恐慌。

公诉指控与监督

（一）深度调查犯罪原因，客观公正发表公诉意见，还事实本来面目

　　检察机关在查明犯罪事实的过程中，既重视被告人的供述，又本着实事求是的精神，在上海市有关单位、地区，同时到被告人居住多年的云南西双版纳勐海县做了多方面调查。经查明，翁贵祥故意杀人犯罪，是其在处理家庭问题上一贯作风的结果。翁贵祥与汪玲萍于1974年正式结婚，对妻子一贯蛮横，在刚结婚时，两人不在一处，每当翁贵祥到汪玲萍住处时，汪玲萍就要好生伺候，端菜端饭，稍有怠慢就会遭到翁贵祥的打骂，致使汪玲萍的教学工作都受到一定的影响。翁贵祥在打妻子时经常把门关上，不许妻子哭喊出声，有一次把汪玲萍拉到山上无人的地方去打，被当地老百姓闻声赶来劝阻，汪玲萍已被打得头破血流。又有一次，被告人因某一件事不顺心，就动手用一只碗砸汪玲萍，当时碗被砸得粉碎，汪玲萍的头颈被砸得鲜血直流。还有一次，汪玲萍生第二个孩子尚未满月，身体还很虚弱，被告人的恶习不改，为一点小事，又动手殴打汪玲萍，当时汪玲萍的妹妹闻声赶来，看到被告人的行为如此凶残，又看到亲姐姐受这样的虐待，忍无可忍，上前狠狠打了被告人一个耳

187

上海市人民检察院分院

起 诉 书

沪检分诉80字第84号

被告翁贵祥，男，一九五一年四月生，浙江省萧山县人，住本市西藏南路五十八弄九号，因杀人罪于一九八○年五月九日由上海市公安局依法逮捕。经侦讯终结，移送本院审查起诉。

现检察查明：

被告翁贵祥，在一九八○年四月卅日下午七时许，因家务纠纷用烟缸将其妻███左眼眶伤，继而又用羊角榔头猛击她的头部，以致当即昏倒在地，此时，被告翁贵祥八岁的女儿翁███。七岁的女儿翁███哭求被告住手，因被告翁贵祥竟惨无人道地用榔头向两个女儿头部猛击，致翁███、翁███当即死亡。被告犯罪行为被群众发现制止时，他继续用榔头向被害人猛击，致汪███颅脑严重损伤、中

188

枢神经系统衰竭而死亡。

以上犯罪事实，有现场勘查笔示、尸体检验鉴定书、证人证言、缴获的凶器和物证检验报告，证明属实。被告也供认不讳。

综上所属，本院确认：被告翁贵祥杀死三人，罪行情节严重。根据《中华人民共和国刑法》第一百三十二条之规定，特提公诉，请予惩处。

此致

上海市中级人民法院

代理检察员 陈爱珍

一九八○年六月廿五日

附：1.被告翁贵祥案卷壹册；
2.被告现关押上海市第二看守所。

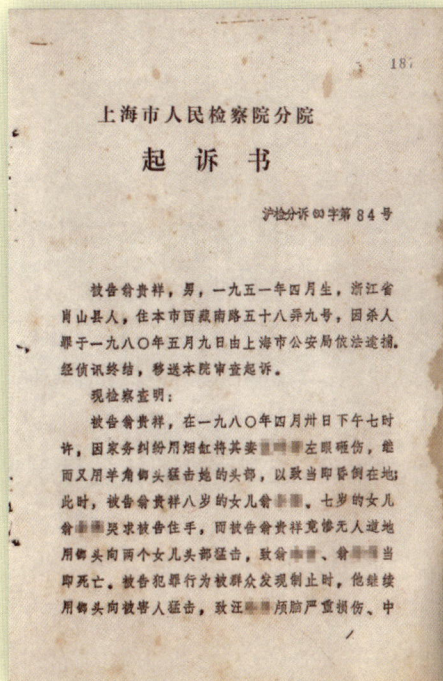

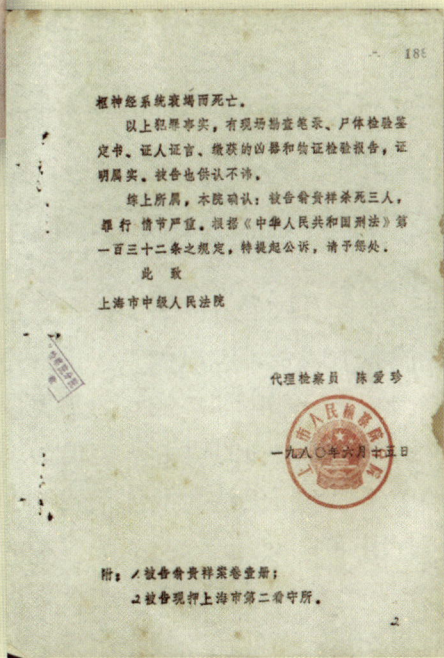

● 翁贵祥故意杀人抗诉案起诉书

光，愤然离去，从此与他断绝往来。更为恶劣的是，有一次，被告人翁贵祥竟在大庭广众之下要妻子汪玲萍对他下跪，汪玲萍不肯，被告人竟把亲生女儿的脚倒拎过来，扬言要孩子到河里去吃水，汪玲萍出于疼女之心，在无可奈何的情况下，被迫只得向其下跪，翁贵祥朝汪玲萍又是一顿拳打脚踢，在场的老百姓都不忍看下去，当地老百姓讲到翁贵祥打妻子时，双手紧握，人颤抖，无人不义愤填膺，都说"汪玲萍要是没有我们勐海老百姓，早就被打死了。"

翁贵祥对其妻子这样，对其父母也是这样，行为凶残，为所欲为。1980年正月初五，翁贵祥与其母争吵，其父闻声批评了翁贵祥，翁贵祥竟拔出小刀，持刀要对其父行凶，邻居多人前来劝阻，有人被小刀划伤，去医院缝了三针，其父手被扎伤，足足一个月不能做事。

本案的诱因是翁贵祥嫌妻子汪玲萍回家过迟，影响了吃晚饭，妻子回了一句"晚饭你也可以烧的。"这都是微不足道的家务小事，竟然引发穷凶极恶的杀人犯罪，而且还祸及两个十分懂事的孩子，"她们还是孩子呀，能有什么罪？"公诉人认为，被告人杀人的犯罪是由其一贯对待家庭成员凶蛮无理、虐待成性造成的。

（二）针对死缓适用，坚决提出抗诉，监督依法审判

被告人故意杀妻灭女的事实清楚，证据确凿，罪行极为严重、手段极为凶残，民愤极大。上海市高级人民法院考虑上诉人"犯罪原因和其全部犯罪事实"，从宽改判死刑，缓期二年执行，检察机关认为从宽处罚的理由不能成立，为了充分落实刚刚颁布不久的《刑法》《刑事诉讼法》的法治精神，依法提出抗诉，并详细阐述了抗诉理由如下：

一是翁贵祥在上诉中否认杀死3人的事实，辩称其妻先杀死了两个女儿，而他在气恨之下才杀死妻子的。经查，翁贵祥连续杀死3人，证据确凿。一审判决时，已有大量证据，判明了翁贵祥的全部犯罪事实。二审判决也认定"原判认定的犯罪事实是确凿的"，但又作为从宽判处的理由之一，显然是不能成立的。

● **翁贵祥故意杀人抗诉案抗诉书**

二是翁贵祥在诉状中提出："被过早辞退工作，又得不到待遇和单位妥善处理而引起的，从而导致一家人生活来源断绝。厌世自绝，使我犯罪"等。经查翁贵祥1969年去云南插队，1977年已是正式工人，妻子汪玲萍是教师。同年三月，翁贵祥自动退职，领取了退职金来上海，假充插队知青，"顶替"其父进锦江饭店工作。后经劳动部门查明，翁贵祥不符合上海市"顶替"的规定，锦江饭店将其辞退，并允许所在地区未作安排前，可继续在锦江饭店劳动，仍付给相应报酬。彼时，翁贵祥仍有存款1300余元，存粮632斤。事实证明，翁贵祥所述犯罪原因，显属狡辩。二审判决将翁贵祥的狡辩之词当作"考虑到上诉人犯罪的原因"，作为从宽改判理由，没有事实依据。

三是经调查翁贵祥与汪玲萍结识后，经常对汪玲萍进行打骂。一年后，汪玲萍有了孩子、登记结婚。翁贵祥动辄为家庭琐事殴打其妻，一次逼妻跪地挨揍，汪玲萍不从，翁贵祥将女儿倒提，要往河里扔，汪玲萍出于母爱，不忍无辜孩子遭害，顺从被打。1974年汪玲萍因不堪虐待，曾提出离婚。1980年春节，翁贵祥在同父母争吵时，竟用刀戳伤自己的父亲，劝架的邻居手也被划伤。因此，4月30日，翁贵祥杀死3人，并非偶然，正是其凶残本性所致。这样一个冷酷残暴、明目张胆的杀妻灭女的犯罪行为，民愤极大，为社会所不容。

最终，最高人民检察院依据新颁布的《刑法》《刑事诉讼法》，以审判监督程序依法提出抗诉，抗诉意见被最高人民法院采纳，翁贵祥最终被执行死刑，本案的成功抗诉对全国正确适用死刑政策具有指导意义。

案例推荐：上海市人民检察院

撰稿：刘哲

审稿：黄河、桑涛

恒付益杀人案

——一起边疆少数民族地区恶性枪杀案

基本案情

恒付益，男，时年 26 岁，傈僳族，原籍碧江县子里甲公社亚谷大队。

1980 年 11 月 13 日，恒付益在云南省碧江县碧罗雪山与福贡县上帕公社社员普付页、此四海、友民加 3 人相识后，探听到 3 人要去兰坪县买牛、羊，身上带有上千元现金，遂起杀人、抢劫之心，借口帮 3 人买牛、羊，将 3 人骗到家中。后恒付益于 15 日晚间向赵某某借枪作案，因无火药未遂。16 日早上，恒付益将普付页、此四海骗至石登街，并以交买牛定金为借口，叫普付页预支现金 200 元，买半自动猎枪 1 支，子弹 200 发，准备作案使用。当天，普付页、此四海也买了同类型猎枪 1 支，子弹 500 发。晚八时许，恒付益以打麂子为名将普付页、此四海二人诱骗至澜沧江边，行至东岸的腊瓜箐密林处，乘二人不备，先后射击 8 枪将普、此两人打死于路旁，劫走死者现金 250 余元，以及粮票、布票、钥匙、79-1A 型猎枪 1 支、子弹 500 发、购枪发票等物，并将普、此的尸体丢入江中。恒付益于 18 日准备再将友民加骗去雪山杀害，途中被捕归案。

1980 年 12 月 1 日，云南省怒江傈僳族自治州兰坪县人民检察院对恒付益批准逮捕。1982 年 1 月 8 日，云南省怒江傈僳族自治州人民检察院向怒江傈僳族自治州中级人民法院提起公诉。2 月 9 日，一审法院判处恒付益死刑，剥夺政治权利终身。宣判后恒付益服判。3 月 1 日，怒江傈僳族自治州中级人民法院报送云南省高级人民法院复核，4 月 13 日，云南省高级人民法院复核维持一审死刑判决，核准死刑。

案件背景与社会影响

　　该案系改革开放初期，发生在边疆民族地区的抢劫杀人案，因当时对猎枪等民用枪支管理较为松散，犯罪嫌疑人为非法占有他人财物，经过预谋和策划，用猎枪枪杀了两位无辜少数民族群众。此案发生后，怒江傈僳族自治州全民恐慌，强烈要求严惩抢劫杀人者。该案的审查起诉和判决，正值 1979 年《刑法》《刑事诉讼法》颁布实施，司法机关严格依法严惩被告人，保护公民的生命财产安全，安定了民心，伸张了正义。

公诉指控

（一）夯实证据基础，做好起诉准备

　　该案发生后，被害人家属和全州民众群情激昂，强烈要求依法揭露和严肃处理恒付益的犯罪行为，而恒付益被抓获归案后，在侦查审讯过程中，为了推卸罪责多次编造假证，陷害他人。检察机关严格按照 1979 年颁布实施的《刑法》，在审查案件时，紧紧扣住被告人预谋、借枪、买枪、杀人、劫财等关键事实搜集证据，同时又对被告人进行了一年多的政策教育，最终被告人表示认罪。

（二）在公审中展现检察机关在刑事诉讼中的职能

本案发生后，由于社会反响强烈，法庭审理采取当时比较常用的公审公判形式。检察机关是在广大人民群众的旁听下，履行国家公诉职能。检察机关指控，恒付益抢劫杀害普付页、此四海的犯罪行为，依照《刑法》第十一条故意犯罪的规定、第一百五十条抢劫罪的规定、第一百三十二条故意杀人罪的规定认定构成故意抢劫杀人罪，对企图杀害友民加的犯罪行为依照上述条文，同时结合《刑法》第二十条犯罪未遂的规定，认定构成预谋杀人罪，提出从重量刑建议。在法庭上，检察机关按照《刑事诉讼法》规定的一系列指控犯罪程序，宣读起诉书、组织、运用证据指控与证明犯罪、与辩护人控辩论战，揭示犯罪的本质和危害，通过庭审，完整呈现了检察机关在刑事诉讼中的规范程序、工作职能。

（三）以案释法教育人民群众

本案公诉词对被告人犯罪原因进行了重点分析。公诉词列明了被告人恒付益一系列违法犯罪活动的前科后指出，"其走上犯罪道路绝不是偶然，而是有历史根源的，从发展过程来看，是从小偷小摸、蛮不讲理、动辄打人、杀人的违法活动，逐步发展到诈骗盗窃，直至走向公开抢劫杀人"，其犯罪的思想根源在于"好逸恶劳，逃避劳动"，是"不劳而获的资产阶级利欲主义恶性发作的必然结果"。揭露了犯罪根源，警醒人民群众树立正确的劳动观、财富观，做守法公民。公诉词还特意提醒人民群众加强防范意识的警示，告诫群众要提高警惕，谨慎交友，预防被害。本案关于犯罪原因的剖析和犯罪预防的警示，也体现了刑罚的一般教育功能，突破个案效果，最大化呈现出刑事诉讼的意义。

（四）政治性和法律性有机融合

党的十一届三中全会决议指出：我们国内现在还存在着极少数

敌视和破坏我国社会主义现代化建设的反革命分子和刑事犯罪分子，我们决不能放松同他们的阶级斗争，决不能削弱无产阶级专政。本案在起诉书和公诉词的表述上都充分体现了上述精神，并牢牢把握当时国家发展大局，将全局观融入对法律条文、司法政策的理解适用当中，自觉为党和国家的中心工作服务。公诉词直接申明了"我们的法律是维护社会主义革命秩序，保护劳动人民利益，保卫社会主义经济基础的。在加强社会主义法制的今天，不依法严惩被告恒付益这种严重触犯法律的行为，就不可能扫清在政治上实现进一步安定团结，在经济上实行进一步调整的障碍，就不能巩固和发展我州安定团结的大好形势，搞好生产秩序、工作秩序、生活秩序，保卫四化的顺利进行。"

案例推荐：云南省人民检察院
撰稿：郭莉、王文静
审稿：黄河、桑涛

孙云平等五人反革命劫持飞机、爆炸罪案

——首例公开报道的劫机案

基本案情

　　孙云平，男，时年 19 岁，河南省鄢陵县人，陕西省咸阳运输公司工人。

　　杨锋，男，时年 20 岁，河南省商城县人，西安仪表厂所属红星变压器厂工人。

　　高克利，男，时年 21 岁，上海市松江县人，西安仪表厂工人。

　　谢智敏，男，时年 19 岁，浙江省宁波市人，西安仪表厂工人。

　　魏学利，男，化名战大光，时年 20 岁，河南省温县人，西安市春华商店临时工。

　　孙云平、杨锋、高克利从 1982 年 4 月起，多次谋划劫持飞机，准备外逃投敌。同年 6 月，孙云平、杨锋纠集谢智敏、魏学利一起参与实施犯罪。为筹集经费和实施劫机，5 人先后多次策划抢劫和盗窃财物，并预谋抢劫枪支，均未果。在此期间，孙云平等人通过其他手段筹备人民币 400 余元，炸药 6 公斤、雷管 6 发，匕首、水果刀、弹簧刀各 1 把，以及指南针、民航航线示意图、塑料玩具手枪等物品。后杨锋先后进行两次引爆实验。登机前，孙云平等人除对劫机、爆炸等犯罪活动作分工外，还决定一旦罪行败露，即当即

引爆炸药，炸毁飞机。7 月 25 日 6 时 30 分，孙云平等人携带提前准备好的犯罪工具登机（飞机载有 80 人，其中，机组和乘务人员 8 人、外国旅客 31 人、中国旅客 36 人及 5 名被告人）。10 时零 3 分，当飞机飞抵无锡上空时，孙云平等 5 人先后冲进驾驶舱，持刀胁迫驾驶人员改变航向飞往台湾，同时破坏了驾驶舱内的通讯设备，持刀逼迫前舱旅客到中、后舱，并在生活舱和驾驶舱安装了炸药和雷管，持刀刺伤副驾驶员阁文华面部，持铁管击打报务员苗学仁头部，叫嚣杀死共产党员，呼喊反革命口号。当机组人员发动旅客反击时，孙云平、高克利将安放的炸药引爆，炸坏了飞机的生活舱，杨锋同时在驾驶舱引爆炸药未遂。后机组人员和旅客将 5 名被告人制服。12 时 54 分，飞机降落在上海虹桥机场，孙云平等 5 人被抓获。

1982 年 8 月 1 日此案由上海市公安局侦查终结，以被告人孙云平等人犯有破坏交通工具罪、爆炸罪向上海市人民检察院分院移送审查起诉。8 月 2 日上海市人民检察院分院以被告人孙云平等人犯有反革命劫持、爆炸飞机罪提起公诉。上海市中级人民法院于 8 月 11 日作出一审判决，以反革命劫持、爆炸飞机罪判处孙云平等人死刑，剥夺政治权利终身。被告人上诉后，上海市高级人民法院于 8 月 14 日作出二审裁定，驳回上诉，维持原判。最高人民法院于 8 月 16 日核准死刑，孙云平等人于 8 月 19 日被执行死刑。

案件背景与社会影响

劫持航空器被国际社会公认为是最严重的犯罪，本案系首例公开报道的劫机案，引起全国人民的广泛关注，《人民日报》多次报道。国务院于同年 8 月 14 日对胜利粉碎劫机事件的机组及其成员颁发嘉奖令，并号召民航全体空勤人员和广大职工向该机组学习，国务院副总理万里、国务委员耿飚、国务院秘书长杜星垣会见机组全体成员。

新中国成立后，国民党反动派逃至台湾地区，但反攻大陆之心不死，通过空投传单、无线电广播方式进行反共宣传，煽动民众外逃台湾。1979年全国人大发表《告台湾同胞书》后严峻的两岸关系趋于缓和，但两岸之间仍没有结束敌对状态。加之改革开放初期，民众对国（境）外的生活了解不多，许多片面报道过分夸大国（境）外生活的优越，使难以掌握全面信息的部分民众非常向往，但当时海峡两岸尚未实现直接通航，导致在大陆涉嫌犯罪的人采取了劫机这一极端方式前往台湾以图逃避罪责过上"好日子"。劫机案件的发生严重危害国家安全和公共安全，影响民用航空发展，亟须刑法严厉打击。

公诉指控

（一）围绕犯罪目的，准确定性

准确判定案件性质是正确处理案件的重要前提，直接关系到对被告人的定罪量刑。本案公诉过程中，面临的第一个难题就是被告人的行为究竟涉嫌什么罪名。由于新中国成立后30年间劫机案件在我国鲜有发生，因此我国1979年《刑法》并没有将劫持航空器犯罪做单独条文规定，仅在《刑法》第一百条反革命破坏罪中规定了具有反革命目的的劫机犯罪行为。公安机关以孙云平、杨锋、高克利、谢智敏、魏学利犯有破坏交通工具罪、爆炸罪移送起诉，检察机关经审查认为，从主观上看破坏交通工具罪、爆炸罪不足以反映5名被告人敌视人民民主政权和社会主义制度的主观故意，从客观上看，破坏交通工具是手段，劫机外逃投敌才是目的，仅将手段行为定罪，显然没有全面地评价5名被告人的客观行为，检察机关结合全案证据，认定5名被告人的犯罪行为属于反革命劫持飞机、爆炸罪。如何论证被告人具有"反革命"的主观目的，这对于司法机关是有一

34

上海市人民检察院分院

起诉书 副本

⑻沪检分诉字第90号

被告孙云平，男，一九六三年八月生，河南省郾陵县人，陕西省咸阳运输公司工人，住陕西省汽车大修厂西平房三号。

被告杨锋，男，一九六二年二月生，河南省西城县人，西安仪表厂所属红星变压器厂工人，住西安仪表厂一○一街坊十六号楼四单元六十一号。

被告高克利，男，一九六一年十一月生，上海市松江县人，西安仪表厂工人，住西安仪表厂福利区一○二街坊八号楼三单元四十五号。

被告谢智敏，男，一九六三年六月生，浙江省宁波市人，西安仪表厂工人，住西安仪表厂技校福利区一号楼四单元五十六号。

被告魏学利，男，一九六二年九月生，河南省温县人，待业，住陕西省汽车大修厂西平房七号。

被告孙云平、杨锋、高克利、谢智敏、魏学利因反革命劫持爆炸案为上海市公安局依法逮捕，经侦讯终结移送本院审查起诉。

现检察查明：

35

被告孙云平、杨锋、高克利敌视人民民主政权和社会主义制度，早于一九八二年四月起即共谋劫机外逃，并准备爆炸，使机毁人亡，以发泄仇恨。同年六月以后，谢智敏、魏学利加入这一阴谋活动，他们更加紧了犯罪的实施。孙云平等集了硝铵炸药四十卷（六公斤），雷管五枚，刀一把；杨锋筹集匕首一把，雷管一枚。并图谋抢劫枪枝。为了伺机爆炸，杨锋二次试爆。同时他们多方筹集购买机票用款。孙云平、杨锋、高克利一再图谋盗窃抢劫公私财物。魏学利与高克利并到西安电缆厂对一工人行凶抢劫，因被害人呼救而未逞。一九八二年七月二十三日由杨锋、高克利、谢智敏持已骗得的赃票证明用筹集的人民币四百余元买了二十五日由西安飞往上海的二五○五班机客票五张。晚上在孙云平家中决定于飞机离上海十五分钟的高空时采取行动，分工由杨锋冲入驾驶室控制机组人员；孙云平、魏学利看押旅客对付反抗者；高克利、谢智敏安放炸药引爆毁机。同时，决定登机时一旦阴谋暴露则就地爆炸。二十四日上午由孙云平、杨锋等准备各了指南针、航线图和引爆用的塑料手枪，晚上集中在孙云平处住宿。二十五日晨六时半到西安机场，在附近厕所内将他们的炸药分绑在孙云平、高克利身上，孙云平并藏有火药雷管一枚，弹簧刀一把；谢智敏藏电发雷管二枚；杨锋藏匕首一把；魏学利带草开刀一把藏在旅客中登上飞机。

● 孙云平等五人反革命劫持飞机、爆炸罪案起诉书

36

伊尔十八型B二二〇号二五〇五班机，八时零七分由西安起飞。九时五十八分飞抵无锡上空时，孙云平、杨锋、魏学利三人冲到驾驶舱，持刀胁迫机组人员改变航向外逃，杨锋发出"反共"叫嚣。付普破国文华起身投打与周处，孙云平二次用刀卡向█████部割伤随即破坏了通讯设备。魏学利持刀把守机，禁止机组人员走出，并用枪卡将服务员的头部击伤。杨锋还指令炸机报告。高克利持炸药安装在要害部位，手持引线，谢智敏手持炸药雷管在机组人员和旅客前，准备随时劫持。十二时四十分，机械师刘█████和报务员苗世█████等机组人员反劫旅客奋起搏斗。孙云平怕高克利将安装的炸药爆炸，炸毁了飞机的生活舱。杨锋同时在驾驶舱内爆炸递又与魏学利分别持刀杀害机组人员和旅客，作垂无挣扎。经机组人员、谢智敏、魏学利一一抓获，他们行的匕首、刀子三把和制剩的硝铵炸药三卷、雷管二枚、引爆用的电池四节、直标手枪以及指南针。就线图等犯罪工具全部缴获。经鉴验、检查和证人证言，被告人陈述。鉴定结论完全一致，证据确实、充分。被告均已供认。

综上所述，本院确认：被告孙云平、杨锋、高克利、谢智敏、魏学利，致视人民民主政权和社会主义制度为目的，有计划、有准备劫机外逃，爆炸飞机触犯中华人民共和国刑法第一百零

3

37

一项、第三项之规定，构成反革命劫持爆炸飞机罪。

被告孙云平在犯罪中筹集炸药、雷管、凶器，策划抢劫枪枝，图谋盗窃国家财物，指使抢劫。登机时身藏炸药、雷管、凶器。劫机时，行凶刺伤付驾驶国文华，破坏通讯设备，通电爆炸，破坏飞机，危害安全。

被告杨锋，出谋划策，企图抢劫枪枝，盗窃国家财物，为劫机势力筹集买累钱款。登机时身藏凶首。劫机时进行反革命宣传，持刀行凶，点火引爆，破坏飞机，危害安全。

被告高克利，策划抢劫枪枝，盗窃抢劫公私财物，登机时身藏炸药、劫机时，直接引爆，破坏飞机，危害安全。

被告谢智敏，积极准备指南针，引藏用的里科手枪等犯罪工具，登机时身藏雷管。劫机时，手持雷管、凶器，威胁旅客和机组人员。妄图劫机。

被告魏学利，盗窃、抢劫公私财物，登机时身藏凶器，劫机时，持刀冲入驾驶舱，行凶刺伤服务员苗世仁，威胁旅客，负隅顽抗。

以上五名被告劫持爆炸飞机，行凶伤害机组人员和旅客。对国家和人民危害特别严重，情节特别恶劣。特根据公诉，请依中华人民共和国刑法第一百零三条之规定予以严惩。

此致

上海市中级人民法院

4

38

（此页无正文）

检察员　张增达

附：1.被告孙云平、杨锋、高克利、谢智敏、魏学利羁押于上海市第一看守所；
2.预审卷宗案卷册；
3.扣押物品清单壹份。

5

● 孙云平等五人反革命劫持飞机、爆炸罪案起诉书

定难度的，因为被告人为获得从轻处罚均辩称没有反革命的目的。检察机关从三个角度入手推翻了被告人的辩解，认定被告人具有反革命的目的。一是被告人劫持飞机是为了外逃台湾，当时两岸处于敌对状态，劫机外逃投敌显然具有反革命目的，公诉词指出"五名被告人劫机在于投敌，其目的是非常明确的"；二是被告人在劫机后向机组人员和旅客大肆进行反革命宣传，叫嚣杀害共产党员，呼喊反革命口号；三是在登机前5人约定一旦行动失败即炸毁飞机，意图达到机毁人亡的目的，在遇到机组人员反抗后，被告人积极实施爆炸行为，并炸毁飞机生活舱，这种亡命徒式的犯罪风格反映出5名被告人以人民为敌、危害国家的反革命决心。综上，结合被告人犯罪前后的主观故意和行为的整个过程认定被告人具有反革命的目的。本案以反革命劫持飞机、爆炸罪追究被告人的刑事责任充分体现了其行为侵犯人民民主专政政权和社会主义制度的社会危害性，也凸显了对反革命犯罪的严厉打击态度。

（二）紧扣犯罪构成，充分说理

犯罪行为是被告人所实施的违反刑法规定、应受刑罚惩罚、具有严重社会危害性的行为，是被告人构成犯罪、承担刑事责任的根据。该案的起诉书在被告人行为的阐述上可圈可点，除在"本院查明"部分按照事情发生的顺序将5名被告人参与的行为一一列明外，还另将5名被告人在犯罪准备阶段、实施阶段的行为分别概括提炼出来，比如将孙云平的行为概括如下"在犯罪中筹集炸药、雷管、凶器，策划抢劫枪支，图谋盗窃国家财物，指使抢劫。登机时身藏炸药、雷管、凶器，劫机时行凶刺伤副驾驶员阎文华，破坏通讯设备，通电爆炸"，对每名被告人行为的概括都紧扣犯罪构成，且详略得当，一目了然。在公诉词中连用多个"他＋动作"的句式如他提出、他筹集、他主谋、他携带、他威胁、他刺伤、他毁坏、他引爆、他宣传、他骗取、他冲入、他咬伤、他实验、他撕掉、他持刀、他看押，将5名被告人的行为淋漓尽致地描述出来，画面感极强。犯

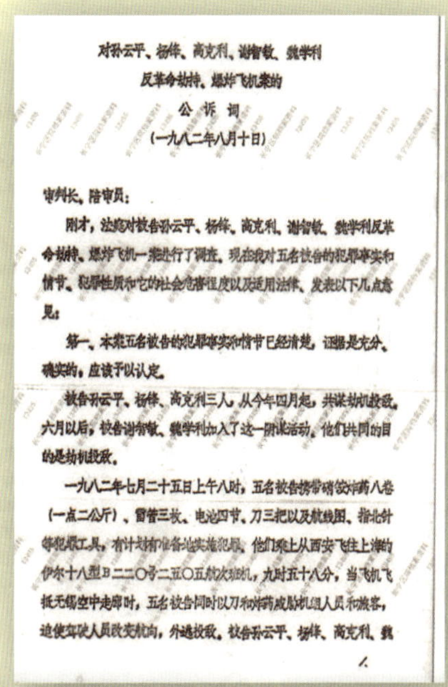

对孙云平、杨锋、高克利、谢智敏、魏学利
反革命劫持、爆炸飞机案的
公 诉 词
（一九八二年八月十日）

审判长、陪审员：

刚才，法庭对被告孙云平、杨锋、高克利、谢智敏、魏学利反革命劫持、爆炸飞机一案进行了调查。现在我对五名被告的犯罪事实和情节、犯罪性质和它的社会危害程度以及适用法律，发表以下几点意见：

第一、本案五名被告的犯罪事实和情节已经清楚，证据是充分、确实的，应该予以认定。

被告孙云平、杨锋、高克利三人，从今年四月起，共谋劫机投敌。六月以后，被告谢智敏、魏学利加入了这一阴谋活动。他们共同的目的是劫机投敌。

一九八二年七月二十五日上午八时，五名被告携带硝铵炸药八卷（一点二公斤）、雷管三枚、电池四节、刀三把以及航线图、指北针等犯罪工具，有计划有准备地实施犯罪。他们乘上从西安飞往上海的伊尔十八型B二二○号二五○五航次班机，九时五十八分，当飞机飞抵无锡空中走廊时，五名被告同时以刀和炸药威胁机组人员和旅客，迫使驾驶人员改变航向，外逃投敌。被告孙云平、杨锋、高克利、魏

1

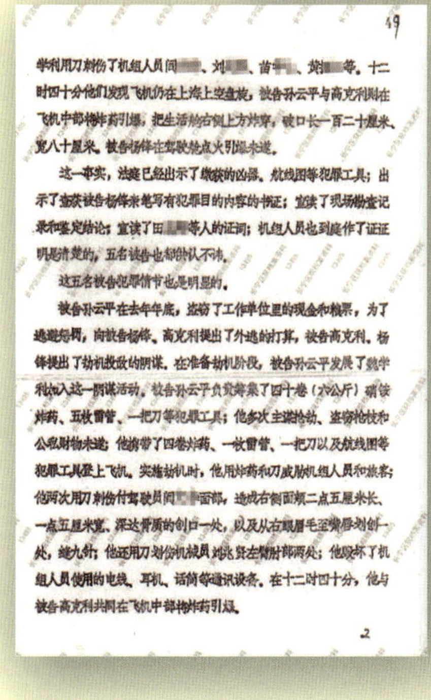

49

学利用刀刺伤了机组人员闫[redacted]、刘[redacted]、苗[redacted]、黄[redacted]等。十二时四十分他们发现飞机仍在上海上空盘旋，被告孙云平与高克利则在飞机中部将炸药引爆，把生活舱右侧上方炸穿，破口长一百二十厘米、宽八十厘米。被告杨锋在驾驶舱点火引爆未遂。

这一事实，法庭已经出示了缴获的凶器、航线图等犯罪工具；出示了查获被告杨锋亲笔写有犯罪目的内容的书证；宣读了现场勘查记录和鉴定结论；宣读了田[redacted]等人的证词；机组人员也到庭作了证证明是清楚的，五名被告也都供认不讳。

这五名被告犯罪情节也是明显的。

被告孙云平在去年年底，盗窃了工作单位里的现金和粮票，为了逃避惩罚，向被告杨锋、高克利提出了外逃的打算，被告高克利、杨锋提出了劫机投敌的阴谋。在准备劫机阶段，被告孙云平发展了魏学利加入这一阴谋活动。被告孙云平负责筹集了四十卷（六公斤）硝铵炸药、五枚雷管、一把刀等犯罪工具；他多次主谋抢劫、盗窃枪枝和公私财物未遂；他携带了四卷炸药、一枚雷管、一把刀以及航线图等犯罪工具登上飞机。实施劫机时，他用炸药和刀威胁机组人员和旅客；他两次用刀刺伤付驾驶员闫[redacted]面部，造成右侧面颊二点五厘米长、一点五厘米宽、深达骨质的创口一处，以及从右眼眉毛至嘴唇划创一处，缝九针；他还用刀划伤机械员刘兆贤左臂肘部两处；他毁坏了机组人员使用的电线、耳机、话筒等通讯设备。在十二时四十分，他与被告高克利共同在飞机中部将炸药引爆。

2

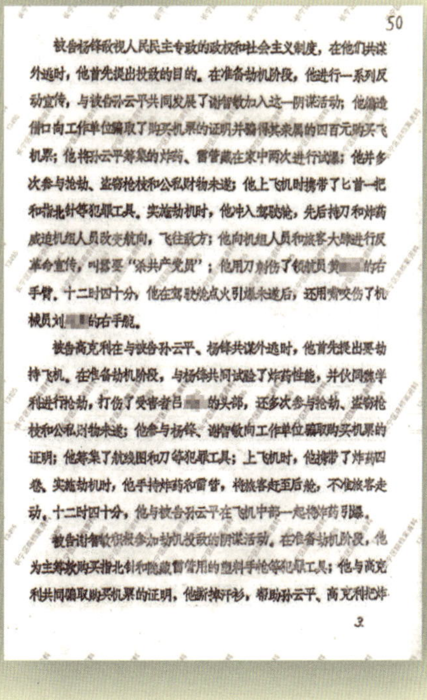

50

被告杨锋敌视人民民主专政的政权和社会主义制度，在他们共谋外逃时，他首先提出投敌的目的。在准备劫机阶段，他进行一系列反动宣传，与被告孙云平共同发展了谢智敏加入这一阴谋活动；他编造借口向工作单位骗取了购买机票的证明并骗得其亲属的四百元购买飞机票；他将孙云平筹集的炸药、雷管藏在家中两次进行试爆；他并多次参与抢劫、盗窃枪枝和公私财物未遂；他上飞机时携带了匕首一把和指北针等犯罪工具。实施劫机时，他冲入驾驶舱，先后持刀和炸药威迫机组人员改变航向，飞往敌方；他向机组人员和旅客大肆进行反革命宣传，叫嚣要"杀共产党员"；他用刀刺伤了领航员黄[redacted]的右手臂。十二时四十分，他在驾驶舱点火引爆未遂后，还用嘴咬伤了机械员刘[redacted]的右手腕。

被告高克利在与被告孙云平、杨锋共谋外逃时，他首先提出要劫持飞机。在准备劫机阶段，与杨锋共同试验了炸药性能，并伙同魏学利进行抢劫，打伤了受害者吕[redacted]的头部，还多次参与抢劫、盗窃枪枝和公私财物未遂；他参与杨锋、谢智敏向工作单位骗取购买机票的证明；他筹集了航线图和刀等犯罪工具；上飞机时，他携带了炸药四卷。实施劫机时，他手持炸药和雷管，将旅客赶至后舱，不准旅客走动。十二时四十分，他与被告孙云平在飞机中部一起将炸药引爆。

被告谢智敏积极参加劫机投敌的阴谋活动。在准备劫机阶段，他为主筹款购买指北针和隐藏雷管用的塑料手枪等犯罪工具；他与高克利共同骗取购买机票的证明，他撕掉衬衫，帮助孙云平、高克利把炸

3

● 孙云平等五人反革命劫持飞机、爆炸罪案公诉词

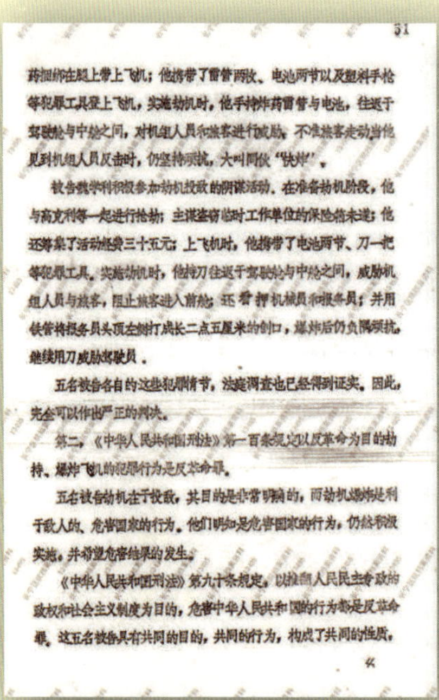
51

药捆绑在腿上带上飞机；他携带了雷管两枚、电池两节以及塑料手枪等犯罪工具登上飞机，实施劫机时，他手持炸药雷管与电池，往返于驾驶舱与中舱之间，对机组人员和旅客进行威胁，不准旅客走动当他见到机组人员反击时，仍坚持顽抗，大叫同伙“快炸”。

被告魏学利积极参加劫机投敌的阴谋活动，在准备劫机阶段，他与高克利等一起进行抢劫；主谋盗窃临时工作单位的保险箱未遂；他还筹集了活动经费三十五元；上飞机时，他携带了电池两节、刀一把等犯罪工具。实施劫机时，他持刀往返于驾驶舱与中舱之间，威胁机组人员与旅客，阻止旅客进入前舱；还看押机械员和报务员；并用铁管将报务员头顶左侧打成长二点五厘米的创口，爆炸后仍负隅顽抗，继续用刀威胁驾驶员。

五名被告各自的这些犯罪情节，法庭调查也已经得到证实。因此，完全可以作出严正的判决。

第二，《中华人民共和国刑法》第一百条规定以反革命为目的劫持、爆炸飞机的犯罪行为是反革命罪。

五名被告劫机在于投敌，其目的是非常明确的，而劫机爆炸是利于敌人的、危害国家的行为。他们明知是危害国家的行为，仍然积极实施，并希望危害结果的发生。

《中华人民共和国刑法》第九十条规定，以推翻人民民主专政的政权和社会主义制度为目的，危害中华人民共和国的行为都是反革命罪。这五名被告具有共同的目的，共同的行为，构成了共同的性质，

4

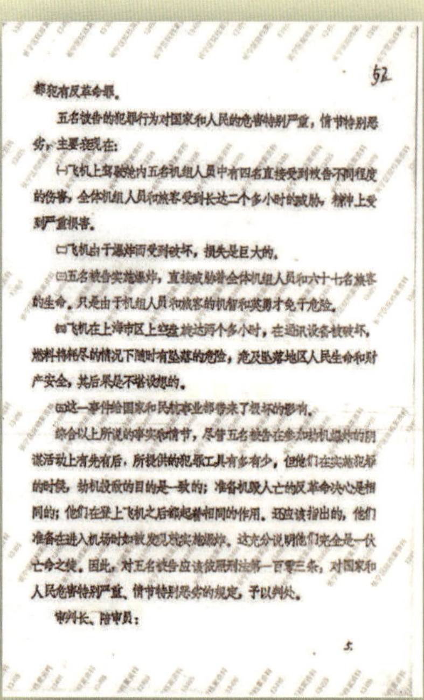
52

都犯有反革命罪。

五名被告的犯罪行为对国家和人民的危害特别严重，情节特别恶劣，主要表现在：

(一)飞机上驾驶舱内五名机组人员中有四名直接受到被告不同程度的伤害，全体机组人员和旅客受到长达二个多小时的威胁，精神上受到严重损害。

(二)飞机由于爆炸而受到破坏，损失是巨大的。

(三)五名被告实施爆炸，直接威胁着全体机组人员和六十七名旅客的生命，只是由于机组人员和旅客的机智和英勇才免于危险。

(四)飞机在上海市区上空盘旋达两个多小时，在通讯设备被破坏，燃料将耗尽的情况下随时有坠落的危险，危及坠落地区人民生命和财产安全，其后果是不堪设想的。

(五)这一事件给国家和民航事业都带来了极坏的影响。

综合以上所说的事实和情节，尽管五名被告在参加劫机爆炸的阴谋活动上有先有后，所提供的犯罪工具有多有少，但他们在实施犯罪的时候，劫机投敌的目的是一致的；准备机毁人亡的反革命决心是相同的；他们在登上飞机之后都起着相同的作用。还应该指出的，他们准备在进入机场时如被发现就实施爆炸。这充分说明他们完全是一伙亡命之徒。因此，对五名被告应该依照刑法第一百零三条，对国家和人民危害特别严重、情节特别恶劣的规定，予以判处。

审判长、陪审员：

5

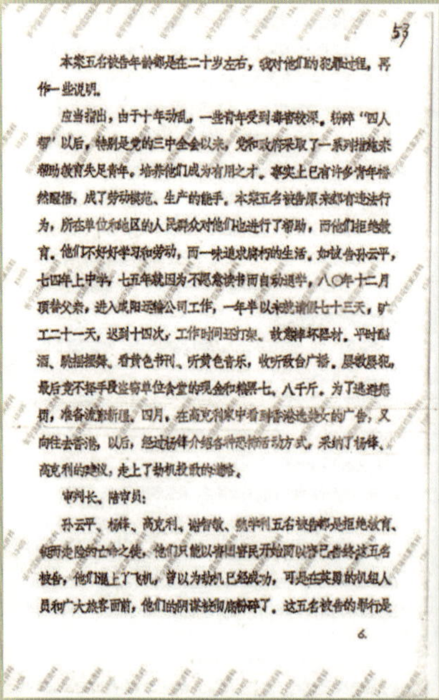
53

本案五名被告年龄都是在二十岁左右，我对他们的犯罪过程，再作一些说明。

应当指出，由于十年动乱，一些青年受到毒害较深。粉碎“四人帮”以后，特别是党的三中全会以来，党和政府采取了一系列措施来帮助教育失足青年，培养他们成为有用之才。事实上已有许多青年幡然醒悟，成了劳动模范、生产的能手。本案五名被告原来都有违法行为，所在单位和地区的人民群众对他们也进行了帮助，而他们拒绝教育。他们不好好学习和劳动，而一味追求腐朽的生活。如被告孙云平，七四年上中学，七五年就因为不愿意读书而自动退学，八〇年十二月顶替父亲，进入咸阳运输公司工作，一年半以来就请假七十三天，旷工二十一天，迟到十四次，工作时间还打架、故意摔坏器材。平时酗酒、跳摇摆舞、看黄色书刊、听黄色音乐，收听敌台广播。屡教屡犯，最后竟不择手段盗窃单位食堂的现金和粮票七、八千斤。为了逃避惩罚，准备流窜新疆。四月，在高克利家中看到香港选美女的广告，又向往去香港，以后，经过杨锋介绍各种恐怖活动方式，采纳了杨锋、高克利的建议，走上了劫机投敌的道路。

审判长、陪审员：

孙云平、杨锋、高克利、谢智敏、魏学利五名被告都是拒绝教育、铤而走险的亡命之徒。他们只能以害国害民开始而以害己告终这五名被告，他们混上了飞机，曾以为劫机已经成功，可是在英勇的机组人员和广大旅客面前，他们的阴谋被彻底粉碎了。这五名被告的罪行是

6

54

严重的。对这种严重的犯罪，我们不能不用严刑峻法来对付它。因此，我建议法庭对五名被告处以极刑。

以上意见，请合议庭评议时予以注意。

7

● 孙云平等五人反革命劫持飞机、爆炸罪案公诉词

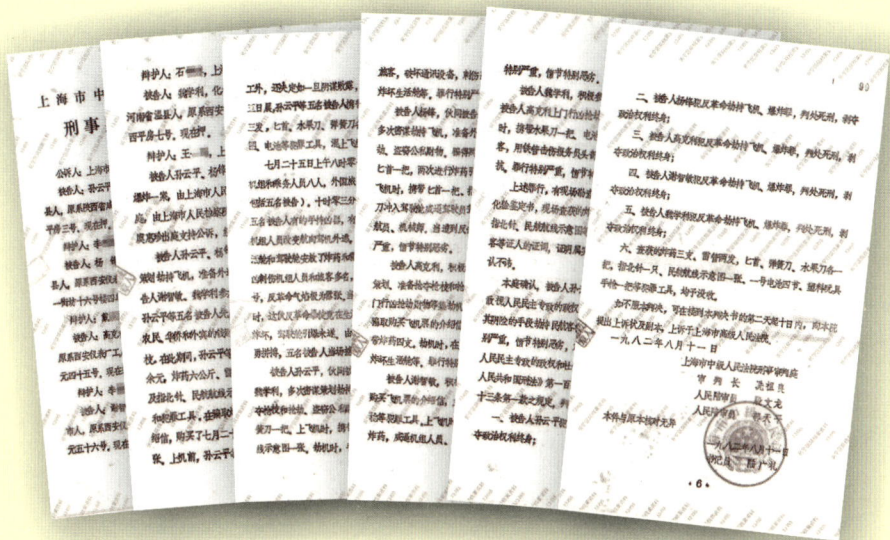

● 孙云平等五人反革命劫持飞机、爆炸罪案判决书

罪行为的详尽表述不仅体现出 5 名被告人行为的社会危害性，也反映出 5 名被告人积极主动参与犯罪、追求犯罪结果发生的主观恶性，指控效果较好。

严重的社会危害性是犯罪的本质特征，为论证被告人的行为造成严重的后果，公诉人从已造成的实害和潜在的危险两个方面入手，实害结果包括造成机组人员受伤、飞机炸毁，紧迫的现实危险包括飞机上机组人员和乘客的生命健康权受到严重威胁以及可能因犯罪行为导致的坠机而威胁坠落地区人民生命和财产安全，最后论证了该案给国家安全和民航事业都带来极坏的影响，使 5 名被告人的罪行昭然于法庭之上。

案例推荐：上海市人民检察院
撰稿：邢裴裴
审稿：桑涛、闵钐

吴振杰受贿被免予起诉案

——体现坦白从宽政策的"免予起诉"

基本案情

吴振杰，男，时年 42 岁，河北省建平县人（今属辽宁），天津理工学院化工组副组长，讲师。

1980 年 6 月至 1981 年 6 月，在担任天津理工学院化工组副组长期间，被告人吴振杰与天津市化工站干部裴某某（另案处理）相互勾结，利用职务上的便利，以解决化工产品生产技术问题为由，分别向北仓曙光化工厂、武清县联合化工厂、西郊区宁家房子大队前进化工厂等 6 家社队企业索取现金贿赂人民币 3150 元，并索贿日本三洋牌收录机一台、日本声宝牌计算机一个、录音带 15 盘。上述款物合计价值 3771 元。此外，还收受大米、花生、鲜鱼等农副产品和水具、酒具等物。

本案由天津市和平区人民检察院侦查终结、审查起诉。经审查认为："被告人吴振杰涉嫌收受贿赂罪，事实清楚，证据确实、充分，吴振杰到案后亦对其上述罪行供认不讳。鉴于其在党的政策的感召下，于 3 月 31 日前坦白交代了自己的全部犯罪事实，积极揭发同案人员的犯罪行为，主动将其所获赃款赃物全部退清，有明显的悔罪表现，为切实贯彻'坦白从宽，抗拒从严'的政策"，1982 年 4 月 10 日，天津市和平区人民检察院检察长签署"（82）津和检法字第 1 号"免予起诉决定书，决定对被告人吴振杰免予起诉；被告人吴振杰所获赃款赃物，依法全部没收。

案件背景与社会影响

    1982 年 3 月 8 日，全国人大常委会审议通过《关于严惩严重破坏经济的罪犯的决定》（以下简称《决定》），全国上下开展了打击经济领域犯罪的活动，一大批贪污腐败分子受到了惩处，广大群众拍手称快。但在当时，改革开放刚刚起步，经济建设需要科技人才。其一，拨乱反正以后，既要抚平十年"文化大革命"的创伤，解决历史遗留问题，大规模平反冤假错案，又要积极探索发展社会主义的新道路。然而，过往的阴霾犹在，一方面，经济改革方针政策从制定公布，到读懂悟透，再到落地实施需要时间，1982 年的彼时，担心、犹豫和彷徨的情绪存在，体制改革阻力重重，经济建设缺乏开拓进取的动力，于国于民，都急需重大科技突破提振改革士气；另一方面，"文化大革命"造成社会发展整体停滞，尤其对科学教育事业造成了巨大冲击。改革之初正值用人之际，而我们不得不面对科技人才"断档"的尴尬局面。改革开放的总设计师邓小平同志也不禁感慨："我国现在科研人员少，队伍小，比不上那些发达的大国。"故此，邓小平同志进一步指出："一定要在党内造成一种空气：尊重知识，尊重人才。要反对不尊重知识分子的错误思想。"其二，当时刑法理论储备不足，对贪污受贿犯罪本质属性认识上也存在一定的偏差。如在当时有很多科技人员，往往受邀利用周末和业余时间到乡镇企业等去提供技术服务，被称为"周末工程师"。他们在服务中也收取一些报酬，这些报酬属于什么性质，并无明确的法律政策界定，既有当时的合理性，又会招致他人的质疑，甚至被作为犯罪对待。对此类问题如何界定罪与非罪，成为当时刑事司法活动中的难点，同时，对于一些虽然构成犯罪，但情节轻微的科技人才，一些单位也希望司法机关给予机会让他们能够"戴罪立功"。因此，对此类人员的处理，就应当在依法处理的同时，把握好法律政策界限，处理好打击犯罪与发展经济的关系，既不能宽大无边，也不能机械执法。

本案事实、证据清楚，被告人认罪，涉案金额亦不大，倘若与当下动辄案值千万的贪腐大案相比，似乎有些平淡无奇，"微"不足道。但如果将时间重置回 27 年前，在全国开展"依法严厉打击经济领域犯罪分子活动"前夕，在《决定》宣布加大受贿犯罪惩处力度之际，以"追诉犯罪为己任"的检察机关，对已经构成受贿罪的被告人作出"免予起诉"决定，既需要决断者对国情民意的准确把握，也需要足够的职业勇气和使命担当。

"一页历史胜过一卷逻辑。"将个案投入历史的长河，才能回溯原貌和汲取营养。每一个案件的处理不仅要做到事实认定清楚，适用法律正确，还要考虑案件处理的社会效果、政治效果。当下如此，1982 年吴振杰案的处理亦是如此。摆在检察官面前的不仅是事实、证据和法律规定，还有以下两个不得不直面的现实：一是经济建设急需科技人才的社会现状；二是立法机关要求严惩受贿犯罪的政策要求，面对硬币的两面，办案检察官似乎只能择其一，而不得不"顾此失彼"。然而，对于司法政策的解读不能仅停留于字面，我们要领悟政策制定背后的深意。本案被告人吴振杰受贿金额不大，犯罪情节轻微，不是《决定》要求严厉打击的对象。相反，吴振杰具有专业特长，属于要接纳、团结、保护的科技人才。同时，免予起诉制度本身也赋予检察机关在被告人构成犯罪，但情节轻微不需要判处刑罚或免予刑罚的情况下，根据个案具体情况终结诉讼进程，对被告人做定罪免罚的权力。本案系在特殊历史时期和社会背景下，对免予起诉制度的大胆尝试。而事实证明，在当时的历史情况下，对科技人才轻微犯罪做免予起诉处理，收到了良好的法律效果、政治效果和社会效果。

国家公诉
——
共和国**70**年典型案例及法律文书评析

（一）免予起诉制度

免予起诉，是指检察机关对虽已构成犯罪，但依法不需要判处刑罚或者可以免除刑罚的被告人作出的免予向法院提起公诉追究刑事责任的决定，是检察机关终止刑事诉讼程序的一种法定方式。根据 1979 年《刑事诉讼法》规定，人民检察院对自己侦查终结或公安机关等侦查终结移送的案件，经审查认为，被告人的行为已构成犯罪，应负刑事责任，但依照刑法规定不需要判处刑罚或者可以免除刑罚的，可以决定或依有关规定报请上级检察院批准免予追究刑事责任。这是人民检察院对已构成犯罪，但依法不需要判处刑罚或可免除刑罚的被告人所作出的不提请人民法院审判而终结诉讼的处理决定。人民检察院对自己侦查终结的案件和公安机关侦查终结移送起诉的案件，均可作出免予起诉的决定。免予起诉必须具备两个条件：被告人的行为已构成犯罪，应当负刑事责任。被告人具有不需要判处刑罚或免除刑罚的情节。不需要判处刑罚指犯罪情节轻微，对社会危害不大，认罪态度较好的。1996 年 3 月通过的全国人民代表大会《关于修改〈中华人民共和国刑事诉讼法〉的决定》将免予起诉的部分内容纳入不起诉决定的内容中，不再保留免予起诉的规定。

（二）本案免予起诉决定书的特点

根据 1979 年《刑事诉讼法》规定，可以免除刑罚包括以下 9 种情况：（1）在中国领域外犯罪，依刑法应负刑事责任，但在外国已经受过刑罚处罚的；（2）聋、哑人或盲人犯罪的；（3）正当防卫超过必要限度的（防卫过当）；（4）紧急避险超过必要限度的（避险过当）；（5）预备犯罪的；（6）中止犯罪的；（7）共同犯罪中起次要或辅助作用的从犯；（8）被胁迫、

吴振杰受贿被免予起诉案

001

天津市和平区人民检察院

免予起诉决定书

(82)津和检法 字第 1 号

被告吴振杰，男，42岁，河北省达平县人，现任天津理工学院化工组付组长、讲师。住天津市和平区沙市迎新中里19楼404号。现取保候审。

上列被告因受贿赂罪，经本院依法侦查终结，证实：

被告吴振杰自1980年6月至1981年6月与本市化工站干部裴××（另案处理）勾结，利用职务上的便利，以给解决化工产品、生产技术为由，分别从北仓曙光化工厂、武清县联合化工厂、西郊区宁家房子大队前进化工厂、武清县大碱厂公社南辛庄大队磷酸厂、河北省阜城县南霞口公社张华满大队塑料厂、山东省庆云县崔口公社一屯大队化工厂等社队企业索取现金贿赂3150元，并索贿日本三洋牌收录机一台，日本声宝牌计算机一个，录音带15盘，款物共值3771元。此外，还收受大米、花生、鲜鱼等农副产品及水具、酒具等物。

上列罪行，经查证属实，证据确凿，被告亦供认不讳。

被告吴振杰身为国家干部，本应奉公守法，全心全意为人民服务，

002

为"四化"做出应有的贡献。但吴却不然，竟利用职务之便，索取贿赂，其行为已触犯了《中华人民共和国刑法》第一百八十五条的规定，已构成收受贿赂罪。本应依法严予惩处，但念其在党的政策的感召下，于3月31日前坦白交待了自己的全部犯罪事实，积极揭发同案人员的犯罪行为，主动将其所获赃款赃物全部退清，有了明显的悔罪表现。为了切实贯彻"坦白从宽，抗拒从严"的政策，本院决定：对被告吴振杰免予起诉。

被告吴振杰所获赃款赃物，依法全部没收。

被告吴振杰如对本决定不服，可在收到免予起诉书后，于七日内向本院提出申诉。

检察长 戴志进

一九八二年四月十日

● 吴振杰受贿被免予起诉案决定书

被诱骗参加犯罪的；（9）犯罪较轻自首的，或虽犯罪较重但在犯罪后自首并有立功表现的。免予起诉的案件，必须制作免予起诉决定书。免予起诉决定书的主要内容包括：（1）被告人的姓名、性别、年龄、出生年月日、民族、籍贯、文化程度、职业、住址等；（2）案由和案件来源；（3）犯罪事实和证据；（4）免予起诉的理由、法律根据及决定事项；（5）检察长签字并署上职务、具文时间、加盖检察院院章；（6）附项。包括被告人在押场所、卷宗册数和赃物处理办法等。其中，被免予起诉人的称谓不同于当前不起诉决定书中的"被不起诉人"，而是"被告人"。免予起诉决定书在陈述事实、列举证据的基础上，在有限的篇幅内还需用精炼有力的语言说明"免予起诉"的理由。本案的免予起诉决定书在说理部分一方面列举了被告人吴振杰所具有的法定、酌定从轻处罚情节；另一方面也点明了本案免予起诉的刑事政策依据——"坦白从宽、抗拒从严"，鉴于吴振杰能够投案自首，确有悔改表现，且情节轻微，因此免予起诉，于法于理，简洁而准确。本案系免予起诉制度的一次成功适用，不仅恪守了法治原则，而且充分展现了检察机关如何为改革开放保驾护航。

案例推荐：天津市人民检察院

撰稿：刘洋

审稿：桑涛、闵钐

宋晓东、宋晓明、宋江南流氓集团案

——1983 年"严打"期间有影响力的案件

基本案情

宋晓东，男，时年 29 岁，汉族，捕前系徐州市煤矿商业公司教育科文化教员。

宋晓明，男，时年 26 岁，汉族，捕前系徐州市蔬菜公司办事员。

宋江南，男，时年 28 岁，汉族，捕前系徐州市防疫站美工。

宋晓东、宋晓明、宋江南兄弟 3 人，自 1980 年至案发时止，经常纠集流氓犯罪分子，以举办"舞会"、设宴请客为名，多方欺骗、勾引女青年进行流氓犯罪活动，并利用"舞会"和"酒会"的机会，竭力宣扬反动腐朽的资产阶级人生哲学；散布低级下流、污秽不堪的言论；传播手抄本黄色书籍；还将走私、购买来的裸体女人扑克转卖、翻拍冲洗后进行扩散；录制"性感音乐"和在进行流氓犯罪时的"性交录音"，用来腐蚀毒害男女青年，公然鼓吹"性解放"和"自由同居万岁"等反动口号，使一些男女青年被拉拢腐蚀，和他们一起进行流氓犯罪活动。宋晓东等人在进行犯罪时，有的持枪、持刀威胁强奸女青年；有的利用"酒会"的红、白酒相掺，将女青年灌醉，乘其醉后昏睡进行强奸、轮奸的犯罪活动；有的跳舞中对女青年进行猥亵再骗入卧室，强行奸污；有的骗女青年吃安眠药（速安眠），乘女青年昏睡进行强奸、轮奸。经查证，被宋晓东、宋晓明、宋江南兄弟3人为首的犯罪集团勾引、诱骗参加"舞会""酒会"的女青年达70余人，其中被轮奸的7名（1人未遂）；被强奸的18名（2人未遂）；被勾引、诱骗奸污的29人；被猥亵的6人。

1983年10月7日，徐州市人民检察院向徐州市中级人民法院提起公诉。1984年2月6日，徐州市中级人民法院依法作出一审判决，宋晓东、宋晓明等10名被告人被判处死刑，其他被告人被判处三年有期徒刑至死刑缓期二年执行不等的刑罚。宋晓东、宋晓明等向江苏省高级人民法院上诉。1984年2月25日，江苏省高级人民法院作出驳回上诉、维持原判的裁定，并依法核准死刑。

案件背景与社会影响

"文化大革命"结束后，一段时间内犯罪活动依然猖獗，有关部门还没有进行一次全面地清理，相当多的犯罪分子没有受到应有的法律制裁。党的十一届三中全会之后，各条战线拨乱反正，正本清源。在大好形势下，社会治安不好成为公安司法工作面临的突出问题。

在这种大背景下，邓小平同志及时作出开展严厉打击严重刑事犯罪活动的决策，按照依法"从重从快，一网打尽"的精神，对刑事犯罪分子予以坚决打击。1983年8月25日，中共中央发出《关于严厉打击刑事犯罪的决定》，提出从1983年起，在3年内组织3个战役。9月2日，全国人大常委会通过了《关于严惩严重危害社会治安的犯罪分子的决定》和《关于迅速审判严重危害社会治安的犯罪分子的程序的决定》。

邓小平同志强调：不能让"犯罪的人无所畏惧"，"我们说加强人民民主专政，这就是人民民主专政"，"严才能治住"。公安司法机关在党的领导下，从 1983 年 8 月至 1987 年初，持续进行了 3 个战役的"严打"，这次"严打"战役，意义极为深远，就其指导思想、气势、规模和效果等方面来说，是继 1950—1952 年镇压反革命运动之后，坚持人民民主专政的又一个具有历史意义的里程碑。

宋晓东、宋晓明、宋江南流氓犯罪集团案是 1983 年"严打"斗争中江苏省最有影响力的案件，此案破获后经召开万人公判大会，产生极大反响，推动了"严打"斗争向纵深发展。

公诉指控

（一）检察机关在"严打"斗争中的职能作用

1983 年 8 月 25 日，中共中央发出《关于严厉打击刑事犯罪的决定》，提出从 1983 年起，在 3 年内组织 3 个战役。从 1983 年 8 月上旬开始到 1984 年 7 月，各地公安机关迅速开展严厉打击刑事犯罪活动的第一战役。作为政法机关的重要力量，检察机关在"严打"期间发挥了重要作用，不仅联合公安、法院办案，也监督案件是否依法办理，法律是否正确适用。本案被告人以"跳舞""酒会"为名，多方勾引女青年，进行轮奸、强奸和乱搞两性关系等流氓活动，严重破坏了社会治安秩序，大伤社会风化，在社会上造成极坏影响。检察机关及时批捕被告人，审查核实案卷证据，出庭支持公诉，让被告人受到法律制裁，还社会一片风清气正。

（二）公诉中的证据核实

尽管本案是江苏 1983 年"严打"重点案件，需要从重从快

● 宋晓东、宋晓明、宋江南流氓集团案起诉书（部分）

办理，检察机关仍然坚持犯罪事实清楚，证据确实、充分的法定证明标准，克服困难，不放松对指控证据的审查核实。宋晓东、宋晓明、宋江南流氓集团案罪行累累，受害人数较多，给案件的证据审查带来一定难度。本案随案移送审查的证据多为照片、日记、笔记、录音带、录音机等物证书证，尽管证据的客观性较强，内容相对真实、不易改变，但是物证书证多为间接证据，据此无法直接构建案件的全部事实。此时，被害人陈述等能够直接证明案件主要事实的直接证据，对于再现全案事实尤为重要。而宋晓东等人，多是利用被害人醉酒昏睡，或者诱骗被害人吃安眠药昏睡的状态实施犯罪行为，并且事后采取了消灭罪证的措施，导致被害人较难说明犯罪的过程；另有一些被害人是在被引诱、欺骗下被犯罪人得逞，会因为碍于社会影响等难以出庭作证。为此，检察机关一方面积极与被害人沟通，争取其对案发过程进行较为客观准确地陈述；另一方面，积极审查在案证据，发掘证据对案件事实的证明价值，以及证据之间的逻辑联系，积极通过证据链条构建指控宋晓东、宋晓明、宋江南流氓犯罪集团案的证明体系。

检察机关在"严打"期间秉持"以事实为依据、以法律为准绳"的理念，用合法真实的证据构筑案件事实，用罪名构成要件来对照案件事实，提出合乎情理法的公诉意见。本案中，公诉人认真核实在案证据，充分利用主客观证据各自优势，构筑主客观有机统一的指控犯罪体系，说服法官对被告人定罪判刑。检察机关提供的强有力的指控证据，也粉碎了被告人利用上诉推翻一审认定事实、逃脱法律制裁的不良企图，为二审又快又准作出裁决提供证据基础。

案例推荐：江苏省人民检察院
撰稿：赵培显
审稿：桑涛、闵钐

—

共和国 **70** 年典型案例及法律文书评析

被告人高建榕，从一九七六年至一九八三年，与田×、华××、曲×、陈×、张×、吴雁平、姜鹤强、陈梦杰、徐卫东、樵华、母延民、张少宁、麦莉等人进行流氓淫秽活动。

被告人邢小红，一九八二年一月间被邢莉勾引到孙老社家被奸污后，为了报复邢莉，后将推荐到宋江南住处，让宋江南刘污，并与宋江南接流讲致黑活动，让宋江南拍照半裸体照片。

被告人樵莉，一九八二年秋和一九八三年初，勾引女青年于×与孙老社（另案处理）共同进行流氓淫秽活动；一九八三年一月，劝诱邢小红到孙老社家，唆使孙老社奸污邢小红。

被告人樵画娟，从一九八O年至一九八三年，先后与黄江南、宋晓东、宋晓明、吴雁平、刘莉、姜鹤强进行流氓淫秽活动。尤其严重的是：为满足宋晓东、宋晓明等人的犯罪要求，曾诱骗女青年方×、刘××、王××等看给宋晓东、宋晓明、吴雁平等人玩弄。

本院认为：上述犯罪事实清楚，证据确凿。上诉人、原告人亦供认不讳，其犯罪情节严重，手段十分恶劣，严重危害社会治安，破坏了社会秩序，民愤很大。一审法院根据各被告人的罪行，所作的判决，是正确的。上诉人宋晓东、宋晓明、姜鹤强、张少宁、母延民、黄江南、海莉、吴雁平、孙冠华、胡烟华以上诉要求从宽的理由，不能成立，不予采纳。根据《中华人民共和国刑法》第一

—10—

第百三十九条第一、三、四款，第一百六十条，第一百五十五条第一款，第六十四条，第二十三条，第四十三条，第五十三条第一款，第五十一条，第六十条，第四十三条第二款和全国人民代表大会常务委员会"关于严惩严重危害社会治安犯罪分子的决定"第一条第一项第二款的规定，判判如下：

驳回上诉，维持原判决。以强奸、流氓罪判处宋晓东、宋晓明、姜鹤强、张少宁、母建民、海莉、吴雁平、孙冠华死刑，剥夺政治权利终身；以流氓罪判处黄江南、胡烟华死刑，剥夺政治权利终身；以强奸、流氓罪判处樵华、陈梦杰死刑，缓期二年执行，剥夺政治权利终身；以流氓罪判处宋江南死刑，缓期二年执行，剥夺政治权利终身；以强奸、流氓罪判处胡振有期枪无期徒刑，剥夺政治权利终身；对强奸、流氓犯黄江安以流氓罪判处有期徒刑十年，以强奸罪判处有期徒刑十五年，决定执行有期徒刑二十年，剥夺政治权利五年；对强奸、流氓犯徐卫东以强奸罪判处有期徒刑十二年，以流氓罪判处有期徒刑八年，决定执行有期徒刑十八年，剥夺政治权利五年；以强奸罪判处孙老社有期徒刑十五年，剥夺政治权利四年；以流氓罪判处张少宁有期徒刑十二年，剥夺政治权利四年；对贪污、流氓犯于伟，以贪污罪判处有期徒刑三年，以流氓罪判处有期徒刑十年，决定执行有期徒刑十二年，剥夺政治权利四年；以流氓罪判处樵莉、于金大有期徒刑十年，各剥夺政治权利三年；以强奸罪判

—11—

● 宋晓东、宋晓明、宋江南流氓集团案二审判决书（部分）

冯万城抢劫、强奸案

——"严打"时期农垦检察机关办理的典型案件

基本案情

冯万城，男，时年 23 岁，辽宁省法库县人。住红兴隆农垦区友谊农场八分场八队，工人。

1983 年 11 月 8 日下午 3 时许，冯万城在黑龙江省双鸭山矿务局双阳煤矿火车站，与去七星泡公社永泉大队的女社员刘某某相遇。刘某某向冯万城问路，冯万城发现刘某某手上带有手表。回到八队后，又见刘某某一人走过，即产生歹念，主动提出用自行车送刘某某。当行至八分场八队至永泉大队田间路一岗包处时，刘某某向冯万城表示谢意后便独自向永泉方向走去，走了约有 50 米时，冯万城又追了上去，拽住刘某某的提包。刘某某扔下提包朝路东的地里跑去。冯万城从后追赶，刘某某边跑边呼救，后被绊倒。在撕打中冯万城将刘某某的左手咬伤，同时将刘某某的上海牌手表强行撸下。刘某某挣脱后朝东跑去，并呼喊。冯万城捡起一冻土块打中刘某某的头部，刘某某当即被打倒。这时刘某某又继续呼喊，冯万城又用冻土块朝刘某某的面部连击数下，致刘某某满脸流血昏迷后无力反抗。冯万城将刘某某奸淫。

本案经红兴隆农垦区公安局侦查终结，1983 年 11 月 13 日，红兴隆农垦区人民检察院向法院提起公诉，同年 11 月 16 日，红兴隆农垦区法院以抢劫罪、强奸妇女罪判处冯万城死刑，剥夺政治权利终身。

案件背景与社会影响 ··

　　黑龙江农垦区从创建至 1968 年，农场设有公安分局和法庭。1968 年至 1976 年生产建设兵团设立了保卫处、科、股和军事法庭，含有检察职能。1976 年兵团体制撤销后政法职能划归地方管理。1982 年 9 月 28 日，黑龙江省第五届人民代表大会常务委员会第十七次会议通过了《关于在我省林区、农垦区建立人民法院和人民检察院的决定》。1982 年 10 月，黑龙江省人民检察院农垦区分院及各农垦区人民检察院开始组建。农垦区分院下辖宝泉岭、红兴隆、建三江、牡丹江、九三、北安、齐齐哈尔、绥化等 8 个基层院，行使地方县区院职权。

　　本案是 1983 年"严打"期间发生在黑龙江农垦区的刑事案件。冯万城在全国严厉打击刑事犯罪斗争期间拦路抢劫、强奸妇女，手段残忍，情节特别严重，社会危害性大，在农垦区引起了人民群众的广泛关注。

公诉指控 ··

（一）农垦区死刑案件的管辖与核准

　　死刑是剥夺犯罪分子生命的最严厉的刑罚，党和政府对待死刑历来采取不废除死刑，但坚持少杀、慎杀、防止错杀的政策。1979 年《刑事诉讼法》和《刑法》分别规定："死刑由最高人民法院核准""死刑除依法由最高人民法院判决的以外，都应当报请最高人民法院核准"。此后，全国人大常委会根据不同时期社会治安形势，对死刑核准权曾在 1980 年、1981 年、1983 年作过三次补充修改。第六届全国人大常委会第二次会议通过的《关于修改〈中华人民共和国人民法院组织法〉的决定》中，将死刑复核程序修改为："死刑案件除由最高人民法院判决的以外，应当报请最高人民法院核准。杀人、强奸、抢劫、爆炸以及其他严重危害公共安全和社会治安判处死刑的案件的核准权，最高人民法院在必要的时候，得授权省、自治区、直辖市的高级人民法院行使。"据此，最高人民法院于1983年9月7日发出了《关于授权高级人民法院核准部分死刑案件的通知》：为了及时严惩严重危害公共安全和社会治安的罪大恶极的刑事犯罪分子，除由本院判决的死刑案件外，各地对反革命案件和贪污等严重经济犯罪案件（包括受贿案件、走私案件、投机倒把案件、贩毒案件、盗运珍贵文物出口案件）判处死刑的，仍应由高级人民法院复核同意后，报本院核准；对杀人、强奸、抢劫、爆炸以及其他严重危害公共安全和社会治安判处死刑的案件的核准权，本院依法授权由各省（自治区、直辖市）高级人民法院和解放军军事法院行使。当时为配合在全国范围内开展的"严打"斗争，根据1983年9月最高人民法院修正的《人民法院组织法》第十三条的规定，将部分死刑案件的核准权授权给各高级人民法院行使，由于处于"严打"特殊时期，中央、全国人大常委会根据当时斗争需要，部署开展"严打"并授权全国偏远地区的基层法院办理辖区内"三大刑"（无期徒刑、死缓、死刑）和其他案件。黑龙江省8个农垦基层法院，均被列为"偏远地区的基层法院"，与之对应的农垦检察院则对上述案件行使公诉权。

（二）事实与证据

冯万城先以贪财为目的，将被害人骗至犯罪地点后，以暴力胁迫手段强行抢得被害人手表，并不顾被害人强烈反抗，捡起地上的冻土块多次朝被害人头部、面部连续击打数下，后趁被害人失血过多、昏迷、无力反抗将被害人奸淫，逃离现场后被抓获归案。冯万城主观上具有劫取他人财物的故意，在实施抢劫行为终了后产生强奸念头，并对被害人实施奸淫行为，完全符合抢劫、强奸罪犯罪构成的主客观要件，犯罪情节特别严重，手段残忍，后果十分严重，

且犯有数罪，应予严厉惩罚。此案冯万城犯有数罪，但判决并未实行分别定罪量刑，而是宣告了最高刑罚——死刑。这是因为"严打"初期各地法院对1979年《刑法》规定的数罪并罚条款理解适用不一，大都对判处有期徒刑案件才分别量刑，宣告应当执行的刑罚。对于无期徒刑、死刑（死缓）的判决，采取"估堆"的方法直接宣告判处的最高刑罚。直至1987年6月26日最高人民法院《关于对数罪中有判处无期徒刑以上刑罚的案件如何实行数罪并罚的通知》下达后，各地法院才开始实行分别量刑，宣告应当执行的刑罚。

（三）特殊时期的从重从快

民意，是国家制定刑事政策时必须考虑的一个重要因素，任何一项刑事政策的出台都必然有其民众基础。邓小平同志在1983年"严打"前与公安部部长刘复之的一次谈话中说："刑事案件、恶性案件大幅度增加，这种情况很不得人心。""严打"政策一出台就赢得了广大人民群众的热烈拥护，人们对严厉打击刑事犯罪无不觉得大快人心。该案被告人被判处极刑，符合当时刑事政策的规定和形势的需要。因被告人犯罪手段残忍、情节严重，又是在"严打"期间犯罪，同时犯有数罪，应予严惩。或许在今天看来，被告人的犯罪行为毕竟没有造成被害人死亡的后果，"严打"后期或许就属于"可杀可不杀"的范畴，被告人就不会被执行死刑，这可能有些"无奈"与"遗憾"。本案被告人是主动坦白交代罪行的，被抓捕归案后如不主动供述事实，也是难以定案的。在当时提出的"两个基本"原则下，只要犯罪情节特别严重的，"凡不杀不足以平民愤"的犯罪分子坚决杀掉，坚决"严惩不贷"。对于被告人具有的主动坦白情节，在特殊时期确实没有在政策上予以考虑。

（四）特殊程序下的从快

根据1983年9月2日全国人大常委会《关于迅速审判严重危害社会治安的犯罪分子的程序的决定》的规定："对杀人、强奸、抢劫、爆炸和其他严重危害公共安全应当判处死刑的犯罪分子"，审判时可以不受 7 日前送达起诉书、宣判后 10 日上诉期限限制。并将应当判处死刑被告人的上诉期限改为 3 日，其他刑事案件上诉期限仍为 10 日。该案是红兴隆农垦区人民检察院组建后不久办理的第一个死刑案件。1983 年 8 月"严打"斗争第一战役时期，从被告人作案到法院庭审结束仅为 8 天，一审下达被告人死刑的判决结案也仅有 18 天，包括了侦查、起诉、法院判决的全部期限。如此之快，是在"从重从快"严厉打击刑事犯罪的特殊时期才能实现的。当时强调的是公、检、法三机关密切配合，重特大案件要求提前介入协同作战。该案案发当天，检察机关就接到"严打"指挥部的提前介入命令。三机关派出的工作人员到达发案连队时，案子还没破，嫌疑人并没有捕获，于是集中优势兵力，加强对案件的侦查，共同协作收集证据研究案情，做到分工不分家。检察机关采用提前介入的方式，了解案情，审查证据，并及时提出搜集、完善、固定证据的意见，为快捕快诉打下了良好基础，使这个案件一经侦查终结，就能尽快审查并提起公诉，起诉后，也能得到较快的审理结果。卷宗是在 11 月 15 日晚间 20 时移送到法院，21 时向被告人送达了起诉书（特殊程序规定死刑案件起诉书须在开庭前的一天送达被告人），第二天上午 7 时法院准时开庭审理了此案。审理报告、判决书均在当天完成，没有当日宣判，是因需要向审委会、"严打"领导小组汇报。这也反映了在那样一个特殊历史时期使用特别手段办理刑事案件的特别做法。

案例推荐：黑龙江省人民检察院

撰稿：施卉

审稿：桑涛

叶长清等人盗伐林木案

——20 世纪 80 年代林区检察机关侦查起诉的典型案件

基本案情

叶长清，男，时年 46 岁，吉林省永吉县人，黄松甸公社沙河掌大队四队社员。

叶来柱，男，时年 20 岁，吉林省永吉县人，黄松甸公社沙河掌大队四队社员。

1983 年 5 月，叶长清带领次子叶来柱等人到沙河掌屯西面的滚水地种地。由叶长清拿着一把大肚锯、一把斧子，到地后父子同时种地，种到下午地剩不多时，叶长清与叶来柱用大肚锯将地边上椴树等伐倒 14 棵（其中幼树 2 棵），木材扔放在地边上。

1983 年 10 月 19 日，吉林省白石山林区人民检察院受理了白石山林业公安局移送的叶长清、叶来柱盗伐森林一案，于次日起立案侦查。同年 11 月 30 日，白石山林区人民检察院对叶来柱作出免予起诉决定，并以叶长清犯盗伐林木罪向吉林省白石山林区人民法院提起公诉。同年 12 月 27 日，法院以盗伐森林罪判处叶长清拘役六个月，缓刑一年，罚金 400 元。

案件背景与社会影响 ··

　　20 世纪 80 年代初期，乱砍滥伐森林现象一度极为猖獗，许多地方乱砍滥伐树木、贩运倒卖木材成风，对森林资源破坏非常严重。1980 年 12 月 5 日，国务院发布《关于坚决制止乱砍滥伐森林的紧急通知》，要求"各级人民政府对侵占和抢砍盗伐林木、搞木竹投机倒把和殴打护林人员等案件，要进行检查、处理。严惩破坏森林的首要分子和打死打伤护林人员的罪犯。对纵容、支持破坏森林的领导人员，要追究责任，严肃处理"。1982 年 10 月 20 日，针对乱砍滥伐森林的歪风，中共中央、国务院发出《关于制止乱砍滥伐森林的紧急指示》，指出："国家制定的有关森林的法律、法令，体现着全国各族人民的根本利益，受到广大群众的拥护，甘愿犯法毁林的只是极少数，姑息放纵这些极少数犯法者，是对人民的犯罪。只有对少数犯法者坚决给予打击，才能有效地刹住这股歪风，鼓励更多的人保护森林，发展林业，否则，百年树木，毁于一旦，将造成无法弥补的损失。"指示发出后，《人民日报》及全国各地报纸都立即登载，电台多次广播，在全国人民中引起了很大震动，极大地鼓舞了广大人民群众爱林护林的积极性，形成了打击乱砍滥伐的强大声势。尤其是在乱砍滥伐歪风严重的林区，林区检察机关积极响应中央指示精神，依法办理盗伐森林案件。

　　为了保证在林区正确及时地实施法律、法令，有效地打击反革命和其他刑事犯罪分子的破坏活动，保护林业基地的建设，保护人民的安全和合法权益，1982 年后，黑龙江、吉林等多地设立了林区检察院。林区检察院是国家设在林区的专门检察院，肩负着保护森林资源，打击林区相关犯罪，维护林区稳定的重要职责。1982 年，吉林省人民检察院根据林业部、公安部、最高人民法院、最高人民检察院发出的《关于在重点林区建立与健全林业公安、检察、法院

叶长清等人盗伐林木案

组织机构的通知》规定，吉林省检察院增设林业检察处，并在重点林区派出 3 个林区分院，在省属林业局所在地建立了 17 个林区人民检察院。吉林省各林区检察机关都把打击盗伐滥伐涉林犯罪活动作为检察工作的重要任务之一。重点查处了以下三类重点案件：一是打击盗伐滥伐犯罪团伙；二是查处重大盗伐滥伐案件；三是查处毁林开荒案件。本案被告人叶长清在中央指示发布后，无视森林法规，顶风作案，性质恶劣，属于当时重点查处的第三类案件，该案的办理对于打击当地乱砍滥伐森林的歪风有着重要影响。

侦查与公诉指控

（一）林区检察机关具有侦查权

1979 年 7 月《刑事诉讼法》颁布，同年 12 月 15 日，最高人民法院、最高人民检察院、公安部《关于执行刑事诉讼法规定的案件管辖范围的通知》规定，检察机关直接受理盗伐滥伐森林案件。本案发生于 1983 年，正是检察机关具有该案侦查权的历史阶段。1985 年 5 月 13 日，公安部、最高人民检察院、最高人民法院《关于盗伐滥伐森林案件改由公安机关管辖的通知》规定："……五年来的实践表明，检察机关直接受理、立案侦查这类案件有许多实际困难不好解决。而建国以后公安机关长期管辖这类案件，积累了办案经验，而且具有办案条件。为了及时、有力地打击盗伐滥伐森林的违法犯罪活动，保护和促进林业的发展，经我们共同研究确定，将盗伐滥伐森林案件划归公安机关管辖，从今年（1985 年）七月一日起，盗伐滥伐森林案件由公安机关立案、侦查。六月底以前受理的此类案件仍由检察机关立案、侦查……"

吉林省白石山林区人民检察院

起 诉 书

（83）白检林起字第 3 号

被告人叶长清，男，四十六岁，汉族，无文化，吉林省永吉县人，住沙河棠屯，系黄松甸公社沙河棠大队四队社员。

我院于一九八三年十月十九日，受理了白石山林业公安局移送的叶长清、叶来柱（另案处理）盗伐森林一案，于八三年十月二十日，立案侦查，现查明：

被告人叶长清，于八三年五月二十五日，带领长子叶来成、次子叶来柱、三子叶来友，到沙河棠屯西面的漫水地（48林班）17小班）种地，由采走时被告叶长清，曾说带把锯、斧子把地边上道边的树放了，由被告叶长清拿一把大肚锯、一把斧子。到地后父子四人同时种地，种到下午地剩不多时，被告叶长清与次子叶来柱，用大肚锯将地上的椴子树、色树、栱柳等伐倒十四棵（其中幼树二棵），有材积6.3818m³，木材扔放在地边上。

被告人叶长清盗伐国有林木，犯罪事实清楚，证据确实充分，

~1~

被告供认，是责认定属实。依照《刑法》第一百二十八条、《森林法》第三十九条六款四规定，已构成盗伐森林单，为贯彻森林法，保护国家森林资源，依照《刑事诉讼法》第一百条四规定，特提起公诉，请予判处。

鉴于被告人叶长清能够担白认罪，应酌情从轻判处。

此致

白石山林区基层法院

代理检察员 宋春生

本件与原本核对无异

一九八三年十一月三十日

又 1被告人叶长清在原住处候审，

2被告叶长清卷宗一册。

~2~

● 叶长清等人盗伐林木案对叶长清的起诉书

237

吉林省白石山林区人民检察院

免予起诉决定书

（83）白检 徕免字 3号

被告人叶来柱，男，二十岁，汉族，七年文化，百货售货员等人，住沙河掌屯，系黄松甸公社沙河掌大队四队社员。

现况于一九八三年十月十九日，受理了白石山林业公安局移送的叶来柱、叶长清（另案处理）盗伐森林一案，于八三年十月二十日立案侦查，现查明。

被告人叶来柱，于八三年五月二十五日，与父亲叶长清，兄叶来友、三弟叶来友到沙河掌屯西流水地（43林班17小班）栽地。由于是时叶来柱的父亲叶长清由家带一把大肚锯、一把大齐子，到地后父子四人同时栽地，栽到下午地剩不多时，叶来柱的父亲叶长清说，"咱们把地边上的树放了"。这时叶来柱嫌与父亲用大肚锯、齐子将地边上的榆子树、色树、椴树等伐倒十四棵，有树池石。3.513㎡。不材扔放在地边上。

被告人叶来柱盗伐国有林木，犯罪事实清楚，证据确实充分，被告供认，足资认足属实。

~1~

本院确认，被告人叶来柱的行为触犯了《刑法》第一百二十八条，《森林法》第三十九条六款的规定，已构成盗伐森林罪。应当追究刑事责任。鉴于被告人叶来柱系受其父叶长清的促使在案发后，迅交待所犯罪行，根据《刑法》第二十四条，《刑事诉讼法》第一百零一条的规定，本院决定对被告人叶来柱免予起诉。如果不服本院决定，可以在七日内向本院提出申诉。

检察长：胡发

一九八三年十一月三十日

● 叶长清等人盗伐林木案对叶来柱的免予起诉决定书

（二）深挖犯罪思想根源和社会根源

1980 年 7 月 21 日，最高人民检察院印发《人民检察院刑事检察工作试行细则》。第三十二条第一款对公诉词的内容作出规定："出庭的检察长或检察员要事前拟好公诉词提纲。公诉词是起诉书的补充文件，其内容一般包括：（一）对法庭调查的简要概括；（二）进行证据分析，认定被告人的罪行；（三）进行案情分析，概括案件的全貌，揭露被告人犯罪的社会危害性；（四）分析被告人犯罪的思想根源和社会根源；（五）进行法律上的论证，指明被告人触犯的刑法条款，阐明被告人应负的法律责任。"据此，在当时的公诉词中分析被告人犯罪的思想和社会根源，是一个独立的部分，属于"规定动作"。本案公诉词从主观和客观两个方面分析了叶长清走上犯罪道路的思想根源和社会根源。主观上，"叶长清走上盗伐森林犯罪道路绝不是偶然的，从主观上说是在资产阶级的极端个人主义和利己主义的思想支配下干出来的。一切向钱看，金钱物质第一，是私心恶性膨胀的结果"。客观上，"近些年来，'林彪、四人帮'的无政府主义流毒还没有彻底肃清，法制观念淡薄，社会上有些人一度流行一种轻视政治思想教育和共产主义道德情操的观点，以致于置党纪国法于不顾，走上犯罪道路"。最后，公诉词强调："他的犯罪事实又一次生动地说明，在人民群众中加强思想政治教育，彻底肃清'林彪、四人帮'的无政府主义流毒，加强守法教育，提高法制观念，才不致发展到违法犯罪而后悔莫及。"这段公诉词中的用语具有鲜明的时代烙印。

239

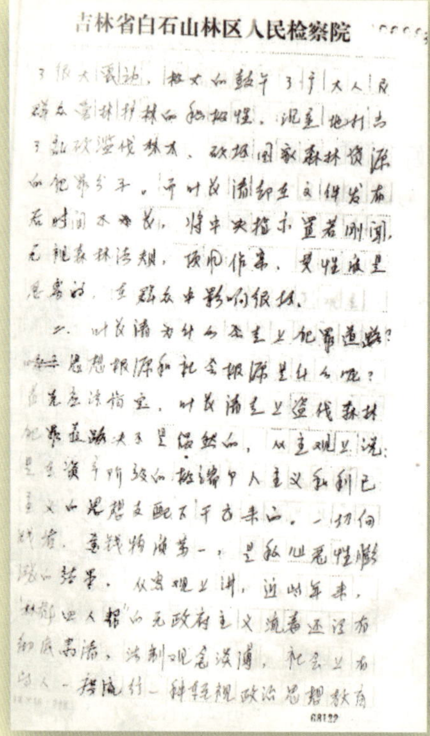

吉林省白石山林区人民检察院

吉林省白石山林区人民检察院

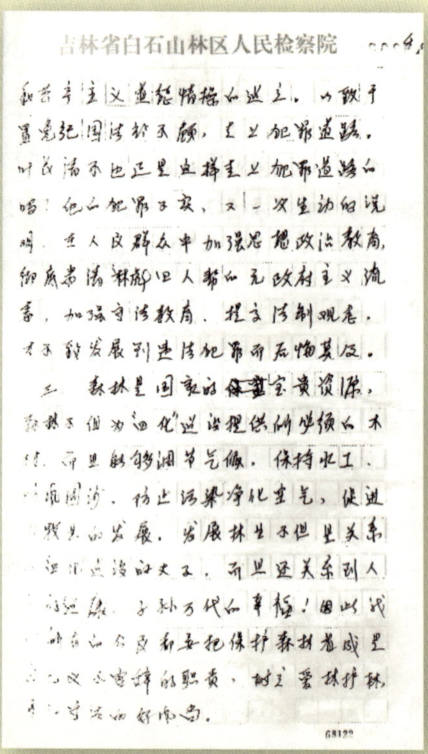

● 叶长清等人盗伐林木案公诉词（部分）

（三）坦白从宽及免予起诉的体现

本案起诉书中明确提出"鉴于被告人能够坦白认罪，建议酌情从轻判处"。目前随着认罪认罚从宽制度推行，在认罪认罚案件起诉书中写明认罪态度也成为通常做法。本案另一被告人叶来柱则被免予起诉，体现了"惩办与宽大相结合"的刑事政策。

案例推荐：吉林省人民检察院

撰稿：项萌

审稿：桑涛

马永亮故意杀人、强奸、抢劫案

——"严打"期间铁路沿线顶风作案的杀人狂魔

基本案情 ·····················

马永亮，男，时年 24 岁，内蒙古自治区达拉特旗新民堡公社裕太奎大队温家圪旦村人。

1977 年 4 月至 1983 年 9 月期间，马永亮在内蒙古自治区、陕西省、甘肃省、河北省、江苏省、上海市等多地作案 37 起。其中强奸、抢劫、杀人 4 起；强奸、杀人 6 起；抢劫杀人 1 起；强奸、抢劫 10 起；抢劫 6 起；强奸 7 起；奸淫幼女 1 起；诈骗 2 起。共杀死 7 人，抢劫致死 6 人，强奸 22 人，强奸未遂 4 人。抢劫手表 17 块，抢劫照相机 1 架，人民币 500 余元，抢劫自行车 2 辆，诈骗自行车 2 辆。马永亮沿全国铁路流窜作案，犯罪时间之长、地域之广、次数之多、危害之大、后果之严重，在新中国成立以来实属罕见。

1984 年 5 月 15 日，全国铁路运输检察院呼和浩特分院向呼和浩特铁路运输中级法院提起公诉。1984 年 8 月 21 日，法院不公开开庭审理了本案。8 月 23 日，法院作出一审判决，以被告人马永亮犯故意杀人罪、强奸罪、抢劫罪、诈骗罪，数罪并罚，判处死刑，剥夺政治权利终身。马永亮不服判决，提出上诉。同年 9 月 22 日，铁路运输高级法院以"原审对马永亮所犯罪行的认定，主要事实，尚未全部查清"撤销原判，发回重审。1985年1月26日，全国铁路运输检察院呼和浩特分院补充起诉马永亮3起犯罪事实。1985年2月2日呼和浩特铁路运输中级法院再次作出一审判决，判决被告人马永亮犯故意杀人罪，判处死刑，剥夺政治权利终身；犯强奸罪，判处死刑，剥夺政治权利终身；犯抢劫罪，判处死刑，剥夺政治权利终身；犯奸淫幼女罪，判处有期徒刑十年；犯诈骗罪，判处有期徒刑二年。决定合并执行死刑，剥夺政治权利终身。1985年2月9日铁路运输高级法院作出二审裁定，驳回马永亮上诉，维持原判并核准对马永亮的死刑判决。

案件背景与社会影响

马永亮故意杀人、强奸、抢劫犯罪的手段卑鄙、凶暴残忍，情节恶劣。在流窜作案中，马永亮经常身带宰羊刀、折叠刀、匕首、绳索等凶器，出没于铁路沿线、长途汽车站、农贸市场等公共场所，伺机寻找女青年，常以请被害人帮助取其贩卖的衣物为名，将被害人骗至荒野、山洞、树林、庄稼地里，实施强奸。更为恶劣的是，被告人马永亮在强奸之后，多次以捆绑、堵嘴、塞沙、割乳房，往被害人嘴里、鼻孔里插木棍等惨绝人寰的手段杀人灭口。被害人的受害惨状令人目不忍睹。马永亮在流窜作案中，能骗则骗，不能骗则硬性拦截，如有反抗就拔刀刺杀。不仅在偏僻的城乡作案，而且敢于在大城市的闹市区拦路抢劫、行凶杀人。在扒乘货车时也是如此，经常寻找携带财物的"同路人"，以交朋友、拉老乡套近乎，取信对方，图财害命，乘其不备时用石头、砖头将被害人活活砸死。马永亮给铁路沿线城乡居民的生命财产安全造成了巨大的危害，至今媒体还将马永亮称为"内蒙古第一连环杀手"。对马永亮依法惩处，有力震慑了犯罪，切实维护了社会治安和人民群众的生命财产安全。

公诉指控 ···

（一）严格证据标准

此案经由包头铁路运输检察院审查逮捕，呼和浩特分院审查起诉。在审查起诉阶段，检察人员认真审查公安机关移送的事实证据，对马永亮口供供称的 85 起犯罪事实以及公安机关侦查认定的数十起犯罪事实，逐一审查，对照证明标准，最终认定 36 起犯罪事实，提起公诉。马永亮在一审法院判处死刑后，以自己的犯罪事实没有全部查清为由提出上诉，铁路运输高级法院将案件发回重审。呼和浩特分院经审查补充起诉 3 起犯罪事实，其中强奸杀人案 1 起，抢劫杀人 2 起，共认定马永亮作案 39 起。法院最终除 2 起普通诈骗事实以外，全部采纳检察机关指控，认定被告人马永亮作案 37 起，判处马永亮死刑。

（二）程序规范，工作高效

案件处理当时，正值为期 3 年的"严打"斗争，检察机关在办案中充分体现了"从重从快"的严打方针，从案件于 1983 年 12 月 20 日进入审查起诉阶段起算，至 1985 年 2 月 9 日铁路运输高级法院二审裁定并核准死刑止，其间案件经历退回补充侦查、二审发回重审、检察机关补充起诉等程序，诉讼程序总用时仅 13 个月零 20 天。对于这样一个案情重大、证据复杂的案件，办案效率很高。

（三）认定事实清楚，揭露犯罪深刻

通常，像本案这种行为人作案时间跨度大、次数多、地点分散的案件，由于当事人对于案发细节很难作出清楚回忆，法律文书中往往会对于一些案件细节作模糊化处理。但本案起诉书却与众不同，对被告人所实施的每起犯罪的时间、地点、作案手段、被害人情况、犯罪后果、赃款赃物的去向等，都作出了简洁、清晰的表述。如起

马永亮故意杀人、强奸、抢劫案

全国铁路运输检察院呼和浩特分院

起 诉 书

（84）全铁检呼分刑起字第 3 号

被告人马永亮，绰号马毛猴，化名马明明、马永明、李明明、李贵、赵门恒，男，汉族，二十四岁，陕西府谷县人，捕前系内蒙古达拉特旗新民堡公社裕奎大队温家壕旦村农民。一九七八年，因书写反革命传单被达拉特旗公安局拘留，后保外就医。一九八三年九月九日，因强奸（未遂）被包头公安处收容审查，于九月十五日聘为刑事拘留，同年九月二十日经包头铁路运输检察院批准逮捕，现在押。

被告人马永亮杀人、强奸、抢劫一案，由包头铁路公安分处侦查终结，于一九八

1.

三年十二月二十日移送包头铁路运输检察院审查起诉。包头铁路运输检察院依照案件管辖规定，于一九八三年十二月二十一日根据本院审查起诉。经本院审查后以被告人马永亮尚有余罪未查清，于一九八四年元月六日退回包头铁路公安分处补充侦查。包头铁路公安分处补充侦查完毕后，于一九八四年四月三十日又报送本院审查起诉。现查明被告人马永亮犯有下列罪行：

一、一九七九年九月四日下午七时许，被告人马永亮窜至包头东火车站候车室，以帮助找住处为名，将等车的女青年王××（十九岁），骗至包头飞机场西南侧的红柳丛中，殴打、胁逼，一夜强奸四次。次日凌晨，该马为杀人灭口，遂将王的手脚捆住，用布带勒颈致死，马还担心王科复活，又在嘴里和鼻孔里插上树条。抢走王的东风牌手表一块，现金十五元，手表已追回，由被害人家属确认领走。

二、一九八〇年八月八日中午，被告人马永亮窜至内蒙达茂联合旗百灵庙街上，以帮其取挎包，给奸处为名，将蒙族二十一岁的女青年马××

2.

201

×骗至该旗黄花滩水库的南山沟里，举打胸膛，用刀子威逼，将乌强奸两次。后用石头猛击乌的头部、鹅颈，往嘴里塞沙子将乌致死后，用铁锹将尸体掩埋。抢走乌的海鸥牌照相机一架，东风牌手表一块，人民币四十五元，挎包两个和部分衣物。

三、一九八二年五月二十一日晚九时三十分许，被告人马永亮窜至内蒙土默特右旗大成百公社村里，谎称自己是卖衣服的，有四提包衣服放在河边，求该公社地毯厂二十一岁的女工吕××帮其拿衣服为名，将吕骗至地毯厂西边，用刀子威逼强奸两次。后骗运至水渠桥上，乘吕不备，将其推下水渠淹死。

四、一九八三年四月上旬的一天夜间，被告人马永亮窜至徐州火车站，以交朋友为名，将山东省邹县城前公社康王大队二十岁女青年陈××骗至徐州市南郊大马棚山东坡树林里，以暴力将陈强奸后，用石头将陈砸死，并用石头和水泥混凝块将尸体压盖，以消尸灭迹，逃避打击。

五、一九八三年五月十七日夜零时五十分许，

3.

● 马永亮故意杀人、强奸、抢劫案起诉书（部分）

全国铁路运输检察院呼和浩特分院

起诉书

（补充）

（85）全铁检呼分刑诉字第 号

呼和浩特铁路运输中级法院：

本院一九八四年五月十五日以（84）全铁检呼分刑诉字第3号起诉书向你院提起公诉的被告人马永亮杀人、强奸、流动、诈骗一案，现又发现被告人马永亮还犯有下列罪行：

一、被告人马永亮于一九八〇年九月四一天下午，窜至山东省淄博市郊治区马尚公社小漆大队田间小路上，以交朋友为名，将女青年李×（二十三岁）拦堵，持刀将李逼至路边玉米地里，进行了强奸，后又妥李

夺四手表遭到李拒绝，被告人马永亮用手猛扼李颈部，并摘割李四头面部、胸腹部、阴部数刀，致李当场毙命，抢走双菱牌电子手表一块，人民币四十余元。

二、被告人马永亮于一九八〇年六月五日夜晨一时许窜至海勃湾车站百货大楼，翻墙入院，以要求住宿为名进入警卫室，将夜勤人员李××（男，七十二岁）打醒，反捆住双手，将李四帽子塞进李四口腔，并在李四头部蒙上皮袄，李窒息死亡，抢走上海牌手表一块，人民币十余元。

三、被告人马永亮于一九八〇年十月二十二日夜晨一时许窜至海勃湾区"五七"代销店，以要求住宿为名，叫开门进入警卫室，对夜勤人员关××（男，七十岁）猛击数拳，将其推倒在床上，用绳子勒颈致死，抢走"五一"牌手表一块，人民币四十余元。

以上犯罪事实，有现场勘验笔录，法医鉴定，证人证言，证物为证，被告人马永亮也供认不讳。

综上所述，被告人马永亮的作案手段极其残忍，

情节极为恶劣，后果特别严重。其行为已触犯了《中华人民共和国刑法》第一百三十二条之规定，构成故意杀人罪。为保障人民生命财产的安全，维护社会治安，严厉打击刑事犯罪活动，特向你院提出补充起诉。

检　察　员　蒋泰练
代理检察员　甘成刚

一九八五年元月二十六日

附：预审案卷四册；"80、10、22"凶杀案现场提取的手帕一块；"五一"牌手表一块。

● 马永亮故意杀人、强奸、抢劫案起诉书（补充）

马永亮故意杀人、强奸、抢劫案

● 马永亮故意杀人、强奸、抢劫案公诉词（部分）

诉的 39 起事实，只有 5 起犯罪的时间表述为某年某月的"一天"，其他均写明了具体的年、月、日，上午、下午，甚至具体的时和分；起诉书对每起犯罪发生地点的记载也十分精确，对作案地点发生转变的都作出了明确表述；对于被告人骗取被害人信任的手段也进行了必要的交待，以表现被告人作案手段的一贯特征，足见检察机关对每一起事实中被告人供述、群众报案资料、证人证言、现场勘查笔录都作了细致比对和审慎认定，在制作起诉书时花费了相当多的精力，表现出了严谨细致的工作作风。

本案的公诉词也很有特色。出庭公诉人在简单概括评述本案的事实证据后，将公诉词的论述重点聚焦到揭露犯罪上，从被告人罪行的涉及面和影响力、被告人犯罪手段的卑劣情节、被告人犯罪的严重后果三个方面展开，重点在第二部分通过列举 3 起强奸杀人、1 起抢劫杀人的前后经过，向法庭揭示了被告人的穷凶极恶，为请求法庭对被告人予以严惩提供了充分的事实与情理的依据。同时，公诉人还通过对这几起犯罪过程的重现，指出被告人犯罪的动机、目的十分明确，完全具有辨认和控制自己行为的能力。

（四）保障当事人诉讼权益

本案的办理虽然距今已有 30 余年，但回头来看，当时司法机关已经严格依法保障当事人诉讼权益。比如，起诉书、判决书在对所有强奸事实表述时，均将幸存被害人的名字予以隐去。对该案的庭审，法院依法采取不公开开庭审理的方式。呼和浩特市法律顾问处的两名律师担任被告人马永亮的辩护人，保障被告人获得了充分的辩护权。对于被告人马永亮关于自己有精神病的辩解，司法机关委托司法鉴定机构通过鉴定方式予以核查，为本案的死刑判决奠定了坚实的基础。

当然，时代在前进，法治也在进步，与当时相比，我国刑事诉讼制度不断发展完善。一个最明显的例证就是，当时铁路运输高级法院根据最高人民法院的授权核准死刑的做法，已经随着最高人民

● 马永亮故意杀人、强奸、抢劫案判决书、裁定书（部分）

249

法院 2007 年 1 月 1 日统一收回死刑核准权而废止。相应地，从那时起，我国已经形成了死刑案件由市级检察院出庭公诉、省级检察院派员出席二审法庭、最高人民检察院开展死刑复核监督，死刑判决由中级法院、高级法院和最高法院三级审查（核准）的制度。国家对于死刑的适用更加审慎，适用死刑的程序更加严格，为严格防范冤假错案、保护人权，构筑了更加完备的法律制度。

案例推荐：内蒙古自治区人民检察院

撰稿：陈晨

审稿：桑涛

杨小民故意杀人案

——舆论监督下启动审判监督程序改判案

基本案情 ··

　　杨小民，男，时年 25 岁，陕西省泾阳县人，初中文化，青海铝制品厂工人。

　　1979 年 2 月 26 日上午，在青海省委家属大院，杨小民去水房挑水时，正在水房倒水的王某不慎将水溅到杨小民裤子上，两人发生口角。次日上午，两人再次在水房相遇，并再次发生口角。杨小民回到家后，戴上口罩、眼镜、白色卫生帽，乔装前往王某住处，进屋后取出 5 寸藏刀，刺入王某左腹。王某用火钳自卫，呼救并试图逃离现场，杨小民堵门阻拦后又向王某腹部、头部、胸部连刺数刀。邻居们闻讯赶来敲门，发现王某已昏迷倒地，后经抢救无效于 2 月 28 日死亡。

　　1979 年 7 月 17 日，青海省西宁市城中区人民检察院向城中区人民法院提起公诉。12 月 12 日，一审法院以杀人罪判处杨小民死刑，缓期两年执行，实行劳动改造，以观后效，剥夺政治权利终身。1982 年 2 月，青海省高级人民法院将死缓改为无期徒刑。 1985 年 7 月 13 日，青海省高级人民法院作出裁定，认为原判在适用法律上确有错误，撤销一审判决，指定西宁市中级人民法院重新对该案进行审理。7 月 17 日，西宁市人民检察院以故意杀人罪对杨小民提起

公诉。7 月 23 日，西宁市中级人民法院判处杨小民死刑立即执行。宣判后，杨小民以部分事实不符，量刑过重为由，向青海省高级人民法院提出上诉。7 月 27 日，青海省高级人民法院作出裁定，认为本案犯罪事实清楚，证据确实、充分，被告人上诉理由不予采纳，驳回上诉，维持原判，并根据最高人民法院《关于授权高级人民法院核准部分死刑案件的通知》，核准杨小民死刑。7 月 30 日，杨小民被执行死刑。

案件背景与社会影响

这是一起发生在 20 世纪 70 年代末 80 年代初的引发舆论关注和中央领导重视的刑事案件。杨小民是高级干部子弟，因当地少数领导干部不当干预，一审判决有失公正。在一审判决宣判以前，省、市机关及厂矿、企业等 22 个单位曾就处理此问题作过讨论，参加讨论的 1209 人，有 857 人认为杨小民公然闯入民宅行凶，将一少年活活刺死，手段凶狠残忍，罪大恶极，不杀不足以平民愤，因而一致要求判处死刑，立即执行。一审判决宣判后，社会舆论哗然，普遍感到失望，并认为这一判决表现了党风的严重不正。此后，被害人的姐姐带着弟弟的血衣上访，决心为弟弟讨回公道。

1983 年 10 月 11 日，中共十二届二中全会通过《关于整党的决定》，决定用 3 年时间分期分批对党的作风和党的组织进行一次全面整顿。这次整党到 1987 年 5 月基本结束。在这一背景下，光明日报记者 3 次写内参反映本案背后的问题，引起中央领导的高度重视。1985 年 1 月，中央整党指导委员会、中央纪律检查委员会、中共中央组织部、最高人民法院、最高人民检察院等部门，根据中央指示联合组成调查组，深入青海进行调查。1985 年 5 月，中央调查组完成了《关于杨小民故意杀人案的调查报告》。6 月 13 日，中共中央书记处第 212 次会议对此进行了讨论，作出了依法处理本案并追究有关人员徇情枉法责任的决定。此案前后经过 6 年，最终启动审判监督程序，检察机关派员出庭支持公诉，审判机关依法改判。本案反映出来的党风、社会风气问题引人深思。1986 年 1 月 17 日，邓小平同志在中央政治局常委会上的讲话指出："抓精神文明建设，抓党风、社会风气好转，必须狠狠地抓，一天不放松地抓。"他还以本案举例："青海省杨小民那个案子拖了多年，几任省委书记没有解决，现在处理了，处理得好。就是要查处这样的案子，才会有震动。"

公诉指控 ∙∙

（一）检察机关的指控重点

本案先后有两次提起公诉，分别为西宁市城中区检察院于 1979 年 7 月 17 日向城中区法院提起的第一次公诉，以及西宁市检察院于 1985 年 7 月 17 日向西宁市中级法院提起的第二次公诉。尽管前后两次判决由死刑缓期二年执行改判为死刑立即执行，检察机关在起诉书和公诉词中对犯罪基本事实的认定始终一致，并有重点地重现了杨小民故意杀害被害人王某的经过，在指控中对杀人行为和杀人故意的认定，遵循了主客观相一致的刑法认定原则，并在建议法院"从严惩处"中，充分综合地运用了从重情节。虽然法律文书中依然存在较为主观的价值判断，但本案中检察机关对事实和证据的运用，特别是由客观行为合理推定和判断主观心理的过程，符合法律原则和法理精神的内在要求。

首先，检察机关以被告人进入被害人家之前，对外形做了伪装

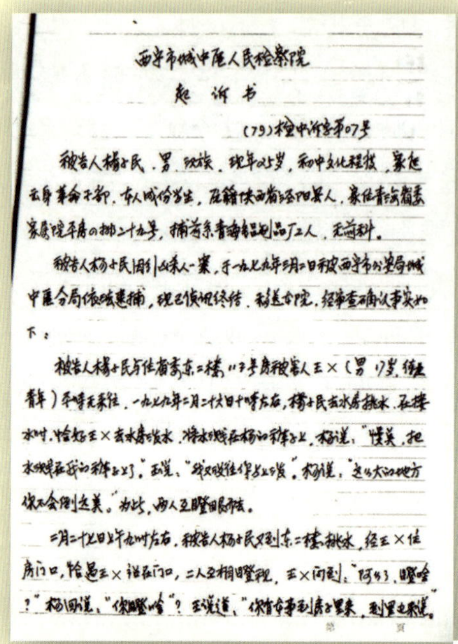

● 杨小民故意杀人案第一次起诉书

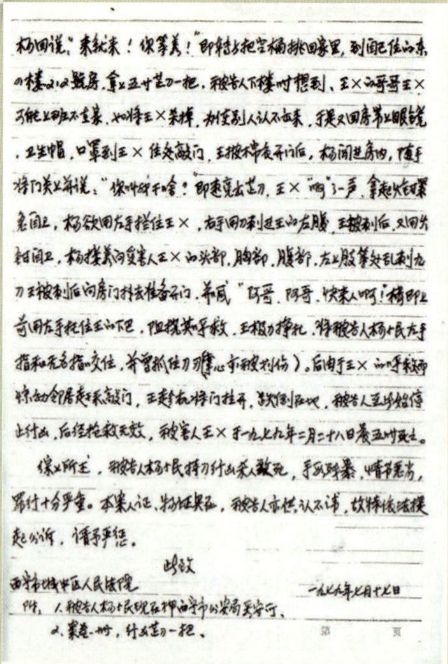

青海省西宁市人民检察院

起 诉 书

(85) 市检刑诉字第010号

被告人杨小民，男，汉族，现年31岁，陕西省泾阳县人，捕前系青海橡胶制品厂工人，现在青海省第十三劳动改造管教支队服刑。

上列被告人因故意杀人案，西宁市城中区人民法院于一九七九年十二月十二日以（79）中法刑字第36号刑事判决书，对被告人杨小民以故意杀人罪判处死刑，缓期二年执行，实行劳动改造，以现后效，剥夺政治权利终身。

一九八五年七月十三日，青海省高级人民法院以（85）青法刑一字第14号刑事裁定撤销原判，认定适用法律上确有错误，指令西宁市城中区人民法院（79）中法刑字第36号刑事判决书，由西宁市中级人民法院重新审理。

西宁市城中区人民法院接到高级法院的裁定，将本案移送西宁市城中区人民检察院，该院根据《中华人民共和国刑事诉讼法》第十五条第二款关于案件审判管辖之规定，上报本院审查起诉。

经本院审查查明，被告人杨小民犯罪事实如下：

一九七九年二月二十六日上午十时左右，被告杨小民（原住青海省橡胶制品厂二楼四排廿九号）去省家属院东二楼水房挑水，在挑水时，恰遇被害人王×（男，时年17岁，待业青年，原住青海省家属院东二楼113号房）到水房洗水，他水洒在杨的鞋子上，二人为此发生口角，相互顶撞，后离去。

二月二十七日上午九时左右，被告杨小民又去东二楼水房挑水，途遇王×住房，恰遇王×站在门口，二人又相顶撞，又发生口角，被告从此不顺气，蓄意报复，即将身把空桶挑回家，又到自己住宿的东四楼212房间，拿上5寸裁刀一把，并戴上口罩、卫生帽、眼镜，经伪装后又返回东二楼，闯入王×住室，将房门关上，持刀向室内的王×背部，腰部等处连刺，该害王×一边极力反抗，一边扑向门口锁开门逃命，并大声呼救，被告却将房门堵住，又持刀向王×头部，胸部，左臂等处连刺，这时，王×仍大声呼救，被告即上前用左手抱住王氏的下颌阻止王× 呼救，王×极力挣扎，将被告的左手食指，无名指咬伤，被告又持刀向王×猛刺，这时，由于王×的呼救声惊醒邻居，赶来前门，王×乘机将门拉开，又跌倒在地，由于他人赶到现场，被告制造杀人行凶，故害王×经送往人民医院抢救无效，于一九七九年二月二十八日凌晨四时五十分死亡。

经法医检验尸体验明：被害人王×全身杀刀器刺约廿四处，其中胸部、背部都刺达内脏损伤六处，结论为死者王×系利器刺戕伤内脏大失血死亡。

综上所述，本案事实清楚，证据确凿，被告人供认不讳。

本院认为：被告人杨小民因与被害人王×有口角之争，怀恨便在心，蓄意行凶，在精心化装后持刀闯入被害人住室，向被害人连戳廿四刀，造成致被害人惨遭杀害的严重后果，其犯罪手段极为凶暴，犯罪情节特别恶劣，民愤极大，实属罪大恶极，其行为触犯了《中华人民共和国刑法》第一百三十二条，确已构成故意杀人罪。为了维护法律的尊严，确保公民的人身权利不受侵犯，维护社会治安秩序，严厉打击严重刑事犯罪活动，依据《中华人民共和国刑事诉讼法》第一百条之规定，特对被告人杨小民提起公诉，请依法严惩。

此 致

西宁市中级人民法院

检察员 陆远宗

（此页无正文）

附：1.被告人杨小民现押省公安厅看守所；

2.本案卷宗共计377页；

3.证据：裁刀一把（附卷）、卫生帽一顶、口罩一个、眼镜一付（附）。

● 杨小民故意杀人案第二次起诉书

的客观行为（如携带刀具，戴白帽、口罩和眼镜等），推定其入室行凶的意图，从而否定被告人所言"上门理论"的辩解。其次，检察机关以被告人连续捅刺 14 刀，且集中在胸部、腹部、头部和背部等处，从而印证其并非被告人所供述的"整一下被害人"，而系故意追求或放任死亡结果的发生。再次，检察机关由邻居见被害人推开门后即倒地的证言，认定被害人受伤后挣扎外逃被被告人拦阻的事实，否定被告人所辩称的被害人阻却其离开的供述，进而排除正当防卫的可能性。最后，检察机关在认定被告人构成故意杀人罪的基础上，结合被害人系未成年人、作案场所为机关大院、社会影响恶劣等情节，向法院诉求从严从重处罚。

（二）起诉书的时代印记

1979 年 7 月 1 日，五届全国人大二次会议审议通过了《刑法》《刑事诉讼法》等七部重要法律，我国社会主义法制建设进入了新阶段。本案一审时，《刑法》《刑事诉讼法》尚未实施，且由于当时公安司法机关的法治观念受到时代局限，致使本案法律文书带有明显的时代印记。以检察机关起诉书为例，从形式上看，现在的起诉书基本上由首部、被告人基本情况、案由和案件的审查过程、案件事实、证据、起诉的理由和根据、尾部等部分组成，而本案起诉书结构比较简单，未见对案由和案件的审查过程的叙述，也未列明相关证据，对案发经过的叙述部分最为详尽。从内容上看，现在的起诉书注重客观真实地反映案件的原貌，不必详细叙述犯罪事实的细节过程。要求详略得当、繁简适宜，对于不具有诉讼意义的信息应予以简化，在描述案件事实时避免过多使用带有主观色彩的表述方式。而本案起诉书重点在于详细描述案件发生的完整过程，甚至被告人和被害人的对话细节也都写入起诉书中，并较多使用了"手段残忍""罪行十分严重"等带有强烈感情色彩的词语。综上，当时法律文书具有十分明显的时代印记。

（三）刑事审判监督中的检察职能

我国刑事诉讼中的审判监督程序属于一种特殊的救济程序，是人民法院、人民检察院对已经发生法律效力的判决和裁定，发现在认定事实和适用法律上确有错误，依法提起并对案件进行重新审判的一种特别审判程序。审判监督程序的设置是从促进公正司法的价值目标出发的，其任务是正确认定案件事实和适用法律，纠正确有错误的生效判决，做到既准确而有效地惩罚犯罪行为人，又保障无罪的人不受刑事追究。

1979 年《刑事诉讼法》首次对审判监督程序作出规定，奠定了具有中国特色的再审程序的雏形。第一百四十九条规定："各级人民法院院长对本院已经发生法津效力的判决和裁定，如果发现在认定事实上或者在适用法律上确有错误，必须提交审判委员会处理。最高人民法院对各级人民法院已经发生法律效力的判决和裁定，上级人民法院对下级人民法院已经发生法律效力的判决和裁定，如果发现确有错误，有权提审或者指令下级人民法院再审。最高人民检察院对各级人民法院已经发生法律效力的判决和裁定，上级人民检察院对下级人民法院已经发生法律效力的判决和裁定，如果发现确有错误，有权按照审判监督程序提出抗诉。"

1996 年《刑事诉讼法》修订时，第二百零五条对审判监督程序进行了两处修改：一是明确检察院的抗诉是"向同级人民法院提出抗诉"；二是增加了一款作为第四款"人民检察院抗诉的案件，接受抗诉的人民法院应当组成合议庭重新审理，对于原判决事实不清楚或者证据不足的，可以指令下级人民法院再审"。其后 2012 年、2018 年刑事诉讼法两次修改，本条规定未发生变化。

检察机关是提起审判监督程序的主体，作为国家的法律监督机

青海省西宁市中级人民法院

刑事判决书

市法刑一字（85）第13号

公诉人：陈远宗，西宁市人民检察院检察员。

被告人：杨小民，男，汉族，现年31岁，陕西省泾阳县人，原系青海省铝制品厂工人，现住在青海省委原县平房四排二十九号。现在诉。

辩护人：王健，西宁市法律顾问处律师。

被告人杨小民因犯故意杀人案于一九七九年十二月经西宁城中区人民法院判处死刑，缓期二年执行，执行实为缓减，以现后效，判决政治权利终身。现青海省高级人民法院发现本判决适用法律上确有错误，根据《中华人民共和国刑事诉讼法》第一百四十九条的规定，于一九八五年七月十三日以（85）青法刑一字第14号裁定书裁定撤销此案由本院重新审理。一九八五年七月十八日西宁市人民检察院持诉向本院诉来民。本院依法组成合议庭，于一九八五年七月二十三日在西宁市人民政府礼堂公开审理了此案。经理审查明：

被告人杨小民（时年二十四岁）与受害人王×（男，时年十六

二、至联凶器藏刀一把，以及血衣等物证，予以没收。

根据全国人大常委会《关于迅速审判严重危害社会治安的犯罪分子的程序的决定》之规定，如不服本判决，应自接到判决书的第二天起，三日内，向青海省高级人民法院提出上诉。

青海省西宁市中级人民法院刑事审判第一庭

审判长　侯方生

审判员　此书义

代理审判员　程民军

本件与原本核对无异 一九八五年七月二十三日

书记员　李宁

岁）同住青海省委家属院内。一九七九年二月二十六日上午九时左右，被告去东二楼水房担水，正在装水时，王×去水房饮水，将水溅在被告的裤子上，为此，发生口角，两人互相瞪了一眼，各自离去。次日上午九时许，杨小民去担水时再次与王相遇，因互相瞪视及生口角，杨小民恨在心，用返回家中，从上眼镜、口罩、卫生撒怀心化装后，持藏刀闯入王×住室，朝王的脑部、腰部、背部连戳数刀。此时王×求饶、呼救，并想夺门逃命，被告紧闭门阻止继续行刺。邻居闻讯赶来则开门救护，被告才把住王×，受害人王×经送医院抢救无效，于二月二十八日凌晨死亡。经法医检验，王×全身共计损伤十四处，系锐器刀类损伤内脏大失血死亡。

上列事实清楚、证据确实、充分、足以认定。

本庭认为：被告人杨小民目无国法，竟手持凶器，闯入他人住室，行凶杀人用法残害他人生命，现已构成故意杀人罪，情节特别恶劣，手段特别残忍，对社会危害极大，实属不杀不足以平民愤的犯罪分子，且在临审中避词狡辩，被捕后，至今仍不老实认罪。原判处死刑，缓期二年执行，在适用法律上确有错误。为维护社会秩序，保护公民的人身权利，维护社会主义法制，经合议庭评议，报原审委员会讨论决定，依照《中华人民共和国刑法》第一百三十二条、第五十三条第一款之规定，判决如下：

一、被告人杨小民犯故意杀人罪，判处死刑，剥夺政治权利终身。

● 杨小民故意杀人案判决书

关，刑事审判监督是检察机关的一项重要法律监督职能。在审判监督程序中，人民检察院对人民法院确有错误的判决、裁定依法提出抗诉，是实现审判监督职能的具体途径和方式。本案于 1985 年青海省高级人民法院撤销原判后，西宁市中级人民法院按照审判监督程序重新审理，判处被告人死刑立即执行。因此，本案的审判监督程序，是在中央的高度重视和巨大的社会影响压力下，由法院自行提起的。检察机关虽然未主动提出抗诉，但是在审判监督程序启动后，依法履职，派员出庭支持公诉。从起诉书和公诉词来看，围绕"犯罪手段极为残暴，犯罪情节特别恶劣，民愤极大，实属罪大恶极"展开，较好地阐述了公诉主张。

案例推荐：青海省人民检察院

撰稿：宋浚沙

审稿：黄河、闵钐

孟振卿、黎志军、陈小红等人破坏电力设备案

——依法履行抗诉职能，确保罪责刑相适应

基本案情

孟振卿，男，时年 30 岁，汉族，河北省安国县石佛乡立家庄村人，原系安国县原种场合同工。

黎志军，又名黎小军，男，时年 31 岁，汉族，安国县石佛乡立家村农民。

陈小红，男，时年 26 岁，汉族，安国县石佛乡立家村农民。

1982 年春至 1984 年冬，孟振卿、黎志军、陈小红与平均良、李占习分别结伙，先后在河北省安国县、博野县的 19 个村、场作案 23 起，共偷割农用动力裸铝线 54000 余米，造成直接经济损失 16800 余元，影响 110 眼机井用电和 12000 余亩农田灌溉。

1985 年 9 月 16 日，河北省人民检察院保定分院提起公诉，1985 年 10 月 23 日，河北省保定地区中级人民法院作出一审判决，以破坏电力设备罪判处孟振卿无期徒刑、黎志军有期徒刑十五年、陈小红有期徒刑十二年，平均良和李占习分别被判处有期徒刑五年和二年。后河北省人民检察院保定分院以原判对孟振卿、黎志军、陈小红量刑畸轻为由提出抗诉。孟振卿、黎志军、陈小红均以不是主犯、量刑重，孟振卿还以没有破坏电力设备的意图，没造成严重

后果为由上诉。1985 年 12 月 2 日，河北省高级人民法院作出终审判决，改判孟振卿死刑、黎志军无期徒刑，均剥夺政治权利终身，维持对陈小红等被告人的原判决。

案件背景与社会影响

本案是发生在中央全面坚决打击刑事犯罪活动，依法从重从快惩治严重危害社会治安的刑事犯罪分子，维护社会治安的稳定，从而保障社会主义经济建设的大背景下的一起破坏电力设备的案件。当时一些不法分子为了攫取不义之财，肆无忌惮地偷割电线，拆卸变压器零部件，毁坏电力设备，并与收购部门和搞金属冶炼的一些人互相串通，形成盗窃、销赃、转卖"一条龙"的地下黑市，不仅使国家财产蒙受损失，而且经常造成大面积停电，影响工农业生产和人民群众的生活。1986 年 6 月 15 日，《人民日报》第 2 版以"河北省严厉打击犯罪活动保卫四化建设"为题，特别针对一些不法分子肆无忌惮盗窃、破坏电力设备被惩处作了专门报道。

本案中，孟振卿、黎志军和陈小红与另外两人一起共同参与偷割农用动力裸铝线。这些被告人本应是农业生产的中坚力量，却在短短不到两年的时间里，连续性的大规模作案，横跨 19 个村、场，肆意地破坏输电线等电力设备，为了一己之私，为了物质利益，罔顾公共安全，致使受害村庄的生产和人民生活受到严重损害，情节特别恶劣，后果特别严重。

公诉指控与监督

（一）准确认定案件性质，依法履行控诉职能

本案是一起典型的危害公共安全犯罪，孟振卿等人明知是农用

261

● 孟振卿、黎志军、陈小红等人破坏电力设备案抗诉书动力裸铝线而肆意割取，造成公私财产遭受重大损失，使得当地的生产、生活秩序受到了严重影响。而这些被告人主观上亦属于明知其破坏电力设备的行为会发生危害社会公共安全的后果，并且希望或者放任这一结果的发生的情形。虽然被告人孟振卿辩称自己并不具有破坏电力设备的意图，且没有造成严重后果。但事实上，孟振卿本身是农民，且具有高小文化水平，原系安国县原种场合同工，其与黎志军、陈小红等人均系安国县石佛乡立家庄村人，长期在农村生活，对于使用的高、低压输电线性能是知道的，对于割取电线要造成的后果也是清楚的，其割取电线不是有意破坏的理由不能成立。检察机关指控被告人犯破坏电力设备罪的事实清楚，证据确实、充分，指控的罪名成立。

（二）履行法律监督职能，确保罪责刑相适应

河北省人民检察院保定分院在审查判决后，依法履行检察职能，针对判决书中对被告人量刑畸轻的内容提出了抗诉。抗诉权是刑事诉讼法授予人民检察院代表国家行使的一项法律监督权。根据 1979 年《刑事诉讼法》第一百三十条之规定：地方各级人民检察院认为本级人民法院第一审的判决、裁定确有错误的时候，应当向上一级法院提出抗诉。面对一审法院对于一起危害公共安全犯罪从轻处罚的判决，检察机关通过抗诉的方式行使了法律赋予的监督权力。检察机关认为被告人孟振卿、黎志军、陈小红系主犯，犯罪性质严重，社会危害极大，尚不具备从轻处罚的条件，一审判决对 3 名被告人的量刑显属畸轻，并据此向河北省高级人民法院提出抗诉。这是检察机关依法履行法律监督职能的具体体现，也是确保每一个案件都实现罪责刑相适应的必要保障。并且，最高人民法院审判委员会在 1985 年 11 月 29 日第 237 次审判委员会上，根据《中华人民共和国人民法院组织法》第十一条第一款规定，在总结审判经验时也认为，破坏电力设备的犯罪是当前危害社会治安和社会主义现代化建设的严重犯罪，必须依法从重从快惩处。

河北省高级人民法院

刑事判决书

（85）刑一批判字第1号

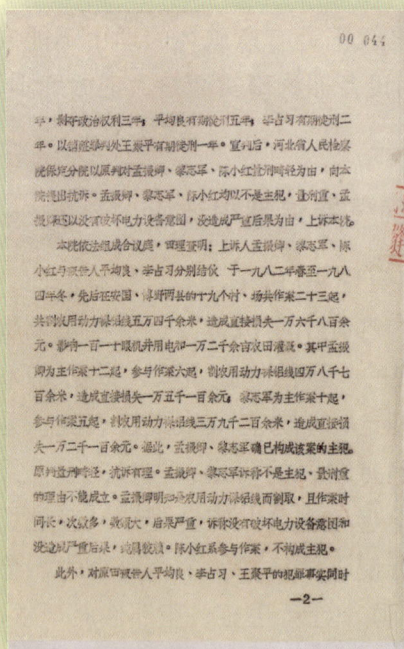

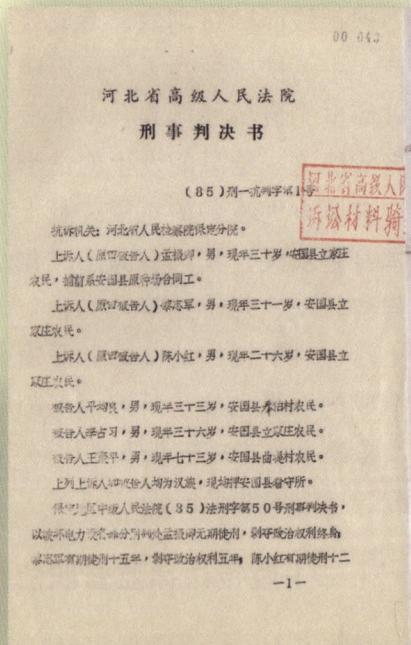

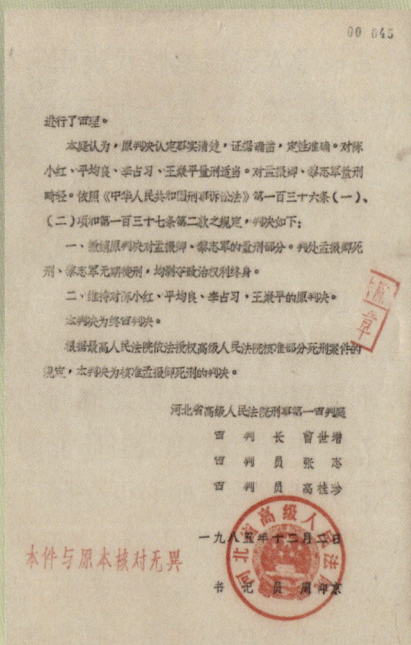

● 孟振卿、黎志军、陈小红等人破坏电力设备案判决书

因此，检察机关认为该案在一审判决中虽然认定了被告人的行为严重影响了农业生产，后果特别严重，社会危害极大，且认定了孟振卿、黎志军在共同犯罪中起主要作用，系主犯，却作出了对二人从轻处罚的决定，显属不当。最终，河北省高级人民法院将被告人孟振卿的主刑从无期徒刑改判为死刑，被告人黎志军的主刑从有期徒刑15年改判为无期徒刑。

　　值得一提的是，本案处理中检察机关和审判机关存在一些分歧，在司法实践中是正常的，并不影响对案件质量的评价。如对于主从犯的认定问题。本案一审判决认定了被告人孟振卿、黎志军在共同犯罪中起主要作用，系主犯。但是检察院认为除了孟振卿、黎志军外，被告人陈小红亦参与作案13次，应当属于共同犯罪中的主犯，并据此认为一审判决对陈小红量刑畸轻。二审法院在审查证据后认为，陈小红系参与作案，不构成主犯，维持了原判决对陈小红的量刑。

案例推荐：河北省人民检察院
撰稿：蔡明璇
审稿：桑涛

周诚根等人反革命持械聚众叛乱案

——"严打"时期体现"惩办与宽大相结合"刑事政策的典型案例

基本案情 ·····························

周诚根，男，时年 37 岁，云南省洱源县司法局干部。

赵甲云，男，时年 26 岁，云南省洱源县石油煤建站临时工。

张文君，男，时年 30 岁，云南省洱源县农民。

陈志礼，男，时年 24 岁，云南省洱源县人民政府通讯员。

1986 年 2 月 12 日，周诚根因不满十一届三中全会以来党的路线、方针政策，以推翻我国人民民主专政和社会主义制度，建立"华弁国"为目的，纠集其亲朋好友 13 人，用从国家工作人员手里骗取的手枪 3 支、子弹 180 余发、警服若干套以及事先准备好的长刀、匕首各一把、炸药 7 公斤、反革命宣传材料若干等作案工具，于当晚 11 时许在洱源县城发动叛乱，并伙同其纠集的赵甲云、张文君、陈志礼等 3 人，枪杀国家干部及其子共 2 人，打伤儿童 1 人。罪行败露后，周诚根率众畏罪潜逃。经过当地公安、民兵合力抓捕，至 2 月 22 日，全部犯罪分子归案。

1986 年 3 月 21 日，大理白族自治州人民检察院（以下简称大理州检察院），将周诚根等 7 人以持械聚众叛乱罪向大理州中级人民法院提起公诉。后经依法审理并报经最高人民法院核准，同年 5 月 5 日终审裁定周诚根、赵甲云、张文君、陈志礼 4 人死刑立即执行，判处同案的 1 人无期徒刑，1 人有期徒刑三年，1 人免予刑事处罚。

同年 3 月 28 日，大理州检察院对涉案的被周诚根等人拉拢蒙蔽并提供了枪支弹药的 4 名国家工作人员，以玩忽职守罪提起公诉；对参与周诚根等人犯罪团伙，但情节显著轻微，不认为是犯罪的 2 人作出不起诉决定；对参与周诚根等人犯罪团伙，但犯罪情节轻微，认罪态度尚好的 1 人作出免予起诉决定。

案件背景与社会影响

该案发生后，党中央和云南省委高度重视，有关领导同志做了多次重要指示。省、州、县公安机关按照中央和省委的指示，组织优势兵力加强侦查破案，调动公安、武警，组织民兵和群众，组成两层包围圈，三道堵卡线，合力追捕，该案在当地轰动一时。

公诉指控与监督

（一）"严打"时期始终严守依法办案

长期以来，人们对这场特征鲜明、迅速席卷全国的"严打"斗争印象最深的就是"从重从快"，而忽略了一直坚守在前的"依法"二字。从本案中，我们可以看到检察机关在提前介入的基础上，对于涉案的全部人员，不论是职务犯罪的侦查、审查起诉的完成，还是免予起诉、不起诉决定的作出，从受案到全案 14 人追诉完毕，仅仅用了 7 天时间。

● 周诚根等人反革命持械聚众叛乱案起诉书（部分）

大理白族自治州人民检察院

不 起 诉 决 定 书

（86）刑检刑不诉字第 3 号

被告人：刘××，女，现年十七岁，汉族，洱源县炼铁区郜庄乡羊坪子村人，现在洱源一中高七十六班读书。

被告人刘××随同周诚根等人持械聚众叛乱被我院审查起诉。

现查明：

被告人刘××系周诚根的侄女，在周诚根持械聚众叛乱的阴谋中，一九八六年二月十一日，接受周诚根和人民币贰佰元后于同月十二日下午，受周诚根的指使，在张文君铜养铜内替周诚根抄写了内容极为反动的《告全国人民之血书》数份。

本院认为：被告人刘××罪属有据，但未造成严重后果，根据《中华人民共和国刑法》第十条和《中华人民共和国刑事诉讼法》第十一条一项的规定，犯罪情节显著轻微，不认为是犯罪，决定不起诉。

如不服本决定，可在收到决定书后七日内向本院提出申诉。

.1.

检察长：刘存

一九八六年三月廿八日

附注事项：

本决定送被告人，州局安处，洱源县公安局，县检察院，洱源一中。

.2.

大理白族自治州人民检察院

不 起 诉 决 定 书

（86）刑检刑不诉字第 2 号

被告人：杨××，女，十七岁，汉族，洱源县炼铁区江务乡等登生产队人，现在洱源一中高八十四班读书。

被告人杨××随同周诚根等人持械聚众叛乱被我院审查起诉。

现查明：

被告人杨××起朋志礼的妻妹，在周诚根持械聚众叛乱的阴谋中，一九八六年二月十一日，接受周诚根和人民币贰佰元后于同月十二日下午，受周诚根的指使，在张文君铜养铜内替周诚根抄写了内容极为反动的《告全国人民之血书》数份。

本院认为：被告人杨××罪属有据，但未造成严重后果，根据《中华人民共和国刑法》第十条和《中华人民共和国刑事诉讼法》第十一条一项的规定，犯罪情节显著轻微，不认为是犯罪，决定不起诉。

如不服本决定，可在收到决定书后七日内向本院提出申诉。

.1.

检察长：刘存

一九八六年三月廿八日

附注事项：

本决定送被告人，州局安处，洱源县公安局，县检察院，洱源一中。

.2.

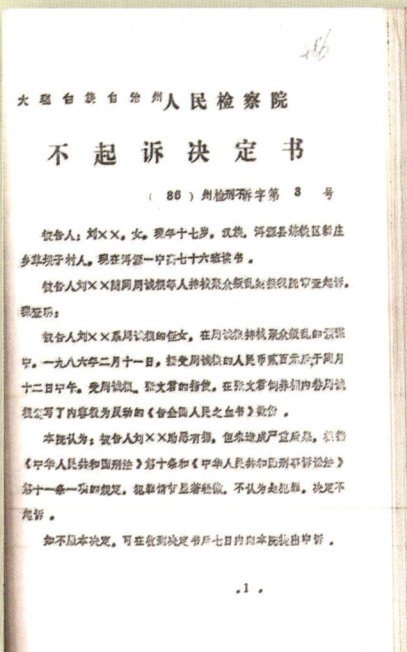

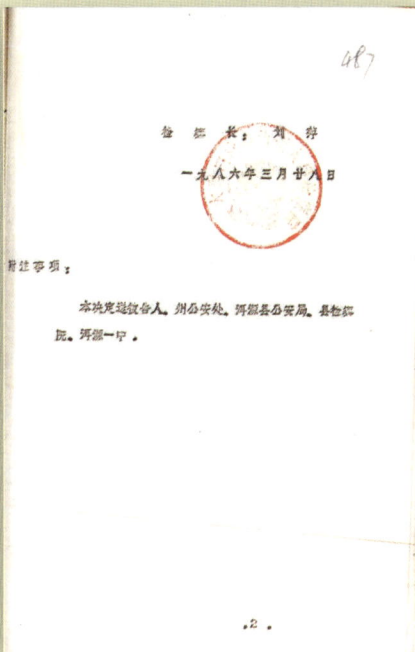

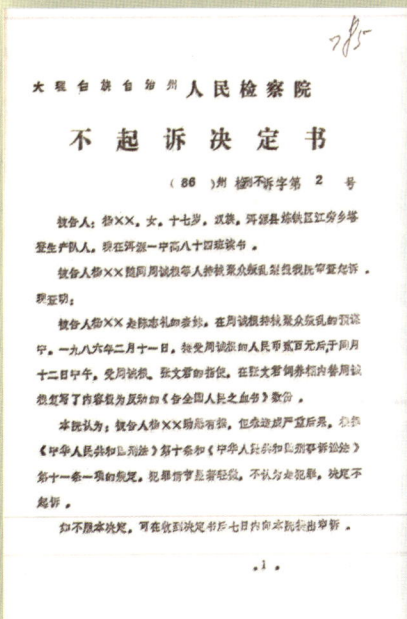

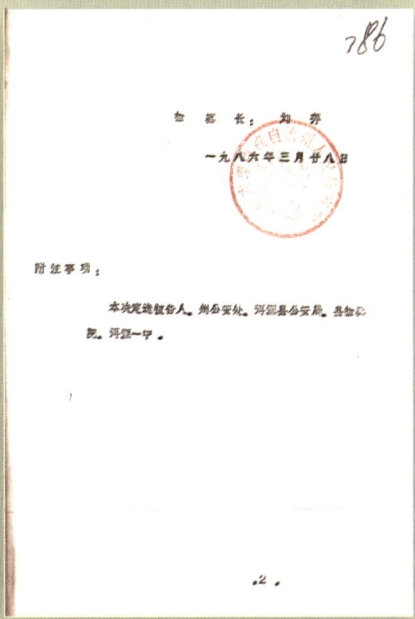

● 周诚根等人反革命持械聚众叛乱案中对刘某某、杨某某的不起诉决定书

通过对本案起诉书、公诉词等法律文书的研读，可以发现，在案的证据不仅有大量的被告人供述、证人证言，还有现场扣押的枪支弹药、刀具绳索、反革命宣传材料以及笔迹鉴定、弹药痕迹鉴定等证据，证据形式多种多样，证据链条环环相扣，证据网络层层密密，这不但充分体现了本案检察人员办案过程中始终遵守"以事实为根据，以法律为准绳"依法办案的法治理念，也充分说明了在"严打"时期，"从快从重"前面的"依法"始终没有掉线，"快"是在法律程序合法规范下的"快"，"重"是在法律条文明文许可内的"重"。

（二）"惩办与宽大相结合"政策下的"宽有边，严有度"和区别对待原则

刑事政策是国家据以与犯罪作斗争的惩罚措施的总和，是"立法国家的智慧"，也是刑事法治的灵魂。1979年7月，五届全国人大二次会议通过了《中华人民共和国刑法》，其中第一条明确规定：依照惩办与宽大相结合的政策而制定刑法。该项政策内容在中共八大会议上被概括为"首恶必办，胁从不问，坦白从宽，抗拒从严，立功折罪，立大功受奖"。实践中，该政策也明确提出了两个要求：一是惩办与宽大必须兼顾，不可偏废；二是惩办与宽大都必须有必要的限度，即宽有边，严有度。本案就很好地体现了所谓"宽有边，严有度"的惩办与宽大相结合的刑事政策。

本案中参与周诚根等人反革命团伙的刘某某、杨某某二人，案发时年仅17岁，不满18周岁，在周诚根等人叛乱中接受周诚根200元人民币，并在周诚根等的唆使下复写反革命宣传材料，经大理州检察院依法审查，认为二人犯罪情节显著轻微，不认为是犯罪，依法作出不起诉决定。该不起诉权的运用不仅合法合理，符合"惩办与宽大相结合"的刑事政策，还着重区分了罪与非罪，主犯与胁从犯，做到了区别对待，同时对于两位未成年犯罪嫌疑人也加强了教育、保护和特殊预防。

周诚根等人反革命持械聚众叛乱案

云南省大理白族自治州中级人民法院

刑 事 判 决 书

（86）刑初字第1号

公诉人：大理白族自治州人民检察院检察员袁治铭、代理检察员王盛祥、李乐泰。

被告人：周诚根，男，三十七岁，汉族，初中文化程度，洱源县乔后镇上坊村人，捕前系洱源县人民政府司法局工作人员，现在押。

辩护人：祥云县律师事务所主任、律师赵慰。

被告人：赵罕云，男，二十六岁，汉族，高中文化程度，洱源县城关区思察省村人，捕前系洱源县石缸螺建坯场临时工，现在押。

辩护人：大理州律师事务所律师李文运。

被告人：张汉廷，男，三十岁，汉族，初中文化程度，洱源县乔后镇上坊村人，捕前住洱源县城关区马趴岭一表后山。

辩护人：大理州各县律师事务所律师李延祥。

被告人：周训培，男，二十九岁，汉族，初中文化程度，洱源县乔后镇上坊村人，系该告人周诚根之族弟，该告人赵文雄之姑姐，捕前务农，现在押。

辩护人：大理市第一律师事务所律师赵锐。

被告人陈祝礼，男，二十四岁，汉族，初甲文化程度，洱源县右所区稍佳多乌关村人，捕前系洱源县人民政府稍佳乡干部，现在押。

—1—

君奉敬及药物。此外，该等作案时食用的备敢、散敢、反革命经费均一一缴获在案。

上述事实，有大量的物证、书证、证人证言书证书，检验鉴定报告等证据证实，各该告人又对其主要犯罪事实均亦不同程度的供述，可资证实。

本院认为，不承认该告人诚根为首，纠集一干余人，捏写了反革命宣言，持有枪、刀，杀害国家工作人员和无辜群众，伤害儿童，该等的行为已触犯了《中华人民共和国刑法》第九十五条的规定，构成持械聚众叛乱罪。该等的犯罪行为对国家和人民危害都相当严重，罪行特别严重。为保卫人民主专政的政权和社会主义制度，保障广大人民的安全和幸福社会秩序，保障现代化建设的顺利进行，对该等的犯罪行为必予严加惩处。

被告周诚根在持械聚众叛乱中，起组织、策划、指挥的作用，是首要分子，最大罪犯。被告赵罕云是该告周诚根与其父子，后系叛乱为严重，罪大恶极。被告张汉廷抱叛乱的决心，参加杀敌聚众叛乱，提供叛乱活动的情报，保管反革命宣言，主动要武器弹药，自备长刀、七首、趣要杀人器械，参加杀害马导阳，心意可银、及、拥、捣写马导阳，领敢敢中为祸害分为，叛乱结束后又卖敢有别要敬敢运送我执武器，罪大恶极，民自首，但主不彻底，亦系首恶敬犯，对陈祝礼在该告人安全的义务，且抱聚众叛乱的决心，参加持械聚众叛乱，出卖救命人，在报告敢叛乱之中及展革命的叛逃，亦属系大恶敢。被告周训培后聚众叛乱中，起敢到杀敌叛敢恶，周训培等人系人民众员有负重要职务，晶体诚等与马导文，领要敬敢敢参敢敢被民就等到该守敌赎就管，罪极严重，民自首又民敢发敢敢及该看守管就。竟在亦大久起

—8—

十一、在本案一审甲绑前反匹在案的正当债务予以保护。

十二、收缴在案的其他物证证据等发生在非费敢力后依法处理。

如不服本判决，可于接到判决书的次日起十日内，向本院提出上诉状及副本，上诉于云南省高级人民法院。

一九八六年四月二日

云南省大理白族自治州中级人民法院刑事二审庭

审 判 长　周龙号

审 判 员　郭龙琴

代理审判员　袁文信

一九八六年四月二日

书 记 员　张信东

书 记 员　赵乐卷

—8—

● 周诚根等人反革命持械聚众叛乱案判决书（部分）

（三）全面履行检察职能，做到"除恶务尽"

1979 年 12 月 15 日，最高人民检察院、最高人民法院、公安部联合发出《关于执行刑事诉讼法规定的案件管辖范围的通知》，明确规定对于玩忽职守案由检察院直接受理。大理州检察院在对直接参与持械聚众叛乱的 10 名涉案人员依法进行公正处理的同时，也对思想麻痹、被叛乱分子骗取了 3 支手枪，造成 2 死 1 伤，给人民的生命安全造成重大危害，情节恶劣，后果严重的 4 名国家工作人员依法进行了刑事立案，并以玩忽职守罪追究了其刑事责任。大理州检察院这一积极主动、全面履行检察职能的行为，在当时不仅顺应了民意，对国家工作人员起到了警示教育作用，也充分彰显了检察机关在主动打击职务犯罪，切实维护国家公权力权威方面也历史性地发挥过巨大作用。

案例推荐：云南省人民检察院

撰稿：田文利、史浩洋

审稿：桑涛

李计银非法拘禁、贪污案

——山西省首例全国人大代表犯罪案件

基本案情

　　李计银，男，时年 47 岁，山西省定襄县季庄乡横山村人，原六届全国人大代表、山西省劳动模范、定襄县横山村党支部书记。

　　1984 年 12 月 8 日晚，李计银在山西省定襄县横山村华荣饭店吃饭后，发现其自行车铃子被人盗走，便怀疑是在同一饭店吃饭的村民姚俊斌、祁美生等人所为。次日早晨，李计银派人将姚、祁等人叫到村民委员会，由李计银亲自进行询问。因被叫来的人均否认偷自行车铃子之事，李即让杨吉顺等治保会成员对此事继续追查，杨吉顺等治保会成员在此过程中把涉及有其他问题的 85 名群众也进行了审查，其中有 72 人被非法关押在横山村大会议室内不准回家，派专人看管，吃饭由家人送达，大小便需经看管人员同意或受监视，关押时间最长的达 7 天 6 夜，最短的 1 天。在李计银的支持下，由杨吉顺主持，使用蒙头、鞭子抽打、拳打脚踢等方式捆绑殴打被拘禁群众 15 人，并强行给被拘禁的 30 名青年剃成光头。李计银在此过程中还曾多次到过拘禁场所，亲自讯问被拘禁群众 17 人，并要求治保人员打人要往肉厚处打，不要把人打坏了。同年 12 月 25 日，在县领导的制止下才将被非法拘禁的群众放回。同时，经查李计银还有其他贪污事实。

此案由山西省定襄县人民检察院侦查终结。1986年8月12日，山西省定襄县人民检察院向定襄县人民法院提起公诉。同年11月17日，法院以非法拘禁罪判处李计银有期徒刑三年，以贪污罪判处李计银有期徒刑二年，合并执行有期徒刑四年。李计银上诉后，1987年2月1日，山西省忻州地区人民法院裁定驳回上诉，维持原判。

案件背景与社会影响

李计银身为全国人大代表、全国劳模，又为横山村党支部书记，本应模范遵守宪法和法律，带头搞好村内秩序，但他却目无国法，积极支持他人搞非法拘禁，并亲自参与非法讯问，拘禁人数之多、天数之长、影响之大、危害之严重，都给横山村群众的生产、生活秩序造成了损害和干扰，使群众的心灵笼罩了阴影，严重败坏了党和政府在人民群众中的威信，损害了人大代表的形象，破坏了党群、干群关系，是对依法治国原则的践踏。

侦查与公诉指控

（一）检察机关在案件中的职能作用

本案系山西省检察机关采取上下结合、分级协同办理方法成功办理的一起典型案件。依照管辖分工，1986年2月，检察机关即派员调查此案，3月下旬，由山西省定襄县检察院立案侦查，山西省检察院、忻州地区检察分院均派员参与该案的查处工作。

定襄县人民检察院
起诉书

（86）定检法诉字第1号

　　被告人李计银，男，现年47岁，汉族，定襄县季庄乡横山村人，初为勤务员，后在村所住生产队、大队主任、季庄公社农牧场党支部书记，曾任为横山村党支部书记。1983年5月曾当选为六届全国人大代表（已罢免），同时也是省人大代表（已罢免）和县、乡人大代表。1985年5月2日由本院决定，县人大常委会同意，依法逮捕。

　　被告人杨顺，男，现年47岁，中共党员，汉族，定襄县季庄乡横山村人，初为勤务员，后任村党支部书记、民兵连长、大队副主任、治保会副主任。1986年3月13日被收审罪，同年5月8日被逮捕。

　　被告人李计银、杨顺非法拘禁和贪污一罪由本院正式侦查终结，证实其犯罪事实如下：

　　一、被告人李计银、杨顺非法拘禁群众。
　　1984年12月3日晚上，李计银自率带打手数十人由当晚至次日早晨，李计银把群众对象绑起来，扭出来到村民委员会绑回家中，该、邪带话他绑子，李计银由后村回...进行乱打，逼令令供。在审讯过程中，把分类和其它拘押群众进行拷供，先后共扣押78十五人，其中有七十二人被被非法拘禁，有...
～1～

　　禁时间最长达七天六夜，最短的一夜。被拘禁的群众除四名重点对象单独拘禁高度看管外，其余的都分押村委会大会议室，男女混关在一起（有妇女一名），被拘禁群众...后在会议室被人罚跪，小便不准外出。据供，在...主持下共组织，围打过十五人。据打们，有的用棍化棒罚跪起头，用皮鞭抽打成的跪子进行拷打，有的被打...他们对象因此受伤。据中记有笔录的九人十四次，另...、保卫书的七十二人。拘禁期间，李曾亲眼过拘禁捆押，亲自架询过被拘群众十七人。并对治保人员说，打人坐牢由...不要让人打坏，李还让连长头发向群众赔...先后共拘打了三十人。同年12月15日下午该乡拘禁群众才被解散的群众放回。

　　二、李计银贪污公款4300元。
　　1985年5月下旬，横山村委会和李万明个人与厂...

～2～

　　日群山庄信用社将其私分的4300元的存款，改成李万明的存息，并把利转收62天的利息21．33元等收，同年11月15日把银行...交给李万明，再由李万明到横山庄信用社把4300元和3198．19元同支持队一并销转到横山水电公司名下，张悉应此1000元种单于同年12月该村委会收回。

　　三、李计银挪用公款二万元，与杨顺联合伙私吞...，进行营利活动。
　　1985年4月28日，李计银为展览新建，让村委主任私...让和村委会合计从村委会借公款二万元，杨顺指示李计银...借贷接转，请李计银同意...把村委会借公款二万元，共拿了三万元...

以上事实，有证人证言和书证所证实。

～3～

　　　诉讼法"第100条之规定，特对被告人李计银、杨顺顺提起公诉，请依法判处。

　　　　此致
定襄县人民法院

　　　　　检察长　霍先海

附注：
　　1、被告人李计银现押本院看守所，杨顺现关行署治安管理分所。
　　2、本案全部卷宗三册，起诉书4份。

～4～

● 李计银非法拘禁、贪污案起诉书

鉴于这是山西省检察机关重建以来第一次办理全国人大代表犯罪案件，检察机关严格按照法律规定报经省人大常委会、县人大常委会同意，于1986年5月2日由定襄县检察院依法决定对李计银采取逮捕强制措施。检察机关积极履行职责，行使侦查权，对非法拘禁事实的相关证人进行了大量的取证工作，省、地区、县三级检察院共同讨论修改了案件法律文书，依法对原六届全国人大代表李计银提起公诉、出庭支持公诉，保障了人民群众的人身权利和民主权利不受侵犯。

（二）法律文书中的法治印记

本案案情虽并不复杂，但公诉人出庭指控有力，当庭发表的公诉词理据充分，其中由事实证据到定性分析，再到政策解读和法理阐释，不乏众多可资借鉴之处。

1. 事实与证据

本案案情虽然较为清晰，但公诉词用数字说话，以列明数据的形式和生动形象的语言客观描述了被告人非法拘禁并殴打侮辱他人的行为，能够使法庭和旁听人员更加直观地了解案情，值得借鉴。如"对其中的72人实行了非法拘禁。除对四名重点对象实行单独隔离看押外，其余人都关押在村委会大会议室。拘禁时间最长的达七天六夜，最短的一天，有时同时被非法拘禁的群众达50余人。其拘禁时间之长，拘禁人数之多，拘禁规模之大，在我县、在我省都是绝无仅有的，在全国也是罕见的"。同时，公诉词中对作为法定加重情节的"殴打、侮辱"也进行了具体描述，如"共捆绑过六人，殴打过十五人（含捆过的），有时深更半夜在治保会把人捆绑起来，再押到关押人的会议室示众，态度不好的解开绳子再捆，借以威胁恐吓其他拘禁对象。殴打时，有的用棉大衣、化肥袋蒙头，用空心胶皮管扭成的皮鞭进行抽打，手脚并用，使得群众有的被殴打得屁股青紫、出血、疼痛难忍、不能坐立"等。

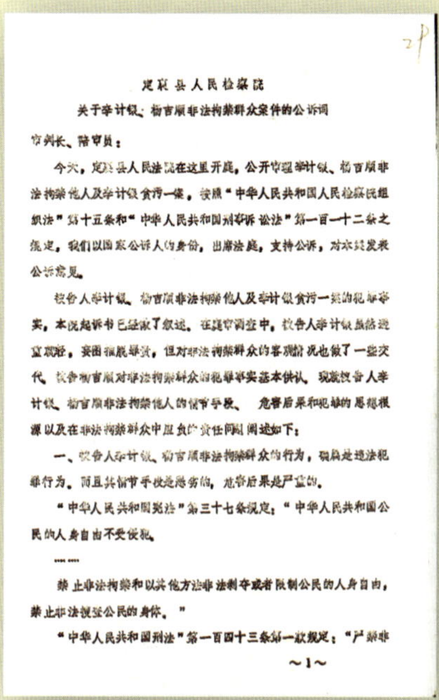

定襄县人民检察院

关于李计银、杨吉顺非法拘禁群众案件的公诉词

审判长、陪审员：

今天，定襄县人民法院在这里开庭，公开审理李计银、杨吉顺非法拘禁他人及李计银贪污一案。按照“中华人民共和国人民检察院组织法”第十五条和“中华人民共和国刑事诉讼法”第一百一十二条之规定，我们以国家公诉人的身份，出席法庭，支持公诉，对本案发表公诉意见。

被告人李计银、杨吉顺非法拘禁他人及李计银贪污一案的犯罪事实，本院起诉书已经做了叙述。在庭审调查中，被告人李计银虽然避重就轻，妄图推脱罪责，但对非法拘禁群众的客观情况也做了一些交代。被告杨吉顺对非法拘禁群众的犯罪事实基本供认。现就被告人李计银、杨吉顺非法拘禁他人的情节手段、危害后果和犯罪的思想根源以及在非法拘禁群众中应负的责任问题阐述如下：

一、被告人李计银、杨吉顺非法拘禁群众的行为，确属是违法犯罪行为。而且其情节手段是恶劣的，危害后果是严重的。

“中华人民共和国宪法”第三十七条规定：“中华人民共和国公民的人身自由不受侵犯。

……

禁止非法拘禁和以其他方法非法剥夺或者限制公民的人身自由，禁止非法搜查公民的身体。”

“中华人民共和国刑法”第一百四十三条第一款规定：“严禁非

~1~

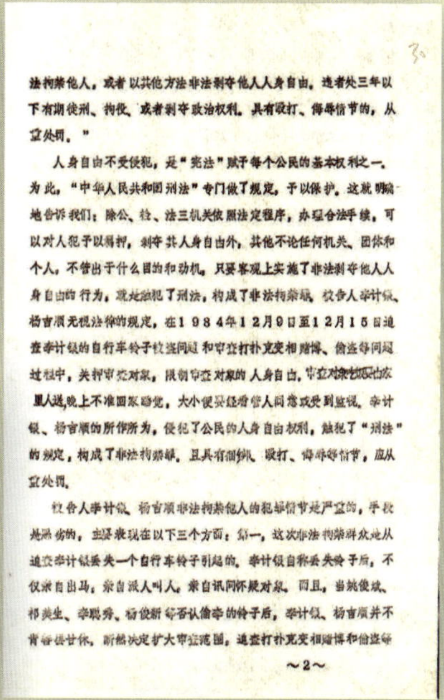

法拘禁他人，或者以其他方法非法剥夺他人人身自由。违者处三年以下有期徒刑、拘役、或者剥夺政治权利。具有殴打、侮辱情节的，从重处罚。”

人身自由不受侵犯，是“宪法”赋予每个公民的基本权利之一。为此，“中华人民共和国刑法”专门做了规定，予以保护。这就明确地告诉我们：除公、检、法三机关依照法定程序，办理合法手续，可以对人犯予以羁押，剥夺其人身自由外，其他不论任何机关、团体和个人，不管出于什么目的和动机，只要客观上实施了非法剥夺他人人身自由的行为，就是触犯了刑法，构成了非法拘禁罪。被告人李计银、杨吉顺无视法律的规定，在1984年12月9日至12月15日追查李计银的自行车铃子被盗问题和审查打扑克变相赌博、偷盗等问题过程中，关押审查对象，限制审查对象的人身自由，审查对象吃饭由家里人送，晚上不准回家睡觉，大小便要经看管人同意或受到监视。李计银、杨吉顺的所作所为，侵犯了公民的人身自由权利，触犯了“刑法”的规定，构成了非法拘禁罪，且具有捆绑、殴打、侮辱等情节，应从重处罚。

被告人李计银、杨吉顺非法拘禁他人的犯罪情节是严重的，手段是恶劣的，主要表现在以下三个方面：第一，这次非法拘禁群众是从追查李计银丢失一个自行车铃子引起的。李计银自称丢失铃子后，不仅亲自出马，亲自派人叫人，亲自讯问怀疑对象。而且，当姚俊斌、祁美生、李聪秀、杨俊新等否认偷李的铃子后，李计银、杨吉顺并不肯善罢甘休，断然决定扩大审查范围，追查打扑克变相赌博和偷盗等

~2~

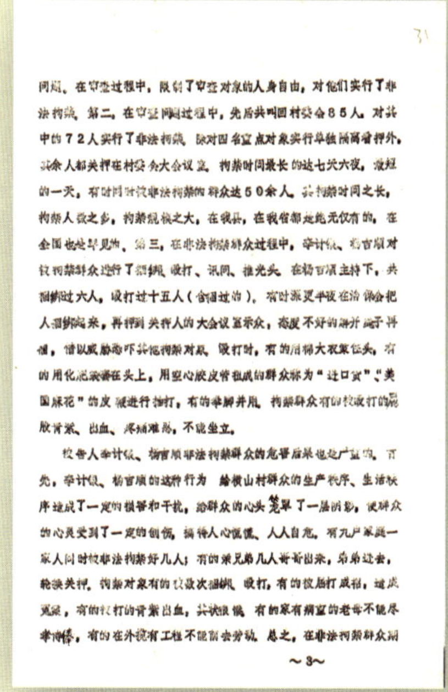

问题。在审查过程中，限制了审查对象的人身自由，对他们实行了非法拘禁。第二，在审查问题过程中，先后共叫回村委会85人，对其中的72人实行了非法拘禁。除对四名重点对象实行单独隔离看押外，其余人都关押在村委会大会议室。拘禁时间最长的达七天六夜，最短的一天。有时同时被非法拘禁的群众达50余人。其拘禁时间之长，拘禁人数之多，拘禁规模之大，在我县，在我省都是绝无仅有的，在全国也是罕见的。第三，在非法拘禁群众过程中，李计银、杨吉顺对被拘禁群众进行了捆绑、殴打、讯问、推光头。在杨吉顺主持下，共捆绑过六人，殴打过十五人（含捆过的）。有时深更半夜在治保会把人捆绑起来，再押到关有人的大会议室示众，态度不好的解开绳子再捆，借以威胁恐吓其他拘禁对象。殴打时，有的用棉大衣蒙住头，有的用化肥袋套在头上，用空心胶皮管扭成的群众称为“进口货”、“美国麻花”的皮鞭进行抽打，有的拳脚并用。拘禁群众有的被殴打的屁股青紫、出血、疼痛难忍，不能坐立。

被告人李计银、杨吉顺非法拘禁群众的危害后果也是严重的。首先，李计银、杨吉顺的这种行为，给横山村群众的生产秩序、生活秩序造成了一定的损害和干扰，给群众的心头笼罩了一层阴影，使群众的心灵受到了一定的创伤，搞得人心惶惶、人人自危。有九户家庭一家人同时被非法拘禁好几人；有的亲兄弟几人哥哥出来，弟弟进去，轮换关押。拘禁对象有的被数次捆绑、殴打，有的被屈打成招，造成冤案，有的被打的青紫出血，其状很惨。有的家有病重的老母不能尽孝侍奉，有的在外揽有工程不能前去劳动。总之，在非法拘禁群众期

~3~

● 李计银非法拘禁、贪污案公诉词

（第一页 ~4~）

同，社会空气极为紧张，其有暴云压城城欲摧之势。其次，作为无产阶级专政的专门机关——公、检、法院对人犯实行逮捕、拘留、收容等等只以关押时，必须办理法律手续，才算合法。国家计银、杨吉顺就不是专政机关的成员，法律也没有赋予他们特殊的职权，他们根本无权行使公检法的职权。但李计银、杨吉顺顺利大包大揽，置法律于脑后，随意大批关押群众，剥夺公民的人身自由权利。李计银、杨吉顺滥用手中的权力，乱施淫威，这就严重破坏了党和政府在人民群众中的威信，损害了人大代表的光辉形象，破坏了党群、干群关系，动摇社会主义法制的根基，也对我们国家进步发出了挑战。

二、李计银、杨吉顺对法制藐视众次不足情绪的，而且有共一定的思想根源的。

李计银作为党的基层组织的支部书记，六届全国人大代表，山西省劳动模范，杨吉顺作为共产党员、蓄墓治保组织负责人，两个堂堂正正的"人上人"怎么就站在被告席上，受到人民的审判呢？这次对特殊人物，当成了人民的"怨客"。近年来，李计银把自己当成了六届全国人大代表和县人大代表，随着社会地位的聚升齐高，其权欲也随之膨胀。在此情况下，李计银忘乎所以，居功自傲，贪婪成性，留恋成瘾，忘记了共产党"为人民服务"、"甘当人民公仆"的宗旨，忘记了人民代表代表人民的信念，维护人民群众的根本利益，把自己变成了骑在人民头上的老爷、作威作福的恶霸，李计银把山村当成地自己的天下，把整个山村的村民当成可以任意驱使的百姓，就

~4~

（第二页 ~5~）

是发生杀害事件后，公安机关派员去校山债被拉枪……李计银说这过迟的案件不用你们管，不要插手，不要插手！李计银说你们吃饭就好好行了，其他不用你们管，你就放马吃吧，以免招惹是非，这样商务上的特殊人物，有人党给你走上自行车钱子，已不是"大岁头上动土"、"牛吃了起来的了"。为此，李计银、杨吉顺很大地触恐，干出了非法拘捕群众的暴戾勾当。第二，李计银是六届全国人民代表和县人大代表，县人大常委会委员，是国家最高权力机关的组成人员之一，多次参与过法制的宣讲和制定，理应成为知法、守法、执法的模范，但因他论理反，他重法论视，无视党纪国法，滥用党和人民赋予的权力。在村里横行霸道，为所欲为，他把自己凌驾于法制的天军之上，大肆侵犯公民的人身权利，成了一个无法无天，称行乡里的"土居王"。但法律是无情的，公正的，谁要是践踏以身试法的神仙保护，那失败的必将是那种法外的。

三、被告人李计银、杨吉顺对这次非法拘捕群众，应负直接的主要的责任。

在这次非法拘捕中，李计银是直接指挥者，他们应负无庸质疑办案李计银、杨吉顺应对此应负直接主要的责任，其突出的表现：1、这次非法拘捕从一开头就是目的是为了整治好心者工人非常明确，而且在扩大打击范围，追捕打折那些得罪值的诅咒时，李计银的不愿意见其将于去无词同。管对这种群众说，就把车子放起居，镇摆之后我安上绳子，就放回去。2、自行亲对政策挑战，怀气极恶，气势凶，

~5~

（第三页 ~6~）

杨供新军……人都若记论举铜样子后，李计银、杨吉顺就扩大审查范围，把有其他一般同问人也到村组实实审查审问，名日什么"拷补缩罚"，开始了非法大审问。尽管征服法拘捕期内也坐敢了几个办审资作，但这并不能冲抵他，他审讯拘捕群众的犯罪事实。3、在非法拘捕群众中，李计银除影…对拘捕群众的暗形进拘外，还踩十七名被拘捕对象进行了讯问，审讯。4、在拘捕群众中，受冷受饿，连下蓝，并将脑袋的痛退送水泵里头，把他们"好好干了"，以致放敢。5、李计银还让一些固长等的青年捕捉光头，先后共捕30人，李还年一些被捕光头对被捕群众合打了一斑张的审逼逼的照片，以致镇怖。6、当越被说发现李计银非法拘捕的的群众上时，李计银竟乱汇报…了…拘捕群众的就围，情况却得利清，李汇报说明了这次非法拘捕被讯群众叶指付给他超级众众未共学期结构，并扩大夸张过数，把拘审群众…说后乎村组审中拘捕群众众的胡扯，弄清问题了，积极迎追坑这中20余人，带拘走上百人，凡曾长关夫的被拘捕的将拘押了样了，并说…竟"嫁滑断区"，还被劳为"爽前地区"。7、在这次非法拘捕中，从开到过末，对这拘捕群众进行关押、捆绑、打、审讯，李计银被负有不可推卸的直接责任。

校告李计银贪污案将破败以付经济根据据。

校告人李计银、杨吉顺刚私举行为，引起了城山村人民的大义愤，广大群众谴责安察司法机关惩铁群分子，反映了人民对恐惧分

~6~

（第四页 ~7~）

子的愤慨，反映了人们对社会主义法制的信任。

以上事实充分说明，本说起诉书所指控的校告人李计银的行为已分别触犯了我国刑法第143条第1款、第155条，构成了非法拘禁罪和贪污罪，而且认罪态度不好，矢口否认共应负的贪责，应从严惩处。被告人杨吉顺的行为已触犯了刑法第143条第1款，构成了非法拘禁罪。

审判长、陪审员：

被告人李计银、杨吉顺非法拘捕群众，情节严重，社会影响极坏，在今天庄严的法庭上受到了法律的制裁，此他们罪有应得，但是，对李计银、杨吉顺非法拘捕众众这恶列罪现状，我们理应认真汲取惨痛的教训，它告诫我们，保护公民的人身权利和民主权利不受侵犯，是无比神圣而不可侵犯的事业。这不仅是调动广大群众的社会主义积极性的需要，而且也是精神文明建设的需要，广大的党员和基层干部，在"有法可依、有法必依，执法必严、违法必究"的，社会主义民主和社会主义法制特别进一步加强和完善的今天，我们应该克服只顾眼前而忽略了"以言代法"，"以权代法"，现法你为儿戏的种种无知的状况。认认真真地学法、懂法、守法、执法，牢固地树立法制观念同一切违纪犯法行为作斗争，以维护法律的最大权威和尊严，那种违法乱纪，玩法，服权以身试法的人，必将受到法律的制裁，我的公诉到言判此告结束，谢谢。

1986年11月15日

~7~

● 李计银非法拘禁、贪污案公诉词

此外，针对被告人关于"拘禁过程中没有直接作为，在解除拘禁后做了善后工作"等辩解，公诉词也作了相关回应，以列明相应证据的方式，证明李计银是非法拘禁的直接指挥者，对整个非法拘禁行为具有不可推卸的责任。

2. 说理与论证

人身自由不受侵犯，是宪法赋予每个公民的基本权利之一，除司法机关或法定调查机关依照法定程序办理合法手续，可以对犯罪嫌疑人予以羁押，剥夺其人身自由外，其他不论任何机关、团体和个人，无论出于何种目的或动机，只要客观上实施了非法剥夺他人人身自由的行为，就构成非法拘禁罪。本案公诉词中明确指出："被告人既不是专政机关的成员，法律也没有赋予他们特殊的职权，他们根本无权行使公检法的职权。"这就从根本上否定了李计银等人行为的合法性和正当性。

3. 社会危害性分析

在后果方面，公诉词从人民群众受到的直接影响和对政府形象的负面影响两个层面进行论述。如在直接影响部分，公诉词连用多个"有的群众"，使横山村群众在被李计银非法拘禁的多日内，生产、生活秩序受到损害、干扰的严重后果一目了然。在对政府形象的影响部分，"这就严重败坏了党和政府在人民群众中的威信，损害了人大代表的光辉形象，破坏了党群、干群关系，是对社会主义法制的践踏，是对我们国家逐步走上依法治国道路的挑战"。这一公诉词的发表，从个案被告人具有的特殊身份出发，上升至党和国家的治国方略高度，起到以小见大的作用。

4. 法治宣传与教育

这篇公诉词能够从案件事实出发，又不仅局限于案件本身，而是将被告人李计银个人的行为放在依法治国的时代大背景下考量与审视，更能发人深省。作为一名国家最高权力机关的组成人员，李计银多次参与过法律的审议和制定，理应成为知法、守法、执法的模范，但他却凌驾于法律之上，侵犯公民的人身权利。其行为与身

定襄县人民法院
刑事判决书

（*86*）定法刑判字第 *30* 号

公诉人：定襄县人民检察院副检察长张培瑞。

被告人李计银，男，47岁，汉族，本县荷叶坪乡桃山村人。捕前系桃山村党支部书记（已撤销）、全国六届人大代表、省人大代表和县人大常委委员（已罢免）。县、乡人大代表。一九八六年五月二日被逮捕。现在押。

辩护人：忻州地区律师事务所邵师生和师今、兵天恒。

被告人杨吉顺，男，37岁，汉族，本县季庄乡桃山村人。捕前系桃山村治保副主任（已撤销）。一九八六年三月十三日被取保候审，同年五月八日被逮捕。现在押。

辩护人：忻州地区律师事务所所长颜履先。

被告人李计银、杨吉顺非法拘禁和李计银贪污一案，由定襄县人民检察院公诉来院。本院依法组成合议庭，由公诉人出庭支持公诉，辩护人出庭为被告人进行辩护，经依法公开审理查明。

一、一九八四年十二月八日晚，被告人李计银在本村"华宴"饭店吃饭时，发现其自行车轮子已被人偷走，便怀

~1~

综上所述，本院认为：被告人李计银、杨吉顺非法拘禁多人，数多、时间长，并有细追逼讨害行，实属情节严重，均已触犯刑律，构成非法拘禁罪；被告人李计银状私局他人公款公次，且数额较大，已触犯刑律，构成贪污罪，依照《中华人民共和国刑法》第一百四十三条第一款、第一百五十五条之一，判决如下：

一、被告人李计银犯非法拘禁罪，判处有期徒刑三年；犯贪污罪判处有期徒刑二年，合并执行有期徒刑四年。（刑期从一九八六年五月二日起至一九九〇年五月一日止）。

二、被告人杨吉顺犯非法拘禁罪，判处有期徒刑三年。（刑期从一九八六年三月十三日起至一九八九年三月十二日止）。

如不服本判决，可在接到判决书的次日起十日内，向本院递交上诉状及副本各一式三份，上诉于忻州地区中级人民法院。

此判

一九八六年十一月十五日

定襄县人民法院刑事审判庭

审判长 张忠祥

人民陪审员 韩万在

人民陪审员 李计

一九八六年十一月十七日

书记员 齐

~3~

就在同一饭店吃饭的兖俊成、邓美生等人把轮子偷去。次日早晨，李计银派人将桃、邓等人叫到村民委员会，李计银亲目进行询问，因枝叫来的人均否认偷自行车轮子之事。李即让被告人杨吉顺将治保会成员及其它问题对桃、邓等人进行了追查。杨吉顺等治保会成员，在审查过程中，把涉及到有其它问题的群众也进行了审查，先后共审查八十五人，其中七十二人被非法关押在桃山村大会议室内，不准回家，派专人看管，吃饭靠由亲属人赠送。关押时间最长的达七天六夜，最短的一天。尤其严重的是，在李计银的支持下，由杨吉顺主持，殴打拘禁群众十五人，还强行给害的约的三十名男青年相成光头。十二月十五日在县领导的制止下，才被被非法拘留的群众放回。

二、一九八五年八月十一日，被告人李计银伙同横山村水电公司经理李万明，将横山村民委员会承包广济渠灌水利工程的盈余款坐付相当款给相元渡角色分的公积公款。其中被告人李计银将分得公款计李富元、李万明分得奉仟壹佰玖拾捌元壹角玖分，另价壹仟元分配了当时村委主任张兆焕。由李万明将庄乡信用社分别办了存款手续。同年十月在省人民检察院复查被告李计银的有关问题期间，李计银于十月十三日到季庄信用社将其私分所得的肆仟叁佰元转到张万明名下，原由李万明全部交付水电公司入账。张兆焕壹仟元由村委会收回。

以上，经查证属实，庭讯被告均供认在案。

~2~

份形成了鲜明的对比，也与十一届三中全会上提出的"有法可依、有法必依、执法必严、违法必究"这一法治建设方针背道而驰。对李计银的依法立案侦查、提起公诉并判决，向人民群众充分展现了党和政府坚持依法治国基本方略、坚持保护公民的人身权利和民主权利不受侵犯这一决心和举措。正如公诉人发人深省的总结陈词中所言，"法律毕竟是无情的、公正的，谁要是胆敢以身试法和法律较量，那失败的必然是玩弄法律者"。

案例推荐：山西省人民检察院

撰稿：张美惠

审稿：桑涛

杜国桢投机倒把、走私、诈骗、行贿案

——改革开放初期检察机关查处严重经济犯罪的典型案件

基本案情

　　杜国桢，男，时年 54 岁，福建省厦门人，初中文化，福建省公路第二工程公司第三施工队职工。1983 年擅自离职经商，先后任建红企业公司、建兴实业公司董事长，裕丰实业公司副董事长。

　　1984 年 6 月间，杜国桢经庄深介绍，与福建省福州市郊区建新乡建红村签订协议，承包建红综合经理部并改名为"福州市建红企业公司"。杜国桢声称投资人民币 20 万元，但其没有按投资协议投资，仅以人民币 7 元向银行开户。同年 8 月 12 日，杜国桢又同福建省福州市郊区建新乡联营，改为"福州市建兴实业公司"。同年 9 月，杜国桢向时任福州市郊区外经委主任的汪金乾谎称其兄杜某某系台湾三大银行之一的董事长，有姨母杨某某在缅甸等台、侨属关系，拥有雄厚资金，要同郊区外经委所属华福支公司联营。双方商定由杜国桢投资 100 万美元、20 万元人民币成立"福州市裕丰实业公司"。但裕丰公司成立后，杜国桢仅从建红公司转入人民币 5000 元和非法购买的外汇兑换券 1000 元向银行立户。杜国桢先后利用上述 3 个公司分别伙同李涵生、林常平、庄深、林松、杜仲元等人进行投机倒把、诈骗、走私等活动。

1984 年 6 月至 1985 年 2 月间，杜国桢、李涵生、庄深等人以签订合同方式买空卖空，转手倒卖国家不允许自由经营的物资共计 23 笔，投机倒把总金额达 1.888 亿元；实际成交 7 笔，彩电 1319 台、汽车 2 辆、雅马哈摩托车 200 辆，金额 223.75 万元，从中非法牟利 1.55 万元。

1984 年 7 月至 1985 年 1 月间，杜国桢、李涵生、庄深等人在既无履行合同的实际能力又无经济担保的情况下，用虚假的要约欺骗对方，采取签订彩色电视机、彩色显像管、汽车、手表等销售合同的手段，先后骗取晋江县石狮工业公司等 10 个单位货款 5318.1188 万元。除被对方追回 1153.81 万元外，尚有 4 个单位 4164.3088 万元未被追回。

1984 年 10 月间，杜国桢、林松策划从香港买进汽车和电子台历，由林松指使黄建斌在黑市非法炒买外币。先后炒买美元 1.8016 万元，港元 61.97 万元，由林松负责夹带到香港。1984 年 11 月间，杜国桢伙同林松以"对台贸易"的名义，骗取时任福建省霞浦县委书记杨有志和中共霞浦县委顾问胡良基的信任。并在胡良基、杨有志的帮助下向香港走私第一批总价值人民币 607 万元货物。1985 年 1 月 17 日至 2 月 20 日，杜国桢、林松、林常平、李涵生等人组织走私第二批货物未能得逞。两次组织走私货物价值 1926 万元，非法获利 91.36 万元。当有关部门追查第一批走私时，杜国桢指使林松伪造证件，掩盖走私罪行。为了让霞浦县有关部门在其走私活动中给予方便，杜国桢于 1984 年 12 月先后以"捐赠"名义送给霞浦福宁公司和经济开发公司万事德牌豪华小轿车各一辆，价值共 17.757 万港元。在上述活动中，杜国桢、林常平等人还向一些单位和个人行贿财物，共计价值人民币 7660 元。

1985 年福建省福州市人民检察院对杜国桢等人的犯罪行为立案侦查。侦查终结后，于 1986 年 2 月 26 日对杜国桢、林常平、李涵生、庄深、林松、马晓明、杜仲元、黄建斌、胡良基、杨有志等 20 人以涉嫌投机倒把、诈骗、走私、行贿、受贿、贪污、徇私枉法、玩忽职守等罪名向福州市中级人民法院提起公诉。1986 年 11 月 17 日，福州市中级人民法院一审作出判决，认定杜国桢犯投机倒把罪、走私罪，分别判处死刑，剥夺政治权利终身；犯诈骗罪，判处无期徒刑，剥夺政治权利终身；犯行贿罪，判处有期徒刑三年；决定执行死刑，剥夺政治权利终身。李涵生、林常平、庄深、林松、杜仲元等 12 人分别构成走私罪、诈骗罪、投机倒把罪、徇私舞弊罪、玩忽职守罪、受贿罪等，被判相应刑罚；杨有志、任震、陈良源等 7 人被宣告无罪。杜国桢等人不服上诉至福建省高级人民法院。1986 年 12 月 17 日，福建省高级人民法院作出终审判决，驳回杜国桢、林常平、庄深、林松、杜仲元、汪乾金、胡良基等人上诉，维持原判；同时依据事实对部分被告人的刑罚进行了改判。12 月 28 日，杜国桢被执行死刑。1987 年 3 月 4 日，最高人民检察院就该案其他部分被告人的判决提出抗诉。7 月 4 日，最高人民法院驳回最高人民检察院的抗诉，维持福建省高级人民法院的判决。

案件背景与社会影响

20 世纪 80 年代初期，随着中国改革开放进一步推进，工作重心转向以经济建设为中心。与此同时，影响社会发展的经济犯罪也呈明显上升趋势。1984 年下半年，严重经济犯罪相当猖獗，而且与新泛起的不正之风相互交织。不正之风掩盖经济犯罪，经济犯罪利用不正之风，内外勾结，上下串通。经济犯罪中共同犯罪明显增多，大案要案成倍增加，犯罪数额巨大。行贿、受贿、贪污与倒卖外汇、

福州市人民检察院
起诉书

榕检〔1986〕經偵字第001号

被告人杜国桢，男，54岁，汉族，福建省厦门市人，初中文化，福州建兴实业公司董事长，福州裕丰实业公司副董事长，住福州市瑠息街64号。因犯走私罪于1985年3月9日收容审查，同年6月25日经本院决定逮捕，现在押。

被告人林常平，男，36岁，汉族，福建省霞浦县人，初小文化，霞浦县长春贸易中心经理，住霞浦县下浒公社下浒街。因走私罪于1985年3月14日收容审查。同年7月2日经本院决定逮捕，现在押。

被告人李涵生，男，45岁，汉族，福建省莆田市人，大专文化，福建省中医药研究所医生，福州裕丰实业公司顾问。1978年因犯投机倒把罪被免予刑事处分，行政开除留用一年。1985年10月15日因犯投机倒把、诈骗罪经本院决定逮捕，现在押。

被告人庄深，男，45岁，汉族，福建省福州市人，福州建兴实业公司副经理，住福州市洋下新村6座605室，1962年因投机诈骗曾被劳动教养三年。1985年9月6日因犯投机倒把，诈骗罪经本院决定逮捕，现在押。

被告人林松，又名林钟，男，31岁，汉族，福建省福州市人，高中文化，香港伟泰国际贸易公司业务经理，住香港九龙尖沙咀天文台道8号四楼。1980年至1984年曾因走私先后三次被行政处罚。1985年3月13日因犯走私罪经我院决定监视居住，同年10月14日逮捕，现在押。

被告人马晓明，女，23岁，汉族，福建省福州市人，高中文化，

1

他活动，并向国家工作人员行贿钱物，折价人民币四千八百元，外汇兑换券九百二十元。数额特别巨大，情节特别严重，是本案走私罪的主犯。其行为触犯《刑法》第118、185条第3款，构成走私罪、行贿罪，归案后拒不认罪，态度恶劣。被告人李涵生过去曾犯过投机倒把罪，伪劣性不改，积极参与杜国桢的投机诈骗活动，投机倒把金额达二千七百一十四万元，骗取货款四千七百九十七万元，参与骗取贷款一千万元，并为杜非私组织货源，个人贪污索贿八万五千元（其中贪污未送三万元）。数额巨大，情节严重，是本案投机诈骗罪的主犯，其行为触犯《刑法》第117、118、152、155、185条第1款，已构成投机倒把罪、诈骗罪、走私罪、贪污罪、索贿罪。但归案后，除个人贪污索贿拒不供认外，其余罪行尚能坦白交代，并检举他人。被告人庄深过去曾因投机诈骗受过劳动教养，仍不悔改，积极参与杜国桢的投机倒把诈骗活动，投机倒把金额五百九十八万元，骗取货款三千六百一十二万五千元，非法提取现金一百一十三万四千元。个人贪污一万二千五百二十五元，行贿一千元，索贿一千八百七十元元。数额巨大，是本案投机诈骗罪的主犯，其行为触犯《刑法》第117、118、152、155、185条第1款，已构成投机倒把罪、诈骗罪、行贿罪。案发后畏罪潜逃达五个多月之久。但归案后尚能交代罪行，并退出部分赃款。被告人林松曾因走私受过行政处罚，贪心未改复犯，与杜国桢勾结进行走私活动，为香港经纪收购价值一千零三十八万六千四百八十一点一一港元的走私货物，其中八百六十六万一千二百五十点五港元的走私货物已在当地抛售，并为带美钞一十八万六千一千四百九十九点六美元，港币三十一万七千一百港元偷运至国境，此外，还伪造证件供杜国桢投机诈骗及走私之用。数额巨大，情节严重，是本案走私罪的主犯，其行为触犯《刑法》第118条，构成走私罪。但归案后认罪，并为杜提供线索，有立功表现。被告人马晓明利用职便，侵吞公款二万零二百元。其行为触犯《刑法》第155条，构成贪污罪。被告人杜竹元身为裕丰公司经理，对该公司的犯罪活动负有一定的主管责任。此外，还直接从事

20

投机倒把金额三百六十一万八千元，并参与走私，非法提取现金和骗取贷款等犯罪活动，是本案投机诈骗和走私罪的从犯，其行为触犯《刑法》第117、118、152条，已构成投机倒把罪、诈骗罪，被告人李涵生的同案犯人执具了其供认材料，办案中被杨永春杀害，偏袒杜国桢有私，情节恶劣，其行为触犯《刑法》第188条，构成徇私枉法罪。归案不拒白交代。被告人黄建城炒买美金一十万八千零一十六美元，港币六十万九千七百六十港元，林松盗运出境，是本案走私罪的从犯，其行为触犯《刑法》第116条，构成走私罪。归案后尚能坦白交代。被告人胡其基为杜国桢走私提供方便，是本案走私的从犯，其行为触犯《刑法》第118、119条，构成走私罪。被告人陈良源督用出废标纸，倾销不合出口质量标准的各种蘑菇罐头983,447吨供杜国桢、林常平等人出口，为宁德罐头厂非法牟利八百三十二万元，是本案走私罪的从犯，其行为触犯《刑法》第117、118、119条，构成走私罪，归案后尚能坦白交代。被告人任政参与投机倒把二十六百三十九万元，为杜提供周转金一百五十万元，是本案投机倒把罪的从犯，其行为触犯《刑法》第117条，构成投机倒把罪。被告人汪庭琪用周转金为杜国桢、林常平路二千二百元，为其走私提供方便，其行为触犯《刑法》第185条第1款，构成受贿罪。案发后退出赃款。被告人郑廷勋身为福州市古楼区法院院长，竟同意接受杜国桢等人向该法院行贿一万一千四百六十元，是有主管责任，其行为触犯《刑法》第185条第1款，构成受贿罪。被告人汪乾念、李挺惇、吴建才、刘阿顺、骆家瑜、杨有志等六人有章不循，有法不依，有令不行，有禁不止，工作中极不负责，导致行所负职责，以致在客观上为杜国桢等人的投机倒把走私犯罪活动大开方便之门，使公共财产、国家和人民的利益遭受重大损失，其行为触犯《刑法》第187条，构成玩忽职守罪。杨有志还触犯《刑法》第185条第1款构成受贿罪。其中杨有志、汪乾念能主动坦白交代，有悔改表现。

21

上列被告人的犯罪行为无论在经济上、政治上都造成极其严重的后果。杜国桢等人投机诈骗的猖獗活动，破坏了党和国家制定的对外开放、对内搞活经济的政策，妨碍了经济体制改革的顺利进行，严重地扰乱了社会主义经济秩序。本案所造成的直接经济损失、包括物资霉烂变质、在香港无法退回的货款、难以收回的债权和无力清偿的债务，以及被杜国桢等人挥霍掉的财物，为数达四千万元之巨。本案造成的间接损失则更难以估计，仅以个被骗单位损失过至四千六百三十五万至今不能回收，所负担的银行利息即达一千万余元，杜国桢等人走私出口的大量物资，不仅破坏了国家的外贸管制，而且败坏了我国罐头缓变的商业信誉，严重冲击了一些本产品的国际市场，杜国桢等人的行贿活动，严重地腐蚀了一批党政机关干部，在政治上产生了极其恶劣的影响。

为了保障对外开放、对内搞活经济政策的正确实施，保卫经济体制改革的顺利进行，维护社会主义经济秩序，使我国社会主义现代化建设事业健康发展，根据《刑事诉讼法》第100条之规定，特向你院提起公诉，请依法对上列被告人分别予以惩处。

本案同时提起附带民事诉讼。

此致

福州市中级人民法院

福州市人民检察院
检 察 员：林培森
检 察 员：王界奇
检 察 员：吴振淦
检 察 员：杨依林
检 察 员：董国贵
代理检察员：陈宏康
代理检察员：钟幸生

一九八六年二月二十六日

22

● 杜国桢投机倒把、走私、诈骗、行贿案起诉书（部分）

走私、合同诈骗等经济犯罪活动相互交织，对经济和社会发展造成严重影响。1984年10月，党的十二届三中全会通过了《中共中央关于经济体制改革的决定》，指出"经济体制的改革和国民经济的发展，使越来越多的经济关系和经济活动准则需要用法律形式固定下来。……检察院要加强对经济犯罪行为的检察工作"。1985年6月，最高人民检察院提出，检察机关要在绝不放松打击刑事犯罪的同时，把打击严重经济犯罪作为主要任务来抓。检察机关集中力量查处了一批经济犯罪的大要案，如广东省海南行政区倒卖汽车、外汇案，航天部广宇公司走私案，广东省佛山市刘浩然诈骗案等。福建省杜国桢投机诈骗案则是其中最具影响力的案件之一。

本案涉案人数众多，犯罪金额巨大，罪名复杂，本案的查处对经济犯罪人员形成了巨大的震慑，同时对干部、群众发挥了很强的教育作用。更为重要的是，对一系列大要案的查处，进一步增强了广大检察干警的信心，积累了经验，扭转了不少地方存在的"行贿受贿等等看，投机倒把不能办"的徘徊观望状况，各地出现了敢查敢办的良好势头。本案在当时引起社会高度关注，1985年12月30日，《人民日报》头版对本案进行了报道，并加发了中共中央整党工作指导委员会办公室的按语和评论员文章。

公诉指控

本案被告人多达20人，既有投机倒把、诈骗、走私等严重经济犯罪，又有与其相关联的行贿、受贿、贪污、徇私枉法、玩忽职守等职务犯罪，不仅涉及的罪名多，而且犯罪手段繁复多样，需要指控的犯罪事实十分庞杂。加之部分被告人抵赖，指控犯罪十分具有挑战性。本案公诉词从主犯的犯罪手段入手，指出其严重的社会危害性，进而指出其他犯罪的整体关联性，从八个方面进行论证，非常有力。尤其是对犯罪手段的揭示和社会危害性的论证，堪称经典。

公 诉 词

审判长、审判员：

历时13天的法庭调查，通过审问被告人，出示和宣读证据，听取证人证言和鉴定人意见，证实了本院对杜国桢等20名被告人的指控。

现在，我就本案公诉作如下发言：

一、被告人杜国桢大肆进行投机倒把、诈骗、走私和行贿等犯罪活动，主要是采取政治欺骗和经济诈骗两手交替使用的手段。

1984年7月，被告杜国桢与建红村承包经营建江公司，所签合同销额仅三千余万元，同年实际营业额仅495万元。同年8月，与建新乡联营，扩大经营范围，改为建兴公司。所签合同购销额便上升到七千余万元，其中实际营业为1224万元。同年10月，他与郊区政府外经委联营裕丰公司，所签合同销额一跃而为四亿元，其中实际营业额达2亿元。从建江到裕丰，前后不过大个月，仅根据签订的177份合同统计，购销总额达五亿一千万元，其中实际签订的投机倒把金额近一亿六千万元，诈骗金额八千七百余万元，走私金额一千元百余万元。这里可以看出，随着公私单位级别的提高，其经营规模越来越大，被告杜国桢从中进行的经济犯罪活动也越来越严重。那么，象杜国桢这样一个并无资金的普通职工，在短短的几个月中，怎样摇身一变而为似乎据资巨万的大老板呢？其全部秘密就在于一个"骗"字。

1

被告杜国桢早在1983年7月，就不经批准离开公路局的工作岗位，以其于壮伸元的名义开过二个小店铺，但没有赚到什么钱。他知道在我国推行经济体制改革和开放搞活的新形势下，某些与海外有经济联系，能引进巨额外资的人容易引起一些人的兴趣，也深知在我们社会主义国家里，如果得不到开业许可证、没有合法的外衣，也是难以达到其犯罪目的的。因此，他收集了30多家香港、台湾公司的名称，负责人姓名、地点、电话号码，为后来进行诈骗作了准备。他还把"文革"期间一些资产阶级野心家、阴谋家的处世格言，例如什么"政治上投机，学术上剽窃，生活上钻营，道德上虚伪，手段卑鄙毒辣"。什么"求人支援必烧香，私人情面胜公章"等等，统统摘录在自己的笔记本上。在他看来，欲要赚钱致富，非投机钻营不可。他是这样想，后来也的确是这样干的。具体也的确是这样干的。具体也的确做的骗术：一是把一个是台湾并无显赫地位的胞兄，吹嘘为台湾一家银行的总裁；吹嘘一个亲戚是台湾某地警备司令部的付司令；吹嘘香港某商人授权他可以"按七亿元开盒子"，是他的胞兄，二是他穿他能大量引进外资，先后在菁浦、宁德、福州等地签订了投资几千万美元到一亿美元的一批空头协议书，浆世盖名，骗人上当。三是指使被告林松伪刻六家香港或台湾公司的印章，伪造一家实际上并不存在的台湾裕丰股份有限公司的聘书及嘉奖状，还收集了12家港台公司的空白信笺信封，以制造接受港台商人委托的假象，四是利用我们某些单位负责人不认真履行职责，不重视重研究和贪图坐分红利的弱点，就称投资30万元承包建红公司和授权100万美元、20万元人民币联营裕丰公司，并许诺对方不出资金，不承担亏损责任，坐分红利20%和25%，以此骗取开业执照，银行开户口、税务登记等合法手续。五是采取签订空头的无效合同。

2

骗取买方的巨额预付货款，然后把骗来的钱，用"集动"、"捐助"的名义，向某些单位捐款，借以诂名钓誉，广为招揽，例如，1985年2月，他侧知省体协打算邀请中国女排来福州举办一次球环胜赛的消息后，就捐资7万元，全图以"裕丰杯"的名义包办这场比赛，并由他上台发奖，构成电视，扩大影响，又如他向福州裕城艺术教育中心捐资1万元，便获得一个名誉副主席的头衔，他以这种手法乔装打扮，借以增加行骗的资本。六是千方百计编织人际关系网，寻找保护伞。他通过收买被告人J某，取得看护明道，走私的金额达二亿余元。然而，社会主义的中国，毕竟不是冒险家的乐园，在他还未不得完他的黄梁美梦的时候，就落入了人民的法网，他终究逃脱不了国法的严厉制裁。

二、被告杜国桢等人所犯的罪行，严重地破坏了社会主义经济秩序和经济体制改革，必须依法严惩。

大家知道，我国是实行以计划经济为主的社会主义国家，为了维护社会主义经济秩序，保障经济体制改革的顺利进行，政府一贯禁止投机倒把活动。那么，什么是投机倒把活动呢？最高人民法院、最高

3

人民检察院1985年7月8日发布施行的《关于当前办理经济犯罪案件中具体应用法律的若干问题的解答》第三条指出："倒卖国家不允许自由买卖的物资（包括凭购买证卖生活物资的指标、证照凭证、车皮指标）等指标（包括外币、外汇兑换券、外汇指标）或是国家的价格指标（包括国家的浮动价格），哄抬物价，扰乱市场，牟取暴利的……从事非法倒卖活动的人提供证明信、发票、合同书、银行帐户、支票、现金或其他方便条件，从中牟利的"都是投机倒把行为。其中情节严重，触犯刑法的构成或成投机倒把罪。这个解答的规定符合1981年6月10日全国人大常委会《关于加强法律解释工作的决议》第一条的规定，具有法律效力。这个解答还明确规定"目前正在办理的经济犯罪案件，均按现在的政策法律规定办理"。因此，对本案是也适用的。1982年8月17日国务院发布《关于加强广东、福建两省进口商品管理和制止此货内流的紧告》就有关我省部门贯彻执行这一规定的有关法令和福建省人民政府多次公布的法规，也都明文禁止自由买卖包括汽车、摩托车、电视机、显录音机、手表、化纤及其制品在内的17种进口商品。而且明确规定：对于在购销上禁止商品中，"用行贿索贿等违法手法谋取非法收入；或串换紧俏商品就地转手倒卖，从中牟利；或抬价、低价收购，或弄虚作假、买空卖空"等应给于处罚。刷后，国务院发布的《关于坚决制止就地就手倒卖活动的通知》更明确指出："重要生产资料和紧俏耐用消费品的批发业务，只能由国营商业、物资供销部门、供销合作社和生产这种商品的企业经营，不准其他单位或个人经营，不准纪人零找挂钩从中渔利"。然而，被告杜国桢、李瑞、王涨、杜仲元、汪锋等人竞无视这些法规，在自己无权经营这些商品的情况下，先后倒卖购进进口汽车172辆、摩托车200辆、电视机5200台，显录音

4

● 杜国桢投机倒把、走私、诈骗、行贿案公诉词（部分）

12万只，手表43万5千块，涤纶丝300吨，购销总额达一亿七千多万元，其中实际成交6500多万元，按所签合同的进出价格，可牟利500多万元。事实上其中有七笔已经非法牟利34，580元。他们在从事这些非法活动过程中，曾经被福州市工商行政管理局察觉，并发函通知他们立即加以制止。但他们藐视国法，有禁不止，不但没有收敛，反而变本加厉地继续进行下去。

被告杜国桢等人在大肆投机倒把的同时，为了筹措周转资金，在自己并无本钱的情况下，就大肆诈骗他人钱财。他利用同建新乡和郊区联营集体经济企业这块金字招牌，披着持有工商营业执照这件合法外衣，明知自己无履行合同的能力或担保，而采取欺诈手段，与其它的无效单位签订空头的无效合同，骗取对方预付货款。有的根本没有签进货源，却欺骗对方是现货交易。如在被告杜国桢指使下，被告李涵生与广东省东莞县昌文贸易公司签订销售三万只彩管合同，骗取货款2017万元。有的少签入多签出。在杜国桢指使下，李涵生和庄深二人利用一份向广东省佛山市签进30万块手表的合同，然后分别与其他三个单位签出80万块手表的合同，从中骗取货款2780万元。有的在被对方发觉是骗局，索还货款后，又转而欺骗另一家，用拆东墙补西墙的方法应付。如上述骗局被晋江地区农垦农工商联合企业公司紫帽山购销站发觉并追讨货款时，被告杜国桢、李涵生又谎称有彩色显象管，转而骗取漳州物资贸易中心等三家的预付款1380万元，至今未还。有的则采取移花接木的方法行骗。如被告杜国桢听到广东佛山的张富英说，该市一个单位有留成外汇出卖，可以介绍，凭着这样一条并不可靠的信息，杜国桢竟谎称自己在广东和香港存有1700万美元，便指使被告庄深与泉州、南安二个单位签订炒卖美元的合同，从中骗取对方汇款2200多万元，其中1300多万元至今未还。最

5

高人民法院、最高人民检察院《关于当前办理经济犯罪案件中具体应用法律的若干问题的解答(试行)》的第四条规定："个人明知自己并无履行合同的实际能力或担保，以骗取财物为目的，采取欺诈手段与其他单位、经济组织或个人签订合同，骗取财物数额较大的，应以诈骗罪追究刑事责任。"由此可见，上述情节定为诈骗是完全正确的。虽然被告杜国桢无本经商，其全部商业活动都具有诈骗性质，但定为诈骗罪的只是其中具有充分证据的一部份。对于同一行为而触犯了几条刑律的，如投机倒把和诈骗两者兼有的，按重罪吸收轻罪的原则，只认定其中的一罪。我们还从诈骗的8716万余元总额中，把经过对方追讨，在骗占使用一段时间后偿还的4555万余元和至案发时为止还被其骗占的4160万余元两种情况加以区分。这样认定，也是非常实事求是的。

审判长，审判员：正如最高人民法院郑天翔院长1986年1月3日在向六届全国人大常委会第14次会议作汇报时所指出的那样："从前年第四季度起，一些'公司'、'中心'蜂拥而起，其中有些是'四无公司'，他们骗取或利用其他不正当手段得到银行贷款和预付货款，买空卖空，投机诈骗。这种犯罪活动严重地破坏了社会主义经济秩序和经济体制改革，使国家和集体受到极大损失，必须以投机倒把罪并诈骗罪给予严处"。

在这次庭审调查中，被告杜国桢讲了一连串的假话，说什么他是有资金的，香港有他的钱，交给黄恒伟的八万五千元是他的钱，他手上还有过二万美元。我们认为，按照《会计法》有关规定，建兴、裕丰两公司帐上没有投资体现的，就不能算是自有资金。事实上所谓香港的钱，那是国内炒买外币偷运出去的。他交给黄恒伟的钱乃是骗取别人的货款，并不是他自己的钱。不错，他曾有过二万元美

6

金，但我们早已查明，这笔美元是一个名叫李麟培的经济犯罪分子从海外客商手中骗来然后转借杜国桢的，并非是被告杜国桢自己的钱。他还说，经营上述进口物资是经过郊区允许的。事实上，建兴、裕丰两公司的工商登记中，既无这个许可范围，郊区政府也没有另行给予批准。至于他所讲的，他所签出的合同都有货源。大量证据已充分证明了，他所签的大多数合同都是空头的无效合同。例如河北邯郸一家公司签给他的彩管合同本身就是空头的，他以76万元代办费的代价签进后，又转手签出，签进的八万只，签出时变成27万只，从中骗取五家货款四千七百多万元。杜国桢这些辩解，只能说明他在庄严的法庭上仍然要弄骗术罢了。

三、冒充对台贸易，进行走私，是被告杜国桢等人在新形势下进行经济犯罪活动的一种新的手段。

对台贸易是我省的一项重要工作。这一工作，对加强海峡两岸的经济交往，促进祖国的统一大业，是有十分重要意义的。但是，必须加强管理，严防一些不法分子以对台贸易的名义走私和破坏我正常对外贸易。而被告杜国桢等人恰好就是这样一伙乘对台贸易之机进行走私的犯罪分子。尽管他们在庭审时口口声声说是对台贸易，但大量证据表明，他们所搞的根本不是什么对台贸易，而是地地道道的走私犯罪活动。请看如下事实：第一，被告杜国桢等人没有经过国家主管部门批准允许经营对外贸易或对台贸易。第二，杜国桢等人走私的商品，数额特别巨大，根本不属于小额对台贸易范畴。霞浦县既无权批准，事实上也并没有向省的有关部门报批。该县对台工作部出具的"申报定船报告"中所说的受台商委托，纯属虚构和捏造。第三，装载走私货物的新华8号轮是在国际航线上航行的，该船离港前根本没有经过边防、海关、卫生检疫、港监等部门的联合检查。第四，新华8号

7

轮航证薄的签证是在被告胡良基滥用权力、强迫只能办理国内航线签证手续，无权办理国际航线签证的县港务站代签的，因而这个签证是非法的。第五，新华8号轮运出的各种罐头根本没有经过商品检验并取得出口许可。第六，尽管被告杜国桢等人口口声声说这是由香港中转去台湾的，但事实并非如此，他们既没有同我在港机构联系及办理任何手续，也并无一丝一毫的商品运到台湾。这批走私货物是在香港就地销售的。第七，新华8号轮所运货物，系由霞浦县福宁公司开出货物准运证，但这个公司不是合法的对台贸易单位，所出具的证件完全是非法的。第八，被告杜国桢在第一次走私得逞后向有关单位出示的一些台湾商行的委托证件，经侦查证实，这些东西都是被告林松伪造的。其目的在于掩饰其第一次走私性质，并为尔后继续冒充对台贸易创造条件。第九，被告杜国桢早有走私动机，1984年9、10月间，他负债累累，逼债临门。为了摆脱这一困境，他曾经盘算过，把商品运往香港赚取外汇，不从马尾港而从三沙港出口，可以逃避关税，从中获利。因而决定采取冒充对台贸易的名义以逃避海关的监管。第十，为了筹集走私所需的资金，被告杜国桢指使被告李涵生、杜伴元等伪造供销合同，并谎称对台贸易已取得主管部门的批准，向中国银行福州分行骗取贷款一千万元。以上十点事实足以证明，被告杜国桢等人的上述行为根本不是什么对台贸易，而是地地道道的触犯刑法118条的走私犯罪。

对台贸易虽然是一项新的经济工作，但有关部门发布的政策、法令、法规还是十分明确的。《工商企业登记管理条件》第17条规定："工商企业必须按照国家的政策、法令和核定的登记事项从事生产经营。"被告杜国桢等人并无经营对外贸易或对台贸易业务的许可。省委、省政府办公厅《关于当前对台直接贸易有关问题的紧急通

8

● 杜国桢投机倒把、走私、诈骗、行贿案公诉词（部分）

（一）深刻揭露政治欺骗和经济诈骗交替使用的犯罪手段

公诉人指出，杜国桢大肆进行的投机倒把、走私、诈骗和行贿犯罪活动，全部秘密就在于一个"骗"字。一是把在台湾并无显赫地位的胞兄吹嘘为一家大银行的总裁，虚构亲戚是台湾某地警备司令部的副司令，吹嘘自己有经济后台；二是谎称自己能大量引进外资；三是指使被告人林松伪造六家香港或台湾公司的印章和聘书、嘉许状，形成受委托的假象；四是骗取营业执照、银行开户、税务登记的合法手续；五是采用签订空头无效合同骗取巨额预付款。这些总结抓住了杜国桢犯罪手段的基本要点，指控非常有力。

（二）深刻论证犯罪行为的社会危害性

公诉人指出，杜国桢等人的犯罪行为严重破坏了社会主义经济秩序和经济体制改革，必须依法严惩。公诉人指出，被告人杜国桢在自己并无本钱的情况下，利用同建新乡和郊区联营集体经济企业的金字招牌，披着持有工商营业执照的合法外衣，明知自己无履行合同的能力或担保，而采取欺诈手段与其他单位签订无效空头合同，骗取对方预付款。有的根本没有签订进货源，却欺骗对方现货交易。这种犯罪活动严重破坏了社会主义经济秩序和经济体制改革，使国家和集体利益受到极大损失。对于杜国桢等人的走私行为，公诉人指出，被走私到香港的131吨商品中大部分是贴有福建省出口名牌罐头的商标，鱼目混珠。一方面破坏了我国的外贸管制，引起与我国签订包销合同的外国代理商的异议，损害国家外贸信誉。另一方面，把不符合出口质量标准的蘑菇罐头在香港抛售，严重破坏了优质品牌的声誉，而且使福建省二十多年来精心发展起来的蘑菇市场受到极大冲击。

福建省福州市中级人民法院

刑 事 判 决 书

（86）榕法刑一字第10号

公诉人：福建省福州市人民检察院检察员林培森、王界奇、吴振瑜、杨依林、董须贵、代理检察员陈玄康、仲幸生。

被告人：杜国桢，男，五十四岁，汉族，福建省厦门市人，初中文化，原系省公路第二工程公司第三施工队职工，一九八三年六月擅自离职经商，先后任建红企业公司、建兴实业公司董事长、裕丰实业公司副董事长。住福州市暗垅街64号。一九八五年三月九日因走私举收容审查，同年六月二十五日逮捕。现在押。

辩护人：甘萱，漳平县律师事务所律师。

辩护人：洪波，福建对外经济律师事务所律师。

被告人：李涵生，男，五十四岁，汉族，福建省莆田市人，大专文化，原系福建省中医药研究所医生，建兴实业公司顾问。住福建中医学院宿舍。一九七八年因投机倒把被免予刑事处分。一九八五年十月十五日因投机倒把、诈骗罪逮捕。现在押。

辩护人：周荤金，福州市律师事务所律师。

被告人：林常平，男，三十六岁，汉族，福建省霞浦县人，初小

纪行为。但其动机是为了减轻工厂产品大量积压，偿还银行贷款等，并没有和杜国桢共同牟私的故意，不构成犯罪。

被告人赂寨璠身为信贷科长，不认真执行贷款"三查"制度，轻率地批准了一千万元贷款给裕丰公司，致使杜国桢得以利用此款进行犯罪活动，严重失职。但银行已按期收回本息，没有给国家财产造成直接损失，不构成犯罪。

被告人吴谁材身为郊区政府领导，对杜国桢的资信未布置审查，便赞同联营。经区长同意主持联营洽谈，会签了批准成立裕丰公司的文件，得知该公司扩大经营范围，未予制止。吴对上述行为负有一定责任，但主要是工作上的失误且不是主要责任者，故不构成犯罪。

被告人刘阿顺轻信杜国桢"对台贸易"的谎言，和陈良源商定由具了一张证明产品合格的便函，被杜国桢寄到香港后，由于不具备出口商品商检证书的效力，未起作用，与杜国桢私得逞没有因果关系，不构成犯罪。

被告人郑庭炽身为区法院领导，对于今向其汇报的诉讼当事人"自愿捐赠"财物给法院，对于认真进行审查，就批准接受为公用犯有错误。但郑主观上没有为该捐赠人和单位谋取非法利益的故意，且本人亦没有中饱私囊，不构成犯罪。

为维护社会主义秩序，严厉打击经济领域里严重经济犯罪活动，保障开放、改革和社会主义建设顺利进行。依照《中华人民共和国刑法》第一百一十八条、第一百五十二条、第一百二十五条、第一百八十五条、第一百五十五条、第一百四十三条、第五十三条、第六十七条、第二十条、第十条、第六十一条和全国人大常委会《关于严惩严重破坏经济的罪犯的决定》第一条第一项的规定，分别判决如下：

18

212

被告人杜国桢犯投机倒把罪、走私罪均判处死刑，剥夺政治权利终身；犯诈骗罪，判处无期徒刑，剥夺政治权利终身；犯贿罪，判处有期徒刑三年，决定执行死刑，剥夺政治权利终身。

被告人李涵生犯投机倒把罪，判处死刑，缓期二年执行，剥夺政治权利终身；犯诈骗罪、贪污罪，均判处有期徒刑十五年；犯私贿罪，判处有期徒刑五年，决定执行死刑，缓期二年执行，剥夺政治权利终身。

被告人林常平犯私罪，判处死刑，缓期二年执行，剥夺政治权利终身；犯贿罪，判处有期徒刑一年，决定执行死刑，缓期二年执行，剥夺政治权利终身。

被告人庄深拢诈骗罪，判处无期徒刑，剥夺政治权利终身；犯投机倒把罪，判处有期徒刑十年，犯贪污罪，判处有期徒刑五年，决定执行无期徒刑，剥夺政治权利终身。

被告人林松犯走私罪，判处有期徒刑十年（刑期自一九八五年三月十四日起至一九九五年三月十三日止）。

被告人杜传元犯投机倒把罪，判处有期徒刑五年；犯私罪，判处有期徒刑二年，决定执行有期徒刑六年（刑期自一九八五年七月二十七日起至一九九一年七月二十六日止）。

被告人马晓明犯贪污罪，判处有期徒刑六年（刑期自一九八五年七月二十七日起至一九九一年七月二十六日止）。

被告人黄建斌犯走私罪，判处有期徒刑二年（刑期自一九八五年十月十七日起至一九八七年十月十六日止）。

被告人于平，犯徇私舞弊罪，判处有期徒刑二年（刑期自一九八五年十月十二日起至一九八七年十月十一日止）。

被告人汪觉金犯玩忽职守罪，判处有期徒刑二年（刑期自一九八

19

五年十二月二十四日起至一九八七年十二月二十三日止）。

被告人李挺榕犯玩忽职守罪，判处有期徒刑一年六个月（刑期自一九八五年十月十四日起至一九八七年四月十三日止）。

被告人王国琪犯受贿罪，判处有期徒刑一年六月（刑期自一九八五年十月十四日起至一九八七年四月十三日止）。

以上判处有期徒刑的被告人刑期自判决执行之日起计算，判决执行前羁押的，羁押一日折抵刑期一日。

被告人胡良基犯玩忽职守罪，判处有期徒刑二年，缓刑二年（缓刑考验期限从判决确定之日起计算）。

被告人杨有志、任蒙、陈良源、赂寨璠、吴谁材、刘阿顺、郑庭炽均宣告无罪。

对本案的赃款赃物按理易刑依法裁定。

如不服本判决，可在接到判决书次日起十日内向本院提出上诉状及副本一式二份，上诉于福建省高级人民法院。

福建省福州市中级人民法院刑事审判一庭

审 判 长 林孝永
审 判 员 陈期永
代理审判员 郑力洋
一九　　　年　　月　　日
书 记 员
陈平
王晓明

● 杜国桢投机倒把、走私、诈骗、行贿案一审判决书（部分）

（三）对相关职务犯罪被告人的指控

本案指控的难点在于被告人众多，其中有部分国家工作人员涉嫌受贿、玩忽职守、徇私枉法。公诉人在庭审中对涉嫌职务犯罪的被告人推诿罪责的借口进行批驳。一是所谓"缺乏经验，受骗上当"。公诉人指出，只要认真履职、坚持照章办事、依法办事，避免受骗是完全可能的。关键在于这些被告人的玩忽职守。二是所谓"只是一般的工作失误，不能作为犯罪追究"。公诉人指出在开放搞活的新形势下，对一些问题一时看不清、拿不准、处理不当，在所难免，然而有章不循、有禁不止，就不是一般的工作失误了。三是所谓"致富心切，动机良好"。公诉人指出，"在对外开放，对内搞活经济新形势下，许多重大经济犯罪活动都具有内外勾结的特点，本案被告玩忽职守的行为客观上帮助社会上经济犯罪分子做了自己做不到的事，这种危害性还小吗？"这种质问非常有说服力。从法院判决结果看，检察机关对于国家工作人员职务犯罪的指控，法院给予了部分支持，有7名被告人被判处无罪。这也体现了当时经济体制改革背景下，干部在经济管理、招商引资等方面职务行为的法律与政策界限需要逐步明晰。

案例推荐：福建省人民检察院

撰稿：上官春光

审稿：桑涛

孟永富爆炸案

——铁路运输检察机关办理的涉铁危害公共安全案

基本案情 ··

孟永富，别名孟小六，男，时年 25 岁，贵州省都匀市人，农民。

1989 年 6 月 28 日，孟永富为了劫取财物，携带盗窃所得的 3 公斤炸药、雷管、导火索及扳手、螺丝刀等作案工具，到黔桂铁路线苦李井至杨柳街站区间 K481+758.4 米处，用扳手卸掉上行左侧一钢轨接头螺栓 4 颗，在同一侧前 100 米处卸掉另一钢轨接头螺栓 2 颗，将安装好雷管、导火索的炸药包放在钢轨接头下。待见到 296 次客车通过苦李井隧道，机车灯光照在对面山坡上时，用火柴点燃导火索后朝小高山上逃跑。23 时 09 分，296 次客车机后二节车厢经过时，炸药包爆炸，导致列车前半部被颠覆脱轨，旅客死亡 6 人，重伤 1 人，轻伤 13 人，损坏线路 300 米，车辆大破 3 辆，中破 1 辆，小破 3 辆，中断行车 84 小时 21 分，直接经济损失 620600 余元，间接损失 2625800 余元。列车被炸后，孟永富从山坡上返回，企图劫取财物但未能得逞。

1989 年 12 月 22 日，孟永富因爆炸案被收容审查，1990 年 2 月 20 日被逮捕。1990 年 4 月 2 日，四川省人民检察院成都铁路运输分院向成都铁路运输中级法院提起公诉。同年 4 月 26 日，法院以爆炸罪判处孟永富死刑，剥夺政治权利终身。

案件背景与社会影响

　　铁路是经济的大动脉，搞好铁路运输、维护铁路运输秩序是关系到国计民生的大事。铁路检察机关的职责作用就是要充分发挥检察职能，严厉打击危害铁路安全的严重刑事犯罪，保障铁路运输畅通。

　　1989 年 4 月 28 日，最高人民检察院下发了《关于坚决依法从重从快打击严重刑事犯罪分子的通知》，提出：为了迅速取得打击刑事犯罪的社会效果，要坚决贯彻全国政法工作座谈会议的精神，地方各级检察院和铁路运输检察院要大力抓好大中城市、交通干线和沿海开放地区的工作。特别是主要城市及各省会城市、各铁路枢纽站、各港口码头的工作，要主动与公安机关密切配合，抓紧批捕、起诉一批严重刑事犯罪分子，配合法院公开宣判一批严重刑事犯罪案件，又狠又准地打击刑事犯罪的嚣张活动。

　　"6·28"特大爆炸案严重地破坏了铁路运输安全，给国家和人民生命财产造成了重大损失，在全国铁路史上都是罕见的。孟永富的犯罪行为给国家和人民生命财产造成了重大损失，给社会造成了极大危害，给死难者家属造成了极大的不幸。死难者中有国家干部、高级工程师、商业工作者和小学生，最大年龄 49 岁，最小的才 12 岁。

　　本案在铁路运输检察领域具有一定的典型性，也是铁路运输检察机关充分发挥依法从重从快严厉打击刑事犯罪分子的方针的威力，积极克服侦查技术、交通工具等困难，加快出庭公诉等环节工作，取得更大的社会效果的代表性案例。

公诉指控

（一）运用科学技术，夯实证据基础

　　本案被告人孟永富存在作案时没有任何人看见、妄图逃脱的侥

幸心理，在到案之后，开始不供述，后来供述又翻供，在庭审现场的法庭调查中又全部翻供。其负隅顽抗、顽固抵赖的态度，加大了检察机关指控犯罪的难度。因此，公诉人在发表公诉意见时，对案件证据进行了深入浅出的分析论证，环环相扣，展示了完整的证据链条。

通过刑事科学技术鉴定和调查结果，确定了在案发现场发现的作案工具，包括活动扳手、电子表、螺丝刀等物品，其基本特征与被告人交代的细节以及心理活动完全相符。而且，根据技术勘验，发现上述作案工具的地点，正是被告人点燃导火索后朝小高山上逃跑的路线。

（二）深挖犯罪细节，排除合理怀疑

本案被告人孟永富不务正业，又因家中两次失火导致家境贫寒，以致于产生悲观厌世情绪。自认为火车上做生意的人多，遂产生将火车炸翻后趁乱上车偷钱的邪念。被告人供述的作案手段与现场勘查结果在细节上高度一致，包括卸脱螺栓的具体位置、数量。由于案发现场于当晚 23 时 50 分封闭，7 月 3 日结束，在此期间，除勘查技术人员和有关工作人员以外，其他任何人不得进入现场，如犯罪行为非本人亲自实施，被告人是绝不可能知道爆炸现场的具体情况，尤其是爆炸点的具体位置。然而，被告人却能明确说出爆炸点正是在卸脱 4 颗螺栓的 K481+758.4 米的钢轨接头处，现场勘查与被告人供述一致。事实上，在被抓获的当日，被告人孟永富在侦查人员的带领下，沿着靖道官附近铁路线往返查看，就能明确指认其卸下 4 颗螺栓和卸脱 2 颗螺栓以及炸药放在钢轨接头下的位置、炸药点火后朝山一侧山坡逃跑的路线，与现场勘验起获情况基本吻合。根据现场勘查和检测，在现场附近提取的活动扳手，当时最大开口处为 36 毫米，与钢轨螺帽外径 36 毫米一致。被告人孟永富供述：开始我把扳手扭到和螺帽一样大后，一直没有动过扳手扭大扭小的地方。这与现场勘查情况吻合，从而证实活动扳手是被告人作案后逃跑时所留。

（三）运用证人证言，印证有罪供述

查明爆炸物来源，确定被告人作案条件。被告人曾供述，炸火车的炸药、雷管、导火索，是1988年底或者1989年初的一天晚上，和孔某某、罗某某在某煤矿偷的。经询问两名证人，二人证言与被告人供述一致，并得到被盗煤矿人员的证实。且通过被盗当地公安局鉴定，该煤矿所用炸药为硝铵炸药，与现场爆炸物鉴定为同一。

收集传来证据，确定被告人作案具体情况。1990年1月6日，被告人被关押在贵州省公安局看守所时，同监室关押的孟某某问他为什么被关，被告人孟永富即向孟某某谈及了其炸火车的具体情况。即被告人直接向他人讲述了自己的犯罪行为。另外，孟永富的女友罗某某提供，案发后第四天，她和孟永富在公园时，罗某某提及苦李井火车被炸，孟永富随即讲了苦李井火车被炸的具体时间是11点钟，也能由此证明被告人知晓爆炸案的具体时间。在强大的证据链条面前，孟永富终于对自己的犯罪行为供认不讳。法院采纳了检察机关的全部指控，并依据孟永富犯罪的事实、情节、危害程度，判处孟永富死刑，剥夺政治权利终身。

案例推荐：四川省人民检察院
撰稿：蔡明璇
审稿：桑涛

周宪光防卫过当案

——免予起诉制度在涉台案件中的适用

基本案情

周宪光，台湾省人，台湾地区"保安警察第 7 总队直属中队"队员。

1991 年 3 月 8 日下午 4 时许，周宪光与其他台湾警员驾驶台湾 501 号艇在彭佳屿海域巡逻时，与福建省平潭县的闽平渔 5069 号渔船相遇，周宪光同其他两名警员登船检查，发现该船载有茶叶、木雕等物品，疑似走私，决定押往台湾基隆。最初，台湾警员按 270 度航向操舵航行（认为是驶往基隆，实际是驶向福建沿海），后又指令渔民仍按此航向操舵航行。因海上风浪大，船行不稳，操舵的渔民曾遭到台湾警员的打骂。9 日凌晨 4 时许，操舵的渔民又遭辱骂殴打，引起冲突。此间，渔民林绍程扑向正欲起身的周宪光，并咬了周宪光的左手无名指。在扭打中，周宪光打开冲锋枪的保险，随即扣动扳机，击中身旁的渔民林武。船员发现林武受伤后，急忙抢救，周宪光也参加抢救。周宪光的冲锋枪被渔民林绍程夺下，抛至海中。后林武因伤重失血过多死亡。周宪光等 3 名台湾警员被船员带回福建省平潭县。经法医检验，林武系被 3 发枪弹击中，造成腹腔内脏的破损，引起大失血后死亡。

平潭县公安局认为周宪光的行为属防卫过当，造成被害人死亡，触犯了 1979 年《刑法》第一百三十四条，已构成犯罪。但根据《刑法》第十七条第二款，并考虑其事后主动抢救被害人等情节，应予免除处罚。根据 1979 年《刑事诉讼法》第九十三条第二款之规定，于 1991 年 3 月 29 日将本案移送平潭县人民检察院审查，请求依法免予起诉。经审查，平潭县人民检察院认为周宪光的行为虽有防卫性质，但超过必要限度，致人死亡，造成不应有的危害，实属过当，应当负刑事责任，已构成故意伤害罪。但鉴于周宪光的犯罪属于防卫过当，且事后主动参与抢救被害人，认罪态度好，故依照《刑法》第十七条第二款和《刑事诉讼法》第一百零一条之规定，于 1991 年 4 月 3 日决定，对周宪光免予起诉。

案件背景与社会影响

自从 1979 年祖国大陆提出"和平统一"的对台方针后，两岸关系呈现缓和状态，不断向前发展。20 世纪 80 年代以来，国务院先后颁布了《关于台湾同胞到经济特区投资的特别优惠办法》《关于鼓励台湾同胞投资的规定》等政策、措施，这些政策、措施充分反映了两岸工商业界的利益要求，直接推动了两岸经贸关系的建立和发展，两岸商会往来频繁，联系密切，两岸贸易有了较快发展。面对中国共产党对台政策的转变，台湾当局虽然坚持"不接触、不谈判、不妥协"三不政策，但也做出了有限的积极回应。特别是 1987 年台湾当局解除"戒严令"，有限开放大陆探亲，长达三十多年的两岸隔绝状态被打破，两岸人员往来和经济、文化等各项交流随之发展起来。随着两岸经贸往来逐渐增多，民间交流日益频繁，也由此衍生出海上犯罪、偷渡走私、文书查（验）证、财产继承、婚姻关系、经贸纠纷等诸多问题。为处理海峡两岸各项交往和交流所衍生的各项事务，海峡交流基金会和海峡两岸关系协会相继挂牌工作，并于 1992 年达成"九二共识"，1993 年举行了第一次"汪辜会谈"，海峡两岸关系发展迈出了历史性的重要一步。

此间，台湾海峡海上纠纷事件日渐增多。一方面，两岸渔民海上纠纷增多；另一方面，台湾军警参与制造的海上纠纷事件也急剧增多。本案正是发生于此背景之下。

案件发生后，在台湾引起轩然大波。由于本案发生在台海关系的关键期，引起了党中央的高度重视。在最高人民检察院的指导下，平潭县人民检察院认为周宪光构成故意伤害罪，鉴于周宪光的犯罪属于防卫过当，且事后有积极的救助行为，认罪态度较好，对周宪光免予起诉。本案的处理，体现了在办理带有政治因素的案件时，检察机关通过依法正确适用法律，使案件在法律范畴内得以有效解决，取得了很好的政治效果。

免予起诉

本案最终的处理结果是对周宪光作出了免予起诉决定，当然，这一决定是建立在事实与证据基础上的。查明案件事实是准确定性的基础，也为正确行使免诉权提供了前提。平潭县人民检察院免予起诉决定书中认定"九日凌晨四时许，操舵的渔民又遭辱骂殴打，引起冲突。此间，渔民林绍程扑向正欲起身的被告人周宪光，并咬了周宪光的左手无名指。在扭打中，被告人周宪光打开冲锋枪的保险，随即扣动扳机，击中身旁的渔民林武"，为依法认定周宪光的行为具有防卫性质，但超过必要限度，致人死亡，属于防卫过当，提供了事实依据。认定周宪光"事后主动参与抢救被害人，认罪态度较好"，则为依法从宽处理提供了情节考量。基于上述事实和情节，平潭县人民检察院依法对周宪光免予起诉。

平潭县人民检察院

免予起诉决定书

闽检刑免字（1991）第8号

被告人周宪光，男，二十二岁，台湾省人，汉族，高中文化程度，住台湾省台北市北投区知行路三百一十六巷二十二弄十一号一楼。

被告人周宪光故意伤害一案，由平潭县公安局侦查终结，移送本院审查免予起诉。经审理查明其犯罪事实如下：

一九九一年三月八日下午四时许，在彭佳屿海域，台湾五零一号艇与福建省平潭县的闽平渔五九六九号渔船相遇，被告人周宪光阿该艇其他两人强行登上渔船，按二百七十度航向操舵航行，后又指令渔民仍按此航向操舵航行。因海上风浪大，船行不稳，操舵的渔民曾遭到对方人员的打骂。九日被晨四时许，操舵的渔民又遭周驾殴打、引起冲突。此间，渔民林绍程扑向正欲起身的被告人周宪光，并咬下周的左手无名指。在扭打中，被告人周宪光打开冲锋枪的保险，随即扣动扳机，击中其身旁的渔民林武（男，二十一岁，平潭县白青乡白砂村人）。经法医检验，林武系三发枪弹击中，造成胸腔内脏的破损，引起大失血，数小时后死亡。被告人周宪光的冲锋枪被渔民林绍程夺下，抛至海中。

被告人周宪光的上述犯罪事实，有物证、证人证言、法医学检验

报告、现场勘察笔录等所证实，事实清楚，证据确实、充分，足以认定。被告人周宪光亦供认在案。

本院认为，被告人周宪光的行为虽有防卫性质，但超过必要限度，致人死亡，造成不应有的危害，实属过当，应负刑事责任，其行为触犯了《中华人民共和国刑法》第一百三十四条之规定，已构成故意伤害罪。但鉴于被告人周宪光的犯罪属于防卫过当，且事后主动参与抢救被害人，认罪态度较好，故依照《中华人民共和国刑法》第十七条第二款和《中华人民共和国刑事诉讼法》第一百零一条之规定，本院决定：对被告人周宪光免予起诉。

如不服本决定，可在接到本决定书的第二天起七日内，向本院提出申诉。

检察长：

一九八一年四月三日

本件与原本校对无异

附注：1. 本决定书正本发被告人周宪光。
　　　2. 本决定书副本送平潭县公安局。

● 周宪光防卫过当案免予起诉决定书

1979年《刑事诉讼法》第一百零一条规定："依照刑法规定不需要判处刑罚或者免除刑罚的，人民检察院可以免予起诉。"免予起诉是当时的法律赋予人民检察院同刑事犯罪作斗争的重要法律手段，是人民检察院依法履行法律监督职责不可缺少的内容。司法实践表明，免予起诉制度对于及时有效地分化瓦解犯罪分子，孤立、打击少数，争取、挽救多数，化消极因素为积极因素，保证刑法的正确实施，减轻人民法院的负担具有十分重要的意义。

案例推荐：福建省人民检察院

撰稿：宁春晖

审稿：桑涛

贾文革等五人抢劫、
杀人、强奸案

——讷河特大连环杀人案

基本案情 ···

　　贾文革，男，时年28岁，住黑龙江省讷河县讷河镇，讷河县农业机械厂工人（停薪留职）。1985年11月6日因盗窃被讷河县公安局收容审查3个月。

　　（其他被告人基本情况略）

　　1991年1月的一天，贾文革在齐齐哈尔火车站遇见王某某，贾文革以结伴同行为名，将王某某骗至讷河镇家中，贾文革与其同伙先后用刀刺王某某胸部，王某某因刺破心脏失血死亡，贾文革与其同伙将王某某尸体掩入贾文革住宅内窖中，抢得人民币50元。1991年3月的一天，贾文革等人流窜至富裕火车站，贾文革以帮助找工作为名，将女青年曾某某骗至讷河镇家中，在贾文革指使下，其同伙先后将曾某某强奸，尔后用绳索勒、刀刺等手段将曾某某杀死，将尸体掩入贾文革住宅内窖里，抢得人民币一百余元、银手镯一只。1991年3月下旬的一天，贾文革等人流窜至嫩江火车站，以色情诱惑将宋某某勾引至讷河镇贾文革家中。贾文革强行向宋某某面部喷自配的麻醉药，后与同伙以勒颈、刀刺等方式，将宋某某杀

死，尸体掩入贾文革住宅内窖里，抢得人民币五百余元、金戒指一枚、小型收录机一台。在 1990 年 7 月至 11 月不到半年的时间里，以贾文革为首的暴力犯罪团伙，先后将 20 多名青年妇女杀死后藏尸于地窖；于 1991 年 1 月至 8 月短短数月间，陆续将外地农民、推销员刘某某等 22 人（其中有妇女 3 人）骗到家中，用喷射麻醉剂、注射过量安眠剂、绳勒、刀刺、斧砍等手段将他们杀死，还将农民孙某某勒死、剖腹，挖出心肝，切下睾丸煮熟吃掉，手段之残忍令人发指。

此案由讷河县公安局侦查终结，提请批捕，讷河县人民检察院批准逮捕。1991 年 12 月 31 日，黑龙江省齐齐哈尔市人民检察院向齐齐哈尔市中级人民法院提起公诉。1992 年 1 月 8 日，齐齐哈尔市中级人民法院依法对贾文革作出一审判决，以杀人罪判处死刑，以抢劫罪判处死刑，以强奸罪判处有期徒刑六年，以盗窃罪判处有期徒刑十年，数罪并罚，决定执行死刑。其他 4 名被告人也分别被判处死刑、有期徒刑。贾文革等人上诉至黑龙江省高级人民法院。1992 年 1 月 21 日，黑龙江省高级人民法院作出终审判决，驳回贾文革等人的上诉，维持原审判决，并依法核准贾文革等 4 人的死刑判决。

案件背景与社会影响

讷河本是黑龙江省一个美丽整洁的县城，贾文革系列抢劫杀人案，却给讷河带来了极大的负面影响。从 1990 年到 1991 年短短一年时间里，以贾文革为首的暴力犯罪团伙先后杀害数十人，导致"不想活，到讷河"成为 20 世纪 90 年代广泛流传的一段话。案发时，讷河县政府正在进行撤县设市工作，因为此案撤县设市工作被迫停止，直至该案告破，犯罪人伏法后，才重启撤县设市工作。贾文革特大杀人案震动了中央领导，产生了恶劣的社会影响。

公诉指控

（一）检察机关在案件中的职能作用

以贾文革为首的犯罪团伙，疯狂作案，仅仅一年时间，杀害42人，给当地群众以及外来客商带来了极大恐慌，严重危害社会秩序，危及人民生命财产安全。犯罪嫌疑人归案后，检察机关依法及时批捕犯罪嫌疑人，确保犯罪嫌疑人不再危害社会，保障诉讼顺利进行。检察机关充分发挥检察一体的优势，齐齐哈尔市人民检察院依法指导讷河县人民检察院准确办案，并根据案件管辖的规定，依法对案件审查起诉、出庭支持公诉，用确实充分的证据将被告人的罪行昭然于法庭，让被告人得到应有的法律惩罚。

（二）公诉中的证据审查

本案能够破获，有一定巧合，当时贾文革与同伙到浙江作案，因牵涉其他案件被当地警方抓获，此案才得以水落石出。本案被告人贾文革等残害数十条性命，报案的人却不多，这不太符合常理。因为一般人口失踪，家属会第一时间报案。后经调查发现，此案受害人多为社会上的不良青年，她们经常夜不归宿，家里平时对其管教少。报案少而发案数量多，对检察机关审查起诉提出挑战。检察机关指控犯罪的证据，必须能够相互印证，形成完整的证据链条，证明结论唯一地指向被告人。检察机关也必须查明被告人交代的每一项犯罪事实之真假，不应漏掉任何有疑点事实之查证。此案中，被告人贾文革等供述作案数量与报案数量有差异，检察机关在审查

黑龙江省齐齐哈尔市人民检察院

起 诉 书

齐检刑起字〔1991〕第 142 号

被告人贾文革，男，二十八岁，汉族，籍贯黑龙江省齐齐哈尔市，初中文化，住黑龙江省讷河县讷河镇卫东街华兴委二十七组，系讷河县农业机械厂工人（停薪留职）。一九八五年十一月六日因盗窃被讷河县公安局收容审查三个月。一九九一年十一月八日因抢劫、杀人、强奸被齐齐哈尔市讷河县公安局刑事拘留，一九九一年十一月九日讷河县人民检察院以抢劫、杀人、强奸罪批准，次日由讷河县公安局执行逮捕。

被告人李秀华，男，二十四岁，汉族，籍贯黑龙江省讷河县，初中文化，住讷河县清和乡江东村三屯，农民。一九九〇年三月二十七日因盗窃被齐齐哈尔市人民政府劳动

— 1 —

抢得人民币一万三千余元、金戒指五枚（价值五千八百九十元）及其它物品，参与强奸一人，参与盗窃作案一起，盗窃价值一千五百元。

被告人徐丽霞共参与杀人、抢劫作案三十一起。其中：参与杀死二十二人，参与抢劫三十一起，抢得人民币一万四千五百余元、金戒指五枚（价值人民币五千八百九十五元）及其它物品。

被告人孙文力参与杀人、强奸一人。

被告人王艳玲共参与作案六起。其中：参与抢劫作案三起，抢得人民币六百一十元；参与盗窃作案三起，盗窃价值二千三百元。

上列各被告人所获赃物，除部分收缴和返还外，其余均被挥霍。

案发后，公安机关将各被告人抓获。

上述犯罪事实，有公安机关现场勘查笔录和照片、刑事技术鉴定书、被害人家属辨认和领取尸体、物品笔录、报案笔录、证人证言、丢失物品作价证明和物证照片等证据在卷，足资认定。各被告人亦供认不讳。

查被告人贾文革、李秀华、徐丽霞、孙文力、王艳玲

— 13 —

河县讷河镇龙华村曹刚家院内，盗走黑白花公牛一头，价值人民币一千二百元。

8、被告人贾文革于一九八九年一月十四日上午，在安达市安达镇朝阳街九委一组，撬开何建华家房门，盗走日本产澳丽安牌十四吋彩色电视机一台。价值人民币一千元。

9、被告人贾文革于一九八九年十二月二十六日，在讷河县讷河镇兴华街二十八组，撬开赵忠敏家房门，盗走佳丽牌二十吋遥控彩色电视机一台。价值人民币一千八百一十元。

10、被告人贾文革于一九九〇年四月三十日，在嫩江县嫩江镇兴农街五委六组，撬开丁岩家房门，盗走沈阳牌十八吋彩色电视机一台。价值人民币一千二百八十元。

综上所述，被告人贾文革单独和共同杀人、抢劫、强奸、盗窃作案六十四起。其中：杀死四十二人，抢劫作案五十四起，抢得人民币一万五千一百余元、金戒指五枚（价值五千四百九十五元）及其它物品，指使他人强奸一人，盗窃作案十起，盗窃价值一万二千六百八十元。

被告人李秀华共参与杀人、抢劫、强奸、盗窃作案二十八起。其中：参与杀死十八人，参与抢劫作案二十七起，

— 14 —

● 贾文革等五人抢劫、杀人、强奸案起诉书（部分）

目无国法，进行杀人、抢劫、强奸、盗窃犯罪，手段极其残忍，情节特别恶劣，社会危害极大。被告人贾文革之行为已触犯《中华人民共和国刑法》第一百三十二条、第一百五十条二款、第一百三十九条、第一百五十二条之规定，构成杀人罪、抢劫罪、强奸罪、盗窃罪。被告人李秀华之行为已触犯《中华人民共和国刑法》第一百三十二条、第一百五十条二款、第一百三十九条、第一百五十一条之规定，构成杀人罪、抢劫罪、强奸罪、盗窃罪。被告人徐丽霞之行为已触犯《中华人民共和国刑法》第一百三十二条、第一百五十条二款之规定，构成杀人罪、抢劫罪。被告人孙文力之行为已触犯《中华人民共和国刑法》第一百三十二条、第一百三十九条之规定，构成杀人罪、强奸罪。被告人王艳玲之行为已触犯《中华人民共和国刑法》第一百五十条、第一百五十二条之规定，构成抢劫罪、盗窃罪。根据《中华人民共和国刑法》第二十三条、第二十四条、第八十六条之规定，被告人贾文革、李秀华、徐丽霞在杀人、抢劫集团犯罪中，贾文革系首要分子，李秀华、徐丽霞系主犯；被告人贾文革、李秀华、孙文力在杀人、强奸共同犯罪中均系主犯；被告人贾文革、李秀华在共同盗窃犯罪

— 16 —

中均系主犯，被告人贾文革、王艳玲在共同抢劫犯罪中均系主犯，在共同盗窃犯罪中，贾文革系主犯，王艳玲系从犯。根据《中华人民共和国刑法》第六十四条之规定，对各被告人之犯罪行为应数罪并罚。本院为严明国法，严惩严重刑事犯罪，确保公民的人身权利和财产不受侵犯，维护社会治安秩序，故依据《中华人民共和国刑事诉讼法》第一百条之规定，对被告人贾文革、李秀华、徐丽霞、孙文力、王艳玲提起公诉。

此致

齐齐哈尔市中级人民法院

副检察长 李清安

检察员 赵景云

王长林

关启凯

张　峻

一九九一年十二月三十一日

— 17 —

● 贾文革等五人抢劫、杀人、强奸案起诉书（部分）

黑龙江省高级人民法院

刑事裁定书

(1992)刑一上字第53号

上诉人(原审被告人)贾文革,男,现年二十八岁,汉族,籍贯黑龙江省齐齐哈尔市,捕前住讷河县讷河镇卫东街华兴共委二十七组,职业工人(停薪留职)。现在押。

上诉人(原审被告人)李秀华,男,现年二十四岁,汉族,籍贯黑龙江省讷河县,捕前住讷河县清和乡江东村,职业农民。现在押。

上诉人(原审被告人)徐丽霞,女,现年二十七岁,汉族,籍贯黑龙江省齐齐哈尔市,捕前住齐齐哈尔市,建华区北大街派出所辖区八〇一委一百三十五组,无职业。现在押。

上诉人(原审被告人)孙文力,男,现年二十三岁,汉族,籍贯黑龙江省讷河县,捕前住讷河县讷河镇东南街四委六组,职业工人。现在押。

上诉人(原审被告人)王艳玲,女,现年二十七岁,汉

齐哈尔、嫩江县、讷河火车站等地,先后将被害人王××、孙××、刘××、曾××等二十二人骗至贾文革家中,分住宅内杀害。共作案十九起,杀死二十二人。抢得人民币九千六百三十元及部分衣物等。一九九一年九月至十月中旬,贾文革带领李秀华、徐丽霞流窜于辽、吉、浙、闽等地,以麻醉手段,抢劫作案十一起,抢得人民币四千九百六十四元,金戒指五枚(价值人民币五千八百九十五元)。在集团犯罪中,贾文革、徐丽霞共同杀人、抢劫作案三十一起,杀死二十二人,抢得人民币一万四千五百七十元,金戒指五枚,李秀华参与集团杀人、抢劫作案二十六起,共同杀死十八人,抢得人民币一万三千〇七十元。

上诉人孙文力于一九九一年三月的一天,参与贾文革策划的杀害曾××的犯罪活动。孙文力在贾文革指使下将曾强奸。尔后,贾指使孙曾,孙恐强奸事败露,亦产生杀曾之意,遂将曾捆绑、堵嘴,并用绳索套在曾的颈部勒。贾文革恐曾不死,又刺曾胸部两刀。曾被杀死后,尸体拖埋于贾文革家室内等里。

此外,贾文革还于一九八九年六月至七月,伙同上诉人王艳玲在富裕火车站和齐齐哈尔火车站,王以色情勾引

分别将艾××、韩××、姜××骗到讷河县火车站附近树林中,贾文革以暴力相威胁,抢劫作案三起,抢得人民币六百一十六元及部分衣物。一九八九年十月至一九九一年一月,贾文革还单独或伙同王艳玲、李秀华窃作案十一起,盗得彩电三台及牛、羊等,价值人民币一万二千四百元。其中王艳玲参与盗窃作案三起,盗得牛、驴各一头,价值人民币二千三百元。李秀华参与作案一起,盗得牛一头,价值人民币一千五百元。上述所盗物品除部分被缴回返还失主外,其余大部分被卖掉得款挥霍。

上述犯罪事实清楚,证据确实。

本庭认为:上诉人贾文革素有劣迹,经教不改,进行盗窃、抢劫和杀人犯罪,并组织、策划、组成杀人、抢劫犯罪集团,猖獗进行杀人、抢劫犯罪活动,是该犯罪集团首要分子,所犯罪行特别严重,社会危害极大,必须严惩,所提上诉理由,不能成立,上诉人李秀华、徐丽霞积极参与贾文革组织的杀人、抢劫犯罪集团,在犯罪中均起主要作用,均是主犯,所犯罪行,特别严重,均处极严惩,所提上诉理由,均不能成立,上诉人孙文力在贾文革的指使下,积极参与犯罪活动,将曾李华强奸后,因是贾文革指使将其杀害,但贾对其并无胁迫,孙文力恐强奸罪行败露,亦

亦有杀曾灭口之动机,且持曾捆绑、堵嘴,用绳套在曾的颈部猛勒,孙在杀曾犯罪中起主要作用,亦是主犯,应予严惩,所提上诉理由,不能成立,上诉人王艳玲对仕贾文革重,亦应从重惩处,王艳玲伙同贾文革盗窃犯罪,证据确凿,足资认定,所提上诉理由,纯系狡辩。经本院审判委员会会议决定,并依照《中华人民共和国刑事诉讼法》第一百三十六条第一项之规定,裁定如下:

驳回贾文革、李秀华、徐丽霞、孙文力、王艳玲上诉,维持原审法院对贾文革、李秀华、徐丽霞、孙文力、王艳玲的刑事判决。

根据最高人民法院依法授权高级人民法院核准部分死刑案件的规定,本裁定即为核准贾文革、李秀华、徐丽霞、孙文力死刑的刑事裁定。

本裁定发生法律效力。

一九九二年一月二十日

黑龙江省高级人民法院刑事审判一庭

审判长　吕连齐

审判员　杜洪泉

审判员　袁培厚

一九九二年一月二十一日发

书记员　陈浩华

此件与原本核对无 (章)

● 贾文革等五人抢劫、杀人、强奸案刑事裁定书（部分）

起诉过程中没有偏听偏信被告人的一面之词，而是通过核实其他证据，来印证被告人供述之真假。本案中，以贾文革为首的犯罪团伙在杀害被害人之后，通常是将尸体就地在贾文革家中处理。据此，检察机关在审查起诉过程中，发挥司法亲历性和能动性，主动实地查访案发地贾文革在讷河镇的居所，向被害人家属核实相关情况，审查刑事技术鉴定书鉴定以及证人证言，用鉴定意见、证人证言等其他证据核实贾文革供述的真实性，确保指控贾文革等被告人的证据牢不可破。

有这样一个细节，在公安机关审讯时，贾文革狂妄地说："我杀的人都该死，都是贪图便宜、爱慕虚荣的人，我这是为国家除害！"说明其根本没有认识到自己行为的社会危害性，也不能指望其在法庭审判中会真诚地认罪悔罪。所以，检察机关在审查起诉中，格外注重审查证据的合法性与证明力，确保庭审中能够形成无可反驳的压倒性指控效果。事后证明，贾文革内心确实没有认罪悔罪，在一审判决后，他立即向黑龙江省高级人民法院上诉。基于检察机关强有力的指控证据，黑龙江省高级人民法院驳回贾文革的上诉，并核准对贾文革的死刑判决。

案例推荐：黑龙江省人民检察院
撰稿：赵培显
审稿：桑涛

王晓明、张小定等四人重大责任事故案

——山西洪洞三交河煤矿特大爆炸事故案

基本案情

　　王晓明，男，时年 41 岁，山西省洪洞县人，山西省洪洞县三交河煤矿矿长。

　　张小定，男，时年 27 岁，山西省阳城县人，山西省洪洞县三交河煤矿副矿长。

　　张俊林，男，时年 30 岁，山西省洪洞县人，山西省洪洞县三交河煤矿副矿长。

　　尤喜安，男，时年 38 岁，山西省洪洞县人，山西省洪洞县三交河煤矿调度室主任。

　　1991 年 4 月 21 日 8 时，山西省洪洞县三交河煤矿井下停电，工作面局扇停转，造成瓦斯积聚。16 时 5 分，工人操作电钻时产生火花，引起瓦斯爆炸，扬起煤尘，导致全矿井瓦斯、煤尘爆炸。井下作业人员全部遇难，共死亡 147 人（其中地面 4 人），重伤 2 人，轻伤 4 人，造成直接经济损失 294.1 万元。

　　该案由山西省洪洞县人民检察院于 1991 年 5 月 13 日以玩忽职守罪立案侦查，并于 1991 年 6 月 23 日侦查终结。1991 年 10 月 12 日，山西省洪洞县人民检察院以重大责任事故罪向洪洞县人民法院提起公诉。1992 年 5 月 26 日，法院作出判决：王晓明犯重大责任事故罪，判处有期徒刑四年；张小定犯重大责任事故罪，判处有期徒刑六年；张俊林犯重大责任事故罪，判处有期徒刑五年；尤喜安犯重大责任事故罪，判处有期徒刑三年。

案件背景与社会影响

本案是事故当时近 30 年来最大的一起煤矿领域恶性事故，人员伤亡之惨重、财产损失之巨大均为新中国成立以来山西省所罕见。事故发生后，党中央、国务院领导非常重视并作出重要批示，中央及省市领导及时赶赴现场指挥抢救和善后工作，并以此为鉴，在全国范围内开展煤矿安全生产大检查活动。

侦查与公诉指控

（一）第一时间严查，还原案件真相

本次特大矿难事故的发生，牵动着全国人民的神经，死难者家属急于了解伤亡情况、公众急于知晓事故原因、媒体急于跟进问责处理，一时间各方关注都期待着事故真相。在这种严峻的形势下，检察机关积极行使侦查权，查明案件事实，回应公众关切。洪洞县检察院在矿难发生后第一时间开展初查，经过二十余天的日夜奋战，基本查清了犯罪事实，并于 1991 年 5 月 13 日立案侦查，依法收集相关证据。主要包括：（1）事故调查组的技术鉴定和调查报告；（2）上级有关安全问题的指示，该矿安全部门有关安全隐患方面的记录、意见及研究记录；（3）有关证人证言等，于立案次日即对犯罪嫌疑人王晓明等 4 名事故责任人员依法逮捕。在矿难发生一个月内，检

提请逮捕意见书　001

　　　　　　　　　　——洪检法捕字（1991），第2号

　　被告人王晓明，男，现年四十一岁，汉族，初中文化程度，洪洞县白石乡白石村人，家住现在洪洞城内，现任洪洞县三交河煤矿矿长。

　　被告人张俊林，男，现年三十岁，汉族，中专文化程度，洪洞县广胜寺镇赵峪村人，现任洪洞县三交河煤矿副矿长。

　　被告人张小定，男，现年二十七岁，汉族，中专文化程度，阳城县驾岭乡西四村人，现任洪洞县三交河煤矿副矿长。

　　被告人尤喜安，男，现年三十八岁，汉族，初中文化程度，洪洞县左木乡中社村人，现任三交河煤矿调度室主任。

　　上列被告人因玩忽职守一案，我院于一九九一年五月十三日立案侦查，现查明：

　　一九九一年四月二十一日十六时零五分，洪洞县三交河煤矿平硐口发生特大瓦斯煤尘爆炸事故，井下作业人员全部遇难，共死亡一百四十七人（其中地面四人）。井下设施损坏严重（直接经济损失待查）。

　　该矿长期以来，重生产轻安全，煤矿安全生产有章不循，违章作业现象严重，全矿的通风、瓦斯、机电管理，新工人的培训等方面，严重混乱，致使该矿严重不安全隐患长期存在。

　　　　　　　　　　　　— 1 —

　　四月二十一日入点班工人下班前，因拌醒停电，202工作面扇停转，造成瓦斯积聚。十六点工人上班后启动局扇，将瓦斯通过串通风眼抽入203掘进工作面，使203回顺槽瓦斯达到爆炸浓度，加之井下积尘严重，当工人试电钻时，因电钻失爆产生火花，引起瓦斯爆炸，扬起煤尘，并导致全矿瓦斯煤尘爆炸事故。

　　被告人王晓明，今年以来很少下坑，全矿管理混乱，矿井的通风、瓦斯、煤尘、机电管理等方面严重违反了《矿山安全条例》《山西省劳动保护暂行条例》和《煤矿安全规程》的有关条款，致使矿井不安全隐患严重，对上级有关部门提出的隐患和整改要求又未认真落实，致使隐患长期存在；在用工制度上政非领导，临时工管理十分混乱，新工人不经培训就下井作业，不懂起码安全知识；不执行上级维简费用于安全部分不得少于25%的规定，影响了安全生产条件的改善。这次事故的发生是该矿一系列问题长期积累的必然结果，王晓明应对事故负主要责任。

　　被告人张俊林分管全矿安全技术工作，又是平硐口承包组副组长，对矿井通风系统违反《煤矿安全规程》，与副矿长承包组长张小定研究决定将203掘进工作面的局扇风机安装在回风巷中，使203工作面瓦斯积聚，致使造成四月二十一日瓦斯煤尘爆炸事故，张应负直接责任。

　　被告人张小定身为村矿长又是平硐坑口承包组长，分管生产、机电、通风工作，不执行《煤矿安全规程》的有关条款，和张俊林共同研究决定将203掘进工作面风机安装在回风巷中，实属违反规章制度，致使全矿瓦斯煤尘爆炸，张负有直接责任。

　　被告人尤喜安是日常生产调度指挥者，事故发生当天明四月二十一日，又是坑口的值班领导人之一，但不坚守岗位，擅离职守，致使事故发生后的停电、停风情况不能得到及时的正确处理，就应负有主要责任。

　　综上所述，被告人王晓明、张俊林、张小定、尤喜安等人违反规章制度，玩忽职守，造成147人死亡的公共财产遭到巨大的损失，已构成玩忽职守罪。据《中华人民共和国刑事诉讼法》第四十条之规定，对上列被告人提请逮捕，妥否？

　　请批示

● 王晓明、张小定等四人重大责任事故案提请逮捕意见书察机关即查明事实真相，收集了确实、充分的定罪证据，依法逮捕了犯罪嫌疑人，为案件审查起诉、事故问责处理、舆论正面回应、公平正义维护提供了事实依据。同时，也体现了检察机关精准高效查办涉及广大人民群众生命财产安全的重大刑事案件的责任与担当。

（二）公诉词震撼人心，兼具法理与情理

本案是一起罕见的特大煤矿瓦斯煤尘爆炸案，造成147人死亡、多人受伤、294.1万元直接经济损失的严重后果，令社会震惊、令公众痛心。在舆情的广泛关注下，本案的出庭公诉显得尤为重要。公诉词从重大责任事故罪与玩忽职守罪的区别、案件的社会危害性、事故发生的原因、被告人应当承担的刑事责任等四方面进行详细分析，既有力地指控了犯罪，又兼具法理与情理，至今看来，仍是一篇公诉佳作。

1. 准确适用法律。案件的定性是公诉指控中最重要的一环。在审查起诉阶段，出现了玩忽职守罪和重大责任事故罪的定性之争。公诉词对于这一定性争议做出了充分、翔实的论证。首先，阐明何为重大责任事故罪，并归纳了三个主要特征：（1）依据1979年《刑法》第一百一十四条规定，主体要件不限于国有企事业单位职工，包含群众合作经营组织和个体经营户的从业人员。（2）本罪的主观方面是过失犯罪，主要表现在对危害后果的主观心理状态上，即虽然明知违反安全生产规定可能会发生危害结果，但并不希望或者放任危害结果的发生。（3）本罪在客观方面表现为不服管理、违反规章制度，或者强令工人违章冒险作业，因而发生重大伤亡事故，造成严重后果。其次，重点区分本罪与玩忽职守罪的异同。（1）主体不尽相同。玩忽职守罪主体仅限于国家工作人员，而本罪为从事某种业务的人员。（2）侵害的客体不同。玩忽职守罪侵害的客体为国家机关正常的工作秩序和活动，是由于工作人员不忠实地履行职责造成的。而本罪侵害的是生产安全，关键在于判断是否在生产、作业活动中违反有关安全规定造成损害后果。最后，经过上

● 王晓明、张小定等四人重大责任事故案公诉词（部分）

述分析，可以得出在煤矿作业活动中，被告人违反规章制度，强令工人冒险作业，因而发生重大伤亡事故的行为构成重大责任事故罪。公诉词将"四要件说"运用到极致，从主体和客体两方面划清了两罪的界限，认定重大责任事故罪才能够全面评价行为性质，体现了公诉人扎实的理论功底和专业水平。

2. 指控犯罪震撼人心。公诉人在发表公诉词的过程中，通过结合案发情境，站在一个普通家庭的视角，对本案造成的严重社会危害进行了充分阐述，至今读来，仍能感受到事故造成的严重后果以及对社会产生的巨大冲击，如："由于被告人的犯罪行为葬送了147名工人兄弟的宝贵生命，在抢险中，又有一名救援队员不幸遇难。这起重大责任事故，不但在经济上给国家造成不可弥补的损失，而且在政治上造成极其恶劣的影响，也使一百多个家庭支离破碎，笼罩在万分悲痛的阴影之下，在那些日子里，不思饭菜，不思睡眠。有多少妻子失去了丈夫，有多少儿女失去了父亲，又有多少父母失去了儿子！有一家父子三口在这次事故中无一幸免，有位老人仅有的两个儿子全部遇难。家人都在盼着他们回家团聚，谁能料到他们一去再也不会回来，亲人盼来的是一具具不会说话的亡人和一口口棺材。由于这次事故的发生，给这一百多个家庭带来了极大的痛苦，给他们的心灵造成极大的创伤，在死难者中，大的有几十岁，小的只有十几岁，就使他们过早地离开了人世。家中妻儿老少靠谁扶养，孤独老人靠谁照顾？……"

3. 明确区分责任。虽然事故原因分析和教训总结并非每一份公诉词必备内容，但在本案中却显得尤为必要。公诉词针对4名被告人的管理责任做出了清晰的阐述，被告人张小定、张俊林"共同研究批准将203工作面风机安装在202工作面的回风巷中，违反了《煤矿安全规则》第一百一十七条规定，造成瓦斯积聚，对事故负直接责任"。被告人王晓明身为矿长，未对检查验收的问题采取整改措施，指令工人违章冒险作业，负事故主要责任。由此可见，公诉人区分了直接责任与主要责任，指控犯罪有理有据，这也反映了前期侦查

正本

洪洞县人民检察院

起 诉 书

洪检刑起字（1991）第72号

被告人张小定，男，现年二十七岁，系山西省阳城县驾岭乡西四村人，汉族，中专文化程度。因玩忽职守罪于一九九一年五月十四日，由本院决定逮捕。捕前任三交河煤矿副矿长、平硐口承包组组长。现在押。

被告人张俊林，男，现年三十岁，汉族，中专文化程度，洪洞县广胜寺镇培湖村人，因玩忽职守罪于一九九一年五月十四日，由本院决定逮捕。捕前任三交河煤矿副矿长、平硐口承包组副组长。现在押。

被告人王晓明，男，现年四十一岁，汉族，初中文化程度，洪洞县白石乡白石村人，因玩忽职守罪于一九九一年五月十四日由本院决定逮捕。捕前任三交河煤矿矿长。现在押。

被告人尤喜安，男，现年三十八岁，汉族，初中文化程度，洪洞县左木乡中社村人，因玩忽职守罪于一九九一年五月十四日，由本院决定逮捕。捕前任三交河煤矿调度室主任，现在押。

上列四被告人，因玩忽职守罪，本院于一九九一年五月十三日立案侦查，现查明其犯罪事实如下：

（接第二页）

被告人张小定、张俊林、王晓明光重安身为三交河煤矿和平硐口承包领导，重生产，轻安全，煤矿安全生产有章不循，严重违章指挥，对全矿的通风、瓦斯、煤尘、机电和工人的培训等方面严重混乱，致使煤矿严重不安全隐患长期存在。

四月二十一日早八点班下班时，因洪洞停电，202工作面局局停电，造成瓦斯积累。下午四点班，上班后启动局扇，将瓦斯通过串连风机，抽入203掘进工作面，使203回风槽瓦斯达到爆炸浓度，加之井下煤尘严重，当工人试电钻时，因电钻失爆产生火花，引起瓦斯爆炸，扬起煤尘，导致全矿井瓦斯、煤尘爆炸。井下作业人员全部遇难，共死亡一百四十七人（其中地面四人），重伤二人，轻伤四人，造成直接经济损失达二百九十四点一万元。

被告人张小定身为三交河煤矿副矿长又是平硐口承包组组长违章指挥，和张俊林共同研究批准将203工作面回风机安装在202工作面的回风巷中，违反了《煤矿安全规则》第117条规定，造成四月二十一日瓦斯积累，对事故负直接责任。

被告人张俊林身为三交河煤矿副矿长，又是平硐口承包组副组长，违章指挥，与张小定共同研究批准将203掘进工作面的风机安装在202回风巷中，违反了《煤矿安全规则》第117条规定，造成四月二十一日瓦斯积累。对事故负直接责任。

被告人王晓明身为三交河煤矿矿长，于一九九〇年十二月提出并决定将井安监科归属厂承包权，削剥了安监科的监督职能；一九九一年春节后，未经县煤管局检查同意，

（接第三页）

收，匆于二月二十六日擅自恢复生产。二月二十七日，县煤管局验收时，检查出机电管理、通风管理、工作面管理等方面十三个问题。但王晓明、张小定、张俊林等未采取有效措施进行认真整顿，使工人继续冒险作业；在维简费的使用上，不执行上级关于维简费用于安全和劳动保护部分不得少于25%的规定，90年维简费用于安全部分仅占459%，影响了安全生产条件的改善。对事故负主要责任。

被告人尤喜安身为该矿调度室主任，平硐口值班领导，不坚守工作岗位，擅离职守，对事故前出现的停电、停风情况不能得到正确及时的处理，对事故负有主要责任。

以上事实，有证人证言，事故技术报告、事故调查报告，被害者技术鉴定，遇害者照片，以及四被告人供述在案佐证。

综上所述，被告人张小定、张俊林、王晓明、尤喜安等人身为三交河煤矿和平硐口领导，重生产，轻安全，不严格执行《煤矿安全规则》对不安全隐患不采取有效措施认真解决，使不安全隐患长期积累，特别严重的是违章指挥，致使平硐口瓦斯煤尘爆炸，造成一百四十七人死亡。重大经济损失达二百九十四点一万元。实属情节特别恶劣。其行为触犯了《中华人民共和国刑法》规定，已构成重大责任事故罪，为切实保证厂矿和企事业单位的安全生产和保护职工的生命健康，向一切忽视和违反安全生产规程的行为作斗争。故根据《中华人民共和国刑事诉讼法》第一百条规定，特对被告人张小定、张俊林、王晓明、尤喜安等人提起公诉。请依法判处。

— 3 —

（此页无正文）

此致

洪洞县人民法院

检察员：张伟杰
肖亚明

一九九一年 月 日

附：1. 张小定、张俊林、王晓明、尤喜安现押洪洞县看守所。
2. 被告人张小定、张俊林、王小明、尤喜安案卷材料一册。
3. 被害人照片说明一册。

— 4 —

● 王晓明、张小定等四人重大责任事故案起诉书

种：一是直接原因，由于二采区202、203工作面局扇串通送风，加之当日早八时井下停电、停风，致使瓦斯积聚，虽然下午4时启动局扇通风，但是通过串联风机将202工作面的瓦斯抽入203工作面，致使203工作面四顺槽瓦斯达到了引起爆炸的浓度，工人试电钻产生火花，引起瓦斯煤尘爆炸，二是管理混乱，局扇风机无专人管理，矿井没有综合防尘设施，电器设备失效严重，重大隐患没有认真整改排除，这是导致这次事故的主要原因。三是矿井承包后一切管理制度不完善，重生产、轻安全用工制度混乱；四是检查、监测不认真，整顿不力，五是该矿设备不健全，投资不足，先天不足留有隐患。

三、被告人应负责任：

被告人张小定、张俊林、王晓明、尤喜安身为三交河煤矿矿平峒口承包组领导，重生产轻安全，煤矿安全生产有章不循，严重违章指挥，使全矿的通风、瓦斯、煤尘、机电新工人的培训等方面严重混乱，致使煤矿严重不安全隐患长期存在。

被告人张小定身为平峒口承包组组长，分管全矿生产、机电、通风工作，不执行《煤矿安全规程》的有关条款致使通风机电方面隐患严重不认真整改，实属严重渎职，更为严重的是违章指挥，与

张俊林共同研究批准203掘进工作面机安装在回风巷中，造成4月21日的瓦斯积聚，是事故的直接责任人之一，对此重大责任事故应负主要责任。

被告人张俊林分管全矿安全、技术工作，矿井通风系统十分混乱。对矿井通风系统违反《煤矿安全规程》和不采用正规采煤方法乱采滥挖负有技术责任。对矿井严重隐患，未能及时整改，实属严重失职。尤为严重的是违章指挥，与张小定共同研究批准203掘进工作面的局扇风机安装在回风巷中，造成瓦斯积聚，是4月21日发生重大事故的直接责任人之一，对事故应负主要责任。

被告人王晓明是该矿安全生产第一责任者以包代管，很少下井，管理上严重失职。全矿的通风、瓦斯、煤尘、机电管理等方面严重违反了《矿山安全条例》《山西省劳动保护暂行条例》和《煤矿安全规程》的有关条款，致使矿井完全隐患严重，对本矿安全部门和上级有关部门提出的隐患整改要求又未认真落实致使隐患长期存在，在用工制度上，故弃领导临时工招用和管理十分混乱，新工人不经培训就下井作业，不懂起码的安全知识，不执行上级编简费用于安全部份不得少于25%的规定。一九九0年维简费用于安全措施项目只有4、59%，而用

于非生产性开支却为13%，影响了安全生产条件的改善。一九九0年十二月提出并决定将矿安监科归属生产承包组，削弱了安全科的监管职能，对事故应负主要责任。

被告人尤喜安，是日常生产调度指挥者，事故发生当天，是坑口值班领导人之一，不坚守岗位，擅离职守，致使事故前出现的停电和井下局部停风的情况不能得到及时而、正确地处理，尤为严重的是工人上下班制度混乱，违反工人出井必须对井下进行技术检测的安全制度，事故发生当天被告人尤喜安为值班领导之一，擅离职守，致使上下班工人全在井下，造成加倍人员伤亡，应对事故负主要责任。

上述事实，有证人证言，事故技术报告，事故调查报告，故害者技术鉴定，被害者照片以及四被告人供述在案佐证，事实清楚，证据充分，足以认定，四被告人亦供认不讳。

本院认为，被告人张小定、张俊林、王晓明、尤喜安身为三交河煤矿和平峒口领导，重生产、轻安全、不严格执行《煤矿安全规程》，对不安全隐患不采取有效措施认真解决，使不安全隐患长期积累，特别严重的是违章指挥，致使平峒口瓦斯煤尘

爆炸，造成一百四十七人死亡，直接经济损失达295万元。实属情节恶劣，四被告人之行为已构成重大责任事故罪，为了切实保护广大职工生命、财产安全，为了保障正常的生产秩序，经结合庭评议，本院审判委员会讨论决定，判决如下：

被告人张小定犯重大责任事故罪判处有期徒刑六年。（刑期自1991年5月14日起至1997年5月13日止）

被告人张俊林犯重大责任事故罪判处有期徒刑五年。（刑期自1991年5月14日起至1996年5月13日止）

被告人王晓明犯重大责任事故罪判处有期徒刑四年。（刑期自1991年5月14日起至1995年5月13日止）

被告人尤喜安犯重大责任事故罪判处有期徒刑三年。（刑期自1991年5月14日起至1994年5月13日止）

如不服本判决，可在接到判决书的第二天起，十日内，提出上诉，上诉于临汾地区中级人民法院。

本件与源本核对无异

● 王晓明、张小定等四人重大责任事故案判决书（部分）

315

搜集了充分证据，还原了案件事实。最后，公诉人指出："今天我们对被告人所犯罪行的指控，是实事求是的，我们并不想把他们置之死地而后快，而是希望通过惩罚犯罪来达到教育社会、教育犯罪者本人的目的，今天公诉人是站在人民的立场上指控犯罪。请合议庭结合被告人的犯罪行为依法判决，以正国法！"这段文字体现了鲜明的时代色彩，"人民的立场""置之死地"等用语体现了阶级性、斗争性。面对严惩犯罪分子的民意，公诉人保持了冷静和克制，立足于事实和证据，纠正过激的舆论导向，使本案的犯罪分子得到严惩并不是最终目的，而通过本案教育社会、警醒社会、预防类似事故再次发生才是最终目标。公诉人以惩罚与教育并重为落脚点，体现了服务大局和社会治理的意识，无论从历史视角还是置于当下，都是值得肯定和学习的。

案例推荐：山西省人民检察院

撰稿：鲍键

审稿：桑涛

乳山市商业局和刘起山等十人走私案

——国家机关单位与自然人共同走私大案

基本案情

刘起山，男，时年 48 岁，山东省乳山市商业局局长。

范占武，男，时年 40 岁，山东省威海市公安局边防保卫分局政委。

刘宁，男，时年 38 岁，山东省威海市公安局边防保卫分局业务处副处长。

（其他被告人基本情况略）

刘起山 1992 年 10 月任乳山市商业局局长，结识范占武、刘宁、颜世礼（原系威海市公安局边防保卫分局业务处处长）等人。1993年 7 月上旬，范占武为了使本单位能以罚款的形式从走私活动中获取非法利益，伙同刘宁制定了《关于走私单位按规定主动投案自首问题的紧急通知》（以下简称《通知》），《通知》规定单位走私只能向威海市边防分局"投案自首"，走私物品在保本的原则下作罚款处理。范占武、刘宁在该《通知》下发前，将内容透露给了刘起山。刘起山遂与商业局副局长李乃明等人积极与走私分子联系走私香烟事宜。7 月 16 日，邱国建（原系石狮市祥芝镇东埔一村村民）受走私分子的指派到达乳山，使用乳山市商业局下属单位私设的电台与海上的走私船取得联系后，告知李乃明装载香烟的走私船已在海上，要求派员出海接船。刘起山与范占武共谋，按照《通知》规定到边防保卫分局办理"投案自首"手续，由范占武派员到海上将走私船"押回"，由颜世礼与海关交涉。刘起山派李乃明持假汇款凭证到威海市公安局边防保卫分局刘宁处办理"投案自首"手续。范占武指派王卫东（原系威海市公安局边防保卫分局副参谋长）带领3人持4支冲锋枪到乳山市接运走私船。刘起山以辛苦费为名交给王卫东人民币5000元，并要求少报走私香烟的数量。刘起山与孙锡平（原系乳山市公安局副局长）联系，要求派人到码头为卸售走私香烟"维持秩序"。7月18日下午，王卫东、姜海等人乘王雪峰（原系乳山市边防大队政治教导员）按照刘起山的要求租用的渔船在海上与走私船会合。王卫东等人登船后查知该船共载走私香烟9900余箱，经与同行的接船人员商议，决定谎报走私香烟数量为3000至4000箱，并将收受的5000元人民币分给其他随行接船人员2000元。7月19日下午3时许，走私船停靠乳山口港码头，孙锡平、王雪锋带领20余名武装干警，分乘3辆警车到码头"维持秩序"。威海市海关人员获悉走私船靠港即赶到现场，执行缉私公务，范占武经与海关交涉，海关人员撤离现场。王卫东将走私船所载走私烟的实际数量告诉刘起山，并与刘起山商定只谎报走私香烟3000箱。下午4时许，青岛海关缉私艇赶到乳山口港码头制止卸烟，范占武再次出面阻止海关执行缉私公务。海关人员为防止发生冲突，经与范占武等人交涉商定：不准卸烟，走私船不准离开码头，派人监管。海关人员于7月21日撤离后，负责监管走私船的王雪峰立即打电话通知了刘起山。刘起山立即组织人员，在孙锡平等人的保护下将走私烟卸售一空。颜世礼明知走私香烟的数量超过3000箱，仍按刘起山的意图只封存了3000箱，其余走私香烟全部销售。经查，乳山市商业局此次共走私香烟9935箱，走私价额人民币22082820元。

乳山市商业局走私香烟事件暴露后，王建智（原系乳山市市委书记）听取了刘起山的汇报，在明知乳山市商业局走私香烟的真实情况后，仍支持刘起山等人谎报、少报走私香烟的真实数量。刘起山被羁押后，王建智授意范占武等人承担卸售走私香烟的责任，并指使范占武到看守所通知刘起山及其他知情人员和责任人员，统一口径，掩盖真相。

1993年11月27日，山东省威海市人民检察院向威海市中级人民法院提起公诉，法院于1994年2月8日作出判决，以走私罪判处刘起山、范占武、刘宁死刑，以走私罪判处乳山市商业局罚金10万元，其他同案犯均依法判处死缓、无期徒刑、有期徒刑等刑罚。刘起山等人提出上诉。山东省高级人民法院于1994年5月11日裁定，驳回上诉，维持原判。最高人民法院于1994年5月23日依法核准死刑。

案件背景与社会影响

20世纪八九十年代，伴随着市场经济的发展和商品的短缺，我国走私犯罪也进入最为猖獗的时代，大量关税被无情吞噬。20世纪80年代后期，是走私活动发生质变的历史分水岭。早期单纯的自发性走私，开始逐渐演进为官商勾结的模式。地方权力为"地方利益"与走私分子沆瀣一气，权力贿买与权力寻租狼狈为奸，通过走私实现共同非法利益的最大化。自1991年起，山东省威海、荣成、乳山、文登等地沿海开始出现渔船从南方到山东的贩私活动，并逐渐发展成海上走私，走私货物多为汽车、摩托车、香烟等消费品，而走私案件大多数主体则是企事业单位、机关团体等法人。

本案是我国在打击走私历史上的一起标志性案件，是国家机关单位与执法人员共同犯罪，武装掩护走私的重大案件，并且当地党政机关负责人在案发后还为之提供保护。整个案件涉及乳山市商业局、公安局、边防大队、市委、威海市公安局边防分局以及走私分子近20人，其中有8人担任一定的领导职务。为了谋取非法利益，他们互相勾结，滥用职权、武装走私，以"缉私"为名，行走私之实，数额特别巨大，性质特别恶劣，危害特别严重。案件经过公诉、

审判后，海上走私犯罪得到了有力地遏制。

公诉指控 ······························

（一）指控国家机关单位与自然人共同犯罪

1987年《海关法》首开了规定单位犯罪的先河。威海市人民检察院将乳山市商业局这一政府机关作为单位犯罪被告，认定该单位与自然人共同犯罪，以走私罪、行贿罪提起公诉。公诉指控从客观事实、共同故意、法律适用三个角度进行论证，有理有据。

在事实方面，公诉词对犯罪单位和每个主要成员的行为分别论述："被告人范占武、刘宁在这次走私犯罪活动中与被告人刘起山配合默契：范占武擅自制定的旨在鼓励走私的违法《通知》一出笼，他们第一个通知刘起山；刘马上意会到让其借机走私，当刘起山派人去假投案时，他们并未认真加以审查，当即派人押运私货；当走私船被海关截获时，范占武心急如焚，立即电话请求海关撤离，并亲自赶赴现场；当得知海关撤离开始卸烟时，便掩饰不住内心的高兴，许愿刘起山'我还可以保你再走两三次'。这就充分说明，被告人范占武、刘宁实际上是在支持、参与和保护走私。"公诉人从乳山市商业局和各同案犯之间的密切联系和配合入手，阐述了单位和个人共同犯罪的事实，并进一步明确，乳山市商业局在本案中绝不是孤立的，它和威海市公安局边防保卫分局手握缉私重权的公职人员紧密配合，共同实施了走私犯罪行为。

在共同故意方面，公诉词指出，虽然各被告人各自在共同犯罪中的行为不同，但是相互配合，共谋走私恰能反映共同的犯罪故意。"他们获取非法利益的目的是一致的，只是方式不同：乳山市商业局获取的非法利益是直接通过走私的途径来实现；而范占武、刘宁则以《通知》为幌子，给走私获取非法利润罩上一层"合法化"的外衣。被告人

乳山商业局和刘起山、范占武等十人
走私、受贿、徇私舞弊、行贿案
公诉词

审判长、审判员：
根据《中华人民共和国刑事诉讼法》第一百一十二条和《中华人民共和国人民检察院组织法》第十五条的规定，我们以国家公诉人的身份出席法庭，对山东省乳山市中级人民法院公开审理的被告人乳山市商业局以及被告人刘起山、范占武、刘宁、王建智、孙锡平、颜世礼、王雪峰、王卫东、秦尚、邱国建、走私、受贿、徇私舞弊、行贿一案支持公诉，并依法对法庭的审判活动是否合法实行监督。

在两天的法庭调查中，通过被告人的供述、证人证言、出示书证、物证，充分说明本院起诉书指控的被告人乳山市商业局以及被告人刘起山、范占武、刘宁、王建智等十人所犯罪行，事实清楚，定性准确。现就本案的实体情况，宽表如下公诉意见：

一、本案对各被告人犯罪定性准确
什么是走私罪？走私罪是指任何个人、企业事业单位、机关、团体，故意违反海关法规，逃避国家国际贸易的管理和海关监督，逃避关税，运输、携带或以其他方式运输国家禁止、限制进出口或依法应当缴纳税的货物、物品出入国（境）境，非法牟取暴利，破坏我国的经济管理秩序，冲击市场，扰乱我国的民族工业，破坏我国的社会主义建设，破坏安定团结，败坏社会风气、滋生腐败、诱发犯罪，对我国改革开放危害很大，

—1—

或对上述行为予以武装掩护、帮助、多相宁施，或直接购买私人收购走私物品或在特定水域内运输、收购、贩卖走私物品，情节严重的行为。

两天来，通过法庭调查的串引证明，本院起诉书指控被告人的犯罪定性准确。

首先，乳山市商业局构成走私罪，行贿罪。
单位作为走私犯罪主体，是国家立法机关为制日益猖獗的单位走私犯罪而作的专门规定。一九八七年一月颁布的《中华人民共和国海关法》第四十七条第四款明确规定：“企业事业单位、国家机关、社会团体犯走私罪的，由司法机关对其主管人员和直接责任人员依法追究刑事责任；对该单位判处罚金，判处没收走私货物、物品、走私运输工具和违法所得。”全国人大常委会《关于惩治走私罪的补充规定》第五条第二款规定：“企业事业单位、机关、团体走私本规定第一条至第三条以外的货物、物品，价额在三万元以上的，判处罚金……”。全国人大常委会《关于惩治贪污罪贿赂的补充规定》第九条规定：“企业事业单位，机关团体为谋取不正当利益而行贿……，情节严重的，判处罚金”，乳山市商业局利用被告人范占武擅自制定下发的《关于对走私单位按规定主动投案自首问题的紧急通知》作掩护，违反海关法规，逃避海关监管，走私香烟九千九百五十三箱，案值达二千二百多万元，数额特别巨大，为谋取暴利，多次向边防缉私执法人员行贿，给国家利益造成严重损害，其行为触犯上述规定，构成走私罪、行贿罪。

其次，被告人刘起山是本案主犯。
被告人刘起山是乳山商业局走私和行贿的直接负责的主管

—2—

人员。他组织、策划了这次走私犯罪活动。为谋取非法利润，利用向威海边防分局的范占武、刘宁等人行贿和交情的手段，建立了权钱交易和相互利用的关系。七月十一日，范占武、刘宁等人接到刘宁的电话后，心领神会，便很快响应，移动、策划走私。当范占武制定的违法的“土政策”一出台，刘起山便加导了假投案、真走私活动。一方面安排李乃明为南方的走私分子开林国义联系走私货物，指使姜海编造搜索自首的假证明，假案由；另一方面，派刘自向乳山公安局长刘同晚、钱局长彷佛平午录保护。同时，跟乳山边防大队频繁会让王增材到归帆船，向香港和南方的走私分子许诺安全保障，向王卫东行贿，要求范晒私货数量，擅自决定并指挥卸货等等。从组织、策划到具体实施，被告人刘起山都起到了主导作用，系本案主犯。

第三，被告人范占武、刘宁构成这起走私案的共犯。乳山商业局七月十九日走私案并不是孤立和偶然的。它是乳山商业局和威海边防分局的刘别人，紧密配合、共同实施的一起走私罪案件。主观上他们都有走私的故意。客观的动向力为这样的方便获取非法利润。范占武、刘宁等等制定的《通知》规定在保本的基础上罚款，其实质是纵容走私，然后通过罚款获取非法利润。他们获取非法利益的目的是一致的，只是方式不同。乳山商业局获取的非法利益是直接通过走私的途径来实现；而范占武、刘宁则以《通知》为幌子，给走私获取非法利润算上了一层"合法化"的外衣。被告人范占武曾直言不讳地说："这样，他们可以挣一部分，我也可以同一部分"，这就是他们共同的思想基础，也是他们主观故意的真实反映。

—3—

客观上，他们有共同走私的行为。被告人范占武、刘宁在这次走私犯罪活动中与被告人刘起山配合默契；范占武擅自制定的旨在鼓励走私的违法《通知》一出台，他们第一个通知刘起山；刘马上意念到其借机未走，当刘起山派人去假投押时，他们并未认真加以审查，当即派长押送私货；当走私船舶装有走私时，被告人范占武心急如焚，立即电话将未海关撤销，并亲自赶赴现场；当得知海关撤离开始卸押时，便掩饰不住内心的高兴，许愿刘起山说："我还可以保你再走两、三次。"这就充分说明，被告人范占武、刘宁实际上是在支持、和参与走私。所以刘起山不怕边防怕海关。在法律依据上看，全国人大常委会《关于惩治走私罪的补充规定》第八条规定："与走私犯通谋，为其提供贷款、资金、账号、发票、证明，或者为走私提供运输保管、邮寄或者其他方便的，以走私罪的共犯论处"，这一规定并未要求构成走私共犯必须具备特殊的主体身份，即使是个人，只要与其他走私单位（主管人员和直接责任人员）或个人通谋，并提供帮助和方便的，也可成为单位走私或个人走私的共犯。

但是被告人范占武等人在法庭调查中，对自己在共同犯罪中所提供的帮助和方便条件采取了不供认的态度，对自己应当承担的罪责进行了回避。例如：本来是擅自制定了违法政策，却说成是向有关领导作了汇报；本来是派兵武装押运私货，却说成是防止海盗袭击；本来是徇私偿为走私分子打开方便之门，却说成是为了保护地方利益本来是为谋取非法利益而实施了走私犯罪却说是为单位改善工作条件而打击犯罪。等等，这一切都说明被告人范占武等人认罪态度不好，对自己的罪责上推下

—4—

乳山市商业局和刘起山等十人走私案

● 乳山市商业局和刘起山等十人走私案公诉词

押。总之，从主观故意到客观行为，从犯罪事实到法律依据，都说明被告人范占武、刘宁均构成乳山商业局走私案件的共犯。其中被告人范占武在共同犯罪中起到主要作用，系本案的主犯。

第四、被告人王建智、颜世礼、王雪峰构成徇私舞弊罪。全国人大常委会《关于严惩严重破坏经济的罪犯的决定》第一条第一项、第三项规定，"国家工作人员，包括在国家各级权力机关、各级行政机关、各级司法机关、军队、国营企业、国家事业机构工作的人员，以及其他各种依法从事公务的人员，无论是否司法人员，利用职务包庇、窝藏走私、受贿等犯罪分子，隐瞒、掩饰他们的犯罪事实，都按刑法第一百八十八条徇私舞弊的规定处罚……"被告人王建智在七月二十日下已经得知刘起山假投案、真走私的真实情况，但是在公安机关和威海市委分别于七月二十四日和七月二十五日调查了解这起走私案的有关情况时，不仅知情不报、隐瞒事实真相，而且要刘起山寻找自我保护的办法。被告人颜世礼在查封走私香烟过程中，明知香烟数量不止三千箱，却徇私情不如实封存，并于七月二十四日根据范占武的旨意，主持编造卸烟封烟存过的假材料，为走私分子开脱罪责；被告人王雪峰，在执行监管任务中，放任走私分子卸烟，并参与了颜世礼主持销毁过的走私香烟的数量。被告人王建智、颜世礼、王雪峰的行为触犯上述规定，均构成徇私舞弊罪。

二、本案犯罪情节特别严重，社会危害性极大

九三年八月十四日人民日报《严厉打击走私犯罪活动》的社论指出："一些走私严重地区，走私团伙同境外不法分子和当地政府机关、执法部门中的少数腐败分子相勾结，手段极其

—5—

恶劣。"乳山商业局七月十九日走私案是由原局长刘起山组织、策划，在执法部门中少数人的支持、纵容、庇护下，实施的一起假投案、真走私的严重犯罪案件。这起案件，犯罪情节特别严重，表现为：

一是走私数额特别巨大。走私香烟达九千九百多箱，案值达二千二百余万元。

二是执法部门中的个别人参与走私。作为缉私执法部门的威海边防分局的个别人参与了这起走私犯罪活动的全过程。乳山市公安局少数领导人也参与了这起走私犯罪活动，起到了支持保护的作用。

三是顶风而上。这是一起置中央、省、市三令五申于不顾，在全省、全市严厉打击走私犯罪活动的强大声威下，顶风而上的严重犯罪案件。

四是实施了武装掩护。由边防分局的一名副参谋长带领一名参谋和两名武警战士，持四支冲锋枪出海押运私货。

这起走私犯罪所产生的恶劣影响和造成的危害是无法估量的，具有极大的社会危害性。

第一，对国家主权造成严重侵犯。走私犯罪，是丧权辱国、严重损害国家主权的行为。海关监管权，是国家主权的重要组成部分。对国家主权本应保护自己的生命那样加以保护。而被告人刘起山、范占武、孙锡平、王卫东等人身为国家工作人员和边防执法人员却无视国家主权，践踏我海关监管权，做出了丧失国格的事情。这种损害国家主权的恶劣行径，国法不容，理应受到法律的严厉制裁。

第二，对国家利益造成严重损害。境外的不法分子，为谋

—6—

取暴利，对中国这个大市场早就垂涎三尺。国内的走私分子正迎合了他们的心理，为谋取非法利益，竟置国家整体利益于不顾，内外勾结，大肆进行走私犯罪活动，破坏我国的经济管理秩序，破坏我国的民族工业，破坏社会主义建设，破坏改革开放。乳山商业局走私犯罪，不仅冲击国内烟草市场，而且逃避国家巨额关税，直接损害国家利益。

第三，对党员干部造成严重腐蚀。走私本身就是典型的腐败行为。走私的违法性，就决定了这种行为必然败坏社会风气、诱发贪污贿赂、以权谋私、徇私舞弊、贪赃枉法等腐败现象的产生。因此，它不仅腐蚀干部群众，助长拜金主义、享乐主义和极端个人主义，而且侵害党的肌体，损害党和政府的形象。被告人范占武、刘起山、刘宁、王建智等人都是党员干部、国家公职人员，他们理应廉洁奉公，依法履行职务，甘为人民的公仆。然而，他们为了走私，为了谋取个人和小团体的利益而贪赃枉法，亵渎职务活动的公正性和廉洁性。在他们当中，有的包庇犯罪分子，有的与犯罪分子同流合污，有的收受巨额贿赂，丧失了党的原则，破坏了党风建设，失掉了一个共产党员应有的品格，在走私与反走私、腐败与反腐败的斗争中打了败仗，成了国法不容的犯罪分子。

第四，严重影响了改革开放和现代化建设的大好形势。几年来，在党中央和省委的正确领导下，我们山东的改革开放和现代化建设取得了辉煌成就，我们威海地级市建立以来，在省、市党委领导下，经过全市人民的共同奋斗，政治稳定，经济高速发展，在全省、全国享有良好的声誉。七月十九日走私案发生后，在社会上引起震动，对我们山东和威海的声誉及对改革

—7—

开放和现代化建设造成恶劣影响。

总之，走私犯罪，害国害民，有百害而无一利。我们一定要充分认识走私与反走私的斗争不仅是一场经济斗争，而且是一场严肃的政治斗争，是关系到党和国家生死存亡的重大问题。我们应当从保障改革开放和经济建设的顺利进行，维护党的执政地位，维护国家的尊严，巩固人民政权的高度来认识和思考这个问题，自觉地与党中央保持高度一致，把反走私斗争进行到底！

三、本案的几点启示

本案之所以在社会上造成极坏影响，除了这个案子本身的社会危害性特别严重以外，就是本案犯罪主体的身份不同寻常。这个案子确有一些发人深省的问题：为什么一个由人民自己选出来的人大代表，会成为人民的罪人？为什么一个专门查缉走私犯罪活动、负有守卫祖国大门神圣职责的执法者会走向自己的反面？为什么一个党和人民用心血辛辛苦苦培养起来的领导干部却背弃离开了党和人民的事业？这些问题，循着被告人犯罪的足迹，从他们犯罪的主、客观方面分析，是不难找到答案的。

我们在对本案被告人肆无忌惮地犯罪活动表示极大镇愤的同时，也对他们感到惋惜和痛心。因为他们中多是受党的培养教育多年的国家干部，正值年富力强，在国家和人民贡献才智的大好年华，他们却曾拥有一个幸福的家庭，但这一切都被他们自己亲手毁掉了。这种巨大的变化和反差，不仅被告人本人不可避免的会心理失衡，也给我们留下了深刻的启示，概括说，有以下几点：

启示之一：每一个党员干部特别是领导干部，在改革开放

—8—

● 乳山市商业局和刘起山等十人走私案公诉词

和执政的考验中，必须廉洁自律，坚持"两手抓、两手硬"。

被告人刘起山、范占武、刘宁、王建智、孙锡平、颜世礼、王卫东等人均是担任一定领导职务的国家干部，他们理应具备成熟高的政治觉悟，兢兢业业为党和人民工作。然而他们却亵渎成了损害国家和人民利益的严重犯罪分子。被告人王建智，从某基一直干到一个县级市委书记，期间，党和人民培养他上大学，给了他知识和权力，但是他却在改革开放的大潮中，在由计划经济向社会主义市场经济转变的过程中，经不起考验，把人民给予的权力当作谋取私利的资本，把本应属于人民的巨额财产心安理得地占为己有。当他以县委书记的身份在党员干部大会上振振有词地作着反腐倡廉的报告时，善良的人们，有谁能想到这个道貌岸然的正人君子本身就是一个腐败分子！

纵观被告人的演变和堕落，究其原因，主要是他们放松政治学习和自身思想改造，极端个人主义恶性膨胀。他们的演变过程再次说明作为一名领导干部时刻不能忘记廉洁自律，一心一意为人民服务的根本宗旨，必须始终坚持邓小平同志提出的"两手抓、两手硬"的方针，只有这样，才能在改革开放的新形势下保持清醒的头脑，保持一个共产党员和人民公仆的本色。

启示之二：必须正确处理局部利益与国家整体利益的关系，任何时候局部利益都要绝对服从国家整体利益。任何人的活动都必须在法律规定的范围内进行。

党和政府一贯提倡领导干部要有开拓精神，下大气力把经济搞上去。但并不是说开拓就不受法律的约束，也决不是说把局部的经济搞上去就可以置国家整体利益于不顾。国家对进口

———9———

货物实行海关监管，是关系到国家主权和国家利益的大事。不难设想，如果取销海关监管，人人都可以走私的话，那么，国家成万上亿的税收将化为乌有，我们的国家将如何存在呢？因此，那种认为走私是为集体谋利的观点是荒谬的观点，走私的实质是损害国家利益，是扩大了个人主义，是一种为小团体和个人谋取非法利益的严重犯罪行为，如果胆敢以身试法、损害国家利益，都必将受到法律的惩处。

启示之三：对反走私斗争的艰巨性和复杂性要有充分的认识，必须有长期作战的思想准备。

应当看到，打私斗争面临的任务仍很艰巨，对君主的发案因素不可忽视，一些走私分子在目前严厉打击的威慑下，一时不敢轻举妄动，而一有机会就会故伎重演。七月十九日发生的走私案，就是在全国、全省和全市上下认真贯彻中央、省、市打私会议精神，齐心协力开展打击走私犯罪活动的情况下发生的一起顶风党纪国法和各级三令五中干不顾、顶风而上的案件。他们公然以身试法、铤而走险。正如马克思在谈到资本原始积累时引用《评论家季刊》中的一段话那样："资本害怕没有利润或利润过少，就象自然界害怕真空一样。一旦有适当的利润，资本就胆大起来。如果有百分之十的利润，它就保证到处使用，有百分之二十的利润，它就活跃起来；有百分之五十的利润，它就铤而走险；为了百分之一百的利润，它就敢践踏一切人间法律；有百分之三百的利润，它就敢犯任何罪行，甚至冒绞首的危险。如果动乱和纷争能带来利润，它就会鼓励动乱和纷争。走私和贩卖奴隶就是证明。"用这段话可以深刻揭示了7.19走私犯罪的本质特征，也明确告诉我们走私犯罪的疯狂性和

———10———

打击走私的艰巨性和复杂性，必须树立长期作战的思想，做到高度警惕，常抓不懈。

启示之四：打击犯罪，惩治腐败，创造一个良好的社会环境，需要全社会的共同努力。

社会是由每个人组成的，社会环境的好坏，取决每个人素质的高低。从本案反映出的情况看，固然被告人犯罪的主观方面是主要的，但在客观上，与他们的家庭、与社会上的亲朋好友之间无不有着一定的联系。如果每个领导干部、每个党员都能带头廉洁勤政，正确行使自己的职权，保证在法律的范围内活动；如果每个公民都有较强的法律意识，能够坚持正义，自觉地遵纪守法；如果每一个家庭成员亲朋好友之间，都能互相规劝，坚持原则，抵制不法行为，那么本案的被告人也不会陷得那么深，身为市委书记、边防政委、处长、公安局长、参谋长等不同层次的领导干部，也许就不会站在今天的被告席上。因此，全社会应当积极行动起来，坚定不移地同违法犯罪行为作斗争，为改革开放和经济建设创造一个良好的社会环境。

前车之鉴，后事之师。这个案件的教训是非常深刻的，希望通过对此案的审理，大家能够有所借鉴，有所启迪。

审判长、审判员，请根据本院的指控和法庭核查的各被告人的犯罪事实、情节及认罪态度，依法作出公正判决。

一九九三年一月十一日

———11———

● 乳山市商业局和刘起山等十人走私案公诉词

范占武曾直言不讳地说：'这样，他们可以挣一部分，我也可以罚一部分'，这就是他们共同的思想基础，也是他们主观故意的真实反映。"

在法律适用方面，公诉指控克服了两个重要的法律障碍。一是尽管1979年《刑法》并未明确规定单位能否构成走私犯罪，检察机关援引1987年《海关法》（1987年）第四十七条和全国人大常委会《关于惩治走私罪的补充规定》第五条之规定，结合案件事实，准确论证作为国家机关的乳山市商业局构成走私罪。二是由于当时的法律并未规定单位和自然人共同犯罪问题，公诉人在论证时指出，"全国人大常委会《关于惩治走私罪的补充规定》第八条规定……，这一规定并未要求构成走私共犯必须具备特殊的主体身份，即使是个人，只要与其他走私单位（主管人员和直接责任人员）或个人通谋，并提供帮助和方便的，也可成为单位走私或个人走私的共犯。"为指控国家机关单位与自然人共同走私犯罪，奠定了较为坚实的法律逻辑的基础。

（二）准确把握犯罪特点危害，为严惩走私犯罪提供依据

本案是一起社会广泛关注、性质非常恶劣的武装掩护走私犯罪，公诉人通过对走私犯罪情节的全面分析，揭示了犯罪行为的严重危害程度。公诉词总结归纳了四个方面的犯罪情节：一是走私数额特别巨大；二是执法人员参与走私；三是顶风作案，置三令五申于不顾；四是武装掩护。通过对四个犯罪情节的阐述，公诉词进一步揭示了本案造成的恶劣影响和社会危害性：一是对国家主权造成严重侵犯；二是对国家利益造成严重损害；三是对党员干部造成严重腐蚀；四是严重影响了改革开放和现代化建设的大好形势。本案的有力指控体现了检察机关打击走私的力度，体现了党和政府反腐败的决心，对反走私斗争起到了重要的推动作用。

案例推荐：山东省人民检察院

撰稿：袁家鹏

审稿：黄河、桑涛

禹作敏等八人窝藏、妨害公务、行贿、非法管制、非法拘禁案

——任何组织和个人都没有超越法律的特权

基本案情

禹作敏，男，时年 63 岁，天津市静海县人，大邱庄企业集团总公司董事长。

禹绍政，男，时年 25 岁，天津市静海县人，大邱庄企业集团总公司总经理，系禹作敏之子。

（其他被告人基本情况略）

1992 年 12 月 13 日，天津市静海县大邱庄原华大公司养殖场职工危某某被刘云章等 18 人殴打致死后，禹作敏多次指使他人窝藏并安排资助 4 名重大案犯潜逃；组织、指挥同案犯和不明真相的群众以暴力阻碍司法机关依法勘查犯罪现场、搜捕案犯，扣留执行公务的公安干警，导致公安、检察干警未能正常执行职务。在此前后，为了获取国家重要机密、干扰对案件的查处，禹作敏和其子禹绍政向某机关一名干部行贿数万元。1992 年 12 月，在清理原华大集团公司经济问题时，禹作敏先后多次组织、指挥了对原华大公司职工田某某、侯某某、宋某某等人的非法拘禁、侮辱殴打行为。在禹作

敏的示意下，还对北京某干部学校师生进行非法拘禁和侮辱殴打。

此外，禹作敏还指使他人对大邱庄村民刘某某的家属非法监视、限制人身自由，进行非法管制。

1993 年 8 月 14 日，天津市人民检察院分院向天津市中级人民法院提起公诉。1993 年 8 月 26 日，根据禹作敏所犯罪行的事实和情节，天津市中级人民法院依照《刑法》和全国人大常委会的有关决定，以窝藏罪判处禹作敏有期徒刑六年，以妨害公务罪判处有期徒刑三年，以行贿罪判处有期徒刑十年、剥夺政治权利二年，以非法拘禁罪判处有期徒刑三年，以非法管制罪判处有期徒刑三年。数罪并罚，决定执行有期徒刑二十年，剥夺政治权利二年。其他 7 名同案被告人分别被依法定罪判处刑罚。禹绍政不服一审判决提起上诉，二审维持原判。

案件背景与社会影响

禹作敏与大邱庄，是改革开放初期具有标志性的人物与单位。大邱庄由一个华北盐碱地上的"讨饭村"变成当时全国最富有的村庄，禹作敏功不可没。大邱庄在一定程度上就是一个大公司。这个村有 4400 人，却有 16 辆奔驰轿车和 100 多辆进口的豪华小轿车，1990 年人均收入 3400 美元，是全国平均收入的 10 倍。禹作敏领导下的大邱庄，被誉为"华夏第一村"，大邱庄 1992 年产值达到 45.5 亿元（约占天津全市 11%），上交利税 1 亿元，利润 5.1 亿元，创造了改革开放 13 年产值翻 13 番的惊人业绩。禹作敏因此也被评为"全国十佳农民企业家"、全国乡镇企业优秀企业家、全国劳动模范，成为全国政协委员。然而，这位名动华夏的农村改革风云人物，却因触犯刑法而被追究刑事责任，在社会上带来了很大震动。

012

天津市人民检察院分院

批 准 逮 捕 决 定 书

(副 本)

(93)津检分捕 第 80 号

天津市 公安局：

你局 一九九三 年 四月 十九日，以 81

号文书提请批准逮捕的 包庇、窝藏、妨害公务 案人犯

禹作敏 ，经本院审查认为：该犯的主要犯罪事

实清楚，已构成 包庇、窝藏、妨害公务 罪，根据《中华

人民共和国刑事诉讼法》第四十条的规定，决定批准

逮捕。

一九九三 年 四月二十日

附 卷十九宗

(附卷)

● 禹作敏等八人窝藏、妨害公务、行贿、非法管制、非法拘禁案对禹作
敏的批准逮捕决定书

禹作敏案是一个体现法律面前人人平等原则的典型案例，是一场生动而深刻的法治教育公开课。本案公诉和判决的意义在于，在我国任何组织和个人，不论地位有多高、功劳有多大，都没有超越法律的特权。对禹作敏追究刑事责任彰显出改革开放过程中国家对社会主义法治的崇尚。1993年8月28日《人民日报》刊发《国法不容——禹作敏犯罪纪实》一文，文章指出："从一个名扬四海的致富带头人，蜕变为国法不容的罪犯，禹作敏给人们留下的教训是深刻的。在接受审讯时，禹作敏不只一次地提到自己过去15年间在大邱庄创业和发展中的辛辛苦苦。但是共和国庄严的法律不容践踏，也不容超越法律之上的人。"

公诉指控

（一）法理与情理结合的公诉词

作为一件具有全国影响的案件，本案在指控中既要准确认定事实，正确适用法律，让禹作敏等人心服口服，又要区分功过是非、教育警醒人们严格遵守法律。为此，公诉词在梳理本案证据的基础上，除了再现起诉书指控的核心犯罪事实，又补充呈现起诉书之外的内容，揭示禹作敏等人犯罪的细节，展示其犯罪的综合背景，突出揭示了大邱庄在财富迅速积累的背后，关于财富的管理、分配、监督等方面严重滞后，在管理体制上形成了以禹作敏为中心的家长制、由禹作敏独断专行、以暴力应对异见、以断绝经济来源进行胁迫的人身依附体制，搞"独立王国"。本案中，禹作敏践踏法治，以威权压制村民、对抗国家权力的行使，如1993年2月18日上午，禹作敏为了阻挠司法机关进村开展搜捕工作，通过高音喇叭下令"从即日起，大邱庄全部工厂停工、学校停课、商店停业，一个月工资照发"，公然对抗法律。

天津市人民检察院分院
起诉书
(93)津检分诉字第142号

被告人禹作敏，男，六十三岁，汉族，小学文化，天津市静海县人，住天津市静海县蔡公庄乡大邱庄村，系大邱庄企业集团总公司董事长，一九九三年四月十五日被刑事拘留，同年四月二十一日被依法逮捕。

被告人禹绍政，二十五岁，汉族，大专文化，天津市静海县人，住天津市静海县蔡公庄乡大邱庄村，系大邱庄企业集团总公司总经理，一九九三年四月十六日被收容审查，同年六月十五日被依法逮捕。

被告人刘永华，三十六岁，汉族，大专文化，天津市静海县人，住天津市静海县蔡公庄乡大邱庄村，系大邱庄万全集团公司代总经理，一九九三年三月十六日被拘传，同年三月十七日被收容审查，一九九三年六月十二日被依法逮捕。

被告人周克水，男，四十岁，汉族，高中文化，天津市静海县人，住天津市静海县蔡公庄乡大邱庄村，系大邱庄企业集团总公司治保会主任，一九九三年四月十七日被收容审查，同年六月十一日被依法逮捕。

被告人马德水，男，三十八岁，汉族，小学文化，天津市静海县人，住天津市静海县蔡公庄乡大邱庄村，系大邱庄万全集团公司副总经理兼领轧带钢厂厂长，同年三月十九日被收容审查，一九九三年六月十二日被依法逮捕。

被告人黄乃奇，男，三十五岁，汉族，高中文化，河北省文安县人，住天津市静海县蔡公庄乡大邱庄村，系大邱庄企业集团总公司国际贸易实业有限公司经理，一九九三年三月二十八日被收容审查，同年六月十二日被依法逮捕。

被告人陈广洪，男，三十七岁，汉族，小学文化，天津市静海县
—1—

人住天津市静海县蔡公庄乡大邱庄村，系大邱庄尧舜集团公司驻广州市海珠区邱港联营公司经理，一九九三年三月二十六日被收容审查，同年六月十二日被依法逮捕。

被告人石家明，女，三十八岁，汉族，初中文化，天津市人，住天津市静海县蔡公庄乡大邱庄村，系大邱庄企业集团董事会副董事长兼秘书长，一九九三年四月十八日被收容审查，同年七月十六日被依法逮捕。

上列被告人窝藏、妨害公务、行贿、非法管制、非法拘禁一案，经天津市公安局侦查终结，于一九九三年八月七日移送本院审查起诉，现查明上列被告人犯有如下罪行：

一、窝藏罪

一九九二年十一月下旬，被告人禹作敏怀疑大邱庄华大集团公司有经济问题，将该集团公司所属企业分由其他公司负责清理。同年十二月十三日晚，大邱庄万全集团公司经理副经理刘云章及李振彪、陈相岐、刘绍升等十八人（均另案处理）将大邱庄华大集团公司养鸡场职工危××殴打致死后，被告人刘永华将危险收殴打致死的情况报告了禹作敏，禹作敏与刘永华商议对策，禹作敏认为参与殴打危××的人太多了，"面太大了"，遂指使刘永华找几个可靠的人把事担起来，刘永华按禹旨意，召集刘云章、李振彪、陈相岐、刘绍升等四人编造谎言，统一口径，推卸罪责。并暗示其他打人四手，谁也别承认打危。之后，向禹作敏作了汇报。十二月十四日晨，禹作敏得知公安机关确认刘云章四人为重点嫌疑人后，即指使刘永华安排四人携款外逃，当日上午，刘永华分别资助刘云章、李振彪、陈相岐、刘绍升每人二万元人民币，让四人逃往外地。刘永华唯恐外逃的畢犯匿藏外地不安全，又向禹作敏请示，禹问怎让刘云章等四人回村匿藏，刘永华即伙同被告人马德水派人将四人接回大邱庄匿藏。一九九三年二月十七日，市公安、检察干警到大邱庄搜捕刘云章等四名畢犯，禹作敏明知四人匿藏在村内，却向公安、检察干警谎供假情况，并借故拖延，阻碍缉捕人犯。二月二十日，刘永华通过马德水给
—2—

陈相岐、刘绍升各二万元人民币，并诈车将刘绍升送到河北省献县临河村匿藏。一九九三年三月一日，刘永华根车将陈相岐送至呼和浩特市，后由被告人陆广洪将陈相岐等至包头市匿藏。三月十一日，刘永华、马德水又将陈相岐、黄乃奇密谋成后，由黄乃奇将刘云章、李振彪送到万全集团公司泵沿热轧带钢厂龙门吊机房内匿藏。三月十四日，刘永华又窜赴河北、山东、浙江、江苏等地匿藏。

二、妨害公务罪

一九九三年二月十六日晚，被告人禹作敏得知公安、检察干警将要进该村搜捕四名畢犯的消息后，连夜召开会议，研究策划阻碍执行职务的干警进村，并令被告人周克文负责组织人员、研究推进村路口，周克文又召集各集团公司保卫科长进行部署。十七日上午，禹作敏指挥、指使煽人对进入大邱庄的市公安、检察机关和静海县负责人进行围攻、指责，并以殴打累挂，阻挠公安、检察干警进村张贴通缉令和搜捕四名畢犯。下午四时左右，禹作敏得知大邱庄附近有集结待命、执行公务的武警和公安干警后，即命令总公司所属各集团公司负责人调集人员，"保卫"总公司，封堵进村路口，研究划阻碍执行职务的干警进村，并令被告人周克文又受禹作敏要求派负责人具体指挥和负责村庄外面的警戒、巡逻。总公司大楼福极快聚集了上万名不明真相的群众，进入大邱庄的主要路口被卡车、油罐车堵塞并有手持钢棍的人员昼夜把守。十八日，禹作敏召开全村广播大会，下令全村停工、停产、停课、工资照发。致使公安、检察干警未能正常执行职务。

一九九二年十二月十五日晚，天津市公安局刑科所测××等六名刑侦干警，在静海县公安局刑警队副警队长刘××的陪同下，到大邱庄对危××死亡现场进行勘查。周克文得知此情况后，向禹作敏进行了汇报。禹作敏不顾其他在场人员的劝阻，决定只派公安人员进入现场，继将人扣下。周克文将禹作敏的旨意向孙岳文反映，孙岳文派人对进入现场的警手套的干警进行阻挠，后将六名干警扣留在勘查现场的三楼遇道内，断绝了与外界的联系。十六日上午九时许，禹作敏扣
—3—

（一）

鱼刘永华、周克文等人以审查为名，对宋××、刘××进行无理指责，其他在场人员亦对宋、刘二人围攻拦问，直至十一时许才将宋×等人放回。非法扣留六名公安干警达十三个小时，严重地妨碍了公安干警正常依法执行职务。

三、行贿罪

被告人禹作敏、禹绍政为获取与大邱庄发生的一系列案件有关的内部机密和为犯罪分子说情，向北京某机关干部高瀚多次行贿。

一九九二年八月，高瀚到大邱庄，禹作敏给高瀚美金一千元；同年底，高瀚到大邱庄，禹绍政给高瀚人民币一万元；一九九三年二月，禹作敏在大邱庄给高瀚人民币一万元；一九九三年三月，禹绍政在北京给高瀚人民币五千元。期间，高瀚向禹作敏、禹绍政提供了与大邱庄案件有关的重要机密文件三份。

四、非法拘禁罪

一九九二年十二月二日，被告人刘永华怀疑大邱庄华大集团公司氧气厂厂长田××有经济问题，派人将田非法关押审查，自此，田屡遭非法审讯、殴打。十二月七日，被告人禹作敏纠集被告人刘永华、周克文、石家明等二十余人在大邱庄企业集团总公司三楼会议室主持对田××正非法审讯，禹作敏等先对田打耳光，刘永华、石家明、周克文亦先后对田殴打。在场人一拥而上，将田的上衣剥光，用手打脚踢，并用电警棍电击，田宜波非法审讯间，殴打两个小时，后禹作敏令人将田押继续关押审查至十二月十五日。田宜波非法拘禁十四天。

一九九二年十二月四日下午四时许，在总公司三楼会议室，禹作敏主持并纠集被告人石家明等对侯××非法审讯。禹作敏、禹绍政等对侯逐行殴打，在场人亦对侯殴打脚踢。至晚七时许，禹作敏又令周克文将侯带到治保会继续关押。在关押期间，周克文使他非法审讯和殴打，十二月三日上午十一时许，禹作敏、禹绍政、石家明等人又次对侯非法审讯，侯××被非法拘禁至一九九三年一月十四日，共四十二天。

—4—

（二）

一九九二年十二月八日下午四时许，禹作敏派人将大邱庄华大集团公司养殖场场长宋×带到公司三楼会议室，在禹作敏主持下，禹绍政、周克文、石家明等十余人对宋实进行非法审讯，禹绍政、周克文、石家明对宋耳光。在场的其他人也对宋辱骂、殴打。至晚六时许，禹作敏又使大邱庄万全集团公司职工来对××进行非法审讯、殴打，直至一九九三年月十五日才将宋宝放回。宋×被非法拘禁三十九天。

一九九二年十一月二十七日，北京市国家安全第三局干部学校技侦班学员二十余人，在教师程××的带领下车抵大邱庄参观，下午二时许，学员张、王××、贺××等人在大邱庄香烟摊通商店，因询问价格、货源问题，与商店经理石家发生争执，后被大邱庄保安人员带至香港胡安东防队。周克文报案后，派人将学员十余人押到治保会捆押、体罚，周不问曲由，先后对刘、徐、肖、程等学员进行殴打，其他人也一涌而上，对周坚毅等学员殴打。下午四时许，周克文向禹作敏汇报，禹当即与周等数师程等到总公司三楼会议室，禹作敏、禹宝文、禹克文等十余人对程班内人凶暴地对张殴打，此张左右眼受伤。直至当晚九时许，经北京市国家安全局校方领导来电交涉要求放人，禹作敏又逼迫程××连心地写了"悔过书"后，才将扣押的学生放回。被扣押的学生十五人被殴打受伤，其中一人为轻伤。

五、非法管制罪

一九九〇年八月十一日，大邱庄村民禹作相、禹作立等七人（均已判刑）殴打致死刘永华的案件发生后，被告人禹作敏令有关单位负责人停止了被害人××亲属刘××、刘××、刘××、宋××、马××等人在大邱庄所属企业的工作，并派人对刘××之妻禹×丁女刘××、刘××、刘××等人及其家庭成员进行非法监视，不许出村，直至一九九二年十二月才得以解除。期间，并对他们的住宅断电。

—5—

（三）

被告人禹作敏、禹绍政、刘永华、周克文、马德水、黄乃奇、陈广洪先后被公安机关查获归案，被告人石家明于一九九三年四月十七日向公安机关投案自首。

上述事实有证人证言、物证、刑事科学技术鉴定等证据证实属实。

综上所述，被告人禹作敏目无国法，指使纵容窝藏并妨害揭知刘云案等四名重大案犯外逃；组织、指挥以暴力阻碍国家工作人员依法查犯罪现场、搅抢罪犯；为获取国家重要机密向国家工作人员行贿；组织、指挥非法拘禁大邱庄所属企业职工田××、侯××、宋×及北京市国家安全局第三局干部学校师生，且具有殴打、侮辱情节，最甚；指挥对本村其五田等七名家属进行非法监视、限制人身自由，其行为触犯了《中华人民共和国刑法》第一百六十二条第二款、第一百五十七条、第一百八十五条第三款、第二百四十三条第一款、第一百一十四条之规定及全国人大常委会《关于惩治贪污受贿略罪的补充规定》第八条之规定，已构成窝藏罪、妨害公务罪、行贿罪、非法拘禁罪、非法管制罪。

被告人禹绍政身无国法，为获取国家重要机密，向国家工作人员行贿；积极参与非法拘禁大邱庄所属企业职工田××、侯××、宋×及北京市国家安全第三局干部学校师生，且具有殴打、侮辱情节，其行为触犯了《中华人民共和国刑法》第一百八十五条第三款、第二百四十三条第一款及全国人大常委会《关于惩治贪污受贿略罪的补充规定》第八条之规定，已构成行贿罪、非法拘禁罪。

被告人刘永华在禹作敏的指挥下，积极窝藏刘××等四名职犯分子，安排犯罪分子外逃；非法拘禁大邱庄所属企业职工田××、宋×等人，并具有殴打、侮辱情节，其行为触犯了《中华人民共和国刑法》第一百六十二条第二款、第二百四十三条第一款之规定，已构成窝藏罪、非法拘禁罪。

被告人周克文在禹作敏指使下，积极参与非法拘禁大邱庄所属企业职工田××、侯××、宋×及北京市国家安全局第三局干部学校师生，且具有殴打、侮辱情节，其行为触犯了《中华人民共和国刑法》第一百五十

—6—

（四）

七条、第一百四十三条第一款之规定，已构成妨害公务罪、非法拘禁罪。

被告人马德水、黄乃奇、陈广洪在刘永华指挥下，窝藏犯罪分子，并帮助逃往外地，其行为触犯了《中华人民共和国刑法》第一百六十二条第二款之规定，已构成窝藏罪。

被告人石家明在禹作敏指挥下，积极参与非法拘禁大邱庄所属企业职工田××、侯××、宋×及北京市国家安全第三局干部学校师生，并具有殴打、侮辱情节，其行为触犯了《中华人民共和国刑法》第二百四十三条第一款之规定，已构成非法拘禁罪。案发后，被告自首，同时适用《中华人民共和国刑法》第六十三条。

本院为维护社会治安秩序，保护公民人身权利不受侵犯，保障社会主义现代化建设事业的顺利进行，依照《中华人民共和国刑事诉讼法》第一百条之规定，提起公诉，请依法予以惩处。

此 致

天津市中级人民法院

检察员 王在宽
程灿坤
刘宇博
代理检察员 刘淑琴

一九九三年八月十四日

附：1、被告人禹作敏、禹绍政、刘永华、周克文、黄乃奇、陈广洪、石家明现羁押于天津市公安局看守所。
2、预审案卷三十二册

—7—

● 禹作敏等八人窝藏、妨害公务、行贿、非法管制、非法拘禁案起诉书

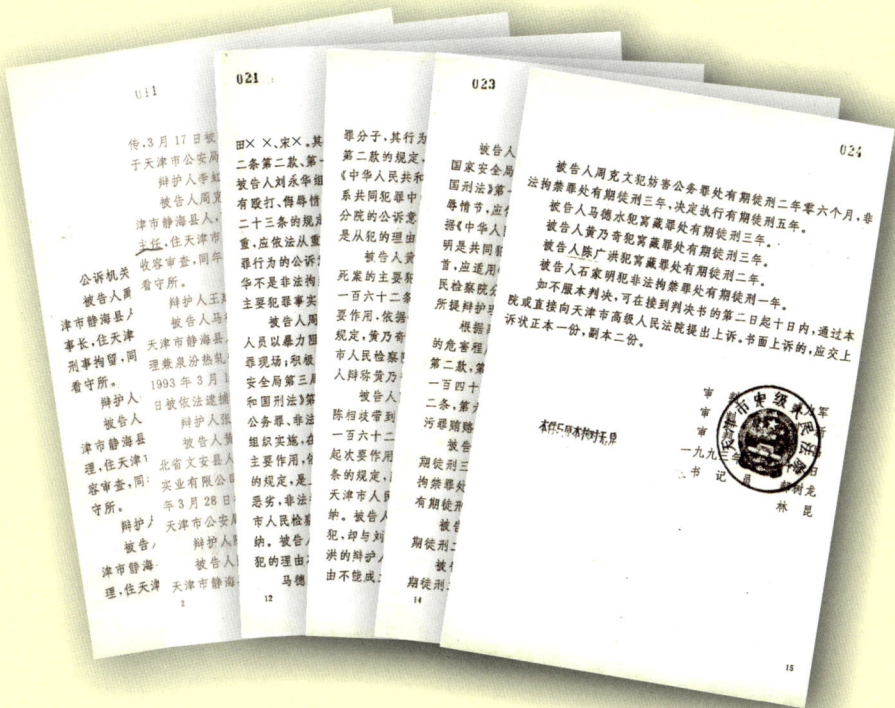

● 禹作敏等八人窝藏、妨害公务、行贿、非法管制、非法拘禁案判决书（部分）

公诉词还深挖了禹作敏犯罪的原因。禹作敏作为大邱庄的党委书记，其以党委的名义对他人发号施令而实施犯罪行为，可见其个人的政治素质不高对党的工作危害之深，也正是在被告人自行辩护阶段，禹绍政提出了"这次对华大的清理，是以党委名义出头的"的观点，更显示出公诉词的预判性非常准确，同时，这句话也阐明了以党委名义作出决定的情况下，由禹作敏承担责任的原因，可谓情理、法理相得益彰。公诉词总结的"大邱庄只抓物质文明建设，放弃和忽视精神文明建设、法制建设、基层民主建设和党的建设"，可谓异常深刻和警醒。

（二）新型证据的运用

值得注意的是，本案中还出现了 3 份视听资料证据，分别是禹作敏妨害公务犯罪中在大邱庄发表讲话的录像，禹作敏非法拘禁犯罪中的非法讯问的录像和录音各 1 份，在质证阶段被告人和辩护人均无异议。尽管 1979 年《刑事诉讼法》对证据种类的规定中并无此类证据形式，但作为证明犯罪事实最直观的材料，这 3 份视听资料同样发挥了证明作用，取得了较好的指控效果。这一证据形式也为 1996 年《刑事诉讼法》关于证据类型的相关规定提供了实践素材。此外，本案的起诉书中反映出当时的强制措施有收容审查、适用的罪名有非法管制罪，这些都是 1979 年《刑法》和《刑事诉讼法》在司法文书中的时代印记。

案例推荐：天津市人民检察院

撰稿：刘巍

审稿：桑涛

薛根和等八人贪污案

——银行员工内外勾结贪污巨案

基本案情 ⋯⋯⋯⋯⋯⋯⋯⋯⋯⋯⋯⋯⋯⋯⋯⋯⋯⋯⋯⋯⋯⋯⋯

薛根和，男，时年 31 岁，海南省琼山县人，工商银行海口市分行东风办事处会计员，负责编制密押、联行复核、管理内部账务等工作。

陈贻全，男，时年 52 岁，海南省文昌县人，海南益通实业贸易公司经理。

熊道先，男，时年 50 岁，四川省成都市人，海南远洋贸易公司副总经理兼业务总经理。

（其他被告人基本情况略）

1992 年 1 月到 10 月间，薛根和伙同陈贻全、熊道先、赵东方共同预谋，并串通杨绍琼、张德全等人，利用薛根和担任中国工商银行海口市分行东风办事处会计员的职务之便，采取内外勾结，由薛根和盗出银行空白汇票 19 张，擅自打盖密押，开具空头汇票不上账，交给陈贻全、熊道先、赵东方、杨绍琼、张德全等人到外地银行解付取款，使用隐匿、销毁底联与回单等手段，将联行资金人民币 3344 万元非法据为己有（其中 600 万元贪污未遂）。此外，1991 年 10 月至 1992 年 4 月，薛根和采取涂改同城票据（代付）凭证的收款单位，编造假进账单的手段，挪用海口市化工三厂、海口市大海服务部、海口市橡胶三厂、海口市轮胎厂等企业结算资金共计人民币 162458.03 元。1991 年 12 月 5 日、12 月 10 日，薛根和先后两次采取伪造银行进账单、以假充真的手段，将银行代收手续费人民币 4710 元两次转入海南益通公司陈贻全处，由陈贻全提取现金 4650 元交薛根和使用。

1992 年 10 月 15 日，薛根和在中国工商银行海口市分行东风办事处接到外地查询汇票电话后，觉察到自己的犯罪事实即将败露，为逃避法律制裁，伙同熊道先、张德全等人偷越国境逃往越南，后被抓获归案。

此案由海口市人民检察院侦查终结。1993 年 6 月 1 日，海南省海口市人民检察院向海口市中级人民法院提起公诉。同年 8 月 13 日，法院作出判决：薛根和犯贪污罪，判处死刑，剥夺政治权利终身，犯挪用公款罪，判处有期徒刑十四年，剥夺政治权利四年，犯偷越国境罪，判处有期徒刑一年，决定执行死刑，剥夺政治权利终身；陈贻全犯贪污罪，判处死刑，剥夺政治权利终身；熊道先犯贪污罪，判处死刑，剥夺政治权利终身，犯偷越国境罪，判处有期徒刑一年，决定执行死刑，剥夺政治权利终身；赵东方犯贪污罪，判处死刑，剥夺政治权利终身；杨绍琼犯贪污罪，判处死刑，剥夺政治权利终身；张德全犯贪污罪，判处有期徒刑十五年，剥夺政治权利五年，犯偷越国境罪，判处有期徒刑一年，决定执行有期徒刑十五年，剥夺政治权利五年；熊元龙犯窝藏罪，判处有期徒刑六年；戴开业犯窝藏罪，判处有期徒刑三年。宣判后，薛根和服判不上诉；陈贻全、熊道先、赵东方、杨绍琼分别提起上诉。1993 年 8 月 28 日，海南省高级人民法院裁定驳回上诉，维持原判，并依法报最高人民法院核准。1993 年 9 月 9 日，最高人民法院核准对薛根和、陈贻全、熊道先、赵东方、杨绍琼的死刑判决。

案件背景与社会影响 ·······················

　　薛根和等人贪污银行公款的数额达人民币 3344 万元，是新中国成立以来当时全国查处的最大贪污案。媒体将此案称为"天字第一号贪污案""共和国最大贪污案""全国最大贪污案"，举国上下为之震惊，其社会影响可见一斑。后该案被收入《共和国检察历史片段》（中国检察出版社 2009 年出版）、《中国反腐倡廉大事记》（中国方正出版社 2010 年出版）等书籍，足见该案在我国人民检察事业和反腐斗争史上产生的重大历史影响与典型意义。

侦查与公诉指控 ·······················

（一）认真履职，查明案件真相

　　预感东窗事发后，薛根和、熊道先、张德全偷逃出境，其他同案犯闻讯也纷纷出逃；3344 万元汇至全国各地，情况不明。面对如此棘手的问题，原海口市人民检察院反贪局立案后，一方面详细核查每笔汇票的资金走向，及时联系工商银行向全国发出《关于协助海南省分行截留支付被盗银行汇票的紧急通知》，截留支付 600 万元，积极开展赃款赃物的调查取证与追缴工作，追缴赃物折价约 1000 万元；另一方面，有序开展追捕工作，将偷逃境外和隐匿境内的所有涉案人员全部抓捕归案。经过侦查取证，薛根和、陈贻全、熊道先、赵东方、杨绍琼等人内外勾结，采取盗取空白汇票，擅自打盖密押，开具空头汇票不上账，在外地银行解付取款，隐匿、销毁底联与回单等手段，贪污银行公款以及挪用公款、偷越国境、包庇的犯罪事实水落石出，为诉讼奠定坚实的事实和证据基础。

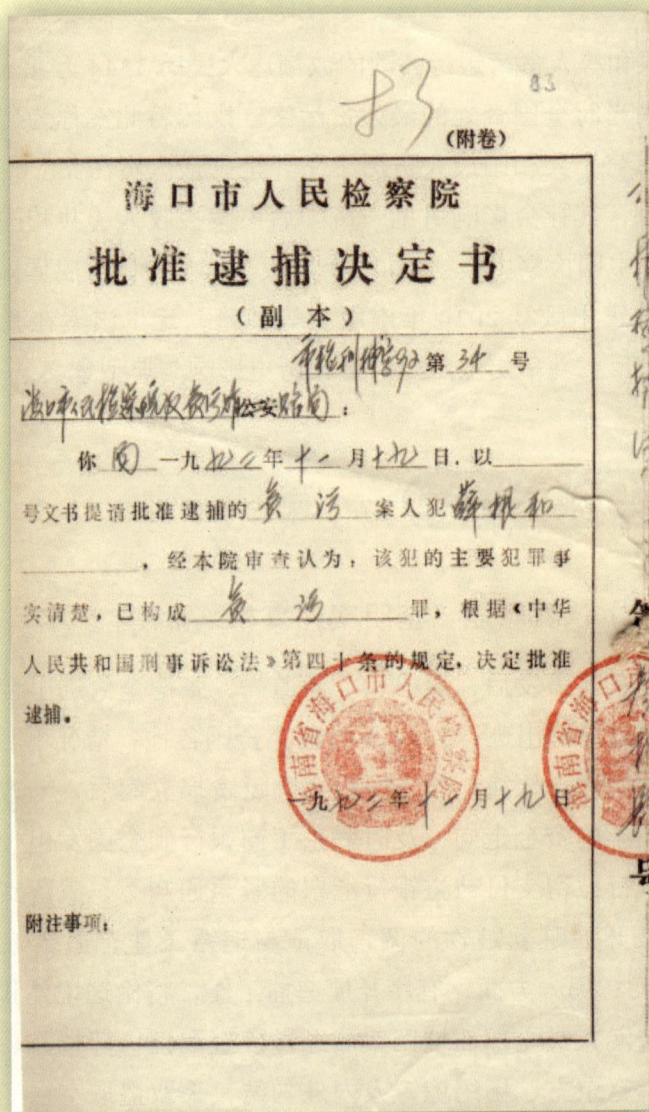

● 薛根和等八人贪污案对薛根和的批准逮捕决定书

（二）有理有据，指控和证明犯罪

本案是一起典型的涉及多人多起犯罪事实的复杂案件，而且除薛根和外，陈贻全、熊道先、赵东方、杨绍琼、张德全5人均不具有国家工作人员的身份，该5人有的提出没有犯罪故意的辩解，有的提出不具备贪污罪的主体资格，没有实施共同犯罪行为的辩解，有的甚至否认参与实施了具体犯罪事实。因此，共同犯罪的认定和责任划分成为控辩双方争论的焦点问题。

针对上述争议问题，在法庭辩论环节，公诉人一是摆事实，重细节，讲证据。针对被告人否认共同犯罪故意的辩解，公诉人从事实和证据的关键细节予以反驳：（1）所有被告人不仅明知薛根和盗取银行空白汇票，开空头汇票不上账，将银行资金汇到外地，还相互配合参与汇票的外地解付；（2）解付汇票后，转移赃款，大肆挥霍，而且被告人一伙根本就没有从事山羊绒生意，只是以山羊绒生意为由侵吞银行公款，再用侵吞的公款购置房产、轿车、归还欠款等，或者直接供本人挥霍享乐。从被告人之间的分工配合、资金的去向和每笔资金的具体用途等细节入手驳斥被告人，对共同犯罪故意的证明起到立竿见影的效果。二是有理有据，有破有立，突出指控和证明犯罪的说服力。在论证贪污罪的共同犯罪问题时，公诉人不仅根据贪污罪的犯罪构成要件和共同犯罪的基本原理，还结合各被告人的具体行为进行说理。针对被告人提出没有实施共同犯罪行为的辩解，公诉人以因果共犯论的刑法学理为根基，明确指出被告人承担共同犯罪责任的根据在于：陈贻全、熊道先、赵东方、杨绍琼、张德全与薛根和相互配合，由薛根和盗取银行空白汇票，开空头汇票不上账，销毁底联，后由陈贻全、熊道先、赵东方、杨绍琼提供收款单位和账号，将银行资金汇到外地解付，虽然分工不同，但对造成银行公款被侵吞的犯罪结果都存在直接的因果关系。如此论述，有立有驳，值得赞许。

海南省海口市人民检察院

起 诉 书

(1993)市检刑诉字第6号

被告人薛根和，男，32岁，汉族，高中文化，海南省琼山县人，系海口市工商银行东风办事处会计员，住海口市文明东路231号，因贪污罪于1992年12月6日被逮捕。现在押。

被告人陈贻全，男，52岁，汉族，初中文化，海南省文昌县人，系海南益通实业贸易公司经理，1991年3月至9月因诈骗被广东省徐闻县公安局收容审查，1992年10月7日因诈骗被海南省琼山县公安局收容审查，因贪污罪于1993年2月23日经海口市人民检察院决定逮捕。现在押。

被告人熊道先，男，49岁，汉族，初中文化，四川省成都市人，系海南远洋贸易公司总经理，住海口市滨海花园小区7号楼。1977年因诈骗罪被成都市金牛区法院判处有期徒刑六年，1987年7月至10月因诈骗被广州市越秀区公安分局收容审查，因贪污罪于1992年12月6日经海口市人民检察院决定逮捕。现在押。

— 1 —

付)凭证的收款单位，编造假进帐单挪用海大联营兴业晨销部、海口市化工三厂、海口市大海服务部、海口市橡胶二厂、三厂、海口市轮胎厂等企业单位结算赍金共六笔618660.00元。

1992年10月15日，被告人薛根和、熊道先、张德全、熊元龙、戴开业一伙畏罪潜逃。从广西边境非法偷越国境，逃往境外。

案发后，检察机关依法追回赃款人民币...430,549.80元，冻结赃款人民币585064.91元，美元58.82元，追缴赃物折价约1千元。

综上所述，被告人薛根和利用职务上的便利，伙同被告人陈贻全、熊道先、赵东方、杨绍琼、张德全、熊元龙等人采取内外勾结、盗取银行汇票，开空头汇票不入帐、销毁底联的手段，共签发银行汇票19笔，计贪污金额3344万元，(其中600万元贪污未遂)，贪污银行代收手续费户二笔，金额4710.00元，挪用企业单位资金6笔，金额618660.00元，被告人陈贻全伙同薛根和利用职务贪污12笔，计金额1235.471万元；被告人熊道先伙同薛根和、陈贻全等人内外勾结共同贪污6笔，计金额2000余万元；被告人赵东方、杨绍琼伙同薛根和、熊道先、陈贻全等人内外勾结共同贪污4笔，计金额960万元；被告人张德全伙同

— 9 —

薛根和、熊道先等人内外勾结共同贪污2笔，计金额500余万元；被告人熊元龙在其父熊道先的指使下，积极协助其父熊道先办理广州100万元以及其他款的解付，并参与共同挥霍使用赃款。

上述犯罪事实，有书证、证人证言、笔迹鉴定会计鉴定、赃款赃物等证据为证，被告人亦供认在案。

被告人薛根和利用职务之便，盗取银行汇票、贪污银行巨额资金，挪用企业资金，非法偷越国境，其行为触犯了《中华人民共和国刑法》第一百五十五条、第一百七十六条及全国人大常委会《关于惩治贪污罪贿赂罪的补充规定》第1条、第2条第一项、第3条之规定，已构成贪污罪、挪用公款罪、偷越国境罪，是本案的主犯。

被告人陈贻全伙同薛根和、熊道先、赵东方、杨绍琼等人，内外勾结，共同贪污银行资金，数额特别巨大，其行为已触犯《中华人民共和国刑法》第一百五十五条及全国人大常委会《关于惩治贪污罪贿赂罪的补充规定》第1条、第2条第一项之规定，构成贪污罪，是本案的主犯。

被告人熊道先伙同被告人薛根和、陈贻全等人内外勾结，共同贪污银行巨额资金，非法偷越国境，其行为触犯《中华人民共和国刑法》第一百五十五条、

— 10 —

被告人戴开业，明知被告人薛根和、熊道先、张德全、熊元龙等人畏罪潜逃，还积极帮助犯罪分子出逃，提供方便，非法偷越国境，其行为已触犯《中华人民共和国刑法》第一百六十二条第二款、第一百七十六条之规定，构成包庇罪和偷越国境罪。但被告人戴开业在政策的感召下，能主动到检察机关投案自首。

为了确保国家财产不受侵犯，打击经济犯罪，根据《中华人民共和国刑事诉讼法》第100条之规定，将上列被告人提起公诉，请依法判处。

此致
海口市中级人民法院

检察员 薛兴程、李志明
代理检察员 刘景、邢帆

一九九三年六月一日

— 12 —

● 薛根和等八人贪污案起诉书（部分）

薛根和等八人贪污案

中华人民共和国最高人民法院
刑事裁定书

(1993)刑复字第124号

被告人薛根和，男，一九六一年十月三十日生，汉族，海南省琼山县人，原系中国工商银行海口市分行东风办事处会计员，住海南省海口市文明东路二百三十一号。一九九二年十二月六日被逮捕。现在押。

被告人陈贻全，男，一九四一年十二月四日生，汉族，海南省海口市人，原系海南盛通实业贸易公司总经理，住海南省海口市美舍河一栋三十一号。一九九三年二月二十三日被逮捕。现在押。

被告人熊道先，男，一九四三年十月十七日生，汉族，四川省成都市人，原系海南省远洋贸易公司副总经理兼业务总经理，住海南省海口市滨海花园小区七号楼六○一房，一九七七年因犯诈骗罪被四川省成都市人民法院判处有期徒刑六年。一九九二年十二月六日被逮捕。现在押。

被告人赵东方，又名赵子良，化名赵普丽，男，一九五二年五月十五日生，汉族，河北省唐山市人，原系贵州金龙企业经贸总公司筹备组成员，住河北省唐山市路北区龙果民巷三○八楼，一九八四年九月因诈骗罪被河北省唐山市路北区人民检察院免予起诉。一九九三年二月二十五日被逮捕。

现在押。

被告人杨绍琼，女，一九四三年十二月二十八日生，汉族，四川省成都市人，原系贵州金龙企业经贸总公司筹备组成员，住贵州省贵阳市云岩区延安巷二十号。一九九三年二月二十五日被逮捕。现在押。

海南省海口市中级人民法院于一九九三年八月十三日以(1993)海中法刑初字第14号刑事判决认定，被告人薛根和犯贪污罪，判处死刑，剥夺政治权利终身，犯挪用公款罪，判处有期徒刑十四年，剥夺政治权利四年，犯偷越国境罪，判处有期徒刑一年，决定执行死刑，剥夺政治权利终身；被告人陈贻全犯贪污罪，判处死刑，剥夺政治权利终身；被告人熊道先犯贪污罪，判处死刑，剥夺政治权利终身，犯偷越国境罪，判处有期徒刑一年，决定执行死刑，剥夺政治权利终身；被告人赵东方犯贪污罪，判处死刑，剥夺政治权利终身；被告人杨绍琼犯贪污罪，判处死刑，剥夺政治权利终身。宣判后，薛根和服判不上诉；陈贻全、赵东方、杨绍琼不服，分别提出上诉，海南省高级人民法院于一九九三年八月二十八日以(1993)琼刑终字第34号刑事裁定，驳回上诉，维持原判，并依法报请本院核准。

本院依照《中华人民共和国刑事诉讼法》规定的死刑复核程序，组成合议庭，对本案进行了复核。合议庭复议后，审判委员会第595次会议进行了讨论并作出决定。现已复核终结。

本院确认：被告人薛根和伙同被告人陈贻全、熊道先

赵东方共同预谋，并串通被告人杨绍琼和同案被告人张德全（已判刑）等人，利用薛根和担任中国工商银行海口市分行东风办事处会计员的职务之便，采取内外勾结，由薛根和盗出银行空白汇票，擅自打盖图章，随意、鲸吞盗取空白汇票一十九张，贪污人民币三千三百四十四万元（其中六百万元贪污未遂），赵、杨、薛根和与共同贪污三千三百四十四万元（其中六百万元贪污未遂），其中个人占用二百万元；并将已退还赃款及赃物折价计二五七万三千七百一十二元三角四分；被告人陈贻全参与共同贪污一千五百万元（其中六百万元贪污未遂），其中个人占用一百万元，与薛根和共同占用四百万元。案发后追回赃款及赃物折价合计四十八万五千七百元；被告人赵东方参与共同贪污九百万元，其中个人占用一百二万元，（在逃）共同占用二百三十九万元，与杨绍琼参与共同贪污九百万元，其中全部退回；被告人杨绍琼参与共同贪污九百万元，其中用一百万元借还王在钧电子器材有限公司等贵州金龙果民巷厂的货款，与赵东方、赵王共同占用二百三十九万元，与赵东方共同占用四百万元，案发后退回赃款及赃物折价合计

一百二十六万四千五百七十九元。此外，薛根和还采取伪造银行进账单的手段，贪污银行代收手续费四十七元一元；挪用公款六万二千四百三十八万一千零三分。案发后，全案共退回赃款及赃物折价合计一千九百二十一元（其中六百万元贪污未遂），未造成国家损失。

一九九二年十一月至十二月间，薛根和、熊道先在事行败露后，为逃避追查侦缉，伙同张德全等人偷越国境进住越南，一九九三年初被捉回境内归案。

上述事实，有贪获的汇票、单据等书证和证人证言及笔迹鉴定、会计鉴定等证据佐证，各被告人亦供认不讳，足以认定。

本院认为：被告人薛根和、陈贻全、熊道先、赵东方、杨绍琼身为国家工作人员，利用薛根和银行工作人员的职务之便，共同贪污银行巨额资金，其行为均已构成贪污罪，在共同犯罪中均系主犯，且犯罪情节和危害后果特别严重，依法应予严惩。被告人薛根和还利用担任银行之便挪用公款，构成挪用公款罪；薛根和、熊道先为逃避法律制裁，偷越国境，均已构成偷越国境罪，应依法惩处。一、二审人民法院认定的事实清楚，证据确实、充分，定罪准确，量刑适当，审判程序合法。依照《中华人民共和国刑法》第二百五十五条、第五十六条、第二十二条、第二十三条、第二十条、第五十一条、第五十三条第一款、第六十四条全国人民代表大会常务委员会《关于惩治贪污贿赂罪的补充规定》第二条第一款第（1）项、第二条第二

款、第三条、第十二条之规定，裁定如下：

核准海南省高级人民法院(1993)琼刑终字第34号维持一审对被告人薛根和以贪污罪判处死刑，剥夺政治权利终身，挪用公款罪判处有期徒刑十四年，偷越国境罪判处有期徒刑一年，决定执行死刑，剥夺政治权利终身；被告人陈贻全以贪污罪判处死刑，剥夺政治权利终身；被告人熊道先以贪污罪判处死刑，剥夺政治权利终身，偷越国境罪判处有期徒刑一年，决定执行死刑，剥夺政治权利终身；被告人赵东方以贪污罪判处死刑，剥夺政治权利终身；被告人杨绍琼以贪污罪判处死刑，剥夺政治权利终身的刑事裁定。

审　判　长　张幸陶
审　判　员　张崔璨
审　判　员　任卫华

一九九三年九月　日

本件与原本核对无异
书　记　员　陈定刚

● 薛根和等八人贪污案最高人民法院刑事裁定书

（三）延伸检察职能，深化办案效果

公诉人在庭审过程中深入剖析了案发原因，指出薛根和等人之所以屡次犯罪得逞，和金融机构在纪律制度、工作管理上的疏漏不无关系。据此，公诉人进一步提出，金融机构必须加强内部监督机制，特别是内部的法治监督机制，并且要整章建制，严格依法照章办事，不再给蛀蚀国家财产的蛀虫可乘之机，为社会主义市场经济建设和改革开放营造良好的金融秩序。公诉人将关于被告人犯罪原因的剖析与法治宣传、警示教育结合在一起，展现出检察机关法律监督的宪法责任和法治宣传的社会责任。

案例推荐：海南省人民检察院

撰稿：王栋

审稿：黄河、桑涛

刘农军等八人文物盗窃案

——震惊中外的开封博物馆"9·18"特大文物盗窃案

基本案情

刘农军，男，时年 29 岁，湖北省武汉市人。

刘进，男，时年 33 岁，湖北省黄陂县人。

文西山，男，时年 32 岁，湖北省东安县人。

李军，男，时年 29 岁，吉林省永吉县人。

（其他被告人基本情况略）

刘农军、刘进、文西山、李军 4 人自 1991 年起，多次盗窃多地博物馆中的珍贵文物。1992 年 8 月至 9 月，4 人多次到开封市博物馆窥视，共谋盗窃馆藏文物，并反复进行防报警试验，准备了红色平绒布、对讲机、撬杠等作案工具。同年 9 月 18 日凌晨 1 时许，刘进驾车，刘农军等 4 人到开封市博物馆北侧，刘农军、刘进在外用对讲机指挥、望风，文西山、李军翻墙、撬窗进入博物馆展厅，盗窃文物 69 件。凌晨 4 时许，文西山、李军携带盗窃文物，在刘农军、刘进的接应下，翻墙出馆，后将文物装进车内，连夜驾车逃回武汉。赃物运至武汉后，刘农军等人将馆藏标记擦掉，并编号拍照。同年 9 月 25 日，刘农军、汪义祥、彭坚、杨长明将部分文物转移至彭坚家，杨长明将剩余的 6 件文物予以隐藏。9 月 28 日，刘农军、刘进、文西山、李军 4 人携带部分文物至广州西坑。后在刘农军的指使下，

汪义祥伙同彭国礼、彭坚和广州空军驻武汉某部干部舒丹（另案处理），经密谋用军用飞机将文物偷运至广州。同年 10 月底，刘农军偷渡到澳门，与澳门籍人梁达光联系，后梁达光将广州的文物偷运至澳门。本案案发后，司法机关追回文物 68 件，经国家文物鉴定委员会鉴定，其中国家一级文物 5 件，国家二级文物 55 件，国家三级文物 8 件。

1993 年 6 月 10 日，河南省开封市人民检察院向开封市中级人民法院提起公诉。同年 8 月 9 日，法院作出一审判决，以盗窃罪和盗运珍贵文物出口罪，数罪并罚判处刘农军、刘进、文西山、李军 4 人死刑，剥夺政治权利终身；以盗运珍贵文物出口罪分别判处汪义祥、彭坚、彭国礼有期徒刑八年、七年、六年；以窝赃罪判处杨长明有期徒刑三年。一审宣判后，8 名被告人均提出上诉。1993 年 9 月 15 日河南省高级人民法院裁定驳回上诉，维持原判，并核准刘农军等 4 名主犯死刑。

案件背景与社会影响 ··

开封博物馆"9·18"特大文物盗窃案是新中国成立以来全国最大的文物盗窃案，也是继"蒙娜丽莎"盗窃案后的世界第二大文物盗窃大案，国际刑警组织将该案列为年度世界十大文物案件之首。案件发生后，震惊中外，公安部、河南省公安厅高度关注，开封市迅速组建了"9·18"案件侦破指挥部，下令必须破案，绝不能让这些文物流失。

● 刘农军等八人文物盗窃案对 4 名主犯的批准逮捕决定书

公诉指控 ···

（一）引导侦查，固定犯罪证据

警方历经 4 个月的艰苦奋战、足迹遍及全国 20 多个省（市、自治区）及香港、澳门特区，最终将此案侦破，案犯全部落网。案件移送审查起诉后，检察机关针对案件部分事实不清、证据不足的问题，迅速列明补充侦查提纲，退回公安机关补充侦查，为完善证据收集工作、增强指控犯罪效果打下了坚实的基础。退回补充侦查重报后，检察机关经审查，决定对刘农军等 8 名被告人提起公诉、出庭支持公诉，在庭审中就事实认定、法律适用、责任划分等诸多实体和程序内容进行了详细分析，用高质量的出庭表现回应了舆论和人民群众的关切，充分发挥了指控犯罪和法律监督职能。

（二）依托证据，客观认定犯罪事实

针对"9·18"大案事实情节复杂、存在其他多起事实的情况，公诉词依托在案证据客观认定事实，在表述结构上强调逻辑，分析内容上结合证据。从表述结构上看，公诉词分两部分对案件事实进行了分析：第一部分以预谋、实施、转移、销赃的时间顺序为逻辑，详细描述了"9·18"大案的犯罪经过，突出"9·18"大案的社会危害性；第二部分以犯罪集团的形成过程、成立后实施的其他犯罪行为、归纳总结该集团特征为逻辑，清晰表述了刘农军等人依托犯罪集团多次实施犯罪行为的事实。从分析内容上看，事实认定中紧密结合证据，使犯罪事实更加丰满而不失客观性，准确说明了其犯罪手段、情节并展现其巨大的社会危害性。例如在说明"9·18"大案中 4 名被告人的共同预谋时，引用文西山"警报器不解决、不好搞""刘农军讲由他找资料解决"的供述内容；再如描述 4 人将窃得文物运出博物馆的过程时，引用文物"总重量 110 斤，总体积近 1 立方米"的客观形态描述。以上细节的展开更加体现出 4 人预谋犯罪的主观恶性，增强了指控效果。

刘农军、刘进、文西山、李军惯窃、盗
运珍贵文物出口；彭坚、江义祥、彭国
礼、盗运珍贵文物出口，杨长明窝赃一案

公　　诉　　词

审判长、审判员：

根据《中华人民共和国刑事诉讼法》第一百一十二条和《中华人民共和国人民检察院组织法》第十五条之规定，我们以国家公诉人的身份出席法庭，对今天在这里公开审理的刘农军、刘进、文西山、李军惯窃、盗运珍贵文物出口，江义祥、彭国礼、彭坚，盗运珍贵文物出口，杨长明窝赃一案支持公诉，并依法履行法律监督职责。

在刚刚结束的法庭调查中，通过审判长、审判员出示物证，宣读证人证言，现场勘查笔录、刑事技术鉴定书，以及被告人的当庭供述，足以证明我院起诉书所指控被告人的犯罪事实清楚，证据确实、充分，定性、定罪和适用法律正确。下面，我仅就上列被告人的犯罪手段，情节和社会危害以及应负的法律责任，发表几点公诉意见。

一、被告人刘农军、刘进、文西山、李军盗窃馆藏珍贵文物是一起高智能的，具有国际影响的特大盗窃馆藏文物案件。

一九九二年九月十八日，被告人刘农军、刘进、文西山、李军经过充分的预谋和准备，攀墙撬窗潜入开封市博物馆明清

1

3

宫廷用品展厅，盗窃珍贵文物６９件，其中国家一级文物５件，二级文物５５件，三级文物８件，未定级１件，制造了震惊中外的特大盗窃馆藏珍贵文物案件。

“９·１８”特大盗窃馆藏文物案发生后，我市公安机关在市委、市政府的领导下，按照上级公安机关的统一部署，紧密依靠人民群众和兄弟公安机关的鼎力支持，全力以赴投入侦破工作，南下北上，东征西战，踏三江五岳，缉“国宝”窃贼，足迹遍及全国二十多个省市自治区，七十多个县市和香港、澳门地区，经过四个月的艰苦征战，在茫茫人海中终于将这起特大案件胜利破获，罪犯刘农军、刘进等９名被告人全部落网，赃物绝大部分追回。对这起震惊中外，具有国际影响的特大馆藏文物被盗案件的侦破纪实，已通过报刊、广播、电视等新闻媒介作了大量翔实的报道，在此不再赘述。那一幕幕惊心动魄的场面和公安干警大智大勇的英雄气概，深深感动了广大人民群众，借此机会，我们向参加战斗的广大公安干警和协助破案的人民群众表示热烈的祝贺和崇高的敬意！

为了深刻的揭露刘农军这伙犯罪分子的罪恶行径，让我们简要回忆一下他们的作案过程。

一九九二年八月一日，被告人刘农军、刘进、文西山从武汉流窜到开封，把罪恶的目光瞄上了开封博物馆明清展厅那丰富的文物。他们化名住在与博物馆隔路相望的东京大饭店内密谋行窃方案。在返回武汉的途中，刘农军、刘进、文西山、李军进一步商议盗窃我市博物馆的问题，文西山说，“警报器不

—2—

4

解决，不好搞。”刘农军许由他找资料解决。后刘农军、李军专程到福建省泉州市用一千多元购买一台红外线警报器，在汉口饭店内反复用胶靴、防火服、雨衣等物作遮挡实验，均遭失败。最后他们发现房间内红色平绒布窗帘包裹可使红外线报警器失灵。九月二日，刘农军带领文西山、李军再次来汴，对博物馆进一步探察，除了确定准备盗窃的品种外，刘农军还让文、李二人夜间连续观察武警值班换岗的时间和规律，刘农军一再叮嘱观察要细点，再细点。三天后，返回武汉，四被告人准备了对讲机、耳塞、玻璃刀、夹子、吸盘、牛仔包、电池、手套等物，并在武汉郊区让一铁匠打制了一长一短的撬杠，准备伺机下手。

９月１５日，刘农军看过中央电视台播放的卫星气象云图后，认为时机成熟，对同伙说：“时机已到，气象卫星云图表明，中原地区有冷暖气流相撞，预计近日开封会下雨。”立即决定出发。９月１６日，他们驾驶从郑州金桥宾馆盗来的白色桑塔纳轿车，挂着伪造的军用“[redacted]”空军牌照，直达开封。９月１７日上午，刘农军、刘进、文西山、李军四人乘车窜到开封后，又一次溜进博物馆，窥探馆内有无变化，为作案作了最后准备。当天又窜至兰考县委招待所养精蓄锐，安排分工，夜９点３０分他们冒着淅沥的小雨再次潜入开封，按照他们的分工，由刘进开车接应，并观察博物馆动静，刘农军在包公湖边观察武警和馆外情况，用对讲机指挥一切行动，文西山、李军进馆实施盗窃。夜１１时许，刘农军、刘进将车

—3—

5

停到博物馆对面加油站北侧黑暗处，看到一切正常之后，文西山、李军从开封中司木业文化用品有限公司厕所处跳入博物馆内，文西山爬上外走廊平台，撬开一楼展厅北面窗户护栏，钻进展厅，沿厅内装饰墙用红平绒布逐个将八个红外线报警器裹上，然后用铁夹子夹住，致使报警器失灵。文西山用撬杠将８个展柜逐个撬开，盗窃国家珍贵文物６９件，由李军协助将文物分装在六个牛仔包内，这些文物总重量１１０斤，总体积近一立方米。凌晨四时许，文、李二被告原路翻出博物馆。在实施盗窃过程中，刘农军使用对讲机联系过四次，作案长达四个钟头。盗窃得逞后，刘进将车开到围墙外，将文物放置在汽车的后备箱内，四被告人立即逃往武汉。

９月２０日，刘农军、刘进将盗窃的６９件文物藏匿在其兄刘铁军的空房子内。刘农军、文西山、李军对６９件文物进行了擦洗、拍照、编号。刘农军的姐夫杨长明，妻子凌海滨分别为其找来包装纸箱和纸条。９月２５日晚，按照刘农军指使，杨长明开面包车和江义祥、彭坚一起将１２箱文物转移到彭坚家的储藏室内，刘农军交待彭坚，由刘进以后持他的字条来取货。９月２６日，刘农军将四箱文物五件，付抱石字画（复制品）１６幅、作案用牛仔包及作案用书籍等物送到其姐姐刘慧君家，并给其姐白玉雕翡翠垂钓扳指一件。次日，杨长明、刘慧君将文物和字画书籍转移到杨长明父亲家窝藏，牛仔袋被杨长明剪碎处理。

９月２８日，刘农军、刘进、文西山、李军等人携带部分

● 刘农军等八人文物盗窃案公诉词（部分）

11

天站在了审判台前，应该说他们不仅是犯罪者，同时也是受害者，但是法律是无情的，谁亵渎了她，都必将受到惩罚，这个教训是残酷而沉痛的。

二、每个被告人构成犯罪的条件和应负的法律责任。

根据《中华人民共和国刑法》第一百五十二条和全国人大常委会《关于严惩严重破坏经济犯罪的决定》以及最高人民法院、最高人民检察院《关于办理盗窃、盗掘、非法经营和走私文物的案件具体应用法律的若干问题的解释》第一条第㈡项之规定，被告人刘农军、刘进、文西山、李军多次盗窃博物馆馆藏文物，盗窃小轿车，其行为已构成盗窃罪。

根据《刑法》第二十三条、八十六条之规定，三人以上为了多次实施某种或数种犯罪建立起来的相对稳定的共同犯罪组织，是犯罪集团，其特点是①人数较多（至少三人），重要成员固定或基本固定。②有明显的首要分子，有一定的组织形式和比较严密的组织纪律。③有相对稳定性，集团成员在较长时间内纠集在一起，进行犯罪活动，而不是偶尔实施犯罪后就散伙。④有明确的犯罪目的，甚至从事职业犯罪活动，一般都是有预谋地实施犯罪行为，犯罪集团一般作案次数多，大案要案多，犯罪手段狡猾，活动方式诡秘，逃避法律制裁的能力较强。本案被告人刘农军、刘进、文西山、李军纠集在一起后，进行了一系列有预谋的盗窃犯罪，成员基本固定，连续作案时间长，犯罪次数多，盗窃目的明确，行动诡秘，据作隐蔽，手段狡诈，不達则已，一但犯案则数额巨大，在犯罪中分工明确，计划周

—10—

12

密，其表现形式符合盗窃集团的特点。被告人刘农军在多次犯罪中，起组织、策划、指挥的作用，是本案首要分子，被告人刘进、文西山、李军在作案中分工明确，作用各异，不能替代，均适用《刑法》第二十二条规定，应定为本案主犯。

最高人民法院、最高人民检察院（83.1.2发布）《关于办理盗窃案件具体应用法律的若干问题的解释》第五条规定，盗窃已成习性，并以盗窃所得为其挥霍或者生活的主要来源的犯罪行为，应定为惯窃罪。

惯窃罪犯应同时具有盗窃恶习深，连续作案时间长，犯罪次数多，盗窃数额较大等基本特征。被告人刘农军、刘进、文西山、李军贪财的私欲顽固，目标专指我国各地馆藏文物，南北流窜，屡犯大案，盗窃数额巨大或特别巨大。刘农军为犯罪提供了吃住行的一切费用，因此本公诉人认为，惯窃罪虽源于盗窃罪，但它对社会的危害更大，又是一种特定的犯罪，被告人刘农军、刘进、文西山、李军的行为符合惯窃罪的特征，应适用《刑法》第一百五十二条，以惯窃罪论处，并适用全国人大常委会《关于严惩严重破坏经济犯罪的决定》第一条第一项之规定。

最高人民法院、最高人民检察院《关于办理盗窃、盗掘、非法经营和走私文物的案件具体应用法律的若干问题的解释》

第五条第㈡项规定："具有下列行为之一的，属于盗运珍贵文物出口罪：明知他人走私珍贵文物出口，为其偷带、偷寄珍贵文物的，或者为其提供中转场所的。"第㈣、㈥项规定：

—11—

13

盗运一级珍贵文物的属情节特别严重，处十年以上有期徒刑。"对与境外犯罪分子相勾结，盗运珍贵文物出口或者走私一般文物的，应依法从重惩处。"

根据法律规定：盗运珍贵文物出口罪，是指违反保护文物法规，盗运珍贵文物出口的行为。本罪侵犯的客体是国家对珍贵文物的管理活动，犯罪对象是珍贵文物。国家对珍贵文物的管理活动是指国家根据《中华人民共和国文物保护法》对各项珍贵文物的保护，管理活动，该罪客观方面表现为盗运珍贵文物出口的行为。所谓盗运是指非法偷运，即以各种方式将珍贵文物运往国外境外，至于行为人是否已盗运成功，并不影响本罪成立。所盗运的珍贵文物的来源，法律没有特别限制，即可以是盗窃得来，也可以是别人赠送、购买，无论那种均不影响本罪成立。本罪在主观方面是故意的，即行为人明知是珍贵文物，而非法盗运出口。被告人刘农军、刘进、文西山、李军盗窃文物的目的，是为了在国外出卖而获取暴利，目的明确。在9.18案件赃物得手后，刘农军、文西山、李军将文物擦洗、拍照、编号后又与刘进一起，把部分文物偷带广州后偷运到澳门。上列四名被告人的行为，均侵犯了国家对珍贵文物的管理活动，盗运的珍贵文物级别高，数量大，触犯了《刑法》第一百七十三条之规定，构成了盗运珍贵文物出口罪，并适用人大常委会《关于严惩严重经济犯罪的决定》第一条第一项之规定。被告人刘农军、刘进、文西山、李军数罪俱犯，应按照《刑法》第六十四条规定，实行数罪并罚。

—12—

14

被告人汪文祥、彭国礼、彭坚无视《中华人民共和国文物保护法》第二十四条、第二十五条之规定，明知私人倒卖文物和出口文物是违法的，仍为刘农军等罪犯提供藏匿赃物的场所，在明知刘农军等人可能要将这批文物盗运出境时，积极为其伪装文物，用军用飞机偷运至广州，致使大批珍贵文物偷运至澳门。三被告人为刘农军等人盗运珍贵文物出口起到了中转、偷运的作用，其行为触犯了我国《刑法》第一百七十三条之规定，已构成盗运珍贵文物出口罪，三被告人在犯罪中起辅助作用，属从犯，适用我国《刑法》第二十四条之规定，被告人汪文祥案发后投案自首，适用我国《刑法》第六十三条之规定。

被告人杨长明明知国家禁止私人倒卖文物，积极为刘农军等人提供藏匿赃物的场所，其行为触犯了我国《刑法》第一百七十二条之规定，已构成窝赃罪。

被告人彭国礼、彭坚、杨长明归案后认罪态度较好，以上情节合议庭在量刑时可以考虑。

审判长、审判员，参加旁听的同志们！

9.18案件要讲的内容难以尽述，它留给我们的启示很多很多，胜利破获这起震惊中外的特大案件，令人振奋，值得庆贺，但从另一方面讲，作为七朝古都开封出现这样的案件也实在不是什么光彩的事情，犯罪分子选中开封博物馆作案，在此之前，该博物馆曾发生过被盗案件，这不能不说明博物馆在防范工作上存在着严重的漏洞，这一案件的沉痛教训是博物馆及每个单位都应该认真反思和吸取的。

—13—

● 刘农军等八人文物盗窃案公诉词（部分）

（三）全面论证，准确分析法律责任

本案涉及的被告人较多，为准确认定和划分各个被告人的犯罪性质及应负的法律责任，公诉词专门用第三部分进行了全面论证。其优点体现在定罪分析中紧密结合犯罪构成、认定责任时全面考量犯罪情节。定罪分析中，公诉词结合法律及司法解释规定，阐明了当时刑法规定的盗窃罪、惯窃罪、盗运珍贵文物出口罪、窝赃罪的构成要件，并结合 8 名被告人的行为，论证 8 人的犯罪性质。认定责任时，公诉词结合犯罪集团特征、刘农军等 4 名被告人在犯罪集团中的分工，论证刘农军为首犯，刘进等 3 人为主犯；认定汪义祥等 3 名被告人在盗运珍贵文物出口罪中的从犯地位。同时，公诉词中提请法庭量刑时考虑汪义祥自首情节、彭国礼等 3 人如实供述情节。但是，在这一部分中存在一些小小的遗憾，比如认定刘农军等 4 人构成惯窃罪，该论证最终未被法院判决采纳，而是认定为盗窃罪；刘农军为犯罪集团首犯的论证也未被法院采纳，最终认定为主犯。从判决结果看，未被采纳的论证未影响实际量刑；从原因看，是否采纳检察机关论证也存在检法认识分歧的因素。由于惯窃罪已经成为历史，在此不再详细探求罪名认定上的检法分歧。从指控效果上看，本案达到了预期目的。

（四）结合情理，开展宣传教育

本案是引发国内外广泛关注的重大案件，公诉词针对不同人群从不同角度进行了合情合理的法治宣传教育，对于尺度和分寸的把握值得借鉴。其中，针对汪义祥、彭坚、彭国礼、杨长明 4 名被告人，从其跟随刘农军从事犯罪活动的原因入手，分析 4 人在法律与金钱、法律与义气产生矛盾的情况下，选择了金钱与义气，亵渎了法律，终将接受法律的制裁，通过这一沉重而惨痛的教训不仅对 4 名被告人进行了教育，也给在场的旁听人员敲响了警钟。

副本

河南省开封市人民检察院

起诉书

许检刑起字(1993)第32号

被告人刘农军，幼名农农，化名林沙、林文国、林天卫、陈纳绪等，男，二十九岁，汉族，湖北省武汉市人，大专文化，无业，捕前住武汉市汉阳区西排巷一号。一九八一年因盗窃国家财产被武汉市警察学校开除学籍。因监窃开封市博物馆文物被公安部通缉。一九九二年十二月二十三日因盗窃罪经开封市人民检察院批准，于一九九三年元月九日被青岛市公安局逮捕。

被告人刘进，化名陈龙、赵勇、刘勇，男，三十三岁，汉族，湖北省黄陂县人，初中文化，无业，捕前住武汉市武昌区民主路154号。一九七五年因打人致残被劳教两年。因盗窃开封市博物馆文物被公安部通缉。一九九二年十二月二十三日因盗窃罪经开封市人民检察院批准，于一九九三年元月十七日被广州市公安局逮捕。

被告人文西山，化名李纳德、唐国国，男，三十岁，汉族，湖南省东安县人，初小文化，农民，捕前住湖南

省东安县井头圩镇省江桥村，一九八〇年因盗窃罪被东安县人民法院判处有期徒刑九年，一九八七年五月刑满释放。一九九三年元月十六日因盗窃罪经开封市人民检察院批准，同日被吉林市公安局逮捕。

被告人李军，化名张文祥，王成，男，二十九岁，满族，吉林省永吉县人，高中文化，农民，捕前住吉林省永吉县乌拉街满族乡汪屯村。一九九三年元月二十日因盗窃罪经开封市人民检察院批准，同日被吉林市公安局拘捕。

被告人汪义祥，幼名小义，男，二十九岁，汉族，湖北省红安县人，高中文化，个体工商户，捕前住武汉市下陈家湖372号付2号。因参与盗运珍贵文物，于一九九二年十二月七日被武汉市公安局收审。一九九三年元月五日因盗运珍贵文物出口罪经开封市人民检察院批准，同年元月八日被开封市公安局逮捕。

被告人彭国礼，男，三十三岁，汉族，辽宁省朝阳市人，高中文化，广州空军驻武汉办事处职工，捕前住武汉市汉口区解放大道613号27栋3号。因参与盗运珍贵文物于一九九二年十二月二十一日被武汉市公安局收审。一九九三年元月五日因盗运珍贵文物出口罪经开封市人

民检察院批准，同年元月八日被开封市公安局逮捕。

被告人彭燕，男，二十九岁，汉族，江西省乐平县人，大专文化，武汉市监狱生产科民警，捕前住武汉市武昌区中南路60号1栋1单元6号。因参与盗运珍贵文物于一九九二年十二月六日被武汉市公安局收审。一九九三年元月五日因盗运珍贵文物出口罪经开封市人民检察院批准。同年元月八日被开封市公安局逮捕。

被告人陈长明，男，三十四岁，汉族，高中文化，河北省广县人，铁道部大桥工程局施工处摄影组工作，捕前住武汉市和平新村11栋4门4楼。一九九二年十二月六日因参与盗运珍贵文物被武汉市公安局收审。一九九三年元月五日因盗运珍贵文物出口罪经开封市人民检察院批准。同年元月八日被开封市公安局逮捕。

上列被告人盗窃、盗运珍贵文物出口一案，由开封市公安局侦察终结，于一九九三年四月十五日以盗窃罪、盗运珍贵文物出口罪移送我院审查起诉。四月十八日我院退回补充侦查，五月十八日，开封市公安局再次移送我院审查起诉。现查明上列被告人犯罪事实如下：

1.一九九一年十一月中旬的一天凌晨，刘农军、刘进、文西山、李军乘出租车到江西省高安县博物馆，刘

农军、刘进开车在外接应，文西山、李军潜入馆内，盗出文物花瓶六件。案发后被追回。

2.一九九二年三月二十一日凌晨，刘农军、刘进、文西山开车到江西省新余市当代画家付抱石展览宫，刘农军、刘进在外接应，文西山潜入馆内，盗出付抱石代表作复制品十八幅。案发后追回十六幅。

3.一九九二年四月二十八日凌晨，刘农军、刘进、文西山、李军开车到江苏省涟水县博物馆，刘农军、刘进在外接应，文西山潜入馆内，盗窃该馆汉代骨朝坐一只，在返回南京途中将骨雕丢弃。

4.一九九二年六月十日凌晨，刘进、文西山按照刘农军的指使，开车到江西省德安县博物馆，刘进开车在外接应，文西山潜入馆内，盗窃文物瓷器十件。返回武汉后，刘农军认为这批文物价值不高，就网闷将文物销毁。

5.一九九二年七月二十日，刘进、李军按照刘农军的指使，在江西省南昌市以办事为由，将出租车司机具××骗至九江市，用安眠药麻醉司机未遂。七月二十日凌晨趁司机具××熟睡之机，将车钥匙偷走，盗窃刘牌小桥车一辆，案发后被追缴，价值四万五千元。

● 刘农军等八人文物盗窃案起诉书

6.一九九二年七月底，刘农军、刘进、李军在郑州金桥宾馆以购买桑塔纳的轿车为名，刘进假装试车，撬开封市机电公司展销的白色桑塔纳轿车开到街口配了钥匙。同年八月五日由刘农军、李军将该车盗回武汉。案发后车被追缴。价值十九万三千元。

7.一九九二年八月一日，刘农军、刘进、文西山驾驶盗窃的红色夏利轿车来到开封市博物馆，详细观看了馆内文物陈列情况。返回武汉后，刘农军、刘进、文西山、李军多次预谋盗窃开封博物馆文物，并反复进行了防盗警试验。同年九月二日，刘农军、文西山、李军再次失济，多次对开封博物馆"踩点"，窥探现场情况。返回武汉后，准备了作案工具。九月十七日，四被告人认为时机成熟，开着从郑州盗来的白色桑塔纳轿车出发到开封市，九月十八日凌晨一时左右，在刘农军的指挥下，刘进将车开到开封市博物馆西面包公湖加油站北侧，文西山、李军翻墙跳入博物馆内，撬开博物馆一楼纲渍用品展厅北窗进入展厅，先后换开八个展柜，盗窃国家珍贵文物六十九件，于凌晨五时原路跳出博物馆，由刘农军、刘进开车在墙外接应，四被告人连夜逃往武汉。

赃物运至武汉后，刘农军等人将馆藏标记撬掉并拍照编号，其中部分文物被刘农军、刘进、文西山、李军携带到广州销赃，另一部分文物被彭坚、拓长明、刘慧君（另案处理）窝藏。后刘农军又指使汪义祥、彭园礼、彭坚、舒丹（另案处理）将这部分文物用飞机偷运至广州，交凌海滨（已免诉）保管。同年十月，刘农军偷渡澳门后，指使凌海滨将文物交给澳门人梁达先，致使国家文物被盗运至境外。案发后追回文物六十八件，经国家文物鉴定委员会鉴定，其中国家一级文物五件，国家二级文物五十五件，国家三级文物八件。

上述犯罪事实，有证人证言，现场勘查笔录，刑事技术鉴定书，作案工具和追回的文物及国家文物鉴定委员会鉴定书等证据为凭。八名被告人对所犯罪行亦供认不讳。

综上所述，本院认为：被告人刘农军、刘进、文西山、李军目无国家，长期纠集一起，有预谋的盗窃国家文物，系重大盗窃集团。四被告人盗窃成性，连续作案时间长，次数多，盗窃数额特别巨大，并将盗窃的珍贵文物运到境外，其行为触犯了《中华人民共和国刑法》第一百五十二条、第一百七十三条之规定，已构成惯窃罪和盗运珍贵文物出口罪。两罪情节均特别严重，适用全国人大常委会《关于严惩严重破坏经济的罪犯的决定》第一条第一项之规定。四被告人系共同犯罪且兼犯数罪，适用《中华人民共和国刑法》第二十二条、第六十四条之规定，应数罪并罚。被告人刘农军在犯罪中起组织、策划、指挥作用，适用《中华人民共和国刑法》第二十三条、第八十六条之规定，系该集团首犯，刘进、文西山、李军在犯罪中起主要作用，适用《中华人民共和国刑法》第二十三条之规定，系该集团主犯。被告人汪义祥、彭园礼、彭坚在刘农军的指挥下，明知国家禁止走私珍贵文物出口，积极为其伪装文物，提供中转场所，将大量文物偷运到广州，致使文物被偷运到澳门。其行为触犯了《中华人民共和国刑法》第一百七十三条之规定，已构成盗运珍贵文物出口罪。三被告人在共同犯罪中起辅助作用，属从犯，适用《中华人民共和国刑法》第二十二条、第二十四条之规定。被告人汪义祥案发后投案自首，适用《中华人民共和国刑法》第六十三条之规定。被告人拓长明明知国家禁止私人收藏文物，积极为刘农军等人提供藏匿赃物场所，其行为触犯了《中华人民共和国刑法》第一百七十二条之规定，已构成窝赃罪。为了保护国家文化遗产和公私财物不受侵犯，保护国家对外贸易和对珍贵文物的管理活动正常进行，严厉打击严重破坏社会秩序的犯罪分子，根据《中华人民共和国刑事诉讼法》第一百条之规定，特对上列被告人提起公诉。

此致

开封市中级人民法院

[印章：本件与原件核对无异]

副检察长：张望亮
检察员：徐林
　　　　王霞
　　　　王斌

一九九三年六月[印章]

● 刘农军等八人文物盗窃案起诉书

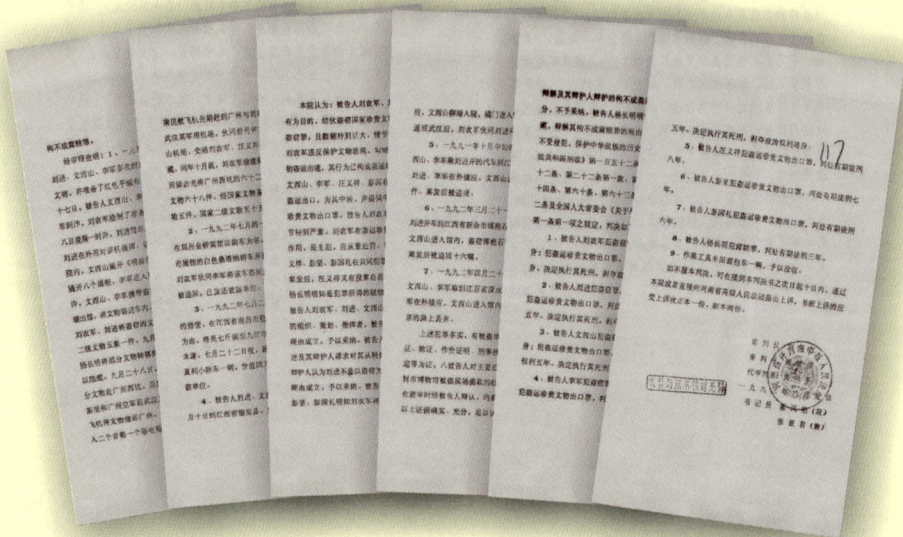

● 刘农军等八人文物盗窃案判决书（部分）

公诉人还深入分析"9·18"大案反映出部分博物馆在防范工作上存在严重疏漏，需要每个单位认真反思并汲取教训。可以说，本案的法治宣传教育紧扣案情、尺度适当、发表适时。

案例推荐：河南省人民检察院

撰稿：赵鹏

审稿：黄河、桑涛

朱兴金等人抢劫、强奸案

——中俄国际列车大劫案

基本案情

朱兴金，男，时年 40 岁，山东省长清县人，无业。

苗炳林，男，时年 37 岁，北京市人，无业。

牛顿，男，时年 36 岁，北京市人，无业。

库万和，男，时年 34 岁，河北省肃宁县人，无业。

（其余被告人基本情况略）

1992 年 10 月至 1993 年 5 月，朱兴金等 22 人手持刀、铁棍、瓦斯枪等凶器，采取威胁、殴打、捆绑、堵嘴、蒙眼等多种暴力手段，单独或分别结伙多次在莫斯科市及北京—莫斯科 K3/K4 次国际列车上实施抢劫、强奸犯罪行为，朱兴金参与抢劫 30 起，其中在列车抢劫 14 起，在莫斯科市抢劫 16 起，共抢得 34950 美元、320 万余卢布、人民币 1600 余元，皮夹克 570 余件，打火机 2000 个以及金戒指、金项链、金手链、手表等物。

1992 年 1 月至 1993 年 5 月，苗炳林等 19 人伙同库万和、朱兴金等 20 余人，在北京—莫斯科 K3/K4 次国际列车上、莫斯科火车站、莫斯科莫大旅馆、四海旅馆等多处旅馆及旅居莫斯科的华人住宅处等地，采取暴力挟持、殴打、捆绑、搜身等手段，蒙面、持械（刀、瓦斯枪）直接闯入列车包厢、华人住宅，抢劫 30 次。苗炳林参与共同抢劫 18 次，1 次系犯罪未遂，共抢得 20500 美元、210 万卢布、人民币 76000 余元及护照、戒指等物。

1993 年 1 月至 1993 年 7 月，牛顿等 8 人在北京—莫斯科 K3/K4 次国际列车包厢内、莫斯科莫大旅馆、日出旅馆等处持械抢劫。牛顿参与抢劫 14 起，抢得 6480 美元、149 万卢布、人民币 50 元及单放机、皮夹克等物品。

1992 年 10 月至 1993 年 5 月，库万和等 5 人在北京—莫斯科 K3/K4 次国际列车包厢内、莫斯科莫大旅馆、四海旅馆等处持械抢劫，库万和参与抢劫 4 次，抢得 20600 美元、3 万卢布，在国际旅客列车上采用暴力、胁迫手段对一名女旅客实施猥亵奸淫行为。

1994 年 6 月，北京铁路运输检察分院对国际列车系列抢劫、强奸案陆续提起公诉 13 案 72 人。同年 7 月至 10 月，北京铁路运输中级法院依法作出判决，朱兴金、苗炳林、牛顿、库万和等 23 人被判处死刑立即执行，另有 2 人被判处死刑缓期两年执行、6 人被判处无期徒刑、8 人被判处十年以上有期徒刑、17 人被判处十年以下有期徒刑。

案件背景与社会影响 ·········

北京—莫斯科 K3/K4 次国际列车是新中国成立后第一列国际列车，于 1960 年首次运行，全程 7826 公里，跨中国、蒙古、俄罗斯 3 个国家，运行时间达七天六夜。20 世纪 90 年代初，苏联解体，俄罗斯经济下滑严重，日用品等物资匮乏，大批中国"倒爷"蜂拥至俄罗斯，赚取高额差价。他们往返乘坐北京—莫斯科的 K3/K4 次国际列车，莫斯科市的中国"倒爷"一度高达十几万人，K3/K4 次国际列车也因此被称为"黄金列车"。

1993 年前后，朱兴金、苗炳林、牛顿、库万和等犯罪分子在 K3/K4 次国际列车上纠结成伙，抢劫钱财、强奸妇女，严重威胁中外旅客安全，损害中国的国际声誉。1993 年 6 月，外交部、公安部、

铁道部及北京铁路公安局联合组成工作小组，两次赴莫斯科与俄警方会晤，抽调 100 多名专门警力，组成 3 个整治小分队和 4 个工作组，最终摧毁了以朱兴金、苗炳林、牛顿、库万和为首的犯罪团伙。此案办理也最终促成 1993 年 11 月 14 日《中华人民共和国和俄罗斯联邦关于民事和刑事司法协助的条约》的正式实施。该系列案件因国际影响恶劣，被列为 1993 年中国四大要案之一。1995 年以本案为素材相继拍摄了影片《国际列车开往莫斯科》及电视剧《中俄列车大劫案》。

公诉指控

（一）引导侦查取证，完善证据链条

北京铁路运输检察分院成立了中俄国际列车大劫案专案组，合理分工，对公安机关移送起诉的 200 多个犯罪事实，逐案逐人审查。该案作案人数多、作案地点多、作案起数多，且相互有交叉，多数案件发生在境外，赃款、赃物大部分都被销赃、挥霍，物证相对较少，被害人报案少且流动性强，查找取证难度大。针对这一情况，专案组列出详细补证提纲，引导侦查取证，并与公安机关一起补充相关被害人的陈述、辨认笔录、证人证言等证据，共补充证据材料 100 余份，完善了案件的证据链条。最终认定犯罪事实173 起。

（二）厘清案件管辖，推进司法协助

本案涉及跨国案件的管辖问题。国际列车上刑事案件的管辖，按照中国与相关国家签订的有关协定确定；没有协定的，由犯罪发生后列车最初停靠的中国车站所在地或者目的地的铁路运输检察院和铁路运输法院管辖。而在莫斯科城内发生的抢劫案件，案件发生

时中国尚未制定《中华人民共和国引渡法》（2000 年颁布实施），涉外案件管辖主要依据中国缔结参加的国际公约或双方签订的双边条约。中俄两国仅在 1992 年 6 月 19 日批准了《中华人民共和国和俄罗斯联邦关于民事和刑事司法协助的条约》，但未正式实施。国际列车驶出中国境内，中国乘警要全部下车，换成外籍人员执乘，但俄罗斯却不派警力上车，加之外国乘警与中国乘客语言不通，导致"中国警察管不着，外国警察管不了"。正如有些被告人供述："我们是在中国境外犯事，没有人管，胆子也就大了。"此案办理过程中，外交部与公安部及专案组人员两次赴俄罗斯就案件引渡问题与俄方进行沟通和磋商，最终促成该条约于 1993 年 11 月 14 日正式实施，最终中国公安机关专案组人员赴莫斯科将案犯押解回国。

（三）认定"情节严重"，依法从重处罚

1979 年《刑法》关于抢劫罪的第 2 款规定"犯前款罪，情节严重的或者致人重伤、死亡的，处十年以上有期徒刑、无期徒刑或者死刑，可以并处没收财产"，本案抢劫犯罪并未致人重伤、死亡，是否认定以及如何认定"情节严重"就成为公诉人面临的难题。公诉人首先引用了《铁路法》第 65 条的规定，"在列车内，抢劫旅客财物，伤害旅客的，依照刑法有关规定从重处罚"；又根据最高人民法院法发（1993）28 号文件中的规定，"在列车内抢劫旅客财物的，一般视为《刑法》第 150 条第 2 款规定"。从危害结果上看，此案造成旅客人身财产安全受到严重侵害、严重破坏国际列车秩序、造成恶劣的国际影响，理当认定为"情节严重"。经过这样的层层推进，将此案认定为"情节严重"也就水到渠成了，最终得到判决认可。

（四）分清主从，宽严相济

在此案的办理过程中，公诉人没有一味地追求从严从重，而是秉持客观公正立场，贯彻宽严相济刑事政策和罪责刑相适应原则。庭审中，公诉人根据被告人的主观恶性、人身危险性及在犯罪中所

朱兴金等人抢劫、强奸案

起的作用采取区别对待的原则，对于犯罪团伙主犯、骨干成员的朱兴金、苗炳林、牛顿、库万和等人提出了依法严惩的指控。对主动投案的杨春明除依法认定自首外，还根据其在共同犯罪中所起的作用，依法认定为从犯。对带领公安人员抓获同案犯的曹六一、袁凌等人依法认定了立功，建议法院从轻处罚，均得到判决认可。

案例推荐：北京市人民检察院

撰稿：王笑男

审稿：黄河、李勇

张四维杀人，抢劫，抢夺枪支、弹药案

——震惊全国的公安人员持枪连环杀人案

基本案情

张四维，男，时年 39 岁，辽宁省昌图县人，中专文化，黑龙江省海林市柴河林业公安局办公室副主任。

1991 年 4 月 19 日晚，张四维与王成岩（因拒捕被击毙）合谋抢夺枪支，经预谋来到黑龙江省海林市柴河镇林业公安局干部赵某某家，骗开房门后，乘赵某某不备，用事先准备好的特制手锤猛击赵某某及其女儿（9 岁）头部，并用随身携带的绳索勒住两人颈部，将两人当场杀死。事后，张四维与王成岩从家中抢得赵某某佩带的"六四"手枪一支，备用弹夹一个，破坏现场后逃离。

1993 年 4 月 7 日晚，张四维与王成岩经预谋来到海林市柴河镇个体户张某甲家，骗开房门后，使用手枪威胁，用绳索将张某甲绑住，索要钱财。随后，王成岩用手锤猛击张某甲头部，将其杀死，并来到卧室，使用同样手段先后将张某甲的妻子及 3 个熟睡的孩子（分别为 9 岁、11 岁、13 岁）当场杀死。两人从张某甲家中抢得现金人民币 200 余元，金戒指 2 枚，破坏现场后逃离。

1993 年 5 月 13 日凌晨，张四维与王成岩经预谋来到黑龙江省牡丹江市郊区的个体户佟某某家，骗开房门后，使用手枪威胁，用绳子将佟某某及其女友绑住，索要钱财。因2人拒绝交钱，王成岩用手锤和尖刀将2人杀死。两人从佟某某家中抢得现金人民币200余元，破坏现场后逃离。

1993年10月6日下午，张四维伙同王成岩合谋再次抢夺枪支，经预谋来到海林市石河派出所所长丁某某家，骗开房门后，使用手枪威胁，用绳子将丁某某妻子当场勒死。待丁某某回家后，张四维使用手枪威胁，从丁某某身上抢走其佩带的"六四"手枪，并将其当场射杀。两人从丁某某家中抢得现金人民币1000余元，金戒指1枚，衣服若干。

1993年10月21日中午，张四维与王成岩经预谋来到牡丹江市张某乙家，骗开房门后，使用手枪威胁，用绳子将张某乙及其妻子绑住，索要钱财，后将两人勒死。两人从张某乙家中抢得现金人民币1000余元，密码箱1个，照相机1架，衣服若干，破坏现场后逃离。

1994年1月17日下午，张四维伙同王成岩合谋再次抢夺枪支，为以后犯大案做准备，经预谋来到海林市公安局交警大队车管股股长王某某家，跟随进入家门后，使用手枪将奋力反抗的王某某射杀。随后张四维与王成岩又持枪将王某某的长女（26岁）、长子（14岁）、三女（16岁）射杀，王某某的次女听到枪声，将门锁反锁，跳窗逃离。

1994年3月14日，黑龙江省牡丹江市人民检察院向同级法院提起公诉。同年4月19日，牡丹江市中级人民法院分别以杀人罪，抢劫罪，抢夺枪支、弹药罪判处张四维死刑，剥夺政治权利终身，决定执行死刑，剥夺政治权利终身。

牡丹江市 人民检察院

起诉书

牡检刑起字 (1994) 第33号

被告人张四维，男，三十九岁，汉族，籍贯辽宁省昌图县，中专文化，系柴河林业公安局办公室副主任，住柴河林业局五委六号楼三O六号。一九九四年一月三十一日因杀人被海林市公安局刑事拘留，二月五日因杀人罪经海林市人民检察院批准逮捕，同日由海林市公安局执行。

被告人张四维抢夺枪支弹药、抢劫、杀人一案由海林市公安局侦查终结，于一九九四年二月六日移送起诉，经海林市人民检察院审查，于一九九四年二月十九日报送本院审查起诉。经审查查明：

一、被告人张四维伙同王成岩于一九九一年春预谋抢夺枪支后持枪抢劫。一九九一年四月十九日十九时许，被告人张四维、王成岩预谋后到柴河林业局赵×家，被告人张四维撬开赵家房门进入室内，被告人王成岩乘赵×不备，用事先准备的手锤猛击赵及其女儿赵××（九岁）的头部，并用随身带的绳索分别勒住赵××及其儿的颈部，...

将二人当场杀死。抢得赵××佩带的"六四"式手枪一支、备用弹夹一个，作案后被告人王成岩将草袋面粉洒在现场地上，张四维用地板拖布擦地、破坏现场后，二被告人逃离。经法医鉴定：被害人赵××、赵××被他人用带有圆弧的钝器打击头部，造成重度颅脑损伤死亡。

二、被告人张四维伙同王成岩于一九九三年四月七日二十二时许，经预谋到柴河镇四委六休业人员××家，撬门入室后，被告人张四维用抢来的"六四"式手枪威胁张，王成岩事先准备的绳索将张捆绑，被告人张四维到门口望风。随后，被告人王成岩用事先准备的手锤，猛击张××头部，将其杀死；王犯又到张××身下段××卧室，将段叫醒威逼交钱，并用同样手段将段及其三个熟睡的孩子张××（九岁）、张××（十一岁）、张××（女十三岁）当场砸死。二被告人翻得现金二百余元及金首饰等物，被告人张四维用拖布擦地破坏现场后，二被告人逃离现场。经法医鉴定：被害人张××、段××、张××、张××、张××均被他人用铁质钝器多次打击头部造成颅骨骨折和脑损伤死亡。

三、被告人张四维伙同王成岩于一九九三年×月×日十七时许，经预谋到居住比户年区四个休业人员住×家，叫门入室，张四维用抢来的"六四"式手枪逼住×，王成岩事先准备的绳索将×，王二人将×提供现金二百余元后，二被告人逃离。经法医鉴定：被害人×，王×生前被他人用铁质钝器打击头部造成颅脑损伤死亡。

四、一九九三年十月初，被告人张四维与王成岩预谋再次开枪抢夺枪支，为"干大的"作准备。一九九三年十月六日十五时许，二被告人海林市公安局石河所出所下丁×家，叫门入室，张四维用抢来的"六四"式手枪逼住丁××同志，被告人张四维用抢得丁逼住，王犯即向丁胸部开枪射击，将丁当场杀死。尔后二被告人窃得现金一千余元，全部逃散一致，抢劫和丁逼走后逃离现场，后二被告人逃离现场。经法医鉴定：被害人丁××系生前被他人用枪接触头部射击，致死

被害人×××系生前被他人用绳索捆绑双手，另用绳索捆绑，机械性窒息死亡。

五、被告人张四维伙同王成岩于一九九三年十月二十×日，窜至牡市三商局开发区年居民区×家，叫门入室，用绳索将张夫妻捆绑上，张一次交出现金后，张四维到门口望风，王成岩用事先准备的×数，二被告人抢得人民币十余元，留现洞一个，虎夹一个及其它东西。尔后，张四维用拖布擦地破坏现场后，二被告人逃离。经法医鉴定：被害人×××、×二人系被他人用绳索勒窒息死亡。

第三次开枪将王的女儿王×被害在别房门口枪杀。见王×只剩又对王×补一枪，王成岩又连呈着用枪向王×、×儿王×王×用抢开枪，对王×、×射死，二被告人逃离现场。经法医鉴定：被害人张×、王×、王×、王×系被他人用枪杀死，致死颅脑损伤死亡。

一月三十一日被公安机关抓获归案。

上述案实清楚，有被告人张四维使用的凶器锤子、绳索及抢来的枪支证明；有公安机关制作的现场勘查笔录、刑事技术鉴定书、证人证言，证据确实、充分，被告人张四维供认不讳。

综上所述，被告人张四维目无国法，大肆进行抢夺枪支弹药，抢劫、杀人，罪行严重危害社会治安秩序，其使用"六四"式手枪二支，杀死二十七人，后果极为严重，其行为已触犯《中华人民共和国刑法》第一百五十番条第二款、第一百三十二条之规定，构成抢劫罪、杀人罪、抢夺枪支弹药罪。本院为严明国法，打击犯罪，维护社会治安秩序，保护公民的人身权利、财产权利不受侵犯，依照《中华人民共和国刑事诉讼法》第一百条之规定，特将被告人张四维提起公诉。

案件背景与社会影响

　　张四维是黑龙江省海林市柴河林业公安局办公室副主任，这一特殊身份的人员持枪实施系列杀人案，引发社会强烈关注。张四维犯罪手段残忍，情节特别严重，主观恶性极深。在不到3年的时间内，连续作案6起，杀害17人。一系列惨案的发生，在当地造成了极大的恐慌，破坏了当地的社会秩序，人民群众对其深恶痛绝。

公诉指控

（一）针对被告人反侦查特点，及时提前介入固定证据

　　张四维是公安干警，具有较强的反侦查意识。作案时戴手套，用枪胁迫而又尽可能不开枪，减少遗留在案发现场的痕迹；犯罪后都用拖布擦地，破坏现场后乘火车或出租车迅速逃离案发现场，换好衣服后照常到单位上班。张四维认为，他熟悉公安机关的摸排套路，自己不会被划在摸排的范围之内。张四维的前几次犯罪，的确为公安机关的侦破带来了困难。1994年1月17日，张四维枪杀王某某一家四口时，仓促逃离，在现场留下了大量血手印，并有现场目击者，这才为案件侦破提供了重要线索。公安机关通过多次审讯，攻破张四维心理防线，获得张四维的供述。牡丹江市检察院及时跟进，提前介入，对进一步完善证据提出了引导取证意见。在与检察官的谈话中，张四维详细描述了犯罪的预谋过程，全面反映了犯罪时的心理活动，并写了一封忏悔书，叙述了走上犯罪道路的过程，这为准确认定张四维的犯罪事实打下了良好的基础。公安机关与检察机关相互配合，有力地促进了侦查取证，从1994年1月31日刑事拘留，到2月6日移送起诉，短短6天即侦查终结。

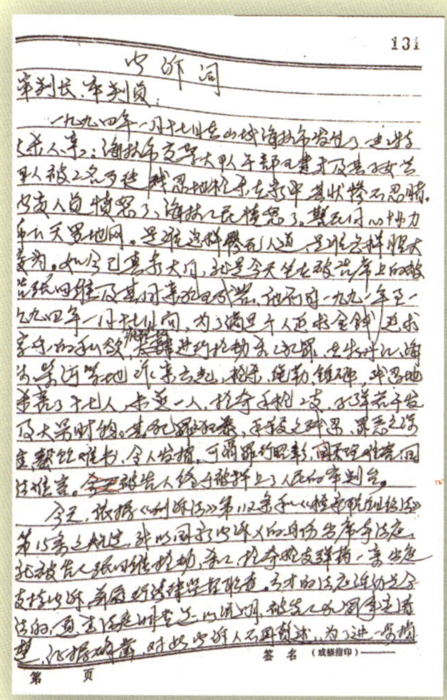

张四维杀人，抢劫，抢夺枪支、弹药案

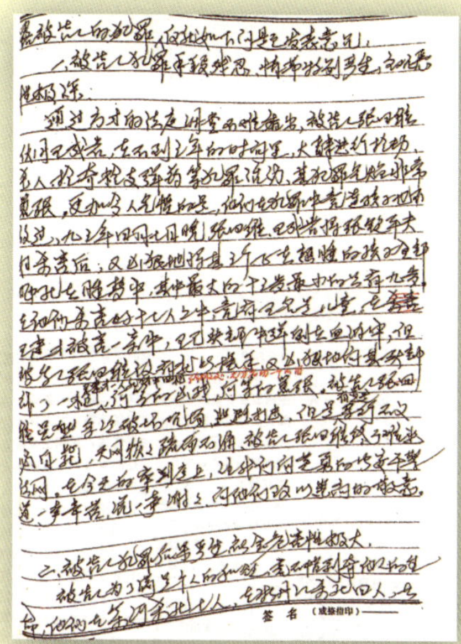

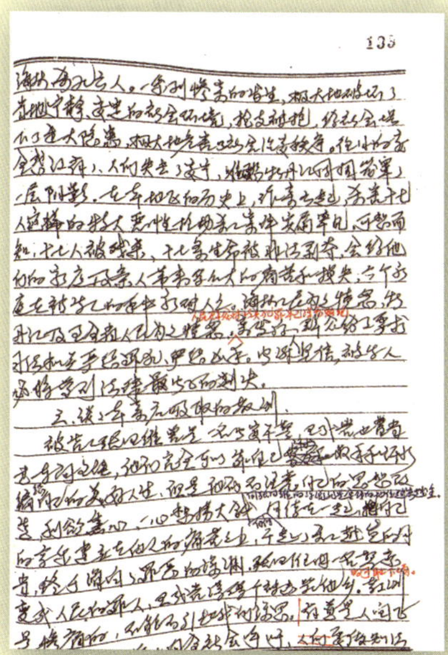

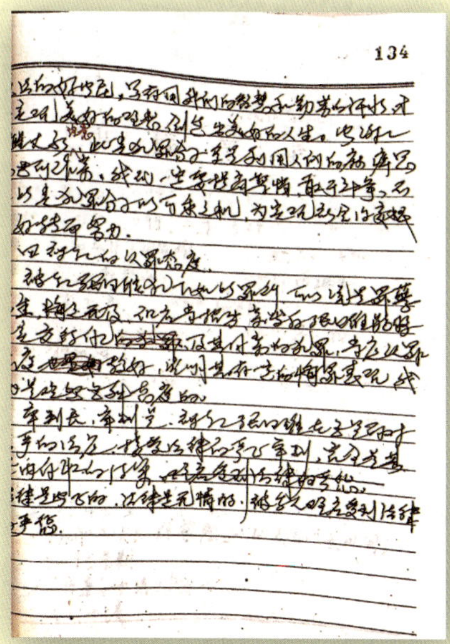

● 张四维杀人，抢劫，抢夺枪支、弹药案公诉词

361

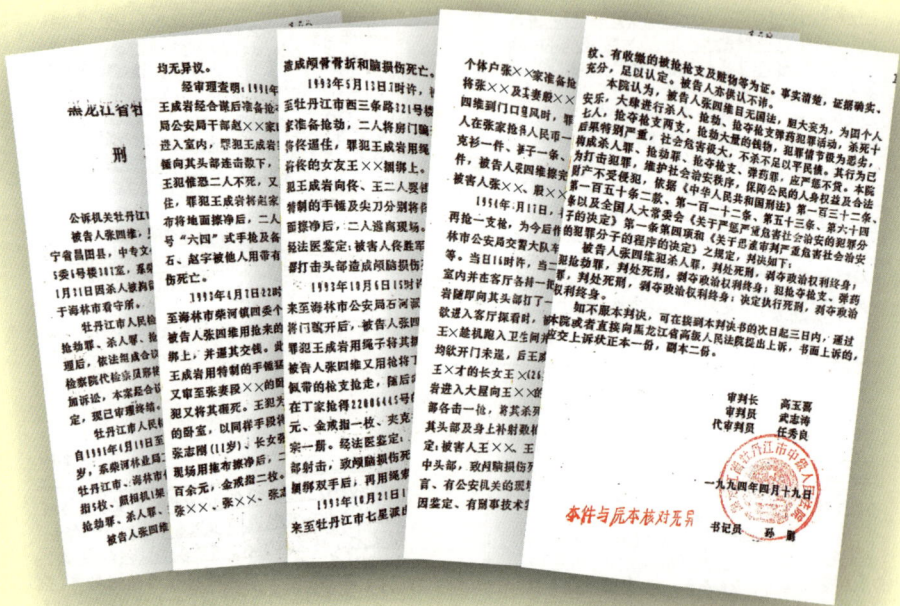

● 张四维杀人，抢劫，抢夺枪支、弹药案判决书

（二）积极回应社会关切，关注群众安全感

由于是持枪连环杀人案，手段残忍，后果严重，一度引发当地恐慌。公诉词积极回应了社会关切，关注了群众安全感。本案在公开审理期间，将法庭内的公开审判与法庭外的广播宣传同步进行，使更多群众及时了解庭审进程。发表公诉意见时一开始就从最后一起案件事实切入，及时回应社会关切，公诉词指出，"1994 年 1月 17 日在山城海林市发生了一起特大杀人案：海林市交警大队干部王某某及其子女共 4 人被两名歹徒残忍地枪杀在家中""一系列惨案的发生……往日的安全感没有了，人民失去了安宁，牡丹江周围笼罩了一层阴影。在本地区的历史上，还没有这样特大恶性抢劫杀人案……案发后，群众要求司法机关严惩罪犯，严惩凶手"。随后公诉词就被告人的行为及其应承担的法律责任进行分析论证，阐述了被告人主观恶性和人身危险性。

（三）依法严惩，彰显客观公正立场

公诉词对被告人的主观恶性和人身危险性进行充分阐述，对犯罪手段的残忍和犯罪情节的恶劣进行了强烈谴责，表达了依法严惩的指控诉求。同时也实事求是地评价了被告人在案发后及庭审中的认罪态度。公诉词指出："张四维犯下如此罪行，可以说是罪孽深重，悔之不及。但应当指出，案发后张四维能如实交代自己及同案犯的犯罪，当庭认罪态度较好，说明其有一定的悔罪表现。"紧接着又指出，"法律是公正的，法律是无情的，被告人理应受到法律严惩"，彰显了检察官客观公正的立场。

案例推荐：黑龙江省人民检察院

撰稿：詹文成

审稿：黄河、李勇

吴黎宏、胡志瀚、余爱军
抢劫、故意杀人案

——震惊海峡两岸的"千岛湖事件"

基本案情

　　吴黎宏，男，时年22岁，浙江省淳安县人，从事摩托艇个体营运。

　　胡志瀚，男，时年24岁，浙江省淳安县人，巴陵石油化工公司研究院杭州联营厂职工，后自动离厂。

　　余爱军，男，时年23岁，浙江省淳安县人，从事摩托艇个体营运。

　　吴黎宏、胡志瀚、余爱军为还债和挥霍，多次合谋抢劫他人财物并沉船杀人灭口。3人商定了作案时间、地点、路线、对象、手段，并准备了炸药、猎枪、子弹、斧头等作案工具。1994年3月31日16时许，吴黎宏、胡志瀚、余爱军携带上述作案工具，从千岛湖西园码头乘坐吴黎宏的摩托艇到猴岛附近水域，窥测目标，伺机作案。17时30分左右，3人尾随经猴岛驶向毛竹源方向的"海瑞号"载客游船直至阿慈岛附近水域。趁天色已暗，周围无其他过往船只，吴黎宏驾艇靠上"海瑞号"。余爱军持猎枪、胡志瀚持斧头、吴黎宏持猎枪先后登上"海瑞号"，后迅即冲入中舱，并用猎枪、斧头相威胁，先以此事与船员无关相诱骗，将6名船员、2名导游赶入底舱，再以拿出钱来不伤害生命相欺骗，迫使游客交出钱、物，嗣后将24名游客全部赶入底舱，并由胡志瀚手持斧头把守底舱出口。随后，吴黎宏驾驶摩托艇、余爱军驾驶"海瑞号"先后抵达预定的沉船地点——黄泥岭水域深水区。在将所劫得的钱、物转移至摩托艇后，3人按预定的沉船方案，欲向底舱灌水沉船，因消防栓不能出水而未得逞。为达劫财不留活口的目的，吴黎宏连续向底舱投掷3包炸药引起底舱起火，并与余爱军一起通过开枪射击的方式阻止底舱游客等人脱逃，最后胡志瀚、吴黎宏将摩托艇使用的汽油一桶倒入"海瑞号"底舱，引发船体猛烈燃烧。"海瑞号"游船上32人均被烟熏、烧烤致死。当晚，3人逃至胡志瀚住处，对劫得的美元5000余元、新台币150000余元、人民币3000余元、港元110元、外汇兑换券20元、戒指9枚、项链1条、照相机6架、摄像机1台、玉镯1只、手表3只等钱物进行分赃。

1994年6月3日，浙江省杭州市人民检察院向同级法院提起公诉，同年6月12日，杭州市中级人民法院以抢劫罪、故意杀人罪分别判处吴黎宏、胡志瀚、余爱军死刑，剥夺政治权利终身；决定执行死刑，剥夺政治权利终身。同年6月17日，浙江省高级人民法院核准执行死刑。

案件背景与社会影响 ············

该案系1987年海峡两岸结束对峙开展交流以来最大的涉台刑事案件，被称为"千岛湖事件"，在海峡两岸产生重大的政治影响和社会影响。"千岛湖事件"发生后，台湾岛内一些高官和政治人物自1994年4月2日开始，便纷纷发表措辞激烈的指责，并以"三人无法制服三十二人"为由进行炒作，将此刑事案件上升为政治事件。1994年4月12日，台湾"陆委会"宣布"即日起暂时停止两岸文教交流活动""自5月1日起停止民众赴大陆旅游"，岛内台独势力也借机煽动"台湾独立"，海峡两岸经贸、文化交流受到严重影响。

案件发生后，党中央、国务院高度重视，多次作出重要指示，要求认真处理好善后工作，迅速查明事故原因，依法严肃处理。淳安县 37 个乡镇和县级机关共出动 4047 名干部群众投入调查工作中，对全县 573 平方公里水面航行过的 6000 多艘各类船只一一过滤，走访近 10 万人次，获得群众提供的有价值线索 165 条。经线索梳理，认定该案系一起有预谋、有准备的特大抢劫、故意杀人案，最终侦破案件，并及时、全面取证。吴黎宏、胡志瀚、余爱军均认罪服法。

以此案为鉴，浙江省及全国各地纷纷出台涉外旅游接待安全防范的具体措施，加强社会治安防控。该案的依法处理，对防止有人借题发挥破坏两岸关系起到积极作用。正如当时台湾一些媒体了解真相后指出的那样："千岛湖案无论案情如何复杂，终究是一件刑事案件，以此否定大陆既存的社会价值，甚至否定对整个中国的血缘感情，是一项严重的错误。"

公诉指控

（一）加强侦查引导，完善证据体系

由于"海瑞号"游船上的乘客、导游及船员全部被害，案发时没有目击证人，直接证据缺乏，事件的定性又有颇多非议，为尽快查明案件事实，平息由该事件引起的政治风波，杭州市检察机关积极加强侦查引导，迅速提前介入，了解案情进展，积极引导侦查取证方向，以底舱楼梯去向、被遗弃的汽油桶来源、底舱起火点、底舱口上方钢板的子弹痕迹等重要线索为方向，查明事故原因，迅速锁定吴黎宏、胡志瀚、余爱军 3 人，并依法从快批准逮捕。批准逮捕后继续引导公安机关完善证据体系，围绕吴黎宏等 3 人日常经济状况，案发前多次聚集的活动轨迹，购买猎枪、炸药等作案工具，跟踪"海瑞号"的路线，作案后藏匿赃物，企图掩盖被烧头发等方

面提出补证建议 30 多条，确保收集证据的客观性、关联性，强化证据链条的完整性。

（二）证人、鉴定人出庭作证，增强庭审指控效果

本案中杭州市检察机关为全面还原案件事实，强化指控，向法庭申请 7 名关键证人及法医、痕迹鉴定专家、船舶鉴定专家、消防鉴定专家等 6 名鉴定人出庭作证。7 名证人分别从猎枪、炸药、汽油等主要作案工具的来源、归还、藏匿情况及案发后吴黎宏等人掩盖作案痕迹等方面进行了有力的指控，证实吴黎宏等 3 人事先购买猎枪、炸药，系有预谋使用暴力或以暴力威胁实施抢劫、杀人犯罪。6 名鉴定人则对现场物证的勘验、鉴定结论作出进一步解释，从科学的角度阐明了吴黎宏等 3 人在犯罪过程中实际使用猎枪、炸药及汽油进行爆炸及纵火，从而直接导致 32 人死亡的后果。杭州市检察机关还当庭对吴黎宏等 3 人进行层次分明的讯问，以当庭询问、讯问的方式全面展示言词证据，还原案件事实，强化指控效果。

（三）立场客观公正，论证有理有据有节

公诉词是庭审指控犯罪的点睛之笔，而社会关注度高、被害人众多的恶性案件中因情理法关系错综复杂，往往成为庭审的难点。如果公诉人过分强调同情心，公诉词就可能成为情感的宣泄，容易让人对法律的公正产生质疑；如果公诉人将法与情绝对隔离，公诉词又可能过于严谨，缺失温度，社会效果又不理想。该案公诉词坚持"以事实为根据、以法律为准绳"的主线，秉持客观公正的立场，紧紧围绕犯罪构成和量刑情节逐步展开，以法律评价为主，适当融入对被害人家属的共情与安抚，较好地实现了法理与情理的平衡。公诉词着重还原犯罪事实，并重点阐释了 3 名被告人得以制服 32 人的犯罪过程。突出了吴黎宏等人先以有底舱的游船作为抢劫目标，再以使用猎枪、斧头等暴力威胁及"向你们借点钱用，不会伤害你们生命"为欺骗，使游客等陷入恐惧而交出财物并困至底舱，最后

以爆炸、纵火等方式杀害 32 人的行为。有理有据，促使犯罪分子认罪服法，又较好地回应了舆论的关注与质疑。在此基础上，公诉词将犯罪事实与刑法规定具体对应，提出准确的定罪量刑意见，并在对犯罪社会危害性的描述中融入对死难者的哀悼及对其亲属的关切与同情，据此提出 3 人均应当被判处死刑的量刑建议，彰显了法律的公正与威严。

案例推荐：浙江省人民检察院
撰稿：徐弘艳
审稿：李勇

梅直方等四人诈骗，伪造公文、印章案

——衡水农行涉外巨额金融诈骗案

基本案情

梅直方（FRANCISCO HUNG MOY），男，时年44岁，美国籍，美国纽约市亚联（集团）有限公司董事长。

李卓明（RAYMOND CLEE），男，时年43岁，美国籍，美国纽约市亚联（集团）有限公司秘书兼财务主管。

常景山，男，时年54岁，海南中水长城国际投资集团副总经理兼贸易部业务经理。

于芝来，男，时年49岁，海南华丰贸易公司驻天津办事处负责人。

梅直方、李卓明经人介绍，于1993年3月底来到河北省衡水市，以"引资"为名，先后向中国农业银行衡水中心支行（以下简称衡水农行）行长赵金荣、副行长徐志国提交虚假的"引资"承诺书及编造的美国纽约市亚联（集团）有限公司（以下简称亚联）简介等材料，谎称亚联有雄厚的经济实力，可在国际金融市场上为衡水农行"引入巨额资金"，衡水农行只需开具备用信用证作为引资的必要手续，不承担任何经济和法律责任，引入的资金不还本、不付息等，骗取赵金荣、徐志国的信任。为掩盖其诈骗真相，李卓明将备用信用证英文本译成中文本提供给赵金荣、徐志国审查时，故意把英文本中"随附一份受益人签字的声明，证明开具的汇票金额代表与给予亚联（集团）公司贷款融资相关的债务"一段内容漏译，致使赵金荣、徐志国于1993年4月5日开出了以亚联为申请人，衡水农行为开证行，莎物得投资（巴哈马）有限公司（以下简称莎物得）为受益人，一年期不可撤销，可转让的200张总金额为100亿美元的备用信用证。4月6日，李卓明按梅直方提供的地点，将上述备用信用证寄给莎物得的财务主管麦西华（R.M.MCIVOR，加拿大人）。之后，梅直方将上述备用信用证作为向莎物得贷款的抵押品。此后，国外有两家企业向衡水农行查询其所开备用信用证的真实性。梅直方、李卓明又以衡水农行无风险及资金将很快引入为由欺骗赵金荣、徐志国，使衡水农行对所开备用信用证作了无条件确认。4月18日，赵金荣按梅直方、李卓明作过的承诺，索要亚联对衡水农行开具备用信用证的反担保。梅直方、李卓明伪造了一份"联合国家共和银行"的100亿美元备用信用证交给赵金荣，作为反担保，继续进行欺骗。同年6月，麦西华在英国、瑞士出售衡水农行的备用信用证，因我国有关部门采取相应措施，上述备用信用证在有效期限内尚未出现资金支付情况。1993年3月，梅直方在广州为给加拿大罗伯特·帕姆保兑伪造的总金额16.8亿美元的备用信用证，经常景山提议，梅直方和李卓明同意，由常景山找人私刻了中国农业银行河北省分行等单位的印章。随后，梅直方、李卓明、常景山及于芝来共同伪造了中国农业银行河北省分行对0014、0015号备用信用证的保函。同年4月，梅直方、李卓明、常景山、于芝来又在衡水市再次伪造了中国农业银行河北省分行对0015号金额为16亿美元备用信用证的保函。两次伪造的保函均由梅直方寄给了罗伯特·帕姆。

1994年1月31日，河北省人民检察院衡水分院向河北省衡水地区中级人民法院提起公诉。1994年4月25日法院判决梅直方犯诈骗罪，判处有期徒刑十五年，附加驱逐出境；犯伪造公文、印章罪，判处有期徒刑七年；决定执行有期徒刑二十年，驱逐出境。李卓明犯诈骗罪，判处有期徒刑十年，附加驱逐出境；犯伪造公文、印章罪，判处有期徒刑六年；决定执行有期徒刑十四年，驱逐出境。常景山犯伪造公文、印章罪，判处有期徒刑七年，剥夺政治权利二年。于芝来犯伪造公文罪，判处有期徒刑二年。一审宣判后，梅直方、李卓明、常景山提起上诉。河北省高级人民法院经审理，于1994年5月13日作出终审裁定：驳回上诉，维持原判。

案件背景与社会影响

这是一起涉及外国人犯罪的特大金融诈骗案，也被称为"河北衡水金融诈骗案"。梅直方、李卓明打着"引进外资"的幌子，采用欺诈手段，骗取衡水农行200张总金额为100亿美元的备用信用证，其诈骗数额之巨大极为罕见。此案发生后，我国司法机关和相关部门在有关国家警方和金融机构的配合下，采取一系列紧急措施，使梅、李骗取的备用信用证在有效期内没有出现资金支付情况，但已经使中国农业银行为此耗费了大量人力、物力、财力，蒙受了巨大的经济损失，其金融信誉也受到了严重损害。与此案关联的衡水农行行长赵金荣、副行长徐志国等人，也因玩忽职守罪、泄露国家秘密罪以及为境外人员非法提供国家秘密罪被判刑。

公诉指控

（一）依法履职，彰显我国司法主权

根据我国刑法属地管辖原则，凡在中华人民共和国领域内犯罪的，除享有外交特权和豁免权的通过外交途径解决外，都适用我国

001

河北省人民检察院衡水分院

起诉书

衡检衡刑诉（1994）第2号

被告人梅直方（FRANCISCO HUNG MOY），男，1949年11月15日出生，美国籍。1992年4月2日来到中国，1993年6月5日因诈骗被河北省衡水市公安局监视居住，同年6月15日因诈骗罪经河北省衡水市人民检察院批准，6月16日由衡水市公安局执行逮捕。

被告人李卓明（RAYMOND C LEE），男，1950年5月18日出生，美国籍。1992年4月10日来到中国，1993年6月5日因诈骗被衡水市公安局监视居住，同年6月15日因诈骗罪经河北省衡水市人民检察院批准，6月16日由衡水市公安局执行逮捕。

被告人常景山，男，1939年5月29日出生，汉族，高中文化，捕前系海南中水长城国际投资集团副

002

总经理兼贸易部业务经理，原籍天津市人，住石家庄市建民小区6号楼4单元302号；1993年6月2日因涉骗被衡水市公安局监视居住，同年7月20日因诈骗罪经河北省衡水市人民检察院批准，7月27日由衡水市公安局执行逮捕。

被告人于芝来，男，1944年4月5日出生，汉族，高中文化，原籍天津市人，捕前系海南华丰贸易公司职工系海南华丰贸易集团办事处负责人，住天津市河北区黄韩路2马路二里（？）17栋501号。1993年7月20日因诈骗罪经河北省衡水市人民检察院批准，7月27日由衡水市公安局执行逮捕。

衡水市公安局于1993年11月12日，以被告人梅直方、李卓明、常景山、于芝来犯有诈骗罪移送衡水市人民检察院审查起诉，经退回补充侦查后，该院根据《中华人民共和国刑事诉讼法》的规定，于1994年1月11日报送本院审查起诉。经审查查明：

被告人梅直方（自称亚联（集团）有限公司董事长）受加拿大艾温斯资本服务公司（ADVANCE CAPITAL SERVICES CORPORATION）总裁罗伯特·帕姆（ROBERT EP ALM）委托负责该公司远东业务，即中国境内所谓的"引资"活动。1992年4月，梅直方以被告人李卓明（自称亚联（集团）有限公司财务主管）夺利来到中

003

国广州，先后结识了海南中水长城国际投资集团（以下简称"中水集团"）总经理庭全兴（另案处理）、副总经理常景山等人，要求他们为其引荐"引资"客户。

1993年3月，被告人常景山、于芝来等人，与中国农业银行衡水中心支行（以下简称"衡水农行"）取得联系后，到达衡水，分别向衡水农行原行长赵金荣（已起诉）、原副行长徐志国（已起诉）转交了亚联集团"引资"事项的所谓文件。3月31日，梅直方、李卓明到达衡水后，与赵金荣、徐志国等人进行"引资"洽谈，梅、李谎称，亚联集团在国际上有很多实力雄厚的合作伙伴，"引资"是用他们自己的全票、资产在国外作抵押，农行开出备用信用证以证明资金引到中国。4月1日、2日，由赵金荣代表衡水农行工会下属的河北省恒融实业开发公司，梅直方代表"亚联集团"、李卓明代表"中水集团"，签订了3份引资数额分别为50亿、16亿、34亿美元的《合作引进外资投资开发协议书》。尔后，李卓明代表"亚联集团"和"中水集团"向衡水农行出具了《开证委托书》，声称"引进到中方的资金亦不还本、不付息，衡水农行不负责信用证内容上的经济及法律之责任。此备用信用证是合作引资操作过程中必要的手续。"李卓明在向赵金荣、徐志国提供备用信用证中文本时，做显精英文本中"随附一份受益人签字的声明，证明开具的汇票金额代

004

表与给予亚联（集团）公司贷款融资相关的债务"一段话漏译。从而，骗使赵金荣、徐志国于4月5日开出200张总金额为100亿美元的备用信用证。4月6日，李卓明、于芝来均先返回天津，经梅直方介绍，被迫邦达通译全部信用证寄往加拿大多利亚市，收件人为麦西华（R.M. MCIVOR，莎物得投资（巴哈马）有限公司财务主管，罗伯特·帕姆的会计师）。当国外公司咨询信用证的真实、可靠性时，梅、李再次以开信用证不担风险的谎言，骗使赵金荣又同意了他们制作的签置品，并发往国外。4月18日，梅直方、李卓明以"联合国美共和银行"的名义，制作了一张金额为100亿美元的备用信用证作为衡水农行开出100亿美元备用信用证的反出证。此外，梅直方与麦西华通过传真签署了《贷款协议》和《投资协议》（落款日期为1993年4月1日），协议中规定：亚联（集团）公司向莎物德投资公司贷款7.5亿美元，"抵押品为以中国农业银行为付款人的一季备用信用证"，并明确说亚联集团"没有偿还本金的责任，本金将在信用证失效前自行清偿"。4月13日，麦西华收到全部备用信用证后，以"连些信用证我们的保证已缴付过款"的谎言，进行活动。

1993年2月，梅直方为给罗伯特，编蝠保兑伪造的0014、0015号备用信用证，经核告人常景山提议，梅直方、李卓明、常景山、于芝来私刻公章、

● **梅直方等四人诈骗，伪造公文、印章案起诉书**

005

伪造了"中国农业银行河北省分行"对 0014、0015号备用信用证的保兑函，3月15日，梅直方在广州华乐大厦通过联邦快递将假保兑函寄给了罗伯特。始缓。4月15日，梅直方、李卓明、常景山、于芝来以剪贴拼凑复印的方法，又一次伪造了对0015号备用信用证的假保兑函，由梅直方发往国外。

以上犯罪事实，有证人证言、查获的大量书证、物证及刑事科学技术鉴定结论证实，被告人亦供述在案，事实清楚，证据确实、充分。

综上所述，被告人梅直方、李卓明虚构事实，隐瞒真相，骗取巨额备用信用证，进行诈骗；并与常景山、于芝来私刻公章，伪造中国农业银行河北省分行假保兑函。其行为给中国农业银行造成巨大损失，严重侵害了中国农业银行的权益，严重扰乱了中华人民共和国的金融工作秩序和社会管理秩序，触犯了《中华人民共和国刑法》第一百五十二条、第一百六十七条之规定，构成诈骗罪和伪造公文、印章罪；常景山、于芝来与梅直方、李卓明共同伪造假保兑函的行为触犯了《中华人民共和国刑法》第一百六十七条之规定，构成伪造公文、印章罪。

本院为保护中华人民共和国的国家利益不受侵犯，维护我国的金融工作秩序和社会管理秩序，依据《中华人民共和国刑事诉讼法》第一百条之规定，特提起公诉，

006

请依法判处。

此 致

河北省衡水地区中级人民法院

检察员 朱光愿
杨金才
陈连义

代理检察员 刘誉平
胡 亮
赵春凤
温耐通
赵志峰

一九九四年一月三十一日

007

（此页无正文）

附注事项：

1）、被告人梅直方、李卓明、常景山、于芝来现羁押于石家庄市看守所。

2）、移送公安预审卷 册，检察卷 册。

3）、随卷移送物证一部（详见清单）。

● 梅直方等四人诈骗，伪造公文、印章案起诉书

373

刑法。梅直方、李卓明作为美国公民在我国境内进行诈骗和伪造公文、印章的犯罪活动，应当接受我国司法审判，按照我国的刑法追究其刑事责任。公诉词中明确指出："我国政府也为投资者创造了宽松的政治和经济环境，并在继续不断地加以改进。我们真诚地欢迎世界各地朋友来我国投资、经商、办企业，中国司法机关会依法保护他们在中国的合法权益。同时，我们也告诫一切在中国境内活动的人，必须遵守中华人民共和国的法律，绝不允许任何人在我国境内进行违法犯罪活动。违法犯罪者必将受到我国法律的严厉制裁。"这段话清楚地表达了我国对外国投资者的合法权益予以保护，对外国人在中国涉嫌犯罪的将依照我国刑法予以严惩，彰显了我国的司法主权。

（二）查清案件事实，准确适用法律

本案案情重大、复杂，涉案金额特别巨大，犯罪环节众多，证据体系庞杂，不仅涉及刑事法律问题、涉外等敏感因素，更需要案件承办人具备金融领域的专业知识。为了保证办案质量，河北省人民检察院衡水分院抽调骨干力量成立专案组，对案件事实和证据进行了细致审查，经过退回补充侦查，补充了相关证据，形成了完善的证据体系。通过在案的物证、书证，伪造的公文、印章等实物证据，相关的证人证言以及同案被告人的供述，牢牢锁定了被告人的非法占有目的，以及虚构事实、隐瞒真相的具体行为。第一，两名外籍被告人编造亚联集团简介，极力夸大自己公司实力，将一个只有两人的"皮包公司"夸大为极具实力的跨国集团公司；第二，二人对衡水农行主要负责人员虚假承诺，编造谎言，"衡水支行对引入资金不还本、不付息、不承担任何法律责任"，承诺还本付息均由自己的公司完成、由本公司资产进行抵押；第三，在请求衡水农行开具信用证并提供中文样本时，故意将涉及衡水农行付款义务的关键语句漏译，并且在衡水农行开具了信用证后，又采取一系列手段欺骗衡水农行向国外金融机构发出确认函；

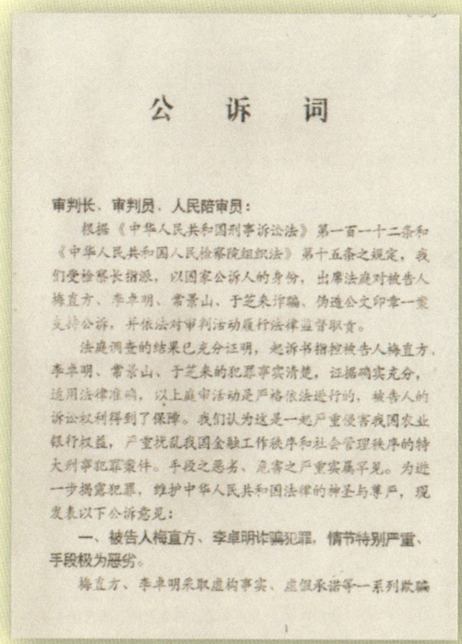

公 诉 词

● 梅直方等四人诈骗，伪造公文、印章案公诉词（部分）

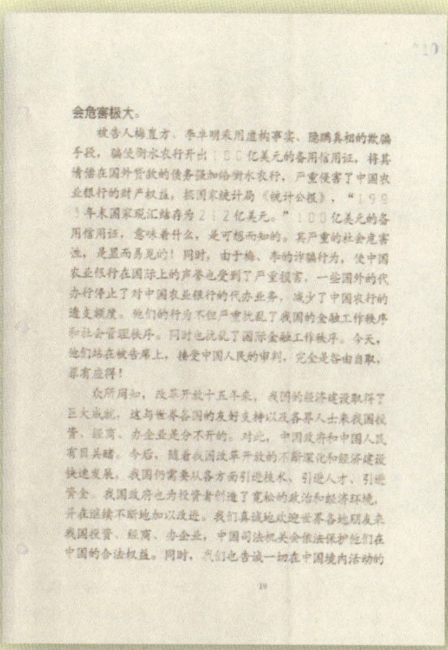

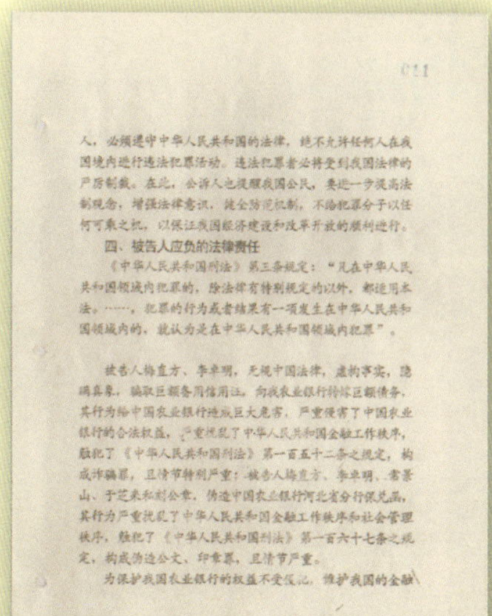

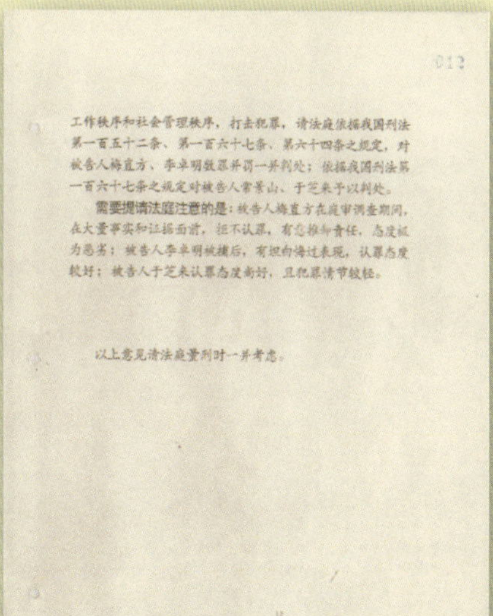

河北省衡水地区中级人民法院
刑事判决书

(1994)衡地刑初字第13号

公诉机关河北省人民检察院衡水分院。

被告人梅直方（FRANCISCO HUNG MOY），男，一九四九年十一月十五日出生，美国籍，原系美国亚联（集团）有限公司董事长，住美国纽约市114街31-29号。一九九三年六月五日被河北省衡水市公安局监视居住，六月十六日被逮捕。

辩护人冯华平，石家庄市蓝天律师事务所律师。

辩护人张金龙，石家庄市蓝天律师事务所律师。

被告人李卓明（RAYMOND C LEE），男，一九五〇年五月十八日出生，美国籍，原系美国亚联（集团）有限公司秘书兼财务主管，住美国纽约州查当理路8号。一九九三年六月五日被河北省衡水市公安局监视居住，六月十六日被逮捕。

辩护人张景科，石家庄市新华律师事务所律师。

辩护人吕占锁，石家庄市正大律师事务所律师。

被告人常景山，男，一九三九年五月二十九日出生

—1—

● 梅直方等四人诈骗，伪造公文、印章案判决书（部分）

第四，利用虚构的"联合国家共和银行"，伪造反担保文件，欺骗衡水农行以维持衡水农行开具的信用证的效力。据此，梅直方在国外贷款形成的债务，就转嫁到中国农业银行。通过上述条分缕析地梳理，论证了梅直方、李卓明构成诈骗罪。同时，为了实现诈骗目的，梅直方等人还伙同中国籍被告人常景山、于芝来伪造了信用证、保兑函、保函等公文及印章，检察机关依照刑法的相关规定认定4名被告人还共同构成伪造公文、印章罪。

（三）不枉不纵，依法追究国内相关责任人渎职等刑事责任

检察机关在办理梅直方等4人诈骗，伪造公文、印章案的同时，并未放松对国内相关责任人刑事责任的认定和追究。衡水农行行长赵金荣、副行长徐志国、衡水师范专科学校英语教师赵永强、衡水农行外汇业务科副科长刘淑红、北京中国明华有限公司总经理马汝方，严重不负责任，玩忽职守，并且泄露国家秘密、向境外人员非法提供国家秘密，检察机关分别以玩忽职守罪、泄露国家秘密罪、向境外人员非法提供国家秘密罪提起公诉，得到判决认可，5名被告人分别被处相应刑罚，做到了不枉不纵。

案例推荐：河北省人民检察院

撰稿：张洪铭

审稿：李勇

郭秉霖等人盗掘古文化遗址、古墓葬案

——具有黑社会性质的特大文物系列案

基本案情

郭秉霖，又名郭嵘、郭平利，别名郭千万，男，时年 32 岁，河南省内黄县人，山西省侯马市橡胶厂工人。

孙武军，男，时年 28 岁，山东省蓬莱县人，山西省侯马市物资局有色金属公司工人。

高建设，又名高建华，男，时年 32 岁，山西省侯马市人，农民。

（其他被告人基本情况略）

1989 年至 1994 年间，郭秉霖伙同孙武军、高建设等人，组成非法倒卖文物团伙，在山西省内长期从事收购、贩运、转手倒卖国家珍贵文物 20 起，非法经营额 132 万元，从其家中查获的国家珍贵文物 83 件；组织他人盗掘古文化遗址、古墓葬 5 次；非法购买、私藏枪支弹药，且持枪作案，主谋策划流氓案 1 次。孙武军收购文物 2 次，参与贩运、倒卖 4 次；组织他人盗掘古文化遗址 4 次；抢劫作案 1 次，劫得唐三彩马 1 件；私藏猎枪 1 支，钢珠枪 1 枝，子弹 79 发。高建设收购文物 2 次，参与倒卖文物 3 次；流氓作案 1 起。该犯罪团伙的活动，导致大量珍贵文物流失。另外，在从事非法倒卖文物的过程中，为了抢夺生意等原因，郭秉霖等人还非法购买、私藏枪支弹药，并持枪作案，伤害他人，在当地形成黑恶势力，称霸一方，危害百姓。

1995年3月12日山西省人民检察院临汾分院向山西省临汾地区中级人民法提起公诉。同年4月29日，法院作出一审判决：郭秉霖犯投机倒把罪，盗掘古文化遗址、古墓葬罪，流氓罪，非法买卖枪支、弹药罪，决定执行死刑，剥夺政治权利终身，并处罚金80万元，对从其家中查获的文物和枪支弹药予以收缴；高建设犯投机倒把罪、流氓罪，决定执行死刑，剥夺政治权利终身；刘喜贵犯流氓罪、故意伤害罪，决定执行死刑，剥夺政治权利终身；孙金才犯盗掘古文化遗址罪，判处死刑，剥夺政治权利终身；时明路犯投机倒把罪，判处死刑，缓期二年执行，剥夺政治权利终身；张荣义犯流氓罪、投机倒把罪、故意伤害罪，决定执行无期徒刑，剥夺政治权利终身；毕立信犯投机倒把罪，判处有期徒刑十三年；其他被告人也分别被判处缓刑。

宣判后，郭秉霖、高建设等提起上诉，1995年5月15日山西省高级人民法院作出判决，维持部分一审判决，撤销郭秉霖犯盗掘古文化遗址、古墓葬罪，判处死刑，剥夺政治权利终身；撤销刘喜贵犯流氓罪，判处死刑，剥夺政治权利终身。认定郭秉霖犯盗掘古文化遗址、古墓葬罪，判处死刑，缓期二年执行，剥夺政治权利终身，数罪并罚，决定执行死刑，剥夺政治权利终身。认定刘喜贵犯流氓罪，判处无期徒刑，剥夺政治权利终身，数罪并罚，决定执行无期徒刑，剥夺政治权利终身。1995年5月22日，最高人民法院作出判决：核准郭秉霖、孙武军、高建设的死刑判决，撤销对孙金才的量刑部分，认定孙金才犯盗掘古文化遗址、古墓葬罪，判处死刑，缓期二年执行，剥夺政治权利终身。

山西省人民检察院临汾分院
起诉书

晋检临刑起字（1995）第3号

被告人郭秉霖，又名郭嵘、郭丰村，男，三十二岁，汉族，初中文化程度，河南省内黄县人，现住侯马市侯马乡南堡新村，工人。一九八三年因盗窃被侯马市公安局收审，一九八四年因赌博罪被侯马市人民检察院免于起诉，一九八六年因传播淫秽录相带被侯马市公安局收审，后治安处理，一九九四年九月二十二日因倒卖文物被公安机关刑事拘留，同年十一月二十五日经本院批准逮捕。

被告人孙戍军，男，二十七岁，汉族，初中文化程度，山东省蓬莱县人，系侯马市物资局有色金属公司工人，现住侯马市侯马乡绛上村。一九八九年五月因投机倒把被西安市人民检察院免于起诉，一九九四年九月六日因投机倒把被临汾地区公安局收审，同年十一月二十五日经本院批准逮捕。

被告人高建设，又名高建华，男，三十一岁，汉

1

一、投机倒把罪

1、一九八九年十月，被告人郭秉霖指使被告人高建设，从侯马市上马乡东阳里村王新武（另案处理）之手，以十四万元买得被告人闫成全同其妻王红爱在该村一古墓盗挖的青玉琮一件，后由郭转手倒卖。

2、一九八九年十月，被告人郭秉霖从王新武之手，以二万元买得被告人张季军、高建勇（已死亡）在该村一古墓盗挖的青玉环一件，后由郭转手倒卖。

3、一九九零年三、四月份，被告人郭秉霖伙同被告人高建设在曲沃县曲村以十七万元购得一青铜装果盒，后由郭转手倒卖。

4、一九九零年四、五月份，被告人郭秉霖以二万三千元在陕西省铜川市司马撺村（挖掘未遂）之手陶得文物玉器一件，后郭以二万五千元转手倒卖。

5、一九九零年四、五月份，被告人郭秉霖伙同被告人高建设、王登龙（另案处理）以七千元从司马撺州手中收购到陶两件。后郭以二千元转手倒卖。

6、一九九零年五月份，被告人郭秉霖伙同被告人高建设在侯马市上马乡西南张村，从一把墓人手中以一万五千元收购到青玉盆龙两件，青玉瑗一件。两件青玉盆龙由郭从广州转手倒卖，得款二万五千元。青

5

查获。

2、一九九三年九月，被告人郭秉霖指使郭新民、曹恩贵到河北省白沟购买小口径枪、六四、五四式手枪弹、手榴弹等。案发后，仅从郭秉霖家中查获小口径枪三支并子弹二百五十发、五四和六四式手枪弹七十五发，手榴弹一枚，猎枪原装弹六十四发，雷管七枚。

3、一九九四年九月六日，在被告人孙戍军住处查获铜珠子枪一支，五连发猎枪一支并猎枪弹七十九发。

以上事实，有关省部门的证明材料、被害人报案材料、法医鉴定结论、查获的大量文物及作案工具（车辆、挖墓铲、对讲机、凶器）、枪支弹药所证实。各被告人本供认在卷。

综上所述，被告人郭秉霖主谋、勾结、组织他人倒卖文物二十二起，非法经营额一百五十九万六千五百八十余元，组织他人盗掘古文化遗址、古墓葬五次（均为省级保护单位），非法买卖枪支弹药二次并私藏枪支弹药，流氓绑架作案一起。其行为唤已构成投机倒把罪、盗掘古文化遗址、古墓葬罪、非法买卖枪支弹药罪、流氓罪。确系投机倒把犯罪集团的首犯，且

14

被告人咸希龙参与盗掘古文化遗址一次（马首级保护区），从中得款五百元，其行为唤已构成盗掘古文化遗址罪，但其在案发后能主动投案自首，并坦退出了全部赃款，可以从减轻处罚。

本院为维护社会治安秩序和经济管理秩序，确保国家文物安全和公民的人身权利不受侵犯，严厉打击严重刑事犯罪活动，依据《中华人民共和国刑事诉讼法》第一百零八条之规定，特将本案所判被告人提起公诉，请根据全国人大常委会《关于严惩严重破坏经济的罪犯的决定》第一条第一项，全国人大常委会《关于惩治盗掘古文化遗址、古墓葬犯罪的补充规定》第一、三、四项，全国人大常委会《严厉严重危害社会治安的罪犯分子的决定》第一条第一、二项和《中华人民共和国刑法》第一百一十七条、第一百六十条、第一百六十三条、第一百五十条、第一百一十二条、第一百六十四条、第二十二条、第二十三条、第二十四条、第六十三条的有关规定分别予以惩处。

17

● 郭秉霖等人盗掘古文化遗址、古墓葬案起诉书（部分）

案件背景与社会影响

　　郭秉霖和侯林山是 20 世纪 90 年代山西省有名的倒卖文物犯罪集团头目，分别被当地人称为"郭千万"和"侯百万"，各自形成了黑恶势力，垄断了山西省的文物倒卖市场，大量倒卖国家珍贵文物，不仅造成国家文物的严重流失，也极大破坏了当地的社会安定。案件发生后，引起了全国范围的广泛关注。对郭秉霖等人依法予以惩治，既是回应当地百姓的诉求，也是规范文物管理保护的需要，更是对历史的尊重和交代。

公诉指控

（一）凸显文物保护的意义与价值

　　该案的公诉词第一部分，并没有沿袭传统结构，开篇就讨论案件的事实和证据分析，而是从古文物的历史价值和现实意义入手，指出"我国是一个历史悠久统一的多民族国家。我们的祖先在改造自然、改造社会的长期斗争中创造了灿烂辉煌的古代文化，为整个人类文明历史作出过重要贡献……祖国文物，是中华民族历史发展的见证……具有重要的历史、艺术和科学价值……蕴藏着人民的创造智慧和崇高的爱国主义精神。对世世代代的中华儿女都有着强大的凝聚力和激励作用"，在此基础上引出我国对于古文物保护的重视以及对破坏古文物、古文化遗址犯罪的严厉打击态度，并列举出一系列保护文物的法律法规来印证这一观点，开篇就为接下来的分析论证奠定了主基调并提供了强有力的背景支撑。

（二）揭示犯罪集团发展过程

　　在阐明古文物和古文化遗址重要历史意义和现实价值的前提下，

第二篇 1980—1997

郭秉霖等人盗掘古文化遗址、古墓葬案

381

● 郭秉霖等人盗掘古文化遗址、古墓葬案公诉词（部分）

● 郭秉霖等人盗掘古文化遗址、古墓葬案公诉词（部分）

● 郭秉霖等人盗掘古文化遗址、古墓葬案判决书公诉人在公诉词的第二部分就被告人的犯罪行为进行了透彻地论证，完整地还原了犯罪集团从最初的倒卖文物牟取利润，到之后自行盗掘古文化遗址、古墓葬后再进行倒卖，直至最后形成黑社会性质组织，非法购买枪支、弹药，殴打无辜，残害百姓，横行霸道，称霸一方的整个过程。将犯罪分子的犯罪动因和罪恶形态清晰地呈现在法庭之上，有力地阐明了犯罪行为的社会危害性。上述对犯罪集团发展过程的描述，采取了经典叙事模式，即按照时间顺序，以人物的动机及其变化为主线，将复杂宏大的事实以极为清晰的脉络展现出来。这种在影视作品中被广泛使用的叙事模式，被运用公诉意见的内容搭建时，使得公诉人对犯罪实施的描述极具可视化。这种事实描述方式对于共同犯罪尤其是集团犯罪案件是合适的。

（三）呼吁加强文物保护

郭秉霖等人盗掘古文化遗址、古墓葬案并不是单纯的案件，它反映出了在古文物保护领域我们国家面临的严峻形势和对不法行为严厉惩治的迫切性。基于此，公诉人在公诉词的最后一部分提出建议，指出"广大人民群众、政治机关以及我们的文物工作者应清醒地认识到问题的严重性，密切配合，共同协作，认真对这起重大盗掘、倒卖文物活动进行一次广泛深入的调查研究，进一步完善文物管理制度，加强文物管理和古迹保护，提高工作的责任心和积极性，将破坏文物古迹的各类犯罪消灭在萌芽状态，确保祖国的文化遗产完好无损"。通过重大案件的公开审理，呼吁加强文物保护，推动社会治理。

案例推荐：山西省人民检察院

撰稿：赵鹏

审稿：李勇

高永康等十五人猎杀珍贵、濒危野生动物，走私珍贵野生动物制品，投机倒把案

——西双版纳特大猎杀亚洲象案

基本案情

高永康，男，时年 33 岁，云南省景洪市公安局江北派出所指导员。

布鲁肖，男，时年 27 岁，云南省西双版纳州水泥厂保卫干事。

布鲁先，男，时年 24 岁，云南省景洪市基诺乡司土新寨农民。

布鲁秋，男，时年 25 岁，云南省景洪市基诺乡司土新寨农民。

（其他被告人基本情况略）

1992 年 6 月至 1994 年 4 月，高永康、布鲁肖伙同布鲁先、布鲁秋等 13 人，携 56 式半自动步枪、斧头、砍刀、尖刀等作案工具，在西双版纳国家自然保护区捕杀国家珍稀动物亚洲象 10 起 13 头、获取象牙 12 对共 191.3 公斤，获利 22.224 万元；买卖象牙 2 对共 27 公斤，获利 3.13 万元；捕杀野牛 1 头，得野牛胆 1 个。高永康等人驾驶警用吉普车穿梭于热带丛林，运输、倒卖象牙，有的直接卖给外国不法商人，牟取暴利。

1994 年 11 月 19 日，云南省西双版纳傣族自治州人民检察院

（以下简称西双版纳州检察院）对高永康等 15 人向云南省西双版纳傣族自治州中级人民法院提起公诉。法院判决高永康犯走私珍贵动物制品罪，判处死刑，剥夺政治权利终身（一审宣判后自然死亡）；猎杀珍稀濒危动物罪，判处有期徒刑七年，决定执行死刑，剥夺政治权利终身。布鲁肖犯走私珍贵动物制品罪，判处死刑，剥夺政治权利终身；犯投机倒把罪，判处死刑，剥夺政治权利终身；犯猎杀珍稀濒危动物罪，判处有期徒刑七年，决定执行死刑，剥夺政治权利终身。布鲁先犯投机倒把罪，判处死刑，剥夺政治权利终身；犯猎杀珍稀濒危动物罪，判处有期徒刑七年，决定执行死刑，剥夺政治权利终身。布鲁秋犯投机倒把罪，判处死刑缓期二年执行；猎杀珍稀濒危动物罪，判处有期徒刑七年，决定执行死刑，缓期二年执行，剥夺政治权利终身。判处杰布鲁、周泽二人无期徒刑，其余 9 人分别被判处有期徒刑十六年、十四年、八年、一年不等。

案件背景与社会影响

　　亚洲象作为我国一级保护动物，数量稀少，严禁猎杀。而本案案发地景洪县勐养保护区，作为我国亚洲象主要栖息地，其当年亚洲象保有量也仅为 130 余头。高永康等人 3 年内猎杀 13 头亚洲象，导致野生象的数量减少 1/10，且被猎杀的多为幼象，这种屠族式的猎杀行为，不仅给当地生态环境带来不可估量的损害，也引发象群以破坏农田、损毁房舍、攻击人类等手段进行报复，加剧了人象对立。尤其是本案被告人高永康身为公安干警，本来职责在肩，却为了经济利益知法犯法，性质恶劣。

西双版纳傣族自治州人民检察院

起 诉 书

（1994）西检刑诉字第 66 号

被告人高水康（又名湖三），男，现年三十二岁，爱尼族，中专文化，云南省景洪市人。因捕杀国家珍贵动物、投机倒把一案于一九九四年六月十五日被刑事拘留，同月二十三日经景洪市人民检察院批准，二十七日由州林业公安局执行逮捕。捕前系景洪市公安局江北派出所指导员。

被告人鲁肖，男，现年二十七岁，基诺族，打中文化，云南省景洪市人。因捕杀国家珍贵动物、投机倒把一案于一九九四年六月十三日被刑事拘留，同月二十三日经景洪市人民检察院批准，二十七日由州林业公安局执行逮捕。捕前系西双版纳水泥厂保卫干事。

被告人市鲁先，男，现年二十四岁，基诺族，初中文化，云南省景洪市人。因捕杀国家珍贵动物一案于一九九四年七月五日被刑事拘留，同月十四日经景
——1——

洪市人民检察院批准，十五日由州林业公安局执行逮捕。捕前系景洪市基诺乡司土小寨农民。

被告人泽白（又名泽伦），男，现年二十四岁，基诺族，云南省景洪市人。因捕杀国家珍贵动物一案于一九九四年七月五日被刑事拘留，同月十三日经景洪市人民检察院批准，十五日由州林业公安局执行逮捕。捕前系景洪市基诺乡司土小寨农民。

被告人车扫，男，现年二十二岁，基诺族，云南省景洪市人。因捕杀国家珍贵动物一案于一九九四年七月五日被刑事拘留，同月十三日经景洪市人民检察院批准，十五日由州林业公安局执行逮捕。捕前系景洪市基诺乡司土新寨把村村长。

被告人资市鲁，男，现年四十岁，基诺族，云南省景洪市人。因捕杀国家珍贵动物一案一九九四年七月十四日经景洪市人民检察院批准，同月十六日由州林业公安局执行逮捕。捕前系景洪市基诺乡司土新寨把村村长。

此案经西双版纳州林业公安局侦查终结，于一九九四年九月二十七日以被告人高水康、市鲁肖、市鲁先、市鲁先、市鲁木拉、杰市鲁、周泽、大资白、包贵、资木拉、小资白、白腊杰、泽白、车扫、资市鲁等涉嫌犯国家珍贵动物、投机倒把罪移送我州人民检察院审查起诉，景洪市人民检察院根据案件管辖规

——4——

13、一九九四年二月的一天，被告人市鲁先、杰市鲁、周泽到景洪江北水泥厂通过市鲁肖向高启康购得一支56式半自动步枪及子弹50发。后被告人市鲁先、周泽、杰市鲁、杰扣（男先）等同人携带枪弹、齐头、砍刀、尖刀等作案工具，擅自进住自然保护区捕杀国家珍贵动物野牛一头。得野牛腿一个。

以上犯罪事实有被告人的供述、现场勘查笔录及图片；作案时使用的古董警车、三轮摩托及56式半自动步枪、56式铁把冲锋枪扣子头、砍刀、尖刀；有照原照等存在卷为证，事实清楚，证据确实充分，足以认定。

综上所述：被告人高水康、市鲁肖、市鲁先、市鲁先、市鲁木拉、杰市鲁、周泽、大资白、包贵、资木拉、小资白、白腊杰、泽白、车扫、资市鲁多次非法进住国家自然保护区捕杀国家珍贵动物亚洲象10起13头，野牛一起一头，其行为已触犯《中华人民共和国刑法》第一百三十条、第一百二十八条及《全国人大关于惩治捕杀国家重点保护的珍贵濒危野生动物犯罪的补充规定》和《全国人大关于严厉惩办破坏社会经济的罪犯》第一条第一项的规定，已构成捕杀珍贵动物罪、投机倒把罪。本院为维护社会秩序、保护国家财产不受侵犯。根据《中华人民共和国刑事诉讼法》第一百条之规定，特将被告人高水康、市鲁肖、市鲁先、
——10——

市鲁先、市鲁木拉、杰市鲁、周泽、大资白、包贵、资木拉、小资白、白腊杰、泽白、车扫押起公诉，请依法判处。

此 致

西双版纳傣族自治州中级人民法院

检察员：李兴华

一九九四年十二月 日

附：1. 本案卷宗五册。

2. 被告人高水康、市贵肖、市鲁先、市鲁杆、市鲁木拉、杰市鲁、周泽、大资白、包贵、资木拉、小资白、白腊杰、泽白、车扫、资市鲁现羁押于西双版纳州看守所。

● 高永康等十五人猎杀珍贵、濒危野生动物，走私珍贵野生动物制品，投机倒把案起诉书（部分）

（一）严格秉公执法，保护亚洲象

本案 15 名被告人中，有公安干警、保卫干事，还有村长、当地农民，检察机关对凡是触碰法律红线者，一律依法追诉。本案所倒卖的 14 对象牙中，重量在 20 公斤以下的象牙有 10 对，甚至有 3 公斤、4 公斤、5 公斤重的象牙。成年亚洲象的一对象牙重量在 30 至 50 公斤，这 10 对不足 20 公斤的象牙代表了 10 头远未成年的亚洲幼象。由于亚洲象繁殖率低、孕期长、哺乳期长，这 10 头幼小的亚洲象几乎代表了该地区案发前后全部亚洲象的增长量。此案的公诉，可谓是拯救亚洲象的国家公诉，给非法捕杀者以震撼一击。这场拯救亚洲象的国家公诉，不仅挽回了野象群生的希望，也唤醒了全社会对于保护亚洲象、保护野生动物、保护生态环境、保护我们人类自身的意识。

（二）依法履行侦查监督，追诉漏犯，对犯罪分子予以全面打击

此案发生在 1997 年《刑法》之前。1979 年《刑法》第一百三十条规定："违反狩猎法规，在禁猎区、禁猎期或者使用禁用的工具、方法进行狩猎，破坏珍禽、珍兽或者其他野生动物资源，情节严重的，处二年以下有期徒刑、拘役或者罚金。"1988 年 11 月 8 日，第七届全国人民代表大会常务委员会第四次会议通过了《野生动物保护法》，同时还制定了《关于惩治捕杀国家重点保护的珍贵、濒危野生动物犯罪的补充规定》，明确规定："为了加强对国家重点保护的珍贵、濒危野生动物的保护，对刑法补充规定：非法捕杀国家重点保护的珍贵、濒危野生动物的，处七年以下有期徒刑或者拘役，可以并处或者单处罚金；非法出售倒卖、走私的，按投机倒把罪、走私罪处刑。"这一规定不仅新增了"非法捕杀珍贵、濒危野生动物罪"，更是将法定最高刑提高为七年有期徒刑，同时将有走

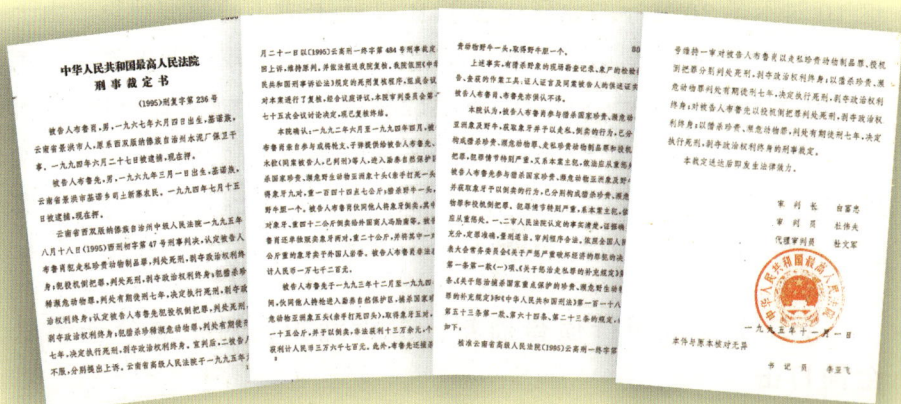

● 高永康等十五人猎杀珍贵、濒危野生动物，走私珍贵野生动物制品，投机倒把案裁定书

高永康等十五人猎杀珍贵、濒危野生动物，走私珍贵野生动物制品，投机倒把案

● 高永康等十五人猎杀珍贵、濒危野生动物，走私珍贵野生动物制品，投机倒把案检察建议书

私、投机倒把行为的，按走私罪、投机倒把罪处刑。检察机关起诉时依法认定了投机倒把罪。本案中，西双版纳州检察院在审查起诉中发现，除已经移送起诉的被告人外，另有 10 人（5 人为外国人）参与倒卖象牙，已涉嫌刑事犯罪，遂发挥侦查监督职能，向西双版纳州林业公安局发出追诉通知书，最终将该 10 人绳之以法。

（三）立足办案，延伸监督，发出检察建议

检察机关在办理此案过程中，发现有 15 名国家工作人员参与倒卖象牙的违法犯罪行为，检察机关并没有就案办案，而是从预防犯罪、加强社会治理的角度，向包括西双版纳州公安处、西双版纳州安全处、勐腊县监察局、景洪市林业局等在内的 14 个国家机关发出 14 份检察建议，建议上述机关对参与倒卖象牙的 15 名国家工作人员依法作出行政处罚。

案例推荐：云南省人民检察院

撰稿：田文利、史浩洋

审稿：黄河、李勇

于列海等六人刑讯逼供、非法拘禁、非法搜查、徇私舞弊案

——全国首例公安人员刑讯被判死刑案

基本案情 ⋯⋯⋯⋯⋯⋯⋯⋯⋯⋯⋯⋯⋯⋯

于列海，男，时年 36 岁，河北省临西县人，山西省长治市公安局办公室副主任兼指挥中心主任。

于陆海，男，时年 39 岁，河北省临西县人，山西省长治市公安局巡警大队二队指导员。

何土宽，男，时年 53 岁，山西省长治市公安局局长。

（其他被告人基本情况略）

1994 年 7 月 22 日凌晨，何土宽接到长治市公安局总机话务员转来的其子在莲花池喝醉酒，需要派人去接的电话。何妻遂让于列海去接何土宽之子，没有接到，后查明是徐小军冒充何土宽之子打电话。于列海等人将冒充打电话的徐小军当场抓获，徐小军供出原郊区公安分局政委徐宝根是其姑爷，于列海将此信息向何土宽作了汇报。因何土宽、徐宝根子女间有恩怨，何土宽怀疑徐宝根幕后捣鬼，指示"你们查一查幕后人到底是谁"。于列海在接到指示后，对徐小军刑讯，徐小军遭刑讯后，编造出打电话是受七中教师申某某指

使的谎言。7月22日上午11时许，于列海将徐小军的交代向何土宽汇报，何土宽让查清，并注意保密。当日晚上，于列海决定传唤申某某并电话请示了何土宽。此后于列海数次向何土宽汇报审讯情况，何土宽均同意继续查。7月23日晚11时55分，经于列海安排，于陆海等人将申某某传到长治市总工会招待所。次日下午将申某某转押到潞宾饭店。7月24日晚，于列海在听取审讯申某某的情况后，决定当晚突审申某某，并说："该动就动动他。"25日凌晨零时许，申某某被带至508房间审讯。申某某否认自己指使徐小军打电话，于陆海等人便使用电警棒电击申某某的臀、背、头、胳膊等部位，并对申某某拳打脚踢，持木板轮番对申某某进行殴打。26日凌晨，申某某又被转移至郊区马厂派出所指导员办公室，被于陆海、闫德民等继续持木板、胶木警棍进行轮番毒打。刑讯至26日6时许，申某某屈招曾指使徐小军用打电话、写匿名信等方式让市公安局长何土宽解决其内弟的工作问题。当日上午，于陆海向于列海报功，于列海当即到马厂派出所听取汇报。下午，于列海安排将申某某转押至漳泽电厂，后又转押至八一宾馆。申某某在被刑讯后，出现恶心、呕吐等症状，于8月8日在和平医院医治无效死亡。

1994年12月2日，山西省长治市人民检察院向长治市中级人民法院提起公诉。同年12月24日，长治市中级人民法院作出判决：于列海犯刑讯逼供罪，判处死刑，剥夺政治权利终身；犯非法拘禁罪，判处有期徒刑三年，犯非法搜查罪，判处有期徒刑三年，数罪并罚，对于列海决定执行死刑，剥夺政治权利终身。于陆海犯刑讯逼供罪，判处无期徒刑，剥夺政治权利终身；犯非法拘禁罪，判处有期徒刑三年，数罪并罚，决定执行无期徒刑，剥夺政治权利终身。何土宽犯徇私舞弊罪，判处有期徒刑五年。

案件背景与社会影响 ••••••••••••••••••••••••••

　　本案是全国首例公安人员因刑讯逼供被判死刑的案件。何土宽、于列海、于陆海等人身为公安机关领导干部，知法犯法、滥用职权，刑讯逼供致一名无辜的人民教师死亡，作案手段残忍，后果严重，造成了极其恶劣的社会影响，激起民愤。开庭时，长治市有3000多名市民聚集在法庭外，站在寒风中观看闭路电视中的庭审镜头。

侦查与公诉指控 ••••••••••••••••••••••••••

（一）依法行使侦查权，查明事实真相

　　一个是公安局长，一个是人民教师，涉案双方职业特殊性在当地引发了种种舆论传闻。在何土宽、于列海等人刑讯逼供致教师申某某死亡的消息传开后，小道消息满天飞，有些谣言称申某某因贩毒、贩黄被抓。被害人所在单位长治七中全体教师走上街头，到长治市委、市政府请愿，要求严惩涉案公安人员。舆情持续发酵，社会期待真相。案件发生后，长治市人民检察院积极履行职责，依法行使侦查权，全面及时固定证据，公布真相，还被害人以公道，并决定逮捕何土宽、于列海等犯罪嫌疑人，为后续的公诉和审判奠定了基础。

（二）依法严惩，适用死刑

　　检察机关指控于列海构成刑讯逼供罪，属于情节恶劣，应判处死刑。1979年《刑法》对于刑讯逼供罪没有规定死刑，但是当时的单行刑法中有相关条款规定了死刑，如何适用？这是一个难题。

　　检察机关对此进行了论证。1979年《刑法》第一百三十六条规定，"严禁刑讯逼供。国家工作人员对人犯实行刑讯逼供的，处三

年以下有期徒刑或者拘役。以肉刑致人伤残的，以伤害罪从重论处"。根据 1987 年最高人民检察院《关于〈人民检察院直接受理的法纪检察案件立案标准的规定（试行）〉中一些问题的说明》（以下简称《说明》）第四条第三款也规定：《刑法》第一百三十六条所说的"以肉刑致人伤残的，以伤害罪从重论处"，应理解为以刑讯逼供定罪，按故意伤害罪的有关条款量刑。1983 年的单行刑法《全国人大关于严惩严重危害社会治安的犯罪分子的决定》（以下简称《人大严惩严重犯罪分子决定》）第一条规定，故意伤害他人身体，致人重伤或者死亡，情节恶劣的可以判处死刑。

检察机关认为于列海身为警察为逼取申某某口供，指使他人多次以电棒、木板、胶木警棍等对申某某进行殴打，符合刑讯逼供罪的构成要件。于列海作为刑讯逼供的组织者、策划者、指挥者，使用木棍、警棒、电警棒等对申某某进行连续数小时的毒打、电击，致申某某死亡，完全符合"情节恶劣"的情形。所以，对于列海的量刑，应当适用《人大严惩严重犯罪分子决定》第一条的规定，对其判处死刑。应该说量刑在当时法律规定下是准确和适当的，当然在罪名上是从一重处，定故意伤害罪还是刑讯逼供罪，1987 年的《说明》认为适用刑讯逼供罪的罪名而适用故意伤害罪的量刑，这一观点在理论上是值得商榷的。

（三）公诉词中的情理与法理

将法理与情理有机结合的公诉词，不仅能够有效指控犯罪，也可以起到良好的社会效果。本案公诉词中的情理阐释令人动容，发人深省。公诉词从被害家属感受、警察滥权、教师职业尊荣三个角度展开，铿锵有力、掷地有声，让被告人更深刻认识其行为的社会危害性，让旁观者更确切感受依法办案的重要性。在谈及被害人家属感受时，公诉词写道："申某某的家庭饱尝了老年丧子、中年丧偶、幼年丧父的三大不幸，凡是有点人性和良知的人，谁能不为之动情？谁能不为之悲伤？谁能不痛恨这一悲剧的制造者？！"3 个连续的反问句道出此案对受害人家庭造成的莫大伤害。提及警察职责，公诉词如是道："警察，被誉为人民卫士，是老百姓心中的保护神。而于列海等被告人却对一位教师动用令人发指的肉刑，他们能对得起人民警察这一光荣称号吗？"警察本应保护人民，在本案中却做出令人民心寒的犯罪行径，一语道出警察滥用职权的违法行径。谈到教师，公诉词这样说道："教师，令人肃然起敬的称呼，令人纵情讴歌的职业，令人终身难忘的引路人，他们是红烛……然而中学一级教师、中共党员申某某却死于身着警服的被告人手中，令人痛心！令人愤慨！"将教师职业的光荣与被告人的残忍形成鲜明对比，进一步阐明了犯罪的危害性。

本案公诉词不仅晓之以情，而且动之以理。庭审中控辩双方主要争议有：何土宽是否构成徇私舞弊？申某某尸检报告中心脏重470克，比正常人的心脏重约200克，其死亡结果与刑讯逼供行为之间是否有刑法上的因果关系？公诉词对相关争议一一回应。公诉词指出，一方面，何土宽身为公安局局长，有启动追究他人刑事责任的职务便利；另一方面，何土宽只因个人恩怨，在没有任何证据的情况下，指使下属任意启动对被害人的讯问，让无罪之人受到法律追究，客观上造成了被害人被刑讯致死的严重后果，符合徇私舞弊罪的构成要件。针对辩护方对被害人尸检报告中异常情况的质疑，公诉人积极核实检验报告，并与检验法医充分沟通，将法医解释的申某某心脏超重系因"心脏积血而致"呈现在公诉词之中，有力反驳了被害人系基于自身疾病而导致死亡的辩解，使刑讯逼供行为和死亡结果之间的因果关系更加直接、明确，用科学的解释、完整的因果论证说服了法官，使被告人得到应有的惩罚。

案例推荐：山西省人民检察院

撰稿：赵培显

审稿：李勇

阴梧以危险方法危害
公共安全案

——山西违法采血输血危害公共安全案

基本案情 ························

　　阴梧，女，时年 54 岁，系山西省西山矿务局第二职工医院检验科负责人，负责血库管理工作。

　　1993 年 3 月 29 日，阴梧所在的医院检验科开展了丙肝项目检验，当日就检验出献血员寇某某、岳某某、贾某某、高某某、马某某、张某某和吕某某等 7 人为丙肝病毒携带者。阴梧明知这一情况，仍于 1993 年 4 月 14 日采集丙肝病毒携带者寇某某全血 2 个（400ml/个），将其用于临床患者杨某某；1993 年 5 月 22 日将库存中寇某某的全血 1 个用于临床患者阴某某；1993 年 4 月 19 日，阴梧采集乙肝病毒携带者刘某某全血 2 个用于临床患者付某某、申某某；1993 年 7 月 10 日，阴梧采集丙肝病毒携带者岳某某全血 2 个用于临床患者武某某；1994 年 2 月 21 日，阴梧分别采集丙肝病毒携带者寇某某、岳某某全血 2 个和 1 个用于临床患者王某某。除此之外，阴梧在明知上述人员携带丙肝或乙肝病毒，未采取措施，致使寇某某又献血 10 个，岳某某献血 8 个，贾某某献血 1 个，刘某某献血 2 个。输入上述带病毒全血的临床患者共 9 人，其中除 4 人下落不明、1 人死亡外，已检出感染丙肝病毒者 3 人。

另外，阴梧在管理血库期间，对外来献血人员不体检即采血，致使丙肝阳性献血员郭某被采血 7 个，5 个全血用于临床患者 4 人，其中感染丙肝病毒 2 人。2 个全血分浆后造成 5 人感染丙肝病毒。阴梧还对已检出携带丙肝病毒的库存血浆不报废不检验，并继续使用于临床和用于分浆，共造成 14 人感染了丙肝病毒。

1995 年 1 月 3 日，山西省古交市人民检察院向山西省古交市人民法院提起公诉，同年 11 月 27 日古交市人民法院以危险方法危害公共安全罪判处阴梧有期徒刑 5 年。

案件背景与社会影响

在短短不到一年的时间里，在西山矿务局第二职工医院输过血的患者中，就检出了 26 人感染了丙肝病毒，由于发病集中，感染者中老幼人员居多，又涉及公共卫生安全，引起当地社会的严重不安和恐慌。一时间，古交市及周围的群众都不敢去该医院就医，很多患者要求转院，舍近求远到其他医院看病。一些患者及其家属上访投诉，媒体及舆论高度关注。针对这一情况，山西省、西山矿务局卫生部门等方面将其作为重大公共安全事故进行督办，要求快速查办，找出此次事故责任者，尽快恢复公共卫生秩序，检察机关也迅速介入。

公诉指控

（一）准确评判，适用以危险方法危害公共安全罪

医院检验科的职责之一就是开展病原微生物常规检验和常见污染物、毒物和化学污染因素的检验。本案的被告人阴梧作为检验科

古交市人民检察院
起诉书

古检刑起字（1994）第79号

被告人阴梧，女，五十四岁，汉族，山西省平遥县杜家庄乡南良庄村人，中专文化，主管检验师，任西山矿务局第二职工医院检验科负责人。一九九四年六月二十三日因以制输病毒血的危险方法危害公共安全事被本院决定逮捕。捕前住古交市二号职工楼二单元一号。

被告人阴梧以采供病毒血的危险方法危害公共安全和玩忽职守一案，由本院侦查终结，经审查查明其犯罪事实如下：

被告人阴梧于一九九二年十月十五日至一九九四年四月二十三日任西山矿务局第二职工医院检验科负责人，检验科同时负责血库管理工作。一九九三年三月二十九日西山矿务局第二职工医院检验科开展了丙肝项目的检验，当月没有献血员刘云生，岳明亮，贾宝婷、高玉成，马进泰、梁春桂和吴胜奉七人有丙肝病毒，于一九九三年四月十九日献血采全血二个（400ml/个），用于临床患者栓万成，经检验为或已感染丙肝病毒。一九九三年四月十九日，被告人阴梧明知献血员刘毛栓（1991年8月29日检出乙肝）携带有乙肝病毒，故意采其全血一个，用于临床患者付昌成，李栓将（二人下落不明）。一九九三年七月十日被告人阴梧明知献血员岳明亮携带有丙肝病毒，仍然采其全血一个，用于临床患者康保样，经检验或已感染丙肝病毒。一九九四年二月二十一日，被告人阴梧故意采丙肝病毒携带者刘云生的全血二个，岳明

亮的全血一个用于临床患者王致欢（已死亡）。一九九三年五月二十二日被告人阴梧故意将库存寇云生的一个带病毒全血供临床患者阴领刚。经检验阴领刚已感染丙肝病毒。

被告人阴梧在任西山矿务局第二职工医院检验科负责人并负责管理血库工作期间，不执行医院有关制度和血库工作制度，在明知献血员寇云生、岳明亮和贾宝婷携带有丙肝病毒，刘毛栓携带有乙肝病毒，不采取有效措施，致使寇云生又献血一个，岳明亮又献血八个，贾宝珍献血一个，刘毛栓又献血二个，造成输入带病毒全血的受害者共九人，其中除四人下落不明，一人死亡外，已验出感染丙肝病毒者三人。

被告人阴梧在任检验科负责人、并负责血库管理工作期间，在明知刘毛栓（1992年8月28日太原市红十字中心血站检出丙肝阳性）不进行体检仍安排采血，从一九九三年四月一日，共采刘毛栓全血七个，其中五个全血供应临床患者四人，四人中除一人下落不明，已验明感染丙肝病毒者二人。另外两个全血用于分装，受害范围十二人，已验明五人感染丙肝病毒。

一九九三年十月二十二日，被告人阴梧对已检出携带有丙肝病毒的献血员阴国利不采取限度措施，继续用于临床患者康保样，经检验康保样已感染丙肝病毒。

被告人阴梧在一九九三年三月二十九日查出部分献血员携带有丙肝病毒的情况下，对可能带有丙肝病毒者约二千四百五十毫升的库存血液既不报废，也不进行销毁，对库存的丙肝病毒携带者献血员贾宝场的一个全血不作销毁处理，并在一九九三年四月一日分了血浆。这部分血浆的

受害范围有五十人，现已查明有十四人感染了丙肝病毒。

上述犯罪事实有古交市卫生局移送本案的文件，报案材料，被害人陈述，证人证言，采供血登记本复制件，分发血浆显证本复制件，西局二院规章制度，住院病历及检验结果报告复制件和被告人的供述等材料在案佐证，足以认定。

本案中因输入西山矿务局第二职工医院所供的带病毒血及血浆，而感染乙，丙肝的被害人依法提起附带民事诉讼，要求被告人阴梧与西山矿务局第二职工医院赔偿经济损失。

综上所述，被告人阴梧明知献血员既二生、岳明亮、刘毛栓均为肝病或乙肝病毒携带者的特殊情况下，仍用于临床患者六人，其中除一人死亡，二人下落不明外，已验明感染丙肝病毒者三人，情节严重损害了公民的生命健康权利，其行为已触犯《中华人民共和国刑法》第一百零五条之规定，构成以采供病毒血的危险方法危害公共安全罪。被告人阴梧在任西山矿务局第二职工医院检验科负责人及负责管理血库工作期间，对工作严重不负责任，不执行医院有关制度，违反血库工作制度，不正确履行检验科负责人应尽的职责，对管理带病毒全血不彻底销毁，对采供病毒全血分离血浆不做限制，对不适合人群检验带病毒血既不进行体检，对可能带病毒的库存血浆不检验，致使带病毒的献血员在该院献血二十九个，造成因输入全血的受害者十七人，因输入血浆感染丙肝病毒的患者十九人，被告人阴梧的行为侵害了公民的生命健康权利，西山矿务局第二职工医院为临床丙肝病毒感染者，遭受了重大经济损失。被告人阴梧的行为已经

触犯《中华人民共和国刑法》第一百八十七条之规定，构成了玩忽职守罪，依据《中华人民共和国刑法》第六十四条之规定，应数罪并罚。

为了维护正常的社会秩序，打击刑事犯罪活动，确保公民的生命健康权利、国家的管理制度和公共财产不受侵犯，依据《中华人民共和国刑事诉讼法》第一百条之规定，特商你院提起公诉，请依法判处。

此致

古交市人民法院

检察员　王利平
　　　　张永照

一九九四年十二月二十八日

本件与原本核对无异

附：1、被告人阴梧现羁押于太原市公安局上马街看守所；
　　2、本案侦查卷任册；
　　3、随案移送材料详见移送清单。

● 阴梧以危险方法危害公共安全案起诉书

的负责人，本应为患者的身体健康和公共卫生事业作出自己应有的贡献，然而，她非但没有利用这一职能，为广大患者和人民群众带来福利，反而造成更为严重的危害患者身体健康的后果。对此如何定性？是以玩忽职守追究其失职责任，还是以伤害后果追究其伤害的责任行为？在当时法律没有明确规定的情况下如何选择，成为摆在古交市人民检察院检察官面前的一道难题。对此，检察机关准确评判，适用了在当时很不常用的以危险方法危害公共安全罪。检察机关没有局限在特定伤害对象中进行评判，而是从公共安全的角度，考量其行为所侵害的社会法益，适用以危险方法危害公共安全罪。被告人阴梧身为检验科负责人，明知献血员为乙型、丙型肝炎病毒携带者，故意采其全血用于临床患者，以采供病毒血的危险方法危害不特定多数人的生命健康，其行为已构成以危险方法危害公共安全罪。这一判断在起诉书、公诉词中多次进行了论证，并最终为判决所认可。

（二）辨法析理，立足公诉宣教

本案在整体公诉方向上的正确性，为本案成功指控打下良好的基础。公诉词与其说是一次论证过程，不如说是一次普法宣传教育。第一，公诉词对犯罪的概念进行了阐述，并指出"被告人的行为侵犯了我国法律所保护的公民的生命健康权利，构成犯罪确凿无疑"；第二，公诉词对危害公共安全罪的构成要件进行了分析，指出"阴梧作为有三十多年从事医学工作经历、医学知识丰富，专业能力较强的主管检验师，对乙型、丙型肝炎病毒可以通过输血（包括血浆）途径传播是清清楚楚的，对肝炎病毒会对人体的重要器官之一肝脏造成严重损害从而直接影响到人体及生命健康也是清清楚楚的"，在对阴梧具有危害公共安全故意进行深入浅出的描述之后，公诉词指出："在不到一年的时间里，由于阴梧的行为，致使六人使用感染病毒的血液，并已明确查实有三人感染了丙肝病毒，其行为后果指向不特定人的身体健康。"第三，进一步分析了阴梧的犯罪动

● 阴梧以危险方法危害公共安全案公诉词（部分）

机，公诉词中指出，从客观来看，阴梧与这些受害人之间本无个人恩怨，也并不期望着受害者感染丙肝病毒，甚至以其积极采血的态度来看，她对这些受害者还怀有救死扶伤的美好愿望。然而仔细分析其与这些献血员之间的关系，就不难发现她扭曲的人情观和对蝇头小利追逐的心理。如丙肝病毒携带者寇某某、岳某某就经常接送阴梧上下班，为其家里打扫卫生，甚至做饭等，阴梧对他们很是赏识，并声明要以采血补助的方式来报答他们，为了这种"小"的人情，她竟不惜不顾广大患者的"大"的健康权利。同时，由于检验科实行绩效考核，采血数量与奖金挂钩，而且这些采血员事后都会给阴梧一点小恩小惠，而阴梧正是盯着这点收入，竟然铤而走险，最终站在了被告人席上。不但很好地分析了阴梧犯罪的间接故意，而且给旁听人员上了一堂生动的法治课。第四，公诉词除了对阴梧的犯罪心理进行分析外，还在最后用生动的语言讲述了两个被感染丙肝病毒的幼儿的经历，"当公诉人望着他（患儿父亲）那老脸上无声的泪痕，听说过多少人间悲剧的检察官却实在找不出合适的词语来安慰他那极度痛楚的心"。当公诉词中讲述一个患儿看着黑乎乎气味难闻的中药，听他妈妈劝他喝下去，他无助而绝望地喊道"妈妈，我不想死，我能喝下去"，那一刻，每一个坐在法庭的人都会为之动容，都会痛斥犯罪的邪恶，都会感知法律的温情、正义的良知。

（三）回应关注，注重社会效果

本案之所以引起社会普遍关注，还有一个重要的因素，那就是阴梧不仅仅是一个主管检验师，她还负责血库的管理工作，而本案中阴梧除了直接从乙肝、丙肝病毒携带者身上采血外，还有她在管理血库期间对外来献血人员不体检，或已检出携带丙肝病毒携带的库存血浆不报废不检验，并继续使用于临床和用于分浆，共造成10余人感染了丙肝病毒的行为。对此渎职行为如不作评价，恐难回应社会关注。

——

共和国 **70** 年典型案例及法律文书评析

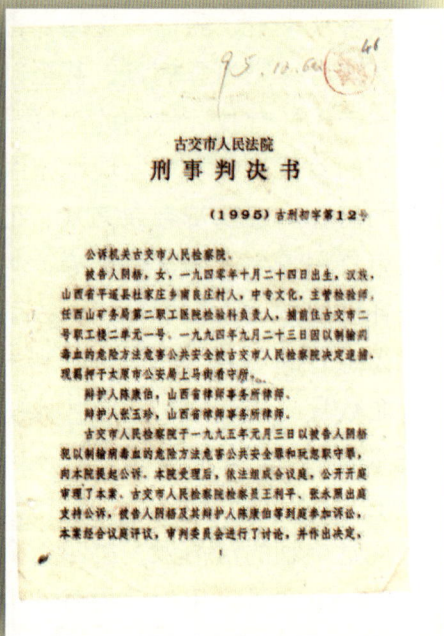

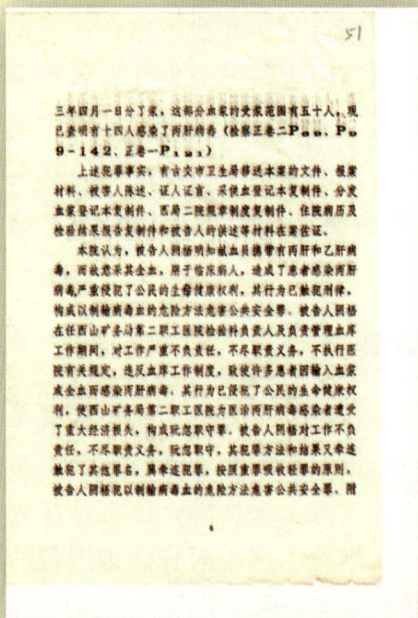

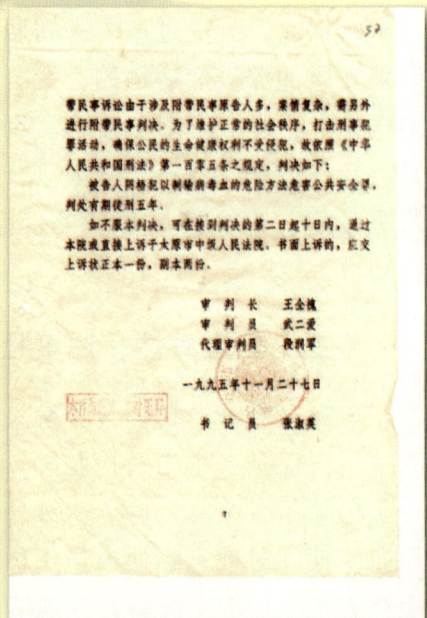

● 阴梧以危险方法危害公共安全案判决书（部分）

　　本案公诉词除了对阴梧危害公共安全罪进行详细阐述外，对于其玩忽职守罪也进行了有力论证，指出由于阴梧对献血员该体检而不体检，对库存血该检验的不检验，对问题血浆该报废的不报废，导致血库库存带病毒的全血 29 个，造成因输血感染丙肝病毒的受害人 19 人，截至 1995 年 2 月 13 日，西山矿务局第二职工医院为治疗感染患者支出医疗费用 136300.26 元，经济损失重大，对阴梧应当数罪并罚。法院最终以牵连犯为由，认为以其他方法危害公共安全罪吸收了玩忽职守罪。但是从本案事实来看，被告人明知是病毒携带者而仍然抽血、输血的行为，与被告人在管理血库期间对献血人员不体检即采血、对已检出携带丙肝病毒携带的库存血浆不报废不检验是两个独立的行为，在法理上二者之间不存在吸收犯的关系，应当数罪并罚。

　　　　案例推荐：山西省人民检察院

　　　　撰稿：李军

　　　　审稿：李勇

阿不来提·卡德尔等十四人重大责任事故、玩忽职守案

——克拉玛依大火案

基本案情

阿不来提·卡德尔，男，时年 58 岁，新疆阿图什市人，新疆石油管理局总工会文化艺术中心友谊馆（以下简称友谊馆）副主任。

孙勇，男，时年 34 岁，广东省梅州市人，克拉玛依市、新疆石油管理局总工会文化艺术中心（以下简称文艺中心）主任。

赵兰秀，女，时年 53 岁，河北省枣强县人，克拉玛依市副市长。

唐健，男，时年 53 岁，四川省广安县人，克拉玛依市教委副主任、新疆石油管理局教育培训中心（以下简称教培中心）副主任。

（其他被告人基本情况略）

1994 年 11 月上旬，克拉玛依市人民政府为迎接新疆维吾尔自治区人民政府组织的"两基"（基本普及九年义务教育、基本扫除青壮年文盲）评估验收团，成立了以被告人克拉玛依市副市长赵兰秀、石油局副局长方天录为组长的迎接"两基"评估验收领导小组。由该小组成员、克拉玛依市教委副主任唐健主持拟定整个检查验收的工作方案，其中安排市教委普教科组织全市中小学举办专场文艺汇报演出。12 月 8 日下午，文艺汇报演出在友谊馆举行。全市 7 所

中学、8 所小学的学生、教师及有关领导共 796 人参加。在演出过程中，18 时 20 分前后，舞台纱幕被光柱灯烤燃，火势迅速蔓延至剧厅，各种易燃材料燃烧后产生大量有害气体，从而造成 323 人死亡（其中 200 余名为 14 岁以下的学生）、132 人受伤，直接经济损失 3800 余万元。此案由新疆维吾尔自治区克拉玛依市人民检察院侦查终结。

　　1995 年 5 月 30 日，克拉玛依市人民检察院向克拉玛依市中级人民法院提起公诉，1995 年 8 月 14 日，法院作出判决：阿不来提·卡德尔犯重大责任事故罪，判处有期徒刑七年；孙勇犯玩忽职守罪，判处有期徒刑四年；赵兰秀犯玩忽职守罪，判处有期徒刑四年六个月；唐健犯玩忽职守罪，判处有期徒刑五年。其他被告人分别被以重大责任事故罪、玩忽职守罪判处四至六年的有期徒刑，其中一名被告人以玩忽职守罪被免予刑事处罚。

案件背景与社会影响

　　"12·8"特大火灾造成的伤亡极其惨重，给几百个家庭带来了巨大打击，同时，也让国家蒙受 3800 余万元的直接经济损失，社会危害性巨大，在全国范围内引起了广泛关注。事故发生后，党中央、国务院立刻召开了紧急会议，委派一位国务院副秘书长代表党中央、国务院看望和慰问死难者亲属。

公诉指控

（一）快速查明真相，回应舆论关切

　　此次事故伤亡人数是罕见的，全国人民密切关注，媒体也密切

关注。在此过程中，有个别媒体在报道中出现的一句"让领导先走"，一石激起千层浪，加剧了舆论的热度。全国人民需要真相。在这种严峻的形势之下，检察机关积极履行职责，行使自行侦查权。事故发生后，克拉玛依市检察院立即参与了现场勘查，并于 1994 年 12 月 10 日依法立案侦查，对相关人员采取强制措施，对事故原因及有关人员的责任进行了认真严肃的侦查取证工作，在公安等部门的配合下，从立案到侦查终结，仅用了 6 天时间就查清了各被告人的基本犯罪事实，为案件的诉讼、事件的处理、舆情的引导、稳定的维护，打下了坚实的事实和证据基础。接下来，又对包括克拉玛依市副市长赵兰秀在内的 14 名被告人提起公诉、出庭支持公诉，回应了舆论和人民群众的关切。

（二）法律文书中的法治印记

"12·8"克拉玛依特大火灾案的出庭公诉，对检察机关和检察官来说是一个巨大的挑战。案情的复杂、舆情的关注、人员责任的认定和划分、诸多理论和实践难题在这个案件中得到了集中体现。通过公诉词可以追寻法治的印记。

1. 事实与证据。事实与证据是认定犯罪的核心，也是被告人承担刑事责任的基础。公诉词作为法庭辩论的第一轮发言，是强化起诉指控犯罪的关键。因此，事实与证据是公诉词的根基。

回顾 20 世纪 90 年代的公诉词，依然能够看出其在事实和证据上所展现出的专业水准。例如，在阿不来提·卡德尔、蔡兆峰的责任认定问题上，起诉书和公诉词特别阐述以下几个细节：一是案发前，友谊馆先后出现两次光柱灯烤燃幕布的事件；二是消防部门提出过整改要求而相关人员未进行整改。这样的事实与证据，就锁定了 2 名重大责任事故人的责任认定。又如在友谊馆服务人员陈慧君、努斯拉提·玉素浦江的责任认定问题上，一般来说，服务人员的责

阿不来提·卡德尔等十四人重大责任事故、玩忽职守案

克拉玛依市人民检察院 01704

起诉书

新克检刑诉字[1995]号

被告人阿不来提·卡德尔，男，维吾尔族，56岁，小学文化，新疆阿什什人，原系克拉玛依、新疆石油管理局总工会文化艺术中心友谊馆副主任，住克拉玛依区天山新村26幢30号。1994年12月11日因重大责任事故罪经我院决定逮捕，因伤住院，取保候审。

被告人陈惠君，女，汉族，38岁，初中文化，山东省蓬莱县人，系友谊服务组组长，住克拉玛依区和平村1幢10号。1994年12月14日因重大责任事故罪被克拉玛依区公安分局刑事拘留，1994年12月18日因重大责任事故罪经我院决定逮捕。

被告人刘竹英，女，汉族，46岁，小学文化，湖南省郴东县人，系友谊馆服务员，住克拉玛依区

— 1 —

01707

年12月15日因玩忽职守罪经我院决定逮捕。

被告人朱明龙，男，汉族，51岁，中专文化，江苏省如皋市人，原系克拉玛依市教委普教科科长，住克拉玛依区石油新村7幢10号。1994年12月13日因玩忽职守罪经我院决定逮捕。

被告人赵征，女，汉族，43岁，大专文化，甘肃省通渭县人，原系克拉玛依市教委普教科副科长，住克拉玛依区朝阳村23幢13号。1994年12月13日因玩忽职守罪经我院决定逮捕。

上列被告人因重大责任事故、玩忽职守一案，由我院侦查终结。现查明犯罪事实如下：

1994年12月7日下午，新疆维吾尔自治区教委"两基"（基本普及九年义务教育、基本扫除青壮年文盲）评估验收团到克拉玛依市检查工作。12月8日18时由克拉玛依市教委、新疆石油管理局教育培训中心（两块牌子，一套班子）组织在友谊馆举办专场文艺汇报演出。全市7所中学、8所小学共15个规范班的学生及部分教师、自治区"两基"评估验收团成员和克拉玛依市、新疆石油管理局有关领导共796人参加。

演出至18时20分左右，发现舞台正中偏后北侧上方倒数第二道光拉灯（1000W）烤燃纱幕起火，火

— 4 —

01719

专场文艺汇报演出。全市7所中学、8所小学共15个规范班的学生及部分教师、自治区"两基"评估验收团成员和克拉玛依市、新疆石油管理局有关领导共796人参加。

演出至18时20分左右，发现舞台正中偏后北侧上方倒数第二道光拉灯（1000W）烤燃纱幕起火，火势迅速蔓延，电线烧坏，灯光熄灭，剧厅内一片混乱，各种易燃材料燃烧后产生大量有毒有害气体，致使死亡323人，受伤132人，估计极为惨重，造成直接经济损失3800余万元。

这次特大火灾事故的发生，是由于上列被告人严重违反规章制度，严重不负责任，严重官僚主义，玩忽职守，不履行或不正确履行其职责的行为而造成的。

被告人阿不来提·卡德尔身为友谊馆副主任，主管行政业务工作，严重违反消防安全管理规定，对消防部门三次防火安全检查提出的问题不加整改，对舞台曾发生过大火险情，没有采取有效措施，消除隐患。明知12月8日在友谊馆有演出活动，还将电瓶漆外出晾，致使舞台发生大情先人及时处理。馆内前门左右，中两个卷窗门内被堆放的大量花盆堵塞；正门和南北两侧共有7个安全疏散门，仅开一

— 5 —

01720

个正门；南侧的太平门和通道长期关闭不通，并堆放着许多杂物（内有被告人阿不来提·卡德尔的家俱），致使火灾发生后，不能及时疏散、抢救人员。阿不来提·卡德尔是这次重大责任事故的主要直接责任者。

被告人陈惠君、刘竹英、努斯拉提·玉素甫江均为友谊服务人员。陈惠君、努斯拉提·玉素甫江在演出期间，违反规章制度，没有在剧厅内返回值班检查。当场火灾发生时，眠未看管，又未拿钥匙开门，引导疏散人员，二人即逃出馆外，刘竹英擅离职守，眠阳外出，至火灾发生后仍未返回友谊馆。她们都是这次火灾事故的直接责任者。

被告人赵兰秀是克拉玛依市主管文教工作的副市长，是克拉玛依市迎接自治区"两基"评估验收团领导小组组长之一，在地同意组织学生专场汇报演出之前，没有向有关部门和人员提出安全要求。当舞台起火时，没有正确履行法定职责和特定义务，组织指挥疏散无力，对这次火灾造成的严重后果负有直接责任。

被告人方天录是石油管理局副局长，主管教育培训中心工作，又是克拉玛依市、新疆石油管理局迎接"两基"评估验收领导小组的组长之一。在

— 6 —

● 阿不来提·卡德尔等十四人重大责任事故、玩忽职守案起诉书（部分）

专场汇报演出前没有对有关部门和人员提出安全要求。当舞台起火时很快逃离了现场，并在消防车未到火场之前去了医院。方天录作为此次活动的主委领导人，没有组织、指挥疏散、抢救人员，没有正确履行法定职责和特定义务，对这次火灾造成的严重后果负有直接责任。

被告人岳霖是克拉玛依市、新疆石油管理局总工会副主席，分管文化艺术中心工作，对友谊馆安全工作负有职责，明知友谊馆存在不安全隐患，但从未要求检查整改。地鉴字同意12月8日下午使用友谊馆时，又未对安全问题提出要求，是造成这次火灾的直接责任者之一。

被告人唐健是克拉玛依市教委、新疆石油管理局教育培训中心副主任，是这次迎接"两基"评估验收领导小组的成员之一，主持和组织制定整个检查活动方案，对这次活动负有法定职责。汇报演出前，没有对安全工作提出要求。当舞台起火时，没有组织疏散、抢救人员就离开场，是造成这次重大伤亡后果的直接责任者之一。

被告人况丽是新疆石油管理局教育培训中心党委副书记兼纪委书记，又是检查团的陪同成员，与"两基"评估验收观看汇报演出，当舞台起火时，

— 7 —

没有组织疏散抢救人员，报进友谊馆女厕所，未履行特定义务，是造成这次重大伤亡后果的直接责任者之一。

被告人孙勇是克拉玛依市、新疆石油管理局总工会文化艺术中心主任，被告人赵忠铮是克拉玛依市、新疆石油管理局总工会文化艺术中心教导员。他们是友谊馆的直接领导，对友谊馆的安全工作负有法定职责，对友谊馆的工作人员从未进行过安全教育，友谊馆正门和南北两侧共有7个安全疏散门，仅开一个正门，他们对这些视而不见，对友谊馆舞台幕布曾发生火险，没有采取积极有效的措施消除隐患。由于他们对友谊馆疏于管理，对这次火灾事故负有直接责任。

被告人蔡兆锋是友谊馆主任兼指导员，不重视安全工作，对职工没有进行安全教育，明知友谊馆多处存在不安全隐患，未采取有效措施消除，工作严重不负责任，没有有效地履行职责，是这次火灾事故的直接责任者之一。

被告人朱明龙是"两基"评估验收工作的组织者之一，又是汇报演出活动的具体指挥者，始终没有对安全工作提出要求。当舞台起火时，没有组织疏散和抢救人员，自己却很快逃离现场，是造成这

— 8 —

次重大伤亡后果的直接责任者之一。

被告人赵征是汇报演出的组织指挥者，没有对安全工作提出要求，演出时在舞台负责节目安排，当舞台起火时，组织疏散学生不力，很快离开现场，没有完全履行职责，对这次重大伤亡后果负有一定责任。

上述犯罪事实清楚，证据确实充分，有证人证言，"12.8"特大火灾事故调查报告，现场勘查笔录，易燃物分析报告，尸检鉴定书，友谊馆太平门、安全门的检验报告，各被告人的供述和辩解等证据在卷。

本院认为，被告人阿不来提·卡德尔、陈惠君、刘竹英、努斯拉提·玉素甫江严重违反规章制度及《中华人民共和国消防条例》第11条之规定，其行为触犯了《中华人民共和国刑法》第114条之规定，构成重大责任事故罪。被告人岳霖、孙勇、赵忠铮、蔡兆锋不抓安全工作，不采取有效措施消除事故隐患；被告人赵兰秀、方天录、唐健、况丽、朱明龙、赵征对汇报演出事先没有安全措施，火灾发生时又没有有效地组织指挥、疏散、抢救场内人员。以上10名被告人不履行或不正确履行其职责的行为，触犯了《中华人民共和国刑法》第187条之规定，构

— 9 —

成玩忽职守罪。

上述被告人是造成"12.8"特大恶性安全责任事故的直接责任者，其行为后果特别严重。为了打击犯罪，加强社会主义法制，维护国家和人民生命财产的安全，依照《中华人民共和国刑事诉讼法》第100条之规定，对被告人阿不来提·卡德尔、陈惠君、刘竹英、努斯拉提·玉素甫江、赵兰秀、方天录、岳霖、唐健、况丽、孙勇、赵忠铮、蔡兆锋、朱明龙、赵征向你院提起公诉，请根据各被告人的犯罪事实，犯罪的性质、情节和对于社会的危害程度，依法惩处。

此　致
克拉玛依市中级人民法院

副检察长：库尔班·麻木提
检察长：薛正生
检察员：李顺述
检察员：尼荣彪
代理检察员：戚德俊

一九九五年五月三十日

— 10 —

● 阿不来提·卡德尔等十四人重大责任事故、玩忽职守案起诉书（部分）

任是不太容易接受的，但是公诉词阐述了两个细节：一是着火前，安全门长期不开；二是着火后，有能力、有条件用钥匙打开而不打开，增强了说服力。

2. 说理与论证。公诉词作为法庭辩论的第一轮发言，要体现辩论性，要回应案件争议焦点，既要说理，又要论证；既要立论，也要反驳，最终目的是要说服法官。此案的公诉词，有破有立，不仅根据重大责任事故罪和玩忽职守罪的犯罪构成要件，结合各被告人的行为进行说理，也对案件中的定性争议焦点进行了反驳，不回避争议问题。我们注意到，公诉词中连用多个"有的被告人说"来展开本案的争议焦点问题（当然，直接指明具体被告人的辩解内容效果会更好），针对每一个争议焦点都进行了反驳，有理有据。

本案的重要争议焦点之一是关于克拉玛依市副市长赵兰秀的责任问题，公诉词结合过失犯罪的理论进行了阐述，主要分析了赵兰秀的两点责任：一是作为评估验收和汇报演出的组织者和领导者，事先未履行防止未成年学生安全事故的措施和要求；二是现场未正确履行及时有效组织疏散的义务。已经隐含了监督过失理论的合理成分。本案的诉讼代理人之一、著名刑法学家陈兴良教授多年后撰文指出，"这主要是当时我国对过失论研究尚处于一个较低水平……如果采用监督过失理论，就能够对赵兰秀等组织者在火灾中的责任更加确切地法理论证"。

3. 情理与法理。一份好的公诉词应当是情理与法理的平衡艺术，这个分寸的拿捏和把握，在社会热点案件中至关重要。这个案件具有特殊性，那就是巨大的伤亡后果，特别是200多名不满14岁的儿童，这也是此案引发社会广泛关注的重要原因。公诉词必须要对此进行回应，这是检察机关的职责所在。

公诉词第一段从情理的角度来阐述此案的严重后果，有利于强化指控。当然，也不能过于进行情理的渲染，因为公诉词毕竟是法

411

"12.8"重大责任事故案件公诉词

克拉玛依市人民检察院

审判长、审判员：

根据《中华人民共和国刑事诉讼法》第112条和《中华人民共和国人民检察院组织法》第15条之规定，对被我院提起公诉的克拉玛依"12.8"重大责任事故案的14名被告人，由市人民检察院副检察长库尔班·马木提等5位同志以国家公诉人的身份出席今天的刑事审判庭，支持公诉，并对法庭的审判活动依法实施监督。

通过法庭调查，充分证明本院起诉的阿不来提·卡德尔等14名被告人的犯罪事实是清楚的，证据是确实、充分的。指控完全成立。现在，我代表市人民检察院就本案的有关问题发表公诉意见。

一、"12.8"重大责任事故案伤亡惨重、损失巨大、影响极坏

1994年12月8日下午，为迎接自治区教育委员会组织的基本普及九年义务教育、基本扫除青壮年文盲(以下简称"两基")评估验收团，市教委、局

— 1 —

不通，过厅堆放杂物，安装、使用电器设备不符合防火规定，没有制定应急疏散方案，连续发生电器设备故障，舞台幕布烤燃等火灾险情，没有制定任何整改措施，当消防部门下发防火检查登记表并提出整改意见时，竟置若罔闻，但仍置群众的生命和国家财产的安全而不顾，养患成灾。明知"12.8"有大型演出活动，仍擅自……电工派外出去。刘竹英违反规定，擅离职守。陈忠君、努斯拉提·玉素甫江违反《消防条例》规定，未在场内巡逻检查，火灾发生时，不顾场内数百人的生命危急，置自己逃命，而不去启锁开门。上列4名被告人违反规章制度，对工作极端不负责任，或强令电工脱离岗位，违章冒险作业，以致造成特大火灾，伤亡惨重，情节特别恶劣，后果特别严重，构成重大责任事故罪，应按《刑法》第114条之规定，从严惩处。

《中华人民共和国刑法》第187条规定："国家工作人员玩忽职守，致使公共财产、国家和人民利益遭受重大损失的"构成玩忽职守罪。根据最高人民检察院关于《人民检察院直接受理的侵犯公民民主权利，人身权利的渎职案件立案标准的规定》第12条第1、2项规定和最高人民检察院《关于正确认

— 12 —

08097

亡，可见避免或减少损失的能力就蕴藏在每个人的尽职尽责之中。人们常说："居安思危，有备无患"就是这个道理。不遵守规章，玩忽职守，就要受到现实的惩罚，触犯了法律，就要被法办，这就是"法网无情"的严酷现实。

总之，被指控的14名被告人尽管分别定为两种不同的罪名，情节各异，但有一点他们是一致的，那就是主观上有过失，客观上有违章玩忽职守行为，又造成了400多人伤亡、经济损失特别巨大的严重后果，因此，都负有不可推卸的罪责。

三、"12.8"重大责任事故被告人应负的法律责任

《中华人民共和国刑法》第114条规定："工厂、矿山、林场、建筑企业或者其他企业、事业单位的职工，由于不服从管理，违反规章制度，或者强令工人违章冒险作业，因而发生重大伤亡事故，造成严重后果的"构成重大责任事故罪。根据法庭调查证实，被告人阿不来提·卡德尔身为友谊馆主管行政业务的副主任，严重违反《中华人民共和国消防条例》第21条和《中华人民共和国消防条例实施细则》第21条中对人员密集的公共场所的消防安全的明确规定，在他具体管理下的友谊馆疏散通道长期

— 11 —

08099

定和处理玩忽职守罪的若干意见》的规定，被告人岳森、孙勇、赵忠锋、蔡兆锋等人身为友谊馆的主管负责人或直接负责人，缺乏安全意识，工作严重失职，明知馆内存在诸多不安全因素，却从不进行安全检查，没有采取坚决措施消除隐患，对人民生命和财产极端不负责任。被告人赵兰秀、唐健、况固、朱明龙、赵征作为迎接"两基"评估验收团的领导者和组织者或汇报演出的组织者或参加活动的教育中心负责人，在组织未成年人进行大型集会时，事先没有防止未成年学生人身安全事故的措施和要求，火灾发生时又未正确履行及时有效地组织疏散在场人员的特定义务，使克拉玛依15所中小学的400多名品学兼优的好学生死伤惨重，使教育界丧失了十几名德才兼备的优秀教育工作者，使克拉玛依的教育事业蒙受了无法估量的损失，造成了不可挽回的极坏的政治影响。按照刑法第187条规定，这10名被告人均构成玩忽职守罪。根据他们犯罪的事实、犯罪的性质、情节和对于社会的危害程度，应当依法惩处。

鉴于被告人赵兰秀、赵征在舞台起火时作了一定的救助工作，请法庭在量刑时的情考虑予以轻处罚。

— 13 —

● 阿不来提·卡德尔等十四人重大责任事故、玩忽职守案公诉词（部分）

阿不来提·卡德尔等十四人重大责任事故、玩忽职守案

● 阿不来提·卡德尔等十四人重大责任事故、玩忽职守案判决书
（部分）

庭辩论词，而不是演说词，公诉词的主体内容还是要依据法庭出示的证据围绕构成要件进行阐述。值得一提的是，该公诉词最后一部分"12·8 重大责任事故案的启示"，主要从事故发生原因角度提出预防的建议和应当吸取的教训，而没有把被告人本人在未判决前有罪推定为"犯人"，作为"反面教材"来教育他人，这是符合无罪推定原则和刑事诉讼法理的。

案例推荐：新疆维吾尔自治区人民检察院
撰稿：李勇
审稿：闵钐

邓斌、韩万隆投机倒把、受贿、贪污、挪用公款、行贿案

——"新兴公司"特大非法集资案

基本案情

邓斌，女，时年 57 岁，无锡市新兴实业总公司（以下简称新兴公司）总经理。

韩万隆，男，时年 40 岁，北京市兴隆实业总公司副总经理。

邓斌于 1989 年 8 月至 1994 年 7 月担任新兴公司总经理、深圳中光实业总公司总经理助理兼驻无锡办事处主任、原无锡县金城湾开发总公司工贸公司和杨市工业服务公司副经理等职务期间，在北京市某国家机关干部李明（另案处理）和韩万隆等人的支持下，为牟取非法利益，用上述单位的名义，采取签订联营协议书的形式，以经营"一次性注射器""医用乳胶手套""丝素膏"等为名，以月息 5% 至 10% 的高利为诱饵，用新集资款还付旧集资款本息的方法，利用李明、韩万隆为其办领的北京市某国家机关干部的身份，面向社会大肆进行非法集资活动，集资总额高达人民币 32 亿元，涉及全国江苏省、北京市等七省（市）的 386 个出资单位和 31 名个人，造成经济损失 12 亿余元。案发后经有关部门组织大量人力、物力进行清退、追讨，仍造成 1.8 亿元的经济损失。另外，邓斌在非法集资过程中，利用职务便利收受投资单位或个人贿赂款物计人民

415

币 94.2 万余元、10.1 万余港元、5400 美元；侵吞公款人民币 28 万余元；挪用公款人民币 12 万元；为牟取单位非法利益，向李敏、李明、韩万隆等人行贿人民币 6.44 万元、25 万港元、6400 美元。

北京兴隆公司副总经理韩万隆在 1990 年 6 月至 1994 年 7 月间，作为新兴公司上级主管部门的工作人员，明知邓斌领导的新兴公司非法集资，不仅不予制止，反而和李明一起积极支持、参与非法集资活动，为邓斌提供各种便利条件，并从中收受多人贿赂的人民币 5.36 万元、12.6 万港元、200 美元。

1995 年 7 月 20 日，江苏省无锡市人民检察院向无锡市中级人民法院提起公诉。同年 11 月 13 日，法院作出一审判决：邓斌犯受贿罪、贪污罪、投机倒把罪、挪用公款罪、行贿罪，数罪并罚，决定执行死刑，剥夺政治权利终身。韩万隆犯投机倒把罪、受贿罪，数罪并罚，决定执行有期徒刑二十年，剥夺政治权利五年。宣判后，邓斌、韩万隆提起上诉。同年 11 月 24 日，江苏省高级人民法院二审作出裁定，驳回上诉，维持原判。11 月 27 日，最高人民法院裁定核准邓斌死刑。

案件背景与社会影响

1994 年 6 月 21 日，中共江苏省委收到一封关于邓斌非法集资的举报信。由此，新中国成立后首例特大非法集资案的面纱被彻底撕开。这起罕见的多头绪、多环节、多层次、多区域的特大案件，作案时间长达 4 年，受到党纪政纪处理的涉案党员、干部多达 123 人，严重破坏了国家金融秩序和出资企业的生产经营，引发了大量经济纠纷，造成巨大经济损失，成为一些地方社会不稳定因素，而且腐蚀了一批国家机关干部，严重损害了党和政府的形象，造成极坏的政治影响。案情披露后震惊了全国，引起了中央领导的高度关注。

1995 年 11 月 29 日，在核准邓斌死刑后，最高人民法院召开新

邓斌、韩万隆投机倒把、受贿、贪污、挪用公款、行贿案

江苏省无锡市人民检察院

起诉书

锡市检刑经起字（1995）第 5 号

被告人邓斌，女，57岁，汉族，江苏省无锡市人，中专文化，原无锡新兴实业总公司总经理，住无锡市德兴巷16号402室，1994年8月6日经本院决定并由无锡市公安局执行逮捕。

被告人韩万隆，男，40岁，汉族，山西省文水县人，中专文化，北京市兴隆实业总公司副总经理，住北京市东城区东厂胡同14楼111室，1994年9月5日被刑事拘留，同年11月14日经本院决定逮捕，次日由无锡市公安局执行逮捕。

被告人邓斌、韩万隆投机倒把、受贿、贪污、挪用公款、行贿一案，由本院侦查终结。现查明犯罪事实如下：

一、投机倒把罪

1989年8月至1991年8月，被告人邓斌在分别担任深圳中光实业总公司（下称中光公司）总经理助理兼无锡办事处主任、无锡县金城湾开发总公司工贸公司、无锡县市工业服务公司（后改名为杨市机电设备公司）副经理期间，为非法牟利，违反国家金融法规，经与中光公司总经理李允若（另案处理）商议后，由被告人邓斌用上述单位名义，以联合经营"一次性注射器"、"医用乳胶手套"、"丝素膏"等为名，以月息5%至10%不等的高利为诱饵，向47个单位和8个个人非法集资37887.65万元，其中以深圳中光公司无锡办事处名义集资2846.63万元，以无锡县金城湾

—1—

至1991年8月，为中光公司无锡办事处、无锡县金城湾工贸公司、杨市工业服务公司等单位进行非法集资，系上述单位投机倒把犯罪的直接责任人员。根据《中华人民共和国刑法》第一百一十七条、第一百一十八条、第一百一十九条、第二十二条第一款和全国人大常委会《关于严惩严重破坏经济的罪犯的决定》第一条第（一）项，《最高人民法院、最高人民检察院关于当前处理企业事业单位、机关、团体投机倒把犯罪案件的规定》第一条第一款、第二款、第三条第一款、第二款的规定，被告人邓斌、韩万隆的行为均已构成投机倒把罪。被告人邓斌利用职务上的便利，为他人谋取利益，收受单位和个人的财物，数额巨大，情节特别严重，且使国家、集体利益遭受重大损失；被告人邓斌利用职务上的便利，侵吞公款，数额巨大，情节特别严重；被告人邓斌利用职务之便，挪用公款归个人使用，数额巨大，超过三个月未还，情节严重；被告人邓斌在新兴公司的非法集资活动中，为本单位谋取不正当的利益，向他人行贿；被告人韩万隆利用职务上的便利，为他人谋取利益，收受单位和个人的财物，数额巨大，情节特别严重。根据《中华人民共和国刑法》第一百五十五条、第一百八十五条、第六十四条和全国人大常委会《关于惩治贪污贿赂罪的补充规定》第一条、第二条第一款、第三条、第四条、第八条、第九条的规定，被告人邓斌的行为已构成受贿罪、贪污罪、挪用公款罪、行贿罪；被告人韩万隆的行为已构成受贿罪。本院为严肃国法，严厉打击严重破坏社会主义经济秩序、侵犯国家财产的犯罪活动，严惩严重的经济罪犯，维护社会主义经济秩序和国家机关的正常活动，保护公共财产不受侵犯，依照《中华人民共和国刑事诉讼法》第一百条之规定，特提起公诉，请依法严惩。

—9—

此致

江苏省无锡市中级人民法院

本件与原本核对无异

检察员 陆剑凌 陆尔铭
代理检察员 左明涛

一九九五年七月二十日

附：1、被告人邓斌、韩万隆现羁押于无锡市看守所；
2、卷宗99册；
3、赃款赃物的清单。

—10—

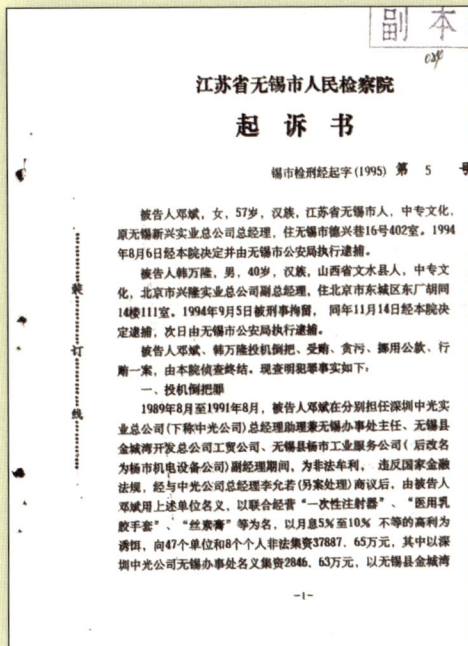

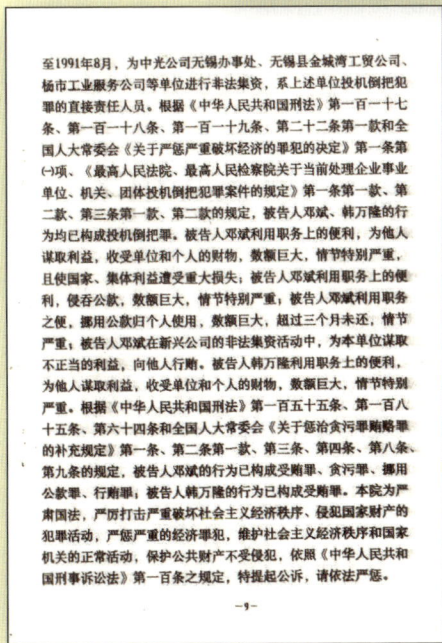

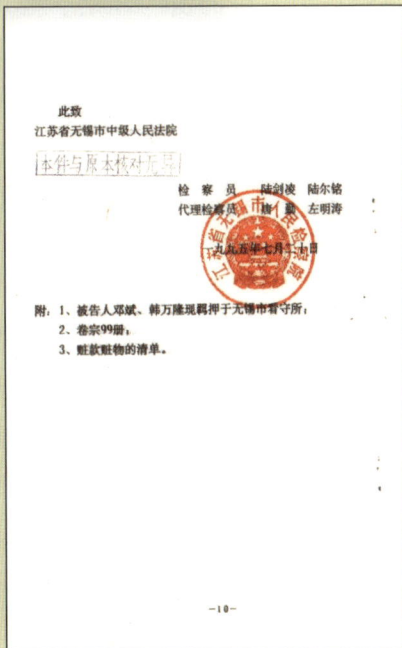

● 邓斌、韩万隆投机倒把、受贿、贪污、挪用公款、行贿案起诉书（部分）

417

闻发布会，通报这起举国关注的特大经济犯罪案的审判结果。11 月30 日，《人民日报》以《高法公布新兴公司非法集资案判决结果，主犯邓斌姚静漪伏法》为题对邓斌等人非法集资案的审理和判决情况进行了报道，并发表评论员文章《三十二亿元大案的警示》。

公诉指控

（一）指控有力，论证充分

1979 年《刑法》规定的经济犯罪中，有一个重要的罪名，便是投机倒把罪。这个罪名的设置，具有鲜明的时代印记，其因罪状表述的开放性和模糊性，也是理论聚焦争议的著名的"口袋罪"。邓斌非法集资案中，既有投机倒把、非法集资行为，又有伴随非法集资行为发生的贪污贿赂、挪用公款等行为，加之在庭审中邓斌竭力推卸责任，韩万隆拒不认罪，检察机关指控犯罪难度较大。综观本案公诉词，指控犯罪逻辑清楚，层次分明，特别是对新兴公司和被告人邓斌、韩万隆非法集资的行为构成投机倒把罪且情节特别严重、社会危害性极大的论证，仍具有现实的指导意义。

首先，检察机关从行为的非法性、主观故意以及在单位犯罪中的地位作用三个方面分析了新兴公司和被告人邓斌、韩万隆非法集资的行为构成投机倒把罪。客观上，被告人非法集资，违反了国家的金融管理法规，侵犯了国家金融管理制度；主观上，被告人的目的就是获取非法利润。由于邓斌推卸责任，韩万隆拒不认罪，检察机关通过证据证明邓斌在单位的任职和非法集资中的行为，韩万隆与新兴公司、邓斌通谋，为非法集资提供方便及参与非法集资活动，是新兴公司和邓斌投机倒把的共犯，依据最高人民法院、最高人民检察院《关于当前处理企业事业单位、机关、团体投机倒把犯罪案件的规定》第一条规定（1989 年 3 月 15 日颁布），认定邓斌、韩

被告人邓斌、韩万隆投机倒把、受贿、
贪污、挪用公款、行贿案公诉词

审判长、审判员：

震惊全国的无锡新兴实业总公司非法集资进行投机倒把的特大案件，从去年7月案发到今天，经过一年多的侦查审理，两名主要案犯邓斌、韩万隆终于被押上审判台，接受法律庄严的审判。这起全国罕见的特大金融投机b把案的依法查处，雄辩地表明了我们的国家、我们的党和人民反对腐败，同一切犯罪作斗争的决心。

根据我国刑事诉讼法第112条的规定，我们以国家公诉人的身份出席法庭，支持公诉，并履行法律监督职责。我们相信，法庭必将依法对被告人邓斌、韩万隆作出公正的判决。

经过几天的庭审调查，核对了本院起诉书指控邓斌、韩万隆的犯罪事实及其证据，虽然被告人邓斌极力推御罪责，韩万隆百般狡辩抵赖，拒不认罪，但他们的犯罪证据确凿、充分，事实是抵赖不掉的，他们的恶劣态度，只能说明其无视法律，抗拒审判，与法律和人民为敌。为了进一步揭露和证实被告人邓斌、韩万隆的犯罪、揭露他们犯罪给国家、社会和人民利益造成的严重危害，我们就本案发表如下公诉意见。

一、新兴公司和被告人邓斌、韩万隆非法集资的行为已构成投机倒把罪。

我国刑法规定的投机倒把罪是指以获取非法利润为目的，违反国家金融、外汇、金银、物资、工商管理法规，非法从事金融

和工商业活动，破坏国家金融和市场管理，情节严重的行为，我们指控被告人邓斌、韩万隆犯有投机倒把罪，主要依据是：

1. 新兴公司和被告人邓斌、韩万隆非法集资，违反了国家的金融管理法规，侵犯了国家金融管理制度。

为了建设有中国特色的社会主义，长期以来国家对金融实行统一管理，为此，国家制定了一系列法律和法规，形成了我国对金融活动的管理制度，其中包括严禁非金融机构经营金融业务，严禁企业之间相互拆借资金，严禁违反国家规定进行非法集资，等等。在建立社会主义市场经济体制的条件下，国家对金融的统一管理不仅没有丝毫削弱，而且不断加强。被告人邓斌、韩万隆为了获取非法利润，违反国家对金融管理的规定，以所谓合作协议的形式，大肆非法集资，严重侵犯、破坏了国家对金融的管理制度和秩序。

2. 新兴公司和被告人邓斌、韩万隆非法集资的目的是为了获取暴利。

新兴公司非法集资活动，从一开始就具有获取暴利的目的。根据邓斌、李允若等人的交待及证词，开始集资是为了做所谓周期短、利润高的出口贸易生意，正是出于获取高额暴利的目的，邓斌搞起了非法集资。为了预想中的出口贸易没有做到，集资的利息要支付，邓斌采用集资还旧债的办法，这就使集资的数额越来越大，造成的亏空越来越大，从而形成恶性循环。尽管这样，邓斌等人通过集资获大利后，不但没有收手，反而越获越大的胃口。他们肆无忌惮地使用集资款，大肆挥霍集资款，大量吞食集资款的利息，也充分证实了他们谋利的目的。

3. 被告人邓斌、韩万隆是本案单位投机倒把罪直接负责

的主管人员和直接责任人员，应依法追究刑事责任。

最高人民法院、最高人民检察院《关于当前处理企业事业单位、机关、团体投机倒把罪案件的规定》第一条规定，企业事业单位机关团体违反国家有关法律、法规，以及国务院有关规定和政策，进行投机倒把活动，为本单位牟取非法利益，数额特别巨大，并且手段恶劣，严重破坏社会主义经济秩序或者严重危害国家、集体和人民群众利益的，除按照行政法规予以处罚外，对直接负责的主管人员和其他直接责任人员应依法追究刑事责任。被告人邓斌在1989年8月至1994年7月先后担任深圳中光公司总经理助理兼无锡办事处主任、无锡县金城丝绸公司和杨市工业服务公司副经理、新兴公司总经理期间，以上述单位的名义与外单位签订所谓合作经营协议，进行非法集资，既是这几个单位的非法集资的主要策划人，又是这几个单位非法集资的主要实施者。所以，邓斌是单位投机倒把活动的直接负责的主管人员和直接责任人员，应当依法追究其投机倒把犯罪的刑事责任。

被告人韩万隆在无锡新兴公司的非法集资活动中，与新兴公司和邓斌通谋，并提供方便条件与非法集资活动，是新兴公司和邓斌投机倒把的共犯。早在1994年2月至3月初，被告人韩万隆和李明曾到无锡对邓斌作"专门调查"，明知邓斌以合作经营的形式筹集资金生意，并对邓斌的这种做法表示了赞同和支持，以后被告人韩万隆和李明向北京某国家机关汇报同意后帮助策划成立联营的新兴公司，把邓斌扶上新兴公司总经理、法人代表的位子。不久，李明和被告人韩万隆又决定将新兴公司接纳为北京兴建公司下属的全资企业，其间，他们还两次为邓斌办理了北京某国家机关副处级、处级干部的专门证件，李明和被告人韩万隆为邓斌的

● 邓斌、韩万隆投机倒把、受贿、贪污、挪用公款、行贿案公诉词（部分）

非法集资提供各种方便，韩万隆陪同李明到无锡等地四出游说，帮助邓斌欺骗群众，鼓动群众参加集资。韩万隆出面介绍北京某公司参加集资，直接参与了集资活动。更有甚者，由李明任总经理、韩万隆任副总经理的兴隆公司及其下属企业以各种名义和方式调取和占用新兴公司非法集资款总计达3.42亿元(其中兴隆公司本部调动资金1.12亿元，被告人韩万隆一笔就介绍新兴公司投资给深圳宝安泰丰企业有限公司搞房地产生意3000万元。事实证明，新兴公司和邓斌非法巨额高利集资，与兴隆公司和李明、被告人韩万隆的支持、参与有着不可分割的联系，没有兴隆公司及其领导人韩万隆、李明的支持、鼓励和参与，非法集资活动不会或不可能发展到如此恶性膨胀的程度。因此，被告人韩万隆作为新兴公司非法集资犯罪的共犯有着不可推脱的罪责。

二、新兴公司和被告人邓斌、韩万隆非法集资的情节特别严重，社会危害性极大。

一是非法集资涉及面广、数额特别巨大。被告人邓斌从1989年8月就开始非法集资，前后历时五年时间，新兴公司的非法集资也从1991年8月到1994年7月，历时三年时间，共涉及江苏、广东、北京、上海等七省市的368个集资单位和31个个人。非法集资总额达32.17亿元。如此特别巨大的犯罪数额，超出了最高人民检察院和最高人民法院关于投机倒把犯罪数额特别巨大的起点数的数千倍之多，数额之大实是目前同类犯罪中绝无仅有的。

二是非法集资的手段特别恶劣。他们的一个手法是打着某国家机关的招牌。他们利用各种方式在多种场合，宣称是北京某国家机关的，甚至借各种名义，请党政领导出场，以此利用人们对国家机关的信赖，与其所谓"合作"集资。他们的另一手法是以

—4—

高利为诱饵。由于他们将所谓合作经营做生意蒙上了与某国家机关工作的神秘色彩，给合作的投资者的牟利率高达60％的高额利润"作回报，导致人们对其所谓"效益好"信以为真。因此，尽管事实上集资者的所谓"利润"都是邓斌从他们集资本金中支付的，"效益好"仅是个编局，但局外人却一无所知。仍然相信了邓斌精心编造的虚假辉煌和繁荣，使集资热一浪高过一浪，不少单位和个人向银行贷款，向企业拆借，向个人转集资，将巨额资金投向新兴公司。因面，极大的扰乱了金融管理秩序，造成了金融机构对资金调的的失控状态。正由于邓斌等人的欺骗性和高利诱惑性，导致一批利欲熏心的人纷纷充当集资的中介、转手集资人，有的从中获取暴利，走上犯罪道路。

三是非法集资造成直接经济损失特别巨大。由于新兴公司巨额集资、高利付息和邓斌等人大肆投资、挥霍浪费，使非法集资造成了10.68亿元的直接经济损失，还造成了难以计算的间接经济损失。由于新兴公司不能归还集资本金，严重影响了投资企业的生产经营活动。一些集资企业或以单位自有流动资金投入，或以贷款资金投入，收不回来后，造成企业资金运转陷入困境，有的企业停产半停产，有的企业被迫停止在建项目，有的企业甚至倒闭破产。如某物资公司筹建的热电厂，因其投到新兴公司的集资金无法归还，土建工程虽已完成，但设备无款提供，已经购买的部分设备不能安装，成了"半拉子"工程。又如一家公司向外地集特资金500万元入新兴公司集资，逾期收不回，被诉诸法院，目前该公司因资不抵债而倒闭。

因需由于新兴公司不能还本付息，产生了大量经济纠纷和矛盾，许多源出资方纷纷讨债，造成银行与企业、企业与企业、企

—5—

业与个人，本地与外地之间互相追款的局面，产生了大量的经济纠纷，在本案查处前，因要求归还借贷款，兑付本息而向法院提起诉讼的经济纠纷案件就多达50余起。不少集资群众因新兴公司不能如期还本付息，眼看自己的血汗钱难以收回，群情激愤，有的大骂初级田集资的单位领导是"骗子"，甚至上门去搬彩电冰箱等物。有的组织集资的单位领导早叫得不敢上班，不敢回家，有个单位领导早不敢离家出走，有他由家属和亲友间担出资的，引起了夫妻不和、父子分居、亲友反目，有的急得精神失常，有的甚至想一死了之。不少集资活动的受害者纷纷向政府和组织申诉他们的困难和苦衷，强烈要求依法保护他们的利益，依法惩处危害他们的犯罪分子。

三、被告人邓斌、韩万隆在非法集资中分别贪污、挪用巨款，行贿受贿，罪行十分严重。

被告人邓斌热衷于非法集资，而且发展到如此恶劣的程度，是有其个人罪恶目的。邓斌原是无锡无线电变压器厂的一名退体工人，早在1978年5月，就以帮他人代购自行车、缝纫机、木材、衣料、皮鞋等为名，骗他人钱财，而被处以开除出厂1年厂察看二年的行政处分。以后，她不吸取教训，旧病复发，向别人吹嘘丈夫不和，在外押轮上当船长，能买到进口便宜货，以帮他人和单位代购录音机、电冰箱、洗衣机、电视机、木材等为名，多次骗取他人钱财。1984年2月被当地公安机关查处，责令其具结悔过。

邓斌的这些惯性犯罪的本质，在非法集资中再一次的到充分暴露。她把非法集资当成了个人攫取钱财的契机。在非法集资中当许多单位和个要收受贿，为获取集资所谓利润，纷纷把资金投入新兴公司非法集资，邓斌也因此成为一些人心目中的"财神

—6—

● 邓斌、韩万隆投机倒把、受贿、贪污、挪用公款、行贿案公诉词（部分）

万隆是本案单位投机倒把犯罪直接负责的主管人员和直接责任人员，应依法追究刑事责任。

其次，检察机关从四个方面重点阐述了非法集资的情节特别严重。一是非法集资涉及面广，数额特别巨大；二是非法集资的手段特别恶劣；三是非法集资造成直接经济损失特别巨大；四是由于新兴公司不能还本付息，产生了大量经济纠纷和矛盾。在每一方面都有事实和证据予以支撑，有理有据。如以"他们利用各种方式在多种场合，宣称是北京某国家机关的，甚至借各种名义，请党政领导出场，以此利用人们对国家机关的信赖，与其所谓'合作'集资"，"给合作的投资者的牟利高达 60% 的高额利润作回报"来证明手段的恶劣；以"有的企业甚至破产"等来证明非法集资破坏生产经营；以"有些由家庭和亲友间组织出资的，引起夫妻不和、父子矛盾、亲友反目，有的急得精神失常，有的甚至想一死了之"来证明非法集资导致大量经济纠纷和矛盾。

（二）追赃挽损，化解社会矛盾

追赃挽损，化解社会矛盾，一直是办理非法集资案件中的重点、难点。邓斌非法集资案，造成经济损失 12 亿元，截至终审判决之日，绝大部分已经挽回，累计清退比例已达 92.65%。专案组的工作思路和工作方法对账款清退起到了重要作用。专案组在办案一开始就提出了"查清问题、惩处犯罪、减少损失、维护稳定、促进发展"的方针，一手抓案件查处，一手抓好清退，维护社会稳定。为此，专案组主要开展了以下几方面工作：一是专门研究解决新兴公司非法集资款的清退问题，确定原则、方案；二是内部组成审计、群工、清退、催款、清产核资、办案、联络等 7 个小组，以审计开路，全面审计了新兴公司及下属有关单位的账目，为查案和清退工作提供了依据；三是在清账和追讨欠款过程中，协调各地区、各部门，支持和协助对账核资，依法清退；四是对集资重灾区的领导和群众加强宣传教育，统一思想认识；五是建立信息网络，专案组和出资地区党政领

中华人民共和国最高人民法院
刑事裁定书

(1995)刑复字第 252 号

被告人邓斌，女，一九三八年三月十七日出生，汉族，江苏省无锡市人，原系无锡市新兴实业总公司总经理，住无锡市德兴巷 16 号 402 室及无锡市盛岸一村 84 号 203 室。一九九四年八月六日被逮捕。现在押。

江苏省无锡市中级人民法院一九九五年十一月十三日以(1995)锡中刑初字第 89 号刑事判决，认定被告人邓斌犯受贿罪，判处死刑，剥夺政治权利终身；犯贪污罪，判处无期徒刑，剥夺政治权利终身；犯投机倒把罪，判处有期徒刑十年，剥夺政治权利三年；犯挪用公款罪，判处有期徒刑五年；筋行贿罪，判处无期徒刑五年，决定执行死刑，剥夺政治权利终身。宣判后，邓斌不服，提出上诉。江苏省高级人民法院于一九九五年十一月二十四日以(1995)苏刑二终字第 25 号刑事裁定，驳回上诉，维持原判，并依法报请本院核准。本院依照《中华人民共和国刑事诉讼法》规定的死刑复核程序，组成合议庭，对本案进行了复核。现已复核终结。

本院确认：被告人邓斌于一九八九年八月至一九九四年七月任无锡市新兴实业总公司(以下简称新兴公司)总经理、深圳中光实业总公司总经理助理兼驻无锡办事处主任、原无锡县金城清开发总公司和杨市工业服务公司副经理等职务期间，在李明(因病死亡，终止诉讼)、韩万隆

兴公司非法集资活动中，为了取得上级主管领导的支持，为本单位谋取不正当利益，先后向李明、韩万隆、李敏(另案处理)等人行贿，款物计人民币六万四千余元、港币二十五万元、美元六千四百元。

案发后，邓斌受贿、贪污赃款已被追回。

上述犯罪事实，有同案参与人李明、韩万隆、李敏的交代、证人证言、新兴公司等单位签订的"合作协议书"及有关帐册、票据、文件、审计报告和收缴的赃款赃物等证据证实，被告人邓斌亦供认不讳，足资认定。

本院认为，新兴公司等单位为牟取非法利益，违反国家金融管理法规，大肆进行非法集资，数额特别巨大，情节特别严重，已构成投机倒把罪，被告人邓斌作为上述单位犯罪的直接负责的主管人员和直接责任人员，应追究其投机倒把罪的刑事责任；邓斌在投机倒把活动中，利用职务之便收受贿赂的行为，已构成受贿罪，且受贿数额特别巨大，使国家和集体利益遭受重大损失，犯罪情节特别严重，应依法严惩；邓斌还利用职务之便贪污、挪用巨额公款，为本单位谋取不正当利益勾结国家工作人员行贿，其行为又分别构成贪污罪、挪用公款罪和行贿罪，亦应依法惩处。一审判决和二审裁定认定的犯罪事实清楚，证据确实、充分，定罪准确，量刑适当，审判程序合法。依照《中华人民共和国刑法》第一百一十八条、第五十一条第一款、第五十二条、第五十三条第一款、第六十四条和最高人民法院、最高人民检察院《关于当前处理企业事业单位、机关、团体投机倒把犯罪案件的规定》第三条、全国人民代表大会常务委员会《关于惩治贪污罪贿赂罪的补充规定》第五条第一款、第二条第一款(1)项、

(同案被告人，已判刑)、李允若(另案处理)等人的支持下，为牟取非法利益，用上述单位名义，采取签订联营协议书的形式，以经营"一次性注射器"、"医用乳胶手套"、"丝素膏"等为名，月息 5%至 10%的高利为诱饵，用新集资款还付旧集资款本息的方法，面向社会大肆进行非法集资，集资总额达人民币三十二亿余元，涉及全国七省、市三百六十八个出资单位和三十一名个人，造成经济损失人民币十二亿元。案发后将有关部门清查追逼挽回大部分经济损失外，实际经济损失为人民币一亿八千余万元。

一九九一年四月至一九九四年四月，被告人邓斌在任深圳中光实业总公司总经理助理兼驻无锡办事处主任、新兴公司总经理期间，在非法集资活动中，利用职务之便，先后收受二十个单位和六名个人所送的大量贿赂，款物计人民币九十四万二千余元、港币十万一千余元、美元五千四百元。

一九九一年一月至一九九三年五月，被告人邓斌在任原无锡县杨市工业服务公司副经理和新兴公司总经理期间，利用职务之便，采取收入不入帐的手法，侵吞自己经手接收的集资款现金人民币二十八万四千元及公司购买的镶宝戒指一枚，价值人民币八百元。

一九九三年三月二十四日，被告人邓斌利用职务之便，从新兴公司暂存在深圳中光宾馆帐上的一百一十六万元集资款中提取现金人民币十二万元，交给该宾馆副总经理冯某某，由冯为其个人炒买股票。案发后，检察机关从冯处追缴现金人民币十一万三千余元。

一九九二年四月至一九九四年七月，被告人邓斌在新

第三条第一款、第九条及《关于惩治违反公司法的犯罪的决定第十二条的规定，裁定如下：

核准江苏省高级人民法院(1995)苏刑二终字第 25 号维持原审对被告人邓斌以投机倒把罪，判处有期徒刑十年，剥夺政治权利三年；以受贿罪判处死刑，剥夺政治权利终身；以贪污罪，判处无期徒刑，剥夺政治权利终身；以挪用公款罪，判处有期徒刑五年；以行贿罪，判处有期徒刑五年，决定执行死刑，剥夺政治权利终身的刑事裁定。

本裁定送达后即发生法律效力。

审　判　长　王玉琦
代理审判员　王新英
代理审判员　叶晓颖

一九九五年　月　　日
本件与原本核对无异

书　记　员　王季君

● 邓斌、韩万隆投机倒把、受贿、贪污、挪用公款、行贿案最高人民法院裁定书

导经常深入基层，发现不安定因素就及时做说服和疏通工作，及时化解矛盾。专案组在搞好清退、维护社会稳定方面的上述做法，对当今我们在非法集资案件的追赃挽损、化解社会矛盾方面也有一定的借鉴意义。此案发生时，适用的 1979 年《刑法》中尚未有集资诈骗罪、非法吸收公众存款罪，但公诉词对于本案投机倒把罪的认定上完全体现了上述两罪的构成要件，而且完全符合非法集资犯罪案件的非法性、公开性、利诱性、社会性四个特征。此案的审理，对促使国家金融管理制度更加严密，对促进立法部门加大惩处扰乱市场经济秩序的新型犯罪行为，特别是对集资诈骗、非法吸收公众存款等罪名的研究和设立，起到了推动作用。

案例推荐：江苏省人民检察院

撰稿：宁春晖

审稿：黄河、李勇

周昌平招摇撞骗、走私、受贿、贪污、挪用公款、非法经营案

——"假专员"骗取国家公职大肆敛财案

基本案情

周昌平，男，时年38岁，曾用名周叶、周和平，化名岩宝、蒙石、柯归、石于帆、胜华，任江西省吉安地区行政公署副专员（挂职），捕前系成都军区蓉泰公司副董事长。

1991年8月，周昌平冒充国家某领导人的外甥，请某陆军学院院务部部长裴某某将其调到该院工作。裴某某表示如能带项目、资金，可调到该院企业管理局工作。同年11月14日，周昌平汇给陆军学院人民币10万元，后裴某某等人为其办理了"某陆军学院企业管理局副局长、上校军衔"的军官证。1992年5月27日，周昌平以非法获取的军官证和伪造公函、谎报简历等手段骗取有关部门信任，被任命为江西省吉安地区行政公署副专员和行政公署党组成员。

1992年8月至1993年7月，周昌平在任吉安地区行政公署副专员期间，利用主管烟草工作职务上的便利，在为江西省烟草公司吉安分公司联系购烟的过程中，索要人民币157万元；以帮吉安地区土产棉麻工业品公司做卷烟生意为名，索要人民币20万元。

1992 年 5 月至 1993 年 2 月，周昌平指使吉安烟草公司将公款696 万元汇至吉安吉华商标织造有限公司账上。周昌平利用管理此款职务上的便利，从中提取 44.5 万元，据为已有。

1992 年 10 月，周昌平从上述 696 万元中挪用 30.5 万元，为个体户曾某某购买"公爵帝"轿车一辆，后将此款归还。

1992 年 6 月，为井冈山卷烟厂进行技术改造，周昌平与贺柏实业（深圳）有限公司董事长姚斌杰（同案被告人，已判刑）在双方均没有合法进口批文的情况下，签订了购买一台套价额为 1700万元的德国生产 B1 型卷烟包装机合同。同年 11 月 10 日，贺柏公司委托他人用假进口批文欺骗海关，将卷烟机走私入境，偷逃应缴税额 334 万余元。1992 年 9 月 7 日，周昌平在广东汕头非法购买三资企业免税进口自用的奔驰小轿车三辆，偷逃应缴税额 131 万余元。

1992 年 9 月至 1993 年 3 月，周昌平单独和伙同黄崇新、戴金圣（均为同案被告人，已判刑）非法倒卖进口小轿车 6 辆，非法经营额 206.7 万元。周昌平非法获利 15.1 万元。

1996 年 9 月 5 日，江西省人民检察院吉安分院以周昌平犯招摇撞骗罪、走私罪、受贿罪、贪污罪、挪用公款罪、投机倒把罪向江西省吉安地区中级人民法院提起公诉。1998 年 1 月 23 日，江西省吉安地区中级人民法院作出判决，周昌平犯招摇撞骗罪，判处有期徒刑十年；犯受贿罪，判处死刑，剥夺政治权利终身；犯贪污罪，判处死刑，剥夺政治权利终身；犯走私罪，判处有期徒刑十年；犯非法经营罪，判处有期徒刑六年；犯挪用公款罪，判处有期徒刑五年，决定执行死刑，剥夺政治权利终身。宣判后，周昌平提起上诉。1998 年 3 月 17 日，江西省高级人民法院裁定，驳回上诉，维持原判，并依法报送最高人民法院核准。1998 年 8 月 6 日，最高人民法院核准对周昌平的死刑判决。1998 年 9 月 28 日，周昌平被执行死刑。

案件背景与社会影响

周昌平打着国家领导人亲属的旗号，多次进行招摇撞骗，先是骗取某陆军学院企业管理局副局长的职务，授上校军衔，后又以非法获取军官证和伪造公函、谎报简历等手段骗取吉安地区行政公署副专员和行政公署党组成员的职务。1993年7月，被免去副专员职务后，又到四川、贵州等地继续行骗。其在担任吉安地区行政公署副专员期间，通过实施贪污、受贿、挪用公款、走私、非法经营等犯罪大肆敛财聚财，在整个吉安地区，乃至江西全省、全国造成恶劣的政治和社会影响。

在当时，冒充国家领导人的亲属进行招摇撞骗的案件尚不多见，该案引起媒体密切关注。被执行死刑后，《人民日报》、新华社、《光明日报》刊发周昌平被处以极刑的消息，江西"假专员"案成为举国议论的焦点之一。

公诉指控

（一）准确认定行为性质和罪数

本案涉及多起犯罪事实，各个犯罪事实之间相互交叉，单独犯罪与共同犯罪相互交织。这些构成了本案错综复杂的特点，给公诉人指控和证明犯罪带来挑战。在法庭辩论阶段，公诉人以周昌平骗取公职后实施受贿、贪污等犯罪的时间顺序为逻辑主线来论证指控罪名，展现出各罪名之间的内在联系，结构清晰，定性准确。

周昌平冒充某陆军学院企业管理局副局长、副师职、上校军官，采取伪造陆军学院的公函、谎报个人简历等手段，骗取江西省吉安地区行政公署副专员（挂职）和行政公署党组成员职务，其行为构成冒充国家工作人员招摇撞骗罪；利用担任副专员主管烟草工作的职务便利，以预付购烟差价款的名义，向江西省烟草分公司吉安分公司索要人民币157万元，其行为构成受贿罪；周昌平利用副专员的职务便利，指使吉安烟草公司将公款696万元汇至吉安吉华商标织造有限公司，从中提取44.5万元用于购买自用轿车、家庭及个人开支等用途，其行为构成贪污罪；逃避海关监管，伙同他人走私卷烟机和奔驰小轿车，其行为构成走私罪；挪用公款为他人购买小轿车，其行为构成挪用公款罪；违反工商管理法规，伙同他人和单独倒卖非法进口小轿车，构成非法经营罪。根据检察机关的指控，周昌平以数个犯罪故意实施上述数个犯罪行为，应数罪并罚，依法严惩。

人民法院对周昌平所犯上述罪行予以并罚。对于周昌平以帮吉安地区土产棉麻工业品公司做卷烟生意为名，索要人民币20万元的犯罪事实，公诉人认定为贪污罪，后被最高人民法院改判为受贿罪。对于该起事实，周昌平利用主管吉安地区烟草工作的职务便利，以帮助吉安地区土产棉麻工业品公司做卷烟生意为名，向该公司索要钱款的行为属于索贿，依法构成受贿罪。应该说，最高人民法院的改判合法合理。另外，需要说明一点，该案起诉时1997年《刑法》尚未生效，但审判时1997年《刑法》已生效，所以依据1979年《刑法》和1997年《刑法》，按照从旧兼从轻的原则作出判决，将投机倒把罪改判为非法经营罪。

（二）充分揭示行为的社会危害性

公诉人在庭审中充分揭示，周昌平冒充国家领导人亲属骗取国家公职并大肆敛财的社会危害性。周昌平打着国家领导人亲属的旗号，冒充某陆军学院企业管理局副局长、副师级军官，伪造陆军学院公函，伪造个人简历，骗取吉安地区行政公署副专员和行政公署党组成员职务的犯罪行为，严重损害党和国家以及领导同志的形象，在吉安地区、江西全省乃至全国都造成极其恶劣的社会和政治影响。

骗取行政公署副专员的职务后，周昌平在其任职的14个多月里

周昌平招摇撞骗、走私、受贿、贪污、挪用公款、非法经营案

427

并没有在吉安开展扶贫工作，而是利用职务便利实施受贿、贪污、走私、非法经营、挪用公款等犯罪行为，大肆聚财敛财。其中，周昌平受贿177万元，贪污44.5万元，走私货物金额1943万元，非法经营金额206.7万元，挪用公款30.5万元，不仅造成恶劣社会影响，还给国家造成巨大经济损失。根据1988年全国人民代表大会常务委员会《关于惩治贪污罪贿赂罪的补充规定》的规定，受贿数额在1万元以上，使国家利益或者集体利益遭受重大损失的，处无期徒刑或者死刑；贪污数额在5万元以上的，处十年以上有期徒刑或者无期徒刑，可以并处没收财产；情节特别严重的，处死刑。据此，周昌平贪污、受贿数额特别巨大，情节特别严重，依法应予严惩。

（三）法律文书中的法治印记

本案起诉书描述案件事实层次分明、条理清晰、语言规范。在逻辑上，起诉书以周昌平骗取公职后实施走私、受贿、贪污等犯罪为经线，按照招摇撞骗、走私、受贿以及贪污、挪用公款、投机倒把的叙述顺序排列犯罪事实，形成上下文之间的延续性，展现出各犯罪事实之间的内在联系，层次分明，逻辑清晰。在语言修辞上，起诉书通篇文字叙述理性、客观，清晰展示事情的来龙去脉，例如叙写周昌平招摇撞骗的事实时，起诉书详细说明了周昌平先是冒充国家领导人亲属，骗取陆军学院企业管理局副局长职务及军官证，在此基础之上，又冒充国家领导人亲属骗取吉安地委书记的信任，然后伪造陆军学院公函、谎报个人简历骗取吉安地区行政公署副专员的事实经过，使得周昌平招摇撞骗犯罪事实的来龙去脉更加清晰和准确。

案例推荐：江西省人民检察院

撰稿：王栋

审稿：黄河、李勇

威廉·平·陈走私案

——走私洋垃圾第一案

基本案情

威廉·平·陈（WILLIAM PING CHEN，以下简称威廉），男，时年 56 岁，美国国籍，中外合资上海统一纸业有限公司董事长。

威廉在担任上海统一纸业有限公司董事长期间，不顾公司中方管理人员的多次反对，以营利为目的，于 1995 年 7 月至 12 月，违反我国海关法规和环境保护的有关规定，冒用中国出口商品基地建设安徽公司和浙江省畜产进出口公司名义，将在美国境内产生的、分装在 16 只集装箱内的固体废物 238 吨，假报为废纸或混合纸，分别通过沱河号货轮 V165 航次、罗斯福总统号货轮 V112、V113 航次、华盛顿总统号货轮 V126 航次、林肯总统号货轮 V130 航次非法运抵我国上海市吴淞港和外高桥港区。其中，运至吴淞港区的 2 只集装箱已向吴淞海关报关，因未取得国家环保局签发的准予进口证明，海关未予放行。运至外高桥港区的 14 只集装箱，由于无法取得环保机关准予进口的证明而未向海关报关。1996 年 5 月，上海海关在清理各口岸滞留货物时，会同环保、商检机关对滞港未提的 16 只集装箱进行了开箱查验，发现箱内有大量污染环境的生活垃圾和少量医用废物，不符合我国环境保护要求，属于我国禁止进口的废物。经向"收货方"中国出口商品基地建设安徽公司和中国浙江畜产进出口公司查询，发现是威廉冒用上述公司的名义，实施进口废物的行为，继而从威廉处查获了上述集装箱的 4 票提单副本、传真件及其他有关单据，威廉本人也承认了 16 只集装箱是其进口的事实。经鉴定，上述 238 吨废物均系我国禁止进口的废物。

1996 年 10 月 22 日，上海市人民检察院第一分院向上海市第一中级人民法院提起公诉。1997 年 1 月 13 日，一审法院以走私罪判处威廉有期徒刑十年，罚金人民币 50 万元，并附加驱逐出境。一审判决后，威廉提起上诉，上海市高级人民法院作出裁定，驳回上诉，维持原判。

案件背景与社会影响

20 世纪 80 年代以来，为缓解原料不足，我国开始从境外进口可用作原料的固体废物，并逐步建立了较为完善的固体废物进口管理制度体系。1995 年 11 月 7 日，国务院办公厅发布《关于坚决控制境外废物向我国转移的通知》，明确提出"决不允许把我国作为发达国家和地区倾倒、堆放有害废物的场所"，要求"切实加强对废物进口的管理。对废物进口分两类进行管理：一类是禁止进口的废物，另一类是可作为原料但必须严格限制进口的废物"。尽管党中央、国务院三令五申决不能把我国作为境外有害废物倾倒、堆放的场所，但是一些地方仍存在重发展轻环保的思想，部分企业为谋取非法利益不惜铤而走险，导致洋垃圾非法入境，严重危害我国的生态环境，威胁人们身体健康。

此案系全国首例洋垃圾走私案，开创了我国以司法手段惩治洋垃圾走私的先例。此案新闻媒介披露后，社会反响强烈，"洋垃圾"成为上海大街小巷人们议论和谴责的焦点。案件的办理，提高了全社会对洋垃圾危害的认识，引发了国人对国家主权和尊严的重视，对维护对外贸易秩序、保护生态环境的关注，具有积极意义。

公诉指控

（一）适用单行刑法，准确定性

此案之前，在国内尚没有针对洋垃圾走私行为进行追诉的先例，办好"走私洋垃圾第一案"的典型效应和重要意义不言而喻。公诉指控要解决的首要问题就是法律适用问题。此案办理时，适用的是1979年《刑法》，当时并无"走私固体废物罪"。值得注意的是，1988年1月21日全国人大常委会通过单行刑法《关于惩治走私罪的补充规定》，其中第四条第一款第（一）项规定："走私本规定第一条至第三条规定以外的货物、物品的，根据情节轻重，分别依照下列规定处罚：（1）走私货物、物品价额在50万元以上的，处10年以上有期徒刑或者无期徒刑，并处罚金或者没收财产；情节特别严重的，处死刑，并处没收财产。"不难发现，根据该规定，走私罪的量刑与走私货物、物品的价额密切相关。但是本案中所走私的洋垃圾只有重量而无法认定价额，因此，能否适用前述规定对本案走私洋垃圾的行为定罪量刑，这是检察机关必须要回答的问题。根据最高人民法院1996年7月发布的《关于审理非法进口废物刑事案件适用法律若干问题的解释》第一条的规定，个人走私禁止进口的废物200吨以上的，依照全国人民代表大会常务委员会《关于惩治走私罪的补充规定》第四条第一款第（一）项的规定处罚，应处十年以上有期徒刑或无期徒刑，并处罚金或没收财产。这就将走私废物的重量与定罪量刑进行挂钩，从而解决了检察机关适用《关于惩治走私罪的补充规定》作为对本案追诉和定罪量刑依据的问题。

（二）综合运用证据，强化指控

证据是认定案件事实的核心和依据，也是追究被告人刑事责任的基础。为证明威廉的犯罪事实，起诉书详细列举并阐述了证明案件关键事实的证据。例如，通过上海进出口商品检验局和上海市环

431

90125

上海市人民检察院第一分院

起 诉 书

(96)沪检一分诉字第116号

被告人威廉平·陈(中文名:陈平一),男,五十六岁,美国籍人,大学文化程度,原系中外合资上海统一纸业有限公司董事长,住美国加利福尼亚州奥克兰市八十九街九百十号。因走私案于一九九六年六月三日被上海市公安局刑事拘留,经上海市人民检察院批准,于同年六月十三日被上海市公安局依法逮捕。现押于上海市看守所。

被告人威廉平·陈走私案,经上海市公安局侦查终结,于一九九六年八月二日移送本院审查起诉。

经审查查明:

被告人威廉平·陈以营利为目的,逃避海关监管,采取冒用中国出口商品基地建设安徽公司及浙江省产进出口公司作为国内收货人,将我国禁止进口的废物做为废纸、混合纸等手段,自一九九五年七月一日至十二月三十日,先后五次将装有二百三十八吨废物的十六只集装箱,分别通过沱河轮V165航次、罗斯福总统轮V112航次、113航次、平盛

90126

领总统轮V126航次、林肯总统轮V130航次从美国境内运抵我国上海吴淞港区、外高桥港区。经上海出口商品检验局和上海环境保护局对十六箱废物进行检验,均属我国禁止进口的废物。

以上起罪事实,有上海进出口商品检验局《检验证书》、上海市环境保护局《关于查验十六箱废物的意见》、上海市公安局《笔迹鉴定书》,有中国出口商品基地建设安徽公司和浙江省产进出口公司的证明,中国外运金陵公司安地中转仓库查验工作联系单、上海海关进出口货物查验记录、上海海关报关行的报关单,有证人杨波、徐厚治、刘正林、喻建平、王万俊、张进明、袁炒发、陈念流等人的证词和查获的内有废物的十六只集装箱以及从被告人处查获的有关提单、发票、运输单据等证据证明属实,证据确实、充分。被告人威廉平·陈亦供认不讳。

综上所述,本院确认:

被告人威廉平·陈,以营利为目的,冒用他人作为收货人,谎报货物名称,未经我国环保局批准,逃避海关监管,非法从国外进口我国禁止进口的废物共计二百三十八吨,其行为已触犯了中华人民共和国刑法,构成走私罪,应依照全国人大常委会《关于惩治走私罪的补充规定》第四条第一项之

90127

规定,予以处罚。

为严肃社会主义法制,维护海关正常管理秩序,保护国家环境不受污染,根据《中华人民共和国刑事诉讼法》第一百条之规定,特提起公诉,请予审判。

此 致

上海市第一中级人民法院

检察员 朱云斌
代理检察员 庄文浩

一九九六年十月二十二日

附:

1、被告人威廉平·陈现押于上海市看守所;
2、预审卷宗材料册;
3、人犯换押通知书壹份。

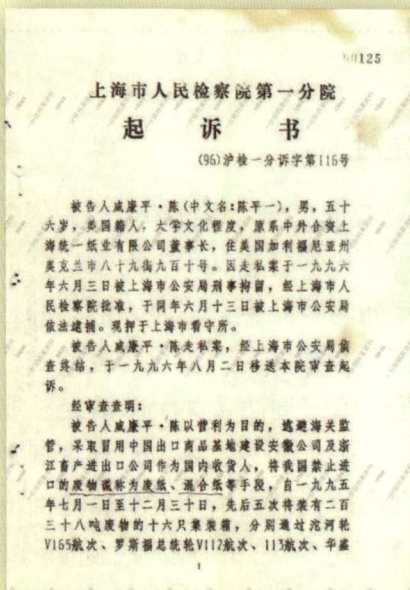

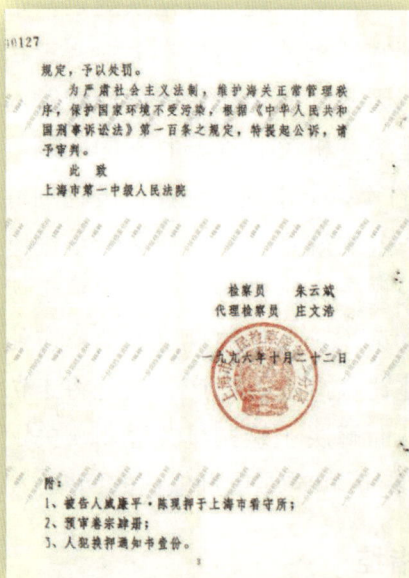

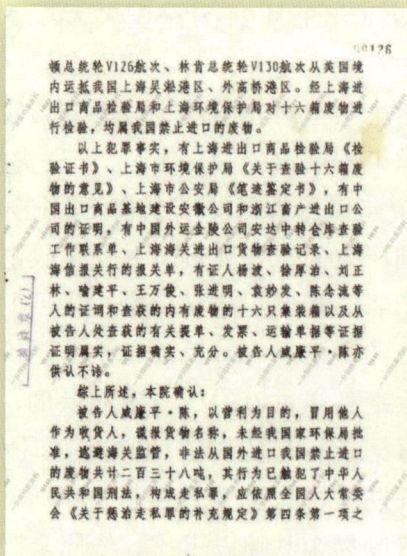

● 威廉·平·陈走私案起诉书

境保护局关于上述集装箱内的废物均属我国禁止进口废物的《检验证书》和《关于查验 16 箱废物的意见》对集装箱内的物品属性进行了证明；通过从威廉处查获的上述集装箱的提单及相关的发票、装箱单、运输单据等书证印证了其进口的事实；通过中国出口商品基地建设安徽公司和浙江省畜产进出口公司关于从未委托威廉进口上述 16 箱废物的声明来证实威廉冒用他人名义走私废物进口等，并以废物照片、有关单证的《笔迹鉴定书》等有关证据加以佐证，并指出上述认定事实与威廉的供述相一致。检察机关综合运用书证、物证、被告人供述、证人证言等多种证据，编织了严密的证据链条，证明了威廉进口废物的犯罪事实，具有很强的说服力。

（三）聚焦社会危害，释法说理

走私洋垃圾行为侵犯的法益具有双重属性，既包括海关监管秩序也包括生态环境，因此本案的公诉词也主要围绕走私罪的犯罪构成，以及走私洋垃圾对生态环境所造成的危害进行论证。除了结合行为人的具体行为从走私罪的客体、客观方面、主观方面等对走私罪犯罪构成进行有针对性的论证之外，公诉词还针对辩方提出的进口废物尚未造成严重社会危害进行了有力的反驳，着重从生态环境保护、人民身体健康以及外贸投资环境等角度，论证了被告人行为的社会危害性。在对社会危害性进行论证的过程中，还详细地列举了集装箱内查获的废物的具体构成情况，"有废塑料瓶、旧衣服、灯泡、废铁管、废沙发垫、食品袋盒、易拉罐、一次性针筒、婴儿尿布及食物残渣等，并且有的已严重腐烂、发臭"，对于这些细节的列举和强调，在很大程度上强化了对社会危害性的论证和释法说理的效果。

（四）围绕环境安全，回应关切

本案是国内第一起对洋垃圾走私行为进行追诉的案件，而诸如中外合资公司、美籍华裔商人等因素也是引发社会公众广泛关注的

00152

关于对被告人威廉平、陈走私案公诉词

审判长、审判员：

根据《中华人民共和国刑事诉讼法》第112条及人民检察院组织法第15条之规定，我们以国家公诉人的身份出席法庭，对上海市第一中级人民法院公开审理的被告人威廉平、陈走私一案支持公诉，并依法对法庭的审判活动是否合法进行监督。

在刚才的法庭事实调查中，通过讯问被告人威廉平、陈，宣读了证人证言，及有关部门对走私物品的检验证书、检验鉴定见知记录，出示了物证照片给被告人辨认等证据，充分说明了本院起诉书指控被告人威廉平、陈犯有走私罪事实清楚，证据确凿、充足，现就对本案的定性、社会危害性及对被告人的处理意见发表如下公诉意见，供合议庭参考。

一、被告人威廉平、陈的行为已构成走私罪。

我国刑法第116条规定，违反海关规定，进行走私，情节严重，构成走私罪。

其一，走私罪侵犯的客体是我国对外贸易管理制度，即侵犯了我国限制或者禁止进出口货物的制度。本案被告人威廉平、陈自九五年七月至十二月先

00153

后从国外进口属我国禁止进口的废物，明显地侵犯了我国对外贸易的管理制度。

其二，走私罪在客观方面表现为违反国家海关法规，逃避国家海关监督的走私活动。本案被告人的走私活动具体表现为：1、冒用他人的名称作为国内收货人或通知人；2、将其进口的废物谎称是废纸一混合纸，且事先未经我国环保部门的批准；3、进口废物总置达二百三十八吨。因此，被告人的行为违反我国海关法规，且走私情节严重。

其三，走私罪在主观上必须是由故意构成。本案被告人威廉平、陈曾在本案发生前，在九四年下半年至九五年上半年进口废纸的过程中，已夹带有大量的生活垃圾，而被我环保部门指出过，不准进口，被告人在归案后也供述了"在进口时(指本案进口的废物)我就知道这些是生活垃圾。据此，被告人在明知我国法律所规定的不能进口废物的情况下，仍然从国外进口了大量生活垃圾，其走私故意是明知的。

综上所述，被告人威廉平、陈走私行为符合我国刑法规定走私罪的全部要件。

二、本案被告人威廉平、陈的走私犯罪造成了严重的社会危害。

众所周知，良好的环境是人类生存的必要条件。创造美丽、清洁的环境是全人类共同的意愿与

00154

追求的目标，保持良好的环境是全人类共同的义务。因此，随着我国改革开放的不断深入，对环境的保护一直被我国予以重视，并先后制定了法律法令，加强对环境保护的措施和宣传，以保障人们赖以生存的良好环境不被破坏。然而，本案被告人威廉平、陈为牟取暴利，竟置我国法律、法令和我国人民利益而不顾，进口了大量生活垃圾。有废塑料瓶、旧衣服、灯泡、废铁管、废沙发垫、食品袋盒、易拉罐、一次性针筒、婴儿尿布及食物残渣等，并且有的已严重腐烂、发臭，这些生活垃圾是我国明令禁止进口的废物不允许进入我国境内，我环保局曾在九四年581号文件明确规定，家庭废物："列在琥珀废物类名单中"，而将生活垃圾作为进口物，严重污染我国的环境，危害社会。具体表现在：

1、进入我国境内的大量生活垃圾造成我国环境污染及空间污染，并将直接威胁到我国人民的身体健康，干扰正常的工作、生活秩序。

2、上海是我国改革开放的龙头，需要良好的投资环境，我们欢迎国际上外商来我国进行合法投资，但被告人打着投资合作的幌子，竟干起了走私犯罪的勾当，进口了大量生活垃圾，这无疑损害了我国的国家利益，损害了上海国际大都市的形象，

00155

应受到我国法律的制裁。

3、该案件通过报纸、电台等新闻媒介披露后，社会反响强烈，"洋垃圾"这个新名词在上海的大街小巷成为人们议论和谴责的焦点，激起了民愤，"洋垃圾"的进口，这无疑给我国的环境带来污染，危害人民的身体健康，人们纷纷要求司法机关对此走私犯罪行为绳之以法，保障我国合法权益不受侵犯。

三、对本案被告人威廉平、陈的处理意见：

审判长、审判员：

被告人威廉平、陈为了营利，而置我国法律于不顾，冒用他人作为收货人，谎报货物名称，未经我国家有关部门的批准，逃避我国海关监管，从国外进口大量属我国禁止进口的废物，共计二百三十八吨，且走私情节严重，触犯了我国刑法，构成走私罪，应依照我国人大常委会关于《惩治走私罪的补充规定》第四条第一项之规定予以处罚。

我们的公诉词暂发表到此。

朱云斌　庄文浩
一九九六年十一月二十一日

● 威廉·平·陈走私案公诉词

威廉·平·陈走私案

中华人民共和国上海市第一中级人民法院

刑事判决书

(1996)沪一中刑初字第227号

公诉机关 上海市人民检察院第一分院

被告人 威廉·平·陈(WILLIAM PING CHEN),又名陈平一,男,一九四○年二月二十一日生,美利坚合众国国籍,大学文化程度,原中美合资上海统一纸业有限公司董事长,住美利坚合众国加利福尼亚州奥克兰市八十九街九百一十号,因本案于一九九六年六月三日被上海市公安局刑事拘留,同月十三日被依法逮捕,现羁押于上海市看守所。

辩护人 潘峰 袁季田 上海市经建律师事务所律师

上海市人民检察院第一分院以被告人威廉·平·陈犯走私罪,向本院提起公诉。本院于一九九六年十月二十八日受理后,依法组成合议庭,于同年十二月二日公开开庭审理了本案。上海市人民检察院第一分院检察员朱云斌、代理检察员庄文浩出庭支持公诉。被告人威廉·平·陈及其辩护人潘峰、袁季田到庭参加诉讼。本案经合议庭评议,审判委员会决定,现已审理终结。

上海市人民检察院第一分院指控被告人威廉·平·陈于一九九五年七月至十二月,逃避海关监管,二百三十八吨废物从美国运抵上海,构成走私罪,依法应予处罚。被告人威廉·平·陈到案后及在法院审理过程中对起诉指控的事实作了供认。辩护人对起诉指控被告人

的行为构成走私罪没有异议,但认为被告人在本案中的行为系上海统一纸业有限公司的行为,且运进的废物两末对我国环境造成污染,建议对被告人从轻处罚。

经审理查明,被告人威廉·平·陈暨上海统一纸业有限公司中方管理人员的多次反对于不顾,以营利为目的,于一九九五年七月至十二月违反我国海关法规和环境保护的有关规定,冒用中国出口商品基地建设安徽公司和浙江省奢产进出口公司名义,将在美国境内产生的,分装在十六只集装箱内的固体废物二百三十八吨,假报为废纸或混合纸,分别通过沱河号货轮 V165 航次、罗斯福总统号货轮 V112,113 航次、华盛顿总统号货轮 V126 航次、林肯总统号货轮 V130 航次非法运抵我国吴淞港区和外高桥港区。经鉴定,上述二百三十八吨废物均系我国禁止进口的废物。

上述事实有下列证据证明属实:查获的分装在十六集装箱内的二百三十八吨废物;中华人民共和国上海进出口商品检验局和上海市环境保护局关于上述集装箱内的废物均属我国禁止进口废物的《检验证书》和《关于查验十六箱废物的意见》;被告人处查获的上述集装箱的提单及相关的发票、装箱单、运输单据等书证;美国总统轮船(中国)有限公司签发的证明被告人是上述集装箱美国发货公司代理人的证书;中国出口商品基地建设安徽公司和浙江省奢产进出口公司关于未委托威廉·平·陈进口上述十六箱废物的声明及被告人于一九九六年一月和五月亲笔书写给上述两公司,承认自己冒用两公司名义进口上述十六箱废物的书证和相

关的《笔迹鉴定书》以及其它相关证据。证据确实、充分。

本院认为,被告人威廉·平·陈以营利为目的,冒用我国国外贸公司名义,假报货物名称,违反海关法规,逃避海关监管,非法从国外进口我国禁止进口的废物共计二百三十八吨,其行为已构成走私罪,依法应予处罚。本案事实表明,被告人在本案中的行为纯系其个人行为,且具有明显的社会危害性。据此,辩护人的辩护意见不予采纳。为维护我国海关监管秩序,保护我国生态环境,依照全国人大常委会《关于惩治走私罪的补充规定》第四条第一款第(1)项和《中华人民共和国刑法》第三条、第三十条之规定,判决如下:

被告人威廉·平·陈犯走私罪,判处有期徒刑十年,罚金人民币五十万元,并驱逐出境。

如不服本判决,可在接到判决书的第二日起十日内,通过本院或者直接向中华人民共和国上海市高级人民法院提出上诉。书面上诉的,应交上诉状正本一份,副本一份。

审 判 长 沈维嘉
代理审判员 陈 捷
代理审判员 徐翠萍
一九九七年一月十三日

书 记 员 周欣

● 威廉·平·陈走私案刑事判决书

重要原因，这都需要检察机关在办案中予以审慎考量，积极回应。公诉词指出，"良好的环境是人类生存的必要条件。创造美丽、清洁的环境是全人类共同的意愿与追求的目标，保持良好的环境是全人类的共同义务……上海是我国改革开放的龙头，需要良好的投资环境，我们欢迎国际上外商来我国进行合法投资，但被告人打着投资合作的幌子，竟干起了走私犯罪的勾当，进口了大量生活垃圾，这无疑损害了我国的国家利益，损害了上海国际大都市的形象，应受到我国的法律制裁。"这凸显了检察机关对生态环境安全和人民群众健康的重视。

案例推荐：上海市人民检察院

撰稿：薛向楠

审稿：李勇

国家公诉

共和国70年典型案例及法律文书评析

（下）

最高人民检察院／组织编写

中国检察出版社

目　录

第一篇：1949—1979

国家公诉
——
共和国**70**年典型案例及法律文书评析

第二篇：1980—1997

第三篇：1998—2019

目录

国家公诉——共和国**70**年典型案例及法律文书评析

目 录

国家公诉
——
共和国**70**年典型案例及法律文书评析

第三篇

1998—2019

张子强等人非法买卖爆炸物、绑架、走私武器、弹药案

——"世纪贼王"绑架香港富商案

基本案情

张子强，化名陈庆威，绰号"大富豪""变态佬"，男，时年43岁，广西壮族自治区玉林市人，系香港居民，住香港南湾道10号雅景阁1楼H室。

陈智浩，绰号"阿七"，男，时年36岁，广东省海丰县人，系香港居民，住香港西贡豪涌匡湖居第4期17号。

马尚忠，男，时年33岁，河北省秦皇岛市人，住湖北省老河口市秋丰路。

（其他被告人基本情况略）

1995年底至1996年初，张子强、陈智浩、柯贤庭、朱玉成、李运、叶继欢、郭志华等人先后在广东深圳多次密谋绑架勒索香港商人李嘉诚。张子强出资港元140万元用于购买枪支弹药、车辆等作案工具。1996年5月23日，张子强与陈智浩等人携带枪支、铁锤等作案工具，在香港深水湾道绑架了李嘉诚的长子李泽钜及其司机。张子强、陈智浩到李家收取勒索的赎金港元10.38亿元后，释放了被绑架人。张子强分得赃款港元3.62亿元，陈智浩分得赃款

港元 2.95 亿元。1997 年初，张子强等人先后在广东广州、东莞、深圳等地密谋绑架香港商人郭炳湘并作具体分工。其间，张子强出资港元 200 万余元为实施犯罪做准备。同年 9 月 29 日，张子强等人在香港将郭炳湘绑架。张子强向郭家收取勒索的赎金港元 6 亿元后，释放被绑架人。作案后，张子强分得赃款港元 3 亿元。另查，1997 年 10 月间，张子强向钱汉寿提出购买炸药，并先后支付购买炸药款港元 15 万元。同年 11 月，钱汉寿非法购买炸药 818.483 公斤、雷管 2000 支、导火索 750 米，并于 1998 年 1 月 7 日指使他人运到香港。1995 年 1 月 14 日，陈智浩、马尚忠、梁辉等人在深圳将天津市物资综合贸易中心驻深圳办事处经理李某某劫往广州。途中，用暴力手段致李某某死亡。16 日，蔡智杰等人用提货单提走盘圆钢 277.39 吨（价值人民币 721214 元），予以销赃。1991 年、1992 年，陈智浩、马尚忠、朱玉成等人先后两次在广州、深圳等地密谋到香港抢劫金行。并于 1991 年 6 月 9 日、1992 年 3 月 10 日，分别持枪和其他作案工具，在香港抢劫周生生、周大福、谢瑞麟等珠宝金行。作案后，陈智浩先后分得赃款港元 54 万元。1995 年至 1997 年间，陈智浩还非法购买手枪、子弹、爆炸物，以及猎枪和子弹，分别藏匿于香港和深圳。1998 年 7 月 22 日，张子强犯罪团伙主要成员被批捕。此后 3 个月内，其他成员先后落网。

1998 年 9 月 29 日，广东省广州市人民检察院向同级法院提起公诉，同年 10 月 30 日，广州市中级人民法院一审以非法买卖、运输爆炸物，非法买卖、运输枪支、弹药，私藏枪支、弹药，走私武器、弹药，绑架，抢劫等罪名，数罪并罚，判处张子强、陈智浩、马尚忠、梁辉、钱汉寿死刑，剥夺政治权利终身，判处朱玉成、李运死刑，缓期二年执行，其他 29 人被判处无期徒刑至有期徒刑一年。张子强等人不服一审判决，提出上诉。同年 12 月 5 日，广东省高级人民法院终审维持原判，并根据最高人民法院的授权，依法核准并执行死刑。

案件背景与社会影响

张子强自 1992 年以来，纠集团伙在香港和内地多次作案，大肆敛财数十亿港元，且将犯罪对象直接指向许多香港富商，气焰十分嚣张，曾被相关媒体称为"世纪大盗"，被视为威胁中国内地与香港治安的头号危险人物。张子强等 36 人特大犯罪团伙在内地落网，也是 1997 年香港回归祖国后，内地破获的特大跨境严重暴力刑事犯罪案件。因此，该案件在当时境内外社会各界具有极高的关注度。

对张子强等人非法买卖爆炸物、绑架、走私武器、弹药案的起诉和审判，特别是对张子强、陈智浩、马尚忠等 5 人判决并执行死刑，对跨境犯罪活动予以了沉重打击，对两地的犯罪分子都产生了极大震慑作用，促进了香港回归后两地社会安定，成为在"一国两制"架构下处理涉及两地刑事案件的重要范例。

公诉指控

（一）确定司法管辖，准确法律适用

本案公诉遇到的第一个问题是内地法院的管辖权问题。1993年 4 月 21 日，香港立法局修订法例，将终身监禁作为最高的刑罚，正式废除死刑。香港于 1997 年 7 月 1 日回归中国后，根据"一国两制"原则，没有恢复死刑。本案审理之初，张子强等人就向司法机关提出移送香港审判，因为他们心知肚明，就他们所

441

- 张子强等人非法买卖爆炸物、绑架、走私武器、弹药案案件审查报告
（部分）及执行批准逮捕决定书

广东省广州市人民检察院

起诉书 副本

穗检起一诉〔1998〕888号

被告人张子强、化名陈庆威、绰号"大富豪"、"变态佬"，男，43岁，汉族，广西壮族自治区玉林市人，文化程度高中，住香港南湾道10号雅景园1楼B室，香港身份证号码：D123744（7），1998年1月26日被刑事拘留，1998年7月21日经广东省人民检察院批准逮捕，同年7月22日被逮捕。

被告人陈智浩，绰号"阿七"，男，36岁，汉族，广东省南丰县人，文化程度初中。住香港西贡蠔涌区碍居第4期17号，香港身份证号码：H103512（8），1998年4月27日被刑事拘留，1998年7月21日广东省人民检察院批准逮捕，同年7月22日被逮捕。

被告人马泗忠，男，33岁，汉族，河北省秦皇岛市人，

……1……

枪支、炸药一起埋于香港荔枝林村山上。破案后，香港警方从埋藏处缴回炸药25.4公斤、防弹衣3件及子弹。

1997年初，被告人陈智浩指使被告人韩法购买枪支。韩法在深圳市向"肥洪"购买"五·四"式手枪1支及子弹16发。同年5月，韩法将该枪交给陈辉光，陈辉光将该枪藏匿于深圳鹏飞花园3栋304房。

1997年8、9月间，被告人陈智浩指使被告人罗志平购买枪支。罗志平在广东韶关向"阿文"购买雷鸣登霰枪1支及霰弹子弹26发后带回陈辉光藏，交被告人罗月其收藏。数天后，陈智浩指使陈辉光将罗月其佳枪及架回该枪，陈辉光将该枪与上述"五·四"式手枪一起藏匿于深圳鹏飞花园3栋304房。1998年4月，陈辉光得陈智浩被我公安机关抓获后，即通知被告人刘锡栋将该2支枪转移，刘锡栋即将该2支枪从鹏飞花园3栋304房转移到深圳市洪河大道绿景花园5栋303房藏匿。破案后，上述枪支、弹药被缴获。

上述犯罪事实清楚，证据确实充分，足以认定。

本院认为：被告人张子强无视国家法律，非法买卖、运输、储存爆炸物，其行为已触犯《中华人民共和国刑法》第一百二十五条第一款的规定，构成非法买卖、运输、储存爆炸物罪，情节严重，应依法予以严惩；逃避海关监管，

……19……

走私枪支、弹药、爆炸物，根据《中华人民共和国刑法》第十二条的规定，其行为已构成触犯全国人民代表大会常务委员会《关于惩治走私罪的补充规定》第一条的规定，构成走私武器、弹药罪，情节特别严重，应适用上述规定依法予以严惩；以勒索财物为目的的绑架他人，其行为已触犯全国人民代表大会常务委员会《关于严惩拐卖、绑架妇女、儿童的犯罪分子的决定》第二条第三款和《中华人民共和国刑法》第二百三十九条的规定，根据《中华人民共和国刑法》第十二条的规定，应适用《中华人民共和国刑法》第二百三十九条的规定，构成绑架罪，情节严重，应依法惩处。根据修订的《中华人民共和国刑法》第六十四条和《中华人民共和国刑法》第六十九条的规定，对被告人张子强应数罪并罚。被告人张子强在伙同实施的多次共同犯罪中，负责组织、指挥，起主要作用，是主犯，根据修订的《中华人民共和国刑法》第二十三条和《中华人民共和国刑法》第二十六条的规定，应分别从重处罚和按照其组织、指挥的全部犯罪处罚。

被告人陈智浩无视国家法律，非法买卖、运输枪支、弹药，根据《中华人民共和国刑法》第十二条的规定，触犯修订的《中华人民共和国刑法》第一百二十二条的规定，已构成非法买卖、运输枪支、弹药罪，且情节特别严

……20……

被告人刘锡架无视国家法律，违反枪支管理规定，非法私藏枪支、弹药，其行为已触犯《中华人民共和国刑法》第一百二十八条的规定，构成非法私藏枪支罪，弹药罪。

被告人叶继聪无视国家法律，明知是犯罪所得的赃款而予以窝藏，根据《中华人民共和国刑法》第十二条的规定，其行为已触犯修订前的《中华人民共和国刑法》第一百七十二条的规定，构成窝赃罪。

被告人叶继钰无视国家法律，明知是犯罪所得的赃款而予以窝藏，根据《中华人民共和国刑法》第十二条的规定，其行为已触犯修订前的《中华人民共和国刑法》第一百七十条的规定，构成窝赃罪。

为严肃国家法律，维护公共安全和社会管理秩序，保护公民的人身权利和公私财产权利不受侵犯，保障社会主义建设事业的顺利进行，依照《中华人民共和国刑事诉讼法》第一百四十一条的规定，提起公诉，请依法判处。

此致

广东省广州市中级人民法院

检察员

一九九八年九月二十九日

……34……

犯的罪行，在内地被判处死刑的可能性极大，而在香港却最多被处以终身监禁。对此，检察机关在庭审辩论中指出："起诉书指控的犯罪，有些犯罪行为虽然是在香港实施，但是组织、策划等实施犯罪的准备工作，均发生在内地；实施犯罪所使用的枪支、爆炸物及主要的作案工具均是从内地非法购买后走私运到香港，依照《中华人民共和国刑事诉讼法》第二十四条的规定，内地法院对本案依法享有管辖权"，打消了张子强等人逃避内地审判的企图。

本案公诉遇到的第二个问题是刑法适用问题。内地与香港的法律制度存在较大差异，由于本案的特殊性，张子强等人再次对适用的法律提出异议，同样也被公诉人逐一驳斥。公诉意见书指出：张子强、钱汉寿违反国家有关爆炸物管理的法律、法规，非法买卖爆炸物的行为，危害公共安全，已触犯《中华人民共和国刑法》第一百二十五条第一款的规定，构成非法买卖爆炸物罪，其他绑架等犯罪行为，虽有部分是在香港地区实施的，但同样适用我国刑法有关规定，有理有据，让一些欲借本案攻击我国对香港"一国两制"政策的阴谋落空。在公诉策略上，公诉意见书采取"一罪一论"的方式，从犯罪构成到定性，再到法律适用，层层递进，步步为营，没给被告人留空子可钻。

（二）密切两地合作，完善司法协助

由于本案是跨境犯罪，而且还是在香港刚刚回归之初，内地与香港各种关系都尚在理顺期间，因此还存在内地与香港司法协作的问题。1996年5月，张子强团伙绑架香港商人李嘉诚的长子李泽钜；1997年9月，张子强团伙绑架香港商人郭炳湘，以及张子强等人非法买卖、储存爆炸物并运输至香港等犯罪行为，指控所需要的证据都需要香港等方面的配合和协作。

张子强等人非法买卖爆炸物、绑架、走私武器、弹药案

公诉意见

审判长、审判员：

被告人张子强、陈智浩、马尚忠、梁辉、钱汉寿、朱玉成、李运、蔡智杰、刘鼎勋、叶心瑜、黄华生、钱汉业、柯贤庭、罗志平、张焕群、胡济舒、黄其德、张志烽、甘承强、邓礼恩、何志昌、余船、江荣长、江才古、黄文雄、刘国华、余汉俊、黄毅、陈树汉、陈辉光、韩法、罗月英、陈立新、刘锦棠、叶继聪、叶继钰等36人非法买卖、运输、储存爆炸物、非法买卖、运输、储存枪支、弹药，走私武器、弹药、绑架、抢劫、私藏枪支、弹药、窝赃一案，从10月20日起，在这里依法开展公开审理。根据《中华人民共和国刑事诉讼法》第一百五十三条及《人民检察院组织法》第十五条的规定，我们受广东省广州市人民检察院指派，以国家公诉人的身份出席法庭，支持公诉，并依法履行法律监督职责，现发表公诉意见如下：

一、本案各被告人犯罪事实清楚，证据确实充分，足以认定

根据《中华人民共和国刑事诉讼法》第一百五十五条及一百五十七条的规定，长达7天的法庭调查合法公正。公诉人依法讯问了各个被告人，并依次举出了各项犯罪事实的证

…1…

据。这些证据，由侦查机关通过合法的程序取得，在法庭上亦已经过公诉方和辩护方的质证，并被法庭记录在案。

从公诉人举出的证据来看，被告人张子强、钱汉寿、刘鼎勋、钱汉业、余船、江荣长、江才古、黄文雄、刘国华等9人非法买卖、运输、储存爆炸物的犯罪事实，有缴获的炸药818.483公斤、雷管1997支、导火索1627米等大量物证证实，国际刑警组织也提供了香港警方侦办此案的警员关于查获这些物证的经过及对这些物品的成分进行化验的证言。这些证据，均证实涉案的物品属《中华人民共和国民用爆炸物品管理条例》管理的严禁未经许可擅自买卖、运输、储存的民用爆炸物，而公安机关出具的证明证实，涉案的各个被告人，无论是买卖、运输还是储存，都没有获得相应的许可证。在证人证言方面，经公安机关多方调查找到的多名船工，作为在现场的目击证人，证实了被告人黄文雄、钱汉业在码头上交接、运输这些爆炸物的事实。在被告人供述方面（除部分被告人无视真相，拒不承认或部分推翻原供述外），大部分被告人无论是在侦查阶段、审查起诉阶段还是庭审阶段，都对自己在全案不同环节所完成的行为作了供述。这一系列证据，彼此之间关联紧密、互相印证，客观、全面地证实了作案的全过程，也证实了各被告人所应承担的责任。

被告人张子强、陈智浩、马尚忠、梁辉、朱玉成、李运

…2…

所缴获的AK47自动步枪等枪械所发射，被劫金铺还提供了案发当时闭路电视拍摄的作案过程，这些录像资料经转化为照片已经在庭上出示。正因为这些照片，尽管被告人作案时为逃避罪责戴上了面具，但经各被告人自己的辨认和互相指证，仍确认出了面具背后的真实面孔。在深圳市的钢材抢劫案中，公诉人还举出了被劫提货单、被告人书写的信件及签订的合同等重要书证。其余的多宗非法买卖、运输、储存枪支、弹药、爆炸物、非法私藏枪支、弹药的犯罪事实，其中一部分是根据被告人自首而供破的，而且绝大部分事实均有被缴获的枪支、弹药、爆炸物及相应的刑事科学技术鉴定书作证，被告人均供认在案，事实同样是清楚的，证据链同样是完整、严密的。因此，公诉人认为，本院起诉书所指控的犯罪事实清楚，证据确实、充分，足以定罪量刑的坚实基础。

二、本案被告人的行为严重危害社会，依法应予严惩

本案被告人多达36名，被指控的罪名共有6种，其中10名被告人被指控犯有2种或2种以上不同的罪名。作案人员来自广东、湖南、香港等地，作案地域跨越广东、湖南、云南和香港等地，作案地域跨越广东、湖南、云南和香港，时间跨度从1991年至1998年。所作案件包括2次绑架、3次抢劫、非法买卖、运输、储存大量爆炸物，走私大批武器、弹药，多次非法买卖、运输、储存枪支、弹药，爆炸物、私藏枪支、弹药及窝赃，单是2次绑架，便绑架人质3名，勒索赎金港

…4…

● 张子强等人非法买卖爆炸物、绑架、走私武器、弹药案公诉意见书（部分）

为此，侦查机关、检察机关积极与香港司法机关紧密协作，在公诉时出示了大量由国际刑警组织、香港警方提供的证据，其中不仅有查扣物品的书证，还有香港警方警员的证言、技术鉴定等，这一举措让被告人张子强等人始料不及，关于内地无法取得相关证据的预期完全崩塌，内地与香港的紧密合作，确保了本案的顺利公诉，为打击跨境犯罪树立了典范，更为重要的是，该案的成功公诉和审判，为以后跨境犯罪的办理提供了样板，为维护祖国统一，捍卫国家主权完整提供了司法保障。

案例推荐：广东省人民检察院

撰稿：李军

审稿：李勇

王青华、高世发等人生产、销售有毒食品案

——造成 200 余人中毒的山西朔州假酒案

基本案情

王青华，男，时年 36 岁，山西省文水县人，农民。

武保全，男，时年 40 岁，山西省文水县人，农民。

王晓东，男，时年 27 岁，山西省文水县人，农民。

王瑞，男，时年 46 岁，山西省文水县人，农民。

高世发，男，时年 30 岁，山西省汾阳市杏花村镇人，山西省汾阳市杏花村镇中杏酒厂厂长。

（其他被告人基本情况略）

1997 年，王青华从太原南郊区"宇誉溶剂加工部"先后 15 次购买甲醇 30 余吨，在明知甲醇对人体有害的情况下，为牟取非法利益，将甲醇兑入酒梢内，伙同妻子武燕萍共同生产出甲醇含量严重超标的散装白酒 50 余吨，后售给文水县武图强兄弟、王晓东等人。山西省汾阳市杏花村镇中杏酒厂厂长（以下简称"中杏酒厂"）高世发等人从武图强兄弟处购得甲醇含量严重超标的散装白酒 90 余吨，与本厂生产的白酒勾兑成甲醇含量严重超标的白酒 700 余吨，包装成中华礼酒等十多种礼品盒酒，销往山西省、河北省、黑龙江省等全国 7 省 20 余个销售点。1998 年 1 月，朔州市发

生了数百人饮用散装白酒甲醇中毒的恶性事件后，在山西电视台播出了山西省工商局停止饮用和销售文水等地散装白酒的紧急通知后，中杏酒厂仍销售毒白酒并售出文水等地。被告人梁来狗等人购买有毒白酒 530 千克后，又在酒中兑入水和汾酒香精等添加剂，出售约 50 千克。在短短几天时间内，假酒造成了 222 人中毒，27 人死亡。

1998 年 2 月 21 日，山西省人民检察院吕梁分院分别对王青华等 9 人、对高世发等 4 人向山西省吕梁地区中级人民法院提起公诉。1998 年 3 月 5 日，吕梁地区中级人民法院以生产、销售有毒食品罪判处王青华、高世发、武保全、王晓东、王瑞死刑，剥夺政治权利终身，并分别判处罚金。以生产、销售有毒食品罪或生产、销售不符合卫生标准的食品罪判处其他 2 名被告人无期徒刑，6 名被告人有期徒刑五年至十五年，并分别判处罚金。

案件背景与社会影响

1998 年除夕夜，正当三晋大地的大同市、朔州市千家万户百姓欢聚在电视机前，收看中央电视台春节晚会时，荧屏下方突然出现一行字——"紧急通知：我市近日流入清徐、文水、孝义生产的散装白酒，已造成严重后果，望广大市民不要饮用此酒"。这就是震惊全国的山西朔州假酒案。王青华、高世发等人生产、销售有毒食品案是朔州假酒系列案中最主要的两起。朔州假酒案，其生产数量之大、销售范围之广、社会危害之重、造成影响之坏、民愤之大都是前所未有的。

案件审理期间，1998 年 2 月 24 日的《人民日报》刊发《沉重的代价换来什么——在山西文水制造销售假酒案发生地的思考》的文章，文章指出："我们的基层政权建设和法制建设，在偏远的农村要比在城市走更多的路。仅就打假而言，如何在广阔的农村健全市场行为，教育农民提高自我保护意识，确实已经提上了议事日程，至少是我们不能再让甲醇横流毒害生灵了！"朔州假酒案击碎了山西白酒完美的形象。此案发生后，整个山西省酿酒产业受到严重影响，连老字号品牌汾酒也受到株连，销量大幅度下降，不少企业产品积压，销路受阻。

公诉指控 ···

（一）准确辨析罪名

1979 年《刑法》中并未规定生产、销售有毒、有害食品罪，但是自改革开放以后，商品经济的发展搞活了市场，也"搞活"了人们的思想，越来越多的不法商贩为了降低成本、获取非法暴利，大量制造和销售伪劣商品，其中包括有毒有害食品，鉴于当时没有明确具体罪名，司法机关通常是以其他危险方法危害公共安全罪定罪处罚。为了遏止此类犯罪的蔓延，又能做到有法可依，全国人大常委会于 1993 年 7 月 2 日通过了单行刑法《关于惩治生产、销售伪劣商品犯罪的决定》，1997 年刑法修订时，吸收了该单行刑法的内容，在刑法中正式确立了生产、销售有毒、有害食品罪，另外还对生产、销售不符合卫生标准的食品罪作了明确规定。2011 年全国人大常委会《中华人民共和国刑法修正案（八）》将不符合卫生标准的食品罪修订为不符合食品安全标准的食品罪。

本案中涉及两个罪名，分别是生产、销售有毒食品罪或生产、销售不符合卫生标准的食品罪，两罪同属于《刑法》第三章破坏社会主

山西省人民检察院吕梁分院
起　诉　书
吕检刑诉（1998）3号

● 王青华、高世发等人生产、销售有毒食品案对王青华等人的起诉书（部分）

山西省人民检察院吕梁分院
起 诉 书

吕检刑诉 (1998) 4号

被告人高世发，男，一九六八年六月十四日出生、汉族，小学文化，汾阳市杏花村镇东堡村农民，住本村。一九九八年二月三日被汾阳市公安局刑事拘留，同年二月十五日因生产、销售有毒、有害食品，经汾阳市人民检察院批准，被该市公安局逮捕，捕前系汾阳市杏花村镇中吉酒厂厂长。

被告人张志源，男，一九五七年四月二十日出生、汉族，小学文化，汾阳市杏花村镇冯都沟村农民，住本村。一九九八年二月八日被汾阳市公安局刑事拘留，同年二月十五日因生产有毒、有害食品，经汾阳市人民检察院批准，被该市公安局逮捕，捕前系汾阳市杏花村镇中吉酒厂生产、技术负责人。

被告人贾建有，男，一九六六年二月二十七日出生、汉族，小学文化，汾阳市杏花村镇东堡村农民，住本村。一九九八年二月十五日被汾阳市公安局刑事拘留，同年二月十五日因销售有毒、有害食品，经汾阳市人民检察院批准，被该市公安局逮捕，捕前系汾阳市杏花村镇中吉酒厂收购、销售业务的副厂长。

—1—

百四十四条之规定，构成了生产、销售有毒、有害食品罪。被告人张志源负责全厂白酒勾兑与兑检工作，当得知该厂所产白酒甲醇含量严重超标之后，不采取任何措施，仍继续生产，其行为触犯了《中华人民共和国刑法》第一百四十四条之规定，构成了生产有毒、有害食品罪。被告人贾建有、郝艳君，在收购散白酒过程中，不经任何检验，购进甲醇含量严重超标的散白酒，特别是朔州市毒酒事件发生后，两被告人继续销售，其行为触犯了《中华人民共和国刑法》第一百四十四条之规定，构成了销售有毒、有害食品罪。

本院认为：被告人高世发、张志源、贾建有、郝艳君，目无国法，胆大妄为，为牟取非法利益，生产、销售甲醇含量严重超标的白酒，造成一人死亡、两人伤残的严重后果。该厂有毒白酒扩散到全国七省、市，给人民生命安全和健康造成严重威胁，严重影响了山西省的酒类生产和销售，犯罪情节恶劣，后果严重，影响极坏，民愤极大。上列被告人在本案中均起了主要作用，应根据《中华人民共和国刑法》第一百四十一条、第二十六条第一款之规定处罚，为严厉打击刑事犯罪，确保公民人身权利不受侵犯，维护社会主义市场经济铁序，依据《中华人民共和国刑事诉讼法》第一百四十一条之规定，特提起公诉，请依法从重判处。

此 致
吕梁地区中级人民法院

—4—

● 王青华、高世发等人生产、销售有毒食品案对高世发等人的起诉书（部分）

义市场经济秩序罪，区分两罪的关键在于行为方式，前者表现为在生产、销售的食品中掺入有毒、有害的非食品原料或者销售明知掺有有毒、有害的非食品原料的食品的行为；后者表现为掺入食品添加剂或被污染了的、变质、腐败食品原料，从而造成食品不符合卫生标准。另外，两罪在主观恶性也有明显区分，前者主观恶性明显高于后者。

本案中，检察机关认定王青华等人明知甲醇对人体有害，在非法利益驱使下，大量使用甲醇加工生产甲醇含量严重超标的有毒液体，假冒白酒销售，构成了生产、销售有毒食品罪；认定梁来狗等人在不法利益驱使下，虽不明知含有甲醇等有毒物质，但明知所贩卖的"白酒"无任何检测证明，而予以销售，并在销售中兑水和加入汾酒香精等添加剂，构成了生产、销售不符合卫生标准的食品罪，定性是准确的。

（二）回应社会关切

"新春佳节摆上一桌好菜，烫上一壶好酒，杯中斟满的竟是毒酒……"检察机关在法庭上通过公诉意见书这一载体控诉贪婪欲膨胀、胆大妄为的被告人王青华；缅怀永远长眠在黄土之中，饮酒中毒的死者们；抚慰新春佳节却悲痛欲绝的死者家属们。同时也向人们道明了事件的来龙去脉：只有小学文化的山西农民王青华自购了大量甲醇，外加回收的酒梢，酒梢是提香的，甲醇是工业酒精，再以一定比例的水勾兑成假酒，通过如此简单的制作，却通过层层销售环节，最终销售到多省，造成数十人死亡，数百人受伤，给山西省酿酒产业造成无法弥补的损失。

多个让人震惊又遗憾的事实让人唏嘘：工业原料甲醇，是一种剧毒液体，它虽有酒精的气味，但与酒精、乙醇并非一种物质，进入人体后危害程度是非常严重的，极强的毒性，常人致死量在10克以上，误食者轻的失明，重者丧生，而本案白酒最高超标达887.25倍；首犯王青华之前就有做假酒的前科，因为当时生产范

公 诉 词

审判长、审判员：

被告人王青华、武保全、王晓东、王璐、孟源俊、武艳萍、孟安仁、梁来狗、赵远强，生产销售有毒有害食品，生产销售不符合卫生标准的食品一案，今天在这里依法公开审理。我们代表山西省人民检察院吕梁分院以国家公诉人的身份出庭法庭支持公诉，并依法履行审判监督职责。通过上述庭审调查，控辩双方的举证、质证、出示物证，证实本院起诉书指控被告人王青华、武保全、王晓东、王璐、孟源俊、武艳萍、孟安仁犯有生产销售有毒有害食品罪，被告人梁来狗、赵远强犯有生产销售不符合卫生标准的食品罪，事实清楚，证据确实充分。现在本公诉人就本案各被告人的犯罪性质、社会危害及应从中汲取的教训发表公诉意见如下：

年终岁末，春节即将来临，家家户户置办年货，张灯结彩。摆上一桌好菜，筛上一壶老酒，举杯祝福，欢度佳节。然而谁能想到举起的杯中斟满的竟是毒酒，欢聚的亲人将为此付出生命的代价。

九八年一月二十六日，我省朔州市平鲁区人民医院先后抬进六个经诊断系饮用甲醇严重超标中毒的急性病人，虽经全力抢救，终因中毒严重，六个人全部死亡。霎时医院里哭声凄惨，揪心裂肺。六具尸体刚抬出病房，

· 1 ·

彩灯换成却是忧悼，时尚的新装换成孝服，没有雪花对联，没有一点过年的气氛，只有那悲痛欲绝的哭喊声，老人送儿需悲切切，妻子送夫梅悠悠。

这次假酒中毒案件造成了巨大的损失，也给人们以深刻的教训！首先，它告诫人们，在改革开放，搞活经济的今天，不论是生产，还是经商，都必须遵守国家的法律，必须严格依法办事。搞活经济不是为所欲为，不能没有规范，更不能为谋一己私利而置国家法律于不顾，置人民群众的死活于不顾，都必须搞清建你所生产和销售的竟是什么，它会给社会造成什么后果。依法生产，依法经商，对社会负责，才能实现致富目标，绝不能像王青华、武艺全等人这样，唯利是图，见利忘义，结果是既害了别人又害了自己；其次，有关部门应充分发挥职能作用，加强对生产、销售环节的管理，对产品质量要定期进行监督检查，确实防止不合格尤其是不符合食品卫生法的有毒有害食品流入社会。要加强对制假、售假活动的打击力度，要在全社会开展一场打假斗争，绝不能让类似事件再次发生；第三，广大人民群众要充分认识制假、售假的危害，不但自己不要制假、售假，而且要积极投入到打击制假、售假活动中去。人民群众的眼睛是雪亮的，任何制假、售假都离不开社会，都逃脱不了人民群众的眼光。广大人民群众要敢于同制假、售假行为作斗争，要敢于制止、揭发制假、售假活动，从而保证别人也保证自己不受假冒伪劣危害之害。

· 5 ·

审判长、审判员：

被告人王青华、武保全、王晓东、王璐、孟源俊、武艳萍、孟安仁、梁来狗、赵远强，为牟取非法利益，生产销售有毒有害食品，生产销售不符合卫生标准的食品，造成极其严重的后果。其犯罪情节恶劣，后果特别严重，民愤极大，应依法从严惩处。请人民法院依法对被告人从重从快予以严惩，以正国法，以平民愤，从而打击制假、售假犯罪活动，保护人民群众的生命不再受侵害，保证社会主义建设和改革开放的顺利进行。

· 6 ·

● 王青华、高世发等人生产、销售有毒食品案公诉词（部分）

围小被判过刑，放出来后重操旧业，终于搞出了人命；被告人中杏酒厂厂长高世发得知自己售出河北省的白酒因甲醇严重超标被当地查封后，仍为谋取利益，继续收购毒酒，予以生产、销售，在山西省电视台播出了关于停止饮用和销售文水等地散白酒的公告后，副厂长贾建有仍将掺有甲醇的白酒销出，致使毒酒进一步扩散。

解开公众疑问，回应公众关切，检察机关将案件放在发案时大时代背景之下——20世纪90年代计划经济向市场经济逐步过渡时期。1995年9月，十四届五中全会通过了"九五"计划，指出国家进入改革开放和社会主义现代化建设事业承前启后、继往开来的重要时期，要进一步解放和发展社会生产力，积极发展第三产业，实现经济体制从传统的计划经济体制向社会主义市场经济体制转变。此后，国内经济处于高速发展阶段，至1998年国内生产总值维持在8.8%—10.2%的高速增长水平上。在经济体制加速转变，生产力进一步解放，人民物质生活得到极大改善的同时，出现了不法商贩乘机"钻了空子"，生产销售假冒、有毒有害商品的"不和谐"现象，不仅损害了市场经济秩序，也极大地威胁着民众的健康安全。

（三）彰显社会效果

公诉人在法庭之上不仅仅要完成指控犯罪的重任，更承载着社会担当。本案的公诉意见书指出，"搞活经济不是为所欲为，不能没有规矩，更不能为谋一己私利而置国家于不顾，置人民群众的死活于不顾，都必须搞清楚你所生产和销售的究竟是什么，它会给社会造成什么后果。本案中的被告人见利忘义，丧失起码的道德和良知，就是那种只顾自己赚钱，而致他人死活于不顾的反面典型"。

● 王青华、高世发等人生产、销售有毒食品案刑事判决书（部分）

悲剧已然发生，数十条鲜活的生命悄然逝去，除了哀痛，亟须寻找"亡羊补牢"的智慧和面向未来的力量。公诉意见给出了这样的建议："要逐步建立一整套合理、完整的经营机制，特别要加强对个体私营企业的管理和职业教育，提高他们学法、守法的自觉性，使严格合法经营成为这些人的自觉行为；有关部门应充分发挥职能作用，要把堵塞假酒的源头放到重要位置上，加强对生产、销售环节的管理，对产品质量要定期进行监督检查，确实防止不合格尤其是不符合食品卫生法的有毒有害食品流入社会；要加强对假冒、伪劣商品这一社会公害的打击力度，营造全社会人人抵制假冒、人人痛恨假冒的良好风气，绝不能让类似事件再次发生。"

案例推荐：山西省人民检察院

撰稿：项萌

审稿：李勇

胡银峰虚开增值税专用发票案

——共和国第一税案的冰山一角

基本案情

胡银峰，男，时年 36 岁，浙江省永康市人。

自 1995 年 6 月至 1996 年 12 月间，胡银峰以牟利为目的，骗取虚假的验资报告、租房协议等资料，分别在浙江省金华县白龙桥镇、罗埠镇以自己的名义或借他人的名义先后在金华县工商行政管理部门注册成立了金华县宏业工贸物资有限公司、金华县广元工贸有限公司等 7 家公司，后以上述公司的名义在金华县税务机关进行税务登记，申报取得一般纳税人资格，并先后申领增值税专用发票 350 本（其中 13 本为空白发票交回核销）。在无经营场地和经营人员、无货物购销和资金往来的情况下，为全国 30 个省、自治区、直辖市的 4000 余家企业虚开增值税专用发票 337 本，计 6113 份。虚开价税总额 642949968.19 元，其中税额 93249026.14 元。受票单位已向各地国家税务机关抵扣税款 89730597.33 元，至判决日尚未追回 24885924.34 元。

1998 年 10 月 8 日，金华市人民检察院向金华市中级人民法院提起公诉。同年 11 月 1 日，一审法院作出判决，胡银峰犯虚开增值税专用发票罪，判处死刑，剥夺政治权利终身，并处没收全部财产。

宣判后胡银峰提出上诉，1998年12月8日，浙江省高级人民法院作出裁定，驳回上诉，维持原判。

案件背景与社会影响

浙江省金华县特大系列税案是1994年我国全面开展新税制改革以来，截至案发当时，查处的虚开增值税专用发票数额最大的系列案件，也是因虚开增值税专用发票被判处死刑为数不多的案件，被媒体称为"共和国第一税案"。该系列案件共涉及金华县企业200余家，直接涉及虚开专用发票的犯罪分子150余人，涉及党政干部、税务干部20余人，受票方涉及全国36个省、自治区、直辖市和计划单列市的3000多个县、市的近3万户企业，涉及虚开发票6万余份，票面金额60亿余元，其中税金9亿余元，受票单位已申报抵扣7亿余元，给国家财政造成了巨大损失，社会影响极其恶劣。

公诉指控

本案作为金华县特大系列税案中的典型案件，涉及金华当地税务机关一批公职人员的贪腐、渎职等犯罪行为。金华县人民检察院受理该案后，经审查发现该案涉案金额特别巨大，依法报送金华市人民检察院审查起诉。金华市人民检察院经过认真梳理680余本卷宗，针对案件证据情况制作举证提纲，撰写公诉意见书，依法对胡银峰提起公诉并顺利完成了出庭支持公诉工作。同时，金华县人民检察院还承担了与胡银峰案关联的一系列职务犯罪案件的侦查工作。

胡银峰虚开增值税专用发票案由于其涉案公司众多，涉案增值税专用发票数量、金额庞大，且案发背景复杂，实际涉案人员众多，指控难度大。

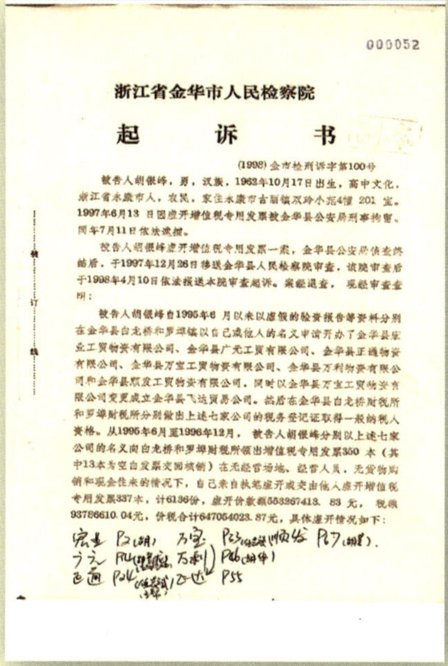

000052

浙江省金华市人民检察院

起　诉　书

(1998) 金市检刑诉字第100号

被告人胡银峰，男，汉族，1962年10月17日出生，高中文化，浙江省永康市人，农民，家住永康市古丽镇双玲小院4幢 201 室。1997年6月13 日因虚开增值税专用发票被金华县公安局刑事拘留，同年7月11日依法逮捕。

被告人胡银峰虚开增值税专用发票一案，金华县公安局侦查终结后，于1997年12月26日移送金华县人民检察院审查，该院审查后于1998年4月10日依法报送本院审查起诉。案经退查，现经审查查明：

被告人胡银峰自1995年6 月以来以虚假的验资报告等资料分别在金华县白龙桥和罗埠镇以自己或他人的名义申请开办了金华县宏业工贸物资有限公司、金华县广元工贸有限公司、金华县正通物资有限公司、金华县万宝工贸物资有限公司、金华县万利物资有限公司和金华县顺发工贸物资有限公司，同时以金华县万宝工贸物资有限公司变更成立金华县飞达贸易公司。然后在金华县白龙桥财税所和罗埠财税所分别领出上述七家公司的税务登记证取得一般纳税人资格。从1995年6月至1996年12月，被告人胡银峰分别以上述七家公司的名义向白龙桥和罗埠财税所领出增值税专用发票350 本（其中13本为空白发票交回核销）在无经营场地、经营人员，无货物购销和现金往来的情况下，自己亲自执笔虚开或交由他人虚开增值税专用发票337本，计6136份，虚开价款额553267413. 83 元，税额93786610. 04元，价税合计647054023. 87元，具体虚开情况如下：

宏业 P2(胡) 万宝 P23([illegible])顺发 P27(胡[illegible]).
广元 P14([illegible]) 万利 } P26(胡申)
正通 P26([illegible])飞达 P55

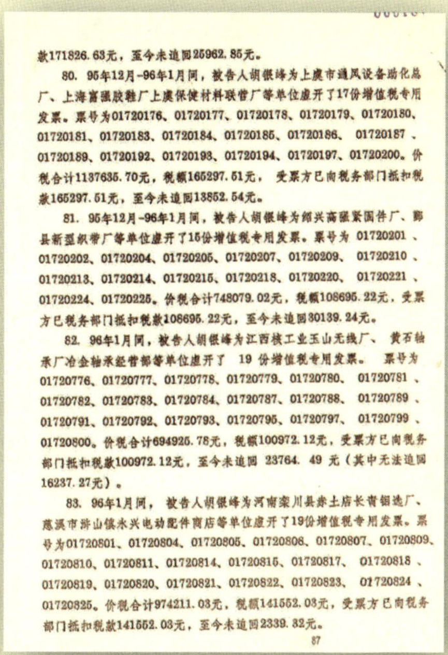

款171826. 63元，至今未追回25962. 85元。

80. 95年12月-96年1月间，被告人胡银峰为上虞市通风设备助化总厂、上海富强胶鞋厂上虞保健材料联营厂等单位虚开了17份增值税专用发票。票号为01720176、01720177、01720178、01720179、01720180、01720181、01720183、01720184、01720185、01720186、01720187、01720189、01720192、01720193、01720194、01720197、01720200。价税合计1137635. 70元，税额165297. 51元，受票方已向税务部门抵扣税款165297. 51元，至今未追回13852. 54元。

81. 95年12月-96年1月间，被告人胡银峰为绍兴高强紧固件厂、鄞县新型织带厂等单位虚开了15份增值税专用发票。票号为 01720201、01720202、01720204、01720205、01720207、01720209、01720210、01720213、01720214、01720215、01720218、01720220、01720221、01720224、01720225。价税合计748079. 02元，税额108695. 22元，受票方已税务部门抵扣税款108695. 22元，至今未追回30139. 24元。

82. 96年1月间，被告人胡银峰为江西核工业玉山无线厂、黄石轴承厂冶金轴承经营部等单位虚开了 19 份增值税专用发票。 票号为01720776、01720777、01720778、01720779、01720780、01720781、01720782、01720783、01720784、01720787、01720788、01720789、01720791、01720792、01720793、01720795、01720797、01720799、01720800。价税合计694925. 78元，税额100972. 12元，受票方已向税务部门抵扣税款100972. 12元，至今未追回 23764. 49 元（其中无法追回16237. 27元）。

83. 96年1月间，被告人胡银峰为河南栾川县赤土店长青钼选厂、慈溪市浒山镇永兴电动配件商店等单位虚开了19份增值税专用发票。票号为01720801、01720804、01720805、01720806、01720807、01720809、01720810、01720811、01720814、01720815、01720817、01720818、01720819、01720820、01720821、01720822、01720823、01720824、01720825。价税合计974211. 03元，税额141552. 03元，受票方已向税务部门抵扣税款141552. 03元，至今未追回2339. 32元。

87

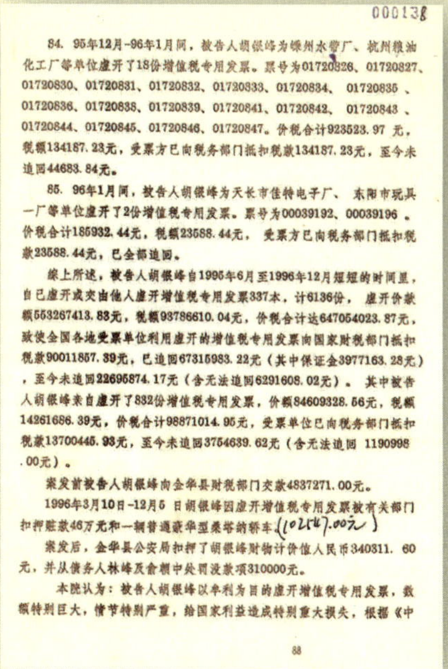

000138

84. 95年12月-96年1月间，被告人胡银峰为嵊州水带厂、杭州粮油化工厂等单位虚开了18份增值税专用发票。票号为01720826、01720827、01720830、01720831、01720832、01720833、01720834、01720835、01720836、01720838、01720839、01720841、01720842、01720843、01720844、01720845、01720846、01720847。价税合计923523. 97 元，税额134187. 23元，受票方已向税务部门抵扣税款134187. 23元，至今未追回44683. 84元。

85. 96年1月间，被告人胡银峰为天长市佳特电子厂、东阳市玩具一厂等单位虚开了2份增值税专用发票。票号为00039192、00039196 。价税合计185932. 44元，税额23588. 44元，受票方已向税务部门抵扣税款23588. 44元，已全部追回。

综上所述，被告人胡银峰自1995年6月至1996年12月短短的时间里，自已虚开或交由他人虚开增值税专用发票337本，计6136份，虚开价款额553267413. 83元，税额93786610. 04元，价税合计达647054023. 87元，致使全国各地受票单位利用虚开的增值税专用发票向国家财税部门抵扣税款90011857. 39元，已追回67315983. 22元（其中保证金3977163. 28元），至今未追回22695874. 17元（含无法追回6291608. 02元）。其中被告人胡银峰亲自虚开了832份增值税专用发票，价额84609328. 56元，税额14261686. 39元，价税合计98871014. 95元，受票单位已向税务部门抵扣税款13700445. 93元，至今未追回3754639. 62元（含无法追回 1190998. 00元）。

案发前被告人胡银峰向金华县财税部门交款4837271. 00元。

1996年3月10日-12月5 日胡银峰因虚开增值税专用发票被有关部门扣押赃款46万元和一辆普通桑华型桑塔纳轿车（102547.00元）

案发后，金华县公安局扣押了胡银峰财物计价值人民币340311. 60元，并从债务人林峰及舍朝中处罚没款项310000元。

本院认为：被告人胡银峰以牟利为目的虚开增值税专用发票，数额特别巨大，情节特别严重，给国家利益造成特别重大损失，根据《中

88

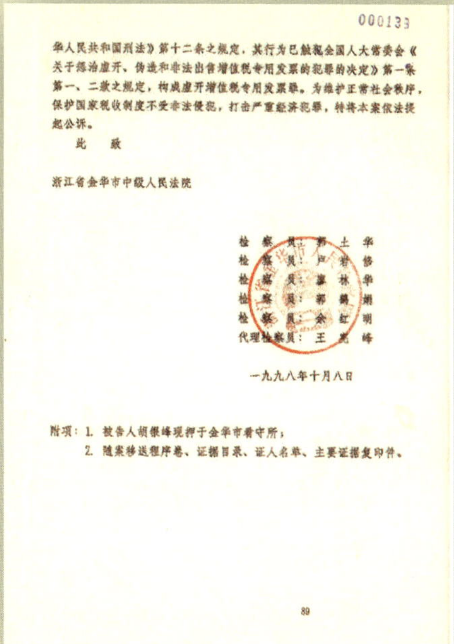

000133

华人民共和国刑法》第十二条之规定，其行为已触犯全国人大常委会《关于惩治虚开、伪造和非法出售增值税专用发票的犯罪的决定》第一条第一、二款之规定，构成虚开增值税专用发票罪。为维护正常社会秩序，保护国家税收制度不受非法侵犯，打击严重经济犯罪，特将本案依法提起公诉。

此　致

浙江省金华市中级人民法院

检　察　员：郭　土　华
检　察　员：卢　春　修
检　察　员：廖　林　华
检　察　员：郭　錫　娟
检　察　员：余　红　明
代理检察员：王　克　峰

一九九八年十月八日

附项：1. 被告人胡银峰现押于金华市看守所；
2. 随案移送程序卷、证据目录、证人名单、主要证据复印件。

89

● 胡银峰虚开增值税专用发票案起诉书（部分）

（一）打牢证据链条，细致梳理案件事实

由于本案涉及7个开票公司，几千余家受票企业，公诉人采取了以涉案开票公司为一级标题的方法来界分事实，如"七、以金华县顺发工贸物资有限公司名义虚开的情况……"，并在标题项下，以涉案增值税专用发票票号的大小顺序为排列基准，详细列明被告人胡银峰控制的每家出票公司为受票企业公司开具的发票份数、发票票号、价税合计金额、税款金额、抵扣税款金额等。这份89页起诉书中，对上述事实部分的表述就占据了87页之多。

在庭审示证过程中，公诉人围绕上述事实，出示税务所发票申领核销账册等书证和多名税务机关工作人员的证人证言，证明胡银峰领用发票的事实；出示涉案发票的存根联、发票联、抵扣联，以及多名从胡银峰处购买发票人员的证人证言，证明胡银峰虚开发票的事实；出示多名受票单位人员的证人证言及其所在地税务机关出具的书面材料，证明无实际经营业务往来并已抵扣税款的事实。全案证据环环相扣，形成了完整闭合的证据链条，为实现庭审效果打下了坚实的证据基础。

（二）回应辩护意见，准确把握犯罪构成

自1995年10月30日全国人民代表大会常务委员会发布《关于惩治虚开、伪造和非法出售增值税专用发票犯罪的决定》后，关于虚开增值税专用发票罪是行为犯、目的犯还是结果犯的争议持续了20余年，至今尚未完全平息。在分析被告人胡银峰构成虚开增值税专用发票罪时，公诉词主要围绕犯罪构成展开论证。但值得注意的是，公诉人在分析论证时结合本案"无资金、无经营场地、无货物往来"的现实情况，强调了增值税专用发票具有直接抵扣税款的作用，阐明了虚开行为的实质违法性在于使受票方通过虚假抵扣造成国家税款流失。这一观点，恰恰与20年后最高人民法院《关于虚开增值税专用发票定罪量刑标准有关问题的通知》的意见不谋而合。

浙江省金华市人民检察院

被告人胡银峰虚开增值税专用发票一案
出庭意见

审判长、审判员：

根据《中华人民共和国刑事诉讼法》第153条和《人民检察院组织法》的有关规定，我们以国家公诉人的身份出席今天的法庭，对金华市中级人民法院在这里公开审理的被告人胡银峰虚开增值税专用发票一案支持公诉，并履行法律赋予的有关职责。

通过这几天的法庭全面调查，公诉人在合议庭的主持下讯问了被告人、宣读了税务机关的证明、税务处理决定书和完税凭证、无法追回证明，当庭出示其证人证言等大量的物证、书证及有关物证(印章)以上这些证据足以查证明了本院起诉书指控的犯罪事实是清楚的，证据确实充分的，罪名成立的。下面，本公诉人就给合金案的有关情况发表如下一些公诉意见，供合议庭参考。

一、被告人胡银锋已构成了虚开增值税专用发票罪。所谓虚开增值税专用发票罪，是指故意违反发票管理法规而为他人虚开、为自己虚开，让他人为自己虚开、介绍他人虚开增值税专用发票或者用于骗取出口退税、抵扣税款的其他发票的行为。

本罪侵犯的客体是国家对增值税专用发票可用于骗取出口退税、抵扣税款的其他发票的监督管理制度。

侵犯的对象是增值税专用发票用于骗取出口退税抵扣税款的其他发票。由于增值税专用发票与普通发票不同的一个重要特点是凭增值税专用发票可以直接抵扣税款，一些单位和个人便无法为

2

他人虚开这种专用发票视为"创收"的捷径，从中获取暴利，不法分子便利用非法虚开的增值税专用发票，大肆进行偷税，骗税等犯罪活动，给国家税收造成巨大的损失。

本罪的客观方面表现为没有货物购销或者没有提供或接受应税劳务而为他人，为自己，让他人为自己，介绍他人虚开增值税专用发票或用于骗取出口退税抵扣税款的其他发票或者用于没有货物购销或提供或接受已应税劳务为自己，为他人，让他人为自己，介绍他人开具数量或金额不实的增值税专用发票或用于骗取出口退税，抵扣税款的其他发票或者进行了实际经营活动，但让他人为自己虚开增值税专用发票或用于骗取出口退税，抵扣税款的其他发票的行为。

"虚开"主要是指：一是行为人在没有任何实际商品交易的情况下，凭空虚开货名、数量、价款并销项税额等商品交易的内容。二是行为人在有一定商品交易的情况下，在填开发票时随意改变货名，虚增数量，价款并销项税额。

本案中的被告人胡银锋，一无资金，二无经营场地，三无真正的货物，却以他人身份证，假的注册登记，假的经营地址，假的通讯地址，骗取了工商企业执照和税务登记证，开取普一般的税人资格，尔后借用了虚开增值税专用发票，在根本没有任何真实的业务活动，为他人代开虚开增值税专用发票活动，或者实施就整本发票卖水康五城的经销者由其自己虚开，开完后再与有关增值税专用发票视经销售由自己拿到所提供税款的出纽胡银，是胡银锋护的是"开票公司"的总经理。

综上所述，胡银锋的行为是虚开的增值税专用发票的行为。

根据《中华人民共和国刑法第二百条之规定，实行为已触及全国人大常委会《关于惩治虚开伪造和非法出售增值税专用发票犯罪的决定》第一条第一、二款之规定，构成虚开增值税专用发票罪。

二、胡银锋虚开增值税专用发票致使受害单位遭国家税收。

3

数额特别巨大，情节特别严重，给国家利益造成特别重大损失。

被告人胡银锋从1996年6月起在白龙桥成立第一个公司金华县亚工贸物业有限公司到1996年12月最后一个金华县飞达贸易公司短短的一年有同里面，成立了七家"皮包公司"，然后以其他9家公司名义聘用管辖人会计共337本，余量并聘6136份，计销售额合计647054022.87元，骗税93786110.04元，致使全国各地受害单位利用虚开的增值税专用发票向国家申领抵扣税额50011857.39元，经公安机关，基层部门努力，已追回67315993.22元(其中保证金3977163.28元)，至今仍未追回22695874.17元(含无法追回629108.02元)，其中被告人胡银锋亲自虚开了832份增值税专用发票，价税合计98871014.95元，骗税款14261686.39元，受害单位已向部门抵扣税款13700445.93元，至今未追回3754499.62元(含无法追回1150998.00元)。

1996年10月17日，最高人民法院关于适用《全国人民代表大会常务委员会关于惩治虚开，伪造和非法出售增值税专用发票犯罪的若干问题的解释第一条第五款之规定：利用虚开的增值税专用发票来抵扣税款或者骗取出口退税100万元以上的，属于"骗取国家税款数额特别巨大"；非法国家税款数额50万元以上并造成终结前尚无法追回的，属于"给国家利益造成特别重大损失"，利用虚开的增值税专用发票骗取国家税款数额特别巨大，给国家利益造成特别重大损失，为"情节特别严重"的基本内容。

根据上述情况对照，被告胡银锋的行为已触犯了《决定》第一条第二款之规定，属数额巨大，情节特别严重，给国家利益造成特别重大的损失。

三、本案带给的启示：

新税制改革从1994年元月实施以来，已经整整过近五年时间了。新税制改革的重点是增值税，而增值税改革的关键是专用

4

发票。增值税专用发票，不仅是纳税人经济活动中的重要凭证，而且是交纳销售方纳税义务和购买方应抵项税款的合法凭证。由于增值税专用发票可以抵扣税款，少则几千元，几百元，多则一张发票就可抵税几十万元，上百万元，甚至骗取出退税，诱成税款大量流失，影响财政收入，影响新税制的健康运，因此，朱镕基总理十分关注增值税专用发票的管理，多次强调要管理人民币发行那样，切实加强对增值税专用发票的管理。

但是近年来，依诈犯态危嚣，虚开增值税专用发票的犯罪活动在一些地方已相当猖獗，逐步从沿海城市曼顺向内地，在一些经济比较与落后的地区迂开已泛滥成灾，成为社会公害，一些不法分子利用虚开增值税抵扣税款致使税收入大量流失，不仅如此和诈联窝财产。严重偷税，偷漏暴税，干扰了规制改革的正常进行同时诱发了其他一些相关的犯罪活动，这一问题已经引起各级党政部门的高度重视和社会各界的广泛关注。

被告人胡银锋虚开增值税专用发票案，是全国各地此类案件特别是"金华县案"里的一个典型，其数额之大，所涉面之广，影响之深远，已远非仅仅可以计算的国家税被被收税人，不仅如此，在国的政治影响以及给金华县和其周边地区的投资环境也笼上了一层阴影，使金华县的正当票据向全国各地都不敢抵扣，故使贸易往来受到严重的影响，其滚成恶果是可预知多的，那么通过虚开发票给金华县增加了财政收入，但这种收入的增扣税来弊远得不偿失，其造成恶果是可预知的。

所以我们应该从中吸取教训，只有合法经营，严格按照党中央制定的经济方针，政策，税收政策来指导我们的经济工作，才不致使我们的经济工作走上岔路，最终杜绝此类犯罪的进一步发生和蔓延。

署林华等
一九九八年十月二十五日

● 胡银峰虚开增值税专用发票案出庭意见书

中华人民共和国最高人民法院
刑事裁定书

(1999)刑复字第 17 号

被告人胡银峰，男，1962 年 10 月 17 日出生，汉族，浙江省永康市农民，住永康市古丽镇双铃小苑 4 幢 201 室。1997 年 7 月 11 日被逮捕，现在押。

浙江省金华市中级人民法院 1998 年 11 月 1 日(1998)金中刑初字第 106 号刑事判决，认定被告人胡银峰犯虚开增值税专用发票罪，判处死刑，剥夺政治权利终身，并处没收全部财产。宣判后，胡银峰不服，提出上诉。浙江省高级人民法院于同年 12 月 8 日以(1998)浙法刑终字第 548 号刑事裁定，驳回上诉，维持原判，并依法报送本院复核。本院依照《中华人民共和国刑事诉讼法》规定的死刑复核程序，组成合议庭，对本案进行了复核。现已复核终结。

本院确认：被告人胡银峰为虚开发票获取非法利益，于 1995 年 6 月至 1996 年 12 月间，使用虚假的验资报告、租房协议等资料，以自己或他人名义在浙江省金华县白龙桥镇、罗埠镇先后申办了既无经营场地，又无经营人员的金华县农业工贸物资有限公司、金华县广元工贸有限公司、金华县

1

正通物资有限公司、金华县万宝工贸物资有限公司、金华县万利工贸物资有限公司、金华县飞达贸易公司和金华县顺发工贸物业有限公司，并取得一般纳税人资格。胡银峰在没有经营活动的情况下，分别以上述 7 家公司的名义为浙江省鄞县宇驰电视设备厂、黑龙江省哈尔滨电表仪器厂、广东省广州市从化新科技开发中心、广西百色地区五金电动工具商店等三十个省、自治区、直辖市的四千余家企业虚开增值税专用发票 337 本，共计 6113 份，价税合计总额 642949968.19 元，税额为 93249026.14 元，受票单位已向税务机关抵扣税款 89730597.33 元，侦查终结前已追回被抵扣税款 64844672.99 元，尚有 24885924.34 元没有追回。

上述事实，有查获的虚开增值税专用发票存根联、发票联、抵扣联复印件、笔迹鉴定结论、税务机关关于虚开增值税专用发票抵扣税款情况的证明及证人证言证实。被告人胡银峰亦供认，足以认定。

本院认为：被告人胡银峰为牟取非法利益，为他人虚开增值税专用发票的行为，构成虚开增值税专用发票罪。骗取国家税款数额特别巨大，情节特别严重，给国家利益造成特别重大损失，依法应予严惩。一审判决、二审裁定认定的基本事实清楚，证据确实、充分，定罪准确，量刑适当，审判程序合法。但一、二审认定的数额有误，依照《中华人民共和国刑法》第十二条第一款、全国人民代表大会常务委员会《关

2

于惩治虚开、伪造和非法出售增值税专用发票犯罪的决定》第一条第一、二、四款和 1979 年《中华人民共和国刑法》第五十三条第一款之规定，裁定如下：

核准浙江省高级人民法院(1998)浙法刑终字第 548 号维持一审以虚开增值税专用发票罪判处被告人胡银峰死刑，剥夺政治权利终身，并处没收全部财产的刑事裁定。

本裁定送达后即发生法律效力。

审 判 长　王桂青
审 判 员　季世敏
代理审判员　刘红章

一九九九年三月一日
书 记 员　郭清国

3

● 胡银峰虚开增值税专用发票案最高人民法院刑事裁定书

同时，本案还有一个主要的争议焦点，即胡银峰领取并虚开增值税专用发票的行为是受到金华县财税局多名税务工作人员的明示或默许的。当时没有计算机管理出票的金税工程，增值税专用发票全凭税务人员手工开具，暴利之下催生了权钱交易。胡银峰能够顺利地大量领购增值税专用发票，并在近两年的时间里未受到刑事追究，与公职人员的渎职密切相关。胡银峰本人也辩解称虚开是在金华县税务人员允许下进行的，按他们的规定缴纳税金。而公诉意见书对此则作出了生动而明确的回应："金华县的正当发票开到全国各地都不敢抵扣，使得金华县与全国各地的贸易往来受挫，为当地投资环境蒙上了阴影。虚开发票虽然增加了财政收入，但就像吃药得了浮肿的病人，其造成的恶果是可想而知的。"

（三）提升素能，专业化办理案件

本案提起公诉时，我国以增值税为主体的新税制改革即将走入第六个年头，尚有许多待完善之处。"要像管理人民币发行那样切实加强对增值税专用发票的管理"。在发表公诉意见时，公诉人没有拘泥于案件本身开展法治教育与宣传，而是结合增值税税制改革的时代背景，以深入浅出的方式阐述了增值税作为流转税层层抵扣税款，避免重复计征，是税制简明公正的重要意义，以及增值税专用发票作为抵扣税款的合法凭证，具有真实的货币价值，虚开虚抵将造成国家财政收入大量流失的危害后果。从中能够看出，公诉人对于增值税相关知识的理解是深刻的。20余年来，随着中国社会的高速发展，今天的办案人员所面对的网络、金融等专业型犯罪案件更是日新月异，同样需要公诉人对相关领域的专业知识有深入的学习和掌握，方能以专业素质打造精品案件。

案例推荐：浙江省人民检察院

撰稿：张美慧

审稿：李勇

白宝山、谢宗芬抢劫、杀人案

——1997 中国刑侦第一案

基本案情 ···

白宝山，男，时年 40 岁，河北省徐水县人，无固定职业。

谢宗芬，女，时年 41 岁，四川省筠连县人，无固定职业。

白宝山因犯盗窃罪于 1983 年被判处有期徒刑四年，后被发现漏罪抢劫罪，于 1985 年合并判处有期徒刑十四年。1991 年遣送新疆农八师一四二团新安监狱服刑。白宝山监狱服刑期间，认为受到狱友李某某、付某某的欺负，先后于 1993 年 9 月 13 日、1994 年 3 月 20 日用榔头杀死两名狱友，未被发现。1996 年 3 月，白宝山刑满释放，因出狱后生活不如意，白宝山产生报复警察等不良心理。1996 年 3 月 31 日，白宝山潜伏至北京市石景山区高井发电厂，持铁棍打晕哨兵，抢走了一支"五六"式半自动步枪。随后，持该步枪先后至北京军区装甲兵司令部、北京市丰台区解放军体育工作大队、河北省徐水县解放军某部抢劫"五四"式手枪、"八一"式步枪各一支，致军警人员 2 人死亡、6 人受伤。1996 年夏，白宝山结识谢宗芬，2 人共同持枪至石家庄批发市场、北京德胜门外香烟批发市场进行抢劫，抢得人民币 6500 余元，并开枪致 1 人死亡，3 人受伤。1997 年 2 月，白宝山伙同谢宗芬，携带枪支前往新疆作案。

到达新疆后伙同狱友吴子明，于 1997 年 7 月初盗窃新疆生产建设兵团农八师某团弹药库（仅窃得冲锋枪弹夹 9 个），7 月下旬开枪打死被害人王吉平抢得摩托车 1 辆。同年 8 月 7 日，白宝山伙同吴子明至新疆生产建设兵团某警务区抢劫"五四"式手枪一支，致 2 名警务人员死亡。8 月 18 日、19 日二人持枪抢劫乌鲁木齐的边疆宾馆，抢得现金人民币 123 万元，开枪打死 7 人，打伤 4 人。8 月 25 日，白宝山将同伙吴子明开枪打死。

　　1998 年 1 月 23 日，新疆维吾尔自治区乌鲁木齐市人民检察院向乌鲁木齐市中级人民法院提起公诉。同年 3 月 25 日，法院以白宝山犯故意杀人罪、抢夺枪支弹药罪、抢劫罪、盗窃枪支弹药罪（未遂），数罪并罚，判处其死刑，剥夺政治权利终身；以抢劫罪判处谢宗芬有期徒刑十二年。

案件背景与社会影响 ·········

　　被告人白宝山在服刑期间杀死 2 人，刑满释放后在短短 15 个月内单独实施抢劫枪支、故意杀人、抢劫作案 6 起，杀死 4 人、杀伤 10 人，抢得军警人员军用步枪 2 支，抢得人民币 65170 元；伙同他人实施故意杀人、抢劫枪支弹药、抢劫、盗窃枪支弹药作案 5 起，杀死 10 人，杀伤 4 人，抢得摩托车 1 辆、警用手枪 1 支、人民币 123 万元，盗窃冲锋枪弹夹 9 个。"8·19"白宝山特大持枪抢劫案的作案手段之残忍、性质之恶劣为新中国成立以来所罕见，震惊全国，对当时社会安定和群众生活带来严重影响。此案被称为"中国刑侦第一案"，电视剧《中国刑侦一号》就是以此案为原型。

公诉指控

在缉捕白宝山长达一年半的时间里，公安机关共出动警力数万人次，开展了艰苦卓绝的侦破工作，最终于 1997 年 9 月 5 日将白宝山在其北京的家中缉拿归案，后白宝山被押解至乌鲁木齐进行审判。面对一个"冷血杀手"，一个"悍匪"，如何通过指控让其认罪服法，如何通过指控让其得到应有的惩罚，这是检察机关的职责所在。公诉词连用四个"空前罕见"，即犯罪情节恶劣"空前罕见"、犯罪手段残忍"空前罕见"、犯罪后果严重"空前罕见"、对社会治安破坏程度巨大"空前罕见"；从犯罪对象、作案的地点等 6 个方面对指控的犯罪事实进行阐述。在铁一般的事实和证据面前，白宝山对指控没有异议。《乌鲁木齐晚报》报道称，"白宝山不敢面对新疆，他欠乌鲁木齐这个城市太多"。白宝山在最后陈述时说："我犯了这么大的罪才有权利在这儿讲几句话，这个代价太大了，多少人的鲜血换来了今天……我对无辜死亡的人说声对不起（哭）……"本案横跨新旧刑法，涉及诸多法律适用的争议问题。

（一）罪刑法定"新生儿"在新旧刑法交替之际的成长

"8·19"白宝山特大持枪抢劫案的案发与审判刚好横跨 1997 年《刑法》前后，白宝山的犯罪行为均发生在 1997 年《刑法》实施（1997 年 10 月 1 日）之前，但是案件的起诉和审判又是刑法实施之后。1997 年《刑法》废止了类推制度，确立了罪刑法定原则，这是具有里程碑意义的。罪刑法定的基本要求之一就是禁止溯及既往，也就是不能用现在的刑法条文去惩罚过去没有规定的行为，具体表现为：如果当时的刑法没有规定某种行为为犯罪的，即使后来的刑法规定为犯罪也不得定罪处罚；如果当时的刑法和后来的刑法均规定某种行为为犯罪时，坚持"从旧兼从轻"的原则。此案中，被告人白宝山多次抢劫枪支、弹药，但是 1979 年《刑法》没有"抢

白宝山、谢宗芬抢劫、杀人案

● 白宝山、谢宗芬抢劫、杀人案公诉词（部分）

劫枪支、弹药罪"这个罪名，只有第一百一十二条规定的"抢夺枪支、弹药罪"。如何处理？"罪刑法定"这个刚出生不久的"新生儿"就面临巨大的考验。公诉词在大篇幅阐述被告人犯罪行为的残忍及巨大危害后指出，"我们还是要依照我国刑法的规定，客观、公正地对被告人白宝山给予犯罪定性……依照我国《刑法》第十二条关于刑法溯及力的规定，采用从旧兼从轻的原则……按照从旧兼从轻的原则，可以定抢夺枪支弹药罪"。事实上，抢劫枪支、弹药的行为在某种程度上包含了抢夺枪支、弹药的行为，前者是"高度行为"，后者属于"低度行为"，二者的重合之处在于"抢"。因此，"抢"枪支弹药的行为，并不属于行为时1979年《刑法》没有规定的行为，也不属于按照1979年《刑法》不予处罚的行为。只是1979年《刑法》中的抢夺枪支、弹药罪与1997年《刑法》中的抢劫枪支、弹药罪相比，前者更轻，更有利于被告人，因此，按照从旧兼从轻的原则定抢夺枪支、弹药罪是准确的。起诉书中阐述了抢劫枪支、弹药的事实，没有表述具体罪名，公诉词实事求是地进行分析和更正。"罪刑法定"这个新生儿在新旧刑法交替之际就体现出强大的生命力。

（二）有时"诉判不一"恰恰是法治进步的体现

"诉判一致"，乃至"侦诉判一致"，固然是好的，但是有时不一致未必是不好的，应该理性看待"诉判不一"。可以肯定的是，强令"诉判一致"是不符合法治精神的，在一些确属认识分歧的问题上，"诉判不一"恰恰能体现法治的进步。关于谢宗芬是胁从犯还是从犯，检察机关与审判机关是有分歧的，起诉书指控的是胁从犯，判决最终认定的是从犯。重新审视这个案件，该问题依然充满争议。白宝山与谢宗芬二人具有同居的特殊关系，谢宗芬在一系列犯罪活动中确实是一个矛盾的角色，有时确实表现为主动积极参与、提供帮助，有时又表现得不那么积极，有时甚至受到白宝山的胁迫特别是精神上的胁迫。白宝山的凶狠和冷酷，谢宗芬是清楚的，甚

174

新疆维吾尔自治区乌鲁木齐市人民检察院

起　诉　书

乌市检刑诉字(1998)第17号

被告人白宝山，男，汉族，四十岁(一九五八年十一月六日出生)，河北省徐水县人，小学文化程度，无固定职业，住北京市石景山区北辛安新房子42号。一九八三年因犯盗窃罪被北京市石景山区人民法院判处有期徒刑四年，一九八五年服刑期满释放，又追诉抢劫犯罪后，被北京市宣武区人民法院判决以盗窃罪、抢劫罪合并执行有期徒刑十四年。一九九一年递送新疆农八师一四二团新安监狱服刑，一九九三年农八师中级人民法院裁定减刑十二个月，一九九六年三月七日刑满释放。一九九七年九月六日因涉嫌抢劫、故意杀人、抢劫枪支弹药被北京市公安局刑事拘留，同年十月一日被北京市人民检察院以涉嫌抢劫、故意杀人、抢劫枪支弹药罪批准逮捕，同日由北京市公安局执行逮捕，现羁押于乌鲁木齐市公安局看守所。

被告人谢宗芬，女，汉族，四十岁(一九五七年四月二十三日出生)，四川省筠连县人，小学文化程度，无固定职业，住四川省筠连县双腾镇鱼井村二组。一九九七年

1

人白宝山趁黑夜将尸体扛至三中队储舍西墙处，埋尸于事先挖好的坑内。

15、一九九六年十二月二十六日，被告人白宝山在抢劫完樊胜门外烟草批发市场后，将抢劫得来的六万五千元中的五万元现金交给被告人白宝军保管，并叮嘱不见自己的信，不得将钱借给他人。被告人白宝军明知此款来路不正，仍将赃款分五次存入银行，予以窝藏。一九九七年二月后，被告人白宝山在新疆作案期间，两次给被告人白宝军写信让其寄钱，被告人白宝军看信后，明知此款是赃款份分两次将赃款中的两万元寄给被告人白宝山使用，余款索发后，自被告人白宝军家中追回。

上述犯罪事实清楚，证据确实、充分，足以认定。

本院认为：被告人白宝山、谢宗芬、白宝军无视国家法律，公然抢劫枪支弹药进行危害性极大的故意杀人和抢劫犯罪活动。其中，被告人白宝山刑满释放后抢劫、杀人、盗窃枪支作案十三起，作案中杀死十六人，杀伤十五人，抢劫枪支三支，现金一百三十余万元，其行为已触犯原《中华人民共和国刑法》第一百三十二条、第一百一十二条、第一百五十条之规定，已构成故意杀人罪、抢劫罪(预备一起)、盗窃枪支弹药罪(未遂)，且属累犯；被告人谢宗芬伙同被告人白宝山预备抢劫，并转移枪支，提取赃款后分赃，隐匿赃物罪证，其行为已触犯原《中华人民共和国

刑法》第一百五十条之规定，构成抢劫罪，系本案职从犯；被告人白宝军明知白宝山交给他的五万元是赃款仍予以窝藏，其行为已触犯了原《中华人民共和国刑法》第一百七十二条之规定，构成窝赃罪。根据《中华人民共和国刑事诉讼法》第一百四十一条之规定，特向你院提起公诉，请依法判处。

此　致
新疆维吾尔自治区乌鲁木齐市中级人民法院

乌市人民检察院：西十

一九九八年一月十三日

附项：

1、移送本案证据目录、证人名单各一份；
2、移送本案主要证据材料的复印件一册。

● 白宝山、谢宗芬抢劫、杀人案起诉书（部分）

469

新疆维吾尔自治区高级人民法院

刑 事 裁 定 书

(1998)新刑终字第152号

原公诉机关新疆维吾尔自治区乌鲁木齐市人民检察院

上诉人（原审被告人）谢宗芬，女，一九五七年四月二十三日出生，汉族，四川省筠连县人，小学文化程度，无固定职业，住四川省筠连县双腾镇鱼井村二组。一九九七年九月七日因本案被拘留，同年十月一日被逮捕，现羁押在乌鲁木齐市公安局看守所。

原审被告人白宝山，男，一九五八年十一月六日出生，汉族，河北省徐水县人，小学文化程度，无固定职业，住北京市石景山区北辛安新房子42号。一九八三年因盗窃罪被判处有期徒刑四年，一九八五年因犯抢劫罪与原判盗窃罪并罚，决定执行有期徒刑十四年，一九九六年三月七日刑满释放，一九九七年九月六日因本案被拘留，同年十月一日被逮捕，现羁押在乌鲁木齐市公

同他人大肆进行杀人，抢夺枪支弹药，抢劫犯罪活动，抢得"五六"式步枪一支、"八一"式步枪一支，"五四"式手枪一支，杀死十四人，杀伤十四人，劫得人民币1295170元，"雅奇"牌125摩托车一辆，又盗窃冲锋枪弹夹九个，其行为已构成抢夺枪支弹药罪、故意杀人罪、抢劫罪、盗窃枪支弹药罪，犯罪情节和后果均特别严重，应依法严惩。其虽能主动坦白交待五起犯罪，但因其罪行特别严重，且系累犯，依法不予从轻。上诉人谢宗芬明知白宝山实施抢劫犯罪却帮助其转移枪支、赃款，缝制背枪带，提供作案目标，共同起获大量赃款并分得赃款115000元，其行为已构成抢劫罪，系本案从犯，应依法惩处。其上诉称"被白宝山胁迫，不构成抢劫罪"经查与事实不符，不予支持。原审判决定罪准确，量刑适当、审判程序合法，经本院审判委员会一九九八年第十四次会议讨论决定，根据《中华人民共和国刑法》第十二条之规定，依照一九七九年《刑法》第一百三十二条、第一百五十条第二款、第一百十二条、第五十三条第一款、第六十条、第六十一条、第六十四条、第二十二条第一款、第二十三条、第二十四条和全国人民代表大会常务委员会《关于严惩严重危害社会治安的犯罪分子的决定》第一条第四项及《中华人民共和国刑事诉

讼法》第一百八十七条（一）项之规定，裁定如下：

驳回上诉，维持原判。

本裁定为终审裁定。

根据最高人民法院关于依法授权高级人民法院核准部分死刑案件之规定，本裁定并为核准以故意杀人罪、抢夺枪支弹药罪、抢劫罪判处被告人白宝山死刑，剥夺政治权利终身之裁定。

审判长　宋中宣
代审判员　尼米力政·沙吾提
代审判员　王国栋

一九九八年四月二十一日

书记员　林斌

● 白宝山、谢宗芬抢劫、杀人案终审裁定书（部分）

至有迹象表明白宝山会杀谢宗芬灭口。谢宗芬辩解称受到胁迫，也不能说完全是子虚乌有。公诉词对谢宗芬的地位和作用进行客观分析后指出："建议法庭根据《刑法》第二十八条胁从犯的规定，根据谢宗芬事实犯罪的具体情节，对其作出判决。"尽管判决最终没有采纳检察机关的意见，但这属于认识分歧，不存在错案问题。

关于白宝山的弟弟白宝军的定性问题，检察机关起诉书指控白宝军构成窝赃罪，最终没有被判决采纳。核心问题在于刑法中的"明知"问题。这个问题至今依然是个难题。尽管有司法解释进一步解释，"明知"包括"明知和应当明知"，但是在具体个案中还是会存在很多争议。白宝山将在北京德胜门外烟草批发市场抢劫的部分现金交给白宝军并叮嘱不得借给他人，白宝军分 5 次存入银行。白宝山在新疆作案期间写信让白宝军寄钱，白宝军两次寄给白宝山 2 万元。检察机关认为白宝军"应当明知"，但是判决没有采纳，最终白宝军没有被定罪判刑。这里既有证据问题，更有认识问题，即使用今天的眼光来看这个问题，依然会有不同认识，这样的认识分歧是正常的。

本案的上述两个细节，恰恰说明了庭审的实质化，特别是在这种重大案件中，并没有出现所谓的"未审先判""先判后审"的现象。我们不得不承认，有时"诉判不一"恰恰是法治进步的体现。在 1997 年《刑法》、1996 年《刑事诉讼法》实施初期，在罪刑法定原则刚刚确立初期，就体现如此先进的法治理念和精神，是非常难得的。要求起诉的事实和情节必须与判决一致，强令侦、诉、审事实、情节、定性都必须一致，是违背司法规律的。当年白宝山案件中所体现中的法治精神和先进的司法理念，依然值得我们回味。

案例推荐：新疆维吾尔自治区人民检察院

撰稿：李勇

审稿：黄河、闵钐

邓野、陈恩受贿、贪污、徇私枉法、滥用职权、巨额财产来源不明案

——湛江特大走私案中的腐败窝案

基本案情

邓野，男，时年 45 岁，广东省湛江市公安局边防分局局长兼党委副书记。

陈恩，男，时年 43 岁，广东省湛江市公安局边防分局政委兼党委书记。

邓野于 1990 年 6 月起先后担任湛江市公安局边防分局边境科副科长、科长、副局长、局长职务，陈恩于 1996 年 3 月任该局政委。在任期间，邓野、陈恩先后多次从事受贿、贪污、徇私枉法、滥用职权等犯罪活动。1994 年 2 月至 1997 年 5 月间，邓野及其妻多次收受合作缉私的陈福喜所送的回扣款共计 258 万元，并将其中的 96.8 万元据为己有。

1997 年 10 月至 1998 年 8 月间，时任湛江边防分局原局长的邓野及原政委的陈恩利用职务上的便利，为走私分子提供便利条件，通过私放走私船等手段，多次索取或非法收受他人财物，数额特别巨大，造成国家税收损失人民币 600 多万元，又将索贿所得的部分

赃款用于赌博，情节特别严重。

1997年2月，邓野、陈恩与郭进谦3人分别以个人身份参与陈福喜合作经营公边艇，从事海上缉私，至1998年8月，3人共亏损人民币130万元。此时，李某向湛江边防分局交来查扣"和平"号钢材的"赞助费"70万元，经邓野提议，陈恩、郭进谦同意，决定不将该70万元"赞助费"交单位财务入账，而是交给陈福喜，作为弥补3人合作投资陈福喜公边艇所造成的亏损。

1997年12月，邓野、陈恩违反法定权限和程序，超越职权，既没有对查扣的走私钢材货轮业主提供的批文、单证进行鉴定，也没有对钢材来源作进一步查证，而是决定分别收取货主人民币27万元、300万元作为边防分局预算外收入，将查扣钢材予以放行，致使被查扣钢材没有报关税就被提走，造成国家税收损失527.6015万元。

1998年6月20日，湛江边防分局查扣了"维斯科邦纳"号货轮，在已经查实该货轮走私2278.5吨硅铁，构成走私犯罪，且走私单位已被查清、走私分子苏某某已经到案的情况下，邓野、陈恩应阳江市公安局欧某某等人说情，将价值905.5万元的走私货物只定价为380万元，以假拍卖的形式卖回给货主阳江市某贸易有限公司，且对构成走私犯罪的人员及单位不依法移送追究刑事责任。两人身为司法工作人员，徇情枉法，对明知是犯罪的走私犯罪分子故意包庇使其不受追诉。

该案经广东省人民检察院侦查终结，指定湛江市人民检察院审查起诉。1999年4月8日，湛江市人民检察院以邓野、陈恩涉嫌受贿罪、贪污罪、徇私枉法罪、滥用职权罪、巨额财产来源不明罪向湛江市中级人民法院提起公诉。1999年5月12日，法院作出判决，认定两人均构成受贿罪、贪污罪、徇私枉法罪、滥用职权罪、巨额财产来源不明罪，数罪并罚，决定执行死刑，缓期二年执行，剥夺政治权利终身，并处没收个人全部财产。

案件背景与社会影响

　　邓野、陈恩案是湛江特大走私、受贿案中较有影响且具有代表性的职务犯罪案件。湛江特大走私、受贿案涉及人员 300 多名，其中受到查处的公职人员达 200 多名，在当时是新中国成立以来走私数额最大，涉及党政机关、执法部门人员最多的严重经济犯罪案件。

　　湛江特大走私、受贿案于 1998 年 9 月由中纪委牵头，会同最高人民检察院、公安部、国家审计署、海关总署等中央国家机关联合成立调查组进行查处。调查组查明涉案走私货物案值达 110 亿元，偷逃国家税收 62 亿元，收缴赃款赃物及不动产约 47 亿元。逮捕走私人员及涉案公职人员 130 余人，于 1999 年 6 月和 9 月两次公开审判 80 人。其中，湛江海关原关长曹秀康、原调查处处长朱向成以及 4 名走私团伙头目被依法判处死刑；湛江市原市委书记陈同庆、原副市长杨婚青、茂名海关原关长杨洪中，以及本案中湛江边防分局原局长邓野及原政委陈恩以及部分走私团伙头目和骨干分别被判处死刑，缓期两年执行。湛江特大走私、受贿案的查处，对当时猖獗的走私行为产生了极大的震慑，遏制了走私与腐败交织蔓延的势头，在国内外产生了重大反响。

公诉指控

（一）起诉文书重点突出，层次分明

　　本案起诉被告人 2 个、罪名 5 个，追诉犯罪事实 15 项，属于典型的多被告人、多罪名、多事实案件。从犯罪事实上看，有的是二被告人共同实施的，有的是单独实施的；从情节上看，既有索贿并将索贿所得赃款用于赌博等从重情节，也有自首、立功等从轻情节；从认罪态度上看，有如实坦白认罪的，也有拒不认罪的。在此情况下，

邓野、陈恩受贿、贪污、徇私枉法、滥用职权、巨额财产来源不明案

广东省湛江市人民检察院

起 诉 书

湛检刑诉[1999]25 号

被告人邓野，男，四十三岁，一九五六年四月出生，汉族，广东省徐闻县人，文化程度大专，原系湛江市公安局边防分局局长兼党委副书记，住湛江市赤坎区人民大道北边防分局宿舍 401 房。一九九八年九月二十二日被刑事拘留，同年十月五日被逮捕。

被告人陈恩，男，四十二岁，一九五六年八月出生，汉族，广东省廉江市人，文化程度大专，原系湛江市公安局边防分局政委兼党委书记，住湛江市赤坎区人民大道北边防分局宿舍 601 房，一九九八年九月二十二日被刑事拘留，同年十月五日被逮捕。

被告人邓野、陈恩受贿、贪污、徇私枉法、滥用职权、巨额财产来源不明一案，经广东省人民检察院侦查终结，交由本院审查起诉，经依法审查查明：

一、受贿罪

（一）一九九四年二月，被告人邓野任湛江市公安局边

· 1 ·

职务上的便利，索取和非法收受他人财物，为他人谋取利益，情节特别严重，还伙同他人采取侵吞的手段非法占有公共财物，其行为已触犯《中华人民共和国刑法》第三百八十五条第一款、第三百八十二条第一款之规定，均构成受贿罪、贪污罪。被告人邓野、陈恩身为司法工作人员，徇私枉法、徇情枉法，对明知是有罪的人而故意包庇不使他受追诉，还违反法律规定的权限和程序，滥用职权，超越职权，致使国家和人民利益遭受重大损失，其行为已触犯《中华人民共和国刑法》第三百九十九条第一款、第三百九十七条第一款之规定，均构成徇私枉法罪、滥用职权罪。被告人邓野、陈恩的财产均明显超出合法收入，差额巨大，且本人不能说明来源合法，其行为还触犯了《中华人民共和国刑法》第三百九十五条第一款之规定，构成巨额财产来源不明罪。依据《中华人民共和国刑法》第六十九条之规定，对被告人邓野、陈恩均应数罪并罚。被告人邓野在被采取强制措施后，如实供述司法机关还未掌握的贪污罪行，依据《中华人民共和国刑法》第六十七条之规定，以自首论。被告人邓野还能揭发他人犯罪行为，经查证属实，依据《中华人民共和国刑法》第六十八条之规定，有立功表现。为严肃国家法律，维护国家机关正常管理秩序和国家工作人员职务行为的廉洁性，维护正常的司法秩序，依据《中华人民共和国刑事诉讼法》第一

· 9 ·

百四十一条之规定，特提起公诉，请依法判处。

此致

广东省湛江市中级人民法院

代理检察员：叶祖怀
代理检察员：向少良
代理检察员：黄源平

一九九九年四月八日

附注事项：

1、被告人邓野现押于湛江市霞山看守所；被告人陈恩现押于湛江市第一看守所；

2、证据目录、证人名单各一份；

3、主要证据复印件一册。

● 邓野、陈恩受贿、贪污、徇私枉法、滥用职权、巨额财产来源不明案起诉书（部分）

如何合理组织起诉事实，确保每一个被告人、每一项犯罪事实都能清晰展示出来，且有充分的证据支撑，对检察官来说是极具考验性的。

本案起诉书在事实组织上极其考究，内容安排显然是经过检察官仔细研究、细致思考后确定的。

一是以社会危害严重性为主线排列罪名，兼顾案件事实的内在关联性。起诉书以受贿罪、贪污罪、徇私枉法罪、滥用职权罪、巨额财产来源不明罪为主线，先重后轻，条理清楚。受贿罪放在前面，是因为被告人受贿行为持续时间长，次数多，是涉嫌犯罪的多个罪名中社会危害性最严重的。巨额财产来源不明罪放在最后，是因为该罪犯罪数额的计算需要先排除合法收入和犯罪所得数额。只有把受贿、贪污等数额确定，才能认定不能说明来源的财产数额。

二是同一罪名的多项犯罪事实，根据逻辑关系排列。指控的受贿行为中，既有邓野收受的，也有邓野、陈恩共同收受的。起诉书先将邓野独立受贿的单列，再将两位被告人共同受贿的 8 起事实根据行贿人不同进行分列。针对同一行贿人的受贿事实再根据时间先后进行排列。这样让多个受贿行为具有了内在的逻辑性和条理性。指控的事实多而不乱，起诉书逻辑严密，结构严谨。

（二）公诉立场实事求是，客观公正

既关注有罪事实，又关注无罪事实；既关注罪重的情节，又关注罪轻的情节，是检察官客观义务的体现，也是司法公正的应然要求。起诉书指出，"被告人邓野在被采取强制措施后，如实供述司法机关还未掌握的贪污罪行，依据《刑法》第六十七条之规定，以自首论。被告人邓野还能检举揭发他人犯罪行为，经查证属实，依据《刑法》第六十八条之规定，有立功表现"。办案人员在指控犯罪事实中既指控两被告人构成犯罪的具体行为和事实，又提出了被告人邓野自首和立功的从轻情节，做到了不枉不纵、实事求是。

● 邓野、陈恩受贿、贪污、徇私枉法、滥用职权、巨额财产来源不明案刑事判决书（部分）

（三）庭审论证说理充分，反驳有力

本案中，被告人陈恩拒不认罪，辩称其既没有受贿，也没有贪污和徇私枉法，财产能够说明来源。尤其是对巨额财产来源不明罪，陈恩辩称其持有的 28000 多美元是其兄弟遗留的遗产。对于陈恩的辩解，公诉人在庭审中通过证据和说理给予了有力回击。公诉人在公诉词中列举陈恩妻子梁某的多次证言予以反驳，指出梁某的证言具有足够的证明力。其一，梁某的身份特殊，是陈恩的妻子，不可能违背事实作出不利于自己丈夫的证言。其二，从内容上看，梁某的证言与事实相符，尽在情理之中，令人信服。其三，如果是保留其兄弟的遗产，没有必要隐匿。公诉人同时指出梁某证言的诸多细节来印证其真实性，论证完整充分，及时有力。

案例推荐：广东省人民检察院

撰稿：上官春光

审稿：李勇

章俊理等人非法行医案

——江西"德国牙医"案

基本案情 ··

章俊理，男，时年 42 岁，江西南昌人，南昌市章俊理牙科诊所法人代表。

1982 年 3 月，章俊理在江西省人民医院口腔科工作。1988 年 6 月 13 日，被该医院评审为"技士"职称。同月，章俊理停薪留职，在南昌市西湖区丁家巷 46 号开设个体牙科诊所。1989 年 5 月，章俊理向南昌市西湖区卫生局申请牙科诊所行医执照，该局向其颁发了《南昌地区个体行医执照》，有效期至 1989 年 9 月。

1988 年至 1989 年期间，卫生部、江西省卫生厅等对个体行医的开业及管理重新规定。1989 年 7 月，章俊理向南昌市东湖区卫生局申请更换执照。该局经审查，以不符合《江西省城乡个体开业行医暂行管理办法》的规定为由拒绝发证。章俊理在未取得许可的情况下继续行医，并通过不正当手段取得《南昌市地区个体行医诊所开业执照》。1990 年 10 月，章俊理向中国科技人才交流中心南昌分中心（以下简称南昌分中心）提供虚假证明材料，该中心于 1991 年 3 月评定章俊理为"主治医师"；1993 年 1 月，又以同样的材料评定章俊理为"主任医师"。此后，章俊理公开以"主任医师"名义行医。

1993 年 10 月，江西省卫生厅制发《关于要求对章俊理牙科诊所有关问题进行查处的通知》：章俊理的主治医师、主任医师的技术职称是无效的。章俊理得知后，向南昌分中心相关人员证实，知悉自己的主治医师、主任医师不具有效力时，请该中心将"主任医师"报卫生部确认，未果。其间，章俊理对外以"主任医师"职称行医。1994 年至 1995 年期间，国务院、江西省卫生厅再次颁布新的规定，进一步严格个体行医开业的执业条件。章俊理明知自己不符合个体行医资格，采取不正当手段使南昌市东湖区卫生局为诊所进行年检，换发新证。

1989 年 5 月至 1998 年 11 月期间，章俊理等人对外扩大宣传，先后通过江西电视台、南昌电视台等媒体做广告，自称"德国牙科""国际水准、牙科专家、技术权威章俊理主任医师主持"等，以扩大装饰诊所、购置进口医疗设备等手段，吸引广大患者就诊。为追求非法利益，章俊理指使员工钱某某、刘某某等人，在初诊接待咨询或就诊的患者时，夸大患者病情，隐瞒治疗方法，蒙骗和诱导患者接受扩大化的治疗项目，开出违反医疗常规、扩大治疗范围的治疗定单，且擅自在定单上加上"本人要求锯断牙齿"；在治疗中，采用对患者正常牙齿随意开髓、拔髓、磨冠等手段，对患者进行非治疗性、破坏性、扩大化的处置。甚至还以免费检查、清洗为名，在患者不同意或者不知情的情况下，擅自给患者手术。在术后的病历记录中，作虚假、夸大病情的主诉和病史记载。其间，该诊所对顾某某等 1154 名患者造成了轻微伤以上的损伤，经济损失达5355623 元。

1999 年 7 月 26 日，江西省南昌市西湖区人民检察院以章俊理等人涉嫌故意伤害罪、非法行医罪向西湖区人民法院提起公诉。2000 年 3 月 9 日，一审法院以非法行医罪、故意伤害罪分别判处章俊理有期徒刑九年六个月、并处罚金 100 万元，有期徒刑六年，决定执行有期徒刑十五年，并处罚金 100 万元。章俊理等不服判决，向南昌市中级人民法院提出上诉。2000 年 6 月 28 日，二审法院以非法行医罪判处章俊理有期徒刑九年六个月，并处罚金 100 万元。

000092

南昌市西湖区人民检察院

起 诉 书

西检刑起字(1999)第309号

被告人章俊理，男，四十二岁，一九五七年一月二日出生，江西省南昌县人，身份证号码：360103570102031，汉族，高中毕业，南昌市章俊理牙科诊所法人代表，家住南昌市茶园路江省外办车队宿舍四楼。一九九八年十一月二十日因涉嫌非法行医罪被南昌市公安局西湖分局刑事拘留，同年十二月十九日因涉嫌故意伤害罪、偷税罪经南昌市人民检察院批准逮捕，同日由南昌市公安局执行逮捕，现押于南昌市第二看守所。

被告人章君鹏，男，五十二岁，一九四七年四月十一日出生，江西省南昌县人，身份证号码：360102470411281，汉族，中专文化，原系南昌市茶叶果品公司工人(停薪留职)，现系南昌市鹏程实业有限公司法人代表、章俊理牙科诊所总经理，家住南昌市邓家巷24号。一九九九年元月十六日因涉嫌故意伤害罪被南昌市公安局刑事拘留，同年二月十二日因涉嫌非法行医罪经本院批准逮捕，次日由南昌市公安局西湖分局执行逮捕，现押于南昌市第一看守所。

被告人钱小玲，女，三十四岁，一九六五年三月三日出生，江西省武宁县人，身份证号码：360423650303006，汉族，中专文化，南昌市章俊理牙科诊所医生，住南昌市象山南路江西省电力局物

000093

资公司宿舍7楼。一九九八年十一月二十日因涉嫌非法行医罪被南昌市公安局西湖分局刑事拘留，同年十二月十九日因涉嫌故意伤害罪经南昌市人民检察院批准逮捕，同日由南昌市公安局执行逮捕，现押于南昌市第二看守所。

被告人刘冬生，男，二十四岁，一九七四年十一月九日出生，江西省春和县人，汉族，大专文化，南昌市章俊理牙科诊所医生，住南昌市江西省德国新器材牙科诊所。一九九八年十一月二十日因涉嫌非法行医罪被南昌市公安局西湖分局刑事拘留，同年十二月十九日因涉嫌故意伤害罪经南昌市人民检察院批准逮捕，同日由南昌市公安局执行逮捕，现押于南昌市第二看守所。

被告人章俊理、章君鹏、钱小玲、刘冬生涉嫌故意伤害罪、非法行医罪、偷税罪、虚假广告罪一案，由南昌市公安局西湖分局补充侦查终结，于一九九八年六月十一日移送本院审查起诉。现查明：

一、故意伤害罪

被告人章俊理从一九九八年五月到一九九八年十一月，先后在本市中山路53、48号开设南昌牙光园诊所、南昌市德国新器材牙科诊所、章俊理牙科诊所(以下统称章俊理牙科诊所)期间，于一九九五年六月聘请被告人钱小玲为其诊所医师，为增加诊所收入，被告人章俊理、钱小玲对牙体非龋性疾病、龋齿、牙髓疾病、牙周病、牙体、牙列缺损及错船不同的就诊患者，扩大治疗范围，以所做人造冠、义齿美观耐用明为由，蒙蔽和诱导患者做美容矫正手术。在治疗过程中，采取锯冠、磨冠、拔牙的手段，故意伤害患者身体健康。现分述如下：

牙的手段，故意伤害他人身体，致重伤乙级五人，轻伤甲级二人，轻伤乙级九人，其行为触犯《中华人民共和国刑法》第二百三十四条之规定，构成故意伤害罪，且有《中华人民共和国刑法》第二十五条第一款规定之情节。

被告人刘冬生大专毕业后，应聘到章俊理牙科诊所工作，明知自己不具备医生执业资格，从事牙科口腔的诊治活动，致使患者身体造成严重损伤，其行为已触犯《中华人民共和国刑法》第三百三十六条之规定，构成非法行医罪，在共同犯罪中起次要作用，系本案的从犯，具有《中华人民共和国刑法》第二十五条第一款、第二十七条规定之情节。

本院为了保护广大公民的人身权利不受非法侵害，维护正常医疗管理秩序，严厉打击各类刑事犯罪分子，根据《中华人民共和国刑事诉讼法》第一百四十一条之规定，将被告人章俊理、章君鹏、钱小玲、刘冬生提起公诉，请依法分别予以惩处。

此　　致

南昌市西湖区人民法院

检察员：王金龙、平建防
　　　　钟小宁、王义树
代检察员：钟　魏
一九九九年七月二十六日

附：(1)案卷二忆册；
　　(2)证据目录壹份、被害人名单壹份、证人名单壹份及主要证据复印件。

以上事实清楚，证据确凿，足以认定。

本院认为：被告人章俊理身为口腔技士，为牟取非法利润，明和采取锯冠、磨冠、拔牙的方法应严格掌握适应证，却诱导患者多做人造冠、义齿及美容牙、扩大治疗范围，对治疗不适应者，非治疗性的处置，故意伤害他人身体，致重伤乙级24人，轻伤甲级21人，轻伤乙级21人，根据《中华人民共和国刑法》第十二条、及已触犯一九七九年《中华人民共和国刑法》第一百三十四条第二款之规定，构成故意伤害罪。被告人章俊理明知自己不具备医生执业资格而非法行医，严重损害患者身体健康，非法获取巨额利润，其行为已触犯《中华人民共和国刑法》第三百三十六条之规定，构成非法行医罪，且在共同犯罪中起主要作用，系本案主犯，具有《中华人民共和国刑法》第二十五条第一款、第二十六条、第六十条规定之情节。

被告人章君鹏为获取非法利润，在明知章俊理不具备医生执业资格的前提下，伙同章俊理采取所谓"主治医师"、"主任医师"职称以及个体行医许可证积极进行活动，并组织、管理诊所有关事务。招聘无医生执业资格的人员从事临床，致使众多患者的身体健康受到严重损伤。其行为已触犯《中华人民共和国刑法》第三百三十六条之规定，构成非法行医罪。且在共同犯罪中起主要作用，系本案主犯，具有《中华人民共和国刑法》第二十五条第一款、第二十六条规定之情节。

被告人钱小玲身为口腔医师，明知章俊理诊所采取的锯冠、磨冠、拔牙的方法，应严格掌握适应证，在初诊接待中，诱导患者多做人造冠、义齿或美容牙，扩大治疗范围，伙同他人采取锯、磨、拔

● 章俊理等人非法行医案起诉书（部分）

案件背景与社会影响 ••••••••••••••••••••••

　　章俊理等人非法行医案系轰动江西的"德国牙医"案。因章俊理长相颇似外国人，且因诊所购进德国西门子牙科设备等，人称"德国牙医"。1989年至1999年期间，章俊理的牙科诊所逐渐成为省内最大规模的私人牙科诊所，全省乃至全国各地的患者慕名而来。章俊理隐瞒治疗方法，采取破坏性、扩大化的方式处置，造成患者身体损伤。顾某某等患者发现后，先后向省消费者协会、卫生局、省政府等投诉、上访。

　　该案共有1154名被害人提起刑事附带民事诉讼，还有1000余人另行提起民事诉讼，要求赔偿的损失高达38104716元，引起社会广泛关注。该案庭审时间长达8天，且通过电视全程直播。该案被害人数之多、开庭时间之长、民事赔偿数额之大，在全国较为罕见，《中国青年报》刊登《史无前例——千人起诉南昌"德国牙医"》报道该案。

公诉指控 ••••••••••••••••••••••••••••••••

（一）实质标准判断"非法行医"，为类似案件梳理认定规则

　　该案的最大争议焦点为，章俊理等人具有形式上的行医资格，是否构成非法行医罪。章俊理一审、二审辩护人的无罪辩护意见指出：章俊理的诊所开业期间，卫生行政部门颁发了行医执照；章俊理取得了"主治医师""主任医师"的职称，具备行医的资格。即使在案发后相关行政管理部门收回了章俊理等人的行医执照，不等于之前的行为是无照经营，不具有溯及力。对此，检察机关组织了专家论证，认为"章俊理是否具有医师执业资格，不能以政府发的

000001

南昌市公安局
西湖分局起诉意见书

(99)西公诉字第　号

犯罪嫌疑人章俊理，男，1957年1月2日生，汉族，系南昌县人，文化程度高中毕业，职业：南昌市章俊理牙科诊所法人代表，家住常青路江西省外办宿舍宝塔楼4栋，户口所在地：南昌市中山路53号，属公园派出所管辖。

该章自幼读书；一九七三年高中毕业后在家；一九七九年十二月在南郊区塆山卫生院工作；一九八一年十二月在郊区计生办工作（借调）；一九八二年三月调江西医院口腔科工作任技工；一九八八年六月评定为技士职务；一九八九年八月调离江西医院，并租借开设在本市中国科技人才中心的信息分中心，开设个体牙科诊所。

犯罪嫌疑人章菊游，科名万成，男，汉族，1947年4月11日生，文化程度高中，籍贯：江西省南昌云，职业：原南昌市茶叶采购公司工人（已停薪留职），现任南昌市鹏程实业有限公司董事长，法人代表，章俊理牙科诊所总经理，家住南昌市邓家巷24号，户口所在地：西湖派出所。

该章自幼读书；一九六七年高中毕业后下放在江

000002

西省靖安县香田公社，一九七二年至一九九〇年先后在江西省手扶拖拉机厂，南昌齿轮厂，百货公司南昌专业商店，南昌市茶叶采购公司工作。一九九〇年至今开办南昌市鹏程实业有限公司，任法人代表。自一九八八年协助犯罪嫌疑人章俊理开设个体牙科诊所至今。一九九六年八月二十六日因妨害民事诉讼被南昌市西湖区人民法院司法拘留15天。

犯罪嫌疑人刘冬生，男，1974年11月9日出生，汉族，系江西省泰和县人，文化程度大专，职业：南昌章俊理牙科诊所行医，家住南昌市苏圃路省外办车队宿舍，户口所在地：泰和县楼头乡泰和村，属原头派出所管辖。

该刘自幼读书；一九九三年七月高中毕业；一九九三年九月在河北省石家庄长安医学院口腔学习（自费生），一九九六年八月应聘在章俊理牙科诊所行医。

犯罪嫌疑人钱小玲，女，1965年3月7日出生，汉族，江西省武宁县人，文化程度大专，职业：现在南昌章俊理牙科诊所行医，家住市象山南路电力局省物资公司宿舍7楼，户口所在地：八一大道318号，属公园派出所管辖。

该钱自幼读书；一九八〇年七月高中毕业；一九八〇年九月在江西省宜春卫校口腔班读书；一九八三年九月在武宁县星溪中心卫生院口腔科工作；一九八八年在武宁县人民医院口腔科工作；一九九五年五月

000025

服务做虚假违法宣传，误导了消费者，使之受骗上当，其行为严重违反了《中华人民共和国广告法》的有关规定。

综上所述，犯罪嫌疑人章俊理、章菊游、刘冬生、钱小玲的行为已触犯了《中华人民共和国刑法》第二百三十四条，涉嫌故意伤害等罪。犯罪嫌疑人章俊理、周群游的行为已触犯了《中华人民共和国刑法》第二百一条，涉嫌偷税罪。犯罪嫌疑人章俊理、章菊游、刘冬生、邓智强的行为已触犯《中华人民共和国刑法》第三百三十六条，涉嫌非法行医罪。犯罪嫌疑人章俊理的行为已触犯《中华人民共和国刑法》第二百二十二条，涉嫌虚假广告罪。根据《中华人民共和国刑事诉讼法》第一百二十九条之规定，特将本案移送审查，依法起诉。

此致

西湖区人民检察院

局

一九九九年六月十一日

000026

附：1、本案卷宗材料共贰拾叁册。
　　2、犯罪嫌疑人章俊理、刘冬生、邓智强、钱小玲、周群游现押市第二看守所，犯罪嫌疑人章菊游现押于市第一看守所。

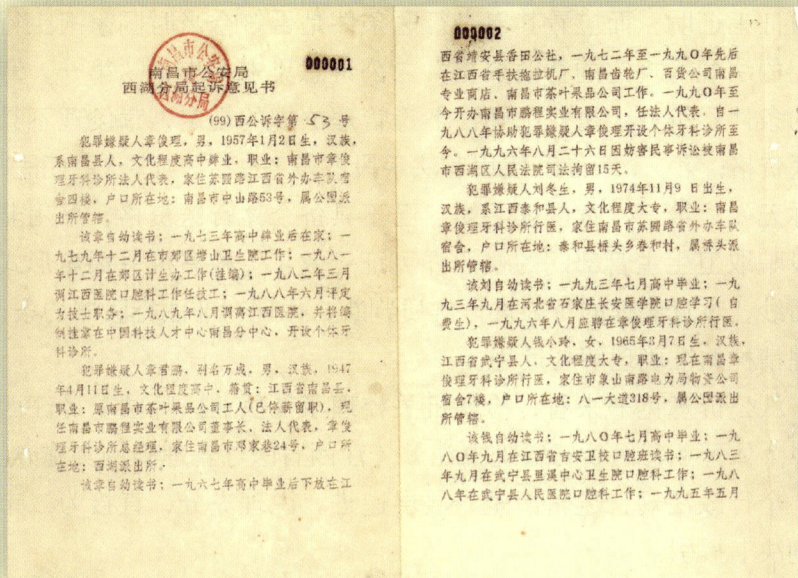

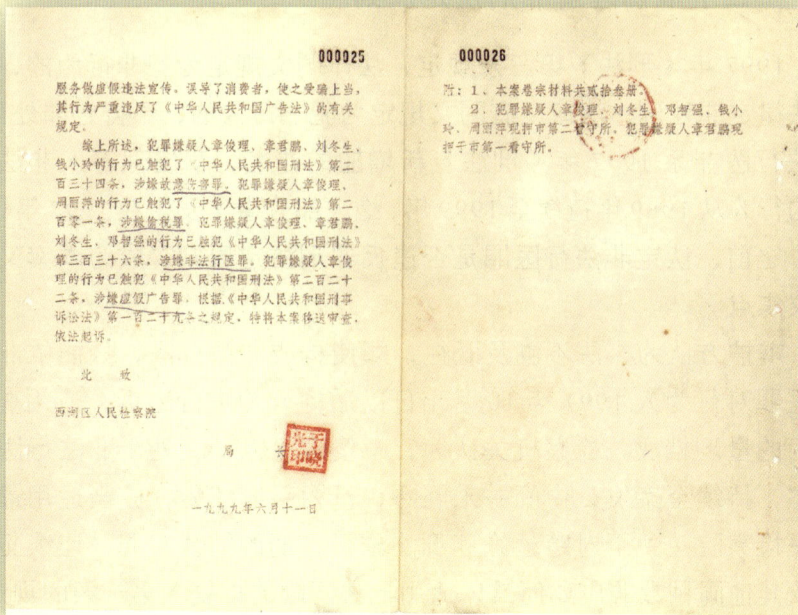

● 章俊理等人非法行医案公诉意见书（部分）

483

许可证来证明，而应看其自身行医条件是否符合当时国家卫生行政部门的法规所规定的行医资格"。公诉意见书指出："第一，章俊理的条件不符合《执业医师法》等管理法规的规定，章俊理不具备行医资格；第二，章俊理使用非法手段取得"主治医师""主任医师"职称无效；第三，章俊理明知自己不具备个体行医资格，采用非法手段骗取卫生主管部门的执业许可证无效。"检察机关揭穿形式合法面纱，对章俊理的行为进行实质判断，体现对非法行医罪的条文、法理精神的准确理解与运用。

从公诉意见书来看，检察机关梳理了《执业医师法》《江西省城乡个体开业行医暂行管理办法》《江西省医疗管理条例实施办法》等7个行政法规，逻辑清楚、层层递进，说理充分，直接为二审法院判决书援引。

（二）准确理解罪刑法定原则

1997年《刑法》第三条规定，法律明文规定为犯罪行为的，依照法律定罪处刑；法律没有明文规定为犯罪行为的，不得定罪处刑。非法行医罪系1997年《刑法》新增加的罪名，章俊理等人非法行医的行为从1989年持续至1999年，绝大部分事实发生在1997年《刑法》之前，认定非法行医罪是否违反罪刑法定原则，成为本案又一争议焦点。

辩护方认为，法不溯及既往，即使构成非法行医，只能依非法行医罪对行为人1997年10月1日以后的行为进行追诉，适用3年以下的量刑档次。检察机关认为，章俊理等人一直处于非法行医的状态，持续至案发，中间并未间断，行为系继续犯，应当适用最高人民检察院《关于对跨越修订刑法施行日期的继续犯罪、连续犯罪以及其他同种数罪应如何具体适用刑法问题的批复》第一条的规定，用修订后的刑法即以非法行医罪对发生在1997年10月1日之前的非法行医行为一并追诉。检察机关对章俊理等人横跨新旧刑法的行为，适用非法行医罪，体现对罪刑法定原则的准确判断与把握，该

江西省

刑事

原公诉机关
上诉人(原审
等1154人(名单附
诉讼代理人
省南昌市人,大学
诉讼代理人
省九江市人,大学
浔阳区女儿街4
诉讼代理人
西省南昌市人
南昌市新溪桥南
诉讼代理人
诉讼代理人
诉讼代理人
诉讼代理人

非法行医活动,属
同。因此,其上诉
院不予采纳。上诉
民事部分均提出:
审查认为:本案系
以犯罪行为受造
然不存在差误。2
查认为:上诉人章
法医鉴定不客观,
集的证据,可以作
辩护人还提出:其
担责任。上诉人
损伤原告人,但这
人并依据其共
责任。上诉人章
提出的上述上

本院认为:上
规定的行医资格
开设个体牙科诊
健康受到严重损
上诉提出及其辩
立,予以驳回。
伤害罪的理由。
故意伤害罪对其

明知章俊理不具备医
行医活动,制定诊所
务及人事工作,处理
行医活动起者直接帮
非法行医罪。章君
行医活动的理由,与本
上诉人钱小玲上诉
的理由,符合客观事
害罪对其定罪量刑
认定其系明知章俊
故,钱小玲的行为
伤害罪对被告人对
充足证据证明其
清。上诉人章俊理
诉讼原告人的直接
力,胡曙光等115
证据证明受到章
人可另行起诉,可
纳。上诉人章俊
符合法律规定,
但上诉人钱小
行医罪,可免险
法)第一百八十
伤害罪的理由
故意伤害罪对

第三百三十六条第一
华人民共和国民法通
定,判决如下:
一、撤销南昌市
号刑事附带民事判
二、上诉人俊
个月,并处罚金一百
(刑期从判决执
的,羁押一日折抵刑
2008年5月19日止
三、维持南昌市
号刑事附带民事判
罪,判处有期徒刑九
日之内一次性付清
(刑期从判决执
的,羁押一日折抵刑
年1月15日止)。
四、上诉人钱、
五、上诉人章俊
等1124名附带民事
见表附一、附二),
性付清。
六、驳回上诉
22

(名单附后)。

七、驳回上诉人万少华等11名附带民事诉讼原告人的诉讼请求(名单附后)。

本判决为终审判决

审 判 长:廖治中
审 判 员:殷国富
代理审判员:演 ?

二〇〇〇年六月二十八日

书 记 员:庄 严

● 章俊理等人非法行医案二审判决书（部分）

485

意见被一审、二审判决采纳。

（三）积极回应被害人诉求

本案系一起涉众性的案件，章俊理等人非法行医造成千余人 500 余万元的损失，1154 名被害人提起刑事附带民事诉讼，且另有 1000 余人提出民事诉讼，社会舆论高度关注。检察机关围绕"保护被害人合法利益"提前介入、审查起诉、出庭指控，以回应民众诉求。提前介入阶段，检察机关发现报案患者远少于诊所书证记载的数量，指导公安机关通过报纸、媒体等方式予以公告，呼吁广大患者及时报案并提供证据，保障了被害人的诉讼权利；审查起诉阶段，检察机关对所有患者的书证材料细致审查，多次向章俊理等人及患者双向核实，最大限度维护被害人的合法利益；出庭指控时，采用全程直播的方式向被害人以及社会公开，保障了被害人的知情权；在发表公诉意见中，检察机关采用先概括后分述、以点带面的方式论述危害结果，详细列举了吕某等人受到的伤害，使法庭对危害结果有更具体、形象的感知，也是对被害人诉求的积极回应。

案例推荐：江西省人民检察院

撰稿：苏云姝

审稿：黄河、李勇

胡长清受贿、行贿、巨额
财产来源不明案

——改革开放以来第一个被执行死刑的
副省级官员贪腐案

基本案情

　　胡长清，时年 51 岁，湖南省常德市人，江西省人民政府副省长、江西省第九届人民代表大会代表。

　　胡长清在 1994 年上半年至 1999 年 8 月期间，利用其担任国务院宗教事务局副局长、江西省人民政府省长助理、副省长的职务便利，为他人谋取利益，非法收受、索取他人财物 87 次，共计价值人民币 544.25 万元，其中，索取人民币 2 万元。胡长清为了自己职务提升，于 1997 年初至 1999 年 6 月下旬，先后 5 次向有关部门的 3 名国家工作人员行贿共计人民币 8 万元。司法机关在侦查过程中，除查缴胡长清的受贿款物外，还扣押、冻结了胡长清现金、存款、房屋及贵重物品等财产，共计价值人民币 249.07 万元，加上胡长清用于行贿支出的人民币 8 万元，共计人民币 257.07 万元。上述款物中，胡长清本人能说明合法来源的为人民币 95.3 万元，对其余 161.77 万元不能说明合法来源。经查证，亦无合法来源的证据。

　　1999 年 9 月 27 日，最高人民检察院对胡长清以受贿罪立案侦查；经江西省人民代表大会常务委员会许可，9 月 29 日，对其刑事拘留，

10月10日，由最高人民检察院决定逮捕；10月13日，由北京市公安局执行逮捕。12月3日，江西省新余市人民代表大会常务委员会罢免其江西省第九届人民代表大会代表资格。2000年2月1日，江西省南昌市人民检察院向南昌市中级人民法院提起公诉。2月15日，一审法院作出判决：胡长清犯受贿罪，判处死刑，剥夺政治权利终身，并处没收其个人全部财产；犯行贿罪判处有期徒刑二年；犯巨额财产来源不明罪，判处有期徒刑四年，超出其合法收入财产予以追缴；决定执行死刑，剥夺政治权利终身，并处没收全部财产，追缴非法所得161.77万元。后胡长清不服判决，上诉至江西省高级人民法院。3月1日，二审法院驳回上诉、维持原判。3月7日，最高人民法院裁定核准死刑判决。3月8日，胡长清被执行死刑。

案件背景与社会影响

　　胡长清违法违纪性质之严重、情节之恶劣、社会影响之坏，在案发当时是极为罕见的。对胡长清案的审判，是新中国成立以来对省部级领导干部因贪污腐败严重经济犯罪而被处死刑立即执行的第一案，表明了我党要彻底根除腐败的决心。胡长清受贿、行贿、巨额财产来源不明案的办理在国内外引起了强烈反响，赢得了民众的广泛称赞，美联社、法新社、路透社等多家国外媒体相继转发国内媒体对此案的报道。胡长清等一批贪污腐败罪行极其严重的罪犯包括一些省部级以上的领导干部受到严惩，有力地推动了党风廉政建设和反腐败斗争的深入开展。

公诉指控

（一）指控融情于理，引发群众共鸣

　　为精准证明犯罪、做好法治宣传工作，检察机关在法庭辩论上

南昌市人民检察院

起 诉 书

洪检刑诉（2000）第 18 号

被告人胡长清，男，51 岁，身份证号码：110105194809151518，汉族，湖南省常德市人，大专文化，原系江西省人民政府副省长、江西省第九届人民代表大会代表，曾任江西省人民政府省长助理、国务院宗教事务管理局副局长、国家税务总局办公室主任，家住北京市海淀区翠微中里 4 号楼 3 门 308 房，常住江西省南昌市赣江宾馆 1210 房。因涉嫌受贿犯罪，经江西省人民代表大会常务委员会许可，1999 年 9 月 29 日由最高人民检察院决定刑事拘留，9 月 29 日由北京市公安局执行拘留，1999 年 10 月 10 日由最高人民检察院决定逮捕，10 月 13 日由北京市公安局执行逮捕，现羁押于江西省看守所。

第1页

3、1999 年春节期间，胡长清在北京送给王倩人民币 1 万元。

（二）1999 年春节期间，胡长清在北京保利大厦，向卓向东行贿人民币 1 万元。

（三）1999 年 6 月，胡长清在赣江宾馆住处，向刘春建行贿人民币 3 万元。

三、巨额财产来源不明罪

最高人民检察院在侦查过程中，扣押、冻结胡长清现金、存单、房屋及贵重物品等财产，共计价值人民币 793.32 万元。现已查明胡长清收受贿赂人民币 545.55 万元，胡长清行贿支出人民币 8 万元，能说明来源合法的为人民币 94 万元，尚有 161.77 万元人民币不能说明来源合法，经查证也无合法来源的根据。

上述事实，有证人证言、鉴定结论、物证、书证及刑事照片予以证实。被告人胡长清亦有供述。本案事实清楚，证据确实充分，足以认定。

综上所述，被告人胡长清利用职务之便为他人谋取利益

第2页

或利用职权及地位形成的便利条件，通过其他国家工作人员为他人谋取不正当利益，收受他人财物价值人民币 474.32 万元，索取他人财物价值人民币 71.23 万元，数额特别巨大，且造成国家巨额财产损失。根据《中华人民共和国刑法》第十二条之规定，其行为已触犯《中华人民共和国刑法》第三百八十五条、第三百八十六条、第三百八十八条之规定，构成受贿罪，应从重处罚。

被告人胡长清为谋取不正当利益，给予国家工作人员人民币 8 万元，其行为已触犯《中华人民共和国刑法》第三百八十九条第一款之规定，构成行贿罪。胡长清主动交待行贿的犯罪事实，具有《中华人民共和国刑法》第三百九十条第二款规定的情节，对其行贿罪可减轻处罚。

被告人胡长清的财产和支出明显超过其合法收入，差额为人民币 161.77 万元，差额巨大，其行为已触犯《中华人民共和国刑法》第三百九十五条第一款之规定，构成巨额财产来源不明罪。

被告人胡长清犯有受贿罪、行贿罪、巨额财产来源不明罪，根据《中华人民共和国刑法》第六十九条之规定，应实

第3页

行数罪并罚。

本院为严惩严重经济犯罪，维护国家机关正常的工作秩序和国家工作人员职务的廉洁性，依照《中华人民共和国刑事诉讼法》第一百四十一条之规定，特提起公诉，请依法惩处。

此致

江西省南昌市中级人民法院

副检察长 黄文安
检察员 张振川
曹运华
代理检察员 赵雪艳

二〇〇〇年二月一日

附：1、证人名单
2、证据目录
3、主要证据及印相

● **胡长清受贿、行贿、巨额财产来源不明案起诉书（部分）**

公诉意见书
（反腐...草稿）

审判长、审判员：

震惊全国的被告人胡长清特贪受贿、行贿、巨额财产来源不明一案，今天在这里依法公开审理。根据《中华人民共和国刑事诉讼法》第 153 条和《中华人民共和国检察院组织法》第 15 条之规定，我们以国家公诉人的身份出席此庭，支持公诉，并依法履行法律监督职责。

在前一阶段的法庭调查中，公诉人就本案的犯罪事实、犯罪情节等问题，对被告人进行了详尽的询问，并围绕本案的事实、情节、后果，充分展示了一系列相关证据，当庭询问了证人、宣读了证人证言、鉴定，出示了物证、书证和事照片。经当庭质证，形成了完整、严密的证据体系，全面地反映和证实了本案的犯罪事实和犯罪情节，充分说明了本院起诉书指控被告人胡长清构成受贿罪、行贿罪、巨额财产来源不明罪，事实清楚，证据确实、充分。

为进一步揭露犯罪、证实犯罪、宣传法制，本公诉人发表以下公诉意见：

一、本案触目惊心、情节特别严重。

通过法庭调查，已经查明被告人胡长清在担任国家税务总局办公室主任、国家宗教事务管理局副局长、江西省人民政府省长助理、副省长期间，利用职务之便，大搞权钱交易、索贿受贿，在不到七年的时间受贿价值达人民币五百四十五万余元；行贿八万元；另外，还有价值人民币 二八十多万元的巨额财产来源不明。其中，被告人胡长清在江西任副省长的短短四年中，受贿金额高达545 万余元。在任省长助理的后期，平均每季度收受贿赂达 71 万元，每月受贿达 25 万元，每周受贿 5.7 万元。然而，这还并不是最高的记录，在其 98 年 3 月开始担任副省长的巅峰时期，平均每日受贿 31 万元，每周受贿 8 万元，每月受贿达 1.1 万余元，可谓日进寸金。我们难以想象身为江西省人民政府副省长的胡长清在这时的真实想法。他是否想到过贫困山村的失学的儿童，是否想到过城市里的下岗职工。胡长清犯罪赃物的七百余万元的财物可以解决一万农民一年的温饱问题，可以解决一万四千名儿童读完小学的学费，可以建造三十五所希望小学，可以解决二千三百名下岗职工 一年的生活费。

为了利，胡长清可以丧失原则，滥用职权；
为了利，胡长清可以四处插手、八方干预；
为了利，胡长清可以称兄道弟，有求必应；
为了利，周雪华可费尽心机，百般巴结；
为了利，周雪华可重金开道，美色引诱；
为了利，周雪华可以非法经营，谋取暴利；

通过庭审调查，我们还可以看到，胡长清受贿犯罪还有如下特点：

一是职务上的关联性。我国刑法在受贿罪中规定的"利用职务上的便利"是指利用本人职权可或者利用本人职权或地位形成的便利条件。从本案中胡长清多次利用职务之便为他人谋利的情况看，有 8 次涉及胡长清直接分管的部门，有 21 次涉及江西的有关政府、单位和部门，有 10 次涉及江西境内的中央属企业。作为单位江西省人民政府省长助理、副省长、党组成员的胡长清，它不仅在其直接管的部门有主管、分管、决定、办理、处置公共事务的权力，与有联系单位的求属关系、制作关系有关单位、部门包括实行条块结合管理的中央驻赣企业，也可以直接的制约，这种直接的制约可以表现为指令型、指示型和指导型。从本案看，胡长清是利用其省长助理、副省长的职务之便采取以省政府名义主持协调会，作指示，下指令、打电话、写信等形式来实现为他人谋利的意图的。因此，本案中胡长清 39 次为他人谋利的行为均属"利用职务上的便利，"与胡长清的职务密切的关联性。

二是受贿对象的选择性。胡长清为了聚敛钱财，大肆受贿，精心选择受贿对象，我们起诉书指控胡长清收受、索取财物的 18 个对象中，虽然未一一列举出他们的职业、身份、地位，但知情人一看便知，这里面有 15 人是集团公司的总经理、董事长、港商、私营企业主、法人代表等重量级的"大款"他们怀揣鬼胎，出手阔绰，多则数百万元，少则十几万元，数万元送给胡长清，以利用胡长清为自己谋利。

三是受贿理由的多样性。胡长清职务提升要受贿，出国考察要受贿，逢年过节、房屋装修、儿子出国、全家度假、行贿送礼、外出学习也要受贿，就连为媳妇买房也成为胡长清受贿的理由。

四是受贿财物的广泛性。胡长清受贿的财物既有人民币，也有美元、港币，既有高档家电，也有高档衣料，从名烟名酒，到高档手表、珍贵钻研手链、戒指、领带夹等，应有尽有，多则受贿六十万元巨款，少则连钢笔、皮带也收，可谓来者不拒，多多益善。

● **胡长清受贿、行贿、巨额财产来源不明案公诉意见书（部分）**

下了很大功夫，对胡长清受贿行为进行了深刻揭露，运用了大量的类比、实例等方法，反衬其受贿数额之巨、贪欲之深，说服力强。

胡长清本是湖南常德一个贫苦农民的儿子，其自述小时候放过牛，种过田，砍过柴，家乡的山水养育了他，父老乡亲帮助了他，党组织和各级领导培养了他，使他由一个农民的儿子成长为一名副省级干部。然而在金钱、权力的诱惑下，一步步放任自己的贪欲。公诉人结合了胡长清的身份特点，运用大量的数字和事实，以直观形象的方式说理，引发人民群众的强烈共鸣。比如："在胡长清任省长助理的后期，平均每季度收受贿赂达 74 万元，每月受贿近 25 万元，每周受贿 5.7 万元，每日受贿达 8000 元。然而，这还并不是最高的记录，在其 1998 年 3 月开始担任副省长的巅峰时期，平均每月受贿 31 万元，每周受贿 8 万元，每日受贿达 1.1 万元，可谓日进斗金。我们难以得知身为江西省人民政府副省长的胡长清在当时的真实想法，他是否想到过贫困山村的父老乡亲，是否想到过边远地区还没有解决温饱的农民，是否想到过因贫困而失学的儿童，是否想到过城市里的下岗职工。胡长清犯罪所得的七百余万元的财物，可以解决一万农民一年的温饱问题，可以解决一万四千名儿童读完小学的学费，可以建造三十五所希望小学，可以解决二千三百名下岗职工一年的生活保障。"

公诉人代表国家出庭支持公诉，不仅承担着指控犯罪的任务，同时也承担着法庭教育与法治宣传的使命。刑法的功能不仅在于惩罚，更在于预防犯罪，在于对犯罪人的教育、惩戒能让其幡然悔悟、迷途知返，在于教育多数人怎么才能做遵纪守法的公民。胡长清从一个党的高级干部堕落成为一个腐败分子，最根本的原因是背弃了理想信念，把党和人民赋予的权力作为谋取私利的手段，私欲极度膨胀。防微杜渐，警钟长鸣，广大党员特别是党员领导干部在如何掌权、如何用权，以及如何对待权与钱、处理公与私这些原则问题上，应时刻保持清醒的头脑，严格遵纪守法。

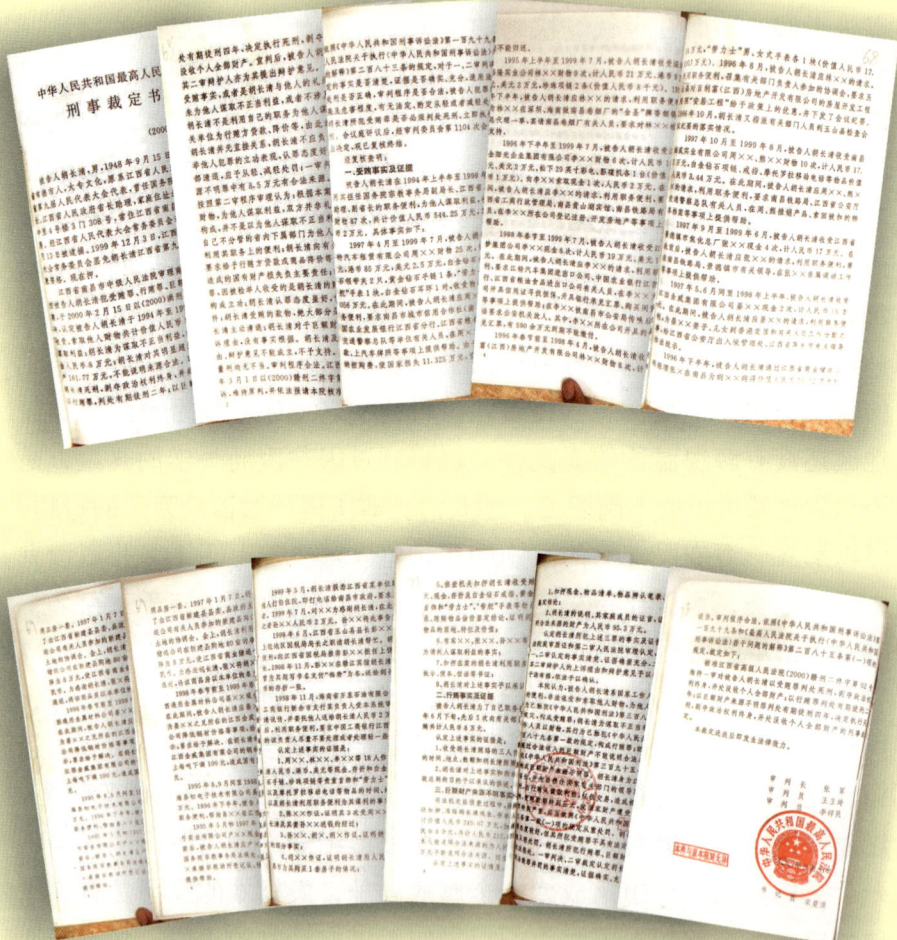

● 胡长清受贿、行贿、巨额财产来源不明案最高人民法院刑事裁定书（部分）

（二）揭示犯罪特点，延伸检察职能

事实和证据永远是指控犯罪的基础。通过深挖事实和证据背后的犯罪原因，检察机关总结出胡长清受贿犯罪的特点主要有："一是职务上的关联性。胡长清 39 次利用职务上的便利为他人谋利，有 8 次涉及胡长清直接分管的部门，有 21 次涉及江西的有关政府、单位和部门，有 10 次涉及江西境内的中央所属企业。二是受贿对象的选择性。胡长清为聚敛钱财，大肆受贿，精心选择受贿对象。在给胡长清行贿的人员中，大多数为集团公司的总经理、董事长、港商。三是受贿理由的多样性。职务提升要受贿，出国考察要受贿，逢年过节、房屋装修、儿子出国、全家度假、行贿送礼、外出学习也要受贿，就连为媳妇买房也成为胡长清受贿的理由。四是受贿财物的广泛性。既有人民币，也有美元、港元；既有高档家电，也有高档衣料。从名烟名酒，到高档手表、珍贵项链、戒指、领带夹，应有尽有，多则受贿六十万元巨款，少则连钢笔、皮带也收，可谓来者不拒、多多益善。"

从制度建设的角度，论述预防职务犯罪的重要性，是该案公诉意见的又一特色。"要建立、健全和完善对干部的教育、管理、选拔、任用、监督等方面的制度，加强对党员特别是领导干部的严格要求、严格管理、严格监督，真正做到从制度上、源头上杜绝腐败现象的发生，筑起反腐倡廉的坚固长城"。从胡长清案的公诉意见书来看，不仅有对案件证据的总结凝练，有对发案原因的深刻思考，更有对于制度建设、监督机制建立的论述，进一步在庭审过程中体现检察机关的法律监督职能。

案例推荐：江西省人民检察院

撰稿：蔡明璇

审稿：李勇

卓振沅、卓镰貌、周家栋等十二人伪造货币、购买、运输假币案

——"两高"挂牌督办的一号假币案

基本案情

卓振沅，男，时年 39 岁，广东省陆丰市人，个体户。

卓镰貌，男，时年 41 岁，广东省陆丰市人，个体户。

周家栋，男，时年 28 岁，广东省怀集市人，工人。

张泽汤，男，时年 45 岁，广东省汕尾市人，个体户。

文志武，男，时年 29 岁，广东省潮安县人，工人。

张惜涛，男，时年 29 岁，广东省普宁市人，工人。

张林棋，男，时年 42 岁，广东省陆丰市人，陆丰市南塘地方税务所职工。

（其他被告人基本情况略）

1. 1995 年 5 月至 6 月间，卓振沅提供 10 元面额假人民币胶版一套，伙同蔡伟东等人在汕头市非法印制 10 元面额假人民币。第一次印成约 400 万元假人民币，后因质量差而烧毁；第二次印成假人民币 445 万元，在蔡伟东等人运回陆丰市途中被公安机关查获。

2. 1995 年 12 月至 1996 年 4 月间，张林棋、卓镰貌、文志武

伙同他人先后在陆丰市东海镇、湖陂农场两次非法印制 10 元面额的假人民币 2400 万元。

3. 1996 年 5 月到 6 月间，卓镰貌伙同他人在陆丰市湖东镇非法印制假人民币 1200 万元。

4. 1997 年 9 月至 1998 年底，卓振沅与卓振仲等人合伙，雇用周家栋及张见森等为技术员，先后在广东省陆丰市上英镇、普宁市梅塘镇、惠来县南海镇等地 4 次印制 50 元、100 元面额假人民币共 4.56 亿元。

5. 1998 年 10 月至 1999 年 6 月，卓振沅、卓镰貌、张泽汤等合伙，雇用文志武、张惜涛等人为技术员，在广东省汕尾市城区林埔村多次印制 50 元、100 元面额假人民币共 2.7 余亿元。1999 年 1 月至 6 月，卓振沅、卓镰貌联络或指使他人，将假人民币出售给黄文林、卓金地、李水墘等人。

6. 1999 年 5 月，周家栋伙同他人在普宁市军埠镇非法印制面额 50 元、100 元假人民币 1200 万元。

2000 年 8 月 11 日，广东省汕尾市人民检察院向汕尾市中级人民法院提起公诉。同年 9 月 22 日，法院以伪造货币罪判处卓振沅、卓镰貌、张泽汤、张林棋、周家栋、文志武、张惜涛死刑，剥夺政治权利终身，并处没收财产；以伪造货币罪、购买假币罪、运输假币罪分别判处其他 5 名同案犯无期徒刑或十年以上有期徒刑。宣判后，部分被告人不服一审判决，向广东省高级人民法院提出上诉。广东省高级人民法院经过审理，于 2000 年 12 月 20 日作出终审裁定：驳回上诉，维持原判，并依法报请最高人民法院复核。最高人民法院于 2001 年 2 月 6 日裁定核准对 7 名罪犯执行死刑。

案件背景与社会影响 ·······························

伪造货币是严重危害国家经济安全和金融稳定的犯罪，一直以来都是我国重点打击的犯罪行为。但从 1995 年起，广东省汕尾地区的假币犯罪活动不仅没有停止，反而由单一的海上贩运入境发展到自制自贩，产、供、销"一条龙"，从极个别的犯罪分子参与发展到分工合作的家庭式作业。据国务院反假货币工作联席会议透露，1995 年以来，在全国 13 个省、自治区、直辖市均查获了出自汕尾的假币。另据《南方周末》报道称"全国 80％的假币都出自陆丰"，可见当时在汕尾地区，伪造货币犯罪十分猖獗和普遍。1999 年 4 月至 8 月，结合广东省公安厅部署的"打黑除恶"专项斗争，汕尾市公安局、陆丰市公安局展开了声势浩大的专项斗争，1999 年 7 月底，在第二轮专项打击行动中，印制假币面额高达 6.41 亿元的卓振沅等人，经过数次转移后，又在汕尾市郊区建起新窝点，意图再实施犯罪活动，最终被公安人员铲除。同年底，涉案的 12 名犯罪嫌疑人相继落网。

广东汕尾特大假币案涉案金额为新中国成立以来之最，该案件也被最高人民法院、最高人民检察院共同列为 2000 年挂牌督办的一号假币案件。该案的成功侦破、起诉和审判，对卓振沅、卓镰貌、张泽汤等 7 名罪犯判处死刑，极大地震慑了伪造货币犯罪分子，为之后打击伪造货币犯罪树立了标杆。此后，全国假币犯罪出现了拐点，伪造货币犯罪从原来的"越打越多"转向了"越打越少"。

公诉指控

制造、发行货币是一项重要的国家行为。伪造、变造货币的行为，严重扰乱国家的金融秩序，损害国家货币的信誉，严重危害国计民生。由于伪造、变造货币成本小，利润大，一些犯罪分子在高额利润诱惑下不惜铤而走险。本案作为全国特大伪造货币案，其公诉自然受到社会的高度关注。将 12 名犯罪分子绳之以法，是本案检察机

广东省汕尾市人民检察院

起诉书

汕检刑诉(2000)第59号

被告人卓振沅，又名卓振源，化名许振财，外号"大肥"、"老大"，男，39岁，汉族，陆丰市人，小学文化，个体商人，原住陆丰市湖东镇华美村，现住海丰县海城镇城西居委教师村A1栋东梯502号。一九九九年十一月五日被刑事拘留，十二月十三日经本院批准，同月十五日被执行逮捕。

辩护人甘莉，汕尾市济仁律师事务所律师。

被告人卓镰貌，又名卓金颜，卓妈掃，外号"老四"，男，41岁，汉族，陆丰市人，小学文化，个体商人，住陆丰市湖东镇曲清村。一九九九年十一月十二日被刑事拘留，十二月十三日经本院批准，同月十五日被执行逮捕。

辩护人薛俊，陆丰市开元律师事务所律师。

被告人周家栋，又名周家华，男，28岁，汉族，广

—1—

共1200万元。被告人卓镰貌在以上三次非法印制假币中分得三万元。

综上所述，被告人卓振沅参与作案六宗，非法印制假币5.9165亿元。

被告人卓镰貌参与作案四宗，非法印制假币3.072亿元。

被告人周家栋参与作案五宗，非法印制假币4.58亿元。

被告人张泽汤参与作案一宗，非法印制假币2.712亿元。

被告人文志武参与作案三宗，非法印制假币1.56亿元。

被告人张惜涛参与作案一宗，非法印制假币1.392亿元。

被告人张林棋参与作案二宗，非法印制假币2400万元。

被告人黄文林购买假币2760万元，将其中的40万元加工后予以出售；

被告人高锡波、林兴钳、陈炳旋参与作案一宗，非法印制假币2.712亿元。

被告人蔡木群非法运输假币三次，假币共2640万元。

以上犯罪事实清楚，证据确实、充分，足以认定。

本院认为：被告人卓振沅、卓镰貌、周家栋、张泽汤、文志武、张惜涛、张林棋、高锡波、林兴钳、陈炳

—8—

国家法律，非法印制假人民币冒充真人民币，数额巨大，被告人卓振沅、卓镰貌、周家栋、张泽汤、文志武、张惜涛、高锡波、林兴钳、陈炳旋之行为已触犯《中华人民共和国刑法》第一百七十条第(二)项之规定，构成伪造货币罪；被告人张林棋之行为已触犯《全国人大常委会关于惩治破坏金融秩序犯罪的决定》第一条第(二)项之规定，构成伪造货币罪；被告人黄文林购买假币后又将部分假币予以伪造，数额特别巨大，其行为已触犯《中华人民共和国刑法》第一百七十六条第(二)项、第一百七十一条第一款之规定，构成伪造货币罪、购买假币罪，应予数罪并罚；被告人蔡木群明知是伪造的货币而予以运输，数额特别巨大，其行为已触犯《中华人民共和国刑法》第一百七十一条第一款之规定，构成运输假币罪。在伪造货币共同犯罪中，被告人卓振沅、卓镰貌、周家栋、张泽汤、文志武、张林棋起主要作用，是主犯，依法应当从重处罚；被告人高锡波、林兴钳、陈炳旋起次要作用，是从犯，依法应当从轻处罚；被告人文志武归案后认罪态度较好，如实供述自己的罪行，一般应当从轻处罚。为保护国家的货币管理制度，保证人民币的法定流通，打击刑事犯罪，根据《中华人民共和国刑事诉讼法》第一百四十一条之规定，特对被告人卓振沅、卓镰貌、周家栋、张泽汤、文志武、张惜

—9—

涛、张林棋、黄文林、高锡波、林兴钳、陈炳旋，提起公诉，请依法惩处。

此致

汕尾市中级人民法院

检察员：蔡进和 欧春华

二000年八月十一日

附注：证据目录、证人名单、主要证据复印件随文移送。

—10—

● 卓振沅、卓镰貌、周家栋等十二人伪造货币、购买、运输假币案起诉书（部分）

第三篇 1998—2019

卓振沅、卓镰貌、周家栋等十二人伪造货币、购买、运输假币案

关的职责所在，也是实现社会正义的需要。

（一）稳扎稳打，先定性后定量

在庭审中，公诉人用了较长时间当庭讯问了 12 名被告人，通过当庭讯问实现被告人供述之间的相互印证，在此基础上出示书证、物证等证据，形成了较为完整的证据体系。

公诉人采取了先定性后定量的方法。先根据犯罪构成要件，从被告人的犯罪动机、目的入手，结合已查明的事实论证卓振沅等人构成伪造货币、购买假币和运输假币罪。随后，公诉人对本案伪造货币次数、数额及造成的社会影响进行定量分析，指出卓振沅等人"如此频繁地、大规模地、大数额地伪造货币，严重冲击着我国金融市场、破坏货币制度，造成严重的危害后果，实属新中国成立以来所罕见"，从而较为顺利地完成了对卓振沅等人伪造货币罪整个案件的定罪量刑。

（二）乘胜追击，做到宽严相济

公诉人在法律适用和刑事责任方面，紧紧抓住危害后果这个点，指出卓振沅等 12 人的行为严重破坏了我国的金融市场和金融秩序，侵犯了国家货币管理制度，损害了国家货币的信用，扰乱了物价、造成通货膨胀，破坏了社会和经济秩序。继而又以其犯罪行为给人民群众生活所造成的危害结果为视角，指出伪造货币严重侵害了人民群众的根本利益。一环套一环，步步追击。进行此轮攻势之后，对 12 名被告人的刑事责任进行了逐一分析，先是指出"本案是一起特大罕见的伪造货币案，其伪造货币数额远远超过数额巨大的量刑标准几千倍，情节特别严重"，以此对卓振沅等 7 名主犯，应予严惩；同时又指出高锡波、林兴钳、陈炳旋等人在共同犯罪中系从犯，应从轻处罚。坚持分化瓦解、宽严相济的刑事政策，既给了犯罪分子认罪从宽的机会，也重申了从严惩处的依据，有理有节。

被告人卓振沅、卓镰貌等人
伪造货币一案
公 诉 词

审判长、审判员：
　　有功全国的特大伪造货币案，经我市公安机关的侦查和本院的审查，现向法院提起公诉。本案的十二名被告人已坐在法庭的被告人席上，受到人民的审判。我们打击伪造货币斗争夺又一重大战果。根据《中华人民共和国刑事诉讼法》第一百五十三条和《人民检察院组织法》第十五条的规定，今天，我们以国家公诉人的身份，对公开审理的卓振沅等十二名被告人这一特大伪造货币案，依法出庭支持公诉，并依法履行审判监督职责。
　　在法庭调查中，公诉人相继讯问了十二名被告人，并依法宣读、出示了十二名被告人的事实证据，这些证据都经由公安机关合法取得，并在法庭上已经公诉方向辩护方的质证，彼此之间，关联紧密、相互印证，客观全面地证实了每一案伪造货币的犯罪事实，构成了完整证据体系，足以证明本院起诉书所指控的各被告人犯罪事实清楚，证据确实、充分。为进一步揭露犯罪，惩治犯罪，弘扬法制，现发表如下五点公诉意见，供合议庭评议和量刑时参考。

— 1 —

一、被告人卓振源等十人的行为均构成伪造货币罪，被告人黄文林的行为构成伪造货币罪和购买假币罪、被告人蔡木群的行为构成运输假币罪。
　　我国刑法规定，伪造货币罪是指仿照货币的票面、图案、色彩、质地、形状等使用印制、复印、描绘、拓印等各种制作方法，非法制造假货币冒充真货币的行为。所谓购买假币是指行为人以一定的价格用货币换回伪造的货币的行为。所谓运输假币是指行为人主观上明知是伪造的货币，而使用交通工具或以其他方式将伪造的货币从甲地携带至乙地。根据法庭已查明事实，一九九五年五月至一九九九年六月间，被告人卓振沅、卓镰貌、周家栋、文志武等人，先后多次分别在陆丰市、油头市、普宁市、油尾市城区等地，非法印制大量100元、50元、10元面额的假人民币达七亿多元，有的被告人参与非法印制多达六宗，伪造的货币数额高达五亿多元，少则一宗，伪造的货币数额达一亿多元。其中，被告人黄文林购买2760万元伪造的货币后，又将其中的40万元加工上水印和金属线，并出售给外省人；被告人蔡水群3次开车为卓镰貌、卓金地接运伪造的货币2640万元。因此，根据法律规定和各被告人的行为特征认定本案被告人卓振沅、卓镰貌、周家栋、张泽汤、文志武等十人的行为构成伪造货币罪，被告人黄文林的行为构成伪造货币罪和购买假币罪，被告人蔡木群的行为构成运输假币罪。

— 2 —

被告人的犯罪情节特别严重
　　首先，从被告人的犯罪动机、目的和主观恶性看。被告人明知伪造巨额货币会给国家和人民造成损害，是法律绝不允许的，然而，他们却利欲熏心，为了追求巨额利润，竟不惜以损害国家和人民利益为代价，铤而走险，顶风作案，多次非法印制假人民币七亿多元，其中在油尾市城区林埠村拼凑伪造假人民币就达2亿多元。在他们眼里，根本就没有国家法律和人民利益，没有法律、政策、道德良心，这说明他们对抗法律的心理顽强，表现了严重的恶性。
　　其次，从伪造货币次数、数额及造成社会影响后果。被告人卓振沅等人先后多次在陆丰、油头、油尾市城区非法伪造10元、50元、100元面额假人民币七亿多元，且有部分已流入社会，如此频繁地、大数额地伪造货币，严重冲击着我国金融市场，破坏货币制度，而且直接危害人民群众的利益，这种危害后果，是对我市改革开放和经济发展的严重损害，同时，又对我市、我省、我国都造成极大的负面影响，实属建国以来所罕见。上述事实足以证明本案情节是特别严重的。
　　三、被告人的犯罪行为所造成的社会危害后果极其严重
　　伪造货币罪是一种特殊的犯罪形式，因而对社会具

— 3 —

卓振沅、卓镰貌、周家栋等十二人
伪造货币、购买、运输假币案

有特殊的严重危害性。被告人卓振沅等人伪造的人民币共达七亿多元，对我国社会和人民造成的危害后果是极其严重的。

首先，从犯罪行为给国家造成的危害看：

货币制度，是国家财政金融制度的重要组成部分。在我国的社会主义市场经济中，货币是国民经济流通的重要媒介和核算社会主义生产以及实现产品分配的主要工具，国家货币的独立、统一和稳定直接关系到国民经济的发展，物价的稳定和人民生活的改善、提高。因此，我国早已通过法律的形式把货币制度加以确立、保护，近年，相继出台了《中国人民银行法》、《商业银行法》等金融法规，1995年3月颁布的《中国人民银行法》中规定，人民币必须由中国人民银行集中统一管理和发行，任何有伪造、变造、破坏人民币的犯罪行为必须依法惩处。被告人卓振沅等人多次伪造的人民币达七亿多元，并且已有部分流入社会，这已严重破坏我国的金融市场和金融秩序，侵犯了国家的货币管理制度，损害了国家货币的信用，扰乱物价、制造通货膨胀，破坏了社会和经济发展计划。

其次，从犯罪行为给人民群众生活造成的危害后果看：

货币是广大人民群众最为直接的生活必需品，谁拥有它，谁就拥有支配社会财富的权利，失去它就等于失去财富。一旦伪造的人民币流入市场，特别是经济落后地区，将直接引起物价上涨。物品缺乏等问题，使人民

—4—

[对]商品的市场需求，生活更加贫困。因此，伪造货币严重[扰乱]人民群众生活和工作秩序，侵害了人民群众的根本[利益]，危害后果之大，是不言而喻的。

四、流告人应负的刑事责任

我国《刑法》第一百七十条之规定，伪造货币的处[三]年以上十年以下有期徒刑，并处五万元以上五十万元[以下罚金]；有下列情形之一的，处十年以上有期徒刑、[无期徒刑]或者死刑，并处五万元以上五十万元以下罚金[或者没收]财产：（一）伪造货币集团的首要分子；（二）[伪]造货币数额特别巨大的；（三）有其他特别严重情节[的]。本案是一起特大罕见的伪造货币罪案，其伪造货币数[额达]到远远超过额特别巨大的贝刑标准几千倍，情节特别严重，社会造成的危害后果也极其严重，对被告人卓振沅等七名主犯，应根据我国《刑法》第二十六条之规定，[按]照其所参与的或者组织、指挥的全部犯罪处罚，予以严惩；被告人高锦波、林兴榴、陈炳禄在共同犯罪中，起次要辅助作用，是从犯，根据我国《刑法》第二十七条之规定，应从轻处罚；被告人蒋木群应依照《中华人民共和国刑法》第一百七十一条规定处罚。被告人张泽勃作案后，能主动到公安机关投案，但没有如实交代罪行，不具各自首条件。

五、我们从本案中应吸取的教训

本案十二名被告人将等待着人民对其公正庄严的判

—5—

决，然而，他们的犯罪给我们的经济建设遗留下来的祸息，并不因此而停止，那些流入社会的假币仍在经济领域中恶性循环，不断地冲击我国的金融市场，坑害人民群众，同时向我们敲响警钟。我市的治安形势还很严峻，伪造货币犯罪更是屡打不停，屡禁不止，损害着广大消费者的利益，扰乱了国家正常的经济秩序。广大人民群众对制贩假币要增强社会责任感，谁知情，谁举报；谁见到，谁打击；政府部门、司法机关更是要决不手软，一查到底，坚决打击。

最后，公诉机关郑重规劝其它那些仍抱着侥幸心理、一意孤行，继续从事制贩假币罪恶勾当的犯罪分子，你们应从被告人卓振沅等人的案件中及时吸取教训，悬崖勒马，立即向司法机关投案自首，否则，被告人卓振沅等人今天的下场就是你们的明天！我们坚信，对那些无视国家法律尊严，竟敢以身试法的人，必将得到人民的审判，国家法律的制裁！

—6—

● **卓振沅、卓镰貌、周家栋等十二人伪造货币、购买、运输假币案公诉词**

（三）分析责任，发挥宣教作用

在公诉意见的最后，公诉人不失时机地进行了法治教育。在分析了伪造货币犯罪屡打不停、屡禁不止的原因后，呼吁广大人民群众增强社会责任感，做到"谁知情，谁举报，谁见到，谁打击"；指出政府部门、司法机关对制贩假币要一查到底、坚决打击、绝不手软；并规劝那些仍抱有侥幸心理、一意孤行的犯罪分子，要悬崖勒马、投案自首。

案例推荐：广东省人民检察院

撰稿：李军

审稿：黄河、李勇

成克杰受贿案

——首例副国级官员因受贿被判处死刑案

基本案情

　　成克杰，男，时年 67 岁，广西壮族自治区上林县人，第九届全国人民代表大会常务委员会副委员长，原中共广西壮族自治区党委副书记、人民政府主席。

　　1994 年至 1998 年期间，成克杰利用其担任中共广西壮族自治区党委副书记、人民政府主席的职务便利，为请托单位或个人在承接工程、解决资金问题、职务晋升等事项上谋取利益，单独或者与其情妇李平共同收受贿赂款、物合计 4109.0373 万元。其中 1150 万元被李平送给帮助转款的张静海，成克杰、李平实得 2959.0373 万元。涉案的大部分赃款、赃物被李平转移到香港保管。

　　1999 年年初，中央纪委在广西办案期间，发现成克杰违法违纪线索，随后立案调查。2000 年 4 月 20 日，中央纪委公布成克杰严重违纪违法案件的查处情况。2000 年 4 月 21 日，成克杰的九届全国人大代表职务被罢免。同年 4 月 25 日，九届全国人大常委会第十五次会议撤销成克杰的第九届全国人民代表大会常务委员会副委员长职务。当天，最高人民检察院对成克杰案件依法立案侦查，并决定将其逮捕。

　　2000 年 6 月 26 日，北京市人民检察院第一分院向北京市第一中级人民法院提起公诉。同年 7 月 31 日，法院作出一审判决：成克杰犯受贿罪,判处死刑,剥夺政治权利终身,并处没收个人全部财产。宣判后,成克杰以"一审判决认定其与李平为结婚准备钱财,共同收受贿赂的事实不成立;不应当由其承担李平收受'好处费'的刑事责任"等5条理由提起上诉。北京市高级人民法院二审作出裁定:驳回上诉,维持原判。最高人民法院于2000年9月7日裁定核准成克杰死刑判决。同年9月14日,北京市第一中级人民法院对成克杰执行死刑。

案件背景与社会影响

成克杰受贿案不仅是第一例副国级领导干部因受贿被处以死刑的案件,而且是截至当时查处的受贿金额最大的案件。该案的查处直接关系到中央反腐工作能否顺利进行,关系到全国人民对党的信任,在政治和社会两方面都引起了巨大反响,受到中外媒体的高度关注。2000年9月15日,《人民日报》头版发表题为《严惩腐败警钟长鸣》的评论员文章,称"依法严惩成克杰,充分体现了党中央从严治党、严惩腐败的坚强决心"。

公诉指控

(一)围绕共谋行为,抓住关键事实

成克杰受贿行为中,只有两起事实是成克杰单独收受的,分别是收受周贻海给予的3000美元,收受李一洪给予的1.8万元人民币。其余6起事实涉及4100余万元贿赂均是成克杰与其情妇李平共同收受的,而且绝大部分钱物是李平收受并进行转移、处理的。具体包括:(1)1994年初至1995年6月,成克杰利用职务便利为银兴公司提

成克杰受贿案

北京市人民检察院第一分院

起 诉 书

副本

京检一分刑诉字（2000）第 115 号

被告人成克杰，男，66 岁（1933 年 11 月 13 日出生），壮族，广西壮族自治区上林县人，大学文化，原任第九届全国人民代表大会常务委员会副委员长，曾任广西壮族自治区人民政府主席、中共广西壮族自治区委员会副书记，住广西壮族自治区南宁市新城区新城所七星路片区党委大院七星路 128 号。因涉嫌犯受贿罪，经最高人民检察院决定，于 2000 年 4 月 25 日被逮捕。现押于公安部泰城监狱。

被告人成克杰涉嫌受贿一案，经最高人民检察院侦查终结，移送北京市人民检察院，后移交本院审查起诉。经依法审查，现已查明：

1993 年底，被告人成克杰与李平（另案处理）准备各自离婚后二人结婚，遂商议，趁成克杰在位，利用其担任广西壮族自治区人民政府主席、中共广西壮族自治区委员会副书记的职权，为婚后生活二人共同准备钱财。此后，成克杰、李平共

1

同为他人谋取利益，从中收受财物。犯罪事实如下：

一、1994 年 3 月 10 日，被告人成克杰利用职权，将广西银兴房屋开发公司由原来隶属广西国际经济技术合作公司改为直接隶属自治区政府领导和管理。1994 年初至 1995 年 6 月，被告人成克杰通过李平接受广西银兴房屋开发公司（后更名为广西银兴实业发展公司，以下简称银兴公司）负责人周坤（另案处理）请托，并从李平处得知可以得到好处，遂利用职权，指定江南停车购物城的工程项目由银兴公司承建；要求自治区计委对该项目尽快办理立项手续，指令南宁市政府对该项目 85 亩用地以每亩 55 万元的低价出让给银兴公司；多次向中国建设银行广西分行行长曾国坚提出要求，为银兴公司发放贷款人民币 7000 万元。为取得事先约定的好处，在张静海（另案处理）的协助下，成克杰、李平收受周坤以银兴公司多付土地转让费的方式给予的人民币 20211597 元。李平将其中 900 万元送给张静海。成克杰、李平取得人民币 11211597 元。

二、1996 年上半年至 1998 年 5 月间，被告人成克杰通过李平接受银兴公司负责人周坤请托，并从李平处得知可以得到好处，遂利用职权，决定将广西民族宫工程项目交由银兴公司与自治区民委共同开发建设，成立广西民族宫建设有限公司，并指令自治区办公厅主任潘博权在签发政府文件时，将该项目法人由原定的自治区民委改为银兴公司；对中国工商银行广西

2

分行行长肖广诚提出要求，为银兴公司发放贷款人民币 3000 万元；指令自治区政府房改办公室违反国家规定，将房改基金出借给银兴公司，其后自治区政府房改办公室假借合作建房名义，违规将房改基金人民币 2500 万元出借给银兴公司；先后两次批示自治区财政厅向银兴公司拨款人民币 5000 万元；为银兴公司向国家计委申请得到项目补助款人民币 1300 万元。为此，成克杰、李平收受银兴公司负责人周坤给予的人民币 900 万元，港币 804 万元（折合人民币 8606436 元）。李平将其中人民币 250 万元送给张静海。成克杰、李平取得合计人民币 15106436 元。

三、被告人成克杰与李平在为银兴公司共同谋取上述利益过程中，于 1994 年至 1997 年间多次收受银兴公司负责人周坤给予的人民币 2 万元、港币 2 万元、美元 2 万元以及金砖一块、黄金狮子一对、黄金钻石戒指一对、劳力士手表三块等物品，款、物合计人民币 559428 元。

四、1994 年 7 月至 10 月间，被告人成克杰通过李平接受广西信托投资公司总经理韦鼎桓及该公司下属广西桂信实业开发公司的请托，并从李平处得知可以得到好处，遂利用职权，分别向中国建设银行广西分行行长曾国坚、中国银行广西分行行长高武学提出要求，为广西信托投资公司以及广西桂信实业开发公司发放贷款共计人民币 1600 万元。为此，成克杰、李

3

4

平两次收受广西桂信实业开发公司给予的人民币共计 60 万元。

五、1997 年 7 月，被告人成克杰通过李平接受广西桂隆经贸有限责任公司总经理刘新民为铁道部隧道局承揽东兰县岩滩水电站拉平排涝隧洞工程项目的请托，从而李平处得知可以得到好处，遂利用职权，直接干预更改中标标段，使铁道部隧道局承揽到该项目标的较高的下游段工程。为此，成克杰、李平收受广西桂隆经贸有限责任公司给予的人民币 180 万元。

六、1994 年初至 1998 年初，被告人成克杰通过李平接受甘维仁（另案处理）的请托，利用职权，多次帮助甘维仁晋升职级、调动工作，使甘维仁由自治区合浦县副县长先后晋升为北海市铁山港区区长、自治区政府副秘书长。为此，成克杰、李平先后四次收受甘维仁给予的人民币 27 万元。

此外，1996 年，被告人成克杰接受北海市公安局海城分局局长周贻胜的请托，向该市市委主要负责人推荐周贻胜担任北海市公安局局长。为此，成克杰两次收受周贻胜给予的美元 3000 元（折合人民币 24911 元）。

1996 年 2 月至 1997 年 12 月间，被告人成克杰接受自治区计委服务中心主任李一洪的请托，利用职权，要求自治区计委推荐其担任自治区政府驻京办事处副主任，成克杰在推荐报告上批示同意后，由有关部门安排李一洪担任了该职务。为此，

成克杰先后三次收受李一洪给予的人民币 1.8 万元。

综上，被告人成克杰伙同李平或单独非法收受贿赂款、物合计人民币 41090373 元（李平将其中 1150 万元送给帮助转款、提款的张静海），成克杰、李平实得贿赂款 29590373 元。

上述赃款、赃物大部分被李平转移到香港保管，案发后已全部被收缴。

上述犯罪事实，有物证、书证、证人证言、鉴定结论、视听资料等证据在案证实，被告人成克杰亦供认，事实清楚，证据确实、充分，足以认定。

本院认为，被告人成克杰身为国家工作人员，无视国法，利用其担任广西壮族自治区人民政府主席、中共广西壮族自治区委员会副书记的职务便利，为他人谋取利益，非法收受他人财物，数额特别巨大，情节特别严重，严重破坏了国家机关的正常工作秩序和国家工作人员职务行为的廉洁性，其行为触犯了《中华人民共和国刑法》第三百八十五条、第三百八十六条、第三百八十三条之规定，已构成受贿罪。本院依照《中华人民共和国刑事诉讼法》第一百四十一条之规定，提起公诉，请依法惩处。

此致
北京市第一中级人民法院

6

副检察长	方 工
	周晓燕
代理检察员	王 伟
	杨 琦
书 记 员	李为民
	于 洋

2000 年 6 月 26 日

附注：1、证据目录、证人名单、扣押物品清单各一份；

2、主要证据复印件八册。

● **成克杰受贿案起诉书**

供帮助，银兴公司负责人周坤按照与李平的约定，将贿赂款人民币201.1597万元汇入李平指定的银行账户；（2）1996年至1997年底，成克杰利用职权为银兴公司提供帮助，银兴公司按照周坤与李平的约定，以汇款等方式将贿赂款人民币900万元、港元804万元支付给李平；（3）1994年至1997年，接受银兴公司负责人周坤请托，为银兴公司承建停车场购物城工程和民族宫工程谋取利益，成克杰以单独收受、与李平共同收受或者李平单独收受后告知成克杰的方式，先后在香港和南宁收受周坤送给的人民币2万元、港元2万元、美元2万元、黄金钻戒1对、金砖1块，工艺品黄金狮子1对，劳力士牌情侣手表1对，劳力士牌男表1块，款、物合计人民币55.9428万元；（4）1994年7月至10月，成克杰利用职务便利为桂信公司帮助联系贷款，李平两次收受桂信公司给付的"好处费"共计人民币60万元；（5）1997年7月，成克杰指令自治区移民办将拉平隧洞工程交由铁道部隧道工程局承建，李平从桂隆公司董事长刘新民处收受铁道部隧道工程局给付的"好处费"人民币180万元；（6）1994年初至1997年4月，成克杰通过李平接受甘维仁的请托，帮助甘维仁晋升职务，李平4次收受甘维仁贿赂人民币27万元。以上这些事实基本上是由成克杰为请托人谋取利益，李平收受贿赂并处理赃款赃物。指控成立的关键是二人须有共同的受贿故意，若无共同故意则不能认定共同受贿。为了更好证明犯罪事实和共同犯罪的主观故意，起诉书专门把成克杰与李平共谋商议的事实放在最前面。起诉书首先指出："1993年底被告人成克杰与李平准备各自离婚后二人结婚，遂商议，趁成克杰在位，利用成克杰的职权为婚后二人共同生活准备钱财。此后，成克杰、李平共同为他人谋取利益，从中收受财物。"对于成克杰、李平二人商议共谋的事实，公诉人出示了李平的多次证言、时任成克杰秘书并帮助李平出主意的周某某的证言、成克杰在侦查阶段的多次供述予以证明。这一事实的证明为与之相关的6起共同受贿事实的指控奠定了基础，同时也抓住了争议问题的焦点，对整个指控起到了统领作用。

被告人成克杰受贿案
公诉意见

审判长、审判员：

在本审理被告人成克杰受贿案的法庭上，我们依法担任国家公诉人，出席法庭，支持公诉。

在法庭调查中，我们宣读并出示了大量依法收集的证据，询问了出庭证人，经过法庭质证，证明我院起诉书对本案所认定的事实清楚，证据确凿，指控的罪名准确。现我们就认定被告人成克杰所犯的受贿罪的性质、情节及将本案提起公诉的理由发表如下意见。

一、成克杰利用职权为他人谋取利益，收受财物的行为，构成受贿罪。

《中华人民共和国刑法》第三百八十五条规定，国家工作人员，利用职务上的便利，索取他人财物或者非法收受他人财物，为他人谋取利益的是受贿罪。

本案被告人成克杰与李平共谋为二人共同生活准备钱财后，于1994年至1998年间，由李平与请托人联系并与请托人谈好贿赂数额，告知成克杰，成克杰即利用职权为他人

利用职权之便为他人请托谋取利益，会得到请托人的财物，而积极实施这样的行为，这反应成克杰具有受贿罪的主观故意。

综上所述，成克杰的行为触犯了我国刑法第三百八十五条已构成受贿罪。

二、成克杰所犯罪行情节特别严重。

我院起诉书对被告人成克杰所犯罪行已做了明确的表述，详细的法庭调查也已充分证实了起诉书的指控，我们在这里要指出的是，成克杰所犯受贿罪，情节特别严重。这表现在：

首先，成克杰受贿数额特别巨大。在贪污、受贿等职务犯罪中，非法获取的财物数额是决定犯罪情节轻重的重要因素之一。数额越大，对社会的危害、对国家机关正常的工作秩序的破坏、对国家工作人员职务廉洁性的侵犯就越严重，所以我国刑法也在这个问题上明确将犯罪数额与量刑的轻重联系起来。成克杰受贿数额高达四千多万元人民币，其中仅在数百亩的城建项目中，压低项目用地的地价等牟利后，一次性收受请托人给予的人民币2000余万元。这样肆无忌惮地大量收受贿赂的行为社会危害性极大，是情节特别严重。

再有，成克杰犯罪时间长，次数多。犯罪时间的长短、次数多少，同样反映犯罪情节严重程度。时间长，次数多一方面说明犯罪分子主观恶性深，另一方面，给国家机关的工作秩序带来的破坏，给党和政府威信，给党风社会风气带来的损害必然严重。成克杰收受贿赂是从1994年至1998年，在长达五年的时间内，持续不断地多次利用职权收受多名请托人的贿赂，这是成克杰犯罪的又一特别严重的情节。

还有，成克杰为获得不义之财，在为他人谋取利益时大搞权钱交易，多次违反国家规定和组织原则。例如，在周坤请托解决民族宫项目资金时，成克杰明知政府的房改基金不能挪用，但不顾自治区有关领导的反对，指令自治区房改办公室违规出借给银兴公司，房改办公室为规避房改基金使用规定，不得不以合作开发的名义，出借2500万元房改基金。

再例如，我们党1995年就颁布了《党政干部选拔任用暂行条例》，但是成克杰置组织

原则于不顾，在1996年和1997年，仍利用职权，多次出面委托县、市、自治区党政机构安排甘维仁的晋职晋级；要求李一洪的原工作单位写推荐报告，批示市安排李一洪担任高一级职务等等。成克杰为这种用贿赂手段跑官买官的干部提供帮助，使这样丧失原则、人格低下、作风恶劣的干部得到升迁，而成克杰因此收受他们的贿赂款达三百万元之多，影响极坏。这些事实，都说明成克杰所犯罪的情节十分严重。

还应该指出，本案的一个突出特点是成克杰收受贿赂的绝大部分，数额达四千多万元人民币是行贿人所在单位以国有资产支付的，而这点成克杰十分清楚。贪婪地将大量国有资产转化为个人财产，使国家和人民利益遭受重大损失，是成克杰犯罪特别严重的又一情节。

我们党和国家多年来一直在严肃党纪国法、惩腐肃贪，但成克杰利令智昏，身为国家高级工作人员，却对国家和人民的委托充耳不闻，对党纪国法的严肃性视而不见，我

● 成克杰受贿案公诉意见书（部分）

507

（二）充分论证犯罪情节，展示社会危害性

公诉人在举证示证起诉书指控事实的同时，对成克杰受贿的"严重情节"从多方面进行了充分论证，进而展示了成克杰犯罪行为的社会危害性。其一，受贿数额特别巨大。受贿总额 4000 多万元，其中单次受贿最大数额达 2000 余万元，这样"肆无忌惮的大量收受贿赂的行为，社会危害性极大"。其二，犯罪时间长，次数多。一方面说明被告人主观恶性深，另一方面证明其犯罪行为对国家机关的工作秩序、政府威信和社会风气造成的损害更为严重。其三，多次违反国家规定和组织原则，影响极坏。成克杰授意自治区有关领导指使自治区房改办将房改基金违规出借给银兴公司，并置组织原则于不顾，为请托人晋职晋级提供帮助，败坏官场风气。其四，受贿的款物绝大部分是由行贿单位用国有资产支付的，使国家和人民的利益遭受了巨大损失。这些论证切中要害，且条理清楚，说理充分。以事实情节为基础，以理服人，进一步增强了公诉的效果。

（三）灵活应对当庭翻供，及时指出被告人认罪悔罪不真诚

成克杰在庭审中改变了庭前供述的部分事实和情节，辩解称：起诉书指控其和李平为结婚准备钱财，利用职权收受贿赂没有根据；将停车场购物城工程和民族宫工程交由银兴公司承建以及向银兴公司拨款是正当的职务行为；帮助银兴公司和信托公司从银行贷款，不违反规定；铁道部隧道工程局施工能力较强，推荐其承建拉平隧洞工程是为了保证工程质量，属正当的职务行为；在办理上述事项中没有收受任何贿赂；推荐甘维仁、周贻胜、李一洪晋升职务是正常的职务行为，甘维仁、李一洪的职务晋升是经组织部门研究决定的，没有收受甘维仁的钱款；虽然收受了周贻胜、李一洪的钱款，但这与李一洪的职务晋升和推荐周贻胜晋升职务没有关系等。

针对被告人的翻供和多方辩解，公诉人及时进行了答辩，并灵活应对，进一步举证证明。在此基础上，公诉人提请法庭注意：成

中华人民共和国最高人民法院
刑事裁定书
(2000)刑复字第214号

克杰在接受审查时，原来能够如实供述自己所犯的罪行，也曾表示要把全部非法所得退还国家，但是庭审中他的认罪态度又出现了变化，在法庭审理中对许多查证属实的事实和情节，推翻了以前的供述，这说明他对自己的罪行缺乏真诚的认罪、悔罪。公诉人的这一意见，使得成克杰的主观恶性进一步展现，同时也使得辩护人关于成克杰属于自首的辩护意见不攻自破。

案例推荐：北京市人民检察院

撰稿：上官春光

审稿：黄河、王勇

周松青、陈红玲虚开增值税专用发票案

——世纪之交广东潮汕地区系列骗税第一案

基本案情

周松青，男，时年33岁，广东省普宁市人民检察院职工。

陈红玲，女，时年29岁，广东省普宁市电力局城关供电所职工，后被周松青聘为涉案企业会计人员。

周松青为了谋取非法利益，于1995年3月开始，利用他人的身份证和虚假证明等先后注册成立普宁市晗晖贸易有限公司、普宁市融嘉服装手袋厂等共14家公司和企业，并于2000年6月、7月向方永义（另案处理）购买了普宁市高雅服装厂等3家企业的经营权，上述商贸公司和生产企业都是没有生产场地、生产设备和生产人员的虚假企业，实际经营者均是周松青。陈红玲于1997年7月被周松青雇用到上述公司、企业任会计，同年11月起又被周松青指派负责安排其他财务、会计人员虚开增值税专用发票、制作虚假账务资料等日常活动。

自1998年1月至2000年8月间，周松青、陈红玲以上述17家公司、企业名义，向税务机关购领增值税专用发票后，为青岛捷盟贸易有限公司等共53家单位虚开增值税专用发票。为了方便开票，周松青专门租了一间民房，把这17家所谓的公司和企业集中在里面联合办公，并且雇了十几个人专门开票。同时，为方便作账，周松青还私刻了500多枚有关单位各式各样的印章，放在办公室的一角，随来随开。在临时租来的民房里，周松青的17家虚假企业所雇用的十几个工作人员，全部任务就是虚开增值税发票、偷税骗税。

经查，周松青等人在短短两年多时间内，共虚开增值税专用发票628份，价款计327873001.8元，税额计55738466.08元，价税合计383611467.88元。受票单位用上述发票抵扣税款24187611.68元，骗取出口退税款9178483.83元。至本案侦查终结前，已追回11485379元，造成国家税款损失21880716.51元。其中，陈红玲参与为13个单位虚开增值税专用发票共193份，价款计139266491.72元，税额计23675368.76元，价税合计162941860.48元。受票单位用上述发票抵扣税款计5645080.11元，骗取出口退税款计4226308.6元。至本案侦查终结前，受票单位抵扣税款及骗取出口退税款已被追回计912964.82元，造成国家税款损失计8958423.89元。

周松青在为他人虚开增值税专用发票的同时，为抵扣税款，先后向詹益忠（另案处理）购买了伪造的进项增值税专用发票324份，金额23400093.71元，税额38949016.17元，价税合计62349109.88元，作为普宁市晗晖贸易有限公司等5家商贸公司的进项，并利用上述发票向税务机关抵扣税款38949016.17元。周松青、陈红玲以自己经营的5家商贸公司虚开给自己经营的12家生产企业增值税专用发票453份，金额121634972.91元，税额20677945.41元，价税合计142312918.32元，并利用上述发票向税务机关抵扣税款20677945.41元。

2001年2月5日，广东省揭阳市人民检察院向揭阳市中级人民法院提起公诉。2001年2月27日，法院作出判决：以周松青、陈红玲犯虚开增值税专用发票罪，判处周松青死刑，剥夺政治权利终身，并处没收个人全部财产；判处陈红玲有期徒刑十年，剥夺政治权利三年，并处罚金人民币 50000 元。因二审期间周松青有重大立功表现，广东省高级人民法院于 2001 年 5 月 8 日作出终审判决：改判周松青死刑，缓期二年执行。

案件背景与社会影响

  增值税是以商品（含应税劳务）在流转过程中产生的增值额作为计税依据而征收的一种流转税。从计税原理上说，增值税是对商品生产、流通、劳务服务中多个环节的新增价值或商品的附加值征收的一种流转税。中国自 1979 年开始试行增值税，1993 年 12 月 13 日国务院颁布《中华人民共和国增值税暂行条例》，扩大了征税范围，减并了税率，规范了计算方法，增值税成为中国最主要的税种之一。由于增值税专用发票既作为纳税人反映经济活动中的重要会计凭证又是兼记销货方纳税义务和购货方进项税额的合法证明，虚开增值税发票可以用来抵扣公司的税款，也可以用来骗取出口退税，因而成为许多犯罪分子非法谋利的手段。

  20 世纪 90 年代后期，亚洲一些国家爆发金融危机。为应对亚洲金融危机对我国经济的影响，1998 年之后，国家在实施积极的财政政策、扩大内需的同时，较大幅度提高了商品的出口退税率。这一政策的实施，对扩大我国外贸出口，推动国民经济的持续增长，发挥了重要的作用。但与此同时，广东省潮阳、普宁两市一些惯于投机的"硕鼠"们，从这高额的退税中嗅出了从国库捞大钱的机会。一时间，骗取出口退税在当地迅速"流行"，愈演愈烈，猖狂到了令人发指的地步。许多没有任何生产能力、没有厂房、没有设备、没有人员，也没有资金的企业，每年向全国各地的公司开出几千万元、甚至几个亿的增值税专用发票！

  该案是广东潮汕地区骗税系列大案中的第一案，被告人周松青系当地检察院工作人员，从 1998 年起，他以亲属的名义注册了 17

172

揭阳市人民检察院

起诉书

副本

揭市检诉〔2001〕17 号

被告人周松青，别，1968 年 2 月 2 日出生，广东省普宁市人，汉族，高中文化，原系普宁市人民检察院职工，住普宁市沙镇平湖村三华星 20 幢 502 房。2000 年 12 月 23 日被刑事拘留，2001 年 1 月 10 日被逮捕，现押揭东县看守所。

被告人陈红玲，女，1972 年 2 月 28 日出生，广东省普宁市人，汉族，中专文化，原系普宁市电力局城关供电所职工，住普宁市流沙镇广达工业城 13 幢 7 楼东套，2000 年 10 月 11 日被监视居住，2001 年 2 月 2 日被逮捕，现押揭东县看守所。

被告人周松青、陈红玲虚开增值税专用发票一案由揭阳市公安局侦查终结移送本院审查起诉，经依法审查查明：

被告人周松青为了谋取非法利益，于 1995 年 3 月开始，利用他人的身份证和虚假证明等材料先后在工商部门注册成立了普宁市哈晖贸易有限公司，信意贸易有限公司，创裕电子产品有限公司，坤盛实业有限公司，和利实业有限公司，普宁市融嘉服装手袋厂，融茂服装手袋厂，龚晖五金电器厂，利润五金电器厂，兴荣服装手袋厂，融裕服装手袋厂，融盛服装手袋厂，融华服装手袋厂，融泰……

181

上海凯达船舶经济技术有限公司增值税专用发票 3 份，金额 1685294.86 元，税额 286500.13 元，已全部抵扣。

46、1999 年 11 月至 2000 年 3 月，以普宁市坤盛实业有限公司，哈晖贸易有限公司的名义虚开给上海华双信息技术发展有限公司增值税专用发票 7 份，金额 4366570.14 元，税额 742316.93 元，已全部抵扣。

47、1999 年 12 月，以普宁市信意贸易有限公司的名义虚开给增值德金宝马家私制造有限公司增值税专用发票 3 份，金额 1812944.1 元，税额 308200.5 元，已全部抵扣。

48、2000 年 4 月至 5 月，以普宁市融裕服装手袋厂，融盛服装手袋厂的名义虚开给广东清远茶叶进出口增值税专用发票 13 份，金额 8672290.9 元，税额 1474289.43 元。

49、2000 年 5 月，以普宁市坤盛实业有限公司的名义虚开给安徽中银挂于汽车工业有限公司增值税专用发票 1 份，金额 480906 元，税额 81754 元，已全部抵扣。

50、2000 年 5 月至 6 月，以普宁市融盛服装手袋厂，融华服装手袋厂，融盛服装手袋厂的名义虚开给清远市有色金金进出口有限公司增值税专用发票 32 份，金额 21318468.75 元，税额 3624139.7 元。

51、2000 年 5 月至 7 月，以普宁市曼光工艺制品厂，融盛服装……

10

182

手袋厂，高裕服装厂，融泰服装手袋厂，融盛服装手袋厂，融盛服袋手袋厂的名义虚开给陕西省广达进出口贸易公司增值税专用发票 58 份，金额 45489271.65 元，税额 7733176.17 元。

52、2000 年 6 月，以普宁市创兴采服装手袋厂，豪祥织造制衣厂的名义虚开给广东省清远化工机械医药保品进出口增值税专用发票 13 份，金额 8484940.18 元，税额 1442439.79 元。

53、2000 年 7 月，以普宁市和利实业有限公司的名义虚开给 TCL 通力电子(惠州)有限公司增值税专用发票 1 份，金额 251521.36 元，税额 42758.64 元。

被告人周松青、陈红玲以自己经营的 5 家购贸公司虚开给自己经营的 12 家生产企业增值税专用发票 453 份，金额 121634972.91 元，税额 20677945.41 元，作为 12 家生产企业的进项，并已全部在国税部门抵扣。

被告人周松青为了自己经营的上述 17 家公司和企业能够虚开增值税专用发票，向陈培忠(另案处理)购买了待抵的增值税专用发票 468 份，金额 234400093.71 元，税额 38949016.17 元，作为普宁市哈晖贸易有限公司等 5 家购贸公司的进项，并已全部在国税部门抵扣。

上述犯罪事实清楚，证据确实充分，足以认定。

本院认为，被告人周松青、陈红玲无视国法，虚开增值税专用……

11

183

发票骗取国家税款，数额特别巨大，情节特别严重，给国家利益造成特别重大损失，其行为已触犯《中华人民共和国刑法》第二百零五条第二款的规定，构成虚开增值税专用发票罪。被告人陈红玲在共同犯罪中起次要作用，系从犯。根据《中华人民共和国刑事诉讼法》第一百四十一条的规定，提起公诉，请依法判决。

此致

揭阳市中级人民法院

检察员 黄跃民 林剑华

〇〇年二月五日

附注事项：证据目录、证人名单、主要证据复印件各一份。

● 周松青、陈红玲虚开增值税专用发票案起诉书（部分）

家企业和公司，专门从事虚开增值税发票的违法犯罪活动。2000年8月7日，国务院召开总理办公会，作出全面打击骗取出口退税的违法犯罪活动的指示。"807"工作组（国务院打击骗取出口退税领导小组工作组）展开了一场大规模的专项整治。截至2001年11月，仅广东潮阳、普宁两地骗税案查实的虚开增值税金额就达323亿元，偷骗税42亿元。宣判的38起案件65名被告人中，判处无期徒刑以上的就有30人，其中19人被处死刑。2001年5月11日，新华社播发长篇通讯《斩断骗税"黑手"——广东潮阳、普宁两市骗税大案查处纪实》，其中专门报道了本案。当晚中央电视台的《焦点访谈》播出了有关广东潮汕地区特大骗税系列案的详细报道，其中首先报道的也是本案："1人开17家三无企业""私刻500枚印章"。检察机关追诉系列虚开增值税专用发票案，狠狠打击了骗税分子的嚣张气焰，为国家挽回了巨额经济损失，维护了税收和外贸的正常秩序，促进了当地经济和社会秩序的明显好转。

公诉指控

（一）依法快速办理，击溃被告人心理防线

鉴于本案严重的社会危害性和较高的舆论关注度，揭阳市人民检察院提前介入侦查，引导取证，列出清单，要求公安机关补充法庭指控所需的证据材料。公安机关移送起诉的案卷材料共有99卷，由于前期介入充分、准备工作得力，检察机关很短时间就完成所有审查起诉工作，将案件起诉至人民法院。一审法院受理后第11天开庭审判，全部采纳了检察机关指控意见并当庭宣判被告人周松青犯虚开增值税专用发票罪，判处死刑。一审宣判后，周松青心理防线彻底崩溃，在巨大的心理压力下，改变之前的侥幸心理，检举某官员收受巨额贿赂的犯罪事实。因此，二审期间周松青被认定构成重

● 周松青、陈红玲虚开增值税专用发票案公诉词（部分）

大立功，被改判死缓。

（二）客观公正指控，彰显法治威严

公诉意见是法庭辩护阶段公诉人发表的第一轮意见。一般而言，由于公诉人首先发言，对于被告人、辩护人后面的辩护观点还不十分明了，因此，公诉意见是对起诉书载明的指控意见的深入论证。好的公诉意见可以让法庭全面了解案件事实证据全貌、深化对起诉书指控意见的理解、强化对被告人的犯罪危害性和处罚必要性的认识，起到先声夺人的效果。本案的公诉意见中，公诉人主要围绕案件的事实证据情况、被告人行为的构罪情况和被告人的量刑情节三个部分展开论述。其中，对于被告人行为构成虚开增值税专用发票罪的论证，是公诉意见的重点。公诉人首先阐述了虚开增值税专用发票罪的含义和犯罪特征，然后分别从周松青等人虚开行为符合虚开增值税专用发票罪的主体、客体、主观方面、客观方面等四方面要件，来论证被告人周松青等人行为构成犯罪。公诉意见并没有从上级领导如何重视、案件背景如何复杂、犯罪行为如何典型等方面开展立论，而紧扣事实、法律，既没有道德说教，也没有以势压人，在简洁、精炼的语言中透露出严谨和威严，充分体现了检察官客观公正的立场和依法办案的精神。

（三）辩论精准有力，澄清控辩争议

公诉意见发表之后，辩护人提出两点主要辩护意见：一是本案应当认定单位犯罪；二是被告人周松青不属于虚开增值税专用发票情节特别严重。公诉人对此在第二轮辩论中一一作出针对性答辩。公诉人指出：本案中周松青成立的 17 家公司、企业全部是没有生产场地、设备和生产人员的虚假企业，都是为进行虚开增值税专用发票违法犯罪活动而设立的。在上述 17 家公司、企业设立后均以实施虚开增值税专用发票违法犯罪活动为业，根据最高人民法院《关于审理单位犯罪案件具体应用法律有关问题的解释》第二条规定，上

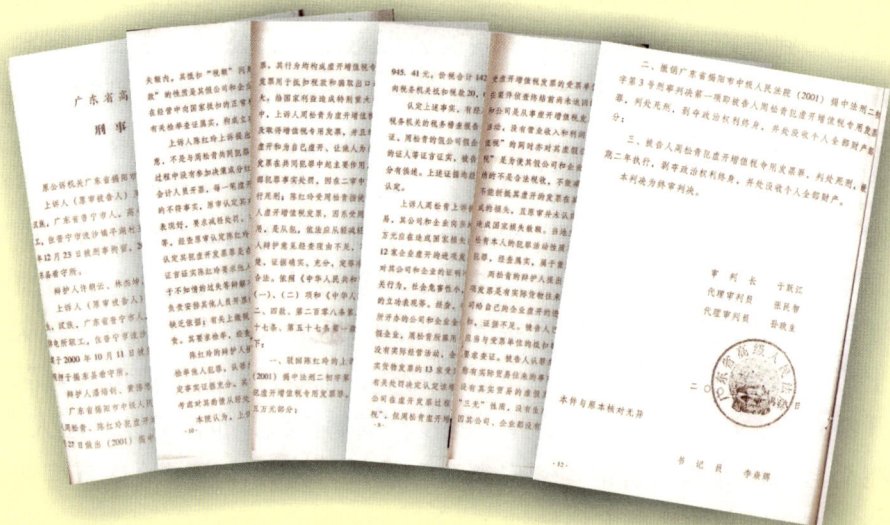

● 周松青、陈红玲虚开增值税专用发票案刑事判决书（部分）

述情况不应以单位犯罪论处，应当认定为周松青等人的个人犯罪。接着，公诉人结合在案证据，重点对辩护人提出的，周松青的公司、企业与部分受票单位有货物往来的真实贸易、部分发票未抵扣税款未造成损失，故周松青犯罪情节不属于特别严重，应从轻判处等观点，进行了回应。公诉人指出，普宁市工商部门和税务部门已查明周松青所办的公司和企业全部是没有生产场地、设备和生产人员的虚假企业；周松青所雇用的8名财会人员也都证实周松青的公司和企业没有实际经营活动，会计资料都是虚造的；周松青所称有真实货物发票的13家受票单位所在地的税务机关对此均已查实并作出有关处罚决定，证明相关的增值税发票是虚开的，因此，辩护人的观点缺乏事实依据。本案中，周松青为他人虚开增值税专用发票共628份，价款3.27亿余元，税额5573万余元，价税合计3.83亿余元。受票单位利用周松青虚开的增值税专用发票实际抵扣税款人民币2418万余元，骗取出口退税款人民币917万余元，已追回受票单位抵扣税款及骗取出口退税款1148万余元，共造成国家税款损失2188万余元。根据最高人民法院《关于适用〈全国人民代表大会常务委员会关于惩治虚开、伪造和非法出售增值税专用发票犯罪的决定〉若干问题的解释》，足以认定周松青虚开增值税专用发票"骗取国家税款数额特别巨大"，"给国家利益造成特别重大损失"，理应认定犯罪情节特别严重的内容，应判处死刑。在这一轮辩论中，公诉人有力地反驳了辩方观点，深化了指控意见。公诉人的发言辩中有立、叙议结合，有理有据、让人信服，取得了较好的辩论效果。

案例推荐：广东省人民检察院

撰稿：陈晨

审稿：王勇

刘云芳等五人利用邪教组织致人死亡案

——"法轮功"痴迷者天安门自焚案

基本案情 ....

刘云芳，男，时年 57 岁，河南开封人，无业。

王进东，男，时年 50 岁，河南滑县人，河南开封市日用化工厂汽车司机（内退）。

薛红军，男，时年 49 岁，河南封丘县人，河南开封市龙亭区人民医院医生。

刘秀芹，女，时年 34 岁，天津武清县人，首钢中厚板轧钢厂计财科统计员。

刘葆荣，女，时年 53 岁，山东惠民县人，河南开封市色织厂化验员（已退休）。

刘云芳、王进东、薛红军、刘秀芹、刘葆荣均为"法轮功"深度痴迷者，因对我国政府取缔法轮功邪教组织不满，遂预谋于 2001 年 1 月 23 日（阴历除夕）集体在北京天安门广场自焚。为此刘云芳、王进东、薛红军等人多次向其他"法轮功"练习者宣扬迷信邪说，称自焚可让练习者瞬间去往天国，达到"圆满"。2000 年 11 月间，刘云芳、王进东为实施自焚，专程到北京天安门广场实地察看。2001 年 1 月 16 日晚，刘云芳、王进东、刘葆荣以及郝惠君、刘春玲、刘思影等人（均来自河南开封，同为"法轮功"练习者），由薛红军送上开往北京的火车。在火车站，薛红军与他们相约"天上见"。到京后，刘云芳、王进东等人积极筹备，先后购买了汽油、塑料袋等自焚用具。刘秀芹（同为"法轮功"练习者，住北京石景山老古城）在得知刘云芳等人要到天安门广场自焚后，主动提供自己的住所作为灌装汽油的地点，并帮助购买灌装汽油的饮料瓶等。2001年1月23日，刘云芳、王进东等人商定14时30分为自焚时间。当日14时许，刘云芳、王进东等人携带灌满汽油的饮料瓶、打火机、刀片等进入天安门广场后，王进东首先自焚，并呼喊邪教口号。郝惠君、陈果（郝惠君之女，中央音乐学院学生，时年19岁，亦为"法轮功"练习者）、刘春玲、刘某某（刘春玲之女，小学生，时年12岁）相继自焚，刘云芳、刘葆荣准备自焚时被民警当场制止。事件造成刘春玲当场死亡，刘某某抢救无效死亡，王进东、郝惠君、陈果3人重伤。

2001年5月30日，北京市人民检察院第一分院就本案向北京市第一中级人民法院提起诉讼，起诉书认定：刘云芳、王进东、刘葆荣、刘秀芹的行为构成利用邪教组织致人重伤、死亡罪，薛红军的行为构成利用邪教组织破坏法律实施罪。2001年8月17日，法院经审理后认定，上述5名被告人的行为均构成犯罪，但在罪名上，改判5名被告人的行为均构成故意杀人罪，并依各共犯在共同犯罪中所起作用和情节，判处了轻重不等的刑罚。其中，刘云芳被判处无期徒刑，刘葆荣被免予刑事处罚。

案件背景与社会影响 ·········

20世纪90年代，"法轮功"打着宗教的旗号，大肆宣扬异端邪说，社会上一大批人（甚至包括受过高等教育的知识界人士）都纷纷"中招"，"法轮功"在社会上迅速蔓延、传播。但是，稍有

科学和理性精神的人都应该知道"法轮功"的整套说教既是反科学、反理性、反文明、反人道的，也是和流传千年、得到人类文明高度认可的宗教（佛教、道教等）的教义和核心精神相违背的。"法轮功"符合世界一切邪教的本质特征：以教主个人崇拜为中心，宣扬各种神秘主义和极端主义思想；具有较为严密的组织和帮会性质，对教徒实行严密的身体和精神控制；强烈的反科学、反文明、反社会倾向。伴随着"法轮功"的畸形发展，李洪志及其"法轮功"组织实施了许多危害人民、危害社会的违法犯罪活动，不胜枚举，频繁见诸媒体报道，而天安门自焚事件只不过是"法轮功"制造的系列恶性事件之一。2001年5月20日《人民日报》评论员文章曾指出："事实已经证明，'法轮功'带给人们的不是幸福，不是圆满，而是一个个令人发指的罪孽、一起起触目惊心的惨剧。邪教不除，国无宁日。"时至今日，"法轮功"事件似乎已经远去，淡出了人们的视线，其实"法轮功阴魂"并未彻底消散，它们仍然在一些地方（尤其是境外）潜伏着，图谋死火复燃。回顾和审视包括天安门自焚案在内的"法轮功"制造的系列惨剧，足可警醒世人，防止悲剧重演。

公诉指控

（一）揭露邪教犯罪本质，教育信众迷途知返

刘云芳等5人利用邪教组织致人死亡案是中央决定取缔"法轮功"非法组织及其活动之后发生的由"法轮功"痴迷者所炮制的一起大案，震惊中外。"法轮功"是一个披着宗教外衣，由教主及其身边少数人所操控的一个邪教组织。他们蒙骗和控制信众，从事各种非法活动，攫取社会资源。中央决定取缔"法轮功"后，他们打着"宗教信仰自由"的幌子，一边抵抗政府和执法机构，一边大肆

国家公诉
——
共和国**70**年典型案例及法律文书评析

● 刘云芳等五人利用邪教组织致人死亡案批准逮捕决定书

北京市人民检察院第一分院

起 诉 书

京检一分刑诉字（2001）第122号

被告人刘云芳，男，56岁（1944年6月9日生），汉族，河南省长垣县人，无业，住河南省开封市龙亭区无梁插街5号。2001年1月24日被北京市公安局刑事拘留；因涉嫌犯利用邪教组织致人死亡罪，经本院批准，于同年2月24日被北京市公安局逮捕，现押于北京市看守所。

被告人王进东（曾用名朱秀东），男，50岁（1951年1月8日生），汉族，河南省滑县人，河南省开封市日用化工厂退体工人，住河南省开封市龙亭区法院街排房33号副30号。2001年1月30日因涉嫌犯利用邪教组织致人死亡罪，被北京市公安局监视居住。

被告人刘秀芹，女，34岁（1966年9月13日生），汉族，天津市武清县人，首钢中厚轧钢厂计材料统计员，住本市石景山区老古城大楼16栋26号。2001年1月27日北京市公安局刑事拘留；因涉嫌犯利用邪教组织致人死亡罪，经本

批准，于同年2月24日被北京市公安局逮捕，现押于北京市看守所。

被告人薛红军，男，49岁（1952年3月21日生），汉族，河南省封丘县人，河南省开封市人民医院医生，住河南省开封市龙亭区三胜街30号。2000年2月因参加法轮功邪教组织被行政拘留15天；2001年1月27日被北京市公安局刑事拘留；因涉嫌犯利用邪教组织破坏法律实施罪，经本院批准，于同年2月24日被北京市公安局逮捕，现押于北京市看守所。

被告人刘云芳、王进东、刘秀芹涉嫌利用邪教组织致人死亡；被告人薛红军涉嫌利用邪教组织破坏法律实施一案，经北京市公安局侦查终结，移送本院审查起诉，经依法审查，现查明：

被告人刘云芳、王进东因对我国政府取缔法轮功邪教组织不满，遂预谋于2001年1月23日（阴历除夕）集体在北京天安门广场进行自焚。为此，刘云芳、王进东及薛红军等人在河南省开封市拘抱聚宝路，晋安路华蓥油漆行等地向"法轮功"习练者宣扬愈信邪说，王进东并将宣扬的内容写成《圆满》一文，复制散发，同年11月间，刘云芳、王进东为实施自焚专程到北京天安门广场地察看。2001年1月16日晚，刘云芳、王秋同刘葆荣（另案处理）以及郝惠君（女，47

岁）、刘春等（女，时年36岁）、刘思颖（女，时年12岁）等人，由薛红军送上开往北京的火车。

被告人刘云芳、王进东等人到京后，积极筹备，先后购买了汽油、塑料袋等自焚用具。被告人刘秀芹在得知刘云芳等人要到天安门广场自焚后，主动提供自己的住所作为灌装汽油的地点，并帮助购买盛装汽油用的饮料瓶等。2001年1月23日刘秀芹、王进东等人确定了14时30分为自焚时间，王进东并将购买的电子表分价给私人，统一执对时间。当日14时许，刘云芳、王进东等人携带灌满汽油的饮料瓶、打火机、刀片等，进入天安门广场后，王进东首先自焚，郝惠君等人先后自焚，刘云芳当场被抓获，刘春玲、刘某某母女二人死亡，王进东、郝惠君、陈果三人烧伤（经鉴定均为重伤）。

被告人刘云芳、王进东、刘秀芹、薛红军的上述罪行，事实清楚，证据确实、充分，足以认定。

本院认为，被告人刘云芳、王进东、刘秀芹无视国法，在国家明令取缔法轮功邪教组织，并禁止从事法轮功邪教活动后，仍继续从事邪教活动，并利用邪教组织使法轮功习练者自焚身亡，多人受重伤；被告人薛红军积极参与法轮功邪教活动。四被告人的行为分别触犯了《中华人民共和国刑法》第三百条第一款、第二款之规定，被告人刘云芳、王进东、刘秀芹的行为已构成利用邪教组织致人死亡罪；被告人薛红军的行为

已构成利用邪教组织破坏法律实施罪。根据《中华人民共和国刑事诉讼法》第一百四十一条之规定，本院对刘云芳、王进东、刘秀芹、薛红军提起公诉，请依法惩处。

此致
北京市第一中级人民法院

检察员 方斌
代理检察员 徐达
书记员 白欣

2001年5月30日

附：
1、证据目录1份；
2、证人名单1份；
3、主要证据复印件1份；
4、证物清单1份。

● 刘云芳等五人利用邪教组织致人死亡案对刘云芳、王进东、薛红军、刘秀芹四人的起诉书

叫屈，争取舆论的同情，也确有不明真相或别有用心的人给予他们同情和声援。在此背景下，做好刘云芳等5人利用邪教组织致人死亡案的公诉工作，既可以给自焚案制造者以法律上应得的制裁，更可以借此揭露"法轮功"反社会、反科学、反人道的邪教本质，澄清人们对"法轮功"的认识误区，教育本案以及仍然痴迷于"法轮功"的信众迷途知返，无疑具有十分重要的作用。应该说，本案公诉人很好地发挥了这种警示教育的作用。

检察机关的一审公诉意见明确指出，刘云芳、王进东等人多次通过非法集会，向众多"法轮功"练习者宣讲李洪志所谓"大法弟子应放掉一切执着，包括人的本体"的邪说，诱惑、欺骗"法轮功"练习者去天安门自焚，"升天圆满"。刘云芳、王进东不仅通过宣扬这些歪理邪说对"法轮功"练习者进行精神毒害，而且实际策划、组织多人去天安门自焚，造成"二死三重伤"的严重后果。这不仅是对涉案的"法轮功"信众的生命、健康权的严重侵犯，而且是以信众的身体和生命为工具和"牺牲"，制造事端，以此挑战中央关于取缔"法轮功"的决定，抵抗和干扰国家禁止邪教组织及其活动的相关法律的实施，已构成犯罪，应予严惩。

（二）依法打击邪教犯罪，保护人民身心健康

打击邪教是一场政治行动，但在一个法治国家，必须将其转化成法律行动，也就是将对邪教分子的制裁纳入法治轨道，依照法律的标准和程序来进行。为此，在本案诉讼过程中，从起诉书到公诉意见，充分贯彻了法治的原则和精神，严格遵循了法律的构成要件和程序规则。

1997年《刑法》第三百条规定了两种涉邪教的犯罪，一是组织、利用邪教组织破坏法律实施罪；二是组织、利用邪教组织致人重伤、死亡罪。尽管何为"邪教组织"，在诉讼当时（2001年）尚无相应司法解释予以明确，但就"法轮功"而言，并不存在认定上的难题。检察机关指出，民政部、公安部于1999年7月作出的《关于依法取

公 诉 词

审判长、审判员：

根据《中华人民共和国刑事诉讼法》第 153 条及《中华人民共和国人民检察院组织法》第 15 条、第 27 条之规定，我受本院检察长的指派，以国家公诉人的身份出席今天的法庭，对北京市第一中级人民法院依法公开审理的刘云芳、王进东、刘秀芹、刘葆荣、薛红军利用邪教组织致人死亡和利用邪教组织破坏法律实施一案，出庭支持公诉，并依法履行审判监督职责。

在刚才的法庭调查中，我们讯问了被告人，出示了相关的证据，经过当庭质证，说明这些证据是合法有效，能够充分证明起诉书所认定的事实是清楚的，请法庭予以采纳。

为了进一步揭露本案的犯罪性质，狠狠打击法轮功的邪教活动，我依法发表以下公诉意见：

一、本案五名被告人的行为是为了"法轮功"邪教而进行的犯罪活动：

我国刑法第三百条规定了"利用邪教组织致人死亡和利用邪教组织破坏法律实施罪"的具体罪状，最高人

令人发指的罪行。血淋淋的事实向世人表明，法轮功组织是真正践踏人权，灭绝人性的邪教组织。被告人刘云芳、王进东、刘秀芹、刘葆荣、薛红军在我国政府明令取缔法轮邪教组织后，不但不思悔改，反而执意与政府对抗，企图用自焚这种极端的行为破坏国家法律法令的实施，所以，五被告人的行为是一种严重的犯罪行为。

本案前四名被告人利用法轮功邪教组织制造、散布迷信邪说，蒙骗其成员或者其他人员实施自焚，且造成二人死亡，三人受重伤的严重后果，其行为已构成利用邪教组织致人死亡罪；本案另一被告人薛红军顽固坚持法轮功邪教立场，继续进行法轮功邪教组织的宣传、煽动活动，其行为已构成利用邪教组织破坏法律实施罪。故本案五名被告人的行为均是为了"法轮功"邪教而进行的犯罪活动。

二、被告人刘云芳、王进东、刘秀芹、刘葆荣所犯罪行，社会危害性极大，犯罪情节特别严重：

首先，本案被告人在主观上均对国家明令取缔法轮功邪教组织不满，甚至认为国家颁布的相关法规是错误的，因而采取的是一种公然对抗的态度，藐视国家法律。用他们的话说：为了法轮大法，可以什么都不要，甚至包括肉体和生命。他们想用对抗的方式向政府施

走火入魔的结果。他们在不知不觉中已经成为邪教的殉葬品和破坏社会稳定的工具，给改革开放的中国造成了无法弥补的、恶劣的国际影响，破坏了全国人民集中精力进行经济建设的大好局面，所以本案社会危害性极大。

三、被告人应认真从本案中吸取教训，真正做一名守法的公民。

当前法轮功的活动，已不局限在宣传和练功上了，李洪志所搞的法轮功，就是大规模针对法轮功的练习者实施精神控制，这种精神控制已经造成大批练功者的精神分裂和错乱，危害了一大批人的身心健康。而且法轮功宣扬的最后"圆满"，实际上是在大规模地，广泛而有系统地，鼓励和诱使法轮功练习者自杀，利用迷信等残忍手段进行反人类的活动。鼓励、诱骗他人，使其误以为自焚后真的可以达到所谓的"圆满"。这种做法在国际上也被视做严重的谋杀行为，属于刑事犯罪的范畴。

法是由国家强制力保证实施的行为规范，遵纪守法是每个公民的义务，本案被告人当然不能例外，对国家依法明令取缔法轮功非法组织的法令一经颁布后，任何个人或任何团体不管是否理解都必须遵守，如有违反，甚至对抗必将受到法律的制裁，这是由法的强制性所决定

的。本案五名被告人为发泄对取缔法轮功非法组织和禁止其非法活动的法令不满，破坏国家法律的实施，并利用法轮邪教导致练功者死亡、重伤，这些绝非如五被告人所说的是所谓的信仰自由和反映事实真相问题。有法可依、违法必究是法的尊严，也是国家的尊严。历史经验证明，当法丧失其尊严之日，往往是国家走向崩溃之时。因此，五名被告人应认识到，你们的所作所为，是在公然地抗拒法律，破坏法律，你们必然要受到国家法律的惩处。

自国家民政部、公安部于 1999 年 7 月作出的《关于依法取缔法轮功非法组织和禁止一切非法活动的决定》，以及全国人大常委会作出的《取缔邪教组织的决定》颁布实施之后，这些代表国家意志的法律、法规在颁布实施后即发生法律效力。法律是代表全体人民的利益上升为国家意志的体现，它的正确与否，应当当、也不可能以某些个人或集团的认识作为评价、评判的标准，国家的意志是不以任何个人或团体的意志为转移的，因此，我提醒被告人，法轮功是非法组织，必须依法取缔，这是司法认知的事实。

当然，我们注意到本案被告人中有的已经对过去的行为深刻悔悟，且表现为认罪伏法，与邪教决裂。我们

● 刘云芳等五人利用邪教组织致人死亡案公诉词（部分）

缔法轮功非法组织和禁止一切非法活动的决定》，以及同年 10 月全国人民代表大会常务委员会作出的《关于取缔邪教组织、防范和惩治邪教活动的决定》已将"法轮功"明确界定为邪教，这为用刑法手段制裁"法轮功"邪教人员的犯罪行为提供了法律依据。起诉书和公诉意见指出，刘云芳、王进东、薛红军等人在国家明令取缔"法轮功"非法组织、禁止从事"法轮功"相关活动之后，仍然组织"法轮功"练习者进行非法集会，宣扬"法轮功"歪理邪说，从事相关非法活动，并策划、组织"法轮功"练习人员去天安门广场自焚，以表达对政府取缔"法轮功"决定的不满，其行为分别构成了组织、利用邪教组织破坏法律实施罪（薛红军）和组织、利用邪教组织致人重伤、死亡罪（刘云芳、王进东、刘葆荣、刘秀芹）。就刑法罪状而言，刘云芳、王进东、刘葆荣、薛红军 4 人，两罪均可构成，但由于两罪存在吸收关系，应择一罪（组织、利用邪教组织致人重伤、死亡罪）从重处罚。至于被告人刘秀芹，则只能构成组织、利用邪教组织致人重伤、死亡罪，且系从犯（帮助犯）。

（三）罪名认定上的不同认识

对于组织、利用邪教组织致人死亡行为如何定性，刑法有明确规定。检察机关严格依照《刑法》第三百条的规定，突出本案的邪教性质，认定为组织、利用邪教组织致人重伤、死亡罪和组织、利用邪教组织破坏法律实施罪。法庭经过审理后，认定刘云芳、王进东、薛红军、刘葆荣、刘秀芹的行为均构成故意杀人罪。这反映出当时司法实践中对本案的定性尚存分歧。2017 年 2 月 1 日最高人民法院、最高人民检察院施行的《关于办理组织、利用邪教组织破坏法律实施等刑事案件适用法律若干问题的解释》第十一条规定："组织、利用邪教组织，制造、散布迷信邪说，组织、策划、煽动、胁迫、教唆、帮助其成员或者他人实施自杀、自伤的，依照刑法第二百三十二条、第二百三十四条的规定，以故意杀人罪或者故意伤害罪定罪处罚。"从而以司法解释的形式，明确规定利用邪教组织、

527

北京市第一中级人民法院
刑事判决书

（2001）一中刑初字第1022号

公诉机关北京市人民检察院第一分院。

被告人刘云芳，男，57岁（1944年6月9日出生），汉族，出生地河南省开封市，高中文化，无业，住河南省开封市龙亭区无梁庙街5号2号；因涉嫌犯利用邪教组织致人死亡罪于2001年1月23日被刑事拘留，同年2月24日被逮捕；现羁押在北京市看守所。

指定辩护人龙思敏，北京市凯源律师事务所律师。

被告人王进东（曾用名王秀东），男，50岁（1951年1月8日出生），汉族，出生地河南省滑县，小学文化，河南省开封市日用化工厂汽车司机（内退），住河南省开封市龙亭区法院街排房33号副6号；因涉嫌犯利用邪教组织致人死亡罪于2001年1月30日被监视居住，同年7月13日被逮捕；现羁押在北京市看守所。

指定辩护人刘毅，北京市凯源律师事务所律师。

被告人薛红军，男，49岁（1952年3月21日出生），

机，煽动到天安门广场自焚。据此，公诉机关指控的上述事实成立，本院对被告人王进东的辩解不予采纳。

关于被告人薛红军提出他送郝惠君去车站，纯属偶然，是受郝惠君的欺骗才去的，事先并不知道他们去天安门广场自焚的辩解，其辩护人提出薛红军在河南省开封市向"法轮功"练习者宣扬"法轮功"邪教与事实不符，薛红军只是作为一般"法轮功"练习者而参与上述活动的辩护意见。经查：当庭举证、质证的大量证据证实，薛红军明知刘云芳、王进东等人要去天安门广场自焚，仍将"法轮功"练习者送至车站，并与自焚者相约"天上见"，怂恿"法轮功"练习者自焚。据此，公诉机关指控的上述事实成立，本院对被告人薛红军的辩解及其辩护人的辩护意见不予采纳。

关于被告人刘秀芹的辩护人提出刘秀芹未参与组织、策划，在共同犯罪中只起帮助作用的辩护意见成立，本院予以采纳。

本院认为，被告人刘云芳、王进东、薛红军、刘秀芹痴迷于"法轮功"邪教，为了实现"圆满"，组织、策划、煽动、帮助"法轮功"练习者到天安门广场实施自焚，故意非法剥夺他人生命，致二人死亡、三人重伤，其行为均已构成故意杀人罪。被告人刘云芳首先散布在天安门广场自焚能达到"圆满"的邪说，并将这一邪说制成宣传品，后伙同王进东向他人散发、煽动、组织、策划、实

款、第二十七条、第六十四条及《最高人民法院、最高人民检察院关于办理组织和利用邪教组织犯罪案件具体应用法律若干问题的解释（二）》第九条的规定，判决如下：

一、被告人刘云芳犯故意杀人罪，判处无期徒刑，剥夺政治权利终身。

二、被告人王进东犯故意杀人罪，判处有期徒刑十五年，剥夺政治权利三年。

（刑期从判决执行之日起计算，判决执行以前先行羁押的，羁押一日折抵刑期一日，即自2001年1月30日起至2016年1月29日止）。

三、被告人薛红军犯故意杀人罪，判处有期徒刑十年，剥夺政治权利二年。

（刑期从判决执行之日起计算，判决执行以前先行羁押的，羁押一日折抵刑期一日，即自2001年1月26日起至2011年1月25日止）。

四、被告人刘秀芹犯故意杀人罪，判处有期徒刑七年，剥夺政治权利一年。

（刑期从判决执行之日起计算，判决执行以前先行羁押的，羁押一日折抵刑期一日，即自2001年1月26日起至2008年1月25日止）。

五、随案移送的选票品及供犯罪所用的物品，予以没收（清单附后）。

如不服本判决，可在接到判决书的第二日起十日内，

通过本院或者直接向北京市高级人民法院提出上诉，书面上诉的，应当提交上诉状正本一份，副本五份。

审　判　长　王惠庆
代理审判员　郝从宇
代理审判员　刘俊鼎

二〇〇〇年八月十七日

本件与原本核对无误

书　记　员　黄璇

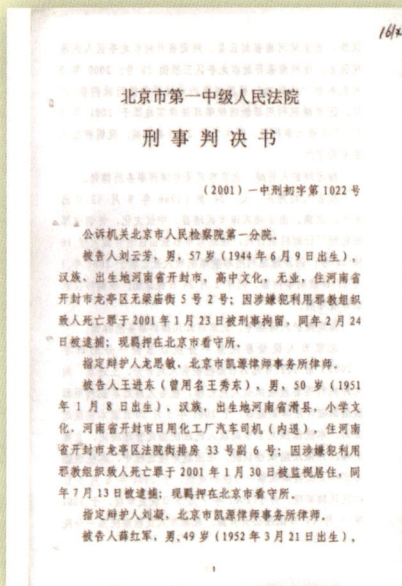

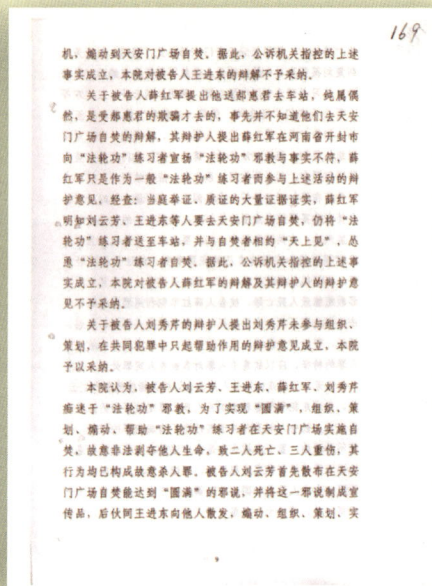

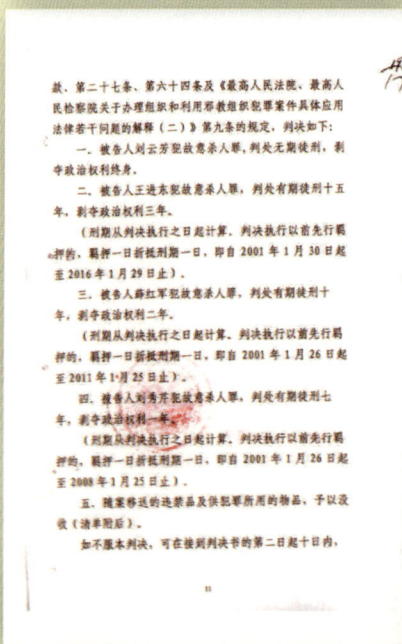

● 刘云芳等五人利用邪教组织致人死亡案对刘云芳等四人的刑事判决书（部分）

策划、煽动、教唆、帮助邪教组织人员自杀、自残的行为，按照故意杀人或者故意伤害罪定罪处罚。可见，对这一问题的司法定性，直到十多年后才有了明确的共识，本案对这一共识的形成发挥了"先例"的推动作用。

案例推荐：北京市人民检察院
撰稿：沈海平
审稿：王勇

李纯、王胜、马俊青
绑架杀人案

——在审查起诉中从蛛丝马迹发现重大杀人犯罪

基本案情 ···

李纯，男，时年 21 岁，天津市人，初中文化，无业。

王胜，男，时年 21 岁，山东平阴县人，初中文化，无业。

马俊青，男，时年 20 岁，天津市人，初中文化，无业。

2001 年 1 月间，李纯、王胜、马俊青得知被害人苗某要离家出走，遂预谋绑架苗某向苗家勒索钱财。2011 年 1 月 15 日上午 11 时许，在南开区西马路一电话亭，李纯、王胜打通苗某电话以借给苗某钱款为由，约其在西北角地铁站见面。下午 3 时许 3 人碰面后，李纯、王胜谎称钱在李纯家中，遂将苗某骗至天津市红桥区李纯的家中。其间，王胜、马俊青按住被害人苗某，李纯用事先准备好的尼龙绳猛勒苗某的颈部，致其死亡。1 月 16 日下午，3 人抛尸于一废墟防空洞井内，并多次向苗家拨打电话索要赎金 6 万元。

2001 年 1 月 22 日，苗某的父亲苗某某向公安机关报案，称其接连接到匿名绑架电话，要求其准备 6 万元赎金赎回苗某，并向公安机关反映 1 月 15 日中午苗某就离家出走一直未归。公安机关随后立案侦查，并于 1 月 29 日、3 月 24 日先后将王胜、马俊青和李纯抓获，到案后，3 人仅供述利用苗某离家出走消息敲诈苗家的犯罪事实，并没有如实供述杀害苗某的犯罪事实。

公安机关于 2001 年 6 月 4 日以涉嫌敲诈勒索罪（未遂），将本案移送天津市人民检察院第一分院审查起诉，6 月 6 日，天津市人民检察院第一分院按案件管辖将案件移送天津市红桥区人民检察院审查起诉。审查起诉中，红桥区人民检察院发现本案并非是普通的敲诈勒索案，而是绑架杀人大案，遂基于案件管辖因素，于 2001 年 7 月 18 日将本案移送天津市人民检察院第一分院，该院于 10 月 23 日向天津市第一中级人民法院提起公诉，法院判决 3 名被告人均犯绑架罪，判处死刑，剥夺政治权利终身，并处没收个人全部财产。

案件背景与社会影响

2001 年，针对黑恶势力犯罪、团伙犯罪、暴力犯罪等较为突出的犯罪态势，尤其是河北、天津、广东等地连续发生了各种重特大案件，严重影响社会治安，降低了人民群众安全感，造成了非常恶劣的社会影响。在这样的大背景下，我国于 2001 年开始了第三次"严打"行动，打击犯罪，除了要求"从快从重"处理，还要求做到稳、准、狠，要彻底铲除各种犯罪活动。本案正是发生在第三次"严打"初期，公安机关及时破案，检察机关依法追诉重大漏罪，有力维护了社会治安，增强了人民群众的安全感。

国家公诉——共和国**70**年典型案例及法律文书评析

056

天津市人民检察院第一分院
起诉书

(2001)津检一院诉字第149号

被告人李纯，男，一九七九年四月三日出生，回族，天津市人，初中文化，无职业，住天津市红桥区大丰路同乡里四号。一九九七年因盗窃被劳教一年，二○○一年三月二十四日因盗窃被劳教一年，二○○一年四月二十八日被逮捕。现羁押于天津市第一看守所。

被告人王胜，男，一九七九年十一月六日出生，汉族，山东省平阴县人，初中文化，无职业，住天津市南开区密云路倒图里三号楼六门一○四室，二○○一年三月三十日被拘留，同年三月七日被逮捕，现羁押于天津市第一看守所。

被告人马俊青，男，一九八○年十月二十九日出生，回族，天津市人，初中文化，无职业，住天津市河北区建昌道思源南里四十六号，户籍所在地红桥区放生院小马路育德庵前街三十七号。二○○一年一月三十日被拘留，同年三月七日被逮捕，现羁押于天津市第一看守所。

被告人刘杨，女，一九八一年五月二十三日出生，汉族，天津市人，中专文化，无职业，住天津市红桥区侉家楼后周门七十四号，二○○一年九月十三日被拘留，同年九月二十日被逮捕，现羁押于天津市第一看守所。

上列被告人敲诈勒索一案，经天津市公安局侦查终结移送本院审查起诉，因案件管辖本院审查移交天津市红桥区人民检察院，天津市红桥区人民检察院在审查中发现新的犯罪事实退回公安局补充侦查，于二○○一年十月十八日将案件移送本院审查起诉。现查明：

二○○一年一月间，被告人李纯、王胜、马俊青预谋绑架苗

第1页

057

晓楠向苗家勒索钱财。二○○一年一月十五日上午十一时许，被告人李纯、王胜、刘杨在南开区西马路一电话亭，被告人李纯、王胜打通苗晓楠电话以借给苗晓楠钱款为名，约其在西北角地铁站见面，同日下午三时许，被告人李纯、王胜将苗晓楠骗至天津市红桥区大丰路同乡里四号被告人李纯家中。期间，被告人王胜、马俊青按住被害人苗晓楠，被告人李纯用事先准备好的白色尼龙绳猛勒被害人苗晓楠颈部，致使被害人苗晓楠死亡，尔后三被告人将尸体抛至天津市红桥区放生院小马路四十七号院废墙防空洞井内，并多次向苗家勒索赎金人民币六万元。

二○○一年一月二十九日，被告人刘杨明知被告人李纯、王胜曾打电话约苗晓楠，却向公安机关证实：二○○一年一月十五日，给苗晓楠打电话的是其本人。

案发后，被告人李纯、王胜、马俊青、刘杨被公安机关抓获归案。

以上事实有下列证据予以证实：

1、公安机关出具的案件来源、抓获经过以及红桥区人民检察院出具的证明材料证实：案件来源及抓获经过。

2、证人苗光明的证言证实：苗晓楠于二○○一年一月十五日中午离家，后家中接到匿名电话，被勒索赎金人民币六万元。

3、现场勘查笔录、示意图及相关照片证实：对发现女尸的现场天津市红桥区尤春园放生院小马路四十七号以及对天津市红桥区大丰路同乡里四号李纯住处进行勘查的有关事实。

4、证人王秀环、黄照财的证言证实：经辨认尸体是苗晓楠。

5、尸体检验报告及相关照片证实：苗晓楠的死因可排除工具打击致死，不排除机械性窒息死亡。

6、被告人李纯、王胜、马俊青、刘杨对起诉事实供认不讳。

本院认为被告人李纯、王胜、马俊青目无国法，绑架他人，并杀害被绑架人，其行为已触犯《中华人民共和国刑法》第二百

第2页

三十九条之规定，构成绑架罪。被告人刘杨在刑事诉讼中，对与案件有重要关系的情节，故意作虚假证明，意图隐匿罪证，其行为已触犯《中华人民共和国刑法》第三百零五条之规定，构成伪证罪。本院为维护社会治安秩序，保护公民的人身权利、财产权利及司法机关的正常活动不受侵犯，特依照《中华人民共和国刑事诉讼法》第一百四十一条之规定，提起公诉，请依法予以惩处。

此 致

天津市第一中级人民法院

检察员　李瑞钧
代理检员　张诚

二○○一年十月二十三日

附：1、证据目录一页，证人名单一页。
　　2、主要证据复印件　页。

第3页

● 李纯、王胜、马俊青绑架杀人案起诉书

（一）严把案件质量关，有力打击犯罪

本案发生于"严打"期间，由3人结伙实施，且严重危害社会，属于"严打"范围。"依法从重从快"是贯彻"严打"精神的基本要求，即一方面要在程序上尽可能的快速办理；另一方面，在实体处罚上通过判处较重的刑罚，以体现重处。通过"从重从快"的司法反应，以期有效震慑犯罪分子，进而减少犯罪发生。然而，一味求"快"求"重"，忽略对案件事实本身的认定，或是放松对案件证据的审查与把关，往往南辕北辙，背离司法初衷。

本案虽然发生于特定时空背景下，但是检察机关并没有片面地理解"从重从快"，而是将其与"稳准狠"结合起来考虑，在批准逮捕环节，在确认基本犯罪事实的基础上，实现了快捕，如李纯在4月25日被提请逮捕，同月27日，检察机关即作出批准逮捕决定。但在审查起诉环节，检察机关秉持案件事实准确，证据确实、充分的办案标准，进而确保犯罪被准确无误地追诉，实现了罪责刑相适应，最大限度地维护了公平正义。

（二）细致审查小细节，发现重大漏罪

实践证明，过于依赖侦查，往往具有较大的诉讼风险，因为一旦侦查环节的调查取证出现水分甚至违法犯罪情形，这种对侦查的过分依赖，就会背离检察机关客观中立义务，将导致检察机关的法律监督职能被架空、虚置，进而为冤错案件的形成埋下隐患、祸根。实践中，佘祥林案、赵作海案、聂树斌案、呼格吉勒图案、杜培武案等案件，就是关于这一问题最好的注解。本案侦查终结时，公安机关以普通的敲诈勒索罪（未遂）移送审查起诉，但是检察机关并

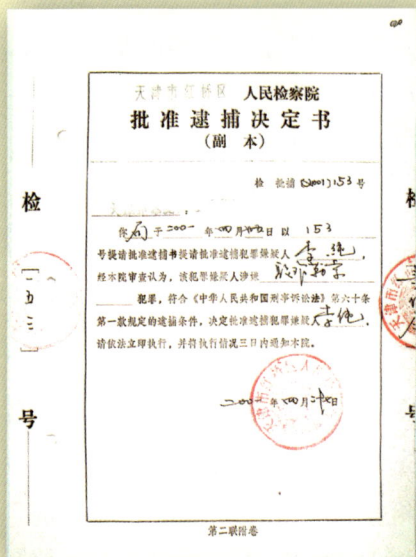

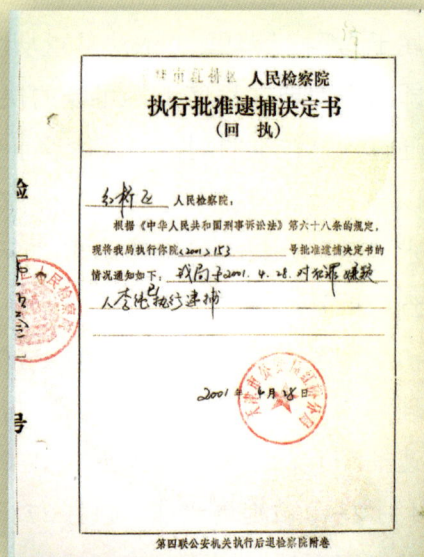

● 李纯、王胜、马俊青绑架杀人案批准逮捕决定书、执行批准逮捕决定书

没有局限于侦查机关移送的材料"就米下锅"，而是紧扣证据链条的完整性，发挥检察能动性，发现疑点，"找米下锅"。

本案中，检察官根据案件材料中存在的重大疑点，即3人对被害人苗某随身携带的钥匙串、服饰的矛盾性供述，顺着蛛丝马迹，反复论证，各个击破，最终揭露本案真相。具体而言，3人为了掩盖杀人事实，避重就轻，辩称仅仅见过苗某两次，在苗某被害当日即1月15日，并没有见过苗某，但是办案人员从被害人父亲苗某某处得知，犯罪嫌疑人在给苗某某打敲诈勒索电话时，详细描述了苗某随身携带的钥匙串和所穿羽绒服，而该钥匙串是在案发前半个月前后才拴在一起的，被害人所穿的羽绒服也是在案发前1个月前后才购买的。正是这一重大发现，引起承办检察官高度警觉，最终根据犯罪嫌疑人指认抛尸地点找到被害人尸体，进而确保本案事实认定准确、定性正确，真正做到打击犯罪不枉不纵。

（三）强化司法亲历性，保障案件质量

司法实践中，在冤错案件、久押不决案件中，命案往往占有较高的比例，就其形成机理来看，多数是因为案件中关键性证据的缺失，进而导致诉讼久拖不决甚至错误裁判。因此，如何抓住案件的"案眼"，即案件的焦点、难点问题尤为重要。这种关键性的证据必须通过阅卷、讯问、询问、现场调查复核等方式进行，正是承办检察官通过司法亲历性，达成"内心确信"的司法判断，进而形成完整的证据链，有力指控犯罪。

● 李纯、王胜、马俊青绑架杀人案移送起诉案件审查报告（部分）

本案中，检察官在审查侦查机关移送案卷时，发现犯罪嫌疑人的口供存在诸多疑点，矛盾重重，遂对案件全部材料严格审查把关，询问被害人苗某的父亲等相关人员，详细制订讯问提纲，精心缜密讯问，选取犯罪团伙中马俊青作为该团伙犯罪的突破口，突破其心理防线，促使其如实供述了绑架杀人的犯罪事实，并根据其指认找到被害人尸体，进而使本案从一起普通的敲诈勒索案升级为绑架杀人大案，查清了基本犯罪事实，有力防止漏罪漏诉，最大限度保证了案件质量。

案例推荐：天津市人民检察院

撰稿：操宏均

审稿：王勇

李纯、王胜、马俊青绑架杀人案

谢德明等五十二人拐卖儿童案

——全国最大贩婴案

基本案情

谢德明，女，时年 58 岁，农民，广西玉林市福绵管理区福绵镇福绵村，小学文化。

崔文献，男，时年 24 岁，农民，河南省永城市裴桥镇崔庄村大崔庄西组，初中文化。

蔡立平，男，时年 23 岁，农民，湖北省监利县龚场镇百依村，小学文化。

赵洪亮，男，时年 40 岁，农民，河南省永城市裴桥镇崔庄村小崔庄西组，初中文化。

（其他被告人基本情况略）

2001 年至 2003 年 3 月 17 日期间，广西壮族自治区玉林市福绵管理区福绵镇福绵村农民谢德明，伙同其家庭成员李秋、邓媛球、邓小球、许业光、邓聚贤，窜到玉林市福绵管理区的福绵、成均、樟木等乡镇，兴业县的大平山镇、龙安乡以及广西钦州市等地，向当地的人贩子、医护人员、农村接生员吴进娣等 18 人购买婴儿 64 名（均为女婴），后卖给河南省永城市崔庄村农民崔文献等 10 余人。崔文献等人从谢德明处购买婴儿后带到安徽、河南贩卖。

2002 年下半年，湖南省监利县农民蔡立平、河南省永城市农民赵洪亮窜到成均镇，认识了农民陈善才，叫陈善才找产妇产下不愿意养的女婴，由蔡立平、赵洪亮 2 人出钱收买。后陈善才与辛丽芳（夫妻关系）先后多次到福绵管理区的沙田镇、樟木镇、成均镇、福绵镇等地，向当地的医护人员、接生员吴进娣、李绍春、陈敏、吕庆坤等人购买、骗取女婴 31 名，其中转卖给蔡立平等 2 人 10 名，卖给赵洪亮等 2 人 16 名，卖给蔡立平等 4 人 2 名，卖给崔文献 2 名，卖给谢德明 1 名。蔡立平等 2 人窜到兴业县石南镇、福绵区福绵镇等地，向卫生所医生陈皎、人民医院妇产科护士谢伟红等人购买女婴 10 名。

2003 年 3 月 17 日案发，玉林市公安机关成立"3·17"专案组。2003 年 9 月 7 日，玉林市人民检察院向玉林市中级人民法院提起公诉。2003 年 11 月 26 日，玉林市中级人民法院作出一审判决：谢德明被判拐卖儿童罪，判处死刑；崔文献、辛丽芳等 5 人犯拐卖儿童罪，判处死刑缓期二年执行；其余 46 名被告人皆因犯拐卖儿童罪获刑。后谢德明等多人提起上诉，广西壮族自治区高级人民法院于 2004 年 7 月 2 日作出终审判决，除个别从犯刑罚变更外，维持一审的 53 项判决决定，同时核准谢德明、崔文献的死刑判决，以及辛丽芳、周秋枚、胡冬梅、陈善才的死缓判决。

案件背景与社会影响 ······································

21 世纪初，中国实行计划生育基本国策。在一些经济相对贫困落后的农村，少数具有"传宗接代""男尊女卑"心态的农民，在第二胎仍是女婴后就不愿意再抚养，为拐卖儿童犯罪的滋生提供了文化传统上的温床。1983 年，全国人民代表大会常务委员会颁布《关于严惩严重危害社会治安的犯罪分子的决定》，体现了严厉打击拐卖人口的立法精神。20 世纪 90 年代，"拐卖"犯罪再度恶性膨胀，

国家公诉
——共和国 **70** 年典型案例及法律文书评析

页1（左上文书）：

广西壮族自治区玉林市人民检察院

起诉书

副本

玉检刑诉字（2003）第 57 号

被告人谢德明，女，1946 年 6 月 23 日出生于广西壮族自治区玉林市，身份证号码：452501460623272，汉族，小学文化，农民，住玉林市福绵管理区福绵镇福绵村。因涉嫌拐卖儿童罪，2003 年 3 月 20 日被广西宾阳县公安局刑事拘留，同年 3 月 26 日经宾阳县人民检察院批准逮捕，次日由宾阳县公安局执行逮捕，现羁押于玉林市第二看守所。

被告人辛丽芳，女，1960 年 7 月 29 日出生于广西壮族自治区玉林市，身份证号码：452501600729252，汉族，小学文化，农民，住玉林市福绵管理区成均镇大童村。因涉嫌拐卖儿童罪，2003 年 4 月 3 日被玉林市公安局刑事拘留，同年 4 月 30 日经本院批准逮捕，次日由玉林市公安局执行逮捕，现羁押于玉林市第二看守所。

被告人陈春才（绰号"陈二"），男，1958 年 12 月 10 日出生于广西壮族自治区玉林市，身份证号码：452501581210255，汉族，高中文化，农民，住玉林市福绵管理区成均镇大水村。因涉嫌拐卖儿童罪，2003 年 4 月 2 日被玉林市公安局刑事拘留，同年 4 月 30 日经本院批准逮捕，次日由玉林市公安局执行逮捕，现羁押于玉林市第一看守所。

被告人崔文献，男，1979 年 9 月 21 日出生于河南省永城市，身份证码：412328790921091，汉族，初中文化，农民，住河南省永城市薛桥镇崔庄村大崔庄志志起。因涉嫌拐卖儿童罪，2003 年 3 月 18 日被

1

页2（右上文书）：

卜结英作案 4 次，贩卖婴儿 4 名；被告人衷伟红作案 4 次，贩卖婴儿 4 名；被告人王生义作案 1 次，贩卖婴儿 3 名；被告人徐月灵作案 1 次，贩卖婴儿 3 名；被告人刘金英参与作案 2 次，贩卖婴儿 3 名；被告人吴通作案 3 次，贩卖婴儿 3 名；被告人蔡桂英作案 3 次，贩卖婴儿 3 名；被告人黎永兰作案 3 次，贩卖婴儿 3 名；被告人钟淯作案 3 次，贩卖婴儿 3 名；被告人唐英作案 3 次，贩卖婴儿 3 名；被告人刘伟新作案 3 次，贩卖婴儿 3 名；被告人邓聚贤作案 2 次，贩卖婴儿 2 名；被告人葛法蝉作案 2 次，贩卖婴儿 2 名；被告人陈淑华作案 1 次，贩卖婴儿 2 名；被告人孙秀案作案 1 次，贩卖婴儿 2 名；被告人刘志广作案 1 次，贩卖婴儿 2 名；被告人崔勤一、李秀兰、夏从民、张献勤各作案 1 次，贩卖婴儿各 2 名：被告人李芹明知他人拐卖儿童、葛法蝉，郭方勤等人贩卖婴儿，尚给其提供帮助，上述被告人的行为触犯了《中华人民共和国刑法》第二百四十条，犯罪事实清楚，证据确实、充分，应当以拐卖儿童罪追究其刑事责任。被告人谢德明、辛丽芳、陈春才、崔文献、蔡立平、李秋梅、赵洪亮、胡冬梅、辛秋、葛法申、张小高、马元、邓缦球、邓小琼、吴通绵、杜秀珍、黄因娟、邓安琼、王惠新、许业光、王惠琴、郭方勤、陈美荣、李芹、李珺、梁兆勃、黎珀、陈敏霞、陈政、卜桂英、谢伟红、王生义、徐月灵、刘金英、吴通、黎桂英

48

页3（左下文书）：

李绍春、陈永冬、钟淯、唐英、刘伟新拐卖儿童 3 人以上，应当适用该条文第（二）项的规定处罚；被告人宣文琼、马书荣、张小高造成被拐卖的儿童死亡，应当适用该条文第（七）项的规定处罚。在拐卖儿童共同犯罪案中，被告人谢德明、辛丽芳、陈春才、崔文献、蔡立平、李秋梅、赵洪亮、胡冬梅、辛秋、葛法申、张小高、马元荣、张云、邓缦球、邓小琼、吴通绵、杜秀珍、黄因娟、邓安琼、许业光、郭方勤、陈美荣、李芹、王惠新、王惠美、李珺、黎珀超组织、策划、积极参与等主要作用，均是主犯，适用《中华人民共和国刑事诉讼法》第二十六条第一、四款规定处罚；被告人梁兆勃、陈敏霞、陈政、卜桂英、谢伟红、王生义、徐月灵、吴通、黎桂英、李绍春、黎永兰、钟淯、唐英、刘金英、邓聚贤、葛法蝉、刘志广、陈淑华、孙秀案、崔勤一、李秀兰、郭献文、夏从民、张献勤起次要、辅助作用，均是从犯，适用《中华人民共和国刑事诉讼法》第二十七条规定处罚。被告人蔡桂英指使他人作伪证，其行为触犯了《中华人民共和国刑法》第三百零七条，应当以妨害作证罪追究其刑事责任，被告人蔡桂英一人犯两罪，依照《中华人民共和国刑法》第六十九条规定，应数罪并罚。被告人邓缦球参与拐卖儿童犯罪时，未满十八周岁，适用《中华人民共和国刑法》第十七条第三款规定，应当从轻处罚。本院为了严肃国家法律，维护社会治安管理秩序，保护儿童的人身权利，保护国

49

页4（右下文书）：

家机关正常工作秩序不受侵犯，依照《中华人民共和国刑事诉讼法》第一百四十一条规定，特提起公诉，请依法判处。

此致

玉林市中级人民法院

本件与原本核对无异

检察长：韦国权

检察员：谢建军

代检察员：黎惩明

唐波

潘瑞

附：主要证据复印件六册，证据目录二份，随文移送。

50

● 谢德明等五十二人拐卖儿童案起诉书（部分）

1991 年最高人民法院、最高人民检察院颁布的《关于严惩拐卖、绑架妇女、儿童的犯罪分子的决定》，首次确定了拐卖妇女、儿童罪，突出了打击重点。1997 年《刑法》在此基础上进一步予以明确规定，国务院、最高人民法院、最高人民检察院以及中央有关部门陆续出台了一系列打击拐卖妇女、儿童犯罪的行政法规、司法解释和规定、决定。

谢德明、辛丽芳等 52 人拐卖儿童案，与另案处理的安徽、河南等地相关的拐卖儿童案，构成了中国刑事犯罪档案里破纪录的一宗特大案件，对社会造成了严重危害和恶劣影响。案件发生后引起中央和地方各级政府的高度重视。2003 年 12 月 8 日的《法制日报》以《大案震惊国家领导层揭开全国最大贩婴案黑幕》为题报道了该案，"案件层层上报到中央，震惊了国家领导层。领导在有关文件上批示：一定要追查到底，追究涉案人员责任"。

公诉指控 ·········

（一）提前介入及时，引导侦查精准

"3·17"案件发生后，检察机关依法提前介入了该案的侦查活动，引导侦查取证并积极履行监督职能。本案涉及 118 个婴儿的拐卖事实，被贩卖的女婴的来源、去向、获利的情况都需要一一查清。检察机关充分发挥审前主导作用，围绕被告人在案件中的地位作用等重点问题和薄弱环节，引导、推动侦查机关依法履职，加强侦查取证，紧紧围绕犯罪的客观事实和主观故意，包括犯罪分子贩卖女婴的经过、来源、去向、获利数额进行引导侦查取证，尤其是强化主观故意方面的证据，引导侦查机关调取主观方面的证据，以证明犯罪嫌疑人以出卖为目的主观故意，从主客观两个方面形成了完整的证据锁链，提升基础案件质量，为指控奠定了坚实基础。

"3.17"拐卖儿童案 公诉意见

审判长、审判员：

由本院依法提起公诉的被告人谢德明、辛丽芳等52人拐卖儿童、妨害作证一案，从10月15日起，在这里开庭审理。根据《中华人民共和国刑事诉讼法》第153条、《中华人民共和国人民检察院组织法》第15条的规定，我们以国家公诉人的身份出席法庭，支持公诉，并依法履行法律监督职责。

法庭调查合法公正。在长达15天的法庭调查中，我们依法讯问了各被告人，宣读并出示了公安机关依照法定程序收集的、客观全面地证实本案犯罪事实和情节的证据，经过法庭质证，充分证明本院起诉书对本案所认定的事实清楚，证据确凿，指控的罪名准确、适用的法律得当。

为了进一步惩罪和证实犯罪，宣传法制，现提本案发表以下公诉意见：

一、本案各被告人的犯罪事实清楚，证据确实充分，足以认定

《中华人民共和国刑法》第240条规定："拐卖妇女、儿童是指以出卖为目的，有拐骗、绑架、收买、贩卖、接送、

1

列证据，彼此之间环环紧扣，相互印证，客观、全面地证实了本案被告人拐卖儿童的犯罪过程，也证实了各被告人所应承担的法律责任。因此，公诉人认为，本案起诉书所指控的犯罪事实清楚，证据确凿、充分，是定罪量刑的坚实基础。

二、本案被告人拐卖儿童的犯罪行为严重危害社会，造成极其恶劣的后果，依法应予严惩

谢德明、辛丽芳等52人拐卖儿童，与另案处理的安徽、河南等地相关的拐卖儿童案，构成了中国刑事犯罪档案里破纪录的一案特大案件，案件发生后引起中央和地方各级政府的高度重视，公安机关投入巨大力量侦查此案。随着案情逐渐大白于天下，我们看到了这些犯罪对社会造成的严重危害和恶劣影响：

第一，本案被告人拐卖儿童的行为，是一种践踏人权，摧残人性、惨无人道的、为当今文明社会绝不能容忍的罪恶。一百多年前，马克思就把贩卖人口列为世界上最大的罪恶之一。联合国《世界人权宣言》确认，人人有权享有生命、自由和人身安全。人是社会的主体，无论是初生的婴儿，还是年迈的老者，无论男性，还是女性，无论是富裕还是贫穷，无论是否有肤色、种族、民族、文化的差异，人人都享有平等、自由的权利和人格尊严，都受到法律的严格保护。尊重人的人身自由和人格尊严，是文明社会区别于野蛮社会的主

坏了国家实行计划生育的基本国策，严重损害了玉林市、广西自治区甚至国家的形象。而且给许多家庭带来了骨肉离散的精神创伤，引发了一系列社会、伦理、道德和治安问题，直接危及安定团结的政治大局，严重扰乱社会治安管理秩序，依法应当严厉惩处。

三、本案各被告人依法应当承担的刑事责任

本案以被告人谢德明、辛丽芳二个家庭为主线的特大拐卖儿童共同犯罪案件，各被告人作案时各有分工，相互配合，或在上家，或在下线，分别起到不同程度的作用，依法应当承担相应的刑事责任。

谢德明、辛丽芳、陈善才、崔文献、蔡立平、李秋梅、赵洪英、胡冬梅等作为本案主犯中排名靠前的8名被告人，犯罪的次数多，拐卖婴儿的数量多，犯罪情节特别严重，主观恶性深，应依法给予最严厉的处罚。谢德明纠集其家庭成员辛秋、邓耀珠、邓小珠、邓安琼、许业光、邓聚贤分工合作，与吴进锦、杜秀珍等其他相关各被告人相互勾结，弱在作案，自2001年以来先后拐卖64名婴儿，在整个犯罪活动过程中，被告人谢德明起到组织、策划、指挥的作用，居于首要的地位，应当对拐卖64名婴儿负全部责任。被告人辛丽芳、陈善才夫妇均把拐卖婴儿作为发财致富的手段，四处联系收买婴儿并贩卖，共拐卖婴儿31名。

10

结合重处"3.17专案"，在全市范围内深入开展声势浩大的"打拐"综合治理工作，进一步加强了人口与计划生育工作，在重点县、乡、村、屯建立以妇女骨干为主体的妇女儿童保护监督、监测网络，协调有关部门成立县、乡、村三级预防拐卖儿童联防小组，妇女骨干开展关爱活动，配合政府查找被拐婴儿父母，协助做好被拐婴儿安置工作。3月17日案发当天被解救的27名婴儿原本是不幸的，但又是万幸的，他们得到政府无微不至的关爱、照顾和保护，摆脱了人贩子的魔掌，像春天的花朵一样，在明朗的天空下茁壮成长。为了很好落实中央领导同志的指示精神，侦破本案，政府投入了巨大的资源，公安机关克服重重困难，辗转数千里，将犯罪分子一一揭拿归案。这次发动全国的法庭大审判，将向世人发出更多的警示。

综上所述，公诉人认为，本案事实清楚，证据确实、充分，谢德明、辛丽芳等各被告人已构成了起诉书所指控的犯罪，特诚请合议庭对公诉人所发表的公诉意见予以充分考虑，根据各被告人实施犯罪的事实、性质、情节、后果，对社会的危害程度，以及各被告人的悔罪态度，依法作出公正的判决！公诉意见暂时发表到此！

● 谢德明等五十二人拐卖儿童案公诉意见（部分）

542

（二）证据论证充分，出庭指控有效

检察机关加强出庭组织，做到示证充分、指控有据、辩论有力。在主观方面，公诉人通过列举被告人所实施的一系列行为，驳斥了被告人"修阴功、做好事、做善事""可怜弃婴"是"爱心、爱婴行为"的荒谬解释，有力地论证了被告人"以出卖为目的"的主观故意。公诉人同时指出，涉案医护人员、接生婆都受过一定的文化教育和培训，明知收养必须要符合一定的条件和履行一定的程序，却一而再、再而三地给谢德明提供婴儿，不管谢德明抱走婴儿是抚养还是出卖，主观上就是为了钱。因此，被告人主观上存在出卖婴儿的故意，并非辩护人所称的"他们向被告人提供婴儿，一是出于好心，二是想赚点钱，没有出卖婴儿的主观故意"。在客观方面，公诉人详细说明了52名被告人在几年间形成的贩卖儿童产业链，相互配合，分工合作，有的甚至全家出动，集体上阵，把贩婴的"生意"越做越大，深刻揭示了被告人行为的客观危害性，举证质证顺序合理，说明简洁，达到了巩固证据的预期效果。发表公诉意见观点明确，法律论证说理清楚，富有针对性。法庭辩论环节结合法庭上的具体情况灵活应变，抓住重点，通过强有力的指控，依法严惩拐卖儿童犯罪，实现依法打击、有力打击、精准打击。

（三）追诉犯罪有力，办案效果突出

检察机关强化刑事政策运用，强化追诉犯罪的力度，特别强调贫困地区的个别人把贩婴作为发财致富之道，四处联系医院医护人员、乡村接生婆，以50元到600元不等的价钱收购村民不想抚养的婴儿，然后以1200元的价格再卖给外地人贩子。这不仅破坏了当时国家所实行的计划生育基本国策，严重损害了玉林市、广西壮族自治区甚至国家的形象，而且给许多家庭带来了骨肉分离的精神创伤，引发了一系列社会、伦理、道德和治安问题，严重扰乱社会管理秩

广西壮族自治区高级人民法院
刑 事 判 决 书

（2004）桂刑复字第1号

原公诉机关玉林市人民检察院。

上诉人（原审被告人）谢德明，女，1946年6月23日出生于广西玉林市，汉族，小学文化，农民，住玉林市福绵管理区福绵镇福绵村。因涉嫌拐卖儿童罪于2003年3月19日被刑事拘留，同年3月28日被逮捕，现羁押于玉林市第二看守所。

辩护人陈秋林，桂克天律师事务所律师。

上诉人（原审被告人）崔文献，男，1979年9月21日出生于河南省永城市，汉族，初中文化，农民，住河南省永城市麓桥镇崔庄村大崔庄西组。因涉嫌拐卖儿童罪于2003年3月18日被刑事拘留，同年3月27日被逮捕，现羁押于玉林市第一看守所。

指定辩护人刘元华，桂华律师事务所律师。

上诉人（原审被告人）辛丽芳，女，1960年7月29日出生于广西玉林市，汉族，小学文化，农民，住玉林市福绵管理区成均镇大水村。因涉嫌拐卖儿童罪于2003年4月3日被刑事拘留，同年5月1日被逮捕，现羁押于玉林市第二

—1—

十五条第一款、第二十六条第一款、第四款、第二十七条、第十七条第一款、第三款、第四十八条第一款、第五十五条第一款、第五十六条第一款、第五十七条第一款、第五十二条、第五十三条、第六十七条第一款、第二款、第六十八条第一款、第六十九条第一款、第六十四条以及最高人民法院《关于处理自首和立功具体应用法律若干问题的解释》第四条、第七条之规定，判决如下：

一、维持玉林市中级人民法院（2003）玉中刑初字第73号刑事判决第一、二、三、四、五、六、七、八、九、十、十一、十二、十四、十五、十六、十七、十八、十九、二十、二十一、二十三、二十四、二十五、二十七、二十八、二十九、三十、三十一、三十二、三十三、三十四、三十五、三十六、三十七、三十八、三十九、四十、四十一、四十二、四十三、四十四、四十五、四十六、四十七、四十八、四十九、五十、五十一、五十二、五十三、五十四项及第十三、二十二、二十六、四十七项中对马书荣、梁兆勤、李绍春、挛活的定罪部分。

二、撤销玉林市中级人民法院（2003）玉中刑初字第73号刑事判决第十三、二十二、二十六、四十七项中对马书荣、梁兆勤、李绍春、挛活的刑罚部分。

三、上诉人（原审被告人）马书荣犯拐卖儿童罪，判处有期徒刑八年（刑期从判决执行之日起计算，判决以前先行羁押的，羁押一日折抵刑期一日，即自2003年3月18日起

—215—

至2011年3月17日止），并处罚金人民币2000元。

四、上诉人（原审被告人）李绍春犯拐卖儿童罪，判处有期徒刑八年（刑期从判决执行之日起计算，判决以前先行羁押的，羁押一日折抵刑期一日，即自2003年6月11日起至2011年6月10日止），并处罚金人民币3000元。

五、上诉人（原审被告人）梁兆勤犯拐卖儿童罪，判处有期徒刑七年（刑期从判决执行之日起计算，判决以前先行羁押的，羁押一日折抵刑期一日，即自2003年4月3日起至2010年4月2日止），并处罚金人民币4000元。

六、上诉人（原审被告人）挛活犯拐卖儿童罪，判处有期徒刑三年（刑期从判决执行之日起计算，判决以前先行羁押的，羁押一日折抵刑期一日，即自2003年4月21日起至2006年4月20日止），并处罚金人民币2000元。

本判决为终审判决。

根据《最高人民法院关于授权高级人民法院和解放军军事法院核准部分死刑案件的通知》的规定，本判决即为核准玉林市中级人民法院（2003）玉中刑初字第73号以拐卖儿童罪分别判处被告人谢德明、崔文献死刑，剥夺政治权利终身，并处没收个人全部财产的刑事判决。

根据《中华人民共和国刑事诉讼法》第二百零一条的规定，本判决即为核准玉林市中级人民法院（2003）玉中刑初字第73号以拐卖儿童罪，分别判处被告人辛丽芳、周秋牧、胡冬梅、陈善才死刑缓期二年执行，剥夺政治权利终身，并

—216—

处没收个人全部财产的刑事判决。

审 判 长　何守荣
审 判 员　洪飚
代理审判员　欧阳文

二〇〇　　年　　月　　日

书　记　员　　　志男

本件与原本核对无异

—217—

● 谢德明等五十二人拐卖儿童案终审判决书（部分）

序，直接危及安定团结的政治大局。该案最终的判决结果，在法律层面对当地拐卖儿童的势头予以了重击，维护了儿童（婴儿）的人身权利和家庭稳定，形成打击合力，维护了社会治安，推动源头治理，使办案结果最大限度地接近人民群众的司法期待，实现法律效果、政治效果和社会效果的统一。

案例推荐：广西壮族自治区人民检察院
撰稿：张海英
审稿：王勇

龚建平受贿案

——中国足坛"黑哨"入刑第一案

基本案情

龚建平，男，时年 41 岁，北京人，首都体育学院教师，国际级足球裁判员。

2000 年至 2001 年期间，龚建平受中国足球协会指派，在全国足球甲级队 A 组、B 组联赛中担任主裁判员，其间他利用职务便利，接受他人在比赛中予以关照的请托，先后 9 次非法收受参赛方青岛颐中海牛、上海申花、浙江绿城、大连实德、山东鲁能、江苏舜天足球俱乐部给予的财物，共计人民币 37 万元。

2002 年 12 月 19 日，北京市宣武区人民检察院向北京市宣武区人民法院提起公诉，指控龚建平犯有企业人员受贿罪。2003 年 1 月 29 日，宣武区人民法院判决认定：龚建平构成国家工作人员受贿罪，因其在被采取强制措施之后，主动坦白交代了受贿的大部分事实，酌情从轻处罚，以受贿罪判处龚建平有期徒刑十年。宣判后，龚建平不服，提起上诉。2003 年 3 月 28 日，北京市第一中级人民法院作出终审裁定，驳回上诉，维持一审判决。

案件背景与社会影响 ·············

　　在现代社会，足球比赛不仅是一项体育赛事，而且具有巨大的市场价值。"黑哨"操纵比赛结果，不仅破坏了足球场上的公平竞争，而且会导致守法经营的足球俱乐部蒙受损失，并对球迷的感情造成极大伤害，进而严重妨害我国足球职业化的进程，引起了社会舆论的强烈谴责，对社会稳定和中国足球行业的国际形象造成了负面影响。此案作为足球反腐行动的第一案，其意义已经远远超出了案件本身，对我国的法治建设和体育事业的发展都产生了不可估量的影响。例如，《新民周刊》发表评论说，"中国足坛打黑反赌风潮，用一种决绝到极点的姿势，展示了高层对改变中国足球的决心和态度。在大刀阔斧地检出'假、腐、毒'后，中国足球也在悄然发生着可喜的变化"。

公诉指控 ·············

　　龚建平受贿案的案情复杂、社会关注度高、争议问题多，面对诸多理论和实践难题，检察机关依法积极履职，掀起足坛反腐高潮。无论是以当时的历史视角，还是以今天的现代眼光，本案的处理都有诸多值得借鉴之处。

（一）回应关切，为司法介入"黑哨"治理提供正当依据

　　龚建平受贿案被媒体曝光后，社会各界反响十分强烈，在公众舆论的推动下，社会上兴起一股足球"打黑"的呼声，呼吁司法机关对"黑哨"问题进行法律干预。但是，对于司法应否介入足球"黑哨"问题，社会舆论也有反对声音，认为"黑哨"行为没有达到我国刑法所要求的严重危害社会的程度，本着刑法谦抑的原则，只要能

北京市宣武区人民检察院

起 诉 书

京宣检经诉字（2002）第41号

被告人龚建平，男，四十一岁（1961年7月12日出生），身份证号：110108196107123019，北京市人，汉族，大学文化，捕前系首都体育学院教师。一九九二年三月被国家体委批准为国家级裁判员；二〇〇一年一月由中国足球协会推荐，被国际足联批准为国际级裁判员。住北京市海淀区学院路20号35楼3门403号。二〇〇二年三月十六日，因涉嫌公司、企业人员受贿罪被北京市公安局宣武分局刑事拘留，同年四月十七日经本院批准因涉嫌企业人员受贿罪被依法逮捕。现押于北京市宣武区看守所。

被告人龚建平涉嫌企业人员受贿一案，由北京市公安局宣武分局侦查终结，移送本院审查起诉，经依法审查，现查明：

被告人龚建平于二〇〇〇年至二〇〇一年期间，受中国足球协会指派，在全国足球甲级队A组、B组联赛中，利用担任主裁判员的职务便利，多次非法收受参赛方足球俱乐部给予的财物。犯罪事实如下：

一、二〇〇〇年四月十六日，被告人龚建平在山东省青岛市执裁全国足球甲级队A组联赛青岛海牛队与山东泰山队比赛后，收受了青岛海牛队是球俱乐部给予的人民币五千元。

二、二〇〇一年三月十一日，被告人龚建平在上海市执裁全国足球甲级队A组联赛上海申花队与深圳科健队比赛后，收受了上海

申花是球俱乐部给予的人民币五万元。

三、二〇〇一年四月二十一日，被告人龚建平在浙江省杭州市执裁全国足球甲级队B组联赛浙江绿城队与天津立飞队比赛后，收受了浙江绿城是球俱乐部给予的人民币二万元。

四、二〇〇一年五月三十一日，被告人龚建平在四川省成都市执裁全国足球甲级队A组联赛四川商务通队与上海申花队比赛后，收受了上海申花是球俱乐部给予的人民币五万元。

五、二〇〇一年六月十七日，被告人龚建平在辽宁省大连市执裁全国足球甲级队A组联赛大连实德队与云南红塔队比赛后，收受了大连实德是球俱乐部给予的人民币三万元。

六、二〇〇一年七月一日，被告人龚建平在山东省济南市执裁全国足球甲级队A组联赛山东鲁能队与八一振邦队比赛后，收受了山东鲁能是球俱乐部给予的人民币十万元。

七、二〇〇一年七月七日，被告人龚建平在浙江省杭州市执裁全国足球甲级队B组联赛浙江绿城队与厦门立勋队比赛后，收受了浙江绿城是球俱乐部给予的人民币八万元，龚建平又将其中的一万五千元分给他人。

八、二〇〇一年八月十一日，被告人龚建平在江苏省南京市执裁全国足球甲级队B组联赛江苏舜天队与广东宏远队比赛后，收受了江苏舜天是球俱乐部给予的人民币三万元。

九、二〇〇一年九月二十八日，被告人龚建平在山东省济南市执裁全国足球甲级队A组联赛山东鲁能队与重庆力帆队比赛后，收受了山东鲁能是球俱乐部给予的人民币二万元。

综上所述，被告人龚建平九次收受参赛方俱乐部给予的人民币

共计三十八万五千元。上述赃款案发后均已收缴。

上述事实清楚，证据确凿、充分，足以认定。

本院认为：被告人龚建平身为国家裁判员，本应遵守国家体育法有关规定，但却无视国法，在受中国足球协会指派担任全国足球联赛裁判员期间，利用担任主裁判员的职务便利，非法收受参赛方足球俱乐部给予的贿赂款，数额巨大，其行为破坏了企业的正常管理活动和社会主义市场经济秩序，触犯了《中华人民共和国刑法》第一百六十三条第一款之规定，已构成企业人员受贿罪，为保障国家体育事业健康发展，依照《中华人民共和国刑事诉讼法》第一百四十一条之规定，本院提起公诉，请依法判处。

此致
北京市宣武区人民法院

检 察 员 董世敏
代理检察员 谢文卓

二〇〇二年十二月六日

附注事项：
1、证据目录一份；
2、主要证据复印件；
3、扣押物品清单一份。

● 龚建平受贿案起诉书

够完善行业管理制度和加强行业自律机制，即可收到预防和遏制足球"黑哨"的功效，而完全没有必要动用刑法这一最严厉的强制手段。

但是，现实情况是，仅凭中国足球协会的内部机制不能够阻止"黑哨"现象。职业足球联赛的裁判员，违背职业道德和相关法律规定，利用担任国家体育联赛裁判员的职务便利，多次非法接受球队及俱乐部财物为其谋取不法利益，这是拿手中的权力进行非法交易，严重损害了足球比赛裁判员职务行为的廉洁性，损害了公平竞争的体育精神，严重妨害了我国足球事业乃至整个体育事业的健康发展，不应当再成为"法外之地"。

在足球"黑哨"事件最被关注、最为胶着的时刻，检察机关积极履行职责，依法介入，适时顺应了社会大众强烈要求惩治足球腐败、净化中国足球环境、为中国足球发展扫除障碍的愿望。2002年2月25日，最高人民检察院根据我国《体育法》第三十四条"体育竞赛实行公平竞争的原则。体育竞赛的组织者和运动员、教练员、裁判员应当遵守体育道德，不得弄虚作假、营私舞弊"规定的精神，发出《依法严肃处理足球"黑哨"腐败问题的通知》，要求各级检察机关依法严肃处理足球"黑哨"腐败问题，强调裁判员在比赛前或者比赛后收受别人的财物而在比赛过程中吹"黑哨"，不能正常地、公正地履行自己的裁判职责，属于严重的违法行为，应给予相应的法律制裁，绝不能给心存侥幸的不法分子以可乘之机。同时明确，"对于有关单位和个人对'黑哨'问题的举报，检察机关应当依法受理，同时将处理结果通知举报人。对于行业主管部门移送的涉嫌犯罪案件，如果属于检察机关管辖的，应当依法立案侦查；对于不属于检察机关管辖的，应当依法移送主管机关处理"。此举主动回应社会关切，对社会争议问题给出了权威指导方案，为案件的处理、舆情的引导打下了坚实的法律基础。

（二）精准打击，实质评价"黑哨"行为法律性质

介入黑哨案之后，首先面临的问题就是"黑哨"行为应该如何

公诉词

审判长、审判员：

我以国家公诉人的身份出席法庭，今天在依法公开审理的被告人龚建平涉嫌企业人员受贿一案的法庭上支持公诉，并依法履行法律监督职责。

通过刚才法庭调查阶段的讯问及质证，已证实我院起诉书指控被告人龚建平犯有企业人员受贿罪事实清楚、证据确实、充分，足以认定，现就本案发表如下公诉意见：

《中华人民共和国刑法》第一百六十三条第一款明确规定：公司、企业的工作人员，利用职务上的便利，索取他人财物或者非法收受他人财物，并为他人谋取利益，数额较大的是公司、企业人员受贿罪。本案被告人龚建平于 2000 年 4 月至 2001 年 10 月间，在执裁中国足协主办的全国足球甲级队 A 组、B 组联赛过程中，九次收受浙江绿城、山东鲁能、上海申花、大连实德、江苏舜天、青岛颐中海牛共六个足球俱乐部给予的人民币共计三十八万五千元。其行为符合我国刑法第一百六十三条关于企业人员受贿罪的规定。

数额之大是认定其所犯罪行情节严重的又一方面。

再有，被告人龚建平虽然在供述中多次强调钱是足球俱乐部的主动行为。但是，从法庭质证阶段所列举的证人证言中可以看出，被告人龚建平在收受钱财时虽有几次推脱，但也有主动到行贿人住处去拿钱的情况，况且如果龚建平主观上没有非法占有的故意，即使他人给钱后，他仍可以将钱退回或上交中国足协，因此，公诉人也提请法庭在量刑时对这一情节予以考虑。

三、龚建平利用足球裁判员的职务便利收受贿赂，并为他人谋取利益的行为，社会危害性较大，应当受到刑事处罚。

一方面，与我国的市场经济体制改革进程相适应，足球行业由原来的行政化逐步向市场化转轨，在这个过程中，出现了裁判员为谋取私利，非法收受贿赂的问题不是为怪，其产生的经济根源在于足球裁判员追求额外利益，其产生的道德根源在于足球裁判员对其职务廉洁性的丧失。现在问题的关键是要及时遏制这种丑恶现象，以使足球行业能够顺利发展，从而促进整个体育事业健康发展。

另一方面，足球是一项一直以来备受社会关注的体育比赛，其巨大的社会影响力尽人皆知，足球裁判员收受贿赂一事，被多家媒体报道，引起广大群众及足球爱好者的强烈不满，甚至对社会稳定和中国足球行业的国际形象均造成了负面影响，应当依法严惩。

综上所述，被告人龚建平利用担任足球裁判的职务便利，收受参赛一方俱乐部给予的钱财并为其谋取利益的行为已构成企业人员受贿罪且数额巨大。鉴于我国足球行业改革正在进行当中，有关制度还不尽完善，监督机制还不到位，且被告人龚建平能够承认九笔犯罪事实，对自己的问题有一定的认识，且涉案赃款已全部收缴，但是法律面前人人平等是我国社会主义法制基本原则，任何人触犯刑律都应当依法定罪处罚，为保证足球行业改革顺利进行，促进足球体育事业健康发展，维护法律尊严与司法公正，（以上公诉意见请法庭充分采纳）恳请综合全案的事实、证据，作出公正的判决。

二○○三年一月二十日

● 龚建平受贿案公诉词（部分）

定性？面对这个争议问题，检察机关上下一体，给出了答案。《依法严肃处理足球"黑哨"腐败问题的通知》的出台，系最高人民检察院根据当时的法律和刚刚改革的中国足球商业化运行模式所作的一种司法解释层面的突破，为该案定罪奠定了坚实的法理基础。该通知要求各级检察机关根据当时我国足球行业管理体制现状和《体育法》的有关规定，对于足球裁判的受贿行为，可以依照《刑法》第一百六十三条的规定，以公司、企业人员受贿罪依法批捕、提起公诉。

在起诉书中，公诉人结合中国足球行业运行机制改革的大背景，从中国足球市场经营机制改革的变化、全国足球甲级联赛的商业性质和被告人的身份等方面，详细说明了以公司、企业人员受贿罪对龚建平提起公诉的理由。在庭审中，公诉人进一步强调了拿起刑法武器打击足球腐败的深远意义："现在问题的关键是要及时遏制这种足坛腐败现象，以使足球行业改革能够顺利发展，从而促进整个体育事业健康发展。足球裁判员收受贿赂一事，被多方媒体报道，引起广大群众和足球爱好者的强烈不满，甚至对社会稳定和中国足球行业的国际形象均造成了负面影响，应当依法严惩。"

当然，我们也应当看到，本案最终被法院以受贿罪定罪处刑，显示了对这一案件的罪与非罪、此罪与彼罪的认识差异，这折射出案件当时关于罪刑法定的理解、国家工作人员身份的认定、商业贿赂的主体范围等一系列实践难题。其中重要的原因在于，刑事立法并未明确足协所聘请的裁判的主体身份，本案又属于"黑哨"第一案，缺少相关判例和实务共识，因此，检察机关按照"公司、企业人员受贿罪"起诉，存在扩张解释还是类推解释的争论。2006年6月29日，全国人民代表大会常务委员会颁布了《中华人民共和国刑法修正案（六）》，将原规定（"公司、企业的工作人员利用职务上的便利……"）中的主体扩大到"其他单位的工作人员"，龚建平作为足协在足球职业联赛聘请的裁判，其自然可以被评价其中，从而为本案的定性争议在立法上画上了句号。

北京市第一中级人民法院
刑事裁定书

(2003)一中刑终字第 345 号

原公诉机关北京市宣武区人民检察院。

上诉人(原审被告人)龚建平,男,41 岁(1961 年 7 月 12 日出生),汉族,出生地北京市,大学文化,首都体育学院教师、国际级足球裁判员,住本市海淀区学院路 20 号 35 楼 3 门 403 号;因涉嫌犯公司、企业人员受贿罪于 2002 年 3 月 15 日被羁押,同年 4 月 17 日被逮捕;现羁押在北京市宣武区看守所。

辩护人王冰、侯冀雁,北京市中通律师事务所律师。

北京市宣武区人民法院审理北京市宣武区人民检察院指控原审被告人龚建平犯企业人员受贿罪一案,于二○○三年一月二十九日作出(2003)宣刑初字第 32 号刑事判决。原审被告人龚建平不服,提出上诉,本院依法组成合议庭,经过阅卷,讯问上诉人龚建平,听取辩护人的辩护意见,认为事实清楚,决定不开庭审理。现已审理终结。

北京市宣武区人民法院判决认定:

2000 年至 2001 年,被告人龚建平在受中国足球协会指派担任全国足球甲级队 A 组、B 组联赛主裁判员期间,利用职务之便,明知他人有让其在比赛中予以关照的请托,9 次收受他人给予的人民币共计 37 万元。具体事实如下:

2000 年 4 月 16 日,被告人龚建平在山东省青岛市崂区

作人员身份不符合事实。3. 龚建平虽收受了财物,但没有为他人谋取利益,不具备受贿罪的客观要件,不构成犯罪。应对龚建平宣告无罪。

经二审审理查明的事实、证据与一审相同,本院经审核予以确认。

对于上诉人龚建平就原审判决认定事实所提出的上诉理由,经查,龚建平受中国足球协会指派在全国足球联赛中执裁,明知他人有具体的请托事项而多次收受他人给予的钱款,其行为符合受贿罪利用职务上的便利,非法收受他人财物,为他人谋取利益的构成要件。其上诉理由及辩护人所提出的辩护意见,缺乏相关事实及证据佐证,本院不予认定。

本院认为,根据《中华人民共和国体育法》的规定,全国足球甲级联赛作为全国单项体育竞赛由中国足球协会负责管理,上诉人龚建平受中国足球协会指派在全国足球联赛中执裁,属于刑法第九十三条第二款规定的"其他依照法律从事公务的人员",依法应以国家工作人员论。龚建平利用执裁的职务之便,接受请托并多次收受钱款,数额巨大,其行为已构成受贿罪,依法应予惩处。龚建平及其辩护人关于龚建平不具备受贿罪主体身份的上诉理由和辩护意见,与在案查明的事实及证据不符,亦与法律相悖,本院均不予采纳。原审人民法院根据庭审查明的事实、证据和有关法律规定,并在充分考虑控辩双方意见的基础上认定龚建平构成受贿罪,虽与起诉指控罪名不一致,但符合法律和最高人民法院《关于执行〈中华人民共和国刑事诉讼法〉若干问题的解释》第一百七十六条第(二)项的规定,本案

在公安机关立案侦查和检察机关审查起诉过程中,依法保障了上诉人龚建平的各项诉讼权利。龚建平的辩护人关于原审法院更名判罪违反立案侦查管辖规定、未给被告人及辩护人提供针对受贿罪的辩解和辩护机会的辩护意见,于法无据,本院不予采纳。原审人民法院根据龚建平犯罪的事实、犯罪的性质、情节和对于社会的危害程度所作出的判决,定罪及适用法律正确,量刑适当,对在案赃款的处理亦正确,审判程序合法,应予维持。据此,依照《中华人民共和国刑事诉讼法》第一百八十九条第(一)项之规定,裁定如下:

驳回龚建平的上诉,维持原判。

本裁定为终审裁定。

审　判　长　陆伟敏
代理审判员　宋　磊
代理审判员　马惠兰

二○○三年二月十八日

本件与原本核对无误

书记员　翟长垄

● **龚建平受贿案刑事裁定书(部分)**

（三）情法相融，凸显公诉意见的力度与温度

本案具有特殊性，案件的处理及其示范作用对中国足球行业改革影响深远。能否推动足球行业改革顺利进行，能否促进足球体育事业健康发展，能否维护法律的尊严和司法公正，都成为本案引发社会广泛关注的重要原因。检察机关的公诉意见必须要对此进行回应，这是检察机关职责所在。本案的公诉意见在情理与法理的平衡把握上，即使用今天的眼光来看，也有值得赞许之处。

公诉意见从犯罪构成和中国足球行业改革的角度来阐述此案的法律意义，内容分配和力度运用恰到好处，强化了指控效果。特别值得一提的是，该公诉意见最后一部分着眼于被告人犯罪的社会原因，提出"鉴于我国足球行业改革正在进行当中，有关制度还不尽完善，监督机制还不到位，且被告人龚建平能够承认九笔犯罪事实，对自己的问题有一定的认识，且涉案赃款已全部收缴"，客观描述了中国足球行业改革过程中出现的问题，在社会乱象的大潮中，龚建平没有把握好自己，迷失了自己，这是龚建平走上犯罪道路的客观原因，为法庭充分考量社会因素恰当裁量刑罚奠定了基础。

案例推荐：北京市人民检察院

撰稿：郭欣阳

审稿：王勇、徐然

龚建平受贿案

丁福根等七人操纵证券交易价格案

——中国股市第一案

基本案情 ··

丁福根，男，时年 36 岁，汉族，浙江省绍兴市人，系中科创业投资有限公司工作人员。

董沛霖，男，时年 48 岁，汉族，上海市人，系上海华亚实业发展公司法定代表人。

上海华亚实业发展公司，注册经营地上海东上南路 1469 号，法定代表人董沛霖，总经理李芸。诉讼代表人任伶俐，上海华亚实业发展公司工作人员。

（本案另有被告人庞博、何宁一、李芸、边军勇，基本情况略）

1998 年 11 月至 2001 年 1 月期间，吕新建与朱焕良（均另行处理）合谋操纵深圳康达尔（集团）股份有限公司的流通股（股票名称为康达尔 A，股票代码 0048，以下简称 0048 股票），双方签订了合作协议，并按约定比例共同持有 0048 股票。在吕新建的指使下，丁福根、庞博、董沛霖、何宁一、李芸、边军勇等人，在北京、上海、浙江等 20 余个省、自治区、直辖市，以单位或个人名义，先后在申银万国证券股份有限公司上海陆家浜营业部、中兴信托投资有限责任公司北京亚运村营业部等 120 余家证券营业部开设股东账户

1500 余个，并通过相关证券公司的营业部等机构，以委托理财、国债回购、借款等方式，向出资单位或个人融资人民币 50 亿余元，用于操纵 0048 股票。其间，吕新建利用海南燕园投资管理有限公司、海南沃和生物技术有限公司、民乐燕园投资管理有限公司等，大量收购深圳康达尔（集团）股份有限公司法人股，并控制了该公司董事会。后吕新建将深圳市康达尔（集团）股份有限公司更名为深圳市中科创业投资（集团）股份有限公司（股票名称为中科创业），并通过发布开发高科技产品、企业重组等"利好"消息的方式影响 0048 股票的交易价格。

在操纵 0048 股票的过程中，丁福根、庞博根据吕新建的指令，在与朱焕良商定了 0048 股票交易的时间、价位、数量后，亲自或指令他人交易 0048 股票。为分散持有 0048 股票的数量，掩盖操纵 0048 股票价格的行为，丁福根、庞博、何宁一、李芸、边军勇等人利用开设的多个证券交易账户和股东账户，集中资金优势、持股优势，联合、连续对 0048 股票进行不转移所有权的自买自卖等操纵活动。吕新建一方最高持有或控制 0048 股票达 5600 余万股，占 0048 股票流通股总量的 55.36%，严重影响了 0048 股票交易价格和交易量。丁福根等人还接受吕新建指令，通过对中西药业、马钢股份、莱钢股份、岁宝热电等股票的交易，获取利润，用于维持 0048 股票价格的稳定和偿还巨额融资款。

董沛霖在担任上海华亚实业发展公司法定代表人期间，明知吕新建意图操纵 0048 股票，仍与其所在公司总经理李芸及杭州华亚实业公司法定代表人何宁一商定，通过帮助吕新建融资为各自所在公司获取利益。

董沛霖亲自及指使何宁一、李芸等人共为吕新建融资人民币 7.7 亿余元。其中，董沛霖通过哈尔滨腾达典当行、辽宁证券有限责任公司沈阳总站路营业部等 7 家营业部或出资单位，采取国债回购等形式融资 7 笔，共计人民币 1.24 亿余元。何宁一以杭州华亚实业公司的名义，向杭州工商信托投资公司、浙江省信托投资公司贷款；

以杭州华亚房地产公司、浙江金诺房地产公司的名义向杭州市商业银行、华夏银行杭州武林支行等单位贷款，共融资人民币 3.3 亿元。何宁一还根据庞博的指令，买卖 0048 股票及岁宝热电、莱钢股份等股票。李芸以上海华亚实业发展公司等名义，在海通证券股份有限公司上海延安西路营业部、天平路营业部、江南信托投资公司上饶营业部等 12 家营业部，共融资人民币 3.16 亿元。李芸还接受丁福根、庞博的指令买卖或指令营业部买卖 0048 股票及莱钢股份、马钢股份等股票。

1999 年 5 月至 6 月间，边军勇在明知吕新建意图操纵 0048 股票的情况下，协助吕新建注册成立了北京克沃科技有限公司，并担任该公司法定代表人。后边军勇以该公司或其他公司名义按照吕新建的指令融资人民币 1.5 亿余元，并按照丁福根、庞博的指令购买或转托管 0048 股票及马钢股份、中西药业等股票。

2002 年 4 月 26 日，北京市人民检察院第二分院向北京市第二中级人民法院提起公诉，法院于 2003 年 4 月 1 日作出一审判决：以操纵证券交易价格罪判处上海华亚实业发展公司罚金人民币 2300 万元；以操纵证券交易价格罪分别判处丁福根、董沛霖、何宁一、李芸、边军勇、庞博等 6 名被告人 2 年 2 个月至 4 年有期徒刑，并对丁福根、边军勇、庞博分别判处罚金 50 万元至 10 万元。李芸提出上诉，北京市高级人民法院作出裁定：驳回上诉，维持原判。

案件背景与社会影响

1998 年至 2001 年，由于丁福根等人的操纵行为，使中科创业股价严重背离市场规律，从 1998 年底的 17 元涨至 2000 年 2 月的 80 元，流通市值由 10 亿元膨胀至 62 亿元，最终变成雪崩式的暴跌。2000 年底连续 10 个跌停板，中科创业股票市值 2/3 化为泡影，其他中科系股票纷纷"腰斩"。2003 年 4 月，中科创业操纵证券交易价格案宣判：上海华亚实业发展公司被判处罚金 2300 万元，丁福根等人被判处四年以下有期徒刑（当时该罪最高刑为五年）。该案的成功办理为我国刑事司法介入证券领域提供了"判例"效应，被称为"中国股市第一案"。

公诉指控

（一）紧扣构成要件，全面调查取证

该案是 1997 年《刑法》实施后全国首例操纵股票交易价格案，涉及违规资金高达 54 亿余元，波及全国 21 个省、自治区、直辖市，涉及 120 多家证券营业部和 1500 多个股票账户，背景复杂，数额巨大，取证之难可想而知。操纵股票交易价格专业性极强，办案检察官在吃透案情的同时，开始"狂补"证券知识，不仅阅读专业书籍、查找相关资料，而且关注股市行情、请教业内专家。为避免重复取证，防止重要证据遗漏，充分做好出庭准备，在提前介入阶段，指导侦查机关确立正确的取证方向，提高工作效率，确保证据质量。在审查起诉环节，检察机关围绕融资统计报告、涉案公司注册底档、股东卡的来源等方面，详列近百页的补充侦查提纲，两次退回补充侦查，到提起公诉时卷宗已达到 512 册，有力证明了本案操纵 0048 股票并造成股价大幅度波动的事实，为庭审示证和认定丁福根等构成操纵证券交易价格罪打下了坚实的基础。

（二）围绕法律适用，梳理客观行为

由于案发时，我国法律的相关规定不够详细，可操作性不强。同时，也缺少相关案例的指引和参考。《刑法》第一百八十二条规定，操纵证券交易价格，情节严重的才构成犯罪。什么程度才算"情节严重"？缺乏可借鉴的办案实例。检察机关按照最高人民检察院

北京市人民检察院第二分院
起诉书

（2001）京检二分审字第231号

被告人丁福根，男，三十六岁（一九六五年六月二十六日生），汉族，浙江省绍兴市人，大学文化程度，捕前系中科创业投资有限公司工作人员，住北京市海淀区中关村48楼306号。因涉嫌操纵证券交易价格罪，于二OO一年四月十一日被北京市公安局刑事拘留，二OO一年五月十八日经北京市人民检察院第二分院批准，被北京市公安局逮捕，现押于北京市第二看守所。

被告人上海华亚实业发展公司，注册经营地上海浦东上南路1469号，法定代表人董沛霖，总经理卡芸，诉讼代表人任怜俐，上海华亚实业发展公司工作人员。

被告人董沛霖，男，四十八岁（一九五四年一月五日生），汉族，上海市人，大学文化程度，捕前系上海华亚实业发展公司法定代表人，住北京市海淀区阜城路北三街7号院1号楼202号。因涉嫌操纵证券价格罪，于二OO一年二月十

集资金一点四亿余元，并由白或指令他人将所筹集资金根据被告人丁福根、庞博等人的自买自卖等要求完成买卖交易行为，操纵0048股票交易价格。

　二、窝藏罪

被告人对富于二OO一年一月至四月间，在明知被告人丁福根因操纵0048股票行为可能被公安机关查处的情况下，而将被告人丁福根藏匿于北京市宣武区陶然亭四平园3号7单元502号（系被告人刘密的亲戚何双燕家），并为白己及被告人丁福根制作假身份证两张，以此逃避公安机关抓捕。

被告人庞博于二OO一年二月十九日投案白首。

上述犯罪事实清楚，证据确实、充分，足以认定。

本院认为，被告人丁福根、庞博、边军勇及被告人董沛霖、李芸以被告人上海华亚实业发展公司等名义，被告人何宁一以杭州华亚实业公司等名义操纵证券交易价格，获取不正当利益，情节严重，被告人对富明知被告人丁福根涉嫌犯罪而为其提供住所等便利，帮助其逃匿，依照《中华人民共和国刑法》第六十七条第一款、第一百八十二条、第三百一十条第一款之规定，被告人丁福根、董沛霖、庞博、何宁一、

李芸、边军勇及被告人上海华亚实业发展公司构成操纵证券交易价格；被告人对富构成窝藏罪；被告人庞博依法可以从轻处罚，依据《中华人民共和国刑事诉讼法》第一百四十一条之规定，提起公诉，请依法惩处。

此致

北京市第二中级人民法院

代理检察员　吴春妹

书　记　员　张庆芬

二OO二年四月二十六日

附：1、证据目录。
　　2、证人名单。

● 丁福根等七人操纵证券交易价格案起诉书（部分）

和公安部有关经济案件追诉标准，根据刑法规定和本案的具体危害，确定"情节严重"的三个关键问题：一是造成价格异常波动；二是非法获利的数额超过 50 万元；三是行为经常，屡教不改。

围绕这三个关键问题，检察机关从六个方面概括了本案符合操纵证券交易价格罪的行为特征：第一，成立自己控制的公司，包括借用他人名义去融资，将所取得的资金用于股票交易；第二，设立资金账户的同时下挂多个股东账户，使这些股东账户归自己所有，在一定期间内归自己控制，进一步完成自买自卖，在完成交易量的同时又不转移所有权的归属，以此控制股价；第三，做开盘、收盘价，控制股票走势，诱骗股民；第四，在流通领域买卖一只股票的同时，还去收购这只股票的法人股；第五，不仅做 0048 股票，还按照做 0048 股票的思路做其他股票，但根本目的是还 0048 股票的融资款。因此，控制 0048 股票是控制整个"中科系"股票的中枢；第六，成立公司以收购上市公司，收购资金来源于股市中的获利部分。

（三）做好出庭工作，取得良好效果

1. 法律文书具有鲜明的时代特点。20 世纪 90 年代末至 21 世纪初期，我国检察机关改革刑事检察体制，强调检察机关内设机构的内部制约，原承担审查逮捕职能的侦查监督部门和公诉部门普遍开始分别独立设置，法律文书、工作文书的改革也在进行中。本案起诉书的撰写，反映了当时法律文书改革中的一些特征，如对单位犯罪被告人上海华亚实业发展公司，现行起诉书普遍称为"被告单位"，而当时的起诉书直接称为"被告人"；在证据列举方面，本案起诉书沿用以往法律文书对证据的表述方式，直接表述为"上述犯罪事实清楚，证据确实、充分，足以认定"。

2. 采取多种形式出示、确认证据。鉴于该案卷宗多达 512 册，为了缩短法庭示证时间，节约诉讼资源，同时让辩护人全面了解案件情况，使案件的审理更公开、公正，检察机关将大部分需要在法庭上出示的证据在庭前向被告人及其律师进行了出示并经其确认。

北京市高级人民法院
刑事裁定书

（2003）高刑终字第275号

原公诉机关北京市人民检察院第二分院。

上诉人（原审被告人）李芸，男，49岁（1954年4月1日出生），汉族，出生于浙江省永嘉县，大学文化，上海华亚实业发展公司总经理，住上海市徐汇区高安路1弄4号；因涉嫌犯操纵证券交易价格罪，2001年2月3日被羁押，同年4月19日被逮捕。现羁押在北京市看守所。

辩护人陶雷，北京市昆仑律师事务所律师。

原审被告单位上海华亚实业发展公司，注册经营地上海浦东南路1469号。

诉讼代表人任伶俐，上海华亚实业发展公司工作人员。

原审被告人丁福根，男，37岁（1965年6月26日出生），汉族，出生于浙江省绍兴市，大学文化，中科创业投资有限公司工作人员，住本市海淀区中关村48楼306号；因涉嫌犯操纵证券交易价格罪，2001年4月11日被羁押，同年5月18日被逮捕。现羁押在北京市第二看守所。

原审被告人董沛霖，男，49岁（1954年1月5日出生），汉族，出生于上海市，大学文化，上海华亚实业发展公司法定代表人，住本市海淀区阜城路北三街7号院1号楼202号；因涉嫌犯操纵证券交易价格罪，2001年2月3日被羁押，同年4月19日

们帮助吕新建融资可以和他一起做股票赚钱，还会给融资人一些好处，让李芸在上海帮助吕融资，他同意。李芸联系了融资的钱，我把条件告诉吕新建，吕同意，让我与丁福根联系，我就学芸打电话，告诉他与丁福根联系，几天后，李芸打电话告诉我丁福根去上海了，这笔融资成功了"。"李芸每次谈完融资都会告诉我，我就找吕新建要钱，吕新建让我找丁福根。我为了让李芸明白融资，我就把此事告诉了李芸，李芸同意，吕新建对将要操纵0048股票且需要融资，他把此事告诉了李芸，李芸同意，吕新建对将要操纵0048股票且需要融资的供词证明，吕新建对将要操纵0048股票且需要融资，庞博均证明，曾亲自给李芸下指令购买0048股票。大量的证据证明，李芸对吕新建等人操纵证券交易价格是明知的，并为吕新建操纵证券交易价格大量融资，提供条件，上海华亚实业发展公司所获得的欠款和其公司因融资获得的利益均来自吕新建等人操纵证券交易价格后获得的不正当利益。上诉人李芸亦供认，董沛霖说吕新建是操纵0048股票的庄家，并提出帮助吕新建融资，其帮助丁福根或以上海华亚实业发展公司、个人的名义与海通延安路营业部等证券公司营业部签订融资合同，共融资3.1亿元。故本院对李芸的上诉理由及其辩护人的辩护意见不予采纳。

本院认为，原审被告人丁福根、庞博、边军男为获取不正当利益，同时把此事告诉上海华亚实业发展公司法定代表人董沛霖、总经理李芸为使该单位获取不正当利益，原审被告人何宁一为使所在单位获取不正当利益，明知吕新建等人意图操纵0048股票价格，仍采取多种方式帮助吕新建融资，并按照吕新建的指令操纵他人或直接参与操纵0048股票价格，严重影响了0048股票的交易价格和交易量，侵害了国家对证券交易的管理制度和投资者的

合法权益，情节严重，其行为均已构成操纵证券交易价格罪，依法应予惩处。原审被告人刘蕾明知被告人丁福根涉嫌犯罪，仍为其提供隐藏处所，帮助其逃匿，其行为妨害了司法机关对犯罪嫌疑人的刑事追诉活动，已构成窝藏罪，依法亦应惩处。鉴于被告人庞博有自首情节，一审法院对其从轻处罚并适用缓刑；被告人刘蕾犯罪情节轻微，对其免予刑事处罚适当。一审法院根据被告单位上海华亚实业发展公司及被告人丁福根、董沛霖、庞博、何宁一、李芸、边军男、刘蕾犯罪的事实、性质、情节及对于社会危害程度所作的判决，事实清楚，证据确实、充分，定罪及适用法律正确，量刑适当，审判程序合法，应予维持。依照《中华人民共和国刑事诉讼法》第一百八十九条第（一）项之规定，裁定如下：

驳回上诉，维持原判。

本裁定为终审裁定。

审判长 杨克

审判员 王立新

审判员 庆安

二〇〇三 日

书记员 朱平

● 丁福根等七人操纵证券交易价格案刑事裁定书（部分）

在法庭示证过程中为了收到更好的庭审效果，公诉人还采用了多媒体示证，受到好评。

3.沉着应对法庭辩论。由于庭前准备充分，公诉人对法庭辩论胸有成竹，当庭宣读了近10页的公诉意见，从犯罪本质入手，条分缕析，有理有据，清楚地说明丁福根、董沛霖、庞博、何宁一、李芸、边军勇、上海华亚实业发展公司操纵证券交易价格的犯罪事实是清楚的，证据是确凿、充分的，定性及适用法律是恰当的。既深刻地揭露了犯罪，又全面地宣传了法制，取得了很好的社会效果。

需要指出的是，2019年6月28日，最高人民法院、最高人民检察院联合公布《关于办理操纵证券、期货市场刑事案件适用法律若干问题的解释》（以下简称《解释》），自2019年7月1日起施行。《解释》明确了操纵证券、期货市场罪的定罪量刑标准和有关法律适用问题，对于依法惩治证券、期货违法犯罪活动，防范化解重大金融风险，保护投资者合法权益，促进资本市场稳定健康发展，将发挥积极作用。《解释》所针对的内容，在本案中已经有全面的反映，这也是近20年后，回头再看此案的价值所在。

案例推荐：北京市人民检察院
撰稿：桑涛
审稿：王勇

奥兰多·艾姆班拉多
故意伤害案

——适用属地管辖原则办理外国人犯罪案件

基本案情

　　奥兰多·艾姆班拉多（ROLANO·E.EMPEORARO，以下简称奥兰多），男，时年 42 岁，菲律宾国籍，大学文化，任新加坡籍 PU·HARMONY 号轮船大副。

　　2003 年 1 月 10 日，新加坡籍 PU·HARMONY 号货轮驶入天津港锚地，当日 16 时 20 分许，奥兰多与印度籍被害人山布·娜汗·扎务汗（SHAMBU·NATH·CHAUHAN）因工作原因发生冲突。被害人山布持工作用的电焊锤击打奥兰多的头部，奥兰多拿出随身携带的水手刀捅刺被害人山布左颈部一刀，后被他人劝开。奥兰多安排他人对被害人进行施救，并将案发经过告知了船长，被害人于当晚死亡。

　　2003 年 7 月 23 日，天津市人民检察院第二分院向天津市第二中级人民法院提起公诉。天津市第二中级人民法院于 2003 年 12 月 24 日以故意伤害罪判处奥兰多有期徒刑五年，并处驱逐出境。

案件背景与社会影响 ········

　　伴随中国对外开放，来华外籍人士增多，在中国境内的外国人对外国人犯罪也时有发生，本案就是这样一起典型案件。天津位处我国对外开放最前沿，港航线网络与世界上 180 多个国家和地区的 500 多个港口互为往来，国际间经济与人文交流频繁。天津不仅是我国经济文化对外交流的窗口，更是展现中国法治进步的窗口。可以说，每一起外国人犯罪案件的公正办理，不仅是中国刑事司法主权的体现，而且是对中国外贸营商环境的维护与优化，更是中国刑事法治文明的彰显。本案发生在中华人民共和国领域内，我国依法对本案享有属地管辖权。人民检察院对刑事案件依法审查并提起公诉，是维护国家主权和法律尊严的最好体现，最直接地保护了被害人的合法权益，从另一种意义上讲，文明公正的审判对被告人同样是一种保护。本案还涉及专门适用于外国人在我国境内犯罪的刑罚方法，驱逐出境。这不仅有利于惩治在我国境内犯罪的外国人，还体现了我国刑事司法制度的国际性、开放性与时代性。

公诉指控 ········

（一）案件的涉外因素

　　明确中国《刑法》管辖范围。《刑法》第六条至第九条规定了刑事案件管辖的四个原则，即属地原则、属人原则、保护原则和普遍原则。除了属人原则，其他三项原则都关涉外国人犯罪。其中，属地管辖原则是最基本、最具优先性、最能彰显一个国家刑事司法主权的原则，外国人在中国境内犯罪的，除特殊情况以外，我国均享有管辖权。本案中，被告人系外国人，在中国领域内的外国籍船舶上实施犯罪行为，我国对该案当然拥有刑事管辖权。

18

天津市人民检察院第二分院
批准逮捕决定书
（副　本）

津检院批捕〔2003〕41号

天津市公安局

　你　局　于二OO三年 六 月 六 日以津公刑捕〔2003〕37号提
请批准逮捕书提请批准逮捕犯罪嫌疑人ROLANDO·E·EMPEORARO，经本院
审查认为，该犯罪嫌疑人涉嫌 故意伤害 犯罪，符合《中华人
民共和国刑事诉讼法》第六十条规定的逮捕条件，决定批准逮捕犯罪
嫌疑人ROLANDO·E·EMPEORARO，请依法立即执行，并将执行情况三日内通
知本院。

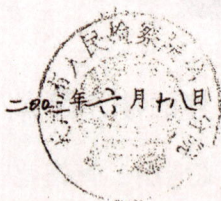

二OO三年六月十八日

尊重和保障人权。相较于本国人犯罪案件，外国人犯罪案件在实体上并无明显差异。但在程序的运行和办案细节的把握上，外国人犯罪案件则显得更加复杂和严肃。本案中，被告人、被害人分别涉及不同国家，存在潜在的国际影响。对办案检察官而言，不仅要有外交关系方面的考量，更要格外注意人权司法保障和正当程序的具体要求，防止因办案程序不完备、不规范，引起不必要的外交纷争。我国参加的《维也纳领事关系公约》第三十六条规定，"领事官员有权探访受监禁、羁押或拘禁之派遣国国民，与之交谈或通讯，并代聘其法律代表。领事官员并有权探访其辖区内依判决而受监禁、羁押或拘禁之派遣国国民"。据此，办案检察官在依法知会其领事馆的同时，对公安机关的侦查活动进行了严格审查与确认。此外，检察官在审查起诉过程中依法及时告知被告人有权获得辩护、翻译、申请回避、控告、申诉等诉讼权利，保障外籍被告人诉讼权利的充分行使。

（二）法庭的争议焦点

真相与公正是现代刑事司法的核心价值，不仅在中国，从国际上来看，也是一种共识。法庭辩论环节是"真相越辩越明"的空间场域。无论何种案件，法庭辩论都离不开证据。证据是整个刑事诉讼的灵魂，公诉人在法庭上评判、论证、反驳都离不开证据的支撑。本案法庭辩论中，被告人一度辩解称，被害人除使用电焊锤击打其头部之外，还使用了其他工具对其实施攻击，而其使用水手刀完全出于自卫，是为了阻止被害人的攻击。公诉人根据事实、证据与法理进行了反驳，直指要害："从现场勘查笔录和照片来看，并不存在其他工具。至关重要的是，从案发现场情形来看，双方扭打互殴过程中，被告人使用了水手刀，并且从刺出的角度和创口所反映的力度来看，完全可以排除正当防卫的可能。"清晰的法律证据论证和对犯罪故意的归纳分析，结合准确、精当的用词，检察官认定被告人的行为不成立正当防卫的意见，得到了法庭的认可和采纳。

天津市人民检察院第二分院

起诉书

（2003）津检二院诉字第（126）号

被告人奥兰多·艾姆班拉多（ROLAND·E·EMPEDRARO）[以下简称：奥兰多]，男，1961年6月25日出生，菲律宾国籍，大学文化，职业新加坡籍PU、HARMONY号货轮大副，住：菲律宾国拉故那省圣拜德罗市堪梅拉家镇范卡姆街32街区20号（BLK、32LOT20,FALCOMST、CAMELLAHOMES、WOODHILLS、SANPEDKO、LANGUNA-4023、PHILIPPINES）。因本案于2003年1月12日被执行刑事拘留，同年2月10日被监视居住，同年6月18日经本院批准被逮捕，现羁押于天津市第一看守所。

本案由天津市公安局侦查终结，以被告人奥兰多涉嫌故意伤害罪，于2003年7月17日移送本院审查起诉，本院受理后，于2003年7月18日已告知被告人有权委托辩护人，依法讯问了被告人，听取了各方意见，审查了全部案件材料。

经依法审查查明：2003年1月10日15时许，新加被告PU、HARMONY号货轮驶入天津港锚地，当日16时20分许，被告人奥兰多与被害人山布因工作原因发生冲突，被害人山布遂以工作用的电焊锤击打奥兰多头部，于是奥兰多拿出随身携带的水手刀捅刺被害人山布左肩部一刀，造成山布失血性休克死亡。2003年1月12日，被告人奥兰多被抓获归案。

以上事实，有下列证据予以证实：

1、被告人的身份证明材料；

2、被告人供述和辩解；

3、证人证言；

4、鉴定结论；

5、现场勘查笔录；

6、物证。

本院认为：被告人奥兰多故意侵害他人身体健康权，其行为触犯了《中华人民共和国刑法》第234条之规定，犯罪事实清楚，证据确实充分，应当以故意伤害罪追究其刑事责任。根据《中华人民共和国刑事诉讼法》第141条的规定，提起公诉，请依法判处。

此致

天津市第二中级人民法院

代理检察员 马惠 诚义

2003年7月23日

附：1、证据目录；

2、证人名单；

3、主要证据复印件。

● 奥兰多·艾姆班拉多故意伤害案起诉书

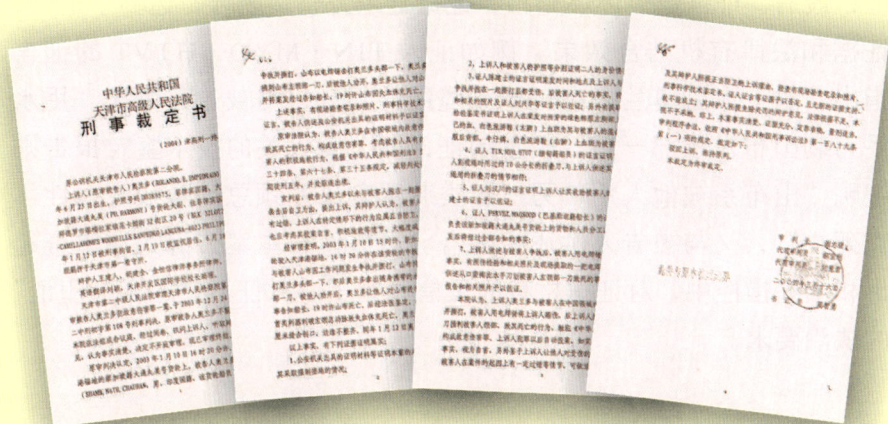

● 奥兰多·艾姆班拉多故意伤害案刑事裁定书

（三）指控事实符合客观真相

案件审查与出庭公诉可谓国家公诉的一体两面，二者互为轩轾，不可厚此薄彼。其中，审查是保障公诉效果的前提，莅庭公诉是审查结果的仪式化、专业化再现。检察机关依法及时开展讯问和阅卷工作，充分调查核实证据。首先，对证据的合法性进行审查，确保证据的来源、取得方式、形式与内容合法；其次，每项证据内容均真实，且证据与证据之间、证据与待证事实之间相互关联，彼此印证；最后，证据链节环环相扣，证据链条完整、闭合，达到了事实、证据和法律有机结合效果。例如证人 TIN·MYO·HTVT 的证言指出"船上大副奥兰多有一把割缆绳的刀"，与被告人供述"用水手刀刺山布左颈部一刀"相互印证，而公安机关的技术鉴定报告则证明"山布系被他人用单刃匕首类刺器刺破左颈总动脉致失血性休克死亡"，又与被告人供述相吻合。可以说，本案公诉人在审查起诉和出庭指控中，对证据材料的采信达到了"孤证不立、相互印证"的法治要求。

案例推荐：天津市人民检察院

撰稿：袁博

审稿：王勇

吴斌等六人重大责任事故案

——中石油川东钻探公司"12·23"特大井喷事故

基本案情 ···

吴斌，男，时年 40 岁，四川省蓬溪县人，四川石油管理局川东钻探公司钻井二公司钻井 12 队队长、工程师。

王建东，男，时年 34 岁，四川省成都市人，四川石油管理局钻采工艺技术研究院钻井工艺研究所定向井服务中心工程师、开县罗家 16H 井现场技术服务组负责人。

宋涛，男，时年 25 岁，四川省泸州市人，四川石油管理局川东钻探公司钻井二公司钻井 12 队技术员、HSE（健康、安全、环境）官员。

（本案另有被告人吴华、向一明和肖先素，基本情况略）

2003 年 12 月 20 日下午，由四川石油管理局川东钻探公司承钻的位于开县境内的罗家 16H 井现场技术服务组在监测钻井作业时，地面监测仪突然接收不到安装在井下的测斜仪发出的信号。身为罗家 16H 井现场技术服务组负责人的王建东在重新制定钻具组合时，违章决定卸下原钻具组合中的回压阀防井喷装置。宋涛身为钻井队负责安全防护的人员，明知王建东的决定违反规定却没有表示异议，并且按照王建东的决定，指令他人填写了作业计划书，并宣布了卸下回压阀的指令。

2003 年 12 月 23 日 19 时至 20 时，向一明在带领工人进行起钻

作业时，违反"每起出 3 柱钻杆必须灌满钻井液"的规定，每起出 6 柱钻杆才灌注一次钻井液，致使井下液柱压力下降。这是产生溢流并导致井喷的主要因素之一。身为录井员的肖先素，负有监测起钻柱数和钻井液灌入量的职责，因工作疏忽，不正确履行职责，未能及时发现这一严重违章行为，在发现后也没有履行职责立即报告当班司钻，致使事故隐患未能得到及时排除。

对卸下回压阀这一严重违章行为，身为钻井队队长、井队井控工作第一责任人的吴斌，未按规定参加班前会和审查班报表，致使回压阀被卸的重大事故隐患未能及时发现。在补签 22 日的班报表时，吴斌发现回压阀被卸的严重违章行为后，既没有立即整改，又不及时报告，使重大事故隐患未能得到消除。事故发生后，吴斌没有按照规定安排专人监视井口的喷势情况，检测空气中硫化氢的含量，以致不能提供确定点火时机、控制有害气体进一步扩散的相关资料和数据。

吴华在主任工程师请示点火时，以现场情况不明为由不同意点火，但又不及时督促或指派人员查明现场情况。在接到"可能有人死亡"的汇报后，仍违反规定未安排专人对井场进行踏勘。吴华违反应急决策的基本原则，不能"权衡损益风险，决策当机立断"，延误了点火时机，致使大量含有高浓度硫化氢的天然气喷出时间延长并进一步扩散，直接导致事故扩大。从井内喷出的大量含有高浓度硫化氢的天然气四处弥漫扩散，导致 243 人因硫化氢中毒死亡、2142 人因硫化氢中毒住院治疗、65000 人被紧急疏散安置，直接经济损失达 6432.31 万元的严重后果。

中石油川东钻探公司"12·23"特大井喷事故国务院调查组分析论证，排除了不可抗力和人为破坏因素导致事故发生的可能性，认定中石油川东钻探公司"12·23"特大井喷事故是一起责任事故。该案由监察部直接查办，有 165 人受到党纪政纪处分。

2004 年 6 月 29 日，重庆市人民检察院第二分院向重庆市第二中级人民法院提起公诉。同年 9 月 4 日，重庆市第二中级人民法院作出判决：以重大责任事故罪分别判处吴斌有期徒刑六年；判处王建东有期徒刑五年；判处宋涛有期徒刑五年；判处吴华有期徒刑四年；判处向一明有期徒刑三年；判处肖先素有期徒刑三年，缓刑四年。

案件背景与社会影响

"12·23"特大井喷事故，是新中国成立以来重庆历史上死亡人数最多、损失最重的一次特大安全事故，导致开县农业生产和人民群众生活环境遭到破坏，人民群众的生命财产遭受了巨大损失。中央领导同志批示要求全力搜救中毒人员，大力抢救伤员，疏散转移群众并妥善安排好生产生活，千方百计防止继续泄漏和再次发生井喷。国务院工作组提出了"不留后遗症，不添上访户"的总体要求，并决定整个应急救援工作由重庆市委、市政府负责，中央有关部委、重庆、开县共同组建 3 个职能小组组织指挥应急救援。

公诉指控

（一）提前介入，固定证据

此次事故伤亡人数是罕见的，全国人民密切关注，国内外媒体也密切关注。在这种严峻形势下，检察机关对此案高度重视，第一时间派员依法提前介入侦查活动，依法履行法律监督职责。事故发生后，开县人民检察院于 2004 年 1 月对相关人员采取强制措施，对事故原因及有关人员的责任进行了认真严肃的证据审查和甄别工作，力求查明事实真相，为案件的诉讼、事件的处理、舆情的引导、稳定的维护，打下了坚实的事实和证据基础。

052

开县人民检察院
批 准 逮 捕 决 定 书
（副 本）

开检刑批捕〔2004〕12号

开县公安局：

你 局 于 二OO四年 一 月十三 日以开公刑捕〔2004〕12号提请批准逮捕书提请批准逮捕犯罪嫌疑人吴文斌 经本院审查认为，该犯罪嫌疑人涉嫌 重大责任事故 犯罪，符合《中华人民共和国刑事诉讼法》第六十条第一款规定的逮捕条件，决定批准逮捕犯罪嫌疑人吴文斌。请依法立即执行，并将执行情况三日内通知本院。

二OO四 年 一 月十五日

第二联附卷

● 吴斌等六人重大责任事故案批准逮捕决定书

开县公安局 起诉意见书

开公刑诉字（2004）45号

犯罪嫌疑人王建东，男，甘肃省酒泉市人，大学文化，汉族，1970年1月11日生，身份证号码：513901197001110017，捕前系四川石油管理局钻采工艺研究院定向井中心工程师，开气16H井井场现场施工总负责人，住四川省广汉市宏房供中心宿舍。

主要简历：1987年9月之前在四川省贵阳市读小学、初中、高中；1987年9月至1991年7月在西南石油学院钻井专业毕业；1991年7月至今在四川石油管理局钻采工艺研究院定向井中心工作，1998年8月评定为钻井工程师；2004年元月2日被开县公安局监视居住，2004年元月4日被刑事拘留，2004年元月10日被开县人民检察院批准逮捕，现羁押于万州区看守所。

犯罪嫌疑人宋涛，男、四川泸州人，中专文化，汉族，1979年10月15日生，身份证号码：51022419791015807，捕前系四川石油管理局川东钻探公司二公司12队钻井技术员，住重庆市渝北区及凤坪二十段汉渝路101号。

主要简历：1986年至1995年在原四川省垫江县、长寿县读小学、初中；1995年至1999年在甘肃省宁县庆石油学校中专毕业；1999年至今在川东钻探公司和川东钻探公司二公司钻井12队工作。

作，凌晨1时许，当第二钻探公司主任工程师曾伟接到钻井队队长吴斌的"点火"请示后即向吴华电话请示是否放喷点火，吴华在没有向有关上级请示的情况下以天太黑、现场情况不明、不安全为由不同意喷点火。特别是24日9时许，当吴华从公司保卫武装部副部长曹义斯打来的电话中得知可能有人中毒死亡，以及在24日10时许到达高桥镇得知有人中毒死亡后，吴华对硫化氢的严重危害后果伤未引起高度重视，迟迟不决定组织实施放喷点火，以制止含高浓度硫化氢天然气的扩散；吴华到达吊井喷现场的500米的高桥镇后进行指挥现场抢险工作，没有组织有关人员对井喷现场进行踏勘，也未亲自前往井场进行实地踏勘。由于不能准确掌握井口喷势情况和检测井喷现场硫化氢浓度，无法确定具备放喷点火条件和点火时间，特别是对井喷现场3号喷管线早已故障的情况未能及时掌握，未能及时采取点火措施，造成含有高浓度硫化氢的天然气从井口和3号喷管线喷出长达十八小时，直至24日下午1时许，钻井队队长崔龙在执行摸救任务中发现井口停喷，吴华才派人到井场踏勘。2时许才决定组织实施放喷点火，但又由于吴华没有事先制定点火方案及备点火工具，直至24日下午4时许才点火成功。吴华的行为违反了川东钻探公司《应急工作手册》3.2.3、3.2.5、《油气井着火抢险救法》2.2.3、《钻井技术操作规程 Q/CY079-1998》8.5 "井喷失控条件下必须喷时，放出的天然气要烧掉"、《石油天然气钻井井控规定》48条1项 "一旦井喷失控应有专人监视井场情况，

安上回压阀的措施，致使事故重大隐患未及时消除，致当晚21：55分发生井喷时，钻具内无回压阀制止含高浓度硫化氢的天然气从钻柱中喷出导致井喷失控。

井喷失控后，吴虽然组织人员积极抢险，但在撤离井场后，不按规定安排专人监视井口喷势情况，检测现场有害气体浓度，致使无法及时收集井口准确资料和喷泄点火时机，供上级决策点火，也不与时向上级请示放喷点火，直到井喷失控2小时30分的24日零时30分才向赶到现场的二公司主任工程师曾伟请示点火（没有准确的数据和现场井口情况的资料作为依据），吴斌的行为违反川东钻探公司《钻井队长岗位职责（试行）"队长全面负责钻井队生产安全管理，全月每日岗位责任和各项制度落实"以及川东钻探公司《钻井队工作手册》综合管理制度（二）队务"生产碰头会，每天一次，队长主持，干部及生产骨干参加，汇报当班情况、分析地面、井下措施执行情况及存在问题，队长总结明确措施，作出会议决定，布置操作工作"、《石油与天然气钻井井控规定》第48条一项和川东钻探公司《应急工作手册》3.0"井喷和井喷失控后应要安排人员监视井场和空气中硫化氢含量、收集现场资料、检查井口、制定抢险方案"等规定，对事故扩大负一定责任。

2003年12月23日22时，开县罗家16井井发生井喷失控后，身为公司主管生产安全工作副经理、应急指挥中心主任的吴华于24日凌晨率同从公司出发前往事故现场组织指挥抢险工

收集准确资料"等规定。国务院专家调查组《事故原因鉴定报告》指出"事故扩大的直接原因是有关决策人员接到现场人员关于罗家16H井井喷失控的报告后，未能及时决定采取放喷管线点火措施，以致大量含有高浓度硫化氢的天然气扩散，造成事故扩大，导致重大损失。身为罗家16H井井喷失控现场抢救指挥人员吴华对此应负有直接责任。

上述事实，有本人供述、证人证言、现场勘查及法医检验报告、受害人控诉材料及相关行业、企业规章制度证实、事实清楚，证据充分。

综上所述，犯罪嫌疑人王建东、宋涛、尚一明、赏先素、吴斌、吴华的行为分别具有强令工人违章作业或违反企业、行业生产和安全规章制度的特征，并造成发生"12.23"井井喷失控事故和事故扩大，致243人死亡、多人受伤及巨额国家财产的损失，后果特别严重，其行为均触犯了《中华人民共和国刑法》第134条的规定，涉嫌重大责任事故罪。根据《中华人民共和国刑事诉讼法》第129条的规定，特将本案移送审查，依法起诉。

此致

开县人民检察院

局长

二00四年二月二十九日

附：本案卷宗 卷 册

● 吴斌等六人重大责任事故案起诉意见书（部分）

（二）聚焦重点，指控犯罪

公诉意见应该具有针对性，必须针对个案特点来确定辩论的重点，切忌面面俱到。公诉意见作为检察机关指控观点的具体阐述意见，应当根据案件情况和在案证据，来确定重点是罪名还是犯罪事实，抑或是法理。要对证据进行分析，用证据来说话，详细分析案件疑点和控辩双方的争议之处，来说明指控依据。在本案中，公诉人把重点放在重大责任事故罪的客观方面，详细讲述了该罪客观方面的两点本质特征。指出本案 6 名被告人均符合"不服管理，违反规章制度"的行为特征，他们在生产、作业过程中，忽视生产安全，违反规章制度，不正确履行职责，实际上就是"不服管理"。再如，结合证据指出吴斌忽视生产安全，有表不看、有章不循，不正确履行职责，致使未能及时发现回压阀被卸这一严重违章行为。随后，虽然发现了问题隐患，但其既不按规定采取相应弥补措施，又不向上级主管部门报告，致使事故隐患未得到消除。同时，在井喷失控后，始终未安排专人在撤离井场时监视井场情况，为上级有关部门确定点火时机，实施点火提供准确的依据。

（三）情理兼顾，惩防并举

本案公诉意见书除了按照常规写法，论证证据体系、案件事实、行为性质外，从多个方面阐述案件引发的深思和警示：一是企业必须建立在安全文化基础上，不能只追求利润；二是呼吁尽快建立起国家级的特大安全生产事故预警机制和应急救援体系，整合全国的应急救援力量，以便在发生特大安全生产事故时，能迅速动员各方力量，前往事故现场组织抢险，把财产损失和人员伤亡降低到最低限度；三是指出罗家 16H 井的设计缺陷，建议相关部门、行业在规划建设高危行业相关工程时必须严格落实"三同时"制度，即安全设施与建设项目同时设计、同时施工、同时验收使用；四是建议生产作业单位加强宣传教育，强化所在地群众的安全意识，增强群众

"12.23"重大责任事故案公诉意见书

审判长、审判员：

几天来，重庆市第二中级人民法院依法在此公开审理了由本院提起公诉的"12.23"重大责任事故案。根据《中华人民共和国刑事诉讼法》第153条和《人民检察院组织法》第15条之规定，我们受本院检察长的指派，以国家公诉人的身份，出席法庭支持公诉，并依法对法庭的审理活动实行法律监督。

在前两天的法庭调查中，公诉人围绕本院起诉书所指控的6名被告人的犯罪事实，当庭询问了证人，宣读了证人证言，出示了现场勘验、检查笔录、鉴定结论和大量的书证。所有证据都已经出示，并双方当庭质证。我们认为这些证据侦查机关收集程序合法，证明的内容客观、真实、相互关联，相互印证，已经形成证据锁链，充分证明了本院起诉书所指控的6名被告人的犯罪事实清楚，证据确实、充分。

为进一步揭露犯罪、证实犯罪，弘扬社会主义法制，现公诉人发表如下公诉意见：

但却没有得到很好的贯彻执行。每次出现了安全事故，没有联想到自己企业、自己行业、自己身边是否也有安全隐患，总是抱着侥幸心理，没有将所有的安全规章真正落实到行动上，让许多隐患在拖延中演变成了事故。但愿人们能够真正吸取这次安全事故的教训，真正将安全生产落实在行动上，真正为人民创造一个安定的生产、生活环境。

第三，通过这场灾难，我们还应当认识到当地政府在规划建设高危行业的相关工程时，必须严格落实"三同时"制度：即安全设施与建设项目同时设计、同时施工、同时验收使用；必须考虑工程周边居民的安全，确保经济与社会、人与自然的和谐发展。在本次事故中，罗家16H井在设计时违反有关规定，井口与井场周围居民宅的距离不足500米，同样，在罗家16H井钻前没有充分了解井场附近的居民住宅、学校、厂矿等详细情况，并据此制定有效的应急预案，以至在井喷失控的情况下，不能及时通知井场周围居民迅速撤离危险区。

公诉人还认为相关生产作业单位应当加强宣传教育，进一步强化全民的安全意识，增强群众的自我保护能力。这场震惊全国的大事故再次将公众的知情权问题摆到了人们的面前。从罗家16H井开钻以来，井口附近的居民丝毫不知这口井喷出的气体会给他们带来灭顶之灾，钻井队也从未告诉他们如何防范有毒气体，因此，作为在当地的生产者，有无必要将自己企业在生

闻的灾难性事故留下的不仅是伤痛和遗憾，更多的是深思和警示：

第一，通过这场灾难，我们应充分意识到中国的企业必须建立在安全文化基础上，而不只建筑在重视利润、人世间，最宝贵的莫过于人的生命。当企业生产经营和健康、安全和环境相矛盾时，应首先执行"健康至上，安全第一，环境优先"的原则，贯彻《安全生产法》，倡导"以人为本"，注重"保护人权"，协调经济、社会、区域、环境、人文平衡的科学发展。"12.23"的警示，让我们以此为戒。不久前，公诉人重返井培时，看到井架上高高竖起两条醒目的标语"领导违章等于杀人"，职工违章等于自杀"，无不道出"安全生产责任重于泰山"的警示，希望这样的悲剧不再重演。

第二，通过这场灾难，我们应当尽快地建立起国家级的特大安全生产事故预警机制和应急救援体系。以此整合全国的应急救援力量，以便在发生特大安全生产事故时，能迅速调动各方面的力量，前往事故现场组织抢险，将财产损失和人员伤亡减少到最低限度。同时，必须建立监督企业，特别是高危行业的企业加强作业现场的安全生产管理体系。本次事故就是缘于现场作业人员忽视安全生产，违反有关规章制度、违章操作造成的。在整个事故过程中，任何有关安全生产监督管理体系和管理制度流于形式，安全文件、安全规程、安全守则、安全警告可以说应有尽有，

产时会给当地群众带来的危害尽可能地告知当地民众，使他们在生活中有所警惕？周围的居民有无权利了解生产企业可能给他们带来的利弊？这些问题值得人们特别是生产企业和所在地政府认真地思考。

以上公诉意见，请合议庭合议时予以充分考虑。

二00四年七月十日

● 吴斌等六人重大责任事故案公诉意见书（部分）

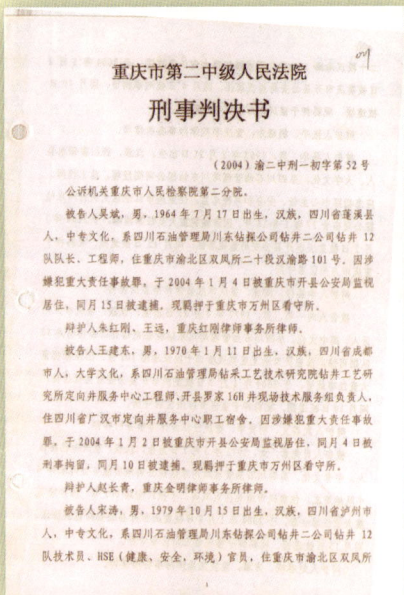

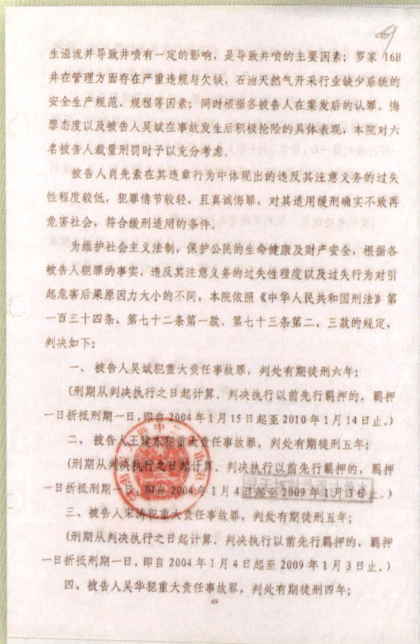

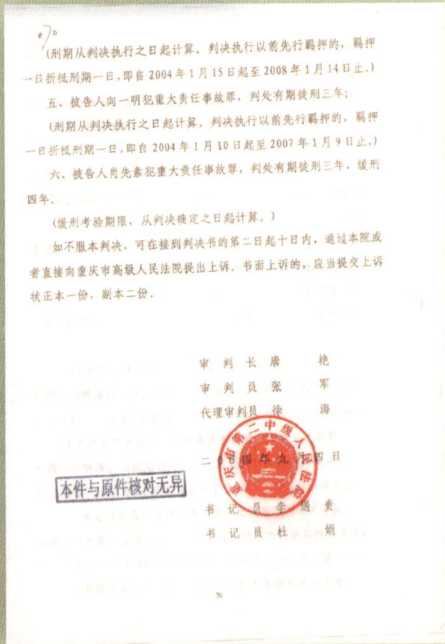

● 吴斌等六人重大责任事故案刑事判决书（部分）

的自我保护能力。公诉意见书将指控犯罪、分析危害、剖析原因、阐明启示融为一体，一方面，促使被告人认识到罪行的严重性而认罪悔罪；另一方面，对事故的发生进行深刻反思，引发旁听者强烈的内心共鸣，体现了良好的政治效果、法律效果、社会效果。

案例推荐：重庆市人民检察院

撰稿：郭欣阳

审稿：王勇

德恒证券非法吸收公众存款案

——委托理财表象下的"非吸"大案

基本案情

　　韩新林，男，时年48岁，新疆维吾尔自治区乌鲁木齐市人，德恒证券有限公司总裁。

　　郭建伟，男，时年35岁，浙江省东阳市人，德恒证券有限公司副总裁。

　　王政，男，时年39岁，新疆维吾尔自治区乌鲁木齐市人，德恒证券有限公司总裁助理兼资产管理部总经理。

　　2001年6月，重庆证券经济有限责任公司、金新信托公司出资注册成立了上海友联经济战略管理研究中心有限公司，张业光任董事、副总裁。2002年3月，重庆证券经济有限责任公司吸收合并新疆金新信托投资股份有限公司所属证券分公司，增资扩股更名为德恒证券公司，张业光任董事长（另案处理），韩新林任总裁，郭建伟任副总裁，下设重庆、上海等地14家营业部。2002年8月，该公司名称变更为上海友联管理研究中心有限公司（以下简称上海友联公司）。

　　德恒证券公司成立后，在上海友联公司的指使和操纵下，张业光、韩新林等人违反《中华人民共和国证券法》和中国证监会有关规定，明知公司属经济类券商，仍将金新信托高息揽存的委托投资理财合同文本、回避检查的方式、13%左右的年利率标准和不超过投资理财总额 1% 业务费用提成的奖励办法植入德恒证券公司，非法开展委托投资理财活动。德恒证券公司接受上海友联公司下达的年度委托投资理财任务后，由王政将其分解给 14 家营业部，在报经张业光、韩新林、郭建伟同意后，由上述 3 人在每年主持召开的各营业部总经理年会上口头下达，并对各营业部完成任务的情况按季度、半年进行总结、考核和奖励。各营业部总经理会后再将所接受的理财任务分解给客户经理，由客户经理与不特定的单位和个人联系，以年 13% 左右的高利率为诱饵，采取先签订一份收益为 3% 的委托理财合同，再签订一份收益为 10% 的补充协议，或出具高息承诺函等方式融资，以规避监管部门检查。截至 2004 年 7 月 27 日，德恒证券公司以承诺保底和固定收益率的方式，向 413 家单位和 772 名个人变相吸收资金 208.89 亿元。上述资金由上海友联公司决定，主要用于购买湘火炬、合金投资、新疆屯河等股票和国债，调拨到其他单位，支付资产管理合同本金和利息，支付资产管理业务产生的中介费和理财费用等，同时卖出委托理财到期客户的股票筹码以还旧债，以维持股票市场规模和较高的股价，至案发尚有 68 亿元客户资金未兑付。

重庆市人民检察院第一分院于 2005 年 5 月 13 日向重庆市第一中级人民法院提起公诉。2005 年 6 月 11 日，法院以非法吸收公众存款罪判处德恒证券公司罚金 1000 万元，判处韩新林有期徒刑五年，并处罚金 30 万元；郭建伟等 5 人分别判处有期徒刑并处罚金。后韩新林等人上诉，重庆市高级人民法院于 2005 年 12 月 19 日作出终审裁定：驳回上诉，维持原判。

案件背景与社会影响

1986 年，德隆集团在新疆乌鲁木齐注册成立，2000 年初，德隆在上海注册了德隆国际战略投资有限公司，德隆国际在鼎盛时期的总资产超过 200 亿元。德隆在实施并购过程中，由于规模过于扩

张，最终导致了资金链断裂，并陷入了财务危机。德隆的不断参股和扩张，导致在危机前参股达 200 余家公司。就融资规模而言，德隆在当时中国的企业界独一无二，而德隆正是凭借合法与不合法的融资方式成为庞大的企业集团。2004 年初，德隆资金链就非常吃紧，已经无力为旗下股票重金护盘，开始放盘出逃，并随即全线崩溃。德恒证券作为德隆集团下属的 6 家非银行性金融机构之一，是德隆集团最主要的融资平台。由于是"德隆系列案"第一个公开审理的刑事案件，德恒证券的审理被称为"德隆系刑事第一案"。从本案开始，"德隆系列案"历经中富证券、伊斯兰信托、南京大江国投、金新信托案，最终告一结局。本案在当年系在全国影响重大的案件，涉及 11 个省市 1100 余家客户，被害单位 413 家、被害人 772 人，社会影响巨大。

公诉指控

（一）精准论证刑事违法性，剖析犯罪构成

从法律层面来说，该案是国内首次把证券公司推出的、有保底收益的委托理财（或资产管理）认定为"非法吸收公众存款"，因《刑法》第一百七十六条关于非法吸收公众存款罪的叙述是"空白描述"，当时认定本罪名的行政法依据是国务院《非法金融机构和非法金融业务活动取缔办法》及《证券法》，均未将"采用保底收益招揽委托理财或资产管理业务"确定为非法吸收公众存款。检察机关以专业的法律逻辑、扎实的证据基础论证了德恒证券公司以及韩新林等 7 人构成本罪。在庭审过程中，辩护律师就德恒证券的委托理财是否非法与公诉人展开了激辩。公诉人指出，被告单位德恒证券在上海友联公司的指挥和操作下，违反国家有关规定，在未取得资产管理业务资格的情况下，以承诺固定收益和保底为诱饵，采取签订一份主合同和一份补充协议或直接出具高息承诺函的方式向社会不特定对象变相吸收公众

050

重庆市人民检察院第一分院
审查逮捕案件意见书

渝检一分院刑捕〔2004〕332-338 号

一、受案和审查经过

2004 年 10 月 15 日本院接到重庆市公安局渝公经侦捕字〔2004〕035-041 号提请批准逮捕犯罪嫌疑人韩新林、郭建伟、王政、王维刚、谢云燕、郁义政、李普逸涉嫌非法吸收公众存款的意见书及案卷材料、证据后，承办人审查了案卷、讯问了犯罪嫌疑人，核实了证据，现已对该案审查完毕。

二、犯罪嫌疑人的基本情况

涉嫌犯罪单位：德恒证券有限责任公司（以下简称"德恒证券公司"）。

1、犯罪嫌疑人韩新林，男，47 岁，山西人，大学文化，德恒证券公司总裁，户口所在地：上海市浦东新区统林路 815 弄 12 号 602 室，现居住于上海市浦东新区桃林路 815 弄 12 号 602 室。

简历：2001 年 10 月-2002 年 3 月参加重庆证券经纪有限公司的扩展工作；2002 年 3 月至今在上海德恒证券公司工作，任总裁，2004 年 9 月 16 日因涉嫌非法吸收公众存款罪被重庆市公安局刑事拘留，现羁押于重庆市第一看守所。

2、犯罪嫌疑人郭建伟，男，34 岁，硕士，浙江人，德恒证券公司副总裁，户口所在地：杭州市下城区文晖路打铁新村 3 栋 1 单元 502 室；现居住于上海市杨浦区黄兴公寓 10～801 室。

简历：2000 年 1 月-2003 年 3 月在金新信托上海周家嘴路营

1

048

系季所为，收益率是 9.5%。

五、承办人意见

德恒证券公司经纪类业务、非经纪类业务等，为满足其获取顾客资金的需求，隐瞒中国证监会未批准其开展委托投资理财业务的事实，违反国家有关法律、法规的规定，针对不特定社会公众对象，以 13% 左右的高利率，承诺保底、接受全权委托，非法经营委托理财业务，变相吸收公众存款达 252.08 亿元，其中 81.77 亿元未能兑付。

犯罪嫌疑人韩新林系德恒证券总裁，协助张业光负责德恒证券公司全部工作，与张业光、郭建伟、王政制定委托投资理财的任务，组织积开开委托投资理财的年金、半年金、季金，对各营业部进行督促检查，接受友联的指令，授权计划部、投资部向德恒公司以外调拨资金，协调各营业部之间资金的调拨和拆借，自己也从事一部分的理财业务，并从中获益。

犯罪嫌疑人郭建伟系德恒证券公司副总裁，分管资产管理部与张业光、韩新林、王政制定委托投资理财的任务，组织开展委托投资理财的年金、半年金、季金，对各营业部进行督促检查，对委托理财合同、委托理财中介费和业务提成费进行审核，自己也从事一部分理财业务，并从中获益。

犯罪嫌疑人王政系德恒证券公司资产管理部总经理兼总裁助理，负责岗各营业部制定和下达委托理财合同，审核委托理财合同、确定其利率、计算业务费和中介费，对委托理财定期审核和实施奖励。

犯罪嫌疑人王维刚系德恒证券公司投资部副总经理，负责与资产管理部共同对资产管理部吸收的资金进行监督管理，落实资金到位情

12

244

况，审核各营业部新偿垫付旧债本金和利息的支付，形成日报表和月报表，自己也从事理财业务。

犯罪嫌疑人谢云燕 2003 年 5 月前任德恒证券公司资产管理部副总经理，负责王政授权代签理财合同的用印手续，但对合同的审核没有决定权，2003 年 5 月任计划部经理，负责记录和复核各营业部委托理财资金的使用情况，形成报表，对资金调拨和委托理财业务见付经营者管选择后启动手续，自己没有从事一理财业务。

犯罪嫌疑人李普逸德恒证券公司副总裁，总会计师，分管财务部、计划部，参加资产管理业务季会、半年会、年会，2003 年 5 月以前，对资产管理业务中介费的审核和发放，自己也从事一部分理财业务，并从中获益。

德恒证券公司的行为已触犯了《中华人民共和国刑法》第 176 条之规定，涉嫌非法吸收公众存款，根据《中华人民共和国刑事诉讼法》第 60 条规定，拟对德恒证券公司直接负责的主管人员和直接责任人犯罪嫌疑人韩新林、郭建伟、王政、王维刚、郁义政、李普逸批准逮捕；对犯罪嫌疑人谢云燕以审定，证据不足不予批准逮捕。

承办人：赵华建 向凡

二○○四年九月二十一日

（手写）

● 德恒证券非法吸收公众存款案审查逮捕案件意见书（部分）

重庆市人民检察院第一分院
批准逮捕决定书

重检一分院刑批捕〔2004〕号

重庆市人民检察院第一分院
批准逮捕决定书

重检一分院刑批捕〔2004〕号

重庆市人民检察院第一分院
批准逮捕决定书

重检一分院刑批捕〔2004〕335 号

重庆市人民检察院第一分院
批准逮捕决定书

重检一分院刑批捕〔2004〕号

重庆市人民检察院第一分院
批准逮捕决定书

重检一分院刑批捕〔2004〕337 号

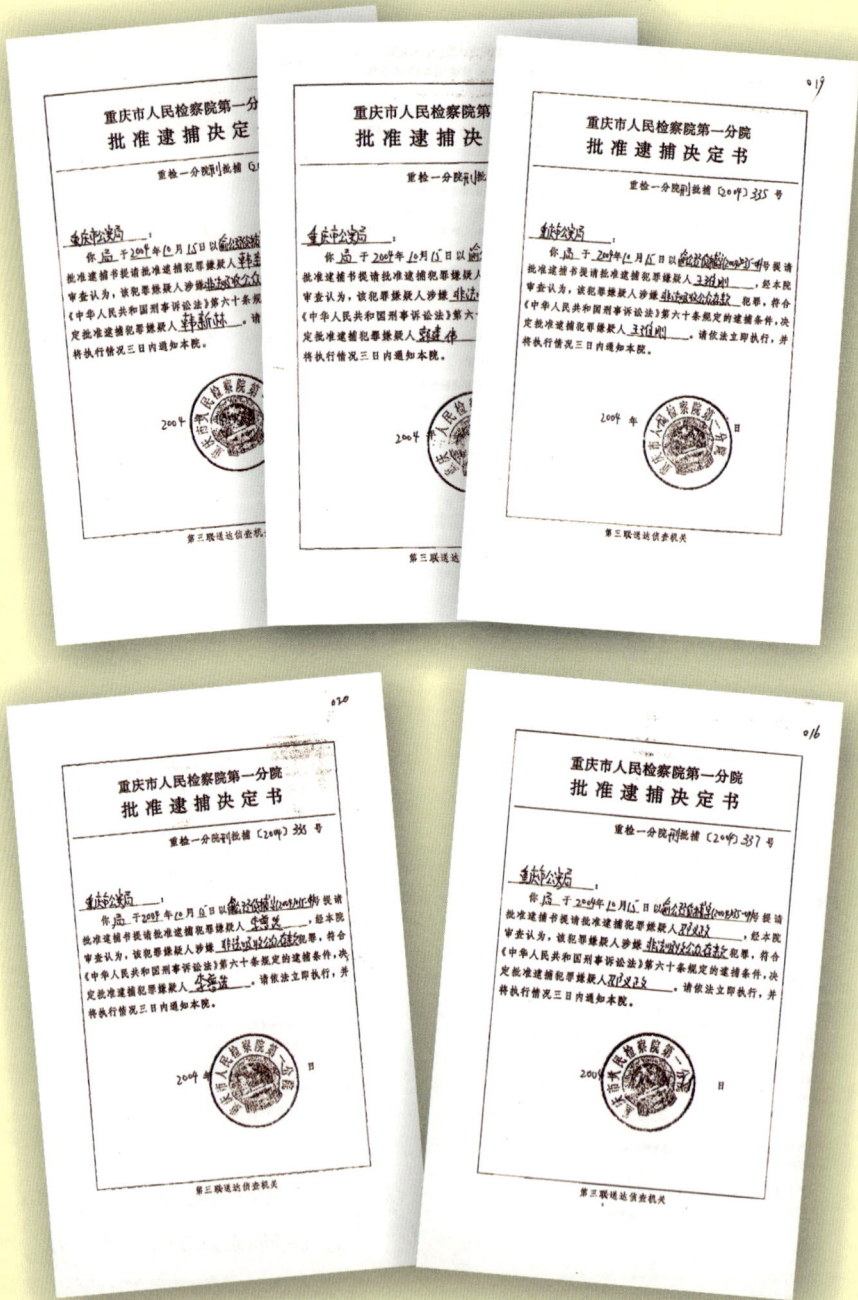

● 德恒证券非法吸收公众存款案批准逮捕决定书

存款，累计吸收公众存款208.8亿余元，这些资金，按照上海友联公司的要求，主要用于购买股票或从事其他经营活动，截至案发时尚有68亿元不能兑付，实际上就是非法吸收公众存款。公诉人向法庭提交了证监会于2002年3月4日的相关文件，显示"暂不确定你公司所属类型，给予6个月过渡期，过渡期内，业务范围比照综合类券商执行，过渡期满后再根据《证券公司管理办法》及有关规定确定你公司所属类型"。通过证据与案件事实的相互印证，环环相扣，形成锁链，证明了德恒证券行为的非法性，法庭采纳了公诉意见。

同时，公诉人还突出单位犯罪，通过犯罪嫌疑人供述、证人证言、工商注册资料等相关书证、物证，证据环环相扣，形成了完整的证据锁链，证实了德恒证券公司的单位犯罪行为，同时又明晰了韩新林等7名被告人的行为符合单位犯罪的主管人员和直接责任人员的法律规定，最终说服法院对公司和被告人分别予以处罚。本案为公诉人所深刻揭示的行为人未经依法批准、向社会公开宣传、承诺还本付息和向社会公众吸收存款等行为特征，为后来司法机关办理非法吸收公众存款案提供了参照和借鉴。这些特征也与此后最高人民法院在2010年12月13日颁布的《关于审理非法集资刑事案件具体应用法律若干问题的解释》中认定非法吸收公众存款或者变相吸收公众存款所应具备的4个典型特征的规定相一致。

（二）着重阐述社会危害性，揭露犯罪本质

社会危害性是犯罪的本质特征，也是犯罪侵犯的法益之所在。非法吸收公众存款罪涉案金额巨大、涉及人员众多，社会危害性严重。公诉人从法益侵犯的角度，突出强调了本案的社会危害性，指出在现代经济生活中，金融的作用越来越重要，涉及国家、企事业单位以及每个家庭，金融乱则经济必乱。公诉人还突出强调了非法吸收公众存款作为一种法定犯，其恶性源于相关法律、法规的禁止性，其具体的构成要件必须借助于行政法律、法规的确定，引用《证券法》《商业银行法》的规定，明确指出德恒证券公司违反上述规定，

变相吸收公众存款行为直接侵犯了国家有关存款法律制度的禁止性规定，具有严重的社会危害性。同时，将德隆集团的前生今世联系起来，用已经发生的挤兑风波和德隆"老三股"的崩盘，从公众普遍性心理论述德恒证券公司和相关被告人的犯罪行为对国家金融秩序的危害性，将社会大量闲散资金置于自己的控制之下，破坏了国家金融储蓄管理秩序，同时由于社会大量闲散资金的失控，干扰了国家银行利率的统一，不利于币值稳定，扰乱了社会公众资金的安全。

（三）突出强调刑罚必要性，阐明犯罪后果

应受刑罚处罚性是犯罪的重要特征，公诉人在论证了德恒证券公司的刑事违法行为、社会危害性之后，又突出强调了德恒证券公司行为的应受刑罚处罚性，指出德恒证券公司非法吸收公众存款208.8亿余元，数额巨大，尚有68亿元未能兑付，情节严重，依照《刑法》第一百七十六条的规定，单位和个人都应受到处罚，对单位判处罚金，对主管人员和直接责任人员判处相应的刑罚。同时，检察机关根据罪责刑相适应的刑法原则，认定德恒证券公司构成单位自首，根据行为人在单位犯罪中的地位、作用，区分主管人员和其他直接责任人员，根据被告人如实供述的情况，提出了从轻处罚的量刑建议，符合宽严相济的刑事政策的要求，实现了罪责刑相适应。最后，公诉人强调21世纪的中国发展更需要法律和秩序的保障，强调各种商业、金融的创新探索要行走于法治的轨道，不能在犯罪的道路上走钢丝，不能用铁窗和自由作交换去换取财富利润，并希望被告人能够认真反省自己走上犯罪道路的原因，并找准改过自新的道路，实现了对被告人的法庭教育，起到了良好效果。

案例推荐：重庆市人民检察院

撰稿：张海英

审稿：王勇

魏长亮等四十四人组织、领导黑社会性质组织案

——第一次打黑除恶专项斗争中涉案人数多、犯罪事实多、涉嫌罪名多的涉黑案件

基本案情

魏长亮，男，时年 39 岁，河北省沧州市人，沧州市供水总公司汽车冲洗管理站副站长。

张玉柱，男，时年 33 岁，河北省沧州市人，无业。

魏长亮与张玉柱常年混迹于沧州市区及其周边县市，二人曾因多次实施违法犯罪行为受到处罚。20 世纪 90 年代初以来，魏长亮先后将张胜利、齐殿亭、狄青亮等人纠集在一起。90 年代中期以来，张玉柱先后将刘建辉、郭勇、童广军等人纠集在一起，分别有组织地实施了多次违法犯罪活动。90 年代后期，两个犯罪集团逐渐融合为一体，形成了以魏长亮、张玉柱为领导者，张胜利、刘建辉等人为积极参加者，袁恩来、狄清亮等人为一般参加者的黑社会性质组织。为获取非法经济利益，该组织先后实施故意杀人，非法制造、买卖、储存枪支，绑架，敲诈勒索，故意伤害，非法持有枪支，寻衅滋事，妨害公务，非法拘禁等 50 余起违法犯罪活动，致 2 人死亡，4 人重伤，10 余人轻伤，涉案数额累计数百万元，对当地的社会生活、经济秩序造成了重大影响。

此案由河北省沧州市公安局、河北省沧州市运河区人民检察院侦查终结。2002年5月10日，河北省沧州市人民检察院向沧州市中级人民法院提起公诉，2002年8月23日，一审法院作出判决：魏长亮与张玉柱犯组织、领导黑社会性质组织等罪，依法被判处死刑，剥夺政治权利终身，并分别判处罚金人民币53万元和3万元，其他人被分别判处十个月至二十年有期徒刑、无期徒刑、死缓。后魏长亮、张玉柱等20人不服原判决，提起上诉。2003年1月14日，河北省高级人民法院作出终审判决：认为原判决中认定张玉柱犯故意杀人罪的事实尚不清楚，对涉枪犯罪适用法律不当，魏长亮等41名被告人的其他犯罪事实清楚，决定驳回魏长亮等14人的上诉，维持原判决中对魏长亮等34人的判决，撤销原判决中对张玉柱的定罪量刑部分，发回沧州市中级人民法院重新审判，撤销马强等6人部分罪名的量刑。2005年5月27日，河北省沧州市中级人民法院作出判决，张玉柱犯组织、领导黑社会性质组织等罪，依法被判处无期徒刑，剥夺政治权利终身，并处罚金人民币5万元。

案件背景与社会影响

2000年12月11日，全国公安机关打黑除恶专项斗争动员部署电视电话会议在北京召开，中央决定从2000年12月到2001年10月，组织全国公安机关开展一场打黑除恶专项斗争。2001年4月，中央在北京召开的全国社会治安工作会议上提出"坚决实现两年内社会治安明显进步"的目标，将打黑除恶专项斗争的时间延长到2003年4月，并且将其并入为期两年的"严打"整治斗争之中。

此案是打黑除恶专项斗争开展以来，河北省区域内办理的第一起涉黑案件，由河北省政法委挂牌督办。魏长亮等人形成的黑社会性质组织长期在沧州及周边县市，为非作恶、称霸一方，实施故意杀人，非法制造、买卖、储存枪支、绑架等违法犯罪活动，社会影响极其恶劣。本案中，检察机关在依法从重从快的指导方针下，严格掌握法律政策界限，积极回应控辩双方争议焦点，依法追诉黑恶犯罪，同时延伸公诉职能，立足个案，深挖黑恶犯罪形成的社会根源，进行法治警示教育，不仅有力地惩治了犯罪，而且维护了人民群众的合法权益。

公诉指控

作为河北省区域内办理的首例涉黑案件，在魏长亮等44人组织、领导黑社会性质组织案中，检察机关面临"三多三难"问题，即涉案人数多、犯罪事实多、涉嫌罪名多，调查取证难、证据固定难、案件定性难等问题。

（一）依法履行检察职能，严厉打击黑恶犯罪

在中央"坚持依法从重从快方针，突出打击黑恶势力等三类严重刑事犯罪"的政策指引下，检察机关依法履行审查逮捕、审查起诉等职能，在2001年2月至2002年4月间，依法对魏长亮案涉案40余人分别采取逮捕、取保候审等强制措施，以保障刑事诉讼活动的顺利进行。根据2001年4月全国检察长会议的精神，"凡是符合黑社会性质组织犯罪构成要件的，都要以该罪批捕、起诉；对涉案的国家工作人员，属共同犯罪的，要并案起诉；对涉嫌犯有数罪的，要按数罪处理，防止在检察环节影响打击力度"，检察机关在前期夯实黑社会性质组织犯罪证据的基础上，于2002年5月对此案提起公诉，在案44人共涉及犯罪事实40余起，违法事实10余起，涉嫌罪名20余个，其中16人涉嫌组织、领导、参加黑社会性质组织罪。一审法院于2002年8月23日作出判决，依法对检察机关指控被告人魏长亮、张玉柱等16人组织、领导、参加黑社会性质组织的犯罪事实予以认定。

国家公诉
——
共和国**70**年典型案例及法律文书评析

011

河北省沧州市人民检察院
起诉书

沧检刑诉（2002）第50号

1、被告人魏长亮，男，一九六三年九月十一日生于河北省沧州市，汉族，小学文化，沧州市供水总公司汽车冲洗管理站副站长，住沧州市望官屯村。一九八〇年七月十二日因监管群被沧州市人民法院判处有期徒刑三年，一九八九年因故意公务被沧州市新华区人民检察院免于起诉，二〇〇一年二月十五日因涉嫌非法持有、私藏枪支，弹药被沧州市公安局运河分局刑事拘留，同年三月二十四日因涉嫌故意伤害，经沧州市人民检察院批准，由沧州市公安局执行逮捕，现已押。

2、被告人张玉杜，绰号"三地主"，男，一九七〇年十月二十二日生于河北省沧州市，汉族，文盲，无业，住沧州市运河区小王庄镇前庄村农耕六号，一九八六年因打架斗殴被沧州市劳动教养委员会劳动教养三年，一九八九年解教，一九九一年因打架斗殴被沧州市劳动教养委员会劳动教养三年，一九九五年解教，同年又因打架斗殴被沧州市劳动教养委员会劳动教养三年，后因脱逃被加期

023

三十日因涉嫌伤证被沧州市公安局取保候审。

43、被告人李庆义，男，四十五岁，汉族，生于河北省沧州市，大专文化，个体业主，住沧州市园结小区二号楼三单元三〇二室，二〇〇一年三月十四日因涉嫌窝藏被沧州市公安局取保候审。

44、被告人吴刚，又名茶文明，男，一九八二年十二月四日生于沧县捷地镇北曹庄子村并住读村，回族，小学文化，农民，二〇〇一年九月十日因涉嫌故意伤害罪被沧州市公安局取保候审。

上述被告人组织、领导、参加黑社会性质组织；故意杀人；非法制造、买卖、储存枪支、弹药；非法持有、私藏枪支弹药；故意伤害；绑架；敲诈勒索；聚众斗殴；寻衅滋事；奉法剥禁；强迫交易；偷税；妨害公务；伪造、变造国家机关公文；捐用公款；窝藏一案，沧州市公安局、沧州市运河区人民检察院侦查终结后移送沧州市人民检察院审查起诉，经依法审查查明：

一、组织、领导、参加黑社会性质组织罪

一九九一年以来，被告人魏长亮、张玉杜先后将张利、刘建坤、吴勇、马强、金广军、李鸿飞、周伟、罗怜涛、袁恩永、李自磊、齐振亭、牧清亮、张彦京、阿德琦等人纠集在一起，通过暴力、威胁，滋扰等手段，在沧州市及周边县（市）有组织的大肆进行故意杀人、故意伤害者、绑架、奉法拘禁、敲诈勒索、寻衅滋事、聚众斗殴、

024

强迫交易、偷税等违法犯罪活动，称霸一方，欺压残害群众，获取经济利益，严重破坏了社会治安和经济、生活秩序。

二、故意杀人罪、非法持有枪支罪

（一）一九九二年十月二十六日，被告人魏长亮手下袁恩来、张运凯在沧州市晚市搅摊抢卖，袁恩来受伤，张运凯死亡。被告人魏长亮得知后，怀疑吴洪成（老孩子）、李路洪（周二）等人所为，便叫来吴恩来、帅明（已执行死刑）等数人，四处寻找吴洪成、李路洪等人欲行报复，同年十月二十八日下午，魏长亮提供双管猎枪一支，菲亚特轿车一辆，指使袁恩来、帅明等人伺机报复吴洪成等人。当日下午三时许，袁恩来、帅明等人在沧州市东风路附近发现吴洪成，便下车追赶，吴见状即跑，帅明持双管猎枪向吴射击，全其开放性血气胸，出血性死亡。

（二）一九九八年八月，被告人刘建坤（已于2000年8月3日以故意杀人罪被判处无期徒刑，剥夺政治权利终身）、李鸿飞等人在沧州市华鑫饭店附近与刘春海等人发生殴斗，刘建坤持单管猎枪由中刘春海腰部，致刘春海左裙外前，动脉断裂，失血性休克死亡。

（三）2000年四月十二日下午十七时许，被告人李鸿飞、"北京老四"（连名不详，现在逃）等人与柳桂嘴发生冲突，李鸿飞便规到被告人张玉杜、张得知情况后，

025

带领李鸿飞等人携带两枝猎枪及两把菜刀，到沧州市新开鸡场头头。路上，被告人张玉柱给两枝猎枪装上子弹，张、李二人见到柳桂瑞后，持枪、刀冲相而来，柳桂瑞和其妻张金茹与张。李春力挣斗。张玉柱用枪口顶住柳胸口并扣动扳机，此未响，在柳桂瑞与李鸿飞争夺的过程中，李咬住柳右上臂肌肉，后110民警赶至时赶到，张玉柱被当场抓获，并缴获猎枪两支，菜刀一把，经法医鉴定，柳桂瑞之损伤系轻微伤。

三、非法制造、买卖、储存枪支、弹药罪，非法持有、私藏枪支、弹药罪，帮助毁灭证据罪

（一）一九九九年前后，沧州军分区民兵训练基地（原沧州警备区汽车培训中心）现役军人异树立（不起诉）在其管理的基地器材仓库中偷拿军用手榴弹三枚，送给了被告人魏长亮，后被告人魏长亮将其中两枚于一九八九年交到公安机关一枚，销毁一枚，另一枚于一九九五年二月份送给了唐山丰南市金龙集团经理王主民，未

（二）一九九六年前后，被告人魏长亮命令被告人张胜利为其改造公主牌小口径步枪一支。

（三）一九九七年四、五月间，被告人王治国因经营"李天水源乐城"肉被告人魏长亮借款三万五千元，同年十一、二月份被告人王治国由于无力还款的情况下，将出自一九九四年前后购买的五支崭五连发猎枪，以每支五千五

● **魏长亮等四十四人组织、领导黑社会性质组织案起诉书（部分）**

（二）严格掌握法律政策界限，积极回应控辩争点

该案涉案人数 40 余人，违法犯罪事实 50 余起，如何准确适用法律，严格把握普通刑事犯罪、恶势力犯罪和黑社会性质组织犯罪的界限，成为本案的一大难题，也是控辩双方针锋相对的焦点。庭审中，魏长亮、张玉柱等人及其辩护人均否认构成组织、领导、参加黑社会性质组织罪，在法庭辩论阶段，检察机关积极予以回应，适时援引全国人民代表大会常务委员会对黑社会性质组织的最新立法解释，从"组织特征""经济特征""行为特征""非法控制特征"四个方面，以演绎的方式，从法定的犯罪构成要件中析解出构成要素，与犯罪事实、证据逐一对应，各个击破魏长亮、张玉柱等人的辩解。充分论证了魏长亮、张玉柱长期以私人雇工等手段纠集他人，并逐渐形成以魏长亮、张玉柱为首，张胜利、刘建辉等数十人为骨干成员的犯罪组织的形成过程。具体而言，该犯罪组织通过非法垄断经营、强迫交易、以单位名义罚没收费及其他有组织的犯罪活动，攫取经济利益，支持该组织活动，以暴力、威胁或者其他手段，有组织地多次进行伤害、绑架、敲诈勒索、强迫交易等违法犯罪活动，为非作恶，欺压残害群众，通过实施违法犯罪活动，并利用沧州市供水公司总经理孙宝坡、该片运河公安分局刑警一中队公安干警的国家工作人员身份，寻求庇护，谋取不法利益，在当地形成非法控制和重大影响，严重破坏了经济和社会生活秩序。最终，两级法院均采纳检察机关的意见，认定魏长亮、张玉柱等 16 人构成组织、领导、参加黑社会性质组织罪。

（三）深挖保护伞，纵深推进黑恶犯罪综合治理

在案件的办理过程中，检察机关并未就案办案，而是将打黑除恶与挖黑恶势力后台和"保护伞"相结合，并立足个案深入剖析黑恶犯罪形成的社会根源，开展法治宣传与警示教育，纵深推进黑恶犯罪的综合治理工作。

001

公诉词

审判长、审判员：

今天，沧州市中级人民法院在这里公开审理魏长亮等人组织、领导、参加黑社会性质组织一案。此案涉案人员之众，罪名之多，社会危害之大，情节之恶劣，为我市审词史上空前，更备受社会各界关注。根据《中华人民共和国刑事诉讼法》有关规定，受沧州市人民检察院检察长指派，我们以国家公诉人的身份，出庭法庭支持公诉，并对庭审活动进行监督。

在以上几天的法庭调查中，公诉人讯问了各被告人，向法庭宣读了证人证言，被害人陈述，鉴定结论，出示了书证、物证、现场勘查笔录以及其他证据，这些证据业经法庭质证，形成了完整的证据体系，足以证明我院起诉书指控的犯罪事实清楚、证据确实充分，为进一步揭露犯罪、彰扬法制，结合本案案情，现发如下公诉意见，供合议庭参考。

一、被告人魏长亮、张玉柱等人的行为构成组织、领导、参加黑社会性质组织罪

九十年代以来，被告人魏长亮、张玉柱纠集张胜利、谷国山、米育和、吴建军、郑勇、刘建辉、李凤飞等人，采取暴力、威胁、滋扰等手段，有组织地在沧州市区及周边地区大肆进行抢劫杀人、非法制造买卖枪支、故意伤害、绑架、非法拘禁、敲诈勒索、寻衅滋事、聚众斗殴、逃避交易、偷、赌博等违法犯罪活动，称霸一方，践压残害群众，致数人重大财产之灾，严重破坏了社会经济、生活秩序，以被告人魏长亮、张玉柱为首的犯罪集团，完全符合黑社会性质组织的犯罪特征。

1. 该组织人数最多，有明确的组织者、领导者、骨干成

—1—

008

受侵犯，维护社会经济、生活秩序，对上述被告人必须绳之以法，严厉惩办，特别是对本案的首要分子魏长亮、张玉柱，要依照刑法第26条第三款和《最高院关于审理黑社会性质组织犯罪案件具体应用法律若干问题的解释》第三条之规定，作为组织、领导犯罪集团的首要分子，作为黑社会性质组织的组织者、领导者，惩罚其所组织、领导的黑社会性质组织所犯的全部罪行予以处罚，不严惩不足以平民愤，不严惩不足以正国法。

四、黑社会性质组织产生的社会根源

黑社会性质犯罪是特定社会发展状态下产生的特殊犯罪类型，在我国的经济体制由计划经济向市场经济过渡的这一特定阶段，在新旧体制交替的过程中，一些地方墨吏贪官纷纷下台，一些执法环节松懈，一些部门管理失权，一些官员贪污腐败，这都给黑恶势力的产生之滋养了有利条件。同时，由工业化，城市化进程中产生的大量进城人口，闲散人员，受生活条件和经济条件所限，也成了为黑恶组织招徕成员的重要来源。近期我国黑社会性质犯罪产生的社会根源主要有以下几个因素：

1. 经济因素。经济发展过程中，一部分社会成员缺乏与高度复杂的经济活动相适应的技术技能，无法获得合法、使超的谋取机会，从而产生违背商和不公平感，他们中间法律意识较淡薄的那些人时便诉诸有组织的犯罪，因为它可以使这些人通过有组织的资金把他们们得到了群众的外合法的商业组织和经济活动。从而使群众在这种城乡并存之商遗逢行为获取非法违规活利益。本案16名黑社会性质组成员中，有11人是文盲或小学文化程度，14人是无业人员，首恶魏长亮只有

—8—

011

自身混威和行政权力的双重阴影，不断实施危害社会行力。

6. 财建腐蚀意识的或衰及西方暴力犯罪的影响，给梳信能力较弱的青少年带来的负面影响也不可忽视。在部分青少年思想中，存在着一种价值进失，道德滑坡的困惑，他们的意识形态步步被或了一番与国家所奉行的主流价值观念、主流价值标准截然对立的，对或强烈不满与反抗一切权威、一切现有秩序的破坏思想、欧美、港台以及内地一些丧失文化主导方向的影视剧无形中宣扬了一种反社会文化、树立流氓、描了的"英雄"形象，恶化了社会风气。尤其对青少年正确确立自立人生观、世界观、价值观极其有害。他们受不良的刺激与影响，在不明明辨是是非的情况下，被黑帮组织所利用，走上了犯罪道路。本案被害人刘建辉、郑勇飞、周伟、罗松涛等人在被张玉柱摆下的前提下时均存在这种因素。

五、黑社会性质犯罪的防治策略

1. 坚决打击，运用刑罚方式从重打击涉黑犯罪。我们贯彻要把黑社会性质的犯罪作为打击的重中之重，下最大的决心，下大力度以铁的手腕予以殃灭犯罪行为，做到一网打尽，斩草除根，不留后患。黑社会性质组织的形成是一个过程，需要一个由多次小团体逐渐发展成一个有组织有目的的集团犯罪过程。对此，对违机关要提高自身的德洁意识，趁着黑社会犯罪尚未成形之时便予以打击，打早打小，宜早便打，狭之形不成气候，并切实实行"打防结合，预防为主，标本兼治"的方针，并最后犯罪根除。

2. 加强廉政建设，铲除"保护伞"。

黑恶势力分子与腐化官员结合或滋是黑社会性质组织的生存条件之一，因此党政机关、职能部门要加强自身廉政建设，

—11—

012

保持清醒认识，增强防腐蚀能力，对构成犯罪的、充当"保护伞"的要坚决查办，依法追究刑事责任，严于更出，测除黑社会存在发展的外部条件，是遏制黑恶势力，解决严重社会治安问题的又一关键。

3. 加强职业教育，创造更多就业机会，同时防止经济发展的负面效应，消除拜金主义的影响和道德沦丧流毒，遏制不良精神产品的影响，树立正确文化方向的主导力量，帮助人们尤其是青少年建立科学的世界观及人生观。

4. 坚定不移地以经济建设开展的步伐，以经济建设为中心，加速时代体制的改造，完善管理体系，加强和健全基层党政组织建设，杜绝黑恶势力掌权揽政机。

5. 建立与有关犯罪社会黑社会性质犯罪活动的情报系统，及时了解黑社会活动的动向，加强对多产生黑社会性质因素的行业地区社会治理研究，和对黑社会犯罪问题的研究，从中寻找对策，通过多部门联合行动与场面与配合，行之有效地打击黑社会黑犯罪，不使其有立足之地。

审判长、审判员，以上意见，请法庭结合全案，考虑各被告人的犯罪事实、情节、危害后果及认罪态度，依照我国刑法的有关规定，作出公正判决。

　　　年　　月　　日当庭发表

—12—

● **魏长亮等四十四人组织、领导黑社会性质组织案公诉词（部分）**

● 魏长亮等四十四人组织、领导黑社会性质组织案再审判决书（部分）

　　深挖"保护伞",除恶务尽。本案中,检察机关经依法审查发现,原某区人民检察院副科长赵某某、沧州市第一看守所所长马某某等人,收受张玉柱及其家人给付的钱物,充当保护伞,包庇和纵容其犯罪,检察机关依法履行自行侦查权,另行向法院提起公诉。

　　立足个案剖析犯罪根源,开展警示教育。在公诉词中,检察机关以本案为依托,深入剖析了黑社会性质组织犯罪的社会根源,并因症施策,提出防治策略。如深挖黑社会性质组织犯罪衍生过程中"资本积累"的经济根源,直面部分黑恶犯罪中存在的政治贪腐及执法松懈等问题,并提出"打防结合,预防为主,标本兼治""铲除保护伞"等建议,即使在当前的扫黑除恶专项斗争中,仍有一定的警示与借鉴意义。

案例推荐:河北省人民检察院

撰稿:郭勇

审稿:王勇

潘传苗破坏军事设施案

——为图私利严重干扰军事训练的涉军案件

基本案情

潘传苗，男，时年 31 岁，文盲，安徽省安庆市宜秀区杨桥镇余墩村中心组农民。1991 年因盗窃被安庆市劳动教养管理委员会劳动教养三年，1996 年 10 月因犯盗窃罪被安庆市宜秀区人民法院判处有期徒刑六年。

潘传苗自 2004 年 12 月 19 日至 2005 年 3 月 14 日，先后 6 次趁天黑之机，携带蛇皮袋、螺丝刀等工具，在中国人民解放军某部队军用机场场界内外，采用爬杆、手拽、卸螺丝等手段，破坏、盗取某部队场界灯 24 盏、保险道灯 30 盏、下滑灯 32 盏，并取出其铝制灯座出售给废品回收站。上述物品共计价值人民币 103200 元，潘传苗销赃后获取赃款人民币 750 余元。

2005 年 7 月 14 日，安徽省安庆市宜秀区（2005 年 5 月安庆市郊区更名为宜秀区）人民检察院以破坏军事设施罪向安庆市宜秀区人民法院提起公诉。同年 8 月 3 日，安庆市宜秀区人民法院认定潘传苗构成破坏军事设施罪，判处有期徒刑九年。

案件背景与社会影响

　　军事设施是军队履行使命的依托，是国防利益的重要组成部分，任何组织和公民都应当依法保护。任何破坏、危害军事设施的行为，都应受到应有惩处。场界灯等是部队军事飞行任务必备保障设备，符合《中国人民共和国军事设施保护法》规定的"国家直接用于军事目的"的特征。本案被告人实施犯罪时，正值某部队组织密集飞行训练。潘传苗以盗窃为手段破坏场界灯等设备的行为，严重干扰夜航训练，对军事训练和军事战备具有明显危害，是对国防利益的严重侵犯。安徽省安庆市宜秀区人民检察院作为某部队驻地检察机关，承担保护相关军事设施和国防利益的法定职责，对潘传苗实施破坏军事设施的犯罪行为有力指控，依法惩处，不仅有力地震慑了犯罪、发挥以案释法的警示教育作用，体现了为国防建设提供检察保障的职责使命，继承和发扬了检察机关的拥军传统。

　　潘传苗破坏军事设施一案通过检察机关的准确履职，达到了应然的法律效果和政治效果。毋庸置疑，潘传苗破坏军事设施案件的依法处理，对于社会综合治理、加强国防建设、推动法治完善具有很强的积极意义。

公诉指控

（一）严厉打击犯罪，维护国防利益

　　危害国防利益犯罪是1997年《刑法》修改增设章节，包括故意或者过失危害国防利益的犯罪共14个罪名，成为司法机关依法打击侵害国防利益犯罪的法律依循。从历年来的案发情况看，尽管刑罚处罚是对不法行为的最有力威慑和阻断，但危害国防利益犯罪仍时有发生。潘传苗是一位住在部队附近的普通农民，对所窃物品是国

家用于军事目的的重要设施具有明确的认知，却仅因贪图数百元小利就破坏 10 万余元的军事设施，置国防安全和国家利益于不顾，侵害了军队战斗力的物质保障，严重干扰正常军事训练，给军事战备造成潜在隐患。透过潘传苗行为的表象不难看出其忽视、漠视国防利益的本质。检察机关通过严格审查证据，审慎认定案件事实，依法指控，不仅是对危害国防利益行为的有力打击，更体现了国家对此类犯罪的强有力威慑，以儆效尤。

（二）抓住本质准确适法，确保罪责刑相当

刑事案件的处理过程中，经常要面对不同利益冲突，如何正确处理利益冲突往往是办案效果的关键所在。虽然潘传苗的行为危害的是国防利益这一特殊利益，但为谋私利而行窃，获利仅仅数百元，却要面临近十年徒刑，从表象上看难免有罪责刑不相当的观感。根据《刑法》第三百六十九条规定，只有破坏"重要军事设施"才属于加重处罚的情形，应当在三年以上十年以下有期徒刑幅度内量刑。潘传苗虽然是累犯，但是真正决定潘传苗量刑幅度的因素，仍然是其所破坏的军事设备是否属于"重要军事设施"，这也是本案如何适法才符合罪责刑相当的关键所在。

《军事设施保护法》明确规定，军事设施是指国家直接用于军事目的的建筑、场地和设备。军用机场航道灯是军事机场指示飞行的设备，具有国家直接用于军事的目的性，应当属于军事设施。但是何为"重要军事设施"、军用机场航道灯是否属于"重要军事设施"，刑法没有明确，军事设施保护法也没有界定，司法实践中更无前例可借鉴参考。检察机关走访了受害单位，中国人民解放军某部队出具报案材料，内容证实"分六次发现 86 盏军用航道灯被盗，严重干扰了夜航训练"，上述材料是对犯罪行为造成后果的客观表述，但并非与法条规定直接对应的结论。因此，涉案设施是否"重要"还需要检察官将抽象的法律规则与复杂的案件事实对应，实现法律规范与实际案例之间的有效对接。

危害国防利益犯罪是特殊犯罪，衡量情节严重与否的标准在于国防利益受危害的程度。这是认定行为是否构成犯罪、罪刑轻重的本质所在。检察机关正是以此出发，认为军事设施重要与否的关键是看军事设施的内容和承载军事任务的重要程度，而不是被告人获利及行为的危害后果，否则就偏离了国防利益保护的本质。中国人民解放军某部队机场是当地人所共知的军事机场，潘传苗趁天黑破坏盗取导航灯，影响指引军事飞行训练也是常识。承载了指引飞行航向和确保飞行安全任务的场界灯等航道照明设备，一旦破坏必将对军事飞行任务造成严重干扰，严重影响军事任务的完成。而特别不能忽略的是，2004 年至 2005 年期间，部队军事飞行训练任务非常繁重，此时破坏并干扰飞行训练造成更为严重的危害不言自明。综合上述因素，检察机关依法认定潘传苗的行为系破坏重要军事设施，在三年至十年量刑幅度内依法指控，是抓住了犯罪构成的实质所在，正确适用法律，实现了罪责刑相当。经依法提起公诉后，检察机关的指控获得法院判决的全部认可。

（三）明确法理昭示，履行检察职责

国家的国防利益不容侵犯不言自明，但若检察文书释法说理限于犯罪构成与国防利益的简单叠加，缺乏必要的架设与论证，必然成为不能融合的两张皮，难以为当事人接受和信服，影响指控效果。为明确昭示鲜见犯罪的法理依据，达到公诉指控力度和效果，公诉意见中注重依法有效释法说理：一是合理架构层层递进。公诉人将公诉意见整体分为三个部分予以阐述，分别从犯罪构成、情节后果、量刑建议三个层面递进阐述、层层剥笋。二是抓住本质重点论述。潘传苗的犯罪行为如何准确认定并依法量刑，破坏"重要军事设施"情节的认定是关键。为此，公诉人在庭审时抓住严重危害国防利益的本质，对破坏"重要军事设施"适用依据详细阐述。公诉人在公诉意见中指出"潘传苗所破坏的部队军用机场的跑道灯，是部队军事改造项目之一，2004 年 12 月 6 日才完工投入使用，潘传苗 2004

年 12 月 19 日至 2005 年 3 月 14 日作案时被当场抓获，先后六次在军用机场共破坏机场跑道灯 86 盏，造成直接经济损失 10 万余元，严重影响和干扰部队的正常飞行训练，造成的后果十分恶劣"。三是申明案件的特殊政治背景。潘传苗的犯罪行为发生于 2004 年至 2005 年间，潘传苗犯罪行为对国防利益的危害也更具有了特殊意义。公诉人在公诉意见中注重政治效果，结合时事背景指出"潘传苗作为一名心智健全的成年人，受利益驱使置国家利益于不顾，主观上具有放任危害结果发生的间接故意，即使没有直接追求飞行事故的结果发生，其为一己私利放任国防危害的行为也必须受到严厉惩处，以示警示与教育"，从而掷地有声地申明了案件的特殊政治背景和犯罪行为的特殊危害。

案例推荐：安徽省人民检察院

撰稿：王翠杰

审稿：王勇

潘传苗破坏军事设施案

阮文雄等八人抢劫案

——外籍人员破坏北部湾"两个协定"刑事第一案

基本案情

阮文雄，男，时年 27 岁，越南社会主义共和国籍，住越南清化省厚禄县和禄乡和海村。

黎文桃（又译黎文草），男，时年 42 岁，越南社会主义共和国籍，住越南清化省黄化县黄长乡江山一村。

范文景，男，时年 21 岁，越南社会主义共和国籍，住越南清化省厚禄县和禄乡和海村。

（其他被告人基本情况略）

2005 年 1 月 8 日凌晨 4 时许，越南社会主义共和国籍人员阮文雄等 16 人，携带 1 支苏制冲锋枪，100 余发子弹、卷网机、砍刀等作案工具，驾驶自称为"香匾"（音译）号的无船名、无船号的木质渔船，到中越共同渔区中方一侧，盗窃正在捕捞作业的中国海南省临高县"琼临高 11291"号（以下简称"11291"号）等 6 艘渔船渔民撒下的渔网。

当日上午 9 时许，"11291"号渔船渔民发现渔网被盗。为阻止阮文雄等人的盗窃行为，追回被盗的渔网，"11291"号渔船立即驶向"香匾"号船，同时向在附近作业的同船队其他渔船求助，并向中国海警报警。当"11291"号渔船驶近"香匾"号船时，阮文雄首先持冲锋枪向"11291"号渔船开枪，其同伙帮助阮文雄排除冲锋枪故障，并作投掷爆炸物状，威胁"11291"号渔船。此时，在附近执行任务的中国海警接到报警后赶到现场，向越南船只示警，阮文雄等人不但不停船接受检查，反而继续向中国渔船开枪射击。与此同时，在"香匾"号船附近的另两艘越南船只也向中国渔船和中国海警"46085"号巡逻艇开枪射击和投掷爆炸物，中国海警被迫自卫还击。在交火中，参与抢劫的8名越南籍人员被击毙，阮文雄等8人被抓获。另两艘越南船只逃到中越分界线越方一侧。

经勘验检查，"11291号"渔船被击中5处，中国海警"46085"号巡逻艇被击中3处；在"香匾"号船上缴获苏制冲锋枪1支、子弹88发和卷网机、铁锤、砍刀等作案工具，以及被盗抢的中国海南省临高县渔民渔网253张、网纲绳102捆，被盗抢物品经鉴定价值人民币103614元。

2005年1月27日，海南省人民检察院海南分院向海南中级人民法院提起公诉。同年2月6日，海南省海南中级人民法院作出一审判决：阮文雄等8人犯抢劫罪，判处驱逐出境。阮文雄等人未上诉。

案件背景与社会影响 ·············

北部湾位于中国南海的西北部，是一个半封闭的海湾，被中越两国陆地与中国海南岛所环抱。北部湾渔业资源较为丰富，是中越两国沿湾渔民的传统作业场所；相应的，渔业纠纷也成为中越两国在北部湾的重要争端之一。为解决争端，中越两国关于北部湾划界和渔业问题的谈判始终同步推进。进入新世纪，谈判工作取得实质性进展，中越北部湾划界协定和渔业合作协定（以下简称"两个协定"）于2004年6月30日同时生效。

就在"两个协定"生效仅半年后，阮文雄等个别越南籍人员肆意践踏"两个协定"的内容，不仅越过分界线、进入共同渔区中方一侧；还以大量盗割我国渔船渔网的方式破坏捕捞作业；在盗窃犯

罪事实被发现以后，为抗拒抓捕，竟然首先向中方渔船和海警巡逻艇开枪射击、投掷爆炸物，犯罪气焰极其嚣张。然而，在案发后，越南政府却通过外交途径，对我国海警的执法活动和司法主权提出质疑，并要求我国尽快返还被抓获人员和被扣押船只。本案的妥善处理，事关我国领海和司法主权，事关两国外交关系，事关两国边境人民的人身和财产安全。

公诉指控

（一）从快办理，降低案件风险

本案在一个月左右时间内完成了整个刑事诉讼程序。如此高质高效完成办案任务，体现了检察机关面对重大复杂案件提前介入侦查的优势和成果，也反映了司法工作人员面对急难险重任务时加班加点、攻坚克难所付出的努力和汗水。

依法从快办理本起涉外重大复杂案件，司法机关主要考虑到案件较为复杂、敏感的国际背景，从而达成以下几点效果：一是通过缩短办案周期，最大限度降低其他因素对案件办理的干扰；二是及时回应国际社会和本国人民的关注热点，避免负面舆情炒作；三是发挥法律一般预防的作用，树立中国法治的权威，树立"两个协定"的权威，以儆效尤。以上成功经验，值得我们今后办理同类涉外案件借鉴。

（二）有理有据，有效指控犯罪行为

本案既是一件刑事案件，也是一起外交事件，因此要求检察机关作为指控和证明犯罪的主体，必须做到客观公正、有理有据、不卑不亢。检察机关主要围绕以下要点指控犯罪：

一是围绕被告人犯罪的主客观方面，揭示案件背景和性质。主

阮文雄等八人抢劫案

中华人民共和国
海南省人民检察院海南分院
起诉书

海检分刑诉（2005）10号

被告人阮文雄（Nguyen Van Hung），男，1977年9月11日出生，越南社会主义共和国国籍，住该国清化省厚禄县和禄乡和海村。因本案，于2005年1月9日被海南省公安厅拘留，经本院批准，于2005年1月25日被海南省公安厅逮捕。

被告人攀文桃（又译攀文草，Le Van Thao），男，1962年2月12日出生，越南社会主义共和国国籍，住该国清化省黄化县黄长乡江山一村。因本案，于2005年1月9日被海南省公安厅拘留，经本院批准，于2005年1月25日被海南省公安厅逮捕。

被告人范文景（Pham Van Canh），男，1983年11月2日出生，越南社会主义共和国国籍，住该国清化省厚禄县和禄乡和海村。因本案，于2005年1月9日被海南省公安厅拘留，经本院批准，于2005年1月25日被海南省公安厅逮捕。

被告人阮文强（Nguyen Van Cuong），男，1985年出生，越南社会主义共和国国籍，住该国广宁省姤茶县同进乡南同村。因本案，于2005年1月9日被海南省公安厅拘留，经本院批准，于2005年1月25日被海南省公安厅逮捕。

被告人阮文勇（Nguyen Van Dung），男，1978年5月3日出生，越南社会主义共和国国籍，住该国清化省黄化县黄长乡江山村。因本案，于2005年1月9日被海南省公安厅拘留，经本院批准，于2005年1月25日被海南省公安厅逮捕。

被告人范文平（Pham Van Binh），男，1985年12月27日出生，越南社会主义共和国国籍，住该国清化省厚禄县和禄乡和海村。因本案，于2005年1月9日被海南省公安厅拘留，经本院批准，于2005年1月25日被海南省公安厅逮捕。

被告人童文征（Dong Van Chinh），男，44岁，越南社会主义共和国国籍，住该国清化省厚禄县和禄乡和海村。因本案，于2005年1月9日被海南省公安厅拘留，于2005年1月25日被海南省公安厅逮捕。

被告人张庭泰（Truong Dinh Thai），男，1985年11月15日出生，越南社会主义共和国国籍，住该国清化省黄化县黄长乡十村。因本案，于2005年1月9日被海南省公安厅拘留，经本院批准，于2005年1月25日被海南省公安厅逮捕。

本案由海南省公安厅侦查终结，以被告人阮文雄、攀文桃、范文景、阮文强、阮文勇、范文平、童文征、张庭泰涉嫌抢劫罪，于2005年1月26日向本院移送审查起诉。本院受理后，于2005年1月26日分别告知被告人有权委托辩护人、各知被告人有权委托诉讼代理人，依法讯问了被告人，审查了全部案件材料。

经依法审查查明：2005年1月8日凌晨4时许，被告人阮文雄、攀文桃、范文景、阮文强、阮文勇、范文平、童文征、张庭泰以及阮文松、攀文宣、丁文东、阮春什、阮友边、"阿男"、"阿洪"、"阿忠"共16人，携带一支苏制冲锋枪（枪号：4503JI）、一百余发子弹、卷闸机、吹刀等作案工具，驾驶其自称为"香匯"（音译）号的无船名、无船号的木质渔船，到中越共同渔区中方一侧，盗窃正在捕捞作业的中国海南省临高县"琼临高11291"号（以下简称"11291"号渔船）等6被告船撒民撒下的渔网。当日上午9时许，"11291"号船渔民发现渔网被盗，为阻止阮文雄等人的盗窃行为，追回被盗的渔网，"11291"号渔船立即驶向"香匯"号船，同时向附近捕鱼作业的同船只其他渔船求救，并向中国海警报警。当"11291"号渔船驶近"香匯"号船时，被告人阮文雄、攀文桃、范文景、阮文强、张庭泰、童文征、范文平、阮文勇及其同伙先后涌上"香匯"号驾驶船顶，被告人阮文雄首先持冲锋枪向"11291"号渔船开枪，之后攀文桃接过枪继续向"11291"号渔船射击。因冲锋枪卡壳，被告人攀文桃、阮文强、张庭泰、童文征、范文平、阮文勇及其同伙帮助阮文松排除冲锋枪故障，并作投掷爆炸物状，威胁"11291"号船。此时，在附近执行任务的中国海警接到报警后，赶到现场，向越南船只示警警告，被告人阮文雄等人不但不停船接受检查，反而继续向中国渔船开枪射击，与此同时，在"香匯"号船附近的另两艘越南船只也向中国渔船和中国海警"46085"号巡逻船开枪射击和投掷爆炸物，中国海警被迫自卫还击，在交火中，参与抢劫的阮文松、攀文宣、丁文东

以非法占有为目的，非法进入中越共同渔区中方一侧，盗窃中国渔民渔网，被发现后，当场开枪抗拒抓捕，其行为已触犯《中华人民共和国刑法》第二百六十九条、第二百六十三条之规定，犯罪事实清楚，证据确实充分，应当以抢劫罪追究其刑事责任。依照《中华人民共和国刑事诉讼法》第一百四十一条之规定，提起公诉，请依法判处。

此致

海南省海南中级人民法院

检察员：高海燕

二○○五年一月二十七日

附：

1、被告人阮文雄、攀文桃、范文景、阮文强、阮文勇、范文平、童文征、张庭泰现押于海南省公安厅所内；

2、主要证据复印件二册；

3、证据目录、证人名单各一份。

● 阮文雄等八人抢劫案起诉书（部分）

观上，被告人均供认在本案发生以前，已多次实施过同类违法犯罪行为；进入共同渔区中方一侧就是为了破坏捕捞作业并将窃得渔网卖钱。客观上，被告人实施了盗割渔网、开枪抗拒抓捕、与中国海警交火等一系列犯罪行为，符合转化型抢劫的要件，并具有持枪抢劫的加重情节。

二是围绕案发地点，反映阮文雄等人公然破坏"两个协定"的非法性和中国海警被迫还击的正当性。本案的犯罪现场客观上有两个：一个是阮文雄等人盗割渔网的地点，另一个是阮文雄等人抗拒抓捕引发双方交火的地点，两个地点联系紧密、不可分割；并且两个地点均发生在共同渔区中方一侧，当其他参与违法犯罪活动的越方渔船逃至越方一侧以后，我国海警立即停止了追击。

三是围绕被告人的认罪态度，体现中国司法尊重程序和保障人权的法治环境。8名被告人均当庭自愿认罪、悔过自新，并请求从宽处罚，一审判决作出后，被告人均未上诉。

（三）有力有节，妥善处理涉外争端

本案的办理既要查明案件事实，给犯罪分子应有的惩戒；也要直面较为敏感的案件背景，在处理涉外案件时体现大国风范，做到有力有节。其中"力"具体表现为坚守司法主权，通过履行完整、规范的司法程序，对被告人作出有罪判决。"节"具体表现为结合案件背景和特征，对被告人选择适用适当的刑罚。

对于本案的性质，越南官方认为仅是两国渔民在捕捞作业中产生的纠纷和摩擦，并对中国海警还击并击毙越方人员的执法活动和中方司法机关的追诉、审判等司法活动提出质疑。检察机关的公诉意见书正面回应了这些质疑：

越南籍被告人的盗抢行为已构成犯罪，并且伴有使用枪支和爆炸物的行为，犯罪性质恶劣，显然有别于一般民间摩擦；中国海警面对犯罪分子首先开枪抗拒抓捕，而自卫还击的行为，如公诉意见书原文所称，"实乃正义之举、合法之举"。本案犯罪行为发生在

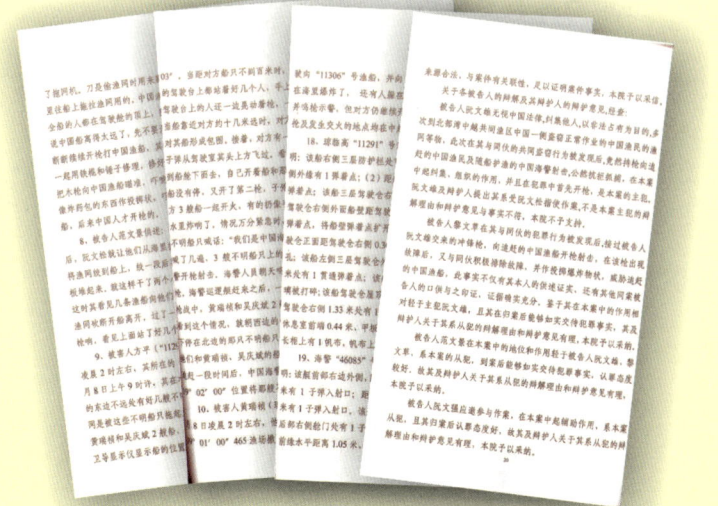

● 阮文雄等八人抢劫案刑事判决书（部分）

共同渔区中方一侧，侵害的法益是中国渔民的人身和财产安全，因此中国司法机关对本案具有当然的管辖权，不容置疑。

同时，经审查基本可以认定，本案属于个别越南籍人员破坏"两个协定"而犯下的罪行，不是越南的国家意志，且有违广大越南人民盼望和平稳定的初衷。本案中，越方人员也付出了惨痛代价：在越方抗拒抓捕引发双方交火过程中，16名作案人员已有半数被击毙，作案工具被依法没收；中方被盗割的渔网虽然遭到破坏，但被盗抢的渔网、网绳等物品及时追缴、发还。至此，法律的正义已基本得到伸张。

因此，判决仅对阮文雄等8名被告人单独判处驱逐出境。阮文雄等人犯有持枪抢劫的罪行，法定刑（主刑）的量刑幅度为十年以上有期徒刑、无期徒刑或者死刑，属于较重罪行；本案判决突破了仅对罪行较轻的外国人单处驱逐出境的惯例。在北部湾"两个协定"刚刚生效、中越两国有关边境和渔业的争端解决机制正趋于良性发展的背景下，作出这样的处理，体现了司法人员在处理较为敏感的涉外案件时的担当和智慧。

案例推荐：海南省人民检察院
撰稿：王晨
审稿：王勇

景仕福公司、陈朝辉、谭彤
走私普通货物、洗钱案

——反洗钱"天网行动"第一案

基本案情

陈朝辉，男，时年 39 岁，北京市人，北京景仕福医疗设备有限公司（以下简称景仕福公司）法定代表人。

谭彤，男，时年 40 岁，江苏镇江人，中国建设银行镇江城东支行客户部主任。

2005 年底至 2007 年 4 月间，景仕福公司、陈朝辉与居住在美国的谭武（系谭彤哥哥）相互通谋，通过快件邮寄、低报价格、夹带等方式，逃避海关监管，从美国走私进口支架、球囊等医疗器械，货值人民币 912.3451 万元，偷逃应缴税款人民币 197.7964 万元。其中，谭彤与谭武相互通谋，参与走私货值人民币 822.3045 万元，偷逃应缴税款人民币 178.2756 万元。此外，2006 年 10 月至 2007 年 4 月间，陈朝辉以低报货物价格、夹带走私的方式 11 次从谭武处走私进口医疗器械后，将低报货物价格的差价货款和夹带货物货款付给谭彤。谭彤明知该货款系走私犯罪所得，仍按谭武指令提供资金账户，并将陈朝辉所汇货款打入国内其他相关人员账户以协助资金转移。至案发时，谭彤共实际接受和转移该走私货款人民币 80.0322 万元。

　　景仕福公司及陈朝辉、谭彤二人均因涉嫌走私普通货物罪被镇江海关缉私分局立案侦查并移送起诉，镇江市人民检察院经审查，依法追加认定谭彤犯洗钱罪，并于 2007 年 11 月 8 日向镇江市中级人民法院提起公诉。2007 年 12 月 6 日，镇江市中级人民法院经审理认为，景仕福公司、陈朝辉与谭武相互通谋，通过快件邮寄、低报价格、夹带等方式，逃避海关监管，从美国走私医疗器械，货值共计人民币 9123451 元，偷逃应缴税款人民币 1977964.43 元；被告人谭彤与谭武相互通谋，参与走私医疗器械，货值人民币 8223045 元，偷逃应缴税款人民币 1782756 元。景仕福公司、陈朝辉以低报货物价格、夹带走私方式 11 次从谭武处走私医疗器械后，将低报货物价格的差价货款付给谭彤，谭彤明知该货款系走私犯罪所得，仍按谭武指令提供资金账户，并将陈朝辉所付货款打入国内相关人员账户以协助资金转移，至案发时，谭彤共实际接受和转移走私犯罪的违法所得人民币 800322 元。最终，法院判决景仕福公司犯走私普通货物罪，判处罚金人民币 300 万元。陈朝辉犯走私普通货物罪，判处有期徒刑三年，缓刑四年。谭彤犯走私普通货物罪，判处有期徒刑三年，并处罚金人民币 100 万元；犯洗钱罪，判处有期徒刑六个月，并处罚金人民币 5 万元，决定执行有期徒刑三年，缓刑四年，并处罚金人民币 105 万元。

案件背景与社会影响

　　景仕福公司、陈朝辉、谭彤走私普通货物、洗钱案被中国人民银行反洗钱局列为"天网行动"一号重点督办案件，是全国第二例、江苏省首例成功办理的洗钱案件。该案涉及洗钱罪的法律适用，具有较强的社会影响力。镇江海关缉私分局在以走私普通货物罪移送审查起诉后，镇江市检察机关结合 2007 年 1 月 1 日施行的《中华人民共和国反洗钱法》以及金融机构相关反洗钱的规定，依法追加认定谭彤洗钱罪的罪名。该案的成功办理是反洗钱协调机制共同发挥作用的重要成果，同时为打击走私和洗钱犯罪树立了典型。

公诉指控

（一）依法追加洗钱罪

检察机关依据本案的事实和证据准确进行法律定性，正确引导补侦方向，依法追加了洗钱罪，对行为人的行为依法进行全面准确的评价。侦查机关在进行侦查时，并未将洗钱罪作为重点侦查方向，也并未以洗钱罪移送起诉。检察机关在依法审查后，认为谭彤在银行主要业务部门工作近 20 年，其身为建设银行城东支行反洗钱领导小组的成员，对国家外汇资金管制的相关规定应当是明知的，其从 2005 年 7 月至案发，先后 89 次接收货款，并利用自己银行工作人员的身份，用多名亲友的身份在建设银行开设多个户头，将上述货款通过这些银行户头存入、提取、电汇等多种方式进行 100 余笔资金转移，共存入广东、福建、浙江等 20 多个国内其他收款人的账户，谭彤在明知这些货款是走私犯罪所得的情况下，实施了提供资金账户、帮助资金转移等洗钱行为。故在办案过程中，办案组多次与海关、人民银行等有关部门召开座谈会，就走私罪与洗钱罪的吸收、洗钱罪的证明标准等问题进行多次沟通，形成共识，并依法追加被告人谭彤洗钱罪罪名。这是检察机关依法履行公诉职能的重要体现，也为案件的依法办理打下了坚实的基础。

（二）审慎认定洗钱数额

本案中，谭彤实施提供资金账户、帮助资金转移等洗钱行为，协助转移全部走私犯罪所得货款，但检察机关仅对其中 80 余万元的洗钱行为予以认定，客观公正、审慎充分地对案件进行法律定性。谭彤转移全部走私货款的行为虽符合洗钱罪的构成要件，但其收受并转移邮寄包裹走私部分的货款，因其事先与谭武通谋，明知走私并有相应走私协助行为，直接参与了该洗钱罪的"上游犯罪"，已经构成共同走私普通货物罪，洗钱行为是走私犯罪的延伸行为，二者之间存在依附关系，故洗钱罪已被吸收，不能单独成罪。《刑法》第一百五十六条规定，与走私犯通谋，为其提供贷款、资金、账号、发票、证明，或者为其提供运输、保管、邮寄或者其他方便的，以走私罪的共犯论处。这一规定与《刑法》第一百九十一条关于洗钱罪的认定有相似之处，如果不对"通谋""明知"等概念进行准确把握和认定，洗钱犯罪很有可能被作为走私罪的共犯进行处理。对于谭彤实际收受并转移货款80余万元的行为，因其事前未参与通谋，事中未实施帮助转寄包裹等共同走私犯罪行为，不能成立走私普通货物罪的共同犯罪，但谭彤明知系走私犯罪所得，仍实施提供账户、协助资金转移等洗钱行为，符合洗钱罪的犯罪构成，故仅对其收受并转移货款80余万元的行为增定洗钱罪。

（三）强化风险防控

公诉意见从走私犯罪、洗钱犯罪严重危害后果的角度入手，点明了走私、洗钱犯罪严重的社会危害性，层层深入、发人深省。走私犯罪损害国家主权、危害国家边境管理、破坏国家对外贸易管制，也破坏了公平竞争和社会主义市场经济秩序；洗钱犯罪则侵蚀金融体制、侵犯金融安全、破坏金融秩序，从而直接影响国家经济发展和社会和谐稳定。谭彤作为一名金融专业人员，其洗钱行为的犯罪危害性较之普通人更深，也更难防范，谭彤利用自己的身份、对银行流程的熟悉和对反洗钱相关规定的熟知，采取邮政汇兑收款、假借他人身份开户、开立多个户头、控制交易金额、不报告披露等手段刻意规避了相应监管，致其洗钱行为直到走私案发才被发现，这种"蚂蚁搬家"式的洗钱方式更是增加了查办案件的难度。故公诉意见中表示，反洗钱是一项长期、艰苦、复杂的工作，正所谓"冰冻三尺非一日之寒"，反洗钱工作亦非一朝一夕、一人一己就可以完成。要通过建立以人民银行为中心、其他金融机构密切配合的全国性反洗钱网络，从制度上落实内控措施、量化细化异常金融交易鉴别标准，从资金上监控洗钱的动向，从渠道上斩断洗钱的环节，从而确保反洗钱工作的顺利开展。

案例推荐：江苏省人民检察院

撰稿：任婕

审稿：王勇

路某盗窃被不起诉案

——为附条件不起诉制度立法提供实践支撑

基本案情

路某，男，时年 17 岁，江苏省宜兴市人，江苏省无锡市某技术职业学校学生。

2007 年 4 月 30 日 1 时许，路某在校外网吧上网后，闲逛至江苏锡州农村商业银行钱桥支行门口，见到银行门口的 ATM，即生盗窃之念，路某在附近找来一段钢筋和木棍，撬盗自动取款机的操作台，企图盗窃钱箱内现金，后因有群众经过，路某逃离现场。当时钱箱内有人民币 63800 元。

2007 年 5 月 10 日，路某被公安机关抓获，并以涉嫌盗窃金融机构（未遂）提请江苏省无锡市惠山区人民检察院批准逮捕。经调查、走访其所在学校及父母，了解其现实表现后，检察机关以无逮捕必要对路某作出不予批准逮捕的决定。2007 年 12 月 14 日，检察机关对路某作出附条件不起诉考察，考察期限为 3 个月，因路某在附条件不起诉考察期间认真履行考察义务，真心悔悟，各方面取得显著进步，于 2008 年 3 月 24 日对其作出不起诉决定。

案件背景与社会影响

　　自 1986 年上海市长宁区人民检察院设立全国首个未成年人专业办案组以来，全国各地检察机关在未成年人检察专业化和规范化方面进行了卓有成效的探索。在我国《刑事诉讼法》对未成年人特别程序作出明确规定之前，惠山区人民检察院力排困难和质疑，做少年检察制度的探路者和实践者，充分利用《刑事诉讼法》规定的不起诉制度，给涉罪未成年人重塑自我、回归社会的机会，即便是以目前少年司法制度发展的状况来看，该项制度创新也是有重大意义的。

　　该案系对附条件不起诉的大胆尝试，引起了实务界和学术界的激烈碰撞，带动了大批专家学者展开探讨。2008 年 4 月，在总结路某盗窃被不起诉案办案经验的基础上，惠山区人民检察院又出台了《附条件不起诉操作规则》。此后，其他地区也开始类似探索，基层的诸多实践为少年司法改革提供了强有力的实证依据，附条件不起诉制度被写入 2012 年修订的《刑事诉讼法》。2016 年，在全国检察机关庆祝未成年人检察工作开展 30 年之际，路某盗窃被不起诉案被江苏省检察院确认为"江苏未检 30 年个案推动未成年人保护典型案例"。

不起诉适用

（一）作出附条件不起诉决定

　　2012 年修订后的《刑事诉讼法》在第五编第一章明确规定了未成年人刑事案件诉讼程序，而在此之前，未成年人案件的办理并无特殊规定可循。路某所在的家庭经济极其困难，其犯罪时系在校学生，在校表现良好，还有过见义勇为的事迹，案发后真诚悔过，其

无锡市惠山区人民检察院

不起诉决定书

正本

锡惠检刑不诉字〔2008〕2号

被不起诉人路某，男，1988年7月11日生，系无锡市交通技术职业学校04111班学生，住宜兴市杨巷镇珥塘村桥东20号。被不起诉人路某涉嫌盗窃罪，于2007年5月10日被无锡市公安局惠山分局刑事拘留，2007年5月24日，我院以被不起诉人路某涉嫌盗窃犯罪，系无逮、无逮捕必要，作出不予批准逮捕决定，同日，由无锡市公安局惠山分局对其决定取保候审。

被不起诉人路某涉嫌盗窃一案，由无锡市公安局惠山分局侦查终结，于2007年7月16日移送本院审查起诉，本院受理后，已于2007年7月16日告知被不起诉人有权委托辩护人，被害人有权委托诉讼代理人，依法讯问了被不起诉人，审查了全部案件材料，本案分别于2007年8月15日、2007年10月15日因事实不清，证据不足退回公安机关补充侦查，于2007年11月15日重新收案，2007年12月14日，我院对不起诉人作出附条件不起诉考察，考察期限为三个月。

经依法审查查明：

2007年4月30日1时许，被不起诉人路某在校外网吧上网后，闲逛至江苏锡州农村商业银行钱桥支行门口，见到银行门口

的ATM自动取款机，即生盗窃之念，被不起诉人路某在附近找来一段钢筋和木棍，撬盗自动取款机的操作台，企图盗窃钱箱内现金，后因有群众经过，被不起诉人路某逃离。当时，钱箱内有现金63800元。

认定上述事实的主要证据如下：

1. 证人王晓勇的证言；
2. 被害单位缪国庆的陈述；
3. 被不起诉人路某的供述和辩解；
4. 无锡市公安局惠山分局制作的现场勘验、检查笔录。

本院认为，被不起诉人路某实施了《中华人民共和国刑法》第二百六十四条规定的行为，但由于意志以外的原因未得逞，根据《中华人民共和国刑法》第二十三条规定，属犯罪未遂，且被不起诉人路某实施的行为无证据证明是针对数额特别巨大的钱财，同时，被不起诉人路某在盗窃时系在校学生，为初犯、偶犯，归案后，有明确的悔改之意，向上之心。自2007年5月24日对其作出不批准逮捕决定以来，经过帮教考察小组的悉心帮教，被不起诉人路某能在思想上、行动上都取得了明显进步，自2007年12月14日对其作出附条件不起诉考察以来，在附条件不起诉考察期限内，更是严格按照所附条件认真履行义务，真心悔悟，各方面均取得了显著进步。根据《中华人民共和国刑法》第三十七条规定，可以免于刑事处罚。依据《中华人民共和国刑事诉讼法》第一百四十二条第二款规定，决定对路某不起诉。

被不起诉人路某如不服本决定，可以自收到本决定书后七日以内向本院申诉。

被害人如不服本决定，可以自收到本决定书后七日以内向无锡市人民检察院申诉，请求提起公诉，也可以不经申诉，直接向无锡市惠山区人民法院提起自诉。

本件与原本核对无异

无锡市惠山区人民检察院

二〇〇八年三月二十四日

● 路某盗窃案不起诉决定书

母亲保证就近租房监督，这些都是对路某从轻处理的理由，但从整个案情来看，路某盗窃的对象是银行的 ATM，其性质又较为严重。如果将路某起诉至法院，程序上处理起来比较简单，检察机关也无须承担不起诉可能带来的风险，但这样的处理方式势必将对路某的一生造成沉重打击。诉还是不诉？最终，检察机关基于对路某的犯罪性质、年龄、危害后果、认罪态度等的综合考虑，认为可以不予追究刑事责任，进而作出了附条件不起诉决定，充分体现了宽严相济的刑事政策和以人为本的法治精神。此外，为增加案件透明度，接受社会监督，检察机关还主动邀请人民监督员参与听证，经过听取案情和独立评议，人民监督员一致同意对路某作出附条件不起诉。检察机关从内部和外部两个方面开展工作，稳妥作出决定，给路某改过自新、重回校园的机会，最大限度维护了路某的权益。

（二）充分落实未成年人最大利益原则

在无任何先例可循的情况下，检察机关创造性地利用《刑事诉讼法》原有的不起诉制度，将设定的条件融入诉与不诉的判断依据中，着眼于未成年人最大利益的实现，将教育、感化、挽救涉罪未成年人的理念贯穿于办案全过程。考虑路某案件的具体情况，虽然对其从宽处理，但并未将路某一放了之，而是成立由承办检察官、学校领导、犯罪嫌疑人父母组成的三级帮教小组，附加一定的帮教考察条件，利用取保候审的时间对其进行一段时间的帮教考察，了解其综合表现情况，为最终的不起诉决定提供充分依据。附条件不起诉考察意见书中对作出附条件不起诉的理由进行了充分的说理论证，从情、理、法等方面充分阐释未成年人特殊保护的原则，说理性较强，充分体现了少年司法制度的宽宥政策；同时，对附条件不起诉考察的期限和所附加的条件作出细化规定，从遵章守纪、自我约束及提升素养等 3 个方面作出硬性要求，指导后续附条件不起诉考察工作的顺利开展，反映司法机关对涉罪未成年人"宽容而不纵容"的工作态度。

（三）释法说理回应公众质疑

如前所述，路某盗窃的对象毕竟是银行的 ATM，性质还是较为严重的，给社会公众的观感刺激也是比较强烈的。故而，在贯彻未成年人权益保护原则的同时，也要能解答社会质疑，在保障人权和维护社会秩序之间寻求平衡。该案不起诉决定书在说理部分，除了阐明在校生、初偶犯、犯罪未遂等常规量刑因素外，还着重强调了路某的主观故意，即其虽然在客观上盗窃了金融机构的自动取款机，但是并无证据证明其系针对数额特别巨大的钱财进行盗窃，明确阐释了其并非一个贪得无厌之人，勾勒出路某的行为与一般的盗窃金融机构行为的本质区别，为不起诉决定提供了法理和道义的基础。

（四）形成规范化办案模式

经过个案探索，惠山区人民检察院及时总结办案经验，为规范今后此类案件的办理，出台《附条件不起诉操作规则》。该规则对附条件不起诉的实体要件和程序要件作出明确规定，将案件适用范围严格限制在 3 年有期徒刑以下的轻刑案件，并要求具备帮教条件；同时，适用的程序要求具体细化为 8 个方面，将听证、检委会决定、帮教考察小组的监督等内容纳入程序要求，充分体现了检察实务部门审慎严谨的创新态度。在该规范性文件的指导下，惠山区人民检察院陆续对一批未成年人刑事案件作出附条件不起诉决定，为 2012 年修改后的《刑事诉讼法》中特别程序的设定提供了丰富的实践范本。

案例推荐：江苏省人民检察院
撰稿：余红
审稿：王勇

郑筱萸受贿、玩忽职守案

——食品药品监督管理混乱背后的贪腐大案

基本案情

郑筱萸，男，时年63岁，福建省福州市人，国家食品药品监督管理局局长。

郑筱萸于1997年6月至2006年12月，利用其担任国家医药管理局局长、国家药品监督管理局局长和国家食品药品监督管理局局长的职务便利，为双鸽集团有限公司、浙江康裕制药有限公司等8家单位在药品、医疗器械的生产、销售、进口审批、注册等方面谋取利益，直接或通过其妻、子收受上述单位财物折合人民币649万余元。2001年至2003年，郑筱萸在担任国家药品监督管理局局长、国家食品药品监督管理局局长期间，违反重大事项请示报告制度和民主决策程序，草率启动在全国范围统一换发药品生产文号专项工作；其间严重不负责任，对这一事关国计民生的药品生产监管工作未做认真部署，并且擅自批准降低换发文号的审批标准。其玩忽职守行为在社会上造成了严重后果，经后来抽查发现，部分药品生产企业使用虚假申报资料获得了药品生产文号，其中6种药品是假药。

2007年4月26日，北京市人民检察院第一分院就郑筱萸受贿、玩忽职守案向北京市第一中级人民法院提起公诉。法院以受贿罪判处郑筱萸死刑，剥夺政治权利终身，没收个人全部财产；以玩忽职守罪判处其有期徒刑7年，两罪并罚，决定执行死刑，剥夺政治权利终身，没收个人全部财产。一审判决后，郑筱萸不服，提出上诉，北京市高级人民法院作出裁定：驳回上诉，维持原判，并报经最高人民法院核准。2007 年 7 月 10 日，郑筱萸被执行死刑。

案件背景与社会影响

　　实际上，在郑筱萸受贿、玩忽职守案之前几年，药监系统已开始刮起反腐风暴，本案只不过是这起风暴的中心和高潮。郑筱萸受贿、玩忽职守案之前，原浙江省药监局局长周航、原国家药监局医疗器械司司长郝和平、原中国药学会咨询服务部主任刘玉辉、原国家药监局药品注册司司长曹文庄及该司化学药品处处长卢爱英、原国家药典委员会常务副秘书长王国荣等先后被立案调查。正是在查处药监系统腐败窝案时，带出了郑筱萸。2007 年 1 月 24 日，国务院常务会议专题研究认为，郑筱萸在药品监管工作中，利用审批权收受他人贿赂，袒护、纵容亲属及身边工作人员违规违法，性质十分恶劣。会议要求，对郑筱萸的违纪违法问题要彻底查清，依法严肃处理。实践中，国务院常务会议就一起贪腐案件提出明确指示和要求是比较少见的，也是意有所指的。其所指向的就是，当时密集发生过的多起导致人民人身损害、财产损失的药品安全事件，如 2006 年齐齐哈尔第二制药有限公司（齐二药）亮菌甲素注射液事件，以及安徽华源生物药业有限公司"欣弗"注射液事件，导致 10 人死亡，多名病人出现肾功能衰竭。郑筱萸被立案查处，某种程度上正是回应了社会舆论关切。郑筱萸的贪腐渎职行为既严重危害了民众的健康和生命安全，也造成了整个国家药品监管秩序的严重混乱。

公诉指控 ·················

（一）紧扣法律，证实犯罪

郑筱萸受贿、玩忽职守案是党的十八大之前反腐败领域较有影响的大案，而且是少数因腐败被判死刑的案件之一，为中外舆论高度关注。郑筱萸究竟犯有何种罪行？其严重性如何？为何被判极刑？回应这些问题，有赖于检察机关对犯罪的精准指控。为此，检察机关基于被告人的行为及事实，紧扣法律规定的犯罪构成要件，进行了逐项论证，为指证犯罪的成立提供了坚实的事实证据和适用法律基础。

检察机关指控郑筱萸所犯第一个罪名是受贿罪。郑筱萸共有 8 起受贿事实，公诉人在庭审过程中一一举证证明了每一起受贿事实均成立受贿罪。庭审中，郑筱萸辩解称，对几起其亲属收受财物的事实，其当时是不知情的，而是在"双规"后才知道。对此，公诉人通过其本人在侦查阶段的供述以及其他物证和证人证言，否定了这一辩解。

对于郑筱萸所犯第二个罪名——玩忽职守罪，公诉人同样给予了严密的指控和论证。其中一个关键的问题是，郑筱萸是否具有玩忽职守行为。郑筱萸及其辩护人提出，国家药监局领导班子成员中无人提议将换发药品文号的专项工作列入该局重点工作，他当时认为该工作就是药品注册司的一项工作；国家药监局 582 号文件虽然对 187 号文件规定的审查方式进行了修改（从实质审查改为形式审查），但已要求各省药监局把关，并规定药品文号审批后上网公示，实际上并没有降低审查标准；药品生产质量管理规范认证是对药品生产企业的高标准要求，足以保证药品质量，因此据此辩称，为相关药品换发文号并不违规。对上述辩护意见，公诉人指出，药品文号换发作为一项关系国计民生的专项工作，其本身的重要性决定了应被列入药监局工作重点，其实际未被列入，郑筱萸作为药监局的主要领导应负首要责任；582号文件实质降低了审查标准，由此造成的危害后果，并不能通过网上公示程序弥补；药品生产质量管理规范认证不是审批药品的标准，不能代替药品的质量审查和文号批准。郑筱萸违规批准更改审查标准及处理原则，是对药政管理和人民群众用药安全严重不负责任的表现，构成玩忽职守罪。

（二）揭露犯罪，直击要害

近年来的反腐实践表明，官员受贿并渎职的现象并不少见，但是像本案郑筱萸这样利欲熏心、视权责为儿戏的现象并不多见。对此，检察人员在一审公诉意见及二审出庭意见中有集中的揭露，直陈郑筱萸在受贿及玩忽职守犯罪中的主观恶性及客观危害。第一，作为国家药监系统的最高领导人，郑筱萸所掌管的权力及肩负的责任至关重要，但他却将手中的权力当成了权钱交易的砝码。第二，郑筱萸掌管药政管理及监督的权力9年，收受贿赂的时间也长达9年，这样长时间的受贿是不多见的。第三，郑筱萸不仅自己直接受贿，而且纵容其妻刘耐雪、其子郑海榕收受贿赂。受贿名义和途径多种多样，包括顾问费、股份分红、工资、资助、住房首付款、装修费等。第四，郑筱萸总计受贿数额达640余万元，应属数额特别巨大。第五，郑筱萸对他人的请托事项，几乎有求必应，对他人给予的财物，则来者不拒。别人送钱或不送钱，直接决定他对请托事项的态度，权钱交易的故意十分明显。第六，郑筱萸在收受他人贿赂的情况下，积极为他人谋利，不惜丢弃原则违规违法。这些都说明郑筱萸在受贿犯罪方面具有极大的主观恶性。

此外，在统一换发药品批准文号的专项工作中，由于郑筱萸严重不负责任，不认真履行职责，对此项工作部署不周，监管不力，对发现的问题处置不当。从前期草率启动专项工作，到降低审批标准，甚至违规批准核发文号，致使大量以造假方式申报的药品获得批准文号，个别批准生产的药品后被确定为假药。其造成的后果：一是给人民群众的用药安全带来了直接威胁；二是严重扰乱了药品监管秩序；三是迫使药品监管部门重新审查、核发药品文号，造成人力物力的巨大浪费；四是极大地损害了政府的权威和公信力。因此，郑筱萸的行为属于严重的玩忽职守。

（三）释法说理，预防犯罪

一场好的出庭公诉就是一堂好的法治公开课，能够极大地延伸公诉的效果。在一审公诉意见中，公诉人特别引用一段文字，谈到郑筱萸受贿、玩忽职守案的警示作用。其中谈到，作为党员干部，要牢记党的告诫："务必保持谦虚谨慎的作风，务必保持艰苦朴素的作风"；"常修为政之德，常思贪欲之害，常怀律己之心"。领导干部尤其是高级领导干部是党的精英，是贯彻党的路线方针政策的带头人和实践者，既要勤奋敬业，更要为政清廉。如果追逐私利，失职渎职，必然损害党的执政地位和根基，从而为党纪国法所不容，郑筱萸就是一个鲜活的例子。谆谆话语，足以对党员领导干部起到震慑和警戒作用。

案例推荐：北京市人民检察院

撰稿：沈海平

审稿：黄河、王勇

马金光等十一人重大
责任事故案

——"11·27"东风煤矿特大爆炸事故的追责问责

基本案情 ···

马金光，男，时年 43 岁，七台河矿业（集团）有限责任公司东风煤矿矿长。

李志恒，男，时年 35 岁，七台河矿业（集团）有限责任公司东风煤矿副矿长。

强华，男，时年 39 岁，七台河矿业（集团）有限责任公司东风煤矿副矿长。

姜恒本，男，时年 39 岁，七台河矿业（集团）有限责任公司东风煤矿总工程师。

（其他被告人基本情况略）

2005 年 11 月 27 日 21 时 22 分许，黑龙江省龙煤矿业集团有限责任公司七台河分公司东风煤矿发生特大爆炸事故，造成矿工 171 人死亡，48 人受伤，直接经济损失 2493.1 万元。事故发生后，国务院立即派出调查组对事故进行调查，调查组认定此事故为煤尘爆炸事故，属于重大责任事故。调查组认定这起事故的直接原因是，违规放炮处理 275 皮带道主煤仓堵塞，导致煤仓给煤机垮落，煤仓内的煤炭突然倾出，带出大量煤尘并造成巷道内煤尘飞扬，达到爆炸界限，放炮火焰引起煤尘爆炸。间接原因是，275皮带道及井底煤仓没有实施正常的洒水消尘，长期违规放炮处理煤仓堵塞，特殊工种作业人员无证上岗现象严重，没有认真执行人员升、入井记录和检查等制度，未建立安全生产隐患排查、治理和报告制度，超能力生产，造成采掘失调、接续紧张。

2005年12月13日、14日，该矿矿长马金光，副矿长强华、李志恒，总工程师姜恒本，煤质科科长徐群、副科长张树新，通风区区长甄银阁，安检科科长刘彦丰，派驻安检站站长史延明，275皮带队队长齐立民，调度室主任杨俊生共计11人因涉嫌重大责任事故罪或国有公司企业人员滥用职权罪先后被黑龙江省七台河市公安局直属分局刑事拘留。2006年1月和3月，七台河市人民检察院先后向市公安局送达了检察建议和纠正违法行为通知书，提出已经超出法定羁押期限，要求纠正。2006年4月10日，七台河市公安局呈请七台河市人民检察院批准逮捕，市检察院认为，缺乏国务院事故调查报告、技术鉴定报告及现场勘查资料，案件的主要证据不足，无法确定事实和责任，暂时不能批捕，并要求尽快收集相关材料。2006年7月6日，因超期羁押，七台河市公安局对犯罪嫌疑人变更强制措施，予以取保候审。

2007年12月3日，黑龙江省七台河市新兴区人民检察院向新兴区人民法院提起公诉。12月15日，新兴区人民法院对11名被告人全部作出有罪判决，分别判处缓刑、三年到六年不等的有期徒刑。

同时，为严肃党纪、政纪，对国家和人民负责，经国务院常务会议研究，同意对龙煤矿业集团有限责任公司总经理侯仁等21人给予相应的党纪、政纪处分；决定给予黑龙江省副省长刘海生行政记过处分，责成黑龙江省政府向国务院作出深刻检查。

马金光等十一人重大责任事故案

案件背景与社会影响 ··

　　我国是煤炭大国，煤矿事故是困扰我国安全生产的重大问题。黑龙江"11·27"重大责任事故案造成的损失之大，被追责人员之多，从矿工到矿长11人，再到公司高管层21人，最后再到黑龙江省副省长都受到不同程度的追责问责，这反映出党中央和国务院对安全生产的高度重视，以及对安全生产领域不履职、不尽职进行严厉问责追责的决心。本案发生后，舆情此起彼伏，国内外媒体关注度高，案件历时近两年才得以办理完结。如何及时有效防范和处置这类风险迫在眉睫，成为社会留给司法机关的一道"考题"，而人民群众和受害者家属则毫无疑问是"考官"，作为"考生"的司法机关如何交出一份满意的"答卷"，备受各方瞩目。

公诉指控 ··

（一）依法履行检察职能，严格把握证据标准

　　本案遇难人数多、社会影响大，但检察机关在办案过程中并未一味求快，而是严把证据关，坚持惩罚犯罪与保障人权相结合。根据《刑法》第一百三十四条规定，重大责任事故罪是指，工厂、矿山、林场、建筑企业或者其他企业、事业单位的职工，由于不服管理、违反规章制度，或者强令工人违章冒险作业，因而发生重大伤亡事故或者造成其他严重后果的，处3年以下有期徒刑或者拘役；情节特别恶劣的，处3年以上7年以下有期徒刑。本案发生于2005年11月27日，直至2008年1月15日宣判，案件处理过程中《刑法修正案（六）》通过并生效。对于《刑法》第一百三十四条，《刑法修正案（六）》主要是将犯罪主体扩大到从事生产、作业的一切人员，同时新增强令违章冒险作业罪，对于重大责任事故罪的客观

行为并未作重大修改。

就重大责任事故类案件而言，查清被告人的违规行为以及行为与事故之间的因果关系，是定罪的基础和前提。实践中，事故调查报告、技术鉴定报告及现场勘查资料等往往成为确定事故原因、划分主体责任的重要依据。为确保案件高质量完成，在前期缺乏这些关键性证据的情况下，综合考虑人身危险性，没有急于对犯罪嫌疑人作出逮捕决定，而是要求侦查机关尽快收集相关证据。其间，向公安机关制发检察建议和纠正违法行为通知书，提出已经超出法定羁押期限，要求纠正，体现了保障人权的办案原则。

2006年12月15日、2007年6月5日，公安机关先后提供了事故调查报告讨论稿和事故技术鉴定报告汇报稿，由于并非正式文件，无法律效力，不符合证据形式要件，故而不能作为定案依据。2007年8月6日，公安机关调取了事故调查报告的正式文件，并于8月27日将本案移送审查起诉。在审查起诉中，针对证据不足的情况，依法两次退回公安机关补充侦查，要求完善相关证据，直至证据确实、充分后再提起公诉。

（二）三机关互相配合，及时回应社会期待

《刑事诉讼法》第七条规定："人民法院、人民检察院和公安机关进行刑事诉讼，应当分工负责，互相配合，互相制约，以保证准确有效地执行法律。"本案直接惊动党中央和国务院，社会各界尤其是死难者的家属更是对案件处理结果密切关注。但是，本案案情复杂、证据庞杂、人员众多，办理难度大、时间跨度长，在自媒体时代，这类案件往往容易引发舆情，进行跨部门协作成为必然。因此，案件经过两次补充侦查之后，七台河市委成立由市委常委、市委政法委书记为组长的专案组，公检法三机关集中精兵强将，最大限度集约司法资源，形成打击犯罪合力，及时协调案件办理中的难题，加快办案进程，及时回应群众关切，用事实化解无端猜忌，取得较好的法律效果和社会效果。

（三）详细划分责任层次，精准实现罚当其罪

重大责任事故犯罪中，往往融合了操作过失、管理过失、监督过失等各种过错形式。所以，在办案过程中应当仔细审查各被告人的履职过失，以及与事故之间因果力的强弱，从而区分不同情况，准确量刑，才能实现个案正义。

起诉书中详细阐明了各被告人的违规行为以及行为与事故之间的因果关系，公诉意见书中进一步明确了责任层次。公诉人指出："齐立民、徐群、张树新3人没有及时做好消尘工作，没有正确使用爆炸品，无证违规放炮，并于事故发生后订立攻守同盟，否认炸仓；刘彦丰和史延明2人身为安检科科长和矿务局安检局驻东风矿安检站站长，没有履行安检职责，安全检查监督不力，对事故隐患没有监督整改；马金光、姜恒本、强华、李志恒、甄银阁5人身为东风矿的领导人员，不能履行自身职责，违反规章制度，导致安全生产管理混乱，在全矿整体违章的状态下指挥工人冒险作业，导致了事故的发生。"通过详细划分责任层次，不仅进一步厘清了被告人的犯罪行为，而且为判决最终确定刑罚档次提供了清晰的依据，最终法院也采纳了公诉意见，在量刑时按照被告人的过错层级进行了详细区分。

（四）深刻揭示犯罪根源，警示业界依法履责

与暴力犯罪相比，重大责任事故罪涉案人员一般并非穷凶极恶、恶贯满盈，有些被告人自认为品行良好、工作认真，对司法机关追究其失职不理解，业界人员也可能存在类似疑惑。一份合格的公诉意见，在依法严惩被告人、回应公众与受害者家属期待的同时，也要做好释法说理，不仅使被告人认罪服法，而且也能警示从业人员引以为戒。

公诉意见在详细描述被告人履职过失之后，在最后一部分深刻指出被告人犯罪的根本原因，指出"坐在被告席上的11名被告人，

你们或许认为自己很无辜，感叹造物弄人，认为自己在生活中为人和善，并无劣迹，甚至是一个孝顺的好儿子，疼人的好丈夫，和蔼的好父亲，怎么也不会想到有牢狱之灾，但你们有没有想过，你们身处的岗位是特殊岗位，你们肩上扛着责任重担"。随后，公诉意见使用了一组排比句，着重揭示出被告人犯罪的深层次原因，"安全措施落实不到位，安全第一的思想不牢固，安全意识跟不上"，并告诫相关从业者正视身负的特殊职责，恪尽职守，否则"规章制度成为纸上谈兵，终要酿成苦果"。

案例推荐：黑龙江省人民检察院
撰稿：操宏均
审稿：王勇

多觉等三人放火、聚众冲击 国家机关、寻衅滋事案

——拉萨"3·14"打砸抢烧严重暴力系列案

基本案情 ···

多觉，男，时年 24 岁，拉萨市林周县强嘎乡典冲村人，农民。

巴珠，男，时年 33 岁，拉萨市林周县强嘎乡典冲村人，农民。

益西，男，时年 23 岁，拉萨市林周县强嘎乡典冲村人，农民。

2008 年 3 月 15 日上午 11 时许，多觉在拉萨市林周县夏寺尼姑的鼓动下，以降低粮油价格为借口，纠集林周县强嘎乡典冲村村民一同前往林周县闹事，巴珠、益西等积极响应，当即跟随。在途经曲嘎强桥时，林周县领导及乡领导予以劝阻，但多觉、巴珠、益西等人不听劝阻，反而带领群众一起冲往林周县城。到达县城后，多觉、巴珠、益西等人用石头打砸街道两边的饭馆、商铺、宣传栏等；多觉、巴珠、益西等人随后又在县公安局门前聚众向执勤民警投掷石块，打砸院内设施并推翻车辆；多觉、巴珠等人从县公安局出来后来到县畜牧站门口，多觉用刀将停放在畜牧站门口的一辆北京牌战旗汽车油箱捅破，巴珠用打火机将该车点燃后逃离现场，造成该车被烧毁。此次事件中，拉萨市林周县公私财产遭受重大损失。2008 年 3 月 18 日，多觉、巴珠、益西到林周县公安局投案。

2008 年 4 月 14 日，西藏自治区拉萨市人民检察院向拉萨市中

级人民法院提起公诉，法院于同月 29 日作出判决：多觉犯放火罪，判处有期徒刑十年，剥夺政治权利三年；犯聚众冲击国家机关罪，判处有期徒刑八年，剥夺政治权利二年；犯寻衅滋事罪，判处有期徒刑五年，决定执行有期徒刑二十年，剥夺政治权利五年。巴珠犯放火罪，判处有期徒刑八年，剥夺政治权利二年；犯聚众冲击国家机关罪，判处有期徒刑七年，剥夺政治权利一年；犯寻衅滋事罪，判处有期徒刑三年，决定执行有期徒刑十五年，剥夺政治权利三年。益西犯聚众冲击国家机关罪，判处有期徒刑七年，剥夺政治权利一年；犯寻衅滋事罪，判处有期徒刑五年，决定执行有期徒刑十二年，剥夺政治权利一年。

案件背景与社会影响 ·········

　　2008 年 3 月，在拉萨及其周边地区发生了由达赖集团有组织、有预谋、精心策划，旨在分裂国家、破坏民族团结和社会秩序的打砸抢烧严重暴力犯罪案件。这一事件是我们同达赖集团长期尖锐斗争的集中反映，有着深刻的政治背景和复杂的社会背景。

　　随着 2008 年北京奥运会举办日期临近，达赖集团企图借北京举办奥运会，鼓动境内外分裂主义分子破坏西藏稳定，扰乱藏族人民和平生活，谋求"西藏独立"。为了达到这一险恶的政治目的，他们经过长时间精心策划，首先策动拉萨哲蚌寺部分僧侣非法集会，并在达赖集团的直接蛊惑、煽动和组织下，制造了由少数不法僧尼充当先锋、"藏独"分裂分子作为骨干、一些不法分子参与，有组织、有计划、有预谋的严重暴力犯罪事件。达赖集团声称，此次行动的目的是争取"自由"和"人权"，但谎言掩盖不了事实。一些参与打砸抢烧的不法分子是"藏独"分裂分子花钱雇来的。来自林芝地区的卓玛供认："他们给我钱，让我去砸东西，还说多砸、多打、多烧，就多给钱，我一天挣了好几百元。"此次事件造成拉萨市民

西藏自治区拉萨市人民检察院

起 诉 书 副本

拉检刑一诉 [2008] 67 号

被告人多觉，男，1984年6月14日出生，身份证号码：540121198406144514，藏族，文盲，拉萨市林周县强嘎乡典冲村人，农民，住址：林周县强嘎乡典冲村。因涉嫌放火罪、聚众扰乱社会秩序罪，于2008年3月18日被林周县公安局刑事拘留，经本院批准，于同年4月1日被拉萨市公安局逮捕。

被告人巴珠，男，1975年4月15日出生，身份证号码：540121197504154551，藏族，文盲，拉萨市林周县强嘎乡典冲村人，农民，住址：林周县强嘎乡典冲村。因涉嫌放火罪、聚众扰乱社会秩序罪，于2008年3月18日被林周县公安局刑事拘留，经本院批准，于同年4月1日被拉萨市公安局逮捕。

被告人益西，男，1985年6月30日出生，身份证号码：540121198506304538，藏族，文盲，拉萨市林周县强嘎乡典冲村人，农民，住址：林周县强嘎乡典冲村。以危险方法危害公共安全罪，于2008年3月18日被林周县公安局刑事拘留，经本院批准，于同年4月1日被拉萨市公安局逮捕。

本案经拉萨市公安局侦查终结，被告人多觉和巴珠涉嫌放火罪、聚众扰乱社会秩序罪；被告人益西涉嫌聚众扰乱社会秩序罪、

1

以危险方法危害公共安全罪，于2008年4月13日移送本院审查起诉。本院于同日受理后即告知被告人有权委托辩护人及相关义务，依法讯问了被告人，审查了全部案件材料。

2008年3月，在拉萨及其周边地区发生了由达赖集团有组织、有预谋、精心策划，旨在分裂国家、破坏民族团结和社会秩序的打砸抢烧严重暴力犯罪事件，经依法审查查明：

2008年3月15日，被告人多觉、巴珠、益西跟随拉萨市林周县复寺的尼姑向林周县城聚集，多觉要求该村村民一同前往县城，当行至县医院附近商铺时，多觉、巴珠、益西带头实施打砸烧抢行为，随后多觉等人纠集近四百余人冲击林周县公安局，并将停放在该局院里的车辆砸坏、掀翻。随后多觉在林周县畜牧局门外将一辆北京牌汽车的油箱撬破，巴珠将该车辆点燃后逃离现场，造成该车辆被烧毁。

在此次事件中，拉萨市林周县公私财产遭受重大损失。

2008年3月18日被告人多觉、巴珠、益西到林周县公安局投案。

认定上述事实的证据有：物证、书证、证人证言，被告人的供述和辩解等证据。

本院认为，被告人多觉和巴珠的行为，已触犯《中华人民共和国刑法》第一百一十四条、第一百一十五条、第二百九十一条第二款之规定，犯罪事实清楚，证据确实充分，应当以放火罪、以危险方法危害公共安全罪、聚众冲击国家机关罪追究其刑事责

2

注，被告人益西的行为，已触犯《中华人民共和国刑法》第一百一十五条、第二百九十一条第二款之规定，犯罪事实清楚，证据确实充分，应当以危险方法危害公共安全罪、聚众冲击国家机关罪追究其刑事责任。根据《中华人民共和国刑法》第六十九条之规定，三被告人应当数罪并罚。根据《中华人民共和国刑法》第二十五条之规定，被告人多觉、巴珠、益西系共同犯罪。根据《中华人民共和国刑事诉讼法》第一百四十一条之规定，提起公诉，请依法判处。

此致

拉萨市中级人民法院

检 察 员 索朗次仁
                         王 建 军
代理检察员 益西欧珠
                         沈仁央宗

2008年4月14日

附注：1、三被告人现羁押于拉萨市少年管教所；
2、主要证据复印件四册及证据目录，证人名单各18份。

3

● 多觉等三人放火、聚众冲击国家机关、寻衅滋事案起诉书

巨大的生命、财产损失，据统计，2008年3月14日，不法分子纵火 300 余处，拉萨 908 户商铺、7 所学校、120 间民房、5 座医院受损，砸毁金融网点 10 个，至少 20 处建筑物被烧成废墟，84 辆汽车被毁。有 18 名无辜群众被烧死或砍死，受伤群众达 382 人，其中重伤 58 人。拉萨市直接财产损失达 24468.789 万元。该案是 "3·14" 系列事件中的一件，发生在拉萨市林周县。

公诉指控

（一）快捕快诉，依法严惩暴恐犯罪

多觉等 3 人放火、聚众冲击国家机关、寻衅滋事案系西藏 "3·14" 打砸抢烧严重暴力系列事件之一，发生在 2008 年 3 月 15 日的拉萨市林周县。由于历史因素与现实因素、国内因素与国外因素等方面相互交织，情况复杂，此次暴力犯罪案件处理稍有不慎就可能引发国际舆论。3 月 15 日，西藏自治区高级人民法院、西藏自治区人民检察院、西藏自治区公安厅发布通告，敦促组织、策划、参与打、砸、抢、烧、杀的犯罪分子停止一切犯罪活动，投案自首，鼓励广大人民群众积极检举揭发犯罪分子。3 月 18 日，包括多觉等人在内的 105 名参与实施暴力者投案自首。3 月 19 日下午，拉萨市人民检察院立即批准逮捕了洛追、扎西等 24 名犯罪嫌疑人并于 4 月 14 日对本案提起公诉。检察机关从快从严处理，坚决打击犯罪分子的嚣张气焰，极大震慑了不法分子。

（二）充分说理，明确定罪量刑要件

为准确揭露犯罪，公诉人当庭发表了有理有力的公诉意见。对于多觉等 3 名被告人的犯罪行为，检察机关认为应当以放火罪、以危险方法危害公共安全罪、聚众冲击国家机关罪追究被告人的刑事

拉萨市人民检察院
公诉意见书

被告人：多觉、巴珠、益西

案由：放火罪、以危险方法危害公共安全罪、聚众冲击国家机关罪

起诉书号：拉检刑一诉（2008）67号

审判长、审判员：

根据《中华人民共和国刑事诉讼法》第一百五十三条和《人民检察院组织法》第十五条之规定，我（们）受本院检察长的指派，以国家公诉人的身份，出席法庭支持公诉，并依法对刑事诉讼实行法律监督，为进一步揭露犯罪，弘扬法制，现公诉人就本案发表如下公诉意见，请法庭注意。

一、本案事实清楚，证据充分

在刚才法庭调查中，公诉人围绕起诉书指控的被告人多觉、巴珠、益西的犯罪事实，当庭依法讯问了被告人，宣读了证人证言和被害人陈述，出示了现场指认照片、物证、现场勘验笔录等证据。上述证据都已经控辩双方当庭质证，被告人亦当庭供认不讳，这些证据取证程序合法，证明内容客观真实，相互关联，相互印证，公诉人认为，起诉书所指控的被告人犯罪事实清楚，证据确实充分，公诉人现就本案进一步发表供述意见如下：

二、关于本案的法律适用和量刑情节

根据我国刑法第114条规定，放火罪是指故意放火焚烧公私财物，危害公共安全的行为，放火罪只以足以危害公共安全为前提，不以是否造成严重后果为条件。根据案件事实和客观证据，在"3.14"系列事件特定的犯罪背景下，各被告人的主观故意是直接而明显的，在犯罪客观方面其故意焚烧相邻铺面或其他可能引起危害公共安全的行为，我们认为符合《刑法》关于第114条放火罪的主客观条件。因此，被告人多觉、巴珠行为构成放火罪。

根据《刑法》第115条规定，以危险方法危害公共安全罪，是指使用与放火、决水、爆炸、投毒等危险性相当的其他危险方法，危害公共安全的行为。客观方面表现为，以危险方法危害公共安全的行为。所谓"其他危险方法"是指使用与放火、决水、爆炸、投毒的危险性相当的危险方法，只要足以危害公共安全的，即可构成本罪。由于实践中实施危害公共安全的犯罪形式、手段很多，刑法不可能也无必要将所有的犯罪形式、手段罗列出来，因而以"其他危险方法"作概括性的规定。主体是一般主体。主观方面是故意，可以是直接故意，也可以是间接故意。公诉人认为，三被告人采用放火、投毒、决水以外的其他如投掷石头等危险方法随意打砸的行为，应当为刑法规定的其他危险方法，并应当构成以危险方法危害公共安全罪。

根据《刑法》第290条第2款规定，聚众冲击国家机

罪，是指聚众冲击国家机关，致使国家机关工作无法进行，造成严重损失的行为。本罪的客体是国家机关的正常秩序，犯罪对象的各级国家机关。本罪的客观方面，表现为行为人实施了聚众冲击国家机关，致使国家机关工作无法进行且造成严重损失的行为。"聚众冲击"，是指首要分子聚集众人，冲撞或包围国家机关，强行进入国家机关大厅或堵塞国家机关大门或其办公场所等行为。本罪的主体是一般主体，只有首要分子和积极参加者才是本罪的主体。本罪的主观方面为故意。三被告人纠集近400余人冲击林周县公安局行为，既扰乱了国家机关的正常秩序，同时造成了林周县公安局直接经济损失796000元，公诉人认为被告人的行为符合刑法关于聚众冲击国家机关罪的犯罪构成要件，应当以聚众冲击国家机关罪追究其刑事责任。

根据《刑法》第67条规定关于自首，检察机关认为，根据法律规定，自首必须同时具备两个条件，一是必须主动到公安机关投案；二是必须如实交代本人犯罪事实。具备以上两个条件，才能构成自首。但是本案的情况是，三被告人在公安机关的第一次供述并非是本案的客观事实。因此对三被告人是否构成自首，请法庭根据客观事实和法律规定，作出公正客观的判决。

5、根据《刑法》第25条规定，关于共同犯罪。公诉人认为犯罪的共同故意可以在实施过程中产生，多人同时、相

继在多个地点实施犯罪行为，本案的事实和证据也表明，三被告人在犯罪现场，起到积极的带领作用，并实施了整个犯罪过程。因此，三被告人应当以共犯论处。

三、本案应汲取的教训

近年来，西藏经济社会持续发展，各族人民安居乐业，和谐共处，正处于历史上最好发展时期，这一伟大成就，举世人瞩目。但我们痛心的看到，今年3月，拉萨及周边地区发生了打砸抢烧暴力犯罪事件，严重破坏了民族团结和社会稳定。本案被告人在此次事件中，积极实施了危害社会行为，其行为应当受到法律追究和道义的谴责。

以上是我们的公诉意见，请法庭充分采纳，综合全案事实、证据，作出公正判决。

检察员：索朗次仁
　　　　　王建英
代理检察员：益西欧珠
　　　　　　次仁央吉

2008年4月25日发表

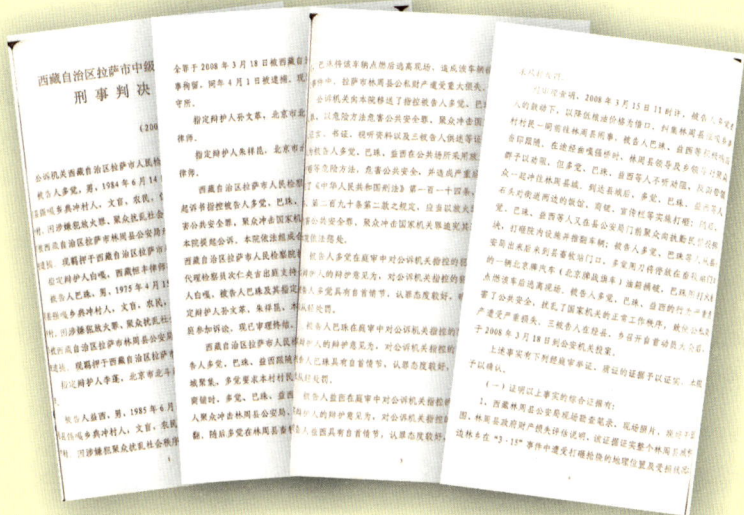

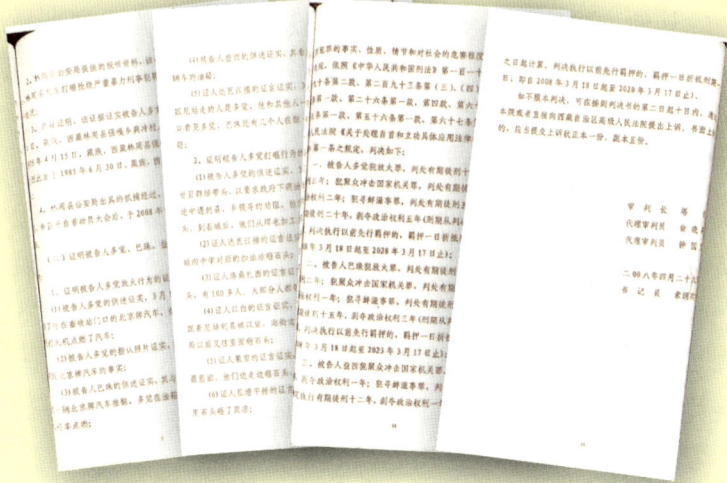

● 多觉等三人放火、聚众冲击国家机关、寻衅滋事案刑事判决书（部分）

责任。其中，放火罪和聚众冲击国家机关罪，在"3·14"系列事件特定的犯罪背景下，各被告人的主观故意直接而明显，客观上也实施了相应行为，认定毫无争议。

对于以危险方法危害公共安全罪，刑法规定的"以其他危险方法"，是与放火、爆炸、决水、投放危险物质 4 种行为并列规定，自然应具有"相当性"。根据同类解释规则，它必须与前面列举行为的社会危害性相当，即应当在行为的危险性质上与放火、决水、爆炸行为相当。放火、决水、爆炸、投放危险物质的特点是，一旦发生就无法立即控制结果，能够"一次性"地危及不特定多数人的生命、健康安全或者重大公私财产的安全。

公诉人指出："所谓以其他危险方法是指，使用与放火、决水、爆炸、投毒的危险性相当的危险方法，只要足以危害公共安全的，即可构成本罪。由于实践中实施危害公共安全的犯罪形式、手段很多，刑法不可能也无必要将所有的犯罪形式、手段都列举出来，因而以其他危险方法做概括性的规定。"公诉人认为，3 名被告人采用放火、投毒、决水以外的其他如投掷石头等危险方法随意打砸的行为，应当是刑法规定的"以其他危险方法"，因而构成以危险方法危害公共安全罪。

（三）汲取教训，倡导珍惜美好生活

在谈到本案应汲取的教训时，公诉意见书特别讲道："近年来西藏经济社会持续发展，各族人民安居乐业，正处于历史上最好发展时期，这一伟大成就，世界瞩目。但我们痛心地看到，今年 3 月，拉萨及周边地区发生了打砸抢烧暴力犯罪事件，严重破坏了民族团结和社会稳定。本案被告人在此次事件中，积极实施了危害社会行为，其行为应当受到法律追究和道义的谴责。"

案例推荐：西藏自治区人民检察院

撰稿：李哲

审稿：王勇

宋鹏飞、任世伟组织、领导黑社会性质组织案

——沈阳"6·07"黑恶势力火并专案

基本案情

宋鹏飞，男，时年 52 岁，辽宁省沈阳市人。

任世伟，男，时年 38 岁，辽宁省沈阳市人。

（其他被告人基本情况略）

2005 年 6 月 7 日，辽宁省沈阳市"中国鞋城"内"盛强航空货运站"发生一起致 2 人死亡、4 人重伤的持枪杀人案，警方调查发现，该案系黑恶势力为争夺地盘、垄断市场所为，幕后涉及复杂的社会关系和社会矛盾。2006 年 4 月，辽宁省公安厅成立"6·07"专案组，公安部挂牌督办。经一年多缜密侦查，从这起故意杀人案件中，成功打掉以宋鹏飞为首的黑社会性质组织、以任世伟为首的黑社会性质组织。

宋鹏飞曾因盗窃、扒窃、结伙打架多次被劳动教养，曾因犯故意伤害罪、流氓罪被判处有期徒刑。案发前，宋鹏飞任广州万发物流有限公司董事长、广州市沈阳大酒店总经理等职务，自 1993 年以来，以沈阳、广州为主要活动区域，笼络社会闲散人员、"两劳"释解人员和犯罪在逃人员，把持、垄断广东部分地区至浙江、沈阳、长春、哈尔滨等地的公路、铁路、航空运输线路和部分物流市场，

逐步形成黑社会性质组织，先后单独或结伙或有组织地实施故意杀人、故意伤害、寻衅滋事、聚众斗殴、非法买卖枪支弹药、非法持有枪支弹药、强迫交易等大量违法犯罪活动 50 余起。宋鹏飞等还不断腐蚀、贿赂公安人员，为其犯罪集团的暴力和经济活动提供庇护和帮助，包括原沈阳市沈河区公安局局长张保华、原沈阳市公安局禁毒支队支队长李锡贵等。

2008 年 11 月 28 日，辽宁省营口市中级人民法院作出一审宣判，以组织、领导黑社会性质组织、故意杀人等 14 项罪名，判处宋鹏飞死刑，剥夺政治权利终身；以参加黑社会性质组织、故意伤害等罪名，判处其他 95 名被告人死刑、无期徒刑、有期徒刑。

任世伟原系沈阳市新金龙船海鲜大酒店经营者。自 1992 年以来，通过买卖股票赚取人民币近 2000 万元，相继注册成立任记鲍翅馆、恒丰房地产开发公司、新金龙船海鲜大酒店等。任世伟以自己所开酒楼为依托，至 1997 年逐渐形成人数众多、骨干成员相对固定的黑社会性质组织。2006 年 4 月起，有组织地实施故意杀人（未遂）、故意伤害、聚众斗殴、敲诈勒索、强奸、强制猥亵妇女、偷税、非法买卖枪支、非法持有枪支等各类犯罪 60 余起。自 2000年以来，拉拢腐蚀公安干警充当保护伞，向沈阳市公安局沈河分局原局长曲月福、沈阳市公安局刑警支队原支队长宋晓晶等行贿。

2008 年 12 月 23 日，辽宁省营口市中级人民法院作出一审宣判，以组织、领导黑社会性质组织、故意杀人等罪名，判处任世伟死刑缓期两年执行，剥夺政治权利终身；以参加黑社会性质组织、故意伤害等罪名，判处其他 40 名被告人无期徒刑、有期徒刑。

案件背景与社会影响

2001 年全国开展严打整治斗争，打黑除恶工作取得了很大成绩，摧毁了一批黑恶势力，挖出了一批黑恶势力的"保护伞"，推进了

宋鹏飞、任世伟组织、领导黑社会性质组织案

146

辽宁省营口市人民检察院

起　诉　书

营检公刑诉〔2007〕18号

1、被告人任世伟，男，36岁，1970年8月12日出生于沈阳市，身份证号码：210102197008124112，汉族，初中文化，捕前住沈阳市沈河区青年大街215号，系沈阳市新金龙船海鲜大酒楼经营者。因本案于2006年4月5日被营口市公安局刑事拘留，后经本院批准，同年5月5日被执行逮捕。

2、被告人任世静，女，51岁，1955年5月2日出生于沈阳市，身份证号码：210102195505024148，汉族，大专文化，捕前住沈阳市南八马路87号，系沈阳市友谊鸿基国际管理有限公司董事长。因本案于2006年6月15日被营口市公安局刑事拘留，后经本院批准，同年7月15日被执行逮捕。

3、被告人任连弟，男，44岁，1962年10月3日出生于沈阳市，身份证号码：210102196210034124，汉族，初中文化，捕前住沈阳市河畔花园小区27号，系沈阳市新金龙船海鲜大酒楼经理。因本案于2006年4月5日被营口市公安局刑事拘留，后经本院批准，同年5月4日被执行逮捕。

4、被告人任世诚，男，41岁，1965年10月27日出生于沈阳市，身份证号码：210102196510274111，汉族，初中文化，捕前住沈阳市和平区南八马路77号，系沈阳市友谊房屋开发公司总经理。因本案于2006年4月5日被营口市公安

碑上，任世伟相继注册成立了任记鲍翅馆、任记鲍翅餐饮有限公司、任记鲍翅酒楼、任记东方海港大酒楼、恒丰房地产开发有限公司、稻香渔港大酒楼、富临阿一鲍鱼餐饮有限公司、沈阳任记鲍翅餐饮有限公司新金龙船海鲜大酒楼、沈阳市沈河区新金龙船海鲜大酒楼等多个经济实体。为了达到聚敛钱财，称霸一方的目的，任世伟亲自实施了多起违法犯罪，逐渐形成了黑有黑社会性质组织的雏形，此外，任氏家族成员也积极加入到该组织当中，积极为该组织出力，帮助该组织实施违法犯罪活动和聚敛钱财。任世伟陆续将杨成成、李男、刘学、颜锐利等骨干成员笼络到身边，以自己所开的酒楼为依托，不断发展壮大自己的势力，至1997年逐渐形成了人数众多、骨干成员相对固定、以崇养黑的黑社会性质组织。在该组织中，任世伟是组织者、领导者，负责违法犯罪行为的策划与指挥；被告人任世静、任连弟、任世诚、赵辉、杨成成、李男、刘学、颜锐利是积极参加者，积极参与该组织实施的违法犯罪活动；平李、刘志华、卢茅利、关维、朱俊峰、尚大志、刘志、赵增荣、张海波、马相国、王文革、富伟、陈化波、孙文波、于雷、李刚是参加者，参与该组织实施的违法犯罪活动。

该黑社会性质组织具有一定的经济实力，用以支持该组织的违法犯罪活动。仅任氏家族便拥有酒店10家，房产28处，车辆7台。经审计，任世伟开办的各家酒店从1999年至2006年共产生利润1700余万元。该组织除利用开办实体赚取合法收入外，还利用非法手段大肆敛财。任世伟经营的新金龙船酒店从开业以来，偷税300余万元。任世静开办的沈阳市友谊房屋开发公司1997年至2002年共计偷税600余万

12

15b

45、被告单位沈阳市友谊房屋开发公司，住所地：沈阳市沈河区大南街61号。

法定代表人：任世诚

本案由营口市公安局及营口市人民检察院侦查终结，以被告人任世伟、任世静、任连弟、任世诚、任世鼎、赵辉、杨成成、李男、刘学、颜锐利、卢茅利、关维、朱俊峰、尚大志、刘志、赵增荣、张海波、马相国、王文革、陈化波、孙文波、于雷、李刚、宋晓晶、曲月楼、张保华、吉喆、宪安、李光、方修明、吴涛、黄相伟、盖凡辉、孙朋辉、王钢、叶卫彬、马德权、徐忠乔、温涛、郑春明、刘大伟、尤真、高金伟分别涉嫌组织、领导、参加黑社会性质组织罪、故意杀人罪、寻衅滋事罪、故意伤害罪、聚众斗殴罪、强奸罪、强制猥亵妇女罪、敲诈勒索罪、偷税罪、虚报注册资本罪、非法买卖枪支罪、非法持有枪支罪、行贿罪、窝藏罪、包庇罪、盗窃罪、包庇黑社会性质组织罪、受贿罪、徇私枉法罪，于2006年10月4日、11月13日、11月22日、2007年4月4日，依据辽宁省人民检察院指定管辖，将此案移送审查起诉。本院受理后，于受案之日起三日内依法告知各被告人有权委托辩护人，告知各被告人或其近亲属有权委托诉讼代理人，听取了部分被告人的辩护人的意见。审查了全部案件材料，期间退回补充侦查两次，延长审查起诉期限三次共计45天。

经依法审查查明：

一、组织、领导、参加黑社会性质组织罪

1992年以来被告人任世伟通过买卖股票赚取人民币近2千万元，并将赵辉、张大鹏（已死亡）笼络到身边，在此基

11

● 宋鹏飞、任世伟组织、领导黑社会性质组织案起诉书（部分）

责任。在共同犯罪中系主犯，故意杀人罪属未遂。

被告人**任世静**积极参加黑社会性质组织；在公司经营中，授意他人进行虚假纳税申报，偷逃税款6,651,668.68元，偷税比例96.3%；授意他人在申请公司登记时使用虚假证明文件虚报注册资本，数额巨大；明知是犯罪的人因为其提供财物，指使他人转移枪支、掩盖犯罪事实，其行为触犯了《中华人民共和国刑法》第二百九十四条第一款、第三款、第二百零一条、第二百一十一条、第一百五十八条、第三百一十条之规定，犯罪事实清楚、证据确实充分，应当以参加黑社会性质组织罪、偷税罪、虚报注册资本罪、窝藏罪、包庇罪追究其刑事责任。偷税罪属单位犯罪，系直接负责的主管人员，在共同犯罪中系主犯。

被告人**任连弟**积极参加黑社会性质组织；伙同他人故意伤害他人身体，致1人重伤，3人轻伤；伙同他人进行虚假纳税申报，偷逃税款3,191,856.64元，偷税比例86%；伙同他人在申请公司登记时使用虚假证明文件虚报注册资本，数额巨大；明知是犯罪的人而为其提供枪弹；违反枪支管理规定，非法持有枪支，情节严重，其行为触犯了《中华人民共和国刑法》第二百九十四条第一款、第三款、第二百零一条、第一百五十八条、第一百二十八条第一款、《最高人民法院关于审理非法制造、买卖、运输枪支、弹药、爆炸物等刑事案件具体应用法律若干问题的解释》第五条第二款（二）项、第三百一十条之规定，犯罪事实清楚、证据确实充分，应当以参加黑社会性质组织罪、故意伤害罪、偷税罪、虚报注册资本罪、非法持有枪支罪、窝藏罪追究其刑事责任。在共同犯罪中系主犯。

作恶，欺压、残害群众，拉拢腐蚀国家机关工作人员，严重破坏经济、社会生活秩序，犯罪情节极其恶劣，社会危害极其严重。

被告人**任世伟**组织、领导黑社会性质组织，系首要分子；指使他人故意非法剥夺他人生命，致1人轻微伤；伙同他人在公共场所寻衅滋事，致1人轻伤、2人轻微伤；伙同他人故意伤害他人身体，致1人重伤、4人轻伤；策划、指挥他人持械聚众斗殴，致1人重伤、1人轻伤；多次单独或伙同他人强奸、强制猥亵妇女，情节恶劣；以非法占有为目的，敲诈勒索他人财物，数额巨大；授意他人进行虚假纳税申报，偷逃税款3,191,856.64元，偷税比例86%；授意他人在申请公司登记时使用虚假证明文件虚报注册资本，数额巨大；违反枪支管理规定，非法买卖、持有枪支，情节严重；为谋取不正当利益，向国家机关工作人员行贿，其行为触犯了《中华人民共和国刑法》第二百九十四条第一款、第三款、第二百三十二条、第二百九十三条、第二百三十四条第二款、第二百九十二条、第二百三十六条第三款、第二百三十七条第一款、第二百七十四条、第二百零一条、第一百五十八条、第二百二十五条第一款、第一百二十八条第一款、《最高人民法院关于审理非法制造、买卖、运输枪支、弹药、爆炸物等刑事案件具体应用法律若干问题的解释》第二条（一）项、第五条第二款（二）项、第三百八十九条之规定，犯罪事实清楚、证据确实充分，应当以组织、领导黑社会性质组织罪、故意杀人罪、寻衅滋事罪、故意伤害罪、聚众斗殴罪、强奸罪、强制猥亵妇女罪、敲诈勒索罪、偷税罪、虚报注册资本罪、非法买卖枪支罪、非法持有枪支罪、行贿罪追究其刑事责任。

被告人**刘大伟**违反枪支管理规定，帮助他人藏匿枪支，情节严重，其行为触犯了《中华人民共和国刑法》第一百二十八条第一款、《最高人民法院关于审理非法制造、买卖、运输枪支、弹药、爆炸物等刑事案件具体应用法律若干问题的解释》第五条第二款（二）项之规定，犯罪事实清楚、证据确实充分，应当以非法持有枪支罪追究其刑事责任。

被告人**高金伟**帮助他人隐瞒犯罪事实，向公安机关做虚假证明，其行为触犯了《中华人民共和国刑法》第三百一十条之规定，犯罪事实清楚、证据确实充分，应当以包庇罪追究其刑事责任。

被告单位**沈阳市友谊房屋开发公司**，在公司经营中进行虚假纳税申报，偷逃税款6,651,668.68元，偷税比例96.3%，其行为触犯了《中华人民共和国刑法》第二百一十一条之规定，犯罪事实清楚、证据确实充分，应当以偷税罪追究其刑事责任。

综上，还应分别适用《中华人民共和国刑法》第十二条、第二十三条、第二十五条第一款、第二十六条、第二十七条、第六十九条的规定。

根据《中华人民共和国刑事诉讼法》第一百四十一条之规定，本院对上列被告人及被告单位提起公诉，请依法判处。

此致
营口市中级人民法院

检察员：王秀林
代检察员：张鹏
二〇〇七年四月十六日

● 宋鹏飞、任世伟组织、领导黑社会性质组织案起诉书（部分）

社会治安工作。但与此同时，随着我国社会管理体制、组织结构、利益关系的深刻调整，加之市场经济体制还不健全以及境外犯罪的渗透等多种因素的影响和诱发，黑恶势力仍在不断滋生蔓延，并且日益向经济、政治领域渗透。为此，2006年党中央作出在全国开展打黑除恶专项斗争的重要决策。开展打黑除恶专项斗争，是遏制刑事犯罪高发、增强人民群众安全感的需要；是维护社会主义市场经济秩序、创造良好发展环境的需要；也是加强政权建设、巩固党的执政基础的需要。黑恶势力主要盘踞在建筑、运输、商品批发等各类市场，歌舞、洗浴等娱乐休闲场所和餐饮业，有的还渗透到有色金属、煤矿等能源领域。黑恶势力的组织形式也更加复杂和严密，"企业化""公司化"趋势显著，往往以公司、企业掩盖黑社会性质组织，用经营活动掩盖非法手段，用公司利润掩盖非法获利。"6·07"专案作为公安部挂牌督办的案件，具有涉案人员多、事实多、罪名多、犯罪地跨度大等特点，是2009年9月全国打黑办通报的重点案件之一。犯罪手段残忍，情节恶劣，危害严重。案件的成功办理狠狠打击了黑恶势力的嚣张气焰，有力维护了社会治安稳定，提升了群众安全感。

公诉指控

黑社会性质组织犯罪作为一种有组织犯罪，与普通的单个犯罪、一般的共同犯罪相比，其危害性倍增，严重侵蚀社会肌体，危及群众安全感。打击有组织犯罪与反恐斗争一样，对于每一个国家来说，都是必要的，也是世界各国面临的难题。作为一种组织化程度较高的犯罪，侦破难、调查取证难、审查案件难，对于公诉指控来说是一项巨大的考验。

1

营口市人民检察院

公诉意见书

被　告　人：任世伟等44人

案　　　由：组织、领导、参加黑社会性质组织罪等20个罪名

起诉书号：营检公刑诉[2007]18号

审判长、审判员：

根据《中华人民共和国刑事诉讼法》第一百五十三条、第一百六十条、第一百六十五条、第一百六十九条之规定，我们受营口人民检察院的指派，代表本院，以国家公诉人的身份，出席法庭支持公诉，并依法对刑事诉讼实行法律监督，现对本案证据和案件情况发表如下意见，请法庭注意。

一、本院指控上述被告人的犯罪行为事实清楚，证据确实、充分。

在刚刚结束的法庭调查中，公诉人当庭对上列被告人进行了讯问，并围绕本案的事实、情节，宣读了相关证人证言、鉴定结论、现场勘验笔录，出示了书证、物证等一系列相关证据，所举证据客观、真实，来源合法，并经控辩双方当庭质证，形成了完整的证据体系。尽管在庭审过程中有的被告人避重就轻，对有关重要情节、实质性问题避而不谈；有的被告人编造谎言，寻找借口，企图开脱自己及其同伙的罪责；有的被告人甚至无视和重

2

曲客观存在的事实和证据，狡辩抵赖，拒不认罪，但是，铁的事实足以充分揭露本案黑社会性质组织犯罪的性质及其犯罪严重的社会危害性，公诉人向法庭提供的相关证据，足以证明起诉书中所指控的任世伟等44名被告人犯有组织、领导、参加黑社会性质组织罪，故意杀人罪、故意伤害罪、聚众斗殴罪、寻衅滋事罪等20项罪名，犯罪事实清楚，证据确实、充分，定性和适用法律准确，罪名成立。

二、任世伟等被告人已构成组织、领导、参加黑社会性质组织罪

根据《中华人民共和国刑法》的规定，黑社会性质组织是以暴力、威胁和其他手段，有组织地进行违法犯罪活动，称霸一方，为非作歹，欺压、残害群众，严重破坏经济、社会秩序的违法犯罪组织。2002年4月28日，全国人大常务会《关于〈中华人民共和国刑法〉第294条第1款的解释》（以下简称立法解释）对黑社会性质组织的构成特征作出了立法解释，根据立法解释，黑社会性质的组织应当同时具备以下特征：（1）形成较稳定的犯罪组织，人数较多，有明确的组织者、领导者，骨干成员基本固定；（2）有组织地通过违法犯罪活动或者其他手段获取非法利益，具有一定的经济实力，以支持该组织的活动；（3）以暴力、威胁或者其他手段，有组织地多次进行违法犯罪活动，为非作恶，欺压、残害群众；（4）通过实施违法犯罪活动，或者利用国家工作人员的包庇或者纵容，称霸一方，在一定区域或者行业内，形成

3

非法控制或者重大影响，严重破坏经济、社会生活秩序。

结合本案事实，我们可以看出，以任世伟为首的黑社会性质组织所实施的犯罪完全符合该罪的主客观要件，分别构成组织、领导、参加黑社会性质组织罪。

1、该组织以任世伟为首，形成了较稳固的犯罪组织，人数较多，有明确的组织者、领导者，骨干成员基本固定。

1992年以来被告人任世伟通过买卖股票赚取人民币近2千万元，并将赵辉、张大鹏（已死亡）笼络到身边，在此基础上，任世伟相继注册成立了任记鲍鱼馆、任记鲍翅餐饮有限公司、任记翅翅酒楼、任记东方海港大酒楼、恒丰房地产开发有限公司、稻香渔港大酒楼、富临阿一鲍鱼餐饮有限公司、沈阳任记鲍翅餐饮有限公司新金龙船海鲜大酒楼、沈阳市沈河区新金龙船海鲜大酒楼等多个经济实体，为了达到聚敛钱财，称霸一方的目的，任世伟等人实施了多起违法犯罪，逐渐形成了带有黑社会性质组织的雏形，此外，任氏家族成员也积极加入到该组织当中，积极为该组织出力，帮助该组织实施违法犯罪活动和聚敛钱财，任世伟陆续将杨成城、李勇、刘学、颜锐利等骨干成员笼络到身边，以自己所开的酒楼为依托，不断发展壮大自己的势力，至1997年逐渐形成了人数众多，骨干成员相对固定，以商养黑的黑社会性质组织。在该组织中，任世伟是组织者、领导者、负责违法犯罪行为的策划与指挥；被告人任静、任进弟、任世诚、赵辉、杨成城、李勇、刘学、颜锐利是积极参加者，积极参与该组织实施

4

的违法犯罪活动，并为组织操办、平事；被告人任世静、任进弟是案件主要"平事"，犯罪组织成员实施违法犯罪后，由其四处活动，幼胁被害者和家属作证，拉拢、腐蚀国家机关工作人员，平息该组织实施的各类违法犯罪案件，帮助组织成员逃避法律惩处。被告人任世静、卢芳利、关栋、朱俊峰、尚大志、刘杰、赵增来、张海波、马相旭、王文革、富伟、陈化波、孙文波、于雷、李刚是参加者，参与该组织实施的违法犯罪活动。

2、有组织地通过违法犯罪活动或者其他手段获取经济利益，具有一定的经济实力，以支持该组织的活动。

仅任氏家族便拥有酒店10家，房产28处，车辆7台，经审计，任世伟开办的各类客室源流从1999年至2006年共产生利润1700余万元；该组织除利用开办实体赚取合法收入外，还利用非法手段大肆敛财，任世伟经营的新金龙船酒店从开业以来，偷税300余万元，任世静开办的沈阳市友谊房屋开发公司1997年至2002年共计偷税600余万元，此外该组织还用威胁、恐吓的手段从沈阳市东陵区后桑林子村敲诈勒索人民币370万元。

任世伟用这些收入常年在沈阳市房地产大厦开房间作为办公室和组织成员聚集策划违法犯罪的地点，并为组织成员支付工资及奖金，1992年—2005年10月任世伟支付给组织成员工资就达50万元，以支持组织的犯罪活动。任世伟还花费10万余元用以购买枪支来壮大自己组织的实力。粤海渔村敲诈伤害案件发生后，为了使被害人不再追究，任世伟拿出近30万元；为了掩

● 宋鹏飞、任世伟组织、领导黑社会性质组织案公诉意见书

差自己殴打魏国林,毁坏他人车辆的犯罪事实,堵住证人的嘴,任世伟就花费6万5千元;任世伟持枪威胁张满面后,任世伟又拿出2万元给被害人摆平此事。

3、以暴力、威胁或者其他手段,有组织地实施违法犯罪活动,为非作恶,欺压群众,称霸一方,在一定区域形成重大影响,严重破坏了经济、社会生活秩序。

该组织从形成至2006年4月以暴力、威胁或者其他手段,有组织地进行了大量的违法犯罪活动,现查明,该组织实施故意杀人、寻衅滋事犯罪13起,致一人轻伤、6人轻微伤;故意伤害犯罪2起,致一人重伤、4人轻伤;聚众斗殴犯罪2起,致1人重伤;强奸、强制猥亵妇女犯罪11起;敲诈勒索犯罪2起,敲诈数额达370余万元;偷税犯罪2起,偷税数额900余万元;虚报注册资本犯罪2起;非法买卖枪支、非法持有枪支犯罪20起,公安机关共收缴该组织枪支12支,各类子弹102发、纸制手雷1枚;窝藏、包庇犯罪6起;行贿犯罪3起,行贿数额人民币5万元、美元1万5千元。此外,该组织还实施多起违法活动。

4、该组织为达到在一定区域内形成非法控制的目的,除大量实施违法犯罪活动以外,还寻求非法保护,千方百计构筑关系网,寻求"保护伞"。

任世伟等黑社会性质犯罪组织为了逃避打击,采取各种手段寻找靠山,拉拢、腐蚀国家机关工作人员。沈阳市公安局特警支队原支队长宋晓晶、沈阳市公安局沈河区公安分局原两任局长曲

月福、张保华、刑警大队原大队长吉晶、包庇该黑社会性质组织,为其充当"保护伞"。在金钱的诱惑下,一个个本应一身正气、护卫正义的执法者将党性原则置于脑后、将职业信仰抛之一旁,与黑社会性质组织沆瀣一气,给予其所需要的全方位、多层面的"保护",更助长了该犯罪组织的犯罪气焰,使得他们更加为所欲为、肆无忌惮,也使该组织不断发展壮大势力,在一定区域内逐渐形成非法控制,严重损害了党和政府以及公安机关在人民群众心目中的地位和形象。

三、本案犯罪情节特别恶劣,社会危害性极其严重,应当依法予以严惩

本案的黑社会性质组织成员主要活动于沈阳地区,称霸一方,他们三五成群,携枪带刀,行凶作恶,不择手段。他们信奉强权和暴力,鱼肉百姓,动辄大打出手,随意唬枪。严重扰乱社会治安,让人民群众生活没有安全感,这充分暴露了这伙黑社会组织的凶残和疯狂。

以任世伟为首的黑社会性质组织从萌芽到逐渐发展、膨胀,其所作所为无不体现其反社会的丑恶本质,藐视法律、藐视道德、藐视一切正常的社会行为规范。

随着犯罪组织的进一步扩大,被告人一伙的违法犯罪活动也越来越多,犯罪气焰越发嚣张、猖狂和血成,他们买凶杀人和管制刀具,逞强好胜,结伙聚众斗殴,他们出没沈阳各娱乐场所,挟持多名女服务人员实施强奸、轮奸,行为令人发指。

所到之处,无不对人民犯下滔滔罪行。如果说一起起违法犯罪只是针对一个特定主体的话,那么被告人任世伟等黑社会性质组织对经济、治安的严重破坏便是在侵蚀着整个社会发展和稳定的根基。

四、对任世伟等44名被告人犯罪行为应适用的法律

对任世伟等44名被告人的犯罪行为应如何适用法律,我们已在起诉书中详细的进行了阐述,在此需要强调4点:

1、根据《刑法》规定,对被告人应依照数罪并罚的规定予以处罚,被告人任世伟作为黑社会性质组织的组织者、领导者,应对其组织、领导的黑社会性质组织所犯的全部罪行负责,这既包括被告人任世伟直接实施和指使他人实施的犯罪,亦包括其成员所实施的符合其黑社会性质组织的宗旨、目的,采用其一贯手段和行为方式的犯罪;对于其他积极参加和一般参加黑社会性质组织的人员,均应按照其所参与的犯罪处罚。

2、被告人刘学、王文革系涉案,分别适用1979年《中华人民共和国刑法》第六十一条及《中华人民共和国刑法》第六十五条的规定。

3、被告人刘志鑫后到公安机关投案,适用《中华人民共和国刑法》第六十七条第一款的规定。

4、被告人温涛归案后检举他人犯罪,有重大立功表现,适用《中华人民共和国刑法》第六十八条第一款的规定。

五、查处任世伟等黑社会性质犯罪组织给我们的思考

通过连续多天的法庭调查,我们已经深深认识到,黑社会性质的犯罪组织具有及其严重的社会危害性,如不及时、彻底铲除,它将给社会和人民对严重某许多无法弥合的灾难性的损失,国家的长治久安、人民的安居乐业,就没有保障,构建和谐社会就无从谈起。

对犯罪的宽容就是对人民的残忍。对于肩负着保护人民、惩治犯罪、维护社会治安的政法部门来说,打黑除恶是党和人民赋予政法机关的神圣使命,我们必须保持高压态势,黑恶必除,除恶必尽。

通过任世伟案件的办理,公诉人更加坚信,只要有各级党委、政府的坚强领导,有各级政法机关的通力合作,各尽其职,有人民群众的大力支持,有忠诚于党、忠诚于国家、忠诚于人民、忠诚于法律事业的政法干警,就没有打不赢的黑恶犯罪和铲除不了的社会毒瘤!我们将坚定不移地贯彻党中央的战略决策和各项部署,坚决铲除一切黑恶势力,为人民群众撑起一片平安稳定的、和谐正义的晴朗天空。

公诉意见发表完毕。

● 宋鹏飞、任世伟组织、领导黑社会性质组织案公诉意见书

（一）通过细节强化指控

公诉指控要说服法官，反驳被告人及其辩护人，并触动甚至劝教被告人，彰显社会正义。上述两个黑社会性质组织所实施的一系列犯罪，特别是暴力犯罪，极其恶劣。对于公诉指控来说，在这种犯罪事实众多的案件中，要善于通过细节来体现其犯罪之恶劣、危害之严重。宋鹏飞组织、领导黑社会性质组织案的公诉意见书提到两个细节值得关注：一是宋鹏飞等人酒后随地小便，夜总会的保安前来制止，竟遭至宋鹏飞等人的疯狂砍杀，其中一名保安当场被刺死，另有3人重伤、3人轻伤；二是宋鹏飞参加他人生日宴会，宴会中邀请林女士跳舞遭拒，大打出手，林女士的丈夫上前劝说，竟被打成重伤。值得注意的是，任世伟组织、领导黑社会性质组织案起诉书中有一段反映其人身危险性和主观恶性的事实情节：任世伟乘出租车去酒店吃饭，途中嫌出租车司机开车慢，便用枪顶在司机头上强迫闯红灯。到酒店后，司机报案，任世伟以为是酒店报案，便谩骂酒店老板，并在酒店歌厅开了一枪。通过这些细节可以看出，被告人藐视法律，一言不合就大打出手，一言不合就开枪，能够直观、深刻地展示黑社会性质组织的恶劣、残暴、嚣张。

（二）通过公诉指控推进社会治理

既不拔高也不降低，精准地进行刑事打击，是铲除黑社会性质组织这个"毒瘤"的必要手段。但在进行刑事打击的同时也需要进行社会治理层面的思考，"标本兼治"。"最好的社会政策是最好的刑事政策"，黑社会性质组织的形成具有一定的社会土壤。一般而言，有组织犯罪经历三个阶段的演化：暴力时期（低层次的犯罪活动）——寄生时期（有正式内部阶层结构及经营的行业）——共生时期（整合在合法社会的政治、社会机构之中）。铲除其生存的社会土壤，阻断其"做大成势"的社会条件更为重要。

宋鹏飞组织、领导黑社会性质组织案的公诉意见书深刻分析了

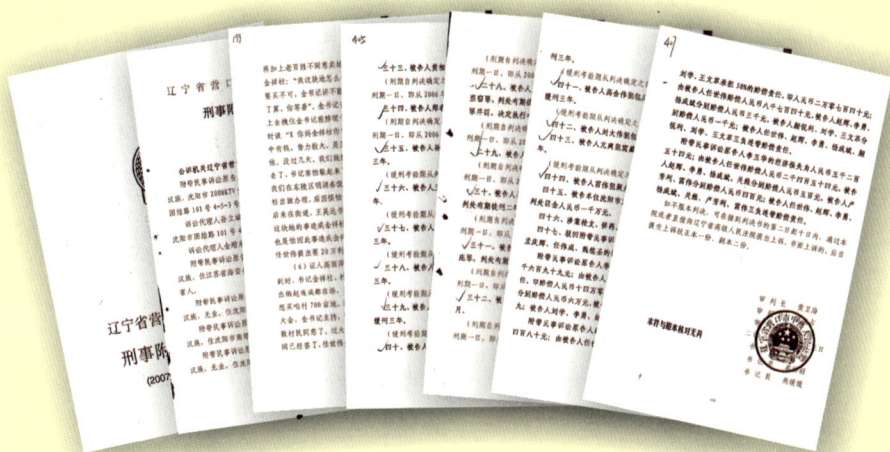

● 宋鹏飞、任世伟组织、领导黑社会性质组织案判决书（部分）

该案带来的反思和启示：一是行业管理方面。宋鹏飞能够垄断一定区域的物流货运，与行业管理不力有一定的关系，公诉人指出，"该犯罪组织之所以形成并发展壮大，与当地货运行业所谓的行规不无联系"，"黑社会性质组织之所以能够一步一步走到今天，并不是孤立的……打击黑恶犯罪应当加强行业监管……需要全社会的共同努力，需要一个防黑、扫黑、打黑的协作机制和网络"。二是源头治理方面。公诉人指出，"如果在该犯罪组织形成的初期就能对其进行依法防范与打击，依法追究相关人员的刑事责任，相关犯罪分子及时得到有效的改造和挽救，就会阻止其在犯罪的泥潭中越陷越深"。三是与打击黑恶犯罪相关的廉政建设方面。公诉人指出，"在黑社会组织犯罪的形成和蔓延初期，由于个别司法干警徇私枉法，包庇、纵容犯罪分子，一些犯罪行为未能得到及时的查处，不仅助长了犯罪分子的犯罪气焰，也严重损害了人民群众对司法机关的信任"。

案例推荐：辽宁省人民检察院
撰稿：李勇
审稿：王勇

邓玉娇故意伤害案

——在舆情裹挟下独立客观公正处理的公共事件

基本案情

邓玉娇，女，时年 22 岁，住湖北省恩施土家族苗族自治州巴东县野三关镇木龙垭村 10 组 8 号，巴东县野三关镇雄风宾馆"梦幻城"服务员。

2009 年 5 月 10 日晚上 8 时许，时任巴东县野三关镇招商办主任的邓贵大和副主任黄某某等人酗酒后到该镇雄风宾馆"梦幻城"玩乐。黄某某进入"梦幻城"5 号包房，要求正在该房内洗衣的宾馆服务员邓玉娇为其提供异性洗浴服务，邓玉娇称自己不是从事异性洗浴服务的服务员，拒绝了黄的要求，并摆脱了黄的拉扯，走出该包房，与服务员唐某一同进入服务员休息室。黄某某对此极为不满，紧随邓玉娇进入休息室，对邓玉娇进行辱骂。邓贵大闻声赶到休息室，与黄某某一起对邓玉娇纠缠、辱骂，同时拿出一叠钱炫耀并扇击邓玉娇的面部和肩部。在"梦幻城"服务员罗某某、阮某某等人先后劝解下，邓玉娇两次欲离开休息室，均被邓贵大拦住并推倒在身后的单人沙发上。倒在沙发上的邓玉娇双脚朝邓贵大乱踢乱蹬，将邓贵大蹬开，当邓贵大再次逼近邓玉娇时，邓玉娇起身用随身携带的水果刀朝邓贵大刺击，致邓贵大的左颈部、左小臂、右胸部、右肩部受伤。一直在现场的黄某某见状上前阻拦，也被邓玉娇刺伤右肘关节内侧。邓贵大因伤势严重，在送往医院抢救途中死亡。

经法医鉴定：邓贵大系他人用锐器致颈部大血管断裂、右肺破裂致急性失血性休克死亡；黄某某损伤程度为轻伤。案发后，邓玉娇主动向公安机关投案，并如实供述自己的犯罪事实。经司法精神病医学鉴定，邓玉娇为心境障碍（双相），属部分（限定）刑事责任能力。

2009年6月5日，湖北省巴东县人民检察院向巴东县人民法院提起公诉。同年6月16日，法院判决邓玉娇犯故意伤害罪，免予刑事处罚。

案件背景与社会影响

"邓玉娇故意伤害案"本是发生在湖北省恩施州东北部小镇上的一起普通刑事案件，由于警方早期公布的案情相对模糊，以及官员在洗浴场所被刺身亡的特殊情节，给了公众极大的"解读"和"猜疑"空间，巴东县政府陷入空前的信任危机，"邓玉娇故意伤害案"逐步演化为"邓玉娇事件"，进而发展成为席卷全国的舆情风暴。舆论关注的根本目的是，希冀案件得到公正合理的处理。越是媒体关注，司法机关越要保持理性。本案的处理结果充分体现了法律效果和社会效果的统一。

公诉指控

该案办理过程中，检察机关在坚持独立公正行使职权的同时，认真吸收社会舆论中合理的声音和见解，使舆论从几乎一边倒的质疑司法不公，到最后理性地接受司法处理结果，实现了司法与民意的良性互动。

（一）舆论纷扰中恪守客观公正

邓玉娇到底是烈女正当反抗行为不端官员，还是故意伤害，不能仅凭道听途说或情绪好恶，必须立足于案件事实。检察机关没有盲从群情鼎沸的道德审判，而是在媒体还没有把矛头指向检察机关时，适时介入侦查引导取证，夯实每一个事实细节，详细论证了正当防卫与防卫过当的异同。检察机关结合全案事实和证据，对邓贵大、黄某某与邓玉娇在该案中的行为进行客观评价，得出如下审查意见：一是邓贵大、黄某某对邓玉娇不法侵害的性质。邓贵大的主要行为表现为辱骂、拿出一叠钱炫耀并朝邓玉娇面部、肩部扇击，两次将邓玉娇推倒在沙发上，并未实施网民所传言的"强奸"或其他严重侵害人身权利的行为。二是邓贵大、黄某某对邓玉娇不法侵害的强度。二人在邓玉娇拒绝为黄某某提供"陪浴"服务之后，在扭曲的尊严观和人生观支配下，感觉到自己的"尊严"受到损害，即对邓玉娇进行言词侮辱、持钱扇击侮辱、拉扯推搡，其目的是想挽回自己被邓玉娇拒绝的"面子"，行为实质是在霸道心理下实施的一种寻衅滋事性质的不法侵害，这种不法侵害的强度侵犯了邓玉娇的人格尊严，但尚未严重侵害到其人身健康和生命安全。三是邓贵大、黄某某的不法侵害行为可能造成的危害后果。结合案发时的地点、环境、在场证人情况分析，邓玉娇与邓贵大发生冲突时，有多位同事在场，且有人出面劝解，邓贵大的行为并不足以威胁邓玉娇的人身安全；邓贵大、黄某某语言中无采用暴力威胁的内容，也没有实施损害邓玉娇人身健康和生命安全的暴力行为，虽说了"用钱砸死你"之类的语言，但事实上邓贵大掏出的一叠钱不可能砸死或砸伤人，这句话本质上仍是一种挑衅和侮辱。综合全案的事实与证据，邓玉娇是针对邓贵大、黄某某滋事性的侮辱和轻微伤害，实施了致邓贵大死亡的防卫行为。

（二）主动对接与舆论良性互动

2009 年 5 月 31 日，巴东县公安局将案件移送巴东县人民检察院审查起诉，媒体和公众对该案的关注焦点由公安局向检察院转移。巴东县人民检察院打破常规，抽调精干力量，加班加点审查，加快办案节奏，同年 6 月 5 日即依法提起公诉。事实和真相是回应舆情的定海神针。巴东县人民检察院在提起公诉的当日，及时向媒体发布《关于邓玉娇涉嫌故意伤害案的情况通报》，让公众及时、客观地了解案情和真相。值得说明的是，在提起公诉的前一天，即 6 月 4 日上午，4 名网民来访，要求检察院接受其关于案件审查的建议和请求。巴东县人民检察院接待人员有理有节地阐明检察机关三条意见：一是充分听取和尊重网民意见；二是以事实为依据，以法律为准绳办案；三是依法监督娱乐场所整顿，对失德公务人员建议依法依纪处理。来访网民对答复意见表示满意，当即离开检察院。

（三）针对性释法说理效果升华

检察机关在邓玉娇故意伤害案的办理过程中，通过履行国家公诉职责，把庭审当作一个释法说理的大讲堂，引导公民正确评判法律事件。公诉人宣读起诉书后，围绕本案起因，邓玉娇的 4 次供述，对邓贵大死因等的勘验、鉴定，扣押作案工具及物品，案发过程以及精神病司法鉴定 6 个方面出示证据，证实邓玉娇构成故意伤害罪，但具有从轻、减轻、免除处罚情节。在法庭辩论中，针对律师提出的邓玉娇持刀是在自己面前挥动而非有目的刺击，因而属于正当防卫以及无限防卫的观点，公诉人给予了有针对性的回应，指出本案不符合无限防卫的条件，邓玉娇采取反击的行为及其所造成的结果明显超过正当防卫的必要限度，应当承担相应的刑事责任。为了有效回应舆情和增强庭审效果，公诉人在公诉意见书中还对邓玉娇表达了真诚的同情和祝愿，"邓玉娇本来正值花样年华，正是自由自在享受青春和美好生活的年龄，却一时冲动，造成恶果，不仅要承担应该承担的法律责任，其心灵也将留下挥之不去的阴影，实在令人惋惜……希望被告人邓玉娇能认真反思，从此案中吸取教训，在未来的人生道路上多一些理性、少一些冲动，树立对生活的信心，从阴影中迅速走出来，迎接更加美好的未来"。同时对公务人员的失德行为予以谴责，对娱乐场所的乱象问题整顿提出了合理建议，回应了群众关切的社会问题。网民从偏激、反感到理性平和，逐渐接受邓玉娇故意伤害案中"防卫过当"这一重要的法律判断。法，兼听民意，但不盲从民意，这是本案的核心价值所在。

案例推荐：湖北省人民检察院
撰稿：杨玉莲
审稿：王勇

李伟将、姚丰故意杀人案

——依法行使属人管辖权，指控中国公民境外犯罪

基本案情 ....

李伟将（又名"安东尼Lee"），男，时年28岁，福建省石狮市人。姚丰，男，时年21岁，安徽省寿县人。

2005年3月，李伟将在福建省石狮市因非法持有枪支犯罪被关押期间，其手下黄成德、郑伯乐、阿兵等3人在菲律宾马尼拉市因涉嫌非法持有毒品被关押。李伟将联系在菲律宾的施文读帮忙协调，并给施文读两部汽车和100多万比索用于处理此事。2005年11月15日，李伟将刑满释放回到菲律宾马尼拉市后，怀疑黄成德等人被关押是施文读买通马尼拉警察对其陷害所致，便怀恨在心。与此同时，李伟将的好友阿兰因欠施文读的赌债无法偿还，多次向李伟将提出要将施文读杀死，李伟将因之前的怀疑而同意与阿兰共同杀害施文读。

2005年11月30日下午，施文读在菲律宾马尼拉市李伟将办公室再次向阿兰索要赌债并发生争吵。之后，李伟将与其手下姚丰、黄成德以及阿兰在李伟将办公室共同预谋实施杀害施文读，并进行分工。当晚11时许，李伟将、姚丰、阿兰、黄成德等人来到马尼拉泛太平洋宾馆五楼KTV包厢内和施文读等人喝酒唱歌。在此过程中，李伟将按事先的分工，强劝施文读的保镖喝酒，后又以各种理由支走施文读的随从人员。

12 月 1 日凌晨 2 时许，李伟将伙同姚丰、阿兰、黄成德等人将施文读扶上车，由阿兰驾车离开泛太平洋宾馆。李伟将另行驾车离开。在途中，黄成德等人按李伟将的要求，由黄成德抓住施文读的双手，姚丰持弹簧刀捅刺、切割施文读颈部致其死亡，并将其抛尸至帕赛市 SM 商城附近的马路边。事后为躲避菲律宾警方的追查，李伟将安排姚丰、黄成德等人四处躲藏，资助姚丰逃回国内，并将对此案知情的保镖辞退。2006 年 3 月 17 日，李伟将逃回国内，后被我国警方抓获。

2007 年 7 月 5 日，安徽省六安市人民检察院以故意杀人罪对李伟将、姚丰提起公诉。法院依法认定两人构成故意杀人罪。

案件背景与社会影响 ·······································

随着我国改革开放的不断推进，对外交往日益频繁，我国公民走出国门不断增加，在境外的犯罪行为也相应增多。我国公民在境外实施犯罪，一般多由当地司法机关按照属地原则管辖审判。近年来，发生在泰国的"杀妻骗保案""中国孕妇坠崖案"，以及发生在日本的"江歌案"，均是由案发国当地司法机关管辖和审判。但是，因为各种原因，一些我国公民在境外犯下严重罪行（很多情况下，被害人也是中国公民），却无法在当地得到有效审判。为充分打击跨境犯罪的行为，国际社会形成了"或引渡或审判"原则，即或者本国审判，或者引渡给他国审判。同时，国际社会还形成了"本国人不引渡"原则，即一般不将本国公民引渡至境外接受审判。对于李伟将的严重暴力犯罪行为，我国司法部门一方面不将其引渡至境外接受审判；另一方面应根据属人管辖权，在不引渡的情况下，在国内对其境外犯罪行为予以审判。

公诉指控 ....

（一）检察院依据属人管辖权指控李伟将故意杀人案

李伟将故意杀人案于 2005 年 12 月 1 日发生在菲律宾。之后，在 2006 年 3 月 17 日，菲律宾检察官将李伟将作为起诉的被告人，并申请发出逮捕令。菲律宾帕赛市地方审判庭于 2006 年 4 月 11 日对李伟将发出逮捕令。但李伟将已于 2006 年 3 月 17 日潜逃回国内，并在国内被抓获。

安徽省六安市人民检察院受理李伟将故意杀人案时，李伟将在菲律宾的抢劫、谋杀指控，以及逮捕令均未被法庭裁定撤销。根据我国法律规定，我国司法机关对本案具有管辖权，应在国内对其以故意杀人罪提起公诉。一方面，在我国起诉李伟将符合我国《刑法》属人管辖权的规定，具有法律依据。我国《刑法》第七条规定，"中华人民共和国公民在中华人民共和国领域外犯本法规定之罪的，适用本法，但是按本法规定的最高刑为三年以下有期徒刑的，可以不予追究"。李伟将是中国公民，在中华人民共和国领域外实施犯罪，所犯故意杀人罪最高刑为死刑，应当适用我国刑法规定追究其刑事责任。另一方面，菲律宾的管辖权在本案中不具有优先效力。虽然菲律宾基于属地管辖原则对李伟将的刑事诉讼程序尚未终结，且中菲双方具有引渡条约，但是根据引渡条约的规定，双方有权拒绝引渡本国国民。李伟将是我国公民，且在我国国内被逮捕，可以在我国依法追究其犯罪行为的刑事责任，无须将其交由菲律宾优先管辖。

（二）检察院依法独立审查作出起诉决定

我国检察院在诉讼过程中，独立行使审查起诉权，并不受该案在菲律宾审理程序的影响。李伟将被菲律宾帕赛市检察官起诉后，菲律宾帕赛市检察官于 2006 年 5 月 4 日提出《撤销起诉书申请》，申请撤销对李伟将的犯罪指控及撤销对李伟将的逮捕令。随后，帕赛市检察官又对撤销申请予以变更，于 2006 年 6 月 20 日提出临时撤回《撤销起诉书申请》。李伟将于 2006 年 6 月 30 日对帕赛市检察官的临时撤回申请提出抗辩，帕赛市地方审判庭于 2006 年 7 月 7 日裁定撤销对李伟将的抢劫、谋杀的起诉申请。菲律宾的上述司法决定，不管处于何种诉讼程序，对我国诉讼活动均没有约束力，不影响我国对本案的侦查、起诉和审判。因此，安徽省六安市人民检察院依法于 2006 年 7 月 5 日对李伟将提起公诉。

我国检察院在案件审查中，根据我国的刑事案件证明标准，独立审查李伟将是否构成犯罪。菲律宾帕赛市地方审判庭认为，"没有直接的证据可以将被告人李伟将与他当前被指控的犯罪联系起来，无论是什么已经提出的证据都终将被归入传闻证据一类"。"不过，晚些时候或在将来的某一天，在得到额外证据的情况下，原告以及死去的受害人子女可以重开这些刑事案对被告人李伟将进行起诉，以及在手握充分证据，确定存在控告合理根据的情况下来支持他们的控诉。本庭的裁定并没有对这一可能性关上大门"。我国司法机关独立行使司法权，域外法庭的裁定意见对我国司法机关没有约束力。同时，菲律宾的法律体系是大陆法系和英美法系的混合体，与我国法律体系不同，其裁定意见不具有参考价值。我国检察院根据李伟将到案后的供述，以及同案人姚丰的供述，结合后期收集的证据，对李伟将雇凶杀人的动机、杀人的过程等重要事实均已查清，检察院依法以李伟将涉嫌故意杀人罪提起公诉。

（三）检察院依法采纳域外收集的证据

本案中，菲律宾警方收集的证据，通过外交途径移送给我国司法机关，可以作为追究被告人刑事责任的证据使用。对于域外收集证据翻译件，检察机关在保障被告人辩护权的基础上，也依法予以采用。一方面，翻译件不需要被告人本人的确认。我国法律规定，刑事诉讼使用我国的通用语言、文字进行，原文是外国文字的证据，

不得在法庭上举证。菲律宾警方收集的证据需要提供翻译件才能在法庭上举证、质证。翻译件的形成是翻译人员在外文证据原件的基础上，履行翻译工作职责得出的证据表现形式，法律也未要求被告人需在翻译件上确认。因此，翻译件的形式并不影响证据的效力，举证、质证的对象实质上仍是原来的证据原件。另一方面，如果对翻译件存在较大争议，可以重新翻译。在举证质证过程中，如果控辩双方对翻译件译文的准确性有较大争议，可以由双方协商一致认定，也可以委托翻译机构或者翻译人员重新进行翻译，这并不影响该份证据的效力。检察院起诉书依法将境外的证据作为合法有效证据的一部分，将依此证据得出的事实纳入指控的范围。

案例推荐：安徽省人民检察院

撰稿：詹文成

审稿：刘哲

胡文标、丁月生投放危险物质案

——首例以"投放危险物质罪"起诉的环境污染案背后的"立体化"法律监督

基本案情

胡文标，男，时年47岁，盐城市标新化工有限公司法人代表，江苏省盐城市盐都区第11届、第12届政协委员。

丁月生，男，时年35岁，盐城市标新化工有限公司生产负责人。

2007年11月底至2009年2月16日间，标新化工有限公司法定代表人胡文标及生产负责人丁月生明知"氯代醚酮"生产过程中所产生的钾盐废水含有毒、有害物质不得外排，仍将大量钾盐废水通过明暗管道直接排放至公司北侧的五支河内，任其流经蟒蛇河污染该市城西、越河自来水厂取水口，致2009年2月20日全市20万居民饮用水停水66小时40分钟。

2009年2月21日，公安机关以"重大环境污染事故罪"对胡文标、丁月生刑事拘留。3月20日，盐城市盐都区人民检察院以"投放危险物质罪"批准逮捕，经审查后提起公诉。8月4日，盐都区人民法院以"投放危险物质罪"分别判处胡文标、丁月生有期徒刑十一年和六年。

案件背景与社会影响

蟒蛇河是江苏省盐城市的水源地，河流直穿盐城市区，从东北方向直入东海，是盐城人的母亲河。盐城市标新化工有限公司（以下简称标新化工）位处蟒蛇河上游。盐城"2·20"水污染事件直接导致20万居民生活饮用水和部分单位供水被迫中断66小时40分钟，造成直接经济损失543万余元。此次事故也引起了社会各界的广泛关注，央视《新闻1+1》专门对此进行了深度报道，称之为"公然投毒"。

公诉指控与监督

盐城"2·20"水污染事件对当地群众的饮水安全产生了严重影响，牵动着每个盐城市民的敏感神经。本案中，检察机关历史上首次以"投放危险物质罪"对违规排放造成重大环境污染事故的当事人提起公诉，开启了重典治污的先河。

（一）一案多查，深挖公共利益损害背后的原因

在公安机关锁定犯罪嫌疑人的同时，盐城市阜宁县人民检察院反贪污贿赂局、反渎职侵权局依法同步开展调查，深查重大事故背后隐含的职务犯罪线索。调查发现，环保局饮用水源保护区环境监察支队负责盐城市区饮用水源保护区的环境保护、污染防治工作，标新化工位于市饮用水源二级保护区范围内，属该支队二大队管辖，崔建国作为二大队大队长，对标新化工环境保护监察工作负有直接领导责任，却不认真履行环境保护监管职责，并多次收受标新化工法定代表人胡文标小额财物，遂多次对标新化工冷却水和废水外排的行为"开绿灯"。2009年3月14日，阜宁县人民检察机关以涉

嫌环境监管失职罪对崔建国进行立案侦查。同日，崔建国被刑事拘留，3 月 27 日被逮捕，5 月 13 日侦查终结移送起诉。12 月 16 日，阜宁县人民法院以环境监管失职罪判处崔建国有期徒刑二年。

（二）变更罪名指控，依法从重打击环境污染犯罪

在胡文标、丁月生案中，公安机关以"重大环境污染事故罪"对胡文标、丁月生进行立案侦查。然而，检察机关在审查中发现，以"重大环境污染事故罪"定罪与犯罪事实不符，应以"投放危险物质罪"进行指控：一方面是主观层面的差异，重大环境污染事故罪主观方面表现为过失，而投放危险物质罪在主观方面表现为故意（包括直接故意和间接故意）；另一方面是侵犯的客体不同，重大环境污染事故罪侵犯的客体是国家环境监管制度，而投放危险物质罪侵犯的客体则是不特定多数人的生命和财产安全。检察机关因此变更罪名起诉，并在公诉意见中特别指明："两被告人明知排放的钾盐废水中含有危害人体的有毒成分，也明知厂周围被排入污染物的河流与盐城市区饮用水源蟒蛇河相通，仍然将含有挥发酚的钾盐废水排放至厂周围的河流中，任其污染蟒蛇河水源，最终导致全市 20 万居民 66 小时 40 分钟断水。"这部分论证将事实、证据和法律有机结合，论理充分、逻辑严密，为人民法院最终定罪量刑提供了充分的支撑。这一指控不仅定罪更加准确，而且在量刑上也体现了"重典治污"，不仅实现了刑法对该不法行为的完整充分评价，也契合了新时代的新发展理念，与当前环境污染防治攻坚战的治理可谓一脉相承。

（三）抓住关键客观证据，确保公诉指控效果

好的公诉效果，离不开客观证据的支撑。对于指控事实而言，客观证据好比"铁证"，让一切狡辩显露原型。在胡文标、丁月生案中，检察机关紧紧围绕投放危险物质罪的犯罪构成要件，结合废水的毒性、排放的时间以及两被告人对该行为的放任等证据，进行

了指控。应当说，以投放危险物质罪起诉，在全国范围内也是首例。如何做到证据确实充分，是公诉指控面临的重要考验。同时，在崔建国案中，阜宁县检察机关反渎职侵权局特别注重从细节之中发现客观证据。侦查人员先从省、市环保部门的发文入手，对责任环节逐一排查，确定责任主体；又从数十份现场监察记录和会议记录入手，逐一核实签名人，终于发现了关键证据：为掩盖失职事实，崔建国于事故发生后的第二天伪造了日期为 2008 年 12 月 10 日和 2009 年 2 月 16 日两份虚假的监察记录。"欲盖弥彰"反而令其失职行径暴露无遗。起初，崔建国到案后拒不承认失职责任，但面对凿凿"铁证"又无可辩驳，最终主动讲清问题。关键客观证据的取得，为证明被告人严重不负责任的事实奠定了扎实的证据基础。

（四）延伸"触角"，进行"立体化"监督

在重大民生事件中，检察机关不仅要着眼于法律的正确适用，而且要通过查办事件背后的渎职案件来维护社会公共利益，守护民生。从企业负责人的责任落实，到负有监管职责的国家工作人员的责任追究，再到行政机关监管职责的进一步完善，盐城"2·20"水污染案的查办，为我们呈现了一个"立体"的检察机关。如果说打击贪贿解决的是"廉政"问题，那么查办渎职犯罪就是要解决"勤政"问题。反贪污贿赂与反渎职侵权是检察机关在特定历史时期全面履行法律监督职能的两把利剑。渎职，是重大事故中"倒下的第一张多米诺骨牌"，是"不进口袋的腐败"，危害更甚且查证更难。从崔建国环境监管失职案中不难发现，以"事"为核心，坚持"用证据说话"，是检察机关依法行使侦查权，查办公职人员渎职犯罪的最显著特点，一方面克服了"口供依赖"，彰显了检察机关的客观公正以及理性、平和、文明、规范的司法理念；另一方面也确保了国家公诉的质量和效率。

同时，通过履行法律监督职能参与社会治理，是检察机关服务经济社会发展大局的重要举措。一是案件办结后，检察机关又专门

制发书面检察建议，针对标新化工环评中的遗漏环节，建议当地环保部门进行拉网式"回头看"，检测化工企业排放成分，列明危害，为执法人员提供明确指引。同时，建议细化执法程序，修改考核标准，定期轮换岗位，增加检测项目和频次等。相关部门依检察建议进行了及时反馈、建章立制，为守护一方"源头活水"提供了更加充分的制度保障，预防犯罪也释放出了"生产力"。二是审查起诉环节民行部门的同步介入，督促支持有关单位起诉，帮助挽回经济损失。所谓督促起诉，是指针对遭受损害的国有资产或社会公共利益，监管部门或国有单位不行使或怠于行使自己的监管职责，检察机关以监督者的身份，督促有关监管部门或国有单位履行自己的职责，依法提起民事诉讼，保护国家和社会公共利益的一项检察制度。用今天的眼光来看，这一探索已经呈现检察机关提起公益诉讼制度的雏形，符合世界检察制度发展趋势，诠释了"检察官作为公共利益的代表，肩负着重要责任"的拳拳初心。

案例推荐：江苏省人民检察院
撰稿：袁博
审稿：黄河、刘哲

赵鹏运等二十八人非法经营案

——轰动一时的"亿霖"木业非法传销大案的罪与罚

基本案情

赵鹏运，男，时年 39 岁，辽宁省沈阳人，亿霖木业集团有限公司股东。

（其他被告人基本情况略）

2004 年 4 月初，因从事传销活动被以非法经营罪判处有期徒刑，尚在监狱服刑的赵鹏运，与前去探监的原传销人员屠晓斌、赵代红等人合谋，计划出狱后重整传销队伍，效仿"内蒙古万里大造林公司"的经营模式，带领传销人员销售林地牟利。赵鹏运刑满释放后，按照事先预谋，在赵代红、屠晓斌等人的帮助下，组织联络原从事传销的骨干人员，成立了亿霖集团及多家关联企业。

自 2004 年 4 月至 2006 年 6 月间，赵鹏运等 28 人以亿霖集团为依托，以托管造林为名，采用招聘、社区宣传、媒体广告或亲友间介绍等形式招聘员工、招揽客户，通过伪造"群众满意荣誉证书"、编造林业专家关于种植林业的经济价值评估成果、夸大高额回报、保证林地均有权证，以及虚假承诺管护费用银行监管等方式，获取购林人信任。按照赵鹏运等人制定的经营策略、模式，形成了"部长—经理—销售主管—销售代表"逐级按销售业绩比例提成的销售模式。各级销售人员积极发展传销队伍，开展传销活动，累计净销售林地面积 422802.1 亩，净销售金额 16.8 亿余元。

此案由北京市公安局侦查终结。2007年11月16日，北京市人民检察院第二分院提起公诉；2009年3月23日，北京市第二中级人民法院作出判决，赵鹏运等28人被判非法经营罪。一审宣判后赵鹏运等9人不服判决提出上诉。2009年6月17日，北京市高级人民法院作出二审判决，认为赵鹏运、屠晓斌等28人犯非法经营罪的基本事实清楚，基本证据确实、充分，对赵鹏运等24人维持原判，对在二审期间具有重大立功、积极退赃的张建军等4人依法减轻或免予刑事处罚。

案件背景与社会影响

"亿霖木业案"是传销进入中国后出现的第一起涉案金额近20亿人民币的案件，当时被媒体称为"北京有史以来最大的传销案"。自2004年6月开始，"合作造林，首选亿霖"的口号传遍大江南北。亿霖木业以其"零风险、高回报、坐在家里收大钱"的诱惑，在短短两年时间内，吸引了全国11个省、自治区、直辖市的45个县、市、区22000多名投资者趋之若鹜，大量投资者倾家荡产。无论规模、手段还是后果，"亿霖木业案"都可算作中国传销犯罪史上的一个"神话"。北京市人民检察院第二分院以非法经营罪对赵鹏运等28人提起公诉，后经法院审理作出有罪判决。

公诉指控

"亿霖木业案"案发后，媒体广泛关注，舆论群情激愤。北京市人民检察院第二分院对公安机关移送的3000多本证据材料进行全面细致的审查，尤其是对其中2000余个银行账户明细逐一核对，通过客观证据架构了起诉指控的事实基础，对赵鹏运等28人提起公

诉。由于 22000 余名购林人利益受损，检察机关在审查事实的同时，积极开展追赃挽损工作，督促警方依法查封亿霖集团的经营场所，扣押、冻结该集团非法所得和资产，全力追缴涉案赃款、赃物，最大限度减少购林人损失，化解矛盾和冲突。

（一）法律适用：传销入刑的立法变迁

20 世纪 90 年代，传销进入中国市场后，由于缺乏行业规范及有效监管，一些不法分子利用传销进行价格欺诈、骗取钱财，牟取非法利益，扰乱经济秩序，影响社会和谐稳定，群众反响强烈。"亿霖木业案"就是传销发展至登峰造极的范例，在短短两年时间，创造了若干个千万富豪、百万富豪，吸收资金近 20 亿元。

传销的本质是通过发展下线实现财物的非法转移和聚集，未创造社会价值，严重扰乱社会经济秩序，而且由于受众面广极易引发群体性事件。对传销的法律规制，我国经历了十余年的探索：国家工商行政管理局在 1994 年发布《制止传销活动中违法行为的通知》，后在 1996 年颁布《准许传销活动意见书》；此后，因传销的社会危害性日趋严重，国务院在 1998 年出台《关于禁止传销经营活动的通知》。这也是我国正式将传销界定为非法的标志性事件。2001 年 4 月 10 日，最高人民法院在《关于情节严重的传销或者变相传销行为如何定性问题的批复》中指出："对于 1998 年 4 月 18 日国务院《关于禁止传销经营活动的通知》发布以后，仍然从事传销或者变相传销活动，扰乱市场秩序，情节严重的，应当依照刑法第二百二十五条第（四）项的规定，以非法经营罪定罪处罚。"2009 年《刑法修正案（七）》增设"组织、领导传销活动罪"，至此，对于传销行为法律定性之争议，因刑法的修正而停止。对于"亿霖木业案"而言，虽存在虚假宣传等违法情形，但部分购林人能够获得林权，以非法经营罪定罪尚具合理性；但对于纯粹以拉人头、收入门费为主，不存在任何经营内容的传销行为，再以非法经营罪定罪便有不妥。可以说，正是我国经济的发展及其带来的政治、社会、文化、治安等方面的变化，推动了《刑法修正案（七）》的出台。

"亿霖木业案"发生于 2004 年至 2006 年，司法机关对其审理是在 2007 年至 2009 年，正在上述法律规范变迁之期间。在赵鹏运等人与辩护人均质疑传销行为能否认定为犯罪、媒体舆论广泛关注、上万投资人诉求挽回损失的情况下，检察机关坚守客观公正和罪刑法定原则，严格适用法律、解读法律，对赵鹏运等人行为是传销、传销入刑的法治变迁进行了着重阐述。同时阐明，根据"法不溯及既往"和"从旧兼从轻"原则，"亿霖木业案"发生在 2009 年《刑法修正案（七）》之前，故应以非法经营罪定罪处罚。

（二）事实认定：从客观到主观的论证思路

面对赵鹏运等 28 人及近 50 名辩护人的无罪或罪轻辩解，公诉人围绕庭审焦点——亿霖集团的经营行为是否构成传销，出示了大量证据，遵循了从客观到主观的论证思路，展示了扎实的证据基础与论证能力。一是根据亿霖集团《工资标准》等客观证据，证实亿霖集团采用的是按销售业绩分层次的团队计酬方式。二是结合亿霖集团内部员工及部分被害人的言词证据，证实上级销售人员以下级销售人员的销售业绩为计酬依据并获得晋升。这样的组织结构和计酬方式完全符合非法传销的行为特征。三是针对部分人员及其辩护人关于不明知亿霖集团从事传销的辩解，公诉意见书阐明"不少人员曾经跟随赵鹏运、赵代红在大安公司做过传销骨干，亲身经历了国家取缔传销的全过程，赵鹏运本人更是曾因传销'海能量产品'被以非法经营罪判过刑"，从赵鹏运等人的客观行为来证明他们对于亿霖集团实施的传销行为应属明知。公诉意见将从客观到主观的论证思路一以贯之，尤其注意把赵鹏运的前罪情节放在最后，极力避免先入为主、主观归罪，细节之处体现客观公正。

（三）责任认定：轻轻重重、主次分明

由于被告人人数众多，为准确认定各人的责任，公诉意见书专

辟第三部分用于评析责任。其一，轻轻重重，根据各人主观罪过大小、参与程度轻重，准确认定主从犯。将赵鹏运等7名组织者、经营者认定为主犯，将其他21名积极参与的传销骨干认定为从犯。其二，主次分明，针对庭审中7名主犯推诿责任，或辩解"不明知"、或辩解"未参与"的情形，公诉意见书以事实为根据，详细准确地阐述了7名主犯的责任，而对21名从犯的责任简要予以说明。如"赵代红在赵鹏运筹划、成立亿霖公司的过程中积极联系原大安公司的旧部，并在公司成立后担任法定代表人"；"英晓明、迟宏刚曾是大安公司的传销骨干，后在赵鹏运的召集下，于2004年6月带领许春满等部长……组建亿霖公司国际分公司销售队伍"；"张建军、黄金辉均系赵代红、赵鹏运经营的大安珠宝公司的销售骨干，先后任亿霖集团北京销售分公司国企分公司总经理"，以上论断掷地有声，为法官准确量刑提供了充分的、具有说服力的事实依据。

案例推荐：北京市人民检察院

撰稿：王勇、张杰

审稿：黄河、刘哲

文化等六人招收学生徇私舞弊案

——通过侦办指控打击"高考移民"幕后黑手

基本案情

文化（别名苏雅拉），男，蒙古族，时年 40 岁，鄂尔多斯市鄂托克旗公安局苏米图派出所所长，住鄂托克旗乌兰镇八居委。

斯庆巴雅尔，男，蒙古族，时年 28 岁，鄂尔多斯市鄂托克旗公安局苏米图派出所户籍民警，住鄂尔多斯市鄂托克旗乌兰镇六居委。

达来都仁，男，蒙古族，时年 43 岁，住鄂托克前旗敖勒召其镇公安小区。

王传祥，男，汉族，时年 40 岁，大学文化，住呼和浩特市园艺所东乐花园。

刘布音，男，蒙古族，时年 45 岁，住鄂托克旗乌兰镇馨园小区。

陈延平，男，汉族，时年 40 岁，大专文化，住山东省嘉祥县建设北路 2 号。

2007 年至 2008 年间，时任内蒙古自治区鄂尔多斯市鄂托克旗公安局苏米图派出所所长的文化多次接受中间人达来都仁、陈延平、刘布音和王传祥的委托，指派本所民警斯庆巴雅尔具体操作，为欲来内蒙古自治区参加高考的非内蒙古籍考生伪造户籍证明共计 33 份。事后，陈延平通过达来都仁分两次送给文化贿款共计人民币

12000 元；王传祥送给文化贿款人民币 10000 元。另，2008 年初，斯庆巴雅尔基于王传祥同样的请托，伪造户籍证明 19 份。

文化等 6 人招收学生徇私舞弊案由内蒙古自治区鄂托克旗人民检察院侦查，并于 2009 年 6 月 10 日提起公诉。内蒙古自治区鄂托克旗人民法院于 2009 年 7 月 25 日作出一审判决：文化等 6 人均犯招收学生徇私舞弊罪，判处有期徒刑缓刑或者拘役缓刑的刑罚。文化等 6 人均未上诉。

案件背景与社会影响

我国区域经济发展不平衡，导致省际间教育资源分配和教育质量不均衡，进而导致省际间存在高考录取分数线和录取率的高低差异。为追求自身利益，部分考生在教育水平较高的户籍地接受教育后，通过临时改变户籍、学籍等办法，到高考分数线较低、录取率较高的地区应考，这种现象被称为"高考移民"。

"高考移民"破坏了考试的公平性。"移民"考生以受教育优势掠夺了被"移民"地区考生的入学机会，这是全社会不能容忍的原则性问题。事实上，对于"高考移民"问题，国家早已明令禁止，却也屡禁不止。一个很重要的原因在于过去各地对"高考移民"案件的处理，一般只是取消录取资格或学籍，对相关人员并没有法律制裁。在很多人眼里，"高考移民"好比一场代价较低、回报极高的"赌博"，因此铤而走险者层出不穷。

文化等 6 人招收学生徇私舞弊案是当时国内鲜有的通过刑事手段打击"高考移民"的典型案例，处刑的对象不仅包括为考生伪造户籍的公安民警，也包括介绍渔利的"掮客"。本案的成功办理，有效地惩治了犯罪分子，提升人民群众对检察机关的熟知度和信任度，同时表明国家力图通过最为严厉的刑事手段，以"正本清源、釜底抽薪"的方式，切实解决"高考移民"问题的坚定立场。

侦查与公诉指控

（一）顺藤摸瓜，侦破"串案"

2008 年 8 月，鄂托克旗人民检察院反渎职侵权部门在摸排调查公安、教育等政府部门疑似参与"高考移民"的线索中，首先查明苏米图派出所民警斯庆巴雅尔因伪造户籍信息被公安机关辞退，遂开展立案侦查。经初查、研判，案件主要呈现以下特点：一是"串案"特征明显，人员关系环环相扣，在共同犯罪中的作用相互依存。二是主体身份特殊，包括公安干警、政府工作人员等，不仅具有敏感因素，而且具有较强的反侦查意识。三是地域涉及面广，除内蒙古自治区多地外，还涉及山东、河北等外省。

以上案件特点给侦查工作带来难度。为此，检察机关制定详尽、高效的侦查策略，并逐步推进，成功侦破"串案"。

一是采取先易后难、远近结合的侦破方式：先针对省内涉案人员，逐个击破、固定证据；发现新的重要线索后，由主管检察长带队，在一天时间内驱车几千里至外省，成功抓捕重要犯罪嫌疑人到案；在外围证据基本固定后，最后将侦查重点指向职位最高、作用最大，而侦查难度最高的派出所所长文化，促使其到案服法。

二是选择适用强制措施，保证案件顺利办理：对最先到案且能够如实供述案件事实的斯庆巴雅尔等人，采取取保候审的强制措施，这主要考虑到本案的多名犯罪嫌疑人系司法机关工作人员，在做好安抚和保密工作的前提下，采取非羁押措施可避免"打草惊蛇"；对于外省抓获的、认罪态度不好的陈延平等人则采取拘留、逮捕，保证诉讼顺利进行。

三是注重证据的收集，促成犯罪嫌疑人自愿认罪。注重外围证据收集，并对犯罪嫌疑人审讯中注重分化瓦解、各个击破。在铁证面前，6 名犯罪嫌疑人均对案件事实供认不讳，这在渎职犯罪办理中并不常见，客观上大幅度降低后期公诉指控的难度和风险。

（二）根据案情特点，进行全面指控

"高考移民"通常需要户籍、学籍等多个环节的变更，其中户籍是前提和基础。本案中，文化、斯庆巴雅尔作为公安派出所负责人和民警，在明知他人伪造户籍是为了"高考移民"的前提下，伪造户籍，为违规招收学生提供不可或缺的便利条件，伪造户籍的数量达到有关追诉标准，其行为构成招收学生徇私舞弊罪，且属于共同犯罪中的正犯。

另外，高考资格审核除户籍外，还包括学籍等要素达到相应标准；仅有公安民警的"帮忙"落户还不够，需要有熟悉流程，熟识专门人员的中间人，打通一系列"关卡"才能最终实现目的。这些中间人的非法获利数额也许比实施渎职行为的公职人员还要高。本案中，达来都仁、王传祥等人就长期充当"掮客"，在考生和公职人员之间牵线搭桥，是犯罪行为实现不可或缺的环节。因此，虽然达来都仁、王传祥等人主体上不符合渎职犯罪正犯的要件，但构成共犯。

同时打击渎职犯罪案件的正犯和共犯，从法律效果上看，有利于厘清不同人员在共同犯罪中所处地位、所起作用，实现罪责刑相适应；从社会效果上看，有利于从根本上去除"高考移民"的源头和利益链条，起到事半功倍的效果。

（三）重拳出击，发挥典型案件引领示范作用

文化等6人招收学生徇私舞弊案，是一起通过刑事手段打击"高考移民"的典型案例，获评第二届全国检察机关反渎职侵权优质案件，对全国范围内办理此类案件起到引领和示范作用。

只有通过刑事处罚打击犯罪，才能彰显社会的公平正义，平息考生和家长的情绪，并达到以儆效尤的预防目的。此后，各地司法机关借鉴本案的经验，不断拓宽打击手段和思路：不仅因此被判处

渎职犯罪的案件数量不断增加；而且从追究故意犯罪的刑事责任，拓展到追究行政管理人员的玩忽职守等过失犯罪的刑事责任，最大化地发挥刑事手段的震慑和预防作用。

本案的成功办理推动对"高考移民"问题的综合治理：督促教育行政部门要重点发现和纠正人籍分离、空挂学籍、学籍造假现象，对违规招收的"在册不在校""在校不在籍"的学生，要及时清退；督促公安机关要协调做好户籍管理工作，严把入户关，防止"高考移民"违规落户问题发生。这些经验在实践中不断总结提炼，并最终形成全国性规范文件。教育部、公安部印发《关于做好综合治理"高考移民"工作的通知》，文中规定："各有关地方、部门要严肃查处'高考移民'违法违规行为。对于通过非正常户籍学籍迁移、户籍学籍造假、出具虚假证明材料等手段获取高考资格，以及对'高考移民'包庇纵容和为不符合条件的考生违规办理报名的有关人员和单位，要依法依纪依规进行严肃处理和追责，涉嫌违法犯罪的移交司法机关处理。"

案例推荐：内蒙古自治区人民检察院

撰稿：王晨

审稿：黄河、刘哲

文化等六人招收学生徇私舞弊案

秦永林等六人重大责任事故案

——上海"楼脆脆"案

基本案情

秦永林，男，时年 50 岁，上海梅都房地产开发有限公司（以下简称梅都公司）"莲花河畔景苑"项目负责人。

张耀杰，男，时年 58 岁，上海众欣建筑有限公司（以下简称众欣公司）法定代表人、总经理。

夏建刚，男，时年 44 岁，上海众欣建筑有限公司承建的"莲花河畔景苑"项目安全、防火工作负责人。

陆卫英，女，时年 35 岁，上海众欣建筑有限公司承建的"莲花河畔景苑"二标段项目经理。

张耀雄，男，时年 47 岁，"莲花河畔景苑"土方开挖项目承包人员。

乔磊，女，时年 39 岁，上海市光启建设监理有限公司（以下简称光启公司）"莲花河畔景苑"工程总监理。

2006 年 8 月，梅都公司与众欣公司签订《建设工程施工合同》，由众欣公司承建梅都公司开发位于上海市闵行区"莲花河畔景苑"房地产项目。同年 9 月，梅都公司与光启公司签订"莲花河畔景苑"《建设工程委托监理合同》，委托光启公司为工程监理单位。2006 年 10 月，梅都公司取得上述房地产项目的《建筑工程施工许可证》并开始施工。其间，梅都公司法定代表人张志琴（另案处理）指派秦永林任"莲花河畔景苑"项目负责人,管理现场施工事宜;张耀杰指派夏建刚任"莲花河畔景苑"施工现场安全、防火工作负责人,指派陆卫英任"莲花河畔景苑"二标段项目经理;光启公司指派乔磊任"莲花河畔景苑"工程总监理。

2008年11月,秦永林接受张志琴指令,将"莲花河畔景苑"项目的地下车库分包给不具备开挖土方资质的被告人张耀雄进行开挖。后秦永林以及张志琴为便于土方回填及绿化用土,指使张耀雄将其中的12号地下车库开挖出的土方堆放在7号楼北侧等处。2009年6月,秦永林及张志琴为赶工程进度,在未进行天然地基承载力计算的情况下,仍指使张耀雄开挖该项目0号地下车库的土方,并将土方继续堆放在7号楼北侧等处,堆高最高达10米。

2009年6月27日5时许,"莲花河畔景苑"7号楼整体倒塌,造成作业人员肖某某逃生不及,被压窒息死亡。经认定,7号楼倾倒的主要原因是,土方紧贴7号楼北侧,在短期内堆土过高,与此同时,紧邻大楼南侧的地下车库基坑正在开挖,大楼两侧的压力差使土体发生水平位移,过大的水平力超过桩基的抗侧能力。经上海华瑞建设经济咨询有限公司审价,上述7号楼土建及安装造价计人民币6692979元。梅都公司监管小组在"莲花河畔景苑"7号楼倾倒后向购房者赔付计人民币12768678元。

本案由上海市公安局闵行分局侦查终结。2010年1月18日,上海市闵行区人民检察院提起公诉。2010年2月11日,上海市闵行区人民法院作出判决,秦永林犯重大责任事故罪,判处有期徒刑五年,其他被告人被判处五年到三年不等的刑罚。

案件背景与社会影响

秦永林等6人重大责任事故案是全国罕见的一起因建设工程各方责任人怠于职守,致使在建居民用房整体坍塌的刑事案件,也是

上海市 2009 年度十大新闻之一，被媒体称为"楼脆脆"。案发时，正值 2010 年上海世博会加紧场馆建设和楼市价格连续上涨之际，本案存在的价高质次、建筑安全、倾倒原因、业主赔偿等一系列问题，引起国际国内舆情高度关注。

倒楼事件发生后，上海市政府成立了调查组、专家组、梅都公司监管小组，就事故原因作出调查分析，召开购房者现场沟通协调会、专题解答会，通报处置进展，花费了大量的人力、物力处理倒楼引发的后续问题。检察机关在参与上海市、区两级政府联合调查处置过程中，积极履职，提前介入。案件移送起诉后，围绕案件焦点，有针对性地开展侦查，完善证据体系，并牵出背后梅都公司转制过程中，公司主要负责人阙敬德、张志琴共同侵占梅都公司资产价值 3370 余万元，张志琴挪用公司 4.4 亿元资金的巨额贪腐案件，后阙敬德以贪污罪被法院判处无期徒刑，张志琴以贪污罪、挪用资金罪、重大责任事故罪被法院判处无期徒刑。检察机关通过该起案件的侦办，为国家和梅都公司挽回经济损失、追缴资金近 5 亿元，为妥善处理倒楼事件，促进工程领域质量安全，发挥了积极作用。

公诉指控

（一）补充侦查，确保证据体系完整

重大责任事故罪系过失犯罪，是指行为人在生产、作业过程中，违反有关安全管理的规定，因而发生重大伤亡事故或者造成其他严重后果的行为。在梳理全案证据的过程中，检察机关发现公安机关移送的证据缺乏被告人是否具有预见事故发生的可能性，以及被告人是否具有疏忽大意或过于自信的过失这两方面的证据。为此，检察机关进行了大量的证据补查工作。

首先，补充了 2 号楼在案发之前发生类似险情的证据，证实被

告人主观上有预见事故发生的可能性。检察机关在对技术人员进行复核的时候，从技术人员不经意的一句感慨"以前 2 号楼出事时我就提醒过他们"，敏锐地对这一线索进行重点深挖，查明 2008 年 2 号楼就因为堆土问题发生基桩断裂这一关键细节，同时查明 2 号楼发生事故的时候，6 名被告人中至少有 5 个人都在现场，在相关会议纪要和文件中确认过他们知道这个情况，证实他们对堆土的危害性有预见。其次，补充了开挖基坑要对建筑物进行水平位移和平行位移检测的证据，证实被告人疏忽大意的主观过失。在审查案件的时候，承办检察官从一份不起眼的基坑开挖方案上关于"要注重对建筑物水平位移的监测"的提法中，明确了补证方向，通过走访安全质量监督部门、土质勘测单位，调取监测行业规定，明确了基坑开挖应当检测建筑物沉降和位移的要求，掌握了被告人只检测沉降没有检测位移的证据，证实了其主观具有过失。再次，补强了陆卫英主体身份和职责的证据。陆卫英辩解自己是挂名经理，只是出借项目经理资质证书，不应当承担刑事责任。虽然从出借项目经理资质证书、怠于履行职责，导致了安全生产脱离监管并引发事故的角度，也可以认定其构成犯罪，但是审查过程中检察机关没有放松对证据的审查，通过走访质量安全监督部门，调取书证和安全生产的记录档案，在会议纪要和招投标文件中，发现陆卫英不光是挂名担任了项目经理的职务，而且还配合应付安全质量监督部门的检查，她对自己职务的重要性是明确的，对职务缺位可能引发的后果也是明确的，为庭审过程中认定她与事故的发生具有因果关系起到一定的作用。最后，加强对社会舆论关注的热点问题的证据审查。倒楼的原因、专家组成员资质的问题都可能成为舆论热点，为此检察机关对调查组成员资质进行复核，对事故调查的性质、程序合法性、权威性等进行核实，为庭审打下基础。

（二）逻辑缜密，确立多因一果的指控思路

起诉书和公诉意见书是检察官在法庭上向法官、被告人、辩护

人乃至所有关注案件的社会公众释法说理的重要法律文书，既要围绕案件事实说理论证，又要针对被告人及其辩护人的辩解和辩护意见及时反驳论述。本案的起诉书和公诉意见书，围绕犯罪构成要件，对6名被告人的职务职责、预见义务、主观过失逐一分析论证之后，指出各自的危害行为与本案危害结果的发生属于多因一果的刑法上的因果关系，各被告人均应当对其各自的行为承担相应的法律责任。逻辑严谨，层次分明，由浅入深，说理透彻，指控具有较强说服力。首先，从建筑行业法律规定出发，结合梅都公司与众欣公司签订《建设工程施工合同》、梅都公司与光启公司签订《建设工程委托监理合同》，指出根据《中华人民共和国建筑法》《建筑市场管理条例》《建设工程质量管理条例》《建设工程安全生产管理条例》等相关安全管理的法律法规，及有关合同的约定，6名被告人作为"莲花河畔景苑"工程的建设方、施工方、监理方具有相应的职务职责，在项目作业中均具有预见义务。其次，根据6名被告人分别涉及管理或者负责现场施工、施工安全、项目管理、工程监理的职责不同，指出其各自存在的违法违规违约的失职行为。再次，结合倒楼事故认定结论，展示案件的严重危害后果以及后果与上述6名被告人的失职行为之间的因果关系。最后，结合案发背景，指出本案的犯罪后果特别严重，以重大责任事故罪分别追究6名被告人的刑事法律责任。

（三）情理并重，解决案件难点，回应舆论关注

在法律适用方面，辩护人提出不能将1200多万元赔偿款计入直接经济损失、起诉书认定"情节特别恶劣"无法律依据的辩护意见。对此，公诉人指出，倒楼的损失除造价外共6500多万元，赔偿款是倒楼直接引发的损失，只计算其中的1200多万元，从另一个角度印证直接经济损失是客观公正、合情合理计算而来的。至于"情节特别恶劣"，公诉人援引重大责任事故罪的立案标准，指出死亡、受伤人数或者是造成的直接经济损失等可以体现其行为恶性，本案

直接经济损失达 1945 万余元，是立案标准的 38 倍有余。与类似罪名比较，交通肇事罪同样为事故类危害公共安全犯罪、同样刑法表述有"特别恶劣情节"，同样该情节量刑幅度为 3 年至 7 年，造成损失 60 万元以上就属于情节特别恶劣。因此，本案直接经济损失已达 1945 万余元，应认定为"情节特别恶劣"。上述观点最终得到法院的采纳。值得思考的是，援引司法解释应当选择最为相近的犯罪类型，将交通肇事与重大责任事故进行类比阐述，似乎不够贴切。实际上根据最高人民法院、最高人民检察院《关于办理危害矿山生产安全刑事案件具体应用法律若干问题的解释》的规定，直接经济损失达到 300 万元以上即可认定为《刑法》第一百三十四条规定的"情节特别恶劣"，如果加以引用，针对性则更强，论证更有力。

在回应舆论关注方面，公诉意见书围绕案件事实释法说理，由点及面，由表及里，做好舆情应对。本案除被当场压死的受害人外，最大的受害人就是倾倒的 7 号楼的购房者，因此，公诉意见书从购房者角度指出：当他们"用自己毕生积累的财富，换取上海的一处'蜗居'，希望在华灯初上之时，有一处灯光照亮的归处，有一个安稳温暖的居所，有一个爱意融融的家"的时候，因为 6 名被告人的多方失职，"让这一切也随着大厦同时倒塌，希望成了奢望，希望化为失望"。同时，倒楼事故发生后，政府虽然及时处置了购房者上访控诉、赔偿善后的要求，但社会依然存在对"政府监管"公信能力的不满和对"安居工程"社会效益的质疑，对此公诉意见书在介绍相关政府部门对该事件的处置经过和补救措施之后，从遵守法律法规、恪守职业伦理，确保建筑工程安全和质量的角度，提出案件启示："'百年大计，质量第一'，是建筑业内人员的共识。倒楼事件，倒出的是问号，敲响的是警钟，反映了在资质管理、现场管理、工程管理等方面规章制度执行的不力。如果安全生产管理的规定不能落到实处，倒掉的将不仅仅是一幢楼，而是政府的公信力，是老百姓的民心。如果制度流于形式，意识疏于提高，那么承载着建筑业的'安居之舟'，将可能真正遭遇这个直接关乎民生的工程出现

以来最大的倾覆威胁。""如果当时用规章而非情面，用理性而非感性，用责任而非利益来评判、决断，也许我们会失去一些所谓的情谊，但得到的却是对质量的保障，是对安全的强化，是对责任的坚守，是对职业操守的尊重。"

案例推荐：上海市人民检察院

撰稿：梁春程

审稿：黄河、刘哲

汪建中操纵证券市场案

——以"抢帽子"交易方式操纵证券市场第一案

基本案情

汪建中，男，时年 42 岁，安徽省怀宁市人，北京首放投资顾问有限公司法定代表人。

汪建中在担任北京首放投资顾问有限公司（以下简称首放公司）负责人期间，在 2006 年 7 月至 2008 年 3 月间，先后利用其本人及他人的身份证开立了其实际控制的沪、深证券账户，并使用上述账户，在中信证券北京北三环中路营业部、国信证券北京三里河营业部等证券营业部开立了 10 余个资金账户用于证券交易。同时，在中国工商银行开立了 10 个银行账户，用于证券交易资金的存取和划转。

2007 年 1 月 9 日至 2008 年 5 月 21 日间，汪建中先买入"工商银行""中国联通"等 38 只股票，后利用首放公司名义通过"新浪网""搜狐网"及《上海证券报》《证券时报》等媒介对外推荐其先期买入的股票，并在股票交易时抢先卖出相关股票，人为影响上述股票的交易价格，获取个人非法利益。

据中国证券监督管理委员会统计，在首放公司推荐股票的内容发布后，相关 38 只股票交易量在整体上出现了较为明显的上涨：个股开盘价、当日均价明显提高；集合竞价成交量、开盘后 1 小时成交量成倍放大；全天成交量大幅增长；当日换手率明显上升；参与

买入账户明显增多；新增买入账户成倍增加。汪建中采取"抢帽子"交易方式操纵证券市场 55 次，累计买入成交额人民币 52.6 亿余元，累计卖出成交额人民币 53.8 亿余元，非法获利共计人民币 1.25 亿余元归个人所有。

此案由北京市公安局侦查终结。2010 年 6 月 2 日，北京市人民检察院第二分院提起公诉。2011 年 8 月 3 日，北京市第二中级人民法院作出判决，以操纵证券市场罪判处汪建中有期徒刑七年，并处罚金人民币 125757599.5 元。宣判后，汪建中不服一审判决，向北京市高级人民法院提出上诉。2012 年 3 月 13 日，北京市高级人民法院裁定驳回上诉，维持原判。

案件背景与社会影响

2003 年的中国股市遭遇大熊市，不论是机构还是散户，均遭遇到了前所未有的重创。此时，首放公司却脱颖而出，其推出的《掘金报告》以市场分析到位、趋势预测准确逐渐被股民所认可。每周五发表的股评信息屡屡在下周一的股市上得以验证，《掘金报告》创造了"红色星期一"的传奇，汪建中也被广大投资者奉为"股神"，无数股民对其推荐的股票信息深信不疑。

2008 年 5 月，股市遭遇"5·30"大跌，然而更加震撼股市的消息是，中国证监会对汪建中以及首放公司涉嫌操纵证券市场行为立案调查，并开出有史以来最大个人罚单。自此开始，"抢帽子"交易方式进入刑事司法的视野。汪建中操纵证券市场案，成为我国首例将"抢帽子"交易方式认定为操纵证券市场行为的证券犯罪案件，吸引大批媒体报道。中央电视台《焦点访谈》也进行专访。该案的成功获判，对未来类似案件具有标杆和启示作用，为操纵证券市场司法解释的制定提供了案例支持。2019 年 7 月 1 日施行的最高人民法院、最高人民检察院《关于办理操纵证券、期货市场刑事案

北京市人民检察院第二分院

起 诉 书

京检二分刑诉 [2010] 0132 号

被告人汪建中，男，1968 年 11 月 3 日出生，现年 41 岁，身份证号码 350203196811034034，汉族，安徽省人，大学文化程度，北京首放投资顾问有限公司法定代表人，户籍所在地北京市朝阳区望京路 10 号 3 楼 4 层 4 号，住北京市朝阳区北四环中路华亭嘉园 A 座 16B。因涉嫌操纵证券市场罪，于 2008 年 11 月 9 日被北京市公安局公共交通安全保卫分局刑事拘留，经本院批准于同年 12 月 16 日被北京市公安局逮捕，2009 年 5 月 16 日被北京市公安局公共交通安全保卫分局监视居住，经本院批准于同年 9 月 28 日被北京市公安局逮捕。

本案由北京市公安局侦查终结，以被告人汪建中涉嫌操纵证券市场罪，于 2009 年 12 月 1 日移送本院审查起诉。本院受理后，于同年 12 月 2 日已告知被告人有权委托辩护人，依法讯问了被告人，听取了辩护人的意见，审查了全部案件材料。其间，因案件重大、复杂，两次延长审查起诉期限各半个月，并退回侦查机关补充侦查两次。

经依法审查查明：

被告人汪建中在担任北京首放投资顾问有限公司负责人期

（第 1 页）

间，于 2006 年 7 月至 2008 年 5 月间，以本人及他人名义开立了多个证券账户，采取先行买入相关证券，后利用公司名义在"新浪网"、"搜狐网"、上海证券报、证券时报等媒介对外推荐该证券，人为影响证券交易价格，并于上述信息公开后马上卖出相关证券，获取个人非法利益的交易方式操纵证券交易价格。其间，被告人汪建中于 2007 年 1 月 9 日至 2008 年 5 月 21 日间，利用其实际控制交易的 9 个证券账户，先后在中信证券北京北三环中路营业部、国信证券北京三里河营业部等 5 个营业部，采取上述方式交易股票名称为"工商银行"、"中国联通"等 38 只证券，操纵证券市场共计 55 次，累计买入成交额人民币 52.6 亿余元，累计卖出成交额人民币 53.8 亿余元，非法获利共计人民币 1.25 亿余元归个人所有。上述违法所得已于案发后被追缴。

被告人汪建中于 2008 年 11 月 8 日被检查获归案。

认定上述犯罪事实的证据有书证、证人证言及被告人供述等。

本院认为，被告人汪建中无视国家法律，操纵证券市场，情节特别严重，其行为触犯了《中华人民共和国刑法》第一百八十二条之规定，犯罪事实清楚，证据确实、充分，应当以操纵证券市场罪追究被告人汪建中的刑事责任，本院依据《中华人民共和国刑事诉讼法》第一百四十一条之规定，提起公诉，请依法判处。

此致

北京市第二中级人民法院

（第 2 页）

代理检察员 陆 昊

二〇一〇年六月二日

附注：

1、被告人汪建中现押于北京市第一看守所。

2、证据目录、证人名单各一份。

3、主要证据复印件五册。

4、扣押物品清单一份。

（第 3 页）

● **汪建中操纵证券市场案起诉书**

件适用法律若干问题的解释》将"抢帽子"交易操纵行为明确认定为操纵证券市场的行为，为有力打击此类犯罪提供了法律保障。

公诉指控

（一）入罪之争

我国对于经济类违法案件一贯主张以行政处罚为主，刑事处罚为辅，这也是刑法谦抑精神的要求。但是，随着证券市场的发展，出现了"韭菜"割不完，"黑嘴"无法办的情形。对于严重的逐利型违法犯罪，仅仅依靠行政处罚及经济制裁已达不到制约效果，"高收益、低成本"的现象使得违法犯罪人在接受经济处罚后，很容易在金钱的诱惑下重蹈覆辙。

"黑嘴"是股市的"毒瘤"，是阻碍证券市场健康发展的一大"绊脚石"，想要防止股评"黑嘴"在股市"兴风作浪"，加大法律制裁力度至关重要，特别是一些情节严重，影响十分恶劣的案件，刑罚的介入是实质公正的要求。对于社会公众的呼吁，司法机关理当给予回应。

本案作为首例案件，是否可入罪，本身争议就很大。在审查起诉阶段，辩护律师组织刑法领域的专家进行了论证，并提出三点无罪法律意见：从行为的性质上看，汪建中的行为性质属于利用首放公司咨询报告中的未公开信息买卖证券，不属于操纵证券市场；从行为的严重程度上看，汪建中的行为虽然获利1.25亿余元，但仍没有达到操纵证券市场罪中的"情节严重"程度；从处罚的必要性上看，综合汪建中的行为情节和中国证监会的行政处罚内容，没有必要对汪建中予以刑事处罚。

北京市人民检察院第二分院对这些无罪意见高度重视，走访中国证监会等行政执法部门后，引导公安机关从证券交易记录、资金

北京市人民检察院第二分院
公诉意见书

被告人：汪建中

案由：操纵证券市场

起诉书号：京检二分刑诉〔2010〕0132 号

审判长、审判员（人民陪审员）：

根据《中华人民共和国刑事诉讼法》第一百五十三条、第一百六十条、第一百六十五条和第一百六十九条的规定及《人民检察院组织法》的有关规定，我受北京市人民检察院第二分院检察长的指派，以国家公诉人的身份，出席法庭支持公诉，并依法履行法律监督职责。现就被告人汪建中涉嫌操纵证券市场罪一案的证据和案件情况发表如下公诉意见。

一、通过当庭讯问被告人，宣读证人证言，出示有关书证材料等质证调查活动，已经充分表明本院指控被告人汪建中的犯罪事实是清楚的，证据是确实、充分的。

在案证据足以证实被告人汪建中在担任北京首放投资顾问有限公司负责人期间，于 2006 年 7 月至 2008 年 5 月间，使用本人及他人名义开立了多个证券账户，采取先行买入相关证券，后利用公司名义在"新浪网"、"搜狐网"、上海证券报、证券时报等媒体对外推荐该证券，人为影响证券交易价格，并于上述信息发布后将在先买入的相关证券高价卖出，获取个人非法获利的交易方式操纵证券交易价格。

其间，被告人汪建中于 2007 年 1 月 9 日至 2008 年 5 月 21 日间，利用其实际控制交易的 9 个证券账户，先后在中信证券北京北三环中路营业部等 5 个营业部，采取上述方式交易股票名称

1

结合本案，北京首放公司是证监会批准的、具有相关从业资质的证券咨询机构。被告人汪建中作为该公司的法定代表人、总经理，将个人意志加诸公司，该公司职员、从业人员的证言足以证实，首放公司对外发布的《掘金报告》中有关推荐股票的内容，是由被告人汪建中个人提出和决定的。中国证监会出具的《相关证券价格和交易量波动情况的分析报告》显示，起诉书指控汪建中操纵的 38 只证券的交易价格和交易量在北京首放推荐股票的内容发布后，整体上出现了较为明显的上涨——一股天开盘价，当日均价明显提高；集合竞价成交量，开盘后 1 小时成交量成倍放大；全天成交量大幅增加；当日换手率明显上升；参与买入账户明显增多；新增买入账户成倍增加。

而通过调查被告人汪建中的股票交易记录，不难发现，上述 38 只证券的推荐信息发布前，汪建中已经先行大量买入了，当荐股信息发布后，相关证券价格上涨时，被告人汪建中又即刻将其全部卖出。经核查，被告人汪建中通过上述"抢帽子"交易行为，于 2007 年 1 月至 2008 年 5 月间，买入证券金额共计 52.6 亿元，卖出 53.86 亿元，操纵证券市场 55 次，非法获利 1.25 亿元余元。

第二，被告人汪建中操纵证券市场的行为，情节特别严重。根据《最高人民检察院、公安部关于经济犯罪追诉标准的规定》第 32 条，操纵证券交易价格非法获利数额在 50 万元以上的，应当予以追究，该规定说明非法获利 50 万元以上的情形即属于"情节严重"。结合本案，被告人汪建中通过 55 次操纵证券市场的行为，非法获利数额高达 1.25 亿元余元，应当属于"情节特别严重"。

综上，被告人汪建中的行为在客观方面也符合刑法关于操纵证券市场罪的规定。

3

为"工商银行"、"中国联通"等 38 只证券，操纵证券市场共计 55 次，累计买入成交额人民币 52.6 亿元余元，累计卖出成交额人民币 53.8 亿元余元，非法获利共计人民币 1.25 亿元余元。

二、被告人汪建中的上述行为构成操纵证券市场罪。

我国刑法规定的操纵证券市场罪，是指以法律明令禁止的各种方法，操纵证券市场，情节严重的行为。被告人汪建中的行为具备了操纵证券市场罪的构成要件。

1、操纵证券市场罪的犯罪主体为一般主体，既包括自然人也包括单位。结合本案，被告人汪建中作为北京首放公司的法定代表人、总经理，对公司有控制决策权，其实施的操纵证券市场犯罪的行为，完全是个人意志的体现。虽然其利用了北京首放公司的资质及网络平台，通过对外发布股评分析报告，向公众推荐证券，从而达到操纵证券市场非法获利的目的。但北京首放公司对外发布的股评分析报告中有关推荐证券的内容，是由被告人汪建中个人提出和决定的，汪建中买卖证券使用的是其控制的个人股票账户、资金账户及自己的资金，最终通过操纵证券市场行为获取的非法利益也由被告人汪建中个人所占有。

因此，本案应认定为是被告人汪建中的个人犯罪。

2、客观方面，被告人汪建中违反证券交易管理制度，实施了以法律禁止的方法操纵证券市场的行为，情节特别严重。

第一，被告人汪建中实施了以"抢帽子"交易的方法，操纵证券市场的行为。

"抢帽子"交易操纵是指证券公司、证券咨询机构、专业中介服务工作人员，买卖或者持有相关证券，并对该证券或者发行人、上市公司公开作出评价、预测或者投资建议，以便通过期待的市场波动取得经济利益的行为。

2

3、主观方面，被告人汪建中作为一名资深的股评人，按其自己的供述，其从1993年便开始炒股票，对于证券市场的各种法律法规早已了然于胸，其明知自己承取先行买入证券，后利用公司名义在各种媒介上对外推荐该证券，人为影响证券交易价格，并于上述信息公开后马上卖出相关证券的行为，是法律所禁止的操纵证券市场的行为，但为了获取非法利益，仍然无视国家法律，决意为之。

因此，其实施操纵证券市场犯罪行为的主观故意是显而易见，十分明确的。

4、操纵证券市场罪所侵犯的是复杂客体，既包括国家对证券交易的管理制度，也包括投资者的合法权益。

首先，被告人汪建中实施的操纵证券市场的行为，违反了《中华人民共和国证券法》第七十七条第一款第4项的禁止性规定，也违反了《中华人民共和国刑法》第一百八十二条第一款第4项的规定。

其次，作为一名有较高知名度、影响力的股评人，被告人汪建中曾被股民称为"股神"，而汪建中却利用广大投资者对其的信任，暗中实施"抢帽子"交易操纵证券市场的违法行为，从中非法获利，其行为破坏了市场的公平、公正、公开的原则，人为地影响证券价格，使该证券价格不能真实反映市场的供求关系，从而对广大投资者产生误导，使其盲目跟进，损害其合法权益。

综上所述，被告人汪建中主观上具有操纵证券市场的犯罪故意，客观上实施了以"抢帽子"交易方式操纵证券市场的犯罪行为，数额特别巨大，情节特别严重，其行为构成刑法规定的操纵证券市场罪。

三、被告人汪建中的违法行为，具有严重的社会危害性，应当受到法律的制裁。

从操纵证券市场罪侵犯的客体看，被告人汪建中实施的操纵证券市场的违法行为，既破坏了国家对证券交易的管理制度，同时侵害了广大投资者的合法权益，具有严重的社会危害性。

其一，破坏正常的证券管理秩序。

证券市场正常运行，依赖于遵循公平、公正、公开的原则和正常的市场价值规律，通过市场自主有序的调节供求关系，但是被告人汪建中实施的操纵证券市场的违法行为，却人为地影响了证券交易的价格，人为地扭曲了市场价值规律，限制、阻碍证券市场动能的正常发挥，严重扰乱了证券交易市场的管理秩序。

其二，损害了广大投资者的利益。

被告人汪建中凭借其资深股评人的身份，在先期买入证券后，利用广大投资者对其的信任，通过知名媒体公开对外推荐该证券，诱导其他投资者对汪建中发布的荐股信息纷纷买入后，该证券价格自然拉高，此时，被告人汪建中即利用先期买入的该证券全部卖出获利，其行为具有相当的隐蔽性，但最终损害了处于弱势群体的广大中小投资者的利益。

其三，危害国家的金融体系，造成社会的不稳定。

一个国家的金融体系是该国的经济命脉，牵一发而动全身。众所周知，金融体系主要是由证券市场、银行、汇市等组成的。证券市场的违法操作和虚假繁荣，以及不合理的价格异动，均会对银行等金融机构造成严重的冲击，造成国家经济秩序的不稳定。经济秩序与社会秩序是紧密相连的，投资者虽然都知道"股市有风险，投资需谨慎"这句话，但在在证券市场个人利益遭受损

失后，往往忍不了解其损失恰恰是被证券市场的操纵者所获取，因是会产生对政府的不信任，进而对社会生活秩序造成不良影响。

因此，被告人汪建中无视国家法律，以获取不正当利益为目的，实施以"抢帽子"交易的方式操纵证券市场非法获利的，交易金额高达上百亿元，其个人通过违法行为非法获利1亿元，数额特别巨大。其人为地操纵证券交易市场，左右证券价格的行为，破坏证券市场的客观规律，违反证券市场公平、公正、公开性原则，侵犯国家对证券交易的管理制度和广大投资者的利益，其行为具有严重的社会危害性，应当受到法律的制裁。

公诉人也提请法庭注意，被告人汪建中操纵证券市场的行为，已经受到相关监管部门的行政处罚，在2.5亿元的罚没款中，已执行1.8亿余元。建议合议庭对被告人汪建中处罚金时，对此情节予以考虑。

最后，希望合议庭能够充分听取上述公诉意见，本着惩治与教育相结合的司法原则和宽严相济的刑事政策，根据本案的犯罪事实、犯罪情节及其对社会的危害程度，结合被告人的认罪态度，依据我国有关法律，对被告人作出公正判决。

审判长、审判员（人民陪审员），公诉意见暂时发表到此。

流向等问题切入，全面收集涉及犯罪的书证、电子数据、证人证言等证据。检察机关在审查后，确认汪建中的行为构成操纵证券市场罪，于2010年6月2日，依法向北京市第二中级人民法院提起公诉。

（二）庭审之辩

1. 摆事实，澄清股民疑云。公诉意见书的首要功能就是"让事实说话"。该案的公诉意见书保持了对案件事实的敏感，表述朴实无华但却生动鲜明。当时小股民纷纷疑惑：明明一直盯着北京首放公司的荐股操作，为何开始赚，最终赔？本案事实方面争议的第一个焦点是：汪建中的行为究竟是利用未公开信息的行为，还是以"抢帽子"交易方式操纵证券市场的行为。公诉意见书中指出，"38只证券的推荐信息发布前，汪建中已经先行大量买入了，当荐股信息发布后，相关证券价格上涨时，汪建中又即刻全部卖出"，揭示了汪建中"抢帽子"的行为本质，并回应小股民的疑惑。

2. 讲法理，回应实务争辩。当时有一种观点，认为操纵股市的立案标准必须达到两个10%，即"买入股票的交易量占股票总交易量的10%以上，买卖股票的资金量达到买卖该只股票资金总量的10%以上"。公诉人指出，关于10%等具体犯罪数额和比例，是对传统操纵市场行为是否入罪的一个法律标准。对于像汪建中这样以"抢帽子"方式操纵市场的行为，其是否入罪，并不以其买卖股票的数额和比例为判定标准，而是通过其行为特点、性质来认定。汪建中的行为是一种新型的操纵市场行为，有其新特点，公诉意见书指出"汪建中通过55次操纵证券市场的行为，非法获利高达1.25亿余元，属于情节特别严重"。

3. 辩因果，指明危害实质。"抢帽子"被最终定为"操纵证券市场"的案件，当时在全球范围内只有德国一例。该案的公诉意见书，不被舆论裹挟，不被法条苑囿，以更开放的法理视角展开分析，厘清法律争点，对类似案件有借鉴价值，对未来案件有指导意义。通过深入研究分析全球主要证券市场法律监管体系，公诉意见中明

汪建中操纵证券市场案

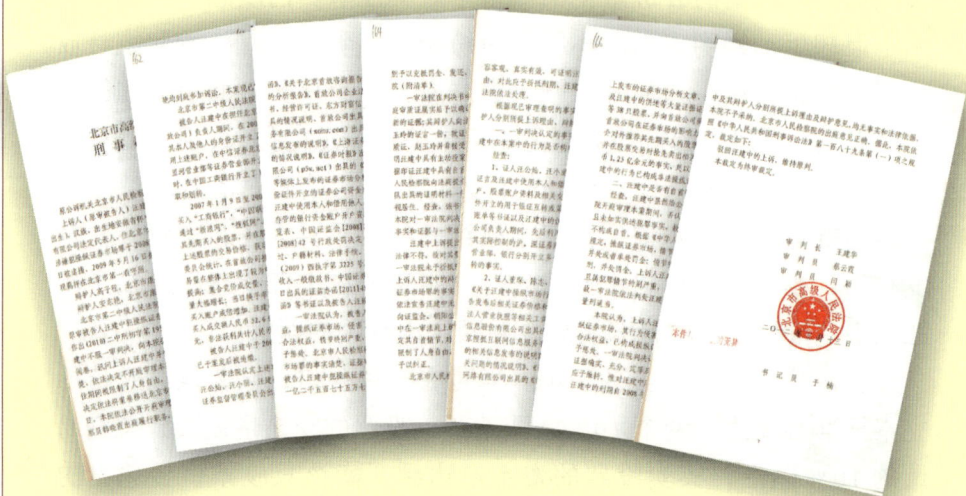

● 汪建中操纵证券市场案二审刑事判决书

确提出，"汪建中凭借其自身股评人的身份，在先期买入证券后，利用广大投资者对其的信赖，通过知名媒体公开对外推荐该证券，影响投资者对市场及趋势的判断，诱导其盲目跟进，当其他投资者看到汪建中发布的荐股信息纷纷买入后，该证券价格自然被拉高，此时，汪建中即刻将先期买入的该证券全部卖出获利，其行为具有相当大的隐蔽性"。汪建中利用广大股民的信任，暗中实施"抢帽子"交易操纵证券市场，人为影响证券价格，误导投资者盲目跟进，具有操纵证券市场的犯罪实质。该案公诉词在依照证券犯罪刑法条文的前提下，将犯罪行为进行实质解释，对新型操纵市场犯罪行为进行有效的震慑。

4.断是非，回应公众诉求。好的公诉意见，不是简单的输入证据、事实，生成法律适用，还应该对事实中透出来的是非对错进行评判，引领社会价值，树立是非标准，为公众提供行为指南。"黑嘴"造就的股市神话，让小股民望梅止渴，与获利擦肩而过，与损失不期而遇。公诉词的最后一部分有理性有情怀，揭示出"黑嘴"荐股本质：在谋求非法利益的动机下，人为扭曲市场规律，损害投资者的利益，危害国家的金融体系。该行为入罪不仅警醒证券从业人员，也警示广大小股民要有投资原则的理念，不盲从、不跟风，要独立研判。值得一提的是，该份公诉意见书在结尾部分提请法庭注意"汪建中操纵证券市场的行为，已经受到相关监管部门行政处罚，在 2.5 亿余元的罚没款中，已执行 1.8 亿余元"，建议法庭在判处罚金时予以考虑，充分体现了法律文书宽之有度，严之有节。

案例推荐：北京市人民检察院

撰稿：王勇

审稿：黄河、刘哲

汪建中操纵证券市场案

药家鑫故意杀人案

——舆情汹涌的大学生交通肇事后杀人又自首的死刑案件

基本案情 ···

　　药家鑫，男，时年 21 岁，陕西省西安市人，西安音乐学院在校学生。

　　2010 年 10 月 20 日 23 时许，药家鑫驾驶红色雪弗兰小轿车从西安外国语学院长安校区会友后返回西安市区，当行驶至西北大学长安校区西围墙外时，撞上同方向行驶电动车的骑行人张某。药家鑫下车查看，发现张某倒地呻吟，因害怕张某看到其车牌号，以后找麻烦，便产生灭口恶念，遂从随身背包中取出一把尖刀，上前对躺在地上的张某连捅数刀，致张某当场死亡。杀人后，药家鑫驾车逃离现场，当轿车行至翰林路某村口时再次将其他两名行人撞伤。交警大队警察将药家鑫车辆暂扣等待处理。3 日后，药家鑫在父母陪同下到公安机关投案。经法医鉴定，死者张某系胸部锐器刺创致主动脉、上腔静脉破裂大出血而死亡。2011 年 1 月 7 日，陕西省西安市人民检察院向陕西省西安市中级人民法院提起公诉。同年 4 月 20 日，法院以故意杀人罪判处药家鑫死刑立即执行，剥夺政治权利终身，并赔偿被害方生活费及丧葬费等四万五千余元。

案件背景与社会影响

药家鑫故意杀人案发生后，在社会各个阶层引起广泛的关注和讨论，不仅激发了社会公众对于被害人张某及其家庭的同情和悲悯，而且上升成为有关青少年教育、公共安全、公众心理安抚和社会公平正义的社会事件。在案件的审查过程中，媒体、社会公众因为网络上的一些报道，对案件办理的质疑愈演愈烈，公众纷纷猜测药家鑫有着显赫的家世，担心司法不公，放纵犯罪。此案开庭审理时，包括受害人张某丈夫在内的近 30 位亲属到庭旁听，中央电视台等数十家媒体及 400 余名在校大学生到场旁听。

公诉指控

（一）提前介入引导侦查，收集固定证据

检察机关具有客观公正义务，不能因为媒体和社会公众的广泛关注以及舆论呼声强烈而先入为主，进而忽视对于案件证据的细致审查。本案案发初期，犯罪嫌疑人逃逸还未归案、重要证据极有可能灭失，因此检察机关及时联系公安机关，第一时间提前介入侦查，与公安机关合作，引导侦查方向。公安机关对于药家鑫被扣押车辆的外部进行了全面的检查，同时也对车辆的内部进行了细致的勘验。通过全面的勘查，最终在车辆的副驾驶座地垫上提取到了可疑的血迹，通过送检，发现该可疑血迹为本案被害人的血迹；根据药家鑫的指认，最终找到了本案的作案刀具，并在刀具上提取到了被害人张某的血迹。综上，车内提取到的血迹和作案工具上的血迹将犯罪事实完全锁定在药家鑫身上。这两个证据及时、有效、合法的提取确保了检察机关整个控罪证据体系的客观性和完整性。

陕西省西安市人民检察院
起诉书

西检诉一刑诉〔2011〕19 号

被告人药家鑫，男，1989 年 11 月 7 日出生，身份证号码：610102198911073154，汉族，西安市新城区人，现住新城区公园南路二十街坊付 7 号 1 门 5 层 10 号，系西安音乐学院在校学生。2010 年 10 月 23 日因涉嫌故意杀人罪被西安市公安局长安分局刑事拘留，同年 11 月 23 日经西安市长安区人民检察院批准逮捕，次日由西安市公安局长安分局执行逮捕。

本案由西安市公安局长安分局侦查终结，以被告人药家鑫涉嫌故意杀人罪移送西安市长安区人民检察院，该院根据《中华人民共和国刑事诉讼法》第二十条案件管辖范围之规定报送本院审查起诉。本院受理后，已告知被告人有权委托辩护人，依法讯问了被告人，并审查了全部案卷材料。

经依法审查查明：

2010 年 10 月 20 日 23 时许，被告人药家鑫驾驶陕 A419N0 红色雪弗兰小轿车从西安外国语学院长安校区返回西安，当行驶至西北大学长安校区西围墙外时，撞上前方同向骑电动车的张妙，后药家鑫下车查看，发现张妙倒地呻吟，因怕张妙看到其车牌号，以后找麻烦，便产生杀人灭口之恶念，遂从随身背包中取出一把尖刀，上前对倒地的被害人张妙连捅数刀，致张妙当场死

亡。杀人后，被告人药家鑫驾车逃离现场，当车行至榆林路郭南村口时再次将两行人撞伤，后交警大队郭杜中队将肇事车辆暂扣待处理。2010 年 10 月 23 日，被告人药家鑫在其父母陪同下到公安机关投案。经法医鉴定：死者张妙系胸部锐器刺创致主动脉、上腔静脉破裂大出血而死亡。

认定上述事实的主要证据如下：

1、报案材料；2、现场勘查笔录；3、法医学鉴定书；4、证人证言；5、被告人药家鑫的供述和辩解。

本院认为，被告人药家鑫因开车肇事撞人，又持刀故意非法剥夺他人生命，情节忍忍，后果严重，其行为已触犯《中华人民共和国刑法》第二百三十二条之规定，犯罪事实清楚，证据确实充分，应以故意杀人罪追究其刑事责任。依据《中华人民共和国刑事诉讼法》第一百四十一条之规定，现将被告人药家鑫提起公诉，请依法判处。

此 致

陕西省西安市中级人民法院

检察员：李摘院

二〇一一年一月七日

附：卷叁册；被告人药家鑫现羁押于西安市看守所。

公诉意见

审判长、审判员：

今天，备受公众和媒体关注的被告人药家鑫故意杀人一案在西安市中级人民法院刑事审判第一庭依法公开审理，根据《中华人民共和国刑事诉讼法》以及《人民检察院刑事诉讼法规则》的规定，我们受西安市人民检察院检察长的派遣出席法庭，支持公诉，并履行法律监督职能。

法庭调查阶段，公诉人讯问了被告人，宣读了证人证言、现场勘查笔录、刑事科学技术鉴定书、指认、辨认笔录等大量证据，并出示了相关照片，同时也宣读了被告人在侦查阶段的有罪供述。这些证据已经过了控辩双方质证，被法庭记录在案。公诉机关认为，本案证据相互关联、相互印证，已经形成了一条完整的证据锁链，充分证实了我院起诉书所指控的犯罪事实。

一、被告人药家鑫的行为已构成故意杀人罪，事实清楚，证据确实充分，定性准确。

我们在判断一名具有完全刑事责任能力的成年人的加害行为是否构成故意杀人罪，关键是看其主观是否具有非法剥夺他人生命的故意。在 2010 年 10 月 20 日深夜，药家鑫驾驶陕 A419N0 红色雪弗兰轿车，在更换车内光碟之时撞上同向骑车的被害人张妙，造成张妙身体非致命的部分擦挫伤、骨折。这本是一起轻微的交通事故，但此后事件的发展却远非如此简单。药家鑫下车查看后发现张妙倒地呻吟，因害怕被害人记住其车牌号找麻烦，遂掏出随身携带的单刃尖刀在被害人胸、腹、背等处连插六刀后扬长而去。这一系列的加害行为，针对的是猝不及防的对象，手持的是足以致命

的凶器，选择的是足以致命的部位，采用的是足以致命的手段，正如他在供述中所说的"我用刀想把她捅死，死了就不会找我麻烦了"，这清楚地表明他追求的是非法剥夺他人生命的结果。如果说发生交通事故是一时的疏忽，那么事故之后的挥刀相向就只能是挑衅而为之。因此，起诉书依据当庭已查证属实的证人朱应福的证言、张妙死亡原因的分析说明、被告人药家鑫对案发过程敏次稳定且与法医鉴定吻合的供述以及从他作案时所穿的裤子、鞋子、驾驶的车辆内检出的死者血迹等大量证据，认定药家鑫犯故意杀人罪，事实是清楚的，证据是确实充分的，定性是准确的。

二、被告人药家鑫非法剥夺他人生命，罪行极其严重，社会危害极大。

生命权是每一个公民最基本、最重要的人权，生命法益是高于一切的法益。被害人张妙，正如生活在这个城市的大多数人一样，平凡而普通，她勤恳工作，认真生活，她赡养老人、抚养幼子，但这简单的幸福却在 2010 年 10 月 20 日的深夜顷刻间化为乌有，药家鑫的犯罪行为不仅剥夺了张妙的生命，而且也摧毁了与张妙生命紧密关联的双亲、丈夫和她未满三岁的儿子的幸福。

在公诉人出示的证据中，我们可以看到，药家鑫的人生观和价值观是扭曲的，在他的眼中，交通事故厮杀的必定是无穷无尽的麻烦，而结束他人生命就是解决麻烦不断的唯一方法。扭曲的价值判断和对生命敬畏的缺失，让他举起了尖刀。一时间，校园周边人心惶惶，大学生的德育问题也是争议不断，药家鑫的犯罪行为不仅让大学生群体蒙差，令校园周边的安全堪忧，更是对国家法律尊严的极端蔑视，对社会

公共安全的公然挑衅。

本案之所以备受关注，是因为善良公众无法相信一名在校的艺术院校大学生，一名用双手演绎美妙的音乐者身上所折射出的与其应当具备但却完全背离的价值判断和道德缺失。药家鑫具有完全刑事责任能力是不容置疑的，但从他的过往人生中，我们不难看出他极端的犯罪行为有其必然性格因素的影响。药家鑫自幼学习音乐，在个人世界，他内向沉默。他崇尚秦坦尼克为生命的栖地，却又在现实中自私地评判善与恶，甚至随意剥夺他人生命，其内心有着矛盾性和双重性。我们聆听音乐不仅应该诠释美的旋律和曲调，更应当演绎高尚的素养和善良的灵魂，但在药家鑫身上，我们只看到极端的自私和狭隘。

刑法作为社会伦理体系的最后一道防线，只有在行为的社会危害性不足以用其他手段调整时方能对其进行苛责。而本案原本可以止步于刑法之外，可以止步于张妙倒地呻吟之时，甚至可以止步于撞人后药家鑫惊慌地逃逸之后。但正是因为缺乏对生命的尊重，丧失对法律的敬畏让一起轻微的交通事故瞬间演变成血腥暴力的悲剧。而本案的发生也再次提醒我们，请珍爱您和他人的生命，像他们同等珍惜。

在即将结束发言之时，公诉人还想强调一点，药家鑫一案虽然只是个案，但我们却不能忽视现阶段大学生群体所暴露出来的问题。学校、家庭的关注和教育，不能仍停留在物质供给的阶段，而应当走进他们的心灵，倾听他们的诉求，提供更多健康的心理能量。大学生自己，所要获取也决不仅仅是书本的内容和单一的技能，而应当学会充盈精神世界，学会处理纷繁复杂的社会生活，以冷静稳妥的方式来解决问

题，而社会更要充当一个积极引导者的角色，让他们在更为和谐优美的公共秩序中生活。

审判长、审判员，以上是公诉人的几点公诉意见，供合议庭考虑。鉴于本案被告人药家鑫故意杀人，罪行极其严重，社会危害极大，建议合议庭对其依法严惩。

公诉意见暂时发表至此。

公诉人：李援民　郑莉
2011 年 3 月 23 日当庭发表

● **药家鑫故意杀人案公诉意见书**

687

第三篇 1998—2019

药家鑫故意杀人案

（二）出庭公诉澄清争议，回应民意

此案从案件事实来说并不复杂，但是此案演变成"热案"和"大案"的主要原因是药家鑫肇事后突发杀人的犯罪动机不符合一般常理和人们对于社会伦理道德的期待。大众一般不会将一起普通的交通肇事行为与恶性谋杀案件相关联。通常发生轻微交通肇事时，行为人会报警投案，即使有恶劣者，出于恐惧和为了逃避责任，逃离现场，也是大众可以接受和理解的范围。但是药家鑫在本案中不予以报警施救，反而加手相害，捅刺数刀，直至被害人死亡，这一从过失行为到"出手残害"的突变就发生在几秒钟之间。因此，药家鑫的犯罪行为突破了一般伦理道德可以承受的范围，显示了人性恶的一面，这也是社会公众对于此案倍加关注和激发社会公众强烈情绪反应的主要原因。

因此，此案的公正处理既要实现法律的正义，同时也要回应大众对于社会伦理道德的重塑和安全感建立的需求。在出庭前，本案的检察官全面预测了辩护方的辩护观点，同时针对前期舆论媒体的误读，重点设计了讯问及示证方案，以期通过庭审向公众还原案件原本的事实，最终形成了讯问提纲、示证提纲、公诉意见、答辩意见等两万余字的出庭预案。检察官在法庭讯问阶段设计了部分问题让公众得以了解药家鑫的成长背景及性格缺陷，在示证阶段宣读法医鉴定、学校证明和证人证言，明确了被告人药家鑫捅刺的刀数为6刀，澄清了争议，也让法庭和公众了解了药家鑫的学生身份及普通家庭背景。

在发表公诉意见阶段，检察官阐释了犯罪指控的依据，同时回应了民意，表达了检察机关对于法律秩序和社会道德全力维护的严正立场。公诉人从人的生命权的可贵以及药家鑫轻率剥夺被害人张某的生命权、摧毁了与张某生命紧密关联的双亲、丈夫和未满三岁的儿子的家庭幸福这一层面，表达了国家、社会、大众对于张某及家人的痛惜之情；公诉人从药家鑫人生观、价值观的扭曲、缺失对

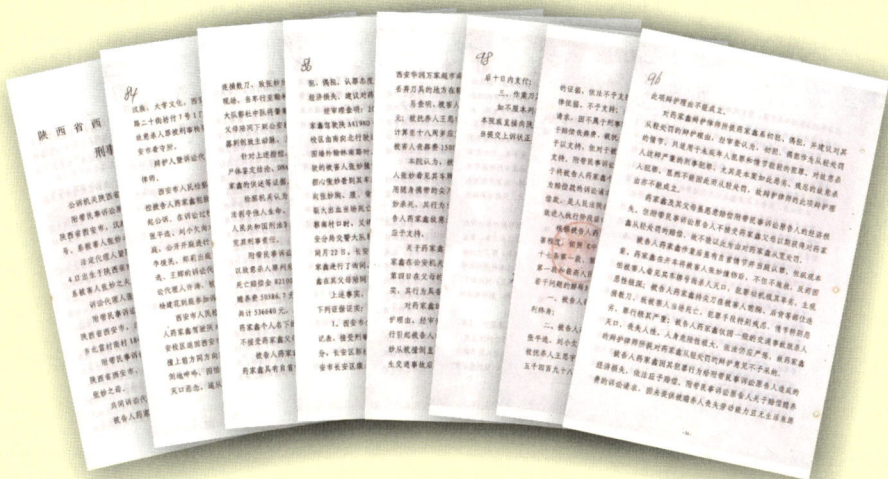

● 药家鑫故意杀人案刑事判决书（部分）

于生命权的敬畏，造成严重的犯罪后果这一层面，呼吁社会各界和每个家庭关注青少年健康人格的全面塑造，指出药家鑫案件应该对于整个社会的教育目标和教育方向发出警示；公诉人从社会各界要承担积极的引导者的角色这一层面，阐释了社会责任，呼吁全社会要努力促进青少年不囿于书本知识和单一技能的学习，而应着重培养正确的公民责任和法律意识，有高尚的情操，自觉维护和谐优质的公共秩序。本案的出庭公诉准确指控了犯罪，阐明了法律正义和人类道德发展的方向，体现了检察机关对于法治文明和人类道德文明的执着和守护，同时实现了检察机关预防犯罪和社会教育的诸多社会综合治理职责。

案例推荐：陕西省人民检察院

撰稿：徐梅

审稿：黄河、刘哲

张立峰、杨建兵、杜福旺贪污案

——垦区检察挖"窝案"打"串案"斩断国企腐败"链条"

基本案情

张立峰，男，时年 32 岁，完达山乳业股份有限公司奶粉营销公司销售部部长。

杨建兵，男，时年 30 岁，完达山乳业股份有限公司奶粉营销公司北京省区经理。

杜福旺，男，时年 32 岁，完达山乳业股份有限公司奶粉营销公司北京省区副经理。

2009 年 11 月，张立峰、于川钦（另案处理），经闫某某介绍准备各出资人民币 15 万元参股深圳培森乳业有限公司。2010年 2 月，张立峰与于川钦商议以给北京广亨商贸有限公司返利为名从本公司套取现金，并由于川钦告知本公司北京省区经理杨建兵，杨建兵同意后，张立峰指使本公司北京省区副经理杜福旺以北京广亨商贸有限公司名义起草一份 2009 年返利申请，经由杨建兵、张立峰等人层级审批，于川钦最后批准返利金额为人民币 50万元。2010 年 3 月至 9 月，张立峰让杜福旺经杨建兵授权将该款分 3 次从北京广亨商贸有限公司账户支出，其中 30 万元用于支付张立峰深圳培森乳业有限公司股金，5 万元被于川钦个人占用，

15 万元用于于川钦、张立峰、杨建兵、杜福旺四人共同成立的北京金合天锦公司注册及运营费用。2010 年 12 月，四人得知公司调查北京广亨商贸有限公司返利事宜后，试图掩饰套款行为，将人民币 50 万元还到北京广亨商贸有限公司，经黑龙江省完达山乳业股份有限公司催要，将该款返给了黑龙江省完达山乳业股份有限公司。

2011 年 4 月 15 日，黑龙江省齐齐哈尔农垦区人民检察院对张立峰、杨建兵、杜福旺提起公诉。同年 5 月 30 日，黑龙江省齐齐哈尔农垦区人民法院依法判决被告人张立峰犯贪污罪，判处有期徒刑十年零二个月；被告人杨建兵犯贪污罪，判处有期徒刑五年零二个月；被告人杜福旺犯贪污罪，判处有期徒刑五年零二个月。

案件背景与社会影响

改革开放以来，由于社会转型、体制转轨，"国企腐败"频发，涉案人员从领导干部到一般管理人员，从"个案"到"窝案""串案"，腐败问题如同毒瘤一样影响国企发展。在国企改制过程中，出现了国家工作人员随意低估资产、隐瞒债权、虚设债务、虚构产权交易等非法方式去隐匿公共资产，给国家或集体造成了巨大的损失。针对这些新情况新问题，2010 年 11 月 26 日，最高人民法院、最高人民检察院出台《关于办理国家出资企业中职务犯罪案件具体应用法律若干问题的意见》（以下简称《意见》），就国家出资企业和企业改制这一特定领域、特定环节中的职务犯罪案件作出了规范解释。本案恰逢该《意见》出台，是黑龙江垦区检察机关办理的完达山乳业系列贪污案之一，也是适用该《意见》的典型案例。

国企是我国基本经济制度的主要支柱，完达山乳业品牌由来至今已有半个多世纪，从 1966 年 5 月"完达山食品厂"建成投产，1996 年 11 月"完达山乳业集团有限公司"股份制改造；2001 年 12

月，通过收购、控股、参股等形式，28 家乳品企业重组联合正式成立"黑龙江省完达山乳业股份有限公司"；2005 年 7 月，经过两次增资后，北大荒集团占股 66%，完达山乳业集团实行产业化经营模式。

黑龙江垦区检察机关伴随着黑龙江垦区的设立而成立，隶属于黑龙江省检察院，设有黑龙江省人民检察院农垦区检察分院，下设宝泉岭、红兴隆、建三江、牡丹江、九三、北安、齐齐哈尔、绥化等八个垦区派出检察院。齐齐哈尔农垦区检察院通过挖"窝案""串案"指控犯罪，展现了垦区检察机关打击"国企腐败"的声威和良好形象。

公诉指控 ·············

（一）贪污事实证据的分析论证

本案是垦区检察机关在查办完达山乳业股份有限公司奶粉营销公司副总经理于川钦案时，发现该公司有一笔 50 万元款项未按审批用途使用，管理财务的销售部部长张立峰与北京省区经理杨建兵、副经理杜福旺涉嫌犯罪立案侦查。经审查查明，张立峰、杨建兵、杜福旺担任黑龙江省完达山乳业股份有限公司奶粉营销公司营销部部长、北京省区经理、北京省区副经理期间，利用管理国有资产的职权便利，采取虚构返利的方法，起草假申请通过层级审批核销后，骗取本公司公款 50 万元。主体身份、主观故意、客观行为均符合贪污罪的构成，符合《刑法》第三百八十二条第一款的罪状，应以贪污罪追究张立峰、杨建兵、杜福旺的刑事责任。在证据的分析论证方面，本案认定上述事实的主要证据均经查证，合法、属实，与贪污的事实之间存在客观关联性。本案的证据分别清楚地印证了涉嫌贪污罪的完整的证据链条，书证、证人证言证实张立峰、杨建兵、杜福旺采用假申请返利经层级审批后核销的过程及套取公款后个人使用情况；书证证实赃款的来源、套取经过及使用情况与上述证人证言相互印证；被告人张立峰、杨建兵、杜福旺对共同贪污公款的犯罪事实也供认不讳，供证能够相印证。认定上述事实的证据确实充分，贪污的事实和情节，均有相应的证据予以证明，形成了完整的证据链条。

（二）围绕"国家工作人员"特殊主体质证辩论

本案庭审中，控辩双方对犯罪的客观行为没有争议，而对涉及罪与非罪、此罪与彼罪的关键问题，即"国家工作人员"特殊主体身份问题进行了激烈抗辩。公诉人指控张立峰、杨建兵、杜福旺是国家工作人员，符合贪污罪的主体身份，根据最高人民法院、最高人民检察院《意见》第六条第二款规定：经国家出资企业中负有管理、监督国有资产职责的组织批准或者研究决定，代表其在国有控股、参股公司及其分支机构中从事组织、领导、监督、经营、管理工作的人员，应当认定为国家工作人员。本案中，黑龙江省完达山乳业股份有限公司为国有控股企业，系国家出资企业。黑龙江省农垦总局国有资产管理委员会及黑龙江省完达山乳业股份有限公司的证明材料及黑龙江省完达山乳业股份有限公司的相关证人证言证实黑龙江省完达山乳业股份有限公司的董事会、监事会、党政班子及分公司的办公会（总经理办公会）系负有监督管理国有资产职责的组织，张立峰、杨建兵、杜福旺都是经黑龙江省完达山乳业股份有限公司的分公司奶粉营销公司的总经理办公会及办公会研究决定或者报总公司批准决定任命的管理人员。综上，张立峰、杨建兵、杜福旺都是经过负有监督管理国有资产职责的组织批准或者研究决定，在完达山乳业股份有限公司的分公司中从事管理工作的人员，符合最高人民法院、最高人民检察院《意见》第六条第二款规定，应当认定为国家工作人员。

（三）剖析犯罪根源，量刑建议被法院采纳

公诉人在庭审中，从三名被告人的犯罪行为对职务廉洁性的侵害，对完达山企业品牌形象危害和影响，以及对社会和家庭的危害性三个层面，进行剖析，同时指出了该国企在管理中存在的监管缺失和制度漏洞，是造成国有资产流失的主要原因。在量刑建议部分，被告人杜福旺案发后主动投案，如实供述自己的罪行，符合《刑法》第六十七条关于自首的规定。被告人张立峰、杨建兵、杜福旺的行为触犯《刑法》第三百八十二条之规定，构成贪污罪。该案系共同犯罪，张立峰系主犯，杨建兵、杜福旺系从犯。公诉人综合考虑被告人所犯罪行的轻重，按照罪刑相适应原则，建议法院对张立峰在有期徒刑十年二个月以上十二年以下综合其犯罪情况及认罪态度给予其处罚，对杨建兵在有期徒刑五年二个月以上七年以下综合其犯罪情况及认罪态度给予其处罚，对杜福旺在有期徒刑五年二个月以上六年以下综合其犯罪情况及认罪态度给予处罚，最终量刑建议被法院采纳。公诉后，针对完达山企业内部管理漏洞和管理混乱情况，职务犯罪预防部门对完达山乳业有限公司发了检察建议，建议整章建制，对审批权限进行监督，完善人事、财务制度，并开展了以案释法和普法宣传教育。

案例推荐：黑龙江省人民检察院
撰稿：王笑男
审稿：刘哲

何强等五人聚众斗殴案

——区分聚众斗殴与正当防卫的典型案例

基本案情

　　何强，男，时年 20 岁，湖南省冷水江市人，常熟市忠发投资咨询有限公司（以下简称忠发公司）职工。

　　张胜，男，时年 21 岁，湖南省新邵县人，无业。

　　陈强，男，时年 19 岁，湖南省新邵县人，无业。

　　（其他被告人基本情况略）

　　2010 年 11—12 月间，忠发公司法定代表人徐建忠经他人介绍多次至澳门赌博，欠下曾勇（另案处理）等人为其提供的巨额赌资。后曾勇亲自或指使杨佳（另案处理）等人多次讨要赌资。

　　2011 年 4 月 2 日上午，何强受徐建忠指派，与张胜、陈强等人至咖啡店，与杨佳等人就如何归还该笔赌债谈判未果。当日中午，何强在与杨佳手机通话并发生冲突后，主动打电话给从未联系过的曾勇。双方在电话中恶语相向，互有挑衅。何强随即三次打电话给张胜，要求其带人至忠发公司。张胜当即纠集陈强、张人礼、龙云中等人至忠发公司，并准备好菜刀等工具。待己方人员就位、工具准备完毕后，何强再次拨打曾勇电话，双方言语刺激、互相挑衅，致矛盾激化。曾勇便纠集杨佳、龚军、胡炜等人，持刀赶至常熟市甬江路 8 号忠发公司。当何强等人通过监控看到有多人下车持刀上楼时，就在徐建忠办公室持刀以待。当曾勇等人进入后，何强等人与对方相互持械斗殴，致何强及龚军、胡炜受轻微伤，忠发公司部分物品毁损。

2011年7月14日，常熟市人民检察院以何强等人犯聚众斗殴罪向常熟市人民法院提起公诉；同年8月15日，常熟市人民法院一审以聚众斗殴罪均判决何强等五人有期徒刑三年；何强不服提出上诉后，苏州市中级人民法院经审查，于同年11月23日裁定发回重审。2012年3月8日，常熟市人民检察院变更起诉。同年4月12日，常熟市人民法院公开宣判，以聚众斗殴罪判处何强有期徒刑一年六个月；其余人员均被判处缓刑、免刑。同年6月8日，苏州市中级人民法院二审维持原判。

案件背景与社会影响

这是一起舆论广泛关注的案件。案件原一审判决后，何强提出上诉。其间，何强的母亲有选择性地编辑现场的一段视频上传至各大网站，引发广泛关注。诸多门户网站均在头条报道，并开展本案是否是正当防卫的投票活动。随后，多家省级卫视、纸质媒体跟进关注此案。2012年1月10日，《人民日报》在第11版以《聚众斗殴还是正当防卫？》报道此案，致社会关注度再次提升。本案发回重审后，检察机关进一步补充侦查，发现系因赌资纠纷引发，为非法利益之争。双方事先在电话中互相挑衅，何强等人在筹备工具和人员后，再次打电话刺激对方引发斗殴。该案在公开判决后，《人民日报》、中央电视台、《法制日报》等权威媒体报道案件事实和判决，还刊发了著名学者关于案件的评析。该案最终用翔实的事实认定、全面的法律分析，澄清了事实，赢得舆论的认可，形成司法和民意的良性互动，也成为区分聚众斗殴与正当防卫的经典案例。

公诉指控 ··

（一）发现重大疑点，全面补充调取关键证据

本案一审判决书采信何强等人提出的辩解：何强在办公室忽然接到曾勇的威胁电话，由于担心出事而通知同伴并准备菜刀防身，对方持刀上门后予以反击。如认定这一事实，本案存在构成正当防卫的空间。舆论中也因此出现了不同的声音。

何强上诉后，检察机关结合何强等人的辩解认真审查证据，发现多位证人和何强均证实，曾勇到场后第一句话是："谁找我？"如果是曾勇主动打电话给何强，怎么还会反问："谁找我？"而且曾勇供称"在与何强第一次电话中，何强口气很冲、话中带脏字；与何强第二次电话中何强讲钱已经准备好了，你有本事到公司来拿"。因此，何强可能存在挑衅、约架的情形。二人之间的通话内容，对于本案定性至关重要，需要综合全案证据进行分析判断。

在何强等人拒不配合的情况下，检察机关一方面积极联系公安机关，建议在侦查曾勇、杨佳等人聚众斗殴犯罪时，着力查清何强一方与曾勇联系的具体细节，为确认何强挑衅约架奠定了坚实基础；另一方面通过细致审查长达一百多个小时的监控录像，发现何强在与曾勇通话过程中有一陌生人在旁边，以此为突破口，通过调查得知该男子身份，并取得其证言，印证了何强的挑衅行为。通过上述工作，检察机关取得曾勇、杨佳等人的供述及无利害关系人的证言，结合调取的通话记录，确定了案发前何强两次主动拨打曾勇电话挑衅的犯罪事实。

（二）及时变更起诉，全面精细描述案件事实

由于媒体上传播的视频被有选择性地编辑，案件事实被人为引导至第三个环节即何强等人还击的情形，前两个环节被选择性忽略，导致公众只看到曾勇率人找上门来，容易片面得出正当防卫的结论。

本案发回重审后，检察机关重新梳理案件前因后果，把事件拆分成环环相扣的三个环节，准确描述事件的完整演变过程，及时变更起诉。同时，认真听取辩护人意见，采纳其合理部分，二审阶段发回重审后依照重新认定的事实，对张胜、陈强、张人礼、龙云中等四人依法认定为从犯，体现了宽严相济的办案原则。重新认定的事实中，细致划分了事件发生的三个环节：

1. 从起因看，何强等人不具备正当防卫的基础。何强的老板徐建忠欠曾勇等人巨额赌债，何强等人"受徐建忠指派与杨佳等人在常熟市枫林路来雅咖啡店就如何归还该笔赌债谈判未果。杨佳等人离开咖啡店后，何强纠集的李毅夫等人携带菜刀对杨佳等人进行跟踪"，何强等人采用强硬手段让对方放弃非法债权无异于向对方勒索赌资，这个所谓的谈判显然是在刺激、挑衅曾勇，为斗殴埋下伏笔。

2. 从结果看，不法侵害系何强特意挑衅所致。双方就归还赌债的谈判未果，"何强打电话给曾勇，双方恶语相向，互有挑衅。何强随即三次打电话给张胜，要求张胜带人至忠发公司。张胜、陈强、张人礼、龙云中及李毅夫立即至忠发公司并准备菜刀等工具，后何强再次主动拨打曾勇电话，致使矛盾升级激化"。

3. 从主观看，何强等人具有斗殴的故意。在何强挑衅、约架的基础上，"曾勇随即纠集杨佳、龚军、胡炜等人，持刀赶至常熟市甬江路8号忠发公司，何强、张胜、陈强、张人礼、龙云中及李毅夫通过监控看到此情形，持械在办公室内等候，后双方相互持械斗殴"。

（三）细化公诉意见书，全面深入释法说理

法庭辩论阶段，公诉人发表了近六千字的公诉意见，对本案的事实、证据以及定性进行概括梳理，深入展示本案全貌。

1. 釜底抽薪，彻底揭示何强辩解的荒谬之处。指出何强等人在归案后一直回避案件相关事实和情节，无法解释监控录像中的部分事实，其辩解与在案其他证据明显矛盾，完全不足以采信。比如，

何强等五人聚众斗殴案

"何强以往供述均是独自去来雅咖啡馆谈判，在检察机关向其出示监控录像后，其继续否认与张胜等人共同前往，竟然否认自己认识监控录像中的张胜等人；何强一直辩解是曾勇给何强拨打的电话，其不知原因。但向其出示通话记录、监控录像等证据后，其才承认两次主动拨打电话的事实；何强等人辩解一共准备了两把菜刀，且刀是从厨房临时取得，但是客观事实是：李毅夫在早上赶至现场时就携带了菜刀，斗殴现场何强一方共持有四把菜刀、一把水果刀，且均非从厨房取得；何强在当庭供述中，一直辩解自己不知道谈判时李毅夫在干什么，谈判离开现场后一段时间未与杨佳联系过，但是这段辩解明显不能成立。杨佳证实，自己在谈判后有辆桑塔纳在跟踪自己，便给何强打电话，何强当时没接，接着打回来。杨佳在电话中让何强不要派人跟踪自己，何强说你给我面子，我就给你面子。电话挂掉后，这辆车就不再跟踪。而何强的同案犯李毅夫的供述也证实，自己携带菜刀开车跟踪过程中，驾车的徐建平接到电话，说对方发现了，我们不跟了。而通话记录证实何强与杨佳在谈判九分钟后先给杨佳打了电话，通话结束后九秒钟就给徐建平打电话，与李毅夫、杨佳的证言完全一致。上述证据中，不仅不同利害关系方的言词证据可以相互印证，且均与客观证据相互印证，证实该事实成立，而何强等人的辩解为虚假辩解"。

2. 夯实关键，指出构罪的关键是主观意图而非力量对比。"我们要注意一个关键的时间节点问题：何强等人主观上是基于斗殴的目的还是防卫的意图是产生于纠集人员、准备工具之时，与半个小时以后发生的任何行为都没有关系。我们不可能认为曾勇等人赤手空拳来五六个人，与何强一方是势均力敌就是斗殴；而如果曾勇一方二十多人携带砍刀，何强方相对处于不利地位，就成立防卫。何强等人没有预知未来的能力，他不可能知道电话刺激之后，曾勇一方可能来多少人、带什么工具。我们司法工作人员更不可能根据半个小时后曾勇等人的行为来判断何强等人纠集人员、准备工具时的主观故意。"在随后的答辩中，指出何强给曾勇打电话之后，"没有任何准备钱款的意思，而是在积极准备斗殴，不仅将公司门口的车辆移走，而且长时间商议。如果何强打完电话后有准备钱款或者其他还款意思的话，可以视为其挑衅意味不浓，但是其打完电话后并无此行为，其找曾勇来的目的则昭然若揭"。

3. 突出重点，指出重点是局势的掌控而非工具的准备。公诉意见针对辩护人观点中"准备工具是为了防止不法侵害"进行了详尽的说理，指出"何强一方多次主动拨打电话、邀约对方谈判，强行减免债务、持刀尾随跟踪，随后再次拨打对方电话，主动刺激对方，掌控引导局面。因此，这个案件是何强一方在掌握案件进展的节点，是何强方在掌控引导局面"。随后，使用四个排比句，"如果没有何强邀约对方谈判的行为，如果没有何强强行减免债务的行为，如果没有何强两次拨打曾勇电话的行为，如果没有何强刺激、挑衅对方的行为，本案显然不可能会发生"，强化了语气和指控力度，进一步明确了本案系何强主动引发，何强等人有明显的斗殴目的，不能认定为正当防卫。此外，结合监控录像，进一步指出何强等人约架的意图，"在监控中看到曾勇等人到现场后，既无惊慌失措之表现，也无关门回避之行为，而是迎至门口，积极应战，足以体现其主观上对即将发生的斗殴持积极追求态度"。同时，在答辩环节进一步亮明检察机关的态度：承认正当防卫权利，鼓励与不法行为作斗争，但是坚决打击犯罪行为。针对辩护意见和舆论关心的问题，明确指出"今天讨论的不是面临即将到来的不法侵害是否可以准备工具，更不是面对不法侵害时是否能够反抗，而是这个风险是怎么产生的？是不是自己的行为招致的？我们认为正义无须向非法让步，但是今天审理的案件并非如此！本案审理的关键不是多少人、持什么工具到公司中去，而是在于二十多个人为什么持刀到公司中去？是曾勇等二十多人主动持刀至忠发公司，还是何强刺激、挑衅对方到自己公司来？这两个问题才是本案的关键"。

4. 结合客体，指出重点是有无扰乱社会公共秩序而非斗殴场所。本案之所以引发舆论关注，与打斗地点的特殊性有一定关系。针对

何强等五人聚众斗殴案

辩护人提出打架地点在办公室，并非公共场所，不符合聚众斗殴罪场所特征的意见，公诉人在答辩中指出，斗殴地点对案件性质不具有决定性。聚众斗殴罪侵犯的是社会公共秩序，"对社会公共秩序的侵害区分标准不在于在谁的地方，而在于客观上是否扰乱了这个秩序"。何强与曾勇相互挑衅，各自纠集社会人员、准备刀具、招摇过市、互相打斗便是对社会公共秩序的严重破坏。"刑法和法律没有规定对办公室的特殊保护，办公室在办公时是一个半开放场所，对于进入办公室实施聚众斗殴犯罪与进入住宅实施犯罪完全不能等同。如果认为在自己的区域内发生的斗殴就不是扰乱公共秩序，可以对扰乱公共秩序犯罪不作为犯罪处理的话，显然违背了刑法这一条款的立法本意，否则聚众斗殴者都可以在自己的区域约斗对方，在自己的区域内邀约对方，从而规避法律的制裁。"

案例推荐：江苏省人民检察院

撰稿：王勇、张杰

审稿：刘哲

周宏鹏等三十四人诈骗案

——新型话术电信网络诈骗犯罪集团案

基本案情

周宏鹏，男，时年25岁，北京市人，无业。

2010年9月，周宏鹏、李毅预谋以伪劣的收藏品冒充真品出售，找来李永壮为公司提供物流服务并收取货款，李永壮找来程天敏，通过互联网在各物流公司的数据库有针对性地窃取了大量的公民个人信息为公司提供客户资料，周宏鹏找来彭锐为公司提供伪劣收藏品，并配以假的公证书、收藏证等证书。2010年10月华轩文化公司在北京市朝阳区优士阁大厦成立后，周宏鹏招聘了周垚负责公司的销售工作，2011年7月招聘了李月欣负责公司的物流、人事及财务工作。周垚先后招聘了销售员工20余人，分成A、B两组。A组组长为于海林，于海林辞职后由冯东霞接任，组员有吴淑军、许德强、徐文杰、张凯凯、刘君等人；B组组长为孙鹤，组员有方婷婷、黎星辰、杜旋、高晶晶、孙雪杰、姜丹燕、夏华艳、杨新梅、曹建华等人。2012年4月，周宏鹏、李毅等人又在北京SOHO现代城成立华韵典藏公司，由郑永军负责经营、管理，申登法为组长，组员有于海莹、陈平、梁松凯、韩超、刘丽娇、王婷婷等人。周宏鹏、李毅、周垚、郑永军组织公司销售人员，每天按照事先编造好的"话术"以拨打电话的方式向被害人推销产品。2010年10月至2012年9月间，该团伙共计诈骗835名被害人，涉案金额13302853元，成

703

员于海林、孙鹤、杜旋、孙雪杰、刘君等还利用该团伙实施了个人的诈骗行为。

2013 年 7 月 23 日，辽宁省辽阳市人民检察院以周宏鹏等 34 人涉嫌特大电信诈骗向同级法院提起公诉。2014 年 12 月 25 日，辽阳市中级人民法院判处周宏鹏等 34 名被告人犯诈骗罪，根据犯罪事实与情节，分别判处无期徒刑至免于刑事处罚等。其中，对主犯周宏鹏、李毅判处无期徒刑，并处没收个人全部财产，剥夺政治权利终身；对主犯程天敏犯诈骗罪，判处有期徒刑十五年，并处罚金 500 万元。

案件背景与社会影响

近年来，随着网络平台的普及和大数据技术的不断发展，电信网络诈骗呈现出案件高发的态势。由于电信网络诈骗存在着实施难度小、技术门槛低、犯罪成本少、并案侦查难、证据固定难、共犯认定难等特点，使得其渐趋集团化、产业链化，并异化出不同的技术形式，不断加剧了被害预防和打击治理工作难度。

本案作为一种具有完整上下游产业链的新型集团诈骗案，因涉及被害人众多、涉案金额特别巨大，引起了多方的关注，先后经过中央电视台焦点访谈栏目组、中央电视台天网栏目组、辽宁电视台、《辽宁日报》等多家新闻媒体的报道并被多家全国知名媒体转载，产生了较大的社会影响。本案在侦查取证、有效指控、共犯认定、区分主从等方面，做了大量翔实细致的工作，为办案机关应对和打击电信网络诈骗案件，特别是检察机关在提前介入引导侦查、出庭指控与质证等方面提供了可借鉴参考的模板。

国家公诉

——共和国 70 年典型案例及法律文书评析

公诉指控

（一）发挥审前主导作用，审慎、全面、详细地审查证据

本案在案发时的 2012 年属于上下游分工明确、团队式合作紧密的新型诈骗犯罪。以这种模式实施的诈骗，由于操作性强、门槛低、成本少，至今在司法实务中仍然屡见不鲜。在不到两年的时间内，该犯罪集团先后诈骗 845 起犯罪事实，涉及被害人 835 名，诈骗总额 13302853 元，其犯罪危害不言自明。除了案件表面上的涉案被告人多、被害人多、案件证据多之外，本案还包含"非法获取、出售公民个人信息—话术诈骗—物流仓储、邮寄、收款"的"上下游"产业化倾向，以及在话术诈骗中"以销售产品为名的'一次诈骗'和以引诱、威胁为内容的'二次诈骗'"的递进式骗局，这给检察机关和办案检察官在事实认定和法律定性方面，带来了不小的考验。

为了实现充分有效追诉，办案检察官对本案的事实与证据进行了审慎详细地核实，先后于 2013 年 3 月 6 日、2013 年 5 月 21 日两次退回公安机关补充侦查。同时，于 2013 年 2 月 19 日、5 月 6 日两次延长审查期限，对案件所涉行为、犯罪集团分工以及各被告人具体发挥的作用、涉案金额等进一步展开了综合性审查。正因如此，经法院审理查明后，几乎完全认定了检察机关对本案所涉诈骗罪的定性、集团犯罪主犯的成立范围、犯罪集团所涉及的犯罪总额、各被告人具体诈骗的数额、主从犯相区别的量刑建议等公诉意见，并将"物流费用、销售成本、收藏品价值等属于犯罪成本不应扣除""一次诈骗行为即构成诈骗罪""为犯罪集团提供公民个人信息、物流快递服务等，并按照非市场价格的比例获得利益的属于'明知'，且应认为其在犯罪集团中发挥了主要作用"等公诉意见的核心内容，作为了本案裁判要旨加以确认，不仅充分有效地在本案中实现了罪责刑相适应，而且为其他类案的处理提供了可以借鉴的裁判依据，进而为惩治此类新型诈骗发挥了有效的威慑和遏制的法律效果。

（二）寻求妥当的处罚，整体、实质地认定共犯

本案所涉及的犯罪行为属于较为新型的诈骗犯罪，其中涉及部分传统诈骗犯罪中所不具有的特点和方式，如何合理划定入罪范围、准确区分主从、妥当适用刑罚，无论是在发案当时，还是当下，对司法实务应对此类案件都具有一定的参考意义。

一是对上下游链条共同犯罪的认定方面。本案犯罪集团采取了"非法获取、出售公民个人信息—话术诈骗—物流仓储、邮寄、收款"这种"上下游"紧密协作、有效促成骗局的犯罪模式，这其中常见的实务难题在于各环节的"明知"的认定，无法认定不同犯罪链分工者的"明知"，便无法一揽子地起底、铲断对犯罪实行行为有密切促进作用的关系链。办案检察官通过起诉书、公诉意见书直观剖析了犯罪集团的上下游分工：以周宏鹏、李毅为首的诈骗团伙实施了以伪劣的收藏品冒充真品的诈骗行为。其中，周宏鹏和李毅负责该团伙的日常经营、管理，李永壮为该团伙提供物流及回款服务，程天敏负责为该团伙提供公民信息。对此，办案检察官从两个方面证明了这一具有意思联络的分工：一方面，从四人之间的利益分配看，周宏鹏和李毅获得物流回款的 70%，程天敏获得 20%，李永壮获得 10%，程天敏和李永壮的获利远超出了正常提供的公民信息和正常物流行业的利润，且获取方式为按比例分配而不是直接支付钱款，从而足以证明四人是在合伙经营。另一方面，李永壮和程天敏的供述可以证明其对周宏鹏等所销售银条、画作的质量以及相关伪造收藏证书有充分的合理怀疑，这种放任的心态，足以构成对共同犯罪的默示同意，进而以概括的间接故意的主观心理和实际帮助行为参与到犯罪之中。

二是对组合递进式骗局本质的认定方面。该犯罪集团在话术诈骗中制造"以销售产品为名的'一次诈骗'和以引诱、威胁为内容的'二次诈骗'"的递进式骗局。具体而言，周宏鹏、李毅等人组织公司销售人员，每天按照事先编造好的"话术"以拨打电话的方

式向被害人推销产品。在销售过程中，销售人员先虚构出与中国金币总公司、中国收藏家协会等权威机构联合举行活动，将低价出售银条并可以货到付款，诱骗被害人购买。在客户购买后，销售人员又对被害人宣称之前购买的收藏品已大幅度升值，公司可以为被害人转卖获利，但买方需要其他收藏品才能购买被害人手中的藏品，诱使被害人不断购买伪劣收藏品。在销售过程中，销售人员还会采用提高客户会员等级，为藏品购买保险，代售的行为违法，法院会起诉被害人等手段骗取被害人钱款。对于本案中"一次诈骗"是否属于"销售伪劣产品"的问题，检察机关给予了否定评价，即第一次推销产品时便成立相应的诈骗犯罪，其核心法理依据不仅在于涉案收藏品价值显著低廉，而且前后两次行为具有紧密联系性，对相关财产法益的侵害产生了直接威胁性。简言之，检察机关以整体性、实质性、穿透性的立场，对本案组合递进式的犯罪行为做了统一的法律评价。

案例推荐：辽宁省人民检察院

撰稿：徐然

审稿：刘哲

周宏鹏等三十四人诈骗案

吴韦杰等九十五人诈骗案

——藏身大陆行骗境外的"银行卡一号"电信网络诈骗案

基本案情 ·······················

吴韦杰（绰号"阿杰""旺旺"），男，时年 32 岁，台湾省台南市人，汉族，文化程度大学（高职肄业），无业。

（其他被告人基本情况略）

被告人吴韦杰、黄志豪、郑耀峻、黄进发、陈万军、杨宗振等人，经预谋先后在浙江、广东、山东、辽宁等地组建相对固定的电信网络诈骗团伙，对团伙成员进行统一编号管理，明确分工，约定分赃比例。使用类似韩国、泰国、中国台湾地区司法机构电话的显示号码，冒充韩国、泰国警察、中国台湾地区法院地检署、银行等部门工作人员，拨打韩国、泰国、中国台湾地区公众电话或群发短信，虚构被害人涉嫌洗钱犯罪等事实，诱骗被害人登录"钓鱼"网站提供个人银行卡信息，在浙江、广东、湖南、江西、湖北、福建等地银行 ATM 上通过复制韩国、泰国银行账户提取现金，后按照约定比例分赃。其中，2011 年 9 月至 2012 年 6 月，被告人吴韦杰、黄志豪等 86 人骗得韩国被害人钱款折合人民币 1318 万余元；2011年 7 月至 11 月，被告人郑耀峻、黄进发、陈万军等 3 人骗得泰国被害人钱款折合人民币 278 万余元，陈万军为"敏哥"（另案处理）诈骗提供场所，帮助收取、转移赃款人民币 113 万余元；2012 年 4

月至 6 月,被告人杨宗振、李朝聪、严光明、徐荣欣、邱仁宏、皮爱玲共拨打诈骗电话 2465 人次,骗取中国台湾地区被害人钱款折合人民币 21 万余元。本案办理过程中还发现了被告人俞华辰非法获取计算机信息系统、赵长君非法持有枪支、朴曙光故意伤害等衍生犯罪。

吴韦杰因涉嫌诈骗罪于 2012 年 6 月 11 日被绍兴市公安局越城分局刑事拘留,同年 7 月 18 日被逮捕。2013 年 7 月 24 日,浙江省绍兴市人民检察院以吴韦杰等 95 人犯诈骗罪、非法获取计算机信息系统数据罪、非法持有枪支罪、故意伤害罪,向绍兴市中级人民法院提起公诉。2014 年 1 月 14 日,法院判决吴韦杰犯诈骗罪,判处无期徒刑,剥夺政治权利终身,并处没收个人全部财产,对其他 88 名中国籍被告人根据其在共同犯罪中的作用和地位分别定罪处罚。JEONG CHILYONG 等 6 名韩国籍被告人分别被判处十一年至三年不等有期徒刑,单处或并处驱逐出境。

案件背景与社会影响

本案是公安部督办的"银行卡一号"电信诈骗案。"银行卡一号"电信诈骗案是一起由韩国籍、中国台湾地区籍不法分子组织策划,针对韩国等地公民实施诈骗,在中国大陆伪造银行卡取钱洗钱的跨国跨境案件,涉案金额数千万元。2000 年以来,随着金融、通信业务的快速发展,借助于现代通信工具和网银技术实施的非接触式虚假信息诈骗在中国迅速发展蔓延。这种编造受害人牵涉到严重犯罪,引起受害人的恐惧和慌乱,利用普通群众对司法机关职业权威感和信任感的"积极避难"类电信网络诈骗术,不但侵犯了被害人的财产权,也严重挑战了司法机关的神圣权威。"银行卡一号"案作为公安部督办的重大跨国电信诈骗案,因涉案人数特别多、涉案金额特别大、受害人分布特别广,受到国内外新闻媒体高度关注。央广新闻、中国青年网等新闻媒体跟踪报道了案件的侦查、起诉、判决情况。在本案处置过程中，银监会要求国内各大银行在醒目处张贴防止电信诈骗转账提示。

公诉指控 ·····························

　　本案被告人95人，来自韩国、泰国、中国台湾地区和大陆。被害人数百人，散布于韩国、泰国、中国台湾地区和大陆等多个国家和省份。绍兴市检察机关在办理本案过程中，成功解决了管辖权争议问题，破解了司法实践中无被害人陈述认定诈骗犯罪的难题，对95名被告人依法区分主从犯，合理认定诈骗数额，检察机关成功在指控犯罪的同时，依法保障涉外犯罪主体的诉讼权利，树立了中国检察机关的良好国际形象。

（一）依法有据，有效解决管辖权问题

　　本案有韩国籍被告6人、中国台湾籍被告人12人。庭审伊始，辩方律师即提出管辖权异议。本案主犯包括2名中国台湾人及4名韩国人，受害人散布在韩国、泰国、中国台湾地区。发生在国内的犯罪行为主要为受骗被害人登录钓鱼网站后，部分被告人利用复制的银行卡在广东、浙江、湖南等地转移被害人钱款的行为。不解决管辖权问题，指控犯罪如无本之木。对此，公诉人早有准备，明确指出：首先，本案在侦查阶段，绍兴市公安机关经过初步侦查上报公安部，根据上级指令行使侦查权，符合统一管辖原则。其次，本案被告人朴曙光在绍兴市柯桥区（原绍兴县柯桥镇）作案，梁智亿、蔡永康在绍兴市区等地的 ATM 上取款，因此，绍兴市是本案的多个犯罪行为地之一，绍兴市中级人民法院具有管辖权。在无其他有管辖权法院同时或先行受理本案的情况下，本案无管辖权争议。最

后，朴曙光等人与本案主犯吴韦杰等人均有关联，兼顾刑事司法的效率，及对案件整体事实的认定和量刑平衡，由绍兴市检察机关行使管辖权，代表国家提起公诉于法有据。

（二）繁简得当，破解被害人陈述缺失难题

将 95 名被告人合并一案审查起诉，虽然可以成功解决管辖权争议，但公诉工作的强度、难度剧增。本案庭审持续 7 日，合议庭成员 3 人，公诉人 3 人，被告人 95 人，辩护人 98 人，另有韩语翻译 1 人。本案起诉书 47 页 25700 余字，开庭后公诉人仅宣读起诉书就用了 1 个多小时。诈骗罪作为典型侵财犯罪，诈骗数额的认定是定罪量刑的主要事实和情节，而被害人陈述是认定诈骗数额的主要证据之一。在本案之前乃至当前的司法实践中，诈骗类案件仍倾向于以被害人报案及陈述的受骗金额作为定罪的主要依据。本案被告人多，受害人更多且不特定，散布于韩国、泰国、中国台湾等多个国家和地区的不同城市、乡村。对被害人逐一取证，几乎没有现实可能性。一方面，本案系绍兴市公安机关发现异常线索后主动侦查破案，除少量中国台湾籍被害人报案外，韩国、泰国地区被害人均未主动报案。在韩国、泰国两个国家范围内寻找电信诈骗的受害人，犹如大海捞针。另一方面，即使侥幸捞到"几根针"，也不能证明案件事实之全貌。同时，取证工作还将面临语言关、当地司法程序关、证据转化等多重司法程序问题。公诉人综合考虑全案认为，在跨国电信诈骗案件中，片面强调被害人陈述，不符合客观规律。机械办案会造成司法资源的严重浪费，影响司法效率。尤其是本案中，对被害人逐一取证不但不现实而且从在案证据体系看亦属不必要。本案各犯罪团伙被告人供述彼此印证，结合在案的有关书证、银行流水，即可认定被告人吴韦杰等人实施电信诈骗行为后，利用地下钱庄转移骗取的资金至相关银行卡上，再按约定比例分赃的事实，已经形成完整的证据链，本案可统一以从被告人银行卡上获取的资金数额认定犯罪数额。这种做法不但大大节约了司法资源，客

观上也有利于被告人。因为被告人银行卡实际获得账款数额远远低于被告人骗取的数额。

（三）切中要害，合理区分主从犯

区分主从犯、厘清参与犯罪被告人的诈骗数额的工作强度和工作难度与被告人的数量成正比，办案压力、工作强度、难度呈几何等级数剧增。本案中，吴韦杰、黄志豪对团伙成员进行编号统一管理，下设由陈俊杰、蔡国祥、南相君、朴永男、李林、陈兴朝、朴洪哲、林崇鼎、赵长君、李永国等人负责的小团伙10余个，各小团伙内有成员若干，层级分明、分工明确、相互配合。有的负责提供网络技术支持；有的负责冒充司法工作人员拨打电话、发送短信；有的负责转移被害人银行存款或者接收被害人转交钱款；有的负责提供银行账号洗钱；有的负责复制银行卡将赃款取现；在"银行卡一号"诈骗中，我们可以看到一条连贯的"诈骗流水线"，95名犯罪嫌疑人无缝衔接，共同完成诈骗行为。在经济犯罪、团伙犯罪中，有人直接实施犯罪行为，有人帮助提供技术支持、转移犯罪所得，当然也会有少数人仅为犯罪集团提供后勤保障，如从事烧饭、洗衣等工作。认定主从犯之前，应当先区分罪与非罪。先行将上述后勤人员剔除在案件之外，是公诉人的工作重点之一。本案侦查机关移送审查起诉犯罪嫌疑人98人，检察机关提起公诉95人。在区分主从犯问题上，公诉人认为，作为组织者、指挥者和管理者如吴韦杰、黄志豪等人对犯罪团伙所有犯罪行为承担刑事责任；而对于陈俊杰等既自己拨打电话，同时又指挥一线人员拨打电话的诈骗团伙的管理者，也应认定为主犯；但对于一线拨打电话人员在共同犯罪中的作用相对较小，如李梅花、李学松等人认定为从犯。这种在电信诈骗中按照被告人实际作用区分主从犯的做法，既符合法理精神，也为此后其他地区办理类似案件提供了有益借鉴。

（四）同案起诉、分案判决，努力提升办案效率和效果

本案有韩国籍被告人 6 人。检察机关在审查起诉、提起公诉时为了对案件事实整体的准确把握，将 6 名韩国籍被告人与本案其他本国人一并移送审查起诉，逐一举证证明各被告人在诈骗犯罪中的地位和作用。法院判决时，则对 6 名韩国籍被告人适用单独判决文书。这种做法是综合考虑案件事实、诉讼资源的便宜之选，有利于涉外法律文书的翻译、送达等后续司法行为的进行。同时，对于 12 名中国台湾地区被告人，则一并起诉、一并判决，体现了司法权的平等性和权威性。

案例推荐：浙江省人民检察院

撰稿：徐少飞

审稿：刘哲

吴韦杰等九十五人诈骗案

连恩青故意杀人案

——温岭杀医案：惩治暴力伤医案的先导性案例

基本案情

连恩青，男，时年 33 岁，浙江省温岭市人。

2012 年 3 月，连恩青在浙江省温岭市第一人民医院接受了鼻部手术治疗。因对术后效果不满，连恩青多次到医院投诉，并对该院医生王云杰、林海勇、蔡朝阳心生怨恨，进而预谋杀死王云杰、林海勇。2013 年 10 月 25 日上午 8 时 20 分许，连恩青携带事先准备的榔头和尖刀来到该医院门诊大楼耳鼻喉科门诊室，确认王云杰和蔡朝阳正在坐诊后，走到王云杰背后，从外套内掏出榔头猛击其头部。在榔头被王云杰格挡落地后，连恩青又持尖刀朝王云杰背部、胸腹部乱捅，在将前来拉阻的王伟杰刺伤后，又朝王云杰心脏部位猛刺一刀。确认足以致死王云杰后，连恩青持刀前往耳鼻喉科门诊室寻找蔡朝阳。因房门反锁无法进入，连恩青在用尖刀刀柄敲碎门玻璃后，又持刀前往 CT 室，误将医生江晓勇认作林海勇，对其胸腹部连捅数刀，后被群众和保安当场制服。被害人王云杰经抢救无效死亡，被害人江晓勇的伤情构成重伤，被害人王伟杰的伤情尚未达到轻伤。

2013 年 12 月 29 日，浙江省台州市人民检察院以故意杀人罪对连恩青提起公诉。2014 年 1 月 16 日，浙江省台州市中级人民法院判决连恩青犯故意杀人罪，判处死刑，剥夺政治权利终身。

案件背景与社会影响 ·······························

　　2013 年 10 月 25 日连恩青持凶器杀害王云杰医生后，全国各地的医务人员自发地悼念王云杰医生，谴责此类暴力伤医的犯罪行为。同时，社会各界也希望司法部门依法严厉打击暴力伤医犯罪，维护医疗秩序的安全有序。为积极回应人民群众对公共安全的新期待，维护正常医疗秩序，全国检察机关于 2013 年 12 月至 2014 年 12 月开展为期一年的"维护医疗秩序打击涉医违法犯罪专项行动"，截至 2014 年 12 月，共审查起诉严重涉医犯罪 347 人。2014 年 4 月 24 日，最高人民检察院会同最高人民法院、公安部、司法部、国家卫生和计划生育委员会联合发布《关于依法惩处涉医违法犯罪维护正常医疗秩序的意见》，明确了 6 类涉医违法犯罪行为的定罪量刑标准，为打击涉医违法犯罪提供了有力法律武器。2015 年 6 月 24 日，最高人民检察院召开新闻发布会，通报检察机关依法惩处涉医违法犯罪的有关情况，并发布了包括连恩青故意杀人案在内的 9 起涉医违法犯罪典型案例，深入剖析医患纠纷频发的深层次原因，以起到打击震慑和法治教育作用。

公诉指控 ·······························

　　连恩青故意杀人案中，对于连恩青是否具备刑事责任能力，以及是否应当判处死刑，控辩双方存在不同的观点。经过对证据的梳理与分析，检察院指控连恩青具有完全刑事责任能力，应对故意杀人行为承担全部刑事责任。

（一）直面案件争议焦点，准确界定刑事责任能力

　　连恩青故意杀人案中的一大争议焦点就是连恩青是否为精神病

患者，是否具有刑事责任能力。连恩青在 10 月 25 日实施犯罪前，曾于 2013 年 8 月 10 日至 15 日入住上海市精神卫生中心治疗，入院、出院时均被诊断为持久的妄想性障碍。对此，司法机关委托鉴定机构对连恩青的刑事责任能力予以鉴定。经浙江省立同德医院司法鉴定所专家的法医精神病鉴定及鉴定人出庭作证，证明了连恩青过分担心自身疾病，存在疑病观念，表现为疑病症状，作案时意识清晰，作案动机现实，辨认和控制能力存在，具有完全刑事责任能力。司法精神病鉴定，不仅审查了鉴定对象的临床症状，还审查案件的全部材料，对连恩青犯罪时的精神状态判定更为全面。另外，上海市精神卫生中心虽然诊断连恩青患有持久的妄想性障碍，但具体检查时也认为，连恩青意识清楚，接触尚合作，对答切题，思维连贯，未引出幻觉。因此，检察院依据法医鉴定意见，结合连恩青的客观犯罪行为分析连恩青的刑事责任能力。连恩青的作案动机具有现实性，其鼻部因术后不适产生对医院不信任，在投诉期间怀疑医院造假，是具有一定现实基础的疑病状态，并不是凭空妄想；连恩青在犯罪前具有计划性，不仅蓄意准备了犯罪工具，而且犯罪对象明确，针对给其做手术的蔡朝阳医生、术后复诊接待的王云杰医生，为其拍摄 CT 片的林海勇医生；连恩青在犯罪时具有意志上的控制力，当发现误将江晓勇当成林海勇捅刺后，及时停止了捅刺。因此，检察机关采纳法医鉴定意见支持起诉书的指控，认为连恩青是疑病症不是持久的妄想性障碍，犯罪时不属于无刑事责任能力的精神病患者。公诉人在起诉书中，主动正面回应了连恩青的刑事责任能力问题，在庭审中公诉人依法指控连恩青的犯罪行为，为法院依法判处死刑奠定了基础。

（二）直面案件归责难点，客观分析医院责任

连恩青故意杀人案中的难点问题是温岭市第一人民医院是否有过错。公诉人客观审查了医院责任后认为，一方面，医院对连恩青的手术不存在过错。台州市医学会、浙江省医院会均鉴定认为，温

岭市第一人民医院对连恩青的诊断过程符合规范，其鼻部手术成功，不是医疗事故，也不存在治疗的过错。另一方面，医院在处理连恩青投诉及后续处理过程中存在一定的瑕疵。医院在连恩青发现其持同一张就诊卡拍摄的 3 张 CT 片存在姓名、年龄的不同，进而怀疑诊断治疗有误时，没有作出令连恩青信服的解释；又在 12 月 27 日拍摄 CT 片后没有提供当日的检查报告，加剧了连恩青的误解。但是，这种瑕疵，并不是医院故意造假。CT 片参数的差异因连恩青躺在检查床上的位置不同、检查部位不同而不同，属于客观的正常现象，不存在医院为了掩盖手术失败而提供假 CT 片和诊断报告的情形。尽管医院在处理医患纠纷时存在瑕疵，但这不足以认定医院方面在治疗上存在过错，因此连恩青因无奈而杀人的辩解是不能成立的。

（三）呼吁遏制医疗暴力，建立和谐医患关系

一个是救死扶伤的白衣天使，另一个是等待救治的重病患者，本应携手共同应对病魔，即便有医患纠纷，也应当合法合理地寻求解决方案，绝不能诉诸暴力，酿成新的悲剧。公诉人在法庭上发表公诉意见书时，便强烈呼吁"医患矛盾是一个社会问题，不是依靠几个人的力量就能够解决的，也绝不是依靠暴力就能解决的。医患双方应当相互理解、相互尊重，加强沟通，要建立和谐的医患关系不仅需要制度的保障，更需要包括我们在座的全体社会成员的共同努力。只有每一位社会成员都能理性平和地对待医疗过程中产生的纠纷，才能创建和谐的医患关系，使我们的生活更加美好"。

案例推荐：浙江省人民检察院

撰稿：詹文成

审稿：黄河、刘哲

连恩青故意杀人案

徐加富强制医疗案

——强制医疗程序指导性案例

基本案情

徐加富，男，时年 55 岁，四川省简阳市人，无业。

2007 年下半年始，徐加富精神开始出现异常症状，有时表现为凭空闻声，自认为有人要杀他就紧张害怕，甚至随身带刀，夜晚不睡、外出躲避，且因为其一直未接受治疗，病情更为加剧。

2012 年 11 月 18 日 4 时许，徐加富再现凭空闻声症状，自认为听到有人开车来杀他，就携带刀和榔头欲外出撞车自杀。被害人张友发是其居住地的门卫，见徐加富异常就没给他开门。徐加富于是对张友发产生怀疑，看见张友发手持移动电话，便认为张是要叫人加害于他。于是，徐加富分别用随身携带的刀刺扎张友发身体、榔头击打张友发头部。张友发因为严重颅脑损伤而死亡。

2012 年 12 月 10 日，武侯区公安局将徐加富送至成都市第四人民医院住院治疗，并委托成都精卫司法鉴定所对徐加富进行精神疾病和刑事责任能力鉴定，精卫司法鉴定所经鉴定后出具《鉴定意见书》，认定：（1）徐加富目前患有精神分裂症，幻觉妄想型；（2）徐加富 2012 年 11 月 18 日作案时无刑事责任能力。2013 年 1 月，成都市第四人民医院也对徐加富的病情作出诊断证明：徐加富需要继续治疗。

成都市武侯区人民检察院受理审查徐加富故意杀人一案，经审查后于 2013 年 1 月 16 日向武侯区人民法院提出强制医疗申请。武侯区人民法院于 2013 年 1 月 24 日经公开开庭审理，作出强制医疗决定，决定对徐加富强制医疗。

案件背景与社会影响

　　强制医疗程序是 2012 年《刑事诉讼法》修改后增设内容，针对的是实施暴力行为，危害公共安全或者严重危害公民人身安全又不负刑事责任的精神病人。对这部分精神病人采取强制医疗措施，目的在于对其人身自由依法进行必要限制，治疗精神疾患，消除人身危险，回归社会。刑事诉讼法修改后增设强制医疗程序，将这一程序纳入法治轨道，既避免所谓的"武疯子"危害公共安全和公民人身安全，也防止"被精神病"等随意限制人身自由的情况，同时保障被害人和精神病人的合法权益，促进社会公正和司法文明。

　　徐加富强制医疗案件在刑事诉讼法修改后很快进入审理程序，案件审查证据确实充分、申请依据合法合理，审理程序严谨规范、符合立法本意，实现了刑事诉讼法修改的良好愿望，将"纸面上的法律"很好地转化为"行动上的法律"，成为后续案件办理的参考样本，也成为观察与评价刑事诉讼法修改效果的实践样本。

检察机关在强制医疗特别程序中的作用发挥

（一）依法规，确保检察申请审慎适用

　　2012 年《刑事诉讼法》再修改备受关注，公众关注此次修法所带来的制度完善、人权保障和司法进步，更关注修法本意的实践"兑现"。强制医疗程序兼具强制性、公益性、保障性的特点，其中强

出庭意见书

19

尊敬的审判长、人民陪审员:

今天，武侯法院在此公开开庭审理由本院提起申请的涉案精神病人徐加富被强制医疗一案，经过法庭调查、质证，查明了甲请书上所载明的案件事实。本人受本院检察长指派，出庭并对法庭审理进行法律监督。现就本案发表如下意见:

一、徐加富在本市武侯区桥南西街1号的门卫室内，要求值班门卫张某某开门让其出去，张某某未给开门，徐加富看到张某某手持一部手机，便认为其要叫人加害自己。使用随身携带的一把匕首，进刺张某某数刀，随后徐加富又持随身携带的榔头连续击打张某某头部，并致其死亡。上述事实有涉案精神病人的供述、证人证言、勘验检查笔录、案件现场照片等予以证实徐加富实施了严重危害社会秩序的行为。

二、涉案精神病人的供述、证人证言、鉴定意见等证实，徐加富行为时无刑事责任能力，无法对其追究刑事责任，但符合强制医疗的主体要件。

三、成都市第四人民医院出具了徐加富需继续治疗的证明，证实其需要继续接受治疗，代理检察员又在与其主管医生沟通过程中，其主管医生亦表示其现在病情较为稳定，但若不继续接受治疗，病情将可能不被控制，有发病的可能。

综上，我院认为徐加富系徐加富实施故意杀人行为，严重危

审公民人身安全，经法定程序鉴定为依法不负刑事责任的精神病人，有继续危害社会的可能，事实清楚，证据确实充分，应当对其强制医疗。

● 徐加富强制医疗案出庭意见书

制性表现了较强的人身拘束性，这对当事人的人身自由形成较为严重的约束，更需要司法机关严格遵从法律规定，慎重审查、客观公正。一方面，刑事诉讼法在修改之前，强制医疗程序适用很不规范，有暴力倾向的精神病人缺乏强制措施保障因而会带来巨大的潜在隐患，权威法规不足也会引发"被精神病"的质疑；另一方面，刑事诉讼法修改新增设程序的规定还相对原则，细致性的解释规范短期跟进还不现实，此时的案件审理更多有待司法办案的准确释法和积极适用，也有待司法人员在办案中把握司法能动与司法克制的平衡。

依据 2012 年《刑事诉讼法》第二百八十四条、第二百八十五条的规定，审查是否符合强制医疗条件的重点有三个要素：实施暴力行为、无刑事责任能力、有继续危害社会的可能。而在全案评判中则需要综合考虑被申请人、被害人、公共利益三方面权益。因此，武侯区人民检察院在受案后立即综合审查全部证据材料，确定徐加富实施暴力行为危害公民人身安全事实清楚、证据确实充分，并在此基础上，将审查重点置于行为人的刑事责任能力和继续危害社会的可能。在审查过程中，检察官不仅综合考量暴力行为和后果，衡量精神状态，对人身危险性和暴力倾向作以综合衡量，特别针对关键争议严格审查诊断证明，走访相关医院与诊治医生，深入调查了解，综合考量公共利益与被申请人的权益，确保了特殊程序的审慎适用，检察申请依法有据、客观合理。

为进一步规范强制医疗程序，最高人民检察院于 2018 年印发《人民检察院强制医疗决定程序监督工作规定》。其中明确规定，人民检察院办理公安机关移送的强制医疗案件，可以会见涉案精神病人，询问办案人员、鉴定人、听取涉案精神病人法定代理人、诉讼代理人的意见，向涉案精神病人的主治医生、近亲属、邻居、其他知情人员或者基层组织等了解情况，向被害人及其法定代理人、近亲属等了解情况，就有关专门性技术问题委托具有法定资质的鉴定机构、鉴定人进行鉴定，开展相关调查。这是在总结司法实践后的进一步规范，其中也特别明确了检察机关全面调查了解的原则。而从现在

的视角回看，检察官办理案件时的审查、补证与论证过程已经与当前司法解释的规定要求基本一致，体现了检察官良好的法律素养和专业能力。

（二）抓关键，综合判断"有继续危害社会的可能"

被申请人是否有继续危害社会的危险，是强制医疗程序适用的前提条件，也是此类程序适用的核心争议。对于没有权威评估在案支持的情况，如何判断是否有继续危害社会的可能性，需要办案人员根据医疗诊断、病情表现、案发情节后果等因素综合判断。虽然在案有成都市第四人民医院出具诊断证明徐加富"需要继续治疗"，但检察官并未仅凭诊断证明就简单认证，而是主动向诊断医生取证，了解到"被申请人虽然病情现在较为稳定，但如果不接受治疗，病情很可能不被控制，有发病的可能"。在上述调查的基础上，检察官综合徐加富所患病症是被害幻觉妄想症的精神病种类，经常假想要被他人杀害，外出必带刀的现实表现，充分论证了如果对徐加富不加强制治疗则"有继续危害社会的可能"。全面调查、充分论证有助于客观判断和精准认定，检察官基于全面调查的论证得到了法院决定书的全部确认，成都市武侯区人民法院强制医疗决定书全面认定武侯区人民检察院的申请意见，对申请人的诉讼代理人提出危害社会可能的证据不足的意见不予接受。

（三）逐层进，实现申请文书严谨规范

强制医疗程序的检察文书包括强制医疗申请书和出庭意见书，在设置方面类似于普通一审案件的起诉书和公诉词，承载上也体现了逐步递进的关系。强制医疗程序既是新设，司法文书自然无先例和规范可遵循，但从事后审视，两份文书均做到了严格依法规范、要点提炼准确、说理论证充分，以较高的水平展现了检察申请的理性精准。

强制医疗申请书重在事实描述和规范评价，这份文书抓住了强

四川省成都市武侯区人民检察院

强制医疗申请书

成武检强制医申〔2013〕1 号

涉案精神病人徐加富，男，1957 年 08 月 28 日出生，身份证号码：511027195708288876，汉族，小学文化，无业，户籍所在地：四川省简阳市董家埂乡倒马坎村 5 组 23 号，2012 年 12 月 10 日被成都市公安局武侯分局送至成都市第四人民医院住院治疗。

法定代理人潘长秀，女，1951 年 11 月 22 日出生，汉族，初中文化，户籍所在地：成都市武侯区棕南西街 1 号 1 栋 2 单元 4 楼 8 号。

徐加富因涉嫌故意杀人一案，经成都市公安局武侯分局委托成都精卫司法鉴定所鉴定依法不负刑事责任，成都市公安局武侯分局于 2013 年 1 月 7 日向本院移送强制医疗意见书。本院受理后，审查了全部案件材料。

经依法审查查明：2012 年 11 月 18 日 04 时许，涉案精神病人徐加富在本市武侯区棕南西街 1 号的门卫室，要求值班门卫张某某开门让其出去，张某某未给其开门。徐加富看

见张某某手持一部手机，便认为其要叫人加害自己，便使用随身携带的一把匕首，连刺张友发数刀，随后徐加富又持随身携带的榔头连续击打张某某头部，并致其死亡。2012 年 11 月 27 日徐加富在本市高新区中和镇中和中学门口被抓获。经鉴定，徐加富在 2012 年 11 月 18 日 04 是作案时无刑事责任能力。

认定上述事实的证据如下：涉案精神病人的供述、证人证言、鉴定意见、勘验检查笔录、案件现场照片等。

本院认为，徐加富实施故意杀人行为，严重危害公民人身安全，经法定程序鉴定为依法不负刑事责任的精神病人，有继续危害社会的可能，事实清楚，证据确实充分，应当对其强制医疗。根据《中华人民共和国刑事诉讼法》二百八十五条第二款的规定，提出强制医疗申请，请依法决定。

此致

成都市武侯区人民法院

代理检察员：丛林

二〇一三年一月十六日

附：1. 涉案精神病人徐加富现在成都市第四人民医院。

2. 案件材料一册

成都市武侯区人民法院

强制医疗决定书

（2013）武侯刑强初字第 1 号

申请人成都市武侯区人民检察院。

被申请人徐加富，男，1957 年 8 月 28 日出生，身份证号码为 511027195708288876，汉族，小学文化，农民，户籍所在地为四川省简阳县董家埂乡倒马坎村 5 组 23 号。经常居住地为成都市武侯区棕南西街 1 号 1 栋 2 单元 4 楼 8 号。

法定代理人潘长秀，女，1951 年 11 月 22 日出生，汉族，初中文化，户籍所在地为成都市武侯区棕南西街 1 号 1 栋 2 单元 4 楼 8 号。系被申请人徐加富之妻。

指定诉讼代理人成安，四川致高守民律师事务所律师。

指定诉讼代理人田银行，四川致高守民律师事务所律师。

成都市武侯区人民检察院于 2013 年 1 月 22 日以成武强制医申（2013）第 1 号申请书向本院申请对被申请人徐加富强制医疗。本院审查后依法组成合议庭于 2013 年 1 月 24 日公开开庭审理了本案。成都市武侯区人民检察院代理检察员丛林、被申请人的法定代理人潘长秀，指定诉讼代理人成安、田银行到庭参加诉讼。本案现

已审理终结。

经审理查明，被申请人徐加富在 2007 年下半年开始出现精神异常，表现为凭空闻声，认为别人在议论他，认为有人要杀他，紧张害怕，夜晚不睡，随时携带刀自卫，外出躲避。因未接受治疗，病情加重。2012 年 11 月 18 日 4 时许，被申请人在其经常居住地听到有人开车来杀他，遂携带刀和榔头敏外出撞车自杀，其居住地的门卫张友发得知要其出去要撞车自杀，未给其开门。徐加富见张友发手持一部手机，便以向张墅叫人来对其加害，徐加富当即用携带的刀刺杀被害人张友发身体，用榔头击打张的头部，致被害人张友发当场死亡。经法医学鉴定，被害人张友发系头部受到钝器打击，造成严重颅脑损伤死亡。2012 年 12 月 10 日，徐加富被公安机关送往成都市第四人民医院住院治疗。2012 年 12 月 17 日，成都卫司法鉴定所接受成都市公安局武侯分局的委托，对徐加富进行精神疾病及刑事责任能力鉴定，同月 26 日该所出具成精司鉴所（2012）病鉴字第 105 号鉴定意见书，载明：1. 被鉴定人徐家富目前患有精神分裂症，幻觉妄想型；2. 被鉴定人徐家富 2012 年 11 月 18 日 4 时作案时无刑事责任能力。2013 年 1 月成都市第四人民医院对被申请人的病情作出证明，证实徐家富需要继续治疗。

上述审理查明的事实，有经当人举证，法定代理人、诉讼代理人质证，本院予以确认的以下证据证实：证人潘长秀、李健、张远清、张亮的证言；潘长秀、张远清对被申请人、被害人的辨认笔

录及辨认照片；案件现场照片及尸体解剖照片；法医学尸体检验意见书；法医学精神病司法鉴定意见书；第四人民医院关于徐家富需要继续治疗的证明；徐家富的户籍资料等。

申请人认为，被申请人实施了暴力行为，致一人死亡，并依法不负刑事责任，同时有继续危害社会的可能，依法应该实施强制医疗。被申请人的法定代理人对申请人指出的事实无异见，同意强制医疗。被申请人的指定诉讼代理人提出，申请人认为被申请人具有危害社会的可能的证据不足，需要补强意见。

本院认为，本案被申请人徐家富实施了故意杀人的暴力行为后，经鉴定属于依法不负刑事责任的精神病病的人，其妄想他人就对其加害而必须携带刀等防卫工具外出的行为，在其病症系未能减轻并需继续治疗的情况下，认定其放置社会有继续危害社会的可能。成都市武侯区人民检察院提出对被申请人强制医疗的申请成立，予以支持。关于诉讼代理人提出被申请人是否有继续危害社会的可能应由医疗机构做出评估，本案没有医疗机构的评估报告，对被申请人的强制医疗的证据不充分的辩护意见。经查，在强制医疗中如何认定被申请人是否有继续危害社会的可能，需要根据以往被申请人的行为及本案的证据进行综合判断，而医疗机构对其的评估也只是对病情危害的评估，法律没有赋予它对患者是否有继续危害社会可能性方面的评估权利。本案被申请人的病症是被害幻觉妄想症，经常假想要被他人杀害，外出害怕被害必带刀等防卫工具。如果不

加约束治疗，被申请人不可能不外出，其外出必须带刀的行为，具有危害社会的可能，故诉讼代理人的意见不予采纳。为防止被申请人危害社会，依照《中华人民共和国刑法》第十八条第一款、《中华人民共和国刑事诉讼法》第二百八十四条、第二百八十五条第一款之规定，决定如下：

对被申请人徐家富实施强制医疗。

本决定自送达之日起生效。如不服本决定，可在接到强制医疗决定之日起五日内，向成都市中级人民法院申请复议，复议期间不停止本决定的执行。

审　判　长　税长冰
人民陪审员　蒋海宣
人民陪审员　戴克果

二〇一三年一月二十四日

书　记　员　施洪波

本件与原本核对无异

● 徐加富强制医疗案强制医疗决定书

制医疗程序的事实前提和法律依据，把握主旨，语言规范，逻辑清楚、适用精准。出庭意见书逻辑层次清晰，从"暴力犯罪事实清楚、无刑事责任能力证据充分、有继续危害社会可能"三个层面逐一递进，分别论证，一目了然。特别针对"有继续危害社会的可能"这一核心焦点，阐述了检察判断的依据和相关工作，要点明确，言之有据，言简意赅中体现了证据—事实—法律—法理的路径遵循。两份文书通过层级递进的阐述论证，体现了检察机关在申请程序中的职责和作为，展现了检察官办案中深入理解法律主旨，精准适用法律、切实保障人权的司法文明。

徐加富强制医疗案是 2012 年《刑事诉讼法》修改后受理的第一批特殊程序案件，在无先例可循的情况下，检察官严格依照法律规定、深入理解特别程序主旨，全面调查了解，客观审查判断，依法提出申请，指控意见全部被采纳，体现了规范监督的较高水平。案件也经最高人民法院审判委员会讨论通过，被确定为最高人民法院 63 号指导案例，成为此类案件的办案指导。

案例推荐：四川省人民检察院
撰稿：王翠杰
审稿：黄河、刘哲

徐加富强制医疗案

李培芬等人非法制造、销售非法制造的注册商标标识案

——深挖上下游犯罪线索，打击侵犯知识产权犯罪的典型案件

基本案情

李培芬，男，时年 33 岁，广东省高要市人，广州市盛兴服装辅料行负责人；

李荣芬，男，时年 43 岁，广东省高要市人，广州市祥盛五金塑料加工厂负责人；

李娇婵、李教全、黎湛方、陈燕玲、庞东明、冯烈章等人为广州市盛兴服装辅料行员工；

卢炳伟系广州市荔湾区建设管理服务中心员工。

2005 年，李培芬在广东省广州市荔湾区注册成立祥盛五金塑料加工厂，开始从事非法制造注册商标标识吊粒及水洗标业务，2006 年 2 月，李培芬注册成立广州市祥盛五金塑料加工厂，法定代表人为李荣芬，李荣芬负责该厂的生产和管理。李荣芬明知李培芬未取得商标权利人的授权委托，仍按照李培芬发来的订单，指示员工依据发来的商标 Logo 样品刻版、铸模，仿造他人注册商标的文字、字母、图形、图样，组织生产标有注册商标标识的吊粒，2006 年 10 月祥盛五金塑料加工厂注销。2009 年，李培芬成立广州市盛兴

服装辅料行，并在广州市荔湾区长乐路 36 号租用店面，用于非法制造、销售非法制造的注册商标标识，并租用广州市荔湾区鸡栏街 5 号作为存放非法制造的注册商标标识的库房。李培芬雇用李娇婵、李教全、黎湛方、陈燕玲、庞东明、冯烈章帮助其从事非法制造、销售非法制造的注册商标标识的犯罪活动。其中，李培芬、李娇婵负责联系客户、洽谈业务、接收订单；黎湛方负责从电脑上接收订单，并对不同种类的商标标识扫描、打印或电脑 CDR 制图；陈燕玲、李教全、庞东明、冯烈章在库房工作，陈燕玲负责按照李培芬、李娇婵的接单内容录入电脑，并制作收货及发货明细单、对账单；李教全、庞东明负责按照陈燕玲制作的收、发货单收货、拣货、打包、发货；冯烈章帮助李教全、庞东明打包、发货。仅 2012 年，李培芬等非法制造注册商标标识 24 种，制造数量达 5786445 件，金额达 1295834.83 元。

2013 年 3 月 4 日晚，李荣芬、卢炳伟在得知广州盛兴服装辅料行已被公安机关查封、李培芬等人已被抓获的情况下，联系陈胜根（另案处理）、"广西仔"（另案处理）企图帮助李培芬等毁灭证据。卢炳伟、陈胜根、"广西仔"破坏锁具进入盛兴服装辅料行及仓库，将非法制造的注册商标标识、账目、客户档案资料及电脑搬运到事前准备好的两辆面包车上，李荣芬负责放风。搬运途中被公安机关发现，李荣芬、陈胜根驾驶其中一辆面包车带着所搬运的物品逃离，卢炳伟及另一辆面包车被公安机关当场查获。李荣芬与陈胜根将开车带走的电脑主机箱、非法制造的吊粒等证据焚烧销毁。

李培芬等人非法制造、销售非法制造的注册商标标识一案，由内蒙古鄂尔多斯市人民检察院在审查逮捕犯罪嫌疑人潘云涉嫌销售假冒注册商标的商品案时，发现线索并移送公安机关，鄂尔多斯市公安局于 2013 年 3 月 4 日立案侦查。同年 4 月 9 日，鄂尔多斯市人民检察院依法作出批准逮捕决定，2014 年 1 月 21 日，该案被提起公诉。2014 年 7 月 11 日，鄂尔多斯市中级人民法院以非法制造、销售非法制造的注册商标标识罪，分别判处被告人有期徒刑六年至

有期徒刑一年、缓刑二年不等，各并处罚金 350 万元至 20 万元不等。二审维持原判。

案件背景与社会影响

改革开放以来，我国经济社会持续快速发展，科学技术和文化创作取得长足进步，创新能力不断提升，知识在经济社会发展中的作用越来越突出。知识产权制度通过合理确定人们对于知识及其他信息的权利，调整人们在创造、运用知识和信息过程中产生的利益关系，激励创新，推动经济发展和社会进步。随着知识经济和经济全球化深入发展，知识产权日益成为国家发展的战略性资源和国际竞争力的核心要素，成为建设创新型国家的重要支撑和掌握发展主动权的关键。2008 年，国务院发布《国家知识产权战略纲要》，知识产权战略首次上升为国家战略。该纲要不仅是我国知识产权事业发展的指南，也是建设创新型国家的纲领性文件。加强知识产权保护，依法惩治侵犯知识产权犯罪是我国经济高质量发展的需要，是激发民族创新动力的需要，也是我国进一步扩大改革开放、融入经济全球化的需要。

侵犯商标权犯罪案件占侵犯知识产权犯罪案件的 90% 以上，涉及烟酒、食品、服帽、化妆品、数码产品等多个领域，特别是服饰等领域由于利润高、门槛低，成为制假售假者的首选。随着网络信息技术的迅猛发展，利用互联网实施侵犯知识产权犯罪的数量快速增长，假冒注册商标商品的销售渠道由原来传统的实体店面、固定场所向利用互联网销售等新型渠道发展。另外，侵犯知识产权案件生产、物流、销售环节分离、上下线延长、受害人分布广及数额认定复杂，查办难度增大。检察机关认真履行法律监督职责，深入贯彻落实《国家知识产权战略纲要》，依法办理侵犯知识产权刑事案件，打击侵犯知识产权犯罪，在知识产权司法保护中发挥了重要作用。

内蒙古自治区鄂尔多斯市人民检察院

起诉书

鄂 检 …… 刑诉〔201…〕 1 号

被告人李培芬，男，1971年2月26日出生，身份证号：44282119710226607l，汉族，初中文化程度。户籍所在地：广东省高要市金利镇，捕前住广州市嘉禾上长乐路，系广州市盛兴服装辅料行负责人。2013年3月4日因涉嫌非法制造、销售非法制造的注册商标标识罪被鄂尔多斯市公安局刑事拘留，同年4月10日经鄂尔多斯市人民检察院以非法制造的注册商标标识罪批准逮捕，被鄂尔多斯市公安局执行逮捕。

被告人李荣芬，男，1961年8月18日出生，身份证号：44282119610818607S，汉族，初中文化程度。户籍地及捕前住址广东省高要市金利镇，系广州市盛辉五金塑料厂负责人。2013年4月26日因涉嫌销售非法制造的注册商标标识罪被鄂尔多斯市公安局刑事拘留，同年5月31日经鄂尔多斯市人民检察院以非法制造注册商标标识罪批准逮捕，由鄂尔多斯市公安局执行逮捕。

被告人李娇婵，女，1966年4月6日出生，身份证号：44282119660406604，汉族，初中文化程度。户籍及捕前住址广东省广州市嘉禾区东海官井139号，系广州市盛兴服装料行员工。2013年3月4日因涉嫌非法制造、销售非法制造的注册商标标识罪被鄂尔多斯市公安局刑事拘留，同年4月10日经鄂尔多……

149

一、非法制造、销售非法制造的注册商标标识事

2005年，被告人李培芬在广东省广州市嘉湾区注册成立样盛五金塑料加工厂，开始从事非法制造注册商标标识吊粒及水洗标的业务，2006年2月，被告人李培芬注册成立广州市盛祥五金塑料加工厂，法定代表人为李荣芬，被告人李荣芬负责该厂的生产和管理。2006年10月，样盛五金塑料加工厂被注销。2009年，被告人李培芬成立广州市盛兴服装辅料行（档口），并在广州市嘉湾区长乐路36号租用店面，被告人李培芬雇佣李娇婵、黎湛方、李教金、庞东明、陈燕玲、冯烈章等人从事非法制造、销售非法制造的注册商标标识的犯罪活动。其中，被告人李培芬、李娇婵、黎湛方在盛兴服装辅料行档口工作，被告人李教金、庞东明、冯烈章在盛兴服装辅料行库房工作，被告人陈燕玲负责接服被告人李培芬、李娇婵的接单内容录入电脑，并制作收货及发货明细单、对账单，被告人李教金、庞东明负责按照陈燕玲制作的收、发货单收货、捡货、打包、发货，被告人冯烈章帮助李教金、庞东明打杠板、发货。

（一）被告人李培芬、李娇婵、李荣芬、黎湛方非法制造注册商标标识的犯罪事实

1. 通过委托加工方式非法制造注册商标标识服装吊牌、领标、织号、包装袋。被告人李培芬从2006年开始，未经商标权利人授权，非法制造他人注册商标标识并出售获利。2009年被告人李培芬成立广州市盛兴服装辅料行（档口），并租用库房，伙同被告人……

李荣芬、李娇婵、黎湛方通过自己制造或委托加工的方式非法制造注册商标标识。被告人李娇婵和被告人李培芬未取得商标权利人授权，帮助被告人李培芬从事非法制造、销售非法制造的注册商标标识的犯罪活动。具体从事联系客户、洽谈业务、接受订单、管理工作人员等工作。被告人黎湛方明知李培芬没有取得商标权利人授权，仍积极帮助被告人李培芬通过计算机进行扫描、打印、或电脑CDR制图，帮助被告人李培芬从事非法制造注册商标标识的违法犯罪活动，现已查明，仅2012年，由被告人李娇婵接单、李娇婵接单，黎湛方进行电脑制作，再由被告人李培芬联系并委托广东省肇庆市盛丰塑料厂、盈利性（广州）电脑条码器材有限公司、福建省晋江市鑫达织帽厂、福建省石狮市诚新电脑标识城等多家公司非法制造注册商标标识服装吊牌、领标、织号、包装等6873万余件，涉及55种国内、国际品牌。其中，27种品牌、6601479件商标标识，已经高额权利人鉴定。非法制造的"CERRUTI1881"注册商标标识4200件；非法制造的"BOSS"注册商标标识234180件；非法制造的"D&G"注册商标标识3490件；非法制造的"GIVENCHY"注册商标标识750件；非法制造的"JEEP"注册商标标识84558件；非法制造的"LEE"注册商标标识54319件；非法制造的"POLO"注册商标标识351050件；非法制造的"TOMMY"注册商标标识241541件；非法制造的"ZARA"注册商标标识67460件；非法制造的"阿玛尼"注册商标标识291608件；非法制造的"BURBERRY"注册商标标识298293件；非法制造的"宝马"注册商标标识89350件；非法制造的"波司登"注册商标标识153189件；非法制造的"才子"注册商标标识42436件；非法制造的"DUNHILL"注册商标标识5417件；非法制造的"都彭"注册商标标识73250件；非法制造的"花花公子"注册商标标识93667件；非法制造的"梦特娇"注册商标……

● 李培芬等人非法制造、销售非法制造的注册商标标识案起诉书（部分）

识1889093件；非法制造的"金利来"注册商标标识244086件；非法制造的"劲霸"注册商标标识682572件；非法制造的"九牧王"注册商标标识894611件；非法制造的"皮尔卡丹"注册商标标识14397件；非法制造的"利郎"注册商标标识25000件；非法制造的"苹果（TEXWOOD）"注册商标标识3350件；非法制造的"七匹狼"注册商标标识210674件；非法制造的"柒牌"注册商标标识250461件；非法制造的"鳄金"注册商标标识298497件；

2、通过被告人荣芬管理的广州市盛祥五金塑料厂非法制造注册商标标识服装吊粒和水洗标，在未取得商标权利人授权的情况下，接受客户订单，交由被告人荣芬，由被告人荣芬在自己经营的广州市盛祥五金塑料厂非法制造注册商标标识吊粒和水洗标。被告人荣芬明知被告人李培芬未取得商标权利人授权，仍帮助其非法制造注册商标标识。现已查明，仅2012年，被告人荣芬经营的盛祥五金塑料厂就非法制造注册商标标识（吊粒）1951万余件……标识数量1295501件，其中由20种注册商标已经商标权利人鉴定，具体如下：非法制造"BOSS"注册商标标识1.8万件；非法制造"BURBERRY"注册商标标识5.55万件；非法制造"阿玛尼"注册商标标识4.8万件；非法制造"宝马"注册商标标识5万件；非法制造"POLO"注册商标标识15001件；非法制造"波司登"注册商标标识7.3万件；非法制造"才子"注册商标标识2.2万件；非法制造"东达蒙古王"注册商标标识……；非法制造"都彭"注册商标标识5.2万件；鄂尔多斯商标标识7000件；非法制造"花花公子"注册商标标识6.3万件；非法制造"劲霸"注册商标标识16.3万件；非法制造"九牧王"注册商标标识12万件；非法制造"梦特娇"江河商标标识16万件；非法制造"范思哲"注册商标标识5.3万件；非法制造"皮尔卡丹"注册商标标识3.2万件；非法制造"苹果……

件，销售金额50480.65元；销售非法制造的"巴黎世家"注册商标标识50件，销售金额90元。

现查获，销售机关在被告人李培芬经营的盛兴服装辅料行店铺及库房查获非法制造的注册商标标识441万余件，商标标识涉及鄂尔多斯、GUCCI、PRADA、阿玛尼（AJ）、路易威登利来、九牧王、梦特娇、金利来、染棉、七匹狼、才子、劲霸等55种国内、国际知名品牌。

二、帮助毁灭证据罪

2013年3月4日，被告人荣芬、卢炳伟在得知广州盛兴服装辅料行已被公安机关查封，被告人李培芬等人已被抓获的情况下，联系陈胜（另案处理）、"广西仔"（另案处理）企图帮助李培芬等人毁灭证据，被告人卢炳伟具体联系陈胜及仓库，将非法制造的注册商标标识、账目、客户核算资料及电脑报表等转移至两辆装货包车上，被告人荣芬负责收风，陈胜驾驶其中一辆面包车等着搬运赃物逃离，被告人卢炳伟及另一辆面包车被公安机关当场查获，被告人荣芬与陈胜根据开车等候的车牌数据证据焚烧销毁，被告人李荣芬于2013年4月26日被抓获。

认定上述犯罪事实的证据有：1、被告人供述；2、鉴定意见；3、书证；4、辨认笔录；5、搜查笔录；6、扣押清单；7、电子数据；8、视听资料；9、其他证据。

本院认为，被告人李培芬、李荣芬均以营利为目的，明知是他人的注册商标标识而非法制造销售，情节特别严重，其行为已触犯《中华人民共和国刑法》第二百一十五条之规定，且犯罪事实清楚，证据确实充分，应当以非法制造销售非法制造的注册商标标识罪追究其刑事责任。被告人李荣芬和被告人荣芬未……

取得商标权利人授权，伪伙同被告人李培芬在盛祥五金塑料厂非法制造注册商标标识，其行为已触犯《中华人民共和国刑法》第二百一十五条之规定，且犯罪事实清楚，证据确实充分，应当以非法制造注册商标标识罪追究其刑事责任。被告人李荣芬从事非法制造注册商标标识的帮助活动，伪帮助被告人李荣芬印刷、复制、设计注册商标标识，其行为已触犯《中华人民共和国刑法》第二百一十五条之规定，且犯罪事实清楚，证据确实充分，应当以非法制造注册商标标识罪追究其刑事责任。被告人李荣芬、李娇婵、黎湛方符合《中华人民共和国刑法》第二十五条第一款之规定，系共同犯罪；其中，被告人李荣芬、李娇婵符合《中华人民共和国刑法》第二十六条第一款之规定，是主犯；被告人黎湛方符合《中华人民共和国刑法》第二十七条之规定，是从犯。被告人陈燕玲、庞东明、冯烈章帮助被告人李培芬从事销售非法制造的注册商标标识的犯罪活动，伪积极帮助被告人李培芬销售非法制造的注册商标标识，其行为已触犯《中华人民共和国刑法》第二百一十五条之规定，应当以销售非法制造的注册商标标识罪追究其刑事责任。被告人李培芬、李娇婵符合《中华人民共和国刑法》第二十五条第一款之规定，系共同犯罪；其中，被告人李教全、陈燕玲、庞东明、冯烈章符合《中华人民共和国刑法》第二十七条之规定，是从犯。

被告人李荣芬、卢炳伟为使被告人李培芬逃避法律制裁，毁灭罪证据，情节严重，其行为已经触犯《中华人民共和国刑法》第三百零七条第二款之规定，且犯罪事实清楚，

证据确实充分，应当以帮助毁灭证据罪追究其刑事责任。被告人李荣芬、卢炳伟符合《中华人民共和国刑法》第二十五条第一款之规定，系共同犯罪。同时，被告人李荣芬符合《中华人民共和国刑法》第六十九条之规定，应数罪并罚。依据《中华人民共和国刑事诉讼法》第一百七十二条之规定，被告人李培芬、李荣芬、李娇婵、李教全、黎湛方、陈燕玲、庞东明、卢炳伟、冯烈章提起公诉，请依法判处。

此致
鄂尔多斯市中级人民法院

检察员　郑　杰
代理检察员　杜海平
二〇一四年一月　日

附：
1、被告人李培芬、李荣芬、李娇婵、李教全、黎湛方、陈燕玲、庞东明、卢炳伟、冯烈章现羁押于东胜区看守所；
2、刑事侦查卷二十四册；

● 李培芬等人非法制造、销售非法制造的注册商标标识案起诉书（部分）

公诉指控与监督 ·······················

（一）发挥立案监督职能，深挖上下游犯罪案件线索

近年来，全国各级检察机关充分履行批捕、起诉职能，严惩侵犯知识产权犯罪，司法保护知识产权的主导作用进一步强化。检察机关特别注重发挥刑事立案监督职能，以打击侵犯知识产权犯罪为重点，深入开展立案监督，防止和纠正有案不立，深挖上下游犯罪案件线索是发挥立案监督职能的重要途径，也是打击侵犯知识产权犯罪的重要途径。本案就是检察机关在办理审查逮捕案件时发现案件线索，及时移送公安机关并引导侦查，成功侦破的犯罪嫌疑人分工精细、上下游产业链长的侵犯知识产权犯罪大案。2013 年 3 月，在办理鄂尔多斯市公安局提请逮捕的犯罪嫌疑人潘云涉嫌销售假冒注册商标的商品案时，细心的侦查监督干警发现，犯罪嫌疑人销售的假冒注册商标系从广东省广州市一家名为"盛兴服装辅料行"购进，于是发挥立案监督职能，深挖上下游犯罪案件线索，并及时将此线索移送侦查机关，最终使得本案得以成功办理。

（二）引导侦查取证，提高办案质量

面对犯罪嫌疑人多、受害单位多、社会影响大的复杂形势，鄂尔多斯市检察院选派业务能力强的骨干引导侦查，就取证方向等提出意见，引导侦查机关把侦查方向主要放在查封扣押犯罪嫌疑人尚未销售的假冒注册商标标识和账册等客观证据上。根据检察机关的引导侦查意见，鄂尔多斯市公安局在广州成功查获了用于非法制造、销售注册商标标识的窝点，当场抓获李培芬等 7 名犯罪嫌疑人，扣押各类假冒商标 30 余吨，各类销售单据 10 余包以及用于作案的主机电脑及软件。经初步清点，非法制造的注册商标有"鄂尔多斯""劲霸""梦特娇""皮尔卡丹""BOSS""LV""GUCCI"等 40余个品牌。

李培芬等人非法制造、销售非法制造的注册商标标识案

提请批准逮捕书

鄂公检提捕字〔2013〕36号

一、犯罪嫌疑人基本情况：

1、李培芬，男，汉族，1971年02月26日出生，居民身份证编号：44282119710266071，系广州盛兴服装辅料有限公司和广州芳村祥盛五金塑料加工厂老板，高中文化程度，户籍地及现住地：广东省高要市金利镇小朗村委会秦珠村2队7号。2013年3月4日，因涉嫌非法制造、销售非法制造的注册商标标识罪被鄂尔多斯市公安局刑事拘留，现羁押于东胜区看守所。

2、海烈章，男，汉族，1963年10月03日出生，居民身份证编号：44010319631003211 7，初中毕业，广州盛兴公司员工，现住在广东省广州市越秀区大菜市。2013年3月4日，因涉嫌非法制造、销售非法制造的注册商标标识罪被鄂尔多斯市公安局刑事拘留，现羁押于东胜区看守所。

3、陈燕玲，女，汉族，1989年12月17日出生，居民身份证编号：44128319891217646 5，系广州盛兴公司员工，小学文化程度，现住：广州市荔湾区芳村。2013年3月4日，因涉嫌非法制造、销售非法制造的注册商标标识罪被鄂尔多斯市公安局刑事拘留，现羁押于东胜区看守所。

4、肇湛方，男，汉族，1979年05月15日出生，居民身份证编号：44122419790515481 0，系广州盛兴公司员工，小学文化程度，现住：广东省怀集县宁镇谭播村委会芝岗组0909号。2013年3月4日，因涉嫌非法制造、销售非法制造的注册商标标识罪被鄂尔多斯市公安局刑事拘留，现羁押于东胜区看守所。

5、李教全，男，汉族，1973年09月08日出生，居民身份证编号：44122119730908611 1，系广州市盛兴公司员工，初中文化程

鄂尔多斯市人民检察院
批准逮捕决定书
（副本）

鄂检侦监批捕〔2013〕3号

鄂尔多斯市公安局：

你局于2013年4月3日以鄂公检提捕字〔2013〕36号提请批准逮捕书提请批准逮捕犯罪嫌疑人冯烈章，经本院审查认为，该犯罪嫌疑人涉嫌销售非法制造的注册商标标识罪，符合《中华人民共和国刑事诉讼法》第七十九条规定的逮捕条件，决定批准逮捕犯罪嫌疑人冯烈章，请依法立即执行，并将执行情况在三日以内通知本院。

二〇一三年四月五日

● 李培芬等人非法制造、销售非法制造的注册商标标识案提请批准逮捕书、批准逮捕决定书

● 李培芬等人非法制造、销售非法制造的注册商标标识案刑事裁定书（部分）

因案情重大，公安部高度重视，向北京、上海、浙江、福建、湖南、广东、海南、内蒙古等8个省、自治区、直辖市公安机关下发了《关于部署内蒙古鄂尔多斯李培芬等人非法制造、销售非法制造的注册商标标识案集群战役并开展统一收网行动的通知》。相关省市公安机关根据鄂尔多斯市公安局提供的线索，按照公安部的部署，破案8起，打掉制售假冒商标团伙5个，捣毁窝点15个，抓获犯罪嫌疑人38名，缴获了大批假冒商标，严厉打击一批侵犯知识产权违法犯罪行为。

（三）依法退查，不枉不纵

2013年7月10日，鄂尔多斯市公安局侦查终结后，以李培芬、李娇婵、李教全、黎湛方、陈燕玲、庞东明、冯烈章涉嫌非法制造、销售非法制造的注册商标标识罪，李荣芬、卢炳伟涉嫌帮助毁灭证据罪将此案移送至鄂尔多斯市人民检察院审查起诉。

检察院受理案件后，依法慎重审查该案的事实和证据，并详细论证涉案当事人的罪名认定。为了形成完整证据链条，不枉不纵，检察机关依照刑事诉讼法有关规定，将该案退回公安机关补充侦查。2014年1月21日以李培芬、李娇婵非法制造、销售非法制造的注册商标标识罪，李荣芬非法制造注册商标标识罪、帮助毁灭证据罪，黎湛方非法制造注册商标标识罪，李教全、陈燕玲、庞东明、冯烈章销售非法制造的注册商标标识罪，卢炳伟帮助毁灭证据罪向同级人民法院提起公诉。检察机关起诉指控的犯罪事实及罪名认定均被法院采纳，该案被最高人民检察院评为"2014年检察机关保护知识产权十大典型案例"。

案例推荐：内蒙古自治区人民检察院

撰稿：李哲

审稿：刘哲

刘汉等组织、领导、参加黑社会性质组织案

——十八大以来党中央部署的全国扫黑除恶第一案

基本案情

刘汉（曾用名刘勇），男，时年 45 岁，四川省广汉人。

（其他被告人基本情况略）

1993 年以来，刘汉与刘维等人通过在四川广汉、成都和上海、重庆等地开设赌博游戏机厅、经营建材、从事期货交易等活动，逐步积累经济实力。自 1997 年起，刘汉在四川省绵阳市注册成立四川汉龙（集团）有限公司（以下简称汉龙集团），并以汉龙集团及其他经济实体为依托，伙同刘维先后网罗了大量社会闲杂人员，逐步形成了以刘汉和刘维为首的较稳定的犯罪组织。

该组织人数众多，组织者、领导者明确，骨干成员固定，参加人员众多，且通过有组织地实施违法犯罪活动或者其他手段攫取巨额经济利益，大肆进行违法犯罪活动，称霸一方，在四川省广汉、绵阳、什邡等地及部分行业内，形成非法控制和重大影响，严重破坏社会治安、经济和生活秩序。其中，故意杀人 5 起致 6 人死亡、故意伤害 2 起致 2 人死亡、非法拘禁 1 起致 1 人死亡。此外，刘汉与刘维等人还千方百计拉拢腐蚀国家工作人员，寻求保护，巩固和扩张其社会影响力。

经公安部指定管辖，该案先后由北京市公安局、湖北省公安厅侦查。2013年11月25日，湖北省公安厅将该案移送至湖北省咸宁市人民检察院审查起诉。2014年2月20日，湖北省咸宁市人民检察院将该案分7个案件共36名被告人向咸宁市中级人民法院依法提起公诉（其他被告人另案处理）。3月31日至4月19日，该案7个案件同时开庭审理，庭审分别历时2—17日不等。同年5月23日，湖北省咸宁市中级人民法院作出一审判决，判决刘汉、刘维等5人犯组织、领导、参加黑社会性质组织罪、故意杀人罪等，数罪并罚，决定执行死刑；其他人员，分别被决定执行或判处二十年至三年不等的有期徒刑。一审宣判后，刘汉、刘维等23人和汉龙集团提出上诉。湖北省高级人民法院经依法开庭审理，于同年8月7日公开开庭宣判，维持对5名被告人的死刑判决，并报最高人民法院核准。2015年2月9日，经最高人民法院核准，湖北省咸宁市中级人民法院依法对犯组织、领导、参加黑社会性质组织罪，故意杀人罪等罪的刘汉等5人执行死刑。

案件背景与社会影响

本案是新中国成立以来我国公开审理的最大涉黑案、党的十八大以来党中央部署的全国扫黑除恶第一案，因涉案人数众多、案情复杂、影响重大，一开始就备受社会关注。新华社在本案提起公诉、庭审、一审宣判、二审、执行死刑等系列重要节点刊发了《荡涤黑恶——写在刘汉、刘维等36人特大黑社会性质组织犯罪案一审宣判之际》等多篇长篇通讯，向社会全景展示审理过程。案件从立案侦查到开庭审理，再到法院宣判，程序的公正、司法的公开，彰显了程序和实体并重的司法理念和法治精神，自始至终验证了一句法谚："正义不仅要得到实现，而且要以人们看得见的方式得到实现。"

对刘汉、刘维黑社会性质组织的依法处理，是法治的胜利、正义的胜利。在党中央坚强领导下，北京和湖北两地政法机关以对党、对国家、对人民高度负责的态度，全力以赴，依法破解了侦查取证难、起诉指控难、庭审难等难题，打赢了这场硬仗，取得了良好的法律效果、社会效果，广大群众拍手称快，国内外舆论给予积极评价。刘汉、刘维黑社会性质组织的依法处理，彰显了依法治国、打击犯罪、保护人民的鲜明态度和坚定决心。此外，司法机关依法处理工作中积累的成功经验、形成的规律性认识，对于更好地以法治思维和法治方式处理重大案件，更好地把政法工作纳入法治轨道，具有启示意义。

公诉指控

（一）审查起诉

在审查起诉阶段，检察机关坚持案件事实清楚、证据确实充分的起诉标准，严把事实关、证据关、程序关和法律适用关，充分发挥监督职能作用，共审阅、复印案卷 2600 余册，制作阅卷笔录 400 余万字，修改全案综合审查报告 13 稿，形成审查报告 56 份近 50 余万字，形成电子卷宗数据近 500G，提审犯罪嫌疑人 216 次，接待律师 200 余人次，提出补充侦查意见 1000 余条，发出书面检察建议 890 余份，先后修改起诉书 46 稿，进一步夯实了公诉、庭审工作基础。其中，针对证明涉黑犯罪"四个特征"的证据薄弱问题，自行补充侦查或提出补充侦查意见 450 余条。最终，形成 128 页 76000 余字的七份起诉书，无一疏漏和错误。

（二）庭前准备

1.周密制作庭审预案。结合庭审讯问、举证、质证、答辩四个环节，分为四个模块规范制作预案，重点加强对被告人及其律师质证观点预测，积极做好庭审突发事件应对预案。共制作庭审预案7个、内容达2850余页，先后调整庭审预案18次，整理涉黑案程序或质证方面的共性问题49个，分析归纳涉黑案辩护观点及答辩意见110余条。从庭审情况来看，律师及被告人的辩护观点没有一个超出庭审预案的范围，检察机关有效把握了庭审主动权。

2. 积极参加庭前会议。检察机关注重充分发挥庭前会议作用，通过庭前会议与辩护人进行积极有效的沟通，对庭审举证、质证的方式、证人出庭、非法证据排除等问题达成共识，努力将问题解决在庭审之前，确保庭审顺利进行、提高效率。其中，仅在刘汉案中就召开5次庭前会议，对该案庭审的举证顺序、举证重点等问题达成一致意见，推动了庭审的顺利进行。

（三）出庭公诉

1. 把握庭审节奏。在出庭公诉过程中，公诉人把握主动，抓住关键，紧密衔接，运用技巧，从容应对，全面准确有力地当庭指控犯罪。一是科学严密地进行讯问、举证、质证、答辩。在讯问环节，注意策略方法，对认罪态度较好的被告人进行开放式讯问，描绘犯罪整体框架；反之，则采取封闭式发问，使其作出确定性回答，掌握讯问先机。在举证环节，既全面展示证据，展示犯罪脉络，证明犯罪构成；又注意详略得当、紧凑简洁，同时充分运用多媒体示证系统直观展示证据。在质证、辩论阶段，公诉人秉持"有理、有据、有力、有节"的公诉理念，针对被告人企图混淆视听的无理辩解，条分缕析，有理有据，一针见血地予以有力反驳；针对无端攻击及可能刺激被告人、辩护人的问题，冷静处置，理性平和，有礼有节，有效掌控庭审局面。二是抓大放小、把握关键。始终将指控好刘汉、刘维案件作为庭审工作的重中之重。针对刘汉及其辩护律师以有关犯罪行为并非刘汉实施和指使为借口，否认组织、领导黑社会性质组织犯罪的辩解，公诉人当庭详细分析、充分展示刘汉在该组织运行中的决策、指挥、协调、管理作用及相关证据，对该组织分中有合、合中有分，但整个组织违法犯罪活动均是紧紧围绕刘汉等人意图展开的事实进行准确定位，提出让法庭足以采信的意见及证据。针对刘汉及其辩护人否认指使授意杀害王某某的辩解，一方面，公诉人对刘汉指使授意过程，包括时间、地点、场合、人员等情节，全面举证分析；另一方面，对关键证人孙某某的身份问题、证言及供述的合法性、真实性、关联性等方面预测了被告人、辩护人的质证观点，形成9条质证意见，充分说明其口供前后变化的心路历程，有力反驳辩方质疑，赢得旁听群众的好评，既有力指控了犯罪，又确保了程序正义。

2. 突出核心问题。检察机关坚持以确保庭审顺利推进为重要原则，在发问方式上注重针对性，对辩护人质证、辩护意见，抓住重点，点到为止。基于本案被告人多、辩护人多、证据材料多、辩点多的特点，公诉人和二审出庭检察官始终把握全面准备、提炼重点的原则，对一、二审辩论重点、层次进行概括、设计，在庭审中做到主线明晰，辩驳有力。法庭辩论中，首先针对辩护人对黑社会性质组织罪不存在的辩论意见，着重围绕黑社会性质组织罪的组织特征、行为特征、经济特征、危害特征四个方面举证质证，层层推进进行论证，揭示了本案黑社会性质组织的存在及相关犯罪活动。针对刘汉、刘维等人在黑社会性质组织实施的犯罪活动中的作用，突出对重点案件的剖析与指控。例如，对刘汉的指控，辩护人以犯罪行为并非刘汉实施和指使为借口，混淆视听，认为刘汉并非黑社会性质组织的组织者、领导者，公诉人则以王某某被害案为重点，围绕案件的证据采信、事实认定、定性处理，从事实、证据和法律的正确适用入手，条分缕析，详细分析了刘汉在黑社会性质组织运行、活动中的决策、指挥、协调、管理作用，以及直接组织、策划、指挥故意杀害王某某等严重暴力犯罪案件。

3. 适时调整庭审预案。检察机关为了达到成功指控、充分履职的效果，庭前做了大量的准备工作。分别结合庭审讯问、举证、质证、答辩四个环节，分四个模块制作庭审预案。在庭审质证初期，公诉

人依据预案全面发表质证意见，后发现此种方案虽然有力反驳了律师的辩护意见但降低了庭审效率，影响庭审推进速度。检察机关当即调整工作方案，在质证环节只突出关键问题和重要证据，不过多纠缠，将详细质证意见放在公诉意见中予以详细阐述。在法庭辩论阶段，打破常规套路，改守为攻，结合案件的证据采信、事实认定、定性处理，归纳辩护人在前期庭审中表现出的辩护观点并予以有力驳斥，宣读了长达23000字的公诉意见书。既保障了庭审顺利进行，又有力指控了犯罪，取得了良好的庭审效果。

案例推荐：湖北省人民检察院

撰稿：王勇

审稿：黄河、刘哲

齐全军重大飞行事故案

——飞行员因重大飞行事故罪入刑第一案

基本案情 ••••••••••••••••••••••••••••••••

　　齐全军，男，时年 40 岁，山东省乐陵市人，河南航空有限公司飞行员。

　　2010 年 8 月 24 日，齐全军作为河南航空有限公司由哈尔滨至伊春 VD8387 航班机长，执行飞行任务。在飞机飞临伊春林都机场时，齐全军违反河南航空有限公司《飞行运行总手册》的有关规定，在低于公司规定最低运行标准的情况下，仍然实施进近。在飞机进入辐射雾未看见机场跑道，没有建立着陆所必须的目视参考的情况下，飞行机组违反民航局《大型飞机公共航空运输承运人运行合格审定规则》的有关规定，穿越最低下降高度实施着陆。在飞机撞地前，无线电高度自动语音连续提示飞机距离地面高度，此时飞行机组仍无法看到跑道，也未采取复飞措施，继续实施着陆，最终飞机在位于伊春市林都机场 30 号跑道入口外跑道延长线上 690 米处坠毁。事故造成机上 44 人死亡，52 人受伤，直接经济损失 30891 万元。

　　此案由国家安全生产监督管理总局函告黑龙江省公安厅建议立案，由伊春市公安局直属分局刑侦大队侦查终结。2013 年 2 月 4 日，伊春市伊春区人民检察院提起公诉。2013 年 11 月 28 日，伊春市伊春区人民法院开庭审理此案，在审理中因部分内容涉及国家秘密，

转为不公开审理。2014 年 12 月 19 日，伊春区人民法院作出判决，齐全军因犯重大飞行事故罪被判处有期徒刑三年。被告人不服一审判决提出上诉。2015 年 3 月 10 日，伊春市中级人民法院作出裁定，认为一审判决认定的事实清楚，证据确实、充分，定罪准确，量刑适当，审判程序合法。驳回上诉，维持原判。

案件背景与社会影响

　　伊春"8·24"空难是全国重大飞行事故案件之一，由于造成 44 人死亡、52 人受伤、直接经济损失 30891 万元的严重后果，引起全国震惊。事故发生后，党中央、国务院高度重视，时任中共中央总书记胡锦涛、国务院总理温家宝分别作出重要批示，要求全力抢救受伤人员，妥善处理善后，查明事故原因，举一反三，立即在全民航系统深入开展安全大检查，消除隐患，确保航空安全。时任国务院副总理张德江立即率交通运输部、国家安全监管总局、公安部、卫生部、民航局等有关部门负责人连夜赶赴事故现场，到医院看望伤员，指导抢险救援、善后处理和事故调查工作。国务院迅速派出调查组赶赴伊春进行调查。2012 年 6 月 28 日，调查组发布的调查报告认为，此次空难存在三个直接原因及四大间接原因，包括飞行员违规操作、河南航空安全管理薄弱、注册资金不到位、乘务员实际操作培训与演练不到位以及监管不力等诸多问题。报告最终认定，"8·24"空难是一起责任事故。

　　空难造成重大人员伤亡，终结了中国民航保持了 2102 天的飞行安全纪录，同时也暴露了民用航空存在的安全隐患问题，引起社会广泛关注。

公诉指控 ·······························

（一）检察机关对实体问题的判定

本案追诉的核心在于，被告人齐全军是否应当承担重大飞行事故罪的刑事责任。该罪属于典型的特殊主体的过失犯罪。根据《刑法》第一百三十一条之规定，需要逐一证明和认定四个构成要件：其一，被告人齐全军的"航空人员"身份；其二，案件中是否"造成严重后果"；其三，被告人齐全军是否"违反规章制度"；其四，"违反规章制度"的行为，是否"致使"前述严重后果的产生。对于前三项要素，检察机关都做了充分地举证和说明：首先，被告人作为本次执飞任务的机长，持有民用航空航线运输驾驶员执照和一级体检合格证，显然属于"航空人员"。其次，经办案机关现场勘验、DNA及伤残鉴定，本案存在44人死亡、52人受伤、飞机坠毁的损害后果，直接经济损失30891万元，显然属于"造成严重后果"。最后，被告人存在一连串违反所属公司《飞机运行总手册》以及民航局《大型飞机公共航空运输承运人运行合格审定规则》的操作要求，包括低于公司最低运行标准、穿越辐射雾时缺少目视参考、在有无线电高度提示下未见跑道而强行着陆等。这些飞行安全的基本操作规则，本应当为被告人严格遵守，却"以为是薄薄的雾，能穿过去，也考虑返航给公司、乘客造成不便，就想试一下"，显然属于过于自信的过失行为。对于这些实体要素，检察机关已充分证明。

尽管如此，本案尚不能在实体上入罪，还涉及因果关系的认定和客观责任的归属问题。换言之，如果存在多因一果的情形，则需要进一步审慎的判断。从国务院批复结案的《河南航空有限公司黑龙江伊春"8·24"特别重大飞机坠毁事故调查报告》中事故经过和事故责任的分析来看，本案存在典型的"直接原因和间接原因共同导致损害"的情形。一方面是直接原因，即被告人降落时处置不当的过失行为；另一方面则是间接原因，如"航司安全管理薄弱""安

伊春市伊春区人民检察院
起诉书

伊检刑诉〔2013〕6号

被告人齐全军，男，1970年4月9日出生，身份证号码210121197004098059，汉族，本科文化，系河南航空有限公司飞行员。现住广东省深圳市宝安区大宝路二期凤采轩凇水阁801室，2012年6月28日因涉嫌重大飞行事故被伊春市公安局直属分局刑事拘留，同年7月10日经本院以涉嫌重大行事故罪批准逮捕，被伊春市公安局直属分局执行逮捕。

本案由伊春市公安局直属分局侦查终结，以被告人齐全军涉嫌重大行事故罪，于2012年10月10日向本院移送审查起诉。本院受理后，2012年10月11日已告知齐全军有权委托辩护人。同日已告知被害人有权委托诉讼代理人，依法讯问了被告人。审查了全部案件材料，审查后于2012年11月10日退回伊春市公安局补充侦查，侦查机关补充侦查完毕后于2012年12月10日再次移送审查起诉。

经依法审查查明：

2010年8月24日，被告人齐全军为河南航空有限公司由哈尔滨至伊春VD8387定期客运航班的机长。在飞机飞抵伊春林书机场时，齐全军违反河南航空有限公司《飞行运行总手册》的

6国家安全生产监督管理总局文件、安监总管二〔2012〕81号及河南航空有限公司黑龙江伊春"8·24"特别重大飞机坠毁事故调查报告等调查报告；

7.2010.8.24伊春林都机场空难现场勘查检查记录；

8现场资料。

本院认为，被告人齐全军违反有关规章制度，造成飞机坠毁致44人死亡的严重后果，其行为触犯了《中华人民共和国刑法》第一百三十一条二款，犯罪事实清楚，证据确实、充分，应以重大飞行事故罪追究其刑事责任。依据《中华人民共和国刑事诉讼法》第一百七十一条的规定，提起公诉，请依法判决。

此致

伊春市伊春区人民法院

代理检察员：蔡永育

二〇一三年一月二十四日

附：

1. 被告人齐全军现羁押于伊春市看守所；

2. 证据目录2页；

3. 证人名单1页；

4. 卷宗13册。

有关规定，在低于公司最低运行标准的情况下，仍然实施进近。在飞机进入辐射雾未看见跑道，没有建立着陆所必须的目视参考的情况下，飞行机组违反民航局《大型飞机公共航空运输承运人运行合格审定规则》的有关规定。仍然穿越最低下降高度实施着陆。在飞机接地前出现无线电高度语音提示，且未看见机场跑道的情况下，飞行机组仍未采取复飞措施，继续盲目实施着陆。导致飞机撞地，致使发生特大飞机坠毁事故，造成机上44人死亡，52人受伤，直接经济损失30891万元。齐全军对事故的发生负有直接责任。

2012年6月28日民航黑龙江机场公安局在广州市广州军区总医院将齐全军抓获并移交伊春市公安局。

认定上述事实的证据如下：

1. 物证齐全军的钱包、银行卡；

2. 书证破案经过、移交证据清单、被告人的户籍证明及主体资格材料、河南航空有限公司经营许可、执照及相关审批手续、相关录音及调查笔录、相关调查报告、旅客名单、情况说明、证明材料、有关材料等；

3. 证人严波、林举华、郭腾伟等人的证言；

4. 被害人郭峰、米长虹、苑小玉等人的陈述；

5. 被告人齐全军的供述和辩解；

● 齐全军重大飞行事故案起诉书

全投入不足、管理不力""民航管理机关监管不到位"以及"民航中南地区空中交通管理局安全管理存在漏洞"等。对于"航司安全管理薄弱""安全投入不足、管理不力""民航管理机关监管不到位"这些原因，由于涉及监督管理过失的问题，是否应当对相关人员入罪，属于另案讨论的范畴。但对于"民航中南地区空中交通管理局安全管理存在漏洞"的问题，则需要结合本案行为人的过失行为加以考虑。例如，未对特殊天气加以预报和提醒，对飞行员后续违反规定操作有无实质影响，是否属于促成飞行员误判薄雾、试图强行落地的重要因素？同时，还需要考虑在此种不具备最低落地标准的情况下，其他飞行员的常规性操作一般是什么？有无航司或其他指令明示或暗示其以强行落地为第一选择？这些因素不仅影响了"若无前者即无后者"的因果关系判断，还直接决定了"何种因素是导致本案的关键"的客观责任归属。

（二）公诉意见书中的法、理、情

法律文书是诉讼活动的重要载体，一份高质量的公诉意见书不仅能够更为有效地说服法官接受指控主张，还可以发挥法治教育作用，向社会表达检察机关的价值立场，彰显司法权威，引起社会共鸣。本案的公诉意见书比较注重法、理、情的结合。在对证据与事实进行阐述时，为了回应律师提出的"行政机关调取的证据材料不能作为证据使用的辩护意见"，意见书特意说明了公安司法机关依法取证的情况，强调"公安机关对现场进行了勘验，现场勘验笔录及照片与安监总局的事故调查报告相符"，并出示相关证据。

在对情理与法理进行阐述时，也基本秉持了客观公正的立场，并未一味地对被告人进行抨击指责，而是凸显了指控犯罪时"沉痛的心情"。公诉词指出这次空难造成的危害性后果，在于给航空公司带来巨大损失，给航空业造成不良影响，给被告人的人生带来了巨大转折，更重要的是给被害人及其家属造成无法估量的损害。公诉人认为被告人同样是空难的受害者，同时也提出建议和应当吸取

伊春区人民检察院
公诉意见书

被告人：齐全军

案　由：重大飞行事故

起诉书号：伊检刑诉【2013】6号

审判长、审判员：

根据《中华人民共和国刑事诉讼法》第一百八十四条、第一百九十三条、第一百九十八条和第二百零三条的规定，我受伊春区人民检察院的指派，代表本院，以国家公诉人的身份，出席法庭支持公诉，并依法对刑事诉讼实行法律监督。现对本案证据和案件情况发表如下意见，请法庭注意。

一、被告人齐全军的行为构成重大飞行事故罪，且证据确实、充分

本案是由国家安全生产监督管理总局于2012年6月26日由黑龙江省公安厅建议立案，由伊春市公安局直属分局刑侦大队侦查终结移送起诉的案件，被告人齐全军身为河南航空有限公司VD8387定期客运航班当班机长，违反河南航空有限公司《飞行运行总手册》和民航局《大型飞机公共航空运输承运人运行合格审定规则》的有关规定，飞机在林都机场降落时，在低于公司最低运行标准、飞机进入强制复关看见信息没有建立着陆前必须的目视参考，飞机接地前出现无线电高度语音提示，且未看见机场跑道的情况下，仍然实施

进近，造成机毁人亡的后果。对认定上述事实的证据，公诉人在方才的庭审调查中已经详一向法庭出示并经过法庭质证，从证据上看，事发当时，公安机关对现场进行了勘检、现场勘验笔录及照片与安监局的事故调查报告相符，飞机毁损，死亡44人、受伤52人与DNA鉴定及伤病鉴定相符，证人证言与被害人陈述及反映出了事故发生时的情况，证据与客观事实一致，国家安监总局经过近2年认真、仔细的调查分析，客观、公平、科学地得出事故的原因，认定机长齐全军应负本次事故的直接责任，侦查机关、民航部门、各个事故调查相等与8·24空难有关的部门和人员均依法出具了证据，本案的证据客观、真实、充分，证据之间相互印证，本案的证据足以认定被告人齐全军行为构成重大飞行事故罪。

二、齐全军重大飞行事故造成的社会影响及危害

伊春8·24空难是全国首例重大飞行事故案，此后有几家航空公司也发生了事故，与一次航空事故，都让人心悸、飞机出事，往往都是机毁人亡的大事，8·24空难打破了人们将航空业当为最安全的交通方式的概念，人们突然发现原来在这样的行业中隐藏着这样大的安全隐患，让人担忧。公诉人在审查起诉案件时，面对出现这样的问题，如果齐全军安全意识再强一些，如果齐全军能够严格按照飞行规定飞行，如果齐全军处理紧急情况的应急能力强一些，也许就不致发生这次空难，当然，本次空难也暴露了航空业的许多问

题，航空安全不容乐观，因此，通过对齐全军的审判，就是运用法律手段，加大打击力度，遏制犯罪势头，保障人民生命安全，减少财产损失，警示航空业界的人员，安全无小事，确保安全第一的思想。今天，对齐全军的行为人接受了法律的审判，作为指控犯罪的公诉人，心情是沉痛的，不同于指控暴力犯罪时时对人民除暴安良的心情，有的就是心痛，这心痛就是这起事故有百无利，一是给航空带给我国航空业造成了不良的影响，人们对航空安全产生质疑，对航空业产生危机；二是给航空公司造成了巨大的经济损失，河南航空造成损失3亿多人民币，目前还没有赔偿结果；三是给被害人及家属造成了无法估量的损失，这次事故，造成44人死亡，52人受伤，面对44名死难者的家属，有的是失去丈夫，有的是失去妻子，有的是失去孩子，瞬间失去亲人给这些死难者的家属带来的生死分离是无法用金钱弥补的，一个家庭瞬间破碎了，面对52名受伤者，包括齐全军本人，事故给他们造成的伤痛包括是终生的，试问用什么方式能够修复真正的创伤这些受伤害的人？四是对于齐全军本人来说，你虽然是这次空难的重要责任人，但同时你你也是这次空难的受害者，是你违反了飞行规则，把飞机开坠毁了，造成了这么严重的后果，你本人也因此感受到了从天之骄子到阶下囚人的过程，而这一过程就在一瞬间，2010年8月24日21时38分，就是齐全军人生的一个节点，这种人

生大逆转想必齐全军在这3年来经常在回味吧。所以，通过这次事故，希望整个航空业敲响警钟，安全、规范是行业的基本要求。通过对齐全军的审判，希望警示所有的飞行员，要时刻保持安全第一和规范操作的良好工作作风，通过对齐全军的审判，希望航空业加强管理，加强对行业人员及飞行员的管理与培训、增强安全防范意识，加强安全生产教育，淘汰不合格员工，严格管理制度，按照规章作业，减少事故发生。

三、被告人齐全军应负的法律责任

我国《刑法》第一百三十一条规定航空人员违反规章制度，致使发生重大飞行事故，造成严重后果的，处三年以下有期徒刑或者拘役；造成飞机坠毁或者人员死亡的，处三年以上七年以下有期徒刑。齐全军的行为构成重大飞行事故罪，飞机坠毁，死亡44人、受伤52人，截至目前为止给河南航空公司造成经济损失3亿多元人民币，应当在三年以上七年以下量刑，今天齐全军在法庭上认不认罪，应当在量刑时从重处罚，综观全案事实与情节，本着罪刑相适应原则，希望合议庭对被告人齐全军作出公平、公正的判决。

综上所述，起诉书认定本案被告人齐全军的犯罪事实清楚，证据确实充分，依法应当认定被告人有罪，并建议合议庭对被告人齐全军在有期徒刑4-6年内量刑。

蔡永霞 3013 年 11 月 28 日当庭发表

● 齐全军重大飞行事故案公诉意见书

746

的教训：希望通过对被告人的审判，向所有的飞行员提出警示，增强安全意识，确保操作规范。总体来看，公诉词在情理阐述之"度"上把握得比较好，并未简单地诉诸情感，既起到了教育警示的作用，也提升了本案诉讼活动的社会价值。

（三）公诉的社会价值

根据 2012 年 6 月 29 日国家安全生产监督管理总局发布的《河南航空有限公司黑龙江伊春"8·24"特别重大飞机坠毁事故调查报告》认定，伊春"8·24"特别重大飞机坠毁事故是一起"责任事故"。这是新中国历史上民航业内第一次用"责任事故"来定性的空难，也是自刑法实施以来，首次对重大飞行事故罪进行刑事追责，成为中国飞行员因重大飞行事故罪入刑第一案。

作为首例飞行员被指控重大飞行事故罪的案件，检察机关通过提起公诉，运用法律手段保障人民生命和国家财产安全，其社会价值主要体现在以下几点：第一，强化航空从业人员安全责任意识。此次空难不是机械事故，更不是意外事件，而是属于可控飞行撞地事故，原因在于飞行员未按照规定进行相关操作。对于飞行责任事故中负主要责任的飞行员提起公诉，以涉嫌重大飞行事故罪依法追究其刑事责任，将会对全体航空从业人员发出警示信号，尤其是促使飞行员更加重视安全责任，严格遵守飞行相关规定，时刻保持安全第一和规范操作的工作作风。第二，敦促航空业切实落实企业安全生产主体责任，加强飞行人员和机组资源管理。针对本案中暴露出的航空企业安全管理薄弱、组织调配不合理、民航管理机构监管不到位、空中交通管理局安全漏洞等系统安全问题，公诉人亦有所关注，并在公诉意见书中指出"空难给航空业造成了信任危机的不良影响"以及"航空安全不容乐观"。通过本案的公诉，提醒航空业正视安全隐患，提高安全防范意识，加强飞行安全管理和飞行员培训，有助于敦促民航业进行安全整顿，减少事故的发生。第三，抚慰被害人家属，平复社会舆论。伊春空难给被害人及其家属造成

齐全军重大飞行事故案

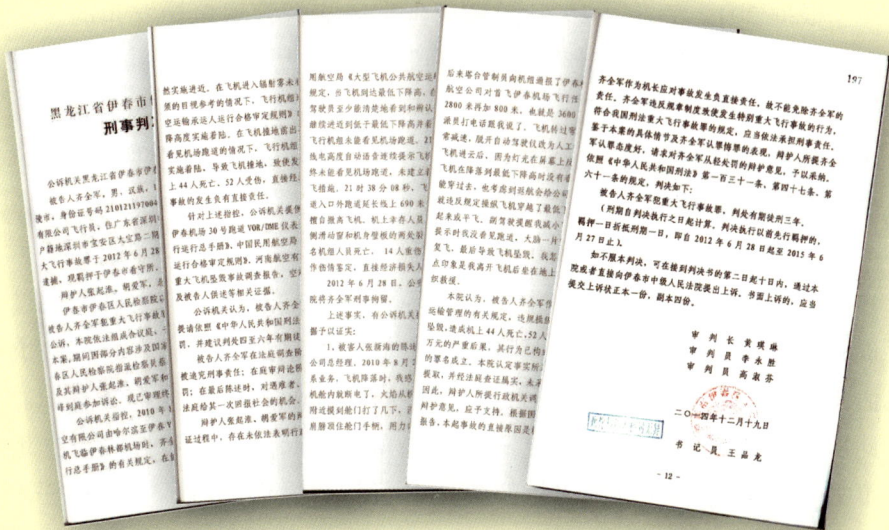

● 齐全军重大飞行事故案刑事判决书（部分）

了无法估量的损害，失去亲人的痛苦是无法用金钱衡量的。而事故发生后，河南航空推出的一次性赔偿 96 万元"免责条款"的赔偿方案，引发了被害人家属的强烈不满和社会舆论的广泛关注。在这种情形下，检察机关客观公正地提起公诉，追究被告人的刑事责任，最终使案件定性尘埃落地，对抚慰被害人家属，为被害人家属依法申请赔偿起到了积极的作用，有助于尽快平复社会舆论。

案例推荐：黑龙江省人民检察院
撰稿：宋浍沙
审稿：刘哲

第三篇 1998—2019

齐全军重大飞行事故案

葛兰素史克商业贿赂案

——指控跨国企业商业贿赂的范例、催生认罪认罚从宽制度的样本

基本案情 ....

葛兰素史克（中国）投资有限公司［简称 GSKCI，其前身为史克必成（中国）投资有限公司］系葛兰素史克公司（GlaxoSminth-Kline）在中国境内的全资子公司，于 1998 年 7 月经北京市工商行政管理局登记设立，系外国法人独资公司，主要经营范围为药品、疫苗等医药产品的研发、投资、销售。

马克锐（William Mark Relley），男，时年 52 岁，英国籍，原系葛兰素史克（中国）投资有限公司法定代表人、董事会主席。

2009 年 2 月，受葛兰素史克公司指派，马克锐来到中国，在 GSKCI 相继担任处方药事业部总经理、董事会主席、法定代表人等职务。为扩大药品销量，马克锐在 GSKCI 提出了"以销售产品为导向"（"Selling-led"）的口号，以此提倡"一切为了销售""没有费用就没有销量"的经营理念，并通过全体员工年会、领导力峰会和销售精英俱乐部等公司内部各种会议和活动进行宣传鼓动。该经营理念得到另案被告人张国维、梁宏、黄红、赵虹燕等公司高层管理人员的积极响应和支持。在马克锐及其他公司高层管理人员的组织下，在 GSKCI 逐渐形成了无视我国药品管理等法律法规中的禁止性规定，只追求扩大销量、以费用促进销售的贿赂销售模式。

为此，GSKCI 大量招聘销售人员，改组扩建业务部门，各业务部门采取多种形式向全国各地医疗机构的医务人员行贿，以提高药品销售量；人力资源部制定以销售业绩为核心的工资、奖金等薪酬福利制度及激励政策，将公司的人力和财力向业务部门倾斜；财务部、合规部、IT 部、商业卓越部等其他共享支持部门则在 GSKCI 内部推广使用电子数据形式的 EFORM 系统、JDE 财务系统进行报账、记账，并专门建立 HCP 电子数据库用于记录全国各地的医生信息，并使用 SIEBEL、IJSFA 电子数据系统用于记载医药代表对各类医务人员的拜访信息，使用 COCNOS 电子数据系统记录各销售部门和销售员工的销售业绩，使用 DMS 电子数据系统将全部公司员工区分为销售员工和非销售员工进行分类绩效考核，以此为贿赂销售提供全方位的支持、帮助并进行监督、管理和考核；法务部则为公司行贿各类医务人员提供帮助和掩护。

在马克锐等公司高层管理人员的组织下，GSKCI 的处方药事业部、疫苗部（VX）、抗生素及创新品牌事业部（ABEB），以及其他业务部门的员工开始通过向医疗机构的医务人员行贿的方式在湖南、河南、上海、安徽等全国各地销售药品、疫苗等医药产品。

贿赂销售的主要方式为：GSKCI 的各事业部的市场部等相关部门，通过邀请全国各地医疗机构的医务人员参加由其赞助和组织的境内外各类会议，并通过支付差旅费、讲课费、安排旅游等方式贿赂与会医务人员，然后将其支付的相关费用分别以"研讨会费用""市场研讨会会议""展示费""市场费用"等科目在 GSKCI 的 EFORM 系统和 JDE 财务系统中报账、记账。在上述参会医务人员的支持下，GSKCI 经销地各类医药产品得以顺利进入这些医务人员所在医疗机构。

GSKCI 的处方药事业部、疫苗部、抗生素及创新品牌事业部等销售部门，通过医疗代表等以支付业务招待费、讲课费、病例入组费以及现金回扣等方式贿赂全国各地医疗机构的医务人员，并将相关费用分别以"招待费""其他推广费用"的科目在 GSKCI 的

EFORM 系统和 JDE 财务系统报账、记账，使得 GSKCI 经销地医药产品得到接受贿赂的医务人员的使用及扩大使用。

GSKCI 通过实施上述贿赂销售的方式谋取竞争优势。GSKCI 的 JDE 财务系统统计显示，2009 年至 2012 年间，GSKCI 采取上述形式向全国各地的医疗机构的医务人员行贿共计人民币 28.2895 亿元。借此，GSKCI 的主营业务收入高达人民币 213.4371 亿元。

案发后，马克锐从英国主动返回中国接受公安机关的调查并如实交代了 GSKCI 单位犯罪的事实。

此案由湖南省长沙市公安局侦查终结，2014 年 9 月 4 日，湖南省长沙市人民检察院提起公诉。2014 年 9 月 19 日，湖南省长沙市中级人民法院作出判决，GSKCI 及马克锐以对非国家工作人员行贿罪被定罪处刑，其中 GSKCI 被判处罚金人民币 30 亿元。另外 GSKCI 四大高管张国维、梁宏、黄红、赵虹燕对非国家工作人员行贿、非国家工作人员受贿案，以及其他被告单位、个人共计十余宗关联案件，分别由长沙市人民检察院及相关基层检察院依法提出指控，并均定罪处刑。本案及关联案件的所有被告单位及被告人均认罪服法，均未提出上诉。

案件背景与社会影响

GSKCI 是英国著名医药公司葛兰素史克公司（简称 GSK）在中国境内的全资子公司，其涉嫌对非国家工作人员行贿罪等案件是我国司法机关首次大规模对一家国际知名企业在华公司涉嫌商业贿赂的行为进行查处，社会影响重大，案情特别复杂，涉及 GSKCI 多个部门、关联企业及众多员工，牵连全国数千家医院、数十万名医生，且主要贿赂形式与传统商业贿赂案件有很大不同，其方式十分隐蔽，取证难度极大，并存在诸多法律适用的疑难问题。案件侦破、起诉、审判时间紧、任务重、国内外媒体密切关注，中央对此高度重视。

公诉指控 ·······················

　　根据中央的统一部署，在最高人民检察院及湖南省人民检察院的指导下，长沙市人民检察院高度重视，抽调全市公诉精英十余人，历时将近一年，完成了从引导侦查取证、审查起诉到出庭公诉的全部工作，所有被告单位及被告人均认罪服法，所有辩护人认可指控意见，一天之内迅速结束庭审，且均未上诉。案件取得良好的法律效果、社会效果、政治效果。GSKCI 被判处罚金人民币 30 亿元，这是我国司法机关有史以来开出的最大罚单。该案的成功办理，为我国打击跨国企业商业贿赂树立了成功范例，将为我国治理医疗行业不正之风，促进医疗改革，缓解"看病难""看病贵"等问题产生积极而深远的影响。也是催生认罪认罚从宽制度的典型先导性案例。

（一）提前介入，积极引导侦查取证，确保案件顺利、成功侦破

　　侦查初期，长沙市人民检察院派出公诉团队，通过与侦查人员的充分沟通、查阅案卷，针对本案各类贿赂行为所反映出来的不同主体范围、行贿对象、行贿方式等特征，分解出对非国家工作人员行贿、单位行贿、对单位行贿等不同罪名。为确保侦查效果，又提出了"想贿赂、能贿赂、送贿赂、保贿赂"的侦查思路，即围绕 GSKCI 贿赂意图的形成，贿赂条件的准备，贿赂行为的实施，保护贿赂行为不被查处等四个层面开展侦查工作。同时，针对取证范围过大的难点，提出了"全面侦查，抽样印证"的取证思路，使侦查机关得以用有限的办案力量集中攻克侦查重点，构架出完备的证据框架。同时，考虑到 GSKCI 在中国境内的药品销售金额高达数百亿元，收受 GSKCI 贿赂的医务人员遍布全国各地，数以万计，如以常规方法取证，该案侦查终结可能遥遥无期。为此，公诉专案

组提出了"以电子数据为核心,其他证据相印证"的证明思路,上述侦查思路得到了公安部及长沙市公安局领导的高度认可并被充分采纳。

(二)严把证据关,指导公安机关补侦与自行补侦相结合,确保案件证据质量

为保证 GSKCI 系列案件"诉得出,判得下",公诉专案组分工合作,对全案十万余份证据逐一进行了审查,分门别类制作了补证提纲,又细化到每一份具体证据,还形成了瑕疵证据的补正模板;在确实充分性方面,则针对不同罪名、不同犯罪事实、不同犯罪嫌疑单位或个人,指出了证据缺漏,列明了需要补充的证据,以及补证的意义和需要达到的效果。同时,为补正瑕疵证据,进一步查明案件事实,巩固与补强现有证据,公诉专案组从 2014 年 7 月下旬开始至 2014 年 8 月中旬,历时 1 个月左右,共传唤、通知犯罪嫌疑人、证人 200 余人到长沙接受调查,完成了庞大的证据复核工作。最后,共形成补充侦查卷 165 册。为确保案件顺利起诉、审判发挥了重要作用。

(三)科学分解案件,从最有利于案件处理的角度出发,分阶段、分批次审结案件

早在侦查阶段,公诉专案组即向侦查机关建议,将 GSKCI 系列案件根据不同罪名、事实,以及与单位犯罪的关联程度分别移诉。这一意见得到了侦查机关的认可与贯彻,GSKCI 系列案件最终分成了 4 个案件移送长沙市人民检察院,其中有 3 件因与 GSKCI 涉嫌的(单位)商业贿赂犯罪无关而被交由基层人民检察院办理,使公诉专案组得以集中力量攻克 GSKCI 涉嫌的(单位)商业贿赂犯罪以及其他关联的个人犯罪案件。在审查起诉后期,为确保公诉效果,提高庭审效率,公诉专案组又向上级机关提出了分案起诉意见并被采纳。GSKCI 系列案件被分成了 GSKCI 及其原法定代表人马克锐

对非国家工作人员行贿案，GSKCI 四大高管张国维、梁宏、黄红、赵虹燕对非国家工作人员行贿、非国家工作人员受贿案，以及其他犯罪嫌疑单位、个人共计 15 案，分别由长沙市人民检察院及相关基层人民检察院办理。其中，最为重要、核心的 GSKCI 及马克锐对非国家工作人员行贿案、GSKCI 四大高管对非国家工作人员行贿、非国家工作人员受贿案很快由长沙市人民检察院提起公诉，经长沙市中级人民法院审判，对上述被告单位和被告人均作出有罪判决，并开出了我国历史上最大罚单，对 GSKCI 判处罚金人民币 30 亿元。正是基于合理的分案，才避免了本案处理的拖沓，也起到了分化瓦解犯罪嫌疑单位及人员的作用。

（四）充分沟通、释法说理，促使犯罪嫌疑单位、犯罪嫌疑人转变态度，认罪服法

自立案侦查开始，GSKCI 及其高管基于自身立场，一直拒不认罪，情绪对立。为确保案件顺利提起公诉，完成审判，并争取较好的法治宣传效果，公诉专案组多方探寻、尝试如何在现有制度及政策的框架内，与犯罪嫌疑单位、犯罪嫌疑人、辩护人就定罪达成基本一致意见。为此，公诉专案组做了大量工作，精心准备，认真组织，终于促成犯罪嫌疑单位、犯罪嫌疑人认罪服法，辩护人认可指控意见。既使犯罪嫌疑单位、犯罪嫌疑人依法获得了从宽处理，同时又起到了打击犯罪、警示预防的效果，彰显了司法的公信力，表明了中国司法机关严查腐败的决心。

案例推荐：湖南省人民检察院

撰稿：刘哲

审稿：黄河、闵钐

第三篇 1998—2019

葛兰素史克商业贿赂案

马乐利用未公开信息交易案

——三级检察院接力抗诉最大"老鼠仓"案

基本案情

马乐，男，时年 31 岁，北京市人，博时基金管理有限公司旗下博时精选股票证券投资基金经理。

2011 年 3 月 9 日至 2013 年 5 月 30 日期间，马乐利用担任博时基金管理有限公司旗下博时精选股票证券投资基金经理的职务便利，获取博时精选基金交易情况的未公开信息，操作 3 个关联股票账户，并通过临时购买的不记名神州行卡电话下单，先于或同期于该基金买入或卖出相同股票 76 只，获利 1883 余万元，成交金额累计约 10.5 亿余元。2013 年 4 月，证监会对该公司涉嫌"老鼠仓"交易进行初查。同年 6 月，证监会根据初查结果对马乐涉嫌利用未公开信息交易行为进行正式立案调查，并冻结了其掌管的 3 个股票账户中 3700 万元资金。同年 7 月 17 日，马乐迫于压力，前往深圳市公安局自首。2014 年 1 月 2 日，深圳市人民检察院就马乐利用未公开信息案向深圳市中级法院提起公诉。2014 年 3 月 24 日，深圳市中级人民法院一审认定检察院指控事实，以利用未公开信息交易罪对马乐判处有期徒刑三年，缓刑五年，并处罚金人民币 1884 万元；违法所得人民币 1883 万余元依法予以追缴。

此后，深圳市人民检察院、广东省人民检察院和最高人民检察院先后均认为，深圳市中级人民法院一审判决、广东省高级人民法院维持一审原判的终审裁定在法律适用上存在错误，并依法提起抗诉。

最终，2015 年 7 月 8 日上午，最高人民法院第一巡回法庭公开审理该抗诉案，最高人民检察院派出两名检察官出庭履行抗诉职责。11 月 23 日，最高人民法院判决马乐非法获利数额应为人民币 1912 万余元，原审认定马乐非法获利数额人民币 1883 万余元属计算错误，应予更正。原审被告人马乐被改判有期徒刑三年，并处罚金人民币 1913 万元；违法所得人民币 1912 万余元依法予以追缴，上缴国库。

案件背景与社会影响 ······················

党的十八大以来，党中央、国务院对资本市场改革作出顶层设计，明确要求进一步强化对金融市场的监管执法，切实防范和化解重大金融风险，推动资本市场建设。本案正是在这样的社会背景下案发。同时，本案不仅作案手法翻新，而且涉案金额高达 10 亿余元，堪称新中国成立以来最大的"老鼠仓"，同时时间跨度之长，严重破坏金融市场秩序，引发社会广泛关注和热议，导致广大投资者普遍担忧，社会影响极其恶劣。基于此，本案的办理对于重塑我国资本市场诚信基石意义重大。

此外，本案诉讼过程曲折，历经地级市人民检察院、省人民检察院和最高人民检察院三级检察机关接力抗诉，最终"两高"在案件认定上达成一致，并在结案后的次年即 2016 年，先后将本案遴选为指导性案例（即最高人民法院的指导案例 61 号和最高人民检察院的检例第 24 号），并在指导性案例的正式文本中全面而细致地表述了其共识的具体内容，折射出"两高"在指导性案例的遴选方面有着广泛的共识，为澄清司法人员认识误区，规范和引导公民行为树立典范。

马乐利用未公开信息交易案

公诉指控与监督 ·················

（一）三级检察机关的接力抗诉

提起抗诉，作为人民检察院履行法律监督职能的一项重要法定职权，也是人民检察院对人民法院的审判实行法律监督的重要形式。实践中，检察机关提起抗诉一般十分谨慎，由最高人民检察院对具体案件提出抗诉更是十分罕见。本案虽然发生在当前，但是系新中国成立以来第一个由最高人民法院开庭审理，最高人民检察院派员出庭履行职务的刑事抗诉案件，并且此案更是第一个历经三级检察机关接力抗诉的经济犯罪案件。之所以三级检察机关如此一致并坚定提出抗诉，就在于检察机关对案件本身体现出来的公平正义的认识与把握的笃定。"努力让人民群众在每一个司法案件中都感受到公平正义"成为当前司法工作的主旋律，检察机关作为法律监督机关，更应该保障其在具体案件办理中得以落实与体现。

实际上，在本案发案前，已经有一些"老鼠仓"案的当事人被判处实刑，其涉案金额等情节远远不能与本案同日而语，但是在最终刑罚判处上，本案成交金额高达 10 亿余元，当事人马乐却被一审、二审均判处缓刑，此判决一出，顿时引发社会各界猜疑和各大主流媒体的炒作，众多法律界人士也普遍认为，一审、二审量刑明显过轻。这种同类案件裁判尺度悬殊的处理方式，在一定程度上破坏了人们对法的安定性期待，也违背了罪责刑相适应原则。正是基于这一判断，三级检察机关通过接力抗诉的形式来认真履行法律监督职责，并最终在"两高"层面达成共识。

（二）针对重大争议焦点，提炼法律适用规则

本案之所以在两级法院与检察院之间"徘徊"不定，主要在于双方对《刑法》适用问题的理解出现分歧，具体而言，就是如何理解《刑法》第一百八十条第四款援引同条第一款法定刑的问题。一

广东省深圳市人民检察院
起诉书

深检公二刑诉〔2014〕3号

被告人马乐，男，1982年8月3日出生，身份证号码41130219820803481X，汉族，硕士研究生文化，博时基金管理有限公司旗下博时精选股票证券投资基金经理，住北京市东城区和平里中街甲七号，暂住深圳市福田区农园路香榭里花园8栋602室。因利用未公开信息交易嫌疑，于2013年7月17日被深圳市公安局刑事拘留；因涉嫌犯有利用未公开信息交易罪，于2013年8月21日经本院批准，同日由深圳市公安局逮捕。

本案由深圳市公安局侦查终结，以被告人马乐涉嫌利用未公开信息交易罪，于2013年9月25日向本院移送审查起诉。本院受理后，已告知被告人有权委托辩护人。依法讯问了被告人，审查了全部案件材料。本院于2013年10月30日退回侦查机关补充侦查，2013年12月4日侦查机关补查重报。

经依法审查查明：

2011年3月9日至2013年5月30日期间，被告人马乐担任博时基金管理有限公司旗下的博时精选股票证券投资基金经理，全权负责投资基金投资股票市场，掌握了博时精选股票证

投资基金交易的标的股票、交易时点和交易数量等内幕信息以外的其他未公开信息。马乐在任职期间利用其掌控的上述内幕信息以外的其他未公开信息，从事与该信息相关的证券交易活动，操作自己控制的"金晶""严维进""严晓霓"三个股票账户，通过临时购买的不记名神州行电话卡下单，先于（1-5个交易日）、同期或稍晚于（1-2个交易日）其管理的"博时精选"基金账户买入相同股票76只，累计成交金额人民币10.5亿余元，从中非法获利人民币18833374.74元。

2013年7月17日，被告人马乐主动到深圳市公安局经济犯罪侦查支队投案。

认定上述事实的证据如下：

1.书证：立案决定书以及受案登记表、户籍身份证明资料、到案经过，证券交易资料、银行转账资料，证监会调查报告及复函，博时基金管理公司的相关文件；2.证人证言：证人金晶、严维进、严晓霓、曹静、李宇华的证言；3.被告人供述和辩解。

本院认为，被告人马乐无视国家法律，作为基金管理公司从业人员，利用因职务便利获取的内幕信息以外的其他未公开信息，违反规定，从事与该信息相关的证券交易活动，情节特别严重，其行为触犯了《中华人民共和国刑法》第一百八十条第四款，犯罪事实清楚，证据确实、充分，应当以利用未公开信息交易罪

追究其刑事责任。根据《中华人民共和国刑事诉讼法》第一百七十二条的规定，提起公诉，请依法判处。

此致
广东省深圳市中级人民法院

检察员：黄锐意

二〇一三年十二月二十六日

附：

1、被告人马乐羁押于深圳市第二看守所。
2、案卷材料两册。

● 马乐利用未公开信息交易案起诉书

广东省深圳市人民检察院

刑事抗诉书

深检公二刑抗〔2014〕4号

广东省深圳市中级人民法院以（2014）深中法刑二初字第27号刑事判决书对被告人马乐利用未公开信息交易一案判决如下：被告人马乐犯利用未公开信息交易罪，判处有期徒刑三年，缓刑五年，并处罚金人民币1884万元，违法所得人民币18833374.74元依法予以追缴。本院依法审查后认为，该判决确有错误，适用法律不当，理由如下：

一、从法律上分析，目前刑法规定利用未公开信息交易罪依照内幕交易、泄露内幕信息罪的量刑标准处罚。内幕交易、泄露内幕信息罪有两个量刑档次，一个是情节严重，一个是情节特别严重，而且相关的司法解释也对情节严重、情节特别严重作出了规定，包括起刑点、非法所得等有一系列的明确规定。虽然目前没有发布关于利用未公开信息交易罪的司法解释，但是刑法第一百八十条第四款规定的很明确，利用未公开信息交易罪是依照内幕交易、泄露内幕信息罪的量刑标准来处罚。结合本案来看，被告人马乐的行为应当是在有期徒刑五年以上十年以下这个量刑幅度内量刑。一审判决认为刑法并未对利用未公开信息交易罪情节特别严重

1

作出相关规定，因此被告人马乐不应当依照内幕交易、泄露内幕信息罪情节严重的量刑档次处罚，该认定属于法律适用错误。

二、从案件事实来看，被告人马乐利用未公开信息交易的时间跨度比较长，从2011年的3月9日至2013年的5月30日，作为基金经理操纵76只股票，买卖非常频繁，交易额达到人民币10.5亿余元，非法获利人民币1883万元。从整个案情来看，马乐的犯罪情节非常严重，社会影响恶劣。

三、被告人马乐的行为不属于退赃，应当认定为被司法机关抓获。马乐回国后，表示愿意配合调查但并没有说要退赃，2013年7月17日投案后表示愿意上缴违法所得，但是其也没有把钱拿出来，2013年8月2日马乐资金账户被冻结。因此本案赃款被追返回来不是因为马乐退赃而是侦查机关依法追缴了非法所得。罚金的执行，也是因为马乐的相关账号已被司法机关或者相关行政执法机关冻结，这和典型的退赃是不一样的。

综上所述，被告人马乐利用未公开信息交易，交易额达到10.5亿余元，非法获利人民币1883万余元，量刑档次应当为五年至十年有期徒刑。法院认为马乐具有自首情节，依法可以从轻处罚。但一审判决对马乐利处有期徒刑三年，缓刑五年，属于适用法律错误，量刑明显不当。为维护司法公正，准确惩治犯罪，依照《中华人民共和国刑事诉讼法》第

2

二百一十七条的规定，特提出抗诉，请依法判处。

此致

广东省高级人民法院

二〇一四年四月四日

附：

被告人马乐现住深圳市福田区农园路香榭里花园8栋602室。

3

● 马乐利用未公开信息交易案抗诉书

审、二审法院均认为《刑法》第一百八十条第四款并未对利用未公开信息交易罪规定有"情节特别严重"情形，被告人马乐的行为属"情节严重"，应在该量刑幅度内判处刑罚。而检察院均认为，尽管《刑法》没有作出具体规定，但是综合运用文义解释、体系解释、目的解释等法律解释方法，《刑法》第一百八十条第四款的法定刑援引应当理解是对第一款全部法定刑的引用，即利用未公开信息交易罪应有"情节严重""情节特别严重"两种情形和两个量刑档次，结合马乐犯罪行为的性质，故认为对被告人马乐应当在"情节特别严重"的量刑幅度内判处刑罚。

具体而言，从立法目的来看，实践中，利用未公开信息交易行为比较多发，与内幕交易、泄露内幕信息等不法行为在违法性质、危害程度上相当，都是利用公众投入的巨额资金作后盾，以提前买入或者提前卖出的手段获得巨额非法利益，将风险与损失转嫁到其他投资者，不仅对其任职单位的财产利益造成损害，而且严重破坏了公开、公正、公平的证券市场原则，严重损害客户投资者或处于信息弱势的散户利益，严重损害金融行业信誉，影响投资者对金融机构的信任，进而对资产管理和基金、证券、期货市场的健康发展产生严重影响。所以，立法者将利用未公开信息交易罪与内幕交易、泄露内幕信息罪规定在同一法条中，说明两罪的违法与责任程度相当。利用未公开信息交易罪也应当适用"情节特别严重"。从法条文意来看，利用未公开信息交易罪属情节犯，《刑法》第一百八十条第四款中的"情节严重"是入罪条款，本条款中"情节严重"并不兼具量刑条款的性质，刑法条文中大量存在"情节严重"兼具定罪条款及量刑条款性质的情形，但无一例外均在其后列明了具体的法定刑，《刑法》第一百八十条第四款中"情节严重"之后，并未列明具体的法定刑，而是参照内幕交易、泄露内幕信息罪的法定刑，因此本款中的"情节严重"仅具有定罪条款的性质，而不具有量刑条款的性质。从立法技术来看，援引法定刑是指对某一犯罪并不规定独立的法定刑，而是援引其他犯罪的法定刑作为该犯罪的法定刑。

国家公诉
——
共和国 **70** 年典型案例及法律文书评析

● 马乐利用未公开信息交易案二审刑事裁定书（部分）

援引法定刑的目的是避免法条文字表述重复，并不属于法律规定不明确的情形。正是基于对《刑法》第一百八十条第四款的这样一种理解，"两高"一致认为对被告人马乐应当在"情节特别严重"的量刑幅度内判处刑罚。在案件进入"两高"环节之前，之所以检、法双方对法律适用存在分歧，就是因为法律适用不统一，进而导致刑事处罚畸轻畸重。因此，本案是最高人民法院通过开庭审理个案，以标杆性判决方式对具体法律适用问题进行阐释，进而保证法律统一正确实施的典型案例，其指导意义深远。

案例推荐：广东省人民检察院
撰稿：操宏均
审稿：刘哲

周永康受贿、滥用职权、故意泄露国家秘密案

——十八大以来党中央从严治党惩治腐败的典型案件

基本案情

周永康，男，汉族，时年 73 岁，江苏无锡人，1964 年 11 月入党，1966 年 9 月参加工作，北京石油学院勘探系地球物理勘探专业毕业，大学学历，教授级高级工程师。中共十七届中央政治局委员、常委。

1992 年至 2012 年，周永康在担任中国石油天然气总公司副总经理、中共中央政治局委员、国务委员、中共中央政治局常委、中央政法委书记期间，利用职务上的便利，为吴兵、丁雪峰、温青山、周灏、蒋洁敏谋取利益，收受蒋洁敏给予的价值人民币 73.11 万元的财物，其亲属周滨、贾晓烨（另案处理）分别收受吴兵、丁雪峰、温青山、周灏给予的折合人民币 1.29041013 亿元的财物，并在事后告知周永康，受贿共计折合人民币 1.29772113 亿元。周永康滥用职权要求蒋洁敏、李春城为周滨、周峰、周元青、何艳、曹永正等人开展经营活动提供帮助，使上述人员非法获利 21.36 亿余元，造成经济损失 14.86 亿余元，致使公共财产、国家和人民利益遭受重大损失。周永康违反《保守国家秘密法》的规定，在其办公室将 5 份绝密级文件、1 份机密级文件交给不应知悉上述文件内容的曹永正。

此案由最高人民检察院侦查终结。根据指定管辖，2015 年 4 月

3 日，天津市人民检察院第一分院向天津市第一中级人民法院提起公诉。同年 6 月 11 日，天津市第一中级人民法院依法进行了一审宣判，认定周永康犯受贿罪、滥用职权罪、故意泄露国家秘密罪，数罪并罚，判处无期徒刑，剥夺政治权利终身，并处没收个人财产。周永康当庭表示服从法庭判决，不上诉。

案件背景与社会影响

党的十八大以来，以习近平同志为核心的党中央从关系党和国家生死存亡的高度，作出"打铁还需自身硬"的庄严承诺，以猛药去疴、重典治乱的决心勇气，推动全面从严治党向纵深发展，打虎拍蝇雷霆万钧，正风肃纪驰而不息，形成了反腐败斗争压倒性态势，党心民心为之一振，党风政风为之一新。党纪面前人人平等，党内没有特殊党员。法律面前人人平等，不允许任何人享有超越法律的特权。对周永康的立案审查和公诉审判，再次证明了这一点。在社会主义中国，不存在制度笼子之外的权力，也决不允许有党纪国法之外的党员。任何人违犯法纪，都要依法依规处理。党员领导干部，不论职务高低、党龄长短，都要受到党纪国法的约束，都必须接受党组织的教育和监督。如果私欲膨胀、滥用权力、谋取私利，迟早都会摔跟头，甚至滑向违法犯罪的深渊。本案充分体现了中国共产党自我净化、自我革新的政治勇气，彰显了中国共产党"治国必先治党、治党务必从严"的坚定决心。

侦查与公诉指控

本案由最高人民检察院立案侦查。围绕周永康涉嫌的犯罪，检察机关开展了细致严密的调查取证工作。天津市人民检察院第一分院根据最高人民检察院的指定管辖，负责本案的审查起诉工作。本案案情复杂，犯罪事实多、证据材料多，天津市人民检察院第一分院全面审查案件证据，充分发挥公诉引导侦查的职能，完善证据体系，客观真实地固定了每一起犯罪事实，为出庭公诉打下坚实基础。

（一）严守事实关、证据关、法律关

为了查明案件事实，侦查部门调查核实了大量证人证言，梳理了复杂账目，对受贿物品价值、滥用职权造成的国家经济损失和泄密行为中涉密文件密级分别委托鉴定机构进行鉴定。公诉部门在事实认定上坚持定罪标准和证据标准，通过提前介入有效引导侦查取证工作，对受贿数额不堆数不凑数，对达不到起诉标准的坚决不予认定。针对滥用职权罪认真核查石油行业等相关专业领域的法律规定和行业规章制度，准确把握滥用职权行为的违规点，通过司法审计严格核查损害后果，真正做到了起诉书指控的每个事实情节都有充分依据。特别在法庭审理过程中，公诉人发表公诉意见时，既详尽阐述周永康犯罪构成的依据和造成的严重危害，又关注到被告人如实供述犯罪事实、绝大部分受贿属于事后知情以及积极退赃的情节，展现了检察机关全面、客观、公正的态度。正是基于这种准确客观的指控，使得周永康在庭审中表示接受检方指控，认罪悔罪。

（二）保障被告人及其辩护人的合法权益

在某些职务犯罪案件的办理中，如果司法机关与被告人沟通少，被告人抵触性强，难以真正认识到自己行为的严重危害，这样就很难达到好的法律效果。本案办理中，无论是侦查部门还是公诉部门，始终坚持客观公正、理性平和的原则和人性化办案方式，对被告人既强化释理说法，讲解法律规定的定罪量刑标准，帮助其认清犯罪事实和危害，又尊重其人格，认真听取和研究其意见。这使被告人

的对抗情绪逐渐减小，因而能够理性面对司法程序，最终达到被告人真诚认罪悔罪的效果。检察机关还与辩护人建立公开、坦诚、平等的诉讼关系。为确保辩护人及时了解案件证据情况，公诉人受理案件后与辩护人同时阅卷，为辩护人提供阅卷的便利条件，充分、全面听取辩护人意见，甚至针对有关事实认定和法律适用问题进行了深入探讨。

（三）全面贯彻以审判为中心的理念

职务犯罪案件的庭审是案件依法公正审理的集中体现，这种依法公正对被告人而言体现为通过庭审全面了解全案证据，充分发表自己的意见。本案庭审中，检察机关对以往案件的庭审中证据信息量大、宣读证据速度比较快、不利于被告人充分了解证据内容的情况，对举证示证进行了改进。

一是按照重点突出、简洁明了的要求，对示证提纲进行反复修改、凝练，克服示证中证据铺太多太全，语言表述过于烦琐，思路不够清晰的缺点，将重点放在证据组合和证明问题的概括总结上，对每笔事实的证据进行科学的归纳分组，提炼出证据中有关证明犯罪事实的关键信息，既让被告人听清楚，又准确控制了庭审节奏。

二是主动向法庭申请证人出庭。有些犯罪事实中，被告人在某个事项上打了招呼，后期特定关系人收受贿赂，被告人对具体情况不了解，对其中有没有违规办事并不清楚。在这种情况下，证人出庭详细证明案发经过，对被告人来说也是一个完整认识过程。本案庭审中，检察机关主动申请吴兵、蒋洁敏出庭作证，取得很好的庭审效果。

三是创新运用科技手段，通过多媒体有力强化庭审效果。示证过程中，公诉人将案件全部证据通过 PPT 展示出来，使被告人能够在大屏幕上看到公诉人宣读的语言和书证并且公诉人宣读的每句话都有标注，每一份证言和书证读的每句话都有标注。有些案件中涉及的事实脉络比较复杂，检察机关不是刻板地展示书证，而是通过绘制图表、动画等形式，立体展现案件事实证据，使案件更加清晰直观。本案庭审中，检察机关运用多媒体示证系统，在强化出庭公诉效果，体现以审判为中心方面，取得了突出成效。

案例推荐：天津市人民检察院

撰稿：刘家卿

审稿：闵钐

董社有受贿、巨额财产来源不明案

——汶川地震后的"小官巨贪"案

基本案情

董社有，男，时年 59 岁，甘肃省陇南市人，甘肃省陇南市武都区扶贫办主任。

2008 年 9 月至 2014 年 6 月，董社有利用担任武都区扶贫办主任的职务便利，在扶贫及工程建设项目中，帮助相关人员谋取利益，直接或者通过其妻卢新妤，非法收受王朝德等 16 人财物，共计人民币 332 万元。另外，截至案发前，董社有家庭银行存款、理财产品共计 1891.9258 万元，加上其家庭自 1990 年以来购买房产、日常开支等方面的支出 166.81691 万元，共计人民币 2058.74271 万元，董社有对其中 891.16153 万元的财产不能说明来源。本案由陇南市人民检察院侦查终结。2015 年 11 月 13 日，陇南市武都区人民检察院依法提起公诉。同年 12 月 29 日，武都区人民法院作出一审判决：董社有犯受贿罪，判处有期徒刑十二年六个月；犯巨额财产来源不明罪判处有期徒刑三年六个月。数罪并罚，决定执行有期徒刑十四年。对非法所得人民币 1223.16153 万元及利息 120.98462 万元，共计人民币 1344.14615 万元予以没收，上缴国库。

案件背景与社会影响

　　2008 年 5 月 12 日 14 时 28 分，四川省汶川县发生了里氏 8.0 级 "5·12" 汶川大地震，这是新中国成立以来破坏力最大的地震，也是唐山大地震后伤亡最严重的一次地震，严重破坏面积超过 10 万平方千米。作为国家级贫困区的甘肃省陇南市因南接川北，在地震中遭受重创，贫穷加天灾，无异于雪上加霜，也成为国家灾后重建重点帮扶地区。2008 年 9 月，董社有临危受命，担任武都区扶贫办主任，至 2014 年 8 月，董社有在武都区扶贫办主任岗位任职 6 年间，正值陇南遭受 "5·12" 地震后国家安排大量救灾资金重建灾区的特殊时期。董社有身为主管扶贫业务的部门负责人，本该潜心谋划如何发挥扶贫资金的作用和改变本地区贫困落后的面貌，但其表面上积极履职，多次赴省进京为武都区争取重建扶贫项目，区扶贫办曾两度被评为全国先进，董社有也被评为陇南市扶贫先进个人；暗地里却利用扶贫项目大搞权力寻租，运用手中的权力肆意妄为，疯狂敛财 1200 余万元，先把自己 "扶" 成千万富翁。尤其是在党的十八大之后仍不收敛、不收手，得陇望蜀，在甘肃乃至全国影响极为恶劣。2016 年 6 月 23 日，最高人民检察院召开发布会，通报全国检察机关集中整治和加强预防扶贫领域职务犯罪专项工作情况，并发布了包括董社有案件在内的 13 起典型案例。

公诉指控

　　本案是汶川大地震之后国家级贫困区扶贫主任利用扶贫项目受贿、索贿的 "小官巨贪" 案。检察机关在审查起诉、出庭公诉、法庭教育等履职工作中体现了刑事司法正义与法律逻辑的完美结合。

陇南市武都区人民检察院

起 诉 书

武都区院公诉刑诉〔2015〕310 号

被告人董社有，男，1966 年 5 月 17 日出生，居民身份证号码 62262119660517001O、汉族，大学本科，中共党员，案发前系武都区工业和信息化局局长，户籍所在地甘肃省陇南市武都区，住武都区城关镇新市街 302 室，因涉嫌受贿罪，于 2015 年 6 月 3 日被陇南市人民检察院批准指定居所监视居住，6 月 6 日执行指定居所监视居住，于 2015 年 8 月 5 日经陇南市人民检察院批准逮捕，8 月 6 日被武都区公安局逮捕。

被告人董社有涉嫌受贿、巨额财产来源不明罪一案，由本院侦查终结，于 2015 年 11 月 6 日报送陇南市人民检察院审查起诉，陇南市人民检察院于 2015 年 11 月 12 日交由本院审查起诉，本院受理后，于 2015 年 11 月 12 日已告知被告人有权委托辩护人，并依法讯问了被告人，审查了全部案件材料。

经依法审查查明：

（一）、2008 年 9 月至 2014 年 6 月，被告人董社有在担任武都区扶贫办主任期间，利用职务便利为从事扶贫项目及工程建设的人员谋取利益，直接或者通过妻子卢新妍（另案处理），非法收受王朝德、吕建荣、李宇平、赵理生、任永

敏、李杜得、刘小刚、崔小军、马保成、袁维文、王伟、李康洁、田海军、李阳宏、王海平、胡明虎等 16 人财物，共计人民币 332 万元。

1、2008 年 10 月至 2014 年春节前后，被告人董社有接受陇南市江龙水电建筑安装有限公司负责人王朝德请托，为其在承揽武都区扶贫办工程项目方面提供帮助，先后六次非法收受王朝德人民币共计 50 万元。

2、2010 年春节前，被告人董社有收受吕建荣所送现金 10 万元，并在吕建荣承揽武都区扶贫办工程项目方面提供帮助，其分别在 2011 年、2012 年春节前后收受吕建荣两次所送人民币合计 30 万元，董社有非法收受吕建荣人民币共计 40 万元。

3、2009 年至 2013 年期间，被告人董社有接受李宇平请托，为其在承揽武都区扶贫办工程项目方面提供帮助，其分别在 2010 年、2011 年、2013 年春节前后，收受李宇平以拜年为名所送现金合计 30 万元。2010 年 5 月，董社有父亲在武都区中医院住院期间，董以借款方式由向李宇平索要 4 万元，后在病房收受李宇平 4 万元现金，截止案发仍未归还，2010 年 7 月 7 日，董社有在出差时，董以自己急需用钱为名向李宇平索要人民币 5 万元，李宇平当日向董社有建设银行帐户汇入 5 万元，截止案发该笔款项也未归还。董社有非法收受李宇平人民币共计 39 万元。

4、2009 年至 2014 年期间，被告人董社有接受赵理生的请托，为其在承揽武都区扶贫办工程项目方面提供帮助。2010 年春节前至 2013 年春节前后，董社有先后五次非法收

2

110.8095 万元，董社有对 891.16142 万元的财产不能说明来源。

认定上述事实的证据为：书证、搜查笔录、鉴定意见、视听资料、被告人供述与辩解、证人证言等。

本院认为，被告人董社有在担任武都区扶贫办主任期间，利用职务之便，直接或通过近亲属非法收受他人财物，为他人谋取利益，数额特别巨大，其家庭财产和支出明显超过家庭合法收入，对 891.16142 万元的财产不能说明来源，其行为触犯了《中华人民共和国刑法》第三百八十五条、第三百九十五条之规定，犯罪事实清楚，证据确实、充分，应当以受贿罪、巨额财产来源不明罪追究其刑事责任，根据《中华人民共和国刑事诉讼法》第一百七十二条之规定，特提起公诉，请依法判处。

此 致

陇南市武都区人民法院

本件与原件
核对无异

附：1、被告人董社有现羁押于武都区看守所。
   2、案件卷宗肆拾册。
   3、视听资料贰拾柒张。

● **董社有受贿、巨额财产来源不明案起诉书（部分）**

（一）起诉指控简明直观

本案起诉书以行贿人、受贿时间为主要脉络，要言不烦，逐一阐明董社有受贿事实。这种看似平铺直叙，列明被告人职务、受贿时间、手段、金额的指控方法，却给予合议庭、庭审旁听人员最直观的对比——贫困区的扶贫办主任 6 年时间收受贿赂 332 万元、另有 891 万余元巨额财产来源不明。2015 年，陇南市城镇居民人均可支配收入 18915 元，农村居民人均可支配收入 5405 元，董社有家庭自 1990 年至案发的 26 年中，包括购买房产在内的全部支出也仅为 166 万余元。而董社有担任扶贫办主任仅 6 年即敛财 1200 万余元。这种"豪富"与陇南贫困加天灾的经济发展大背景形成强烈反差，显得格外刺眼。董社有的受贿行为始于其上任第二个月，持续至其担任扶贫办主任的整个任期，未因十八大之后"打虎拍蝇"的反腐重剑而稍作收敛，反而变本加厉。6 年中，董社有将"敛财"之手伸遍武都区扶贫办负责的所有扶贫项目。这些事关贫困群众基本民生的农村道路、桥梁、教育设施、整村推进、人畜饮水等基础建设项目，本是汶川大地震后国家资助灾后重建的重点项目，但在董社有眼中却变为其发家致富的"金山银矿"。

（二）反驳辩解精准有力

面对指控，董社有当庭痛哭流涕，称自己是受到工程老板"围猎"而被动受贿，应当将这些"害人精"都抓起来判刑。一时间，旁听人员交头接耳、议论纷纷。公诉人针锋相对，在公诉意见中精准、正面、有力回应，明确指出，董社有受贿的时间起点为 2008 年 10 月，距离董社有上任扶贫办主任仅一个月，此时非年非节，工程老板深夜造访，黑色塑料袋中提着 5 万元现金，毫无遮掩，直言来意——"钱是一点心意，以后在工程上请多照顾"。而董社有面对巨款，显出天然的无免疫力，只是稍作推脱即坦然笑纳。从这个特殊的时间节点，可以看出"害人精"们的"围猎"过程未免过于容易，董社有

武都区人民检察院笔录

武都区人民检察院笔录

武都区人民检察院笔录

董社有受贿、巨额财产来源不明案

● 董社有受贿、巨额财产来源不明案公诉意见书（部分）

的"被动"也未免过于牵强。此后，承揽武都区扶贫办工程项目的老板将现金提到董社有家中、宾馆，甚至直接在自己车里，将钱款交给董社有或者他的"贤内助"卢新妤。老板们的"大手笔"惯坏了董社有，他的胃口越来越大，从收受礼品开始，到之后的一万两万、十万二十万收钱；从开始的半推半就，到之后的坐等上门；董社有不但来者不拒，甚至还发展到主动索贿，从"坐着收"变成"伸手要"。这样的一副嘴脸却将自己定位于"被围猎者"，明显与常情不符，与事实相悖，须知"你若坚定，谁能害你"！尤其是在党的十八大之后，董社有不仅不收手、不收敛，反而变本加厉，以父亲生病、女儿上学，甚至是帮关联单位垫付资金为由，疯狂敛财，党纪难容、国法难容！

（三）法庭教育发人深省

本案是 2015 年检察机关查办的涉农扶贫领域职务犯罪典型案件。公诉人发表公诉意见时，没有做空洞的指责教育，而是将董社有的个人经历放诸于时代背景之中，将法理融于情理之中，将个案剖析延伸到扶贫资金的机制化监管，法庭教育发人深省。董社有作为出身贫寒的农民子弟，依靠勤奋苦学跳出农门，依靠勤勉工作走上领导岗位，却因为目无道德法纪身陷囹圄。"5·12"大地震之殇，举国哀悼；震区重建，全民关注。临危受命的董社有本该兢兢业业开展脱贫的基础项目建设，为群众做好事，为百姓谋善举；本该更懂得民生维艰、百姓不易，更懂得扶贫项目对于贫困群众的迫切性和重要性。但其却本末倒置，在庞大的"金山"面前失去了初心，迷失了方向，视职能为资源，视权力为金钱，处处伸手，事事敛财，发民生财，发国难财。这既是董社有本人道德的沦丧，也折射出涉农扶贫领域资金、项目监管的漏洞。政策性钱多、物多、项目多是扶贫部门的职能特征，尤其在贫困地区，扶贫部门往往被人们看得重、叫得响，有钱、有权、有实惠。武都区扶贫办所负责的工程建设、扶贫物资采购和扶贫资金划拨都需要董社有的签字，上亿元的资金

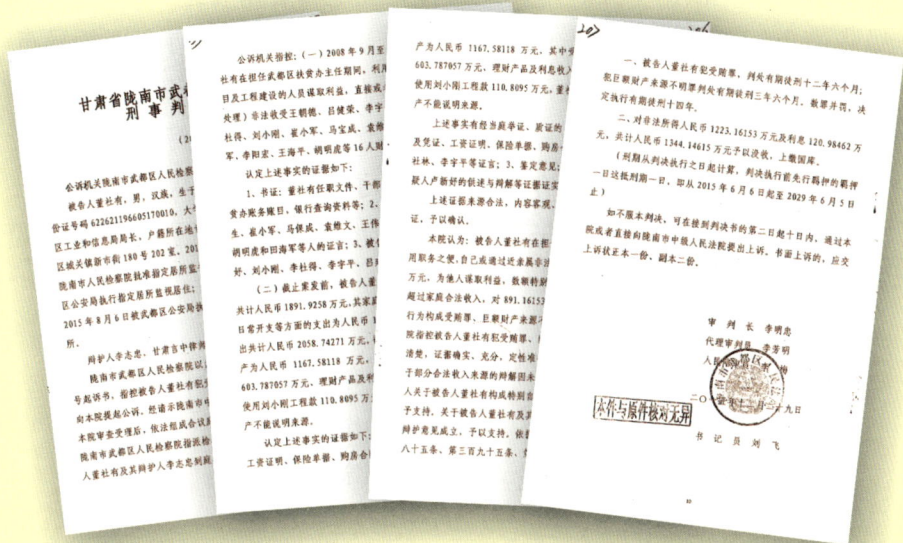

● 董社有受贿、巨额财产来源不明案刑事判决书（部分）

从手中流过却无人监管，暴露出扶贫资金使用和监管的巨大漏洞和真空。

　　本案案发后，陇南市人民检察院及时在全市扶贫系统开展了警示教育活动。根据中央、中央纪委有关规定和甘肃省纪委问责意见，经陇南市纪委研究并报告市委、市政府决定，责成负有全面领导责任的市扶贫办和武都区政府向市政府作出深刻书面检查；对负有领导责任的陇南市扶贫办两任主任及武都区两名副区长等 4 名同志追究疏于监管的责任。董社有平静地接受了一审判决结果，没有提出上诉，他从权力巅峰跌落失去自由后，此时只关心自己能不能在离家较近的监狱服刑。

　　　　　　　　案例推荐：甘肃省人民检察院

　　　　　　　　撰稿：徐少飞

　　　　　　　　审稿：徐然

杨再畅受贿案

——基层扶贫干部"假扶贫真捞钱"典型案例

基本案情

杨再畅，男，时年 50 岁，土家族人，户籍所在地贵州省贵阳市云岩区，贵州省沿河土家族自治县扶贫开发办公室副主任。

2012 年底至 2014 年初，杨再畅在担任沿河县扶贫办党组成员、副主任期间，利用分管沿河县中央彩票公益金支持革命老区整村推进扶贫项目并担任项目验收小组组长的职务便利，多次收受沿河县沙子南庄花木苗圃场法定代表人徐昌建财物共计人民币 22 万元，并在苗木采购招标、供苗、报账、验收等环节为徐昌建提供帮助。2014 年 9 月 21 日上午，沿河县纪委书记安排县委办副主任张珍权假借到县委开会的名义电话通知杨再畅，杨再畅说市里有人来检查工作而不能参会。后沿河县纪委书记又安排沿河县扶贫办主任胡春福用个人电话再次通知杨再畅到县委开会，杨再畅到达县委后被守候的纪委办案人员控制。

此案由贵州省江口县人民检察院侦查终结，于 2014 年 11 月 26 日向江口县人民法院提起公诉。2015 年 2 月 16 日，法院作出一审判决，认定杨再畅构成自首，决定对其减轻处罚，并以受贿罪判处杨再畅有期徒刑六年二个月。2015 年 3 月 2 日，一审检察院以法院认定量刑情节错误导致量刑错误为由向铜仁市中级人民法院提出抗诉，2015 年 7 月 13 日，二审法院认定，原判决对杨再畅犯受贿罪定罪准确，但认定自首情节并对其减轻处罚不当，检察机关抗诉意见能够成立，判处杨再畅有期徒刑十年，并处没收个人财产2.5万元。

案件背景与社会影响

　　贵州省铜仁市位于武陵集中连片特困地区，高山连绵，沟壑纵横，沿河土家族自治县位于铜仁市西北部，是最贫困的地区之一。2011年底至2012年初，国务院先后下发《武陵山片区区域发展与扶贫攻坚规划（2011—2020年）》《关于进一步促进贵州经济社会又好又快发展的若干意见》，投入大量资金，将铜仁作为扶贫攻坚主战场、决战区。然而，杨再畅作为基层扶贫干部，把国家的扶贫政策看成是"发家致富"的大好机会，利用扶贫项目进行权力寻租，直接侵害贫困群众的切身利益，严重损害党群干群关系，减损群众的获得感，阻碍脱贫攻坚战略的顺利实施，影响恶劣，必须严厉打击。

　　2013年，党中央提出了"实事求是、因地制宜、分类指导、精准扶贫"理念，2014年又进一步对精准扶贫工作模式作出了顶层设计，2015年将"精准扶贫"的目标上升到"扶贫开发攻坚战"的战略层面。本案不仅案发于这个时期，而且案发地属于西部偏远贫困地区，更重要的是杨再畅的身份又系基层扶贫工作者，属于非常典型的扶贫领域职务犯罪。2016年6月23日，最高人民检察院召开发布会，通报全国检察机关集中整治和加强预防扶贫领域职务犯罪专项工作情况，并发布了13起典型案例，其中第10起典型案例就是杨再畅受贿案。该案是沿河县扶贫办领导班子腐败窝案之一，同时被检察机关侦查、追诉的还有该县扶贫办主任胡春福、副主任黄万权。检察机关依法侦查、追诉扶贫领域的职务犯罪，为打赢脱贫攻坚战提供有力司法保障。

江口县人民检察院
刑事抗诉书

江检公诉刑抗〔2015〕1号

江口县人民法院以(2014)江刑初字第 129 号书对被告人杨再畅涉嫌受贿罪一案判决：被告人杨再畅犯受贿罪，判处有期徒刑六年零二个月，退缴赃款人民币 22 万元，予以没收，上交国库。本院依法审查后认为，该判决认定自首的法定减轻、从轻处罚量刑情节错误，导致量刑错误，理由如下：

2014 年 9 月 21 日上午，沿河县纪委书记安排县委办副主任张珍权假借以到县委开会的名义电话通知被告人杨再畅参会，电话接通后杨再畅以当天有扶贫办主任胡春福安排的接待工作加以推脱，沿河县纪委办案人员见被告人杨再畅不来，后又安排已被控制的沿河县扶贫办原主任胡春福用其自己的电话以到县委开会名义通知被告人杨再畅到县委开会，被告人杨再畅接到胡春福的电话后前往县委开会，但其刚刚到达县委一楼大厅处就被守候在此处的沿河县纪委办案人员控制，并于下午对其宣布实施"两规"。判决认定：被告人杨再畅于 2014 年 9 月 27 日 23 时 43 分的谈话笔录中交待了自己三次收受徐昌建人民币 22 万元的犯罪事实。因电话通知不具有强制性，并且被告人杨再畅不是接到沿河县纪委的电话通知而到案属于主动到案，其行为同时具备

"自动到案"和"如实供述自己的罪行"，符合自首构成要件，成立自首。

本院审查后认为：沿河县纪委无论是已安排县委副主任张珍权还是已控制的胡春福电话通知被告人杨再畅，都不是明确通知其前去纪委投案自首，而是要以开会的名义把被告人杨再畅通知到县委后便于及时对其控制。因此，被告人杨再畅接到开会的电话是具有欺骗性的，其前去县委并不知道是沿河县纪委委控制和"两规"自己，其主观上和客观行为都是前去沿河县纪委投案自首。同时，被告人杨再畅于 2014 年 9 月 25 日 22 时 0 分的谈话笔录中仅交待了自己收受张珍人民币 3 千元的情况，其于 2014 年 9 月 27 日 23 时 43 分的第二次谈话笔录以及 2014 年 9 月 28 日书写的自述材料才交待了自己三次收受徐昌建人民币 22 万元的事实和收受张福安人民币 3 千元的情况，在此之前，本案行贿人徐昌建已于 2014 年 9 月 18 日主动向沿河县纪委交代从而被告人杨再畅行贿的事实。因此，被告人杨再畅此时供述的是沿河县纪委已经全部掌握了其三次收受徐昌建人民币 22 万元的事实。根据最高人民法院、最高人民检察院 2009 年 3 月 20 日印发的《关于办理职务犯罪案件认定自首、立功等量刑情节若干问题的意见》规定，没有自动投案的，在办案机关调查谈话、讯问、采取调查措施或者强制措施期间，犯罪分子如实交待办案机关掌握的线索所针对的事实的，不能认定为自首。据此，法院判决认定自首的法定减轻、从轻处罚情节错误。

综上所述，本院认为被告人杨再畅不存在自首的法定减轻、从轻处罚情节，法院判决认定自首量刑情节错误，导致量刑错误。为维护司法公正，准确惩治犯罪，依照《中华人民共和国刑事诉讼法》第二百一十七条的规定，特提出抗诉，请依法判处。

此致
铜仁市中级人民法院

2015 年 3 月 2 日

附：
1. 被告人杨再畅现羁押于铜仁市碧江区看守所。

公诉指控与监督

（一）公诉再抗诉，绝不放弃法律监督职责

本案发生在扶贫领域，引发舆情关注。检察机关能否将此案查清起诉，能否让"假扶贫真捞钱"的腐败干部得到应有的惩罚，关系到人民群众对公平正义的期待，关系到司法的公信力。本案由江口县人民检察院对杨再畅提起公诉、支持公诉。在开庭前，公诉人制定了完备的出庭预案，包括讯问提纲、举证质证提纲和答辩提纲，制作了公诉意见书，对案件事实证据的脉络进行了梳理，对案件定性进行了详尽分析，对辩护人的辩点进行了全面预测，有力出庭支持公诉。然而，江口县人民法院一审判决，错误认定了杨再畅存在自首的法定情节，并对其应予十年以上有期徒刑的法定刑加以减轻，减为六年二个月有期徒刑。对于这一错误判决，江口县人民检察院果断提出抗诉，指出一审法院的错误，并获得上级人民检察院的支持，最终二审法院认定一审法院判决错误，对杨再畅判处十年有期徒刑，并处没收个人财产 2.5 万元。检察机关的及时抗诉，纠正了法院裁判的错误，充分发挥了法律监督职能。

（二）针对抗诉焦点，严肃认真释法说理

本案的抗诉焦点在于被告人有无自动投案，是否构成自首。

抗诉书依托事实证据，结合法律规定和司法解释，从两个层面进行了分析论证：一是杨再畅是否构成"自动投案"，二是杨再畅供述的事实是否属于办案机关已掌握的线索所针对的事实。

首先，抗诉书指出：沿河县纪委无论是安排县委办副主任张珍权还是已被控制的胡春福电话通知被告人杨再畅，都不是明确通知其前去纪委投案自首，而是要以开会的名义把被告人杨再畅通知到县委后便于及时对其控制。杨再畅"前去县委开会并不知道是沿河县纪委要控制并'双规'自己，其主观上和客观行为上都不是前去

江口县人民检察院
起 诉 书

江检公诉刑诉〔2014〕110号

被告人杨再畅，男，1964年8月7日出生，居民身份证号码52222819640807036，土家族，大学专科文化，系沿河土家族自治县扶贫开发办公室副主任，户籍所在地贵州省贵阳市云岩区，暂住在贵州省沿河土家族自治县和平镇开发区计生局旁。因涉嫌受贿罪，经本院决定于2014年9月29日被江口县公安局刑事拘留，经铜仁市人民检察院决定，于2014年10月11日被江口县公安局执行逮捕。

被告人杨再畅涉嫌受贿罪一案，由本院侦查终结，于2014年10月24日移送审查起诉，本院于2014年10月24日已告知被告人有权委托辩护人，依法讯问了被告人，查阅了全部案件材料。

经依法审查查明：被告人杨再畅2007年至2014年在担任沿河土家族自治县（以下简称沿河县）扶贫办党组成员、副主任期间，利用分管该县中央彩票公益金支持革命老区整村推进扶贫项目（以下简称彩票公益金项目）职务之便，在组织实施该县夹石镇彩票公益金项目中为苗木供应商沿河县沙子南庄花木苗圃场（以下简称沙子南庄花木苗圃场）法定代表人徐昌建（另案）提

1

供帮助与便利，并于2012年至2014年间先后三次收受徐昌建贿赂款人民币共计22万元。分别为：

一、2012年底，沙子南庄花木苗圃场法人代表徐昌建为了在被告人杨再畅分管的蜜柚和甜柿子项目苗木采购环节得到被告人的帮助，在沿河县政府停车场内自己驾驶的黑色越野车（车牌号：贵DD3777）上送给杨再畅人民币2万元。杨再畅收受徐昌建送的2万元贿赂款后推荐沙子南庄花木苗圃场为经果林项目单一来源采购的苗木供应商，徐昌建顺利中标。

二、2013年6月份左右的一天晚上，徐昌建为了感谢被告人杨再畅在前述项目供苗和报账等过程中提供的帮助，在沿河县政府停车场内自己驾驶的黑色越野车上送给杨再畅人民币10万元。

三、2014年初春节前的一天晚上，徐昌建为了感谢被告人杨再畅在前述苗木验收和项目拨款方面提供的帮助，在杨再畅租住处楼下自己驾驶的黑色越野车上送给杨再畅人民币10万元。

被告人杨再畅分三次收受徐昌建贿赂款人民币共计22万元后，其中的7万元用于日常开支，另外15万元则以每月3000元的利息借给了该县农行职工杨进军。

认定上述事实的证据如下：

2

1.书证；2.证人证言；3.被告人的供述与辩解；4.视听资料等。

本院认为，被告人杨再畅身为国家工作人员，利用职务之便，多次非法收受他人贿赂，为他人谋取利益，其行为触犯了《中华人民共和国刑法》第三百八十五条第一款的规定。犯罪事实清楚，证据确实、充分，应当以受贿罪追究其刑事责任，并根据《中华人民共和国刑法》第三百八十六条的规定，依照刑法第三百八十三条第一款第一项的规定处罚。被告人杨再畅到案后，如实供述自己的犯罪事实，依照《中华人民共和国刑法》第六十七条第三款的规定，可以从轻处罚。根据《中华人民共和国刑事诉讼法》第一百七十二条的规定，提起公诉，请依法判处。

此致

江口县人民法院

2014年11月26日

附：

1.被告人现羁押于碧江区看守所。

2.案卷材料和证据3册。

3

杨再畅受贿案

● **杨再畅受贿案起诉书**

江口县人民检察院
公诉意见书

被告人：杨再畅
案　由：受贿罪
起诉书号：江检公诉刑诉〔2014〕110号

审判长、审判员（人民陪审员）：

根据《中华人民共和国刑事诉讼法》第一百八十四条、第一百九十三条、第一百九十八条和第二百零三条的规定，我受江口县人民检察院的指派，代表本院，以国家公诉人的身份，出席法庭支持公诉，并依法对刑事诉讼实行法律监督。

刚才，在法庭调查阶段，公诉人讯问了被告人，宣读了证人证言、被告人的供述；并出示了相关证据，证实了我院江检公诉刑诉〔2014〕110号起诉书指控的被告人杨再畅犯受贿罪的犯罪事实清楚，证据确实充分，足以认定。现对本案证据和案件情况发表如下意见，请法庭注意。

一、被告人杨再畅身为国家工作人员，利用职务上的便利，非法收受他人财物并为他人谋取利益，其行为触犯了我国刑法第三百八十五条第一款之规定，构成受贿罪。

我国刑法第三百八十五条第一款规定：国家工作人员利用职务上的便利，索取他人财物，或者非法收受他人财物，为他人谋取利益的，是受贿罪。非法收受他人财物，为他人谋取利益，这种利益既可以是正当的利益，也可以是不正当的利益，谋利益在非法收受他人财物之前、之时或之后以及是否实现，均不影响受贿罪的成立。结合本案中的事实与证据，被告人杨再畅的行为完全符合受贿罪的构成要件，具体表现如下：

首先，被告人杨再畅2007年至案发时担任沿河自治县扶贫办党组成员、副主任，符合该罪关于国家工作人员这一特殊主体的规定。

其次，被告人杨再畅主观上是直接故意，其明知非法收受他人财物并为他人谋取利益的行为损害了国家工作人员职务行为的廉洁性、侵害了职务行为的不可收买性，杨再畅的供述、行贿人的证言、相关书证以及被告人杨再畅所实施的一系列客观行为均有力地证明了其主观上具有受贿的故意。

再次，被告人杨再畅客观上利用职务上的便利，分三次非法收受他人贿赂款人民币共计22万元，为他人谋取了利益。

二、被告人杨再畅利用职务便利，多次非法收受他人人民币22万元，为他人谋取利益，其行为触犯了《中华人民共和国刑法》第三百八十五条的规定，犯罪事实清楚，证据确实、充分，应当以受贿罪追究其刑事责任。根据《中华人民共和国刑法》第三百八十六条的规定，依照刑法第三百八十三条的规定处罚，其法定刑为十年以上有期徒刑或者无期徒刑，可以并处没收财产。

被告人杨再畅到案后如实交代其犯罪事实，根据《中华人民共和国刑法》第六十七条第三款的规定，可以从轻处罚；积极退还赃款22万元人民币，可酌定从轻处罚。

三、被告人杨再畅身为国家工作人员，其受贿犯罪的社会危害性极大，其行为是对国家公务人员职务廉洁性的践踏和亵渎，严重损害了党和政府的形象，清除腐败是党心民心之所向，被告人杨再畅今天受到法庭公开审判，完全是咎由自取。杨再畅今年48岁，双老健在，出身于农村，自小勤奋好学考上大学，1994年8月大学毕业后分配到沿河自治县某某乡工作，成为村民爱慕的国家干部，工作后，被告人杨再畅先后担任某某乡副乡长、扶贫办党组成员、副主任，可以说是受到党和人民培养教育多年，从基层一步一步走到领导岗位上的，其人生和事业正处于黄金时期，本该多为国家和人民作贡献，在家孝敬父母，享人间天伦，但是什么让其走上犯罪道路呢？被告人杨再畅在其忏悔书中道出了其人生轨迹蜕变的缘由：一是理想信念有所动摇；二是宗旨意思逐渐淡薄；三是法制观念严重缺失；四是享乐主义开始抬头。

此案警示我们：作为一名国家公职人员，面对金钱、物质的诱惑，一定要筑牢思想道德防线，真正做到意志坚定、信念坚定。作为一名领导干部，面对权力、金钱的考验，一定要深知权力是人民赋予的，不能以权谋私，必须牢记"全心全意为人民服务"的宗旨，才不会迷失前进的方向，才不偏离正确的人生轨道。

综上所述，起诉书认定本案被告人杨再畅的犯罪事实清楚，证据确实充分，依法应当认定被告人有罪，并作出公正判决。

公诉人：李毅
2015年1月8日当庭发表

● 杨再畅受贿案公诉意见书

杨再畅受贿案

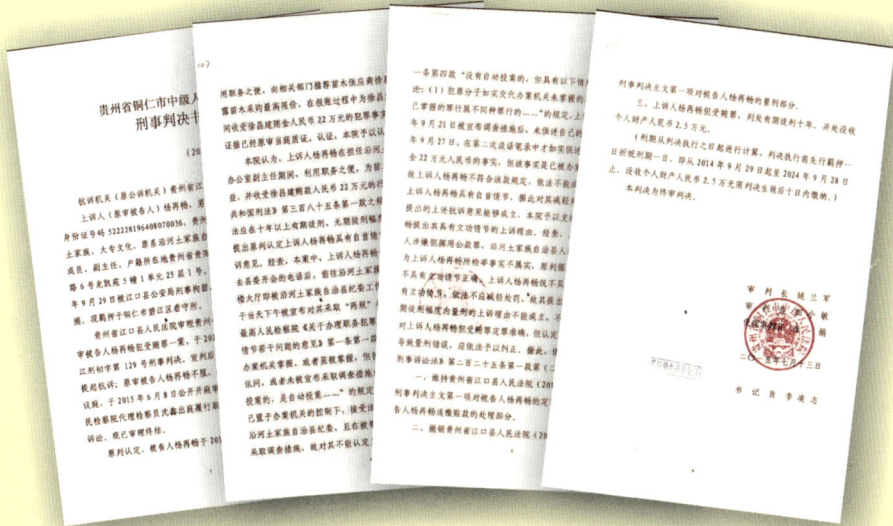

● 杨再畅受贿案刑事判决书（部分）

沿河县纪委投案自首"。

其次，抗诉书严格按照杨再畅每次供述事实的时间，结合办案机关已掌握线索的时间，进行了对比，得出结论：杨再畅供述的是沿河县纪委已经全部掌握了的其三次收受徐昌建人民币 22 万元的事实。2009 年 3 月 12 日，最高人民法院、最高人民检察院印发《关于办理职务犯罪案件认定自首、立功等量刑情节若干问题的意见》，其中规定，"没有自动投案的，在办案机关调查谈话、讯问、采取调查措施或者强制措施期间，犯罪分子如实交待办案机关掌握的线索所针对的事实的，不能认定为自首"。据此，抗诉书指出"法院判决认定自首的法定减轻、从轻处罚情节错误，导致量刑错误"。

上述论证从两个层面，以事实、证据、法律的顺序次第展开、层层递进，有针对性地驳斥了法院认定问题的两个因素。经过二审法院开庭审理，二审法院认为"原判认定杨再畅具有自首情节，据此对其减轻处罚不当"，并采纳了抗诉意见，进行了改判。

案例推荐：贵州省人民检察院

撰稿：张艳丽

审稿：徐然

刘宏建玩忽职守案

——南充换届贿选案中案

基本案情

刘宏建，男，时年 53 岁，四川省彭州市人，四川省新农村建设示范片推进工作领导小组成员。

2007 年 6 月至 2014 年 12 月，刘宏建担任中共南充市委书记，系职责范围内党风廉政建设和 2011 年市级领导班子换届工作第一责任人。2011 年至 2012 年间，刘宏建在市级领导班子换届期间，对多人实名举报的贿选问题未予重视，未按规定处理、核查、报告，导致南充市市级领导班子换届期间拉票贿选蔓延成风，造成了恶劣的社会影响。

此案由四川省人民检察院于 2015 年 4 月 18 日指定达州市人民检察院立案侦查，同年 5 月 18 日指定德阳市人民检察院向德阳市中级人民法院提起公诉。2015 年 7 月 6 日，法院以玩忽职守罪判处刘宏建有期徒刑三年。

案件背景与社会影响

南充换届贿选案，从 2011 年开始至 2015 年案发，持续 4 年之久。根据中央统一部署，2014 年 7 月 28 日至 9 月 28 日，中央第九巡视组对四川省进行了巡视，在梳理信访线索时，发现了杨建华的问题，南充贿选案顺势查出。此案牵连面广、跨越时间长，因存在实名举报，又系中央巡视发现的重大问题，引发了较大的社会舆论关注。2014年10月23日，四川省委召开专题会议决定彻查南充拉票贿选案，刘宏建玩忽职守行为因此被发现。从案件不良影响看，刘宏建的行为导致2011年南充市市级领导班子换届期间拉票贿选蔓延成风，案发后400余人涉案被查，30余人被移送司法处理，300余人受到党纪、政纪处分，造成了特别恶劣的社会影响。

此案判决后，2015年9月15日，四川省委召开会议，传达学习中共中央关于南充拉票贿选案查处情况的通报，要求各级党组织和广大党员干部深刻认识彻查严处南充拉票贿选案的重大意义，汲取教训，举一反三，认真落实中央关于全面从严治党的各项任务部署，坚决维护党纪国法的权威和尊严。2016年1月，在中纪委六次全会上，习近平总书记指出，南充贿选案性质极为恶劣，是对党和社会主义民主制度的挑战，要深刻吸取四川南充拉票贿选案的教训。2016年7月，中共中央印发《中国共产党问责条例》，坚持有责必问，问责必严，以强力问责唤醒党员的责任意识、激发党员的担当精神。

侦查与公诉指控

（一）检察机关一体化运用侦、诉职能

党风廉政建设和反腐败斗争关系人心向背和党的生死存亡。干部队伍出问题，事关党的执政尊严，事关人民群众对党的信任，事关社会主义民主制度的稳定。南充拉票贿选案涉案人员多、涉案金额大，是一宗严重违反党纪国法、严重违反党的政治纪律和政治规矩、严重违反组织人事纪律的恶劣案件，教训极其深刻。该案一出，如一场地震，引起全国人民和国内外媒体密切关注。检察机关既是

四川省德阳市人民检察院
起 诉 书

德检公刑诉〔2015〕7号

被告人刘宏建，男，1962年12月7日出生，身份证号码320103196212072011，汉族，研究生文化，原四川省新农村建设示范片推进工作领导小组成员，曾任中共四川省南充市委书记。四川省彭州市人，住四川省成都市高新区锦悦西路196号2幢2单元1号，因涉嫌玩忽职守罪，于2015年5月20日经达州市人民检察院决定被达州市公安局执行刑事拘留；同月26日经四川省人民检察院决定被达州市公安局执行逮捕。

被告人刘宏建涉嫌玩忽职守罪一案，四川省人民检察院于2015年4月18日指定达州市人民检察院立案侦查，同年5月18日指定本院审查起诉。2015年5月30日本案侦查终结移送审查起诉。本院受理次日告知被告人有权委托辩护人，依法讯问了被告人，听取了辩护人的意见，审查了全部案件材料。

经依法审查查明：

2011年南充市市级领导班子换届工作是南充市委的中心工作之一，时任中共南充市委书记的被告人刘宏建作为南充市市党风廉政建设和严肃换届纪律第一责任人，未按照《中共中央办公厅关于做好全国市、县、乡人大、政府和市、县政协换届选举有关工作的通知》以及省委组织部领导在全省换届工作座谈会上的讲话等要求，成立市级领导班子换届选举领导小组和相应工作机

构，致使在换届期间各部门的职责没有得到明确和落实，未能形成工作合力。2011年4月至6月，在南充市市厅级领导班子后备人选和拟新进市级领导班子人选推荐期间，时任闲中市委书记蒲芝龙、南充市委副秘书长罗明述，市人大党组书记、副主任李志等人先后向被告人刘宏建反映在推荐过程中存在请忙，送钱拉票问题，刘宏建未予以重视，也未采取任何措施进行调查核实；2011年6月至9月，四川省委南充市换届考察组、省委组织部先后批转十批次涉及阆中市委书记杨建华、营山县委书记杜延茂等部分换届考察对象存在送钱拉票等问题的信访件，被告人刘宏建没有按照中纪委、中组部《关于严肃换届纪律保证换届风清气正的通知》组织纪检部门和组织部门联合调查，在调查遇压后未安排相关能部门继续深入核查；2011年10月，时任南充市副市长何智彬向被告人刘宏建反映杨建华在市委常委选举中有贪腐、拉票等违反换届纪律的行为，刘宏建就未安排相关职能部门进行查处，也未将相关问题向自己的上级部门报告；2012年6月，时任南充市委常委、副市长胡光明向被告人刘宏建反映2011年换届选举期间有送钱拉票的现象并承认自己也收受了2钱款，但被告人刘宏建仅进行了口头批评而未采取任何措施进行调查核实，被告人刘宏建的上述行为导致一批违反换届纪律的干部被选规提拔，造成特别恶劣的社会影响。

认定上述事实的证据如下：

1.被告人刘宏建的户籍资料，任职文件，中办发〔2011〕14号《中共中央办公厅关于做好全国市、县、乡人大、政府和市、县政协换届选举有关工作的通知》，中华中央纪律检查委员会、

2

中共中央组织部中组发〔2010〕21号《关于严肃换届纪律保证换届风清气正的通知》等书证；

2.杨建华、何智彬、蒲芝龙等证人的证言；

3.被告人刘宏建的供述和辩解。

本院认为，被告人刘宏建身为国家机关工作人员，严重不负责任，不履行或不认真履行职责，造成特别恶劣社会影响，情节特别严重，其行为触犯了《中华人民共和国刑法》第三百九十七条第一款，犯罪事实清楚，证据确实、充分，应当以玩忽职守罪追究其刑事责任。如实供述自己罪行，启动自动投案，如实供述自己的罪行，应当依照《中华人民共和国刑法》第六十七条第一款规定处罚，根据《中华人民共和国刑事诉讼法》第一百七十二条的规定，提起公诉，请依法判处。

此致

德阳市中级人民法院

检 察 员：黄 蕾
代理检察员：刘大林
代理检察员：绕 莉

〔印章：四川省德阳市人民检察院〕

附：

1.被告人刘宏建现羁押于广汉市看守所；

2.本案卷材料二十一册。

〔条形码〕

政治性极强的业务机关，又是业务性极强的政治机关。在政治性极强的事件中，检察机关应该扮演什么样的角色，发挥什么样的作用，是十分重要的问题。2014 年 12 月，习近平总书记在江苏调研时提出要"协调推进全面建成小康社会、全面深化改革、全面推进依法治国、全面从严治党"，检察机关能否深刻领会党中央"全面从严治党""全面推进依法治国"的要求，能否切实贯彻党中央惩治腐败的决心，在这个案件中将会得到全面体现。侦查是否到位、定性是否准确、量刑情节的认定是否恰当，出庭支持公诉是否有力，都在考验着检察队伍的政治觉悟与法律素养。在本案中，检察机关很快立案侦查，及时调取、固定证据，为之后的审查起诉、顺利审判打下了坚实的基础。在审查起诉阶段，检察机关以事实为依据，以法律为准绳，将刘宏建的行为定为"情节严重"，并出庭公诉有力支持了这一意见，获得法院认可，体现了坚定的政治立场与良好的业务水平。

（二）法律文书中的法治印记

出庭支持公诉是公诉权的重要组成部分，亦是展示事实证据、公诉逻辑体系的平台，更是展示公诉风采的主战场。如何逻辑严密地讯问、如何层次清晰地举证示证、如何有力发表公诉意见，均是对公诉人逻辑思维、抗辩能力、反应灵敏度等综合素质的检验。本案中，由于刘宏建认罪，因此讯问没有难度，只要把时间、地点、起因、经过、后果等构成要件通过当庭讯问被告人，向法庭初步展现案情即可。本案中，存在的两个考验即是举证示证与发表公诉意见。

1.示证层次清晰，逻辑严密。检察机关指控刘宏建犯有玩忽职守罪，本案中刘宏建的玩忽职守行为通过多起事实、多名证人、多份书证等来证明。如何举证示证更能清晰地反映刘宏建的犯罪过程？是按照刑事诉讼法规定的证据种类：物证、书证、证人证言、被告人供述与辩解等来示证？还是按照犯罪构成的四个要件来逐一

四川省德阳市人民检察院
公诉意见书

被告人：刘宏建

案　由：玩忽职守

起诉书文号：德市检刑诉〔2015〕第 7 号

审判长、审判员：

根据《中华人民共和国刑事诉讼法》第一百八十四条、第一百九十三条和第二百零三条之规定，受本院检察长的指派，我们以国家公诉人的身份出席今天的法庭，就本院起诉书所指控的被告人刘宏建犯玩忽职守罪一案，出庭支持公诉并依法对庭审活动实行法律监督，现对本案的证据和案件情况发表如下意见，请法庭注意。

一、被告人刘宏建玩忽职守犯罪的事实清楚，证据确实、充分，其行为已构成玩忽职守罪

刚才的法庭调查中，公诉人围绕起诉书指控的犯罪事实，讯问了被告人刘宏建，宣读了证人证言，出示了相关书证，经控辩双方当庭质证，本案证据事实真实，且相印证，充分证明起诉书指控的被告人刘宏建玩忽职守的犯罪事实成立。

《中华人民共和国刑法》第 397 条第一款规定，玩忽职守罪是指国家机关工作人员严重不负责任，不履行或不正确履行职责，致使公共财产、国家和人民利益遭受重大损失的行为，中共中央、中纪委、中组部、省委、省委组织部对干部选拔任用和监督工作高度重视，提出了明确的工作要求，作为南充市委书记的被告人刘宏建，是南充市党政领导干部选拔任用的把握者，领导

三、被告人刘宏建的行为具有严重的社会危害性，值得我们警醒

正如被告人刘宏建供述："南充干部队伍中相互请客吃、送礼、拉票，功利心较强，在本位思想严重，我是有病的，但是问题的严重性和复杂性认识不够，掌握不够，对干部信任多，监处少。"在这种错误思想的支配下，被告人刘宏建对换届选举中出现的送钱拉票情况不认真监督不抓紧查处，或听之任之、或戴何了事，或口头发牢，严重背离了一名市委书记的工作职责，导致了送钱拉票等违纪违法现象的蔓延。党的组织纪律、政治规矩遭到严重破坏，一批违法乱纪干部被错误提拔到重要领导岗位，对南充市的经济社会发展造成不可估量的损失，败坏了执政党在人民群众中的形象，社会危害性极为严重。

被告人刘宏建受党培养多年，先后在多个部门、多个岗位担任重要领导职务，担任南充市委书记后，本应更加严格要求自己，抓好干部队伍建设，切实履行一岗双责，坚决维护选人用人制度的严肃性和权威性，被告人刘宏建却辜负党的重托，工作严重不负责任，自身行为不仅背离工作职责，同时触犯了法律底线，教训极为惨痛。

今天的法庭审理，充分彰显党中央坚决维护党纪国法、惩治为官不为的鲜明态度，揭示我们，党员干部有权必须有责、有权受监督、失职要问责、违法要追究，希望参加庭审的广大群众，尤其是党员领导干部，一定要从刘宏建的玩忽职守犯罪中吸取教训，在今后的工作中要时刻大是大非面前勇于亮剑，面对矛盾问题敢于迎难而上，面对困难危机敢于挺身而出，面对失误错误敢于承担责任，面对歪风邪气敢于坚决斗争，做一名忠诚、干净、敢于担当的好干部。

者，是党风廉政建设和严肃换届纪律第一责任人，本应严格依照中央和省委要求，确保干部选拔任用的风清气正，今天的法庭调查可以看出，被告人刘宏建没有按照中央、省委要求武装选举领导机构，没有对换届选举中可能存在的不正之风形成警觉合力，在多人多次向其反映存在党组织换届不落实的请况下，被告人刘宏建没有组织对反映的问题进行认真查处，对省委换届考察组及省委组织部抽转的反映南充送钱拉票请况，政治视野中纪委、中组部《关于严肃换届纪律保证风清气正的通知》要求严肃调查，仅做一般性的口头发声，致使问题得不到有效查处。被告人刘宏建严重不负责任，最终造成南充送钱拉票涉案人员达 400 余人，30 余人被移送司法机关依法处理，300 余人受到党纪政纪处分，100 余人被批评教育、诚勉谈话并责令作出书面检查等相应处理，造成特别恶劣的社会影响，被告人刘宏建的行为完全符合我国刑法玩忽职守罪的构成要件，应当以玩忽职守罪追究其刑事责任。

二、被告人刘宏建应当承担的法律责任

干部队伍建设事关党和人民的利益、事关党的执政根基，被告人刘宏建在干部选拔任用中严重不负责任，严重贻害党的事业，造成特别恶劣的社会影响，情节特别严重，应当依照《中华人民共和国刑法》第三百九十七条第一款的规定定罪处罚，被告人刘宏建在委委会南充筛选专案组调查期间，主动到案，如实交代相组织已掌握的其失职渎职问题，依照《中华人民共和国刑法》第六十七条第一款之规定，可以从轻或者减轻处罚，被告人刘宏建在调查期间积极配合调查，认错态度较好，为专案组顺利开展调查配合工作，在庭上积极协调配合工作，审查起诉和今天的法庭审理过程中，均能如实供述自己的犯罪事实，具有悔罪表现，以上情节请法庭在量刑时予以综合考虑。

● **刘宏建玩忽职守案公诉意见书（部分）**

举证？对此，检察机关严格按照犯罪构成的四要件，以主体身份和职责、失职渎职行为、恶劣影响后果三大部分来展示刘宏建的犯罪行为，每一部分都按照从实物证据到言词证据的顺序进行，体现从客观判断到主观判断的思维过程，将本案的所有事实一层一层展开，刘宏建的犯罪行为一步步得以认定，层次清晰、逻辑严密，前后贯通、一气呵成。值得注意的是，公诉人在示证的最后阶段，特意出示两份证据：一是有关本案办案程序的指定管辖决定书、《关于刘宏建玩忽职守案指定管辖的批复》、两级人大许可对刘宏建采取强制措施的函，凸显司法机关办理案件程序的正当性、合法性；二是四川省纪委于 2015 年 5 月 16 日出具的《关于南充市委原常委、市总工会原主席杨建华等 27 日在组织调查期间表现情况的函》，向法庭证实刘宏建配合调查，认错态度较好，为专案组顺利开展调查进行了大量的协调配合工作，凸显了公诉机关的客观公正立场。

2. 发表公诉意见全面客观、严谨有力。公诉意见是检察机关对案件证据、事实、定性、量刑等所有意见的综述，更是开展法庭教育、宣扬法治理念的舞台。单个案件的办理往往只是对被告人个人的刑事处罚，但是公诉意见环节却是对世人的警醒，因此法庭辩论环节往往最能展现公诉人的风采，也是历来控辩必争之地。本案的公诉意见在结构上中规中矩，采用了惯常体例，分为证据分析、定性分析、法庭教育三大部分。但是本案的公诉意见书有两个亮点：一是客观全面，表现在对于刘宏建的量刑情节方面，一方面认定刘宏建的行为构成情节严重，应当升档判刑；另一方面认定了刘宏建的自首情节，请法庭按照《刑法》的规定予以从轻或者减轻处罚。无论升档还是从轻，均是有理有据。二是法庭教育方面，并没有单列标题明示，而是放在"社会危害性"之中，分析了刘宏建从违反党纪到走向犯罪的思想根源，更将重点放在了对广大党员干部的警示上，提醒广大党员干部"有权必有责，用权受监督，违法要追究"，进而提出党员干部要"在今后的工作中面对大是大非敢于亮剑，面对矛盾问题敢于迎难而上，面对困难危机敢于挺身而出，面对失误错误敢于

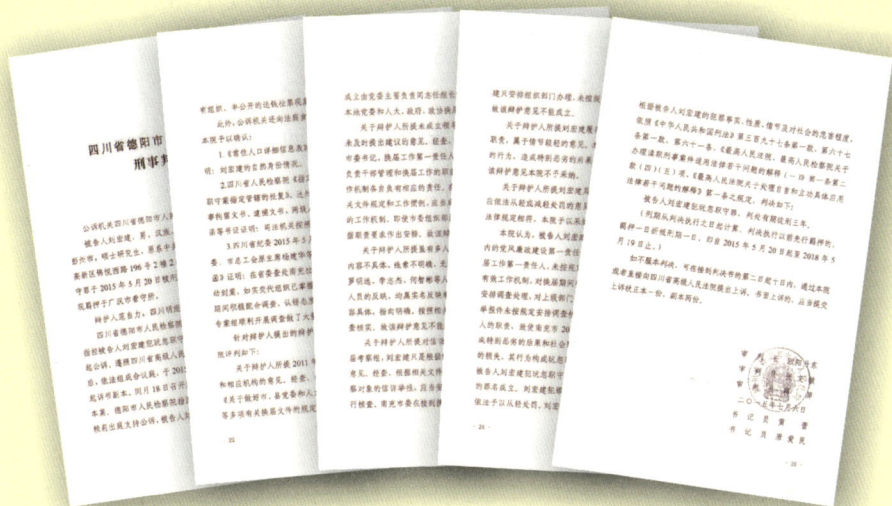

● 刘宏建玩忽职守案刑事判决书（部分）

承担责任，面对歪风邪气敢于坚决斗争，做一名忠诚、干净、担当的好干部"。全文既宣传了法治观念，又与党中央保持了高度一致，符合民心所向，切合三效统一的司法要求，展现了检察机关在国家反腐败斗争中的政治立场，表明了对反腐败"零容忍"的鲜明态度。从本案我们也看出，在依法治国的方略中，检察机关必须从关系党和国家生死存亡的高度，以强烈的历史责任感、深沉的使命忧患感、顽强的意志品质为国家反腐败斗争贡献力量，通过不懈努力，营造风清气正、干事创业的良好氛围。

案例推荐：四川省人民检察院

撰稿：张艳丽

审稿：徐然

陆勇销售假药、妨害信用卡管理被不起诉案

——"我不是药神"原型案

基本案情

陆勇，男，时年 47 岁，江苏省无锡市人，无锡振生针织品有限公司和无锡绿橙国际贸易公司法定代表人。

2002 年，陆勇被查出患有慢粒性白血病，需要长期服用抗癌药品。我国国内对症治疗白血病的正规抗癌药品"格列卫"系瑞士进口，每盒约人民币 23500 元，陆勇曾服用该药品。为了病友间的信息互通以及集中购买药品的优惠，陆勇于 2004 年 4 月起创建了病友 QQ 群。

2004 年 9 月，陆勇通过他人从日本购买由印度生产的同类药品，价格每盒约人民币 4000 元，服用效果与"格列卫"相同。后陆勇根据药品说明书，直接联系了该药经销商印度赛诺公司，并开始直接购买。在服用一段时间后，因疗效相似、价格便宜，陆勇遂通过 QQ 群等方式向病友推荐，病友因此加入购买队伍之中。陆勇及病友通过西联汇款等国际汇款方式，向赛诺公司支付购药款，陆勇还免费为病友翻译与赛诺公司往来电子邮件等资料。随着病友间传播，购买者不断增加，药品价格逐渐降低至每盒约人民币 200 元。

由于前述支付方式烦琐、操作难度大，求药患者向赛诺公司提出了在中国开设账号便于付款的要求。2013年3月，赛诺公司与最早向其购药的陆勇商谈，建议由陆勇在中国设立银行账户，接收患者购药款，在其定期将购药款转账到赛诺公司指定户名为张金霞的国内银行账户后，赛诺公司根据陆勇统计好的具体购药数量直接邮寄给已付款的病友，并对提供账号的病友免费供应药品。陆勇在QQ群内发布赛诺公司建议后，云南籍病友罗树春即与陆勇联系，愿意提供本人及其妻子杨慧英的银行账号以便接收患者购药款，以免费换取药品。陆勇因此通过网银U盾使用管理相关账户。

在使用账户一段时间后，罗树春担心交易额太大、存在涉嫌洗钱的风险，不愿为陆勇提供账户使用。2013年8月，陆勇通过淘宝从郭梓彪处以500元每套的价格购买了3张他人身份信息开设的银行借记卡，在准备使用时发现2张因密码无法激活而不能使用，仅使用1张户名为夏维雨的借记卡，按照前述交易规则付款购药。

截至2013年11月23日，陆勇因涉嫌妨害信用卡管理罪被沅江市公安局刑事拘留，根据案卷证据，被查证属实的共有21名白血病患者通过陆勇先后提供并管理的罗树春、杨慧英、夏维雨的账号向赛诺公司购买了约人民币120万元的10余种抗癌药品，且陆勇提供帮助属于无偿行为。经湖南省益阳市食品药品监督管理出具的鉴定，相关药品系未经我国批准进口的药品。

2014年4月15日，湖南省沅江市公安局向沅江市人民检察院移送审查起诉。同年7月22日，沅江市人民检察院以妨害信用卡管理罪、销售假药罪向沅江市人民法院提起公诉。法院受案后，因陆勇经传唤不到案，于12月23日裁定中止审理，次日对陆勇作出逮捕决定。2015年1月10日，陆勇被沅江市公安局执行逮捕。1月27日，沅江市人民检察院向法院撤回起诉，并于1月29日决定取保候审，并最终于2月26日作出不起诉决定书。

案件背景与社会影响

陆勇被立案侦查后，迅速被媒体，特别是以微博、微信为代表的新媒体聚焦，陆勇案被冠以"抗癌药代购第一案"，很快成为了社会公众话题。当急于治疗的现实需要，遇上冷峻刚性的刑法规范，情与法的张力、法律效果与社会效果的冲突，已经从个案范畴外溢到了社会领域，从罪刑均衡的具体问题变成了法理正当的宏大争论。2018 年 7 月 5 日，以陆勇案为原型的电影《我不是药神》正式上映，陆勇案得以更广泛地为人所知，并进一步在公共舆论中发酵。同时，该片也在天理、国法、人情的多重维度，引发包括立法者、司法者和社会公众在内的全体国民的集体深思。

社会集体性的大讨论，直接推动了药品管理体制和相关立法工作。2018 年 7 月 19 日，李克强总理更是就电影《我不是药神》引发舆论热议作出批示，要求有关部门加快落实抗癌药降价保供等相关措施："癌症等重病患者关于进口'救命药'买不起、拖不起、买不到等诉求，突出反映了推进解决药品降价保供问题的紧迫性……国务院常务会确定的相关措施要抓紧落实，能加快的要尽可能加快。"2019 年 8 月 26 日，经十三届全国人大常委会第十二次会议表决通过的《中华人民共和国药品管理法》对"假药劣药"的定义作出了重新界定，移除了旧法中"依照本法必须批准而未经批准生产、进口，或者依照本法必须检验而未经检验即销售的"这一项规定，未获批进口的药物不再属于"假药"范畴。同时，修订后的《药品管理法》还明确规定，"未经批准进口少量境外已合法上市的药品，情节较轻的可以依法减轻或者免予处罚"，从而为一个个像陆勇一样的重病患者购买境外药品解除了刑罚的紧箍咒，甚至在一定程度上还实现了去行政处罚化。

不起诉适用 ································

（一）充分展开释法说理过程

对法律文书展开充分的释法说理，既是"以人民为中心"司法理念的实务体现，也是提升司法判断公正性和正当性的主要途径。本案不仅仅指向司法技术和法律适用问题，还涉及司法伦理立场和法律价值取向。本案的核心争议在于：陆勇的行为是否应当评价为"销售假药行为"？从形式方面看，由于《刑法》第一百四十一条生产、销售假药罪采取了"简单罪状＋空白罪状"的立法模式，其第一款简单描述了本罪规制的行为——"生产、销售假药"，第二款则将"假药"范围交由药品管理法界定。而当时的《药品管理法》第四十八条第三款第二项，将"依照本法必须批准而未经批准生产、进口，或者依照本法必须检验而未经检验即销售的"药品"按假药论处"。由此，陆勇的行为显然属于销售假药行为。

然而，检察机关从形式与实质、法律与价值的多重维度，全面、系统、合理地诠释了作出决定不起诉的理由。在形式方面，围绕"刑事违法性"的核心——行为要素展开分析，强调销售是卖出商品的行为，所寻求的是实现商品交换价值，而购买则是交付对价后获取商品使用价值的行为。由于陆勇及其帮助病友购买药品的行为属于获取药品疗效的行为，因此，陆勇行为不属于"销售行为"。同时，由于陆勇提供账号行为更多地只是便利于"购买"，因而，陆勇也不构成"销售行为"的帮助犯。在实质方面，检察机关则以"社会危害性"的规范内涵为线索，对销售假药罪的立法沿革作了回溯，并指出本罪处罚的对象，系"足以严重危害人体健康"的行为。换言之，本案所涉及的"假药"系药品管理法所规定的"拟制型假药"，而刑法所应规制的则是《药品管理法》第四十八条第二款"无效型假药"。

尽管已经从形式和实质两个层面，全面解构了本罪入罪的可能性，检察机关依然从法律与价值的维度，更深刻对本案进行说理，力图实现天理、国法、人情的有机统一。对此，从"应受刑罚惩罚性"的角度，强调了白血病病友买药治病求生存的不得已状态，突出了陆勇无偿从事代购、帮助病友的事实，更将"司法为民""人文关怀""刑罚最后手段性"等纳入了法律判断的过程之中，为政策精神、世事情理、人性价值等导入刑法判断提供了司法管道，由此也契合了罪责刑相适应、刑事责任个别化、报应与预防相统一的刑事司法理念。事实上，对于因治病、因贫而购买相应仿制药的行为，刑罚的一般预防和特别预防的效果显然难以实现，以刑罚作为威慑，其司法的导向无异于要求行为人严守刑法戒律而坐等病发身亡，无论是司法伦理还是法律价值，其正当性和合理性都难以得到证成。在这个意义上，正如陆勇案的不起诉决定书所述："如果认定陆勇行为构成犯罪，将背离刑事司法应有的价值观。"

（二）积极发挥程序主导作用

中国特色社会主义检察制度赋予了检察机关在刑事诉讼程序中的主导地位。从诉讼职能来看，检察机关既处于居中环节，又贯穿始终，全程参与。从引导侦查取证、审查提起公诉到交付执行，检察机关是诉讼程序推进的节拍器。从监督职能上看，检察机关又在整个诉讼过程中负有保障法律正确实施、维护社会公平正义的法律监督职责，从立案监督、侦查监督到审判监督，再到执行监督，是刑事诉讼法治统一的守护者。

本案中，检察机关有效参与了侦查、起诉和审判过程，在检察环节为陆勇出罪，积极发挥了程序主导作用。一方面，在收到公安机关移送审查起诉意见书后，检察机关及时对案件所涉犯罪事实和证据进行审查。由于本案因购买、使用他人信用卡而案发，侦查事实系以妨害信用卡管理为中心而展开，涉及销售假药行为、买卖双方资金往来等事实和证据相对薄弱，因此检察机关将本案退回公安机关补充侦查。另一方面，当法院因陆勇不到案而作出逮捕决定后，

检察机关又重新全面审查案件事实，根据《人民检察院刑事诉讼规则（试行）》撤回起诉，并最终根据《刑事诉讼法》第一百七十三条第一款之规定，判定陆勇并未实施销售假药的行为，同时购买并实际使用 1 张他人信用卡的行为，属于情节显著轻微、危害不大，对其作出法定不起诉。

（三）有效回应合理民意诉求

正义不仅应当被实现，还应当以看得见的方式被实现。在办理陆勇案的过程中，公共舆论已经酝酿多时，网络评价呈现一边倒的局面，如果检察机关"闭门办案""埋头写卷"，则势必难以实现法律效果与社会效果的有机统一，导致公众对检察机关输出优质合格检察产品的期待落空，最终会影响到检察机关的公共信赖。面对复杂汹涌的舆论场，湖南省、益阳市、沅江市三级院形成有效的三级联动机制，由湖南省人民检察院召集担任特约检察员的法学教授、实务专家专题进行论证，对案件的定性进行专业把关；沅江市人民检察院则召开了案件公开听证会，邀请当地人大代表、政协委员、人民监督员、律师代表，还专门邀请了陆勇本人，尽最大努力地听取各方面的意见建议。通过这些规范化、公开化、专业化的研讨会和听证会，一方面，为全面、专业的释法说理提供了智力支持；另一方面，在很大程度上，呼应了民意诉求中的合理性因素。正因如此，沅江市检察机关以陆勇案的不起诉决定书及其释法说理书，在个案中消弭了"法有限而情无穷"的争议，达到了"用技术语言解决价值问题"的效果。

案例推荐：湖南省人民检察院

撰稿：徐然

审稿：闵钐

林森浩故意杀人案

——复旦大学学生室友投毒案

基本案情 ....

　　林森浩，男，时年 27 岁，广东省汕头市人，复旦大学上海医学院影像医学与核医学专业 2010 级硕士研究生。

　　2010 年 9 月，林森浩与黄洋分别进入复旦大学上海医学院攻读相关医学硕士专业，并于 2011 年 8 月起共同住宿于复旦大学枫林校区西 20 宿舍楼 421 室（以下简称 "421 室"）后，林森浩因琐事与黄洋不和，逐渐对黄洋怀恨在心，决意采用投毒的方法加害黄洋。2013 年 3 月 31 日 14 时许，林森浩以取物为名，从他人处取得钥匙后进入中山医院 11 号楼二楼影像医学实验室 204 室，趁室内无人，取出其于 2011 年参与动物实验时剩余的装有剧毒化学品二甲基亚硝胺原液的试剂瓶和注射器，并装入一只黄色医疗废弃物袋内随身带离。当日 17 时 50 分许，林森浩回到与黄洋共同住宿的 421 室，趁无人之机，将随身携带的上述剧毒化学品二甲基亚硝胺全部注入室内饮水机中，随后将注射器、试剂瓶等物丢弃。同年 4 月 1 日上午，黄洋从 421 室饮水机中接取并喝下已被林森浩注入二甲基亚硝胺的饮用水。之后，黄洋发生呕吐，于当日中午至中山医院就诊，并于次日下午起因检验发现肝功能受损留院治疗，随即因病情严重于同年 4 月 3 日被转至外科重症监护室治疗。在黄洋就医期间，林森浩还故意隐瞒黄洋病因。同年 4 月 11 日，林森浩在两次接受公安人员询问时均未供述投毒事实，直至次日凌晨经公安机关依法予以刑事传唤到案后，才如实供述上述投毒事实。同年 4 月 16 日，黄洋经抢救无效死亡。经鉴定，黄洋符合因二甲基亚硝胺中毒致急性肝坏死引起急性肝功能衰竭，继发多器官功能衰竭死亡。

2013 年 10 月 25 日，上海市人民检察院第二分院向上海市第二中级人民法院提起公诉。2014 年 2 月 18 日，一审法院以故意杀人罪判处林森浩死刑。林森浩提出上诉。2015 年 1 月 8 日，上海市高级人民法院作出裁定，驳回上诉，维持原判。2015 年 12 月 11 日，经最高人民法院核准，林森浩被依法执行死刑。

案件背景与社会影响

这是一起发生在知名高等学府医学院的重大恶性犯罪案件。医者本应"仁心"，以"救死扶伤"为天职，但本案中医学专业知识却成为林森浩犯罪的工具，加之作案手段隐蔽、毒物罕见，案发后立刻引起社会的广泛关注。媒体跟踪报道，法学、医学、教育、心理等不同领域专家观点激烈交锋，社会舆情不断升温。公众对高等教育的价值导向产生质疑、对青少年的心理健康感到担忧、也不断呼吁完善危险化学品的监管体制，但更多的还是聚焦案件司法处理的过程与效果。是"玩笑"还是"因琐事而起杀念"，立案前的鉴定结论是否客观合法，致死原因是否排他……一系列对关键事实和证据的质疑不断；一审判决至死刑核准，一面是被害方与加害方家属对极刑的求与避，另一面是公众舆论对死刑社会效果的反思与"求情"，给司法机关办案造成巨大的舆论压力。为了通过个案的追诉来彰显正义，并且以看得见的方式来实现正义，上海市人民检察院第二分院首次采取全程网络视频直播的形式，积极回应社会对重大案件司法公正的关注与期待，并展示了检察机关保障案件质量、维护公平正义的信心与决心。

林森浩故意杀人案

上海市人民检察院第二分院

起 诉 书

沪检二分刑诉〔2013〕96 号

被告人林森浩，男，1986 年 9 月 14 日生，公民身份证号码：440582198609145817，汉族，硕士文化，原系复旦大学上海医学院影像医学与核医学专业 2010 级硕士研究生，户籍在上海市郸郫路 220 号。住上海市东安路 130 号复旦大学枫林校区西 20 宿舍楼 421 室。2013 年 4 月 12 日因涉嫌故意伤害罪，由上海市公安局刑事拘留，同年 4 月 15 日延长刑事拘留期限至七天，同年 4 月 25 日经上海市黄浦区人民检察院批准，以涉嫌故意杀人罪于次日由上海市公安局执行逮捕。

本案由上海市公安局侦查终结，以被告人林森浩涉嫌故意杀人罪，于 2013 年 7 月 29 日移送本院审查起诉。本院受理后，于法定期限内告知被告人有权委托辩护人，告知被害人近亲属有权委托诉讼代理人，依法讯问了被告人，听取了辩护人、被害人近亲属及其诉讼代理人的意见，审查了全部案件材料，经审查，于 2013 年 9 月 13 日退回补充侦查，上海市公安局补充侦查终结，于 2013 年 10 月 12 日移送本院审查起诉。

经依法审查查明：

2010 年 9 月，被告人林森浩与被害人黄洋分别进入复旦大

上述证据收集程序合法，内容客观真实，足以认定指控事实。

本院认为，被告人林森浩因琐事与被害人黄洋不和，竟采用投毒方法故意杀害黄洋并致黄洋死亡，手段残忍，社会危害极大，其行为触犯了《中华人民共和国刑法》第二百三十二条，犯罪事实清楚，证据确实、充分，应当以故意杀人罪追究其刑事责任。根据《中华人民共和国刑事诉讼法》第一百七十二条的规定，提起公诉，请依法审判。

此致

上海市第二中级人民法院

检察员 黄汉钧

检察员 雁晨

代理检察员

二〇一三年十月二十五日

附：

1. 被告人林森浩现羁押于上海市看守所。
2. 侦查卷十册、检察卷一册。
3. 相关法律条文。

● 林森浩故意杀人案起诉书（部分）

学上海医学院攻读相关医学硕士专业，并于 2011 年 8 月起共同住宿于复旦大学枫林校区西 20 宿舍楼 421 室（以下简称 "421 室"）后，林森浩因琐事与黄洋不和，竟逐渐对黄洋怀恨在心。

2012 年底，在攻读硕士学位期间，林森浩因个人原因不再继续报考博士研究生，黄洋则继续报考了博士研究生。2013 年 3 月中旬，复旦大学 2013 年博士研究生入学考试初试成绩揭晓，黄洋名列前茅。

2013 年 3 月底，林森浩决意采取投毒的方法杀害黄洋。同年 3 月 31 日 14 时许，林森浩以取实验用品为名，从他人处取得钥匙后进入其曾实习过的复旦大学附属中山医院（以下简称 "中山医院"）11 号楼二楼影像医学实验室 204 室，趁室内无人，取出装有剧毒化学品二甲基亚硝胺的试剂瓶和注射器，并装入一只黄色医用垃圾异物袋内随身带离。当日 17 时 50 分许，林森浩回到其与黄洋共同住宿的 421 室。趁室内无人，将随身携带的上述剧毒化学品二甲基亚硝胺全部注入室内的饮水机中。随后将针筒等和试剂瓶等物丢弃。

同年 4 月 1 日上午，林森浩与黄洋同在 421 室内，黄洋从饮水机中接取并喝下已被林森浩注入了剧毒化学品二甲基亚硝胺的饮用水。之后，黄洋即自发生呕吐，于当日中午至中山医院就诊，并于次日下午起留院治疗，随即因病情严重于同年 4 月 3 日转送至外科重监护室治疗，此后，黄洋经医护人员全力救治，终于同年 4 月 16 日死亡。经鉴定，黄洋符合二甲基亚硝胺中毒累及肝脏、肾脏等多器官损伤，功能衰竭而死亡。

公诉指控

林森浩故意杀人案案发后，检察机关及时成立专案组、拟定详尽工作计划，有序推进引导侦查、案件审查、调查取证、庭审指控、舆情应对等各项工作，经过7个多月的扎实工作，做到了案件审查无死角，质量有保障。

（一）补强关键证据，监督合法取证

该案从3月31日事发到4月12日立案侦查，存在时间间隔较长、部分关键证据灭失、未由司法人员先行取证等问题，导致案件证据基础较为薄弱。针对该问题，专案组及时介入侦查，补强关键证据。围绕林森浩主观故意、毒物属性、作案行为、事后表现、致死原因等争议较大的方面先后制发引导取证提纲4份，明确提出委托权威机构对林森浩进行法医精神病鉴定、对林森浩投放毒物剂量进行侦查试验、对被害人黄洋的治疗方案及用药进行医学论证排除其他致死原因、委托上海市司法鉴定中心进行死因复核鉴定等要求，及时指明了案件侦查的关键方向。

同时，检察机关秉持客观中立地位，加强侦查监督、严格审核证据。鉴于命案中证据瑕疵对案件结果可能产生的颠覆性影响，而立案侦查前参与取证主体较为复杂，专案组在介入侦查和审查起诉阶段严格把握证据客观性、合法性、关联性审查。专案组先后走访多个部门，复核关键证人证言、鉴定人陈述十余人次，并派员对侦查机关赴山东、天津等地取证进行具体指导。审查逮捕阶段还主动召开律师听证会，认真听取辩护律师的相关意见，并就案件相关问题进行沟通交流，为庭审指控奠定了坚实的证据基础。

（二）做足庭前准备，强化指控效果

专案组围绕案件争议焦点，通过庭审还原案件事实，回应舆论

被告人林森浩故意杀人一案的公诉词

审判长、审判员：

依照《中华人民共和国刑事诉讼法》第一百八十四条和《中华人民共和国人民检察院组织法》第十五条的规定，我们受上海市人民检察院第二分院检察长的指派，以国家公诉人的身份出席今天的法庭，对法庭审理被告人林森浩故意杀人一案支持公诉，履行法律赋予检察机关的职责。

被告人林森浩故意杀人一案，是发生在本市高等学校校园内的一起罪案，因其在国内产生较大影响的恶性犯罪案件，经过刚才的法庭调查，法庭审问了被告人，听取了被告人的供述和辩解，听取了证人证言，听取了鉴定人的出庭意见，宣读和出示了与本案有关的各种证据，并进行了质证。法庭调查的结果表明，起诉书指控被告人林森浩故意杀人的犯罪事实是清楚的，证据是确实、充分的，被告人林森浩的行为已经构成故意杀人罪，应当承担相应的刑事责任。

为了便于合议庭评议，并对本案作出公正的判决，公诉人就本案的三个主要争议焦点问题——①黄洋的死亡是不是林森浩投毒行为造成的？②林森浩投毒的目的是为了伤害黄洋的身体健康，开一个玩笑，还是为了杀死黄洋？③林森浩为什么要投毒杀黄洋？他这样做的动机是什么？——发表三点公诉意见，阐述公诉机关的主要观点和

依据，供合议庭在评议本案时参考。

一、起诉指控被告人林森浩故意投毒杀害黄洋的犯罪事实清楚、证据确实、充分

归纳这些确实、充分的证据，可以从九个方面向我们深刻、全面地揭示和证实被告人林森浩是怎样采用投毒的方法故意杀害黄洋的犯罪事实。

1、林森浩将剧毒物二甲基亚硝胺存放在中山医院11号楼204室内的柜子里。吕鹏飞等证人证言、相关书证发案、登记记录以及林森浩到案后的供述等证据证实，林森浩在2011年与吕鹏飞合作进行动物肝功能实验时，清楚地知道吕鹏飞向天津的出产方购买了一瓶100毫升装的二甲基亚硝胺，而且明确知道地加将采用剩余的二甲基亚硝胺存放在中山医院11号楼204室的实验台下方的柜子里。

2、林森浩亲身参加用上述剧毒物做动物实验的过程，熟知该剧毒物的毒性以及实验所需的动物模型剂量。上述证据证明，林森浩于2011年和吕鹏飞等人用二甲基亚硝胺做了大剂量作用于实验大鼠的动物肝功能实验，目睹了部分实验大鼠经注射二甲基亚硝胺以致困急毒性肝功能衰竭而死亡的经过和情形，林森浩撰写了多篇学术论文。林森浩在自己的硕士毕业论文中，对二甲基亚硝胺的毒性、实验大鼠经注射二甲基亚硝胺后死亡的情形及经过均作了阐明，详细

使林森浩搬起石头砸了黄洋，同时也砸倒了他自己。③古语云：若要人不知，除非己莫为，林森浩实施犯罪，高高地估计了自己，低估了人民群众的智慧和力量，案发后他被及时逮捕归案，再一次为这句古老的谚语作出了很好的注解，林森浩到案后一再声称，他投毒是为了给黄洋开一个愚人节的玩笑，只是为了整蛊通人，不过是林森浩想尽力掩盖其真实目的和动机所作的托词和借口罢了。

4、需要指出的是，林森浩的犯罪动机如何，不影响其构成故意杀人罪，而只是影响对其故意杀人犯罪主观恶性程度的判定。林森浩仅出于因琐事与黄洋不和等原因就决意杀黄洋，反映出林森浩犯罪动机卑劣，犯罪手段残忍，且主观恶性根深。那种认为林森浩投毒不是为了杀害黄洋，因为林森浩没有杀人的目的和动机的观点，既不符合普通人的道理思维常识和生活常识，更为重要的是，也不符合本案已查明的事实和证据。

审判长、审判员：

被害人黄洋痛苦挣扎，一路艰辛，历未翅鹏展翅，便已饮恨九天。对黄洋不幸惨遭毒手、英年早逝，公诉人予以沉痛的哀悼，并感同身受，向黄洋的亲属致以深切的慰问。通过今天的庭审，法庭已经查明和确认了犯罪实施者，法庭也将对其绳之以法。相信这一切，可以告慰黄洋在天之灵。

半足以警示后来之人。

被告人林森浩因琐事与黄洋不和，竟采用投毒方法故意杀害黄洋，导致黄洋死亡，其行为触犯了《中华人民共和国刑法》第二百三十二条，犯罪事实清楚，证据确实、充分，应当以故意杀人罪追究其刑事责任，依法予以严厉的惩处。

被告人林森浩在公安机关立案并在寻找被害人过程中，虽然进步供述了投毒杀人的犯罪事实，但依法不构成自首，且其犯罪手段残忍、犯罪情节特别严重、社会危害极大，依法不应对林森浩予以轻处罚。

以上公诉意见，请合议庭采纳。

谢谢审判长、审判员！

公诉人：袁汉铭、孔巍、赵净晨、徐骅

二〇一三年十一月二十七日

● 林森浩故意杀人案公诉词（部分）

林森浩故意杀人案

争议。其一，科学预测庭审焦点。专案组综合案件事实、证据状况、舆情动态，科学预测庭审的三个焦点：被害人黄洋的致死原因，林森浩的主观故意以及林森浩的犯罪动机，最后确立了以客观性证据展示说明为主的庭审预案，制作容量达 138 张的多媒体示证系统，包含林森浩投毒行为侦查实验及获取、使用及丢弃毒物的监控视频等关键证据，梳理出近十个辩方可能提出异议的事实、程序、法律问题。

其二，充分准备庭前会议。庭前会议中，公诉人着重就庭审举证的所有证据进行了开示，对证据来源及证明内容作出简要说明，还听取了辩护人、诉讼代理人发表的相关意见。围绕被害人黄洋死因到底是二甲基亚硝胺中毒还是爆发性乙型病毒性肝炎，经会议协商一致，法院最后决定通知复核鉴定人陈忆九出庭作证。

其三，严密论证犯罪事实。公诉人以林森浩获取毒物并实施投毒行为、林森浩具有杀害黄洋的直接故意以及林森浩具有泄愤及逃避法律惩处的犯罪动机为主线层层展开。首先，公诉人通过证人证言、监控视频证实了涉案毒物二甲基亚硝胺获取的来源，进一步还原了林森浩取得毒物并将毒物投放至饮水机的作案过程，并重点对所投放的二甲基亚硝胺的剂量予以说明，结合侦查实验，公诉人明确林森浩投放的二甲基亚硝胺至少为 30 毫升，是半数致死剂量的十倍以上，说明林森浩主观上有致黄洋于死地的直接故意，而并非其所辩解的"愚人节玩笑"。其次，公诉人通过对从林森浩个人电脑中采集的电子数据等进一步说明林森浩在投毒后及黄洋就诊期间频繁上网查询二甲基亚硝胺的基本特性、中毒后症状、确诊方式、鉴定及检测方法，明知毒物的剧毒属性，仍未及时中止犯罪行为或采取措施避免危害后果出现，还采取误导诊疗的方式企图干扰救治过程，主观恶性程度之深，从而有力地驳斥了辩护人或舆论提出的间接故意杀人、过失杀人及故意伤害的观点。最后，公诉人以精神病鉴定结论证实林森浩作案及受审时无精神病，且具有受审能力，证实林森浩对自己的行为具有完整的辨认与控制能力，但同时也从犯

林森浩故意杀人案

● 林森浩故意杀人案刑事裁定书（部分）

罪心理角度对林森浩因泄愤及逃避法律制裁的动机予以说明，利用证据全面还原犯罪事实的同时，有针对性地回应了舆论质疑，取得较好的社会反响。

（三）积极回应焦点，以公开促公正

由于本案涉及毒物罕见、案发环境特殊、人员身份特殊等多种因素叠加，社会舆情升温，恶意炒作不断，一方面关于当事人矛盾点、作案动机、毒物来源等问题有诸多猜测，另一方面一审判处林森浩死刑又引发公众对案件法律效果、社会效果的质疑，对公诉工作带来极大挑战。案件办理中，检察机关高度关注舆情动态，依法审慎应对：一是依法规范办案程序，严格按照修改后刑事诉讼法及相关司法解释的规定开展内审外调、接待来访等工作，充分保障犯罪嫌疑人、辩护人和被害方的各项诉讼权利。二是借鉴合理意见，确保实体公正。根据当事人、辩护人、诉讼代理人及网友提出的合理意见及有价值的线索，公诉人补强了一批证据，构建起了强有力的证据体系。三是以公开促公正。在庭审直播过程中，公诉人通过层次分明的讯问、清晰详尽的举证、有理有力的辩论，有针对性地分析了该案犯罪手法、毒物来源、作案动机、破案经过等公众、媒体普遍关心的一系列问题，通过对案件充分的释法说理，尽可能地用客观事实回应民意关切。

案例推荐：上海市人民检察院

撰稿：徐弘艳

审稿：徐然

马健刚非法占用农用地案

——探索以刑事附带民事公益诉讼的生态环境保护之道

基本案情

马健刚，男，时年 26 岁，甘肃省会宁县人，新疆生产建设兵团第八师一五〇团一连承包户。

2008 年，马健刚在未办理任何手续的情况下，擅自在新疆生产建设兵团第八师一五〇团一连开垦荒地种植农作物。2015 年 3 月，一五〇团国家重点公益林保护中心书面告知马健刚，其所开垦的 224.52 亩地位于国家重点公益林内，要求其退出农作物的种植，种植林木，恢复植被。2015 年 5 月 3 日，马健刚在开垦的公益林地继续种植经济作物棉花 73.92 亩，同月 23 日又种植经济作物打瓜 12.44 亩。经新疆生产建设兵团新技术开发中心司法鉴定所鉴定，其非法占用国家公益林面积共 86.36 亩，给国家造成经济损失575762.12 元。

该案由兵团第八师森林公安局侦查终结，2015 年 11 月 2 日，新疆生产建设兵团莫索湾垦区人民检察院以马健刚涉嫌非法占用农用地罪向莫索湾垦区人民法院提起公诉，并提起附带民事诉讼，请求判令马健刚赔偿国家经济损失 575762.12 元。2016 年 4 月 28 日，一审法院以马健刚犯非法占用农用地罪判处拘役五个月，并处罚金人民币 20000 元，在判决生效后一年内赔偿国有公益林管理单位西古城农场森林植被恢复费 575762.12 元。

案件背景与社会影响

在中央和自治区党委、人民政府领导下，新疆生产建设兵团承担着国家赋予的屯垦戍边使命，是在所辖的垦区内，依照国家和自治区的法律法规，自行管理内部的行政、司法事务，在国家实行计划单列，党政军企合一的特殊社会组织。屯垦戍边是中国几千年开发和保卫边疆的历史遗产。中央政府在西域新疆大规模屯垦戍边始于 2000 多年前的西汉，以后历代沿袭。1954 年 10 月 7 日，经中央军委批准，中国人民解放军新疆军区生产建设兵团组建。兵团下辖 10 个农业建设师，2 个生产管理处，1 个建筑工程师，1 个建筑工程处及一些直属单位，总人口 17.55 万人。随着兵团组建和各项工作发展，1958 年 10 月，兵团检察院正式成立，全称为"新疆维吾尔自治区生产建设兵团人民检察院"。兵团检察院（地、州、市院级）下设各师人民检察院（县院级）。此后，兵团检察机关经历了 1968 年被撤销和 1984 年恢复重建。

改革开放后，在经济建设过程中，由于生态保护的意识不足，兵团先后出台了多项鼓励开荒的政策，当时很多职工群众受经济利益的驱使，开始推平沙丘，清除梭梭林，在沙漠中打井建渠取水。兵团建立时，军垦战士们抱着不与民争利、不与民争水、不与民争地的朴素情感，在最艰苦、最边远的地方开荒造田。因此，兵团的生态环境更为脆弱。无节制的开垦给自然环境带来严重的破坏，人与自然的矛盾一度到了危险的边缘。自然开始报复人类，风沙开始肆虐，水位不断下降，一些野生动物濒临灭绝，职工群众的生产生活受到很大影响。进入新世纪，人们的生态环境保护意识逐渐加强，国家的生态环境保护的法律制度逐渐完善。2001 年《刑法修正案（二）》将 1997 年《刑法》中的"非法占用耕地"中的"耕地"修正为"耕地、林地等农用地"，扩大了本罪的犯罪对象，也扩展了犯罪行为侵犯的客体，更有利于保护生态资源、惩治非法占用农用地的犯罪行为。本案就是兵团检察机关追诉非法占用农用地犯罪的典型案件。

刑事附带民事公益诉讼的探索 ·········

（一）犯罪事实的准确认定

本案的争议之处在于在恢复植被中兼种经济作物是否构成非法占用农用地罪。马健刚向林业部门反映前期开荒投入了大量资金，欠有很多债务，植被恢复需要持续投入资金，经济压力较大，提出以种植枸杞来恢复植被，以便在恢复的同时能获得一部分经济收入，以保障能够持续投入植被恢复，后得到了林业部门许可。然而马健刚为获得更高的经济收益，在复植枸杞苗的 1 号地、2 号地内又分别套种棉花 43.92 亩和 25.69 亩。《刑法》第三百四十二条规定，违反土地管理法规，非法占用耕地、林地等农用地，改变被占用土地用途，数量较大，造成耕地、林地等农用地大量毁坏的，以非法占用农用地罪追究刑事责任。因此，有观点认为，只要没有取得审批手续，改变土地的原有性质，达到数量较大标准，就构成非法占用农用地罪。按照这种观点，马健刚没取得批准，擅自在公益林内套种经济作物棉花，就是改变土地性质的行为，枸杞地套种棉花的部分也认定为非法占用农用地。

检察机关审查后认为，改变土地性质不应简单地按字面意思理解，不能绝对、机械地认为在林地不能种植任何林木之外的作物。根据最高人民法院《关于审理破坏土地资源刑事案件具体应用法律若干问题的解释》规定，改变被占用土地用途，是指行为人违反土地利用总体规划或者计划，未经批准或者骗取批准，擅自将耕地、林地等农用地改为建设用地或者改为其他用途的情况。显然，上述规定更倾向于总体上把握是否改变土地性质，考虑到了实践中，在林地内种植其他非林作物不必然导致林地的破坏，有些可能还更有利于树木的生长和林地的保护，如在林下种植一些中草药，既有利于保持水土，也可以给林地承包人带来经济效益，提高造林护林的积极性。因此，在林地套种其他经济作物只要没有从根本上改变林地的总体规划，没有造成林地的破坏，就不应当认为改变土地性质。马健刚在恢复公益林中，出于经济上的考虑，在复植的枸杞内套种棉花的行为不应认定构成非法占用农用地。恢复植被前期需要投入大量资金，回报周期较长，短期内难见经济效益，给恢复者带来巨大的经济压力，影响了恢复植被的积极性。林业部门和团场通常会在不影响林木生长的情况下，允许恢复者在林下套种经济作物，减轻其经济压力，能够持续投入恢复，提高恢复的积极性，最终有利于保障公益林的生态恢复。因此，检察机关没有把这部分土地作为犯罪事实予以认定。

（二）加强生态保护，全面履行检察职能

加强生态环境保护，是检察机关依法全面履行监督职能的必然要求。在本案办理中，检察机关发现马健刚非法占用农用地的行为给国家带来巨大损失，检察机关就附带民事诉讼及时与国有公益林地管理单位西古城农场沟通，西古城农场建议由检察机关在提起公诉的同时一并提起附带民事诉讼，检察机关采纳了这一建议。根据《刑事诉讼法》第九十九条第二款的规定，依法提起附带民事诉讼，请求人民法院依照《民法通则》第一百零六条第二款、第一百一十七条第二款之规定，判令马健刚赔偿国家经济损失，获得了法院的支持，为国家挽回经济损失 575762.12 元。

兵团辖区地广人稀，公益林又多处在人烟稀少的荒漠内，且面积较大，管护难度大，难以做到全覆盖，存在管护盲区，给不法分子可乘之机，加之兵团有拓荒发展的历史。毁林开荒呈现出面积大、手段隐蔽、多发频发等特点。有些毁林开荒面积甚至达到 1000 多亩，在提起公诉的案件中破坏面积 100 亩以上的超过 30%，面积之大令

人触目惊心。有些公益林仅有卫星坐标，没有设置物理界标，在公益林边界承包土地的部分职工，在耕种时故意扩大面积，越界侵占林地。针对这一情况，近年来，兵团检察机关在加大打击力度的同时，通过案件提起刑事附带民事公益诉讼，每年春播秋耕时节，联合森林公安、林业部门深入田间地头开展普法宣传，对垦区公益林进行大排查，严防乱开私占公益林，开展"回头看"工作，督促植被恢复。自2015年以来，兵团检察机关共对102起非法占用农用地案提起公诉，办理破坏生态环境的民事公益诉讼7件、行政公益诉讼152件，发出诉前检察建议159份，直接保护林地16000余亩，为国家挽回损失7000万元。

本案案发时，检察机关提起民事公益诉讼、行政公益诉讼职能尚未得到立法确认，本案属于刑事附带民事公益诉讼的地方探索实践。当前兵团垦区生态保护问题依然迫在眉睫，非法占用农用地时有发生，行为手段隐蔽，危害后果严重。人民检察院作为国家法律监督机关，在兵团垦区生态环境保护中，需要充分发挥刑事、民事、行政检察和公益诉讼多元职能作用，努力实现惩治犯罪与修复生态、纠正违法与源头治理、维护公益与促进发展相统一。

案例推荐：新疆生产建设兵团人民检察院

撰稿：黄宏松

审稿：徐然

方祝勤没收违法所得案

——外逃"红通"人员违法所得没收特别程序案

基本案情

方祝勤（外文名 Zhuqin Fang），男，时年 67 岁，中国广东开平人，广东省江门市开平市长沙区梁金山开发公司总经理。

方祝勤于 1993 年至 1997 年间伙同郭忠（已判刑并刑满释放），利用郭忠担任肇庆市住宅物资供应公司经理的职务便利，挪用该公司公款 8393.48 万元。其中 917.2076 万元用于购买开平市祥龙五区的 57.8 亩（38533.3295 平方米）土地使用权，登记在方祝勤名下。方祝勤在 1999 年前后将上述大部分涉案土地倒卖，收取所得款占为己有，并将其名下剩余土地 10576 平方米（以下简称该地）作为与张炳耀的经济纠纷案诉讼担保，提供给江门法院查封。2000 年 7 月 14 日，该地被肇庆市端州区人民检察院扣押。2000 年 7 月 15 日，方祝勤因涉嫌挪用公款罪被肇庆市端州区人民检察院立案侦查，同年 8 月 25 日端州区人民检察院作出逮捕决定。2003 年 7 月 9 日，广东省肇庆市公安局端州区分局对其进行网上追逃。2003 年 10 月 30 日，经肇庆市端州区人民检察院申请国际刑警协作中心中国国家中心局对其发布红色通缉令。2015 年 1 月 15 日，广东省公安厅再次对其发布通缉令。

2015 年 7 月 21 日，肇庆市人民检察院向肇庆市中级人民法院申请没收方祝勤违法所得 10576 平方米土地使用权。2016 年 11 月

15 日，肇庆市中级人民法院作出裁定同意没收。因利害关系人张炳耀不服，提出上诉。广东省高级法院将本案发回重审。

重审期间，肇庆市人民检察院又发现方祝勤有 35 万元的违法所得，向肇庆市中级人民法院申请一并没收该款项，与前述没收土地使用权一案并案审理。2018 年 7 月 6 日，肇庆市中级人民法院作出裁定，认定该土地及钱款的 93.52% 份额能证明是违法所得，应予没收。张炳耀一方不服提出上诉。2018 年 12 月，广东省高级人民法院二审审理，作出终审裁定，维持原判。

案件背景与社会影响

2012 年《刑事诉讼法》修订时新增第五篇第三章特别程序，专门规定了"犯罪嫌疑人、被告人逃匿、死亡案件违法所得的没收程序"，可以在犯罪嫌疑人、被告人没有到案的情形下，通过中级人民法院合议庭对案件的审理，作出对贪污贿赂犯罪、恐怖活动犯罪等重大犯罪案件中犯罪嫌疑人、被告人的违法所得进行没收的裁定。该程序与缺席判决有本质的区别，缺席程序要在审理后对被告人的罪刑作出判决，而该程序仅是对违法所得作出是否没收的裁定。

然而，司法实践中适用没收违法所得程序案件较少。该制度设置初衷是完善我国的刑事没收制度，加强对贪污贿赂案件犯罪财产的追缴，填补刑事诉讼法的空缺，但因缺少详细操作程序，此类案件数量较少。据统计 2013 年至 2016 年底，全国检察机关受理违法所得没收程序案件 62 件，向人民法院提出没收违法所得申请案件 38 件。

为了解决没收违法所得程序在适用过程中的难题，2017 年 1 月 4 日，最高人民法院、最高人民检察院制定了《关于适用犯罪嫌疑人、被告人逃匿、死亡案件违法所得没收程序若干问题的规定》，对没收违法所得程序的诸多方面进行了更为具体的规定，增强了没收违

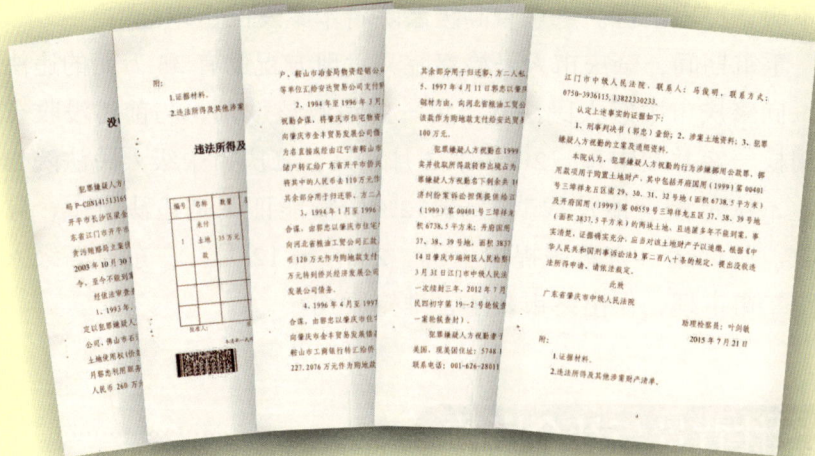

● 方祝勤没收违法所得案没收违法所得申请书

法所得程序的可操作性，为司法实践的具体实施提供了法律依据，也为反腐败追逃追赃工作的开展作出了巨大贡献。

本案中，广东省肇庆市人民检察院在"追逃、追赃、防逃"三管齐下的"治逃"理念下，为打击长期外逃"红通人员"方祝勤，积极追赃，于2015年启动没收违法所得特别申请程序，这在当时是广东省首宗"红通人员"没收违法所得案件。因有案外第三人申请参加和不服，本案历经三年，经过一审、上诉、发回重审；一审重新审理、再次上诉、二审终审等司法程序，法院最终裁定支持将违法所得土地没收，为国家挽回经济损失5000余万元。此案在广东省乃至全国针对长期外逃不归案人员违法所得处理开辟了一条先河，提供了对长期不归案"红通人员"追缴违法所得没收程序的司法实践样本。

检察机关在特别程序中的作用

（一）率先解决特别程序中"贪污贿赂犯罪、恐怖活动犯罪等重大犯罪案件"适用的前提问题

在本案办理过程中，关于"挪用公款罪"是否属于2012年《刑事诉讼法》第二百八十条规定的没收违法所得罪名范畴，存在一定分歧。根据该条规定，对于贪污贿赂犯罪、恐怖活动犯罪等重大犯罪案件，犯罪嫌疑人、被告人逃匿，在通缉1年后不能到案，或者犯罪嫌疑人、被告人死亡，依照《刑法》规定应当追缴其违法所得及其他涉案财产的，人民检察院可以向人民法院提出没收违法所得的申请。第一种观点认为，不能随意对法律进行扩大解释，仅限于罪名为贪污罪或者贿赂犯罪。第二种观点认为，贪污贿赂犯罪是指《刑法》第八章规定的贪污贿赂犯罪及其他依照法律应当按照第八章法条定罪量刑的犯罪案件，以便更好地打击贪污腐败犯罪。第

三种观点认为，最高人民法院《关于适用〈中华人民共和国刑事诉讼法〉的解释》第五百零八条规定，"具有下列情形之一的，应当认定为刑事诉讼法第二百八十条第一款规定的'重大犯罪案件'：（一）犯罪嫌疑人、被告人可能被判处无期徒刑以上刑罚的；（二）案件在本省、自治区、直辖市或者全国范围内有较大影响的；（三）其他重大犯罪案件"，此案涉案金额八千多万元，涉案人员为"红通人员"，且外逃时间十几年之久，属于应适用特别程序中的"重大犯罪案件"，应及时没收其违法所得，尽快恢复犯罪所侵害的权益。此案经过邀请法学专家及法官、检察官等一起反复研究论证，并与广东省人民检察院、广东省人民法院沟通座谈取得共识："没收违法所得程序"的制度设立含有"打击一些外逃贪官或相关人员长期不到案，处置其违法所得"之意，符合立法精神，本案应适用该程序。

（二）较好解决特别程序中利害关系人参加诉讼的审理程序难题

本案中，方祝勤外逃前，其名下用赃款所购土地作为与张炳耀的经济纠纷案诉讼担保被江门法院查封；方祝勤在 2001 年 1 月委托其妻弟方日辉把上述土地中的两块按总价 115 万多元人民币转让给不知情的自然人谭舜尧，方日辉收取 80 万元人民币转移至国外方祝勤处，后因本案案发，被中止收付转让土地剩余款 35 万元。2017 年 5 月 11 日，谭舜尧按照肇庆市端州区人民法院要求，委托其儿子谭昭平把未付土地款共 35 万元人民币交至该法院暂扣。因此该土地上既有抵押权人的利害关系人，又有不知情受让人的利害关系人。而利害关系人申请参加诉讼的，应当开庭审理，并可以对法院的裁定提出上诉、抗诉。在没收违法所得特别程序运行过程中，检察机关并非仅仅是一个"申请者"角色，而是代表国家指控犯罪，在对案件进行查证过程中提出对涉案财产进行没收，检察机关发挥的仍然是一种公诉职能。在有利害关系人参加应当开庭审理的情况下，

肇庆市人民检察院
出庭意见书

审判长、审判员：

根据《人民检察院刑事诉讼规则（试行）》第五百三十五条/第五百四十九条的规定，我们受肇庆市人民检察院指派，代表本院，出席本法庭，依法执行职务。现对本案证据、案件情况发表如下意见，请法庭注意：

本案中，方祝勤伙同郭忠，利用郭忠的职务便利，挪用公款8393.48万元，其中917.2076元用于购买开平市祥龙五区57.8亩土地的事实清楚，该57.8亩土地使用权全部登记在方祝勤名下，犯罪嫌疑人方祝勤逃匿多年不能到案，经过国际刑警通缉仍未到案，符合《中华人民共和国刑法》第六十四条、《中华人民共和国刑事诉讼法》第二百八十二条以及《最高人民法院、最高人民检察院关于适用犯罪嫌疑人、被告人逃匿、死亡案件违法所得没收程序若干问题的规定》第一条第一款、第六条、第十六条的规定，应当予以没收确认为犯罪嫌疑人方祝勤违法所得的327320元人民币，将其返还给肇庆市端州区政府性资产管理中心。祥龙五区37、38、39号地拍卖后的价款中的93.25%也是属于违法所得，依法在5330.808万元的范围内返还给肇庆市端州区政府性资产管理中心。剩余部分再上缴国库。

检察员：李少雯

代理检察员：叶剑敏

1

● 方祝勤没收违法所得案出庭意见书

检察机关与利害关系人的角色如何定位？具体庭审程序如何设置？由于此前司法案例数量较少，无可借鉴。本案检察官经与法院沟通，决定此案参照一审庭审程序开庭审理，在方祝勤缺席情况下，检察官以公诉人身份，与利害关系第三人进行了示证、质证、辩论等环节，证明了该土地的违法所得认定，获得了较好的庭审效果。

（三）妥当处理没收违法所得证明标准的举证难题

没收违法所得程序的规定，主要针对未进入刑事审判程序或是虽进入刑事审判程序但是并未明确定罪量刑的犯罪嫌疑人、被告人，没收对象是违法所得的财产，实质上是一种对物之诉，虽然不涉及定罪量刑的问题，但却从属于刑事诉讼程序。本案中，是适用"证据确实充分"刑事证明标准，还是适用"证据优势"的民事证明标准？在方祝勤不到庭，犯罪嫌疑人口供缺失情况下，检察机关坚持了刑事案件"证据确实充分"的严格证明标准，完善案件的物证、书证、同案犯及证人等言词证据，保证此案件的公诉质量。经一、二审法院审理，都裁定支持肇庆市人民检察院的没收违法所得申请事项。本案历经 3 年 5 审，对外逃 19 年仍未归案人员方祝勤国内违法所得土地成功没收，根据 2015 年估价，事实上为国家挽回 5000 多万元损失。

案例推荐：广东省人民检察院

撰稿：王笑男

审稿：黄河、徐然

令计划受贿、非法获取国家秘密、滥用职权案

——十八大以来党中央从严治党惩治腐败的大要案

基本案情 ············

令计划，男，时年58岁，中国人民政治协商会议第十二届全国委员会副主席、中共中央统战部部长。

2000年至2014年，令计划利用担任中共中央办公厅副主任、主任、中央书记处书记、中央统战部部长、全国政协副主席等职务上的便利，为他人在提拔晋升、交流任职、公司上市、获取项目、分配住房等方面谋取利益，单独或与其妻谷丽萍等人索取、非法收受王永红、楼忠福、崔晓玉、董文标、潘逸阳、毛晓峰、魏新、李荣申、李春城、白恩培、霍克等人财物，共计折合人民币7708.5383万元。

2012年11月至2014年12月，令计划在担任中央统战部部长、全国政协副主席期间，通过时任中共中央办公厅秘书局局长霍克、值班室主任刘博元、法规局局长韩振军等人，非法获取绝密级、机密级、秘密级文件材料9000余件。

2008年至2011年，令计划在担任中共中央书记处书记、中央办公厅主任期间，滥用职权，违反规定为特定关系人陈钰、张恩高及其亲属调动工作、购买房屋、晋升职务、办理户口等事项上提供帮助，造成特别恶劣的社会影响，致使公共财产、国家和人民利益

遭受重大损失。

2016 年 2 月 18 日，此案由最高人民检察院侦查终结，经依法指定交由天津市人民检察院第一分院审查起诉。2016 年 5 月 12 日，天津市人民检察院第一分院向天津市第一中级人民法院提起公诉。2016 年 6 月 30 日，法院作出判决：令计划犯受贿罪、非法获取国家秘密罪、滥用职权罪，数罪并罚，决定执行无期徒刑、剥夺政治权利终身，并处没收个人全部财产。

案件背景与社会影响

令计划身为党和国家领导人，其以权谋私、滥用职权的行为，显然没有做到"以身作则，以上率下"，特别是其背后的"西山会"、特定关系人等团团伙伙，也导致了"其身不正，虽令不从"的极大负面社会影响。同时，因令计划长期担任中央重要岗位的领导职务，其非法获取大量国家秘密的行为，为党和国家的事业制造了重大风险，引发了公众的关注和媒体的聚焦。

2014 年 12 月，令计划接受组织调查，2015 年 7 月被立案侦查，直至 2016 年 5 月被检察机关提起公诉。令计划案件的办理，深刻揭露了一场"家族式"腐败的内幕，展现了中国共产党全面依法治国、全面从严治党、依法惩治腐败的鲜明态度和坚定决心，再一次表明了不论什么人，不论职务多高，只要触犯了党纪国法，都将依法受到惩处。反腐败斗争和作风建设一样，永远在路上，没有休止符。

侦查与公诉指控

令计划案件是继周永康案件之后，引起全国人民乃至国际社会关注的重大案件。面对罪名多、事实多、时间长、范围广,案情复杂,舆情关注,理论实践难题相对集中的客观情况,如何办成经得起历史、法律考验的"铁案",积极回应舆论和人民群众的关切,是检察机关所应尽的光荣职责。

(一)适时介入,在侦查阶段发现和解决问题

2015 年 11 月,在侦查工作开展了一段时间、取得阶段性成果之后,公诉团队对令计划案件进行了提前介入。制作了十余万字的初步审查报告,梳理出案件事实、证据、程序等方面存在的问题近200 条,从审查起诉的角度对强化和完善证据链条提出了意见,及时反馈并督促侦查部门尽快补充完善相关证据。实践证明,坚持适时介入,不断统一侦查和公诉对案件的认识,把问题发现和解决在侦查阶段,有力地促进了案件办理各项工作的开展。这方面的实践,对于监察体制改革之后,加强检察机关与监察机关的协作,也具有重要的借鉴意义。

(二)吃透案情,围绕主要事实和证据开展工作

为使案件证据确实充分,侦查部门在工作之初调取了大量证人证言和书证材料。这些证据大致可分为三类:第一类是围绕令计划大量无法说明来源的礼品类物品调取的证据,因为不涉及主要犯罪事实,在运用证据时予以舍弃;第二类是围绕令计划犯罪的枝节事实调取的证据,如部分受贿财物的来源无法查清等,只保留最客观、最有价值的部分予以运用,不再纠缠;第三类是围绕令计划主要犯罪行为调取的证据,如证实令计划利用职务便利为行贿人谋取利益并收受贿赂的证据,这部分证据是分析和运用的重点。以"证据确实充分"为标准加以取舍,集中有限的时间和精力,不作无用之功,使案件主要犯罪事实得以清晰明确地展现。

（三）深入研究，准确适用刑事法律

徒法不足以自行。面对纷繁复杂的社会现象，法律、司法解释不可能全面周延的予以规范，这就要求在案件办理中，对遇到的问题找到明确的法律依据和理论支持。在收受王永红、楼忠福贿赂的事实中，两名行贿人出资与谷丽萍"合作"开办公司，王永红持有诗雨公司的股份、楼忠福持有红舰公司的股份。对于行贿人名下股份所对应的出资数额，是否应当认定为犯罪数额，存在不同的认识。在对相关司法解释和理论界不同的学说进行了深入探讨后，检察机关认为：行贿人名下股份所对应的出资数额，是否应当认定为犯罪数额，在刑法认定上要进行实质性判断。本案中，王永红、楼忠福从未参与公司的经营管理和实际享受股东权益，相关钱款和公司完全由谷丽萍实际控制，因而王永红、楼忠福名义上持有的股份所对应的数额，应当认定为受贿数额。

（四）精益求精，制作高质量的法律文书

法律文书是案件审查工作的结晶和体现，法律文书制作的优劣直接影响案件质量和庭审效果，其中起诉书和公诉意见是法律文书制作的重中之重。在深入分析和全面掌握证据的基础上，起诉书舍弃枝节事实，紧扣犯罪构成要件，突出犯罪行为的主线，对其犯罪行为进行了客观公正的描述。同时注意文字的凝练和客观，确保每一句话都不拖沓、不产生歧义，描述的每一个事实都有证据依托。公诉意见讲法与析证兼重、论理与动情并举，结合证据全面分析令计划的行为构成犯罪，同时又肯定了令计划的认罪态度和退赃、上交行为。注重文字的客观公正和人性化，不过多指责也不以势压人，真正做到讲法、论理、动情。令计划当庭对检察机关的起诉书和公诉意见没有意见，达到了指控犯罪、教育被告人和宣传法治的良好效果。

（五）全面预测，制定周密的庭审预案

全面预测被告人、辩护人当庭可能提出的问题和庭上可能发生的突发性事件，制定详细的应急预案、讯问提纲、询问证人提纲、示证提纲、质证答辩意见和法庭辩论提纲，确保从程序到实体、从证据到事实、从某一情节的辩解到全面翻供都有充分准备。讯问提纲紧紧围绕犯罪主线，问题言简意赅，不过多涉及枝节事实，把可能的变化体现在提纲之中；示证提纲对指控证据进行精心分组，运用多媒体示证系统予以展示，力求详略得当、有序紧凑、丝丝入扣；对于两名出庭作证的证人，在精心制作询问证人提纲的基础上，与证人深入沟通庭上可能出现的问题，确保万无一失；质证和答辩提纲更是对被告人、辩护人就证据和事实可能提出的意见进行了通盘考虑，用证据、事实和法律说话，决不信手拈来，不大话压人，不过分指责。充足的准备工作增强了公诉人庭上的预测能力和敢打必胜的信心，法庭上坚持理性平和，令计划当庭表示认罪服法不上诉，取得了良好的庭审效果。

案例推荐：天津市人民检察院

撰稿：刘博法

审稿：闵钐

张中生受贿、巨额财产来源不明案

——十八大以来职务犯罪适用死刑第一案

基本案情

张中生，男，时年 61 岁，山西省柳林县人，案发时已退休。

1997 年至 2013 年期间，张中生利用担任山西省中阳县长、中阳县委书记、吕梁地区行署副专员、中共吕梁市委常委、副市长等职务便利，为山西联盛能源有限公司、山西中阳钢铁有限公司、张小明等单位和个人谋取利益，多次索取、非法收受相关单位负责人和个人给予的巨额贿赂，涉案财物折合人民币 10.4021500846 亿元。

其中，2004 年至 2013 年期间，为山西联盛能源有限公司在煤炭资源整合、煤矿收购兼并、复产验收、安全检查、项目审批、企业发展及公司上市等事项上提供帮助，向该公司董事局主席邢利斌索要价值人民币 79.9 万元的大众越野车一辆，非法收受邢利斌给予的人民币 1050 万元、港元 800 万元、存有人民币 1000 万元的银行卡一张、金额为 8500 万元的银行承兑汇票 21 张、支付北京财富公馆购房款人民币 2800 万元、价值人民币 271.2866 万元的太原房产一套、价值 1.68 亿元的香港九龙塘别墅一套、价值港元 9720 万元的香港乐天峰房产二套及车位二处、价值人民币 235 万元的奔驰越野车一辆、价值人民币 77.5 万元的奥迪轿车一辆、价值港元 1.098

亿元的香港福山能源股票 2000 万股及价值人民币 485 万元的红木家具一套，折合人民币 4.63490096 亿元。

2002 年下半年张中生利用担任中阳县委书记的职务便利为张小明获取煤矿开发建矿资格提供帮助。2004 年 12 月，收受张小明通过米占有给予的金额共计人民币 2.8 亿元的银行承兑汇票 40 张。

1997 年至 2013 年期间，为山西中阳钢铁有限责任公司在扩建征收土地、解决股权纠纷、收购整合煤矿等方面提供帮助，向该公司董事长袁玉珠索要人民币 1050 万元、价值港元 4135 万元的香港九龙房产一套，价值人民币 1483.753 万元的北京昌平区别墅一套及契税、维修基金人民币 25.2 万元、价值人民币 166 万元的越野车一辆，非法收受袁玉珠给予的人民币 1850 万元、共存有 590 万元的银行卡 5 张、价值人民币 272.3276 万元的北京海淀区房产一套，价值人民币 113 万元的奔驰轿车一辆以及金额为 200 万元的银行承兑汇票 2 张，折合人民币 9110.7951 万元。

山西省人民检察院于 2015 年 8 月 20 日对张中生刑事拘留，9 月 2 日批捕。山西省人民检察院侦查终结以后，于 2016 年 6 月 21 日以张中生涉嫌受贿罪、巨额财产来源不明罪移送山西省临汾市人民检察院审查起诉。该案经临汾市人民检察院退回补充侦查和两次延长审查起诉期限后，于 2016 年 10 月 10 日向山西省临汾市中级人民法院提起公诉。2018 年 3 月 28 日，法院一审判决张中生犯受贿罪，判处死刑，剥夺政治权利终身，并处没收个人全部财产；对折合人民币 1.399307547 亿元财产不能说明来源，犯巨额财产来源不明罪，判处有期徒刑 8 年，决定执行死刑，剥夺政治权利终身，并处没收个人全部财产。截至一审宣判，已查封、扣押被告人张中生犯罪所得赃款赃物折合人民币共计 8.28 亿余元，包括现金、银行存款、房产、车辆等，其他未能退缴到案的赃款赃物 3.5 亿余元。2019 年 5 月，张中生二审被山西省高级人民法院维持死刑判决，该案报最高人民法院进行死刑复核。

案件背景与社会影响

　　张中生受贿、巨额财产来源不明案是党的十八大以来因职务犯罪适用死刑的第一案。该案涉案数额特别巨大，犯罪情节极其恶劣，给国家和人民利益造成特别巨大的损失，社会影响极其恶劣。

　　首先，涉案总额和单笔数额都特别巨大。张中生受贿 10.4 亿元，巨额财产来源不明 1.39 亿元，总额高达 11.79 亿元。在 18 起受贿事实中，有两笔受贿数额在 2 亿元以上，数额在千万元以上的有 8 笔，数额百万元以上的有 7 笔。其中仅索取、非法收受山西联盛能源有限公司董事局主席邢利斌一人的贿赂高达 4.63 亿元。

　　其次，持续疯狂索取贿赂，"八项规定"出台以后不收敛不收手，犯罪情节特别恶劣。张中生主动向他人索取贿赂高达人民币 8868 万余元，其中仅向一人索要财物的数额即高达人民币 6085 万余元。在党的十八大后仍不收敛、不收手，"八项规定"出台以后至 2013 到龄退休，依然索贿、非法收受贿赂达 5 笔。

　　最后，给国家和人民利益造成的损失特别巨大，社会影响极其恶劣。张中生在 1997 年至 2013 年任职期间长期插手煤炭资源整合、煤矿收购兼并、煤矿复产验收、安全检查、项目审批、土地征收、股权纠纷等经济活动，严重影响了当地经济健康发展。案发后依然有 3.5 亿余元赃款赃物尚未退缴。其受贿行为不仅严重侵害了国家工作人员职务行为的廉洁性，也严重败坏了国家工作人员的声誉，在山西乃至全国造成了特别恶劣的社会影响。

　　长期以来，我国死刑政策坚持了"保留死刑，严格控制和慎重适用死刑"。《刑法修正案（九）》通过增设贪污罪受贿罪的终身监禁制度，对腐败犯罪也作了"从严"规定。在此背景下，张中生案因罪行极其严重而成为被判处死刑立即执行的第一案，具有深远的社会影响。该案无论事实情节、社会影响，还是时代特征、法治意义都具有标杆性质。

张中生受贿、巨额财产来源不明案

副本

临汾市人民检察院
起诉书

临检刑一刑诉〔2016〕22号

被告人张中生，男，1953年1月9日出生，身份证号码142332195301090015，汉族，大学文化程度，原吕梁市委常委、副市长，已退休，曾任山西省中阳县县长、县委书记，吕梁地区行署副专员，户籍所在地山西省吕梁市离石区，住中阳县二郎坪野狐则沟南12号。因涉嫌受贿罪，经山西省人民检察院决定，于2015年8月20日被刑事拘留，同年9月2日被逮捕。

被告人李兰俊，女，1956年10月9日出生，身份证号码142332195610090027，汉族，高中文化程度，原山西省中阳县欣协副主席，户籍所在地山西省中阳县，住中阳县二郎坪野狐则沟南12号。因涉嫌洗钱罪，经山西省人民检察院决定，于2016年5月10日被取保候审。

被告人刘年生，男，1965年2月2日出生，身份证号码142332196502020018，汉族，中专文化程度，中国工商银行中阳县支行工会主席，户籍所在地山西省中阳县，住中阳县桃园小区2号楼2单元1202户，因涉嫌洗钱罪，经山西省人民检察院决定，于2016年5月10日被刑事拘留，同年5月27日被逮捕。

本案由山西省人民检察院侦查终结，以被告人张中生涉嫌受

定，犯罪事实清楚，证据确实、充分，应当以洗钱罪追究其刑事责任。

被告人刘年生明知李兰俊交给其的巨额银行汇票系张中生受贿犯罪所得及其产生的收益，为掩饰、隐瞒其来源和性质，将银行承兑汇票转换为现金、提供资金账户中转托收资金，通过银行转账等方式将托收资金存于多个银行账户并频繁划转，其行为已触犯《中华人民共和国刑法》第一百九十一条之规定，犯罪事实清楚，证据确实、充分，应当以洗钱罪追究其刑事责任。

根据《中华人民共和国刑事诉讼法》第一百七十二条之规定，提起公诉，请依法判处。

此致

临汾市中级人民法院

本件与原本核对无异

二〇一六年十月十日

贿、巨额财产来源不明罪，以被告人李兰俊、刘年生涉嫌洗钱罪，分别于2016年6月21日、8月26日交由本院审查起诉。本院受理后，已告知被告人有权委托辩护人，并依法讯问了被告人，审查了全部案卷材料，期间，因部分事实不清、证据不足，对被告人张中生涉嫌受贿、巨额财产来源不明案于2016年8月1日退回补充侦查一次，延长审查起诉期限两次。对被告人李兰俊、刘年生涉嫌洗钱案延长审查期限一次。

经依法审查查明：

一、受贿罪

1997年至2013年，被告人张中生在担任中阳县县长、县委书记，吕梁地区行署副专员、吕梁市副市长、市委常委期间，利用职务谋取利益，非法收受、索取山西联盛能源有限公司董事局主席邢利斌等19人的财物，共计折合人民币1090525908.46元。

（一）2004年至2013年，被告人张中生在担任吕梁市副市长、市委常委期间，利用职务便利，为山西联盛能源有限公司及该公司董事局主席邢利斌在煤炭资源整合、煤矿收购兼并、复产验收、安全检查、项目审批、企业发展、公司上市等方面谋取利益，长期提供帮助，多次收受、索要邢利斌给予的房产、车辆等财物，共计折合人民币513380996元。

1. 2004年底，被告人张中生收受邢利斌600万元，并安排亲家刘志文通过其账户转款、付款，购买张中生选中的北京市局

● 张中生受贿、巨额财产来源不明案起诉书（部分）

公诉指控 ....

（一）举证科学有序，证明严谨细致

本案犯罪数额特别巨大，犯罪事实繁杂交错。其中仅受贿的犯罪事实就有 60 笔，涉及金额 10 多亿元。公诉人需对每一项每一笔受贿事实进行举证证明，如何组织证据、如何举证是极具考验的。本案中，公诉人把 60 笔贿赂事实根据犯罪目的和行贿人的内在关联性分为 18 项，在此基础上组织证据逐一证明，既避免了一些不必要的重复举证，又让诉讼证明显得条理清晰。

在具体事实的证明上，本案的举证严谨细致。60 笔贿赂事实中，有 55 笔事实的证明，不仅对是否收受财物的关键性事实有证据证明，就连所收受财物的来源、去向包括所涉及的银行承兑汇票的流转、托收、变现都有充分翔实的证据加以印证。证据种类上不仅有行受贿双方的言词证据，还有其他证人证言、银行卡、承兑汇票、账目明细、POS 机刷卡单等大量客观性证据。

以碧水庄园 32-17 号别墅为例，看起来事实很简单，张中生收受邢利斌 600 万元用于购买该套别墅。但实际上转账过程非常繁复，证明起来非常困难。张中生不想让别人知道此事，就让邢利斌将钱给了其亲家刘志文，通过刘志文的账户走款，以刘志文和邢利斌有经济往来为名行掩盖收受邢利斌钱财之实。具体操作过程为：刘志文从邢利斌所在的联盛能源公司账上取走 800 万元，这其中包含邢利斌送给张中生的 600 万元汇票，然后将该 600 万元银行汇票给了时任中阳县信用联社主任杨俊考，由杨俊考给刘志文在信用社开户存入。后刘志文又从尾号为 0824 的联社账户中取走 300 万元汇至尾号为 2633 的工行卡，再从该卡转到尾号为 2959 的工行卡。刘志文再找到时任吕梁滨西支行任行长的付志强帮忙汇款，并和付志强分别在离石广场支行、石州支行往付志强所持有的翟云亮尾号为 6693 的账号存入 200 万元和 170 万元（这 370 万元是刘志文垫

被告人张中生受贿、巨额财产来源不明罪、
被告人李兰俊、刘年生洗钱罪一案
公诉意见书

被告人：张中生、李兰俊、刘年生
案由：受贿、巨额财产来源不明、洗钱罪
起诉书：临检刑一刑诉〔2016〕22号

审判长、审判员：

两天来，被告人张中生受贿、巨额财产来源不明罪，被告人李兰俊、刘年生洗钱罪一案在临汾市中级人民法院依法公开开庭审理。根据《中华人民共和国刑事诉讼法》第一百八十四条、第一百九十三条和第二百零三条的规定，我们受临汾市人民检察院的指派，代表本院，以国家公诉人的身份，出席法庭支持公诉，并依法对刑事诉讼实行法律监督。

在过去两天的庭审中，审判长、审判员及辩护人能耐心听取公诉人出示的每一份证据，体现出审慎负责的工作态度及敬业精神；法庭在审理活动中，体现出对被告人人权的尊重与保障，对辩护人依法行使辩护权也予以充分保障。

现对本案证据和案件情况发表如下意见，请法庭注意。

一、本案事实清楚，证据确实充分，起诉书对被告人张中生、李兰俊、刘年生犯罪事实的指控应予以认定

在法庭调查阶段，公诉人向法庭出示了大量的证人证言，

——协助侦查机关追缴赃款，并退交部分赃款，在洗钱犯罪中所起作用较小，系从犯，可减轻处罚。

提请合议庭合议时根据3名被告人的犯罪事实、情节、社会危害程度及当庭认罪态度等情况，依法对3名被告人作出公正判决。

公诉人：王玉辉、曹迎春、梁俊悦、赵丙、杨璐
2018年12月29日当庭发

书证、物证照片，以及被告人在侦查阶段的讯问笔录及亲笔书写的交代材料，清楚明了地还原了本案的事实真相。起诉书指控的每一起事实都有足够充分的证据予以证明。本案受贿数，除在香港3次收受邢利斌200万元港币、收受郭华20万元港币两起事实以外，证明其余55起事实的证据，不仅有行受贿双方的词证据，还有其它证人证言或银行卡、承兑汇票、账目明细、POS刷卡单等大量的客观性证据；不仅对是否收受财物的关键性事实有证据证明，就连所收受财物的来源，去向包括所涉及的银行承兑汇票的流转托收变更都有充分详实的证据加以印证。以碧水蓝图32-17别墅为例，本来该起事实很简单，张中生收受邢利斌600万元用于购买该套别墅，可张中生有顾虑，不想让人知道此事，发证邢利斌将钱给了其妻案刘志文，通过刘志文账户走款，想以刘志文和邢利斌有经济往来为名行掩盖收受邢利斌钱财之实。刘志文从邢利斌所在的联盛能源公司的账上取走800万元，其中包含着邢利斌还给张中生的600万元汇票，将该600万元银行汇票，给了时任中阳县信用联社主任杨俊考，由杨俊考给刘志文在信用社开户存入。后刘志文又从尾号为0824的联社账户中取走300万汇至自己尾号为2633的工行卡，再从该卡转到尾号为2959的工行卡，刘志文找到时任吕梁滨西支行行长的付志强帮忙汇款，并和付志强分别在离石支行、石州支行任住志强所持有的翟云亮尾号为6693的账号存入200万元和170万元（这370万元是刘志文垫付的），后用信用联社户上所剩余的300万相抵），

张中生受贿、巨额财产来源不明案公诉意见书（部分）

付的，后用信用联社账户上所剩余的 300 万元相抵），又从尾号为 2959 的工行卡转款 286 万元到翟云亮的工行卡上。当日，付志强从翟云亮的账户中转款 630 万元到自己尾号为 4966 的工行账户内，再将此款从该账户转到北京碧水庄园公司账户。为证明这起事实，公诉人对每一笔走款都提出了相应的书证和证人证言，其中查询金融机构通知书及回执和相应的凭证都在 7 份以上，所调查了解的证人也都在 7 名以上。证据非常全面、充分。

（二）以事实为依据，充分论证社会危害性

张中生犯罪严重危害性不仅仅体现在数额特别巨大，更是因为其国家工作人员身份背后的实质危害性。公诉人在出庭时抓住其犯罪行为的社会危害性进行了充分论证。公诉词指出，作为党政领导干部，张中生的行为不仅损害了国家公职人员职务行为的廉洁性，其作风也直接加速了行业不正之风的蔓延。国家正常的管理制度被亵渎，平等竞争的市场经济秩序被严重破坏，党和政府的形象也受到严重影响。在犯罪数额上，公诉意见指出，张中生受贿 10 亿多元，是刑法规定的"数额特别巨大"的起刑点 300 万元的 364 倍。在主观恶性上，公诉词指出张中生私欲膨胀，对金钱十分贪婪。从 1997 年初次受贿 50 万元，到 2002 年受贿 718 万元，再到 2006 年的 3425 万元，不断发展。从 1997 年至 2013 年的 17 年间，张中生年均受贿数额达到 6414 万元，是 2015 年山西省城镇职工年均可支配收入（25828 元）的 2483 倍，可谓触目惊心。特别是 2009 年在煤炭资源整合的关键时期，高达 4.4 个亿，愈演愈烈。正是公诉人提出的对社会危害性的充分证明，使得法庭对张中生犯罪行为的认定有了正当的事实基础。

（三）在追诉中不枉不纵，客观公正

本案公诉人较好地履行了检察官的客观公正义务。公诉人不仅出示了对被告人不利的证明犯罪事实成立的证据，也出示了有利于被告人的证明从轻情节的证据。在发表量刑意见时，公诉词指出，

● 张中生受贿、巨额财产来源不明案刑事判决书（部分）

张中生多次收受他人财物，数额特别巨大，并具有索贿情节，依法应当从重处罚。同时也指出，张中生案发前退回部分赃物，案发后退缴部分赃款、赃物，归案后能够如实供述其犯罪事实，在组织调查期间，主动交代组织尚未掌握的收受张小明、袁玉珠等人财物的犯罪事实，并主动配合追缴工作，具有从轻情节。虽然本案影响巨大，社会危害性极其恶劣，公诉人在指出被告人的从重情节的同时，依然提出其从轻事实情节，提请法庭全面考虑，较好体现了新时期检察机关公正办案、不偏不倚的法治思维。

（四）分析职务犯罪原因和启示，发挥庭审教育作用

本案公诉人不仅在庭审中充分证明犯罪事实，还在发表公诉意见时对犯罪的原因和启示进行了分析，在一定程度上发挥了庭审的警示教育作用。

公诉人指出，张中生犯罪受审，归根结底是放松了主观世界的改造，人生观、价值观、权力观出了问题。一是信念滑坡，迷失方向，价值观、权力观错位。二是私欲膨胀，对金钱十分贪婪。三是廉政观念匮乏，法治意识淡漠。公诉词指出："张中生说他知道受贿罪这个词，但究竟什么是受贿罪不清楚。他有他做事的原则和底线，一个是干部的钱不能收，另一个是国家的钱不能贪。老板的钱不是国家的，他又帮了他们那么多，老板们的钱就是他的钱。哪个煤矿转让兼并，交易双方都会请他充当中间人。所以面对的永远是陪不尽的笑脸、说不完的好话、道不完的感谢、诉不完的崇拜、收不完的财物。因而当豪宅、名车、大额承兑汇票扑面而来时，意识不到这是将其推到牢狱之灾的糖衣炮弹。"这种分析入情入理、生动形象，较好地发挥了庭审教育作用。

案例推荐：山西省人民检察院

撰稿：上官春光

审稿：徐然

王波等八人挪用资金案

——农行 39 亿元票据资金被骗大案

基本案情

王波，男，时年 45 岁，吉林省长春市人，浙江浩初金融服务外包有限公司、广德诚久商贸有限公司、重庆三运物资有限公司等多家公司实际控制人。

姚尚延，男，时年 43 岁，北京市朝阳区人，中国农业银行股份有限公司北京分行投资银行与金融市场部票据业务部高级专员。

张鸣，男，时年 35 岁，北京市朝阳区人，中国农业银行股份有限公司北京分行投资银行与金融市场部票据业务部专员。

（其他被告人基本情况略）

2015 年 3 月至 12 月，王波经人介绍与姚尚延、张鸣结识，王波利用厦门农村商业银行等"过桥行"，与农行北京分行开展票据买入返售业务，共发生业务 39 笔，票面金额合计人民币 323 亿元。其中，5 月，姚尚延利用职务之便，将与王波开展买入返售业务中 4 笔已经入库保管的银行承兑汇票票据包提前出库交由王波使用，合计票据资金 34 亿元。5 月至 9 月，姚尚延、张鸣等 4 人利用审查审批客户提交的票据及资料、办理票据封包移交及入出库手续等便利，共同将 31 笔业务中已入库保管的银行承兑汇票票据包提前出库给王波使用，总计资金为 249 亿元。

2015 年 6 月至 9 月期间，王波将大量挪用的票据二次转贴现所

833

得资金投入股市，因投资不当产生巨额亏损。同年 9 月，王波明知自身已资不抵债、根本不具备回购票据的能力，通过制作虚假票据影像提供给银行，开展 4 笔买入返售业务，共计 39 亿元。到期王波无力支付回购资金。其间，王波为感谢姚尚延等人在票据交易过程中提供的帮助，先后送给姚尚延好处费共计人民币 1720 万元，姚尚延将其中的人民币 40 万元分予被告人张鸣。

该案于 2016 年 1 月初案发，由重庆市公安局侦查终结。2016 年 7 月 19 日，本案移送重庆市人民检察院第一分院审查起诉。2016 年 12 月 20 日，重庆市人民检察院第一分院向重庆市第一中级人民法院提起公诉。2017 年 11 月 3 日，法院判处王波犯挪用资金罪、诈骗罪、对非国家工作人员行贿罪，数罪并罚七年，并处罚金 500 万元；姚尚延等 7 人犯挪用资金罪、非国家工作人员受贿罪分别获刑。同时判处王波、姚尚延禁止从事金融类职业期限五年。

案件背景与社会影响

长期以来，我国商业银行不仅存在追求业务扩张的动机，而且有急于降低不良资产比率的压力。在信贷规模受到存贷款比率等指标约束的条件下，通过票据业务与银行间买入返售等贴现的方式，可以实现有效简便、收益有保证的融资，这种形式便成为银行扩大资产规模、稀释不良资产比率的重要手段，被各银行视为立竿见影的操作方法。所谓票据业务，目前使用较多的是银行承兑汇票，实质是一种贷款业务，银行通过开出承兑汇票的方式，解决买卖双方短期内资金不足的问题。由于承兑汇票最长期限为 6 个月，票据在其间可以多次转手，由此衍生成一种融资工具。而票据买入返售实质是银行同业间的资金拆借业务，持有大量贴现未到期票据的银行，往往通过与买入银行约定返售价格的方式，获得买入银行的拆借资金。在具体操作中，银行间往往会出现票据中介，中介从卖出银行提取票据，并持有票据向买入银行贴现套取资金。

　　本案实际上是利用票据业务和票据买入返售，内外勾结从银行偷出票据去贴现套取资金使用。这其中折射出了银行业违规违法使用票据的乱象和趋势，其主要风险已从操作风险转变为信用风险和套利风险，违规环节逐步由交易端转移至承兑端、直贴端，存在业务制度建设滞后，客户准入和背景审查不严，以及利用大量无真实贸易背景承兑、直贴业务虚增存款、空转套利、掩盖不良、套取银行信用和资金等主要违规问题。这些风险和问题，一旦被犯罪分子利用，特别是以这种内外勾结的方式实施，会导致巨额财产的损失。本案涉案票据金额高达39亿元，一经媒体新闻关注，便在社会上引起了极大的反响。本案案发后，监管职能部门也立即启动了金融风险排查和信贷违规行为查处的相关工作，并将票据违规行为作为后续几年的重点情形加以监管。

公诉指控

（一）精准认定非法占有目的

　　本案件涉及的票据业务专业性比较强，但作案手段相对比较简单，本质上就是内外勾结，让票据提前出库归王波使用，甚至让本该放入银行保险柜中的票据包被调包换成废纸，直到资金断链，才被发现已经形成了票据窝案。本案涉及罪名较多，公诉人在起诉书和公诉意见中的表述，言简意赅。一是对挪用资金行为的定性。案件涉及的39笔业务中，前35笔为王波与其他被告人共同挪用票据，主观犯意和客观行为都符合挪用资金的犯罪行为的构成要件，构成挪用资金罪的共犯。二是对王波诈骗行为的定性。最后4笔涉及39亿元的票据业务，公诉人首先论述了王波在与姚尚延商定把票据贴现用于理财的时候，隐瞒了投资股市的事实。其次，从王波在回购合同即将到期之时，未积极筹款用于归还，却花费大量资金用于购买奢侈品、购置车辆与房产以及发放员工遣散费，后切断手机联系并携带大量现金和奢侈品躲藏的行为，阐述了王波具有非法占有的故意。因此，王波最后4笔票据业务构成诈骗罪。而这同样4笔业务，对于共同参与的姚尚延、张鸣等3人，因为与王波主观故意不同，只构成挪用资金罪。最后，行受贿行为的定性。起诉书和公诉意见在行受贿犯意和客观行为上，证据清楚，数额清楚，并无较大法律适用争议。

（二）全面分析犯罪原因与对策

公诉意见在阐述本案后果的同时指出，通过王波违规开展票据业务的行为，可以看出金融机构在执行票据法、支付结算办法等规定时，并没有实事求是地遵守规定开展业务，才给王波这样的票据中介以可乘之机。银行内部监督机制没有得到认真落地执行，未经常开展廉政教育，才会使得部门金融工作人员为获取不正当利益，利字当头内外勾结，促使姚尚延等人逐步走上犯罪道路。这样入情入理的分析，在法庭树立了检察官客观公正、理性平和的良好形象，宣传效果达到了社会效果、法律效果和政治效果的"三效"统一。

（三）引起银行业链条式查违堵漏

农行票据案爆发后，五大行对票据业务都进行了自查。农行从业务方面进行大检查，要求所有分行把金库打开看、拆包验票。银行业内再次引发力推票据电子化的呼声，各银行加强了对票据业务的管理。关于本案涉及的相关人员的问责，本案办结后不久，银监会公布了对这起轰动一时的"39亿票据案"的处罚情况：农业银行北京分行因同业票据业务严重违反审慎经营规则，被罚1950万元——这是2017年以来银监系统开出的最大罚单；主要负责人姚尚延、张鸣、王冰、刘咏梅被终身禁止从事银行业工作；而其他责任人龙芳被禁止 10 年内从事银行业工作、取消终身的董事和高级管理人员任职资格；其他相关负责人也受到不同处罚。

案例推荐：重庆市人民检察院

撰稿：张海英

审稿：徐然

王波等八人挪用资金案

郑玉焯破坏选举、受贿案

——首例异地管辖的省级层面破坏选举案

基本案情

郑玉焯，男，时年 62 岁，辽宁省沈阳人，辽宁省人大常委会原副主任。

2012 年底至 2013 年初，郑玉焯为确保当选辽宁省第十二届人大常委会副主任，分别向李峰、朱绍毅等 8 名辽宁省人大常委会领导送苹果 4S 手机进行拉选票。同时，郑玉焯利用担任辽宁省财政厅党组书记、厅长的职权，授意财政厅副厅长陈广君、办公室主任李德海帮助其拉选票。陈广君安排抚顺市财政局局长于扬福、本溪市财政局局长龚振福、丹东市财政局局长于一贫、锦州市财政局局长郭志远、营口市财政局局长赵纯义、阜新市财政局局长韩学明、朝阳市财政局局长陈世英、鞍山市财政局局长韩义 8 人，李德海安排丹东市财政局局长于一贫分别向本市代表团的省人大代表为郑玉焯拉选票。其间，郑玉焯还以打电话、当面打招呼等方式授意大连市财政局局长毛岩亮、本溪市财政局局长龚振福、阜新市财政局局长韩学明、辽阳市财政局局长胡忠宇、铁岭市财政局局长孙耀民、抚顺市财政局局长于扬福 6 人向本市代表团的省人大代表拉选票。以上各市财政局局长分别采取了向人大代表送财物等手段为其拉选票。

2012 年底，郑玉焯为确保当选辽宁省第十二届人大常委会副主任，利用担任辽宁省财政厅党组书记、厅长职务上的便利，经与时任铁岭市财政局局长孙耀民电话联系，通过司机马积恒向孙耀民索要 30 部苹果 4S 手机，价值人民币 15.6 万元。郑玉焯随后将其中 8 部手机送给辽宁省人大常委会有关领导，其余 22 部手机送给辽宁省其他党政机关领导。

郑玉焯破坏选举行为严重妨害了人大代表的行使选举权，共涉及辽宁省 11 个市的 76 名省人大代表。涉案层面高、地域广、人数多、情节严重、影响恶劣。

郑玉焯涉嫌受贿、破坏选举一案，经最高人民检察院指定，由山东省人民检察院于 2016 年 9 月 6 日立案侦查；2017 年 1 月 9 日，案件移送至淄博市人民检察院审查起诉；2017 年 1 月 22 日，淄博市人民检察院向淄博市中级人民法院提起公诉。经最高人民法院指定，2017 年 5 月 8 日法院经开庭审理并判决，以破坏选举罪判处郑玉焯有期徒刑二年，以受贿罪判处郑玉焯有期徒刑三年，并处罚金，合并执行有期徒刑三年六个月，并处罚金。

案件背景与社会影响

郑玉焯破坏选举和受贿的行为发生在辽宁省第十二届人大选举期间，是全国首起省级层面以破坏选举罪起诉、判决的案件，系辽宁省"拉票贿选案"窝案、串案的一个典型案件。辽宁省人大常委会原副主任郑玉焯与辽宁省委原书记王珉、辽宁省委常委苏宏章、辽宁省人大常委会副主任王阳等人均系辽宁拉票贿选案涉及人员。辽宁拉票贿选案是新中国成立以来查处的第一起发生在省级层面、严重违反党纪国法、严重违反政治纪律和政治规矩、严重违反组织纪律和换届纪律、严重破坏党内选举制度和人大选举制度的重大案件。该案查处后，涉案的省人大代表等人均被处理，辽宁省人大常委会工作受到极大的影响。经第十二届全国人大常委会第二十三次会议，依法确定该省 45 名拉票贿选的全国人大代表当选无效。

公诉指控

（一）"程序正义"之异地管辖

"程序正义"被誉为"看得见的正义"，正如法谚云："正义不仅应得到实现，而且要以人民看得见的方式加以实现。"在刑事侦查、起诉、审判中，程序正义即意味着，一个人在国家裁判机构作出对其利益有利或者不利的裁判时，应当至少能够处于一种可与裁判者就如何对待他的问题进行理性协商的地位，其作为人的尊严和价值得到充分的尊重。这有助于被告人从心理上真诚接受和承认裁判的公正性、合理性，即使裁判结果对其不利；也有助于社会公众对司法程序乃至国家法律制度的权威性产生普遍的信服和尊重。

郑玉焯破坏选举受贿案，经指定在山东省侦查、起诉、审判，实行异地管辖，正是对"程序正义"原则的践行。具体来看，郑玉焯在异地被侦查、起诉，对案件事实供认不讳，且配合调查、认罪态度较好，对检察机关的指控罪名自愿接受和认可；在法庭审理中的最后陈述阶段，失声痛哭、真诚悔罪，表示服从法院判决，上述情形无一不彰显出程序正义之魅力。同时，异地管辖排除可能存在的各种干扰和阻力，最大限度地实现司法中立、公正。

（二）"实体正义"之准确定性

"实体正义"是指通过刑事诉讼过程而实现的实体公正和结果正义。具体则包括，犯罪的人受到惩罚、无罪的人不被定罪、罪刑相适应等内涵。本案中，郑玉焯实施了公诉意见中指控的"采用贿赂手段拉票，并利用职权通过下属拉票、贿选。且为顺利当选，不惜向下属索要多部苹果 4S 手机用于贿选拉票"行为，既涉及行贿行为，也涉及索贿行为，还涉及破坏选举的行为。对此，如何完整评价犯罪行为，数罪之间的关联如何界定，是本案实体认定的关键。

检察机关认为，应当认定郑玉焯构成破坏选举罪，公诉意见分

山东省淄博市人民检察院
起诉书

副本

淄检公二刑诉〔2017〕1号

被告人郑玉焯，男，1955年11月20日出生，身份证号码：210102195511204719，汉族，大学文化，辽宁省人大常委会原副主任，出生地辽宁省大连市，户籍地辽宁省沈阳市和平区南宁南街69号351，住所地辽宁省沈阳市和平区澳门路6号新世界花园湾景华庭12号楼21楼2号。曾任辽宁省财政厅党组书记、厅长，交通厅党组书记、厅长。因涉嫌受贿罪、破坏选举罪，经山东省人民检察院决定，2016年9月8日被山东省公安厅刑事拘留，同年9月23日被山东省公安厅执行逮捕。

经最高人民检察院指定，本案由山东省人民检察院侦查终结，以被告人郑玉焯涉嫌受贿罪、破坏选举罪移送审查起诉，2017年1月9日，山东省人民检察院交由本院审查起诉。本院受理后，于同年1月12日告知被告人有权委托辩护人，依法讯问了被告人，审查了全部案件材料。

经依法审查查明：
一、破坏选举罪

2012年10月至2013年1月，被告人郑玉焯为当选辽宁省

第十二届人大常委会副主任，采取以多部苹果4S手机贿赂省人大代表及有关领导指手段进行拉票，并利用担任辽宁省财政厅党组书记、厅长的职权，授意多名下属帮助其拉票，其中部分下属采取送美元、手机、苹果平板电脑等财物的贿赂手段拉票，共涉及辽宁省人大常委会及省内11个市的76名省人大代表，被告人郑玉焯实施的破坏选举行为，情节严重，社会影响恶劣。

认定上述事实的证据如下：

1. 手机、美元等物证；2. 选举文件、任职文件等书证；3. 证人陈广君、孙耀民、姜振福等人证言；4. 被告人郑玉焯的供述和辩解。

二、受贿罪

2011年至2012年，被告人郑玉焯利用担任辽宁省财政厅党组书记、厅长的职务便利，为辽宁省铁岭市财政局在财政补贴、资金拨付等方面提供帮助。2012年12月，被告人郑玉焯通过身边工作人员向铁岭市财政局原局长孙耀民索要苹果4S手机30部，价值人民币15.6万元。

认定上述事实的证据如下：

1. 手机等物证；2. 资金审批拨付文件、铁岭市财政局账目等书证；3. 证人孙耀民、马积恒等人证言；4. 被告人郑玉焯的供述和辩解。

案发后，被告人郑玉焯如实供述了全部犯罪事实，认罪态

较好，并主动退赃人民币15.6万元。

本院认为，被告人郑玉焯身为国家工作人员，利用职权实施破坏选举行为，情节严重，利用职务上的便利，索取他人财物，数额较大，其行为触犯了《中华人民共和国刑法》第二百五十六条、第三百八十三条第一款第（一）项、第三百八十五条第一款、第三百八十六条之规定，犯罪事实清楚，证据确实、充分，应当以破坏选举罪、受贿罪追究其刑事责任，被告人郑玉焯一人犯数罪，按照《中华人民共和国刑法》第六十九条之规定，应当数罪并罚。根据《中华人民共和国刑事诉讼法》第一百七十二条的规定，提起公诉，请依法判处。

此致

山东省淄博市中级人民法院

本件与原本核对无异

副检察长：刘思泉
检察员：王玉红
苏政

2017年1月22日

● **郑玉焯破坏选举、受贿案起诉书（部分）**

析透彻："第一，采用贿赂手段破坏选举。郑玉焯向孙耀民索要30部苹果4S手机，直接送给部分省人大代表寻求投票支持。第二，利用担任省财政厅厅长的职权，亲自或者向下属打招呼等方式破坏选举。第三，其下属的地市财政局局长公开为郑玉焯拉票贿选。如多个地市财政局局长甚至动用公款贿赂代表等。上述行为在严重妨害了代表自由行使选举权的同时，也严重腐蚀了人大代表履行职务的廉洁性。"同时，公诉机关认为，郑玉焯为达成当选省人大常委会副主任的私欲，主动向下级索要贿赂，用于贿选等非法目的和其他个人目的，应当构成受贿罪。两罪并非手段与结果的关系，不可以吸收，应予数罪并罚。公诉机关的认定符合法理，且被郑玉焯认可，被法庭判处采信。

但略有瑕疵的是，该案件中，公诉机关没有依据2016年4月19日"两高"出台的《关于办理贪污贿赂刑事案件适用法律若干问题的解释》（以下简称《贪污贿赂解释》）中"索取具有上下级关系的下属财物，可能影响职权行使，视为承诺为他人谋取利益"之规定，而是认定郑玉焯索贿后为他人谋取利益，直接体现在"为行贿人所在地区的财政补贴、产粮（油）大县奖励资金、中央财政对保障性安居工程补贴等方面提供帮助"，法院认为无证据证明上述行为与索贿行为存在客观关联，而是依据《贪污贿赂解释》进行判决。

（三）"三个效果"之出庭指控

郑玉焯破坏选举、受贿案关乎国家的根本政治制度——人民代表大会制度，关乎法律的权威和尊严不容践踏，关于民众诉求和人心向背，所以公诉机关在出庭时，牢牢把握"政治效果、法律效果、社会效果"三统一。第一，有力指控论证。围绕破坏选举罪、受贿罪两罪犯罪构成，出具了证人证言、书证、物证照片及被告人供述和辩解等证据，充分运用多媒体示证技术，使控诉的证据更加直观、清晰，增强庭审效果。第二，邀请观摩庭审。在公开庭审中，邀请高检院、省院、省委政法委等领导干部、人大代表、政协委员、人

郑玉焯破坏选举、受贿案

山东省淄博市中级人民法院

刑 事 判 决 书

（2017）鲁 03 刑初 6 号

公诉机关山东省淄博市人民检察院。

被告人郑玉焯，男，1955 年 11 月 20 日出生于辽宁省大连市，汉族，大学文化，辽宁省人大常委会原副主任，曾任辽宁省财政厅党组书记、厅长，住辽宁省沈阳市和平区澳门路 6 号新世界花园湾景华庭 12 号楼 21 楼 2 号。因涉嫌犯破坏选举罪、受贿罪于 2016 年 9 月 8 日被刑事拘留，同年 9 月 23 日被逮捕，现羁押于公安部秦城监狱。

辩护人贾茂远，山东众成清泰（淄博）律师事务所律师。

淄博市人民检察院以淄检公二刑诉（2017）1 号起诉书指控被告人郑玉焯犯破坏选举罪、受贿罪，于 2017 年 1 月 22 日向本院提起公诉。本院遵照最高人民法院指定管辖决定于 2017 年 1 月 26 日立案受理，并依法组成合议庭，于 2017 年 3 月 14 日召开庭前会议，2017 年 3 月 30 日公开开庭进行了审理。淄博市人民检察院指派副检察长刘恩泉、检察员王玉红、苏政出庭支持公诉。被告人郑玉焯及其辩护人贾茂远到庭参加诉讼。因案情重大复杂，经山东省高级人民法院批准延长审限三个月。现已审理终

— 1 —

结。

淄博市人民检察院指控，2012 年 10 月至 2013 年 1 月，被告人郑玉焯为当选辽宁省第十二届人大常委会副主任，采取向部某 4S 手机销路省人大代表及有关领导的手段向他人行贿，利用担任辽宁省财政厅党组书记、厅长的职权、校务多名…助其拉票，其中部分下属采取送美元、手机、苹果平板电脑及购物的贿赂手段拉票，涉及辽宁省人大常委会及省内 11 个市…76 名省人大代表。被告人郑玉焯实施的破坏选举行为，情节严重，社会影响恶劣。2011 年至 2012 年，被告人郑玉焯利用其担任辽宁省财政厅党组书记、厅长的职务便利，为辽宁省铁岭市财政局在财政补贴、资金拨付等方面提供帮助。2012 年 12 月，被告人郑玉焯通过身边工作人员向铁岭市财政局原局长升耀民索要苹果 4S 手机 30 部，价值人民币 15.6 万元（以下未注明币种者均为人民币）。案发后，被告人郑玉焯如实供述了全部犯罪事实，认罪态度较好，并主动退赃 15.6 万元。

公诉机关就指控的事实向法庭出示了物证照片、书证、证人证言和被告人供述等证据，认为被告人郑玉焯身为国家工作人员，利用职权实施破坏选举行为，情节严重；利用职务上的便利，索取他人财物，数额较大，应当以破坏选举罪、受贿罪追究其刑事责任。被告人郑玉焯有索贿情节，依法应当从重处罚；郑玉焯如实供述罪行，认罪态度较好，主动退缴涉案财物，可予从轻处罚。

被告人郑玉焯对公诉机关指控的犯罪事实无异议。

— 2 —

二、扣押在案的受贿所得十五万六千元，用于破坏选举的财物（详见附件 1）予以没收，上缴国库。

如不服本判决，可于接到本判决书的第二日起十日内，通过本院或者直接向山东省高级人民法院提出上诉，书面上诉的，应提交上诉状正本一份，副本两份。

审　判　长	王建明	
审　判　员	成玉华	
审　判　员	赵磊	

二〇一七年五月八日

书　记　员	孙俊	
书　记　员	隽敏	

— 18 —

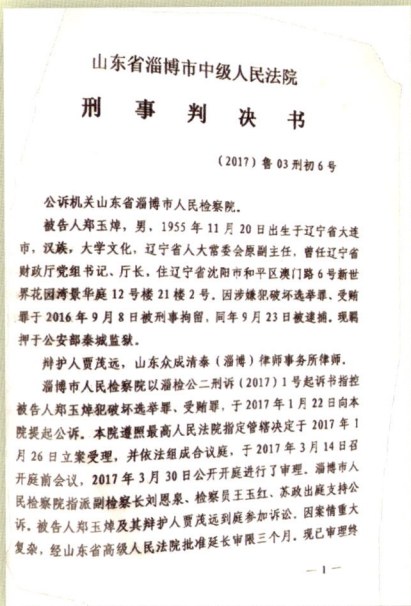

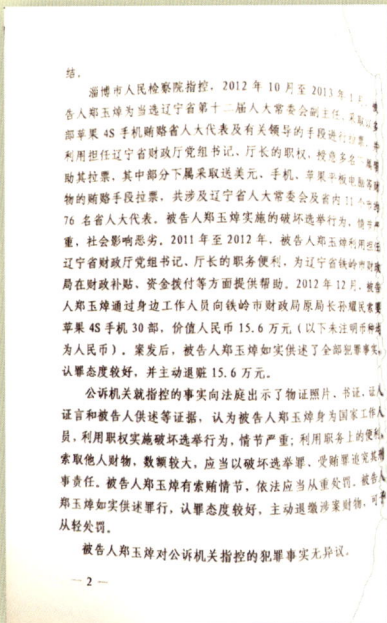

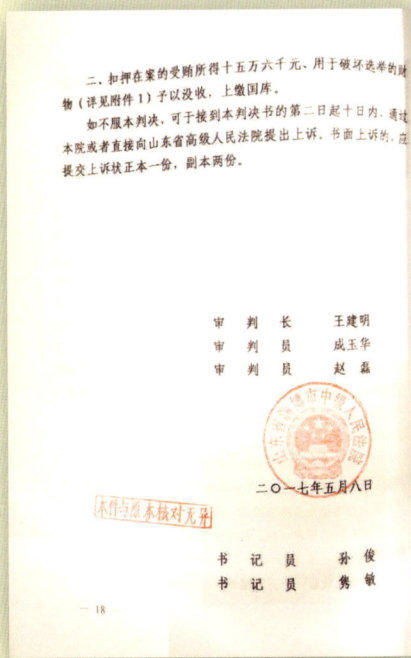

● 郑玉焯破坏选举、受贿案刑事判决书（部分）

民监督员进行旁听。第三，注重法庭教育。公诉意见围绕"背离宗旨、严重违反换届纪律""触碰底线、严重损害政治生态""索要贿赂、严重丧失廉政准则"三个方面剖析郑玉焯破坏选举案、受贿案的社会危害性，逻辑清楚、层层递进，有非常好的警示效果。特别是结束语，引用古文《读通鉴论》的"不虑于微，始贻于大；不防于小，终亏大德"，对郑玉焯的犯罪原因进行剖析，取得较好的法庭教育效果。

案例推荐：山东省人民检察院

撰稿：苏云姝

审稿：徐然

林剑明等七人侵犯公民个人信息案

——发挥捕诉一体职能实现宽严相济

基本案情

林剑明，男，时年 20 岁，福建省漳浦县人，无业。

谢伟康，男，时年 25 岁，福建省龙岩市人，无业。

谢伟航，男，时年 24 岁，福建省龙岩市人，无业。

（其他被告人基本情况略）

2016 年 5 月，被告人林剑明、谢伟康、谢伟航合谋从网络上非法获取公民个人信息出售牟利，并租用厦门市翔安区一房屋作为作案场所。2016 年 6 月下旬起，被告人林剑明、谢伟康以"招工"为名陆续雇用在校学生戴某坚、张某洲、张某丰、郑某涛等人作为"暑期工"。上述在校学生在被告人林剑明的指导下，使用专用软件从互联网上初步采集淘宝买家信息，后交由被告人林剑明利用技术手段破解包含淘宝会员名字、手机号码及归属地等内容的真实个人信息 2000 余条，再交由被告人谢伟康通过互联网出售给他人，从中非法获利人民币 10000 余元。经查，戴某坚、张某洲、张某丰、郑某涛各从中获利人民币 500 元且已退赃。

2016 年 8 月 25 日，厦门市翔安区人民检察院依法对主犯林剑明、谢伟康批准逮捕；对从犯在校学生戴某坚等人无逮捕必要不捕；对情节显著轻微，危害不大的林某鸿法定不捕。2017年4月21日检察机关依法对被告人林剑明、谢伟康、谢伟航向厦门市翔安区人民法院提起公诉，对在校学生戴某坚、张某洲、张某丰、郑某涛决定相对不起诉。2017年5月5日，法院对被告人林剑明、谢伟康判处有期徒刑一年；对被告人谢伟航判处有期徒刑八个月，缓刑一年。

案件背景与社会影响

随着我国信息网络的高速发展，公民个人信息逐渐网络化、虚拟化，其商业价值不断被凸显。因此，针对公民个人信息的窃取、滥用等行为，也不断潜滋暗长。特别是网络犯罪升级换代、网络黑灰产业链的形成，使得侵犯个人信息的犯罪更为集团化、便利化、可盈利化，并为进一步侵犯公民人身和财产法益创设了必要的条件。为了适应这种网络犯罪的态势，我国先后通过《刑法修正案（七）》《刑法修正案（九）》，对非法获取和侵犯公民个人信息的行为加以规制。本案作为厦门市翔安区首例侵犯公民个人信息案件，尽管在规模化、产业化和危害性上都不甚突出，但因为涉案部分行为人系在校学生，因"暑期打工"误入犯罪陷阱，由此涉及未成年人犯罪的惩罚与预防机制，引起社会广泛关注。

同时，检察机关以未成年人这一特殊主体为标准，根据未成年人犯罪案件的特点，实行捕诉监防一体化办案模式。具体而言，在办理未成年人犯罪案件中，检察机关将审查逮捕、审查起诉、诉讼监督和预防帮教四项检察职能统归未检机构，由同一承办人跟进同一案件的全程，最大限度地预防、矫治、减少未成年人违法犯罪。在本案的办理中，检察机关充分发挥法律监督职能，宽严相济、兼顾法理与情理，处理结果富有层次，并针对在校学生这一特殊群体开展有效预防。

国家公诉——共和国**70**年典型案例及法律文书评析

捕诉一体与职能延伸 ·······················

（一）捕诉环节，精准把握定性

本案办理时，《关于办理侵犯公民个人信息刑事案件适用法律若干问题的解释》（以下简称《解释》）尚未出台，关于公民个人信息的范围、定罪量刑标准、信息数量计算规则等内容尚未有明确细化规定，为本案的办理增加了难度。检察机关作出精准预判，对法律适用的把握符合出台后该《解释》的规定，有较强的前瞻性。本案中，被告人林剑明、谢伟康、谢伟航合谋利用技术手段非法获取公民个人信息 2000 余条，非法出售给他人获利 10000 余元，属于"情节严重"。从侵犯的公民个人信息的种类来看，属于可能影响财产安全的信息，非法出售给他人很可能实施精准诈骗等关联犯罪，具有较大的社会危害性；从非法获利数额来看，一般公民个人信息的价格相对较低，获利 10000 余元可见多次出售给了不同单位或个人，传播范围较广，危害性增强。根据《解释》出台后的标准，3 名被告人的行为也确实达到了"情节严重"的定罪标准。此外，被告人林剑明、谢伟康通过招募暑期工的名义雇用多名在校学生帮助其采集淘宝用户信息，采用欺骗方式诱导未成年人实施犯罪，社会影响恶劣。因此，检察机关精准把握案件定性，对出谋策划的主犯依法逮捕起诉，彰显了法律刚性，体现了惩治犯罪、保护公民个人信息的决心。

（二）宽严相济，体现检察温情

本案系成年人雇用在校学生共同实施犯罪的案件，其中 1 名在校学生已成年，3 名在校学生未成年，且均系在暑假打工期间被拉入犯罪团伙。为贯彻宽严相济的刑事政策，体现检察温情，检察官在案件审查、区别处理、警示预防等各方面同时着力，体现了大办案思维，全面履行法律监督职责。

厦门市翔安区人民检察院
起诉书

翔检未检刑诉〔2017〕11号

被告人谢伟康，男，1991年5月4日出生，居民身份证号码350802199105046011，汉族，中专文化，无业，暂住厦门市翔安区新店镇祥福四里汇景新城三期5号楼B座604室（户籍所在地福建省龙岩市新罗区迸中镇仁和村保太路60号），因涉嫌犯公民个人信息罪，于2016年7月19日被厦门市公安局翔安分局刑事拘留，2016年8月25日经本院批准逮捕，次日由厦门市公安局翔安分局执行逮捕。

被告人林剑明，男，1996年11月10日出生，居民身份证号码350623199611105118，汉族，中专文化，无业，暂住厦门市翔安区新店镇祥福四里汇景新城三期5号楼B座604室（户籍所在地福建省漳浦县霞美镇霞美村竹寺巷74-2号），因涉嫌犯公民个人信息罪，于2016年7月19日被厦门市公安局翔安分局刑事拘留，2016年8月25日经本院批准逮捕，次日由厦门市公安局翔安分局执行逮捕。

被告人谢伟航，男，1992年6月21日出生，居民身份证号码350802199206216016，汉族，初中文化，无业，暂住厦门市翔安区新店镇祥福四里汇景新城三期5号楼B座604室（户籍所...

在地福建省龙岩市新罗区迸中镇仁和村保太路56号），因涉嫌侵犯公民个人信息罪，于2016年7月19日被厦门市公安局翔安分局刑事拘留，2016年8月25日变更强制措施为取保候审，2016年10月28日本院依法决定对其继续取保候审。

本案由厦门市公安局翔安分局侦查终结，以被告人谢伟康、林剑明、谢伟航侵犯公民个人信息罪，于2016年10月25日向本院移送审查起诉，本院受理后，于2016年10月28日告知被告人有权委托辩护人，依法讯问了被告人，听取了辩护人的意见，审查了全部案件材料，并于2016年12月9日、2017年2月24日两次退回补充侦查。厦门市公安局翔安分局分别于2017年1月9日、2017年3月24日重新移送审查起诉，其间，依法延长审查起诉期限两次各半个月。

经依法审查查明：

2016年5月，被告人谢伟康、林剑明合谋非法获取公民个人信息用于出售牟利，并商议由被告人谢伟康负责出资采购电脑、桌椅及支付房租、工资、伙食费等费用，被告人林剑明负责招工及研究非法获取公民个人信息的具体操作等事项。同年5月19日，被告人谢伟康、林剑明、谢伟航至厦门市翔安区新店镇祥福四里汇景新城三期5号楼B座604室，租赁该房屋作为窝点，自同年6月下旬起，被告人谢伟康、林剑明以招工为名陆续雇佣陈志坚、张鹏洲、张山丰、郑涛（均另案处理）等人，并伙同被告人谢伟航使用专门软件在互联网上共同非法获取大量淘宝买家...

信息，其中，被告人谢伟航、戴志坚、张鹏洲、张山丰、郑涛等人负责初步采集信息后，发给被告人林剑明由其负责整理出含有淘宝买家姓名、电话及所在地区内的有效信息，交予被告人谢伟康。其间，被告人谢伟康将采集到的2000余条淘宝买家信息，通过互联网出售给他人，从中非法获利人民币10000余元。

2016年7月18日，被告人谢伟康、林剑明、谢伟航在上述暂住处内被公安机关抓获，并被当场查获电脑、银行卡等作案工具、赃款。被告人谢伟康、林剑明、谢伟航均对其上述犯罪行为供认不讳。

认定上述事实的证据如下：

1. 作案工具电脑、银行卡等物证；
2. 银行卡交易明细、开户资料等书证；
3. 证人林艺鸿、林玉峰、谢建作、谢秋萍、谢序挽、谢国志、罗慧林的证言；
4. 被告人谢伟康、林剑明、谢伟航及同案犯戴志坚、张鹏洲、张山丰、郑涛的供述和辩解；
5. 电子数据检验报告；
6. 现场勘验笔录、现场照片及辨认笔录；
7. 电子数据；
8. 户籍证明、违法犯罪经历查询情况说明、到案经过、提取笔录、扣押清单、情况说明及相关法律文书等其他综合证据。

本院认为，被告人谢伟康、林剑明、谢伟航伙同他人非法获取公民个人信息2000余条，并向他人出售、非法获利人民币10000余元，情节严重，其行为已触犯《中华人民共和国刑法》第二百五十三条之一第一款、第三款，犯罪事实清楚，证据确实、充分，均应当以侵犯公民个人信息罪追究其刑事责任。依照《中华人民共和国刑法》第二十五条第一款的规定，本案系共同犯罪，被告人谢伟康、林剑明在共同犯罪中起主要作用，系主犯，依照《中华人民共和国刑法》第二十六条第一款的规定处罚；被告人谢伟航在共同犯罪中起次要作用，系从犯，依照《中华人民共和国刑法》第二十七条之规定，应当从轻处罚。被告人谢伟康、林剑明、谢伟航到案后能如实供述自己的罪行，依照《中华人民共和国刑法》第六十七条第三款之规定，均可以从轻处罚。根据《中华人民共和国刑事诉讼法》第一百七十二条的规定，提起公诉，请依法判处。

此致

厦门市翔安区人民法院

检察员 戴爱珍
代理检察员 许建平

● 林剑明等七人侵犯公民个人信息案对林剑明等三人的起诉书

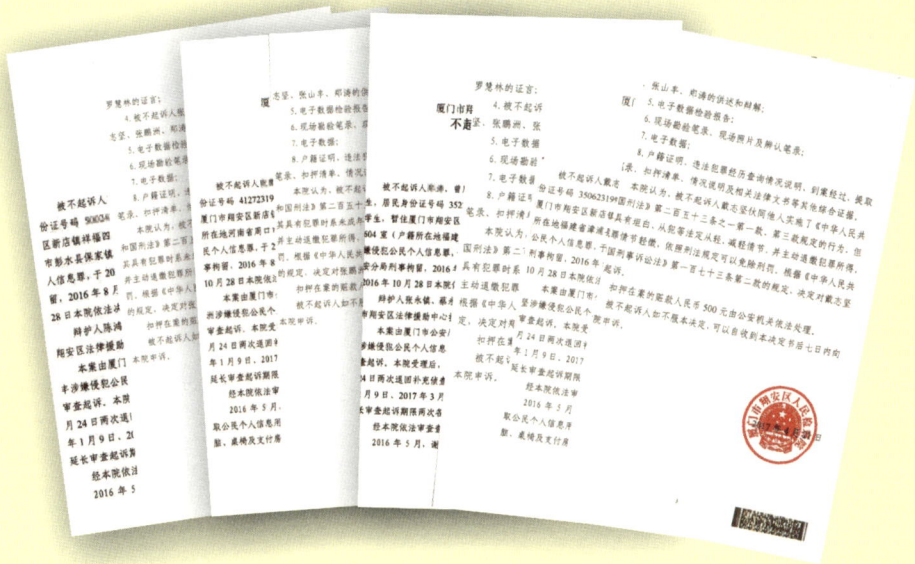

● 林剑明等七人侵犯公民个人信息案不起诉决定书（部分）

在审查批捕环节，对在校学生林某鸿作出无罪不捕决定。林某鸿参与时间较短、仅从事辅助工作，属于"情节显著轻微，危害不大"的情形，依法对其作出无罪不捕的决定。从《解释》出台后的标准来看，林某鸿的行为确实尚未达到情节严重的标准，不构成犯罪。在审查起诉环节，查明 4 名在校学生确系误入"暑期工陷阱"，在犯罪中仅实施了初步采集信息的行为，未参与后续破解、出售个人信息的环节，每人分到的"工资"仅仅只有 500 元，且已退赃。故依法对 4 名在校学生认定为从犯，并作出相对不起诉决定。

公诉意见指出："孩子犯错误，自然需要教育和惩罚，更需要有一双有力的手制止他们，开导他们，保护他们，拯救他们，避免他们走向一去不返的深渊。"检察官在办案过程认真审查，对涉案的未成年在校学生以犯罪情节、作用大小相区分，对情节轻微的涉案学生采取取保候审强制措施，依法决定不起诉，是检察机关准确运用不捕不诉权，在检察环节发挥主导作用、承担检察主导责任、实现三个效果统一的体现。

（三）惩前毖后，注重职能延伸

承办检察官在宽严相济政策指引下，依法履行了逮捕、起诉的法定职责，使 3 名被告人得到了法律应有的制裁，对 4 名误入歧途的在校学生进行了教育和挽救。为了真正解决社会问题，有效预防犯罪发生，检察官在办好案件的同时，更加注重社会职能的延伸、大局意识的体现。

引起社会广泛关注的"暑期工陷阱"问题，与每个家庭息息相关。每一个公民的子女都有可能利用暑期打工实习，也都有可能再次落入犯罪的陷阱，这一事件无疑牵动着每位家长的神经。承办检察官高度重视这一社会问题，主动承担检察机关法律监督责任，将如何避免"暑期工陷阱"作为其办案延伸的一个重要目标。为了有效预防暑期打工的学生不再被犯罪分子诱骗、不再误入歧途，检察官精心撰写了检察建议，从加强暑期宣传、暑期实践引导、暑期法律知

福建省厦门市中级人民法院

刑事裁定书

(2017) 闽 02 刑终 375 号

原公诉机关厦门市翔安区人民检察院。

上诉人（原审被告人）谢伟康，男，1991 年 5 月 4 日出生，公民身份证号码 350802199105046011，汉族，中专文化，无业，户籍地福建省龙岩市新罗区适中镇仁和村保太路 60 号，因涉嫌犯侵犯公民个人信息罪于 2016 年 7 月 19 日被刑事拘留，同年 8 月 26 日被逮捕，现羁押于厦门市第二看守所。

原审被告人林剑明，男，1996 年 11 月 10 日出生，公民身份证号码 350623199611105118，汉族，中专文化，无业，户籍地福建省漳浦县霞美镇霞美村竹竿寺巷 74-2 号。因涉嫌犯侵犯公民个人信息罪于 2016 年 7 月 19 日被刑事拘留，同年 8 月 26 日被逮捕，现羁押于厦门市第二看守所。

原审被告人谢伟航，男，1992 年 6 月 21 日出生，公民身份证号码 350802199206216016，汉族，初中文化，无业，户籍地福建省龙岩市

新罗区适中镇仁和村保太路 56 号。因涉嫌犯侵犯公民个人信息罪于 2016 年 7 月 19 日被刑事拘留，同年 8 月 25 日被取保候审。

厦门市翔安区人民法院审理厦门市翔安区人民检察院指控原审被告人谢伟康、林剑明、谢伟航犯侵犯公民个人信息一案，于 2017 年 5 月 5 日作出 (2017) 闽 0213 刑初 183 号刑事判决，判决：一、被告人谢伟康犯侵犯公民个人信息罪，判处有期徒刑一年，并处罚金人民币五千元。二、被告人林剑明犯侵犯公民个人信息罪，判处有期徒刑一年，并处罚金人民币五千元。三、被告人谢伟航犯侵犯公民个人信息罪，判处有期徒刑八个月，缓刑一年，并处罚金人民币五千元。四、扣押在案的作案工具计算机显示器及主机各 7 台、一体机电脑 1 台、手机 3 部、银行卡 4 张、U 盘 2 个，均予以没收。（详见没收清单）五、扣押在案的被告人谢伟航的个人物品诺基亚牌 1050 型手机 1 部（串号：357781064275153），予以发还其本人。六、被告人谢伟康退缴在案的违法所得人民币一万元，予以没收，上缴国库。宣判后，原审被告人谢伟康不服，以原判量刑偏重为由提出上诉，在审理过程中，上诉人谢伟康申请撤回上诉。

本院认为，原判认定上诉人谢伟康、原审被告人林剑明、谢伟航犯侵犯公民个人信息罪的事实清楚，定罪准确，量刑适当，审判程序合法。上诉人谢伟康自愿撤回上诉，符合法律规定，予以准许。据此，依照《最高人民法院关于适用〈中华人民共和国刑事诉讼法〉的解释》第三百零五条第一款、第三百零八条之规定，裁定如下：

准许上诉人谢伟康撤回上诉。

厦门市翔安区人民法院 (2017) 闽 0213 刑初 183 号刑事判决自本裁定送达之日起发生法律效力。

本裁定为终审裁定。

审 判 长　庄居忠　（庄学忠）

审 判 员　彭亚奴　（彭亚奴）

审 判 员　张涛　（张涛）

二〇一七年五月二十五日

本件与原件核对无异

书 记 员　陈雁哲　（陈雁哲）

● 林剑明等七人侵犯公民个人信息案刑事裁定书

识学习、暑期教师跟踪负责等 4 个方面要求学校加强监管，做好暑期学生保护工作。此外，检察官还组织检察院、司法局等法律工作者共同对在校生开展教育帮扶，以生动的案例教育在校生要擦亮眼睛，避免被小恩小惠所迷惑，在暑期打工时要知法、懂法、守法，避免被犯罪分子利用，从而跌入犯罪深渊。该案的办理和后续的教育帮扶工作得到了学生、家长、学校和社会各界的一致好评。

承办检察官审慎认真的办案实践，折射出其在办理社会涉及面广的热点案件时，对群众利益高度关注和负责的司法态度，是践行检察官在检察环节发挥主导作用，承担检察主导责任的一次生动的实践，也是检察机关有效参与社会治理，服务大局发展的职能彰显。

案例推荐：福建省人民检察院

撰稿：鲍键

审稿：徐然

张天明等三十人组织、领导传销，聚众扰乱公共场所秩序案

——"善心汇"非法传销案

基本案情

张天明，男，时年 40 岁，黑龙江省哈尔滨市人，初中肄业，深圳善心汇文化传播有限公司法定代表人。

2015 年 9 月，张天明参与"云互助""3M"等网络传销后，预谋开发网络传销系统，谋取非法利益。2016 年 3 月以来，张天明邀集燕吉利参与开发网络传销系统和提供启动资金，陆续招募黄荣权、陈清劲、方同松、刘韩望等人开发善心汇"众扶互生系统"，授意董健等人在海南收购黄花梨种植基地等产业用于实业包装。同时，对公司经营模式及经营状况进行虚假和欺骗性宣传，鼓吹为"扶贫济困、均富共生"的循环新经济生态系统，打着"为国家精准扶贫发力、为国家供给侧结构性改革助力、为中国优秀传统文化传承尽力"的旗号，以能帮助别人又能获取高额利润为诱饵，在全国各地大肆发展会员，收取巨额费用。案发后，张天明等人煽动会员先后到长沙、北京等地聚集，严重扰乱公共场所秩序和社会秩序。

"善心汇"传销组织以购买"善种子"的名义要求参加者变相

缴纳入门费，以售卖"善种子"和"善心币"赚取差价、提取隔代返利等形式引诱会员继续发展下线。截至 2017 年 7 月 24 日，"善心汇"传销组织研发的"众扶互生系统"共有注册会员 598 万余人（其中激活会员 536 万余人），形成 75 层的金字塔结构，涉案金额 1046 亿余元，被依法取缔时系统场内未匹配金达 200 多亿元。张天明个人非法获利近 26 亿元，"善心汇"其他核心成员也非法获利数万元至数千万元不等。

此案由永州市公安局侦查终结，2017 年 10 月 10 日，永州市公安局以张天明、燕吉利、刘力华、董健、黄荣权等 30 人涉嫌组织、领导传销活动罪、聚众扰乱公共场所秩序罪和掩饰、隐瞒犯罪所得罪向永州市人民检察院移送审查起诉。经永州市检察院指定管辖，该案交由永州市所在基层院办理。2017 年 11 月 30 日，双牌县人民检察院向双牌县人民法院提起公诉。2018 年 12 月 14 日，一审法院判决张天明犯组织、领导传销活动罪、聚众扰乱公共场所秩序罪，判处有期徒刑十七年，并处罚金 1 亿元，其他被告人也均被定罪处刑。一审判决后，张天明等人不服判决，向永州市中级人民法院提起上诉。2019 年 5 月 10 日，二审法院依法审理后公开宣判，作出裁定，驳回上诉，维持原判。

案件背景与社会影响 ·······························

该案发生在党的十九大召开前的敏感期且涉案人数众多、波及全国各省区市、社会舆论广泛关注，党和国家领导对该案多次作出重要指示批示。该案的社会影响具有三个方面的特点：

第一，采取灌输错误价值观的方式进行"洗脑"，以落实国家政策和慈善公益为幌子实施犯罪。

通过长期的价值观输出，"善心汇"会员形成了"不劳而获，一夜暴富"的思想，认为发展下线是在帮助别人"致富"，会员在利用亲情、友情发展下线的同时将这种错误的价值观进行传导、发散，对传统社会伦理道德和社会主义核心价值观造成了不可估量的破坏。

第二，会员人数众多且"中毒"极深，给国家政治安全和社会稳定埋下了重大隐患。

"善心汇"传销组织至案发注册会员达近 600 万人，覆盖全国 34 个省区市，定期通过微信群等平台对会员进行"洗脑"，将张天明塑造成"精神领袖"，一定程度上已经演化为政治、经济"邪教"组织。公安机关对"善心汇"案件立案侦查后，在逃的首犯张天明通过微信群煽动上千名会员聚集到湖南省委、省政府周边拉横幅、喊口号，提出释放在押的"善心汇"成员、解冻张天明及其公司账户资金、撤销对张天明网上追逃等非法要求。之后，又煽动众多会员到北京聚集上访。绝大多数会员深陷其中不能自拔，对司法机关的依法打击不理解、不支持。"善心汇"数百万会员极容易形成特定的利益群体，开展所谓的"维权"活动，给党的执政基础和社会稳定埋下了重大隐患。

第三，借助网络科技和新媒体手段实施犯罪，传播速度较快，会员遍布全国各省区市。

张天明等人斥巨资引进 IT 高级技术人员，组建自身核心技术团队，研发"众扶互生系统"，并利用微信等新媒体迅速传播，在被微信平台监管后，投入近千万元研发专门聊天软件"善讯"等 App，寻求用自成一体的高科技手段来继续宣传推广发展会员。与传统传销模式不同，"善心汇"一开始就注重利用网络科技和新媒体技术，在极短的时间内完成传销组织的构建和扩散，会员数量一直呈几何倍数增长。自 2016 年 5 月至 2017 年 7 月短短一年多的时间，"善心汇"注册会员就达 598 万余人，波及全国 34 个省区市。

本案庭审后，专案组对本案办理的相关经验及时进行了总结。形成了经验材料。最高人民检察院向全国转发了该案的经验做法，并将该案写入 2018 年向全国人大汇报的五年工作报告。

张天明等三十人组织、领导传销，聚众扰乱公共场所秩序案

公诉指控

（一）加强审查引导，形成工作机制

检察机关的专案组在案件侦查阶段即进驻办案点进行同步审查，与公安机关就取证方向、证据标准、主观明知认定、取证范围、取证程序、打击范围、办案节奏等方面会商把关。湖南省检察院制定了《"7·13"专案证据收集审查指引》（以下简称《指引》），引导公安机关全面侦查取证，做到审查证据与补强证据同步，检察机关研究案情与侦查机关沟通同步，确保了犯罪嫌疑人的供述与待证事实的一致性。该《指引》经最高人民检察院转发，成为指导全国检察机关、侦查机关取证的蓝本。专案组还及时指导侦查机关分类筛选、逐一过滤、及时补证，特别是做好电子证据的收集、梳理、固定和保全工作，确保了全案的顺利侦办。

（二）发挥检察一体化优势，确保办案质效

该案涉案人员众多、案情复杂，为提高办案质效，从湖南省全省抽调多名业务骨干组成专案组，实行一体化办案，统一办案模式、统一研究程序、统一处理尺度。一是在审前程序中充分做好教育转化工作，为此在专案组中专门成立了转化组，在深入调查各被告人社会关系、分析性格特征的基础上精心制定教转方案，抓住审查逮捕、审查起诉、提起公诉、开庭审理前的时间节点，综合运用释法说理、政策攻心、人文关怀、亲情感化等方法，促使 29 名被告人当庭认罪服法。二是在庭审中充分发挥证明指控犯罪职能。针对大量庞杂的证据精心设计举证提纲，从证据体系、证明事项到示证顺序、引导语、小结等每一个环节都精心安排。在证据展示上，以集视频、图片、声像、动画、文字、标注于一体的多媒体演示形式，将海量的证据材料和错综复杂的传销模式，以生动、简明、直观的方式在较短的时间内进行全面展示。在发表公诉意见的同时开展了深刻的

普法教育。除了首犯张天明之外，其余被告人均真诚悔罪，一些被告人还现身说法并留下了悔恨的泪水。在场观摩庭审的领导和群众对公诉人出庭效果给予了高度评价。三是在办案同时，全力配合做好维稳工作。考虑到 30 名被告人由一个检察院起诉，庭审时间过长、矛盾过于集中、维稳压力大，经沟通协商，在区分认罪态度、地域、罪行大小等情况的基础上，将本案拆分为 3 个案件分别由永州市 3 个基层检察院同步向人民法院提起公诉，并在 2018 年 4 月 24 日至 25 日，在三地同步开庭。

案例推荐：湖南省人民检察院

撰稿：刘哲

审稿：徐然

"e租宝"非法集资案

——新中国成立后规模最大的非法集资犯罪案件

基本案情

安徽钰诚控股集团（以下简称钰诚集团），集团董事长丁宁。钰诚国际控股集团有限公司。

丁宁，男，时年34岁。

（其他被告人基本情况略）

钰诚集团及钰诚国际控股集团有限公司先后于2014年6月至2015年4月及2015年5月至12月间，违反国家法律规定，控制、组织、利用安徽某融资租赁有限公司、某网络科技有限公司、某金融信息服务有限公司、某投资顾问有限公司、某商务咨询有限公司等多家公司，在其建立的e租宝、芝麻金融互联网平台发布虚假的融资租赁债权及个人债权项目，包装成"e租年享""年安丰裕"等年化收益9%—14.6%的理财产品进行销售，以承诺返本付息为诱饵，通过电视台、网络、散发传单等途径向社会公开宣传，吸收115万余人资金，共计人民币762亿余元，其中重复投资金额为人民币164亿余元。二单位集资后大部分集资款未用于生产经营，而是挥霍部分集资款、将部分集资款用于违法犯罪活动，造成集资款损失人民币380亿余元。丁宁等26名被告人在上述非法集资事实中，分别起到组织、管理或直接参与实施的作用，分别系直接负责的主管人员或直接责任人员。

北京市人民检察院第一分院以被告单位钰诚集团、钰诚国际控股集团有限公司以及丁宁等 26 人分别犯集资诈骗罪、非法吸收公众存款罪等罪名向北京市第一中级人民法院提起公诉。法院于 2017 年 9 月 12 日作出一审判决，对钰诚国际控股集团有限公司以集资诈骗罪、走私贵重金属罪数罪并罚，判处罚金人民币 18.03 亿元；对钰诚集团以集资诈骗罪判处罚金人民币 1 亿元；对丁宁以集资诈骗罪、走私贵重金属罪、非法持有枪支罪、偷越国境罪数罪并罚，判处无期徒刑，剥夺政治权利终身，并处没收个人财产人民币 50 万元，罚金人民币 1 亿元；对丁甸以集资诈骗罪判处无期徒刑，剥夺政治权利终身，并处罚金人民币 7000 万元；同时，分别以集资诈骗罪、非法吸收公众存款罪、走私贵重金属罪、偷越国境罪，对张敏等 24 人判处有期徒刑十五年至三年不等刑罚，并处剥夺政治权利及罚金。一审宣判后，二被告单位未提出上诉，丁宁、丁甸、张敏等 23 名被告人提出上诉。11 月 29 日，北京市高级人民法院依法审理并公开宣判，作出裁定，驳回上诉，维持原判。

案件背景与社会影响

　　"e 租宝"非法集资案涉案金额高达 700 余亿元，投资人数高达 90 余万人，遍布全国 31 个省区市，卷宗 5500 余册，是新中国成立以来涉案规模最大的非法集资犯罪案件。案发后在全国范围内引起了广泛关注，成为具有高度敏感性的涉众型经济犯罪案件。在办理该案的过程中，司法机关的一些认定思路和做法被之后出台的司法解释、规范性文件（如 2019 年"两高一部"《关于办理非法集资刑事案件若干问题的意见》）所肯定和吸收。

公诉指控 ···

（一）准确把握互联网金融创新与犯罪界限

该案案发时，互联网金融创新方兴未艾，如何准确认识和区分互联网金融创新和违法犯罪之间的界限，在理论界和实务界有着诸多不同观点。检察机关在办理该案过程中，始终坚持以下两个基本原则，使得该案的处理从立案之初到终审判决，始终沿着正确的方向。

1. 互联网金融的本质仍然是金融，互联网并非金融监管的法外之地。互联网金融是金融创新发展的表现形式之一，但互联网金融并没有改变金融的本质；国家认同和鼓励金融创新，并不意味着纵容和放任打着"互联网金融创新"旗号把传统金融违法犯罪活动从线下搬到线上的金融犯罪活动。"e租宝"平台的运行时间自2014年6月至2015年12月，但最早的互联网金融监管规定文件是2015年7月中国人民银行等十部委联合发布的《关于促进互联网金融健康发展的指导意见》。有观点认为国家没有作出专门规定之前，互联网金融属于"法无禁止即可为"的领域，不能用现行金融管理法律规定对其进行监管和处理。而检察机关在办理该案时则认为，互联网金融的本质仍然是金融，"特殊规定"尚未出台时，并不意味着互联网金融就是"无法可依"的法律真空地带，因为互联网金融不仅要遵守互联网金融的专门性特殊规定，更要遵守国家金融管理的基本规定。后者，是开展各类金融活动都应当遵守的基本法律规范。这一观点最终得到了人民法院的认可。

2. 准确识别"伪金融创新"，揭露非法集资本质。互联网金融犯罪活动的本质是把传统的金融违法犯罪活动从线下搬到线上，再冠之以"区块链""物联网"等新型互联网技术名称，企图用"互联网＋"掩盖其违法本质迷惑民众。"e租宝"平台宣称其采取的是"A2P"新型融资租赁经营模式，转让的融资租赁债

中华人民共和国
北京市人民检察院第一分院
起 诉 书

京一分检公诉刑诉〔2016〕13号

被告单位安徽钰诚控股集团，注册号3140300000104012，住所地安徽省蚌埠市解放二路335号，集团理事长丁宁。

诉讼代表人薛敏，女，38岁，安徽钰诚控股集团综合管理部主管。

被告单位钰诚国际控股集团有限公司（英文名称YUCHENG INTERNATIONAL HOLDING GROUP LIMITED），公司注册成立编号1873882，注册办公地罗德镇拖拉岛英属维尔京群岛威克姆斯礁1号海外管理公司工作室，董事高俊贫。

诉讼代表人刘建胜，男，38岁，钰诚国际控股集团有限公司首席技术官、电子商务运营部网展总监。

被告人丁宁，男，1982年7月11日出生，公民身份号码340403198207112612，汉族，中专文化程度，案发前系钰诚国际控股集团有限公司合伙人会议主席，户籍所在地安徽省蚌埠市淮上区小蚌埠镇丁岗村河西24号，现住北京市朝阳区东三环中路甲10号万科大都会22层2205室。因涉嫌非法吸收公众存款罪，于2015年12月8日被北京市公安局朝阳分局拘传，于同年12月9日被北京市公安局朝阳分局指定居所监视居住；因涉嫌集资

被告人庞磊、侯松、刘曼曼、姚宝燕、杨晨被抓获，12月12日被告人刘静静被抓获，12月13日被告人朱志敏被抓获，12月23日被告人高俊贫被抓获，2016年3月3日被告人路涛被抓获，3月11日被告人张平被抓获，4月21日被告人丁如强被抓获，被告人齐松岩于2015年12月8日、被告人王之焕于同年12月22日主动投案。

案发后，部分赃款、赃物已被追缴。

本院认为，被告单位安徽钰诚控股集团、钰诚国际控股集团有限公司以非法占有为目的，使用诈骗方法非法集资，数额特别巨大，情节特别严重，二单位的行为均已触犯《中华人民共和国刑法》第三十条、第三十一条、第一百九十二条、第二百条之规定，证据确实、充分，应当以集资诈骗罪追究刑事责任；被告人丁宁、丁甸、张敏、影力之王之焕、杨翰辉、谢洁、宗静、齐松岩、杨翠歌、李倩倩、张传彪、姚宝燕、刘田田、路涛、张平、丁如强系二单位非法集资中直接负责的主管人员，被告人庞磊、侯松、许辉、刘曼曼、朱志敏、刘静静、杨晨、王磊、高俊贫系二单位非法集资中的直接责任人员，均应追究刑事责任；其中，被告人丁宁、丁甸、张敏、影力、庞磊、侯松、许辉、刘曼曼、朱志敏、刘静静具有非法占有目的，应当以集资诈骗罪追究刑事责任；被告人王之焕、李倩倩、张传彪、宗静、王磊、谢洁、齐松岩、杨翠歌、杨翰辉、姚宝燕、刘田田、杨晨、路涛、张平、丁如强、高俊贫违反国家金融管理法规定，变相吸收公众存款，

英途世纪（北京）商务咨询有限公司等多家公司，在其建立的e租宝、芝麻金融互联网平台发布虚假的融资租赁债权及个人债权项目，包装成"e租年享"、"年安年裕"等年化收益9%~14.6%的理财产品进行销售，以承诺还本付息为诱饵，通过电视台、网络、散发传单等途径向社会公开宣传，吸收115万余人资金共计人民币762亿余元，其中重复投资金额约为人民币164亿余元，二单位集资后大部分集资款未用于生产经营、挥霍部分集资款，将部分集资款用于违法犯罪活动，造成集资款损失人民币380亿余元。

被告人丁宁作为二单位的实际控制人，与高层管理人员被告人丁甸、张敏、影力等人管理集资活动，被告人庞磊、侯松、许辉制作虚假的债权项目，在被告人王之焕、谢洁、路涛、张平等人分别负责的e租宝、芝麻金融互联网平台发布，被告人谢洁、杨翰辉、姚宝燕、杨晨、丁如强等人通过媒体、推介会等途径向社会公开进行诱惑性宣传，并通过被告人齐松岩、杨翠歌、路涛、丁如强等人分别管理的线下销售公司，同步开展线上、线下集资活动，被告人李倩倩、张传彪、宗静、刘田田、王磊、高俊贫等人分别负责项目审核、人员招聘、业务督导、人事管理、平台维护、提供个人名义债权等事项。被告人刘曼曼、朱志敏、刘静静按照丁宁、谢洁等人指示，收取、支付集资款。

在集资过程中，被告单位安徽钰诚控股集团、钰诚国际控股集团有限公司骗取集资款共计人民币380.69亿余元，被告人丁

数额巨大，情节严重，依照《中华人民共和国刑法》第一百七十六条之规定，应当以非法吸收公众存款罪追究刑事责任，被告单位钰诚国际控股集团有限公司走私国家禁止出口的黄金，情节特别严重，其行为已触犯《中华人民共和国刑法》第三十条、第三十一条、第一百五十一条第二款、第四款，犯罪事实清楚，证据确实、充分，应当以走私贵金属罪追究刑事责任；被告人丁宁系该单位走私贵金属中直接负责的主管人员，被告人谢洁系该单位走私贵金属中的直接责任人员，均应当以走私贵金属罪追究刑事责任，被告人丁宁违反枪支管理规定，非法持有枪支，其行为已触犯《中华人民共和国刑法》第一百二十八条第一款，犯罪事实清楚，证据确实、充分，应当以非法持有枪支罪追究刑事责任，被告人丁宁、谢洁违反国境管理规定，偷越国境，情节严重，二人的行为均已触犯《中华人民共和国刑法》第三百二十二条，犯罪事实清楚，证据确实、充分，应当以偷越国境罪追究刑事责任，被告单位钰诚国际控股集团有限公司、被告人丁宁、谢洁均犯数罪，依照《中华人民共和国刑法》第六十九条之规定，应当数罪并罚。根据《中华人民共和国刑事诉讼法》第一百七十二条的规定，提起公诉，请依法判处。

此致

北京市第一中级人民法院

● "e租宝"非法集资案起诉书（部分）

权还有融资担保公司连带保证、商业保理公司赎回的多重保障，这种看似"高大上又安全"的运营模式极大地吸引了普通民众。然而，检察机关在办理该案的过程中却发现，这些创新模式都只是迷惑民众的噱头，因为平台上发布的债权项目绝大多数是虚假的，项目的转让方、"e租宝"平台方、提供担保、保理的公司，均是钰诚集团实际控制的公司，钰诚集团就是利用其实际控制的"e租宝"平台上的虚假债权转让项目，吸收社会不特定公众资金，"e租宝"平台实际沦为了钰诚集团向社会公众非法集资的工具。据此，检察机关在认定其运营模式的"非法性"时，没有局限于关于"网络借贷平台"的特殊规定，而是回归于商业银行法的基本规定，认为其行为违反了《商业银行法》第十一条第二款"未经国务院银行业监督管理机构批准，任何单位和个人不得从事吸收公众存款等商业银行业务"的规定，侵犯了银行的存款业务专营权，符合了非法集资"违反国家规定"的构罪要件。这一认定思路，与之后2019年"两高一部"出台的相关司法解释中关于非法集资"非法性"认定依据、思路的精神和内容不谋而合。

（二）充分发挥检察机关在审前的主导作用

"e租宝"非法集资案涉案公司体系极为复杂、证据海量，尤其是电子证据更是以 T 级计算。准确的取证方向、合理的证据体系构建、电子证据固定方式等成为本案事实能否立得住的关键。检察机关在该案批捕前即提前介入侦查，此后一直引导侦查机关取证工作，有效地引导了侦查工作的顺利开展，充分挖掘证据的证明价值。

1. 引导审计工作，最大限度挖掘审计报告对指控犯罪的证明价值。关于"e租宝"平台上虚假项目的认定标准问题，检察机关并未采取对遍布全国的数千家项目公司一家家核实的方式，而是与审计人员对审计资料内容进行详细沟通，在逐步厘清钰诚集团资金往来脉络的基础上，明确了判断虚假项目的核心应当是项目公司与"钰诚系"公司（钰诚集团掌握账户）之间是否有资金往来关系、项目公司是不是"钰诚系"公司，再结合侦查机关对项目公司的核查资料、财务人员是否记载向该项目公司支付中介费，来判断是否与"钰诚系"公司有贷款关系。不仅为审计报告对关于"e租宝"平台上发布项目及项目公司情况的鉴定内容找准了方向，也为论证"通过虚假债权项目吸收公众资金"奠定了坚实的证据基础。

2. 引导对钰诚集团OA办公系统的取证勘验工作，确保取证的针对性。此类案件中涉案人员众多，虽然有口供可以相互指证各人员的参与行为，但仍需要其他证据印证。为了确保提取电子证据的关联性，从海量电子证据中筛选出与犯罪事实相关的证据，检察机关及时与公安机关、鉴定人员面对面沟通，通过对OA办公系统中提取电子数据的初步审查梳理，引导鉴定机构出具司法鉴定意见书的思路，明确委托鉴定事项，实现了从海量电子数据中筛选提取与各犯罪嫌疑人职务职责、钰诚集团运营架构有关的客观证据，并根据OA办公系统中邮箱提取邮件等相关证据进一步扩展了鉴定内容，极大地发挥了鉴定意见对整体运营模式、各参与人客观行为、主观心态的证明作用。

（三）成功完成出庭支持公诉任务

"e租宝"非法集资案被告人人数众多，涉案事实庞杂，社会广泛关注。为了有效保障庭审质量，北京市检察机关在全市调配优秀公诉人，组成公诉团队，通过周密的准备，圆满完成了出庭支持公诉人任务。

1. 反复推敲、精心打磨法律文书，有力指控犯罪。该案起诉书从初稿到最终定稿历经15稿，对犯罪事实部分各被告人的行为描述更是反复斟酌，精益求精。公诉意见书从体例、篇幅、内容上均多次大幅调整、尝试各种思路，历经近20稿后缩减至1万字。如公诉意见书中，从立论的角度，充分而又避免重复地论证了本案非法集资等事实的证据；法律论证上，则突出了本案的单位犯罪主体、非

法占有目的；社会危害性方面，重点根据全国各地寄送的集资参与人材料中梳理出多个侵害集资参与人利益，甚至是导致其家破人亡的典型事例进行说明。在庭审最后陈述环节，除丁宁、丁甸及高俊俊外其他被告人均表示被法庭教育所感化，表示认罪、多人流下忏悔的泪水。专案组在保证庭审效率的同时，最大限度地发挥公诉意见书指控犯罪、释法说理的作用，取得良好的庭审效果。

2. 全面预测，充分细致，有序开展庭前准备工作。一是预案先行，心中有数。检察机关专案组根据需要，提前制定《综合庭审预案》《庭前会议工作方案》《出庭预案》等工作预案，结合和法院的沟通情况，针对庭审突发情况以及各环节可能存在的问题进行预判，并提出应对方式。二是庭前会议，提高效率。因本案证据体量极为庞大，法院组织召开三次庭前会议，专案组向辩方开示示证范围，较好地发挥了庭前会议的证据分流作用；同时，因审计报告较为专业复杂，专案组还主动申请鉴定人三次出席庭前会议，就审计报告进行解释、说明和回应辩护人针对审计报告的质疑；后来的庭审情况也证明了审计人员出席庭前会议的方式，极大提高了庭审时审计报告的示证效率、避免庭审时就审计报告专业内容过分纠缠，控辩双方亦主要围绕审计结论与指控犯罪之间的关联关系发表意见，庭审效果良好。

3. 顾全大局，突出重点，取得良好庭审效果。一是法庭调查化繁为简、注重效率。按照"总体从简"讯问原则，专案组将讯问提纲问题控制在300余个，为提高庭审效率，又将问题压缩至60余个，主要围绕"展示非法集资各环节及流程""指认同案被告人"等内容进行讯问，对不认罪被告人简问后便不再纠缠；面对彻底否认犯罪事实的首犯丁宁，后续公诉人及时调整讯问提纲，通过当庭其他被告人指证，有力证实丁宁当庭供述的矛盾性。在示证环节，公诉人简化出示庭前会议达成一致意见的无异议证据，重点出示有争议的证据，结合同步PPT多媒体展示，示证直观有效、条理清晰、层次分明、环环相扣，取得较好示证效果。二是法庭辩论合理分工，攻防有度。按照庭前确定的"法庭辩论不纠缠细节、以综合答辩为

『e租宝』非法集资案

● "e租宝"非法集资案刑事裁定书（部分）

主，重点问题具体答辩补充"的总体答辩思路，结合庭审实际情况，专案组现场安排 6 名公诉人有序答辩，其中总体答辩主要针对核心焦点问题"非法占有目的的认定""钰诚集团 e 租宝、芝麻金融运营模式合法性、利诱性""各被告人在单位犯罪中的地位、主从犯认定"三大问题进行答辩，具体答辩主要针对"被告人丁宁所称各公司系合法经营的辩解""被告人张敏辩解称不知道项目虚假、不具有非法占有目的""事业部负责人员犯罪数额认定标准问题""走私贵重金属罪主观故意""部分被告人对参与犯罪数额的辩解""被告人谢洁、张平是否构成自首"等问题进行答辩。整体一轮答辩过程衔接顺畅，有总有分，展示了检察机关公诉人的良好风貌，取得了很好的庭审效果，得到了全社会的一致肯定。

案例推荐：北京市人民检察院

撰稿：赵鹏

审稿：徐然

穆嘉等人黑社会性质组织犯罪案

——全国首例"套路贷"黑社会性质组织犯罪案

基本案情

穆嘉，男，时年 33 岁，回族，户籍地天津市红桥区。2015 年 4 月因吸毒被行政拘留五日，2016 年 5 月因犯非法拘禁罪被天津市红桥区人民法院判处有期徒刑一年二个月，缓刑一年六个月。

（其他被告人基本情况略）

1. 组织、领导、参加黑社会性质组织罪

穆嘉自 2015 年初未经相关部门登记、审批，非法成立万融鸿泰、鸿泰鼎盛、鸿业恒鑫多家小额贷款公司，并先后网罗王昕、邢彦石、杨德发、王艳芳、孙岩、李佳瑞等人，形成稳定的犯罪组织。穆嘉为明确的组织者、领导者，王昕、邢彦石、杨德发、王艳芳、孙岩、李佳瑞、陈欣欣、孙蕊、王亚军、庞静、任杰、于祥文、许天华、李成龙、陈龙、李猛、姚亚龙、金龙、韩盈、张堃、卢猛、王雨来、刘艳辉、崔雯等人为组织成员。该组织内部分工明确，骨干成员基本固定，穆嘉负责决策和指挥整个组织的运转，并对成员进行严密管控；王昕负责日常经营管理。组织内设所谓的业务部、风控部、催收部三个部门。王亚军负责业务部，以散发广告、发微信朋友圈招揽客户等方式寻找被害人。孙蕊负责风控部，对贷款客户的资质进行审核以掌握被害人的个人信息情况。王艳芳、邢彦石负责催收部，以暴力、威胁等手段非法侵占被害人财产、获取巨额非法利益；催收部下设两个催收小组，一组组长为杨德发，二组组长为李佳瑞。孙岩负责给穆嘉开车，传达穆嘉命令。庞静、陈欣欣负责管理组织财务。

该组织使用暴力、威胁等手段，强立债权、强行索债，非法侵占被害人财产，攫取巨额经济利益，具有较强的经济实力。所获利益用于租赁房屋及拘禁场所，为组织成员发放工资、奖金，高薪豢养打手，置备枪支、刀具、警棍等作案工具。

该组织以非法占有为目的，假借民间借贷之名，在客户借、还款过程中，通过"肆意认定违约""虚增债务""转单平账""签订虚假借款协议"等典型"套路贷"方式，恶意垒高债务，并以人身控制、恐吓、殴打等手段有组织地进行多起抢劫、敲诈勒索等犯罪活动，危及被害人身体健康，强占被害人合法财产，为非作恶，欺压、残害群众；并非法持有枪支等违禁品，严重破坏社会治安，严重妨害社会管理秩序。

该组织大肆实施违法犯罪活动，在一定区域形成非法控制和重大影响，不但严重侵害被害人的人身和财产权益，造成多名被害人及其家属心理极度恐惧，不敢举报、控告；而且严重扰乱了经济秩序、社会生活秩序，造成恶劣的社会影响。

2. 黑社会性质组织实施的具体犯罪

（1）抢劫罪。穆嘉等 22 人以非法占有为目的，在被害人刘某某、王某等 10 人借贷过程中，恶意制造、肆意认定违约，通过人身控制、恐吓、体罚、殴打等暴力、胁迫手段，强行索要钱款，强行劫取财物，数额达 180 余万元，造成 2 人多处轻微伤。

（2）敲诈勒索罪。穆嘉等 15 人在被害人孙某某、李某等 9 人借贷过程中，通过人身控制、言语威胁的手段，强行索要钱款，强行索取被害人财物，数额达 110 余万元，造成 2 人多处轻微伤。

（3）非法持有枪支罪。2016 年 7 月间，穆嘉在天津市滨海新区塘沽洋货市场内，以 1.2 万元的价格购买枪形物一支。2016 年 11 月 24 日，民警从天汇尚苑穆嘉公司内，将该枪形物查获。经鉴定：该枪形物认定为枪支。

2017 年 4 月 25 日，天津市公安局红桥分局以穆嘉等人涉嫌敲诈勒索罪、非法拘禁罪、非法持有枪支罪、聚众斗殴罪、帮助毁灭证据罪向天津市红桥区人民检察院移送审查起诉。2017 年 11 月 3 日，红桥区人民检察院以穆嘉等被告人犯抢劫罪、敲诈勒索罪、非法持有枪支罪、帮助毁灭证据罪、聚众斗殴罪向红桥区人民法院提起公诉，后经进一步审查认为上述被告人涉嫌组织、领导、参加黑社会性质组织罪，分别于 2018 年 2 月 3 日、2 月 11 日变更起诉决定。2018 年 9 月 26 日，红桥区人民法院作出一审判决，穆嘉数罪并罚被判处有期徒刑二十四年，其他被告人也均被定罪处刑。

案件背景与社会影响

"套路贷"是一种新型的犯罪方式，不是为了放贷，而是假借民间借贷之名，处心积虑设计一整套"法律陷阱"。行为人常以"小额贷款公司"名义"广撒网"，一旦有人上钩，"套路"就紧随其后：先制造民间借贷假象，与受害人签订明显不利的合同；然后为把虚增数额"坐实"，诱导受害人制造一条"银行流水与借贷合同一致"的证据链；在还款时故意造成受害人违约，用合同陷阱使其短时间内债台层层高筑。黑社会性质组织借助"套路贷"的形式，成为其壮大犯罪组织，掩盖犯罪实质的工具，成为近年来黑社会犯罪演化的新形态。

天津市红桥区人民检察院

副本

起 诉 书

津红检公诉刑诉〔2017〕304 号

被告人穆嘉，男，1984 年 2 月 1 日出生，身份证号码 120106198402010517，回族，中专文化，现住地天津市红桥区丁字沽二号路畅景家园 2 号楼 1402 号，户籍地天津市红桥区胜天北路 28 号。2015 年 4 月 2 日因吸毒被行政拘留五日；2016 年 5 月 24 日因犯非法拘禁罪被红桥区人民法院判处有期徒刑一年二个月，缓刑一年六个月。2016 年 10 月 29 日因涉嫌抢劫罪被天津市公安局红桥分局刑事拘留，2016 年 12 月 5 日经天津市红桥区人民检察院批准逮捕，并于同日被天津市公安局红桥分局执行逮捕。

被告人邢彦石，绰号"小邢"、"邢队"，男，1991 年 11 月 2 日出生，身份证号码 220822199111022813，汉族，小学文化，现住地天津市和平区大都会天汇尚苑 2 号楼 701 号，户籍地吉林省白城市通榆县八面乡阳光村东岭屯。2016 年 10 月 29 日因涉嫌非法拘禁罪、敲诈勒索罪被天津市公安局红桥分局刑事拘留，2016 年 12 月 5 日经天津市红桥区人民检察院批准逮捕，并于同

次抢劫他人财物，多次敲诈勒索他人财物且数额特别巨大，违反枪支管理法规，非法持有枪支，其行为触犯了《中华人民共和国刑法》第二百六十三条、第二百七十四条、第一百二十八条的规定，应当以抢劫罪、敲诈勒索罪、非法持有枪支罪追究其刑事责任；被告人邢彦石、杨德发、王昕、孙岩、许天华、于祥文使用暴力手段多次抢劫他人财物，多次敲诈勒索他人财物且情节特别严重，其行为触犯了《中华人民共和国刑法》第二百六十三条、第二百七十四条的规定，犯罪事实清楚，证据确实充分，应当以抢劫罪、敲诈勒索罪追究其刑事责任；被告人李佳瑞使用暴力手段多次抢劫他人财物，其行为触犯了《中华人民共和国刑法》第二百六十三条的规定，应当以抢劫罪追究其刑事责任；被告人陈龙使用暴力手段多次抢劫他人财物，多次敲诈勒索他人财物且情节特别严重，非法限制他人人身自由，其行为触犯了《中华人民共和国刑法》第二百六十三条、第二百七十四条、第二百三十八条的规定，犯罪事实清楚，证据确实充分，应当以抢劫罪、敲诈勒索罪、非法拘禁罪追究其刑事责任；被告人李成龙使用暴力手段多次抢劫他人财物，聚众斗殴打他人，其行为触犯了《中华人民共和国刑法》第二百六十三条、第二百九十二条的规定，犯罪事实清楚，证据确实充分，应当以抢劫罪、聚众斗殴罪追究其刑事责任；被

员较多，所造成的后果极为严重，社会影响极其恶劣，严重危害人民群众人身权、财产权、人格权和社会管理秩序。

（二）各被告人的量刑情节

被告人穆嘉、陈欣欣、孙茂、李猛均在缓刑考验期内实施犯罪，应撤销缓刑，数罪并罚；被告人于祥文、李佳瑞系累犯，应从重处罚。被告人王昕、杨德发、任玉、韩磊有前科，依法酌定从重处罚。

同时提请法庭注意的是，部分被告人有法定、酌定从轻或减轻情节。其中，被告人杨德发有立功情节，被告人李成龙、陈龙有自首情节，被告人崔雯、傅强系从犯，被告人李亚强、傅强自愿认罪认罚。请合议庭综合全案犯罪事实、情节和社会危害性以及各被告人认罪、悔罪的态度，并充分考虑我院已提交法庭的量刑建议，对被告人作出罪当其罚的判决。

五、本案的警示

黑恶势力是危害经济社会健康发展的毒瘤，他们组织形式严密，成员数被分明，以暴力、威胁或其他手段在一定区域或行业中多次实施违法犯罪活动，为非作恶、欺压百姓。正如穆嘉黑社会性质组织，以民间借贷为幌子，通过"套路贷"的犯罪形式，采取处心积虑地设置一整套莫还款陷阱，"环环相扣"，使受害人越陷越深，采取暴力、恐吓、威胁等犯罪手段，强迫偿还所谓"债务"，最终是"小贷"滚成了"巨债"，不被吃干榨净就不得安宁。严

《中华人民共和国刑法》第六十五条之规定，应当从重处罚；被告人李成龙、陈龙案发后自动投案，系自首，根据《中华人民共和国刑法》第六十七条之规定，可以从轻处罚；被告人王亚军、庞静、傅强、崔雯在犯罪中起次要、辅助作用，系从犯，根据《中华人民共和国刑法》第二十七条之规定，应当从轻处罚；被告人陈欣欣、王亚军、庞静、李亚强、傅强、崔雯归案后能够如实供述自己的犯罪行为，认罪悔罪，系坦白，根据《中华人民共和国刑法》第六十七条之规定，可以从轻处罚；建议判处被告人陈欣欣三年以下有期徒刑并适用缓刑，判处被告人王亚军、庞静二年以下有期徒刑并适用缓刑，判处被告人李亚强、傅强、崔雯一年以下有期徒刑并适用缓刑。根据《中华人民共和国刑事诉讼法》第一百七十二条的规定，提起公诉，请依法判处。

此致

红桥区人民法院

本件核对与原本无异

附：

● 穆嘉等人黑社会性质组织犯罪案起诉书（部分）

本案系全国首例"套路贷"黑社会性质组织犯罪案件，受到各方关注，该犯罪组织在本地活动猖獗，在近两年的时间里，大肆为非作恶，欺压、残害群众，造成天津市多名被害人及其家属心理极度恐惧，不敢通过正当途径举报、控告。本案现查明的十多名被害人，在立案时仅有三名被害人报警。有些被害人被穆嘉及其组织成员持枪恐吓、持续殴打，被逼吃屎喝尿、被踹入河中进行戏耍。有些被害人被逼低价变卖房产，最终妻离子散。有些被害人因畏惧滋扰、报复，只得搬迁、辞职，甚至离开天津地区，家庭支离破碎。

公诉指控

（一）以"套路贷"各环节的犯罪作用为抓手，构建完整证据体系

在审查中针对公安机关移送的证据，主要依靠犯罪嫌疑人供述、被害人陈述、证人证言等言词证据，由于案件侦破时部分书证被隐匿、销毁，客观证据的收集难度很大。在审查中办案人注意到：该组织犯罪手段上具有共同点——即签订虚高的借款合同、设置还款陷阱、制造银行流水痕迹、单方恶意制造肆意认定违约、利用违约虚增债务胁迫逼债、转单平账垒高债务。此犯罪手段与"套路贷"的特点是吻合的，以此作为切入点，能将各犯罪嫌疑人在组织中的地位、发挥的作用，进行客观的评价。办案人按照此思路要求公安机关对"套路贷"各环节的证据进行了补强，如搜查出的借款合同、查询到的银行转账明细、索债过程中的聊天记录、被害人伤情诊断等进行了重点收集。在此基础上办案人将全案证据进行梳理，固定每起案件参与者的行为，提炼出每名犯罪嫌疑人在案件中发挥的作用，评价其在犯罪组织中的地位。这样将证据从"面"变成"点"又变成纵横的"线"，形成了一个以"套路贷"为犯罪手段的清晰

穆嘉等人黑社会性质组织犯罪案

天津市红桥区人民检察院
公诉意见书

被告人：穆嘉、邢彦石、杨德发、王昕、王艳芳、孙岩、
李佳瑞、任杰、于祥文、许天华、李咸龙、陈龙、
李猛、孙振、孙蕊、姚亚光、金龙、韩盈、
刘雨桥、张旭、王雨来、卢磊、韦元磊、闻先庆、
刘晓明、刘艳晖、陈欣欣、王亚军、庞静、
李亚强、傅强、崔雯

案　由：组织、领导、参加黑社会性质组织罪；抢劫罪；
　　　　敲诈勒索罪；非法持有枪罪；帮助毁灭证据罪；
　　　　聚众斗殴罪

起诉书号：津红检公诉刑诉〔2017〕304 号

审判长、审判员、人民陪审员：

　　根据《中华人民共和国刑事诉讼法》相关规定，我们受天津市红桥区人民检察院的指派，代表本院，以国家公诉人身份，对本院提起公诉的被告人穆嘉等 32 名被告人组织、领导、参加黑社会性质组织、抢劫、敲诈勒索、非法持有枪、帮助毁灭证据、聚众斗殴一案，出席法庭支持公诉，并依法对刑事诉讼实行法律监督。

1

刚才的庭审，公诉人围绕起诉书所指控的犯罪事实，出示了相关证据并进行了质证，法庭调查表明，公诉人向法庭出示的证据真实、合法、有效，证据之间相互印证，形成了完整的证据体系，起诉书指控穆佳等人犯罪事实清楚，证据确实充分。现公诉人发表如下公诉意见，请法庭注意。

　　一、认定被告人穆嘉、王昕等二十五人组织、领导、参加黑社会性质组织罪的犯罪事实清楚，证据确实、充分

　　被告人穆嘉、孙蕊等人的供述、证人田某某、孟某某等人证言、营业执照复印件等书证，证实被告人穆嘉自 2015 年初，未经审批非法成立小额贷款公司，先后纠集被告人王昕、王艳芳等人，进行有组织违法犯罪活动，具备《中华人民共和国刑法》第二百九十四条第一款规定的"组织、领导、参加黑社会性质组织罪"的犯罪构成要件和特征。

　　（一）被告人穆嘉等人形成了稳定的犯罪组织

　　穆嘉的万融鸿泰、鸿泰鼎盛、鸿业恒鑫小额贷款公司均未经相关部门登记、审批，系非法成立，在公司成立和发展过程中，穆嘉网罗大量有前科劣迹人员和社会无业人员进入公司，并采取非法手段，对内部成员进行严密控制。为实施违法犯罪活动，穆嘉将内部成员按照业务部，风控部、催收部等进行分工，形成了以穆嘉为组织者、领导者，以王昕、王艳芳、邢彦石、杨德发、孙岩、李佳瑞、孙蕊、王亚军、庞静、任杰、于祥文、许天华、

2

员较多，所造成的后果极为严重，社会影响极其恶劣，严重危害人民群众人身权、财产权、和社会管理秩序。

　　（二）各被告人的量刑情节

　　被告人穆嘉、陈欣欣、孙蕊、李猛均在缓刑考验期内实施犯罪，应撤销缓刑、数罪并罚；被告人于祥文、李佳瑞系累犯，应从重处罚。被告人王昕、杨德发、任杰、韩盈有前科，依法酌定从重处罚。

　　同时提请法庭注意的是，部分被告人有法定、酌定从轻或减轻情节。其中，被告人杨德发有立功情节、被告人李咸龙、陈龙有自首情节、被告人崔雯、傅强系从犯、被告人李亚强、傅强自愿认罪认罚。请法庭综合全案犯罪事实、情节和社会危害性以及各被告人认罪、悔罪的态度，并充分考虑我院已提交法庭的量刑建议，对被告人作出罚当其罪的判决。

　　五、本案的警示

　　黑恶势力是危害经济社会健康发展的毒瘤，他们组织形式严密、成员层级分明，以暴力、威胁或其他手段在一定区域或行业中多次实施违法犯罪活动，为非作恶、欺压百姓。正如穆嘉黑社会性质组织，以民间借贷为幌子，通过"套路贷"的犯罪形式，采取处心积虑地设置一整套连故陷阱，"环环相扣"，使受害人越陷越深，采取暴力、恐吓、威胁等犯罪手段，强迫偿还所谓"债务"，最终是"小贷"滚成了"巨债"，不被吃干榨净就不得安宁。严

重扰乱金融市场秩序，严重妨害司法公正，严重侵害了人民群众财产安全和其他合法权益，严重影响人民群众安全感和社会和谐稳定。

　　我们经济社会发展，人民安居乐业，需要和谐稳定的社会秩序和环境。穆嘉等人罔顾社会管理秩序、蔑视法律、无视他人权益、肆意妄为，进行违法犯罪活动，对人民群众生活和社会秩序造成严重损害。法令既行，纪律自正，则无不治之国，无不化之民！对像穆嘉等人这样的黑恶势力犯罪严厉打击、坚决铲除，是增强全体人民获得感、幸福感、安全感的迫切要求，是将天津建设为安全稳定、依法善治城市的应然之举！对穆嘉等人的依法惩处，必将教育全社会崇法尚德、敬畏法律，也必将震慑那些意欲无视法律红线而恣意妄为人员，胆敢以身试法，必将受到法律的严惩！公诉人希望各被告人能通过今天的庭审，深刻认识到自己犯罪行为的严重危害，反省改造，争取早日回归社会。

　　审判长、审判员、人民陪审员，公诉意见发表完毕。

公诉人：王洪杰
孙晓明
王樱霖
2018 年 8 月 30 日当庭发表

● 穆嘉等人黑社会性质组织犯罪案公诉意见书（部分）

的证据体系。在审查中办案人发现遗漏了 2 名犯罪嫌疑人，依法提出追诉意见，进行了追诉。

（二）以"套路贷"的主要特征为切入点，实现出庭难点的突破

穆嘉组织的犯罪手段有别于传统的以暴力犯罪为主要特征的黑社会性质组织犯罪，其进行犯罪活动具有一定的组织性，按照明确的分工，被告人在犯罪活动中的地位和作用各有不同，多数案件互有交叉，大多数被告人均避重就轻，妄图开脱罪责，增加了庭审指控的难度。公诉团队通过多次论证，以"套路贷"主要特征作为切入点，通过有效地说理论证穆嘉组织实施的是"套路贷"，相互配合是共同完成一个完整的犯罪过程，被告人在不同环节中实施不同行为，在犯罪行为上虽有分工不同，但犯罪目的并无本质区别，都是为了完成非法占有他人财物的目标，因此多人共同实施"套路贷"犯罪，各被告人应对整体犯罪结果承担刑事责任。

即使有的被告人仅负责签订虚高借款合同，制造银行流水痕迹，有的被告人负责以拘禁、威胁、殴打等方式胁迫逼债，有的被告人负责下户查看被害人资产，有的被告人负责故意制造违约，有的被告人负责挟持被害人，有的被告人负责从被害人或其家属处收取钱款，但他们都是"套路贷"的一个环节，都应当按照同一行为的性质定罪。至于他们在共同犯罪中的作用、地位，要结合其分工、行为，分别予以评价。

（三）将"套路贷"与黑社会性质组织犯罪的四个主要特征融合，实现指控障碍的突破

鉴于本案系全国首例"套路贷"黑社会性质组织犯罪案件，庭审中必须将"套路贷"犯罪手段与黑社会性质组织罪的四个主要特征有机融合，进行充分论证。检察机关在庭审准备阶段就将其确定为指控的重点，明确指控思路，收集与整理证据。公安机关最初收

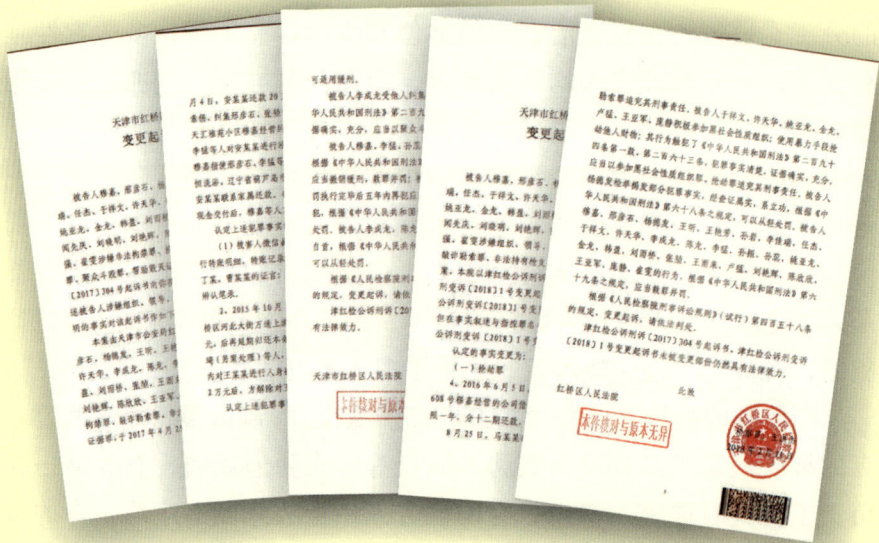

● 穆嘉等人黑社会性质组织犯罪案变更起诉决定书（部分）

集证据侧重于个案，案件整体缺乏有效的贯穿，指导公安机关改变侦查方向、重新取证，围绕黑社会性质组织犯罪的四个特征证据进行了补强。该组织分工明细，公司有明确的部门和负责人员，而每一部门的工作又是下一部门的铺垫，穆嘉对组织的控制能力极强，即使在穆嘉不参与的情况下，该组织也能够正常运行，要求公安机关重点收集这方面的证据，重点通过被告人的供述，阐明每名被告人都是"套路贷"上的一环，环环相扣，贯穿在一起，以此突出穆嘉组织犯罪的严密组织性，论证组织特征。在指控行为特征中，对公安机关收集的证据进一步整合，将被告人的供述与被害人陈述相结合，通过获取的借款合同，查询到的银行转账明细、索债过程中的聊天记录等，展示"套路贷"的各种"套路"，揭示胁迫逼债的各种手段，揭露以合法方式掩盖非法目的，突出该组织使用一切手段攫取经济利益。在指控经济特征中，重点通过围绕"套路贷"的各个环节，出示物证照片，宣读专项审计报告、车辆价格认定书、车辆档案信息等书证，证明穆嘉犯罪组织以经营贷款业务为幌子，通过违法犯罪获取经济利益，维持该组织的正常运转，以支持该组织的活动。针对指控危害特征进行了重点收集证据与整理，通过被害人陈述及相关证人的证言，突出经过"套路贷"垒高借款金额，造成部分被害人低价卖房、举家搬迁、妻离子散等后果，特别是大部分被害人因恐惧不敢举报、控告，甚至在侦查之初仍不敢说实话等情形，有力地揭露了该犯罪组织的危害性特征。

案例推荐：天津市人民检察院

撰稿：刘哲

审稿：徐然、闵钐

穆嘉等人黑社会性质组织犯罪案

索朗尼玛等七人非法猎捕杀害珍贵、濒危野生动物案

——以刑事附带民事公益诉讼守护"高原精灵"

基本案情

索朗尼玛，男，时年 24 岁，藏族，小学文化，西藏米林县里龙乡里龙村农民。

扎西次嘎、次仁罗布、布加吉、洛桑赤列、旦达、松巴珠均系西藏米林县等区、县农民。

2018 年 1 月，索朗尼玛、扎西次嘎、洛桑赤列、布加吉合谋，购买钢丝索、制作钢丝套，先后两次至西藏自治区山南市琼结县山林中设置钢丝套陷阱，诱捕马麝，短时间内捕杀雄性马麝 3 只、雌性马麝 4 只，非法获取麝香 3 个，转卖获利人民币 25000 元。2018 年 2 月，为继续捕杀马麝获取麝香，索朗尼玛伙同次仁罗布从松巴珠处以 19500 元的价格购买一只小口径步枪及 53 发子弹。后二人携带枪支、弹药进山至之前设置陷阱处查看，发现钢丝套陷阱又捕杀 1 只雌性马麝，2 人用碎石草草掩盖马麝尸体后离开。同月 22 日，索朗尼玛、次仁罗布伙同旦达再次携带枪支、弹药进山，途中 3 人发现 1 只马麝，索朗尼玛开枪射杀，未果。枪声惊动附近村民，3 人闻风逃跑，村民齐心协力将索朗尼玛、次仁罗布抓获，并扭送至公安机关。旦达驾驶摩托车逃匿，但后经民警电话通知，至公安机

关投案。嗣后，公安机关相继将扎西次嘎、洛桑赤列、松巴珠抓获归案。本案由琼结县公安局侦查终结并移送琼结县人民检察院审查起诉。在审查过程中，琼结县人民检察院发现，索朗尼玛等人非法猎捕、杀害珍贵、濒危野生动物的行为触犯了刑法规定，涉嫌非法猎捕、杀害珍贵濒危野生动物罪，造成9只国家一级保护野生动物马麝死亡，破坏国家野生动物资源，造成国家经济损失，侵害了国家和社会公共利益。基于此，2018年5月15日，琼结县人民检察院在分别以涉嫌非法猎捕、杀害珍贵、濒危野生动物罪、非法买卖枪支弹药罪对7名被告人提起公诉的同时一并对索朗尼玛、洛桑赤列、扎西次嘎、布加吉、次仁罗布提起刑事附带民事公益诉讼，请求法院判令上述5名被告人赔偿国家相关经济损失，并向社会公众赔礼道歉。2018年10月4日，琼结县人民法院作出一审判决，以被告人索朗尼玛、次仁罗布犯非法捕猎、杀害珍贵、濒危野生动物罪、非法买卖枪支罪；被告人扎西次嘎、洛桑赤列、布加吉、且达犯非法捕猎、杀害珍贵、濒危野生动物罪；被告人松巴珠犯非法买卖枪支罪，判处7名被告人九个月至十二年二个月不等的刑期，并全部支持了检察机关公益请求。

案件背景与社会影响

本案的案发地——青藏高原，除驰名中外的"神山大川"以及绮丽绚烂的自然风貌外，还拥有许多特殊且特有的生态系统类型。这些脆弱而宝贵的生态系统为高原特有动植物提供了广袤的栖息地，也对保障我国乃至东南亚生态安全发挥着独特的屏障作用。

对于马麝，我们可能有些许陌生。它周身棕褐色短毛，体型似羊，喜奔跑、善跳跃，但生性怯弱，昼伏夜出，常年生活在青藏高原的山间草甸、原始密林之中。野生马麝数量稀少，属珍贵、濒危国家一级野生保护动物，因此，常人很难一睹马麝真容。然而，对于大

名鼎鼎的麝香，我们恐怕就不陌生了。麝香是雄性马麝的分泌物，其不仅是名贵的药材，也是一些名贵香水的原材料，素有"名香之冠、名药之首"的美誉。麝香是一种极其稀缺的资源，市场价格超过黄金。在暴利的驱使下，一些不法之徒枉顾国法，铤而走险，竟对可爱的"高原精灵"痛下杀手。

本案中涉及的马麝所产麝香名贵，有"软黄金"之称，因而屡遭不法分子毒手，近年来马麝种群呈不断萎缩之势。2008年，马麝被《世界自然保护联盟》（I-UCN）列入濒危物种红色名录。2012年，国家林业局公布报告显示：国内野生马麝种群已下降至28000只，比藏羚羊种群还要少，处于濒危状态。众所周知，野生动物是重要的生态资源，是人类赖以生存的生态系统的重要组成部分，如对野生动物的损害不及时采取预防措施，放任野生动物资源的持续减损，将极有可能导致自然生态环境特性的不利改变和生态环境整体性能的退化。2014年4月15日，中央国家安全委员会第一次会议明确将生态安全纳入国家安全体系，生态安全由此成为国家安全的重要组成部分。在如此严峻的生态环境保护形势下，本案被告人为谋取经济利益，残忍杀害9只国家一级保护野生动物马麝的行为越发显得与关爱、保护野生动物的时代价值观格格不入。本案的发生引发当地关爱、保护野生动物群众及环保人士的强烈愤慨。

公诉指控

（一）事实认定与定罪量刑

如果说起诉书是不法之罪状，那么公诉意见书就是检察机关在庭审中代表国家控诉犯罪的"战斗檄文"，公诉意见要"有理、有据、有节"地向法庭展现案件事实认定的全貌，阐明定罪量刑的逻辑。"有理"即公诉意见书需"融情理、通法理"。非法猎捕、杀

西藏自治区琼结县人民检察院

起诉书

琼检刑诉[2018]02号

被告人索朗尼玛，男，1996年7月18日出生，身份证号码542623199607180315，藏族，小学文化，务农，住西藏米林县里龙乡里龙村。无前科。2018年2月24日，因涉嫌非法猎捕、杀害珍贵、濒危野生动物罪和非法买卖枪支罪，由琼结县公安局刑事拘留，经本院批准逮捕，2018年4月2日由琼结县公安局依法执行。

被告人次仁罗布，男，1997年4月15日出生，身份证号码542623199704150310，藏族，小学文化，务农，住西藏米林县里龙乡巴让村。无前科。2018年2月24日，因涉嫌非法猎捕、杀害珍贵、濒危野生动物罪和非法买卖枪支罪，由琼结县公安局刑事拘留，经本院批准逮捕，2018年4月2日由琼结县公安局依法执行。

被告人扎西次嘎，男，1983年7月20日出生，身份证号码54262119830720041X，藏族，小学文化，务农，住西藏林

18

次仁罗布、扎西次嘎、洛桑索列、布加言、旦达、松巴珠的供述和辩解；4、枪弹、马鹿检验鉴定书等鉴定意见；5、现场勘验、检查、辨认；6.现场指认笔录及照片。

本院认为，被告人索朗尼玛、次仁罗布、扎西次嘎、洛桑索列、布加言、旦达非法猎捕、杀害国家重点保护的珍贵、濒危野生动物马鹿的行为触犯了《中华人民共和国刑法》第三百四十一条第一款，犯罪事实清楚，证据确实、充分，应当以非法猎捕、杀害珍贵、濒危野生动物罪追究其刑事责任。被告人索朗尼玛、次仁罗布、松巴珠非法买卖枪支的行为触犯了《中华人民共和国刑法》第一百二十五条的规定，犯罪事实清楚，证据确实、充分，应当以非法买卖枪支罪追究其刑事责任。被告人索朗尼玛、次仁罗布一人犯数罪，适用《中华人民共和国刑法》第六十九条的规定；被告人索朗尼玛、次仁罗布、扎西次嘎、洛桑索列、布加言、旦达非法猎捕、杀害国家重点保护的珍贵、濒危野生动物，系共同犯罪；被告人索朗尼玛、次仁罗布共同非法买卖枪支系共同犯罪；被告人扎西次嘎系累犯，应从重处罚；被告人索朗尼玛、次仁罗布、扎西次嘎、洛桑索列、布加言、旦达、松巴珠到案后，如实交代犯罪事实，认罪态度较好，具有坦白情节；被告人旦达自动投案，具有自首情节，适用《中华人民共和国刑法》第二十五条第一款、第六十五条第一款、第六十七条第一款、第三款。根据《中华人民共和国刑事诉讼法》第一

21

百七十二条的规定，提起公诉，请依法判处。

此致

西藏自治区琼结县人民法院

检察员 汪 斌

洛桑卓玛

检察官助理 巴旦曲吉

普 潘 多

二〇一九年五月十五日

附：

1、被告人索朗尼玛、次仁罗布、布加言、松巴珠现羁押于山南市看守所；

被告人扎西次嘎被取保候审，现住西藏林芝市巴宜区布久乡珠曲点村，联系号码：

被告人洛桑索列被取保候审，现住西藏林芝市巴宜区布久乡多壁村4组；联系号码：

被告人旦达被取保候审，现住西藏山南市桑日县绒乡吉莱村，联系号码：

22

● 索朗尼玛等七人非法猎捕杀害珍贵、濒危野生动物案起诉书（部分）

索朗尼玛等七人非法猎捕杀害珍贵、濒危野生动物案

索朗尼玛7人非法猎捕、杀害珍贵、濒危野生动物案

西藏自治区琼结县人民检察院公诉意见书

被告人：索朗尼玛、洛桑次列、扎西次嫩、布加旦、次仁罗布、旦达、松巴珠

案　由：非法猎捕、杀害珍贵、濒危野生动物罪　非法买卖枪支罪

审判长、审判员、人民陪审员：

根据《中华人民共和国刑事诉讼法》第一百八十四条、第一百九十三条、第一百九十八条和第二百零三条的规定，我（们）受西藏自治区琼结县人民检察院的指派，代表本院，以国家公诉人的身份，对本院提起公诉的被告人索朗尼玛、次仁罗布犯有非法猎捕、杀害珍贵、濒危野生动物罪、非法买卖枪支罪和被告人洛桑次列、扎西次嫩、布加旦、旦达犯有非法猎捕、杀害珍贵、濒危野生动物罪以及被告人松巴珠犯有非法买卖枪支一案，出庭支持公诉。根据《中华人民共和国野生动物保护法》第三条《中华人民共和国物权法》第四条、《中华人民共和国侵权责任法》第六条第一款之规定、第十五条第一款第六项、第七项之规定，对于索朗尼玛五人依法应当承担民事侵权责任，根据《中华人民共和国民事诉讼法》第五十五条、《最高人民法院最高人民检察院关

于检察公益诉讼案件适用法律若干问题的解释》第二十条之规定，提起刑事附带民事公益诉讼，同时依法对刑事诉讼实行法律监督。

经过庭审调查已充分证明本院起诉书所指控被告人的犯罪事实清楚，定罪依据充分。

一、起诉书所指控7名被告人的犯罪事实清楚、证据确实充分，应予以认定

在履审质证和对7名被告人的讯问过程中，公诉人认为：公诉人向法庭出示的证据之间相互印证，确实充分，形成了严密的证据锁链，具有法律所要求的对犯罪事实指控的证明力。公诉人充分注意到了7名被告人针对起诉书所指控的犯罪事实没有提出异议。

这已充分说明了起诉书对索朗尼玛、洛桑次列、扎西次嫩、布加旦、旦达和松巴珠行为的定性是准确的。审判长、审判员、人民陪审员，公诉人认为起诉书的指控是有确凿的事实根据的，提请合议庭予以认定。

二、起诉书所指控被告人罪名准确，法律依据充分

第一，起诉书所指控被告人索朗尼玛、洛桑次列、扎西次嫩、布加旦、次仁罗布、旦达构成非法猎捕、杀害珍贵、濒危野生动物罪。公诉机关的这一认定和指控是有充分的法律依据的，是完全符合法律规定的对构成以上犯罪所应具备的客观要素和特征的。

理由如下：一是从犯罪主体来看，是一致主体，被告人索朗尼玛、洛桑次列、扎西次嫩、布加旦、次仁罗布、旦达

通过本案，我们应该清醒的认识到惩罚只是手段，教育才是目的，希望本案被告能认真反思自己的行为，引以为戒，痛改前非增强法治意识，增强环境意识，从破坏环境资源的犯罪转变为环境资源的保护者。我们希望通过本案，能警示包括被告人在内的人民群众，树立积极的主人翁意识和高度的责任感，从我做做起，从点滴小事做起，去关注生态环境和自然资源。另外，涉枪犯罪属于黑恶势力犯罪的范畴，严重威胁社会治安秩序和人民群众的生命财产安全，应当引起高度的重视。枪支的安全安当管理是终归还是要靠全体公民的守法与配合，只有全体公民切实遵守法律，只有全体公民共同抵制非法买卖枪支、弹药等违法行为，我们的社会安全隐患才会排除，社会公共秩序才能稳定。

审判长、审判员、人民陪审员，以上公诉意见请合议庭予以采纳，公诉意见暂发表至此！

公诉人2018年6月28日当庭发表

● 索朗尼玛等七人非法猎捕杀害珍贵、濒危野生动物案公诉意见书（部分）

害珍贵、濒危野生动物罪系自然犯，因此无论从世俗情理角度还是刑事法理角度，被告人行为的社会可谴责性都显而易见。故此，公诉意见对此并未着墨过多，提炼行为特征，宣示法律规定，便可使法庭认识到被告人行为的社会危害性和刑事违法性。"有据"即"以事实为依据，以法律为准绳"。本案起诉书采用"全景描绘"的手法对 7 名被告人实施的具体行为、情节等做了详细的描述，作为对此的呼应，公诉意见书从案件事实的解构出发，从犯罪构成的角度，通过证据的组合出示将被告人具体的客观行为、主观故意与抽象的法律规定加以对应，从而达到论证犯罪成立的效果。"有节"要求公诉意见应"客观、准确"。本案虽然关涉野生动物保护以及枪支管理的宏大社会法益，但公诉意见通篇未见对此浓墨重彩的渲染，相反，对案件事实循序渐进的客观铺陈、对法律规定娓娓道来的准确解析比感情浓烈的控诉更加具有说服力和感染力。

（二）刑事附带民事公益诉讼

本案系西藏自治区首例涉野生动物保护刑事附带民事公益诉讼案，从全国范围来讲，当时同类公益诉讼案件也屈指可数。本案起诉具有重要的示范价值和时代意义。

审查起诉阶段，检察机关及时发现公益诉讼案件线索，启动刑事附带民事公益诉讼调查程序。案件进入审查起诉阶段后，检察机关充分发挥刑事附带民事公益诉讼制度优势，统筹实现刑事责任和民事责任的协同追究，在惩治犯罪的同时彰显检察公益诉讼维护国家和社会利益的恢复性司法理念。

综观本案刑事附带民事公益诉讼庭审过程，当论述的终极目标从"犯罪"转变为"侵权"，检察官论证的思路、方法和策略也随之发生变化。从论证方式角度，刑事诉讼和附带民事公益诉讼证据既相关联又各有侧重。本案中，公益诉讼检察官在对既有刑事证据进行梳理的基础上，将调查举证的重点放在侵权责任总金额确定以及各行为人责任划分等方面。本案侵权责任总金额确定依据以及侵

3、甲基起诉材料共45页；

4、随案移送赃款物品清单2份。

琼结县人民检察院
刑事附带民事公益诉讼起诉书

琼检民行刑附民公〔2018〕01号

公益诉讼起诉人：琼结县人民检察院

刑事附带民事公益诉讼被告：

索朗尼玛，男，藏族，1996年7月18日出生，林芝市米林县人，小学文化，务农，身份证号码：[...]，户籍地：西藏林芝市米林县玥龙乡玥龙村。

洛桑朗列，男，藏族，1986年10月22日出生，林芝市巴宜区人，小学文化，务农，身份证号码：[...]，户籍地：西藏林芝市巴宜区布久乡多垦林四组。

扎西次嘎，男，藏族，1983年7月20日出生，林芝市巴宜区人，小学文化，务农，身份证号码：[...]，户籍地：西藏林芝市巴宜区布久乡铁由点村。

布加宫，曾用名：布琼，男，藏族，1978年8月9日出

23

生，昌都市左贡县人，小学文化，务农，身份证号码：[...]，户籍地：西藏昌都市左贡县绕金乡巴坝村。现因涉嫌非法猎捕、杀害珍贵、濒危野生动物罪被逮捕。

次仁罗布，男，藏族，1997年4月15日出生，林芝市米林县人，小学文化，务农，身份证号码：[...]，户籍地：西藏林芝市米林县玥龙乡巴让村。

诉讼请求：

1.请求法院判令次仁罗布赔偿国家经济损失15000元人民币，扎西次嘎、洛桑朗列、布加宫三人各自赔偿国家经济损失52500元人民币，索朗尼玛赔偿国家经济损失67500元人民币。

2.请求法院判令索朗尼玛、次仁罗布、扎西次嘎、洛桑朗列、布加宫五人公开向社会公众赔礼道歉。

侵权事实及侵权责任认定依据：

索朗尼玛、次仁罗布、扎西次嘎、洛桑朗列、布加宫五人使用索闹工具（铁丝套）捕获的8只鸟属于国家I级保护野生动物，其均入列《国家重点保护野生动物名录》。

根据2017年12月15日起执行的《野生动物及其制品价值评估方法》及其附件《陆生野生动物基准价值标准目录》，鸟鹛系国家I级保护野生动物，按照所列野生动物基准价值的十倍核算。本案中，涉案8只完整鸟鹛。按照计算标准，涉案鸟鹛折算经济价值共计240000.00（贰拾肆万

24

元整）人民币。

本院认为，索朗尼玛、次仁罗布、扎西次嘎、洛桑朗列、布加宫五人明知非法猎捕、杀害的是野生动物，仍使用猎捕工具进行非法猎捕，造成8只国家I级保护野生动物鹛死亡。其行为违反了《中华人民共和国野生动物保护法》第六条、第二十四条之规定，破坏了国家野生动物资源，造成国家经济损失，损害了社会公共利益。上述案件事实清楚，相关证据来源合法、与案件事实相互关联、证明内容真实有效。

根据《中华人民共和国野生动物保护法》第三条、《中华人民共和国民法总则》第四条、《中华人民共和国侵权责任法》第六条第一款、第十五条第六项、第七项之规定，索朗尼玛五人依法应当承担民事侵权责任。现根据《中华人民共和国民事诉讼法》第五十五条、《最高人民法院最高人民检察院关于检察公益诉讼案件适用法律若干问题的解释》第二十条之规定，提起诉讼，请依法裁判。

此致

琼结县人民法院

公益诉讼起诉人：汪　斌
　　　　　　　　洛桑卓玛
公益诉讼检察官助理：巴旦由宫
　　　　　　　　　　孙佳斌

23

● 索朗尼玛等七人非法猎捕杀害珍贵、濒危野生动物案刑事附带民事公益诉讼起诉书（部分）

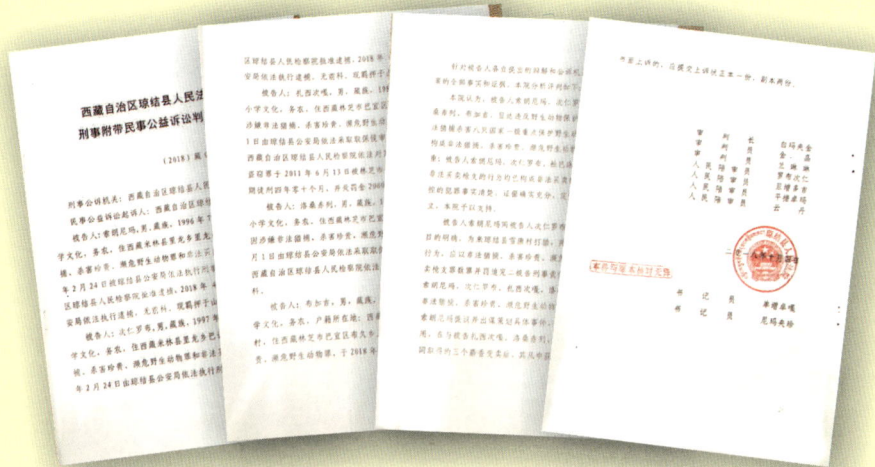

索朗尼玛等七人非法猎捕杀害珍贵、濒危野生动物案

● 索朗尼玛等七人非法猎捕杀害珍贵、濒危野生动物案刑事附带民事
公益诉讼判决书（部分）

权行为人责任划分方法，为今后类似问题的解决提供了可供参考的范本。此外，从检察机关参与刑事附带民事公益诉讼的初衷和目的来看，本案公益诉讼意见书的价值定位并未囿于弥补野生动物资源直接价值损失，而是着眼于诉讼的公益属性，着眼于"不要让我们的孩子，只能在博物馆里才见到今天的动物"，着眼于唤起更多人关爱野生动物、保护生态环境。这种突破传统民事侵权法律文书一般架构，带有鲜明公益诉讼特点的"主题升华"同样值得参考借鉴。

案例推荐：西藏自治区人民检察院

撰稿：刘洋

审稿：徐然

莫焕晶放火、盗窃案

——杭州保姆纵火案

基本案情

莫焕晶，女，时年 34 岁，广东省东莞市人，浙江省杭州市上城区蓝色钱江公寓住家保姆。

莫焕晶因长期沉迷赌博而身负高额债务，为躲债于 2015 年外出打工。2016 年 9 月，莫焕晶经中介应聘到朱小贞、林生斌夫妇位于浙江省杭州市上城区蓝色钱江公寓家中从事住家保姆工作。2017 年 3 月至同年 6 月 21 日，莫焕晶为筹集赌资，多次窃取朱小贞家中的金器、手表等物品进行典当、抵押，得款 18 万余元，至案发时，尚有价值 19.8 万余元的物品未被赎回。其间，莫焕晶还以老家买房为借口向朱小贞借款 11.4 万元。上述款项均被莫焕晶用于赌博挥霍一空。2017 年 6 月 21 日晚至次日凌晨，莫焕晶用手机上网赌博，输光了 6 万余元钱款，包括当晚偷窃朱小贞家一块手表典当所得赃款 3.75 万元。为继续筹集赌资，其决意采取放火再灭火的方式骗取朱小贞的感激以便再向朱小贞借钱。6 月 22 日凌晨 2 时至 4 时许，莫焕晶使用手机上网查询与放火有关的关键词信息。凌晨 4 时 55 分许，莫焕晶用打火机点燃书本引燃客厅沙发、窗帘等易燃物品，导致火势迅速蔓延，造成屋内的被害人朱小贞及其 3 名未成年子女被困火场吸入一氧化碳中毒死亡，并造成该室室内精装修及家具和邻近房屋部分设施损毁。经鉴定，损失共计 257 万余元。

另查明，2015年7月，莫焕晶在浙江省绍兴市越城区胜利路望越中央花园徐某某家做保姆时，盗窃茅台酒两瓶；2015年11月至12月，莫焕晶在上海市浦东新区潍坊西路二弄周某某家做保姆时，多次窃取戒指、项链等物品进行典当，在被发觉前赎回归还；2016年2月，莫焕晶在上海市华发路333弄李某某家做保姆时，盗窃同住保姆汪某某现金6500元。此案由浙江省杭州市公安局侦查终结，2017年7月1日，浙江省杭州市人民检察院对莫焕晶以涉嫌放火罪、盗窃罪批准逮捕，8月21日提起公诉。2018年2月9日，杭州市中级人民法院一审判处莫焕晶死刑，剥夺政治权利终身，并处罚金人民币1万元。2018年6月4日，浙江省高级人民法院作出二审裁定，驳回上诉，维持原判。2018年9月21日，经最高人民法院核准，莫焕晶被执行死刑。

案件背景与社会影响

本案发生后迅速引发全社会广泛关注，司法机关多次就案件进展进行情况通报。此案入选2018年度十大刑事案件，2018年被写入最高人民检察院工作报告，2019年被写入最高人民法院工作报告。

公诉指控

（一）快捕快诉，及时回应舆论关切

此次大火因造成1位母亲和3名未成年孩子死亡，全国人民和新闻媒体均给予高度关注，此外，该案又涉及物业消防安全管理、建筑消防设施运行等问题，而在灭火救援中，有人质疑消防部队是否存在救援不力的情况，这些疑点困惑累积叠加加剧了舆论的热度。

舆情的持续炒作与发酵迫切需要司法机关查明事实正面回应，在此情形下，杭州市人民检察院于立案后立即成立专门工作小组，提前介入案件，引导公安机关侦查取证。6 月 28 日，杭州市人民检察院受理审查逮捕，从快办理，3 天后，依法以涉嫌放火罪、盗窃罪对莫焕晶批准逮捕。8 月 10 日，公安机关侦查终结，将本案移送杭州市人民检察院审查起诉，公诉人迅速开展提审讯问、证据审核等工作，用 11 天时间完成案件审查提起公诉。法庭上，公诉人有力指控了莫焕晶的犯罪行为。由于该起案件性质恶劣、社会影响大，检察机关从快批捕起诉，既有力地惩治犯罪，维护了受害人权益，又满足了公众对事件真相的渴求，极大消弭了舆论场里的各种误解和猜忌，彰显了法治的力量。

（二）慎重审查，保持客观中立立场

检察机关审查此案时注重对证据细节的把控，公诉意见在阐述莫焕晶实施放火罪的动机时，先是根据莫焕晶网络赌博记录、支付宝转账记录证实莫焕晶存在赌博恶习，又通过民事判决材料证实莫焕晶身负巨额债务，经济已陷入困顿的局面，从而揭示了莫焕晶企图先放火再灭火以邀功借钱的动机。另外，在办理该案时，检察机关始终履行客观公正的义务，秉持客观中立、不偏不倚的原则立场，全面收集证据、审查案件。根据在案事实证据认定犯罪嫌疑人盗窃罪存在自首情节、放火罪存在坦白情节。对于诉讼代理人提出的莫焕晶构成故意杀人罪的意见，公诉人坚持以事实为根据、以法律为准绳，通过客观性证据审查，发现在手机的大量搜索里面，多次出现"火容易慢燃吗？""火灾燃烧快吗？""火怎样才能燃烧慢一点？"的内容，倘若莫焕晶真的希望烧死被害人，应当去寻求火燃烧快一点的方法，同时证据材料显示莫焕晶曾打过 119 报警电话，也进行过手动报警，从而反向推定莫焕晶并不具备杀人的犯罪故意。

莫焕晶放火、盗窃案

（三）聚焦争点，控诉有理有力

本案在犯罪人主观心态、消防救援、物业管理等方面存在疑点和争议。在法庭辩论阶段，控辩双方主要围绕三个问题进行了辩论：第一，莫焕晶是否存在放火的主观故意；第二，物业管理瑕疵和消防救援不力是否是造成本案人员伤亡、财产损失的介入因素；第三，莫焕晶在起火后报警、施救行为能否减轻其罪责。

对于第一个争点，莫焕晶及辩护人认为其没有放火的主观故意，其点火动机虽然不正当，但本意是想点燃茶几上的书，并在火不是很大的时候将其扑灭，不会造成危害公共安全的现实危险，且书本在点火后并未独立燃烧，系在莫焕晶寻找其他引火物的过程中窗帘意外起火。针对以上辩解与辩护意见，检察机关通过认真核查证据，认为莫焕晶对在安置有窗帘、沙发等易燃物品的居民住宅内引燃书本具有相当的危险性是明知的，至于起火的具体经过是莫焕晶直接引燃书本放火还是随手一扔引燃窗帘，均源自莫焕晶一人的供述，且具体因果进程的认识错误并不能影响犯罪故意的认定，莫焕晶在放火前也未就如何控制火势及灭火方法采取任何措施，故认定莫焕晶存在放火的故意，对危害结果的发生至少有过失，二审检察官则进一步认定莫焕晶对犯罪后果持放任的故意。

对第二个争点，莫焕晶及辩护人认为案发小区物业消防安全管理缺陷和消防部门救援不及时，是造成本案严重后果的因素之一，本案存在多因一果的情形，莫焕晶应当获得减轻刑责和处罚的量刑利益。针对此辩解与辩护意见，公诉人准确地指出"消防人员的行为是为了减少火灾的损害，与放火的行为是相反的、降低危害后果的因素，本案如果没有任何消防扑救活动，后果会更大""物业消防设施管理问题与本案的危害结果也不存在因果关系""本案系一因一果，被告人应承担全部的刑事责任"。从刑法理论有关因果关系的阐述看，此一论述可谓紧扣法理，直击要害。作为阻断或减弱行为人最初设定因果关系的介入因素只能是对结果的发生具有危险性的事件或行为，如果将消防救援或物业管理上的某些缺陷不足等

"因素"混同于刑法意义上多因一果中的"原因",势必导致因果关系弥散,模糊甚至消除被告人的罪责。

对第三个争点,莫焕晶及辩护人认为莫焕晶在起火后报警,在火势蔓延时用榔头敲击女儿房卫生间窗户、向到场保安求救等,可以认定有一定的施救行为,即使未能有效避免犯罪后果发生而不被认定为犯罪中止,亦应作为酌定从宽处罚情节进行评价。公诉人经审查后发现,在案证据虽然证明莫焕晶放火后有报警行为,但是其报警时距其放火已长达约15分钟,且在其报警6分多钟前,朱小贞及其他群众均已报警,故其报警无实际价值。另经查,女儿房卫生间上的玻璃并无明显敲击痕迹,因此认定莫焕晶没有实施积极有效的救助行为。

上述3个问题既是控辩双方争执的重点也是舆论质疑的焦点,检察机关尊重事实、尊重证据,抽丝剥茧、逐一论证,得出的结论符合客观实际又契合法理,因此为公众信服,最终也被一二审裁判所采纳。

（四）情法融合，实现社会效果与法律效果的统一

刑事司法应惩恶扬善。莫焕晶放火、盗窃案之所以引发民众普遍关注,很重要的一方面原因是社会大众对于被害人一家4口死亡、房屋财产尽毁的深切怜悯和同情,对于犯罪人贪得无厌、肆意消费他人宽宥关爱、置他人生命财产于不顾的人性丑恶的强烈谴责。在办理该案的过程中,检察官既充分考虑此案的民意民愤和对社会造成的严重危害,但又不刻意渲染扩大,防止情绪司法,关注舆论,又不为舆论左右,严格依据法律审查、起诉,表明了刑事司法的公正理性,体现了法律专业人的克制冷静,最终赢得了舆论的赞扬,实现了社会效果与法律效果的统一。

案例推荐：浙江省人民检察院

撰稿：郭莉

审稿：徐然

刘有娣贩卖毒品案

——三级检察机关合力监督毒贩由无罪改判无期徒刑

基本案情 ·····································

刘有娣，女，时年 33 岁，广州市番禺人，无业。

2015 年 12 月 20 日，刘有娣从毒品上家购得毒品甲基苯丙胺（俗称冰毒）一批。次日 15 时许，刘有娣驾驶粤 A7FK42 宝马小汽车搭乘其朋友周某，携带一包甲基苯丙胺去到广州市番禺区市桥街禺山大道友利创意园后门附近，准备贩卖给他人。周某借故下车离开，后打电话向广州市公安局番瞾区分局民警陈某杰举报刘有娣贩卖毒品。不久，陈某杰及其同事到场将刘有娣抓获，在上述小汽车副驾驶位下缴获甲基苯丙胺一包净重 1000.06 克（含量为 78.8%），在刘有娣身上及车上扣押手机两部及银行卡等物品。

广东省广州市人民检察院于 2017 年 7 月 4 日以刘有娣构成贩卖毒品罪向广东省广州市中级人民法院提起公诉，广州市中级人民法院于 2018 年 2 月 2 日作出一审判决，认为本案没有形成完整的证明体系，不能排除合理怀疑，判决刘有娣无罪。广州市人民检察院认为，本案侦查取证虽存在瑕疵，现有证据可以证实刘有娣的犯罪行为，于 2018 年 2 月 12 日依法向广东省高级人民法院提出抗诉，同时就侦查取证中的问题向侦查机关发出纠正违法通知书。广东省人民检察院支持抗诉。广东省高级人民法院于 2019 年 6 月 7 日依法改判刘有娣犯贩卖毒品罪，判处无期徒刑，剥夺政治权利终身，并处没收个人全部财产。

案件背景与社会影响 ··

在办理刘有娣贩卖毒品一案过程中，检察机关认真细致、锲而不舍，深挖毒品上家，不但将公安机关移送审查起诉时的非法持有毒品罪纠正为贩卖毒品罪，并且在法院一审判决无罪后提出抗诉，取得抗诉成功，是广东首例无罪抗诉后二审直接改判无期徒刑的毒品犯罪案件。本案还成功追诉一名重大毒品犯罪漏犯，真正做到了不枉不纵。尤其是二审检察官在办案中积极履行监督职责，充分发挥出检察官的办案主导责任，有力维护了社会公平正义，为今后检察机关办理案件提供了很多值得借鉴的好经验。官方各大媒体纷纷正面报道，案件入选最高人民检察院"2019年检察机关依法惩治和预防毒品犯罪典型案例"。

公诉指控与监督 ··

（一）依法履行法律监督职责

本案不但将公安机关移送审查起诉时的非法持有毒品罪纠正为贩卖毒品罪，而且经广州市、广东省两级检察院接力抗诉，补充到刘有娣买毒贩毒的关键证据，从而使一起无罪判决案件从一审时的"不能排除合理怀疑"到二审的"证据确实、充分"，直接改判无期徒刑，同时成功追诉到案一名重大毒品犯罪分子，可谓法律监督成效显著。无罪抗诉案件，在二审阶段如何挖掘新证据、寻找突破点，一直是抗诉工作的难点。本案是一起典型的"零口供"案件，刘有娣被抓获后直至二审始终拒绝认罪。在这起案件中，检察官充分发挥在诉讼活动中的主导作用，自行补充侦查、主动引导侦查，最终构建以客观性证据为核心的证明体系，确实充分地证明犯罪事实，是成功抗诉的关键。尤其是在二审抗诉期间，承办检察官到实地查看行车路线和抓捕现场，向侦查机关提出补证意见。承办检察官经审查案件材料还发现，刘有娣的上家与广东省人民检察院办理的一起毒品上诉案中的上家"老陈"疑为同一人。但因各种原因，导致"老陈"长期未归案。广东省检察机关及时向最高人民检察院第二检察厅报告了相关情况，第二检察厅及时协调公安部禁毒局成功将犯罪嫌疑人"老陈"抓获，进而既成功监督一起无罪判决案件，又成功破获一起毒品大案。该案为检察机关依法履行法律监督职能、有力打击毒品犯罪提供了鲜活的样本，充分体现了"双赢、多赢、共赢"的法律监督新理念。

（二）法律文书中的法治印记

随着"以审判为中心"的理念在司法实践中的贯彻落实，一些以往能够作有罪判决的案件，法院以"事实不清、证据不足，指控的犯罪不能成立"为由作无罪判决。导致一方面一些案件检察机关不敢诉，另一方面法院不敢判或判决无罪，检察机关二审抗诉不成功等现象。对于此类案件，一方面检察机关在审查起诉阶段，就应当依法发挥好"诉前主导，审前过滤"的功能，履行好检察官客观中立义务，将真正不符合证据标准、确实存疑的案件拦在门外，同时对于证据虽然存在瑕疵、但基本符合证据标准的案件，也应当敢于指控，对于确有错误的判决、裁定依法进行监督，并尤其要注意证据体系的补强和释法说理。

1.强化说理，阐明"排除合理怀疑"的基本要求。在本案中，一审法院认为：举报人周某向公安机关举报被告人刘有娣贩卖毒品，但其公安机关在案发1年后向关键证人周某取证，其证言中对于被告人刘有娣向谁贩卖毒品、贩卖多少毒品及其是否共同乘坐刘有娣车辆前往案发地的陈述，前后不一，且无法与微信聊天记录相互印证；其在出庭作证时亦当庭否认有毒品买家的存在。因此，公诉机关指控被告人刘有娣犯贩卖毒品罪的事实不清、证据不足。虽然在被告人刘有娣的车上发现了涉案的毒品，但是被告人刘有娣供称该毒品所在位置是证人周某下车前所坐的副驾驶位，被告人就此提出该毒品是由周某携带上车，现有证据无法排除被告人刘有娣提出毒品归周某所有的辩解。据此法院认为，本案据以认定被告人刘有娣构成贩卖毒品罪的证据没有形成完整的证明体系，没有达到证据确实充分的法定证明标准，也没有达到基本事实清楚、基本证据确凿的定罪要求，且不能排除合理怀疑，因而判决被告人刘有娣无罪。

针对上述判决，广州市人民检察院依法提出抗诉，并进行了充分的说理：一是现有证据足以证实被告人刘有娣实施了贩卖毒品的客观行为。二是现有证据足以证实被告人贩卖毒品的主观故意，其无罪辩解不成立，尤其是被告人刘有娣提出其系卖燕窝的微商，不了解毒品，毒品系证人周某放在其车上的辩解明显不符合常情、常理，与已经形成完整密闭证据链条的其他在案证据相互矛盾，可信性低。证据采信标准中的"排除合理怀疑"原则，是指被告人提出的辩解合理，且无其他证据予以推翻时，应当采信其辩解。但"排除合理怀疑"并不等同于"排除一切怀疑"，对于被告人刘有娣提出的辩解内容本身就不合理，且与其他在案证据相矛盾，不应适用"排除合理怀疑"原则。三是取证瑕疵并未切断证据链条，不能成为被告人刘有娣无罪的判决理由。尤其是公安机关1年后向证人取证不影响证人证言的真实性、客观性、关联性，未及时取证的行为虽然存在瑕疵，但并未切断证据链条。

2. 加大补证力度，充实证据体系。二审期间，检察官认真审查了证据材料并到案发地听取了办案人员的意见，并对被告人提到的行车路线、抓捕现场等关键地点，亲自驾车沿线体验，力求还原真实场景。针对案件中证据存在的问题，两次书面发出提供法庭审判所需证据材料通知书，公安机关完善、补充了证据。通过上述工作，2018年7月31日，广东省人民检察院作出支持抗诉决定。同

时，2019 年年初，检察机关在审查另一起死刑二审贩卖毒品案中，发现此案中的多名被告人明确指证了毒品上家，案卷材料中附有该上家的联系方式，尤其是材料中还附有相关视频资料及照片。经进一步了解，得知该人长期生活在汕尾陆丰博美镇，经常变换手机号码，反侦查能力强。经过与侦查单位的多次沟通，利用技术分析系统进一步详细分析了在案电子数据，发现该毒品犯罪团伙案的上家与刘有娣贩卖毒品案的上家，竟然是同一个人，名叫陈某某，汕尾人。公安机关经周密部署，抓获了两案共同毒品上家陈某某，在其身上现场查获了当年曾用于毒品资金往来的银行卡，在被扣押的手机上还恢复出当年与刘有娣存在毒品交易来往的微信等重要证据。在新证据已全部到位并依法固定的基础上，广东省人民检察院向广东省高级人民法院建议对刘有娣变更强制措施为逮捕。6 月 14 日，广东省高级人民法院二审宣判，认定刘有娣贩卖毒品甲基苯丙胺1000.06 克，构成贩卖毒品罪。终审判决刘有娣犯贩卖毒品罪，判处无期徒刑，剥夺政治权利终身，并处没收个人全部财产。同时，刘有娣的毒品上家陈某某涉嫌贩卖毒品罪也被移送检察机关审查起诉。由此可见，检察机关在办理重大、疑难、复杂案件中，亲历性非常重要，必要时，应当做到"重要现场要勘查，重要证人要见面，重要物证要复核"，这样往往能够迅速找到案件的突破口，实现法律监督的最佳效果。

案例推荐：广东省人民检察院

撰　稿：桑涛

审　稿：徐然

于凡非国家工作人员受贿、行贿案

——基层群众性自治组织管理人员腐败大案

基本案情

于凡，曾用名于建军，男，时年 46 岁。陕西省西安市雁塔区丈八街道办事处东滩村村委会主任、东滩社区居委会主任、东滩社区党支部副书记兼居委会主任。

2006 年 10 月，西安市人民政府决定对东滩村进行城中村改造，并将已征为国有的原东滩村 130 余亩建设用地，划拨给东滩村民委员会，作为村民安置用地。2008 年 6 月，东滩村村委会研究决定，对政府预留的国有土地进行联合开发。2009 年下半年，陕西凯信投资担保有限公司（以下简称凯信公司）实际控制人任晓鹏得知东滩村拟引资联合开发该村 130 余亩国有土地，与时任东滩村村委会主任于凡多次商谈联合开发事宜，于凡趁机索要 5000 万元好处费，后双方初步达成联合开发意向。任晓鹏为开发该项目于 2009 年 12 月，以凯信公司和王健国名义发起设立卓立公司，并任法定代表人。2010 年 1 月，东滩村村委会与卓立公司签订《合作开发合同书》，联合开发"锦尚名城"住宅小区。后任晓鹏将凯信公司交于凡实际控制。2010 年 4 月 9 日、7 月 14 日，卓立公司两次向凯信公司共转款 2000 万元。2010 年 10 月 20 日，凯信公司在未支付股权转让款或向卓立公司投资的情况下，再次入股卓立公司 25% 股份，卓立公司进行了变更登记。2012 年 8 月 28 日，卓立公司再次向凯信公司转款 3000 万元。为掩盖收取卓立公司好处费的事实，于凡于 2012 年 10 月至 11 月间以凯信公司及焦婉君名义与鸿盛公司及何海鹏签订股权转让协议，虚假约定凯信公司及焦婉君以 5000 万元的价格将所持卓立公司 75% 的股权转让给鸿盛公司及何海鹏。

除此之外，于凡在"锦尚名城"项目部分房屋交付过程中，以房屋存在渗水等质量问题为由，向卓立公司索要 100 万元赔偿款；为谋取不法利益，给予其他国家工作人员行贿 180 万元。

该案由陕西省西安市雁塔区人民检察院反贪污贿赂局侦查终结，移送陕西省西安市人民检察院审查起诉。西安市人民检察院以于凡犯受贿罪、贪污罪、行贿罪向陕西省西安市中级人民法院提起公诉。2017 年 6 月 7 日，西安市中级人民法院作出判决，认定于凡利用担任东滩村村委会主任、东滩社区居委会主任的职务便利，非法收受、索取他人财物共计人民币 3100 万元，构成非国家工作人员受贿罪，判处有期徒刑十一年，另以于凡犯行贿罪判处有期徒刑二年，决定执行有期徒刑十二年，并处附加刑。一审判决作出后，西安市人民检察院提出抗诉，于凡上诉。陕西省人民检察院派员出席二审法庭支持刑事抗诉意见。2018 年 6 月 12 日，陕西省高级人民法院作出判决，支持了检察机关抗诉理由，认定于凡构成非国家工作人员受贿罪、行贿罪，应依法数罪并罚，于凡的受贿数额应为 5100 万元，以于凡犯非国家工作人员受贿罪、行贿罪判处有期徒刑十三年，并处没收个人财产 200 万元，罚金人民币 20 万元，非法所得赃款人民币 5100 万元依法没收，追缴后上缴国库。

案件背景与社会影响

习近平总书记在十八届中央纪委二次全会上指出："从严治党，

惩治这一手决不能放松。要坚持'老虎''苍蝇'一起打，既坚决查处领导干部违纪违法案件，又切实解决发生在群众身边的不正之风和腐败问题。""打虎拍蝇"作为"反腐"热词，是"老虎苍蝇一起打"的简称，"老虎"喻指位居高层的腐败官员，"苍蝇"则指身处基层的腐败官员。这一形象又深刻的说法，反映了党中央在惩治腐败这一大是大非问题上的原则立场和政策措施：既要严惩高级干部的贪腐行为，又要严厉打击发生在百姓身边的腐败行为。

　　在严惩基层腐败的"拍蝇"行动中，"小村官"的大腐败问题尤为引人注目。基层群众性组织的管理人员在乡镇党委领导下独立自主地管理农村公共事务过程中，手中掌握着集体资金、资产、资源的支配权。近年来随着国家惠农力度加大，村中资金、资产、资源的规模不断扩大，"村官"的头衔虽然不大，但"位"不高"权"却颇重，其贪腐的行为集中表现为涉农资金侵占、征地补偿截留、扶贫资金挪用等涉及群众切身利益的问题。这些腐败问题，发生在群众身边，严重削弱党和政府的公信力、危及基层和谐稳定，其影响之恶劣甚至"猛于虎"。于凡贪腐案的惩办，表达了司法机关对部分村集体干部在城中村改造、农村城镇化建设过程中、依靠集体土地发家致富、损公肥私的违法犯罪行为坚决予以打击的立场和决心。

公诉指控与监督

　　按照西安市的政策，在城中村改造中，为了保障失地农民的权利，每户村民留有一定面积的生活依托地，村委会可以对其进行土地开发利用，收益由村民共享。而随着土地资源紧张、房地产行业持续升温，土地开发价值不断攀升。于凡在东滩村引资开发土地的过程中，以土地开发权为筹码，明目张胆"坐地要价"向开发商索取贿赂，其行为方式呈现较强的复杂性和隐蔽性。西安市及陕西省

国家公诉
——
共和国**70**年典型案例及法律文书评析

西安市人民检察院
起诉书

西检诉二刑诉〔2016〕36号

被告人于凡，曾用名于建军，男，1972年7月19日出生，身份证号码61011319728T182613，汉族，初中文化程度，户籍所在地西安市雁塔区大八街道办事处东滩村13排4号，2005年至2011年任雁塔区大八街道办事处东滩村委会主任，2011年至2013年任东滩社区居委会主任，2013年任东滩社区党支部副书记兼居委会主任。因涉嫌受贿罪于2015年1月29日被刑事拘留，经本院决定，同年2月12日被执行逮捕。

本案由西安市雁塔区人民检察院办贪污贿赂局侦查终结，以被告人于凡涉嫌受贿罪、贪污罪、行贿罪，于2016年3月23日移送本院审查起诉。本院受理后，已告知被告人有权委托辩护人，依法讯问了被告人，审查了全部案件材料。因案件重大、复杂，延长审查起诉期限半个月。

经依法审查查明：

一、受贿罪

被告人于凡在担任东滩村村委会主任、东滩社区居委会主任期间，利用职务上的便利，为他人谋取利益，非法收受他人财物5150万元人民币。

1、2006年10月，西安市高新区对大八街办东滩村进行整村拆迁安置，集体土地全部被征收为国有土地，后西安市人民政府将108.543亩（不含代征用地）国有土地作为东滩村村民留安置用地。2009年初，东滩村拟对该安置用地进行联合开发，

时任该村村委会主任于凡在与其朋友任鹏谈设合作开发事宜过程中，向任鹏提出需给其个人5000万元好处费，任晓鹏与其合作人何海鹏商议后，应允了于凡上述要求。

为开发上述用地，任晓鹏于2009年12月出资成立陕西卓立实业有限公司（以下简称卓立公司），并于2010年1月与东滩村村委会签订《合作开发合同书》，约定开发资金全部由卓立公司投入，开发项目名称为"锦尚名城"。

2010年4月8日、7月14日，卓立公司给于凡实际控制的陕西凯信融资担保有限公司（以下简称凯信公司）两次各转款1000万元。于凡将其中950万元提现后用于其个人经营及日常消费，其余1050万元留存于凯信公司账户。后由于卓立公司资金账紧张，未能及时兑现另外3000万元好处费，于凡并未实际出资的情况下，以凯信公司名义入股卓立公司并"持有"卓立公司25%股权。2012年8月，卓立公司再次给凯信公司转款3000万元，于凡将此此款捐给陕西科贸商职业学院。2014年7月，凯信公司退出卓立公司的25%股权。

2、2010年6、7月份，于凡为感谢于在联合开发事宜上的支持配合，同时为了后期合作能够顺利进行，卓立公司负责人何海鹏及该公司工程部经理何涛在西安市高新区莲花餐饮请于凡吃饭，并依照于凡所送当于凡50万元人民币，于凡将该款用于个人经营及日常消费。

3、2013年下半年，卓立公司依据双方约定办理土地过户手续，需要东滩村出具申请、公章、拍照等手续上予以配合，同时，国民置换出现部分置留问题。于凡借此向卓立公司索要100万元人民币，后卓立公司于2014年1月给于凡实际控制的西安程盛土方工程有限公司（以下简称程盛公司）转款100万元。同年2月，卓立公司办理了土地过户

手续。

二、贪污罪

2010年7月，卓立公司就联合开发"锦尚名城"项目向高新区财政局缴纳了8921万元土地出让金，后因土地出让金缴纳比例调整，高新区土地储备中心于2012年10月以国有土地补偿款名义将多缴的土地出让金3345.3147万元转入东滩村。按照东滩村和卓立公司的约定，该款应在3日之内退还给卓立公司。但于凡未将该款转给卓立公司，而是分两次以3%的月息及其对外3000万元借给西安百花村村建设发展有限公司。但于凡向东滩村说称借款月息为2%，将利息差额190万元据为己有。

三、行贿罪

1、2007年至2013年期间，被告人于凡为了获得时任雁塔区大八街办副主任徐炳文的关照，以及感谢徐炳文在为其个人获取高额苗木补偿款事项上提供的帮助，先后三次在大八街办门口等地送给徐炳文50万元人民币及价值4.95万元的雪铁龙轿车一辆。

2、2012年至2014年期间，被告人于凡为了获得时任高新区管委会合并二办副主任胡小芬的关照，以及感谢胡小芬在解决东滩村城改遗留问题、迟延土地出让金、争取继续奖贴贴费等方面提供的帮助，先后三次在曲江绕城高速出口附近等地送给胡小芬165万元人民币。

认定上述事实的证据如下：

1、被告人于凡的身份证明、任职证明；

2、任晓鹏、何海鹏、张耀、邓科杰、建凯生、朱德平、徐炳文、胡小芬等人的证言；

3、合作开发合同书、相关公司工商资料、财务资料、银行

账户资料等有关证；

4、价格鉴定结论书；

5、被告人于凡的供述和辩解。

本院认为，被告人于凡担任东滩村村委会主任、东滩社区居委会主任期间，在协助人民政府对国有土地进行经营和管理过程中，利用职务上的便利，收受他人5150万元人民币，并为他人谋取利益，据为己有；为谋取不正当利益，给予国家工作人员财物合计215万元人民币及价值4.95万元人民币的轿车一辆。其行为已触犯《中华人民共和国刑法》第三百八十五条、第二百八十二条、第三百八十九条之规定。犯罪事实清楚，证据确实充分，应以受贿罪、贪污罪、行贿罪追究其刑事责任，并予以数罪并罚。根据《中华人民共和国刑事诉讼法》第一百七十二条的规定，本院提起公诉，请依法判处。

此致

陕西省西安市中级人民法院

检察员 朱艳娟
派检察员 （印章）
二〇一六年五月□日

附：1、被告人于凡现羁押于雁塔区看守所；

2、证据卷六十一册。

公诉意见

被告人：于凡

案由：受贿 贪污 行贿

起诉书号：西检诉二刑诉〔2016〕36号

审判长、审判员：

根据《中华人民共和国刑事诉讼法》的规定，我们受西安市人民检察院的指派，代表本院，以国家公诉人的身份，出席法庭支持公诉，并依法对刑事诉讼活动进行法律监督。

在刚刚的法庭调查中，公诉人就起诉书所指控的犯罪事实依法讯问了被告人，尽管被告人于凡对于起诉书所指控的大部分事实予以否认，但相关证据已经能够证明被告人犯罪事实的成立。首先，被告人于凡的主体身份证据证明其先后任东滩村村委会主任、东滩社区居委会主任、东滩社区党支部副书记等职。本案所涉土地为国有建设用地，根据全国人民代表大会常务委员会《关于刑法第九十三条第二款的解释》，村委会等基层组织人员协助政府进行国有土地的经营和管理时，属于刑法第九十三条第二款规定的"其他依照法律从事公务的人员"，因此于凡符合受贿罪、贪污罪的犯罪主体要件。行贿罪为一般主体，于凡亦符合该罪的主体要件要求。

针对于凡所犯受贿犯罪事实，公诉人出示了行贿人的证言证明谋利事项以及具体的行受贿过程，并有何瑞、张银成等当时具体参与人员的证言证实于凡收受贿赂的事实，更有张鹏、焦炳君、张瑜、于建安等人证明当时以及事后于凡通过一系列手段掩盖其收受贿赂的犯罪事实，相关书证亦证明于凡收到卓立公司给予的贿赂款5150万元的事实。虽然有部分书证与认定受贿向左，但相关证言证据证明系于凡为掩盖事实而伪造，润基公司法定代表人梁晓龙也证明了前期与于凡谈合作过程中于凡向其索要3000万元好处费的事实，其从侧

面印证了于凡向开发商索要好处费的可能性。关于赃款的去向也已基本查清。对于收受卓立公司贿赂的犯罪事实，在侦查阶段于凡是供认不讳的，并有过多次详细而稳定的供述且能够与其他证据相互印证，其对于后期的翻供行为并未提出合理的解释，故应采纳其在侦查卷内所做的供述。

针对被告人于凡所犯贪污犯罪事实，公诉人出示了相关的借款合同，相关单位的财务资料、银行账户资料，证明于凡从东坤公司先后借款3000万元给百花村公司的事实，相关的证言及书证亦能证明于凡通过其妻子于鑫真侵吞1%利息差的事实。尽管于凡对于该笔事实在侦查阶段予以否认，但上述事实已经形成完整的证据锁链证明于凡利用对外出借资金的职务之便，侵吞公共财产的客观事实。

针对被告人于凡所犯行贿犯罪事实，公诉人出示了书证、证人证言以及被告人的供述和辩解，亦能充分证明被告人于凡为谋取不正当利益给予国家工作人员财物，且不正当利益已经实现。

被告人于凡受贿犯罪数额特别巨大，根据刑法规定，应处十年以上有期徒刑、无期徒刑或者死刑，并处罚金或者没收财产；贪污犯罪数额巨大，应处三年以上十年以下有期徒刑，并处罚金或者没收财产；行贿犯罪情节严重，应处五年以上十年以下有期徒刑，并处罚金。被告人于凡犯数罪，应根据刑法第69条的规定予以数罪并罚。

以上是公诉人对本案的事实及定罪量刑发表的公诉意见，请合议庭充分采纳，综合全案的事实、证据和情节，对本案做出客观、公正的判决。

公诉意见发表完毕。

公诉人：张艳娟 朱佳

2016年9月13日当庭发表

● 于凡非国家工作人员受贿、行贿案公诉意见书

两级检察机关对于凡以虚构股权转让协议方式索取巨额贿赂的行为，准确把握定性、整体认定数额，通过庭审指控、二审抗诉，依法履行追诉职责，坚决坚持指控意见，最终得到法院终审判决支持。

（一）综合审查证据、准确把握定性，对于凡受贿数额作出整体认定

本案中于凡索取卓立公司5000万元"好处费"的受贿行为，系分3次支付，其中涉及股份代持、股权转让、法人实际控制权移转等复杂法律关系，为了掩饰自己的受贿行为，于凡事后还伪造了股权转让协议等虚假书证。针对于凡所称"凯信公司、卓立公司都是自己的公司""5000万元系预期收益"的无罪辩解，以及辩护人对该宗受贿事实的无罪辩护意见，检察机关对于凡收受卓立公司"好处费"的行为准确定性为受贿款，始终坚持将5000万元作为一个整体进行全面评价。公诉意见明确指出，5000万元好处费是双方一开始就谈好的条件，是一个整体的贿赂数额。综合分析于凡曾向润基公司索贿3000万元未果的情况，结合任晓鹏、何海鹏商谈认为给予于凡5000万元仍有利润空间的证言，认定涉案5000万元与凯信公司、卓立公司的资本金、股权转让金均无关。

（二）全面分析、充分论证，对一审认定事实错误依法提出抗诉

法院一审判决对于凡受贿数额作出了与起诉书指控不同的认定，认为"不能排除卓立公司向凯信公司转款2000万元资金系卓立公司或鸿盛公司、何海鹏返还凯信公司及焦婉君资本金的可能性"，故对该宗事实中于凡收受贿赂的数额认定为3000万元。对此，检察机关明确提出一审判决认定事实错误的抗诉意见，二审中检察院对此持抗诉意见予以支持，详细整理涉案几家公司出资增资、股权变更、股权转账等全部证据，在坚持对于凡受贿行为进行整体评价的基础上，从多个角度对于凡受贿行为进行了全面、深刻的分析论证。

陕西省人民检察院
支持刑事抗诉意见书

陕检诉一支刑抗〔2017〕6号

陕西省高级人民法院：

西安市人民检察院以西检诉二诉刑抗〔2017〕2号刑事抗诉书对西安市中级人民法院（2016）陕01刑初146号被告人于凡涉嫌非国家工作人员受贿罪、行贿罪的刑事判决提出抗诉。本院审查后认为，抗诉部分正确，予以支持。

卓立公司向凯信公司转款的2000万元系于凡收取卓立公司给予的好处费。1、于凡在与任晓鹏、何海鹏商谈合作开发东滩村土地初期，就提出卓立公司需给其个人5000万元好处费作为签订合作开发合同的条件，任晓鹏与何海鹏商议后答应于凡该要求，并商定采用分批转账的方式给付。且在东滩村与卓立公司谈合作开发之前，曾与润基公司谈合作开发事宜，于凡曾向润基公司总经理梁晓先索要3000万元好处费，后双方未谈拢。5000万元好处费是从一开始双方就谈好的条件，是一个整体的贿赂数额，只是分次支付而已，与凯信公司、卓立公司的资本金、股权转让金均无关，更不能因支付时间的先后而割裂开来分别认定。2、于凡将5000万元好处费拿到后，因考虑到凯信公司跟卓立公司本身没有业务，为使其形式上合理，于凡要求何海鹏、任晓鹏、

焦娥君签订了一份虚假的股权转让合同，企图通过签订虚假股权转让合同的方式来掩盖其收受5000万元好处费的事实。3、多名证人证言及于凡的供述证明王健国名下资金向卓立公司出资200万元是于凡归还任晓鹏的借款，而非于凡给卓立公司的投资款。4、2010年3月，任晓鹏把空壳的凯信公司给于凡，要把凯信公司和王健国在卓立公司的股份全部变更到任晓鹏的鸿盛公司和何海鹏名下，这只是名义上的变更，根本不存于凡的凯信公司持有卓立公司股权的情况，鸿盛公司、何海鹏也不可能给凯信公司及焦娥君支付股权转让款。而在账务记载上，卓立公司将无法处理的2000万元好处费记成归还资本金和借款，凯信公司记成其他应付款和借款，双方账务上对2000万元的记载不对应恰恰说明这是为了掩盖于凡收取好处费的事实。且如按一审判决所说不能排除200万元是于凡的出资款，那么在2009年12月出资200万元，只过了短短几个月时间，到2010年4月、7月就收回共计2000万元，显然有悖常理，并且任晓鹏、何海鹏称卓立公司成立后从未进行过分红，因此，一审法院认为"不排除卓立公司向凯信公司转款2000万元资金系卓立公司或鸿盛公司、何海鹏返还凯信公司及焦娥君资本金的可能性"属认定事实错误。

综上所述，为维护司法公正，准确惩治犯罪，依照《中华人民共和国刑事诉讼法》第二百二十五条的规定，请你院依法纠正。

2017年10月26日

一是以权利基础论，明确指出卓立公司成立时以王健国名义出资的 200 万元是于凡归还任晓鹏的借款，驳斥于凡所称其投资卓立公司的主张。抗诉意见详细分析于凡之前供述与任晓鹏及王健国、于恩权、焦婉君等人证言之间的相互印证之处，从根本上否定于凡所谓"预期收益"的权利基础。二是以实质论，解决卓立公司向凯信公司转款 2000 万元在会计账目上的矛盾。通过揭示凯信公司 2010 年 3 月间股权变更的实质，指出于凡控制下的凯信公司不存在持股卓立公司的事实，进而论证卓立公司其后转款凯信公司 2000 万元是给于凡个人的钱，账目上的不对应恰恰是对于凡犯罪行为的掩饰。三是以资金用途论，依据商事领域投资收益的基本规律，反驳于凡所谓"预期收益"的辩解。检察官一针见血地指出，"如果真为出资，2009 年 12 月出资 200 万元，短短几个月就收回 2000 万元，显然有悖常理"。上述抗诉意见全面、深刻、完整，既充分驳斥了于凡及其辩护人的无罪辩解，也明确指出了一审法院割裂于凡索取收受贿赂行为完整性对犯罪事实的认定错误。陕西省最高人民法院终审判决认为，卓立公司在 2010 年 4 月、7 月间转给凯信公司的 2000 万元，与 2012 年 8 月 28 日转给凯信公司的 3000 万元系同一性质，均属于贿赂款，检察机关的抗诉理由应予支持。

（三）对于凡非法所得依法没收追缴

根据《刑法》第六十四条之规定，犯罪分子违法所得的一切财物，应予以追缴或者责令退赔。陕西省人民法院终审判决最终支持了检察机关认为于凡在该宗事实中受贿金额应为 5000 万元的抗诉理由，在判处于凡有期徒刑十三年，并处财产刑的同时，对于凡非法所得赃款人民币 5100 万元依法没收，追缴后上缴国库。

案例推荐：陕西省人民检察院

撰稿：卫杰

审稿：徐然

白忠英等四人利用邪教组织破坏法律实施系列案

——摧毁"全能神"邪教组织"东北牧区"

基本案情 ....

白忠英，女，时年 37 岁，吉林省吉林市人，初中文化，无业。

刘岩，女，时年 28 岁，吉林省农安县人，小学文化，无业。

（其他被告人基本情况略）

白忠英于 2006 年加入"全能神"邪教组织（以下简称该邪教组织），2016 年 12 月份被推选为"东北牧区"决策组组长。刘岩于 2014 年加入"全能神"邪教组织，2016 年 3 月在该邪教组织中尽"四平区"决策组成员"本分"，2016 年 7 月在该邪教组织尽"东北牧区"工作组成员"本分"，2017 年 5 月成为该组织"东北牧区"决策组成员。2 人主要负责"东北牧区"日常管理工作，指挥"东北牧区"转祭工作、选举各区决策组成员、小区带领及指挥编剧等工作，并将信徒上缴的奉献款向境外转祭。截至 2017 年 3 月，"东北牧区"将信徒奉献款人民币 1.4 亿元转移到境外。

2018 年 7 月 6 日，黑龙江省大庆高新技术产业开发区人民检察院向大庆高新技术产业开发区人民法院提起公诉。同年 10 月 12 日，法院作出判决：以利用邪教组织破坏法律实施罪判处白忠英有期徒刑十年，剥夺政治权利二年；以利用邪教组织破坏法律实施罪判处刘岩有期徒刑八年。

案件背景与社会影响

　　"全能神"邪教组织，又称"东方闪电""七灵派""女基督派"等，由邪教"呼喊派"骨干赵维山于1989年创立，系基督教新教地方教会运动的变种，于1995年被中共中央办公厅、国务院办公厅定性为邪教组织。被定为邪教组织后，创立者赵维山潜逃海外，在境外通过电子邮件遥控指挥国内邪教组织活动。

　　该邪教组织有严密的组织架构，在我国大陆地区以地域为单位分为十个"牧区"，"牧区"下设置区、小区、教会三个层级，分设决策组、电脑组、上网组、转祭组、编剧组、文字组等若干功能组，在决策组的领导下从事邪教活动。决策组通过上网组和电脑组接收境外管理员传达的一些工作，再把指令往下传达；编剧组负责接收文字组转来的传福音信息，编辑加工成剧本，再传到海外，由"全能神"总部将剧本拍摄成视频，再通过上网组发到各地给信徒观看；各组定期逐级上报工作情况，最终汇总至牧区决策组，决策组通过电子邮件向境外"全能神"邪教组织汇报、请示。

　　至2017年案发前，该邪教组织共设置教会2364处，发展信徒245970人。该邪教组织捏造事实，散布反动言论，诋毁党政机关形象，诱使信徒将个人财产交给"神"，以达到敛财的目的。该邪教组织长期散布丑化党政机关、司法机关形象的文章、剧本、视频等，对成员进行"洗脑"，使成员对中国共产党、政府、社会制度产生质疑，企图将信徒从盲目顺服演变成对抗社会、制衡政府的政治资本，将教徒的精神信仰转化为社会运动，危害国家安全稳定。

　　本案涉及的"东北牧区"管辖黑龙江省、吉林省、辽宁省及内蒙古自治区部分地区，为该邪教组织重点活动区。本案的办理，对"全

大庆高新

被告人白忠英
身份证号码
职业，无固定住
乡八家子村三组
组织破坏法律实
周刑事拘留，同
月5日经本院审
准逮捕，同日本
被告人刘岩
身份证号码
职业，无固定
村条大百屯，
织破坏法律实
刑事拘留，同
5日经本院以
逮捕，同日本
被告人张
身份证号码
辩护人，依法讯
2018年1月29日

高新区分局行政拘留
教组织破坏法律实施
分局刑事拘留，同年
月23日被取保候审
利用邪教组织破坏法
局高新技术产业开发

被告人张桂芝，
码230502195409180
固定住所（户籍所在
段634号）。2017年
局高新区分局行政
教组织破坏法律实施
分局刑事拘留，同
教组织破坏法律实施
察院批准延长侦查
江省人民检察院批

本案由大庆市
结，以被告人白忠
用邪教组织破坏
成员提供食宿等
公安机关在
区40号楼2

13日退回侦查机关补
充侦查完毕重新移送
延长审查起诉期限
机关补充侦查，侦
新移送审查起诉，
期限半个月。

经依法审查查
"全能神"组织
性为邪教组织。该
个牧区，统一由上
三个层级。其中，
4.鉴定意见
认定书；
5.辨认笔录
6.电子数据
本院认为，
"全能神"组织
其行为触犯了
事实清楚，
破坏法律实施
春番、张桂芝
共同犯罪中
《刑法》第二
张桂芝在共

本组若干国年3月13日补
介质40个。
经核查，被告
年6月24日在大
室被公安机关抓
认定上述事
1.物证U盘
2.书证户籍
思想汇报、决策
3.被告人白
及同案被告人羽
认定第二十五
岩领导东北牧
员及其他日常
成员提供食宿
《刑法》第二
第二十五条
共同犯罪中系
《刑法》第二
张桂芝在共

民共和国刑法》第二十七条之规定对其处罚。依据《中华人
民共和国刑事诉讼法》第一百七十二条之规定，提起公诉，
请依法判处。

此致

大庆高新技术产业开发区人民法院

副检察长 于跃波
检察员 王丽机 秦余荣
检察官助理 阎丽娥 王童童
李美等 字

二O一八年七月六日

附：
1.被告人白忠英、刘岩、张桂芝现羁押于大庆市看守所；
被告人王春番现取保候审；
2.全部卷宗及证据材料。

● 白忠英等四人利用邪教组织破坏法律实施系列案起诉书

能神"邪教组织"东北牧区"起到了摧毁的作用。

公诉指控 ···

（一）分案办理，分化瓦解

因案件涉案人数多，证据材料复杂，为使案件顺利办理，结合案件实际情况，检察机关深入研究指控策略，挑选 30 名业务骨干成立"全能神"专案组，将专案组公诉人员分成 4 个小组，每组审查 15 人至 20 人。根据涉案 71 人的发案地点、犯罪情节及认罪态度等具体情况，确定以各被告人在犯罪组织内部的分工类别，进行科学分案，将 71 人分成 23 个案件提起公诉，使审查方向更为清晰，让起到相同作用的犯罪嫌疑人受到相同的处罚，优化诉讼的同时达到了量刑均衡、同案同判。同时，注意宽严相济，区别对待，起到分化瓦解、侧重打击重点人、努力教育挽救多数人的作用。根据每个涉案人员的犯罪情节、悔悟程度、个人性格等方面，以不同的方式帮助他们回归社会，积极实现刑罚的特别预防。对 6 人犯罪情节轻微宣布不起诉决定当天，组织召开公开听证会，对其进行普法教育，鼓励他们多参加社区活动，丰富家庭生活，人生走向正轨；对积极悔改、主动投案判处缓刑的，主动联系大庆高新物业公司，为他们找到工作。

（二）多套方案，防患未然

检察机关牢固树立以审判为中心的诉讼理念，以事实为依据，以法律为准绳，认真抓好案件的证据审查、法律适用。对于"在犯罪嫌疑人住处扣押的，但非其制作，且无证据证实用于宣传的邪教宣传品如何认定""对'接待家'按照'两高'《关于办理组织、利用邪教组织破坏法律实施等刑事案件适用法律若干问题的解释》

大庆高新技术产业开发区人民检察院

公诉意见书

被 告 人：白忠英、刘岩、王春香、张桂芝

案　　由：组织、利用邪教组织破坏法律实施

起诉书号：庆高新检刑诉[2018]98号

审判长、审判员：

依据《中华人民共和国刑事诉讼法》第一百八十四条、第一百九十三条和第二百零三条的规定，我们受大庆高新技术产业开发区人民检察院指派，代表本院，以国家公诉人的身份，出席法庭支持公诉，并依法对刑事诉讼实行法律监督。

在法庭调查阶段，公诉人就起诉指控的犯罪事实讯问了被告人白忠英、刘岩、王春香、张桂芝，向法庭出示了相关的书证、电子数据等，宣读了证人证言。上述证据经过庭审举证、质证，充分证明起诉指控被告人白忠英、刘岩、王春香、张桂芝组织、利用邪教组织破坏法律实施的犯罪事实清楚，证据确实、充分。现公诉人发表以下公诉意见，请法庭注意。

一、被告人白忠英、刘岩、王春香、张桂芝的行为构成组织、利用邪教组织破坏法律实施罪

被告人白忠英、刘岩应当对全能神邪教组织在东北牧区所有的犯罪行为负责。东北牧区决策组是全能神邪教组织东北牧区最高的领导机构，白忠英、刘岩作为东北牧区决策组成员领导整个东北牧区开展邪教活动。主要有：转移组负责人张立娟证实，在转移期间，每天都要向决策组汇报转移的情况；牧区编剧组负责人高红丽证实，如果遇到解决不了的难题，就给决策组传递，由决策组来决定；哈区决策组负责人郝金莲证实，会按时向牧区决策组汇报哈区的聚物、选举以及打假等工作情况。二人领导东北牧区向海外转移资金共计人民币1.4亿元，编写大量全能神内容的文章，有大量的书证、电子数据等证据，足以证明白忠英、刘岩二人是东北牧区的核心成员，为东北牧区开展邪教工作起到决定性作用。

被告人白忠英、刘岩辩称没有参与转移及编剧工作，但白忠英、刘岩作为决策组组长、成员，领导东北牧区的邪教活动，虽然没有具体进行转移和编剧的工作，但转移组、编剧组是受决策组领导的，决策组有权决定编剧组、转移组组长的人选，有权决定编剧组、转移组的工作方式，故二人应当为此承担责任。

被告人王春香为东北牧区决策组司机，白忠英证实王春香驾驶一台灰色大众轿车拉乘决策组成员出行；刘岩证实王春香开车拉乘自己及百度去上网组的据点取电脑；王春香供述明知白忠英、刘岩是牧区决策组成员，并驾驶自己的灰色大众轿车为其提供交通便利；三人的供述能够相互印证。

求信徒控制自己的情感，和家庭决裂，但亲情是最美好的情感之一，所以生活的很痛苦，首从被公安机关转化后回归正常生活，每天都与孩子们在一起，享受天伦之乐。现在部分信徒已经不再信神，但有更多的人还沉浸在全能神邪教组织编造的虚假世界里。希望通过这个案件，能够让更多的人看到邪教的危害，认清邪教通过精神控制残害信徒、危害社会的本质，警示民众提高对邪教的分辨能力，认识到正常的宗教均提倡爱家、爱国、爱社会，有正当、公开的宣传、活动场所，防止民众误入歧途。

审判长、审判员：

综上所述，起诉指控被告人白忠英、刘岩、王春香、张桂芝组织、利用邪教组织破坏法律实施罪的事实清楚，证据确实、充分，依法应当认定被告人有罪。请合议庭综合全案的事实、情节，特别是结合今天四名被告人庭审供认态度，对四名被告人作出公正的判决。

公诉意见暂时发表到此。

公诉人：于跃波

● 白忠英等四人利用邪教组织破坏法律实施系列案公诉意见书（部分）

（以下简称《关于邪教犯罪的解释》）第十三条处理，还是按照一般共同犯罪中从犯处理""涉案人员在犯罪组织内部从事一定工作但没有从事司法解释明确列举的事项是否构成犯罪"等问题进行研究论证；为了实现精准公诉，检察机关共列出200余条补充侦查事项，要求公安机关依法搜集相关证据，形成完整的证据链；为保证庭审顺利进行，检察机关按照法庭内被告人认罪与不认罪情况，制定了2套出庭方案；为了使指控犯罪更加有力，检察机关通过PPT和多段视频进行示证，在逻辑清晰体系完整的证据链及犀利的讯问面前，庭前会议时还百般狡辩的白忠英、刘岩两名被告人最终放弃无罪辩护，认罪服法。

（三）细研法理，严谨适用

由于办理如此规模的邪教案件在全国尚属首次，检察机关专案组在对山东、甘肃、西安等地的邪教案件进行考察的基础上，邀请高校的法学专家，从"组织、利用邪教组织破坏法律实施罪"的立法本源、演变过程及犯罪构成等角度对专案组成员进行讲解，保障在法理上"不跑偏"。鉴于该案2/3的涉案成员没有实施相关司法解释所列举的犯罪行为，但其对邪教组织的发展壮大起到一定的作用，检察机关对其法律适用问题从立法的本意、社会危害性等角度进行反复论证，最终形成不适用《刑法》总则中的帮助犯，而是适用最高人民法院、最高人民检察院《关于邪教犯罪的解释》第十三条共同犯罪的公诉意见。

（四）扩大影响，警示教育

为了警示教育广大群众，充分发挥刑法一般预防的效果，检察机关联系大庆广电集团，通过电视、广播、报纸及各种新媒体开展警示教育。组织人员在基督教堂、天主教堂等宗教聚集场所附近粘贴宣传资料，到乡村、街道、校园开展对各类邪教的警示宣传。发动社区工作人员、开发区民警等基层组织力量，通过走访、座谈等

黑龙江省大庆高新技术产业开发区人民法院

刑 事 判 决 书

（2018）黑 0691 刑初 128 号

公诉机关大庆高新技术产业开发区人民检察院。

被告人白忠英（化名景伟），女，1980 年 10 月 6 日出生于吉林省吉林市，公民身份号码 22028319801007743，汉族，初中文化，无职业，无固定住所（户籍所在地：吉林省吉林市龙潭区江北乡八家子村三组）。因本案于 2017 年 6 月 25 日被刑事拘留，同年 7 月 25 日被指定居所监视居住，同年 12 月 5 日被逮捕，现羁押于大庆市看守所。

被告人刘岩（化名陈展），女，1989 年 4 月 10 日出生于吉林省农安县，公民身份号码 220122198904102626，汉族，小学文化，无职业，无固定住所（户籍所在地：吉林省农安县合隆镇迎新村朱大西屯）。因本案于 2017 年 6 月 25 日被刑事拘留，同年 7 月 25 日被指定居所监视居住，同年 12 月 5 日被逮捕，现羁押于大庆市看守所。

被告人王春香（化名小草），女，1982 年 2 月 20 日出生于黑龙江省海伦市，公民身份号码 232321198202205645，汉族，小学文化，无职业，住黑龙江省海伦市旭满泰城小区 B10 号楼 2 单元 401 室（户籍所在地：黑龙江省海伦市丰山乡丰荣村 2 组

三款、第六十四条之规定，判决如下：

一、被告人白忠英犯利用邪教组织破坏法律实施罪，判处有期徒刑十年，剥夺政治权利二年，并处罚金人民币 30 000 元。

（刑期从判决执行之日起计算。判决执行之前先行羁押的，羁押一日折抵刑期一日；判决执行之前指定居所监视居住的，指定居所监视居住二日折抵刑期一日，即自 2017 年 12 月 5 日起至 2027 年 8 月 30 日止。罚金于本判决生效后第二日起一个月内缴纳。）

被告人刘岩犯利用邪教组织破坏法律实施罪，判处有期徒刑八年，并处罚金人民币 20 000 元。

（刑期从判决执行之日起计算。判决执行之前先行羁押的，羁押一日折抵刑期一日；判决执行之前指定居所监视居住的，指定居所监视居住二日折抵刑期一日，即自 2017 年 12 月 5 日起至 2025 年 8 月 30 日止。罚金于本判决生效后第二日起一个月内缴纳。）

被告人王春香犯利用邪教组织破坏法律实施罪，判处有期徒刑二年零六个月，缓刑三年，并处罚金人民币 5 000 元。

（缓刑考验期自判决确定之日起计算。罚金于本判决生效后第二日起一个月内缴纳。）

被告人张桂芝犯利用邪教组织破坏法律实施罪，判处有期徒刑三年，并处罚金人民币 10 000 元。

（刑期从判决执行之日起计算。判决执行之前先行羁押的，

羁押一日折抵刑期一日，即自 2017 年 7 月 9 日起至 2020 年 6 月 24 日止。罚金于本判决生效后第二日起一个月内缴纳。）

二、扣押的供犯罪使用的车辆和违禁品予以没收。

如不服本判决，可在接到判决书的第二日起十日内，通过本院或者直接向大庆市中级人民法院提出上诉。书面上诉的，应交上诉状正本一份，副本四份。

审 判 长　沈洪庆
审 判 员　沈德查
审 判 员　　　萍

二○一八年　　月十二日

书 记 员　于琳琳
　　　　　张慧中

形式，掌握辖区内居民的家庭结构、家庭成员及思想状况，并与民宗局、公安分局、街道一起联合分工协作，及时掌握各宗教团体发展情况、教徒的动态，对异常情况及时介入处理，避免出现邪教组织在辖区内发展成员的情况，以便维护良好的社会治安秩序，创造和谐稳定的社会环境。

案例推荐：黑龙江省人民检察院

撰稿：王笑男

审稿：徐然

韩继华以危险方法危害公共安全案

——故意驾车撞击幼童致 6 死 20 伤案

基本案情

韩继华，男，时年 30 岁，辽宁省建昌县人，农民。

韩继华因人际交往、经济压力、夫妻矛盾等生活琐事产生狭隘心理——认为自己被人孤立、"套路"和敌视，并因此预谋"驾车撞人"以宣泄情绪、报复社会。2018 年 11 月 22 日 11 时 30 分许，韩继华驾驶其父韩玉升所有的黑色奥迪牌 A6 型轿车，在建昌县城区的街道上行驶，伺机作案。12 时 18 分，在韩继华路经红旗街道建昌县第二小学附近路段时，该校教师王秀玲、马兰带领 60 余名学生由东向西横过道路并沿路西结队行走，韩继华遂将该队师生作为撞击的主要目标，并随即驾车由南向北逆向加速行驶冲撞该人群，在将多人撞倒、碾压后逃离现场。当日 12 时 52 分，公安人员在 306 国道建昌县八家子乡青石岭路段逼停韩继华驾驶的奥迪车，将其抓获。

韩继华此次驾车冲撞人群致徐某瑄（5 岁）、高某琦（5 岁）、沈某妍（5 岁）、王某涵（5 岁）、张某涵（6 岁）、王某铸（6 岁）等六名学生死亡；致包某燃（5 岁）、王某悦（5 岁）、陈某远（5 岁）、张某晗（6 岁）、孙某思（6 岁）、陈某言（6 岁）、程某轩（6 岁）、葛某涵（6 岁）、杨某（6 岁）、王某怡（6 岁）、杨某泽（7 岁）、吴某泽（7岁）、王某博（7岁）、赵某凯（7岁）、王某惠（6岁）、周某媛（6岁）、郁某萱（5岁）、白某鹤（8岁）及郭化英、马兰等二十人不同程度受伤。

2019年3月19日，辽宁省葫芦岛市人民检察院以被告人韩继华涉嫌以危险方法危害公共安全罪向同级法院提起公诉。同年7月9日，葫芦岛市中级人民法院以危险方法危害公共安全罪判处韩继华死刑，剥夺政治权利终身。

案件背景与社会影响

这是一起令人发指的，将天真无邪的孩子们作为目标，满怀恶意驾驶机动车撞向无辜的幼童，以宣泄自己对人生的失意、对社会的不满的重大恶性刑事案件。该案后果极为严重，社会影响极为恶劣。6个年幼的生命就此逝去，一众幼小的身心惨遭摧残，数以百计的路人目睹了惨烈现场，惊恐万分。案发当日，犯罪的录像便被传遍网络，成千上万的浏览者极度震惊，痛惜之情溢于言表。

综观全案，韩继华的行为几乎囊括了此类犯罪的所有恶性：韩继华仅仅因为对生活中琐事的不满便产生驾车撞人的歹念，是为动机卑劣；案发当天中午，他为寻找人群聚集的目标驾车慢行许久，意图为自己的"死"多拉几个无辜的"陪葬"，是为用心险恶；发现目标后，明知会造成惨重的伤亡，他仍丧心病狂地将奥迪车加速冲入密集的学生队列，不惜以重达两吨的钢铁车辆去撞击幼小孩童的血肉之躯，是为冷血无情；案发时值正午，现场地处闹市，但韩继华全然不理，在将多人撞倒、碾压后径直驶离现场，是为目无法纪。韩继华心理之狭隘、对法律之无视、主观恶性之深重、犯罪手段之残忍、危害后果之严重、在本案中表现得极为突出，对社会民情影响极为恶劣。

韩继华以危险方法危害公共安全案

辽宁省葫芦岛市人民检察院 副本
起诉书

葫检公二刑诉〔2019〕8 号

被告人韩继华，男，1989 年 9 月 25 日出生，身份证号码 211422198909252610，汉族，中专文化，农民，辽宁省建昌县人，住建昌县老达杖子乡东南沟村歪沟组 38 号。因涉嫌以危险方法危害公共安全罪，于 2018 年 11 月 22 日被建昌县公安局刑事拘留，同年 11 月 29 日经本院批准被葫芦岛市公安局执行逮捕。

本案由葫芦岛市公安局侦查终结，以被告人韩继华涉嫌以危险方法危害公共安全罪，于 2019 年 1 月 22 日向本院移送审查起诉。本院受理后，于当日已告知被告人有权委托辩护人，同月 22 日、23 日已告知被害人及其法定代理人有权委托诉讼代理人，依法讯问了被告人，听取了辩护人、被害人及其法定代理人的意见，审查了全部案件材料。其间，延长审查起诉期限一次，退回公安机关补充侦查一次。

经依法审查查明：

被告人韩继华因人际交往、经济压力、夫妻矛盾等生活琐事产生孤独心理——认为自己被人孤立、"歧视"和敌视，并因此预谋"驾车撞人"以宣泄情绪、报复社会。2018 年 11 月 22 日 11 时 30 分许，韩继华驾驶其弟韩玉升所有、牌照为辽 CSF060 黑色奥迪牌 A6 轿车，在建昌县城区的街道上行驶，伺机作案。12 时 18 分，在韩继华路经红旗街道建昌县第二小学附近路段时，该校教师王秀玲、马兰带领 60 余名学生由东向西横过道路并沿路西

燃、王某悦、马兰、郭化英等陈述；

5. 被告人韩继华的供述与辩解；

6. 葫芦岛市公安局法鉴定中心出具的法医学尸体、活体检验鉴定书等鉴定意见；

7. 建昌县公安局出具的建公（刑）勘（2018）527 号现场勘验检查笔录；

8. 案发现场监控录像、抓捕经过的录音录像等视听资料。

本院认为，被告人韩继华为发泄个人情绪，驾驶汽车在道路上故意冲撞人群，造成六名未成年人死亡、二十人受伤，其行为严重危害公共安全并已侵害多人的生命和健康，触犯了《中华人民共和国刑法》第一百一十五条第一款之规定，犯罪事实清楚，证据确实、充分，应当以以危险方法危害公共安全罪追究其刑事责任。根据《中华人民共和国刑事诉讼法》第一百七十六条第一款的规定，提起公诉，请依法判处。

此致

辽宁省葫芦岛市中级人民法院

本答与原本核对无异

检察员 第一部
助理检察员

附：

1. 被告人韩继华现羁押于葫芦岛市看守所。

2. 案件材料卷宗 4 册、现场勘查卷宗 1 册、鉴定意见 23 册。

结队行走，韩继华遂将该队师生作为撞击的主要目标，并随即驾车由南向北逆向加速冲驶向撞该人群，在将多人撞倒、碾压后逃离现场。当日 12 时 52 分，公安人员在 306 国道建昌县八家子乡青石岭路段通停韩继华驾驶的奥迪车，将其抓获。

被告人韩继华此次驾车冲撞人群致徐某瑄（5 岁）、高某琦（5 岁）、沈某妍（5 岁）、王某涵（5 岁）、张某涵（6 岁）、王某娴（6 岁）等 7 名学生死亡；致包某燃（5 岁）、王某悦（5 岁）、陈某远（5 岁）、张某晗（6 岁）、孙某思（6 岁）、陈某言（6 岁）、程某轩（6 岁）、葛某涵（6 岁）、王某怡（6 岁）、杨某泽（7 岁）、吴某泽（7 岁）、王某博（7 岁）、王某凯（7 岁）、王某惠（6 岁）、周某媛（6 岁）、郁某萱（5 岁）、白某鹤（8 岁）及郭化英、马兰等 20 人不同程度受伤。经葫芦岛市公安司法鉴定中心法医学检验鉴定：高某琦、张某涵系因交通车辆作用致颅脑损伤死亡；徐某瑄系因交通车辆作用致颅脑损伤合并肝脏破裂出血死亡；沈某妍、王某涵、王某娴系因交通车辆作用致颅脑损伤合并脾脏破裂出血死亡；孙某思的身体损伤程度为轻伤一级；杨某泽、王某惠、赵某凯、张某晗、王某悦、郭化英、马兰身体损伤程度为轻伤二级；葛某涵、王某怡、包某燃、程某轩、陈某言、陈某远、吴某泽、杨某身体损伤程度为轻微伤。

认定上述事实的证据如下：

1. 被告人作案时驾驶的黑色奥迪牌 A6 型轿车、手机等物证；

2. 公安机关出具的发破案报告、情况说明、户籍证明等书证；

3. 证人姜某杰、包利璐、李平元、杨雄红、韩立敏、韩玉升、赵兴志、穆淑玫、穆峰、叶春玉等证言；

4. 被害人杨某泽、孙某思、王某博、赵某凯、吴某泽、包某

韩继华以危险方法危害公共安全案起诉书

（一）依据犯罪构成，准确认定罪名

本案是一起在全国有影响的重大、敏感案件，检察机关在办理此案过程中严格遵循重大敏感案件的办理规程，充分体现了规范、文明的执法理念。在"捕诉一体"的办案模式下，检察机关第一时间介入侦查活动，及时提出案件定性意见，积极引导公安机关展开侦查，彰显了检察机关担当、作为的精神。对于这样一起引发了全社会关注的案件，检察机关严格把握证据审查关、事实认定关、法律适用关，一方面，引导公安机关全面收集涉案证据；另一方面，对全案证据进行了全面、细致的综合分析，从被告人主观方面、客观行为、危害结果等方面展开深入论证，最终得出被告人韩继华应当认定为以危险方法危害公共安全罪这一罪名。韩继华为发泄情绪，故意驾车在道路上冲撞人群，并造成特别严重的人员死、伤结果，其行为同时触犯了《刑法》第二百三十二条和第一百一十五条之规定，系故意杀人罪与以危险方法危害公共安全罪的想象竞合犯，在法理上应择一重罪处罚。鉴于这两个罪名的法定最高刑均为死刑，故而不存在择一重罪问题，在这种情形下，犯罪行为所侵害的客体，便成为选择罪名的关键。本案中，韩继华所加害的对象为不特定多数人的生命、健康和财产权益，故应当认定为以危险方法危害公共安全罪。

（二）积极回应社会关切，提出精准量刑建议

本案在处理上，社会关注的热点在于韩继华是否会被判处死刑立即执行。检察机关细致梳理了全案证据：第一，韩继华具有驾车撞人的主观故意，并实施了驾车冲撞人群的行为。韩继华不属于酒驾、毒驾，拥有 B2 驾驶执照的他，也不存在驾驶技术不熟练、操作不当的情形，其行为恰恰证实了其因为人际交往、经济压力、夫

公诉意见书

被 告 人：韩继华

案　　由：以危险方法危害公共安全罪

起诉书号：葫检公二刑诉（2019）8 号

审判长、审判员以及参加本次庭审的所有尊重法律的各界人士：

毫无疑问，驾车撞人严重危及公共安全，残害儿童更是令人切齿痛心。所以，几个月来，被告人韩继华以危险方法危害公共安全案倍受关注。今天，经过法定的刑事诉讼程序，本次庭审已接近尾声，公正的审判即将尘埃落定。根据《中华人民共和国刑事诉讼法》第一百八十九条、第一百九十八条和第二百零九条的规定，我们受葫芦岛市人民检察院的指派，代表本院，以国家公诉人的身份，出席法庭支持公诉，并依法对刑事诉讼实行法律监督。现对本案证据和案件情况发表如下意见，请法庭注意。

一、本案犯罪事实清楚，证据确实、充分。

第一，被告人韩继华具有驾车撞人的主观故意，并实施了驾车冲撞人群的行为。

其故意驾车冲撞人群的证据十分充分，并已形成完整的证据链条：现场监控录像显示，案发当日 12 时 18 分许，韩继华驾驶的黑色昌迪斯轿车在案发路段先慢行，之后调头并向人群方向突然加速，迎向驶入路边的人群，在将被害人撞倒、碾压后驶离现场。仅从这些客观的录像上就能基本判断出此次冲撞应是故意所为，而非意外所致。因为，现场道路正常，人流熙熙攘攘，天气风和日丽，并没有让车辆失控的客观因素。生活经验和心理知识告诉我们，如果不是故意撞击，驾驶人不会在慢行和调头后突然加速并迎面向行驶，如果是过失所致，撞人者一般也不会在肇事后毫不停留、扬长而去；郭化英、吴雨泽、高丽涵等多名车辆的被害人对他们在案发现场突然被车急速冲撞路边的情况均有清晰的陈述；现场目击者焦英杰、包利瑞、李平元等证人在不同的角度和位置直接证实黑色昌迪斯轿车急速进行冲撞路边的人群并在造成大量伤亡后直接逃离。这些目击证据与现场视频录像完全一致，互相印证。此外，血液、尿液检验结果证明被告人作案前没有饮酒和吸食毒品，其所驾驶的车辆经鉴定也没有异常情况。韩继华的驾驶证显示其已具有多年 B2 类车辆的驾驶资格，事实上他在沈阳打工期间也经常驾

人的亲人们也同样处于震惊和痛苦之中。因为，他们不仅得承受即将失去亲人的难过，还要背负世间道德的指责，而这次惨案引发的诸多后续问题，还将在他们的心理上、生活中留下难以磨灭的印记，甚至终身难以摆脱。所以，本案又一次证明：那些为实现自己扭曲的邪念，不顾别人死活，不惜以身试法的人，不仅是在残害他人，同时也是在残害自己的亲人，这种自以为是者以为不折手段的担当世间丑将，就可以让自己显得强大，但事实上，这根本掩饰不了他们只是个懦夫的真相。最终，除了世人的唾弃和给亲人带来的耻辱，将一无所有，一生充败。

四、关于量刑的建议

我们珍惜每一个生命，但被告人韩继华的行为触碰了道德无法原谅的底线，犯下了法律不可饶恕的重罪，其犯罪手段极为残忍，犯罪情节极为恶劣，犯罪后果极为严重，且没有减轻处罚的法定情节。依照《中华人民共和国刑法》第 115 条第 1 款之规定，建议法庭以以危险方法危害公共安全罪对其处以法定最高刑——死刑。

最后，公诉人向被害者的家属表示敬意。因为，你们虽失去了亲人，却从未失去良知，你们忍受着悲伤，但始终坚信法律。希望通过今天的审判，让逝者能在正义的注视下安息，让生者能于痛苦的煎熬中坚强。

公诉人王显于当庭发表

● 韩继华以危险方法危害公共安全案公诉意见书（部分）

妻矛盾等原因消极、厌世而产生的作案动机。第二，韩继华驾车冲撞人群的行为造成了特别严重的后果。韩继华的行为导致 6 名被害人死亡、20 名被害人不同程度受伤，其中，轻伤一级 1 人、轻伤二级 7 人、轻微伤 8 人，另有 4 人因伤情较轻未能作出轻微伤以上的伤害鉴定意见。除马兰、郭化英之外，6 名死亡和 18 名受伤的被害人均为 5 至 8 岁的儿童。第三，韩继华具有完全的刑事责任能力，其应当为犯罪行为所造成的后果承担刑事责任。韩继华被抓捕及被公安机关讯问时，神智清醒、思维正常，其在案发前后的行为、语言、思维均在正常范围之内，他对自己的行为认识充分，具有对事物的辨认能力和对自己的控制能力，系完全刑事责任能力人。根据对全案证据的综合判断，韩继华的行为严重突破法律和道德底线，严重冲击社会公序良俗，给被害人家庭造成了无法弥补的伤害。虽然韩继华到案后如实供述自己罪行，在庭审中表示认罪悔罪，有坦白情节，但其犯罪后果极其严重，犯罪情节极其恶劣，不足以从轻处罚，检察机关当庭提出了判处韩继华死刑的量刑建议。法院采纳了检察机关提出的量刑建议，依法判处韩继华死刑，剥夺政治权利终身。

案例推荐：辽宁省人民检察院

撰稿：张洪铭

审稿：徐然

张扣扣故意杀人、故意毁坏财物案

——为母复仇的灭门案

基本案情

　　张扣扣（曾用名张小波），时年 35 岁，户籍所在地陕西省汉中市南郑区，住陕西省汉中市南郑区新集镇王坪村十四组，农民。

　　张扣扣家与被害人王自新（男，殁年 70 岁）相邻而居。1996 年 8 月 27 日，王自新三子王正军（被害人，殁年 38 岁）因邻里纠纷将张扣扣之母汪秀萍伤害致死。同年 12 月 5 日，汉中市原南郑县人民法院鉴于王正军犯罪时未满十八周岁、汪秀萍在案件起因上有一定过错等情节，以故意伤害罪判处王正军有期徒刑七年，王自新赔偿附带民事诉讼原告人张某经济损失 9639.3 元。此后，两家未发生新的冲突，但张扣扣对其母被王正军伤害致死始终心怀怨恨，加之工作、生活多年不如意，心理逐渐失衡。2018 年春节前夕，张扣扣发现王正军回村过年，决定报复杀害王正军及其父兄，其先后准备了帽子、口罩，自制了 8 个汽油燃烧瓶，购买了尖刀、玩具手枪等工具，并暗中观察王正军及其家人的行踪，伺机作案。2018 年 2 月 15 日（农历除夕）12 时许，张扣扣发现王正军及其长兄王校军（被害人，殁年 46 岁）与十多名亲属上山祭祖，便戴上帽子、口罩并将粉红色 T 恤围在颈部，携带尖刀、玩具手枪尾随王正军、王校军等人至本村村委会门前守候。待王正军、王校军祭祖返回行至村委会门前村道时，张扣扣趁王正军不备，上前持刀朝王正军颈部猛割一下，又连续捅刺其胸腹部等处数刀。王校军见状惊慌逃跑，张扣扣追上王校军，持刀朝其胸腹部捅刺。王校军摔进路边沟渠，张扣扣跳进沟渠继续捅刺其数刀，致王校军心脏、肺脏等多脏器破裂死亡。而后，张扣扣返回倒在路边的王正军身旁，再次捅刺王正军数刀，致王正军右颈总动脉、肺脏、肝脏等胸腹腔脏器破裂大失血死亡。随后，张扣扣闯入王自新家院子，朝坐在堂屋门口的王自新胸腹部、颈部等处捅刺数刀，致王自新右颈动、静脉及心、肺等多脏器破裂死亡。张扣扣回家取来一把菜刀和两个自制汽油燃烧瓶，用菜刀将王校军停放在路边的大众斯柯达牌轿车左后车窗玻璃砍碎，并点燃两个汽油燃烧瓶，分别扔在车后排座椅和右后车窗玻璃处，致车后部燃烧，车辆毁损价值 32142 元。张扣扣逃离现场后，于同月 17 日 7 时许到公安机关投案。

2018 年 9 月 27 日，陕西省汉中市人民检察院向汉中市中级人民法院提起公诉，法院于 2019 年 1 月 8 日作出一审判决，以故意杀人罪判处张扣扣死刑，剥夺政治权利终身，以故意毁坏财物罪判处张扣扣有期徒刑四年，决定执行死刑，剥夺政治权利终身。张扣扣提出上诉，陕西省高级人民法院于 2019 年 4 月 11 日作出二审裁定，驳回上诉，维持原判。

案件背景与社会影响

张扣扣故意杀人案，因案发时间、张扣扣退伍士兵的身份和生活工作经历，以及一件新案牵涉了一件旧案，经网络传播发酵后，现实中的杀人凶手，在网络上却被视为为母报仇的孝子，一些人非理性地对同态复仇喝彩，导致一部分人对法律价值的认知产生偏差。在社会大众层面，对法律的深层认知还没有到位，局限于对法律浅表认识，导致对法律的质疑，进而用道德绑架了法律，这样的声音给法律的威严和法治社会造成严重伤害。

本案一审公诉意见书和二审检察员意见书同判决书一起在网络上发布后，在全社会引起了较好的反响，从生命价值、法律价值等方面引导了舆论，起到了纠偏差、正视听的作用。

公诉指控

（一）检察机关在案件舆论引导中发挥了重要作用

本案的案件事实并不复杂，张扣扣在大年三十众目睽睽之下故意杀人、毁坏他人财物，本该是一起没有太多争议的刑事案件，却因为被认为是"案中有案"而备受争议。不少网友认为事出有因、情有可原，有人说"杀母凶手得不到法律制裁，张扣扣杀了凶手符合天理人情，该放！"有人以"为母报仇"这样的理由为张扣扣开脱。这些观点也正是案情的争议焦点所在。检察机关如何在查明案件事实真相的基础上对本案给予理性的解读、正确的引导，是本案需要解决的重大问题。为此，检察机关详细解释了本案的来龙去脉，廓清了本案发生的根本原因，释法说理，宣传法治，教育群众，回应了民众对本案的疑惑，扭转被扭曲的价值观——复仇观，从而维护了司法权威，引导公众回到理性、法治的立场上。

（二）查明事实，释法说理，正本清源，引导舆论

张扣扣故意杀人、故意毁坏财物案的出庭公诉，对一审、二审检察机关是一个巨大的挑战。案发原因的扑朔迷离、舆情的关注、如何引导公众崇尚法律而不是非理性猜测、依法理性解决问题而不是滥杀无辜，是检察机关应当有力回应的重要问题。

陕西省汉中市人民检察院
起诉书

汉检公刑诉〔2018〕31 号

被告人张扣扣（曾用名张小波），男，1983 年 1 月 6 日出生，居民身份证号码612321198301063313，汉族，初中文化，农民，户籍所在地陕西省汉中市南郑区，住陕西省汉中市南郑区新集镇王坪村十四组。2018 年 2 月 17 日因涉嫌故意杀人罪被南郑区公安局刑事拘留。同年 2 月 26 日，南郑区检察院批准逮捕，由南郑区公安局执行逮捕。

被告人张扣扣故意杀人、故意毁坏财物一案，由南郑区公安局侦查终结，以被告人张扣扣涉嫌故意杀人、故意毁坏财物罪于2018 年 5 月 25 日向南郑区人民检察院移送审查起诉，南郑区人民检察院于 2018 年 5 月 29 日报送本院审查起诉。本院受理后，于 2018 年 5 月 30 日告知被害人有权委托诉讼代理人。2018 年 5 月 31 日告知被害人近亲属有权委托诉讼代理人，并依法讯问了被告人，听取了辩护人、被害人近亲属及其诉讼代理人的意见，审查了全部案件材料。期间，延长审查期限两次，退回补充侦查一次。

经依法审查查明：1996 年 8 月 27 日，因邻里纠纷，被告人

张扣扣母亲汪秀萍被王正军（男，时年 17 岁）伤害致死。1996 年 12 月 5 日，王正军被判处有期徒刑七年。2018 年春节前夕，被告人张扣扣发现王正军在家过年，便先后购买、准备好帽子、口罩、单刃刀、玩具手枪、汽油瓶等作案工具伺机报复。2018 年 2 月 15 日 12 时许，被告人张扣扣看到被害人王正军、王校军（王正军之兄，男，殁年 46 岁）与其亲戚一行十余人上山祭祖，便戴上事先准备的帽子、口罩进行伪装，携带单刃刀、玩具手枪尾随王正军、王校军至南郑县新集镇三门村村委会门口。待王正军、王校军祭祖返回，行至原三门村村委会门口村道时，张扣扣趁王正军不备，先掏单刃刀对王正军进行捅刺。王校军等人惊慌跑开现场时，张扣扣又持刀追上王校军进行捅刺，期间王校军挣进路边沟渠，张扣扣跟追沟渠继续对王校军进行捅刺，直至王校军倒在沟渠内不动，又返回对已倒在路边的王正军再次进行捅刺。随后被告人张扣扣追入被害人王自新（王校军之父，男，殁年 70 岁）家院子，持刀对业在门口的王自新进行捅刺，直至王自新倒地不动。张扣扣返回途中，拿上事先准备好的一把菜刀和装有汽油的红瓶、啤酒瓶各一个，来到王校军停放在村民张信刚家门前桥上，用菜刀把小轿车左后车窗玻璃砸破，并点燃两个酒瓶，分别扔在该车的后排座椅和后车窗玻璃部位，致该车后部燃烧严重受损。随后张扣扣

逃离现场。13 时许，经 120 急救人员检查，三名被害人均已死亡。2018 年 2 月 17 日 7 时许，被告人张扣扣到公安机关投案。

经鉴定，被害人王正军系锐器致右颈总动脉、肺脏、肝脏胸腹腔脏器破裂造成大失血死亡；被害人王校军系锐器致心脏、肺脏等多脏器破裂死亡；被害人王自新系锐器致右颈动、静脉破裂及心、肺脏等多脏器破裂死亡。小轿车被毁价值为人民币 32142 元。

认定上述事实的证据如下：

现场勘验的物证、相关书证、勘验笔录、鉴定意见、证人证言、被告人供述与辩解等在卷。

本院认为，被告人张扣扣方法残忍，持单刃刀捅刺被害人，故意剥夺他人生命，造成三人死亡的严重后果，其行为触犯了《中华人民共和国刑法》第二百三十二条之规定，构成故意杀人罪；被告人张扣扣毁坏他人车辆，造成人民币 32142 元损失的行为，又触犯了《中华人民共和国刑法》第二百七十五条之规定，构成故意毁坏财物罪。以上犯罪事实清楚，证据确实、充分，应当以故意杀人罪、故意毁坏财物罪追究其刑事责任，依据《中华人民共和国刑事诉讼法》第一百七十二条之规定，提起公诉，请依法判处。

此　　致

汉中市中级人民法院

检察员：张艳 田方

2018 年 9 月 27 日

附：

1、被告人张扣扣现羁押于南郑区看守所；

2、案卷材料十一册；

3、随案移送赃物：菜刀一把、单刃刀一把、汽油瓶七个、T恤一件、口罩一个、夹克一件、裤子一条、鞋一只；

4、视听资料光盘二十一张。

● 张扣扣故意杀人、故意毁坏财物案起诉书

1. 事实与证据。事实认定和证据采信是释法说理的基础与前提。为此，检察机关在庭审中，首先重点解决事实认定与本案以及 1996 年前案证据问题。针对有人提出张扣扣精神状况的质疑，检察机关有力作出回应：对辨认能力和控制能力的评定，根据司法部《精神障碍者刑事责任能力评定指南》2016 版总则第 4、5 条的规定，主要从作案动机、作案时间选择性、地点选择性、对象选择性、对作案后果的估计等方面进行。结合本案：张扣扣母系、父系亲属均能够证实张扣扣身体健康，无家族精神病史；张扣扣的入伍体检单、战友、工友、朋友、邻居证言等证据，均能证实张扣扣在案发前身体素质良好，工作、生活正常，与人交往正常，生活能够自理，无异常行为表现；作案前，张扣扣进行了周密策划。在作案时间和对象的选择上，专门挑选大年三十王家人齐聚之时，实施"灭门式"杀害；在地点选择上，专门挑选王家众人祭祖归来之时，趁人不备实施杀害行为；在作案工具选择上，精心准备用于杀人的单刃刀、用于恐吓的玩具枪以及防止被害人驾车逃跑的汽油燃烧瓶等；作案时，张扣扣为防止被认出，使用深色帽子、口罩、围巾精心伪装。杀人时其准确锁定被害人，对被害人头、颈、胸、腹等要害部位连续捅刺，致其当场死亡。烧被害人车时，为避免朋友张某甲车受损，还提醒"小心你的车"；作案后，张扣扣迅速逃离现场，为防止暴露行踪，特意不带手机。夜间到姨夫家索要钱财、购买食物藏匿，中途回家观望后再次逃逸，将杀人所用单刃刀丢至水塘当中；归案后，回答问题思路清晰、逻辑正常。故意虚假供述抛刀地点，后经思想工作才如实交代。综上所述，检察机关认为，上述事实足以判定张扣扣能清楚认知杀人的性质和应受刑罚处罚的后果，却依然按照自己的意志实施犯罪行为，足见其辨认能力和控制能力完整，不需要也不应当对其进行精神病鉴定。正因为如此，一审判决和二审庭前会议合议庭对辩护人启动精神病鉴定的申请予以驳回。应当说，这几条理由，环环相扣，说服力强。

陕西省人民检察院
张扣扣故意杀人、故意毁坏财物一案
出庭检察员意见书

审判长、审判员：

根据《中华人民共和国刑事诉讼法》第235条之规定，我们受陕西省人民检察院指派，代表本院，出席法庭，依法履行职务。

张扣扣故意杀人、故意毁坏财物一案案发以来，引起社会广泛关注。负有法律监督职责的检察机关，有责任用确实、充分的证据还原事实真相，确保法律在本案中的准确适用，也有义务回应社会关切，让人民群众从中感受到公平正义。这是我们秉承的原则。

庭前，检察员认真审阅了案卷材料，核实补正了本案证据，审查了"96年张扣扣母亲被伤害致死案"三级法院相关法律文书，接听了上诉人，出席了庭前会议。在今天的法庭调查中，我们又认真听取了上诉人及其辩护人的意见，并围绕上诉人对部分事实的辩解、辩护人对证据提出的异议和法庭审理的焦点问题进行了举证和质证。

下面，检察员将依照法律规定，紧紧围绕本案的证据，对案件的事实、定性和适用法律，以及上诉理由、辩护观点和舆论热点等焦点问题发表出庭意见。

经历虽多却交友甚少，情感抒发缺少渠道，信钱不信人——**社会融入感缺失**。现实生活的种种负累使得张扣扣有些绝望，正如其所说的"对未来看不到希望"。累发前与其父的争吵更增加了其烦恼，其心中日渐滋生的不满、不服、不平无处宣泄。恰在此时，张扣扣正好看到了回家过年的王正军，心中的郁闷终于找到了发泄点，一切的不如意都归咎于其母的早亡、归咎于王正军当年的所为，于是王家人便成为了其迁怒的对象。正如张扣扣供述的看不到王正军我也不会想过去的事"、"我要是娶妻生子了，也不会干这事儿"。

由此可见，96年案件对本案的发生来讲，只是一个"导火索"，96年案件确与本案有一定关联，但绝非是张扣扣杀人动机产生的主要和唯一原因，更不能成为滥杀无辜的理由，长期以来工作、生活的巨大压力造成其心理失衡才是根本原因。王家人只是其冲破法律和道德约束而肆意宣泄不满情绪的发泄对象，所谓"为母报仇"也只不过是其掩饰承受不住生活压力而走向极端的一个借口。

三、上诉人张扣扣主观恶性极深，犯罪手段特别残忍，犯罪后果和罪行极其严重，一审判决量刑适当。

上诉人张扣扣辩称，其杀人行为只是针对王家人，因为他们都对其母亲的死亡和判决不公负有责任，其并没有对王家女人和王家以外的其他人施暴，所以其没有滥杀无辜。但是，事实胜于雄辩。正如我们前述，96年张扣扣母亲被伤

一、一审判决认定上诉人张扣扣犯故意杀人罪、故意毁坏财物罪的事实清楚，证据确实充分，定性准确

一审庭审、二审庭前会议以及今天的法庭调查中，张扣扣对其杀害三名被害人并毁坏财物的行为均供认不讳，张扣扣及其辩护人对印证该事实的证据亦不持异议。

检察员认为：张扣扣对犯罪事实的供述前后均保持稳定，与在册二十余名目击证人的证言、物证、视频勘查笔录、辨认笔录、鉴定意见等证据相互印证，张扣扣犯故意杀人罪、故意毁坏财物罪的事实清楚，证据确实、充分，定性准确。

二、一审判决认定上诉人张扣扣犯罪动机卑劣符合客观事实，"报仇"是其宣泄对个人现状不满情绪的借口

本案发生后，张扣扣声称是"为母报仇"，是96年其母被伤害致死案"判决不公"，并列举了本案被害人一家所谓的"罪状"，22年保持沉默的其父亲和姐姐也随后在媒体发声附和。张扣扣和家人的悲情描述、网络媒体上的众说纷纭，一时间使得普通大众陷入了重重迷雾——事实真相究竟是什么？

检察员认为，厘清23年前张扣扣母亲被伤害致死案对本案尤为重要，这不仅涉及到对张扣扣犯罪主观恶性的评价，还涉及到刑法和刑事政策在本案中的准确适用，更涉及到法治社会舆论监督与司法独立的关系，以及司法公信力的提升。因此，在这里我们有必要按照"重证据，不轻信口供"

观恶性极深，犯罪手段特别残忍，犯罪后果和罪行极其严重，以及虽有自首情节但不足以对其从轻处罚的理由，进行了充分的阐述，检察员完全同意。刚才，检察员就认定上诉人张扣扣犯罪动机卑劣，以及其滥杀无辜又进行了详细的阐述。综合考量本案的事实、性质、情节、后果及主观恶性后，检察员认为，一审判决对张扣扣判处死刑的量刑并无不当，罚当其罪。

四、对上诉人张扣扣上诉理由及其辩护人辩护观点的综合答辩意见

（一）关于张扣扣提出其并未二次返回捅刺王正军的上诉理由。

该上诉理由明显与证据和客观事实不符，不能成立。王一安证明从窗户上看见那个凶手又返回到王正军跟前，用刀戳了王正军几刀"；王宝证明"那个拿刀的男的从沟里爬上来之后，就骑到在路边的那个人身上用刀乱戳"；王亚军证明"这个戴口罩的人从漳沟爬上来，又返回到王正军的身上乱戳，戳了很多刀"；张著证明"那人爬上来以后，骑到路上，来到躺着的那个男人的身边，弯着腰用刀朝在地上的那个男人身上乱戳"。

上述四名目击证人的证言能相互印证，清晰的证实了张扣扣二次返回捅刺王正军的犯罪事实。

（二）关于辩护人提出张扣扣在作案时有精神障碍的可能，应对其做司法精神病鉴定的意见。

判定被告人的刑事责任能力是对其定罪量刑的前提和基础。刑事责任能力由辨认能力和控制能力组成。辨认能力是指行为人对自己的行为在刑法上的意义、性质、作用、后果的分辨认识能力。控制能力是指行为人具备决定自己是否以行为去触犯刑法的能力。对辨认能力和控制能力的评定，根据司法部《精神障碍者刑事责任能力评定指南》2016 版总则第4.5条的规定，主要从作案动机、作案时间、地点、对象选择、对作案后果的估计等方面进行。结合本案：

1、张扣扣母系、父系亲属均能够证实张扣扣身体健康，无家族精神病史。

2、张扣扣的入伍体检单、战友、工友、朋友、邻居证言等证据，均能证实张扣扣在案发前身体素质良好，工作、生活正常，与人交往正常，生活能够自理，无异常行为表现。

3、作案前，张扣扣进行了周密策划。在作案时间和对象的选择上，专门挑选大年三十王家人齐聚之时，实施"灭门式"杀害；在地点选择上，专门挑选王家众人祭祖归来之时，趁人不备实施杀害行为；在作案工具选择上，精心准备用于杀人的单刃刀、用于恐吓的玩具枪以及防止被害人驾车逃跑的汽油燃烧瓶等。

4、作案时，张扣扣为防止被认出，使用深色帽子、口

为母报仇"，才对其宽宥和同情。但回溯案件事实，"原判不公"并不存在，张扣扣理应为其杀戮行为承担罪责。通过本案，我们希望信号全民树立崇尚法治的意识。

崇尚法治，需要倡导尊重证据。时代飞速发展，眼见、耳听也许依旧无法辨别真伪，因为存在许多"背后"的故事、无处安放的情绪、被刻意裁剪的"真相"、极端自私的"个人正义观"……所以在泥沙俱下的信息洪流中，拿什么确保我们的评判趋近事实和真相？唯有让证据说话。

崇尚法治，需要坚决摒弃"同态复仇""以牙还牙""以暴制暴"的陈旧陷阱。民间私斗、冤冤相报，相互杀戮，破坏的不仅是我们共有的社会秩序，更大的危害是任何人都可根据自己内心的"公正"成为纠纷的裁决者。如果人人都可以冲破法律的约束、践踏司法的权威，肆意生杀予夺以实现自己内心的正义，那么法律将形同虚设，司法将毫无意义，社会秩序也将无法保障。依靠法律，理性解决矛盾纠纷是文明社会的法治根基。

崇尚法治，需要维护司法权威。在现代文明的法治社会里，尊重法院的判决是每一个公民应尽的责任和义务，也是法律信仰的基础，是法治建设的基石。司法应当得到绝对的尊重，尊重生效判决就是尊重法律。面对纷繁复杂的海量信息，要做到不信谣不传谣。面对矛盾和纠纷，要选择合法途径解决。

书证形式和内容的审查，而对对张扣扣精神状态和刑事责任能力进行评估属司法鉴定的委托内容，明显超出了书证审查的范围。五是从程序上，三名论证专家对张扣扣没有做任何精神检查，仅凭言词证据就得出了精神疾病的医学诊断，不符合精神医学诊断程序规范，也不符合普通大众关于医学判断需要医生亲历性、需要"望闻问切"的一般认知。综上，该书证审查意见得出的结论不具有科学性，不能作为辩护人申请启动精神病鉴定的依据。

对于辩护人所提其他辩护观点，检察员在其他部分已经进行了说明，在此不再赘述。

综上，上诉人的上诉理由及辩护人的辩护观点均不能成立。本案一审判决认定事实清楚，证据确实充分，量刑适当，建议法庭驳回上诉，维持原判。

五、本案的启示。

本案引发社会广泛关注，检察员在审查案件事实、研究法律适用的过程中，注意到本案反映的诸多问题，值得我们深思。

（一）尊重事实与崇尚法治。

法律是维护社会秩序和公众利益的保护神，证据是回溯案件事实、追寻案件真相的利器。96年案件的真相，最终就是通过全案的证据予以还原的。人们对张扣扣的同情和声援，并不是支持其凶残的杀人行为，而是基于张扣扣所称的"原判不公、

（二）司法裁判与舆论监督。

张扣扣幼年丧母的境况我们不难想象，曾是被害者家属的张扣扣，曾被他人犯罪行为所伤害的张扣扣，值得同情。然而，当悲情的张扣扣亲手为自己背上杀戮的面具使三个家庭支离破碎，无辜的孩子永失父爱，他们的伤痛需要更多的关爱和同情。

面对一起社会全民众普通关切的热点案件，把案件置于媒体监督的聚光灯下是确保司法透明、司法公正的有效方式。依据法律，依靠证据认定事实，独立的做出专业判断是司法机关做出公正裁决的基础。媒体应当尊重司法所具有的独立性、公正性、权威性，引导公众从激昂的感性认识转向理性从容的思考，从"全民陪审"到尊重司法的专业裁判。在探寻真相、捍卫正义，追寻法治梦想的共同目标上，司法机关与媒体是一致的。公平正义是司法机关永恒的追求。在实现公平正义的道路上我们不遗余力。我们真诚接受媒体的监督、虚心倾听民众的呼声，共同努力，形成良性互动，使犯罪者罚当其罪，使无辜者不致蒙冤，让人民群众在每一个司法案件中都感受到公平正义。

● 张扣扣故意杀人、故意毁坏财物案二审出庭检察员意见书（部分）

张扣扣故意杀人、故意毁坏财物案

2. 说理与论证。厘清 23 年前张扣扣母亲被伤害致死案对本案尤为重要，这不仅涉及对张扣扣犯罪主观恶性的评价，还涉及刑法和刑事政策在本案中的准确适用，更涉及法治社会舆论监督与司法独立的关系，以及司法公信力的提升。针对"为母报仇"的说法，一审公诉人从"揭示本案的犯罪根源，需要了解被告人的工作生活经历，需要探寻被告人的真实心理活动，需要明辨 1996 年案件的事实真相"这三个层面，揭示了本案的案发原因，阐明了张扣扣将自己生活工作中的种种不如意完全归结为其母的死亡和王家人所为，在这种荒谬逻辑下，在这种严重扭曲的心理支配下，最终用这种违反天理、国法、人情的，极端残忍的方式，来发泄自己对生活的不满，来逃避现实中的困境，这才是张扣扣杀人的真实动机所在，二审检察员进而从"1996 年张扣扣母亲被伤害致死案判决认定的事实，是 6 名目击证人与其他证据相互印证的结果。张扣扣及其家人所谓王正军家人的'罪状'与事实不符，本案被害人王自新、王校军纯属无辜。1996 年张扣扣母亲被伤害致死案判决对王正军行为的定性准确，判处有期徒刑七年的量刑并无不当。张扣扣及其家人歪曲事实无端指责'原判不公'，是在极力为其滥杀无辜、减轻罪责寻找'挡箭牌'。张扣扣在工作、生活长期不如意的巨大压力下心理逐渐失衡，才是其产生杀人动机的根本原因"五个方面进行论证，入情入理，理直气壮，从而还原历史真实，解答群众疑惑，澄清事实真相，有力回应了不实之词与猜测臆断。

3. 法意与人情。检察机关办理公诉案件，尤其是张扣扣案这种公众质疑较多、影响较大的案件，不能只是简单地阐释法学理论，更要透过案件阐明崇尚法治、遵守法律的重要性，从而发挥法治的导向作用。在本案庭审中，检察机关认为，在现代法治社会中，任何试图通过歪曲事实来博得大众同情，继而通过舆情来影响司法审判和裁决的丑恶目的，最终都将无法得逞，原因就在于其忽视了证据裁判原则在当代司法中的重要作用。在我国全面依法治国，以审判为中心的诉讼制度改革和司法责任制改革的大背景下，大家应该

张扣扣故意杀人、故意毁坏财物案

陕西省高级人民法院

刑事裁定书

（2019）陕刑终 60 号

原公诉机关陕西省汉中市人民检察院。

上诉人（原审被告人）张扣扣，曾用名张小波，男，1983年1月6日出生于陕西省汉中市南郑区，汉族，初中文化，住南郑区新集镇王坪村十四组81号，农民。2018年2月17日因涉嫌犯故意杀人罪被刑事拘留，同月26日被逮捕。现羁押于南郑区看守所。

辩护人殷清利，北京罗斯律师事务所律师。

辩护人邓学平，京衡律师集团上海事务所律师。

陕西省汉中市中级人民法院审理汉中市人民检察院指控原审被告人张扣扣犯故意杀人、故意毁坏财物案一案，于2019年1月8日作出(2018)陕07刑初37号刑事判决。宣判后，原审被告人张扣扣不服，提出上诉。本院立案受理后，依法组成合议庭，于2019年3月22日召开了庭前会议，同年4月11日对本案进行了公开开庭审理。陕西省人民检察院指派检察员谭鹏、高巍依法出庭履行职务，检察官助理王玉洁、张德法参加庭审；上诉人张扣扣及其辩护人北京罗斯

正常的事实相矛盾。故该意见书不符合定案证据的三性要求，不予采信。

对上诉人张扣扣及辩护人所提上诉理由、辩护意见及陕西省人民检察院意见评判如下：

关于上诉人张扣扣及其辩护人提出汉中市中级人民法院、本院不适宜管辖的上诉理由及辩护意见，经查，张扣扣在汉中市南郑区实施犯罪行为，且所犯罪行依法可能判处无期徒刑以上刑罚，汉中市中级人民法院为犯罪所在地中级人民法院，本院为汉中市中级人民法院的上级人民法院，均具有法定管辖权。张福如申诉1996年王正军故意伤害一案及申请国家赔偿一案，汉中市中级人民法院和本院依法定程序进行审理，驳回了张福如申诉，对其申请国家赔偿依法作出了不予受理决定，该两案审判组织的组成、适用的诉讼程序和救济途径与本案均不同。本案也不存在汉中市中级人民法院和本院不宜行使管辖权并需要报请上一级人民法院指定管辖的法定情形。故对该上诉理由及辩护意见不予采纳。

关于上诉人张扣扣及其辩护人提出一审法院审判长应当回避的上诉理由及辩护意见，经查，《中华人民共和国刑事诉讼法》第二十九条、第三十条规定的回避法定情形，一审审判长不符合法定回避事由；且在汉中市中级人民法院第二次庭前会议上及一审庭审中，一审审判长在询问是否申请回避时，辩护人没有明确提出回避申请。故该上诉理由及辩护意见没有法律依据，不予采纳。

辉未出庭作证的上诉理由及辩护意见，经查属实，本院采纳了该上诉理由及辩护意见，通知证人郭辉出庭作证，庭审时控辩双方对郭辉分别进行了发问，并对郭辉当庭证言进行了质证。郭辉当庭证明的主要内容与在侦查期间证明内容一致，庭前证言可予采信。

关于上诉人的其他上诉理由和辩护人的其他辩护意见，均无事实和法律依据，亦不予采纳。

关于陕西省人民检察院认为原审判决认定上诉人张扣扣故意杀人、故意毁坏财物犯罪的事实清楚、正确，证据确实、充分，定性准确，量刑适当，建议驳回上诉，维持原判的意见，经查属实，予以采纳。

上诉人张扣扣蓄意报复，非法剥夺他人生命，致三人死亡，其行为已构成故意杀人罪。张扣扣故意焚烧他人车辆，造成财物损失数额巨大，其行为又构成故意毁坏财物罪。张扣扣和因对1996年其母被本案被害人之一王正军伤害致死，而长期心怀怨恨，加之长年工作、生活不如意，继而迁怒于王正军及其家人，选择在除夕之日报复杀人，持刀连续杀死王正军、王校军、王自新，且犯罪过程中有追杀王校军和二次加害王正军的情节，杀人犯意坚决，犯罪手段特别残忍，情节特别恶劣，后果和罪行极其严重，人身危险性和社会危害性极大；张扣扣杀人后为泄愤又使用自制汽油燃烧瓶焚烧王校军家用轿车，造成财物损失数额巨大，均应依法制裁。对张扣扣所犯数罪，应依法并罚。张扣扣虽有自首情节，但根据其犯罪的事实、性质、情节和对社会的危害程度，依法

不足以对其从轻处罚。原审判决定罪准确，量刑适当。审判程序合法。依照《中华人民共和国刑事诉讼法》第二百三十六条第一款第（一）项、第二百四十六条之规定，裁定如下：

驳回上诉，维持原判。

对张扣扣的死刑裁定依法报请最高人民法院核准。

审 判 长　冯 洁
审 判 员　孙 涛
审 判 员　鱼新刚

本件与原件核对无异

书 记 员　杜 帅
　　　　　陈柯宇

● 张扣扣故意杀人、故意毁坏财物案刑事裁定书（部分）

相信，作为代表国家行使权力的司法者，面对民众的呼声、舆论的监督，必然会更加全面倾听、依法甄别各种信息和观点，必然会更加审慎对待案件中每一个事实和情节，必然会更加严格遵循诉讼规则和证据裁判原则，以公开透明的审理过程和公平公正的裁决结果来回应社会关切。针对有人提出的张扣扣其情可悯，不应当判处死刑的看法，检察员明确指出，在现代法治社会中，"血亲复仇"作为民间陋习早已被摒弃，国家救济渠道畅通，不允许私力救济，除非如正当防卫等紧急情况，这是维护社会公共秩序的必然，也是公诉案件排除私力救济的根本原因。当然，法律也是有温度的，对事出有因的案件，根据我国刑事司法政策，在量刑时可以作为酌定从轻情节予以考量。本案张扣扣因其母被伤害致死，确实给其幼小的心理蒙上了阴影，这也是23年后其选择王家人而不是其他人作为宣泄对象的"导火索"，在对其量刑时可以按照酌定从轻情节予以对待。可是，张扣扣将杀人对象的选择不仅仅指向当年的直接责任人王正军，而是肆意扩大了其泄愤的对象，直指王家另外3个无辜之人，事实上王富军只是因事未能回家而幸免于难。这样卑劣的行径，已经不仅仅是简单的"报仇"，而是超出了普通大众情感承受力的"灭门"，足见其人性泯灭的真实一面，对张扣扣这种滥杀无辜的行为理应依法严惩。一审判决对张扣扣判处死刑的量刑并无不当，罚当其罪。

案例推荐：陕西省人民检察院

撰稿：桑涛

审稿：黄河、徐然